D1718648

NOMOSANWALT

Thilo Pfordte,
Rechtsanwalt und Fachanwalt für Strafrecht, München

Karl Degenhard,
Rechtsanwalt und Fachanwalt für Strafrecht, München

Der Anwalt im Strafrecht

Nomos

Die Deutsche Bibliothek – CIP-Einheitsaufnahme

Die Deutsche Bibliothek verzeichnet diese Publikation in
der Deutschen Nationalbibliografie; detaillierte bibliografische
Daten sind im Internet über http://dnb.ddb.de abrufbar.

ISBN 3-8329-1154-5

1. Auflage 2005

VORWORT

Mit dem vorliegenden Buch werden mögliche Handlungsweisen des Rechtsanwalts im Strafverfahren dargestellt. Zielsetzung unserer Darstellung ist es, die in jedem Mandat interessierenden Fragestellungen zu beantworten und den Anwalt in die Lage zu versetzen, den durch die Strafprozessordnung vorgegebenen Verfahrensablauf zu beeinflussen oder, besser noch, mitzusteuern.

Die Entwicklung und die Vielfältigkeit des strafrechtlichen Mandats von der Übernahme des Mandantenauftrages über die Verteidigung oder Vertretung im Ermittlungsverfahren und Zwischenverfahren bis zur Tätigkeit in der Hauptverhandlung, die Rechtsmittelmöglichkeiten und die Tätigkeiten und Beratungsfelder danach bilden den roten Faden für den Aufbau dieser Darstellung.

Im Vordergrund steht die Handlungsweise des Strafverteidigers. Darüber hinaus sind jedoch auch die Tätigkeiten des Anwalts als Vertreter anderer Interessen im Strafverfahren angesprochen. Die Anwaltschaft in der Bundesrepublik Deutschland hat sich bewusst dafür entschieden, nicht die Fachanwaltsbezeichnung eines Strafverteidigers, sondern die eines Fachanwalts für Strafrecht einzuführen. Schon von daher war es geboten, auch die Tätigkeit des Anwalts etwa als Vertreter des Verletzten oder als Zeugenbeistand zu berücksichtigen.

Die in diesem Leitfaden formulierte Darstellung ist nach Auffassung der Autoren das Handwerkszeug, das für den Fachanwalt für Strafrecht notwendig, aber durchaus nicht ausreichend ist. Wir bitten zu berücksichtigen, daß aufgrund des Umfangs der prozessualen Regelungen an einigen Stellen Probleme nur auszugsweise, exemplarisch und in Grundzügen dargestellt wurden, um die Übersichtlichkeit zu wahren. Angesprochen haben wir wesentliche Themen des Prozessrechts und des materiellen Rechts. Eine tiefergehende Auseinandersetzung mit dem materiellen Strafrecht mußte dabei allerdings unterbleiben, weil dies den Umfang des Buches ebenfalls gesprengt hätte. Dennoch darf aber nicht übersehen werden, dass vielfach die erfolgreichsten Verteidigungsansätze im materiellen Strafrecht und nicht im Verfahrensrecht liegen werden. Eine fundierte Kenntnis und Analyse des materiellen Rechts wird deshalb bei jeder anwaltlichen Tätigkeit im Strafrecht stets geboten sein. Ebenfalls konnten bestimmte verfahrensrechtliche Aspekte aus Platzgründen nur kursorisch dargestellt werden. Auch hier ist dem Leser zu empfehlen, sich bei Bedarf mit Hilfe der im Einzelnen angegebenen weiterführenden Literatur zu informieren.

Wir hoffen, dass der Leser in dem vorgelegten Buch hilfreiche Unterstützung findet und wünschen viel Freude bei der Lektüre. Für Anregungen, Hinweise sowie Ergänzungsvorschläge sind die Verfasser dankbar.

Frau Claudia Einsle danken wir für die wertvolle Mithilfe. Unser besonderer Dank gilt Herrn Rechtsanwalt Jens Bosbach, der maßgeblichen Anteil am Entstehen des Buches hatte und ohne dessen großem Sachverstand eine Fertigstellung schwer vorstellbar gewesen wäre.

München im November 2004,
Thilo Pfordte, Karl Degenhard

INHALTSÜBERSICHT

INHALTSVERZEICHNIS

NEUNTER TEIL: KOSTEN, GEBÜHREN UND VERGÜTUNGSVEREINBARUNG

LITERATURVERZEICHNIS

Alsberg, Max, Nüse, Karl-Heinz, Meier, Karlheinz Der Beweisantrag im Strafprozeß, 5., völlig neu bearbeite und erweiterte Auflage, Köln, Berlin, Bonn, München 1982

Amelung, Martin Die Rechtswirklichkeit der Verständigung im Strafprozess – Risiken und Chancen der Verständigung aus der Sicht der Verteidigung –, StraFo 2001, 185 ff.

Amelunxen, Clemens Die Revision der Staatsanwaltschaft, Lübeck 1980

App, Michael Checkliste zur Erstattung einer Selbstanzeige nach Steuerhinterziehung, DB 1996, 1009 ff.

Arntzen, Friedrich Vernehmungspsychologie, Psychologie der Zeugenvernehmung, 2. Auflage, München 1989; *ders.* Untere Altersgrenze der Zeugeneignung, DRiZ 1976, 20; *ders.* Psychologie der Zeugenaussage, System der Glaubwürdigkeitsmerkmale, 3. Auflage München 1993

Baier, Helmut Verfassungsunmittelbare Zeugnisverweigerungsrechte bestimmter Berufsgruppen als Gebot des Persönlichkeitsschutzes? JR 1999, S. 495 ff.

Bandilla, Wolfgang, Hassemer, Raimund Zur Abhängigkeit strafrichterlicher Beweiswürdigung vom Zeitpunkt der Zeugenvernehmung im Hauptverfahren, StV 1989, 551 ff.

Barton, Stephan Die alltägliche Revisionsrechtsprechung des BGH in Strafsachen, Ergebnisse einer rechtstatsächlichen Untersuchung, StraFo 1998, 325 ff.; *ders.* Mindeststandards der Strafverteidigung, 1994; *ders.* StV 2003, S. 537 ff. als Anm. zu BGH StV 2003, 537

Baumann, Raimund, Brenner, Harald Die strafprozessualen Beweisverwertungsverbote, Stuttgart, München, Hannover 1991

Bender, Rolf, Nack, Armin Tatsachenfeststellungen vor Gericht, Band I, Glaubwürdigkeits- und Beweislehre, 2. Auflage, München 1995; *ders.* Tatsachenfeststellungen vor Gericht, Band II, Vernehmungslehre, 2. Auflage, München 1995

Bernsmann, Klaus Wider eine Vereinfachung der Hauptverhandlung, Einige Anmerkungen zum Thema der strafrechtlichen Abteilung des 60. Juristentages, ZRP 1994, 329 ff.

Beulke, Werner Der Verteidiger im Strafverfahren, Funktion und Rechtsstellung, 1980, S. 200 ff.; *ders.* Die Strafbarkeit des Verteidigers, Eine systematische Darstellung der Beistandspflicht und ihrer Grenzen, Praxis der Strafverteidigung 1989; *ders.* Strafprozeßrecht, 7., neu bearbeitete Auflage, Heidelberg 2004; *ders.* Die Vernehmung des Beschuldigten – Einige Anmerkungen aus der Sicht der Prozessrechtswissenschaft StV 1990, 180 ff.

Blau, Günter Anmerkung zu BGH v. 7.4.1993 in JR 1994, 32 f.

Böttcher, Reinhard Der gefährdete Zeuge im Strafverfahren, Festschrift für Horst Schüler-Springorum zum 65. Geburtstag, Herausgegeben von Peter-Alexis Albrecht, Alexander P.F. Ehlers, Franziska Lamott, Christian Pfeiffer, Hans-Dieter Schwind, Michael Walter, S. 541 ff.

Braum, Stefan Aufbruch oder Abbruch europäischer Strafverteidigung?, StV 2003, 576 ff.

Brieske, Rembert Zur Anrechnungspflicht aus § 101 Abs. 2 BRAGO, StV 1995, 331 ff.

Bringewat, Peter Die Bildung der Gesamtstrafe, Berlin 1987; *ders.* Die mündliche Anhörung gem. § 454 I 3 StPO – Eine mündliche Verhandlung eigener Art?, NStZ 1996, 17 ff.

Bundesrechtsanwaltskammer Thesen zur Strafverteidigung, vorgelegt vom Strafrechtsausschuß der Bundesrechtsanwaltskammer, Schriftenreihe der Bundesrechtsanwaltskammer Band 8, München 1992

Bungert, Werner Aus der Rechtsprechung zum Strafvollzugsgesetz – 1993 –, NStZ 1994, 376 ff.

Burhoff, Detlef Handbuch für das strafrechtliche Ermittlungsverfahren, Ascheberg 1997; *ders.* Handbuch für die strafrechtliche Hauptverhandlung, 2. Auflage, Ascheberg 1997

Ciolek-Krepold, Dahs, Hans Taschenbuch des Strafverteidigers, Kurzausgabe nach dem Handbuch des Strafverteidigers, 4. Auflage, Bonn 1989

Dahs, Hans Handbuch des Strafverteidigers, 6. völlig neu bearbeitete und erweiterte Auflage, Köln 1999; *ders.* Anm. zu LG München II aus 2004 in NJW-Spezialheft 1/2004, 45; *ders.* Zur Verteidigung im Ermittlungsverfahren, NJW 1985, 1113 ff.; *ders.* Taschenbuch des Strafverteidigers, Köln, 1990; *ders.* Handbuch des Strafverteidigers, 6. Auflage 1999; *ders.* Die Revision im Strafprozeß, 6. Auflage München 2001

Dahs, Hans, Langkeit, Jochen Demontage des Zeugnisverweigerungsrechts?, StV 1992, 492 ff.

Deal, Detlef Der strafprozesssale Vergleich, StV 1982, 545 ff.

Degenhard, Karl Anm. zu OLG München in StV 1996, 492 f.

Detter, Klaus Zum Strafzumessungs- und Maßregelrecht, NStZ 1993, 473 ff.; *ders.* Zum Strafzumessungs- und Maßregelrecht, NStZ 1997, 476 ff.; *ders.* Zum Strafzumessungs- und Maßregelrecht, NStZ 1991, 272 ff.; *ders.* Zum Strafzumessungs- und Maßregelrecht, NStZ 1992, 477 ff.; *ders.* Zum Strafzumessungs- und Maßregelrecht, NStZ 1993, 176 ff.; *ders.* Zum Strafzumessungs- und Maßregelrecht, NStZ 1994, 174 ff.; *ders.* Zum Strafzumessungs- und Maßregelrecht, NStZ 1995, 486 ff.; *ders.* Zum Strafzumessungs- und Maßregelrecht, NStZ 1996, 182 ff.; *ders.* Zum Strafzumessungs- und Maßregelrecht, NStZ 1997, 174 ff.; *ders.* Zum Strafzumessungs- und Maßregelrecht, NStZ 1998, 182 ff.; *ders.* Zum Strafzumessungs- und Maßregelrecht, NStZ 1998, 501 ff.; *ders.* Zum Strafzumessungs- und Maßregelrecht, NStZ 1992, 477 ff.; *ders.* Zum Strafzumessungs- und Maßregelrecht, NStZ 1993, 473 ff.; *ders.* Zum Strafzumessungs- und Maßregelrecht, NStZ 1995, 169 ff.; *ders.* Zum Strafzumessungs- und Maßregelrecht, NStZ 1996, 424 ff.

Diemer, Herbert, Schoreit, Armin, Sonnen, Bernd-Rüdeger JGG, Kommentar zum Jugendgerichtsgesetz, 4., neu bearbeitete Auflage, Heidelberg 2002

Eberth, Alexander, Müller, Eckhart Verteidigung in Betäubungsmittelsachen, 3. Auflage, Praxis der Strafverteidigung, Band 4, 2000, Passau

Eickhoff, Rudolf Die Bedeutung des Verschlechterungsverbots für die Bemessung von Führerscheinsperrfristen in de Berufungsinstanz, NJW 1975, 1007 f.

Eisenberg, Ulrich Beweisrecht der StPO, Spezialkommentar, 4. Auflage München 2002; *ders.* Jugendgerichtsgesetz, 10., vollständig neu bearbeitete Auflage München 2004; *ders.* Persönliche Beweismittel in der StPO, siehe „Beweisrecht der StPO, Spezialkommentar"; *ders.* Zur „besonderen Qualität" richterlicher Vernehmungen im Ermittlungsverfahren, NStZ 1988, 488 ff.,

Endriß, Rainer, Malek, Klaus Betäubungsmittelstrafrecht, 2. völlig neubearbeitete Auflage, München 2000

Eser, Albin Das Verwertungsverbot des § 252 StPO und die Vernehmung des vernehmenden Richters, kritische Bemerkungen zum Urteil des BGH v. 2.5.1962, NJW 1963, 234 ff.

Ferber, Sabine Das Opferrechtsreformgesetz, NJW 2004, 2562 ff.

Feuerhelm, Wolfgang Die Annahmeberufung im Strafprozess, Dogmatische Probleme und rechtspolitische Perspektiven, StV 1997, 99 ff.

Firsching, Cornelia Anm. zu BGH StraFo 2000, 17 in StraFo 2000, 124

Fischer, Thomas Rechtsmissbrauch und Überforderung der Strafjustiz, NStZ 1997, 212 ff.

Fluhr, Hubert Die Pfändbarkeit der Forderungen eines zum Freigang zugelassenen Strafgefangenen, NStZ 1994, 115 ff.

Foth, Eberhard, Karcher, Walter Überlegungen zur Behandlung des Sachbeweises im Strafverfahren, NStZ 1989, 166 ff.

Frister, Helmut Anmerkung zu BGH StV 1989, 234 f. in StV 1989, 380 ff.

Fröhlich, Jörg Fluchtprognose durch Strafprognose? – Zur praktischen Handhabung des § 112 II Nr. 2 StPO –, NStZ 1999, 331 ff.

Gast-de Haan Handbuch des Steuerstrafrechts, 2001

Gatzweiler, Norbert Anm. zu OLG Koblenz in StV 1996, 475 f.; *ders.* Haftunfähigkeit – Chancen und Versagen von Strafverteidigung bei Haftvollzug –, StV 1996, 283 ff.

Geppert, Klaus Das Beweisverbot des § 252 StPO, Jura 1988, S. 305 ff.; *ders.* Der Zeugenbeweis, Jura 1991, S. 132 ff.; *ders.* Neuere Rechtsprechung des BGH zur Entziehung der Fahrerlaubnis bei Nicht-Katalogtaten – Zugleich Besprechung von BGH Beschluss vom 5.11.2002 – 4 StR 406/02–, NStZ 2003, 288 ff.

Gercke, Björn Der Haftgrund der Fluchtgefahr bei EU-Bürgern, StV 2004, 675 ff.

Gerold, Wilhelm, Schmidt, Herbert, von Eicken, Kurt, Madert, Wolfgang Bundesgebührenordnung für Rechtsanwälte, 14. Auflage München 1990

Gössel, Karl Heinz Behörden und Behördenangehörige als Sachverständige vor Gericht, DRiZ 1980, 363 ff.; *ders.* Über die revisionsrichterliche Nachprüfung von Beschlüssen über den Ausschluss der Öffentlichkeit – Zugleich eine Besprechung des Urteils des BGH, NStZ 1999, 474 –, NStZ 2000, 181 ff.; *ders.* Über die revisionsrichterliche Nachprüfbarkeit von Beschlüssen, mit denen die Öffentlichkeit gemäß §§ 172, 173 GVG im Strafverfahren ausgeschlossen wird – Zugleich eine Besprechung der Urteile des BGH – 3 StR 226/81 vom 19.08.1981 und 2 StR 370/81 vom 18.09.1991 –, NStZ 1982, 141 ff.

Grabow, Rolf Anm. zu BGH StV 1999, 463 ff.

Gruhl, Jens Nebenklage und Sicherungsverfahren, NJW 1991, 1874 f.

Haass, Jörg Zu den Auswirkungen der Entscheidung des EGMR zur Akteneinsicht von Beschuldigten am Beispiel der Entscheidung des LG Mainz, NStZ 1999, 442 ff.

Hagedorn, Axel Die Bestellung des Sachverständigen im Strafverfahren wegen Wirtschaftskriminalität, StV 2004, 217 ff.

Hamm, Rainer Wert und Möglichkeiten der „Früherkennung" richterlicher Beweiswürdigung durch den Strafverteidiger, Festgabe für Karl Peters aus Anlaß seines 80. Geburtstages, Hrsg. Klaus Wasserburg und Wilhelm Haddenhorst, Heidelberg 1984; *ders.* Die Verteidigungsschrift im Verfahren bis zur Hauptverhandlung, StV 1982, 490 ff.

Hamm, Rainer, Lohberger, Ingram Becksches Formularbuch für den Strafverteidiger, 3. Auflage, München 1998

Hanack, Ernst-Walter Die Rechtsprechung des Bundesgerichtshofs zum Strafverfahrensrecht (Bd. 11 – 22 der Amtlichen Sammlung), JZ 1972, S. 236 ff.

Hartmann, Peter Kostengesetze, 34. Völlig neubearbeitet Auflage, München 2004; *ders.* Kostengesetze, 33. Auflage, München 2003

Hassemer, Raimund, Hippler, Gabriele Informelle Absprachen in der Praxis des deutschen Strafverfahrens, StV 1986, 360 ff.

Heimann, Marko Vollstreckungsaufschub gem. § 456 StPO: Die oft unterschätzte Chance, StV 2001, 54 ff.

Heischel, Olaf Anmerkung zu BVerfG in StV 2003, S. 409

Hentschel, Peter Fahrverbot und Führerscheinentzug, Band I, Straf- und Ordnungswidrigkeitenrecht, 8. Auflage, Köln 1995

Herdegen, Gerhard Das Beweisantragsrecht, Betrachtungen anhand und zur Rechtsprechung – Teil I –, NStZ 1998, 444 ff.

Herzog, Felix Über bewegliche Zuständigkeitsregelungen, Instrumentelle Zuständigkeitswahl und das Prinzip des gesetzlichen Richters, StV 1993, 609 ff.

Hilger, Hans Neues Strafverfahrensrecht durch das OrgKG – 1. Teil –, NStZ 1992, 457 ff.

Holtz, Günter Aus der Rechtsprechung des Bundesgerichtshofs in Strafsachen, MDR 1979, 806 f.; *ders.* Aus der Rechtsprechung des Bundesgerichtshofs i Strafsachen, MDR 1992, 319 ff.

Horn, Eckhard Die Bemessung der Geldauflage nach § 56 b Abs. 2 Nr. 2 StGB – tatsächlich ein Rechtsproblem, StV 1992, 537 ff.

Jahn, Matthias Anmerkung zu OLG Düsseldorf in StV 2000, 431 ff.; *ders.* Kann „Konfliktverteidigung" Strafvereitelung (§ 258 StGB) sein? ZRP 1998, 103 ff.

Jahn, Matthias, Schmitz, Alexandra Rechtsmissbrauch im Strafverfahren bei Verweigerung notwendiger Mitwirkungshandlungen? – Dargestellt am Problem der fehlenden Zustimmung zur Nachtragsanklage durch den Anklagten –, wistra 01, 328 ff.

Jähnke, Burkhard (Hrsg.), Laufhütte, Heinrich, Wilhelm (Hrsg.), Odersky, Walter (Hrsg.) Leipziger Kommentar, StGB, Großkommentar, 11., neu bearbeitete Auflage, Berlin 1997

Janssen, Gerhard § 110 b Abs. 3 Satz 2 StPO – Ein Schlag gegen die „Waffengleichheit", StV 1995, 275 ff.

Jescheck, Hans-Heinrich Die Entschädigung des Verletztem nach deutschem Strafrecht, JZ 1958, 591 ff.

Joachim, Norbert Anonyme Zeugen im Strafverfahren – Neue Tendenzen in der Rechtsprechung, StV 1992, 245 ff.

Joecks, Wolfgang Urkundenfälschung „in Erfüllung steuerrechtlicher Pflichten" (§ 393 Abs. 2 Satz 1 AO)?, wistra 1998, 86 ff.

Julius, Karl-Peter Anmerkung zu BGH in StV 2004, 466 f.

Kempf, Eberhard Opferschutzgesetz und Strafverfahrensänderungsgesetz 1987, Gegenreform durch Teilgesetze, StV 1987, 215 ff.; *ders.* Rechtsmissbrauch im Strafprozess, StV 1996, 507 ff.; *ders.* Opferschutzgesetz und Strafverfahrensänderungsgesetz 1987, Gegenreform durch Teilgesetze, StV 1987, 215 ff.

Kölbel, Ralf Strafrestaussetzung bei Überhaft, StV 1998, 236 ff.

König, Stefan Anm. zu BGH StV 1997, 561 in StV 1998, 113 ff.

Krause, Daniel Der „Gehilfe" der Verteidigung und sein Schweigerecht (§ 53 a StPO), StraFO 1998, 1 ff.; *ders.* Die zivilrechtliche Haftung des Strafverteidigers, NStZ 2000, 225 ff.

Krause, Dietmar Die Revision im Strafverfahren, 5. Auflage, Köln, Berlin, Bonn, München 2001

Krekeler, Wilhelm Beweisverwertungsverbote bei fehlerhaften Durchsuchungen, NStZ 1993, 263 ff.; *ders.* Der Rechtsanwalt als Beistand des Zeugen und die Sitzungspolizei, NJW 1980, 980

Krekeler, Wilhelm, Schonard, Marcus Der Berufshelfer im Sinne des § 53 a StPO, wistra 1998, 137 ff.

Kröber, Hans-Ludwig Kriterien verminderter Schuldfähigkeit nach Alkoholkonsum, NStZ 1996, 569 ff.; *ders.* Gang und Gesichtspunkte der kriminalprognostischen psychiatrtischen Begutachtung, NStZ 1999, 593 ff.

Kürti, Karl Der Weg zurück zum Führerschein, 3. Auflage, Düsseldorf 1999

Lehr, Gernot Bildberichterstattung der Medien über Strafverfahren, NStZ 2001, 63 ff.

Leineweber, Heinz Die Entbindung von der Wohnortangabe bei der Vernehmung eines Zeugen zur Person gem. § 68 Satz 2 StPO, MDR 1985, 635 ff.

Leipold, Klaus Anwaltsvergütung in Strafsachen, München 2004

Leitner, Werner Rechtliche Probleme von Video-Aufzeichnungen und praktische Konsequenzen für die Verteidigung, StrAFo 1999, 45 ff.

Liemersdorf, Thilo Beweisantragsrecht und Sachverhaltsaufklärung, StV 1987, 175 ff.

Lüdeke, Achim M. Der Zeugenbeistand, Analytische Betrachtung zur Rechtsfigur des Zeugenbeistands im geltenden und künftigen Strafverfahrensrecht in „Europäische

Hochschulschriftenreihe", Reihe II, Rechtswissenschaften Band 1829, Frankfurt, Berlin, Bern, New York, Paris, Wien 1995

Lunnebach, Edith Anmerkung zu BGH StV 1997, 452 ff.

Madert, Wolfgang Anwaltsgebühren in Straf- und Bußgeldsachen, 5. Auflage, Praxis der Strafverteidigung, Band 5, 2004, Göttingen

Malek, Klaus Verteidigung in der Hauptverhandlung, 3. Auflage, Praxis der Strafverteidigung, Band 18, 1999, Göttingen

Mansdörfer, Marco EuGH StV 2003, S. 201 ff. m. Anm. in StV 2003, S. 313 ff.

Martin, Ludwig Die Rechtsprechung des Bundesgerichtshofes in Verkehrsstrafsachen, DAR 1971, S. 113 ff.

Marxen, Klaus Tonaufnahmen während der Hauptverhandlung für Zwecke der Verteidigung, NJW 1977, 2188 ff.

Marxsen, Klaus, Tiemann, Frank Die Wiederaufnahme in Strafsachen, Praxis der Strafverteidigung Band 17, Heidelberg 1993

Matzke, Michael Aus der Rechtsprechung zum Strafvollzugsgesetz – 1998 –, NStZ 1999, 444 ff.; *ders.* Aus der Rechtsprechung zum Strafvollzugsgesetz – 1999 –, NStZ 2000, 464 ff.; *ders.* Aus der Rechtsprechung zum Strafvollzugsgesetz – 1. Teil – 1996 –, NStZ 1997, 380 ff.

Maul, Heinrich, Eschelbach, Ralf Zur „Widerspruchslösung" von Beweisverbotsproblemen in der Rechtsprechung, StraFo 1996, 66 ff.

Maul, Heinrich Bild- und Rundfunkberichterstattung im Strafverfahren, MDR 1970, 286 ff.

Mehle, Volkmar Der „Fall Rechtsanwalt W." – eine (kommentierte) Dokumentation zur Ausschließung eines Strafverteidigers, StraFo 1995, 73 ff.; *ders.* Unmittelbarkeitsprinzip und Zeugenschutz, Festschrift für Gerald Grünwald zum 70. Geburtstag; Hrsg.: Erich Samson, Friedrich Dencker, Peter Frisch, Helmut Frister, Wolfram Reiß, Baden Baden 1999

Meyer, Frank Der vereinbarte Rechtsmittelverzicht, zugleich eine Anmerkung zu BGH 3 StR 368/02 und BGH 3 StR 415/02, StV 2004, 41 ff.

Meyer, Jürgen, Hetzer, Wolfgang Neue Gesetze gegen die organisierte Kriminalität, Geldwäschebekämpfung, Gewinnabschöpfung und Einsatz technischer Mittel zur akkustischen Überwachung von Wohnungen für Beweiszwecke im Bereich der Strafverfolgung, NJW 1998, 1017 ff.

Meyer-Goßner, Lutz Strafprozessordnung mit GVG und Nebengesetzen, 47. Auflage, 2004

Meyer-Mews, Hans Das Wortprotokoll in der strafrechtlichen Hauptverhandlung, NJW 2002, 103 ff.

Michalke, Regina Anmerkung zu BGH StV 1989, 234 f. in StV 1989, 235 ff.

Miebach, Klaus Aus der Rechtsprechung des Bundesgerichtshofs in Strafsachen zum Verfahrensrecht – Juli bis Dezember 1988 –, NStZ 1989, 217 ff.

Molketin, Rüdiger „Erschleichen" der Pflichtverteidigung? – Zugleich ein Beitrag zur Auslegung und Anwendung des § 143 StPO, MDR 1989, 503 ff.

Moore jr., John Wayne Anmerkung zu HansOLG Hamburg v. 15.06.1998 in StraFo 1998, 307 f.

Müller, Anja Anmerkung zu BGH v. 8.2.1995 in JR 1996, 124 ff.

Müller, Eckhart Anmerkung zu BVerfG Urteil vom 30.03.2004 in BRAK-Mitteilung 2004, 126; *ders.* Anmerkungen zu BGH StV 1994, 635 ff..

Müller, Paul Anmerkung zu BGH in NJW 1974, 656 f.

Müller-Metz, Reinhard Die Sicherungsverwahrung, Tätigkeit des Sachverständigen im Erkenntnis- und Vollstreckungsverfahren, StV 2003, 42 ff.

Münchener Institut für Strafverteidigung JVA Verzeichnis, 4. Auflage 1999

Münchhalffen, Gaby Anmerkungen zu OLG Köln in StV 1991, 506 f.

Müssig, Bernd Beweisverbote im Legitimationszusammenhang von Strafrechtstheorie und Strafverfahren, GA 1999, 117 ff.

Nack, Armin Aufhebungspraxis der Strafsenate des BGH – 1992 bis 1995 –, NStZ 1997, 153 ff.; *ders.* Verteidigung bei der Glaubwürdigkeitsbeurteilung von Aussagen, StV 1994, 555 ff.

Nedopil, Norbert Forensische Psychiatrie, Klinik, Begutachtung und Behandlung zwischen Psyhatrie und Recht, München 1996; *ders.* Verständnisschwierigkeiten zwischen dem Juristen und dem psychiatrischen Sachverständigen, NStZ 1999, 433 ff.

Nehm, Kay, Senge, Lothar Ursachen langer Hauptverhandlungen – dargestellt von 3 Strafverfahren NStZ 1998, 377 ff.

Neuhaus, Ralf Die Revisibilität der sachlichen Zuständigkeit des Schöffengerichts im Verhältnis zu der des Strafrichters (§ 25 Nr. 2 GVG), StV 1995, 212 ff.

Niemöller, Martin Rechtsmissbrauch im Strafprozess, StV 1996, 501 ff.

Ostendorf, Heribert Bewährungswiderruf bei eingestandenen, aber nicht rechtskräftig verurteilten neuen Straftaten?, StV 1992, 288 ff.; *ders.* Unschuldsvermutung und Bewährungswiderruf, Anmerkung zu der gegen die Bundesrepublik Deutschland gerichteten Individualbeschwerde vor der Europäischen Kommission für Menschenrechte StV 1990, 230 ff.

Ott, Sieghart Der „vorsorglich" gestellte Strafantrag, StV 1982, 45 f.

Palandt, Otto Bürgerliches Gesetzbuch, Kommentar, 64. Auflage, München 2005

Park, Tido Der Öffentlichkeitsausschluss und die Begründungsanforderungen des § 174 I 3 GVG, NJW 1996, 2213 ff.; *ders.* Anmerkung zu BGH in StV 1996, 135 ff.; *ders.* Anmerkung zu BGH in StV 2000, 244 ff.; *ders.* Anmerkung zu BGH in StV 1998, 59 ff.; *ders.* Anmerkung zu BGH in StV 1998, 416 ff.

Peters, Karl Fehlerquelle und Rechtsanwendung im Strafprozeß, Gedächtnisschrift für Hilde Kaufmann; Hersg.: Hans-Joachim Hirsch, Günther Kaiser, Helmut Marquardt, Berlin 1986; *ders.* Strafprozess, Ein Lehrbuch, 4., neu bearbeitete und Auflage, Heidelberg 1985; *ders.* Fehlquellen im Strafprozess, Band I bis III

Pfeiffer, Gerd Aus der Rechtsprechung des Bundesgerichtshofs in Strafsachen zum Verfahrensrecht – 1. Teil: 1979 §§ 1 – 244 StPO –, NStZ 1981, 93 ff.; *ders.* Aus der (vom BGH nicht veröffentlichten) Rechtsprechung des Bundesgerichtshofs in Strafsachen zum Verfahrensrecht – 1981 –, NStZ 1983, 208 ff.

Pfeiffer, Gerd, Miebach, Klaus Aus der (vom BGH nicht veröffentlichten) Rechtsprechung des Bundesgerichtshofs in Strafsachen zum Verfahrensrecht – Januar bis Juni 1983 –, NStZ 1984, 15 ff.

Pfeiffer, Gerd (Hrsg.) Karlsruher Kommentar zur Strafprozeßordnung und zum Gerichtsverfassungsgesetz mit Einführungsgesetz, 5., neu bearbeitete Auflage, München 2003

Pfordte, Thilo, Gotzens, Markus Die Schweigepflicht von Mitarbeitern einer Anwaltskanzlei im Lichte der neuen Berufsordnung, BRAK-Mitteilung 1997, 82 ff.

Pfordte, Thilo „Gedanken zur Protokollierungspflicht im Strafverfahren" in Festschrift 50 Jahre Deutsches Anwaltsinstitut e.V., 519 ff., Berlin/München 2003, Hrsg. Bundesrechtsanwaltkammer, Bundesnotarkammer

Prüfer, Hans Der Zeugenbericht (§ 69 Abs. 1 Satz 1 StPO), DRiZ 1975, 334 f

Puppe, Ingeborg List im Verhör des Beschuldigten, GA 1978, S. 289 ff.

Rasch, Wilfried, Jungfer, Gerhard Die Ladung des psychiatrisch-psychologischen Sachverständigen nach § 220 StPO – Ein Disput –, StV 1999, 513 ff.

Rebmann, Kurt, Schnarr, Karl Heinz Der Schutz des gefährdeten Zeugen im Strafverfahren, Möglichkeiten de lege lata, Erfordernisse de lege ferenda, NJW 1989, 1185 ff.

Rengier, Rudolf Strafrecht Besonderer Teil I, Vermögensdelikte, 6. Auflage, München 2003; *ders.* Strafrecht Besonderer Teil II, Delikte gegen die Person und die Allgemeinheit, 5. Auflage, München 2003

Richter II, Christian Reden-Schweigen-Teilschweigen, – Anmerkungen zum Verteidigungsverhalten eines Beschuldigten –, StV 1994, 687 ff.

Rieß, Peter Zeugenschutz bei Vernehmungen im Strafverfahren, Das neue Zeugenschutzgesetz vom 30.4.1998, NJW 1998, 3240 ff.; *ders.* Anmerkung zu OLG Karlsruhe in StV 1996, 302 ff.

Rieß, Peter (Hrsg.) Löwe/Rosenberg, Die Strafprozeßordnung und das Gerichtsverfassungsgesetz, Großkommentar, 25., neu bearbeitete Auflage Berlin 1999

Roxin, Claus Strafverfahrensrecht, Studienbuch, 25. völlig neu bearbeitete Auflage, München 1998

Rückel, Christoph Strafverteidigung und Zeugenbeweis, Praxis der Strafverteidigung Band 9, Heidelberg 1988; *ders.* Verteidigertaktik bei Verständigungen und Vereinbarungen im Strafverfahren – mit Checkliste –, NStZ 1987, 297 ff.; *ders.* Strafverteidigung und Zeugenbeweis, Praxis der Strafverteidigung, Band 9, 1988, Heidelberg

Salger, Hannskarl Zur korrekten Berechnung der Tatzeit-Blutalkoholkonzentration, DRiZ 1989, 174 ff.

Schäfer, Gerhard Freie Beweiswürdigung und revisionsrechtliche Kontrolle, StV 1995, 147 ff.

Schäfer, Helmut Die Grenzen des Rechts auf Akteneinsicht durch den Verteidiger, NStZ 1984, 203 ff.

Schaffstein, Friedrich, Beulke, Werner Jugenstrafrecht, Eine systematische Darstellung, 14., aktualisierte Auflage, Göttingen, Passau, 2002

Schellenberg, Frank Die Hauptverhandlung im Strafverfahren, 2. völlig überarbeitete und erweiterte Auflage, Köln, Berlin, München 2000

Schittenhelm, Ulrike Anmerkung zu BGH in NStZ 2001, 49 ff. .

Schlothauer, Reinhold Hilfsbeweisantrag-Eventualbeweisantrag-bedingter Beweisantrag, StV 1988, 542 ff.; *ders.* Gerichtliche Hinweispflichten in der Hauptverhandlung, StV 1986, 213 ff.; *ders.* Verfahrens- und Besetzungsfragen bei Hauptverhandlungen vor der reduzierten Strafkammer nach dem Rechtspflegeentlastungsgesetz, StV 1993, 147 ff.; *ders.* Vorbereitung der Hauptverhandlung, 2. Auflage, Praxis der Strafverteidigung, Band 10, 1998, Göttingen; *ders.* Zum Rechtsschutz des Beschuldigten nach dem StVLG 1999 bei Verweigerung der Akteneinsicht durch die Staatsanwaltschaft, StV 2001, S. 192 ff.; *ders.* Anmerkung zu BGH in StV 2000, 180 ff.; *ders.* Video-Vernehmung und Zeugenschutz, Verfahrenspraktische Fragen im Zusammenhang mit dem Gesetz zur Änderung der StPO etc. (Zeugenschutzgesetz), StV 1999, 47 ff.; *ders.* Anmerkungen zu BGH in StV 1983, 6; *ders.* Anmerkungen zu BGH in StV 1991, 349 ff.; *ders.* Anmerkungen zu BGH StV 1999, 580 ff. in StV 2000, 180 ff.

Schlothauer, Reinhold, Wieder, Hans-Joachim Untersuchungshaft, 1. Auflage, Praxis der Strafverteidigung Band 14, 1991, Heidelberg

Schmidhäuser, Eberhard Freikaufverfahren mit Strafcharakter im Strafprozeß, JZ 1973 S. 529 ff.

Schmidt-Hieber, Werner Verständigung im Strafverfahren, 1986; *ders.* Der strafprozessuale „Vergleich" – eine illegale Kungelei? –, StV 1986, 355 ff.; *ders.* in „Der Spiegel" 38/1993, S. 78

Scholz, Rupert Erweiterung des Adhäsionsverfahrens – rechtliche Forderung oder rechtspolitischer Irrweg? JZ 1972 S. 725 ff.

Schönke, Adolf, Schröder, Horst Strafgesetzbuch, Kommentar, 26. Auflage, München 2001

Schott, Tilmann Wahl der Strafart und Gesamtstrafenbildung – ungenutztes Potential der Strafmaßrevision?, StV 2003, 587 ff.

Schriever, Wolfgang Anmerkung zu OLG Karlsruhe in NStZ 1998, 159 f.

Schüler-Springorum, H. Anmerkung zu BGH in StV 1994, 253 ff.

Schünemann, Bernd Fortschritte und Fehltritte in der Strafrechtspflege der EU, GA 2004, 193 ff.; *ders.* Die Absprachen im Strafverfahren – Von ihrer Gesetz- und Verfassungswidrigkeit, von der ihren Versuchungen erliegenden Praxis und vom dogmatisch gescheiterten Versuch des 4. Strafsenats des BGH, sie im geltenden Strafprozessrecht zu verankern, in Festschrift für Peter Rieß zum 70. Geburtstag, Berlin 2002; *ders.* Wetterzeichen einer untergehenden Strafprozesskultur? wider die falsche Prophetie des Absprachenelysiums, StV 1993, 657 ff.; *ders.* „Absprachen im Strafverfahren ?" zum 58. DJT München 1990

Schütz, Harald, Weiler, Günter Basiswissen zur Berechnung von BAK-Werten aus Trinkdaten, StraFo 1999, 371 ff.

Schwaben, Sylvia Die Rechtsprechungdes BGH zwischen Aufklärungsrüge und Verwertungsverbot, NStZ 2002, 288 ff.

Schwind, Hans-Dieter, Böhm, Alexander, Jehle, Jörg-Martin Strafvollzugsgesetz (StVollzG), Großkommentar, 3. Auflage, Berlin 1999

Seebode, Manfred Einsicht in Personalakten Strafgefangener, NJW 1997, 1754 ff.

Siolek, Wolfgang Zur Fehlenwicklung strafprozessualer Absprachen, Festschrift für Peter Riess zum 70. Geburtstag am 4. Juni 2002, herausgegeben von Ernst-Walter Hanack, Hans Hilger, Volkmar Mehle, Gunter Widmaier, Berlin 2002

Soiné, Michael Polizeilicher Zeugenschutz, NJW 1999, 3688 ff.

Starke, Timm Probleme der Fristberechnung nach § 121 I StPO, StV 1988, 223 ff.

Stern, Steffen Zur Verteidigung des Verurteilten in der Wiederaufnahme, NStZ 1993, 409 ff.

Strate, Gerhard Der Verteidiger in der Wiederaufnahme, StV 1999, 228 ff.; *ders.* Der Verzicht auf die Vereidigung – Eine schädliche Unsitte!, StV 1984, 42ff.

Theune, Werner Auswirkungen der Drogenabhängigkeit auf die Schuldfähigkeit und die Zumessung von Strafe und Maßregeln, NStZ 1997, 57 ff.

Thomas, Sven Der Zeugenbeistand im Strafprozess – Zugleich ein Beitrag zu BVerfGE 38, 105 –, NStZ 1982, 489 ff.

Tondorf, Günter, Waider, Heribert Der Sachverständige, „Ein Gehilfe" auch des Strafverteidigers?, StV 1997, 493 ff.,

Tondorf, Günter Der psychologische und psychiatrische Sachverständige im Strafverfahren, 1. Auflage, Praxis der Strafverteidigung, Band 30, Göttingen 2001

Tröndle, Herbert, Fischer, Thomas Strafgesetzbuch und Nebengesetze, 52., neu bearbeitete Auflage, München 2004

Trück, Thomas Herausgabe von Bändern einer Videovernehmung an den Verteidiger im Wege der Akteneinsicht, NStZ 2004, S. 129 ff.

Uetermeier, Jochen Kein Wortprotokoll in der strafrechtlichen Hauptverhandlung, NJW 2002, 2298 ff.

Ullenbruch, Thomas Anmerkung zu AG Freiburg in NStZ 1993, 150 ff.

Ulsenheimer, Klaus Die Verletzung der Protokollierungspflicht im Strafprozeß und ihre revisionsrechtliche Bedeutung, NJW 1980, S. 2273 ff.

v. Heintschel-Heinegg, BerndStöckl, Heinz KMR, Kommentar zur Strafprozeßordnung, begründet von Kleinknecht, Müller, Reitberger, Neuwied 2004

Vassilaki, Irini Anmerkung zu BGH in JZ 2000, 471 ff.

Ventzke, Klaus-Ulrich Anmerkung zu BGH in StV 1996, 524 ff.

Verrel, Torsten Nemo tenetur – Rekonstruktion eines Verfahrensgrundsatzes – 1. Teil –, NStZ 1997, 361 ff.

Verrel, Torsten Nemo tenetur – Rekonstruktion eines Verfahrensgrundsatzes – 2. Teil –, NStZ 1997, 415 ff.

Vogel, Joachim Anmerkung zu BGH in StV 2003, 596 ff.

Volk, Klaus Strafprozeßrecht, München 2002; *ders.* Anmerkung zu BGH in NStZ 1984, 377 ff.

von Langsdorff, Hermann Maßnahmen der Europäischen Union zur Vereinfachung und Beschleunigung der Rechtshilfe und insoweit vorgesehene Beschuldigten- und Verteidigerrechte, StV 2003, 472 ff.;

Wagner, Hans-Jochen Zur Stellung des Rechtsbeistandes eines Zeugen im Ermittlungs- und Strafverfahren, DRiZ 1983, 21 ff.

Wahrig, Gerhard Deutsches Wörterbuch

Wassermann, Rudolf (Hrsg.) Reihe Alternativkommentare, Kommentar zur Strafprozeßordnung in 3 Bänden, Neuwied 1988

Wattenberg, Andreas Anmerkung zu BGH v. 11.09.2003 in StV 2004, 243 ff.

Weigend, Thomas Anmerkung zu LG Frankfurt am Main aus StV 2003, 325 f. in StV 2003, 436 ff.; *ders.* Anmerkung zu BGH in StV 2000, 63 ff.; *ders.* Anmerkung zu BGH in NStZ 1997, 46 ff.

Weihrauch, Matthias Die Zukunftsperspektive/Strafverteidigung im Blick auf das beginnende Jahrhundert, BRAK-Mitt. 2000, 156 ff.; *ders.* Verteidigung im Ermittlungsverfahren, 6. Auflage, Praxis der Strafverteidigung Band 3, Heidelberg 2002; *ders.* Die Zukunftsperspektive – Strafverteidigung im Blick auf das beginnende Jahrhundert, BRAK-Mitt. 2000, 155 ff.

Welp, Jürgen Die Gestellung des verhandlungsunfähigen Angeklagten, JR 1991, S. 265 ff.

Weltgesundheitsorganisation Internationale Klassifikation psychischer Störungen, ICD 10, F 7, Intelligenzminderung

Wessels, Johannes Die Aufklärung im Strafprozeß, JuS 1969, S. 1 ff.

Widmaier, Gunter Zur Rechtsstellung des nach §§ 220, 38 StPO vom Verteidiger geladenen Sachverständigen, StV 1985, 526 ff.; *ders.* Der Hilfsbeweisantrag mit „Bescheidungsklausel", Festschrift für Hannskarl Salger; Hrsg.: Albin Eser, Hans Josef Kullmann, Lutz Meyer Goßner, Walter Odersky, Rainer Voss, Köln, Berlin, Bonn, München 1995; *ders.* Strafverteidigung im strafrechtlichen Risiko, in 50 Jahre Bundesgerichtshof, Festgabe aus der Wissenschaft, München 2000, 1043 ff.; *ders.* Der strafprozessuale Vergleich, StV 1986, 357 ff.; *ders.* Anmerkung zu BGH v. 08.12.1993 in NStZ 1994, 248 ff.

Wieder, Hans-Joachim Der verweigerte Deal – oder: Die Rache des Schwurgerichts? StV 2002, 397 f.

Wiegmann, Barbara Ablehnung von Mitarbeitern der Strafverfolgungsbehörden als Sachverständige (§ 74 StPO), StV 1996, 570 ff.; *ders.* Ablehnung von Mitarbeitern der Strafverfolgungsbehörden als Sachverständige, StV 1996, S. 570 ff.

Wolter, Jürgen Strafverfahrensrecht und Strafprozeßreform, GA, 1985, 49 ff.

Zieger, Matthias Verpflichtung von Strafverteidigern nach der Verschlußsachenanweisung in Spionageverfahren? – Ein Bericht aus der Praxis –, StV 1995, 107 ff.; *ders.* Verteidigung in Jugendstrafsachen, 4. Auflage, Praxis der Strafverteidigung, Band 2, 2002, Passau, Göttingen

Zöller, Richard Zivilprozeßordnung, Kommentar, 25., neu bearbeitete Auflage, Köln 2005

Erster Teil: Das Mandat im Strafprozess

§ 1 Das Strafverteidigermandat

I. Charakter, Inhalt und Grenzen des Mandatsverhältnisses

1. Rechtliche Stellung des Verteidigers

a) Rechtliche Stellung im Strafverfahren

Die Strafverteidigung ist ihrer Natur nach auf den Schutz des Beschuldigten vor An- 1
klage, Verhaftung und Verurteilung ausgerichtet.[1] Zusätzlich soll für den Verteidiger
eine Berechtigung und Verpflichtung dazu bestehen, an der Ermittlung der materiellen
Wahrheit mitzuwirken. Der Verteidiger wird insofern von der herrschenden Meinung
neben dem Gericht und der Staatsanwaltschaft als gleichberechtigtes Organ der Rechtspflege angesehen.[2] Damit steht der Verteidiger nicht unter der Kontrolle des Gerichts.
Er ist ausschließlich im Rahmen der Gesetze einseitig den Interessen seines Mandanten
verpflichtet, muss für diesen alles Günstige vorbringen und ist berechtigt, an anderen
verfahrensbeteiligten Zeugen oder Sachverständigen durchaus scharfe, nicht aber un-
sachliche Kritik zu üben. Er ist verpflichtet, dafür zu sorgen, dass das Verfahren sachdienlich und in prozessual geordneten Bahnenx durchgeführt wird.[3]
Über diese **Organstellung** des Rechtsanwalts ist in der Vergangenheit viel gestritten
worden.[4] So wird auch eine Modifikation der Organtheorie vertreten, wonach der Verteidiger neben privaten zugleich öffentliche Aufgaben zu vertreten habe, und zwar in
einem Kernbereich, in dem die Funktionstüchtigkeit der Rechtspflege gewahrt bleiben
müsse und in der ein Verteidiger der Aufrechterhaltung der Effektivität der Rechtspflege verpflichtet sei.[5] Wieder andere Autoren hängen hingegen der Vertragstheorie[6]
an, als Ausdruck der Autonomie und Respektierung der Subjektrolle des Beschuldigten. Für die Ausgestaltung der Beziehung zwischen Beschuldigtem und Verteidiger
soll danach nur die für die gesamte Privatrechtsgesellschaft typische Rechtsform des
Vertrages in Betracht kommen. Der Vertrag werde in Fällen der Wahlverteidigung mit
der Bevollmächtigung des Verteidigers durch den Mandanten geschlossen bzw. beim
bestellten Verteidiger durch den Akt der Bestellung seitens des Vorsitzenden hoheitlich
eingeleitet. Die Grenzen des Vertrages ergäben sich aus den allgemeinen Vorschriften
des Bürgerlichen Rechts über Rechtsgeschäfte und Verträge.
Gelegentlich wird die **Organtheorie** wiederum vollständig mit der Begründung abgelehnt, dass sie eher als Instrument der Bevormundung und Kontrolle, denn als Möglichkeit zur Inanspruchnahme von Rechten verwandt werde.[7] Diese auf praktischen Erfahrungen fußende Feststellung wird man kaum negieren können. Hieraus erklärt sich
auch ein Unwohlsein vieler Verteidiger an der herrschenden Organtheorie. Man wird

---

1 BGHSt 29, 99, 102.
2 BVerfGE 38, 105; 53, 207; BGHSt 9, 20; 15, 326.
3 BGHSt 38, 111.
4 Vgl. zum Meinungsstand KK/Laufhütte, vor § 137 Rn 4.
5 Beulke, Der Verteidiger im Strafverfahren, S. 200 ff.
6 LR/Lüderssen, vor § 137 Rn 75 ff.
7 AK/Stern, vor § 137 Rn 24.

jedoch sehen müssen, dass aus der zweifellos bestehenden Problematik der Durchsetzung von Rechten nicht ohne weiteres gefolgert werden kann, dass entsprechend auch keine Pflichten bestehen können. Denn die Annahme, dass Rechte und Pflichten in einem Gleichgewichtsverhältnis stehen, ist unrichtig. Im übrigen gilt, dass der Verteidiger selbstverständlich an Recht und Gesetz gebunden ist und somit auch einer (Standes-)Kontrolle unterliegt.

b) Rechtliche Stellung zum Beschuldigten

2 Von größerer praktischer Bedeutung ist das rechtliche Verhältnis des Verteidigers zum Beschuldigten. Hierzu ergibt sich aus § 137 Abs. 1 StPO, dass der Verteidiger Beistand ist. Er ist deshalb in der Wahrnehmung der Interessen selbständig.[8] Dies bedeutet, dass er **weisungsunabhängig** ist. Damit ist es für ihn möglich, sogar eine andere Verteidigungstaktik als der Beschuldigte zu verfolgen, Erklärungen abzugeben, die vom Willen des Beschuldigten nicht getragen sind oder Beweisanträge gegen dessen Willen entweder zu stellen oder zurückzunehmen.[9]

Der Beschuldigte kann den Verteidiger auch nicht zwingen, ein Rechtsmittel einzulegen,[10] andererseits darf der Verteidiger aber auch kein Rechtsmittel gegen den Willen des Beschuldigten einlegen.[11] Problematisch ist deshalb die auf vielen Vollmachtsformularen zu findende Bevollmächtigung des Verteidigers, *„Rechtsmittel einzulegen, zurückzunehmen und auf solche zu verzichten"*. Denn der Verteidiger darf den Beschuldigten „nicht im Stich lassen".[12]

3 Im Verhältnis gegenüber den **anderen Verfahrensbeteiligten** gilt der Grundsatz, dass der Verteidiger die Interessen des Beschuldigten zu wahren und dafür Sorge zu tragen hat, dass der Strafanspruch des Staates im prozessordnungsgemäßen, justizförmigen Weg verfolgt wird. Aus der Sicht des Verteidigers bedeutet dies, dass er durchaus einseitig sein[13] und scharfe Kritik üben darf.[14] Es liegt auf der Hand, dass gerade beim „Kampf um das Recht" in diesem Bereich die meisten Probleme auftreten. Selbstverständlich ist, dass der Verteidiger im Rahmen seiner Verteidigungsbemühungen keine strafbaren Handlungen begehen darf.[15]

Aus der Verpflichtung, nur rechtlich erlaubte Mittel einzusetzen, folgt das Gebot, der staatlichen Rechtsordnung nicht entgegenzutreten. Deshalb ist auch für den Verteidiger die Strafvereitelung strafbares Handeln.

Andererseits ist dem Verteidiger eine deutliche Sprache, die manchmal erforderlich sein mag, keineswegs verwehrt. Ebenso können prozessordnungsgemäße Handlungen – namentlich das Stellen von (zulässigen) Anträgen – keine strafbaren oder auch nur standeswidrigen Verfehlungen darstellen.

---

8 BGHSt 13, 337.
9 Vgl. BGHSt 39, 310; OLG Frankfurt NStZ-RR 96, 236; OLG Celle StV 88, 425.
10 OLG Düsseldorf, StV 84, 324.
11 BGHR StPO § 302 Abs. 1 Satz 1 Rechtsmittelverzicht 7.
12 OLG Frankfurt, StV 85, 225.
13 OLG Hamburg, NJW 98, 622.
14 KG StV 98, 83.
15 Vgl. hierzu unten § 1 Rn 30 ff.

Als wichtigste Pflichten des Verteidigers lassen sich festhalten:

■ Die Fürsorgepflicht
■ Die Wahrheitspflicht
■ Die Verpflichtung, nur rechtlich erlaubte Mittel einzusetzen
■ Die Verschwiegenheitspflicht

2. Mandatsübernahme/Mandatsbeendigung

a) Wahlverteidigung

aa) Form des Mandatsverhältnisses. Der **Anwaltsvertrag** ist ein entgeltlicher Ge-   4
schäftsbesorgungsvertrag i.S.d. § 675 BGB. Wie bei jedem anderen Vertrag auch sind
deshalb zur Begründung des Vertragsverhältnisses Antrag und Annahme erforderlich.
Die einseitige Erklärung eines Beschuldigten gegenüber Dritten (etwa der Ermittlungsbehörde) kann deshalb nie ein Mandatsverhältnis bewirken. Auch die Bitte eines Beschuldigten gegenüber dem Richter, ihm einen bestimmten Rechtsanwalt als Pflichtverteidiger beizuordnen, führt keineswegs zur Entstehung des Mandatsverhältnisses.
Hierzu wäre erst die Bestellung erforderlich. Unabhängig vom Bestehen eines Mandatsverhältnisses dürfen jedoch Nebenpflichten nicht außer Acht gelassen werden. So
ist darauf hinzuweisen, dass § 44 BRAO dem Rechtsanwalt die Verpflichtung auferlegt, bei Nichtannahme eines Mandats unverzüglich die Ablehnung zu erklären, weil
ihm ansonsten eine Schadensersatzpflicht erwachsen kann.
Der Anwaltsvertrag ist **formfrei**. Er kann deshalb auch in mündlicher Form abgeschlossen werden. Ein Schriftformerfordernis besteht nicht. Vielmehr besteht eine Vermutung dafür, dass der Rechtsanwalt, der für einen Mandanten tätig ist, von diesem
auch mandatiert ist.[16] Lediglich bei berechtigten Zweifeln im Einzelfall kann die Vorlage einer Vollmachtsurkunde verlangt werden.[17] Ein solch berechtigter Zweifel ist
etwa angenommen worden in einem Fall, in dem mehrere Mitglieder einer Rechtsan-
walts-GmbH für den Beschuldigten tätig wurden.[18] Fehlt es aber an begründeten Zweifeln für das Bestehen eines Verteidigermandats, ist kein Raum für die Forderung nach
einem schriftlichen Vollmachtsnachweis. Aus diesem Grund ist auch die vielfach ge-
übte Praxis von Staatsanwaltschaften unzulässig, beispielsweise die Gewährung von
Akteneinsicht von der Vorlage einer schriftlichen Vollmacht abhängig zu machen.
Andererseits wird der Rechtsanwalt vernünftigerweise – wenn es nicht aufgrund be-   5
stimmter Gegebenheiten unmöglich ist – immer versuchen, sich eine **schriftliche Vollmacht** unterzeichnen zu lassen, damit er in einfacher Weise die erteilte Vollmacht
nachweisen kann. Hierbei sollte er sich sogar nicht nur eine Vollmacht unterschreiben
lassen, sondern **mehrere Vollmachtsformulare**. Denn im Laufe des Verfahrens können immer wieder Situationen eintreten, in denen der Rechtsanwalt erneut seine Bevollmächtigung nachweisen muss. So trifft man heute beispielsweise nach wie vor auf
Justizvollzugsanstalten (JVA), welche das Vertretungsverhältnis eines Gefangenen
zum Rechtsanwalt bei Verlegung des Gefangenen in eine andere JVA dieser gegenüber
unerwähnt lassen. Der Rechtsanwalt wird deshalb hier ärgerliche Situationen vermei-

---

16 BGHSt 36, 259, BayObLG AnwBl. 81, 18; OLG Hamm Anwbl. 81, 31; BGHR StPO § 338. Nr. 5 Verteidiger 3; BGHSt
    36, 259; KK/Laufhütte vor § 137 Rn 2, § 138 Rn 15 m.w.N.
17 OLG Hamm, a.a.O.; LG Hagen StV 83, 145.
18 LG Bonn, Anwbl. 01, 300.

den, wenn er durch das Mitführen einer entsprechenden Vollmacht in der Handakte belegen kann, dass er mandatiert ist.

6 **bb) Freiheit der Mandatsübernahme.** Die Übernahme des Mandats ist dem Rechtsanwalt freigestellt. Abgesehen von der Pflichtverteidigung, die nobile officium (Ehrenpflicht) ist, kann der Rechtsanwalt selbst entscheiden, ob er ein Mandat übernehmen möchte oder nicht. Diese äußere Freiheit in der Mandatsübernahme darf allerdings nicht mit der inneren Freiheit verwechselt werden. Hier gibt es bestimmte Grenzen, über die man sich besser von Beginn an Klarheit verschaffen sollte.

Auch wenn die Verteidigung darauf abzielt, *„nicht die Tat, sondern den Täter zu verteidigen"*, ist es doch nachvollziehbar, dass jeder Mensch bestimmte Empfindungen hat, die eine ordnungsgemäße Führung der Verteidigung gefährden könnten. Dies kann entweder der Fall sein, wenn bestimmte **Deliktsgruppen** (z.B. Sexualdelikte oder etwa politisch motivierte Straftaten) berührt sind oder aber der Verteidiger wegen einer **Nähe zu Opfer oder Täter** besonders betroffen ist. in solchen Fällen ist es alles andere als ehrenrührig, das Mandat nicht zu übernehmen. Weil Gefühle sich nun einmal nicht stets nach logischen Richtlinien orientieren, ist es auch zwangsläufig, dass jeder Mensch dabei anders betroffen sein mag. **Bedenklich** wird die Angelegenheit nur, wenn Verteidigungen trotz emotionaler Sperren übernommen werden und vollends problematisch wird es, wenn zusätzlich auch noch aller Welt mitgeteilt wird, wie man seinen Mandanten einschätzt oder aber Rechtfertigungen und Entschuldigungen gegenüber der Öffentlichkeit darüber bemüht werden, warum man eine Verteidigung führt. Teilweise sind hierbei leider Handlungsweisen zu beobachten, die schon den Bereich strafbarer Handlungen des Rechtsanwalts berühren können. Gerade deshalb ist es wichtig, dass sich der Rechtsanwalt von vornherein darüber im Klaren ist, ob er ein Mandat führen möchte oder nicht. Entscheidet er sich für die Mandatsübernahme, dann hat er es auch mit allen Konsequenzen zu bearbeiten.

7 Eine andere Grenze muss in der **Befähigung des Verteidigers** gesehen werden, das Mandat auch sachgerecht führen zu können. Die bestehende Rechtsordnung macht es möglich, dass zwar ein Rechtsreferendar in Zivilsachen nicht vor dem Landgericht auftreten darf, in Strafsachen hingegen das Führen einer Verteidigung selbst vor dem Schwurgericht mit der Gefahr langjähriger Freiheitsstrafen, wenn nicht sogar der lebenslangen Freiheitsstrafe, keine rechtliche Grenze entgegensteht.[19] Gerade weil dies so ist, ist die besondere Verantwortung des Verteidigers gefordert. Seriöserweise darf er sich nur dann überhaupt in eine strafrechtliche Hauptverhandlung begeben, wenn er zumindest dazu in der Lage ist, aus der Situation heraus vernünftige Anträge zu formulieren. Weiterhin ist wenigstens zu verlangen, dass er nur dann in Spezialgebieten des Strafrechts (z.B. Umweltstrafrecht, Steuerstrafrecht) verteidigt, wenn er entweder hiervon selbst etwas versteht, oder aber durch Bildung eines Verteidigerteams sichergestellt hat, dass die entsprechenden **Spezialkenntnisse** in der Verteidigermannschaft vorhanden sind.[20]

8 Ebenfalls muss angeraten werden, auch in **organisatorischer Hinsicht** die Übernahme eines Strafverteidigermandats genau zu durchdenken. Ist eine Rechtsanwalts-

---

19 Vgl. hierzu § 139 StPO.
20 Vgl. hierzu auch die Thesen zur Strafverteidigung der Bundesrechtsanwaltskammer, sowie Barton, Mindeststandards der Strafverteidigung, 1994.

kanzlei aufgrund ihres organisatorischen Zuschnitts nicht dazu in der Lage, ein Mandat problemlos abzuwickeln, kann eine Fülle von weiteren Problemen entstehen, die möglicherweise sogar existenzbedrohend werden können. Dies kann damit beginnen, dass aufgrund der Vielzahl der zu kopierenden Akten in einem **Großverfahren** die Kanzlei buchstäblich lahmgelegt wird. Weiterhin ist zu bedenken, dass bei manchen Strafverfahren – insbesondere Groß- oder Umfangsverfahren – die finanzielle Situation hochproblematisch werden kann. Hier wird häufig am Anfang ein erheblicher Vorschuß winken, der als besonders verlockend erscheinen mag, das entsprechende Mandat auch zu übernehmen. Andererseits kann sich die Situation später deutlich verschlechtern. Bei längeren Hauptverhandlungen, die etwa über 20, 30 oder noch mehr Tage dauern, kann das Verfahren aber dazu führen, dass der Mandant ein weiteres Honorar nicht mehr leisten kann. Zu diesem Zeitpunkt deswegen aus dem Mandat auszuscheiden, wird für den Verteidiger kaum in Frage kommen können. Ein Überwechseln auf eine Pflichtverteidigung bringt auch keine weiteren Vorteile, weil bei der Bemessung der Pflichtverteidigungsgebühren die geleisteten Honorarvorschüsse in Anrechnung zu bringen sind. Im Ergebnis wird in einem solchen Fall deshalb der Rechtsanwalt kostenlos weiterverteidigen müssen.

Dies ist jedoch leider noch nicht alles. Die weitere Gefahr besteht darin, dass andere Mandate, die der Anwalt bislang bearbeitet hat, verloren gehen. Dies deshalb, weil andere Mandanten befürchten, der Rechtsanwalt habe wegen der Durchführung des Großmandats nicht mehr genug Zeit, sich auch um sie und ihre Belange zu kümmern. Schlimmstenfalls steht deshalb der Rechtsanwalt am Ende nur noch mit seinem Großmandat da, für welches er jedoch kein Honorar mehr erhält.

cc) Art der Beauftragung. Ein Mandatsauftrag kann von **verschiedenen Seiten** erfolgen. Der häufigste Fall ist die Auftragserteilung **vom Mandanten** selbst. Diese Situation ist in aller Regel unproblematisch. Zu verlangen ist allerdings, dass vor der Übernahme des Mandats wenigstens in irgendeiner Form eine Kontaktaufnahme zwischen Mandant und Anwalt – und sei es auch nur telefonisch oder brieflich – stattgefunden hat. Ein Mandat zu führen, bei dem der Anwalt nicht einmal weiß, ob sein Mandant überhaupt lebt oder er möglichereise einen Toten „verteidigt", ist unzulässig.

Häufig tritt allerdings auch der Fall ein, dass der Mandatsauftrag nicht vom Mandanten selbst erteilt wird, sondern **von einem Dritten**. Dieser Dritte kann ein Familienangehöriger sein, manchmal aber auch ein Freund oder etwa der Arbeitgeber. Auch in diesen Fällen ist die Übernahme des Verteidigungsmandats durchaus möglich. Es empfiehlt sich allerdings von vornherein klarzustellen, dass das Mandatsverhältnis ausschließlich mit dem Mandanten besteht und sich alle Rechte und Pflichten aus dem Mandatsverhältnis allein aus dem Verhältnis zwischen Mandant und Anwalt bestimmen. Keineswegs kann etwa der Finanzier der Verteidigung vorgeben, wie diese geführt wird. Der Anwalt ist dem Finanzier natürlich auch nicht zur Auskunft verpflichtet, sondern es gilt die Verschwiegenheitspflicht. Der Rechtsanwalt darf deshalb einem Dritten nur dann Auskunft geben, wenn der Mandant ihn von der Schweigepflicht entbindet. Der bekannte Grundsatz *„Wer zahlt, schafft an!"*, gilt also gerade nicht.

Es empfiehlt sich, bei Beauftragung durch Dritte gerade diesen Sachverhalt von Anfang an mit aller Deutlichkeit zur Sprache zu bringen. Man sollte sich bewusst sein, dass die Beauftragung durch Dritte häufig deren eigenen Zielen dienen kann. So sind Fälle nicht selten, in denen der Auftraggeber selbst in das Tatgeschehen verwickelt sein

9

kann und sich durch die Beauftragung des Anwalts für den Beschuldigten ein gewisses „Wohlverhalten" ihm gegenüber erhofft. Auch **Arbeitgeber** handeln keineswegs immer selbstlos in Erfüllung ihrer Fürsorgepflicht. Hier kann zusätzlich das durchaus legitime Interesse bestehen, über die Einwirkung auf die Verteidigung zu versuchen, weiteren Schaden von der Firma abzuwenden. Dem Verteidiger ist es dabei nicht grundsätzlich verwehrt, diese Interessen von dritter Seite bei der Verteidigung mitzubeachten, soweit sie legitim sind. Ihm muss allerdings klar sein, dass in Zweifelsfällen immer das Interesse des Mandanten vorgeht.[21] Tritt beispielsweise die Situation auf, dass bei einer Beauftragung durch den Arbeitgeber dem Mandanten durch die Ermittlungsbehörden in Aussicht gestellt wird, das Verfahren gegen ihn zu einem günstigeren Ergebnis zu führen, wenn der Mandant wahrheitsgemäße Angaben über die Beteiligung des Vorstands der Gesellschaft an bestimmten Straftaten macht, so kann kein Zweifel darüber bestehen, dass auch bei einer Beauftragung durch die Gesellschaft dem Mandant ein entsprechender Rat zu geben ist.

10 Unterschiedlich wird die Frage beantwortet, ob bei einer Beauftragung durch einen Dritten der Anwalt von diesem Dritten auch direkt sein Honorar einfordern sollte, oder aber stets nur vom Mandanten, der das Honorar zuvor durch den Dritten erhalten hat. Weil es sich bei dem Umweg über den Mandanten jedoch lediglich um eine künstliche Verschleierungsmaßnahme handelt, die eher unwürdig ist, ist nicht einzusehen, warum das Geld nicht direkt vom Dritten vereinnahmt werden kann, wenn die oberen Grundsätze beachtet werden. Hinzuweisen ist der Mandant aber auf mögliche sich aus der Handhabung ergebende steuerliche Verpflichtungen, weil die Bezahlung durch Dritte ein geldwerter Vorteil sein kann.

11 *dd) Verteidigungsvoraussetzung, Anzahl der Verteidiger und Beschuldigten.* Die Voraussetzungen für das Führen einer Verteidigung sind in § 137 StPO geregelt. Danach darf jeder Rechtsanwalt und jeder Rechtslehrer an deutschen Hochschulen die Verteidigung führen (§ 138 Abs. 1 StPO). In **Steuerstrafsachen** darf als Verteidiger auch der Steuerberater bis zum Erlaß des Strafbefehls durch die Buß- und Strafsachenstelle tätig sein (§ 392 Abs. 2 AO). Darüber hinausgehend erlaubt § 138 Abs. 2 StPO auch anderen Personen mit Genehmigung des Gerichts die Verteidigung. Neben Privatpersonen (mit Ausnahme von Mitangeklagten)[22] zählen hierzu insbesondere **ausländische Rechtsanwälte** und **Rechtsbeistände**, die nach § 209 BRAO Mitglied der Rechtsanwaltskammer sind.[23] **Rechtsreferendare**, die 15 Monate im Referendardienst tätig sind, dürfen ebenfalls die Verteidigung übernehmen, wenn der Beschuldigte zustimmt (§ 139 StPO). Dankenswerterweise ist durch das Strafverfahrensänderungsgesetz 1987 nunmehr die Formulierung *„mit Zustimmung dessen, der ihn gewählt hat"* anstelle der Bezeichnung *„des Angeklagten"* in das Gesetz aufgenommen worden. Hiermit ist klargestellt, dass der Referendar bereits zu Beginn an der Verteidigung beteiligt sein kann. Es ist nicht mehr erforderlich, dass eine zugelassene Anklageschrift vorhanden ist. Führt der Referendar die Verteidigung, hat er dieselben Rechte wie ein Verteidiger. Er ist also nicht etwa den Weisungen etwaiger Dienstvorgesetzter unterworfen. Dies sollte

---

21 Vgl. hierzu Thesen 11 ff. der BRAK.
22 BayObLG NJW 1953, 755.
23 BGHSt 32, 326, 329.

eigentlich selbstverständlich sein. Es ist aber darauf hinzuweisen, weil es immerhin der Entscheidung eines OLGs bedurfte, dies klarzustellen.[24]

Gem. § 137 Abs. 1 Satz 2 StPO darf die Zahl der „gewählten" Verteidiger drei nicht **12** übersteigen. Dies bedeutet, dass Pflichtverteidiger nicht hierunter fallen. Es wäre deshalb durchaus denkbar, dass gleich fünf Rechtsanwälte die Verteidigerbank besetzen, wenn das Gericht in einer besonders umfangreichen Angelegenheit beispielsweise zwei Pflichtverteidiger bestellt hat. Die beschränkte Zahl der Wahlverteidiger gilt auch für das Ordnungswidrigkeitenverfahren, weil das OWiG auf die StPO verweist.

Im **Jugendstrafverfahren** haben die Erziehungsberechtigten ein eigenes Recht, einen **13** Verteidiger zu bestellen (§ 67 Abs. 3 JGG), wovon das Recht des beschuldigten Minderjährigen, selbst einen Verteidiger zu wählen, aber nicht berührt wird. In diesen Fällen gilt allerdings § 137 Abs. 2 Satz 2 StPO mit der Folge, dass hier allenfalls drei Verteidiger auftreten können und keineswegs sechs.

Der gewählte Verteidiger hat auch das Recht, **Untervollmacht** zu erteilen. Häufig wird vom Mandanten eine entsprechende Erklärung schon mit Unterzeichnung der Vollmacht abgegeben werden. Eine solche Unterbevollmächtigung erhöht allerdings nicht gem. § 137 StPO die Anzahl der Verteidiger. Etwas anderes gilt nur dann, wenn der Unterbevollmächtigte **neben** dem Bevollmächtigten als Verteidiger auftreten soll. In diesem Fall zählt er als zweiter gewählter Verteidiger i.S.d. § 137 Abs. 1 S. 2 StPO.[25]

In § 146a StPO ist das Verfahren für den Fall geregelt, dass sich zu viele Verteidiger für den Beschuldigten. Melden sich von Anfang an zu viele Verteidiger für einen Beschuldigten, sind sie alle gleichzeitig zurückzuweisen. Ansonsten werden die Verteidiger zurückgewiesen, die über die zulässige Anzahl hinausgehen.

In der Praxis kann es aus Unachtsamkeit wegen der Anzahl der zulässigen Verteidiger zu Problemen kommen. Um dies zu vermeiden, ist Sozietäten, deren Mitgliedszahlen drei Personen übersteigt, zu empfehlen, auf den Vollmachtsurkunden entweder eine Streichung der nicht mandatierten Kollegen vorzunehmen oder aber von Anfang an Formulare zu verwenden, in die die Namen der mandatierten Verteidiger erst handschriftlich oder maschinenschriftlich eingetragen werden können. Es gibt immer noch Staatsanwaltschaften, die bei der Vorlage von Strafprozessvollmachten größerer Sozietäten, bei der mehr als drei Rechtsanwälte aufgeführt sind, unter Hinweis auf § 137 StPO mit der Zurückweisung der Verteidiger drohen. Dies ist zwar rechtlich falsch, weil nur der als Verteidiger gilt, der für den Mandanten tatsächlich auch handelt, dennoch ist der Vorgang zeitraubend und sollte idealerweise vermieden werden.

Regelt § 137 StPO, wieviele Verteidiger ein Beschuldigter bemühen kann, so ergibt **14** sich aus § 146 StPO, wieviele Beschuldigte ein Verteidiger verteidigen kann. Nach dem durch das Strafverfahrensänderungsgesetz 1987 in § 146 StPO das Wort „gleichzeitig" aufgenommen wurde, ist die sog. **„sukzessive Mehrfachverteidigung"** nunmehr zulässig. Dies bedeutet, dass ein Verteidiger in einem Verfahren (nur) so lange einen anderen Beschuldigten nicht verteidigen kann, wie er noch das Mandat des anderen führt. Hierbei kommt es auf die rechtliche Beendigung des Verteidigungsverhältnisses an. Ist das Mandat gegenüber dem früheren Mandanten durch Niederlegung oder Entzug beendet oder ist dieser gar verstorben, ist es dem Verteidiger gemäß § 146

---

24 OLG Düsseldorf StV 94, 502.
25 KK/Laufhütte, vor § 137 StPO Rn 1 m.w.N.

StPO nicht versagt, nun das Mandat eines anderen Beschuldigten im gleichen Verfahren zu übernehmen.[26]

Beispielsfall: In einem Strafverfahren müssen sich die Eheleute A) und B) wegen Verdachts der Insolvenzverschleppung verantworten. Hierbei war die Ehefrau B) als Geschäftsführerin der GmbH nur als Strohfrau tätig. Tatsächlich führte die GmbH aber der Ehemann als faktischer Geschäftsführer.

Dem Verteidiger ist es gem. § 146 StPO nicht verwehrt, den Ehemann im selben Verfahren weiter zu verteidigen, wenn er es als Verteidiger der Ehefrau erreicht, das Verfahren gegen diese gemäß § 153a StPO zu beenden und sein Mandat anschließend niederlegt.[27]

15   Der Verteidiger hat allerdings die sich aus dem **Berufsrecht** ergebenden Grenzen zu beachten. So ergibt sich aus § 43a Abs. 4 BRAO, dass der Rechtsanwalt keine widerstreitenden Interessen vertreten darf. Dies wäre zweifellos der Fall, wenn er bei der Verteidigung seines nunmehrigen neuen Mandanten Wissen zum Nachteil seines alten Mandanten einsetzt, das er gerade aus dessen Verteidigung gewonnen hat. Weitergehende Probleme insbesondere gem. § 3 Abs. 2 BORA bestehen gegenwärtig nicht mehr, weil das Bundesverfassungsgericht diese Vorschrift zwischenzeitlich für verfassungswidrig erklärt hat.[28]

b) Notwendige Verteidigung (Pflichtverteidigung)

16   Zur Frage der **Pflichtverteidigung** können bei Rechtsanwälten durchaus verschiedene Aufassungen festgestellt werden. Während Berufsanfänger die Pflichtverteidigertätigkeit durchaus schätzen, weil sich dadurch die Gelegenheit bietet, neue Mandate zu gewinnen, begreifen bereits länger praktizierende Rechtsanwälte sie als das, was sie ihrer Systematik nach auch ist, als Sonderopfer.[29] Das Institut der notwendigen Verteidigung stellt eine Konkretisierung des Rechtsstaatsprinzips dar und ist als solche wichtig für das Strafverfahren. Für den Verteidiger bedeutet dies, dass er sich deshalb auch aus grundsätzlichen Erwägungen heraus dazu verpflichtet sehen muss, bei den entsprechenden Fällen als Pflichtverteidiger zur Verfügung zu stehen (Ehrenpflicht). Es ist jedoch davor zu warnen, die Tätigkeit als Pflichtverteidiger als Möglichkeit zum Geldverdienen zu begreifen. Bereits aus berufsethischen Gründen ist einem Pflichtmandat genauso viel Aufmerksamkeit zu zollen wie einem Wahlmandat. Völlig indiskutabel wäre etwa eine Handhabung, bei der der Pflichtverteidiger seinen Mandanten erst fünf Minuten vor der Hauptverhandlung kennenlernt oder ohne intensive Auseinandersetzung mit dem Akteninhalt verteidigt. Solche Verfahrensweisen stellen keine Verteidigung dar, sondern allenfalls eine des Rechtsstaats unwürdige pro forma-Verteidigung. Unternimmt der Verteidiger aber die gebotenen Verteidigerbemühungen, so wird die gesetzlich fixierte Mindestgebühr hierfür zu keinem Zeitpunkt ein angemessener Aus-

---

26 Zu den vom BGH aufgestellten Grundsätzen zur Interessenkollision – auch bei Bestellung eines Pflichtverteidigers – vgl. BGH StV 2003, 210, 211 f.

27 Die vorläufige Einstellung gem. § 153a StPO ermöglicht dabei allerdings noch nicht den Verteidigungswechsel, sondern erst die Beendigung des Mandats durch Niederlegung.

28 BVerfG StraFo 2003, 306 ff.

29 „Pflichtverteidigung ist eine besondere Form der Indienstnahme Privater im öffentlichen Interesse"; vgl. hierzu BVerfG NJW 04, 1305, 1310.

gleich sein können. Unter finanziellen Gesichtspunkten wird eine seriös betriebene Pflichtverteidigung deshalb stets ein Minusgeschäft sein.

Zu warnen ist auch vor einer gelegentlich von Rechtsanwälten geübten Praxis, über einen verstärkten Kontakt zu Gerichten Pflichtverteidigungen zuerteilt zu erhalten. Ein allein durch das Gericht ausgewählter Verteidiger kann sehr schnell seine Handlungsfreiheit verlieren, wenn seine Verteidigungsaktivitäten (z.B. Beweisanträge, Befangenheitsanträge) dazu führen, ausgesprochen oder unausgesprochen den Interessen des Gerichts zuwider zu laufen. Einmal mehr ist zu beachten, dass Interessenkollisionen bei Führung eines Mandats stets zu vermeiden sind.[30] Dies gilt aber nicht nur bei einer Entscheidung zwischen zwei Mandaten, sondern auch bei der Frage, von wem das Mandat erteilt wird. Vgl. hierzu Ausführungen bei § 1 Rn 9 f.

Diese kritischen Anmerkungen befreien den Verteidiger aber natürlich nicht davor, die nötigen Kenntnisse über die Rechtsfragen zur notwendigen Verteidigung zu besitzen.

aa) Rechtsgrundlagen für die Bestellung. Eine notwendige Verteidigung kann gem. § 140, § 117 Abs. 4, §§ 364 a, 364 b, § 408 b, § 418 Abs. 4 StPO oder § 68 JGG vorliegen.   **17**

Praktisch von größter Bedeutung sind die Fälle der **notwendigen Verteidigung** i.S.d. **§ 140 Abs. 1 Nr. 1 StPO**, also solche, bei welchen die Hauptverhandlung im ersten Rechtszug vor dem Oberlandesgericht oder vor dem Landgericht stattfindet. Dabei ist unerheblich, was dem Angeklagten zur Last liegt, welche Rechtsfolgen zu erwarten sind und ob eigentlich ein Amtsgericht sachlich zuständig wäre.

Wird dem Beschuldigten ein Verbrechen (§ 12 Abs. 1 StGB) zur Last gelegt, liegt ein Fall notwendiger Verteidigung gem. **§ 140 Abs. 1 Nr. 2 StPO** vor. Dies ist der Fall, wenn die Tat in der zugelassenen Anklage als Verbrechen beurteilt, wegen eines Verbrechens Nachtragsanklage gem. § 266 StPO erhoben wird oder wenn in der Hauptverhandlung ein entsprechender Hinweis nach § 265 Abs. 1 StPO ergeht.

Notwendig ist die Verteidigung, wenn die Anordnung eines Berufsverbots mit einiger Wahrscheinlichkeit zu erwarten ist, **§ 140 Abs. 1 Nr. 3 StPO**. Dies ist der Fall, wenn bereits die Anklage § 70 StGB aufführt, ein entsprechender Hinweis nach § 265 Abs. 2 StPO ergeht oder sonst Umstände auftreten, die es erfordern, dass sich das Gericht mit einer Maßregel nach § 70 StGB befaßt.[31]

Probleme wirft der Fall notwendiger Verteidigung gem. **§ 140 Abs. 1 Nr. 5 StPO** auf, in welchem sich der Beschuldigte mindestens drei Monate aufgrund richterlicher Entscheidung in einer Anstalt befunden haben muss. Normzweck ist die eingeschränkte Verteidigungsfähigkeit des Beschuldigten. Es besteht die Vermutung, dass derjenige, der sich drei Monate in einer Anstalt befindet, im Vergleich zu einem auf freiem Fuß befindlichen Beschuldigten in seiner Verteidigung behindert ist. Strittig ist, ob die Unterbringung in einer Anstalt für die Dauer von drei Monaten ununterbrochen stattgefunden haben muss oder ob es ausreicht, dass mehrere Unterbringungen insgesamt die Dauer von drei Monaten erreichen. Nach überwiegender Ansicht ist die ununterbrochene Unterbringung nicht zwingend erforderlich.[32] Der Wortlaut der Vorschrift lässt diese Auslegung zu. Sie ist auch geboten, um die Verteidigungsnachteile des An-

---

30 Vgl. insoweit OLG Rostock StV 03, 373 ff.
31 Meyer-Goßner, § 140 Rn 13.
32 LG Frankfurt, NStZ 91, m.w.N.; a.A. Meyer-Goßner, § 140 Rn 15.

staltsinsassen auszugleichen. Der Lauf der Dreimonatsfrist beginnt erst, wenn der Verwahrte Beschuldigter geworden ist.[33]

Befindet sich der Beschuldigte aufgrund einer Bewährungsauflage in ambulant-stationärer Therapie, ist die Vorschrift analog anzuwenden, wenn der Beschuldigte bei Abbruch der Behandlung den Widerruf der Strafaussetzung riskiert.[34] Da die erforderliche richterliche Anordnung vorliegt, ist die Therapie den in § 140 Abs. 1 Nr. 5 StPO genannten Fällen vergleichbar.

Ist der Beschuldigte spätestens zwei Wochen vor der Hauptverhandlung entlassen worden, liegt kein Fall notwendiger Verteidigung vor. Die Bestellung kann dann gemäß **§ 140 Abs. 3 S. 1 StPO** aufgehoben werden. Die Ermessensnorm gibt dem Gericht auf, stets zu prüfen, ob die Beiordnung des Verteidigers aufrechtzuerhalten ist, weil die auf der Freiheitsentziehung beruhende Behinderung trotz der Freilassung nachwirkt. Davon wird regelmäßig auszugehen sein.[35]

Eine notwendige Verteidigung nach **§ 140 Abs. 1 Nr. 6 StPO** wegen der geplanten Unterbringung des Beschuldigten nach § 81 StPO liegt schon dann vor, wenn über einen ernst gemeinten Antrag auf Unterbringung zur Beobachtung zu entscheiden ist, auch wenn dieser keinen Erfolg hat.[36] Die Verteidigung bleibt für das weitere Verfahren auch dann notwendig, wenn es nicht zur Anstaltsunterbringung kommt.

Notwendig ist die Verteidigung gem. **§ 140 Abs. 1 Nr. 7 StPO** stets im Sicherungsverfahren nach §§ 413 ff. StPO. Dies gilt auch im Verfahren vor dem Amtsgericht, wenn es mit dem Ziel der Unterbringung in einer Entziehungsanstalt nach § 64 StGB oder der Entziehung der Fahrerlaubnis nach § 69 StGB durchgeführt wird.[37] Für die Anordnung einer Unterbringung in einem psychiatrischen Krankenhaus oder der Sicherungsverwahrung ist das Amtsgericht nicht zuständig, § 24 Abs. 1 Nr. 2 GVG.

Von geringer praktischer Bedeutung ist die notwendige Verteidigung bei Ausschließung des Wahlverteidigers gem. **§ 140 Abs. 1 Nr. 8 StPO**. Die Notwendigkeit besteht hier unabhängig davon, ob bereits vor dem Ausschluß ein Fall notwendiger Verteidigung vorgelegen hat. Die Ausschließung nur eines von mehreren Wahlverteidigern genügt für § 140 Abs. 1 Nr. 8 StPO nicht.

18 Die Vorschrift des **§ 140 Abs. 2 StPO** gilt für Verfahren vor dem Amtsgericht und dem Berufungsgericht, die ein Vergehen zum Gegenstand haben. Anders als in den Fällen des § 140 Abs. 1 StPO entscheidet der Vorsitzende nach pflichtgemäßem Ermessen.[38] Dies lässt sich der Formulierung des § 140 Abs. 2 S. 2 StPO entnehmen, wonach einem Antrag eines tauben oder stummen Beschuldigten zu entsprechen *ist*. Im Umkehrschluß dazu wird man in den übrigen Fällen des § 140 Abs. 2 StPO dem Vorsitzenden einen Beurteilungsspielraum einräumen müssen. Diesem wird durch den unbestimmten Rechtsbegriff der Schwere der Tat eine Grenze gesetzt.[39]

---

33 Meyer-Goßner, a.a.O.

34 LG München I StV 99, 421.

35 Zuletzt OLG Frankfurt StV 97, 573.

36 RGSt 67, 259; BGH NJW 52, 797; Meyer-Goßner, § 140 Rn 18.

37 Meyer-Goßner, § 140 Rn 19.

38 BGH NJW 63, 1114, 1115; BayObLG VRS 88, 287; a.A. LR/Lüderssen, § 140 Rn 42.

39 OLG Celle StV 88, 379, 380; OLG Hamm NStZ 82, 298.

Die Beurteilung der **Schwere der Tat** erfolgt im wesentlichen nach den zu erwartenden Rechtsfolgen.[40] Dabei lassen sich zwar anhand der umfangreichen Kasuistik Regelmäßigkeiten ableiten. Vor einer blinden Schematisierung muss jedoch gewarnt werden, maßgeblich sind immer die Umstände des Einzelfalls.

■ Die erwartete Verurteilung zu einer Freiheitsstrafe allein wird in aller Regel für die Bestellung nicht ausreichen.[41]

■ Bei einer Straferwartung im Bereich von einem bis zu zwei Jahren Freiheitsstrafe ist die Rechtsprechung uneinheitlich, hier kommt es auf besonders sorgfältige Argumentation des Verteidigers an. Es ist jedoch ein gewisser Trend erkennbar, wonach die Bestellung eines Verteidigers bei einer Straferwartung von mindestens einem Jahr Freiheitsstrafe jedenfalls dann bejaht wird, wenn eine Strafaussetzung nicht zu erwarten steht.[42] Dies gilt auch bei – nachträglicher – Bildung einer Gesamtstrafe.[43] Die – wohl vornehmlich mit Kostengesichtspunkten – zu erklärende restriktive Handhabung der Pflichtverteidigerbestellung ist bedauerlich und zu kritisieren. Es ist bereits hier darauf hinzuweisen, dass in beschleunigten Verfahren gemäß § 418 Abs. 4 StPO eine Verteidigerbestellung vorzunehmen ist, wenn eine Freiheitsstrafe von über 6 Monaten droht. Nachdem der Beschuldigte jedoch regelmäßig weder im beschleunigten Verfahren noch im Normalverfahren ausreichende Kenntnis über seine Verteidigungsrechte haben dürfte und das ihn treffende Strafmaß auch dasselbe ist, wäre es vielmehr angezeigt, auch kosequent zu sein und dem Beschuldigten ebenfalls im Normalverfahren ab einer drohenden Freiheitsstrafe von 6 Monaten einen Pflichtverteidiger zur Seite zu stellen.

■ Ab einer Straferwartung von mehr als zwei Jahren Freiheitsstrafe wird unstreitig ein Fall notwendiger Verteidigung angenommen.[44] Eine derartige Ahndung stellt für den Angeklagten schon deshalb einen schwerwiegenden Eingriff in seine Lebensführung dar, weil eine Aussetzung der Strafe zur Bewährung gemäß § 56 Abs. 2 StGB nicht mehr in Frage kommt. Dies hat zur Folge, dass für Verfahren vor dem Schöffengericht nach den §§ 24, 25 GVG wegen der allein maßgeblichen Straferwartung von mehr als zwei Jahren Freiheitsstrafe stets ein Fall notwendiger Verteidigung gegeben ist. Notwendig ist die Verteidigung auch dann, wenn eine Einheitsjugendstrafe gebildet werden muss[45] oder eine Jugendstrafe von 2 Jahren in das Urteil einzubeziehen ist.[46] Selbst bei weniger schweren Vorwürfen ist dies der Fall, wenn die erziehungsberechtigten gesetzlichen Vertreter eines Jugendlichen aus tatsächlichen Gründen gehindert sind, ihre Verfahrensrechte wahrzunehmen.[47] Allgemein zu berücksichtigen ist in diesem Zusammenhang ferner die Verteidigungsfähigkeit des Beschuldigten.[48] Eine Rolle spielen auch sonstige schwerwiegende Nachteile einer

---

40 BGHSt 6, 199 ff.
41 A.A. LR/Lüderssen, § 140 Rn 49 ff.
42 BayObLG NStZ 90, 142; OLG Düsseldorf NStZ 95, 147; OLG Frankfurt StV 95, 628; OLG Karlsruhe, StV 92, 313; OLG München wistra 92, 237; a.A. BayObLG DAR 83, 251; OLG Hamburg NJW 78, 1172.
43 OLG Köln StV 00, 70.
44 BayObLG NStZ 90, 250 m.w.N.
45 KG StV 98, 325.
46 OLG Rostock StV 98, 325.
47 LG Braunschweig StV 98, 325.
48 OLG Karlsruhe NStZ 91, 504.

Verurteilung, wie etwa disziplinarrechtliche Folgen,[49] eine Ausweisung nach dem AuslG[50] oder der Widerruf der Zurückstellung der Strafvollstreckung gem. § 35 BtMG.[51] Es kommt somit auf eine Gesamtschau der Folgen einer Verurteilung an. Ein gewisses Gefahrenpotential birgt die **Begründung eines Antrags** gem. § 140 Abs. 2 StPO wegen der Schwere der Tat in sich. Zum einen muss der Verteidiger zwar argumentativ auf die zu erwartenden Rechtsfolgen der Verurteilung eingehen. Zum anderen empfiehlt es sich aber, im Hinblick auf die Hauptverhandlung die Schwere der Tat zurückhaltend zu beurteilen. Täterwissen sollte dabei in dem Antrag auf keinen Fall verarbeitet werden. Es kann lediglich auf in Betracht kommende Mindeststrafen hingewiesen werden. Auch können bereits aktenkundige Erwartungen der Staatsanwaltschaft hinsichtlich des Strafmaßes fruchtbar gemacht werden. Unter Umständen bietet auch ein Gespräch mit dem Sachbearbeiter hier eine gewisse Möglichkeit, unter ausdrücklicher Bezugnahme darauf den Antrag zu begründen. Bleiben nach alledem Zweifel, sollte auf einen Antrag auf Beiordnung wegen der Schwere der Tat gänzlich verzichtet werden. Nach einer erstinstanzlichen Verurteilung kann auf diese selbst und auf den Strafantrag der Staatsanwaltschaft Bezug genommen werden.

Die **Schwierigkeit der Sach- oder Rechtslage** kann die Notwendigkeit der Verteidigung begründen. Dies ist bei Schwierigkeiten in rechtlicher Hinsicht der Fall, wenn der Angeklagte mit der Diskussion von materiell-rechtlichen oder verfahrensrechtlichen Fragen überfordert wäre.

Die Schwierigkeit der Sachlage begründet die Notwendigkeit der Verteidigung bereits dann, wenn eine sachgemäße Verteidigung Kenntnis des Akteninhalts voraussetzt. Dabei spielt es insbesondere eine Rolle, dass nach § 147 StPO nur der Verteidiger zur Akteneinsicht berechtigt ist,[52] wohingegen dem Beschuldigten gem. § 147 Abs. 7 StPO nur unter einschränkenden Voraussetzungen Auskünfte erteilt werden. Die Notwendigkeit der Akteneinsicht ist beispielsweise anerkannt, wenn die Vorbereitung der Hauptverhandlung die Auseinandersetzung mit einem vorläufigen Sachverständigengutachten erfordert.[53] Richtet sich das Verfahren gegen 15 Angeklagte und benennt die Staatsanwaltschaft 30 Zeugen, liegt es nahe, dass der Beschuldigte den Überblick über die Beweisaufnahme verlieren kann und eine sachgemäße Verteidigung die Einsicht in die Ermittlungsakten voraussetzt.[54] Bei einer in der Hauptverhandlung zu erwartenden Vernehmung von neun Zeugen ist bei einem der deutschen Sprache nicht mächtigen Angeklagten wegen der Schwierigkeit der Sachlage die Verteidigung notwendig.[55] Auch im Rahmen des Verfahrens gemäß § 57 StGB kann § 140 Abs. 2 StPO analog anzuwenden sein,[56] selbiger kann für das Strafvollstreckungsverfahren im übrigen gelten.[57]

---

49 KG StV 83, 186.
50 LG Stade StV 98, 125.
51 HansOLG StV 99, 420.
52 OLG Koblenz StV 93, 461.
53 Meyer-Goßner, § 140 Rn 27.
54 LG Düsseldorf StV 99, 309.
55 LG Osnabrück StV 99, 249.
56 OLG Braunschweig StV 03, 684.
57 OLG Thüringen StV 03, 684.

Schließlich begründet die **Verteidigungsunfähigkeit** des Angeklagten die notwendige 19
Verteidigung. Dies wird im Gesetz konkretisiert und gilt namentlich, wenn dem Verletzten nach den §§ 397a und 406g Abs. 3 und 4 StPO ein Rechtsanwalt beigeordnet worden ist. Das Gesetz geht unter Berücksichtigung des Grundsatzes der Waffengleichheit davon aus, dass die Fähigkeit des Beschuldigten, sich selbst zu verteidigen, erheblich beeinträchtigt sein wird, wenn sich der Verletzte des fachkundigen Rats bedient. Dabei handelt es sich um einen zwingenden Grundsatz, von dem nur in Ausnahmefällen abgesehen werden kann.[58]
Nach dem Wortlaut der Vorschrift ist erforderlich, dass dem Verletzten ein Rechtsanwalt vom Gericht beigeordnet worden ist. Gleiches muss jedoch gelten, wenn der Verletzte sich auf eigene Kosten eines Rechtsanwalts als Beistand bedient.[59] In Frage kommt eine Bestellung auch, wenn ein in der Hauptverhandlung vernommener Zeuge mit anwaltlichem Zeugenbeistand[60] erscheint und der Rechtsanwalt zuvor Akteneinsicht hatte.[61]
Die Verteidigungsfähigkeit des Angeklagten richtet sich im übrigen unter Berücksichtigung aller Umstände des Falles insbesondere nach seinen geistigen Fähigkeiten. Auch ein schlechter Gesundheitszustand kann Ursache dafür sein, dass ein Angeklagter in seiner Fähigkeit zur Selbstverteidigung erheblich eingeschränkt ist. Ausländer, die die deutsche Sprache nicht beherrschen, sind ebenfalls in ihrer Verteidigungsfähigkeit eingeschränkt.[62] Das wird mitunter grundsätzlich angenommen[63] und gilt jedenfalls dann, wenn der Fall in tatsächlicher oder rechtlicher Hinsicht derartige Schwierigkeiten aufweist, die auch durch Heranziehung eines Dolmetschers nicht ausgeräumt werden können.[64] Davon ist bei Jugendlichen nicht auszugehen, wenn der Beschuldigte aufgrund der unkomplizierten Sach- und Rechtslage in der Lage ist, sich selbst zu verteidigen.[65]
Im **Ermittlungsverfahren** wird dem Beschuldigten, der noch keinen Verteidiger hat, 20
gemäß **§ 117 Abs. 4 StPO** für die Dauer der **Untersuchungshaft** ein Pflichtverteidiger bestellt, wenn der Vollzug der Untersuchungshaft mindestens drei Monate gedauert hat und die Staatsanwaltschaft oder der Beschuldigte oder sein gesetzlicher Vertreter dies beantragen. Die Bestellung gilt nach dem Wortlaut der Vorschrift nur für die Dauer der Untersuchungshaft. Sie endet mit der Zustellung der Anklageschrift, dem Angeschuldigten wird dann gemäß §§ 140 Abs. 1 Nr. 5, 141 StPO ein Verteidiger bestellt, sofern die Untersuchungshaft fortdauert. Die Bestellung bleibt gemäß § 140 Abs. 3 S. 2 StPO auch für die Hauptverhandlung wirksam, wenn kein anderer Verteidiger bestellt wird. Es empfiehlt sich, **nach Anklageerhebung** einen **neuen Beiordnungsantrag** gemäß §§ 141, 140 StPO zu stellen. Zwar kann auch im Falle der Beiordnung nach § 140 Abs. 1 Nr. 5 StPO die Beiordnung aufgehoben werden, wenn der Beschuldigte zwei Wochen vor der Hauptverhandlung aus der Haft entlassen wird, § 140 Abs. 3 StPO.

---

58 OLG Hamm StV 99, 11.
59 Meyer-Goßner, § 140 Rn 31; OLG Köln NStZ 89, 542.
60 Siehe auch Kapitel „Zeugenbeistand" unter § 3 Rn 1 ff.
61 OLG Celle StV 00, 70.
62 OLG Brandenburg StV 00, 69.
63 OLG Zweibrücken StV 88, 379.
64 OLG Frankfurt StV 97, 573.
65 A.A. AG Hamburg StV 98, 326, aufgehoben durch LG Hamburg StV 98, 327.

Für den Beschuldigten streitet hier aber der Grundsatz des Vertrauensschutzes, da er sich aufgrund der Bestellung darauf verlassen darf, dass ihm ein Verteidiger zur Seite steht.[66]

Zu beachten gilt ferner, dass den Voraussetzungen des § 117 Abs. 4 StPO nur dann Genüge getan ist, wenn der Beschuldigte zum maßgeblichen Zeitpunkt keinen Verteidiger hat. Ist der Verteidiger bereits in Erscheinung getreten, müßte er nach Ablauf der drei Monate das Mandat niederlegen und gleichzeitig für den Beschuldigten beantragen, für diesen zum Pflichtverteidiger bestellt zu werden. Der Antrag des Wahlverteidigers, ihn dem Beschuldigten beizuordnen, enthält jedoch die konkludente Erklärung, dass die Wahlverteidigung mit der Bestellung enden soll.[67] Eine ausdrückliche Niederlegung des **Wahlmandats** ist daher nicht erforderlich. Vor Ablauf der Drei-Monats-Frist steht dem Beschuldigten ein Anspruch auf Bestellung eines Verteidigers nicht zu. Es besteht lediglich die Möglichkeit, dies über den Umweg über die Staatsanwaltschaft gem. § 141 Abs. 3 StPO zu erreichen. Für den Fall, dass der Staatsanwalt dem Begehren des Beschuldigten nicht nachkommt, wird vorgeschlagen, zumindest Rechtsschutz gemäß §§ 23 ff. EGGVG zu gewähren.[68] Überwiegend wird jedoch noch unter Hinweis auf die geltende Gesetzeslage vertreten, dass, selbst in Fällen notwendiger Verteidigung im späteren gerichtlichen Verfahren, jenseits des § 117 Abs. 4 StPO kein Anspruch auf Bestellung eines Verteidigers bestünde und der Antrag nach §§ 23 ff. EGGVG bereits unzulässig sei. Dies gelte jedenfalls dann, wenn der Beschuldigte bereits einen Wahlverteidiger hat.[69]

Das Gebot des fair trial gebietet es jedoch, dem Beschuldigten ein Antragsrecht zu gewähren, ihm bereits im Ermittlungsverfahren einen Verteidiger zu bestellen.[70] Es wird zu Recht kritisiert, dass gerade in einem so entscheidenden Verfahrensstadium ausgerechnet die Staatsanwaltschaft über den Umfang der Verteidigungsmöglichkeiten des Beschuldigten entscheiden soll.[71] Im Gegensatz dazu stehen die umfangreichen Rechte des aus der Straftat angeblich Verletzten und des zum Anschluss als Nebenkläger Befugten.

21 Im **Wiederaufnahmeverfahren** wird dem Verurteilten, der keinen Verteidiger hat, auf Antrag ein Verteidiger bestellt, wenn wegen der Schwierigkeit der Sach- oder Rechtslage die Mitwirkung eines Verteidigers geboten erscheint. Die Vorschriften der **§§ 364 a, b StPO** beziehen sich ausdrücklich nur auf den Verurteilten, nicht hingegen auf die nach § 361 Abs. 2 StPO antragsberechtigten Angehörigen.[72] Sie betrifft Verurteilte, die keinen Verteidiger haben. Die Wirkung der Verteidigerbestellung gem. § 140 StPO endet grundsätzlich mit der Rechtskraft des Urteils, wirkt aber für das Wiederaufnahmeverfahren fort bis zur Rechtskraft des Beschlusses nach § 370 Abs. 2 StPO.[73] Ein Fall des § 364a StPO liegt demnach nur vor, wenn bisher überhaupt kein Verteidi-

---

66   OLG Frankfurt StV 91, 9.

67   BGH StV 81, 12; OLG München wistra 92, 237; Meyer-Goßner, § 142 Rn 7.

68   AK/Stern, § 141 Rn 32.

69   OLG Karlsruhe StV 98, 123.

70   AK/Stern, a.a.O., Rn 7 ff.

71   Schlothauer/Weider, Untersuchungshaft, Rn 44.

72   A.A. mit guten Gründen Marksen/Tiemann, Die Wiederaufnahme in Strafsachen, Rn 340, wonach der Fall der Wiederaufnahme zugunsten eines Verstorbenen bei der StPO- Novelle schlicht übersehen worden wäre, die Interessenlage jedenfalls vergleichbar wäre.

73   Meyer-Goßner, § 364a Rn 2.

ger mitgewirkt hat, wenn die Vollmacht für den Wahlverteidiger erloschen oder der Pflichtverteidiger verhindert und ein neuer Verteidiger nicht bevollmächtigt und auch nicht nach § 364b StPO bestellt worden ist.

Erforderlich für die Verteidigerbestellung ist, dass der Antrag hinreichende Erfolgsaussichten hat und nicht offensichtlich mutwillig oder aussichtslos ist. Unabhängig von der Schwere der Tat ist für die Bestellung die Schwierigkeit der Sach- oder Rechtslage maßgebend.

Nicht erst für die Antragstellung, sondern bereits für die **Vorbereitung eines Wiederaufnahmeverfahrens** kann ein Verteidiger bestellt werden, § 364b StPO. Grundsätzlich wird dem Verurteilten zugemutet, die Anfechtung eines rechtskräftigen Urteils mit eigenen Geldmitteln zu bestreiten. Nur wenn der Verurteilte außerstande ist, ohne Beeinträchtigung des für ihn und seine Familie notwendigen Unterhalts auf eigene Kosten einen Verteidiger zu beauftragen, kommt eine Bestellung im Vorfeld des Wiederaufnahmeverfahrens in Betracht. Für den Nachweis darüber gelten gem. § 364b Abs. 2 StPO die §§ 117 Abs. 2 bis 4, 118 Abs. 2 Satz 1, 2 und 4 ZPO entsprechend.

Im **Strafbefehlsverfahren** kommt im Fall des § 407 Abs. 2 S. 2 StPO, in dem eine Verhängung einer Freiheitsstrafe mit Strafaussetzung zur Bewährung im Raume steht, eine Verteidigerbestellung gem. **§ 408b StPO** in Betracht. **22**

Der Verteidiger kann für den Angeklagten zwar wirksam Einspruch einlegen, seine Bestellung gilt aber nicht für die Hauptverhandlung.[74] Dies ergibt sich bereits aus der systematischen Stellung der Vorschrift in denen über das Strafbefehlsverfahren. Die Vorschrift ist ferner gerade für die besondere prozessuale Situation vor Erlaß des eine Freiheitsstrafe aussprechenden Strafbefehls geschaffen worden. Zwar gibt es im Strafbefehlsverfahren kein Verbot einer reformatio in peius. In der Hauptverhandlung auf den Einspruch könnte durchaus eine höhere Strafe als die im Strafbefehl verhängte ausgesprochen werden. Würde die Bestellung fortwirken, würde dies jedoch zu der Situation führen, dass ein Angeklagter, der in der Regel lediglich eine Freiheitsstrafe bis zu einem Jahr mit Strafaussetzung zur Bewährung zu erwarten hat, einen Verteidiger hat, während Angeklagte, die nach § 200 StPO angeklagt werden und mit Freiheitsstrafen ohne Strafaussetzung zur Bewährung rechnen müssen, lediglich unter den Voraussetzungen des § 140 StPO einen Verteidiger erhalten.

Um diese Schwierigkeiten zu umgehen, neigen Amtsrichter dazu, eher Hauptverhandlung anzuberaumen, als den Weg über § 408b StPO einzuschlagen.

Soll das **beschleunigte Verfahren** durchgeführt werden und steht eine Freiheitsstrafe **23** von mindestens 6 Monaten mit oder ohne Strafaussetzung zur Bewährung zu erwarten, muss dem Beschuldigten ein Verteidiger gem. **§ 418 Abs. 4 StPO** bestellt werden. Die Staatsanwaltschaft beantragt die Bestellung zugleich mit dem Antrag auf Durchführung des beschleunigten Verfahrens gem. § 417 StPO. Der Richter hat dem Antrag zu entsprechen, wenn er die Sache im beschleunigten Verfahren verhandeln will und die Ansicht der Staatsanwaltschaft, dass eine Freiheitsstrafe von mindestens 6 Monaten in Betracht kommt, teilt.[75]

Ergibt sich erst im Laufe der Verhandlung, dass eine Freiheitsstrafe von mindestens 6 Monaten erforderlich ist, muss der Richter entweder die Entscheidung im beschleu-

---

74 Meyer-Goßner, § 408b Rn 6; a.A. AK/Loos § 408b Rn 5.
75 Vgl. Meyer-Goßner, § 418 Rn 11.

nigten Verfahren gem. § 419 Abs. 2 StPO ablehnen oder nachträglich einen Verteidiger bestellen. In diesem Fall ist es erforderlich, die wesentlichen Teile der Verhandlung in Anwesenheit des Verteidigers zu wiederholen.[76] Selbst wenn sich bereits ein Wahlverteidiger zum Verfahren gemeldet hat, dieser jedoch nicht zur Hauptverhandlung erschienen ist, muss spätestens nach entsprechendem Schlußantrag der Staatsanwaltschaft geprüft werden, ob die Grenze für eine Verhandlung ohne Verteidiger nicht überschritten wird.[77] Verhängt das Gericht dennoch eine Freiheitsstrafe von 6 Monaten oder mehr, so liegt der absoluter Revisionsgrund des § 338 Nr. 5 StPO vor.[78]

Eine Befragung des Beschuldigten vor der Auswahl des Verteidigers wie bei § 142 Abs. 1 S. 2 StPO ist nicht vorgesehen und wegen der Ausgestaltung des beschleunigten Verfahrens kaum möglich. Auch in diesem Zusammenhang begegnet die Ausgestaltung des beschleunigten Verfahrens Bedenken.

24 Im **Jugendstrafverfahren** ist eine Verteidigungsbestellung neben den Fällen, in denen einem Erwachsenen ein Verteidiger zu bestellen wäre, auch dann gem. **§ 68 JGG** erforderlich, wenn dem Erziehungsberechtigten und dem gesetzlichen Vertreter ihre Rechte nach dem JGG entzogen sind, zur Vorbereitung eines Gutachtens über den Entwicklungsstand des Beschuldigten, wenn hierzu seine Unterbringung in einer Anstalt in Frage kommt oder bei Vollstreckung der Untersuchungshaft oder einstweiliger Unterbringung gem. § 126a StPO gegen einen noch nicht 18-Jährigen (§ 68 Ziff. 2. bis 4. JGG).

25 *bb) Auswahl des Pflichtverteidigers.* Regelmäßig wird der Antrag auf **Beiordnung als Pflichtverteidiger von dem bisherigen Wahlverteidiger** des Beschuldigten gestellt. Er kann als Pflichtverteidiger beigeordnet werden, wenn er das Mandat niedergelegt hat. Der Antrag, ihn zum Pflichtverteidiger zu bestellen, enthält dabei die Erklärung, dass die Wahlverteidigung mit der Beiordnung enden soll.[79] Der Vorsitzende des Gerichts hat bei seiner Entscheidung ein Auswahlermessen. Bei dem Antrag, den bisherigen Verteidiger beizuordnen, reduziert sich dieses jedoch regelmäßig „auf Null".[80] In diesem Fall ist der Wahlverteidiger der vom Angeklagten als Pflichtverteidiger gewünschte Verteidiger.

Der Beschuldigte hat keinen Rechtsanspruch auf Beiordnung des gewünschten Verteidigers.[81] Maßgebliche Voraussetzung für eine effektive Verteidigung ist das Vertrauensverhältnis zwischen Verteidiger und Angeklagtem. Wenn nicht wichtige Gründe entgegenstehen, darf von einer Bestellung nicht abgesehen werden, § 142 Abs. 1 S. 3 StPO.[82] Unter § 142 Abs. 1 S. 3 StPO fällt auch die Weigerung des bezeichneten Rechtsanwalts, den Beschuldigten zu verteidigen.[83] Anwaltliches Fehlverhalten kann einer Bestellung entgegenstehen, wenn es sich um Fehlverhalten von einigem Gewicht

---

76 BayObLG StV 98, 366.
77 BayObLG StV 98, 367.
78 OLG Düsseldorf StV 99, 588.
79 Meyer-Goßner, § 142 Rn 7, m.w.N.
80 BGH StV 97, 564.
81 Meyer-Goßner, § 142 Rn 9 m.w.N.
82 Zur Ablehnung eines Plichtverteidigers vgl. BGH StV 03, 210 ff.
83 Meyer-Goßner, § 142 Rn 13.

handelt und Wiederholungsgefahr besteht.[84] Die Beiordnung des gewünschten Verteidigers darf nicht von dessen Zusicherung abhängig gemacht werden, für die Hauptverhandlung terminlich uneingeschränkt zur Verfügung zu stehen.[85]
Durch die Beiordnung eines anderen Verteidigers ist der Beschuldigte beschwert. In diesem Fall kann er die Beiordnung wie auch die Ablehnung der Zurücknahme der Verteidigerbestellung mit der Beschwerde anfechten.[86]
Die Bestellung des vom Beschuldigten genannten Verteidigers erfordert grundsätzlich, dass es sich bei dem genannten Rechtsanwalt um einen im Gerichtsbezirk zugelassenen Rechtsanwalt handelt. Die Gerichtsnähe des Verteidigers wird als eine wesentliche Voraussetzung für eine sachdienliche Verteidigung angesehen.[87]
Andererseits ist die **Bestellung eines auswärtigen Rechtsanwalts** („möglichst") nicht ausgeschlossen. Liegen Gerichtsort und Sitz des Rechtsanwalts nicht weit voneinander entfernt, so hat die Rücksicht auf das Vertrauensverhältnis Vorrang vor dem Grundsatz der Ortsnähe.[88] Gleiches gilt auch dann, wenn durch die Beiordnung des auswärtigen Rechtsanwalts die Kosten nicht oder nur unwesentlich erhöht werden.[89] Unzulässig ist es aber, die Beiordnung eines auswärtigen Anwalts mit der Maßgabe auszusprechen, dass dieser nur die Vergütung eines am Gerichtsort ansässigen Rechtsanwalts beanspruchen darf.[90] Etwas anderes soll gelten, wenn sich der Rechtsanwalt damit ausdrücklich einverstanden erklärt hat. Diese Erklärung ist jedoch frei widerruflich, wobei fraglich ist, ob dies „ex nunc" oder „ex tunc"-Wirkung hat.[91] Der Antrag, einen auswärtigen Rechtsanwalt als Pflichtverteidiger beizuordnen, bedarf jedoch einer sorgfältigen Begründung. Maßgeblich kommt es auf die Darlegung eines „besonderen Vertrauensverhältnisses" zwischen Rechtsanwalt und Mandanten an. Die Verteidigung bereits in früheren Verfahren, eine langjährige Zusammenarbeit mit dem Wahlverteidiger oder ein bereits erfolgtes Tätigwerden als Wahlverteidiger in diesem Verfahren können dabei als Argumente herangezogen werden, um substantiiert vorzubringen, weshalb den Beschuldigten gerade mit diesem Verteidiger ein besonderes Vertrauensverhältnis verbindet.[92] Dies gilt auch dann, wenn das Vertrauensverhältnis erst im Zuge der zunächst als Wahlverteidigung geführten Verteidigung entstanden ist.[93]

cc) Zeitpunkt der Pflichtverteidigerbestellung. Als **Grundregel** geht die Strafprozessordnung davon aus, dass dem Beschuldigten – soweit nicht ausdrücklich im Gesetz anders geregelt – (z.B. § 68 JGG; unverzügliche Bestellung) **bei Anklagezustellung** ein Verteidiger zu bestellen ist (§ 141 Abs. 1 StPO). Demgegenüber hat die Möglichkeit der **Verteidigerbestellung** bereits **im Ermittlungsverfahren** lange Zeit keine besondere Bedeutung gehabt. Dies lag darin begründet, dass eine Verteidigerbestellung im Ermittlungsverfahren gemäß § 141 Abs. 3 StPO lediglich auf Antrag der Staatsan-

26

---

84 KG StV 93, 236.
85 OLG Frankfurt StV 89, 384; StV 90, 201, 202.
86 OLG Düsseldorf StV 99, 586.
87 OLG Frankfurt StV 85, 315; OLG München StV 84, 67.
88 OLG Düsseldorf StV 95, 573; OLG Hamm StV 90, 395.
89 OLG Schleswig StV 87, 478.
90 Meyer-Goßner, § 142 Rn 6.
91 Für „ex-nunc"-Wirkung OLG Zweibrücken, NStZ-RR 97, 287.
92 OLG Koblenz StV 95, 118; OLG Frankfurt StV 85, 449.
93 OLG Stuttgart StV 98, 122.

waltschaft möglich war. Der Beschuldigte selbst konnte hingegen keinen eigenen Antrag stellen. Sein Antrag war vielmehr nur als Anregung an die Staatsanwaltschaft aufzufassen, einen Antrag zu stellen. Die Ablehnung der Antragstellung durch die Staatsanwaltschaft war hingegen nicht anfechtbar.[94] Der BGH hat allerdings neuerdings darauf hingewiesen, dass die Staatsanwaltschaft bereits im Ermittlungsverfahren einen entsprechenden Antrag zu stellen hat, wenn und sobald nach ihrer Auffassung die Verteidigung im weiteren gerichtlichen Verfahren notwendig sein wird.[95] Ein Anlass hierzu kann etwa darin liegen, dass der Beschuldigte von der Anwesenheit bei einer zur Beweissicherung durchgeführten ermittlungsrichterlichen Vernehmung des „zentralen Belastungszeugen" ausgeschlossen wird.[96] Auch eine rückwirkende Pflichtverteidigerbestellung ist u.U. geboten.[97]

27 *dd) Beendigung der Pflichtverteidigung.* Die **Rücknahme der Pflichtverteidigerbestellung** wird vom Gesetz in verschiedenen Konstellationen zugelassen.

Die Bestellung des Pflichtverteidigers ist gem. **§ 143 StPO** zurückzunehmen, wenn demnächst ein anderer Verteidiger gewählt wird und dieser die Wahl annimmt. Zuständig für die Entscheidung ist der Vorsitzende. Die Beauftragung eines Wahlverteidigers beendet die Pflichtverteidigung auch dann nicht ohne weiteres, wenn dieser die Wahl angenommen hat, sondern stellt lediglich einen zwingenden Grund für die Rücknahme der Beiordnung dar.

Die Zurücknahme der Bestellung unterbleibt nur, wenn ein unabweisbares Bedürfnis dafür besteht, den Pflichtverteidiger neben dem Wahlverteidiger tätig bleiben zu lassen.[98] Dies kommt etwa dann in Betracht, wenn zu befürchten ist, dass wegen der Dauer des Verfahrens der Wahlverteidiger nicht durchgängig an allen Hauptverhandlungstagen zur Verfügung stehen wird.[99] Der Pflichtverteidiger bleibt ebenfalls tätig, wenn das Gericht befürchtet, dass der Wahlverteidiger das Mandat wegen Mittellosigkeit des Angeklagten alsbald wieder niederlegen wird.[100]

Zwar wird es grundsätzlich im Interesse des Angeklagten sein, dass ihm neben einem Wahlverteidiger noch ein weiterer Pflichtverteidiger zur Seite steht. Es darf dabei indes nicht übersehen werden, dass dem Angeklagten im Falle seiner Verurteilung durch die Beiordnung weitere Kosten für seine Verteidigung aufgebürdet werden können, und dass zwischen den Verteidigern unterschiedliche Ansichten über die Verteidigungsstrategien herrschen können. Daher kommt es darauf an, dass dem Angeklagten zu diesem Punkt gem. § 142 Abs. 1 S. 2 StPO Gelegenheit gegeben wird, sich zu der Bestellung zu äußern, und somit auf die Auswahl des beizuordnenden Pflichtverteidigers Einfluss zu nehmen.

---

94 OLG Karlsruhe NStZ 98, 315.
95 BGH StV 2002, 117, 119 ausführlich zu § 141 Abs. 3 S. 2 StPO, sowie grundlegend BGHSt 46, 93.
96 BGHSt 46, 93.
97 Vgl. insoweit LG Aachen StV 04, 125 f.; LG Bremen StV 04, 126 f.
98 Meyer-Goßner, § 143 Rn 2; zur Anfechtbarkeit der Pflichtverteidigerbestellung bei bestehender Wahlverteidigung OLG Düsseldorf StV 04, 62 ff. mit Anm. Bockemühl.
99 Schlothauer, Vorbereitung der Hauptverhandlung, Rn 204.
100 OLG Düsseldorf StV 97, 576.

Die Bestellung des Pflichtverteidigers gem. § 140 Abs. 1 Nr. 5 StPO kann ferner aufgehoben werden, wenn der Beschuldigte mindestens zwei Wochen vor Beginn der Hauptverhandlung aus der Anstalt entlassen wird, **§ 140 Abs. 3 StPO.**[101] Die Zurücknahme der Bestellung aus anderen Gründen ist gesetzlich nicht vorgesehen. Sie ist aber geboten, wenn (**wichtige**) **Umstände** vorliegen, die geeignet sind, den Zweck der Pflichtverteidigung, nämlich dem Beschuldigten einen geeigneten Beistand zu sichern und den ordnungsgemäßen Ablauf des Verfahrens zu gewährleisten, ernsthaft zu gefährden.[102] Dazu gehören insbesondere Krankheit oder sonstige Terminschwierigkeiten des Verteidigers. In der Verhinderung des Verteidigers an dem vorgesehenen Hauptverhandlungstermin teilzunehmen, liegt jedoch nur dann ein Grund für den Widerruf, wenn mit Nachdruck vergeblich versucht worden ist, einen neuen Hauptverhandlungstermin mit dem Verteidiger abzustimmen.[103]

Die Beiordnung ist aufzuheben, wenn das Vertrauensverhältnis zwischen Angeklagtem und Verteidiger gestört ist.[104] Die ernsthafte **Störung des Vertrauensverhältnisses** ist vom Standpunkt eines vernünftigen und verständigen Beschuldigten aus zu beurteilen und muss vom Angeklagten oder dem Verteidiger substantiiert dargelegt werden.[105] Pauschale und nicht näher belegbare Vorwürfe des Angeklagten gegen seinen Verteidiger rechtfertigen eine Entpflichtung jedenfalls nicht. Auch sind selbst unüberbrückbare unterschiedliche Auffassungen ideologischer oder politischer Natur kein Grund für die Aufhebung der Pflichtverteidigerbestellung. Der Widerruf der Bestellung kann auch nicht dadurch erreicht werden, dass der Angeklagte den Verteidiger beschimpft, bedroht oder tätlich angreift. Hat der Verteidiger aber deswegen Strafanzeige erstattet, ist seinem Entpflichtungsantrag in der Regel stattzugeben.[106]

In den allermeisten Fällen wird es darum gehen, dass sich der Angeklagte von seinem Verteidiger nicht ausreichend beraten und betreut fühlt. Dabei können nur schwerwiegende Verteidigungsdefizite zu einer Entpflichtung führen. Solche können beispielsweise darin gesehen werden, dass der Pflichtverteidiger noch nicht einmal Akteneinsicht genommen hat, die Hauptverhandlung vorbereitende Gespräche trotz bevorstehenden Verhandlungstermins nicht stattgefunden haben, der in Untersuchungshaft befindliche Angeklagte nicht aufgesucht worden ist oder der bisherige Pflichtverteidiger sich ohne sachlichen Grund geweigert hat, von Rechtsbehelfen mit dem Ziel der Haftentlassung Gebrauch zu machen.[107] Entbrennt zwischen dem Angeklagten und seinem Verteidiger Streit darüber, welche Verteidigungsstrategie in der Hauptverhandlung einzuschlagen sei, dürfen an die Substantiierungslast der vermeintlichen Störung des Vertrauensverhältnisses keine überspannten Anforderungen gestellt werden. Hier steht sonst einerseits zu befürchten, dass dem Angeklagten Nachteile im weiteren Verfahren drohen, andererseits eine Verletzung der anwaltlichen Schweigepflicht im Raume steht. Hier muss es ausreichen, wenn vom Angeklagten und dem bisherigen Pflichtverteidiger übereinstimmende Erklärungen abgegeben werden, dass es zwischen ihnen zu grundsätzlichen Differenzen

---

101 Siehe oben Rn 17.
102 BVerfGE 39, 238, 244.
103 LG Lüneburg StV 92, 509; OLG Frankfurt StV 95, 11; OLG Düsseldorf StV 98, 256.
104 Meyer-Goßner, § 143 Rn 5 m.w.N.
105 BGH StV 97, 565; JR 96, 124 m. Anm. Müller.
106 BGHSt 39, 310 ff.
107 Beispiele nach Schlothauer, a.a.O., Rn 201 a.

über Form, Inhalt und Umfang der Verteidigung gekommen sei, die letztendlich zu unüberbrückbaren und nicht mehr auszuräumenden Meinungsverschiedenheiten geführt haben und daher eine ordnungsgemäße Verteidigung nicht mehr gewährleistet sei.[108]

28 Die **Pflichtverteidigung endet**, wenn der Pflichtverteidiger gem. **§§ 138a, b StPO** vom Verfahren ausgeschlossen worden ist. Für den Fall, dass die Pflichtverletzung in einer der von §§ 138a, b StPO erfaßten Tätigkeit besteht, geht das Ausschlußverfahren nach §§ 138c ff. StPO der Abberufungsmöglichkeit nach § 143 StPO als lex spezialis vor.[109] Dabei bejaht der BGH zwar die Frage, ob das Verfahren nach §§ 138a ff. StPO zum Ausschluß des Pflichtverteidigers zur Verfügung steht. Offen bleibt bisweilen, ob § 143 StPO neben den §§ 138a ff. StPO anwendbar bleibt. Dafür spricht zumindest, dass die notwendige Verteidigung, mehr als schon die durch einen Rechtsanwalt[110] als Wahlverteidiger, dem öffentlichen Interesse dient, ein Strafverfahren nach den Regeln des „fair trial" durchzuführen. Dies legt nahe, dem Vorsitzenden über § 143 StPO die Kompetenz zu verleihen, den Pflichtverteidiger abberufen zu können. Andererseits ist nicht ersichtlich, dass dem Verteidiger bei „schweren" Verstößen der Schutz des Verfahrens nach §§ 138a ff. StPO zur Seite stehen soll, hingegen bei Verfehlungen unterhalb dieser Schwelle eine einfache Abberufung nach § 143 StPO möglich wäre. Der Forderung, dass auch der Pflichtverteidiger gegen den Willen des Beschuldigten nur unter den Voraussetzungen der §§ 138a ff. StPO aus dem Verfahren entfernt werden dürfe,[111] ist daher beizupflichten. Für § 143 StPO bleibt insofern Raum, als er die Grundlage für eine Entpflichtung des Verteidigers mit Zustimmung des Beschuldigten schafft.

29 Schwierigkeiten begegnen die Fälle, in welchen dem Beschuldigten ein Pflichtverteidiger beigeordnet worden ist, er jedoch zu einem späteren Zeitpunkt einen anderen Verteidiger bevollmächtigt, der nunmehr als Pflichtverteidiger tätig werden soll. Nach ständiger Rechtsprechung soll ein derartiger **Austausch des Pflichtverteidigers** nicht dadurch erreicht werden können, dass ein Wahlverteidiger gemäß § 143 StPO die Entpflichtung des bisherigen Pflichtverteidigers betreibt, um sodann seine eigene Beiordnung zu beantragen.[112]

Grundsätzlich hat ein Angeklagter keinen Anspruch darauf, dass ihm ein anderer Verteidiger anstelle des bestellten Pflichtverteidigers beigeordnet wird, er muss hingegen im Falle eines Beiordnungsantrags vielmehr damit rechnen, dass der bisherige Pflichtverteidiger wieder beigeordnet wird.[113] Von diesem Grundsatz lässt die Rechtsprechung jedoch Ausnahmen zu.

■ Ein Austausch der Pflichtverteidiger kommt zunächst in Betracht, wenn wegen Störung des Vertrauensverhältnisses zwischen ihm und dem Beschuldigtem ein wichtiger Grund für die Rücknahme der Verteidigerbestellung vorliegt.

■ Der Pflichtverteidiger kann ausgetauscht werden, wenn die Bestellung entgegen § 142 Abs. 1 S. 2 StPO erfolgt ist und dem Beschuldigten kein rechtliches Gehör zu der Auswahl gewährt wurde. Wenn ihm dieses Mitwirkungsrecht verwehrt wird, soll

---

108 OLG Hamm StV 82, 510; KG StV 90, 347.
109 BGH NStZ 97, 46 m. Anm. Weigend.
110 Vgl. § 1 BRAO: Organ der Rechtspflege.
111 Ausführlich dazu Weigend, a.a.O.
112 OLG Düsseldorf StV 97, 576; a.A. Molketin, MDR 89, 503 ff.
113 OLG Düsseldorf, a.a.O.; OLG Frankurt StV 97, 575.

der Angeklagte an die Bestellung des Verteidigers gebunden sein.[114] Gleiches gilt, wenn die Bestellung zunächst deshalb erfolgt ist, weil der Beschuldigte die Frist des § 142 Abs. 1 S. 2 StPO schuldlos versäumt hat und er daraufhin unverzüglich einen Rechtsanwalt seines Vertauens benennt.[115] In diesem Fall ist der Beiordnungsantrag des Wahlverteidigers nicht als rechtsmißbräuchliches Hineindrängen in ein anderes Mandatsverhältnis zu werten.

■ Entstehen durch einen Austausch keine Mehrkosten, soll er auch dann möglich sein, wenn die genannten Ausnahmen nicht einschlägig sind.[116] Dies gilt insbesondere dann, wenn der bisherige Pflichtverteidiger mit der Vorgehensweise einverstanden ist.[117] Mehrkosten entstehen regelmäßig auch dann nicht, wenn der Pflichtverteidiger zwischen den Instanzen ausgewechselt wird.[118] Dabei ist – auch während laufender Hauptverhandlung – gegen die Verfügung des Vorsitzenden, mit welcher dieser die Aufhebung der Bestellung und Beiordnung eines anderen Verteidigers ablehnt, die Beschwerde statthaft.[119]

II. Gefahren bei der Strafverteidigung

1. Einleitung

Die Strafverteidigung gehört im Bereich des Anwaltsberufs auch deshalb mit zu den bewegendsten und nervenaufreibendsten Tätigkeiten, weil dabei sehr deutlich und unmittelbar menschliches Schicksal erlebt wird. Dies führt zu Emotionen, die gelegentlich die gebotene Sachlichkeit verdrängen können. Dem Strafverteidiger muss deshalb bewusst sein, dass er bei der Ausübung seines Berufs größeren Anfechtungen als in anderen Rechtsbereichen ausgesetzt ist.

30

a) Konflikt mit Staatsanwaltschaft und Gericht

Zum einen besteht häufig eine Konfrontationsstellung gegenüber dem Staatsanwalt und auch gegenüber dem Gericht. Die Staatsanwaltschaft soll zwar gem. § 160 Abs. 2 StPO gleichermaßen Entlastendes wie Belastendes für einen Beschuldigten ermitteln und wird deshalb – ironisch – die „objektivste Behörde der Welt" genannt. In der Praxis ist davon gelegentlich aber nur wenig zu spüren. Viele Staatsanwälte geben sogar offen zu, dass es schließlich Aufgabe der Verteidigung sei, das Entlastende herauszuarbeiten. Hier liegt es deshalb bereits in der Natur der Sache, dass es zu Konfrontationsstellungen kommen wird.

31

Aber auch das **Verhältnis zum Gericht** unterscheidet sich deutlich im Vergleich zu anderen Verfahrensarten.

So ist etwa ein Zivilgericht üblicherweise dazu bereit, einigermaßen entspannt den Vortrag der verschiedenen Parteien anzuhören. Im Strafverfahren findet sich diese Situation nur sehr selten. Die Tendenz von Strafrichtern, sich auch emotional in die Verhandlung einzubringen, ist jedenfalls deutlich stärker als bei Zivilverfahren. Gelegent-

---

114 BGH StV 98, 416 mit Anm. Park; KG StV 93, 628; OLG Düsseldorf StV 86, 239.
115 OLG Hamm StV 99, 587.
116 KG NStZ 93, 201; OLG Hamburg StraFo 98, 307 mit Anm. Moore.
117 OLG Hamburg StV 99, 588.
118 LG Mönchengladbach StV 99, 588.
119 OLG Stuttgart StV 98, 123.

lich wird dabei der Verteidiger sogar als lästiger Störenfried empfunden, der entweder durch die Ausübung seines Antragsrechts den schnellen Abschluss der Angelegenheit verhindert oder aber durch seine Handlungsweisen sogar den von einigen Richtern angedachten Grundgedanken des gesamten Verfahrens.[120]

Zusätzlich muss der Verteidiger davon ausgehen, dass der Richter bereits beruflich bedingt die Position des Staatsanwalts sehr viel besser versteht als die des Verteidigers. In vielen Bundesländern verhält es sich laufbahnbedingt so, dass ein Richter vor seiner Tätigkeit jahrelang als Staatsanwalt tätig war und sogar vor einer Beförderung zu einem höheren Richteramt wiederum ein Wechsel zur Staatsanwaltschaft erfolgt ist. Teilweise sind Richter auch Vorgesetzte und Untergebene der in der Sitzung auftretenden Staatsanwälte gewesen oder aber zu einem früheren Zeitpunkt Mitglieder derselben Kammer.

Ebenso sollte dem Strafverteidiger klar sein, dass vielfach Unverständnis gegenüber Belangen der Verteidigung herrscht. Teilweise muss sogar von einem ausgesprochenen Mißtrauen gesprochen werden. Dies ist allerdings auch auf Verhalten von Verteidigerkollegen zurückzuführen. Es kann nicht abgestritten werden, dass einige Verteidiger Strafverfahren zur Durchsetzung verfahrensfremder Ziele instrumentalisiert haben. Ebenso wenig zu leugnen ist die Tatsache, dass bereits Verteidigungen in standeswidriger und nötigender Weise erfolgt sind.

In diesem Zusammenhang wird neuerdings gerne von „Krawallverteidigung" oder auch „Konfliktverteidigung" gesprochen.

Dennoch ist gerade das Wort von der sogenannten „Konfliktverteidigung" ein viel zu schnell und willfährig gebrauchtes Schlagwort. Es ist sicherlich richtig, dass es die sog. Konfliktverteidigung gibt, jedoch bei weitem nicht in dem vielfach behaupteten Ausmaß. Die Diskussion hierüber zu führen, ist auch deshalb so schwierig, weil jeder Beteiligte die Voraussetzungen einer sog. Konfliktverteidigung bereits anders definiert, es keine verläßlichen empirischen Daten gibt und vorwiegend auf persönliche Erfahrungen zurückgegriffen wird.[121]

Vielfach stehen auch hinter dem gern verwandten Begriff der **sog. Konfliktverteidigung** handfeste rechtspolitische Ideen. So empfinden nicht wenige Strafrichter die Regelungen der Strafprozessordnung als zu enges Korsett ihrer Tätigkeit. Namentlich im Bereich des Beweisantragsrechts mxehren sich die Stimmen, die der Auffassung sind, dass mit der Normierung der allgemeinen Aufklärungspflicht im Rahmen des § 244 Abs. 2 StPO schon genug Anforderungen gestellt seien und ein numerus clausus des Beweisantragsrechts nicht zusätzlich erforderlich sei. Dabei wird allerdings ein zwingender Zusammenhang verkannt: Der Gesetzgeber hat sich im Strafverfahren für den Grundsatz der freien Beweiswürdigung (§ 261 StPO) entschieden. Grundlage der freien Beweiswürdigung ist allerdings die Strenge der Beweisaufnahme. Forderungen nach einer Auflösung der Formstrenge des Hauptverfahrens müßten konsequenterweise deshalb auch die völlige Neuordnung der Prozessordnung beinhalten. Diese Problematik zu vertiefen, ist jedoch nicht Intention dieses Buches.

---

120 Dieser Vorwurf wird insbesondere hinsichtlich der Torpedierung des Erziehungsgedankens in Jugendstrafverfahren verwendet.

121 LG Wiesbaden mit abl. Anm. Asbruck; vgl. zum Ganzen mit drei instruktiven Beispielen auch Nehm, NStZ 98, 377; Jahn; ZRP 98, 103 ff. und OLG Hamm StV 04, 69 (Festsetzung von Ordnungsmitteln gegen einen Verteidiger unzulässig).

Festzuhalten bleibt allerdings, dass der Verteidiger auch dann, wenn er sich prozessordnungsgemäß verhält, bei seiner Vorgehensweise nicht stets das Wohlwollen von Staatsanwaltschaft und Gericht erfahren wird.

Deswegen ist der Verteidiger gut beraten, von vorneherein die Verteidigungsbemühungen so zu gestalten, dass sie sowohl über jeden rechtlichen als auch über jeden tatsächlichen Zweifel erhaben sind.

b) Der eigene Mandant

Das zweite Konfliktfeld stellt für den Strafverteidiger der eigene Mandant dar. Dem   32
Strafverteidiger muss klar sein, dass der Mandant nie sein Freund sein kann. Es gilt vielmehr das Schlagwort, dass der Mandant stets der größte Feind des Anwalts ist. Noch mehr als in anderen Rechtsbereichen steht der Mandant im Strafverfahren in einer enormen Drucksituation. Er wird deshalb stets in der Versuchung sein, mit allen Mitteln sein Ziel durchzusetzen. In der überwiegenden Anzahl der Strafrechtsmandate darf zudem durchaus davon ausgegangen werden, dass der Mandant ein etwas „lockeres Verhältnis" zur Rechtsordnung hat. Der Verteidiger muss deshalb damit rechnen, dass sich der Mandant nicht scheuen wird, auch alles nur Erdenkliche gegen seinen Anwalt zu unternehmen, wenn dies nur seinem eigenen Vorteil dienen kann. Es empfiehlt sich deshalb, sich auch auf diese Situation von Beginn an einzustellen und entsprechende Abwehrmechanismen zu entwickeln.

Hierzu gehört als wichtigster Grundsatz die **Klarheit des Mandats.** Es zeichnet unerfahrene Strafverteidiger aus, dass sie versuchen, sich in verschwörerartige Gespräche oder anbiedernde Verhaltenssituationen mit dem Mandanten zu begeben. Dies muss von vorneherein vermieden werden. Alle Gespräche mit dem Mandanten sind so zu führen, als sei ein nicht wohlmeinender Ermittlungsbeamter zugegen und dieser sollte an den Gesprächen nichts Aussetzenswertes finden können. Je deutlicher der Verteidiger von Anfang an seinen Standpunkt klarmacht, je leichter fällt ihm hinterher die Abwicklung des Mandats. Wer glaubt, besonders „kumpelhaft" agieren zu müssen, um das Mandat zu gewinnen, hat bereits mehr als einen Schritt in die falsche Richtung getan. Dies ist der Weg in eine mögliche Erpreßbarkeit. Der Mandant wird es entweder tatsächlich nicht verstehen oder aber zumindest nicht verstehen wollen, wenn ein entsprechender Verteidiger hinterher dann andere Ansinnen ablehnt. Hier gilt der Grundsatz: *„Wehret den Anfängen!"*

Ein weiterer wichtiger Grundsatz ist die **Distanz zum Mandanten.** Der Verteidiger ist nicht Kumpel und schon gar nicht Komplize. Der Mandant wird auch nicht geduzt. Der Verteidiger ist vielmehr Beistand, der aufgrund eigenen Abstands zum Sachverhalt und zum Verfahren in abgeklärter Weise vernünftige Ratschläge erteilen kann. Zu große Nähe zum Mandanten verringert das Blickfeld. Genauso wenig wie ein Arzt eigene Familienangehörige operiert oder operieren sollte, muss der Verteidiger es deshalb stets ablehnen, die Verteidigung von Personen seines persönlichen Umfelds zu übernehmen. Dies gilt im übrigen auch für den Rechtsanwalt als Beschuldigten. Soll die Verteidigung mit einiger Aussicht auf Erfolg durchgeführt werden, sollte der beschuldigte Rechtsanwalt tunlichst davon absehen, einen Sozietätskollegen mit der Verteidigung zu beauftragen oder – noch schlimmer – gleich selbst seine eigene Verteidigung zu übernehmen.

Denn zu der oben angesprochenen Einengung des Sichtfelds tritt ein weiterer Umstand hinzu. Staatsanwalt und Gericht werden nur dann zu weiterführenden Gesprächen mit der Verteidigung bereit sein, wenn sie den Eindruck haben, dass die Verteidigung unabhängig ist. Ansonsten wird hier von den anderen Verfahrensbeteiligten eher zu erwarten sein, dass (zum Nachteil des Mandanten) äußerst zurückhaltend mit Äußerungen verfahren wird. Dieser Umstand spielt übrigens auch eine Rolle, wenn mehrere Mitglieder einer Kanzlei mehrere Personen verteidigen und hier ersichtlich ist, dass Über- und Unterordnungsverhältnisse bestehen.[122]

2. Der Verteidiger als Straftäter

33 War in der vorangehenden Einleitung noch von den (nur) allgemeinen Problemen und Widrigkeiten im Alltag des Strafverteidigers die Rede, so ist nachfolgend die besondere Gefährlichkeit der Strafverteidigung anzusprechen. Denn es darf nicht übersehen werden, dass die Grenzen zwischen erlaubtem und nicht erlaubtem Handeln sehr eng sein können.[123]

a) Verteidiger und Honorar

Die Gefahren eigener Strafbarkeit beginnen für den Verteidiger bereits mit der Grundlage der Verteidigertätigkeit und der Honorierung des anwaltlichen Bemühens. Vereinnahmt der Verteidiger im Rahmen des Mandats sein Honorar, wozu er im übrigen bis auf wenige Ausnahmefälle rechtlich verpflichtet ist (§ 49b Abs. 1 BRAO),[124] hat er sich weitreichende Gedanken darüber zu machen, ob dadurch nicht bereits ein Straftatbestand verwirklicht worden sein kann.

aa) Die Hehlerei gem. § 259 StGB. Dies liegt weniger im Tatbestand der **Hehlerei** (**§ 259 StGB**) begründet. Wer sich als Anwaltshonorar für die Verteidigung eines des Diebstahls Verdächtigen goldene Uhren übergeben lässt, kann allenfalls im Hinblick auf seine Schuldfähigkeit untersucht werden, wird aber nicht ernsthaft geglaubt haben, den Tatbestand der Hehlerei nicht erfüllt zu haben. Der Verteidiger wird deshalb darauf Wert zu legen haben, sein Honorar in Geld zu erhalten. Sollten ihm ausnahmsweise als Honorar einmal Gegenstände angetragen werden, wird zumindest zu verlangen sein, dass der Verteidiger sich davon überzeugt, in wessen Eigentum sie stehen. Der Straftatbestand der Hehlerei bietet deshalb kaum tatsächliche Probleme.

Dies gilt selbst in den Fällen von Geldzahlungen, die eindeutig auf eine Vortat im Sinne des § 259 StGB zurückzuführen sind. Abgesehen davon, dass der Verteidiger aus ethischen Gründen eine solche Zahlung nicht annehmen darf, wird eine strafrechtliche Verfolgung des Vorgangs in der Praxis daran scheitern, dass nicht nachweisbar sein wird, dass die erhaltenen Geldscheine dieselben aus der Straftat sind. Die Ersatzhehlerei ist aber nicht strafbar.[125]

bb) Die Geldwäsche gem. § 261 StGB. Sehr viel anders verhält es sich hingegen mit der Strafvorschrift der **Geldwäsche** (**§ 261 StGB**). Die Geldwäsche wurde 1992 in das Strafgesetzbuch eingefügt und bereits mehrfach geändert. Sie liegt im Mittelpunkt ei-

---

122 Zum insoweit möglichen Interessenwiderstreit auch OLG Rostock StV 03, 373 ff.
123 Lesenswert Widmaier, Strafverteidigung im strafrechtlichen Risiko, in FG-BGH 50 Jahre, 1043 ff.
124 Die Nichtberechnung der Vergütung kann zudem ein Wettbewerbsverstoß gem. § 1 UWG sein.
125 Tröndle/Fischer, § 259 StGB Rn 9.

nes gesetzgeberischen Betätigungsfeldes. Von daher wird es nicht lange dauern, bis die Norm weitere Ausdehnungen erfahren wird.[126] Auch für den Strafverteidiger hat die Norm bei seiner eigenen Tätigkeit seit 1992 ein beträchtliches Risiko dargestellt, weil insbesondere gemäß § 261 Abs. 5 StGB auch die sog. leichtfertige Geldwäsche strafbar war. In einer Grundsatzentscheidung hat das Bundesverfassungsgericht[127] zwar festgestellt, dass § 261 Abs. 2 Nr. 1 StGB mit dem Grundgesetz vereinbar sei, dies für Strafverteidiger aber nur dann gelte, wenn sie im Zeitpunkt der Annahme ihres Honorars sichere Kenntnis von dessen Herkunft hatten. Dabei seien Strafverfolgungsbehörde und Gerichte ferner dazu verpflichtet, auf die besondere Stellung des Strafverteidigers schon ab dem Ermittlungsverfahren angemessen Rücksicht zu nehmen.

Damit hat das Bundesverfassungsgericht – völlig zu Recht – deutlich gemacht, dass es selbstverständlich auch dem Verteidiger nicht erlaubt ist, Honorar anzunehmen, von dem er positiv weiß, dass es aus einer Katalogtat stamme. Auf der anderen Seite hat es aber die Unsicherheit beseitigt, dass die Honorarannahme im Verfahren wegen einer Katalogtat als leichtfertige oder bedingt vorsätzliche Geldwäsche angesehen werden könnte. Der Verteidiger ist nach dieser Entscheidung zu Nachforschungen über die legalen oder illegalen Einnahmequellen des Mandanten nicht verpflichtet. Folgt man den vom Bundesverfassungsgericht aufgestellten Gedanken, so sind dem Verteidiger zur Vermeidung von Geldwäsche-Problemen die Beachtung folgender Richtlinien zu empfehlen:

- Honorarzahlungen durch Dritte sind grundsätzlich unbedenklich, es sei denn, es handelt sich um Tatbeteiligte.
- Maßgeblich ist das sichere Wissen des Strafverteidigers im Zeitpunkt der Geldzuwendung.
- Höhere Bargeldzahlungen sind zu vermeiden.
- Die Höhe des Honorars muss in einem angemessenen Verhältnis zur anwaltlichen Leistung stehen.
- Das Honorar sollte nicht unter konspirativen Bedingungen entgegengenommen werden, insbesondere auchnicht aus Verstecken abgeholt werden, weil die Art und Weise der Erfüllung der Honorarforderung ein Indikator für die subjektive Tatseite beim Strafverteidiger sein kann.
- Honorarzahlungen sind ausnahmslos zu quittieren.
- Treuhandgelder sollten nur bei klarer, von dem Verteidigungsauftrag umfasster Zweckbindung entgegengenommen werden, zum Beispiel zum Zweck der Schadenswiedergutmachung.[128]

b) Strafvereitelung gem. § 258 StGB

Außerhalb des Problembereiches Verteidiger und Honorar ist die **Strafvereitelung** gemäß § 258 StGB die Norm, mit der sich der Verteidiger am gründlichsten auseinandersetzen sollte. Denn hier drohen die größten Gefahren. Zwar gilt der Grundsatz, dass ordnungsgemäße Strafverteidigung keine strafbare Strafvereitelung sein kann, jedoch   34

---

126 Vgl. hierzu auch Weihrauch; BRAK-Mitt. 00, 156, der durch den Vorschlag für eine zweite EG-Geldwäsche-Richtlinie eine weitere Erosion im Bereich Anwalt/Mandant befürchtet.

127 BVerfG NJW 04, 1305.

128 So zu Recht Müller in BRAK-Mitteilungen 04, 126.

ist dies gerade in der Praxis eine Leerformel. Schließlich ist hiermit noch nicht klargestellt, was zulässige Strafverteidigung ist und was nicht.

Das Problem ist jedoch noch tiefergehender, weil selbst das genaue Studium der Norm des § 258 StGB zu keiner Klarheit führen wird. Denn dieser Norm ist zwar die Unterscheidung zwischen Verfolgungsvereitelung (§ 258 Abs. 1 StGB) und Vollstreckungsvereitelung (§ 258 Abs. 2 StGB) zu entnehmen. Die viel grundlegendere Frage, was „Vereitelung" überhaupt ist, bleibt jedoch offen.

Wichtig ist deshalb festzuhalten, dass es sich bei der Strafvorschrift des § 258 StGB um einen konturenlosen Straftatbestand handelt, dessen Erfüllung von dem Einhalten oder Nichteinhalten anderer Normen abhängt. In diesem Sinn ist § 258 StGB **akzessorisch.**[129] Leider ergibt sich aus dem Erkennen dieser Systematik aber auch noch nicht die Lösung des Problems. Denn selbst wenn klar ist, dass es im wesentlichen die Normen des Strafverfahrensrechts sind, die den Aufgabenbereich des Verteidigers eröffnen oder auch beschränken, folgt auch daraus nicht, dass ein Verstoß gegen eine Norm zwingend zur Verwirklichung des Straftatbestandes der Strafvereitelung führt.

Denkbar bleiben vielmehr alle anderen Varianten. Die nach einer Norm unzulässige Verhaltensweise kann überhaupt nicht strafbar oder von lediglich berufsrechtlicher Relevanz sein. Auch kann eine Verhaltensweise nur eine Ordnungswidrigkeit darstellen. Dies lässt sich beispielhaft am unerlaubten Verkehr mit Gefangenen darstellen. Transportiert der Verteidiger einen Brief seines inhaftierten Mandanten an seinen Freund aus der Haftanstalt, so begeht er damit eine Ordnungswidrigkeit gemäß § 115 OWiG. Gleichzeitig liegt ein berufsrechtliches Fehlverhalten vor. Eine Strafvereitelung gemäß § 258 StGB ist dies aber nicht ohne weiteres. Beinhaltet der Brief nicht nur Grüße an den Freund, sondern wird der Freund auch darin aufgefordert, unter näherer Beschreibung der Örtlichkeit deponiertes Rauschgift aus dem Versteck zu holen, gerät der Verteidiger in die Gefahr, sich nicht nur wegen Beihilfe, sondern sogar wegen Handeltreibens mit Betäubungsmitteln strafbar zu machen. Eine Strafvereitelung gem. § 258 StGB begeht er damit allerdings wiederum nicht. Wieder etwas anderes ergibt sich, wenn in dem Brief genau für den Freund beschrieben ist, in welcher Form potentielle Zeugen des Verfahrens bedroht werden sollen, damit sie ihre Aussagen verändern. Damit kann dann, je nach Ausgestaltung des Einzelfalls, entweder eine Beihilfe zur Strafvereitelung vorliegen oder aber der Tatbestand durch den Rechtsanwalt selbst erfüllt sein.

Es kommt also immer auf eine Gesamtschau an, ob § 258 StGB erfüllt sein kann oder nicht. Die Schwierigkeiten, die sich hierbei auftun, liegen auf der Hand. Es würde den Rahmen dieser Ausarbeitung bei Weitem sprengen, dieses Thema zu vertiefen. Hinzuweisen ist jedoch auf ein Buch von Beulke, der sich im Rahmen der Reihe „Praxis der Strafverteidigung" umfassend mit dem Straftatbestand der Strafvereitelung auseinandergesetzt hat.[130] Dieses Werk kann nur allen Verteidigern bei auftretenden Unsicherheiten zur Lektüre empfohlen werden. Hinzuweisen ist weiterhin auf zwei insoweit maßgebliche Entscheidungen des BGH vom 01.09.1992 sowie vom 09.05.2000,[131] mit der die Gelegenheit wahrgenommen wurde, sich intensiver mit der Problematik der

---

129 Beulke, Die Strafbarkeit des Verteidigers Rn 1.
130 Beulke, Die Strafbarkeit des Verteidigers.
131 BGHSt 38, 345 ff.; BGHSt 46, 53 ff.

Strafvereitelung durch den Verteidiger und dessen Position auseinanderzusetzen. Dabei sind folgende Grundsätze aufgestellt worden:
Die Stellung als Verteidiger in einem Strafprozess und das damit verbundene Spannungsverhältnis zwischen Organstellung und Beistandsfunktion erfordert eine besondere Abgrenzung zwischen erlaubtem und unerlaubtem Verhalten. Grundsätzlich gelten die Straftatbestände für jedermann, mithin auch für den Verteidiger. Weil die Struktur bestimmter Straftatbestände für den Verteidiger selbst das Risiko birgt, durch ein im Rahmen wirksamer Verteidigung liegendes Verhalten in den Anwendungsbereich des Straftatbestandes zu kommen, muss der besonderen Situation des Verteidigers durch Auslegung des jeweiligen Straftatbestandes hinreichend Rechnung getragen werden.
Diese **Grundsätze** gelten insbesondere für den Straftatbestand der Strafvereitelung:

■ Soweit ein Strafverteidiger prozessual zulässig handelt, ist sein Verhalten deshalb schon nicht tatbestandsmäßig im Sinne des § 258 StGB und nicht erst rechtfertigend. § 258 StGB verweist auf die Regelungen des Prozessrechts. Bei dessen Auslegung kann auch das Standesrecht von Bedeutung sein. Standesrechtlich zulässiges Verhalten wird in der Regel prozessual nicht zu beanstanden sein. Standesrechtlich unzulässiges Verhalten führt nicht ohne weiteres zur Strafbarkeit.

■ Der Verteidiger darf grundsätzlich alles tun, was in gesetzlich nicht zu beanstandender Weise seinem Mandanten nützt. Er hat die Aufgabe, zum Finden einer sachgerechten Entscheidung beizutragen und dabei das Gericht vor Fehlentscheidungen zu Lasten seines Mandanten zu bewahren. Zu seinen besonderen Aufgaben gehört es auch, auf die Einhaltung der Verfahrensgarantien zu achten. Allerdings muss er sich bei seinem Vorgehen auf verfahrensrechtlich erlaubte Mittel beschränken und er muss sich jeder bewussten Verdunkelung des Sachverhalts und jeder sachwidrigen Erschwerung der Strafverfolgung enthalten. Ihm ist es insbesondere untersagt, durch aktive Verdunkelung und Verzerrung des Sachverhalts die Wahrheitserforschung zu erschweren, insbesondere Beweisquellen zu verfälschen. Auf der anderen Seite darf der Verteidiger solche Tatsachen und Beweismittel einführen, die einen von ihm lediglich für möglich gehaltenen Sachverhalt belegen können. Das ist ihm nicht nur gestattet; es kann sogar **geboten** sein.

■ Soweit es um Zeugenaussagen geht, darf der Verteidiger zwar nicht wissentlich falsche Tatsachen behaupten und hierfür Zeugen benennen. In den von der Rechtsprechung aufgestellten Grenzen ist er verpflichtet darauf zu achten, dass er nicht Zeugen benennt, von denen er erkennt, dass sie eine Falschaussage machen werden. Auch darf er einen Zeugen nicht absichtlich in einer vorsätzlichen Falschaussage bestärken.[132] Er kann eigene Ermittlungen führen und insbesondere Zeugen auch außerhalb der Hauptverhandlung befragen. Hat er lediglich Zweifel an der Richtigkeit einer Zeugenaussage, die seinen Mandanten entlasten könnte, so ist es ihm nicht verwehrt, den Zeugen zu benennen; er wird dazu regelmäßig sogar verpflichtet sein. Anderenfalls würde er in Kauf nehmen, ein möglicherweise zuverlässiges, entlastendes Beweismittel zu unterdrücken. Gleiches gilt hinsichtlich der Vorlegung von Urkunden.[133]

---

132 Zur Frage des Versuchs der Strafvereitelung in diesem Zusammenhang zuletzt auch OLG Köln StV 03, 15 ff.
133 Vgl. zum Ganzen BGHSt 46, 53 ff. mit zahlreichen weiteren Nachweisen aus der Rspr.

Die einschränkende Auslegung betrifft jedoch nicht nur den objektiven Tatbestand, sondern setzt sich im subjektiven Bereich fort.

Denn während für die Kenntnis der Vortat bedingter Vorsatz ausreicht, verlangt das Gesetz hinsichtlich Tathandlung und Vereitelungserfolg **Absicht oder Wissentlichkeit**. Absicht bedeutet zielgerichtetes Wollen; es muss dem Täter darauf ankommen, die Verhängung (oder Vollstreckung) einer Strafe mindestens zum Teil zu vereiteln. Wissentlichkeit besagt, dass der Täter die Tatbestandsverwirklichung als sichere Folge seines Tuns erkennt oder voraussieht. Dies bedeutet, dass der direkte Vorsatz sowohl die Tathandlung als auch den sich aus ihr ergebenden Erfolg zum Inhalt haben muss. Die billigende Inkaufnahme des tatbestandlichen Erfolgs reicht nicht aus.[134] Der Bundesgerichtshof erhöht sogar die Beweisanforderungen für die Beweiswürdigung zum Nachweis eines voluntativen Elements der Vereitelungsabsicht und geht in der Regel davon aus, daß der Verteidiger strafbares Verhalten nicht billigt; vielmehr wird der Verteidiger hiernach einen entsprechenden Beweis im Regelfall mit dem inneren Vorbehalt verwenden, das Gericht werde die Glaubhaftigkeit der Aussage seinerseits einer kritischen Prüfung unterziehen und ihre Fragwürdigkeit nicht übersehen.[135]

Auch diese verteidigerfreundliche Auslegung bewahrt den Verteidiger aber nicht davor, sorgfältig und umsichtig zu handeln. Der größte Gefahrenpunkt bleibt der Umgang mit dem eigenen Mandanten. Es kann nur noch einmal darauf hingewiesen werden, dass der Gefahrenbereich des § 258 StGB und auch darüber hinausgehend umso geringer ist, je klarer und distanzierter der Verteidiger mit seinem Mandanten umgeht.[136]

Gerade der unerfahrene Verteidiger sollte es auch vermeiden, schnell „aus dem Bauch heraus" irgend welche Handlungsempfehlungen auszusprechen. Die Überlegung, ob seine Handlungsempfehlung überhaupt zulässig ist, sollte ihn immer begleiten. Kann im Einzelfall nicht entschieden werden, ob nicht die Grenze zum unzulässigen Handeln überschritten würde, ist grundsätzlich anzuraten, sich eigener Empfehlungen zu enthalten und sich auf die Darstellung der Rechtslage zurückzuziehen. Denn diese Darstellung ist dem Verteidiger nie verwehrt.

Beispielsfall: Die Empfehlung an die Ehefrau des inhaftierten Betäubungsmittelstraftäters, sie möge das von ihr in der Wohnung aufgefundene Rauschgift in der Toilette herunterspülen, kann strafbare Strafvereitelung gemäß § 258 Abs. 1 StGB sein.

Der auf Frage erteilte Hinweis an die Ehefrau, dass sie sich bei oben dargestellten Handlungsweise als Angehörige gem. § 258 Abs. 6 StGB nicht strafbar machen kann, ist zulässige Darstellung der Rechtslage.

c) Verschwiegenheitspflicht i.S.d. § 203 StGB

35   Das **Gebot anwaltlicher Verschwiegenheit** ist durch § 203 Abs. 1 Ziff. 3 StGB strafbewehrt. Die Verpflichtung zur Verschwiegenheit umfasst dabei nicht nur das Verbot, ein fremdes Geheimnis, namentlich ein zum persönlichen Lebensbereich gehörendes Geheimnis oder ein Betriebs- oder Geschäftsgeheimnis zu offenbaren (§ 203 Abs. 1 StGB). Der Verteidiger hat vielmehr über alles zu schweigen, was ihm in Wahrnehmung des Mandats anvertraut worden oder ihm aus Anlass des Mandats oder der Man-

---

134 BGHSt 46, 53, 58 ff.
135 BGHSt 46, 53, 59 f.
136 Vgl. oben Rn 32.

datsanbahnung bekannt geworden ist.[137] Dies betrifft deshalb auch die Frage, ob ein Mandatsverhältnis überhaupt besteht. Die Verschwiegenheit ist unbegrenzt und besteht auch nach Beendigung des Mandats fort.[138] Eine Durchbrechung der Verschwiegenheitspflicht kann nur in Ausnahmefällen möglich sein. Dies ist insbesondere dann der Fall, wenn bei einer vorzunehmenden Güterabwägung einem anderen geschützten Rechtsgut eine gesteigerte Bedeutung zukommt. Bejaht worden ist dies etwa für den Fall der Gefahr für die Allgemeinheit wegen einer besonderen Krankensituation des Mandanten oder aber auch zur Geltendmachung von Gebührenansprüchen des Rechtsanwalts oder der Abwehr von Regreßforderungen des Mandanten.[139] Ebenfalls kann die Verschwiegenheitspflicht durchbrochen werden, wenn der Rechtsanwalt sich im Zusammenhang mit dem Mandatsverhältnis strafbar gemacht hat und eine strafbefreiende Selbstanzeige erstatten will (§ 261 Abs. 9 StGB; § 371 AO).

Verneint worden ist allerdings die Berechtigung der Durchbrechung der Verschwiegenheitspflicht, wenn der Verteidiger hiermit gegen den Willen des Mandanten dessen strafrechtliche Verantwortlichkeit i.S.d. §§ 20, 21 StGB problematisieren will oder mit dem Argument körperlicher Leiden des Mandanten gegen dessen Willen einen günstigeren Verfahrensausgang erstreben will.[140]

In den Bereich der Verschwiegenheitspflicht spielt auch immer der Umgang des Strafverteidigers mit den Medien. Hier kann vor einem zu freizügigen Umgang nur gewarnt werden. Auch wenn es in Verfahren mit besonderer Öffentlichkeitswirkung auch einmal angezeigt sein kann, sich dort zu äußern, ist praktisch kein Verfahren vorstellbar, das „über die Medien" gewonnen wird. Hingegen kann ein sorgloser Umgang geradezu kontraproduktiv sein, weil durch leichtfertige Äußerungen andere Verfahrensbeteiligte erst dazu motiviert werden, bestimmte Hintergründe besonders gründlich zu ermitteln. Der Verteidiger sollte auch nicht übersehen, dass öffentliche Äußerungen zu einer Einschränkung von Verfahrenspositionen führen können. So wird sich ein erfolgreicher Antrag auf Ausschluß der Öffentlichkeit mit der Begründung, dass schützenswerte Umstände aus dem persönlichen Lebensbereich des Angeklagten erörtert würden (§ 171b GVG) dann nicht mehr stellen lassen, wenn bereits in den Zeitungen über diesen Bereich gesprochen wurde. Die Stellungnahme in den Medien sollte deshalb für den Anwalt nach der hier vertretenen Auffassung die Ausnahme bleiben.

b) Beleidigung gem. § 185 StGB

Die vorrangige Waffe des Anwalts im Kampf um das Recht ist die Sprache. Diese sollte er allerdings eher wie ein Florett und nicht als Holzhammer gebrauchen. Dennoch sind die Grenzen des Erlaubten sehr weit gesteckt. Das Bundesverfassungsgericht hat hierzu wiederholt festgestellt, dass der Rechtsanwalt als unabhängiges Organ der Rechtspflege und als der berufene Berater und Vertreter der Rechtssuchenden die Aufgabe habe, zum Finden einer sachgerechten Entscheidung beizutragen, das Gericht – und ebenso Staatsanwaltschaft oder Behörden – vor Fehlentscheidungen zu Lasten sei-

36

---

137 These 16, Thesen zur Strafverteidigung des Strafausschusses der BRAK.
138 Wie weit Gerichte sogar gehen wollen, zeigt im Zusammenhang mit der Abtretung von Honoraransprüchen an einen anderen Anwalt die Entscheidung des LG München II aus 2004 (Az.: 13 S 9710/03); mit Anm. Dahs NJW-Spezialheft 1/2004, 45.
139 Vgl. Begründung der These 18 der Thesen zur Strafverteidigung des Strafrechtsausschusses der BRAK.
140 Thesen zur Strafverteidigung (a.a.O.).

nes Mandanten zu bewahren und diesen vor verfassungswidriger Beeinträchtigung oder staatlicher Machtüberschreitung zu sichern; insbesondere soll er die rechtsunkundige Partei vor der Gefahr des Rechtsverlustes schützen. Die Wahrnehmung dieser Aufgaben erlaube es dem Anwalt – ebenso wie dem Richter – nicht, immer so schonend mit den Verfahrensbeteiligten umzugehen, dass diese sich nicht in ihrer Persönlichkeit beeinträchtigt fühlen. Deshalb dürfe er im „Kampf um das Recht" auch starke, eindringliche Ausdrücke und sinnfällige Schlagworte benutzen.[141]

Eine Grenzziehung wird erst dort vorgenommen, wo es sich um strafbare Beleidigungen, **die bewusste Verbreitung von Unwahrheiten** oder solche **neben der Sache liegenden herabsetzenden Äußerungen und Verhaltensweisen** handelt, zu denen andere Beteiligte oder der Verfahrensverlauf keinen Anlass gegeben haben (§ 43a Abs. 3 BRAO).

Nicht ausreichend ist es demnach, wenn Kammervorstände oder Anwaltsgerichte das Verhalten eines Anwalts als standeswidrig mit der Begründung beanstanden, es würde von anderen Verfahrensbeteiligten als stilwidrig, ungehörig oder als Verstoß gegen den guten Ton und das Taktgefühl empfunden oder es sei dem Ansehen des Anwaltsstandes abträglich.[142]

Hinsichtlich ehrverletzender Äußerungen stellt sich deshalb immer die Frage, ob diese durch die Wahrnehmung berechtigter Interessen gem. § 193 StGB gedeckt sind. Das OLG Saarbrücken[143] hat hierzu ausgeführt, dass der Verteidiger befugt sei, im Plädoyer das Ergebnis der Beweisaufnahme auf seine tatsächliche und rechtliche Tragweite zu würdigen. Er darf dabei auch, wenn es für die Sachentscheidung darauf ankommt, Schlußfolgerungen ziehen, die die Person eines anderen berühren und seine Ehre angreifen, solange nicht die Grenze zur Formalbeleidigung überschritten wird. In diesem Fall hatte ein Rechtsanwalt ausgeführt, dass eine Frau, die zehn Jahre lang keinen Geschlechtsverkehr gehabt habe, nicht normal sein könne, „*die müsse verrückt sein.*" Die Vorinstanz hatte hierin zu Unrecht den Tatbestand der Beleidigung gesehen, der nicht mehr gem. § 193 StGB gerechtfertigt sei. Demgegenüber hat das OLG Saarbrücken in der zitierten Entscheidung die Grenzen erlaubter Verteidigung weitergezogen. Der Verteidiger müsse das Recht haben, „*alle erwiesenen Tatsachen und Umstände zu werten und aus ihnen Schlußfolgerungen zu ziehen. Einem Verteidiger darf grundsätzlich nicht verwehrt werden, das, was er vorzutragen hat, auch in starken, eindringlichen Ausdrücken zu sagen, selbst wenn dies einem Zeugen unangenehm ins Ohr klingen mag. Er darf Schlußfolgerungen ziehen, die nach seiner Überzeugung aus den mitgeteilten Tatsachen gezogen werden müssen*".

Hält sich ein Verteidiger im Rahmen der hier gezogenen Grenzen, dann ist die von ihm vorgenommene negative Wertung eines Zeugen durch den Zweck der Wahrnehmung berechtigter Interessen gem. § 193 StGB selbst dann gerechtfertigt, wenn sie sich als grobe Taktlosigkeit zeigt".[144]

Noch weiter geht sogar eine Entscheidung des Landgerichts Hechingen.[145] Dieses hatte festgestellt: „*Wenn ein Strafverteidiger im Rahmen seines Plädoyers das Vorge-*

---

141 BVerfG NStZ 97, 35.
142 BVerfGE 76, 171, BVerfG NStZ 97, 35.
143 OLG Saarbrücken, Anwbl. 79, 193.
144 OLG Saarbrücken, a.a.O.
145 LG Hechingen, NJW 84, 1766.

hen von Polizeibeamten im Ermittlungsverfahren zur Identifizierung von Tätern mit Gestapo-Methoden vergleicht, so erfüllt dies den objektiven Tatbestand der Beleidigung, kann aber durch Wahrnehmung berechtigter Interessen gerechtfertigt sein, wenn dies von dem Strafverteidiger zur wirksamen Verteidigung seines Mandanten für notwendig angesehen wird."

Auch nicht als Beleidigung gewertet wurde die anwaltliche Behauptung, dass die Absperrung des Warschauer Ghettos in dem Bestreben erfolgt sei, den Flecktyphus einzudämmen. Hier hat der BGH eine Verurteilung des Verteidigers wegen Beleidigung in Tateinheit mit Verunglimpfung des Andenkens Verstorbener mit der Begründung aufgehoben, dass der Schutz der Ehre gem. § 139 StGB gegenüber dem rechtsstaatlichen Gebot, eine ungehinderte und damit wirksame Strafverteidigung zu ermöglichen, zurücktrete.[146]

Übrigens gelten die gleichen Voraussetzungen auch im **Zivilverfahren**. Als Beispiel hierfür mag eine Entscheidung des Landgerichts Berlin[147] gelten. Im Schriftsatz eines Prozessbevollmächtigten gegenüber dem Prozessgegner war die Bezeichnung „Absahnhai" gefallen. Das Landgericht Berlin hat diese Formulierung als noch vom Grundsatz des rechtlichen Gehörs gedeckt angesehen. Es müsse möglich sein, eine solche Bezeichnung, die Werturteil und nicht Tatsachenbehauptung sei, auch in einem anwaltlichen Schriftsatz zu verwenden, um eine diskutierte Problematik deutlich und auch mit Schärfe anzusprechen. Dies spräche für eine Rechtfertigung gem. § 193 StGB, obwohl dies im Ergebnis dahingestellt bleiben könne. Diese Rechtsprechung ist vom Bundesverfassungsgericht immer wieder bestätigt worden.[148] Deshalb verwundert es schon, dass manche Staatsanwaltschaften dennoch versuchen, immer wieder Verurteilungen gegen Rechtsanwälte wegen Beleidigungsdelikten zu erreichen. Dabei umfasst das Grundrecht der Meinungsfreiheit im Rahmen von Verteidigerbemühungen nicht nur die Bewertung von Aussagen, sondern auch das Antragsrecht. Auch hierzu hat das Bundesverfassungsgericht[149] entschieden, dass der strafrechtliche Ehrenschutz nicht dazu zwingen dürfe, eine rechtserhebliche Tatsachenbehauptung in einem Prozess aus Furcht vor Bestrafung nach § 186 StGB zu unterlassen, weil nicht vorauszusehen ist, ob die behauptete Tatsache bewiesen werden kann. Es müsse vielmehr möglich sein, in einem rechtsstaatlichen Verfahren jene Handlungen vorzunehmen, die nach einer vom guten Glauben bestimmten Sicht geeignet sind, sich im Prozess zu behaupten. Danach kann ein etwa gestellter Beweisantrag, dass eine Zeugin der Prostitution nachgehe, keinen ehrverletzenden Straftatbestand erfüllen. Genauso wenig können Äußerungen, die der Rechtsverteidigung in einem schwebenden Verfahren dienen, mit gesonderten Ehrenschutzklagen abgewehrt werden, soweit die Unhaltbarkeit nicht auf der Hand liegt und die Äußerungen noch irgend einen inneren Zusammenhang mit der Verteidigung aufweisen.[150] Etwas anderes gilt aber dann, wenn verfahrensfremde Ziele verfolgt werden.[151]

---

146 BGH NJW 84, 1759.
147 LG Berlin NJW 84, 1760.
148 So BVerfG StV 00, 414.
149 BVerfG StV 00, 416.
150 BGH NJW 77, 1681 ff.; BGH NJW 86, 2502.
151 Vgl. hierzu instruktiv BGH StV 00, 418 (Volksverhetzung im Rahmen eines vom Verteidiger gestellten Beweisantrages).

e) Parteiverrat (§ 356 StGB)

37 § 356 StGB spricht in seinem Wortlaut zwar von Parteien, dennoch ist der Tatbestand nicht nur auf den Zivilprozess, sondern auch auf das Strafverfahren anwendbar. „Parteien" sind danach Verfahrensbeteiligte, die sich mit entgegengesetzten rechtlichen Interessen gegenüberstehen. Dies können sowohl Angeklagter und Zeuge als auch gemeinschaftlich angeklagte Personen sein.[152] Hierbei kommt es nicht darauf an, ob diese Personen tatsächlich Verfahrensbeteiligte in einem Hauptverfahren sind. Vielmehr gelten auch ein Angeklagter und eine andere Person, die als möglicher Täter in derselben Sache in Betracht kommen könnten, als „Parteien in derselben Rechtssache". Das Tatbestandsmerkmal „in derselben Rechtssache" ist **weit auszulegen**. Es kommt nicht darauf an, ob der Anwalt in demselben Verfahren und hinsichtlich derselben beteiligten Personen tätig wird. Maßgebend ist vielmehr die Identität des anvertrauten Sachverhalts, mag dieser auch in Verfahren verschiedener Art und verschiedener Zielrichtung von Bedeutung sein. Ein Rechtsanwalt macht sich deswegen auch des Parteiverrats schuldig, wenn er nach einem Verkehrsunfall gleichzeitig oder nacheinander den unfallverursachenden Fahrer/Halter des Kraftfahrzeugs in einem Ermittlungs-, Ordnungswidrigkeiten- oder Strafverfahren und einen Unfallgeschädigten (auch Fahrzeuginsassen) in einem zivilrechtlichen Schadensersatz Prozess gegen den Haftpflichtversicherer des Schädigers vertritt.[153]

Andererseits begründet ein Sozietätsverhältnis allein noch nicht die Annahme einer gemeinschaftlichen Verteidigung i.S.d. § 146 StPO.[154] Da die Strafverteidigung höchstpersönlich ist, bedeutet dies auch, dass der Tatbestand des Parteiverrats gem. § 356 StGB noch nicht vorliegt, wenn ein Mitglied der Sozietät namens eines Mandanten eine andere Person anzeigt und ein anderes Mitglied derselben Sozietät diese Person dann verteidigt. Dass diese Vorgehensweise jedoch berufsrechtlich unzulässig ist, bedarf keiner weiteren Ausführungen.[155]

f) Ordnungswidrigkeiten gem. § 115 OWiG

38 Für den Verteidiger lauern bei seinen Bemühungen neben strafrechtlichen Gefahren auch die **Ordnungswidrigkeittatbestände**. Als wichtigste Vorschrift ist § 115 OWiG zu erwähnen, der den Verkehr mit Gefangenen betrifft. § 115 Abs. 1 Satz 1 OWiG bewehrt das unbefugte Übermitteln von Sachen oder Nachrichten an einen Gefangenen mit einem Bußgeld.

Weil andererseits § 148 Abs. 1 StPO den Grundsatz der freien Verteidigung regelt, ist es wichtig, die Schnittstellen dieser Vorschriften zu sehen und zu kennen. Grundsatz ist, dass nur der Verteidiger die Möglichkeit des ungehinderten Verkehrs mit seinem Mandanten hat. Rechtsanwälte, die den Beschuldigten in einem anderen Bereich vertreten, können sich hingegen nicht auf § 148 Abs. 1 StPO berufen. Selbst der Verteidiger hat, wenn er den Mandanten nicht nur in dessen Strafverfahren vertritt, genau zwischen Strafverteidigertätigkeit und Rechtsanwaltstätigkeit in sonstigen Sachen zu unterscheiden. Nur die Tätigkeit als Strafverteidiger eröffnet die Möglichkeit des ungehinderten mündlichen und schriftlichen Verkehrs.

---

152   OLG Stuttgart, NStZ 90, 542.
153   BayObLG NJW 95, 606.
154   BVerfGE 43, 80.
155   Vgl. auch OLG Rostock StV 03, 373 ff.

aa) Der mündliche Verkehr mit dem Gefangenen. Für den mündlichen Verkehr spielt   39
keine Rolle, wo sich der Beschuldigte befindet (U-Haft, Strafhaft, Entziehungsanstalt,
psychiatrisches Krankenhaus). Ausschlaggebend ist allein, ob der Rechtsanwalt
Verteidigungstätigkeit ausübt,[156] wobei Verteidigungstätigkeit auch Bemühen um
vorzeitige Entlassung, Verteidigung in einer Gnadensache oder in einem Wiederaufnahmeverfahren sein kann.[157] Die Verteidigungstätigkeit rechtfertigt darüber hinaus
grundsätzlich auch beispielsweise die Mitnahme eines Laptops in die Haftanstalt.[158]
Selbstverständlich ist hinsichtlich etwaiger Besuchszeiten die Anstaltsordnung zu beachten ist, wobei allerdings Ausnahmen möglich sind. Besteht ein unabweisbares Bedürfnis für eine Sonderregelung, so muss eine solche erfolgen.[159] Ebenfalls können zu
knappe Besuchszeiträume einer gerichtlichen Überprüfung zugeführt werden.[160]
Umstritten ist, ob auch der Telefonverkehr zwischen inhaftiertem Gefangenen und
Verteidiger gewährleistet sein muss. Bereits dem Wortlaut des § 148 Abs. 1 StPO nach
wird jedoch niemand ernsthaft bestreiten können, dass vom mündlichen Verkehr auch
Telefongespräche umfasst sein müssen. Ansonsten wäre es angezeigt, dass in § 148 anstelle der Bezeichnung „mündlicher Verkehr" die Bezeichnung „persönlicher Verkehr"
steht.[161] Das Unbehagen, das hinter dem Einräumen einer solchen Möglichkeit steht,
ist denn wohl auch eher organisatorischer Natur. Es kann aber unproblematisch der Anstalt auferlegt werden, durch entsprechende Regelungen in der **Anstaltsordnung** die
Voraussetzungen für den Telefonverkehr zu schaffen. Gerade nachdem es bereits einige Justizvollzugsanstalten in der Bundesrepublik[162] gibt, in denen derartige Gespräche problemlos geführt werden können und nachdem durch die moderne Datentechnik
die Überwachung und Gewährleistung, dass tatsächlich Verteidigernummern angerufen werden, immer besser ausgestaltet wird, ist nicht einzusehen, warum diese Möglichkeit nicht eröffnet sein sollte.

bb) Der Schriftverkehr mit dem Gefangenen. Auch der Schriftverkehr zwischen Ver-   40
teidiger und Mandanten unterliegt nicht der Überwachung.[163] Der Verteidiger ist aber
gut beraten, wenn er sich stets vergegenwärtigt, dass die Privilegierung allein den Ver-
teidigerschriftverkehr umfasst. Dies bedeutet, dass dem Mandanten von Dritten stam-
mende Schriftstücke nur dann übergeben werden dürfen, wenn sie unmittelbar der Vorbereitung und Durchführung der Verteidigung dienen.[164]
Anderer Schriftverkehr unterliegt der Zensur. Vertritt der Verteidiger den Beschuldigten etwa auch noch in einer Mietsache, wäre es unzulässig, Schreiben in dieser Mietsache als Verteidigerpost zu deklarieren.

---

156 OLG Zweibrücken GA 65, 380; zur Reichweite des unüberwachten Verkehrs der ausländischen Veteidiger mit
     dem Gefangenen, OLG Celle StV 03, 62 ff.
157 Vgl. Meyer-Goßner, § 148 StPO Rn 5 m.w.N.
158 BGH StV 04, 82.
159 Vgl. LG Karlsruhe, StV 85, 381; OLG Zweibrücken StV 97, 313.
160 Vgl. hierzu die abl. Anm. Schriever zu OLG Karlsruhe in NStZ 98, 159.
161 Telefonverkehr bejahend KK/Laufhütte, § 148 Rn 7; Schlothauer/Wieder, Untersuchungshaft Rn 84; abl.
     Meyer-Goßner, § 148 StPO Rn 16.
162 BGH StV 04, 82.
163 Vgl. zuletzt etwa OLG Frankfurt/M. StV 03, 401 ff.; LG Gießen StV 04, 144, 145.
164 BGHSt 26, 304.

Gerade in diesem Bereich ist die Gefahr einer **unsachgemäßen Behandlung** dieses Verteidigerprivilegs besonders groß. Nahezu jeder erfahrene Verteidiger wird es bereits erlebt haben, dass er entweder von seinem Mandanten oder dessen Angehörigen gebeten wird, persönliche Schriftstücke weiterzuleiten, oder aber auch Nahrungsmittel oder Zigaretten zu übergeben.

Diesen Ansinnen sollte man von vorneherein widerstehen. Es muss jedem Verteidiger klar sein, dass er mit einem Nachgeben nicht nur unzulässig handelt, sondern auch den ersten Schritt in die Erpreßbarkeit durch den Mandanten vollzieht.[165]

Zu Recht reagieren nicht nur die Ermittlungsbehörden und die Anwaltskammern, sondern auch die Justizvollzugsanstalten (diese ggf. durch Aussprechen eines Hausverbots oder der Androhung, einen Besuch nur noch mit Überwachung zuzulassen) sehr rigide bei Verfehlungen dieser Art. Nur am Rande sei zusätzlich darauf hingewiesen, dass gerade in Justizvollzugsanstalten die „Gerüchteküche brodelt". Der eine Gefangene erzählt dem anderen Gefangenen etwas über die Qualitäten seines Anwalts. Auf diese Art und Weise gibt es in den örtlichen Anwaltsszenen stets Gerüchte darüber, welche Rechtsanwälte auch dazu bereit sein sollen, Briefträgerfunktionen wahrzunehmen und welche nicht. Weil gerade Voraussetzung für eine wirksame und starke Verteidigung auch ist, dass der Ruf des Anwalts über jeden Zweifel erhaben ist, sollte deshalb von vorneherein darauf geachtet werden, dass dem eigenen Ruf hier nichts angelastet werden kann.

Entsprechenden Ansinnen sollte folglich mit der bereits angesprochenen Klarheit und Festigkeit entgegengetreten werden. Gelegentlich kommt es auch vor, dass der Mandant in seinen Brief an den Anwalt, den er mit „Verteidigerpost" abschickt, ein weiteres Schreiben einlegt mit der Bitte an den Anwalt, dies an andere Personen weiterzuleiten. Auch diesen Wunsch darf der Anwalt selbstverständlich nicht erfüllen. Die Verschwiegenheitspflicht verbietet es andererseits, diesen Brief unzensiert wieder an den Mandanten zurückzusenden, weil damit die Verfehlung des Mandanten offenbar würde. In einem solchen Fall kann der Rechtsanwalt deshalb entweder den Brief bei seinem nächsten Mandantenbesuch diesem wieder übermitteln oder aber seinerseits mit „Verteidigerpost" diesen Brief an den Mandanten wieder zurückschicken.

Ein Grund zur **Mandatsniederlegung** sind solche Handlungsweisen des Mandanten nicht, soweit ansonsten das Vertrauensverhältnis nicht zerstört ist. Es ist schließlich eine der vornehmlichsten Aufgaben des Verteidigers, den Mandanten zu führen und zu leiten und ihm hierbei auch stets klarzumachen, welche Handlungsweisen möglich sind und welche eben nicht.

III. Die anwaltliche Haftung des Strafverteidigers

41   Über viele Jahre wurde die anwaltliche Haftung des Strafverteidigers als unproblematisch angesehen, weil kaum Fälle bekannt wurden, in denen ein Rückgriff auf den Anwalt denkbar erfolgt wäre.

Dieses Problem hat sich jedoch nun in zweierlei Hinsicht verschärft:

Zum einen wird von Gerichtsseite verstärkt daran gedacht, dem Verteidiger bei verschuldeten Verfahrensverzögerungen Kosten aufzuerlegen, zum anderen häufen sich die Fälle zivilrechtlicher Haftung.

---

165   Vgl. hierzu auch oben unter Rn 32.

1. Die Auferlegung der Verfahrenskosten gem. § 145 Abs. 4 StPO

Dem Verteidiger können die **Verfahrenskosten** auferlegt werden, wenn er sich entweder weigert, die Verteidigung zu führen oder ausbleibt.[166]
Es kann nicht abgestritten werden, dass es klare Fälle gibt, in denen die Berechtigung einer solchen Kostentragung zumindest verständlich wird. Dies ist etwa der Fall, wenn der Verteidiger den Hauptverhandlungstermin nicht ordnungsgemäß festgehalten hat[167] oder einfach einen Vertreter entsandt hat, ohne dass der Mandant selbst hiervon wußte oder damit einverstanden war.[168]

Auf der anderen Seite darf nicht übersehen werden, dass die Vorschrift Gerichte dazu verführen kann, von ihnen als ärgerlich oder unverständlich empfundenes Verteidigungsverhalten zu sanktionieren. Dies insbesondere vor dem Hintergrund, dass zum Teil in Literatur und Rechtsprechung im Hinblick auf die allgemeine sprachliche Fassung des § 145 Abs. 4 StPO die Auffassung vertreten wird, dem notwendigen Verteidiger außer in den Fällen seines Ausbleibens, seines unzeitigen Entfernens aus der Hauptverhandlung und seiner Weigerung, die Verteidigung zu führen (beachte aber §§ 145 Abs. 3, 265 Abs. 3 StPO), die durch die Aussetzung verursachten Kosten auch dann aufzuerlegen, wenn ihn ein sonstiges vergleichbares Verschulden an der Nichtfortführbarkeit der Hauptverhandlung trifft.[169]

Richtiger Ansicht nach kann allerdings eine **Kostentragungspflicht** lediglich aufgrund der in § 145 Abs. 1 S. 1 StPO genannten Fälle erfolgen.[170] Dennoch mangelt es nicht an Beispielen, in denen Gegenteiliges immer wieder in Betracht gezogen worden ist. Wie weit Gerichte gehen können, zeigt ein Vorfall aus der sog. Prozesserie „Kinderschändung Flachslanden". Hier hatte das Landgericht Ansbach versucht, die Kostentragungsregel des § 145 StPO zu erweitern, indem es die Auffassung vertrat, dass der in § 145 Abs. 1 StPO genannte Fall der Weigerung, die Verteidigung zu führen, auch dadurch verwirklicht werden könne, dass der Verteidiger gezielt und planmäßig versuche, durch eine bestimmte Verhandlungsstrategie die Durchführung eines Strafverfahrens in der Sache schlechthin zu verhindern. Es hatte wegen einer Vielzahl von Prozessanträgen des (Pflicht)Verteidigers, die nach Auffassung des Gerichts „*nach allen Umständen des Falles von vorneherein keine Aussicht auf Erfolg gehabt hatten bzw. nach der Art und den Umständen der Antragsteller und der Dauer ihrer Begründung erkennbar dem Zweck dienten, eine Verhandlung in der Sache zu verhindern und die Durchführung des Verfahrens zu verzögern*" die Beiordnung des Rechtsanwalts als Verteidiger zurückgenommen, das Verfahren ausgesetzt und dem Rechtsanwalt die durch die Aussetzung verursachten Kosten des Verfahrens auferlegt. Erst in der Beschwerdeinstanz erfolgte eine Korrektur dieser Entscheidung, indem festgestellt wurde, dass ein Fehl-

---

166 Für den Fall des Ausbleibens LG Bielefeld StV 04, 32.
167 OLG Düsseldorf, NJW 82, 2512.
168 KG/GA 72, 211.
169 So OLG Frankfurt NJW 77, 913, OLG Hamburg, NStZ 82, 171.
170 BayObLG NJW 52, 1066; OLG Hamm, NStZ 83, 186, KK/Laufhütte § 145 StPO Rn 12; so auch Thür-OLG StV 04, 432 f. im Anschluss an OLG Köln StV 01, 389.

verhalten von besonderem Gewicht, nicht aber schon jedes objektiv unzweckmäßige oder Prozessordnungswidrige Verhalten des Pflichtverteidigers, das den Fortgang des Verfahrens zeitweise hemmt, eine Abberufung rechtfertigen kann.[171]

2. Die zivilrechtliche Haftung

42 Zusätzlich hat die Frage der **zivilrechtlichen Haftung** des Strafverteidigers an Bedeutung gewonnen.[172] Dabei spielt es keine Rolle, ob der Verteidiger ein Wahlverteidigermandat führt, oder als Pflichtverteidiger handelt. Anspruchsgrundlage beim Wahlverteidigermandat ist die **Pflichtverletzung** des Anwaltsvertrages gemäß §§ 280 Abs. 1, 675, 611 BGB. Auch bei einer Pflichtverteidigung besteht zwischen dem Beschuldigten und seinem Pflichtverteidiger ein gesetzliches Schuldverhältnis, bei dem offengeblieben ist, ob es sich um einen „Quasikontrakt" oder eine berechtigte Geschäftsführung ohne Auftrag für den Fall eines aufgezwungenen Pflichtverteidigers handelt. Anspruchsgrundlage wäre hier insofern die Verletzung dieses Schuldverhältnisses i.S.d. § 280 Abs. 1 BGB.[173] Soweit ersichtlich, kann als wegweisende Entscheidung zur zivilrechtlichen Haftung des Strafverteidigers eine Entscheidung des Oberlandesgerichts Nürnberg[174] angesehen werden. Ausgangspunkt war ein Verfahren gegen einen im bayerischen Polizeidienst tätigen Ruhestandsbeamten wegen Verdachts der Urkundenfälschung und Betrugs. Dabei war es nach einer mehrtägigen Hauptverhandlung aufgrund von getroffenen Verständigungen und Vereinbarungen zwischen den Beteiligten nach einem erfolgten Geständnis zu einer Freiheitsstrafe von zwei Jahren gekommen, deren Vollstreckung zur Bewährung ausgesetzt wurde. Ein Ruhestandsbeamter verliert allerdings mit Rechtskraft der Entscheidung (gem. § 59 BeamtVG) bereits kraft Gesetzes den Anspruch auf Versorgungsbezüge. Der Mandant beanspruchte deshalb von seinem Verteidiger Schadensersatz wegen schuldhafter Schlechterfüllung des Anwaltsvertrages. Das OLG hat diesen Anspruch unter Berücksichtigung einer Mitverschuldungsquote in Höhe von 1/4 zu 3/4 für begründet gehalten. Diese Entscheidung ist in mehrfacher Hinsicht von Bedeutung, wobei hier allerdings lediglich zwei Aspekte angesprochen sein sollen:

Zum einen ist mit der Entscheidung durch ein Gericht definiert worden, welche Informations- und Weiterbildungspflicht den Verteidiger trifft: *„Ein Rechtsanwalt muss sich im Zusammenhang mit der Übernahme eines Strafverteidigermandats über den jeweiligen Stand der höchstrichterlichen Rechtsprechung aus den einschlägigen Fachzeitschriften (u.a. NStZ und StV) laufend informieren und bei der Beurteilung rechtlicher Fragen an den Ergebnissen dieser höchstrichterlichen Rechtsprechung orientieren. ...Die Unkenntnis der ständigen Rechtsprechung des BGH in Strafsachen bezüglich der strafzumessungsrechtlichen Bedeutung des § 59 BeamtVG ist als fahrlässig zu beurteilen."*

Zum anderen ist der Umgang des OLG mit den **Beweisproblemen** hinsichtlich Schaden und Kausalität bemerkenswert und für den Strafverteidiger bedrohlich. Denn das Gericht hat die bestehenden Beweisprobleme gelöst, indem es den aus dem Haftungs-

---

171 Vgl. zum Ganzen OLG Nürnberg (dort ist auch die Entscheidung der Vorinstanz LG Ansbach dargestellt), StV 95, 287 sowie Mehle, StraFo 95, 73.

172 Vgl. insofern ausführlich Krause, NStZ 00, 225.

173 OLG Düsseldorf, StV 00, 430; im Ergebnis zustimmend Jahn, StV 00, 431; Krause a.a.O.

174 OLG Nürnberg, StV 97, 481.

recht bekannten Grundsatz herangezogen hat, dass es zu den Pflichten des Rechtsanwalts gehöre, erkennbaren Fehlern des Gerichts entgegenzuwirken.[175] Im übrigen hat es sich hinsichtlich der Fragen von Schaden und Kausalität im wesentlichen mit vereinfachten Beweisregeln (Anscheinsbeweis) bis hin zur Beweislastumkehr geholfen.[176] Im Ergebnis führte dies dazu, dass nicht mehr der Beschuldigte den Beweis führen musste, dass das Gericht bei Kenntnis der versorgungsrechtlichen Situation auf eine geringere Freiheitsstrafe erkannt hätte, sondern der Verteidiger dafür beweispflichtig wurde, dass der Beschuldigte trotz der Kenntnis der versorgungsrechtlichen Rechtslage dennoch zu einer Freiheitsstrafe von zwei Jahren verurteilt worden wäre.

Dieser Beweis konnte dem vormaligen Verteidiger naturgemäß nicht gelingen.

Diese Entscheidung zeigt also sehr eindrucksvoll, welche Probleme auf den Strafverteidiger auch haftungsrechtlich zukommen können. Es wird deshalb in Zukunft wohl damit zu rechnen sein, dass sich hier Regreßansprüche häufen werden, obwohl solche bislang weitgehend erfolglos blieben, so etwa wegen Verjährung bei zu Unrecht entzogener Fahrerlaubnis[177] oder wegen einer mangelhaften Verfahrensrüge im Revisionsverfahren.[178] Insbesondere bei Einlegung von Rechtsbehelfen oder Rechtsmitteln muss deshalb auch das haftungsrechtliche Risiko gesehen werden. So hat das OLG Düsseldorf[179] einen Haftungsanspruch bejaht, weil der Verteidiger zum Einlegen eines Einspruchs gegen einen ergangenen Strafbefehl und Durchführung der Hauptverhandlung trotz offensichtlicher Aussichtslosigkeit der Sache geraten hatte.

Lässt sich sehr genau berechnen, welche Verschlechterung sich von einer Instanz zur anderen oder vom Strafbefehl zum Urteil in der 1. Instanz nach Einspruch ergeben hat, wird eine Regreßneigung des Mandanten sicherlich eher bestehen, als in anderen Fällen. Dasselbe gilt auch für Fälle, in denen Beträge einander gegenübergestellt werden können.

Insbesondere im **Steuerstrafrecht** wird für einen Mandanten die Überlegung nicht fernliegen, welcher finanzielle Schaden dadurch entstanden ist, dass eine rechtzeitige strafbefreiende Selbstanzeige versäumt wurde. Wie sich das Haftungsrecht weiter entwickeln wird, bleibt offen. Der BGH hat in einem Regreßverfahren, welches aus einem Scheidungsverfahren erfolgte, die Auffassung vertreten, dass der Anwalt, der bei einem Gespräch seines Mandanten mit der Gegenseite anwesend ist, verhindern muss, dass der Mandant spontane Erklärungen abgibt, welche die Gegenseite als abschließenden Vergleich ansehen und annehmen kann.[180]

Überträgt man diesen Grundsatz auf das Strafrecht, kann es richtig interessant werden: Hat der Verteidiger zu verhindern, dass der Mandant noch in der Hauptverhandlung einen Rechtsmittelverzicht erklärt?

Kann er sich daraus regreßpflichtig machen, wenn dies erfolgt, ohne dass der Anwalt eingeschritten ist?

175 OLG Nürnberg, StV 97, 483 m.w.N.
176 Zur Kritik hieran vgl. Krause NStZ 00, 231.
177 BGH NJW 64, 2402.
178 LG Berlin StV 91, 310; vgl. hierzu auch Barton; StV 91, 322.
179 OLG Düsseldorf StV 86, 211.
180 BGH NJW 00, 1944.

Oder besteht sogar ein haftungsrechtliches Risiko, wenn der Verteidiger dem Mandanten nicht von der Ablegung eines Geständnisses abgeraten hat und ihm stattdessen das Schweigen empfohlen hat, der Mandant später aber allein aufgrund seines Geständnisses verurteilt wird?

Die Entwicklung bleibt spannend. Es kann nur geraten werden, die künftige Rechtsprechung genau zu verfolgen.

§ 2 Der Anwalt als Verletztenvertreter und als Vertreter strafverfolgender Interessen

Als **Vertreter des Verletzten** wird der Anwalt in den selteneren Fällen gefragt sein. 1
Dies ist darauf zurückzuführen, dass der Beschuldigte oder Angeklagte den Zugriff der
staatlichen Gewalt unmittelbar zu spüren bekommt. Das Opfer einer Straftat hingegen
wird Hilfe in erster Linie durch staatliche Instanzen erwarten. Nach dem Grundver-
ständnis der StPO übt die Staatsanwaltschaft im Bereich der Strafverfolgung das Ge-
waltmonopol des Staates aus. Die Möglichkeiten der Einwirkung im Privatklageverfahren, im Nebenklageverfahren oder als Beistand des Verletzten sind lediglich als
Ausnahmeerscheinungen geregelt. Auch wirtschaftliche Aspekte lassen das Mandat als
Vertreter des Verletzten eher als Ausnahme erscheinen: Der Mandant, der für seine
Freiheit oder zumindest gegen eine Bestrafung kämpfen muss, wird eher bereit sein,
hierfür auch Geld aufzuwenden, als das bei dem Verletzten der Fall sein wird.

Dennoch erwachsen auch aus dieser Aufgabenstellung Anforderungen an den beauftragten Anwalt, die im Folgenden darzustellen sind:

I. Strafanzeige

1. Funktion und Wirkung

a) Zuständigkeit

Das Gesetz bestimmt ausdrücklich diejenigen Stellen, die zur Entgegennahme einer 2
Strafanzeige zuständig sind, nämlich die Staatsanwaltschaften, die Polizeibehörden
und – eher weniger geläufig – auch die Amtsgerichte. Die gesetzliche Regelung enthält
die ausdrückliche Verpflichtung, eine mündlich erstattete Anzeige auch zu beurkun-
den. Im Bereich der Steuervergehen sind darüber hinaus auch die Finanzämter zuständig und zur Entgegennahme einer Strafanzeige verpflichtet (§§ 399 AO, 158 Abs. 1
StPO).

b) Anzeigepflicht

Grundsätzlich gibt es **keine Verpflichtung**, bereits begangene Straftaten zur Anzeige 3
zu bringen.

Das Gesetz kennt allerdings eine Anzeigepflicht bestimmter geplanter Straftaten unter
der Voraussetzung, dass deren Ausführung oder Erfolg durch die Anzeige noch abgewendet werden kann. Bei welchen Straftaten eine solche Anzeigepflicht besteht, ergibt
sich aus dem abschließenden Katalog in der gesetzlichen Regelung des § 138 Abs. 1
StGB. Neben den weniger praxisrelevanten Straftatbeständen der Vorbereitung eines
Angriffskrieges, des Hochverrats oder des Landesverrats ist die Anzeigepflicht auch
bei den geplanten Straftatbeständen einer Geld- oder Wertpapierfälschung, bei Tötungsdelikten, bei räuberischer Erpressung, bei Straftaten gegen die persönliche Freiheit und bei bestimmten gemeingefährlichen Straftaten wie der Brandstiftung oder immerhin auch bei dem geplanten räuberischen Angriff auf Kraftfahrer (§ 316a StGB)
vorgesehen.

Die Anzeigepflicht ist durch ein **Angehörigenprivileg** gelockert, welches bei Tötungsdelikten und immerhin auch bei erpresserischem Menschenraub, bei Geiselnahmen, bei

einem Angriff auf den Luft- und Seeverkehr oder im Falle einer terroristischen Tat durchbrochen ist (§ 139 Abs. 3 StGB).

Auch der Rechtsanwalt selbst, ausdrücklich sogar in seiner Funktion als Verteidiger, kann zur Anzeige solch gravierender Taten gesetzlich verpflichtet sein (§ 139 Abs. 3 S. 2 StGB).

Der Rechtsanwalt und auch der Strafverteidiger sollte allerdings bei dem Umgang mit solchen Sachverhalten beachten, dass gemäß § 139 Abs. 4 S. 1 StGB Straffreiheit für denjenigen eintritt, der die Ausführung oder den Erfolg der Tat anders als durch eine Strafanzeige abwendet.

c) Falsche Verdächtigung

4   Der zulässige Inhalt einer Strafanzeige unterliegt der Grenzziehung des Straftatbestandes der falschen Verdächtigung (§ 164 StGB). Danach macht sich strafbar, wer wider besseres Wissen einen anderen einer rechtswidrig begangenen Straftat oder der Verletzung einer Dienstpflicht verdächtigt.

An den subjektiven Tatbestand dieser Strafvorschrift werden allerdings hohe Anforderungen gestellt. Dies kann in der Beratungssituation ohne weiteres Berücksichtigung finden. Das Bundesverfassungsgericht leitet aus dem Verbot der Privatgewalt und der Verstaatlichung der Rechtsdurchsetzung die Pflicht des Staates her, für die Sicherheit seiner Bürger zu sorgen und die Beachtung ihrer Rechte sicherzustellen. Daraus wird gefolgert, dass sich derjenige, der in gutem Glauben eine Strafanzeige erstattet, keiner Strafdrohung unterliegen kann und ihm darüber hinaus auch nicht die Kosten des Verfahrens sowie die notwendigen Auslagen des Beschuldigten auferlegt werden können.[1]

Eine Möglichkeit, dem Anzeigeerstatter die Kosten des Verfahrens und die notwendigen Auslagen des Beschuldigten aufzuerlegen, ergibt sich aber aus der gesetzlichen Regelung in § 469 StPO.

2. Vertraulichkeit und Zeugenschutz

5   Der Anwalt, der von einem Mandanten auf die Möglichkeit einer vertraulichen Strafanzeige angesprochen wird, sollte diesbezüglich stets Zurückhaltung üben. Von einem Grundsatz ist in jedem Fall auszugehen: Die **Vertraulichkeit einer Zeugenaussage** ist die absolute gesetzliche Ausnahme. Der Zusicherung der Vertraulichkeit steht grundsätzlich die Aufklärungspflicht des Gerichts (§ 244 Abs. 2 StGB) entgegen. Eine Vertraulichkeitszusage bedürfte daher stets einer Sperrerklärung in entsprechender Anwendung des § 96 StPO. Zuständig für eine solche Sperrerklärung ist stets die oberste Dienstbehörde. Der Angeklagte in einem Strafverfahren hat die Möglichkeit, auf dem Verwaltungsrechtsweg gegen eine solche Sperrerklärung vorzugehen.[2]

Im polizeilichen Bereich wird es als empfehlenswert angesehen, vor einer Vertraulichkeitszusage auf andere Schutzvorkehrungen hinzuweisen.[3] So kann der Zeuge bei der Vernehmung in der Hauptverhandlung Angaben zu seinem Wohnsitz verweigern (§ 68 Abs. 2 StPO). Die Öffentlichkeit kann während der Zeugenvernehmung in der Hauptverhandlung unter Umständen ausgeschlossen werden (§ 172 Nr. 1 GVG).

---

1   BVerfG NJW 87, 1929.
2   VGH Mannheim NJW 91, 2097 f.; KG Berlin StV 96, 531 f.
3   Krüger, Die Polizei 83, 77 ff., 79.

Der anwaltliche Berater eines Zeugen, der eine vertrauliche Aussage zu machen wünscht, sollte seinen Mandanten zusätzlich darauf hinweisen, dass selbst nach Einschätzung im polizeilichen Bereich die Vertraulichkeit leichter zugesagt denn gehalten wird.[4]

Mit der Frage nach Möglichkeiten des **Zeugenschutzes** mag der Anwalt als Vertreter 6 strafverfolgender Interessen gelegentlich konfrontiert sein. Auch hier wird die Aufklärung des Mandanten mit der gebotenen Zurückhaltung erfolgen müssen. Im Gesetz sind **Zeugenschutzmaßnahmen** lediglich teilweise geregelt. § 68 Abs. 3 StPO sieht die Möglichkeit vor, dass ein Zeuge bei einem Identitätswechsel lediglich Angaben zu seiner früheren Identität zu machen hat und Angaben zur neuen Identität verweigern kann. Ansonsten stützt die Polizeiverwaltung und ihr folgend auch die Rechtsprechung Zeugenschutzmaßnahmen im wesentlichen auf die polizeilichen Generalklauseln in den Polizei- und Sicherheitsgesetzen der Länder.[5] Darüber hinausgehend wird auch auf weitere gesetzliche Grundlagen in den Datenschutzgesetzen der Länder dem BDSG sowie auf gesetzliche Regelungen im BKAG hingewiesen.[6] Im Einzelnen sind Zeugenschutzmaßnahmen in den Gemeinsamen Richtlinien der Innenminister/-senatoren und der Justizminister/-senatoren der Länder zum Schutz gefährdeter Zeugen aus dem Jahre 1990 in der Neufassung aus dem Jahre 1997 geregelt. Diese Richtlinien sind in Form von Runderlassen der jeweils zuständigen Länderministerien in verschiedenen Justizministerialblättern veröffentlicht. Bei der Beratung des Mandanten sollten diese Richtlinien in jedem Fall hinzugezogen werden.

Dass die Teilnahme an einem Zeugenschutzprogramm vom Mandanten außerordentliche Selbstdisziplin verlangt, verdeutlicht auch der Einzelfall aus einem veröffentlichten Urteil des Verwaltungsgerichts Gelsenkirchen vom 08.10.1997.[7] Der dortige Kläger begehrte im Wege der verwaltungsrechtlichen Verpflichtungsklage die Wiederaufnahme in eine Zeugenschutzmaßnahme. Das Verwaltungsgericht lehnte dies jedoch ab mit dem Hinweis, der Betroffene habe dem Gericht sein Gefährdungsschicksal nicht veranschaulichen können.

II. Interessenwahrung für den Verletzten im Ermittlungsverfahren

Durch das Opferschutzgesetz vom 18.12.1986 hat der Gesetzgeber neue Befugnisse 7 des Verletzten auch im Ermittlungsverfahren geregelt und damit die Absicht verfolgt, ihm erweiterte Einwirkungsmöglichkeiten und Schutzbefugnisse einzuräumen. Eine Stärkung der Verfahrensrechte, der Informationsrechte, eine verbesserte Information des Verletzten über seine Rechte, eine Reduzierung der Belastung des Zeugen sowie insbesondere eine verstärkte Einbindung in das Gesamtverfahren bezweckt auch das Opferrechtsreformgesetz vom 24.06.2004 mit Wirkung zum 01.09.2004.[8]

---

4 Krüger, a.a.O., 80.
5 VG Gelsenkirchen NJW 99, 3730 f.; Soiné NJW 99, 3688 ff.
6 Soiné NJW 99, 3688 ff., 3690.
7 VG Gelsenkirchen NJW 99, 3730 f.
8 Opferrechtsreformgesetz vom 24.06.2004 in BGBl. 2004 I, 1354, 1355.

1. Verletzteneigenschaft

Die **Verletzteneigenschaft** ist im Gesetz nicht ausdrücklich geregelt, der Begriff findet jedoch wiederholt Verwendung, so beispielsweise in den Regelungen über das Klageerzwingungsverfahren (§ 172 Abs. 1 StPO).

Nach der Rechtsprechung gilt derjenige als Verletzter einer Straftat, der durch die behauptete Tat, ihre tatsächliche Begehung unterstellt, unmittelbar in einem Rechtsgut verletzt ist, wobei hierunter die gesamten rechtlichen Interessen des Verletzten zu verstehen sind.[9] Die Verletzteneigenschaft soll nach der Rechtsprechung nicht auf Personen erstreckt werden, deren Rechte durch die Straftat nur mittelbar betroffen sind. Die Folgen der strafbaren Handlung müssen denjenigen, der als Verletzter in Betracht kommt, nicht nur treffen, sondern darüber hinaus unmittelbar in seine Rechte eingreifen.[10] Allerdings geht die Rechtsprechung davon aus, dass beispielsweise bei Aussagedelikten nicht nur die Rechtsgemeinschaft, sondern auch derjenige Verfahrensbeteiligte geschützt wird, zu dessen Nachteil eine gerichtliche Entscheidung durch eine Falschaussage beeinflusst werden kann.[11] Insbesondere Angehörige eines durch ein Tötungsdelikt Getöteten sind in diesem Zusammenhang jedoch nicht ohne weiteres Verletzte; sie müssen vielmehr dartun, dass sie durch ein Tötungsdelikt unmittelbar verletzt sind.[12] Die Verletzteneigenschaft ist also enger gefasst als die Nebenklageberechtigung, die beispielsweise ausdrücklich den Eltern, Kindern, Geschwistern und dem Ehegatten einer durch eine Straftat ums Leben gekommenen Person zugestanden wird (§ 395 Abs. 2 Nr. 1 StPO).

2. Informationsrechte der Verletzten

8   Während nach bisheriger Gesetzeslage Verletzte gemäß § 406h StPO auf ihre dort aufgelisteten Befugnisse lediglich hingewiesen werden sollen, ist ein solcher Hinweis in Zukunft obligatorisch. Außerdem werden die Rechte des Verletzten auf Informationen dadurch verstärkt, indem in § 406 Abs. 3 StPO das Gebot aufgenommen wurde, durch Ermittlungsbehörden auch auf die Möglichkeiten zur Unterstützung und Hilfe durch Opferhilfeeinrichtungen hinzuweisen.[13]

3. Akteneinsichtsrecht

a) Berechtigtes Interesse

9   Der Verletzte kann über einen Rechtsanwalt gem. § 406e StPO **Akteneinsicht** nehmen. Er hat dabei allerdings sein berechtigtes Interesse an der Akteneinsicht darzulegen. Regelmäßig wird von einem berechtigten Interesse auszugehen sein, wenn der Verletzte die Möglichkeiten eines Klageerzwingungsantrages prüfen möchte.[14] Ist der Verletzte jedoch gleichzeitig nebenklageberechtigt (§ 395 StPO), so bedarf es keiner Darlegung eines berechtigten Interesses.

---

9   OLG Koblenz, NJW 85, 1409.
10 OLG Düsseldorf, JZ 87, 836.
11 HansOLG Bremen, NStZ 88, 39.
12 OLG Koblenz, MDR 77, 950.
13 Tiefergehend hierzu Ferber, NJW 04, 2562, 2563 ff.
14 OLG Koblenz, NStZ 90, 604.

b) Erteilung von Abschriften

Grundsätzlich kann die Akteneinsicht zwar nur über einen Rechtsanwalt durchgeführt werden. Über § 406e Abs. 5 StPO besteht aber sogar auch die Möglichkeit, dem nicht anwaltlich Vertretenen Abschriften aus den Akten zu erteilen.[15]

4. Anwesenheitsrecht von Rechtsbeistand und Vertrauenspersonen

a) Richterliche und staatsanwaltschaftliche Vernehmung

Im Rahmen von richterlichen und staatsanwaltschaftlichen Zeugenvernehmungen hat   10
der Verletzte einen Rechtsanspruch, dass die Anwesenheit eines Rechtsanwalts als Beistand gestattet wird.[16]
Dem Beistand sind durch das Gesetz Befugnisse ausdrücklich zugesprochen. So hat er die Befugnis, an den Verletzten gerichtete Fragen zu beanstanden sowie ggf. den Antrag auf Ausschluß der Öffentlichkeit zu stellen. Diese Befugnis kann der Beistand allerdings nur mit Zustimmung des Verletzten ausüben.

b) Anwesenheitsrecht in der Hauptverhandlung

Neben der Beistandsfunktion im Rahmen einer richterlichen oder staatsanwaltschaftlichen Zeugenvernehmung hat der Rechtsbeistand eines gem. § 395 StPO nebenklagebefugten Verletzten auch die Möglichkeit, ohne eine Anschlusserklärung als Nebenkläger an der gesamten Hauptverhandlung teilzunehmen. Dies gilt ausdrücklich auch für nichtöffentliche Teile der Hauptverhandlung (§ 406g Abs. 2 StPO).[17]

c) Polizeiliche Vernehmung

Im Rahmen einer polizeilichen Vernehmung hat der Verletzte zwar nicht das Recht, sich eines Rechtsanwalts als Beistand zu bedienen. Der polizeilichen Vernehmungsperson wird jedoch ausdrücklich die Befugnis eingeräumt, dem Verletzten die Anwesenheit einer Vertrauensperson zu gestatten, wobei es sich hierbei sowohl um Angehörige als auch um einen Rechtsanwalt handeln kann.

5. Bestellung eines Beistands und Prozesskostenhilfe

a) Bestellung eines Beistands

Nach der gesetzlichen Regelung in §§ 406g Abs. 3 Nr. 1, 397a Abs. 1 StPO kann dem   11
nebenklageberechtigten Verletzten einer Sexualstraftat oder eines versuchten Tötungsdelikts ein Rechtsbeistand beigeordnet werden. Es handelt sich hierbei um eine Bestellung, die einer Pflichtverteidigerbeiordnung entspricht. Der bestellte Rechtsanwalt hat ebenso wie ein Pflichtverteidiger Gebührenansprüche gegen die Staatskasse.

---

15 Zum Akteneinsichtsrecht von Privatpersonen auch LG Frankfurt/M., StV 03, 495 ff.

16 Der Diskussionsentwurf der Regierungsfraktionen und des Bundesministeriums der Justiz für eine Reform des Strafverfahrens vom 18.02.2004 sieht in diesem Bereich künftig als Stärkung der Opferrechte vor, den Zeugenbeistand gemäß § 68 StPO auch für die polizeiliche Vernehmung in Anspruch nehmen zu können und das Anwesenheitsrecht des Rechtsanwalts des Verletzten in § 406 f. Abs. 2 StPO auf die polizeiliche Vernehmung auszudehnen. Ob und auf welche Weise dieser Diskussionsentwurf Gesetzesgestalt annehmen wird, bleibt abzuwarten.

17 Zu weitergehenden Änderungen durch das Opferrechtsreformgesetz vom 24.06.2004 und den hiermit einhergehenden Reduzierungen der Belastungen für Verletzte in der Hauptverhandlung vgl. auch Ferber, NJW 04, 2562, 2564.

b) Bewilligung von Prozesskostenhilfe

Ist der Mandant kein Verletzter eines Sexualverbrechenstatbestandes, so sieht das Gesetz dennoch vor, dass dem sonstigen nebenklageberechtigten Verletzten für die Beauftragung eines Rechtsbeistandes Prozesskostenhilfe gewährt werden kann (§§ 406g Abs. 3 Nr. 2, 397a Abs. 2 S. 1 StPO). Die Bewilligung der Prozesskostenhilfe setzt jedoch wirtschaftliches Unvermögen zur Zahlung der Anwaltskosten voraus.

III. Strafantrag und Klageerzwingung

1. Strafantrag[18]

a) Antragsbefugnis

12 Die Strafantragsbefugnis ist als solche ausschließlich für **Antragsdelikte** geregelt (§ 77 Abs. 1 StGB). Darüber hinaus kennt das Gesetz jedoch in § 171 StPO auch einen Antrag auf Erhebung der öffentlichen Klage. Darin wird regelmäßig jedoch kein Strafantrag gesehen, sondern eine **Strafanzeige** gem. § 158 Abs. 1 StPO, die den eindeutigen Willen erkennen lässt, die strafrechtliche Verfolgung des Angezeigten in Gang zu bringen.[19] Ein Strafantrag, der sich nicht auf ein ausdrückliches Antragsdelikt bezieht, ist somit also als Antrag auf Erhebung der öffentlichen Klage gem. § 171 StPO zu bewerten. Im Fall des Todes eines durch eine Straftat Verletzten erfolgt ein Übergang des Antragsrechtes auf Angehörige (§ 77 Abs. 2 StGB).

Bei Amtsträgern und bestimmten Personen aus dem öffentlich-rechtlichen Bereich besteht ein eigenes Antragsrecht des Dienstvorgesetzten (§ 77a StGB).

b) Formerfordernis

Das Gesetz sieht für den Antrag ausdrücklich Schriftform vor (§ 158 Abs. 2 StPO). Lediglich bei Gericht und bei der Staatsanwaltschaft kann ein Strafantrag auch zu Protokoll genommen werden.

c) Antragsfrist

Bei Antragsdelikten ist der Strafantrag innerhalb einer **dreimonatigen Frist** zu stellen. Gemäß § 77b Abs. 2 S. 1 StPO beginnt diese Frist nicht zwingend mit dem Tag der Tatbegehung, sondern mit dem Ablauf des Tages, an dem der Berechtigte sowohl von der Tatbegehung als auch von der Person des Täters Kenntnis erlangt.

2. Klageerzwingungsverfahren

13 Der Weg zum Klageerzwingungsverfahren ist stets dann eröffnet, wenn die Staatsanwaltschaft einem Antrag auf Erhebung der öffentlichen Klage (§ 171 StPO) keine Folge leistet.

a) Ermessenseinstellungen

Ein Klageerzwingungsantrag ist grundsätzlich nicht zulässig, wenn die Staatsanwaltschaft nach Ermessensvorschriften eingestellt hat (§ 172 Abs. 2 S. 3 StPO).

---

18 Vgl. zu Fragen des Strafantrages aus Verteidigersicht auch § 11 Rn 5.
19 OLG Karlsruhe, Justiz 92, 187.

b) Privatklagedelikte

Auch bei Privatklagedelikten ist ein Klageerzwingungsverfahren **grundsätzlich nicht zulässig** (§ 172 Abs. 2 S. 3 StPO). Hier hat der Anwalt seinem Mandanten ausschließlich die Erhebung der **Privatklage anzuraten**. Das Verbot der Privatklageerhebung gegen Jugendliche (§ 80 Abs. 1 JGG) kann hier zu besonderen Problemen führen. Dabei ist zunächst darauf hinzuweisen, dass gem. § 109 Abs. 2 JGG das Privatklageverbot nur im Verfahren gegen Jugendliche, nicht jedoch gegen Heranwachsende, gilt. Die gesetzliche Regelung in § 80 JGG ist in § 109 Abs. 2 JGG für nicht anwendbar erklärt.

Das Privatklageverbot bei Jugendlichen kann den Verletzten insbesondere vor Probleme stellen, wenn sowohl Klageerzwingung als auch die Erhebung der Privatklage nicht statthaft sind. Nach wohl herrschender und auch in der Rechtsprechung vertretener Auffassung ist in einem Verfahren gegen Jugendliche das Klageerzwingungsverfahren dann statthaft, wenn die Staatsanwaltschaft das Verfahren mangels hinreichenden Tatverdachts eingestellt hat.[20] Es gibt jedoch auch gewichtige Gegenstimmen, die argumentieren, das Klageerzwingungsverfahren diene der Sicherung des Legalitätsprinzips. Dieses sei im Verfahren gegen Jugendliche allerdings bereits durch die gesetzliche Regelung in § 80 Abs. 1 2 JGG durchbrochen, so dass konsequenterweise bei ausschließlichen Privatklagedelikten in einem Verfahren gegen Jugendliche die Klageerzwingung nicht zulässig sein soll.[21]

c) Inhaltliche Anforderungen

Die **inhaltlichen Anforderungen** an einen Klageerzwingungsantrag sind außerordentlich **hoch**. Nach der wiederholt in der Rechtsprechung anzutreffenden Formulierung muss der Antrag eine geschlossene und aus sich heraus verständliche Sachverhaltsdarstellung enthalten, die dem Gericht ohne Rückgriff auf die Ermittlungsakten der Staatsanwaltschaft eine Überprüfung der Einstellung des Verfahrens ermöglicht. Aus der Sachdarstellung muss ersichtlich sein, was dem Beschuldigten vorgeworfen wird. Darüber hinaus muss der Gang des Ermittlungsverfahrens geschildert werden. Ebenso muss die Antragsschrift den Inhalt des Einstellungsbescheids enthalten, genauso den Inhalt der dagegen gerichteten Beschwerde und die Einhaltung der gesetzlichen Fristen.[22]

Daraus ist herzuleiten, dass ein Klageerzwingungsantrag mit Aussicht auf Erfolg eine **Sachverhaltsdarstellung** enthalten muss, die **zumindest** den **Anforderungen einer Anklageschrift** entsprechen würde. Die Darstellung müßte sowohl einem Anklagesatz gleichkommen als auch eine Darstellung der Beweismittel enthalten, die den Anforderungen an das wesentliche Ergebnis der Ermittlungen in einer Anklageschrift entsprechen muss. In jedem Fall empfehlenswert ist die Darstellung, welche Beweismittel die Staatsanwaltschaft im Rahmen der durchgeführten Ermittlungen herangezogen hat und welche Tatsachen sich mit diesen Beweismitteln belegen lassen.

---

20 OLG Stuttgart, NStZ 89, 136.
21 Vgl. OLG Stuttgart, a.a.O.
22 KG NJW 69, 108.

d) Frist

Die Beschwerde gegen einen Einstellungsbescheid der Staatsanwaltschaft ist binnen **zwei Wochen** einzulegen (§ 172 Abs. 1 S. 1 StPO). Ohne eine Belehrung über die Frist beginnt sie nach ausdrücklicher gesetzlicher Regelung nicht zu laufen (§ 172 Abs. 1 S. 3 StPO).

Wird die Beschwerde gegen den Einstellungsbescheid der Staatsanwaltschaft durch den vorgesetzten Beamten der Staatsanwaltschaft eingestellt, so kann hiergegen Antrag auf gerichtliche Entscheidung bei dem zuständigen Oberlandesgericht gestellt werden (§ 172 Abs. 2 S. 1, Abs. 4 S. 1 StPO). Dieser Antrag muss binnen eines Monats eingelegt werden. Auch hier muss ausdrücklich eine Fristbelehrung erfolgt sein (§ 172 Abs. 2 S. 2 StPO).

IV. Nebenklage

1. Nebenklagefähige Delikte

14 Der Verletzte kann sich einem gerichtlichen Verfahren nach Erhebung der Anklage nur hinsichtlich der Straftatbestände anschließen, die in einem abschließenden Katalog in der gesetzlichen Regelung in § 395 Abs. 1 StPO aufgeführt sind. Dies sind vor allem Sexualdelikte, Beleidigungsdelikte, Körperverletzungsdelikte, bestimmte Entführungstatbestände sowie versuchte Tötungsdelikte. Durch das Opferrechtsreformgesetz vom 24.06.2004 mit Wirkung zum 01.09.2004 wurde der Straftatenkatalog nach § 395 Abs. 1 Nr. 1 StPO um § 180a StGB (Ausbeutung von Prostituierten), § 181a StGB (Zuhälterei) sowie um § 4 Gewaltschutzgesetz erweitert.[23]

Erforderlich ist dabei nicht, dass das nebenklagefähige Delikt in der Anklage auch erwähnt ist, ausreichend ist vielmehr eine bestehende Tateinheit oder Gesetzeskonkurrenz.[24]

Darüber hinaus kann sich als Nebenkläger auch derjenige anschließen, der in einem Klageerzwingungsverfahren die Erhebung der öffentlichen Klage herbeigeführt hat. In diesem Fall ist es nicht erforderlich, dass Gegenstand des gerichtlichen Verfahrens eine Katalogtat in § 395 Abs. 1 S. 1, 2 StPO ist.

2. Anschlusserklärung

15 Anders als bei der Privatklage oder beim Klageerzwingungsverfahren bedarf es zur Nebenklageerhebung keiner Sachverhaltsdarstellung. Hierzu reicht die schlichte **Anschlusserklärung** aus, die der Schriftform genügen muss (§ 396 Abs. 1 S. 1 StPO).

Die Anschlusserklärung kann auch schon vor Erhebung der öffentlichen Klage also im Ermittlungsverfahren bei der Staatsanwaltschaft eingereicht werden. Sie erlangt automatisch mit Erhebung der öffentlichen Klage Wirksamkeit (§ 396 Abs. 1 S. 2 StPO). Es empfiehlt sich deshalb, die Erklärung schon in einem frühen Verfahrensstadium abzugeben.

---

23 Opferrechtsreformgesetz vom 24.06.2004 in BGBl. 2004 I, 1354, 1355.
24 Meyer-Goßner, § 395 Rn 4.

3. Befugnisse des Nebenklägers

Dem Nebenkläger, der in der gerichtlichen Hauptverhandlung anwesend ist, werden   16
durch das Gesetz wesentliche Rechte zugebilligt, die ansonsten der Staatsanwaltschaft
zustehen. So hat er **Anspruch auf rechtliches Gehör**, eine **Ablehnungsbefugnis** im
Bezug auf Richter, Schöffen, Urkundsbeamte und Sachverständige, er kann **Beweisanträge** stellen, **Fragen** an Angeklagte, Zeugen und Sachverständige richten, er kann
Rügerechte ausüben, die **Vereidigung von Sachverständigen** beantragen und **Proto-
kollierungsanträge** stellen. Insbesondere hat er das Recht, selbst oder durch einen ihn
vertretenen Anwalt einen **Schlußvortrag** zu halten (§ 397 Abs. 1 StPO).
Eine Anwesenheitspflicht hat der Nebenkläger (soweit er nicht Zeuge ist) nicht.

4. Rechtsmittel

Von besonderer Wichtigkeit ist auch die **Befugnis** des Nebenklägers, unabhängig von   17
der Staatsanwaltschaft **Berufung oder Revision einzulegen** (§ 401 Abs. 1 S. 1 StPO).
Dabei ist allerdings zu beachten, dass der Nebenkläger das Urteil nicht mit dem Ziel
anfechten kann, dass eine andere Rechtsfolge verhängt wird (§ 400 Abs. 1 StPO). Daraus rührt das Selbstverständnis insbesondere des den Privatkläger vertretenden Rechtsanwalts her, auch bereits in der Hauptverhandlung im Schlußwort zwar einen Antrag
zum Schuldspruch zu stellen, nicht jedoch zu den fraglichen Rechtsfolgen.

5. Sicherungsverfahren

Strittig ist die Frage, ob die Nebenklage bei einem schuldunfähigen Angeklagten auch   18
im **Sicherungsverfahren** gem. §§ 413 ff. StPO zulässig ist. Nach älterer Auffassung
soll dies nicht der Fall sein, da die Nebenklage ihrem Wesen nach auf eine Bestrafung
des Täters abziele, was im Sicherungsverfahren gerade nicht der Fall sei.[25] Seit einer
Entscheidung des Landgerichts Essen[26] ist jedoch die Auffassung im Vordringen, wonach spätestens seit der Neufassung der Nebenklagevorschriften durch das Opferschutzgesetz vom 18.12.1986 die Nebenklage auch im Sicherungsverfahren zuzulassen
ist. Nach dieser Rechtsprechung ist die Vorstellung, dass die Nebenklagebefugnis lediglich die Bestrafung des Täters sichern solle, im Rahmen des Opferschutzgesetzes
ausdrücklich aufgegeben worden. Die Nebenklagebefugnis habe darüber hinaus eine
„Kontroll- und Befriedigungsfunktion".[27] Daher soll nach zwischenzeitlich wohl herrschender Auffassung die Nebenklage auch im Sicherungsverfahren zulässig sein.[28]

6. Verfahren gegen Jugendliche

In Verfahren gegen Jugendliche ist die Nebenklage gem. § 80 Abs. 3 JGG **unzulässig**.   19
In Verfahren gegen Heranwachsende ist diese Vorschrift nicht anwendbar (§ 109
Abs. 2 JGG).

---

25 BGH NJW 74, 2244.
26 LG Essen NStZ 91, 98.
27 So Gruhl NJW 91, 1874.
28 OLG Köln NJW 93, 3279; OLG Frankfurt/Main NJW 94, 3243.

Die Nebenklage ist auch dann unzulässig, wenn in einem Verfahren gegen Jugendliche daneben auch Heranwachsende und Erwachsene angeklagt sind. Der Grundsatz des Persönlichkeitsschutzes in Verfahren gegen Jugendliche hat Vorrang vor der Möglichkeit der Nebenklage gegen Erwachsene und Heranwachsende.[29]

V. Adhäsionsverfahren

20 Das Adhäsionsverfahren soll hier lediglich knapp behandelt werden, da ihm in der Praxis (zumindest bislang) keinerlei Bedeutung zukommt. Bereits in weiter zurückliegenden Veröffentlichungen wurde das Adhäsionsverfahren teilweise als „totes Recht"[30] bezeichnet, ihm wurde eine bloße Scheinexistenz bescheinigt.[31] Ob durch das Opferrechtsreformgesetz vom 24.06.2004 mit Wirkung ab dem 01.09.2004 und den Neuregelungen in §§ 405 StPO n.F., 406 StPO n.F. ein Weg aus dem bisherigen Schattendaseins des Adhäsionsverfahrens geschaffen wurde, wird erst die Zukunft zeigen.[32] Die Stärkung des Adhäsionsverfahrens nach dem Opferrechtsreformgesetz soll durch eine Einschränkung der Möglichkeiten des Gerichts, von einer Entscheidung abzusehen, und durch eine Erweiterung der prozessualen Gestaltungsmöglichkeiten in Form von Erlassmöglichkeiten eines Anerkenntnisurteils, zur vorläufigen Vollstreckbarkeit und zur Möglichkeit von Vergleichsabschlüssen erreicht werden.[33]

Gemäß § 406 Abs. 2 StPO ist der Angeklagte nunmehr seinem Anerkenntnis nach zu verurteilen, wenn er den vom Antragsteller gegen ihn geltend gemachten Anspruch ganz oder teilweise anerkennt. Zusätzlich bestimmt § 406 Abs. 3 Satz 2 StPO die vorläufige Vollstreckbarkeit des Urteils, wobei die bisherige „Kann-Regelung" durch eine verpflichtende Regelung ersetzt worden ist. Damit ist jede Entscheidung im Adhäsionsverfahren nach den entsprechenden zivilprozessualen Vorschriften künftig zwingend für vorläufig vollstreckbar zu erklären.

Auch die Möglichkeit des **Vergleichsabschlusses** ist in § 405 StPO neu geregelt worden. Gemäß § 405 Abs. 1 Satz 1 StPO protokolliert das Gericht auf Antrag des Verletzten oder des Angeklagten einen Vergleich über die aus der Straftat erwachsenden Ansprüche. Gemäß § 405 Abs. 1 Satz 2 StPO kann das Gericht zur Vorbereitung eines solchen Vergleichsabschlusses auf übereinstimmenden Antrag auch einen Vergleichsvorschlag unterbreiten.

Die für die Praxis wichtigste Änderung dürfte aber die Frage der Möglichkeit eines **Absehens von der Entscheidung** betreffen. Diente als Mittel der Verteidigung gegen ungeliebte Adhäsionsanträge stets § 405 StPO a.F., wonach von der Entscheidung über einen Adhäsionsantrag auch dann abgesehen werden konnte, wenn sich der Antrag zur Erledigung im Strafverfahren nicht eignete, insbesondere wenn seine Prüfung des Verfahrens verzögert würde oder wenn der Antrag unzulässig ist, so muss für die Zukunft beachtet werden, dass diese Möglichkeit durch die völlige Umgestaltung der §§ 405, 406 StPO mit der Opferrechtsreformgesetz nicht mehr besteht. Denn nach § 406 Abs. 1 Satz 4 StPO hat das Gericht jetzt bei der Prüfung der Frage, ob sich der Antrag zur Er-

---

29 OLG Köln NStZ 94, 298; LG Aachen MDR 93, 679.

30 Jescheck JZ 58, 593.

31 Scholz JZ 72, 726.

32 Opferrechtsreformgesetz vom 24.06.2004 in BGBl. 2004 I, 1354 ff.

33 Vgl. tiefergehend Ferber, NJW 04, 2562, 2564.

ledigung im Strafverfahren eignet, die berechtigten Belange des Antragstellers ausdrücklich zu berücksichtigen. Eine Verfahrensverzögerung kann zukünftig nur noch dann zu einer fehlenden Eignung führen, wenn sie erheblich ist (§ 406 Abs. 1 Satz 5 StPO). Bei Ansprüchen auf Zuerkennung eines Schmerzensgeldes ist gemäß § 406 Abs. 1 Satz 6 StPO die fehlende Eignung zur Erledigung im Strafverfahren generell kein Grund mehr für ein Absehen von der Entscheidung. Gemäß § 406 Abs. 5 StPO ist das Gericht nunmehr gehalten, darauf hinzuweisen, wenn es von einer Entscheidung über den Antrag absehen will. Gegen einen solchen Beschluss, der zudem so früh wie möglich zu erfolgen hat, ist die sofortige Beschwerde zulässig, wenn der Antrag vor Beginn der Hauptverhandlung gestellt worden und solange keine den Rechtszug abschließende Entscheidung ergangen ist.[34]

VI. Privatklage

Das Privatklageverfahren ist ein Fremdkörper in der Strafprozessordnung. Im Regelfall ist die Staatsanwaltschaft am Privatklageverfahren nicht beteiligt. Sie kann allerdings auf Veranlassung des Gerichts (§ 377 Abs. 1 S. 2 StPO) oder aus eigenem Entschluß (§ 377 Abs. 2 S. 1 StPO) am Verfahren teilnehmen.

21

1. Sühneversuch

Unverzichtbar ist bei der Erhebung der Privatklage im Falle der Delikte des Hausfriedensbruchs, der Beleidigung, der Verletzung des Briefgeheimnisses, der Körperverletzung, der Bedrohung und der Sachbeschädigung die **Durchführung eines Sühneverfahrens** vor einer Vergleichsbehörde. Welche Vergleichsbehörde zuständig ist, ergibt sich aus gesetzlichen Regelungen der jeweiligen Bundesländer.

Bei den sonstigen Privatklagedelikten, also bei dem Vorwurf der Bedrohung (§ 241 StGB), der Bestechlichkeit oder Bestechung im geschäftlichen Verkehr (§ 299 StGB), bei Verstößen gegen das UWG sowie gegen weitere gesetzliche Vorschriften aus dem Bereich des Wirtschaftsrechts ist ein vorangegangener Sühneversuch nicht erforderlich.

2. Beweisaufnahme

Zu beachten ist insbesodere, dass anders als im Nebenklageverfahren der Privatkläger **nicht** Zeuge sein kann. Nach Auffassung der Rechtsprechung tritt der Privatkläger als selbständiger und alleiniger Vertreter eigener Interessen im Verfahren auf. Das Gericht kann und muss aber bei der Urteilsfindung Erklärungen des Privatklägers im Rahmen seiner persönlichen Anhörung in der Hauptverhandlung berücksichtigen.[35]

3. Klageerhebung

Die Klageerhebung sollte im Falle anwaltlicher Vertretung regelmäßig schriftlich erfolgen (§ 381 S. 1 StPO). Sie kann jedoch auch zu Protokoll der Geschäftsstelle erklärt werden. Die Klageschrift muss den Anforderungen in § 200 Abs. 1 StPO entsprechen. Sinnvollerweise ist daher eine Sachverhaltsdarstellung vorzunehmen, die dem Anklagesatz einer Anklageschrift entspricht.

---

34 Vgl. zum Ganzen tiefergehend Ferber, NJW 04, 2562, 2565.
35 BayObLG NJW 61, 2318.

4. Gebührenvorschuß und Sicherheitsleistung

Der Mandant sollte vom Anwalt darauf hingewiesen werden, dass das Gericht die Zahlung eines **Gebührenvorschusses** hinsichtlich der Gerichtskosten verlangen wird. Gemäß § 67 Abs. 1 GKG soll der Gebührenvorschuß in Höhe der Hälfte der bei Freispruch des Beschuldigten zu erhebenden Gebühr bestehen. Würde ein Verfahren durch freisprechendes Urteil abgeschlossen werden, so entstehen Gebühren in Höhe von EUR 120,00 (KVGKG Nr. 3110). In Höhe von EUR 60,00 sollten also von vorneherein Kostenvorschüsse eingezahlt werden.

Auf Verlangen des mit der Privatklageschrift Beschuldigten muss der Privatkläger darüber hinaus damit rechnen, eine Sicherheit leisten zu müssen (§§ 379 Abs. 1 StPO, 110 Abs. 1 1 ZPO).

5. Prozessfähigkeit

Prozessfähig sind naturgemäß von vorneherein natürliche Personen. Ebenso können jedoch auch politische Parteien und deren Gebietsverbände parteifähig und somit prozessfähig sein.[36] Rechtsfähige juristische Personen sind gemäß § 374 Abs. 3 StPO partei- und prozessfähig.

6. Gegenstand des Privatklageverfahrens

Schon aus dem Gesetzeswortlaut ergibt sich, dass im Wege der Privatklage ausschließlich die in dem abschließenden Katalog in § 374 Abs. 1 aufgeführten Delikte verfolgt werden können. Jedes Zusammentreffen eines Privatklagedelikts mit einem Offizialdelikt in Form der Tateinheit, der Gesetzeskonkurrenz oder der Tatmehrheit führt in der Regel zum Ausschluß der Privatklage. Von diesem Grundsatz sind jedoch Ausnahmen dann zu beachten, wenn hinsichtlich des Offizialdelikts eine Einstellung erfolgt und im übrigen auf den Privatklageweg verwiesen wird.

VII. Arbeitshilfen

22 ### 1. Klageerzwingungsantrag

► An das Oberlandesgericht ...

....

**In dem Ermittlungsverfahren
gegen
...**

zeige ich unter Vorlage einer beglaubigten Kopie der Vollmacht an, dass der Antragsteller durch mich vertreten wird.
Namens und im Auftrag des Antragstellers beantrage ich

---

36 OLG Nürnberg NStZ 86, 286.

gerichtliche Entscheidung

wie folgt:
Die Erhebung der öffentlichen Klage gegen .... wegen des ihm zur Last liegenden am .... in .... begangenen Vergehens .... wird angeordnet. Die Erhebung der öffentlichen Klage obliegt der Staatsanwaltschaft ....

BEGRÜNDUNG:

Dem Beschuldigten ist folgender Sachverhalt zur Last zu legen: ... (Sachverhaltsdarstellung entsprechend Anklagesatz gem. § 200 Abs. 1 S. 1 StPO).

Der unter 1. dargestellte Sachverhalt wird durch folgende Beweismittel belegt: ... (Darstellung der Beweismittel gem. § 200 Abs. 1 S. 2 StPO).

Aufgrund der zur Verfügung stehenden Beweismittel können folgende Tatsachen belegt werden: ... (Darstellung entsprechend dem wesentlichen Ergebnis der Ermittlungen gem. § 200 Abs. 2 StPO).

Der Antragsteller hat bei der Staatsanwaltschaft ... am ... Strafanzeige erstattet. Die Staatsanwaltschaft hat daraufhin die Zeugen .... vernommen.

Trotz der durchgeführten Ermittlungen hat die Staatsanwaltschaft ... mit Bescheid vom ... das gegen den Beschuldigten gerichtete Ermittlungsverfahren mangels Tatverdachts gem. § 170 Abs. 2 StPO eingestellt. Den Einstellungsbescheid hat die Staatsanwaltschaft wie folgt begründet: ...

Gegen den am ... zugestellten Einstellungsbescheid hat der Antragsteller am ... fristgerecht Beschwerde eingelegt. Die Beschwerde wurde folgendermaßen begründet: ...

Die Staatsanwaltschaft bei dem Oberlandesgericht ... hat die Beschwerde des Antragstellers durch Bescheid vom verworfen. Dieser Bescheid wurde am ... bei dem Antragsteller förmlich zugestellt.

Die Staatsanwaltschaft bei dem OLG ... hat die Zurückweisung der Beschwerde wie folgt begründet: ...

Im Gegensatz zu den Ausführungen der Staatsanwaltschaft ... in dem Bescheid vom ... und entgegen der Auffassung der Staatsanwaltschaft bei dem OLG ... in dem Bescheid vom ... besteht gegen den Beschuldigten hinreichender Tatverdacht. Dies ergibt sich aus Folgendem:
...

(Rechtsanwalt)◄

23 **2. Anschlusserklärung als Nebenkläger**

▶

An die
Staatsanwaltschaft ...

Az.: ... Js ..../..
In dem Ermittlungsverfahren
gegen
...

zeige ich unter Vorlage einer beglaubigten Kopie der Vollmacht an, dass ... von mir als Verletzter vertreten wird.

Namens und im Auftrag des Verletzten erkläre ich, dass dieser sich dem Verfahren nach Erhebung der öffentlichen Klage als

N e b e n k l ä g e r

anschließt.

....

(Rechtsanwalt)◄

24 **3. Privatklage**

▶ In der Privatklagesache

...

Bevollmächtigter: RA ...

gegen

....

zeige ich an, dass der Privatkläger durch mich vertreten wird. Gemäß § 379a StPO zahle ich einen Kostenvorschuß in Höhe von EUR 30,00 ein und erhebe gegen den Beschuldigten

P r i v a t k l a g e

Dem Beschuldigten ist folgender Sachverhalt zur Last zu legen:

...

...

Er hat sich somit wegen des Vergehens gem. §§ ... StGB schuldig gemacht.

Der dem Beschuldigten zur Last liegende Sachverhalt kann durch folgende Beweismittel bewiesen werden:

Der Zeuge ... wird bestätigen, dass ...

...

Rechtsanwalt◄

4. Adhäsionsantrag   25

▶ An das Amtsgericht ...

Az.: .. Ds ... Js .../..
In der Strafsache
gegen
...

zeige ich unter Vorlage einer beglaubigten Kopie der Vollmacht an, dass der Verletzte ... durch mich vertreten wird. Namens und im Auftrag des Verletzten stelle ich folgende

A n t r ä g e :

I.

Dem Verletzten ... steht dem Grunde nach ein angemessenes Schmerzensgeld unter Berücksichtigung seiner Mithaftungsquote zu.

II.

Der Angeklagte trägt die Kosten des Verfahrens über die vermögensrechtlichen Ansprüche des Verletzten sowie die dem Verletzten dabei entstandenen notwendigen Auslagen.

III.

Hinsichtlich der Kostenentscheidung ist das Urteil vorläufig vollstreckbar.

B E G R Ü N D U N G :

1. ...
2. Der Verletzte hat daher gegen den Angeklagten einen Schmerzensgeldanspruch aus § 253 Abs. 2 BGB.
3. Die beantragte Kostenentscheidung ergibt sich aus § 472a Abs. 1 StPO.
4. Die beantragte Entscheidung über die vorläufige Vollstreckbarkeit ergibt sich aus § 406 Abs. 2 StPO.
5. Es wird beantragt, den Gegenstandswert gem. § 25 Abs. 2 GKG festzusetzen auf:
...

Rechtsanwalt ◄

§ 3 Der Zeugenbeistand

1   Nicht nur der Beschuldigte und der Verletzte, sondern auch ein Zeuge, der eigentlich nur Beweismittel des Strafverfahrens sein soll, kann anwaltlicher Hilfe bedürfen. Diese Erkenntnis hat sich gerade in den letzten Jahren deutlich vertieft und der Auftritt von Rechtsanwälten als sog. Zeugenbeistand ist sehr viel häufiger geworden. Mit dieser Entwicklung geht einher, dass diejenige Zeit Vergangenheit ist, in der sich der Rechtsanwalt zum Nachweis seines Rechts, als Zeugenbeistand auftreten zu dürfen, auf die grundlegende Entscheidung des Bundesverfassungsgerichts[1] berufen musste. Vielmehr hat der anwaltschaftliche Zeugenbeistand nunmehr auch mit der Einfügung des § 68b StPO durch das Zeugenschutzgesetz vom 30.04.1998 gesetzliche Anerkennung gefunden, wobei es bei dieser Norm allerdings nur um die Voraussetzung der Beiordnung eines Rechtsanwalts als Zeugenbeistand geht. Die in der Praxis überwiegend auftretenden Probleme werden durch § 68b StPO hingegen nicht beantwortet.[2] Denn diese liegen in Charakter, Inhalt und Grenzen des Mandats als Zeugenbeistand.

I. Die rechtliche Stellung des Zeugenbeistands

2   Anders als bei einem Strafverteidigermandat leitet sich nach Auffassung des Bundesverfassungsgerichts die rechtliche Stellung des Zeugenbeistands aus der Rechtsstellung des Zeugen ab. Dem Zeugenbeistand sollen nicht mehr Befugnisse zustehen als sie der Zeuge selbst hat. Ausgangspunkt dieser Koppelung war für das Bundesverfassungsgericht die offensichtlich im Hintergrund stehende Sorge, dass bei einer Ausdehnung der Rechte für den Zeugenbeistand ansonsten Sachaufklärung und Wahrheitsermittlung Schaden nehmen könnten. Ob diese Begrenzung der Rechte in Gänze heute noch aufrechterhalten werden kann, muss allerdings bezweifelt werden. Zu Recht wird darauf hingewiesen,[3] dass der als Rechtsanwalt tätige Zeugenbeistand ebenso wie der als Rechtsanwalt tätige Strafverteidiger auch ein unabhängiges Organ der Strafrechtspflege ist.[4]

Nimmt man diese Stellung aber ernst, dann wird man dem anwaltlichen Zeugenbeistand[5] aber zumindest zugestehen müssen, dass die Tätigkeit nicht zu einer bloßen „Alibiveranstaltung" verkommt, sondern auf einer seriösen Informationsgrundlage basiert. Weil Rechtspositionen nur dann etwas wert sind, wenn sie auch eingefordert werden können, wird man dem Zeugenbeistand gleichzeitig auch entsprechende Antragsrechte zuzugestehen haben.[6]

Dabei ist freilich zu beachten, dass dem Zeugenbeistand nicht die gleichen Rechte wie den weiteren Prozessbeteiligten zustehen können. Es handelt sich bei der Tätigkeit um die zulässige anwaltliche Unterstützung eines Zeugen als eines Beweismittels. Es darf nicht vergessen werden, dass eine übertriebene Stärkung der Zeugenbeistandsposition letztlich insbesondere zu Lasten des Beschuldigten geht. Mit gutem Grund ist im Straf-

---

1   BVerfGE 38, 105; BVerfG NJW 75, 103.
2   Vgl. hierzu aber die nach dem Opferschutzgesetz jetzt weitergehenden Regelungen für den Verletzten gem. § 406d ff. StPO.
3   Lüdeke, Der Zeugenbeistand, Europäische Hochschulschriften, S. 111 f.
4   Vgl. hierzu auch § 1 Rn 1.
5   Auch andere Personen können dem Zeugen beistehen, KK/Senge, vor § 48 StPO Rn 18.
6   A.A. Meyer-Goßner, vor § 48 StPO Rn 11; vgl. hierzu weiter unten.

verfahren gerade der Schutz des Beschuldigten besonders ausgeformt. Häufig werden die Interessen eines Zeugen aber konträr zu denen eines Beschuldigten sein. Würde man deshalb die rechtliche Position des Zeugen (und daraus abgeleitet des Zeugenbeistandes) über Gebühr ausdehnen, so wäre die Gefahr sehr naheliegend, dass damit ein Verlust von Rechten des Beschuldigten einherginge.

Exemplarisch wurde dieses Thema bei Inkrafttreten des Opferschutzgesetzes (01.04.1987) unter dem Thema „Opferschutz – Ein Vorwand zur Beseitigung von Verteidigungsrechten?" bereits diskutiert.[7] Vor einem Übermaß an Rechtseinräumung für den Zeugen und Zeugenbeistand kann deshalb unter Beachtung obiger Ausführungen nur gewarnt werden.

II. Die Auftragserteilung an den Zeugenbeistand

Zur Tätigkeit als Zeugenbeistand kann es auf zweifache Weise kommen: 3
Zum einen kann der Zeuge von sich aus den Rechtsanwalt mit seiner Tätigkeit als Zeugenbeistand beauftragen. Dieses geschieht in der Praxis selten aus Eigenmotivation des Zeugen. Vielmehr sind die Fälle häufiger, in denen bei einem bereits bestehenden Mandatsverhältnis der Rechtsanwalt aus Gründen der Fürsorge empfiehlt, entweder selbst als Zeugenbeistand tätig zu werden oder aber einen Kollegen zu beauftragen.

Hiervon zu unterscheiden ist die **Beiordnung als Zeugenbeistand**, die nunmehr in § 68b StPO gesetzlich geregelt ist und vom Gericht entweder auf Antrag oder aufgrund eigener Entscheidung angeordnet wird. Stellt der Rechtsanwalt einen Antrag auf Beiordnung, so sollte ihm bewusst sein, dass ein Streit über die Anwendungsmöglichkeiten des § 68b StPO existiert. Sicher ist, dass zu einer Beiordnung gem. § 68b S. 1 StPO die Zustimmung der Staatsanwaltschaft erforderlich ist. Ungeklärt ist hingegen die Frage, ob es dieser Zustimmung auch im Falle des § 68b S. 2 StPO bedarf. Dieses wird zum Teil so gesehen; mit dem Argument der fehlenden Zustimmung der Staatsanwaltschaft wurden sogar bereits Beiordnungsanträge abgelehnt.[8] Das ist abzulehnen.[9] Es ist zwar richtig, dass der Wortlaut hinsichtlich § 68b S. 2 StPO (*„anzuordnen, soweit die Voraussetzungen des Satzes 1 vorliegen"*) darauf hindeutet, auch in diesen Fällen die Zustimmung der Staatsanwaltschaft zu fordern. Andererseits wird zu Recht darauf hingewiesen, dass die alternative Fassung des Antragserfordernisses, der systematische Aufbau der Vorschrift sowie der Zweck, die Autonomie des Zeugen zu stärken, eine Auslegung nahelegt, wonach es im Falle eines Antrags des Zeugen keiner Zustimmung der Staatsanwaltschaft bedarf.[10] Insbesondere ist zu beachten, dass § 68b S. 1 StPO dem Gericht eine Ermessensentscheidung eröffnet, wohingegen § 68b S. 2 StPO eine Rechtspflicht zur Beiordnung beinhaltet. Dass bei einer Ermessensentscheidung die Zustimmung einer anderen Behörde erforderlich sein kann, erscheint wenigstens grundsätzlich nachvollziehbar. Eine Erklärung, warum dies allerdings eine solche des Staatsanwalts sein soll, bleibt der Gesetzgeber[11] schuldig.[12] Immerhin wird dem Ge-

---

7 Kempf, StV 87, 217.
8 AG Aachen, NStZ 00, 219 m.w.N.
9 Meyer-Goßner, § 68b Rn 6; Ries, NJW 98, 3240 ff.
10 Meyer-Goßner, a.a.O.
11 BT-Drucksache 13/10001; die Regelung geht auf eine Empfehlung des Vermittlungsausschusses zurück.
12 Vgl. KK/Senge, § 69b Rn 7.

richt bei der Pflichtverteidigerbestellung (§§ 141, 142 StPO) zugestanden, dass es hierüber ohne Zustimmungserfordernis der Staatsanwaltschaft entscheiden kann. Im übrigen hat spätestens in der Hauptverhandlung hinsichtlich der Beweisaufnahme Waffengleichheit zu herrschen. Wenn es deshalb um die Hilfe für ein Beweismittel (Zeuge) geht, könnte auch daran gedacht werden, wenn man schon ein Zustimmungserfordernis normiert, auch die Zustimmung des Angeklagten zu verlangen.

Ist deshalb bereits bei einer Ermessensentscheidung gem. § 68b S. 1 StPO die Regelung erstaunlich, so ist schlichtweg unverständlich, wieso bei einer zwingenden Entscheidung gem. § 68b StPO noch ein Zustimmungserfordernis bestehen muss. Denn in diesen Fällen würde man das Gericht dann, wenn die Staatsanwaltschaft trotz Vorliegens der Voraussetzungen des § 68b S. 2 StPO die Zustimmung verweigert, sehenden Auges dazu zwingen, gesetzeswidrig zu handeln. Weil dies nicht sinnvoll sein kann, ist davon auszugehen, dass es im Fall des § 68b S. 2 StPO einer Zustimmung der Staatsanwaltschaft nicht bedarf.

Das Gericht kann also allein entscheiden. Die Entscheidung ist endgültig.[13]

Eine Beschwerde gegen die gerichtliche Entscheidung ist nicht möglich (§ 68b Satz 4 StPO).[14]

III. Arbeitshilfen

4 **1. Bestellung als Zeugenbeistand**

▶

Landgericht München II
80097 München

Az.: Ks ..... Js ....../..
Josef Müller
wegen Verdachts des Totschlags

Sehr geehrter Herr Vorsitzender Richter,

im obigen Verfahren teile ich mit, dass ich den Zeugen Peter Schmitz als Zeugenbeistand vertrete. Vollmacht ist beigefügt.
Herr Schmitz hat eine Zeugenladung für den 8. Hauptverhandlungstag erhalten.
Zur Vorbereitung der Zeugenvernehmung teile ich mit, dass Herr Schmitz von dem ihm zustehenden Auskunftsverweigerungsrecht gem. § 55 StPO Gebrauch machen wird.
Gegen Herrn Schmitz führt die Staatsanwaltschaft München II unter dem Az.: .... derzeit ein Ermittlungsverfahren wegen Verdachts der Strafvereitelung. Dieses Ermittlungsverfahren steht in unmittelbarem Zusammenhang mit der obigen Strafsache gegen Herrn Müller.

---

13 Zur Vergütungsfrage des gerichtlich beigeordneten Zeugenbeistandes vgl. zuletzt OLG Zweibrücken StV 04, 35 und OLG Schleswig StV 04, 34 f.
14 Vgl. auch OLG Hamm, NStZ 00, 220; HansOLG Hamburg StV 02, 297, 298.

Weil somit die wahrheitsgemäße Beantwortung von Fragen die Gefahr auslösen kann, dass er sich dadurch selbst der Strafverfolgung aussetzt, ist sein Auskunftsverweigerungsrecht nach der „Mosaiksteintheorie" des BGH (BGH StV 1987, S. 328) als umfassend anzusehen.

Unter diesen Umständen wäre ich dankbar, wenn zwischen den Prozessbeteiligten Ihres Verfahrens eine Klärung darüber herbeigeführt werden kann, ob auf den Zeugen Peter Schmitz nicht allseitig verzichtet werden kann.

Mit freundlichen Grüßen

Rechtsanwalt ◀

(Anmerkung:
- Nur wenn alle Verfahrensbeteiligten auf den Zeugen verzichten, wird ein Gericht aus revisionsrechtlichen Gründen dazu bereit sein, den Zeugen abzuladen.
- Kommt es hinsichtlich der Frage, ob Verweigerungsrechte bestehen, zu einem Streit, und droht das Gericht Zwangsmittel an, steht dem Zeugen die Beschwerde gem. § 304 Abs. 2 StPO zu. Gleichzeitig mit der Beschwerde sollte auch ein Antrag auf Aufschub des Vollzugs der Vollstreckung gestellt werden, da § 70 StPO auch die Beugehaft zulässt. Ein solcher Antrag sollte aber erst dann gestellt werden, wenn der Streit tatsächlich aufgetreten ist. Ein vorsorglicher Antrag wäre eher gefährlich.)

2. Antrag auf Beiordnung als Zeugenbeistand   5

▶
Amtsgericht München
80097 München

Az.: 3 Ls ... Js ....../00
Meier, Hermann
wegen Verdachts der Hehlerei
hier: Antrag auf Beiordnung als Zeugenbeistand gem. § 68b S. 2 StPO

Im obigen Strafverfahren ist Herr Hermann Huber für den 6. Hauptverhandlungstag als Zeuge geladen worden. In seinem Namen stelle ich den

Antrag,

mich Herrn Hermann Huber als anwaltschaftlichen Zeugenbeistand gem. § 68b S. 2 StPO beizuordnen.

Gegen Herrn Huber führt die Staatsanwaltschaft München I derzeit ein Ermittlungsverfahren wegen Verdachts des Raubes (Az.: ... Js ....../00).

Als Verteidiger von Herrn Huber in diesem Verfahren ist mir aus der erhaltenen Akteneinsicht bekannt, dass das Verfahren in unmittelbarem Zusammenhang mit dem Verfahren gegen Herrn Meier steht. Aufgrund des Zusammenhangs, der in den Einzelheiten bislang nicht geklärt ist, stehen Herrn Huber möglicherweise Verweigerungsrechte zu.

Wegen der tatsächlichen und rechtlichen Schwierigkeit der Situation besteht jedoch die Gefahr, dass Herr Huber ohne Beistand seine prozessualen Rechte bei der Vernehmung nicht sachgerecht wird ausüben können.

Herr Huber verfügt noch über keinen Zeugenbeistand. Die Tatsache, dass er in dem gegen ihn geführten Ermittlungsverfahren durch mich verteidigt wird, ist für die hier zu beurteilende Frage der Beiordnung ohne Belang. Auch ist nicht ersichtlich, dass den schutzwürdigen Interessen von Herrn Huber in anderer Weise Rechnung getragen werden könnte.

Die Voraussetzungen des § 68b S. 2 StPO liegen vor, so dass eine Verpflichtung zur Beiordnung besteht. Denn Gegenstand der Vernehmung von Herrn Huber wird ein Verbrechen sein. Hierbei spielt es keine Rolle, dass das Verfahren gegen Herrn Meier wegen eines Vergehens (Hehlerei) geführt wird. Denn es kommt nicht auf den Gegenstand des Strafverfahrens, sondern den Gegenstand der Vernehmung an (Meyer-Goßner, § 68b Rn 6).

Gegenstand der Vernehmung von Herrn Huber wird aber u.a. die ihm zur Last gelegte Straftat des Raubes sein.

Es liegen deshalb die zwingenden Voraussetzungen zu einer Beiordnung gem. § 68b S. 2 StPO vor. Einer gesonderten Zustimmung der Staatsanwaltschaft zur Beiordnung bedarf es in diesen Fällen nicht (Meyer-Goßner, § 68b Rn 6).

Soweit das Gericht dennoch eine Zustimmung der Staatsanwaltschaft für geboten halten sollte, bitte ich, diesen Antrag an die Staatsanwaltschaft, mit der Bitte um Erteilung der Zustimmung weiterzuleiten und anschließend mich Herrn Huber als Zeugenbeistand beizuordnen.

Rechtsanwalt ◄

IV. Rechtliche Probleme als Zeugenbeistand

6 Im Rahmen der Tätigkeit als Zeugenbeistand kann es zu einer Vielzahl von rechtlichen Fragen kommen. Die wichtigsten sollen nachfolgend angesprochen werden.

1. Anzahl der Mandate und Auftreten des Zeugenbeistandes

Während der Verteidiger gem. § 146 StPO nicht gleichzeitig mehrere derselben Tat Beschuldigte verteidigen kann, trifft diese Beschränkung nicht auf den als Zeugenbeistand tätigen Rechtsanwalt zu. Dieser kann **mehrere Zeugen gleichzeitig** vertreten.[15] Allerdings sollte kritisch geprüft werden, ob dies tunlich ist. Können nämlich vertretene Zeugen beispielsweise Beschuldigte werden, ist zu bedenken, dass in einem solchen Fall eine Weiterführung der Mandate ausscheiden muss. Ergibt sich die Gefahr unterschiedlicher Interessenlagen bei den vertretenen Zeugen, scheidet eine Mehrfachvertretung von Zeugen ebenfalls aus. Ausgeschlossen werden dürfte der Zeugenbeistand allerdings dennoch nicht, weil es hierzu an der gesetzlichen Grundlage fehlt.[16]

---

15 Meyer-Goßner, vor § 48 StPO Rn 11 m.w.N.
16 BVerfG StV 00, 401.

Ebenfalls nicht in Betracht kommt die Tätigkeit des Rechtsanwalts als Verteidiger und zugleich als Zeugenbeistand im selben Verfahren; allerdings weniger aus rechtlichen als aus psychologischen Gründen. Denn rechtlich kann eine solche Vertretung durchaus zulässig sein. Weder das Strafgesetzbuch (§ 356 StGB ist nicht einschlägig) noch das Strafverfahrensrecht (§ 146 StPO gilt ebenfalls nicht) verbieten eine solche Handhabung. Auch berufsrechtlich werden viele Fallgestaltungen denkbar sein, bei denen keine Bedenken bestehen. So sind durchaus Fälle möglich, in denen die Gefahr eines Interessengegengensatzes zwischen Zeugen und Beschuldigten nicht besteht, bspw. wenn die zeugnisverweigerungsberechtigte Ehefrau des Beschuldigten das vom Ehemann behauptete Alibi bestätigen will.

Dennoch wird eine solche Art der Doppelvertretung eine „schlechte Optik" mit sich bringen, die das Verfahren psychologisch negativ beeinflussen kann. Man stelle sich nur die Ausübung des Fragerechts durch den Verteidiger/Zeugenbeistand vor. Von einer derartigen Handhabung ist also abzuraten.

Ob der Rechtsanwalt als Zeugenbeistand in einer Hauptverhandlung in Robe auftreten sollte, wird ebenfalls unterschiedlich beurteilt.[17] In der Praxis hat es sich eingebürgert, dass in der überwiegenden Anzahl der Fälle der Zeugenbeistand keine Robe trägt. Es darf aber nicht außer Acht gelassen werden, dass sich das dem Zeugenbeistand grundsätzlich zustehende Antragsrecht[18] leichter durchsetzen lässt, wenn der Zeugenbeistand durch Tragen der Robe auch optisch den anderen Verfahrensbeteiligten „näher" ist.

2. Informationsrechte

Ein wesentlicher Streitpunkt bei der Tätigkeit des Zeugenbeistands ist die Frage, in welchem Umfang Informationen begehrt werden können. Mittel der Informationsgewinnung sind dabei zum einen die **Akteneinsicht** und zum anderen die **Durchführung eigener Ermittlungen**.

7

a) Das Akteneinsichtsrecht

Die strittige Frage, inwieweit einem Zeugenbeistand ein eigenes Akteneinsichtsrecht zusteht,[19] ist nunmehr anhand des mit Wirkung ab dem 01.11.2000 in die StPO eingefügten § 475 StPO zu beurteilen. Gemäß § 475 StPO kann für eine Privatperson und für sonstige Stellen ein Rechtsanwalt Auskünfte aus den Akten erhalten, soweit er hierfür ein berechtigtes Interesse darlegt. Unter näher bezeichneten Voraussetzungen kann einem solchen Rechtsanwalt auch Akteneinsicht gewährt werden (§ 475 Abs. 2 StPO). Privatperson i.S.d. § 475 StPO ist, wer nicht Beschuldigter, Privatkläger, Nebenkläger, Verletzter oder Einziehungsbeteiligter ist. Damit unterfällt auch derjenige Zeuge, der keine der genannten Verfahrensstellungen innehat, dieser Vorschrift.[20]

Nachdem der Zeugenbeistand seine Rechte aus der Position des Zeugen ableitet und keine weitergehenden Rechte hat, stellt sich damit die Frage, wann ein berechtigtes Interesse des Zeugen gemäß § 475 Abs. 2 StPO als Voraussetzung für die Akteneinsicht vorliegt. Hierbei wird zu sehen sein, dass § 475 Abs. 2 StPO durch die Formulierung „kann Akteneinsicht gewährt werden", dem Gericht eine Ermessensausübung zuge-

---

17 Dafür Wagner DriZ 83, 21, a.A. Meyer-Goßner, vor § 48 StPO Rn 11.
18 Vgl. hierzu näher unten.
19 BVerfG a.a.O., vgl. auch Burhoff, Handbuch für das strafrechtliche Ermittlungsverfahren, Rn 986.
20 HansOLG Hamburg StV 02, 297.

steht, die wegen des bestehenden Widerstreits zwischen Wahrheitsfindung und Gefährdung der Wahrheitsfindung durch Information an den Zeugen zu einer im Regelfall
restriktiven Rechtsanwendung führen wird.[21] Dennoch sollte der anwaltliche Zeugenbeistand in den geeigneten Fällen das Gericht oder die Staatsanwaltschaft[22] darauf hinzuweisen, dass durchaus die Möglichkeit der Gewährung des Akteneinsichtsrechts besteht.

b) Eigene Ermittlungen des Zeugenbeistands, insbesondere Anwesenheitsrecht in der Hauptverhandlung

8 Die Durchführung **eigener Ermittlungshandlungen** ist dem verteidigenden Rechtsanwalt stets erlaubt.[23] Nichts anderes kann hinsichtlich des Zeugenbeistandes gelten,
wenn er weitere Informationen als Grundlage seiner Beratung gewinnen will. Allerdings ist gerade in diesem Zusammenhang streitig, inwieweit der Zeugenbeistand bei
der eigenen Ermittlungstätigkeit auf die wichtigste Informationsquelle zurückgreifen
darf: Die Hauptverhandlung. In einer Hauptverhandlung haben Zeugen in der Regel bis
zu ihrer Vernehmung kein Anwesenheitsrecht.[24] Deshalb wird vertreten, dass auch der
Zeugenbeistand so lange, bis der Zeuge nicht gehört wurde, kein Anwesenheitsrecht
habe.[25] Dieser Auffassung kann allerdings nicht gefolgt werden. Ihr liegt im Kern wiederum der Gedanke zugrunde, dass sich die Grenzen der Tätigkeit als Zeugenbeistand
von den Rechten und Pflichten des Zeugen ableiten. Wenn der Zeuge aber gemäß
§ 243 Abs. 2 StPO den Sitzungssaal zu verlassen habe, gelte dies auch für den Zeugenbeistand. Allerdings werden hier in unzulässiger Weise Rechte und Pflichten ver-
mischt, die tatsächlich bei Zeugen und Zeugenbeistand nicht deckungsgleich sind. So
ist etwa darauf hinzuweisen, dass zwar der Zeuge eine Ladung zu einem Vernehmungstermin erhält, der Zeugenbeistand aber nicht. Der Zeuge darf nicht einmal dem
Vernehmungstermin fernbleiben, weil der **Zeugenbeistand verhindert** ist,[26] in diesem
Fall hätte er bei einer staatsanwaltschaftlichen oder richterlichen Vernehmung ggf. mit
Zwangs- und Ordnungsmitteln zu rechnen. Unzweifelhaft gilt dies allerdings nicht für
den Zeugenbeistand. Er darf ohne weiteres fernbleiben.

Aus dem Akzessorietätsdogma des Bundesverfassungsgerichts[27] kann deshalb die
Pflicht des Zeugenbeistands, sich aus der Hauptverhandlung zu entfernen, keineswegs
hergeleitet werden.[28]

Ein weiteres Argument für die Notwendigkeit der Entfernung des Zeugenbeistands aus
der Hauptverhandlung ist, dass die §§ 58 I, 243 Abs. 2 StPO die Unbefangenheit und
Selbständigkeit der Zeugendarstellung sichern sollen; diese könnte aber bei einem bestehenden Anwesenheitsrecht des Zeugenbeistands gefährdet sein. Diesem Gedanken
ist jedoch entgegenzuhalten, dass eine allgemeine Befürchtung keine tragfähige
Rechtsgrundlage für den Ausschluß von Personen aus einer öffentlichen Hauptver-

---

21 Vgl. auch HansOLG Hamburg StV 02, 298.
22 Im Vorverfahren, mit Möglichkeit des Rechtsbehelfs gem. § 478 Abs. 3 StPO.
23 Vgl. hierzu für den Verteidiger § 4 Rn 41 ff.
24 Ausnahme sind der Nebenkläger (allerdings wird dieser häufig freiwillig abtreten) sowie Prozessbeteiligte
    (Staatsanwalt und Verteidiger), auch wenn sie später als Zeugen in Betracht kommen.
25 Meyer-Goßner, § 243 Rn 7, BVerfG a.a.O.
26 BGH NStZ 89, 484.
27 BVerfGE a.a.O.
28 So zutreffend Lüdeke, S. 196 ff.

handlung darstellt, bei der der Zeugenbeistand als Teil der Öffentlichkeit ein grundsätzliches Zutrittsrecht hat (§ 169 GVG).[29] Insbesondere aber ist zu sehen, dass der Zeugenbeistand den Zeugen *nur* bei der Ausübung und Wahrung seiner Rechte unterstützt. Anders als beim Beschuldigten, der etwa den Umfang seines Schweigerechts gestalten kann, ist der Zeuge zur vollständigen wahrheitsgemäßen Aussage verpflichtet. Insofern findet eine „Einlassungsberatung" durch den Zeugenbeistand überhaupt nicht statt (vgl. Ziff. 4.).

3. Das Anwesenheitsrecht des Zeugenbeistands bei der Zeugenvernehmung

Es wurde bereits darauf hingewiesen, dass der Zeugenbeistand keinen Anspruch auf 9 die Benachrichtigung von einem Vernehmungstermin hat.[30]

Die weitergehende Frage ist, ob der Zeugenbeistand aber bei Kenntnis des Termins ein **Recht auf Anwesenheit** hat. Das Recht hierzu ergibt sich bei dem Zeugenbeistand eines Verletzten bereits aus §§ 406 f, 406g StPO, besteht aber auch in allen anderen Fällen. Bei der Vernehmung in der Hauptverhandlung ist hierfür bereits die Entscheidung des Bundesverfassungsgerichts[31] einschlägig (§ 68b StPO regelt insoweit nur weiterführend die Voraussetzungen für die Beiordnung eines Zeugenbeistands). Aber auch bei Zeugenvernehmungen im Rahmen des Ermittlungsverfahrens besteht für den Zeugenbeistand ein Anwesenheitsrecht. Die Grundsatzentscheidung des Bundesverfassungsgerichts zur Notwendigkeit des Zeugenbeistands gilt im Ermittlungsverfahren nicht anders als in der Hauptverhandlung, weil das Bundesverfassungsgericht ausdrücklich von der „richterlichen oder sonstigen Vernehmung" spricht. Nach einer Entscheidung des BGH[32] darf ein Zeuge deshalb grundsätzlich ohne Zustimmungserfordernis der Vernehmungsinstanz in Begleitung eines Rechtsbeistandes seines Vertrauens zur Vernehmung erscheinen. Gilt dies sowohl für eine richterliche als auch eine staatsanwaltschaftliche Vernehmung, ist kein Grund ersichtlich, warum dies bei einer polizeilichen Vernehmung anders sein sollte. Dennoch sieht die herrschende Meinung bei der polizeilichen Vernehmung kein Anwesenheitsrecht des Zeugenbeistandes, wobei unbestritten ist, dass die Anwesenheit gestattet werden kann.[33]

Die Problematik ist allerdings lediglich theoretischer Natur. Nachdem weder Zeugen noch Sachverständige dazu verpflichtet sind, auf Ladung vor der Polizei zu erscheinen,[34] wird in der Praxis der Zeugenbeistand dem vernehmenden Polizeibeamten mitteilen, dass eine Vernehmung nur dann überhaupt in Betracht kommen kann, wenn er auch dabei ein Anwesenheitsrecht hat. Wird hingegen bei einer anderen Vernehmung

---

29 Thomas NStZ 1982, 495; LR/Dahs, § 58 Rn 19 a; Beck'sches Formularbuch/Gillmeister S.1012.

30 Vgl. auch Burhoff, Rn 986 a.

31 BVerfG a.a.O.

32 BGH bei Miebach, NStZ 90, 25 Ziff. 3.

33 KK/Wache, § 163a Rn 31; nach dem Diskussionsentwurf der Regierungsfraktionen und des Bundesministeriums der Justiz für eine Reform des Strafverfahrens vom 18.02.2004 soll der Zeugenbeistand gemäß § 68 StPO künftig auch für die polizeiliche Vernehmung bestellt werden können und soll das Anwesenheitsrecht des Rechtsanwalts des Verletzten in § 406 f. Abs. 2 StPO auf die polizeiliche Vernehmung ausgedehnt werden. Ob und auf welche Weise dieser Diskussionsentwurf in einen Gesetzesentwurf übergehen wird, bleibt abzuwarten (vgl. auch Ferber, NJW 04, 2562, 2565).

34 KK/Wache, § 163a Rn 15.

im Ermittlungsverfahren der Zeugenbeistand zurückgewiesen, so ist hiergegen in entsprechender Anwendung des § 98 Abs. 2 S. 2 StPO das Rechtsmittel der Beschwerde zulässig.[35]

4. Die Aufgaben des Zeugenbeistandes

10   Die wesentlichen Aufgaben des Zeugenbeistandes liegen in der **Beratung des Mandanten**, wobei die **Schutzfunktion** im Vordergrund steht. Aufgrund der unterschiedlichen rechtlichen Stellung des Zeugen im Vergleich zum Beschuldigten unterscheidet sich deshalb auch die Beratungstätigkeit des Rechtsanwalts als Zeugenbeistand wesentlich von der des Verteidigers. So darf der Verteidiger dem Beschuldigten zwar nicht dazu raten, die Unwahrheit zu sagen,[36] andererseits muss er aber nicht gegen eine unwahre Einlassung einschreiten. Auch kann der Beschuldigte die Interessenlage Dritter bei seiner Verteidigung berücksichtigen.

Bei einer Zeugenstellung des Mandanten liegt die Sachlage anders. Hier hat der Rechtsanwalt dafür zu sorgen, dass der Mandant als Zeuge nicht die Unwahrheit sagt, nicht zuletzt, um ihn auch vor Strafverfolgung zu schützen. Weil der Zeuge der Wahrheitspflicht unterworfen ist, kann bei der Frage des „wie" einer Aussage die Interessenlage Dritter keine Rolle spielen. Anderweitige Interessen dürfen lediglich bei der Frage, ob ein Verweigerungsrecht gebraucht wird, Anwendung finden. Der wesentliche Teil der Tätigkeit des Zeugenbeistandes erfolgt außerhalb der Hauptverhandlung. Nach Ausnutzung möglichst vieler Informationen (vgl. oben) hat der Rechtsanwalt seinen Mandanten auf die Zeugenvernehmung einzustellen und vorzubereiten. Die Tätigkeit während der eigentlichen Zeugenvernehmung nimmt dagegen nur einen geringeren Teil ein.

Auch wenn der Zeuge grundsätzlich persönlich zu vernehmen ist und sich nicht in seiner Aussage durch den Zeugenbeistand vertreten darf, ist der Zeugenbeistand nicht gehindert, sich zu äußern. Dies betrifft einmal den Bereich, in dem ersichtlich wird, dass der Zeuge die an ihn gerichteten Fragen falsch verstanden hat. Zum anderen hat der Zeugenbeistand auch dafür zu sorgen, dass die Äußerungen des Zeugen nicht mißverständlich sind. Bestehen hierfür Anhaltspunkte, hat der Zeugenbeistand einzugreifen. Darüber hinausgehend kann er auch zur Durchsetzung der in der „Checkliste" angeführten Punkte Anregungen geben (siehe hierzu weiter unten).

5. Ausschluss des Zeugenbeistands

11   Umstritten ist, ob der Zeugenbeistand bei einem Missbrauch seiner Anwesenheit zur Erschwerung oder Vereitelung der Beweiserhebung ausgeschlossen werden kann. Gerade die Beantwortung dieser Frage ist nicht unwichtig, da naturgemäß zwischen den Prozessbeteiligten die Auffassungen darüber, wann ein Missbrauch vorliegt, weit auseinander liegen können.

Teile der Literatur[37] bejahen die Ausschlußmöglichkeit. Der Gegenauffassung[38] ist jedoch der Vorzug zu geben. Bereits aus der Aufzählung der Personen in § 177 GVG ergibt sich, dass der Rechtsanwalt nicht hierunter fällt. Zu Recht ist auch darauf hinge-

---

35   OLG Hamburg NStZ 84, 566 m.w.N., BGHSt 36, 155.
36   Vgl. auch Ausführungen unter § 1 Rn 1 ff, 34.
37   Meyer-Goßner, vor § 48 Rn 11 m.w.N.
38   Krekeler, NJW 80, 980, LR/Dahs, § 58 Rn 10 a.

wiesen worden, dass die Entstehungsgeschichte des GVG zeigt, dass der Rechtsanwalt bewusst von den Sanktionsbefugnissen des Gerichts ausgenommen werden sollte, weil es als ausreichend angesehen wurde, dass dieser den disziplinarrechtlichen Möglichkeiten seines Berufs unterfällt.[39] Es ergibt sich somit sowohl aus der Entstehungsgeschichte als auch aus dem Wortlaut, dass die Vorschriften über die sitzungspolizeilichen Maßnahmen nicht auf den Rechtsanwalt anwendbar sind. Nicht anders kann es sein, wenn seine anwaltliche Tätigkeit in der Hauptverhandlung die eines Zeugenbeistandes ist. Außerhalb des gerichtlichen Verfahrens ist jedoch ein Ausschluß möglich,[40] der allerdings mit der Beschwerde angegriffen werden kann.[41]

V. Arbeitshilfe

▶   **Checkliste des Zeugenbeistands zur Vorbereitung der Zeugenvernehmung**   **12**

I. Vortätigkeiten

1. Anzeige an Ermittlungsbehörde oder Gericht, dass Zeuge vertreten wird (siehe o.a. Muster)
2. Ggf. klären, ob Zeuge tatsächlich zur Vernehmung benötigt wird oder ob Möglichkeit besteht, auf ihn zu verzichten
   - Abklärung, ob audiovisuelle Verfahrensweise gem. §§ 58a, 255a bzw. § 247a StPO sinnvoll und durchführbar
3. Informationsgewinnung
   a) Akteneinsichtsantrag
   b) Weitere Ermittlungshandlungen
   c) Ggf. später Anwesenheit in der Hauptverhandlung

II. Vorbereitung der Vernehmung im engeren Sinne

1. Entscheidung, ob Aussagepflicht oder Verweigerungsrecht, von dem Gebrauch gemacht wird
   - Zeugnisverweigerungsrecht gem. § 52 StPO
   - Berufliche Zeugnisverweigerungsrechte gem. §§ 53, 53 a, 54 StPO
   - Auskunftsverweigerungsrecht gem. § 55 StPO
   a) Bei Aussagepflicht Vorbereitung des Inhalts der Aussage
   b) Überprüfung weiterer Verweigerungsrechte
   - Untersuchungsverweigerungsrecht gem. § 81c Abs. 3 StPO

2. Vorbereitung auf Probleme während der Zeugenvernehmung in der Hauptverhandlung
   - Eingeschränkte Angaben zur Person gem. § 68 Abs. 2, 3 StPO
   - Bloßstellen von Zeugen, § 68 StPO
   - Wahrnehmung von Mitwirkungsrechten
   - Vorübergehende Entfernung des Angeklagten gem. § 247 StPO

---

39 So zutreffend Krekeler, a.a.O.
40 KK/Wache, § 164 Rn 4.
41 Vgl. oben Ausführungen bei § 3 Rn 9.

- Ausschluß der Öffentlichkeit zum Schutz von Persönlichkeitsrechten (§ 171b GVG)
- Ausschluß der Öffentlichkeit gem. § 172 GVG
- Antrag auf Unterbrechung der Zeugenvernehmung
- Antrag auf Verwendung von Vernehmungshilfen
- Mitwirkung bei Erstellung und Genehmigung eines Wortprotokolls gem. § 273 Abs. 3 StPO
- Überprüfung, ob Eid i.R.d. § 59 StPO zu leisten ist
  - Eidesverweigerungsrecht gem. § 61 StPO
  - Hinweis auf § 60 StPO

ZWEITER TEIL: DIE VERTEIDIGUNG IM ERMITTLUNGSVERFAHREN

§ 4 Handlungen des Verteidigers zu Beginn des Ermittlungsverfahrens

I. Einleitung

Das Verständnis von Strafverteidigung hat sich in den letzten Jahrzehnten gründlich 1
gewandelt. Verstand man zu früheren Zeiten unter einem guten Verteidiger den mit wehender Robe und großer Geste sein Plädoyer Vortragenden (wovon in mancher Kanzlei noch Karikaturen künden), so hat sich dieses Bild verändert. Selbstverständlich ist zwar auch heute noch die rhetorische Fähigkeit eine Voraussetzung zur erfolgreichen Ausübung von Verteidigertätigkeit, aber sie steht bei weitem nicht mehr so im Mittelpunkt wie zu vergangenen Zeiten. Es hat sich vielmehr die Erkenntnis durchgesetzt, dass effiziente Verteidigung zu einem weitaus früheren Zeitpunkt ansetzen muss. Das ist auch nachvollziehbar. Zu einem Zeitpunkt, in dem noch am Wenigsten geklärt ist, und damit auch am Wenigsten entschieden ist, kann auch noch am Meisten bewirkt werden. Hat erst einmal in einer Strafsache ein monatelanges Ermittlungsverfahren stattgefunden und anschließend auch noch eine mehrtägige Hauptverhandlung, so wäre es geradezu abenteuerlich, darauf zu setzen, dass mit einem fulminanten Schlußantrag ein völliges Umdenken aller Beteiligten erreicht werde könnte.

Es muss deshalb **Aufgabe des Strafverteidigers** sein, seine Bemühungen in den Bereichen und zu den Zeitpunkten anzusetzen, in denen eine Festlegung noch nicht oder zumindest weitgehend noch nicht erfolgt ist. Man spricht insofern von der „prägenden Kraft des Ermittlungsverfahrens", an der ein Verteidiger durch seine Bemühungen mitzugestalten hat.

Hierbei muss er sich eines weiteren Umstandes bewusst sein. Nicht nur im tatsächlichen Leben, sondern auch im Justizbereich herrscht eine „Papiergläubigkeit" vor. Was schwarz auf weiß niedergeschrieben ist, wird zunächst mit der Vermutung der Richtigkeit belegt. Dasselbe gilt für Akteninhalte. Nicht wenige Gerichte unterliegen auch der Versuchung, eine Hauptverhandlung als reine Aktenreproduktion zu gestalten. Umso mehr muss darauf geachtet werden, dass sich von Anfang an aus dem Inhalt der Ermittlungsakte auch die Auffassung der Verteidigung zur Sach- und Rechtslage ergibt und entlastende Tatsachen ersichtlich sind. In diesem Zusammenhang ist es für Verteidiger besonders bedauerlich, dass die Staatsanwaltschaft einen gewollten Vorsprung vor der Verteidigung hat. Sie ist die Herrin des Ermittlungsverfahrens. Diesen Vorsprung kann die Verteidigung lediglich versuchen, durch vermehrte Anstrengungen auszugleichen. Im nachfolgenden sollen hierzu Möglichkeiten aufgezeigt werden.

Der günstigste Ansatz von Verteidigungshandlungen erfolgt vor dem Hintergrund einer optimalen Verteidigung im übrigen nicht erst zu Beginn des Ermittlungsverfahrens, sondern bereits zuvor. Nichts ist besser – und nebenbei auch wünschenswerter – als wenn durch anwaltliche Beratungsleistungen bereits die Begehung von Straftaten vermieden wird. Der Gedanke an eine solche sog. präventive Strafverteidigung ist zwar mehr und mehr im Vordringen, leider aber bei Weitem noch nicht so verbreitet, wie es ideal wäre. Dabei gibt es typische Problemfelder, bei denen immer schon vorab bzw.

frühestmöglich an die Zuziehung auch eimes Strafverteidigers gedacht werden sollte. Namentlich ist der wirtschafts- und steuerrechtliche Bereich zu nennen. So ist etwa eine Beratung bei insolvenzrechtlichen Problemen einer Gesellschaft oder eines Mandanten ohne die Erfassung der strafrechtlichen Risiken nicht vollständig. Sich hier lediglich mit den wirtschaftlichen und zivilrechtlichen Problemstellungen auseinanderzusetzen, verknappt die Beratung in einem gefährlichen Umfang. Es ist bedauerlich, dass sich dieses Thema nach wie vor nicht überall herumgesprochen hat und es bleibt nur zu hoffen, dass zukünftig mehr und mehr Berater dazu übergehen werden, entweder bereits bei den Beratungsgesprächen auch einen Strafverteidiger hinzuzuziehen oder die Vorgehensweise wenigstens einer strafrechtlichen Überprüfung zu unterwerfen.

II. Der Umgang mit dem Mandanten

2 Idealerweise findet das erste Gespräch mit dem Mandanten in der ruhigen Atmosphäre des anwaltlichen Büros statt. Leider wird sich dies jedoch nicht immer verwirklichen lassen, da sehr häufig die erste Begegnung in einer Krisensituation erfolgt. So ist es nicht selten, dass der Verteidiger seinen Mandanten erst in der Haftzelle bei der Polizei oder der Justizvollzugsanstalt kennenlernt oder aber anläßlich einer Durchsuchungsmaßnahme. Oftmals wird der Verteidiger also erst zu Rate gezogen, wenn bereits eine brenzlige Situation entstanden ist. Dass in einer solchen Situation keine ideale Gesprächsatmosphäre für die ruhige Abklärung von Sachverhalten besteht, bedarf keiner weiteren Ausführungen. Dennoch muss sich hier darum bemüht werden, die wichtigsten Punkte herauszuarbeiten. Dementsprechend gilt mit der Ausnahme der besonderen Situation für den ersten Kontakt mit dem Mandanten nichts anderes als beim Gespräch im Büro.

Wichtigste Aufgabe beim ersten Gespräch muss es sein, sich zunächst ein Bild von der (prozessualen) Situation zu machen, in der sich der Mandant befindet. Es ist also zu klären, ob der Mandant bereits vernommen worden ist oder eine Vernehmung unmittelbar bevorsteht oder ob Durchsuchungshandlungen stattgefunden haben.

Im Falle einer Vernehmung ist weiterhin zu klären, ob die Vernehmung eine **Beschuldigten- oder Zeugenvernehmung** war bzw. sein wird. Soweit es eine zukünftige Vernehmung betrifft, lässt sich dies im Regelfall relativ problemlos herausfinden, indem der Mandant aufzufordern ist, die schriftliche Ladung vorzuzeigen.

Hat die Vernehmung jedoch bereits stattgefunden, gestaltet sich das Ganze etwas schwieriger. Denn viele Mandanten vermögen nicht einmal sicher anzugeben, ob sie nun als Zeuge oder als Beschuldigter vernommen worden sind. In solchen Fällen ist es deshalb sinnvoll, den Mandanten danach zu fragen, in welcher Form er belehrt worden ist. Ist ihm vor Beginn der Vernehmung mitgeteilt worden, dass er *„verpflichtet ist, die Wahrheit zu sagen, nichts weglassen und nichts verschweigen darf"* dann hat eine Zeugenvernehmung stattgefunden. Ist ihm hingegen mitgeteilt worden, dass er *„das Recht hat, zu schweigen, in jeder Lage des Verfahrens einen Verteidiger hinzuziehen darf und Beweisanträge stellen darf",* dann hat eine Beschuldigtenvernehmung stattgefunden.

Ähnlich verhält es sich bei durchgeführten Durchsuchungshandlungen. Auch hier hat der Verteidiger zu klären, ob die Maßnahme beim Mandanten als Verdächtigen oder als Drittem stattgefunden hat. Die Frage an den Mandanten, ob bei ihm gem. § 102 StPO oder gemäß § 103 StPO durchsucht worden ist, wird hingegen wiederum kein brauchbares Ergebnis bringen. Auch hier sollte der Mandant deshalb aufgefordert werden, den entsprechenden Beschluss und ggf. das Sicherstellungsverzeichnis mitzubringen, weil sich hieraus ein zuverlässiges Ergebnis ermitteln lässt.

Zu bedenken ist allerdings bei Abklärung einer prozessualen Situation, dass sie lediglich eine **Momentaufnahme** darstellt. Die bisherige Zeugeneigenschaft des eigenen Mandanten bedeutet keine endgültige Festlegung. Es gibt vielmehr Ermittlungsbehörden, die aus taktischen Gesichtspunkten in noch für vertretbar gehaltener Weise versuchen, einen potentiell Tatverdächtigen so lange wie möglich in der Zeugeneigenschaft zu halten und erst sehr spät den Beschuldigtenstatus anzunehmen.

Der zweite wichtige Gesichtspunkt ist die **Aufklärung des Mandanten** über die   3
Rechtslage – soweit hierzu schon etwas gesagt werden kann – und insbesondere über den Ablauf des Verfahrens. Hierbei sollte bedacht werden, dass jeder Mensch Unsicherheiten oder Ängste gegenüber Dingen verspürt, die er nicht kennt und nicht einschätzen kann. Dem Mandanten sollte deshalb mitgeteilt werden, nach welchen Regeln ein Strafverfahren abläuft, mit welcher Dauer zu rechnen ist und – sehr wichtig – welche Kompetenzen die einzelnen Personen haben. Immer wieder zeigt sich hierbei, dass erhebliche Fehleinschätzungen hinsichtlich von Pflichten und Rechten im Strafverfahren bestehen. So ist dem Mandanten mitzuteilen, dass zwar eine Pflicht zum Erscheinen bei Gericht, Staatsanwaltschaft und Bußgeld- und Strafsachenstelle besteht, nicht hingegen bei der Polizei, gleichwohl ob die Ladung als Zeuge oder als Beschuldigter erfolgt.

Geprägt vom Bild des Polizeibeamten im Fernsehen sind viele Mandanten bspw. auch der Auffassung, dass Polizeibeamte jederzeit Wohnungen betreten dürfen, um Ermittlungshandlungen oder gar Vernehmungen durchzuführen. Auch insofern ist der Mandant deshalb darüber aufzuklären, dass derartige Handlungsweisen nur unter den Voraussetzungen eines Durchsuchungsbeschlusses erfolgen dürfen und der Polizeibeamte hier in jedem Fall nur dann eigenständig handeln dürfte, wenn er zusätzlich die Voraussetzungen für Gefahr im Verzug bejaht.

Es empfiehlt sich grundsätzlich der Hinweis, man könne zwar auch nach seiner Meldung als Verteidiger nicht beeinflussen, dass die Ermittlungsbehörden zur Durchführung von Ermittlungshandlungen ohne Rücksprache mit dem Verteidiger versuchen, in Kontakt mit dem Mandanten zu kommen. Hierbei sollte der Mandant aber darauf hingewiesen werden, dass er gegenüber den Ermittlungsbeamten mitteilt, dass er anwaltlich vertreten sei und keinerlei Handlungsweisen von sich aus unternehmen werde und auch zulassen werde, ohne zuvor mit seinem Anwalt gesprochen zu haben.

Zur Frage einer **eventuellen Äußerung** ist der Mandant über die **Grundregel des**   4
Schweigens aufzklären. Dem Mandant sollte auch mitgeteilt werden, dass dieses das Recht des Beschuldigten ist und keineswegs eine Gnade. Gerade in diesem Punkt wird der Verteidiger im ersten Gespräch am meisten Überzeugungsarbeit leisten müssen. Der Mensch ist nun einmal so angelegt, dass er schon von Natur aus eher spricht als schweigt. Dies gilt umso mehr dann, wenn gegen ihn Vorwürfe erhoben werden. Ermittlungsbeamte fördern in taktisch zulässiger Weise diese Neigung dadurch, indem sie einem Beschuldigten erklären, dass er doch ruhig reden könne, falls er nichts zu verbergen habe oder indem sie die Volksweisheit (?) zitieren: *„Wer schweigt hat Unrecht!"*.

Polizeibeamte erklären dem Beschuldigten zuweilen auch, dass sie sich bei einem eventuell erfolgenden Geständnis bei Staatsanwalt und Gericht für eine milde Strafe einsetzen würden.

All diese Vorgehensweisen sollte der Verteidiger dem Beschuldigten erläutern. Es ist hierbei ganz besonders wichtig zu erklären, dass das Strafverfahren insofern **eigenen Gesetzen** folgt. Häufig hilft dabei ein Hinweis auf die Kompetenzverteilung. Wie auch sonst im Leben macht es keinen Sinn, Folgerungen oder Konsequenzen für bestimmte Handlungsweisen mit Personen zu verabreden, die hierfür nicht zuständig sind. So ist es sinnlos (und für den Anwalt wäre es ein Kunstfehler), mit dem vernehmenden Polizeibeamten bei einer eventuell erfolgenden Aussage eine milde Strafe zu verabreden, wenn hierfür natürlich nicht der Polizeibeamte, sondern vielmehr das Gericht zuständig ist. Ebenso sinnlos wäre im übrigen auch eine entsprechende Verabredung mit dem Staatsanwalt, denn auch dieser ist nicht für das Urteil zuständig. Hier müßte dann in jedem Fall eine Rückversicherung mit dem Richter erfolgen.[1]

Zur Verhaltensweise des Beschuldigten im Ermittlungsverfahren gibt es einen Satz, der trotz seines provozierenden Inhalts im Kern Wahres enthält: *„Wer früh spricht, sitzt länger!"*. Damit soll zum einen ausgesagt werden, dass es für einen Verteidiger unverantwortlich ist, seinem Mandanten zu einem Zeitpunkt zu einer Aussage zu raten, zu dem der Verteidiger noch keine weiteren Informationen über den Sachverhalt hat. Denn der relativ kleinen Chance einer späteren Anerkennung der frühen Aussage – sei es im Hinblick auf die Glaubwürdigkeit oder sei es im Hinblick auf die Strafzumessung – steht die erhebliche Gefahr gegenüber, dass die Aussage wegen anderer Aktenlage eher Negatives bewirkt.

Dies muss nicht unbedingt nur beim schuldigen Mandanten so sein, sondern ist genauso gut beim Unschuldigen möglich. Vergißt etwa der tatsächlich unschuldige Mandant bei einer in großer Hektik getätigten ersten Aussage, bestimmte aktenkundige Sachverhalte zu erwähnen (beispielsweise wo er sich am fraglichen Tag noch aufgehalten hat), so besteht immer die Gefahr, dass allein aufgrund der Lückenhaftigkeit seiner Aussage die Gesamtaussage eher als unglaubwürdig, denn als glaubwürdig gewertet wird.

Im übrigen tritt auch noch ein anderer Gesichtspunkt hinzu. Auch wenn mit gutem Grund der sogenannte „Handel mit der Gerechtigkeit"[2] für unzulässig gehalten wird, ist es doch eine praktische Erfahrung, dass häufig eine erst nach zahlreichen Problemen erfolgte Lösung eines Verfahrens sehr viel stärker anerkannt wird und durch eine mildere Strafe honoriert wird, als ein von Anfang an völlig unproblematisch verlaufendes Verfahren. Diese praktische Erfahrung darf zwar nicht dazu führen, dass man unzulässigerweise Hürden um der Hürden Willen aufbaut, dennoch sind diese Erkenntnisse nicht wegzudiskutieren.

5 Von dem Grundsatz, dem Mandanten zu empfehlen, von seinem Recht Gebrauch zu machen, zu schweigen, sind allerdings Ausnahmen zu bedenken. Dies betrifft die Fälle, in denen mit dem sofortigen Reden positive Konsequenzen für den Mandanten verbunden sein können. Hier kommen namentlich folgende Möglichkeiten in Betracht:

- Alibi
- Haftfrage

---

1 Vgl. zum Ganzen auch die Ausführungen zu Verständigungen und Vereinbarungen bei § 22.
2 Vgl. zum Ganzen auch die Ausführungen zu Verständigungen und Vereinbarungen bei § 22.

- Straffreiheit
- Strafmilderung
- Gegenanzeige.

1. Alibi

Gibt der Mandant an, ein **Alibi** zu haben, mit dem er sofort den gegen ihn erhobenen 6
Vorwurf entkräften kann, ist natürlich immer zu überlegen, ob dies nicht gleich erklärt
werden sollte. Dasselbe gilt, falls der Mandant glaubt, entlastende Beweisstücke vorlegen zu können oder Umstände darstellen zu können, die unproblematisch zur völligen
Entkräftung des Vorwurfs führen. Gerade in diesem Bereich ist aber größte Vorsicht
geboten. Nicht alles, was der Mandant meint, führt tatsächlich zur sofortigen Entkräftung des Tatverdachts. Häufig wird das vorgetragene entlastende Beweismittel von den
Ermittlungsbehörden in seiner Güte vielmehr sehr viel anders eingeschätzt werden.

Beispiel: Dem Mandanten wird beispielsweise zur Last gelegt, am 17. Mai in München
einen Diebstahl begangen zu haben. Der Mandant erklärt seinem Rechtsanwalt, dass
dies schon deshalb nicht stimmen könne, weil er an diesem Tag nach Hamburg geflogen sei. Dort habe er den Zeugen Z. besucht, der sein Alibi bestätigen könne. Gleichzeitig fügt er sein Flugticket bei.

In einer solchen Situation sollte der Verteidiger sehr genau überlegen, ob ein solcher
Sachverhalt tatsächlich im Rahmen einer Beschuldigtenvernehmung zu den Akten gebracht werden sollte. Auf Flugtickets können bekanntlich auch andere Personen reisen.
Das behauptete Alibi des Mandanten kann möglicherweise nicht stimmen, wird vielleicht sogar bereits durch den benannten Zeugen Z nicht bestätigt. Nichts ist aber für
das Verfahren schädlicher, als eine Beschuldigtenvernehmung, hinsichtlich der feststeht, dass sie unwahre Angaben enthält. Zwar hat die Rechtsprechung wiederholt darauf hingewiesen, dass aus der Angabe eines falschen Alibis ein Schuldnachweis nicht
gefolgert werden kann, dennoch wird die Glaubwürdigkeit des Mandanten in solchen
Fällen entscheidend gelitten haben. Es empfiehlt sich hier deshalb, von der Durchführung einer Beschuldigtenvernehmung abzusehen und vielmehr das Flugticket und den
Zeugen als Beweis dafür anzuführen, dass der Beschuldigte zum fraglichen Zeitpunkt
nicht am Tatort gewesen sein kann.

2. Haftfrage

Zu den problematischsten Entscheidungen gehört die Frage, ob man dem Mandanten 7
bei einem **drohenden Haftbefehl** zur Aussage raten sollte. Dies kann nie allgemein
entschieden werden, sondern ist vom jeweiligen Einzelfall abhängig zu machen. Hierbei sollten folgende Gesichtspunkte gegeneinander abgewogen werden:

a) Haftentscheidung als vorübergehende Entscheidung

Eine Haftentscheidung ist immer nur eine **vorübergehende Entscheidung**. So sehr sie
den Mandanten im Moment auch betreffen mag, muss es doch Aufgabe des Verteidigers sein, als wichtigstes Ziel das Urteil im Auge zu behalten. Es wäre fatal, wenn unter dem Druck der Inhaftierung dem Mandanten zu einer Aussage geraten würde, die
zwar kurzfristig die Haft vermeidet, jedoch langfristig zu einem schlechteren Urteil
führt.

b) Haftentscheidung als Vorprägung des Verfahrens

Auf der anderen Seite ist natürlich zu sehen, dass gerade die Haftentscheidung ein Verfahren **vorprägt**.

■ Der als Untersuchungsgefangener in die Hauptverhandlung startende Mandant wird eher zu einer Freiheitsstrafe ohne Bewährung verurteilt werden, als der in Freiheit Befindliche. Es besteht zudem stets die Gefahr, dass das Gericht die Neigung verspürt, eine Strafe in jedem Fall mindestens in Höhe der erlittenen Untersuchungshaft festzusetzen.

■ Bei späterer Verurteilung zu Freiheitsstrafe wird der in Untersuchungshaft befindliche Beschuldigte häufig ohne Möglichkeit der Entlassung in die Strafhaft überführt. Die Erlangung von Vollzugslockerungen ist für ihn deshalb schwieriger als bei einem bis zum Urteil in Freiheit Befindlichen, der seine Strafe als Selbststeller antritt.

■ Die Untersuchungshaft ist generell problematischer und schwieriger als die Strafhaft.

■ Der Mandant kann sich hinsichtlich der privaten und beruflichen Aspekte eher auf die Strafhaft als auf die Untersuchungshaft einrichten. Bei einer sofortigen Inhaftierung drohen also erhebliche private und berufliche Gefahren.

■ Zu erwägen ist aber auch, wie wahrscheinlich es ist, dass trotz einer Aussage nicht doch jetzt oder später ein Haftbefehl ergeht.

Das Problem **Aussage gegen Haftverschonung** kann sich zu sehr unterschiedlichen Zeitpunkten stellen. Frühester Zeitpunkt ist nach der vorläufigen Festnahme bei der Polizei. Hier kann eine Verständigung dahingehend erfolgen, dass sich bei einer Aussage des Mandanten die Haftfrage bereits grundsätzlich nicht stellt und deshalb der Polizeibeamte die Akte auch nicht an die Staatsanwaltschaft zur Prüfung, ob ein entsprechender Antrag gestellt wird, weiterleitet. Zudem kann sie sich auch bei der Staatsanwaltschaft oder beim Ermittlungsrichter stellen.

3. Straffreiheit

8   Immer dann, wenn sofortiges Handeln aufgrund gesetzlicher Bestimmungen zu einer **Straffreiheit** führen kann, ist sehr genau zu bedenken, ob nicht der Grundsatz des Schweigens durchbrochen werden muss. Dies ist namentlich bei der Möglichkeit einer strafbefreienden Selbstanzeige der Fall.

Eine solche Möglichkeit sieht das Steuerstrafrecht mit § 371 AO vor. Es gibt jedoch auch andere Normen, wie etwa die Geldwäsche (§ 261 Abs. 11 StGB), die diese Möglichkeit einräumen.[3]

Eine besonders sorgfältige Beratung und Abstimmung mit dem Mandanten erforderlich. Häufig werden Mandanten nicht einmal von sich aus bekennen, dass sie auch in diesen Bereichen Probleme haben.[4]

Gerade bei Delikten, die zum Inhalt haben, dass Leistungen empfangen worden sind (schwerpunktmäßig also der Korruptionsbereich) implizieren häufig Tatbestände des

---

3   Beachtet werden sollte auch, dass bei strukturell anderen Normen wie etwa § 142 Abs. 2 und 3 StGB oder zeitlichen Amnestiegesetzen ebenfalls die Erlangung von Straffreiheit möglich ist.

4   An dieser Stelle sei angemerkt, dass die Schilderungen des eigenen Mandanten zu den ihm vorgeworfenen Sachverhalten idR bestenfalls unvollkommen wenn nicht sogar komplett falsch sind.

steuerstrafrechtlichen Bereichs. Es wäre hier geradezu tragisch, wenn der Verteidiger es versäumt, insoweit beim Mandanten eindringlich nachzufragen und/oder sich zusätzlich scheut, *sofort* mit einer Selbstanzeige zu reagieren. Denn vielleicht wäre es dann noch möglich gewesen, bspw. alleine mit dem Korruptionsdelikt noch eine Bewährungsstrafe zu erreichen. Weil aber das im vorhinein vermeidbare Steuerdelikt nun doch hinzugekommen ist, erfolgt dann eine Gesamtfreiheitsstrafe, deren Vollstreckung nicht mehr zur Bewährung ausgesetzt werden kann. Hierbei sollte dem Verteidiger bewusst sein, dass gerade nach Wegfall des Fortsetzungszusammenhangs und infolge der mandantenfreundlichen Auslegung der Rechtsprechung zur Frage der Entdeckung einer Steuerstraftat besonders gute Chancen dafür bestehen, mit einer strafbefreienden Selbstanzeige noch rechtzeitig zu kommen. Schließlich sollte bei der Beratung folgender Punkt nicht übersehen werden:

Die strafbefreiende Selbstanzeige hat als Wirksamkeitsvoraussetzung neben der Rechtzeitigkeit auch die Voraussetzung, dass nach Aufforderung die nicht bezahlte Steuer beglichen werden kann. Ist bereits im ersten Gespräch infolge der Höhe des Betrages oder der mangelnden Leistungsfähigkeit des Mandanten ersichtlich, dass dies nicht möglich sein wird, ist klar, dass eine Selbstanzeige allenfalls Geständnisfunktion haben könnte.[5]

a) Checkliste zur Selbstanzeige

Ist abgeklärt, dass die **Selbstanzeige** noch **rechtzeitig** (§ 371 Abs. 2 AO) erstattet werden kann, sollten folgende Punkte beachtet werden: 9

aa) Richtiger Adressat.

- Finanzbehörden, die in § 6 Abs. 2 AO aufgezählt sind
- a.A. Selbstanzeige kann auch bei Polizei, StA, Strafgericht angebracht werden, da auch diese am Steuerstrafverfahren mitwirken (Blumers/Göggerle, Rn 327); hiervon ist wegen der bestehenden Rechtsunsicherheit aber dringend abzuraten.

bb) Form.

- Die Selbstanzeige ist formfrei
  - Die Selbstanzeige braucht nicht als solche gekennzeichnet zu werden. Ein Hinweis auf strafrechtliches Fehlverhalten ist nicht erforderlich (BGH NStZ 1993, S. 87)
  - Die Erstattung ist schriftlich, mündlich (OLG Köln, DB 1980, S. 57) und telefonisch (OLG Hamburg, wistra 1986, S. 116) möglich.
  - Empfehlenswert ist aber die schriftliche Erstattung, damit ein Nachweis über Abgabe und Inhalt der Selbstanzeige möglich ist.

cc) Inhalt.

- Dem Finanzamt muss es möglich sein, auf der Grundlage der Mitteilung ohne langwierige große Nachforschungen den Sachverhalt vollends aufzuklären (BGH DB 1977, S. 1347).
  - Die Selbstanzeige muss Zahlenangaben enthalten (vgl. aber BGH NJW 1974, S. 2293), die aber später noch korrigiert werden können. Die Anforderungen sind weniger streng als die Anforderungen an den Inhalt einer Steuererklärung (OLG Hamburg, wistra 1993, S. 274).

---

5 Vgl. hierzu App, DB 96, 1009.

– Es ist dringend erforderlich, bei unklarem Sachverhalt die hinterzogenen Steuerbeträge eher zu hoch als zu niedrig anzusetzen, damit die Selbstanzeige umfassend ist. Eine Korrektur kann dann später noch erfolgen.

dd) Sicherung der Nachentrichtung.

■ Es ist mit dem Mandanten zu klären, ob er innerhalb der vom Finanzamt gesetzten Nachentrichtungsfrist die verkürzten Steuern auch tatsächlich wird bezahlen können, damit die Selbstanzeige auch strafbefreiende Wirkung entfaltet.

b) Formularmuster

10 ▶ **Strafbefreiende Selbstanzeige**

Finanzamt München III
Adresse

Steuer-Nr.: ....
Hermann Müller, Meierstraße 1, 80335 München
hier: Nachmeldung von Einkünften

Sehr geehrte Damen und Herren,

Herr Müller wird durch uns anwaltlich und steuerlich vertreten. Vollmacht ist beigefügt.

Im Namen von Herrn Müller geben wir bekannt, dass Herr Müller Einkünfte aus Kapitalvermögen für den Veranlagungszeitraum 1996 in seiner Einkommensteuererklärung für den Veranlagungszeitraum nicht angegeben hat. Nachdem Herr Müller derzeit nicht im Besitz seiner Unterlagen ist, ist es ihm nicht möglich, den Einkunftsbetrag genau zu beziffern. Es wird jedoch davon ausgegangen, dass der nicht angegebene Betrag € 30.000,00 beträgt.

Wir bitten um eine entsprechende Änderung des Einkommensteuerbescheides auf dieser Grundlage.

Mit freundlichen Grüßen

Rechtsanwalt ◀

4. Strafmilderung

Das Gesetz belohnt in bestimmten Vorschriften die erfolgreiche Mithilfe an der weite-   11
ren Tataufklärung dieser oder anderer Taten durch die Gewährung eines **Strafrabatts**.
Wichtigste und am meisten gebräuchliste Vorschrift ist hierbei § 31 BtmG. Zu erwähnen ist aber auch wiederum § 261 Abs. 9 StGB im Bereich der Geldwäsche.[6]
Hinsichtlich dieser Regelungen ist zu bedenken, dass der Strafrabatt nicht an das Geständnis, sondern an die **Mithilfe bei weiterer Tataufklärung** dieser oder anderer Taten geknüpft ist. Dies bedeutet im Umkehrschluß aber, dass dort, wo die Tat bereits
aufgeklärt ist, kein weiterer Rabatt mehr erworben werden kann. Klärt also ein Mitbeschuldigter bereits diese oder andere Taten auf, ist für den eigenen Mandanten die
Chance zur Ausnutzung der Vorschriften vertan. Deshalb ist der Verteidiger gut beraten, dieses Problem von Anfang an sehr genau zu besprechen. Häufig wird er es hierbei
erleben, dass der Mandant erklärt, ein solches Band der Freundschaft mit den anderen
Mitbeschuldigten zu haben, dass hier keiner reden würde. Tatsächlich stellen sich solche Behauptungen aber zumeist als haltlos heraus. Mit zunehmender Anzahl von Beteiligten wird die Wahrscheinlichkeit erfahrungsgemäß größer, dass einer der Beschuldigten sich auch zu irgendeinem Zeitpunkt äußern wird. Sitzt zudem noch eine der
(Mit-) Beschuldigten in Haft, gilt dies erst recht; es ist dann lediglich eine Frage der
Zeit, wann sich jemand äußert. Hat sich aber einer der anderen Beschuldigten dazu entschlossen, sich zur Sache und ggf. auch zu anderen Vorwürfen oder Taten zu äußern,
so beginnt ein regelrechter Wettlauf um die nächste Äußerung. Hierbei besteht eine
nicht unbeträchtliche Gefahr, dass der eigene Mandant ins Hintertreffen gerät. Darauf
muss der Mandant hingewiesen werden.

5. Gegenanzeigen

Ein Thema, mit dem sich wohl jeder Rechtsanwalt schon einmal auseinandersetzen   12
musste, ist die **Gegenanzeige**. Gerade bei Antragsdelikten kann es hierzu kommen.
Der Mandant erscheint beispielsweise wütend in der Kanzlei und erklärt dem Verteidiger, wie unerhört es doch sei, der Nachbar habe Strafantrag gegen ihn gestellt. Dies sei
deswegen umso unverständlicher, als dieser Nachbar sich zuvor auch falsch verhalten
habe. Der Verteidiger müsse nun – wenn er ein „schneidiger" Rechtsanwalt sein wolle
– sofort mit einer Gegenanzeige reagieren. Hier stellt sich jedoch die Frage, ob der
Verteidiger diesem Ansinnen nachgeben sollte. Denn gerade auch bei dem Einsatz der
Gegenanzeige zeigt sich, dass nicht jedes rechtlich mögliche Handeln zu jedem Zeitpunkt gleich viel wert ist. Dies wird sich später noch an einigen anderen Beispielen aus
dem Hauptverfahren zeigen lassen.

Bei vorliegendem Beispielfall gilt folgendes: Die sofortige Gegenanzeige wird im Regelfall völlig wirkungslos verpuffen. Eine erhöhte Glaubwürdigkeit der Einlassung des
eigenen Mandanten wird dadurch in keinem Fall gewonnen, weil Ermittlungsbehörden
und auch Richter – obwohl rechtlich und auch tatsächlich nicht richtig – immer wieder

---

6 Die Geltungsdauer des insoweit ebenfalls in der Vergangenheit wichtigen „Kronzeugengesetzes" vom 9. Juni
   1989 (BGBl. I S. 1059) ist nicht verlängert worden. In Zukunft werden jedoch ggf. die Regelungen des Gesetzes zur
   Ergänzung der Kronzeugenregelungen im Strafrecht und zur Wiedereinführung einer Kronzeugenregelung bei
   terroristischen Straftaten (KrZErgG) zu beachten sein, wenn dieses vom Bundestag verabschiedet wird (Zum
   Gesetzgebungsverfahren vgl. zuletzt BT-Drucks. 15/2771 v. 24.03.2004).

dem Grundgedanken anhängen, dass die erste Anzeige die größere Vermutung der Richtigkeit in sich trägt.

Zum anderen werden sich die Ermittlungsbehörden aber auch keine doppelte Arbeit machen wollen, sondern erst einmal den zuerst angezeigten Vorgang untersuchen und dann ggf. Ermittlungen wegen der zweiten Anzeige (Gegenanzeige) durchführen. Hinsichtlich der Straftaten der falschen Verdächtigung oder Beleidigung ergibt sich das im übrigen unmittelbar aus § 154e StPO. Die sofortige Anzeige ist im Ergebnis also völlig wirkungslos. Deswegen ist es in aller Regel angezeigt, mit der Erhebung der Gegenanzeige abzuwarten. Zwar besteht bei Antragsdelikten grundsätzlich eine Antragsfrist von drei Monaten (§ 77b StGB). Dies gilt jedoch nicht gem. § 77c StGB für wechselseitig begangene Taten. Hier erlischt das Antragsrecht erst, wenn es nicht bis zur Beendigung des letzten Wortes im ersten Rechtszug ausgeübt wird. Der mögliche Antragsteller kann deshalb sein Recht noch sehr lange hinauszögern.

Dies bedeutet, dass es sich in diesen Fällen sehr viel eher anbietet, als ersten Ansprechpartner bei reinen Antragsdelikten den Antragsteller zu wählen und mit diesem zu versuchen, über die Rücknahme des Strafantrags zu verhandeln, wobei bei nicht vertretenen Antragstellern der Fairness halber auf die Möglichkeit der Kostenübernahme bei Zurücknahme des Strafantrags (§ 470 S. 2 StPO) hingewiesen werden sollte.

Handelt es sich nicht um reine Antragsdelikte, sollte zusätzlich noch mit der Staatsanwaltschaft darüber geredet werden, ob sie bereit ist, in diesen Fällen das besondere öffentliche Interesse an der Strafverfolgung zu verneinen.

Erst wenn dies alles nichts hilft, sollte die Möglichkeit der Gegenanzeige für die Hauptverhandlung gegen den eigenen Mandanten besprochen und eingeplant werden. Hier ist der Antragsteller der Zeuge. In dieser Rolle ist er im Regelfall etwas eingeschüchtert, weil ein Mehr an Pflichten die Rechte des Zeugen überwiegen und die Rolle ungewohnt ist.

Wenn dann im Rahmen einer moderaten Zeugenvernehmung, bei der auch die Frage einer Rücknahme des Strafantrags erörtert wird, der Zeuge darauf hingewiesen wird, dass man ansonsten wegen der ablaufenden Frist gezwungen wäre, auch noch zu Protokoll einen Strafantrag gegen den Zeugen zu stellen, dann verspricht diese Vorgehensweise zumindest sehr viel mehr Erfolg, als bereits zu Beginn des Verfahrens dem Ansinnen des Mandanten nachzugeben und einen Strafantrag zu formulieren.

Dies bedeutet, dass bei Antragsdelikten jedenfalls im Regelfall vom Grundsatz des Schweigens nicht abgewichen werden sollte.

III. Tätigkeit nach außen

13   Die erste und wichtigste Aufgabe bei der Tätigkeit nach außen ist die **Verschaffung von Informationen**. Hierzu stehen dem Verteidiger im wesentlichen zwei Möglichkeiten zur Verfügung. Dies sind

■ die **Akteneinsicht**

und

■ die **Durchführung eigener Ermittlungshandlungen**.

1. Das Akteneinsichtsrecht

14   Die Akteneinsicht ist das erste und wichtigste Mittel des Verteidigers zur Verschaffung von Informationen. Trotz dieser bestehenden Wichtigkeit und der Tatsache, dass es die

Verteidigung in einem Verfahren ohne Akteneinsicht nicht geben darf, verwundert es in der Praxis, wie wenig dieses Recht beherrscht wird und wie schnell sich manche Verteidiger mit einer unzulänglichen Handhabung dieses Rechts durch die Ermittlungsbehörden zufrieden geben.

a) Anspruch auf Akteneinsicht als Arbeitsprogramm (§ 147 Abs. 1 StPO)

§ 147 Abs. 1 StPO regelt das grundsätzliche **Recht des Verteidigers**, die **Verfahrens-** **15** **akten einzusehen**.

Wichtig ist dabei, dass es sich um keine Gnade handelt oder etwa eine Ermessensentscheidung des Zuständigen, sondern um ein Recht, welches unabdingbar Voraussetzung für eine wirksame Verteidigung ist.

§ 147 Abs. 1 StPO sollte für den Verteidiger aber auch als Arbeitsprogramm verstanden werden. Denn hier wird zweierlei angesprochen:

Zum einen geht es um die **Akten**, die dem Gericht vorliegen oder die im Fall der Erhebung der Anklage vorzulegen wären. Zum anderen geht es **auch** um die amtlich verwahrten **Beweisstücke**, die der Verteidiger besichtigen kann.

Gerade hinsichtlich dieser Besichtigungsmöglichkeit wird vielfach „gesündigt" und die Besichtigung schlichtweg unterlassen. Dies kann jedoch verheerende Folgen haben. Denn möglicherweise ergibt sich erst aus den amtlich verwahrten Beweisstücken ein besonderer Verteidigungsansatz, der aus den Akten selbst nicht ersichtlich ist. Zum anderen können auch die amtlich verwahrten Beweisstücke erhebliche Gefahren für den Mandanten beinhalten, die mit dem Mandanten zur Vorbereitung der Hauptverhandlung zwingend zu erörtern sind.

Beispielfälle:

(1) Gegen den Beschuldigten wird der Vorwurf erhoben, Betäubungsmittel aus Thailand eingeführt zu haben. Der Mandant selbst erklärt gegenüber dem Verteidiger, noch nie in Thailand gewesen zu sein. In der Ermittlungsakte befindet sich lediglich die Aussage eines dubiosen aus dem Milieu stammenden Belastungszeugen, dessen Glaubhaftigkeit in Zweifel gezogen werden kann.

Hier beginge der Verteidiger einen Kunstfehler, wenn er vor einer Entscheidung über die Verteidigungsstrategie nicht kontrolliert, ob sich bei den amtlich verwahrten Beweisstücken nicht der Reisepaß des Mandanten befindet, der möglicherweise Einreisestempel oder Visa aus Thailand aufweist.

(2) Dem Beschuldigten wird zur Last gelegt, das Opfer mit einem Messer getötet zu haben. Der Beschuldigte bestreitet dies. In der Akte sind keinerlei Feststellungen zur Tatwaffe dokumentiert. Hier ist der Verteidiger gehalten, aus den amtlich verwahrten Beweisstücken sich die Tatwaffe anzuschauen, um Feststellungen darüber zu treffen, ob aufgrund möglicher Befunde auf entsprechende Untersuchungen hinzuwirken ist. So können beispielsweise kleine dunkle Punkte auf einem Tatmesser auf Blutspuren hindeuten. Gelingt dieser Nachweis und ergibt sich bei einer möglichen Untersuchung zudem, dass die Blutgruppe nicht mit der des Beschuldigten und der des Opfers übereinstimmt, kann dies der entscheidende Schritt zur Freiheit des Beschuldigten sein.

(3) Dem Beschuldigten wird zur Last gelegt, geplant zu haben, mit einem Hammer seine Ehefrau zu töten. Der Tathammer ist in der Ermittlungsakte auf einem Lichtbild dokumentiert. Bei der Besprechung mit dem Mandanten erklärt der Beschuldigte auf

Fragen – weil von Lichtbildern Größenordnungen nur sehr schwer wahrgenommen werden können – dass es sich um einen sehr kleinen Haushaltshammer gehandelt hat. Auch hier begeht der Verteidiger einen Kunstfehler, wenn er sich nicht vorort von der tatsächlichen Beschaffenheit des Hammers überzeugt. Denn möglicherweise handelte es sich überhaupt nicht um einen kleinen Haushaltshammer, sondern vielmehr um einen Vorschlaghammer und der Mandant hoffte lediglich, dass dies in Vergessenheit geraten würde oder er hat sich bei seiner falschen Aussage gegenüber dem Anwalt – wie leider häufig – überhaupt nichts gedacht.

Es ist an dieser Stelle einmal mehr daran zu erinnern, dass eine ständige Aufgabe des Verteidigers der Umgang mit dem Zweifel ist. Zum einen hat er den hochgemuten vorschnellen Griff des Gerichts nach der scheinbaren Wahrheit zu hemmen und diesem Zweifel entgegenzusetzen. Zum anderen sollte der Verteidiger aber auch stets größte Zweifel gegenüber den Behauptungen des eigenen Mandanten haben. Der Verteidiger darf sich nicht darauf verlassen, was der eigene Mandant ihm erklärt. Er muss vielmehr ständig damit rechnen, dass er mit der Unwahrheit bedient wird und deshalb danach suchen, Aussagen an objektivierbaren Fakten zu messen. Gerade amtlich verwahrte Beweisstücke können ihm hierbei weiterhelfen.

Auf der anderen Seite darf der Verteidiger aber auch nicht ohne weiteres davon ausgehen, dass die Ermittlungsbehörden umfassend ihrem Ermittlungsauftrag nachgekommen sind. Auch hier sind stets Zweifel angebracht. Es empfiehlt sich sogar zu versuchen, ein Gefühl dafür zu entwickeln, wo Ermittlungshandlungen möglicherweise unterblieben sind.

Im Fußball gibt es hinsichtlich eines Spielers die anerkennende Feststellung, dass dieser auch dort hinginge, *„wo es weh tut"*.

Dies gilt ebenso für die Verteidigung. Hinsichtlich der Ermittlungshandlungen, die problemlos durchgeführt werden können, kann im Regelfall davon ausgegangen werden, dass auch keine Fehler gemacht worden sind. Die größere Fehleranfälligkeit besteht vielmehr in den Bereichen, in denen Ermittlungshandlungen aufwendig und kompliziert werden. Dies gilt in Wirtschaftsstrafverfahren bei der Auswertung umfassender Unterlagen und bei Kapitalstrafverfahren hinsichtlich der Auswertung von Tatortsituationen. Es empfiehlt sich daher für den Verteidiger, zusätzliche Klarheit über die Kompetenz der Ermittlungsbehörde zu gewinnen. Bei größeren Ermittlungsbehörden, namentlich in Großstädten, gibt es sowohl bei der Staatsanwaltschaft als auch bei der Polizei Schwerpunktabteilungen. Hier ist ein erhebliches Fachwissen infolge der möglichen Spezialisierung vorhanden. Dies führt dazu, dass die Fehleranfälligkeit auch nicht allzu groß ist.

Bei kleineren Ermittlungsbehörden kann dies hingegen völlig anders sein. Denn hier ist der Aufgabenbereich so weit gestreut, dass es den tätigen Personen beim besten Willen nicht möglich ist, alle Einzelheiten ggf. notwendiger Ermittlungshandlungen zu kennen. Gerade in diesen Fällen ist deshalb die besondere Aufmerksamkeit des Verteidigers gefordert.

Natürlich ist nicht zu übersehen, dass es äußerst mühselig sein kann, in allen einzelnen Mandatsfällen jeweils auch in den Asservatenkeller der Ermittlungsbehörde zu steigen. Dies wird schon aus Zeitgründen nicht immer praktisch durchführbar sein. Es ist jedoch in jedem Fall zu fordern, dass dann wenigstens das **Sicherstellungsverzeichnis** aus der Akte kritisch durchgesehen wird und anhand des Verzeichnisses problematisiert wird, welche Aufschlüsse sichergestellte Unterlagen oder Gegenstände bieten können. Ergibt sich hier ein besonderes Gefährdungspotential, ist der Weg in den Asservatenkeller zwingend.

b) Beschränkung des Akteneinsichtsrechts (§ 147 Abs. 2 StPO)

Das Akteneinsichtsrecht erfährt durch § 147 Abs. 2 StPO eine **Beschränkung**. Diese   16
ist ihrerseits allerdings wiederum **zeitlich** und **inhaltlich** durch den jeweiligen Ermittlungsstand **begrenzt**. Die Akteneinsicht gemäß § 147 Abs. 1 StPO kann danach versagt werden,

- wenn sie den Untersuchungszweck gefährden kann, aber nur
- solange der Abschluss der Ermittlungen noch nicht in den Akten vermerkt ist.

aa) Der Versagungsgrund der Gefährdung des Untersuchungszwecks. Danach ergibt   17
sich aus § 147 Abs. 2 StPO, dass der einzige Versagungsgrund die **Gefährdung des Untersuchungszwecks** ist.

Zwar sind die Voraussetzungen für die Gefährdung des Untersuchungszwecks weit gefasst.[7] Auf der anderen Seite muss aber gesehen werden, dass andere Ausschlußgründe dem Strafverfahrensrecht im Zusammenhang mit dem Akteneinsichtsrecht gerade unbekannt sind. So ist etwa die Versagung der Akteneinsicht mit der Begründung, dass die Ermittlungen noch nicht abgeschlossen seien oder die Akten gerade versandt seien, nichts anderes als rechtswidrig. Wie leicht sich rechtswidrige Handlungen einschleichen können, zeigt sich daran, dass es Staatsanwaltschaften gibt, die sogar Formblätter verwenden, bei denen die Akteneinsicht mit derartigen Begründungen versagt werden soll.

Es ist Aufgabe des Verteidigers, diesen Handlungsweisen Einhalt zu gebieten. Natürlich kann auch von den Ermittlungsbehörden nichts Unmögliches verlangt werden. Eine Akte, die gerade zu Ermittlungszwecken versandt ist, kann nicht zur Einsicht zur Verfügung gestellt werden. In diesen Fällen empfiehlt es sich aber unter Hinweis auf § 147 Abs. 2 StPO, die Staatsanwaltschaft dazu zu veranlassen, die Akte zurückzufordern oder grundsätzlich einmal das Thema der Fertigung von Zweit- und Drittakten anzusprechen.

Die Begründung der Versagung von Akteneinsicht geht teilweise sogar ins Merkwürdige. So ist es gar nicht so selten, dass der Verteidigung von Seiten der Staatsanwaltschaft mitgeteilt wird, die Akteneinsicht würde grundsätzlich nicht vor einer Einlassung des Mandanten gewährt. Denn ein nach Akteneinsicht erfolgtes Geständnis sei nur halb so viel wert, wie ein ohne Akteneinsicht abgelegtes Geständnis. Solche Verhaltensweisen sind nicht nur rechtswidrig, sondern auch geradezu absurd. Denn bei genauerem Durchdenken solcher Versagungsgesichtspunkte ergäbe sich hieraus nicht nur der Versagungsgesichtspunkt der Akteneinsicht zum Schutz des Mandanten, sondern später in der Hauptverhandlung bei der Strafzumessung auch als Strafzumessungsgesichtspunkt zu Ungunsten des Mandanten die Aktenkenntnis. Dass dies keinen Sinn machen kann, bedarf keiner weiteren Erörterungen.

---

7 Dringende Gründe hierfür sind nicht erforderlich, Wasserburg NJW 80, 2440.

18   *bb) Zeitliche Beschränkung des Versagungsgrundes.* § 147 Abs. 2 StPO schränkt jedoch nicht nur inhaltlich die Versagungsmöglichkeiten ein, sondern auch **zeitlich**. Grundsätzlich kann eine Akteneinsicht nur bis zum **Abschluss der Ermittlungen** versagt werden. Den Abschluss der Ermittlungen spricht § 169a StPO an. Erwägt die Staatsanwaltschaft, die öffentliche Klage zu erheben, so vermerkt sie den Abschluss der Ermittlungen in den Akten. Dies wird von der Staatsanwalschaft im Regelfall in einem handschriftlichen kurzen Vermerk vorgenommen. Zeitlich ist hinsichtlich dieses Abschlussvermerks allerdings bereits aus logischen Gründen zwingend, dass er **vor der Erhebung der öffentlichen Anklage** stattfinden muss. Weil dies so ist, ergibt sich daraus wiederum zwingend, dass es rechtlich überhaupt nicht möglich ist, wenn der Verteidiger im Ermittlungsverfahren Akteneinsicht beantragt hat, dass ihm diese Akten erst durch das Amtsgericht mit der Anklage oder zugleich mit dem Strafbefehl zugeleitet werden. Auch diese Handlungsweisen sind rechtswidrig.

Leider kommt es aber in der Praxis immer wieder vor, dass solche Verhaltensweisen zu beobachten sind. Häufig treten diese Fehler in Allgemeinabteilungen der Staatsanwaltschaft auf. Hier sei dem Verteidiger angeraten, nicht gleich mit dem „Holzhammer" vorzugehen. Dem Verteidiger sollte vielmehr klar sein, dass es auch bei der Staatsanwaltschaft eine Vielzahl von Berufsanfängern oder unerfahrenen Staatsanwälten gibt, die gerade ihren Dienstbeginn bei diesen Abteilungen haben. Es ist deshalb angeraten, zunächst mit dem Staatsanwalt über diesen Fehler zu sprechen, damit zumindest sichergestellt werden kann, dass dies bei nachfolgenden Fällen nicht mehr der Fall ist. Wird allerdings der Eindruck gewonnen, dass der Staatsanwalt hier bewusst gegen geltendes Recht verstößt, so sollte nicht nur im Dienste der eigenen Sache, sondern auch zum Nutzen der Kollegen mit aller Härte vorgegangen werden, zumindest aber mit dem Abteilungsleiter und ggf. dem Behördenleiter ein Gespräch über diese rechtswidrigen Verfahrensweisen gesucht werden.

c) Die privilegierten Aktenteile (§ 147 Abs. 3 StPO)

19   § 147 Abs. 3 StPO ist die „Ausnahme von der Ausnahme".

Ein Ermessensspielraum hinsichtlich der Gewährung von Akteneinsicht steht der Staatsanwaltschaft bei sogenannten **privilegierten Aktenteilen** gemäß § 147 Abs. 3 StPO nicht zu. In diese Aktenteile ist vielmehr auch dann Akteneinsicht zu gewähren, wenn eine Gefährdung des Untersuchungszwecks befürchtet wird.

Die entsprechenden Aktenteile sind in § 147 Abs. 3 StPO ausdrücklich angesprochen. Es handelt sich um

- die Niederschrift über die Vernehmung des Beschuldigten (dies bedeutet, alle entsprechenden Beschuldigtenvernehmungen und auch die Vernehmung des Beschuldigten, soweit er vorab als Zeuge vernommen worden ist).[8]
- Richterliche Untersuchungshandlungen, bei denen dem Verteidiger die Anwesenheit gestattet worden ist oder hätte gestattet werden müssen (Ausnahme nach dem Kontaktsperregesetz, § 34 Abs. 3 Nr. 2 Satz 3 EGGVG)
- Gutachten von Sachverständigen

---

8 OLG Hamm, StV 95, 571.

d) Umfang der Akteneinsicht

In der Praxis gibt es immer wieder Streit bei der Frage, in welchem **Umfang** der Ver-   20
teidigung **Akteneinsicht** zu gewähren ist. Dabei ist die Antwort relativ einfach, da sie
sich bereits aus dem Gesetz ergibt. In den Vorschriften über das Zwischenverfahren ist
geregelt, dass die Staatsanwaltschaft mit der Anklageschrift die Akten dem Gericht
vorzulegen habe (§ 199 Abs. 2 S. 2 StPO). In genau diese Akten hat die Verteidigung
auch das Akteneinsichtsrecht. Sinnentsprechend ist diese Vorschrift auf das Vorverfahren anzuwenden: Die Verteidigung hat in die Aktenteile ein Einsichtsrecht (soweit
nicht der Abschluss der Ermittlungen in den Akten vermerkt ist und eine Gefährdung
des Untersuchungszwecks bejaht wird), die im Falle einer Anklageerhebung dem Gericht vorzulegen wären.

Hierbei ergibt sich zwar die Schwierigkeit daraus, dass eine gesetzliche Definition des
Begriffs „Akten" fehlt. Es kann aber als anerkannt angesehen werden, dass hierunter
nicht nur eine geordnete Sammlung von Schriftstücken zu einem bestimmten Sachverhalt zählt, sondern darüber hinausgehend alle vom ersten Zugriff der Polizei an gesam-
melten be- und entlastenden Schriftstücke einschließlich etwaiger Tonaufnahmen und
Bildaufnahmen;[9] z.B. auch Video-Aufzeichnungen einer Zeugenvernehmung.[10]
Schäfer[11] spricht insofern davon, dass Akten im Sinne von § 147 StPO die gesammel-
ten Ergebnisse eines Ermittlungs- und Strafverfahrens seien, die körperlich fixiert und
in die dauernde Herrschaft der Justiz übergegangen sind. Hält man sich dies vor Augen, so ergibt sich zwangsläufig bereits daraus auch die Beantwortung teilweise vormals strittiger Punkte. Selbstverständlich steht der Verteidigung ein Einsichtsrecht in
den Strafregisterauszug des eigenen Mandanten zu.[12]

Auch die sogenannten „**Beiakten**" sind Akten und unterliegen damit dem Akteneinsichtsrecht. Dies gilt nicht nur hinsichtlich von Beiakten, die sich mit dem eigenen
Mandanten beschäftigen, sondern auch bei Verfahren gegen mehrere Beschuldigte hinsichtlich Beiakten, die sich mit diesen beschäftigen. Das umfassende Akteneinsichtsrecht ist also sehr weitgehend. Ein Verteidiger hat daher einen Anspruch auf Einsicht-
nahme in die gesamten Ermittlungsakten, wenn das Gericht das Verfahren gegen
seinen Mandanten zu gesonderter Verhandlung und Entscheidung abtrennt und diesem
Verfahren nur einen Teil der Ermittlungsakten zugrundelegt.[13]

Auch in **Steuerstrafverfahren** besteht ein umfassendes Akteneinsichtsrecht. Es gelten   21
keine Besonderheiten. Gemäß dem Grundsatz des § 199 Abs. 2 S. 2 StPO ist dem Verteidiger nicht nur die Einsicht in die Steuerakten des eigenen Mandanten zu gestatten, sondern bei verbundenen Verfahren auch die Einsicht in die Steuerakten des Mitbeschuldigten.[14] § 30 AO steht dem ausdrücklich nicht entgegen. Nicht vom Akteneinsichtsrecht
der Verteidigung umfasst sind hingegen die Handakten von Gericht und Staatsanwaltschaft. Dies gilt allerdings nicht im Falle eines etwaigen Missbrauchs. Stellt sich heraus,
dass verfahrensrelevante Unterlagen bewusst in die Handakten überführt wurden, um sie
vor einem Verteidiger geheimzuhalten, kann der Verteidiger gesondert vorgehen.

---

9 Schäfer, NStZ 84, 204.
10 OLG Stuttgart StV 03, 17.
11 Schäfer, NStZ 84, 203, 209.
12 BVerfG NStZ 83, 131.
13 OLG Karlsruhe, Anwbl. 81, 18.
14 Vgl. hierzu auch Schäfer NStZ 84, 203, 206.

Hat etwa die Staatsanwaltschaft bestimmte Zeugenvernehmungen oder weitere verfahrenserhebliche Ermittlungshandlungen nicht zur Akte gegeben und stellt dies der Verteidiger anläßlich einer Hauptverhandlung fest, weil der Staatsanwalt aus diesen Unterlagen einem Zeugen Vorhaltungen macht, kann er den Antrag an das Gericht stellen, die Handakte der Staatsanwaltschaft beschlagnahmen zu lassen, den Gerichtsakten beizufügen und anschließend Akteneinsicht in diese Unterlagen beantragen.

22 Stellt sich hingegen heraus, dass das Gericht **Sonderhefte** angelegt hat, um bewusst der Verteidigung bestimmte Aktenteile vorzuenthalten, kann insoweit u.a. mit einem Befangenheitsantrag vorgegangen werden.[15]

Ein weiteres Problemfeld eröffnet sich im Zusammenhang mit den sog. „**Spurenakten**". Es handelt sich hierbei um Aktenteile, die tatbezogene Untersuchungen gegen Dritte und deren Ergebnisse festhalten. Gerade diese Aktenteile können für die Verteidigung sehr wichtig werden, weil sich aus diesen entnehmen lässt, ob die Ermittlungsbehörden tatsächlich nach Entdeckung der Straftat nur gegen einen möglichen Beschuldigten ermittelt oder weitgefächert abgeklärt haben, welche anderen Personen auch als Täter in Betracht kommen. Bei Einblick in die Spurenakten kann weiterhin untersucht werden, warum bei einer auf mehrere Verdächtige erstreckten Ermittlungstätigkeit zu irgend einem Zeitpunkt die Ermittlungshandlungen nicht fortgesetzt wurden. Stellt sich hierbei etwa heraus, dass die Ermittlungen hinsichtlich eines anderen Verdächtigen deswegen nicht fortgesetzt wurden, weil dieser wegen eines vorhandenen Alibis sicher nicht als Täter in Betracht kommen kann, so ist dies etwas völlig anderes, als wenn die Spurenakten ergeben, dass die Spur hinsichtlich eines Verdächtigen nur deswegen nicht weiterverfolgt wurde, weil man sich zwischenzeitlich auf eine andere Person als potenziellen Täter festgelegt hat.

Spurenakten ergeben also einen vielfältigen Verteidigungsansatz. Es ist deshalb umso bedauerlicher, dass sie nicht automatisch dem Akteneinsichtsrecht der Verteidigung unterliegen. Allerdings hat das Bundesverfassungsgericht in der sogenannten Oetker-Entscheidung[16] festgestellt, dass der Beschuldigte Einsicht in die dem Gericht nicht vorgelegten Spurenakten durch Vermittlung eines Rechtsanwalts unmittelbar bei der Staatsanwaltschaft beantragen kann. Sollte ihm diese Akteneinsicht verwehrt werden, steht ihm im Verfahren nach §§ 23 ff. EGGVG gerichtlicher Rechtsschutz zur Verfügung. Hierbei hat das Bundesverfassungsgericht sogar gleichzeitig mitgeteilt, wann dem Antrag eines Verteidigers auf Einsicht in die Spurenakten stets zu entsprechen ist:

„Wenn der Beschuldigte geltend macht, er wolle sich selbst Gewißheit darüber verschaffen, dass sich aus diesen Akten – wie Staatsanwaltschaft und Gericht meinen – keine seiner Entlastung dienenden Tatsachen ergeben, wird ihm die Einsicht in solche Akten regelmäßig nicht zu versagen sein."[17]

Aufgrund dieser Gegebenheiten ist es dem Verteidiger zwischenzeitlich sehr leicht geworden, die Einsicht in die Spurenakten zu erzwingen. Die Praxis zeigt sogar, dass die meisten Staatsanwaltschaften gerade aufgrund dieser Entscheidung durchaus kooperativ auf das Ersuchen eines Verteidigers um Übermittlung der Spurenakten reagieren.

---

15 Vgl. hierzu etwa LG Köln, StV 87, 381.
16 BVerfG, StV 83, 177.
17 BVerfG StV 83, 179.

e) Der Akteneinsichtsantrag

Üblicherweise verbindet der Verteidiger mit seiner ersten Handlung nach außen, der   23
Bestellungsanzeige, zugleich den **Antrag auf Akteneinsicht**. Dieser Antrag ist auch
seine „Vorstellung" im Verfahren. Gerade weil Psychologie und Machtverteilung eine
erhebliche Rolle im Strafverfahren spielen, sollte dem Verteidiger deshalb bewusst
sein, dass andere Verfahrensbeteiligte geneigt sein könnten, sich anhand der Formulierung des Verteidigers darüber Gedanken zu machen, ob sie es mit einem versierten
oder weniger versierten Verteidiger zu tun haben. So zeigt sich Unsicherheit oder Unerfahrenheit in der Antragstellung bereits darin, dass der Antrag wie im Zivilrecht in
der ersten Person plural formuliert ist. Gleichzeitig wird gelegentlich eine übertrieben
devote Haltung an den Tag gelegt, indem etwa *„prompteste Rückgabe der Akte anwalt-
schaftlich versichert wird"* oder darum gebeten wird, dass *„etwaige Kosten der Akteneinsicht mitgeteilt werden mögen."*
All dies ist schon unglücklich, weil von einem Verteidiger erwartet werden darf, dass
ihm bekannt ist, in welcher Höhe eine Aktenversendungspauschale anfällt und er
ebenso weiß, dass bei persönlicher Abholung der Akten keine diesbezüglichen Kosten
entstehen. Die Berufskleidung für den Verteidiger verlangt nicht mehr, dass er einen
Zopf tragen muss. Deswegen erscheint es auch unnötig, diese Zöpfe nunmehr in den
Schriftsätzen zu pflegen.
Als ganz besonders unglücklich zu werten ist der Akteneinsichtsantrag an den falschen
Adressaten. Gemäß § 147 Abs. 5 StPO entscheidet über die Gewährung der Akteneinsicht im vorbereitenden Verfahren die Staatsanwaltschaft, im übrigen der Vorsitzende
des mit der Sache befaßten Gerichts.
Ein Akteneinsichtsgesuch an die Polizei in einem Strafverfahren ist deshalb nichts anderes als fehlerhaft. Eine entsprechende Mitteilung der Polizeibehörde, die bei einem
solchen Gesuch den Anwalt darauf hinweist, dass über das Akteneinsichtsgesuch ausschließlich die Staatsanwaltschaft verfügt, ist peinlich und wird noch peinlicher dadurch, dass der Anwalt standesrechtlich gehalten ist, von allen ihm zugehenden Schriftstücken seinem Mandanten eine Abschrift zu übermitteln. Derartige Fehler sollten
deshalb vermieden werden. Gleichfalls sollte das Akteneinsichtsgesuch kurz und knapp
formuliert werden.
Hierzu bietet sich folgendes Standardschreiben an:

f) Formulierungsmuster

▶ Standardschreiben I. für die Akteneinsicht   24

Staatsanwaltschaft München I
80097 München

Az.: ....
Herbert Müller
wegen Verdachts des Totschlags

Sehr geehrter Herr Staatsanwalt Meier,

Herr Müller wird durch mich verteidigt. Vollmacht ist beigefügt.
Ich bitte um Übermittlung der Akte zur

Akteneinsicht.

Soweit eine vollständige Akteneinsicht nicht möglich ist, bitte ich in jedem Fall um Übermittlung der Aktenteile gem. § 147 Abs. 3 StPO.

Mit freundlichen Grüßen

Rechtsanwalt ◄

Probleme können allerdings diejenigen Fälle machen, in denen nicht die Staatsanwaltschaft sofort ihre Ermittlungen aufnimmt, sondern die Polizei das Verfahren weitgehend selbst betreut und die Akte erst mit einem Schlußvermerk an die Staatsanwaltschaft weiterreicht. Würde in diesen Fällen sofort das vorgeschlagene Akteneinsichtsschreiben an die Staatsanwaltschaft gesandt, wird dieses nicht viel bewirken. Der Verteidiger kann vielmehr damit rechnen, dass er einige Zeit später sein eigenes Schreiben mit einem Formblatt der Staatsanwaltschaft zurückerhält, dass der Vorgang nicht zuordenbar sei. Um diesem Problem zu begegnen, empfiehlt es sich, in solchen Fällen – gerade bei Verkehrsstrafsachen wird dies häufig der Fall sein – das Akteneinsichtsgesuch zwar an die Staatsanwaltschaft zu stellen, dies aber in einem Anschreiben an die Polizei mitzuteilen. Gerade weil es sich bei den Staatsanwälten, die in der Verkehrsabteilung tätig sind, häufig um unerfahrenere Staatsanwälte handelt, kann es sich gleichzeitig empfehlen, vorsorglich noch einmal auf das bestehende Akteneinsichtsrecht der Verteidigung hinzuweisen.

Ein entsprechendes Schreiben könnte deshalb wie folgt formuliert werden:

25 ▶ Standardschreiben II zur Akteneinsicht:

An die
Polizeiinspektion 12
Türkenstraße 3
80333 München

Az.: ....
Hubert Maier
wegen Verdachts des unerlaubten Entfernens vom Unfallort

Sehr geehrte Damen und Herren,

Herr Maier wird durch mich verteidigt. Vollmacht ist beigefügt.
Herr Maier wird derzeit von seinem Recht Gebrauch machen, sich nicht zur Sache zu äußern. Es ist jedoch beabsichtigt – ggf. nach Akteneinsicht – eine Stellungnahme zu den gegen ihn erhobenen Vorwürfen abzugeben.
Ich bitte daher um Weiterleitung dieses Schreibens an die zuständige Staatsanwaltschaft München I, bei der ich gleichzeitig

Akteneinsicht

beantrage. Soweit eine vollständige Akteneinsicht derzeit nicht möglich ist, bitte ich in jedem Fall um Übermittlung der Aktenteile gemäß § 147 Abs. 3 StPO.

Ferner bitte ich zu gewährleisten, dass mir die Akteneinsicht **in jedem Fall** vor Abschluss der Ermittlungen der Staatsanwaltschaft (§ 169a StPO) zur Verfügung gestellt wird. Ferner bitte ich um Mitteilung, sobald die Akten an die Staatsanwaltschaft weitergeleitet werden sowie um Bekanntgabe des staatsanwaltschaftlichen Aktenzeichens.

Mit freundlichen Grüßen

Rechtsanwalt ◀

Gerade die Bitte um Mitteilung, wann die Akten weitergereicht worden sind, kann für die Verteidigung ein wichtiger Ansatz sein. Ab und an teilen Polizeibehörden auf Postkarten die Weiterleitung der Akten mit. Häufig wird es aber auch so sein, dass der ermittelnde Polizeibeamte den Verteidiger aufgrund eines solches Schreibens anruft und ihm hierüber mündlich Mitteilung macht. Ein solches Gespräch kann dann auch zu einer weiteren Information über den Akteninhalt genutzt werden.

g) Der Kampf um die Akteneinsicht

Vieles könnte sehr viel einfacher sein, wenn die oben dargestellten Grundsätze der Akteneinsicht in der Praxis auch stets so gehandhabt würden. Dies ist aber leider nicht immer der Fall.   26

Es stellt sich deshalb die Frage, welche Möglichkeiten bei einer Versagung der Akteneinsicht bestehen.

aa) Die Akteneinsicht durch den Beschuldigten oder den Verteidiger. Grundsätzlich ist zu unterscheiden, ob der die Akteneinsicht Begehrende der **Beschuldigte** oder der **Verteidiger** ist.   27

Dem Beschuldigten steht lediglich ein Akteneinsichtsrecht gem. § 147 Abs. 7 StPO zu, wonach ihm Auskünfte und Abschriften aus den Akten erteilt werden können, soweit nicht der Untersuchungszweck gefährdet werden könnte oder überwiegende schutzwürdige Interessen Dritter entgegenstehen.[18]

Der Verteidiger hingegen hat ein Recht auf Akteneinsicht gemäß § 147 Abs. 1 bis 3 StPO.

Hinsichtlich der Versagung der Akteneinsicht ist dabei zu unterscheiden, welche Verfahrenssituation vorliegt und welche Aktenteile (z.B. § 147 Abs. 2 StPO oder § 147 Abs. 3 StPO) vorenthalten werden.

bb) Die Versagung der Akteneinsicht gemäß § 147 Abs. 2 StPO. Nach immer noch herrschender Auffassung handelt es sich bei der Versagung der Akteneinsicht gemäß § 147 Abs. 2 StPO um eine **Prozesshandlung**, die deshalb nicht mit einem eigenen Rechtsmittel angreifbar ist.[19]   28

Der Weg, vor Abschluss des Ermittlungsverfahrens zu einer Akteneinsicht zu kommen, führt deshalb nur über die Staatsanwaltschaft. Es empfiehlt sich daher, dass der Verteidiger bereits kurz nach Absendung seines Akteneinsichtsgesuchs den persönlichen oder telefonischen Kontakt mit dem Sachbearbeiter der Staatsanwaltschaft sucht, um

---

18 Siehe zum Ganzen Haas, NStZ 99, 442; §§ 475, 406e StPO gelten für den Beschuldigten nicht, weil er Verfahrensbeteiligter ist.

19 Vgl. etwa OLG Karlsruhe, NStZ 97, 49.

mit ihm zu erörtern, innerhalb welcher (kurzen) Zeit die Akte übermittelt werden kann. Hierbei auf ein Antwortschreiben der Staatsanwaltschaft zu warten, erscheint demgegenüber nicht empfehlenswert, weil die Ermittlungsbehörden eher die Tendenz haben, derartige Schreiben negativ zu beantworten; häufig sogar mit Formschreiben, deren Inhalt rechtlich fragwürdig ist.[20]

In besonders gelagerten Fällen kann sich zudem empfehlen, zur Versagungsbegründung der Staatsanwaltschaft schriftlich Stellung zu nehmen und sich mit dem **einzig möglichen** Ablehnungsgrund der Untersuchungszweckgefährdung auseinanderzusetzen. Hilft nichts mehr weiter, kann auch als letztes Mittel an die Erstattung einer Dienstaufsichtsbeschwerde gedacht werden.

29   *cc) Die praktische Durchsetzung des Akteneinsichtsrechts bei besonderen Verfahrensgestaltungen.* Trotz der oben geschilderten grundsätzlichen Schwierigkeit, die Akteneinsicht gemäß § 147 Abs. 2 StPO durchzusetzen, können sich allerdings besondere Verfahrenssituationen ergeben, die in der Praxis bei richtiger Handhabung zur Durchsetzung des Akteneinsichtsrechts führen können.

Dies betrifft zum einen das **Haftverfahren**. Zum anderen handelt es sich um Verfahren, in denen **audiovisuelle Hilfsmittel** (§§ 58a, 255a StPO) genutzt werden.

- Akteneinsicht im Haftverfahren

Das Bundesverfassungsgericht[21] hat zwischenzeitlich anerkannt, dass aus dem Recht des Beschuldigten auf ein faires, rechtsstaatliches Verfahren und seinem Anspruch auf rechtliches Gehör folgt, dass der inhaftierte Beschuldigte einen Anspruch auf Einsicht seines Verteidigers in die Akten hat, wenn und soweit er die sich darin befindlichen Informationen benötigt, um auf eine bevorstehende **gerichtliche Haftentscheidung** effektiv einwirken zu können und eine mündliche Mitteilung der Tatsachen und Beweismittel, wie das Gericht seine Entscheidung zugrundezulegen gedenkt, nicht ausreichend ist.[22] Dabei hat das Bundesverfassungsgericht nicht an dem Grundsatz gerüttelt, dass der Staatsanwaltschaft als Herrin des Ermittlungsverfahrens während dieses Verfahrensabschnitts weiterhin die Kompetenz zusteht, zu entscheiden, ob und in welchem Umfang der Verteidigung Akteneinsicht gewährt wird. Allerdings wurde die Konsequenz einer möglichen Nichtgewährung der Akteneinsicht aufgezeigt. Denn der Haftrichter darf nach der Entscheidung des Bundesverfassungsgerichts für seine Haftentscheidung nur die Teile der Akte berücksichtigen, in die auch Akteneinsicht gewährt worden ist.

Die Konsequenz ist damit weitreichend. Man stelle sich beispielsweise vor, dass der Mandant inhaftiert ist wegen Verdachts des Raubes und sich der Verdacht einzig auf die Aussage von drei Zeugen stützt. Hat nun der Verteidiger Akteneinsicht beantragt und verweigert der Staatsanwalt diese Akteneinsicht unter Hinweis auf § 147 Abs. 2 StPO, weil er befürchtet, dass sonst mittelbar von dem Verdächtigen auf die Zeugen eingewirkt werden könnte, müßte der Haftrichter bei seiner Entscheidung den Haftbefehl zwingend aufheben, weil die Zeugenaussagen bei der Beurteilung des dringenden Tatverdachts keine Berücksichtigung finden könnten und deshalb ein drin-

---

20 Es finden sich zuweilen Wendungen, nachdem Akteneinsicht nicht gewährt wurde, weil „die Akten versandt sind" oder „das Ermittlungsverfahren nicht abgeschlossen ist" (siehe dazu oben).

21 BVerfG StV 94, 465.

22 Vgl. auch Ausführungen unter § 7 Rn. 18.

gender Tatverdacht zu verneinen wäre. Der Staatsanwalt kann allerdings auch „pokern". Er kann lediglich einen Teil der Ermittlungsakte zur Verfügung stellen, und andere Teile, bei denen er die Untersuchungszweckgefährdung bejaht, zurückhalten. Allerdings gilt auch dann nichts anderes. Auch hier kann der Haftrichter für seine Haftentscheidung nur die Aktenteile berücksichtigen, in die Akteneinsicht gewährt wurde.

Weit überwiegend wird die Frage des Vorenthaltens von Aktenteilen im Haftverfahren im Bereich des dringenden Tatverdachts im Rahmen von § 112 Abs. 1 StPO Bedeutung erlangen. Denkbar ist allerdings auch, dass ein Vorenthalten von Aktenteilen zum Wegfall der Annahme eines Haftgrundes führen kann. Obwohl dies nicht unproblematisch ist, besteht in der Praxis gelegentlich eine Neigung, den Haftgrund der Fluchtgefahr mit einer hohen Straferwartung zu begründen. Sollte dies in einem Haftbefehl erfolgen, in dem mehrere Taten aufgezählt sind und die durch die Staatsanwaltschaft zur Haftprüfung zur Verfügung gestellten Aktenteile betreffen nur einen geringen Teil der Taten, so würde dieser Haftgrund nicht mehr aufrechterhalten bleiben können.

Ähnliches gilt selbstverständlich hinsichtlich des Haftgrundes der Verdunkelungsgefahr. Ergibt sich aus den zur Verfügung gestellten Aktenteilen nicht, welche bestimmten Tatsachen den dringenden Verdacht von Beweistrübungshandlungen begründen sollen (vgl. § 112 Abs. 2 Nr. 3 StPO), kann auch dieser Haftgrund nicht aufrechterhalten bleiben.

Die Entscheidung des Bundesverfassungsgerichts eröffnet dem Verteidiger beim Kampf um die Akteneinsicht deshalb eine weitere Handlungsmöglichkeit.

Wird bei einem inhaftierten Mandanten der Akteneinsichtsantrag der Verteidigung abgelehnt, sollte der Verteidiger deshalb ggf. daran denken, einen **Haftprüfungsantrag** zu stellen, um über das Mittel der Haftprüfung doch noch zur Akteneinsicht zu gelangen. Teilweise wird es eines solchen gesonderten Antrags nicht einmal bedürfen. Es empfiehlt sich vielmehr, vorgelagert das Gespräch mit der Staatsanwaltschaft zu suchen. Wird hierbei der Staatsanwalt darauf hingewiesen, dass im Falle der Versagung der Akteneinsicht an einen Antrag auf mündliche Haftprüfung gedacht sei, die dann innerhalb von 14 Tagen zu erfolgen habe (§ 118 Abs. 5 StPO), kann davon ausgegangen werden, dass es zu einer vernünftigen Einigung hinsichtlich der Gewährung der Akteneinsicht kommen wird. Denn die Staatsanwaltschaft wird davon ausgehen können, dass ein weiteres Vorenthalten der Akten nicht mehr möglich ist.

■ Akteneinsicht bei Verfahren mit audiovisuellen Hilfsmitteln   30

Eine weitere Möglichkeit zur besonderen Durchsetzung der Akteneinsicht kann auch in den Verfahren, in denen **audiovisuelle Hilfsmittel** eingesetzt wurden oder eingesetzt werden sollen, versucht werden. Gemäß § 255a StPO kann die persönliche Vernehmung eines Zeugen in der Hauptverhandlung ersetzt werden durch die Vorführung der Bild-/Tonaufzeichnung seiner früheren richterlichen Vernehmung. Voraussetzung dafür ist allerdings gem. § 255a Abs. 2 StPO, dass der Angeklagte und sein Verteidiger Gelegenheit hatten, an dieser Vernehmung **mitzuwirken**. Vergleicht man diese gesetzliche Formulierung mit anderen Beteiligungsrechten der Verteidigung vor der Hauptverhandlung, so fällt auf, dass diese Formulierung das umfassendste Recht beinhaltet. Im Vergleich hierzu wird etwa bei einer richterlichen

Vernehmung gem. § 168 Abs. c StPO dem Verteidiger lediglich die Anwesenheit *gestattet,* wobei in gesonderten Fällen nicht einmal ein Anspruch darauf besteht, dass eine Benachrichtigung erfolgt oder bei Verhinderung eine Terminsverschiebung erfolgt (vgl. §§ 168c Abs. 4, Abs. 5 StPO).

Die Normierung eines Mitwirkungsrechts bei § 255a StPO war naheliegend, weil bei Rückgriff auf eine solche Möglichkeit nichts anderes erfolgt, als einen Teil der Hauptverhandlung ins Ermittlungsverfahren zu verlegen. Deshalb muss der Verteidigung auch ein Mitwirkungsrecht bei der in Teilen „vorgezogenen Hauptverhandlung" zugesprochen werden. Von einer tatsächlichen Mitwirkung kann indes allerdings nur die Rede sein, wenn der Verteidiger auf demselben Stand ist wie bei einer Verteidigung in der Hauptverhandlung. Dies bedeutet auch, dass er umfassende Aktenkenntnis haben muss. Denn nur mit einer umfassenden Aktenkenntnis wird er in die Lage versetzt, zu beurteilen, welche Fragen bei der Vernehmung an den Zeugen zu stellen sind. Dementsprechend bedeutet Mitwirkungsrecht auch Akteneinsichtsrecht.[23]

Dabei ist allerdings darauf hinzuweisen, dass der Bundesgerichtshof diese Konsequenz bislang verneint hat.[24] Dennoch sollte der Verteidiger in den Verfahren, in denen Videovernehmungen geplant sind, im Falle der Versagung der Akteneinsicht darauf hinweisen, dass er sich einer Vorführung der Bild/Tonaufzeichnung in einer späteren Hauptverhandlung widersetzen wird.

31   *dd) Die Versagung der Akteneinsicht gem. § 147 Abs. 3 StPO.* Anders verhält es sich bei einer **Versagung der Akteneinsicht gemäß § 147 Abs. 3 StPO.** Mit dem Strafverfahrensänderungsgesetz 1999 (in Kraft getreten am 01.11.2000) wird für den Beschuldigten nun erstmals durch den neu geschaffenen § 147 Abs. 5 S. 2 StPO bei bestimmten Verfahrenskonstellationen ein Rechtsschutz kodifiziert, wobei eine Rechtsschutzangleichung an die bereits seit Jahren für den Opferanwalt bestehende Möglichkeit der Anrufung des Gerichts gemäß § 406e Abs. 4 StPO erfolgt ist.

Gemäß § 147 Abs. 5 S. 2 StPO kann der Verteidiger jetzt bei Versagung der Akteneinsicht gemäß § 147 Abs. 3 i.V.m. § 161a Abs. 3 Satz 2 – 4 StPO eine Entscheidung des zuständigen Landgerichts herbeiführen.

Mit dieser Neuregelung wird dem Verteidiger bzw. dem Beschuldigten allerdings nicht erstmals Rechtsschutz gewährt, sondern es wird die Rechtsschutzmöglichkeit lediglich verändert und vereinfacht.

Denn auch bislang war durch die Rechtsprechung bereits anerkannt, dass bei Versagung der Akteneinsicht gemäß § 147 Abs. 3 StPO Rechtsschutz gewährt werden müsse. Allerdings wurde insofern der langwierigere Weg über § 23 EGGVG für richtig gehalten.[25]

Versagt die Staatsanwaltschaft Einsicht in privilegierte Aktenteile gemäß § 147 Abs. 3 StPO, so kann der Verteidiger nunmehr hiergegen **gerichtliche Entscheidung** beantragen. Nachdem § 161 Abs. 3 StPO hinsichtlich der Art und Weise der Einlegung auf § 306 Abs. 1 StPO verweist, ist ein entsprechender Antrag schriftlich oder zu Protokoll der Geschäftsstelle bei der Staatsanwaltschaft zu stellen. Für die Entscheidung ist ge-

---

23 Vgl. hierzu im einzelnen Schlothauer, StV 99, 47.

24 BGH NJW 03, 2761.

25 Vgl. etwa OLG Karlsruhe, StV 96, 302 mit Anm. Rieß.

mäß § 161a Abs. 3 S. 2 StPO im Regelfall das Landgericht zuständig, in dessen Bezirk die Staatsanwaltschaft ihren Sitz hat.

Damit ist der Rechtsschutz grundsätzlich vereinfacht worden, obwohl man sich natürlich fragen kann, ob es nicht sinnvoller gewesen wäre, als zu entscheidendes Gericht den Ermittlungsrichter zu bestimmen, der schließlich auch für andere Entscheidungen im Ermittlungsverfahren zuständig ist.[26]

Andererseits sollte man als Verteidiger grundsätzlich froh sein, wenn höhere Gerichte im Ermittlungsverfahren zu Entscheidungen berufen sind, weil von diesen Gerichten in der Regel eine größere Kritikbereitschaft gegenüber Maßnahmen der Staatsanwaltschaft erhofft und erwartet werden kann als vom Ermittlungsrichter.

ee) Weiterer Rechtsschutz gemäß § 147 Abs. 5 S. 2 StPO. Der neu geschaffene § 147 **32** Abs. 5 S. 2 StPO gewährt jedoch auch noch bei zwei weiteren Verfahrenssituationen Rechtsschutz. Die Anrufung des Gerichts ist jetzt auch möglich, wenn die Staatsanwaltschaft die Akteneinsicht versagt, nachdem sie den Abschluss der Ermittlungen in den Akten vermerkt hat. Außerdem kann das Gericht angerufen werden, wenn Akteneinsicht versagt wird und der Beschuldigte sich nicht auf freiem Fuß befindet.

Hinsichtlich der Versagung der Akteneinsicht nach Abschluss der Ermittlungen (§ 169a StPO) findet hierbei wiederum lediglich ein Austausch[27] der Rechtsschutzmöglichkeiten statt. Bisher war insofern ebenfalls die Rechtsschutzmöglichkeit nach § 23 EGGVG anerkannt worden. Mit der neu geschaffenen Rechtsschutzmöglichkeit wird der Rechtsschutzweg jetzt vereinfacht. Bedauerlich ist allerdings nach wie vor die fehlende Mitteilungspflicht der Staatsanwaltschaft gegenüber dem Verteidiger dahingehend, ob bzw. dass die Ermittlungen abgeschlossen sind. In bestimmten Fällen wird deshalb die einzige Möglichkeit des Verteidigers darin zu sehen sein, die Anrufung des Gerichts wegen Versagung der Akteneinsicht (nach Abschluss der Ermittlungen) „ins Blaue hinein" vorzunehmen, wenn der Verdacht besteht, dass die Ermittlungen abgeschlossen sind.

Ähnliches gilt übrigens auch für einen Antrag auf Versagung der Akteneinsicht in privilegierte Aktenteile gemäß § 147 Abs. 3 StPO. Da der Verteidiger infolge fehlender Akteneinsicht nicht kontrollieren kann, ob die Staatsanwaltschaft ihm tatsächlich alle privilegierten Aktenteile zur Verfügung gestellt hat, wird ihm auch insofern in Fällen eines bestimmten Verdachts nichts anderes übrig bleiben, als das Gericht anzurufen und zu reklamieren, dass nicht alle privilegierten Aktenteile zur Einsicht zur Verfügung gestellt wurden.

Von den Fällen der Versagung der Akteneinsicht nach Abschluss der Ermittlungen oder in privilegierte Aktenteile unterscheidet sich der Fall erheblich, dass der Beschuldigte sich nicht auf freiem Fuß befindet. Denn anders als in den vorgenannten Fällen, in denen lediglich die Tatsache zu klären ist, ob die Ermittlungen abgeschlossen sind oder ob privilegierte Aktenteile vorhanden sind, können sich in diesen Fallkonstellation vielschichtigere Probleme ergeben.

Zum einen ist die Voraussetzung des Anwendungsbereichs des „nicht auf freiem Fuß" befindlichen Beschuldigten zu beachten. Hierunter fallen nicht nur die im anhängigen Verfahren in Untersuchungshaft befindlichen Beschuldigten, sondern grundsätzlich

---

26 So Schlothauer, StV 01, 192 ff.
27 Bzw. eine Ergänzung; es ist strittig, ob der Rechtsweg nach § 23 EGGWG weiterhin eröffnet bleibt.

alle Beschuldigte, denen die Freiheit durch behördlichen Akt der öffentlichen Gewalt wider Willen entzogen ist.[28]

Damit befinden sich beispielsweise auch diejenigen Beschuldigten nicht „auf freiem Fuß", die sich gegenwärtig in stationärer Therapie befinden. Entscheidend ist zusätzlich, dass der Beschuldigte tatsächlich nicht auf freiem Fuß ist. Fallkonstellationen, bei denen der Haftbefehl gegen den Beschuldigten außer Vollzug gesetzt ist oder der Beschuldigte sich sogar bei bestehendem Haftbefehl auf der Flucht befindet, sind deshalb nicht einschlägig.

Befindet sich der Beschuldigte nicht auf freiem Fuß und versagt die Staatsanwaltschaft die Akteneinsicht, so hat das angerufene Landgericht eine Überprüfung auf zwei Ebenen vorzunehmen.

Zum einen ist zu untersuchen, ob die Staatsanwaltschaft den einzig möglichen Versagungsgrund der Gefährdung des Untersuchungszwecks gemäß § 147 Abs. 2 StPO tatsächlich zu Recht angenommen hat. Dabei ist die Gefährdung des Untersuchungszwecks ein unbestimmter Rechtsbegriff, der vollständiger gerichtlicher Überprüfung sowohl in tatsächlicher als auch in rechtlicher Sicht unterliegt. Der Staatsanwaltschaft steht deshalb bei der Frage, inwieweit eine Gefährdung des Untersuchungszwecks vorliegen kann, kein vom Gericht nur eingeschränkt überprüfbarer Beurteilungsspielraum zu.[29]

Eine Gefährdung des Untersuchungszwecks wird sich dabei in der Praxis selten begründen lassen. Denn sie hat zur Voraussetzung, dass zu besorgen ist, dass der Beschuldigte infolge Kenntnis des Akteninhalts in unzulässiger Weise entweder selbst auf das Ermittlungsverfahren einwirken wird oder andere hierzu verAnlasst. Diese Sorge muss durch Tatsachen unterlegt sein, die eine konkrete Gefahr hierfür begründen. Nachdem es sich bei allem aber um den Sonderfall handelt, dass der Beschuldigte sich nicht einmal auf freiem Fuß befindet und deshalb der staatlichen Kontrolle in besonderem Maß unterliegt, wird gerade dies im Regelfall unwahrscheinlich sein.

Kommt das Landgericht bei Überprüfung der Frage, ob eine Gefährdung des Untersuchungszwecks vorliegt, zu einem bejahenden Ergebnis, so folgt auch hieraus nicht ohne weiteres die Berechtigung der Akteneinsichtsversagung. Denn § 147 Abs. 2 bestimmt, dass bei einer Gefährdung des Untersuchungszwecks die Akteneinsicht versagt werden *kann*, also eine Versagung nicht zwingend ist.

Dem Staatsanwaltschaft steht deshalb insoweit eine Ermessensentscheidung zu, die (ebenfalls) gerichtlich überprüfbar ist. Stellt sich hierbei heraus, dass die Ermessensausübung durch die Staatsanwaltschaft rechtsfehlerhaft war, so hat das Landgericht der Staatsanwaltschaft aufzugeben, den Akteneinsichtsantrag unter Beachtung der Auffassung des Gerichts neu zu verbescheiden.

Obwohl die dargestellten Rechtsschutzmöglichkeiten die Rechte der Verteidigung im Kampf um die Akteneinsicht weiter stärken, sind die oben[30] dargestellten Möglichkeiten bei der praktischen Durchsetzung der Akteneinsicht nicht überflüssig geworden. Es wird sich weiterhin gerade in Haftsachen anbieten, bei Versagung der Akteneinsicht von der taktischen Möglichkeit der Haftprüfung Gebrauch zu machen. Denn unabhän-

---

28 Schlothauer, StV 01, 194.
29 Schlothauer, StV 01, 195.
30 Vgl. Ausführungen bei § 4 Rn 29.

gig von der Frage, ob die Verteidigung einen rechtlich durchsetzbaren Anspruch auf Gewährung der Akteneinsicht hat, bleibt es aufgrund der Entscheidung des Bundesverfassungsgerichts dabei, dass der Haftrichter bei der Beurteilung der Voraussetzungen des Haftbefehls nur die Aktenteile zugrundelegen darf, die Beschuldigter und Verteidiger auch kennen.

ff) Formulierungsmuster.　　　　　　　　　　　　　　　　　　　33

▶　　　　　　　**Antrag gemäß § 147 Abs. 5 S. 2 StPO**

Staatsanwaltschaft München I
80097 München

Az.: 266 Js ....
Herbert Meier
wegen Verdachts des Diebstahls

Gegen die Verfügung des Staatsanwalts vom 13.05.2000, mit der mir die Akteneinsicht in die o.g. Verfahrensakte gegen Herbert Meier wegen Verdachts des Diebstahls versagt wurde, stelle ich den

A n t r a g

auf gerichtliche Entscheidung.

B E G R Ü N D U N G :

Die Verteidigung hat mit Antrag vom 20.04.2000 Akteneinsicht in die o.g. Verfahrensakten beantragt. Hierzu hat die Staatsanwaltschaft mit der angefochtenen Verfügung mitgeteilt, dass ein Akteneinsichtsrecht der Verteidigung nicht mehr bestehe, weil das Verfahren bereits beendet sei. Das Verfahren gegen den Beschuldigten sei gemäß Verfügung vom 10.04.2000 mangels Tatverdachts gemäß § 170 Abs. 2 StPO eingestellt worden.
Die Auffassung der Staatsanwaltschaft ist rechtsfehlerhaft. Auch nach Abschluss des Verfahrens steht der Verteidigung Akteneinsicht in die Verfahrensakten zu. Es wird deshalb beantragt, der Verteidigung im Wege der gerichtlichen Entscheidung Akteneinsicht zu gewähren.

Rechtsanwalt ◀

h) Der Umgang und die Verwertung der Akten

aa) Der Umgang mit den Akten. Es versteht sich von selbst, dass der **Umgang mit** 34
den Akten sorgfältig zu sein hat. Der Verteidiger muss deshalb gewährleisten, dass entweder durch ihn selbst oder seine Mitarbeiter die Akten in einem sicheren Behältnis abgeholt werden und auch zurückgebracht werden. Gesetzte Fristen zur Aktenrückgabe sind zwingend einzuhalten. Kommt es vor, dass Rückgabefristen sehr kurz gesetzt wurden, berechtigt dies natürlich nicht zu einer Fristüberschreitung. Vielmehr wird häufig ein kurzes Gespräch mit der Akteneinsicht gewährenden Stelle ausreichen, um eine angemessene Verlängerung der Akteneinsichtsfrist zu bewirken.

Weil es doch häufiger vorkommt, dass Akten auch einmal verloren gehen, sollte der Verteidiger in jedem Fall dafür Sorge tragen, einen Nachweis dafür zu haben, dass dies nicht in seinem Büro erfolgt ist. Es ist deshalb dringend anzuraten, ein Akteneinsichtsbuch zu führen, in dem auch Belege verwahrt werden, dass die Akten das Büro tatsächlich verlassen haben und bei der Akteneinsicht gewährenden Behörde wieder eingetroffen sind. Handelt es sich um Akten, die nach auswärts zu versenden sind, ist dies unproblematisch. Bei Versendung über einen Parcel-Service wird ein Beleg ausgestellt, bei Inanspruchnahme der Post empfiehlt sich die Versendung mittels Einschreiben/Rückschein.

Soll hingegen beim eigenen Gericht die Akte per Boten abgegeben werden, empfiehlt sich die Verwendung eines Formularschreibens mit einem Abrißzettel, auf dem von Seiten der Behörde mit Datum, Stempel und Unterschrift bestätigt wird, wann die Akte wieder eingegangen ist. Als hilreich hat sich beispielsweise nachfolgendes Formular erwiesen.

35 *bb) Formulierungsmuster.*

▶ **Formular: Rückgabe der Akten an die Staatsanwaltschaft**

Staatsanwaltschaft München I
80097 München

Betreff: Meier, Hermann wg. Verd. d. Raubes
Az.: 303 Js 12345/99

In vorbezeichneter Angelegenheit werden die Akten zurückgereicht.
Rechtsanwalt

....

(bitte hier abtrennen)

Name: Meier Hermann   **Az.: 303 Js 12345/99**
Zimmer: C 117

Die eingesehenen Akten wurden zurückgereicht.

Datum: **Unterschrift:**◀

36 *cc) Ablichtung der Akten.* Von den zur Akteneinsicht gelangten Akten sollten **Fotokopien** gefertigt werden, wobei es jeweils vom Fall abhängt, in welchem Umfang dies zu erfolgen hat. Grundsatz sollte jedoch sein, lieber zu viele als zu wenig Fotokopien anzufertigen. So sollte es gute Übung sein, im Regelfall die übermittelte Hauptakte **komplett** zu fotokopieren. Lediglich hinsichtlich weiterer beigezogener Akten (etwa Vorstrafenakten oder Steuerakten) kann es ausreichend sein, die wesentlichen Teile zu kopieren.

Nicht zuletzt sollte die Hauptakte deswegen vollständig fotokopiert werden, weil zum Zeitpunkt der Akteneinsicht nur sehr schwer abschätzbar ist, welche Aktenteile später eine Bedeutung erlangen können. So kann beispielsweise eine Postzustellungsurkunde, der häufig keine Wichtigkeit beizumessen ist, plötzlich von Bedeutung werden, wenn sich die Frage stellt, wer eigentlich die Urkunde ausgehändigt erhalten hat, der Beschuldigte selbst oder ein Familienangehöriger. Eine vollständige Fotokopie der Hauptakte ist auch deshalb wichtig, weil es gelegentlich auf die Chronologie der Vorgänge ankommt. So lassen sich Rückschlüsse daraus ziehen, ob die Ermittlungsbehörden von sich aus bereits bestimmte Beweiserhebungen veranlasst hatten oder aber erst nach Eingang eines Schriftsatzes der Verteidigung, der hierzu konkretere Ausführungen enthielt. Es empfiehlt sich von daher sogar, auch die eigenen in der Akte enthaltenen Schriftsätze fotokopieren zu lassen. Hierdurch kann es manchmal zusätzlich möglich sein, andere wichtige Informationen zu erhalten. So muss es stets im Interesse des Verteidigers liegen, zu erfahren, welche Gedanken sich die Ermittlungsbehörde und später das Gericht über den Fall macht bzw. gemacht hat. Denn nicht der Verteidiger spricht später das Urteil, sondern das Gericht und deshalb ist es wichtig, die Schwerpunkte der anderen Verfahrensbeteiligten zu erkennen. Gerade dies ist manchmal durch eine Akteneinsicht möglich, wenn andere Verfahrensbeteiligten die Akte auch „redaktionell" bearbeitet haben.

So wird es nicht selten der Fall sein, dass Aktenteile – gerade auch Stellungnahmen des Verteidigers – mit zustimmenden oder ablehnenden Kommentierungen versehen sind. Teilweise finden sich auf bestimmten Seiten der Akte auch Einmerkzettel oder sogenannte „Reiter".

All diese Vorgänge sollten von der Verteidigung nicht nur wahrgenommen, sondern auch sehr genau beachtet werden und ggf. dazu führen, dass die Verteidigungsargumentation an diesen Stellen ggf. vertieft wird. Erfreulicherweise ist zwischenzeitlich auch kostenrechtlich die Notwendigkeit vollständiger Akteneinsicht anerkannt worden,[31] was auch für den beigeordneten Verteidiger gilt.[32] Ein Reduzieren von Kopien wäre deshalb ein gefährliches Sparen am falschen Ort. Selbst die Gerichte gehen davon aus, dass der Verteidiger dafür Sorge zu tragen hat, den Akteninhalt jederzeit so präsent zu haben, dass er den Prozessstoff durcharbeiten kann, ohne jedesmal auf Gerichtsakten zurückgreifen zu müssen.[33]

dd) Die Information des Mandanten über den Akteninhalt. Der Verteidiger hat aber   37
nicht nur selbst die Akten zu kennen, sondern auch dafür zu sorgen, dass der Mandant Kenntnis vom Akteninhalt erhält. Soweit nicht besondere Gefährdungsgründe in der Person des Mandanten liegen, kann er hierzu dem Mandanten in seiner Gegenwart Teile der Originalakte zeigen. **Hingegen darf er die Originalakte dem Mandanten nie aushändigen.**

Anders verhält es sich mit Fotokopien. Wenn keine Hinweise dafür vorliegen, dass der Mandant die Akteneinsicht missbrauchen will (Einwirkung auf Zeugen, Übermittlung an die Presse), ist sogar zu empfehlen, dem Mandanten die komplette Akte zur Verfügung zu stellen. In besonderen Fällen empfiehlt es sich hierbei weiterhin, für den Mandanten eine eigene Zweitfertigung der Akte in Fotokopie anzufertigen.[34] Man bedenke, dass schließlich der Strafverteidiger selbst auch mit gutem Grund für die exakte Ausei-

---

31 LG Düsseldorf Anwbl. 83, 41; vgl. auch These 47 der BRAK.
32 OLG Düsseldorf StV 03, 177, 178 bzgl. Fotokopierkosten und Aktenversendungspauschale von Pflichtverteidigern.
33 OLG Düsseldorf, a.a.O.
34 Dieses sind dann Schreibauslagen. Es ist also das Einverständnis des Mandanten erforderlich.

nandersetzung mit dem Akteninhalt die Vorlage der schriftlichen Akte benötigt und sich nicht damit begnügen kann, den Akteninhalt lediglich einmal gehört zu haben. Der eigene Mandant wird aber häufig die einzige Informationsquelle für den Verteidiger sein, der den zu erörternden Sachverhalt aus eigenem Erleben kennt. Es ist daher nicht einzusehen, warum man sich gegenüber dieser Quelle mit nur oberflächlichen Informationen, etwa einem Verlesen der Akte, begnügen sollte.

Übrigens billigt auch das Kostenrecht zwischenzeitlich diese Vorgehensweise. Werden in den geeigneten Fällen Kopien der Akte doppelt, für den Mandanten und den Verteidiger, gefertigt, kann beides abgerechnet werden.[35] Gerade in Haftsachen ist deshalb daran zu denken, dem Mandanten ein eigenes Exemplar der Akte in Fotokopie zur Verfügung zu stellen. Hier kommt hinzu, dass der Mandant besonders viel Zeit hat und die Auseinandersetzung mit der Akte auch eine gute Abwechslung im Haftalltag darstellen kann. Vorab sollte jedoch genau abgewogen werden und auch mit dem Mandanten erörtert werden, ob sichergestellt werden kann, dass kein anderer Gefangener Zugang zu den Akten erhält. Es ist immer zu bedenken, dass Gefangene eine Schicksalsgemeinschaft darstellen, bei der jeder Gefangene in extremer Weise an seinen eigenen Vorteil denkt. Es werden sich deswegen immer wieder Mithäftlinge finden, die hoffen, für ihr Verfahren zu einem Vorteil zu kommen, wenn sie den Ermittlungsbehörden mitteilen, was ihnen ein Mitgefangener über dessen Verfahren tatsächlich oder vermeintlich gesagt hat.

Leider lehrt die Praxis, dass sowohl Ermittlungsbehörden als auch Gerichte durchaus geneigt sind, auf diese mehr als problematischen Zeugenaussagen zurückzugreifen und auch Verurteilungen hierauf zu stützen.

Deshalb kann leicht die Gefahr bestehen, dass Mithäftlinge versuchen könnten, die Akte des Mandanten einzusehen, und dann unter Anführung von Details aus der Akte zu behaupten, dass der Gefangene ihnen gegenüber die Tat gestanden habe. Der Verteidiger muss deshalb in jedem Einzelfall abwägen, ob bei einer Überlassung der Akten an den Mandanten Nutzen oder Gefahr überwiegt.

38 Ein anderes Problem bei **Aushändigung von Akten an den Mandanten** kann darin bestehen, dass die Akte Teile enthält, deren Inhalt die Ermittlungsbehörden (zumindest) dem Mandanten nicht offenbaren wollten. So ist denkbar, dass sich in der Akte ein noch **nicht vollzogener Haftbefehl** gegen den Mandanten befindet oder ein Hinweis auf eine demnächst **anstehende Durchsuchung**. Ob der Verteidiger seinen Mandanten auch hierüber informieren darf, ist noch immer nicht endgültig geklärt. In einer Entscheidung aus dem Jahre 1979 hat der BGH[36] eine solche Verteidigerhandlung für unzulässig erachtet.

Dieser Auffassung wird in Teilen der Literatur[37] bis heute zugestimmt. Andererseits hat der Strafrechtsausschuß der Bundesrechtsanwaltskammer in seiner These 51[38] erklärt, dass der Verteidiger befugt sei, seinen Mandanten über den gesamten Inhalt zulässigerweise eingesehener Akten zu unterrichten. Dies gelte insbesondere auch für noch nicht erledigte, aber von den Strafverfolgungsbehörden erkennbar beabsichtigte

---

35 BRAGO/v. Eicken, 14. Auflage, § 27 Rn 16.
36 BGHSt 29, 99.
37 Vgl. etwa LK/Ruß, § 258 StGB Rn 20 a; Beulke, die Strafbarkeit des Verteidigers Rn.42, der eine gute Übersicht über die Problematik gibt.
38 Vgl. BRAK, Thesen zur Strafverteidigung a,a.O.

Ermittlungsmaßnahmen, noch nicht vollstreckte Durchsuchungs- und Beschlagnahme-beschlüsse gegen den Mandanten und/oder gegen Dritte, einen noch nicht vollstreckten Haftbefehl gegen den Mandanten oder gegen einen Mitbeschuldigten.

Dabei wird vom Strafrechtsausschuß allerdings weiter ausgeführt, dass die grundsätzliche Befugnis zur Information („dürfen") von der Frage des „Sollens" scharf zu trennen sei. Der Verteidiger habe immer sorgfältig abzuwägen, ob er dem Mandanten – in dessen Interesse – informieren oder ausnahmsweise nicht informieren soll.[39] Auf dieser Linie gehen zwischenzeitlich auch zahlreiche weitere Stimmen in der Literatur von der Zulässigkeit der Weitergabe der erlangten Informationen aus.[40] Dabei wird auch darauf hingewiesen, dass der Verteidiger keine Filterfunktion habe.[41]

Leider ist ein Ende des Meinungsstreits nicht abzusehen. Dem Verteidiger kann angesichts der bestehenden Unsicherheit nur geraten werden, die weitere Entwicklung genau zu beobachten.

Eine weitere Beschränkung der Weitergabe von Informationen über den Akteninhalt kann sich bei sog. **Verschlußsachen** ergeben. Auch diesbezüglich hatte der BGH[42] entschieden, dass eine Weitergabe unzulässig ist, wenn sie vom Gericht untersagt wurde. Gleiches gilt, wenn der Verteidiger eine förmliche Verpflichtungserklärung unterzeichnet hat. Eine solche Erklärung kann folgenden Inhalts sein: **39**

▶ **Formularmuster**

Dienststelle
Bundeskriminalamt
Paul-Dickopf-Str. 2
Postfach 12 80
5309 Meckenheim

Verpflichtung

Name, Vorname: ....
Geburtsdatum: ....
wohnhaft in: ....

wurde heute im Hinblick auf die beabsichtigte Mitteilung einer amtlich geheimgehaltenen Angelegenheit (Verschlußsache) auf die Bestimmungen der §§ 93 bis 99 und 353b Abs. 2, 3 des Strafgesetzbuches hingewiesen. Er/sie wurde über die in Betracht kommenden Vorschriften zum Schutze von Verschlußsachen unterrichtet.

Ihm/ihr wurde u.a. mitgeteilt:
1. Niederschriften und Aufzeichnungen dürfen nur mit ausdrücklicher Genehmigung des Besprechungspartners/Verhandlungsleiters gefertigt und Unbefugten nicht zugänglich gemacht werden.

---

39 BRAK Thesen zur Strafverteidigung a.a.O.
40 Vgl. insofern die vorzügliche Auflistung bei Beulke, Rn 207.
41 Weihrauch, Verteidigung im Ermittlungsverfahren, Rn 84.
42 BGHSt 18, 369.

2. Er/Sie ist für die sichere Aufbewahrung der übergebenen Verschlußsache(n) sowie dafür verantwortlich, dass ihr Inhalt Unbefugten nicht zugänglich gemacht wird.

3. Vervielfältigungen jeder Art von Verschlußsachen sowie die Herstellung von Auszügen sind untersagt.

Herr/Frau
Name, Vorname: ....

ist hiermit zur Verschwiegenheit und zur Geheimhaltung von Verschlußsachen förmlich verpflichtet.

Ort, ... **Datum:** ....

Unterschrift des/der Verpflichteten
....

Unterschrift des/der Verpflichtenden
.... ◄

Ferner ist in diesem Zusammenhang fraglich, ob ein Verteidiger überhaupt gezwungen werden kann, sich nach der Verschlußsachenanweisung zu verpflichten. Zieger[43] führt dazu aus, dass es hierfür einer gesetzlichen Grundlage entbehrt. Ggf. könne im übrigen auch unter Hinweis darauf, dass dem Verteidiger neben seinen berufsrechtlichen Vorschriften insbesondere auch die einschlägigen Strafbestimmungen (hier §§ 93 ff., 203, 353b StGB) bekannt seien, ohne Unterschrift unter eine geforderte Verpflichtungserklärung Akteneinsicht erlangt werden. Die Frage einer Beschränkung des Umgangs mit den Akten stellt sich also möglicherweise nicht in der Schärfe.

40 *ee) Die Information von Dritten über den Akteninhalt.* Grundsätzlich ist es nicht verboten, auch dritten Personen Informationen über den Akteninhalt zu geben. Erste Voraussetzung hierfür ist allerdings, dass der Mandant einwilligt. Doch selbst dann ist größte Zurückhaltung anzuraten. Besteht nur entfernt die Gefahr, dass der Dritte die Akten mißbräuchlich verwenden wird, hat eine Weitergabe nicht zu erfolgen. Sind die dritten Personen sog. „Hilfspersonen der Verteidigung" (z.B. Sachverständige), ist eine Weitergabe unproblematisch, es darf sogar die komplette Fotokopie der Akten zur Verfügung gestellt werden. Anders verhält es sich bei Mitverteidigern. Diesen können nur solange Informationen aus der Akte zuteil werden, wie nicht ersichtlich ist, dass die Ermittlungsbehörden ihnen derzeit die Akteneinsicht aus Rechtsgründen versagen. Denn natürlich darf die Weitergabe der Akte nicht dazu dienen, den Versagungsgrund der Gefährdung des Untersuchungszwecks gem. § 147 Abs. 2 StPO zu unterlaufen.

2. Eigene Ermittlungen des Verteidigers

41 Eine sorgfältige Verteidigung zeichnet sich dadurch aus, dass der Verteidiger sich nicht passiv damit zufrieden gibt, welche Informationen an ihn herangetragen werden, sondern vielmehr **aktiv selbst tätig wird,** um so viele Informationen wie nur möglich als

---

43 Zieger, StV 95, 107.

Grundlage seiner Verteidigung zu erhalten. Denn es versteht sich von selbst, dass eine Verteidigung umso besser geplant werden kann, je mehr Informationen vorliegen. Der Verteidiger darf sich deshalb nicht damit begnügen, was er über seine beiden Hauptinformationsquellen (Bericht des eigenen Mandanten, Akteneinsicht) erfahren hat, sondern hat eigene Ermittlungen anzustellen, um weitere Informationen zu erhalten. Die Berechtigung des Verteidigers zu einem solchen Vorgehen ist selbstverständlich und stützt sich letztlich auf Art. 2 GG. Es gibt kein Ermittlungsprivileg, welches bei den Ermittlungsbehörden läge.[44] Es ist vielmehr darauf hinzuweisen, dass das Strafverfahrensrecht die Durchführung eigener Ermittlungen sogar ausdrücklich als notwendig und erforderlich ansieht. Dies lässt sich etwa an den §§ 222a II, 246 Abs. 2 StPO festmachen. Hier kann der Prozessbeteiligte unter Hinweis auf die Durchführung eigener Ermittlungstätigkeit eine Unterbrechung bzw. Aussetzung des Verfahrens beantragen. Obwohl somit die Frage des „Dürfens" und „Sollens" eigener Ermittlungstätigkeit des Verteidigers völlig unstreitig ist, muss der Verteidiger in der Praxis leider immer noch damit rechnen, dass er gelegentlich auf ein „Stirnrunzeln" von Staatsanwaltschaft und Gericht treffen kann, wenn er eigene Ermittlungshandlungen durchführt. In diesen Fällen kann nur geraten werden, mit den weiteren Beteiligten einmal ein grundsätzliches Gespräch über die Aufgaben und Rechte der Verteidigung zu führen.

Bei der Durchführung eigener Ermittlungen bietet sich in Anlehnung an das spätere Beweisverfahren die Informationsgewinnung durch Personenbefragung oder durch Sachinformationen an.

a) Informationsgewinnung durch Personenbefragung

aa) Vorheriger Verteidiger. Eine der wichtigsten Informationsquellen eröffnet sich für   42
den Verteidiger in den Verfahren, in denen er nicht von Beginn an eingeschaltet ist, mit der **Befragung des früheren Verteidigers**, soweit ein solcher vorhanden war.

Es wird bei der Übertragung eines Verteidigermandats immer wieder vorkommen, dass der Verteidiger nicht der erste Verteidiger im Mandat ist, sondern der Mandant zuvor schon einen Verteidiger beauftragt hatte und dieses Mandatsverhältnis beendet worden ist. Auch kann es vorkommen, dass das Mandatsverhältnis zu einem anderen Verteidiger aufrechterhalten bleiben soll und der Mandant lediglich jetzt einen weiteren Verteidiger zusätzlich beauftragt hat.

In allen diesen Fällen ist es nicht zuletzt aus Gründen der Informationsgewinnung zwingend, dass mit dem Kollegen **persönlich oder telefonisch Kontakt** aufgenommen wird, um den Stand des Verfahrens zu erörtern. Denn es ist nicht auszuschließen, dass der bisherige Verteidiger über Informationen verfügt, die sich nicht aus der Akte ergeben und auch dem Mandanten unbekannt sind. So kann beispielsweise der vorherige Verteidiger bereits Informationsgespräche mit der Polizei, der Staatsanwaltschaft oder sogar dem Gericht geführt haben, ohne dass sich hierüber ein Vermerk in der Akte befindet. Ebenso ist es möglich, dass der frühere Verteidiger es bislang unterlassen hatte, seinen Mandanten von einem solchen Gespräch in Kenntnis zu setzen. Selbst wenn er den Mandanten über ein solches Gespräch informiert haben sollte, kann es sein – was leider gar nicht einmal so selten vorkommt –, dass der Mandant die erteilten Informationen völlig falsch verstanden hat.

---

44 BGHSt 46, 53, 56.

Das Gespräch mit dem oder den anderen Verteidigern ist deshalb zwingend und es würde einen Kunstfehler darstellen, darauf zu verzichten. Grundvoraussetzung für die Durchführung eines ergiebigen Gesprächs ist jedoch eine korrekte Verhaltensweise gegenüber dem Kollegen. (Auch das Berufsrecht macht es dem Verteidiger zur Pflicht, bei Übernahme eines Mandates sich davon zu überzeugen, ob das bisherige Mandatsverhältnis beendet ist sowie den Kollegen zu informieren). In der Praxis ist leider immer wieder festzustellen – gerade in Zeiten des drastischen Anstiegs der Anwaltszahlen –, dass diese einfachen Spielregeln nicht eingehalten werden. So kommt es vor, dass Verteidiger die Übernahme des Mandats überhaupt nicht anzeigen. Andere zeigen zwar die Übernahme des Mandats an, erklären jedoch im gleichen Schriftsatz an den Kollegen nunmehr *„im Namen und Auftrag des Mandanten"* die Kündigung des alten Mandatsverhältnisses. Eine weitere Variante besteht auch darin, im Schriftsatz die Übernahme des Mandats zu erklären und gleichzeitig mitzuteilen, dass der Mandant *„gebeten"* habe, das in der Anlage beigefügte Schreiben zu überreichen, wobei die *„Anlage"* aus einem abgerissenen karierten Zettel besteht, auf dem der (meist inhaftierte) Mandant mitteilt, dass er kündige.

Abgesehen davon, dass all diese anwaltlichen Verhaltensweisen schlicht unzulässig sind, fördern sie natürlich auch nicht das ergiebige Gespräch mit einem so behandelten Kollegen. Wenn schon nicht aus anderen Gründen, sollte der Verteidiger aus eigenem Interesse zur Vorbereitung des vernünftigen Gesprächs mit dem Kollegen diesen auch richtig behandelt haben. Natürlich wird sich kein Verteidiger darüber freuen, wenn er ein Verteidigermandat verliert. Auf der anderen Seite ist jedem mit diesem Gebiet vertrauten Rechtsanwalt bewusst, dass es gerade bei der Abwicklung eines Strafverteidigermandates besonders „menscheln" kann. Die Beendigung eines Mandatsverhältnisses wird deshalb häufig weniger in den mangelnden Fähigkeiten eines Verteidigers begründet liegen, sondern vielmehr durch eine Störung im emotionalen Bereich zwischen Verteidiger und Mandant. Weil dieses so ist, wird es bei einem häufig im Strafrecht tätigen Rechtsanwalt auch immer wieder dazu kommen, dass sowohl neue Mandate hinzugewonnen werden als auch einmal Mandate verloren gehen können. Ein solcher Rechtsanwalt wird deshalb auch ohne Weiteres bereit dazu sein, einem neuen Verteidiger auf dessen Bitten hin Informationen über den bisherigen Ablauf zu geben, vorausgesetzt, dass man ihn vorher vernünftig behandelt hat.

Vor diesem Hintergrund sind deshalb bei der Information an den vorherigen Verteidiger folgende **Grundregeln** zu beachten:

Zum einen sollte der andere Verteidiger so früh wie möglich von der Mandatsantragung informiert werden. Zum anderen gilt, dass den neuen Verteidiger lediglich zu interessieren hat, ob das Mandatsverhältnis mit dem bisherigen Verteidiger fortbesteht oder nicht. Innerhalb des Mandatsverhältnisses zwischen dem anderen Strafverteidiger und dem Mandanten hat er jedoch nicht herumzuwerfen, also etwa – wie oben angesprochen – für den Mandanten dem früheren Verteidiger zu kündigen.

Ebenso würde eine Aufforderung an den vorherigen Strafverteidiger, nun den noch nicht abgearbeiteten Vorschußbetrag an ihn weiterzuleiten, nur von schlechtem Stil zeugen. Gute Übung sollte es hingegen sein, beim Mandanten darauf zu achten, dass er die berechtigten Honorarforderungen des vorher tätigen Verteidigers ausgleicht. Der Verteidiger sollte daran denken, dass er auch selbst einmal in die Situation kommen kann, in der er auf entsprechende Hilfe von Kollegen angewiesen ist.

▶ Zur Information über die neue Mandatserteilung an den anderen Kollegen emp-   43
fehlen sich deshalb folgende Schreiben:

■ **Formular:**
(Bei Neuerteilung des Mandats an den Verteidiger; Mandant hat erklärt, dass
das bisher bestehende Mandatsverhältnis beendet sei)

Herrn Rechtsanwalt
Peter Meier
Adresse

Strafverteidigungsmandat Paul Schulze

Sehr geehrter Herr Kollege,

Herr Schulze hat mich mit seiner Verteidigung beauftragt. Er teilte mir gleichzeitig mit, dass das bislang mit Ihnen bestehende Mandatsverhältnis beendet worden sei. Ich gehe daher davon aus, dass einer Übernahme des Mandats durch
mich Ihrerseits keine Bedenken entgegenstehen und bitte anderenfalls um
Nachricht.

Mit freundlichen, kollegialen Grüßen

Rechtsanwalt

■ **Formular:**
(Mandant hat dem Strafverteidiger zusätzlich zum bisherigen Verteidiger einen
Mandatsauftrag erteilt)

Herrn Rechtsanwalt
Peter Meier
Adresse

Strafverteidigermandat Paul Schulze

Sehr geehrter Herr Kollege,

Herr Schulze hat mich mit der Übernahme seiner Verteidigung neben dem bis-
her mit Ihnen bestehenden Verteidigermandat beauftragt. Ich hoffe, dass Sie
hiermit einverstanden sind und bitte anderenfalls um Nachricht.
Ich werde mir erlauben, Sie in dieser Sache kurzfristig einmal anzurufen.
Mit freundlichen, kollegialen Grüßen
Rechtsanwalt ◀

bb) Weitere Zeugen. Auch bei weiteren Personen, die dem Verteidiger als möglicher-   44
weise verfahrensbedeutsam bekannt wurden, hat er die Möglichkeit, eine persönliche
Befragung in Erwägung zu ziehen.
Personen, die zur Sachverhaltsaufklärung etwas beitragen können, sollten **nicht ohne
vorherige Überprüfung** durch den Verteidiger im Wege einer Beweisanregung oder
eines Beweisantrages in das Verfahren eingeführt werden. Der Verteidiger muss sich
vielmehr aus eigener Überprüfung der jeweiligen Person eine bessere Grundlage für
die Einschätzung von deren Informationsqualität schaffen. Ungeprüfte Beweisanregun-

gen an die Ermittlungsbehörden oder das Gericht können gefährliche Eigentore werden. So dürfte es ein Verteidiger-Alptaum sein, wenn etwa ein zynisch begabtes Gericht in seinen Urteilsfeststellungen ausführen würde, dass es nicht zuletzt aufgrund der von der Verteidigung beantragten Beweiserhebung nunmehr restlos von der Schuld des Angeklagten überzeugt sei.

Eine Überprüfung ist also wichtig. Hierbei sollte aber grundsätzlich zwischen Personen unterschieden werden, die bereits von der Ermittlungsbehörde vernommen worden sind und noch nicht vernommenen Personen.

Auch bei **bereits vernommenen Personen** kann an eine Überprüfung der Aussage durch den Verteidiger durch Befragung gedacht werden. Dieses Thema könnte sich beispielsweise stellen, wenn dem Verteidiger mitgeteilt worden ist, dass die bereits als Zeuge vernommene Person nunmehr ihre Aussage widerrufen oder modifizieren möchte. Ein solches Gespräch wäre für den Verteidiger grundsätzlich zulässig, denn verboten ist ihm lediglich das unlautere Einwirken auf einen Zeugen. Eine andere Frage ist aber, ob ein solches Gespräch sinnvoll sein kann. Denn von der Frage der Zulässigkeit ist die Frage taktisch richtigen Verhaltens zu trennen. Es darf nicht übersehen werden, dass gerade ein Strafverfahren in besonders starkem Maß auch psychologisch ausgeprägt ist. Und unter diesem Gesichtspunkt verbietet sich jedes Gespräch mit einer bereits vernommenen Person. Bei einem solchen Gespräch wird – unausgesprochen oder ausgesprochen – von Seiten der anderen Prozessbeteiligten immer die Vermutung gehegt werden, der Verteidiger habe den Kontakt überhaupt nur gesucht, um den Zeugen von seiner bereits getätigten Aussage abzubringen. Kommt es gar zu einem Widerruf der Aussage, liegt die Gefahr einer Unterstellung dahingehend sehr nahe, dass dies auf Betreiben von Verteidigerseite erfolgt ist. Dies wird aber nicht nur die Bedeutung des Widerrufs entwerten, sondern auch dazu führen, dass das Verfahren fortan von gegenseitigem Mißtrauen geprägt ist.

45 In derartigen Fällen empfiehlt es sich deshalb, lieber auf eine persönliche Befragung zu verzichten und lediglich die Ermittlungsbehörden oder das Gericht in Kenntnis davon zu setzen, dass bekannt sei, dass die genannte Person ihre Aussage korrigieren oder modifizieren wolle und deshalb die erneute Einvernahme durch die Ermittlungsbehörden oder das Gericht zu beantragen.

Soweit es im speziellen Einzelfall möglich ist, sollte dabei versucht werden, die richterliche Einvernahme zu erreichen, weil dies den Vorteil hätte, dass dann der Verteidiger hierbei anwesend sein könnte und ein eigenes Fragerecht hätte.

Ein anderes Vorgehen empfiehlt sich hingegen bei noch **nicht vernommenen Personen**. Wie bereits oben angesprochen, muss der Verteidiger bei der Benennung von Zeugen sicher sein, ob deren Aussage überhaupt vorteilhaft für den Mandanten sein kann. Auch hier ist stets die psychologische Seite zu bedenken. Natürlich darf das Mißlingen eines Beweisantrags der Verteidigung nicht in einen Schuldnachweis umgedeutet werden. Dennoch lehrt die Praxis, dass diese Neigung bei den Ermittlungsbehörden oder Gerichten bestehen kann. So kann etwa aus dem Mißlingen des Alibibeweises durch einen Zeugen nicht auf die Täterschaft des Beschuldigten geschlossen werden. Dennoch darf der Verteidiger die Gefahr, dass das Gericht einer solchen Versuchung nachgeben könnte, nicht gering schätzen.

Eine anders liegende psychologische Gefahr kann im übrigen auch darin bestehen, dass der Verteidiger Personen als Zeugen benennt, die zwar nichts Verfahrensförderndes beizutragen haben, dafür aber gerne viel erzählen. Hier kann der Eindruck entstehen, dass die Verteidigung entweder mit ihrer Weisheit am Ende ist, wenn sie auf derartig unerhebliche Beweismittel zurückgreift oder aber sogar verfahrensverzögernd[45] wirken will. Der Verteidiger muss sich deshalb darüber im klaren sein, was ihn bei einer von ihm bewirkten Zeugenaussage erwartet.

Hierzu kann er dem möglichen Zeugen entweder auf schriftlichem Weg Fragen stellen oder aber selbst mit ihm sprechen. Die lediglich schriftliche Korrespondenz sollte dabei die Ausnahme bleiben, weil es wichtig ist, nicht nur einen Eindruck von der Glaubhaftigkeit der Aussage, sondern auch von der Glaubwürdigkeit des Zeugen zu gewinnen. Das persönliche Kennenlernen des Zeugen sollte deshalb immer im Vordergrund stehen.

Entschließt sich der Verteidiger zur Durchführung eines persönlichen Gesprächs mit einem **möglichen Zeugen**, sollte er nicht zuletzt wegen des grundsätzlichen Mißtrauens der anderen Prozessbeteiligten bei einer solchen Handlung[46] alles vermeiden, was im weiteren Sinne anrüchig wirken könnte. Ort des Gesprächs hat nach Möglichkeit die Anwaltskanzlei zu sein und nicht etwa „die hintere Ecke der örtlichen Bahnhofsgaststätte". Der mögliche spätere Zeuge sollte telefonisch oder schriftlich zu dem Gespräch gebeten werden. Dabei sollte er darauf hingewiesen werden, dass dieses Gespräch zulässig ist und nichts Verbotenes geschieht. Gerade weil hierüber Unkenntnis herrscht, sollte der mögliche Zeuge auch darüber aufgeklärt werden, dass er auf entsprechende Fragen Dritter bitte wahrheitsgemäß antwortet und deshalb auch nicht leugnen möge, dass ein Gespräch mit dem Verteidiger stattgefunden hat. Beim Gespräch selbst hat der eigene Mandant nichts zu suchen. Anwesend sein sollten lediglich der mögliche Zeuge und der Verteidiger, wobei dieser in besonderen Fällen daran denken kann, als Gesprächszeugen einen weiteren Mitarbeiter des Büros hinzuzubitten. Am Anfang des Gesprächs sollte die Gesprächsperson darüber belehrt werden, dass sie zwar dem Anwalt gegenüber nicht zur Wahrheit gegenüber verpflichtet ist, jedoch das Gespräch zur Beurteilung dient, ob eine gerichtliche Aussage erfolgen soll und dort die Wahrheitspflicht mit den entsprechenden Sanktionen besteht.

Anschließend sollte der weitere Verlauf des Gesprächs erläutert werden. Der Verteidiger sollte über den wesentlichen Inhalt des Gesprächs einen **Aktenvermerk** fertigen und den Gesprächspartner bitten, diesen zum Beweis, dass die Aktennotiz den Gesprächsinhalt richtig wiedergibt, zu **unterzeichnen**. Damit steht dem Verteidiger eine genügende Absicherung zur Verfügung, mit der er ggf. belegen kann, was der Zeuge ihm im Gespräch erklärt hat. Unzulässig wäre es hingegen, vom Zeugen zu verlangen, eine vom Verteidiger entworfene eidesstattliche Versicherung über den Inhalt des Gesprächs zu unterzeichnen. Die Abnahme eidesstattlicher Versicherungen ist nur dann zulässig, wenn das Gesetz sie in besonderen Verfahrensformen, zum Beispiel als Mittel der Glaubhaftmachung, vorsieht.[47]

Hat der Verteidiger einen entsprechenden **unterschriebenen Aktenvermerk** des möglichen Zeugen erlangt, so kommen damit unterschiedliche Verwendungsmöglichkeiten in Betracht. Zum einen kann daran gedacht werden, den Aktenvermerk mit einem ent-

46

---

45 Gerade dies ist ein Verdacht, der bei vielen Gerichten sehr schnell aufkeimt.
46 Vgl. oben.
47 Weihrauch, Verteidigung im Ermittlungsverfahren, Rn 112, Dahs/Dahs, Handbuch des Strafverteidigers, Rn 168.

sprechenden Beweisantrag, den Zeugen zu diesem Thema zu vernehmen, an die Ermittlungsbehörden oder das Gericht zu senden. Der Vorteil dieser Vorgehensweise liegt darin, dass gleichzeitig mit dem Antrag bereits eine entlastende Aussage zur Akte gegeben wird. Das frühzeitige Anfüllen der Ermittlungsakte auch mit entlastenden Sachverhalten ist sehr wichtig.[48]

Zum anderen kann auch daran gedacht werden, im Rahmen einer späteren Zeugenvernehmung des Gesprächspartners den Aktenvermerk als Sicherheit zu verwenden. Denn für den Fall, dass der Zeuge in seiner späteren Vernehmung etwas anderes erklärt, kann zumindest durch den unterzeichneten Aktenvermerk belegt werden, dass er bei seiner Aussage gegenüber dem Anwalt etwas völlig anderes behauptet hat und daher seine Aussage mit Vorsicht zu genießen ist.

Eine weitere Möglichkeit besteht darin, den Aktenvermerk in der Akte lediglich zu „parken" und nur im Eventualfall bzw. überhaupt nicht davon Gebrauch zu machen. Denn denkbar ist natürlich auch, dass dieses anwaltliche Informationsgespräch mit dem möglichen Zeugen ergibt, dass dessen Aussage nicht nur unergiebig ist, sondern sogar dem Mandanten gefährlich werden kann.

In einem solchen Fall besteht natürlich keine Verpflichtung zur Weitergabe des Aktenvermerks an die Ermittlungsbehörden oder das Gericht. Teilt allerdings der mögliche Zeuge nach dem für den Mandanten belastenden Gespräch dem Verteidiger mit, dass er nunmehr beabsichtige, sich an die Ermittlungsbehörden zu wenden, darf der Verteidiger ihn nicht davon abhalten.

Anders verhält es sich lediglich bei den Personen, denen ein Zeugnisverweigerungsrecht (z.B. § 52 StPO) oder ein Auskunftsverweigerungsrecht (§ 55 StPO) zusteht. Hier wäre es zulässig, dass der Verteidiger, wenn er aus dem Gespräch Belastendes über seinen Mandanten erfahren hat, die verweigerungsberechtigten Personen nicht nur über das ihnen zustehende Verweigerungsrecht aufklärt, sondern sie darum bittet, von diesem Recht Gebrauch zu machen,[49] wobei darauf hinzuweisen ist, dass der Verteidiger gerade bei einem Gespräch mit verweigerungsberechtigten Zeugen ein besonderes Verantwortungsgefühl an den Tag zu legen hat. Der Verteidiger ist nicht dazu berufen, rücksichtslos die Interessen seines eigenen Mandanten durchzusetzen. Ergibt sich aus dem Gespräch mit dem Zeugen, dass dieser möglicherweise bei Ausübung/Nichtausübung des Verweigerungsrechts eigene Nachteile erleiden könnte, sollte das Gespräch nicht einfach fortgesetzt werden. Dem Zeugen sollte vielmehr empfohlen werden, selbst anwaltliche Beratung in Anspruch zu nehmen, damit er ausloten kann, welche Vorgehensweise **für den Zeugen** die sinnvollere ist. Ist der Zeuge anwaltlich beraten, steht sodann einem Gespräch mit dem anderen Rechtsanwalt über eine Entscheidung zum Aussageverhalten des Zeugen nichts im Weg.

An dieser Stelle sei auch darauf hingewiesen, dass bei einem zeugnisverweigerungsberechtigten Zeugen i.S.d. § 52 StPO vom Verteidiger bedacht werden muss, dass einer späteren Verwertung der Aussage in der Hauptverhandlung nach Ansicht des BGH die spätere Berufung auf das Zeugnisverweigerungsrecht und damit § 252 StPO entgegenstehen kann.[50]

---

48 Vgl. Ausführungen bei § 4 Rn 1.
49 Vgl. näher hierzu unten bei § 4 Rn 51.
50 BGH NStZ 01, 49 ff. m. Anm. Schittenhelm.

▶ **47**

■ **Formular:**
(Schriftliche Zeugenbefragung)

Herrn
Hermann Maier
Adresse

Strafverfahren gegen Hubert Müller

Sehr geehrter Herr Maier,

als Verteidiger von Herrn Müller erlaube ich mir, mich heute an Sie zu wenden. Herrn Müller wird zur Last gelegt, am 10.06.2000 in der Neuhauser Straße in München einen Diebstahl begangen zu haben.[51]
Mir wurde mitgeteilt, dass Sie möglicherweise zu diesem Sachverhalt Angaben machen können. Ich bitte deshalb um Beantwortung folgender Fragen:
1. Haben Sie mit Herrn Müller im Verlauf des letzten Jahres einen Darlehensvertrag über DM 10.000,00 geschlossen?
2. Soweit dies der Fall ist, gibt es darüber eine schriftliche Vereinbarung, die Sie mir zur Verfügung stellen können?

Die Beantwortung dieser Fragen soll der Vorbereitung einer sachgerechten Verteidigung von Herrn Müller dienen. Selbstverständlich sind Sie nicht zur Beantwortung verpflichtet. Ich bitte aber zu bedenken, dass jeder einmal in die Situation kommen kann, beschuldigt zu werden und dann sicherlich froh wäre, wenn er die Möglichkeit hat, sich durch wahrheitsgemäße Zeugenaussagen zu entlasten.
Ich wäre Ihnen deshalb für Ihre Mithilfe sehr dankbar und bitte auch zu bedenken – ohne dass Sie hierin ein Mißtrauen Ihnen gegenüber sehen mögen –, dass Sie bei einer möglichen Aussage vor Gericht der Pflicht zur Wahrheit unterliegen werden.
Natürlich können Sie mich auch jederzeit anrufen, wenn Sie noch Fragen zu meinem Brief haben.

Mit freundlichen Grüßen

Rechtsanwalt

■ **Formular:** **48**
(Einladung zu einer persönlichen Befragung)

Herrn
Hermann Maier
Josefstraße 11
80331 München

---

51 Nachdem ein Zeuge bei richterlichen Vernehmungen gem. § 69 Abs. 1 2 StPO über den Untersuchungsgegenstand zu unterrichten ist, erscheint es sinnvoll, dies auch in einem entsprechenden Anschreiben für die anwaltliche Befragung bekanntzugeben.

Strafverfahren gegen Hubert Müller

Sehr geehrter Herr Maier,

als Verteidiger von Herrn Müller erlaube ich mir, mich heute an Sie zu wenden. Herrn Müller wird zur Last gelegt, am 10.06.2000 in der NeuhauserStraße in München einen Diebstahl begangen zu haben.
Mir wurde mitgeteilt, dass Sie möglicherweise zu diesem Sachverhalt Angaben machen können. Ich möchte deshalb gerne überprüfen, inwieweit Sie als Zeuge in Betracht kommen und würde deshalb gerne mit Ihnen ein Gespräch führen. Hierzu bitte ich Sie um Rückruf und Vereinbarung eines Besprechungstermins. Selbstverständlich sind Sie nicht dazu verpflichtet, sich mit mir zu unterhalten. Bedenken Sie aber bitte, dass jeder einmal in die Situation kommen kann, beschuldigt zu werden und dann sicherlich froh wäre, wenn er die Möglichkeit hat, sich durch wahrheitsgemäße Zeugenaussagen zu entlasten. Ich wäre Ihnen deshalb sehr dankbar, wenn Sie mit meinem Gesprächsvorschlag einverstanden sind. Darauf hinweisen möchte ich noch, dass die Zeugenbefragung durch die Verteidigung absolut zulässig ist.

Mit freundlichen Grüßen

Rechtsanwalt

49   ■ **Formular:**
(Aktenvermerk über die Zeugenbefragung)

Hubert Müller
wegen Verdachts des Diebstahls

A k t e n v e r m e r k:

Heute, am 10.08.2000 erscheint Herr Hermann Maier nach telefonischer Bitte von mir in meinem Büro. Er wurde von mir darauf hingewiesen, dass er nicht dazu verpflichtet ist, mit mir zu sprechen, ich aber die Berechtigung habe, Zeugen informatorisch zu befragen.
Der Zeuge gab seine Personalien wie folgt an:
...
Ich habe Herrn Maier darüber aufgeklärt, dass ihn als Zeugen vor Gericht die Wahrheitspflicht trifft. Ferner habe ich ihn über mögliche bestehende Zeugnisverweigerungsrechte und Auskunftsverweigerungsrechte aufgeklärt. Herr Maier erklärte mir, dass er nicht beabsichtige, von diesen Rechten Gebrauch zu machen. Ich erklärte Herrn Maier darüber hinausgehend, dass ich beabsichtige, über unser Gespräch einen Aktenvermerk zu fertigen und ihn bitten werde, zum Beweis, dass dieser Aktenvermerk den Inhalt unseres Gesprächs zutreffend wiedergibt, diesen zu unterzeichnen. Herr Maier erklärte sich mit dieser Vorgehensweise einverstanden.

Zur Sache erklärte Herr Maier:

...

München, den 10.08.2000

....

Unterschrift von Hermann Maier

■ **Formular:**   50
(Verwertung des Aktenvermerks)

Staatsanwaltschaft München I
Adresse

Az.: 323 Js ....
Hubert Müller
wegen Verdachts des Diebstahls

Sehr geehrter Herr Staatsanwalt Huber,

das Ermittlungsverfahren gegen Herrn Müller

b e a n t r a g e

ich gemäß § 170 Abs. 2 StPO mangels Tatverdachts einzustellen.
Ich hatte die Möglichkeit, den Zeugen Hermann Maier informatorisch zu befragen. Über dieses Gespräch habe ich einen Aktenvermerk gefertigt, den ich in der

Anlage

beifüge.
Herr Maier hat diesen Aktenvermerk unterzeichnet zum Beweis, dass er den Inhalt unseres Gesprächs richtig wiedergibt.
Wie aus dem Inhalt des Aktenvermerks zu ersehen, wird durch die Bekundungen des Zeugen Maier Herr Müller vollständig entlastet, so dass das Verfahren einstellungsreif ist.
Soweit Sie diese Auffassung nicht teilen, stelle ich den

A n t r a g ,

Herrn Maier richterlich vernehmen zu lassen.
Mit freundlichem Gruß

Rechtsanwalt◄

Ein **Sonderproblem** stellt die Frage dar, ob der Verteidiger aus verfahrenstaktischen   51
Erwägungen beim Gespräch mit einem **Zeugen** versuchen darf, auf diesen zugunsten
seines Mandanten **einzuwirken**.
Dies ist zu bejahen, soweit es sich um prozessual zulässige Verfahrensweisen handelt.
Der Verteidiger darf sowohl Zeugen darüber aufklären, welche Verweigerungsrechte
ihnen zustehen als sie auch ausdrücklich bitten, von diesen Rechten Gebrauch zu ma-

chen.[52] Genauso darf auch mit einem Mitbeschuldigten bzw. dessen Verteidiger die Ausübung des Schweigerechts erörtert werden.[53]

Ebenso ist es erlaubt und in den meisten Fällen sogar besonders empfehlenswert, Kontakt mit einem möglichen Anzeigerstatter oder einem Strafantragsteller aufzunehmen, um darauf hinzuwirken, dass die Anzeige oder der Antrag unterbleibt bzw. im Falle eines Strafantragsdelikts ggf. zurückgenommen wird. Dabei sollte zumindest bei einem nicht anwaltlich vertretenen Strafantragsteller aber aus Gründen der Fairness auf die Möglichkeit hingewiesen werden, dass bei einer Rücknahme vereinbart werden kann, dass gemäß § 470 S. 2 StPO der Mandant etwa anfallende Kosten übernimmt.

Weil es in der Natur der Sache liegt, dass solche Gespräche heikel werden können, sollte der Verteidiger sehr behutsam vorgehen und bereits den Schein unlauteren Handelns vermeiden. Besteht Anlass zur Sorge, dass die Bemühungen des Verteidigers später in einem anderen Licht erscheinen könnten, sollte dafür gesorgt werden, dass entweder ein Zeuge an den Kontaktaufnahmen teilnimmt oder aber diese schriftlich eingeleitet werden. Die Fertigung eines Aktenvermerks über eine solche Gesprächsaufnahme wird eher weniger nützen, weil dieser lediglich einseitig wiedergibt, was der Ersteller des Vermerks aus seiner Sicht behauptet getan zu haben.

Gelegentlich wird sich die Frage stellen, ob im Rahmen einer Empfehlung an den Zeugen auch finanzielle Mittel eingesetzt werden können. Hier kann nur zu allergrößter Vorsicht geraten werden. Die Thesen zur Strafverteidigung der BRAK sprechen davon, dass finanzielle Zuwendungen, bei denen zwischen Grund und Höhe der Zuwendung einerseits und dem vom Berechtigten durch die Straftat erlittenen Schaden andererseits keine Konnexität, kein sachlicher und angemessener Zusammenhang bestünde, in jedem Fall zu unterlassen seien.[54] Dieser Auffassung kann man sicherlich zustimmen, es erscheint aber wichtig, die Grenze noch sehr viel enger zu ziehen. Zulässig ist es sicher noch, die Übernahme von Kosten eines Dritten bei verfahrensrechtlich zulässigen Anträgen zu vereinbaren, bei denen den Dritten aber Kostenfolgen treffen würden.[55]

Zulässig ist es auch, dem Zeugen für das Gespräch beim Rechtsanwalt einen Ersatz der tatsächlichen Auslagen anzubieten, soweit es sich nicht um eine Vergütung handelt.[56]

Problematisch ist aber alles, was darüber hinausgeht. Das Versprechen der Zahlung eines Geldbetrages für ein bestimmtes Aussageverhalten ist zweifellos unzulässig. Denn die Trübung der Beweisquelle wird durch das Versprechen eines Honorars für eine Aussage fast immer bewirkt werden.[57]

Man muss bereits nicht so weit gehen, nur das „wie" einer Aussage in Verbindung mit einer Honorierung für unzulässig zu halten. Denn schon das „ob" einer Zeugenaussage darf nicht mit einer Honorierung gekoppelt werden. So ist es zwar ohne weiteres zulässig, den Zeugen zu bitten, von einem ihm zustehenden Verweigerungsrecht Gebrauch zu machen; hierfür aber einen Geldbetrag zu versprechen, überschreitet diesen Rahmen. Denn hierdurch wird bereits auf die Freiheit der Willensentschließung in unlauterer Weise eingewirkt.

---

52 Vgl. oben bei § 4 Rn 44 ff. und These 29 der BRAK.

53 These 32, a.a.O.

54 These 28, a.a.O.

55 Vgl. oben sowie § 470 StPO.

56 Weihrauch, Verteidigung im Ermittlungsverfahren, Rn 107.

57 Dahs/Dahs, Handbuch des Strafverteidigers, Rn 180.

Problemfälle können auftreten, wenn der Verteidiger versucht, zur Befriedung der An-   52
gelegenheit neben dem Strafverfahren die **zivilrechtliche Seite** zu klären. Diese Vorgehensweise ist grundsätzlich möglich und auch empfehlenswert, weil dadurch gerade
auch im Hinblick auf eine mögliche Strafzumessung positive Wirkungen erreicht werden können.

Denn es stellt immer einen großen Pluspunkt dar, wenn erklärt werden kann, dass eine
zivilrechtliche Bereinigung der Angelegenheit durch eine Einigung mit den anderen
Verfahrensbeteiligten bereits erfolgt sei.

Allerdings muss auch bei diesen Vergleichen peinlichst vermieden werden, das Aussageverhalten eines Zeugen mit aufzunehmen. Denn hier ist dann der Weg zur Strafvereitelung nicht weit.[58]

Gerade beim Abschluss zivilrechtlicher Vergleiche mag für den Verteidiger als Anhaltspunkt gelten, ob der Vergleich geeignet ist, gerichtskundig gemacht zu werden.
Sollte dies nicht der Fall sein, ist vom Abschluss eher abzusehen.[59]

b) Der Sachverständige

Der Verteidiger sollte sich darüber im klaren sein, dass **Sachverständige** im Strafver-   53
fahren Schlüsselpositionen besetzen. Gerade wenn ein Sachverständiger die Position
der Anklage stützt, wird ein Gericht nur in Ausnahmefällen von sich aus dazu bereit
sein, dem Sachverständigengutachten nicht zu folgen. Die Frage des „richtigen" oder
„falschen" Sachverständigen entscheidet deshalb eine Vielzahl von Prozessen.

Obwohl dies so ist, ist immer wieder verwunderlich, wie wenig der Sachverständigen-
bereich in die Bearbeitung durch den Verteidiger einfließt. Dabei werden Chancen vertan. Denn durch eigene Ermittlungstätigkeit des Verteidigers zum Sachverständigenbeweis kann in mehrfacher Hinsicht etwas bewirkt werden.

Die Ermittlungstätigkeit des Verteidigers im Hinblick auf den Sachverständigen beginnt günstigstenfalls zu einem Zeitpunkt, in dem es noch überhaupt keinen Sachverständigen im Verfahren gibt. Dem Verteidiger sollte bewusst sein, dass für ihn die
Möglichkeit besteht, selbst auf die **Auswahl des Sachverständigen** im Verfahren Einfluss zu nehmen. Gemäß den für die Ermittlungsbehörden verbindlichen Richtlinien für
das Strafverfahren und das Bußgeldverfahren (RiStBV) hat der Staatsanwalt während
des Ermittlungsverfahrens dem Verteidiger Gelegenheit zu geben, vor Auswahl eines
Sachverständigen Stellung zu nehmen, soweit es sich nicht um einen häufig wiederkeh-
renden, tatsächlich gleichartigen Sachverhalt handelt oder eine Gefährdung des Untersuchungszwecks oder eine Verzögerung des Verfahrens zu besorgen ist (Nr. 70
RiStBV).[60]

Diese Vorschrift wird in der Praxis von Staatsanwälten häufig übersehen. Es empfiehlt
sich deshalb, dass der Verteidiger bereits bei Beginn des Ermittlungsverfahrens Über-

---

58 Vgl. zum Ganzen ausführlich BGH StV 00, 427; hier war der zivilrechtliche Vergleich auch noch unter der auf-
    schiebenden Bedingung eines genauer definierten positiven Prozessausgangs geschlossen worden.

59 Durchgehend gilt dies allerdings auch wiederum nicht. Es sind Fälle denkbar, in denen es wenig ratsam wäre,
    einen zulässigen Vergleich im Strafverfahren bekanntzumachen. So könnte etwa in einem Betrugsverfahren das
    Gericht geneigt sein, im Hinblick auf die hohen zivilrechtlichen Forderungen des Geschädigten eine moderate
    Geldstrafe oder Bewährungsauflage zu verhängen, was sich dann ändern könnte, wenn bekannt würde, dass
    sich Täter und Opfer auf eine Vergleichsquote von 10 % der Forderung geeinigt haben.

60 Vgl. auch Ausführungen bei § 15 Rn 41.

legungen anstellt, ob im Strafverfahren mit der Beauftragung von Sachverständigen zu rechnen sein wird. Ergibt sich aus den dem Verteidiger vorliegenden Informationen – im Regelfall wird er zu diesem Zeitpunkt die Ermittlungsakte noch nicht eingesehen haben –, die Existenz medizinischer, technischer oder wirtschaftswissenschaftlicher Fragestellungen kann er fast sicher mit der Beauftragung eines Sachverständigen rechnen. Bei bestimmten Verfahrensarten ist die Sachverständigenbeauftragung sogar zwangsläufig. So ist ein Umwelt- oder ein Kapitalstrafverfahren ohne die Mitwirkung von Sachverständigen fast nicht denkbar.

Dem Verteidiger ist deshalb zu raten, bei entsprechender Wahrscheinlichkeit einer Sachverständigenbeauftragung von sich aus den **Kontakt mit dem zuständigen Staatsanwalt** zu suchen und sich mit ihm darüber zu verständigen, welcher Sachverständige ggf. beauftragt werden könnte. Zwar hat der Staatsanwalt in diesem Stadium des Verfahrens bei seiner Beauftragung das letzte Wort. Dennoch zeigt sich immer wieder, dass viele Staatsanwaltschaften einem solchen Gespräch – wenn es erst einmal von Verteidigerseits initiiert worden ist – sehr aufgeschlossen gegenüberstehen.

54 Voraussetzung für ein erfolgreiches Gespräch ist allerdings die Kenntnis des Verteidigers über die **Güte und Qualität einzelner Sachverständiger.** Hierbei ist insbesondere darauf zu achten, ob der Sachverständige aus dem richtigen Fachgebiet gewählt wird. Dabei kann leider nicht darauf vertraut werden, dass ein Sachverständiger selbst erklären wird, für einen bestimmten Bereich nicht kompetent zu sein.

Denn gerade häufiger bei Gericht auftretende Sachverständige neigen ab und an dazu, sich auch in Bereichen für sachverständig zu halten, die nicht ihr Sachgebiet umfassen. So kann es etwa zweifelhaft sein, ob Fragen der Schuldfähigkeit nur durch einen Psychiater oder Neurologen geklärt werden können, oder ob dies auch ein Psychologe vermag.[61]

Bei der Blutalkoholbestimmung kann hingegen jeder Sachverständige herangezogen werden, der auf diesem Spezialgebiet über ausreichende Erfahrung verfügt, um einen Arzt muss es sich nicht handeln.[62] Andererseits ist dann, wenn keine Blutprobe entnommen worden ist und der Blutalkoholgehalt aufgrund der angegebenen Trinkmenge zu errechnen ist, die Gutachtenerstattung nur über einen erfahrenen medizinischen Sachverständigen möglich.[63]

Verkehrsunfallanalytiker dürfen sich wiederum nicht zu den durch einen Verkehrsunfall mutmaßlich verursachten Verletzungen und Langzeitschäden äußern.

55 Ein besonderes Problem bei der Auswahl des richtigen Sachverständigen stellen vielerorts die **Landgerichtsärzte** dar. Nicht zuletzt wegen ihrer schnellen Verfügbarkeit sind sie bei den Ermittlungsbehörden und den Gerichten gleichermaßen geschätzt. Nach einem Zitat von Mauz sind sie Männer, die das ganze Wissen der Zeit in sich vereinen,[64] womit die ganze Problematik ihrer Beauftragung schon trefflich beschrieben ist.

Es kommt aber nicht nur auf die Bestimmung des richtigen Fachgebiets an. Ebenso entscheidend ist die Auswahl des richtigen Sachverständigen innerhalb des jeweiligen Fachgebiets. Der Verteidiger muss sich deshalb darüber informieren, welcher Sachverständige welcher Lehrmeinung anhängt und sich darüber Gedanken machen, welche

---

61 Meyer-Goßner, § 73 Rn 8 mit Überblick über den Streitstand.
62 Vgl. auch die Ausnahme in Nr. 70 RiStBV.
63 BGH bei Martin DAR 71, 116.
64 Zitiert bei Dahs, Rn 515.

Auswirkungen das auf den zu beurteilenden Sachverhalt haben kann. Weil dies umso schwieriger wird, je weiter der Sachverhalt vom ständigen Tätigkeitsbereich des Verteidigers entfernt ist, ist auch hier wieder die Kollegialität gefragt. Es empfiehlt sich in diesen Fällen, mit erfahrenen Verteidigern vor Ort Kontakt aufzunehmen und mit diesem generell die Gegebenheiten der örtlichen „Sachverständigenszene" zu besprechen.

Gelingt es nicht, nach Rücksprache mit dem Staatsanwalt eine Verständigung auf einen Sachverständigen zu erzielen oder ist ein Sachverständiger bereits bestellt, haben sich die Ermittlungen des Verteidigers auf die **Überprüfung des Sachverständigengutachtens** zu erstrecken. 56

Erste Voraussetzung hierfür ist, dass bekannt ist, zu welcher vorläufigen Auffassung der beauftragte Sachverständige in seinem Gutachten gelangt ist. Hierzu ist allerdings die schriftliche Vorlage des vorbereitenden Gutachtens des Sachverständigen erforderlich. Diese Voraussetzung ist zwar oftmals gegeben, doch ist die schriftliche Ausarbeitung nicht überall stetige Übung. Auch die Gesetzeslage bleibt hierzu leider offen, weil § 82 StPO lediglich bestimmt, dass es im Vorverfahren von der Anordnung des Richters abhänge, ob der Sachverständige sein Gutachten schriftlich oder mündlich zu erstatten hat. Entsprechend soll es im Ermessen von Staatsanwaltschaft oder Polizei stehen, die schriftliche oder mündliche Gutachtenserstattung zu bestimmen, wenn diese bereits aus eigenem Antrieb Sachverständige hinzuziehen.[65]

Auf der anderen Seite darf nicht übersehen werden, dass im vorbereitenden Verfahren die Beweisergebnisse zu den Akten zu bringen sind. Dies kann nur in schriftlicher Form erfolgen und gerade in komplizierter gelagerten Fällen ist es überhaupt nur möglich, sich mit der Auffassung eines Sachverständigen auseinanderzusetzen, wenn sie in schriftlicher Form vorliegt.[66]

In den entsprechenden Fällen hat der Verteidiger deshalb notfalls über einen Antrag darauf hinzuwirken, dass ein **schriftliches vorbereitendes Sachverständigengutachten** vorgelegt wird. Ggf. ist auch darauf hinzuweisen, dass bei einer Gutachtenerstattung erst in der Hauptverhandlung ohne ein vorbereitendes Gutachten Unterbrechungsanträge gestellt werden müßten, um den Sachverhalt aufarbeiten zu können. Das hilft dann meist.

Ist dem Verteidiger das vorbereitende Gutachten zur Verfügung gestellt worden,[67] so hat sich der Verteidiger hiermit intensiv auseinanderzusetzen. Soweit er sich dabei überfordert fühlt, ist daran zu denken, einem anderen Sachverständigen das Gutachten zur Überprüfung vorzulegen, inwiefern es inhaltlich richtig, plausibel und vertretbar ist.

Gerade auch aus Kostengesichtspunkten wird es dabei häufig nicht notwendig sein, den **selbst eingeschalteten Sachverständigen** mit einer umfassenden Prüfung zu beauftragen. Häufig wird vielmehr eine kurzgutachterliche Stellungnahme zur Anfechtbarkeit des Gutachtens genügen, um hierdurch einen Fingerzeig für die weitere Vorgehensweise der Verteidigung zu erhalten.

---

65 KK/Senge, § 82 Rn 1.
66 Vgl. LR/Dahs, § 82 Rn 1, 5 m.w.N.
67 Dies wird in der Regel sehr schnell geschehen, weil es sich um privilegierte Akteile gem. § 147 III StPO handelt.

Erklärt etwa der selbst eingeschaltete Sachverständige, dass er das Gutachten für „wasserdicht" halte, so muss der Verteidiger für das weitere Verfahren einplanen, dass das Gericht der Sachverhaltsfeststellung des Gutachtens folgen wird, soweit dieses reicht. Erklärt der selbst eingeschaltete Sachverständige hingegen, dass das Gutachten durchaus angreifbar sei, bietet es sich an, diesen Gutachter im Wege des Selbstladungsrechts[68] ins Verfahren einzubeziehen.

c) Eigene Ermittlungen hinsichtlich des Sachbeweises

57 Der Verteidiger sollte bei der Durchführung eigener Ermittlungen auch den **Sachbeweis** nicht übersehen. Hierbei kommt gerade der Augenscheinseinnahme eine wichtige Bedeutung zu. Wer sich jemals auf einer Landkarte eine Örtlichkeit angesehen hat und diese danach „vor Ort" betrachtet, wird festgestellt haben, welch falsches Bild er sich von den Gegebenheiten gemacht hat. Gleiches gilt bei Fotos oder Filmen. Es ist allgemein bekannt, welche Täuschungen Fotos oder Filme bewusst oder unbewusst hervorrufen können. Hiervon leben schließlich ganze Berufszweige. Umso mehr gilt, dass der Verteidiger sich nicht mit den bloßen Beschreibungen von Örtlichkeiten oder Gegenständen zufrieden geben sollte. Auch die Durchsicht der Lichtbildmappe – die zumeist nur in schwarz/weiß ist – kann nicht den Anforderungen genügen. Der Verteidiger sollte vielmehr durch persönlichen Besuch der Tatörtlichkeiten – so dies nur irgendwie möglich – und persönliche Ansicht von für die Angelegenheit bedeutenden Gegenständen sich ein eigenes Bild machen. Nicht selten werden hierdurch völlig neue Erkenntnisse gewonnen werden können. Beispielhaft sei nur aufgezählt, dass sich etwa herausstellen kann, dass vom behaupteten Beobachtungspunkt eines Zeugen die Beobachtung gar nicht möglich war, weil der Sonnenstand es nicht zugelassen hat oder die Tatzeit im Sommer war, in der die zwischen Tatort und Beobachtungspunkt befindlichen Bäume belaubt waren. Überhaupt kann es angezeigt sein, sich gerade im Bereich eigener Beobachtungen Gedanken über die Möglichkeit des Bestehens zeitweiliger Wahrnehmungshindernisse zu machen.

Gerade im städtischen Bereich tritt dieses Phänomen durch Baustellen mit Bauzäunen und Straßenverkehr häufiger auf. Eines der bekanntesten Theaterstücke – Die zwölf Geschworenen – bedient sich übrigens mit der Hochbahn auch gerade dieses kurzzeitigen Wahrnehmungshindernisses.

Der Verteidiger sollte deshalb immer überlegen, ob nicht die Möglichkeit bestanden haben kann, dass sich die Örtlichkeiten als tatsächlich anders gestaltet erweisen als in den Akten dokumentiert. Hinzutritt, dass gerade auch die Einnahme eines eigenen Augenscheins zu einem überlegenen Sachverhaltswissen führen kann.

d) Der Einsatz von Hilfspersonen

58 Weil das Zeitkontingent des Verteidigers häufig eingeschränkt ist und gelegentlich auch Erfahrungswissen fehlt, kann sich die Frage stellen, ob der Verteidiger sich bei seinen eigenen Ermittlungen nicht weiterer **Personen zur Hilfestellung** bedienen sollte.

Im Bereich des Sachverständigen wurde dies bereits angesprochen und uneingeschränkt empfohlen. Hinsichtlich weiterer Ermittlungstätigkeit könnte an den Einsatz

---

68 Vgl. hierzu Ausführungen bei § 15 Rn 40 ff.

von **Detektiven** gedacht werden. Hier kann aber nur größte Zurückhaltung empfohlen werden. Detektiv ist keine geschützte Berufsbezeichnung. Es darf sich also jeder so nennen, der in diesem Bereich tätig sein möchte. So gibt es auch leider nicht Wenige, die zwar viel Geld für ihre Tätigkeit verlangen, andererseits aber für die Verteidigung mehr Schaden als Nutzen anrichten. Denn es liegt auf der Hand, dass ein Gericht geneigt sein könnte, negativ im Hinblick auf den Mandanten zu reagieren, wenn sich im Rahmen der Hauptverhandlung herausstellt, dass ein Detektiv, von seinem Ermittlungseifer getrieben, Zeugen nachhaltig belästigt hat oder aber sogar in fremde Anwesen unberechtigt eingedrungen ist.

§ 5 Zwangsmaßnahmen im Ermittlungsverfahren

1 Den Strafverfolgungsbehörden stehen im Ermittlungsverfahren eine Reihe von Zwangsmaßnahmen zur Verfügung, durch die in das Freiheitsrecht, in das Recht auf körperliche Unversehrtheit und in die allgemeine Handlungsfreiheit sowohl Beschuldigter, als auch Dritter eingegriffen werden kann.
Viele Maßnahmen, wie beispielsweise der Einsatz von verdeckten Ermittlern, von Scheinaufkäufern, von Vertrauensleuten, die Telefonüberwachung, das Ausforschen mit technischen Mitteln erlangen vorrangig bei der Frage der Beweisverwertung ihre Bedeutung. Die durch diese Zwangsmaßnahmen gewonnenen Beweismittel spielen vorrangig bei der Feststellung der Schuldfrage eine Rolle und somit in erster Linie bei der Beweisaufnahme in der Hauptverhandlung und bei der Feststellung des dringenden Tatverdachts im Rahmen eines Haftbefehls. Sie werden daher systematischer Weise nicht an dieser Stelle, sondern im Kapitel der Beweisaufnahme (§ 15) dargestellt.
Nachfolgend sollen aber diejenigen Zwangsmittel eine Beachtung finden, von denen der Mandant bereits während des Ermittlungsverfahrens unmittelbar betroffen ist und der Verteidiger deshalb schon in diesem Stadium schützend und beratend tätig werden muss.
Zwangsmaßnahmen, mit denen der Mandant bereits im Ermittlungsverfahren unmittelbar konfrontiert wird, bedeuten nicht selten die erste dramatische Konfrontation des Mandanten mit den Strafverfolgungsorganen. Auch in der öffentlichen Wahrnehmung spielen sie eine erhebliche Rolle; nicht selten wird über die Durchsuchung von Privaträumen bei Prominenten oder von Geschäftsräumen bekannter Firmen mit wesentlich größerem Aufwand berichtet als vom späteren Ausgang des Strafverfahrens.
Solche Zwangsmaßnahmen, zu deren Abwehr der Einsatz des Verteidigers durch den Mandanten angefordert wird, sind insbesondere die Durchsuchung, die Beschlagnahme, die Anordnung des dinglichen Arrest und der Vermögensbeschlagnahme, der körperlichen Untersuchung und Blutabnahme, die Unterbringung zur Beobachtung, die Identitätsfeststellung und erkennungsdienstliche Behandlung, die DNA-Identifizierung, die vorläufige Entziehung der Fahrerlaubnis sowie das vorläufige Berufsverbot.

I. Durchsuchung

2 Die Möglichkeit der Durchsuchung sieht die Strafprozessordnung im Rahmen eines Ermittlungsverfahrens in zwei Fallkonstellationen vor; nämlich als Durchsuchung beim Verdächtigen (§ 102 StPO) und als Durchsuchung bei anderen Personen, die selbst also nicht einer Straftat verdächtig sind (§ 103 StPO).

1. Durchsuchung beim Verdächtigen

a) Tatverdacht

3 Die Durchsuchung beim Verdächtigen setzt nach dem Gesetzeswortlaut voraus, dass derjenige, der die Durchsuchung dulden muss, **verdächtig** ist, Täter oder Teilnehmer einer Straftat zu sein, oder sich der Begünstigung, Strafvereitelung oder der Hehlerei schuldig gemacht zu haben.
Schon der Gesetzeswortlaut legt im Vergleich zu anderen Vorschrift der StPO nahe, dass die Anforderungen an den Grad des Tatverdachts niedriger sind, als bei anderen Eingriffmaßnahmen. Dringender Tatverdacht, wie er für den Erlaß eines Untersu-

chungshaftbefehls nötig ist (§ 112 Abs. 1 S. 1 StPO), ist ebensowenig erforderlich, wie hinreichender Verdacht, der zur Eröffnung eines Hauptverfahrens notwendig ist (§ 203 StPO).

Anlass für eine Durchsuchung kann bereits ein **Anfangsverdacht** sein.[1] Von einem solchen Anfangsverdacht ist auszugehen, wenn die bis zum Zeitpunkt der Durchsuchungsanordnung ermittelten Tatsachen den Verdacht begründen, dass eine Straftat begangen worden ist und dass der Betroffene als Täter oder Teilnehmer in Betracht kommt.[2] Ferner muss die Vermutung aufgrund zumindest gesicherter kriminalistischer Erfahrung bestehen, dass die Durchsuchung der Wohnung zum Auffinden von Dokumenten führt, mit denen der Beweis einer Straftat zu erbringen ist; es darf nicht zur Ausforschung durch eine Durchsuchungsanordnung in das Grundrecht aus Art. 13 GG eingegriffen werden.[3]

Begründen die durchgeführten Ermittlungen lediglich eine bloße Vermutung, so reicht das zur Anordnung der Durchsuchung nicht aus.[4]

Der Tatverdacht ist im Falle einer richterlichen Durchsuchungsanordnung konkret darzustellen. Dazu sind **erforderlich Angaben** zu Tatvorwurf, Tatzeit und Tatort.[5] Artikel 13 Abs. 1 GG verpflichtet den eine Durchsuchung anordnenden Richter nämlich, durch eine geeignete Formulierung des Durchsuchungsbeschlusses im Rahmen des Möglichen und Zumutbaren sicherzustellen, dass der Eingriff in die Grundrechte meßbar und kontrollierbar bleibt.[6]

Die Angaben über den Inhalt des Tatvorwurfs sind jedenfalls dann unverzichtbar, wenn solche Angaben nach dem Ergebnis der Ermittlungen ohne weiteres möglich sind.[7] Auf die Darstellung des Tatverdachts kann lediglich dann verzichtet werden, wenn sie dem Zweck der Strafverfolgung abträglich sein sollte.[8]

b) Verdächtigendurchsuchung im Unternehmen

Eine Durchsuchung im Unternehmen als Verdächtigendurchsuchung i.S.d. § 102 StPO durchzuführen, ist nicht ohne weiteres naheliegend, weil insbesondere **juristische Personen** selbst nicht strafrechtlich verantwortlich handeln und somit selbst nicht verdächtig sein können[9] Dennoch soll nach in der Literatur formulierten Rechtsauffassungen eine Verdächtigendurchsuchung gemäß § 102 StPO in **Geschäftsräumen** dann in Frage kommen, wenn die vertretungsberechtigte natürliche Person unter Tatverdacht steht. Dieser eher einschränkenden Auffassung steht eine weitere Auffassung gegenüber, die eine Durchsuchung dann für zulässig hält, wenn die verdächtige Person in dem Durchsuchungsobjekt tatsächliche Verfügungsgewalt ausübt.[10]

Im Rahmen einer stattfindenden Durchsuchung sollte der begleitende Rechtsanwalt jedenfalls prüfen, ob nach einer dieser beiden Auffassungen ein Verdächtigendurchsu-

4

---

1 LG Offenburg, StV 97, 626 f.
2 VerfGH Berlin, StV 99, 296 ff.
3 LG Marburg, StV 03, 67, 68; so im Ergebnis auch LG Regensburg StV 04, 198.
4 LG Offenburg, StV 97, 626 f.
5 LG Braunschweig, StV 98, 480; BVerfG NJW 94, 3281 f.
6 BVerfG StV 03, 205; BVerfG StV 03, 203 f.
7 BVerfG StV 99, 519 f.; BVerfG StV 03, 205; BVerfG StV 03, 203 f.
8 BVerfG StV 99, 519 f.
9 Ciolek-Krepold, Rn 44.
10 Vgl. zum Ganzen auch Ciolek-Krepold, Rn 44.

chungsbeschluss gemäß § 102 StPO zulässig wäre. In der Praxis kommen nicht selten Durchsuchungsbeschlüsse auf der Rechtsgrundlage des § 102 StPO vor, obwohl weder ein Tatverdacht gegen vertretungsberechtigte Personen besteht, noch klar ist, ob die verdächtigten Personen tatsächliche Verfügungsgewalt ausüben. Hier kann der Anwalt versuchen, die Durchsuchung auf den Maßstab einer Durchsuchung bei Dritten gemäß § 103 StPO zu reduzieren und zu klären, welche konkreten Gegenstände gesucht werden. Dies kann insbesondere eine sinnvolle Strategie sein, um das Auffinden von Zufallsfunden (§ 108 StPO) zu verhindern.

c) Durchsuchungsobjekte

5 Durchsucht werden können die Wohnung des Verdächtigen, andere Räume, seine Person sowie die ihm gehörenden Sachen. Wohnungen und Räume sind dabei alle Räumlichkeiten, die der Verdächtige tatsächlich innehat, wobei es nicht darauf ankommt, ob er Allein- oder Mitinhaber ist.[11]

d) Durchsuchungsziel

6 Zweck der Durchsuchung ist zum einen die Ergreifung des Tatverdächtigen und zum anderen das Auffinden von Beweismitteln. Gemäß § 111b Abs. 4 StPO kann eine Durchsuchung auch zur Auffindung von Gegenständen durchgeführt werden, die der Einziehung oder dem Verfall unterliegen.

2. Durchsuchung bei anderen Personen

a) Begrenzter Durchsuchungszweck

7 Während die Durchsuchung beim Tatverdächtigen bereits dann durchgeführt werden kann, wenn zu vermuten ist, dass die Durchsuchung zur Auffindung von Beweismitteln führen werde, ist die **Durchsuchung bei Dritten** nur zulässig, um die Spuren einer Straftat zu verfolgen, oder wenn sie der Beschlagnahme bestimmter Gegenstände dient. Darüber hinaus muss die Annahme gerechtfertigt sein, dass sich die bestimmten der Beschlagnahme unterliegenden Sachen in den zu durchsuchenden Räumen befinden. Der Gesetzeswortlaut legt bereits nahe, dass die Begründungsanforderungen an einen Durchsuchungsbeschluss gemäß § 103 Abs. 1 StPO strenger sind. So müssen in einem Durchsuchungsbeschluss die Gegenstände aufgeführt werden, die beschlagnahmt werden sollen. Desweiteren muss der Sachverhalt dargestellt werden, aus dem sich ergibt, dass ein der Beschlagnahme unterliegender Gegenstand sich in den zu durchsuchenden Räumen befindet.

b) Ergreifen von Personen

8 Neben der Durchsuchung von Räumen zur Auffindung von bestimmten Gegenständen ist auch die Durchsuchung von Räumen zulässig, wenn ein in einem Strafverfahren Beschuldigter dort ergriffen werden soll und eine Tatsachengrundlage für die Annahme vorhanden ist, dass sich der Beschuldigte, der ergriffen werden soll, in den Durchsuchungsräumen befindet.

---

11 BGH NStZ 86, 84.

c) Durchsuchen von Sachen und Personen

Der Gesetzeswortlaut erwähnt hinsichtlich der Durchsuchung bei anderen Personen nur die Durchsuchung von Räumen. Die Durchsuchung von Sachen sowie die Durchsuchung einer Person ist im Gesetz nicht ausdrücklich angeführt, jedoch nach allgemeiner Auffassung auch bei der Durchsuchung gemäß § 103 Abs. 1 StPO statthaft.[12]

9

3. Durchsuchungsanordnung

a) Durchsuchung ohne richterlichen Beschluss bei Gefahr im Verzug

Grundsätzlich ist die Durchsuchungsanordnung schon nach dem Gesetzeswortlaut dem **Richter vorbehalten.** Die Durchsuchung bei Gefahr im Verzug soll sowohl nach der gesetzlichen Regelung in § 105 Abs. 1 S. 1 StPO, als auch nach der Regelung in Art. 13 Abs. 2 GG lediglich den Ausnahmefall darstellen. Der praktisch tätige Verteidiger und Anwalt wird jedoch Grund genug zu der Feststellung haben, dass die Durchsuchung bei Gefahr im Verzug ohne Durchsuchungsbeschluss in der Praxis eher die Regel zu sein scheint. Mit seinem Urteil vom 20.02.01 hat das Bundesverfassungsgericht unter Anwendung des Grundrechtsmaßstabes in Art. 13 Abs. 1 GG die Anforderungen an eine Durchsuchung bei Gefahr in Verzug ohne einen richterlichen Beschluss sehr hoch angesetzt. Zunächst hat das Bundesverfassungsgericht verdeutlicht, dass der unbestimmte Rechtsbegriff der Gefahr im Verzug nicht der Definitionsmacht der Staatsanwaltschaft oder ihrer Hilfsbeamten überlassen bleibt, sondern richterlich in vollem Umfang überprüfbar ist. Insoweit hat das Bundesverfassungsgericht eine deutliche Abgrenzung zur älteren Rechtsprechung des Reichsgerichts vorgenommen.[13] Generell ist nach der Rechtsauffassung des Bundesverfassungsgerichts Gefahr im Verzug immer dann anzunehmen, wenn die vorherige Einholung der richterlichen Anordnung den Erfolg der Durchsuchung gefährden würde.[14]

10

Das Vorliegen der Gefahr im Verzug muss mit Tatsachen begründet werden, die auf den Einzelfall bezogen sind. Die bloße **Möglichkeit eines Beweismittelverlustes** genügt ebensowenig, wie sonstige Spekulationen, hypothetische Erwägungen oder lediglich auf kriminalistische Alltagserfahrungen gestützte, fallunabhängige Vermutungen.[15] Aus dem Grundrechtschutz werden darüber hinaus umfassende Dokumentations- und Begründungspflichten hergeleitet. Die Dokumentation ist dabei vor oder jedenfalls unmittelbar nach dem Durchsuchungseingriff vorzunehmen.[16] Der zeitnahen Dokumentation müssen die Erkenntnisse und Annahmen, die die Gefahr in Verzug begründen sollen, zu entnehmen sein. Die zu den Akten gebrachte Dokumentation muss die maßgeblichen Umstände und ausreichende Hinweise über die behördliche Bewertung für die Annahme von Gefahr im Verzug geben.[17] Es muss des weiteren der Dokumentation unbedingt zu entnehmen sein, ob die Ermittlungsbehörden den Versuch unternommen haben, den Ermittlungsrichter zu erreichen.[18] Hierbei ist nämlich nochmals darauf hinzuweisen, dass

---

12 Meyer-Goßner, § 103 StPO, Rn 3.
13 BVerfG NJW 01, 1121 ff., 1123 f.
14 BVerfG, a.a.O.
15 BVerfG, a.a.O.
16 BVerfG NJW 01, 1121 ff., 1124.
17 BVerfG StV 03, 205 ff.
18 BVerfG NJW 01, 1121 ff., 1124.

eine Gefahr im Verzug unter Umständen bereits dann nicht vorliegt, wenn von Seiten der Staatsanwaltschaft aus nicht der Versuch einer telefonischen Kontaktaufnahme mit dem Ermittlungsrichter unternommen wurde; denn schließlich kann der Richter die Durchsuchung auch fernmündlich anordnen.[19]

So hat beispielsweise das Landgericht Koblenz entschieden, dass eine auf Gefahr im Verzug gestützte Durchsuchung in der Wohnung des Beschuldigten um 19:50 Uhr rechtswidrig gewesen ist, weil die Ermittlungsbehörden über die für die Durchsuchung maßgeblichen Erkenntnisse bereits seit 14:07 Uhr am selben Tag verfügten und somit ohne weiteres eine richterliche Durchsuchungsanordnung hätten beantragen können.[20]

Selbstverständlich dürfen die Strafverfolgungsbehörden die tatsächlichen Voraussetzungen der Gefahr im Verzug nicht selbst herbeiführen. Insbesondere dürfen sie mit dem Antrag an den Ermittlungsrichter nicht solange zuwarten, bis die Gefahr eines Beweismittelverlustes tatsächlich eingetreten ist.[21]

Schon nach älterer Rechtsprechung des Bundesverfassungsgerichts ist ein Verwertungsverbot anzunehmen, wenn eine Durchsuchung wegen Gefahr in Verzug durchgeführt wird, ohne dass eine solche Gefahr tatsächlich bestanden hätte.[22]

b) Inhalt des Durchsuchungsbeschlusses

11   Soweit durch die Durchsuchungsanordnung eine Durchsuchung der Wohnung angeordnet wird, ist hierdurch stets der Schutzbereich der Unverletzlichkeit der Wohnung (Art. 13 Abs. 1 GG) berührt. Um dem Grundrechtsschutz Genüge zu leisten, verlangt die Rechtsprechung des Bundesverfassungsgerichts, dass neben den oben dargestellten Anforderungen zur **Darstellung des Tatverdachts** tatsächliche **Angaben über den Inhalt des Tatvorwurfs** im Durchsuchungsbeschluss auszuführen sind. Dies hat nach der Rechsprechung den Zweck, den äußeren Rahmen abzustecken, innerhalb dessen die Zwangsmaßnahme durchzuführen ist. Insbesondere darf sich der Beschluss nicht in der bloßen Widergabe des gesetzlichen Tatbestandes erschöpfen.[23] Neben der Tat hat der Durchsuchungsbeschluss deshalb auch **Rahmen, Grenzen** und **Ziel der Durchsuchung** zu definieren.[24]

4. Durchführung der Durchsuchung

a) Anwesenheitsrechte

12   Die Frage, ob und für wen bei einer Durchsuchung ein **Anwesenheitsrecht** besteht, ist für die praktische Durchführung der Betreuung des Mandanten selbstverständlich von grundsätzlicher Bedeutung. Der Anwalt kann die Betreuungsfunktion am deutlichsten durch seine Anwesenheit wahrnehmen.

Ein gesetzlich normiertes Anwesenheitsrecht ist zunächst dasjenige des Inhabers der zu durchsuchenden Räume. Für diesen ergibt sich das Anwesenheitsrecht unmittelbar aus

---

19 VerfG Brandenburg StV 03, 207 f.; BVerfG NJW 03, 1442 zu den Erfordernissen eines nächtlichen Bereitschaftsdienstes eines Ermittlungsrichters und zur Erreichbarkeit eines Ermittlungsrichters bei Tage.

20 LG Koblenz StV 03, 382.

21 BVerfG NJW 01, 1121, 1123.

22 BVerfG NJW 77, 1489 ff., 1493.

23 BVerfG NJW 94, 3261; zuletzt auch BVerfG StV 03, 203 ff. sowie BVerfG NJW 04, 1517 ff. zur Durchsuchung und Beschlagnahme bei einem Rechtsanwalt.

24 BVerfG NJW 97, 2165 ff., 2166.

der gesetzlichen Regelung in § 106 Abs. 1 S. 1 StPO. Dieses Anwesenheitsrecht gilt unabhängig davon, ob der Inhabxer Verdächtiger im Sinne von § 102 StPO oder eine unverdächtige andere Person im Sinne von § 103 StPO ist. Seine Grenze kann das Anwesenheitsrecht nur dadurch finden, dass eine Störung der Durchsuchungsanordnung durch den Wohnungsinhaber zu Maßnahmen nach § 164 StPO Anlass gibt. In der gesetzlichen Regelung in § 164 StPO sind als Zwangsmaßnahmen lediglich die Festnahme und die Festhaltung erwähnt. Diese Vorschrift ist allerdings unter Beachtung des Verhältnismäßigkeitsprinzips anzuwenden, so dass tatsächlich eine Festnahme also nur dann als Maßnahme in Betracht gezogen werden darf, wenn andere Amtshandlungen nicht mehr ausreichend erscheinen können.[25] Inhaber ist dabei stets derjenige, der die tatsächliche Besitzgewalt ausübt, wobei mit der Besitzausübung insbesondere auch ein Vertreter beauftragt werden kann (§ 106 Abs. 1 S. 2 StPO).

Der Rechtsanwalt hat **kein gesetzlich normiertes Anwesenheitsrecht.** Die Anwesenheit wird ihm allerdings nicht verweigert werden können, sobald er dieses als Rechtsbeistand des Inhabers der durchsuchten Räume wahrnehmen möchte. Findet die Durchsuchung gemäß § 102 StPO ohnehin beim Verdächtigen oder Beschuldigten statt, sollte der Rechtsanwalt im Diskussionsfall darauf bestehen, dass ihm unabhängig von seiner Position als Verteidiger als Beistand die Anwesenheit gestattet wird.

Findet die Durchsuchung nicht in Räumen des Tatverdächtigen bzw. Beschuldigten statt, hat der Verteidiger kein Anwesenheitsrecht, der Inhaber wird ihm jedoch die Anwesenheit gestatten können. Die Durchsuchungsbeamten werden die Anwesenheit des Verteidigers in diesem Fall nur unter Beachtung der Voraussetzung des § 164 StPO verwehren dürfen.

Von Bedeutung kann für den Anwalt auch die Frage sein, inwieweit bei Abwesenheit des Inhabers der zu durchsuchenden Räume dritte Personen hinzuzuziehen sind. Nach der gesetzlichen Regelung in § 106 Abs. 1 S. 2 StPO ist bei Abwesenheit des Inhabers der zu durchsuchenden Räume ein Durchsuchungszeuge hinzuzuziehen. Mit dieser gesetzlichen Regelung verfolgt der Gesetzgeber selbstverständlich zweierlei Zwecke: Zum einen dient die Regelung dem Schutz des Betroffenen. Zum anderen soll sie natürlich auch dem Schutz derjenige Personen dienen, die die Durchsuchungshandlung durchführen.

Für den Verteidiger ist es wichtig darauf zu achten, dass die **Zuziehung dritter Personen** nicht dazu führt, dass Personen von der Durchsuchung Kenntnis erlangen, die damit unter Umständen eigene Interessen verfolgen könnten. Zurecht wird hier in der Literatur angenommen, dass bei der Auswahl der Durchsuchungszeugen das Geheimhaltungsinteresse sowohl des Inhabers der zu durchsuchenden Räume, als auch des Beschuldigten zu berücksichtigen ist.[26] So sind insbesondere wißbegierige Konkurrenten, (unter Umständen) Anzeigeerstatter oder Journalisten ungeeignet als Durchsuchungszeugen. Geeignete Durchsuchungszeugen sind nur diejenigen, die als unparteilich und neutral gelten können.[27]

---

25 KK/Wachl, § 164 StPO, Rn 7.
26 Ciolek-Krepold, Rn 122.
27 Ciolek-Krepold, a.a.O.

b) Aufbruch des Durchsuchungsobjekts

13 Das Öffnen von Türschlössern oder von Behältern vor einer Durchsuchung oder im Rahmen einer Durchsuchung ist grundsätzlich zulässig. Hierbei ist jedoch der Verhältnismäßigkeitsgrundsatz zu beachten.[28]

c) Telefonsperre

14 Als Rechtsgrundlage für die Anordnung einer Telefonsperre kommt allenfalls § 164 StPO in Betracht. Dieser setzt allerdings grundsätzlich eine Störung der Durchsuchungsmaßnahmen voraus. Daraus ist richtigerweise herzuleiten, dass nur zur Verhinderung einer Störung eine entsprechende Telefonsperre angeordnet werden darf.[29] Eine Störung kann angenommen werden, wenn die Kommunikation eines Dritten mit einem Beschuldigten verhindert werden soll, oder wenn die Kommunikation mehrerer Beschuldigter unterbunden werden soll.

Von ganz wesentlicher Bedeutung ist selbstverständlich, dass die Telefonsperre nicht dazu führen darf, dass es keine Kommunikationsmöglichkeit zwischen einem Beschuldigten und einem von ihm beauftragten Verteidiger besteht. Der Beschuldigte hat gemäß § 137 Abs. 1 S. 1 StPO in jeder Lage des Verfahrens das Recht, sich eines Verteidigers zu bedienen. Würde dem Beschuldigten der Kontakt zu einem Verteidiger untersagt, würde dieses Recht zwangsläufig verletzt werden. Zu betonen ist dabei auch, dass der Verkehr zwischen Beschuldigten und seinem Verteidiger durch § 148 Abs. 1 StPO ausdrücklich auch für denjenigen Beschuldigten gesichert wird, der sich auf freiem Fuß befindet.

d) Festhaltemaßnahmen

15 Das Festhalten von Personen während einer Durchsuchung kann nur gestützt werden auf die Rechtsgrundlage in § 164 StPO, oder auf das Festnahmerecht gemäß § 127 StPO, oder aufgrund eines Untersuchungshaftbefehls. Dabei ist zu beachten, dass das präventive Festhalten, ohne dass es durch eine Störung veranlasst wäre, nicht zulässig ist.[30]

e) Die Durchsicht von Papieren

16 Grundsätzlich war die Durchsicht von Papieren vor Inkrafttreten des Justizmodernisierungsgesetzes zum 01.09.2004 gemäß § 110 Abs. 1 StPO a.F. nur dem Staatsanwalt gestattet. Dies galt wegen der Gefahr einer erheblichen Beeinträchtigung der privaten Geheimsphäre. Bislang konnte der Hilfsbeamte selbst entsprechende Schriftstücke nur einsammeln, versiegeln und der Staatsanwaltschaft zur eigentlichen Durchsicht vorlegen. Die aktuelle Gesetzesänderung schränkt die Geheimhaltungsinteressen des Betroffenen weiter ein und überlässt allen durchsuchenden Polizeibeamten das Recht zur Durchsicht von Papieren, wenn dies der Staatsanwalt angeordnet hat. Gemäß § 110 Abs. 2 Satz 1 StPO n.F. sind andere Beamte im übrigen nur zur Durchsicht der aufgefundenen Papiere befugt, wenn der Inhaber die Durchsicht genehmigt.[31]

---

28 Ciolek-Krepold, Rn 129.
29 Ciolek-Krepold, Rn 134.
30 Ciolek-Krepold, Rn 140.
31 Vgl. zum Justizmodernisierungsgesetz BR-Drucks 04, 537/04.

Die Konsequenz der Gesetzesänderung müssen verstärkte Bemühungen der Verteidigung sein, die eigene Anwesenheit während der Durchsuchung sicherzustellen. Nur so kann bei jeder Einzelsichtung den durchsuchenden Beamten deutlich gemacht werden, welche konkreten schonenden Schritte denkbar sind, das im Durchsuchungsbeschluss beschriebene Ziel zu erreichen, ohne den gesamten Privatbereich des Beschuldigten umzupflügen.[32]

Im Falle eines **Steuerermittlungsverfahrens** gestattet § 404 Satz 2 AO auch den Beamten der Steuerfahndung die Durchsicht der Papiere. Die Ansicht, dass darüber hinaus auch außerhalb des Steuerermittlungsverfahrens Hilfsbeamte und Sachverständige zur Unterstützung zugezogen werden können,[33] findet zwar keine ausreichende Stütze im Gesetz, man wird ihr aus Gründen der Praktikabilität allerdings kaum ernsthaft entgegentreten können.

f) Mitteilung von Durchsuchungsbeschluss und Beschlagnahmeverzeichnis

Nach der gesetzlichen Regelung in § 107 StPO sind dem von der Untersuchung Betroffenen Mitteilungen über den Grund der Durchsuchung zu machen, d.h. konkret, ihm ist der Durchsuchungsbeschluss, soweit er in schriftlicher Form existiert, bekanntzugeben. Hierbei ist insbesondere darauf zu achten, dass diese Pflicht nur auf Verlangen entsteht. Es hat sich also der hinzugezogene Rechtsanwalt entsprechend zu äußern. Das gleiche gilt für den Fall der Beschlagnahme für das Beschlagnahmeverzeichnis.   17

g) Zufallsfunde

Die Regelung über die Beschlagnahme von Zufallsfunden in § 108 Abs. 1 S. 1 StPO folgt konsequenterweise aus dem Legalitätsprinzip (§ 152 Abs. 2 StPO) und stellt gleichzeitig eine Durchbrechung des Grundsatzes dar, wonach eine Durchsuchung nur aufgrund richterlicher Anordnung oder bei Gefahr in Verzug (§ 105 Abs. 1 StPO) stattfindet. Die Gefahr des Auffindens von Zufallsfunden kann unmittelbar während der Durchsuchung, vor allem aber bei einer Durchsuchung gemäß § 103 ausgeschlossen werden. Denn hier muss sich aus dem Durchsuchungsbeschluss ergeben, nach welchen bestimmten Gegenständen gesucht werden soll. Andere Gegenstände oder Funde, auf die sich eine Durchsuchungsanordnung im Rahmen einer systematischen Suche nach Gegenständen nicht bezieht, dürfen nicht ohne weiteres beschlagnahmt werden; insoweit kann vielmehr ein Beweisverwertungsverbot vorliegen.[34] Es ist im übrigen an die Möglichkeit zu denken, durch eine Übergabe des gesuchten Gegenstandes eine weitere Durchsuchung in den Räumlichkeiten des Mandanten zu verhindern. Ob so verfahren werden soll, ist letztlich eine **taktische Frage**, die nur abhängig vom Einzelfall entschieden werden kann.   18

h) Zeitlich begrenzte Wirksamkeit

Seit der Entscheidung des Bundesverfassungsgerichts vom 27.05.95[35] ist geklärt, dass sich die Staatsanwaltschaft einen Durchsuchungsbeschluss nicht gewissermaßen auf Vorrat besorgen darf. Aus Art. 13 Abs. 2 GG leitet das Bundesverfassungsgericht her,   19

---

32 Sommer, Anwbl. 04, 506, 507.
33 Ciolek-Krepold, Rn 148; Meyer-Goßner, § 110 StPO, Rn 3.
34 LG Berlin StV 04, 198 ff.
35 BVerfG StV 97, 394 ff.

dass die richterliche Kontrolle der Durchsuchungsanordnung dem Grundrechtsschutz dient. Mit dem **Zeitablauf** entferne sich die tatsächliche Entscheidungsgrundlage vom Entscheidungsinhalt, den der Richter mit seinem Durchsuchungsbeschluss verantwortet. Spätestens nach **Ablauf eines halben Jahres** ist nach Auffassung des Bundesverfassungsgerichts davon auszugehen, dass die richterliche Prüfung nicht mehr die rechtlichen Grundlagen zur beabsichtigten Durchsuchung gewährleistet und die richterliche Anordnung nicht mehr den Rahmen, die Grenzen und den Zweck der Durchsuchung zu sichern vermag. Dem folgend hat das Landgericht Berlin den Erlaß eines Durchsuchungsbefehls in einem Fall als rechtswidrig eingestuft, in dem der Durchsuchungsbefehl auf bekannte Verdachtsgründe gestützt werden sollte, die mehr als 6 Monate zurücklagen.[36]

5. Rechtsfolge fehlerhafte Durchsuchung

a) Mängel des Durchsuchungsbeschlusses

20   Eine Durchsuchung ohne Durchsuchungsbeschluss oder auf Grundlage eines fehlerhaften Durchsuchungsbeschlusses löst nach der Rechtsprechung **grundsätzlich kein Verwertungsverbot** aus.[37] Der Bundesgerichtshof bewertet die Frage des Bestehens eines Verwertungsrechts anhand einer hypothetischen Betrachtung. Ein Verwertungsverbot besteht jedenfalls dann nicht, wenn dem Erlaß einer fiktiv beantragten Durchsuchungsanordnung rechtliche Hindernisse nicht entgegengestanden hätten und die tatsächlich sichergestellten Gegenstände als solche der Verwertung als Beweismittel rechtlich zugänglich waren.[38]

Hingewiesen sei darauf, dass die Literatur hier andere Ansätze hat. Teilweise wird mit guten Argumenten vertreten, die Einschaltung des Richters sei nicht eine bloße Formsache, da sie dem Grundrechtsschutz der Unverletzlichkeit der Wohnung (Art. 13 Abs. 1 GG) diene.[39] Nach anderer Auffassung wiederum soll eine Abwägung zwischen der Schwere des Grundrechtseingriffs und dem Gewicht der Tat stattfinden sowie darüber hinaus eine Abwägung danach, ob der Verfahrensfehler absichtlich erfolgte.[40]

b) Zu Unrecht angenommene Gefahr im Verzug

21   Bei zu Unrecht angenommener Gefahr in Verzug und somit der Durchführung einer Durchsuchung ohne Durchsuchungsbeschluss nimmt die höchstrichterliche Rechtsprechung ein **Verwertungsverbot** an.[41] Insbesondere bei objektiv willkürlichen Durchsuchungsanordnungen wird ein Beweisverwertungsverbot bejaht.[42] Hierzu wird auch in der Literatur im wesentlichen keine andere Position eingenommen.[43]

---

36 LG Berlin StV 03, 68 f.
37 BGHR StPO § 105 I, Durchsuchung 1.
38 BGHR StPO § 105 I, Durchsuchung 1.
39 Krekeler, NStZ 93, 263 ff., 264.
40 Ciolek-Krepold, Rn 94.
41 Vgl. BGH NStZ 85, 262.
42 LG Saarbrücken, StV 03, 434 ff.; AG Tiergarten, StV 03, 663 f. für den Fall eines bewussten Verstoßes gegen die Formvorschriften des § 105 StPO.
43 Krekeler, NStZ 93, 263 ff., 265.

Aus dem Urteil des Bundesverfassungsgerichts vom 20.02.01[44] wird zudem hergeleitet, dass die Mißachtung der Bundesverfassungsgerichtsentscheidung als willkürliche Handhabung oder besonders schwerer Verfahrensfehler zu bewerten sein kann und somit auch von einem Verwertungsverbot auszugehen wäre. Das würde insbesondere auch bei Mißachtung der Dokumentationspflichten ein Verwertungsverbot bedeuten, wie sie das Bundesverfassungsgericht in der benannten Entscheidung angenommen hat.

c) Durchsuchung aufgrund falscher Eingriffsnormen gemäß §§ 102/103 StPO

Erfolgt eine Durchsuchung aufgrund der Eingriffsnormen in § 103 StPO als Durchsuchung gegen einen Dritten, obwohl eine Durchsuchungsanordnung gemäß § 102 StPO gerechtfertigt gewesen wäre, hat das kein Verwertungsverbot zur Folge. Dies folgt daraus, dass die Anforderungen an eine Durchsuchung gemäß § 103 StPO ohnehin strenger sind als diejenigen einer Durchsuchungsanordnung gemäß § 102 StPO.[45]

Erfolgt hingegen eine Durchsuchung aufgrund der Eingriffsnorm der Durchsuchung beim Verdächtigen gemäß § 102 StPO, obwohl eine Durchsuchung i.S.d. § 103 StPO hätte stattfinden müssen, so kann ein Verwertungsverbot sehr wohl in Betracht kommen. Der von der Durchsuchung Betroffene hätte materiell rechtlich die Durchsuchung nicht zu dulden gehabt. Die Rechtsprechung hat sich hierzu, soweit ersichtlich, bislang nicht geäußert. Die Literatur befürwortet die Verwertbarkeit der Beweismittel nur dann, wenn zum Zeitpunkt der Anordnung der Durchsuchung gemäß § 102 StPO auch eine Durchsuchung gemäß § 103 StPO hätte angeordnet werden können.[46] Ein Verwertungsverbot kommt im Umkehrschluß also immer dann in Betracht, wenn zum Zeitpunkt der Anordnung einer Durchsuchung gemäß § 102 StPO eine Anordnung gemäß § 103 StPO nicht denkbar gewesen wäre. Das ist insbesondere dann der Fall, wenn in dem Durchsuchungsbeschluss nicht hätte angegeben werden können, welche bestimmten Beweismittel aufgefunden werden sollten und aufgrund welcher bestimmter Tatsache feststand, dass ein Tatverdacht gegeben war und dass eine Auffindewahrscheinlichkeit für die gefundenen Beweismittel bestand.

c) Verstoß gegen Monopol der Staatsanwaltschaft bei Durchsicht von Papieren

Soweit die Durchsicht von Papieren in einem Ermittlungsverfahren, das nicht wegen einer Steuerstraftat geführt wird, relevant ist, soll ein Verwertungsverbot nach bisheriger Rechtslage bis 31.08.2004 allenfalls dann in Betracht kommen können, wenn die Hinzuziehung von Hilfspersonen gegen das Gebot der Unparteilichkeit und gegen den Grundsatz der Verhältnismäßigkeit verstößt.[47]

d) Verstoß gegen sonstige Verfahrensregeln

Ein Verstoß gegen die Vorschriften über die Durchsuchung zur Nachtzeit (§ 104 Abs. 1 StPO), und über die Hinzuziehung von Durchsuchungszeugen (§ 105 Abs. 2 StPO) soll nach allgemeiner Auffassung kein Verwertungsverbot zur Folge haben.[48]

---

44 BVerfG NJW 01, 1121 ff.
45 Vgl. BGHSt. 28, 57 ff., 60.
46 Krekeler, NStZ 93, 263 ff., 266.
47 Krekeler, NStZ 93, 263 ff., 268 mit instruktivem Hinweis auf OLG Hamm, NStZ 86, 326; zu den Auswirkungen des JuModG vgl. Ausführungen oben unter § 5 Rn 16.
48 Krekeler, JuModG 93, 263 ff., 267.

6. Rechtsbehelf der Beschwerde bei vorhandenem Durchsuchungsbeschluss

25   Die **Beschwerdemöglichkeiten** sind seit der Entscheidung des Bundesverfassungsgerichtes vom 30.04.1997 ganz erheblich ausgeweitet.[49] Bis zur Entscheidung des Bundesverfassungsgerichts vom 30.04.97 war eine Beschwerde nur während der Zeit der andauernden Durchsuchung statthaft.[50] Aus dem Grundrecht auf effektiven und möglichst lückenlosen richterlichen Rechtsschutz gegen Akte der öffentlichen Gewalt hat das Bundesverfassungsgerichts die Fortdauer des Beschwerderechts auch für den Fall angeordnet, dass die Durchsuchung einen tiefgreifenden Eingriff in Grundrechte darstellt. Bei der Durchsuchung ist jedenfalls im Falle der Durchsuchung einer privaten Wohnung regelmäßig die Unverletzlichkeit der Wohnung (Art. 13 Abs. 1 GG) berührt.

7. Antrag auf gerichtliche Entscheidung bei fehlendem Durchsuchungsbeschluss

26   Für den Fall der Beschlagnahme während einer Durchsuchung ohne Durchsuchungsbeschluss aufgrund von Gefahr in Verzug sieht das Gesetz ausdrücklich die Möglichkeit vor, einen Antrag auf gerichtliche Entscheidung zu stellen (§ 98 Abs. 2 S. 2 StPO). Dies gilt sowohl während wie auch nach der Durchführung der Maßnahme.[51]

Der Bundesgerichtshof neigt infolge der jüngeren Rechtsprechung des Bundesverfassungsgerichts dazu, diese Antragsmöglichkeit auf eine gerichtliche Entscheidung auszuweiten, soweit es um die Art und Weise der Ausführung einer gerichtlich angeordneten Maßnahme geht, und die Ausführungsweise in der Anordnung nicht mitumfaßt ist. So hat der BGH in seinem Beschluss vom 07.12.1998[52] herausgearbeitet, dass eine verfassungskonforme Auslegung und Berücksichtigung von Art. 19 Abs. 4 GG eine analoge Anwendung von § 98 Abs. 2 S. 2 StPO nahelegt. So erachtet der BGH einen Antrag auf gerichtliche Entscheidung gemäß § 98 Abs. 2 S. 2 StPO für statthaft, soweit gegen die Art und Weise der Durchsuchung auch nach deren Abschluss vorgegangen werden soll.

II. Beschlagnahme, dinglicher Arrest und Vermögensbeschlagnahme

1. Beschlagnahme von Beweismitteln

a) Beweismittel

27   Der Beschlagnahme unterliegen nach der gesetzlichen Regelung Gegenstände, die als **Beweismittel für die Untersuchung** von Bedeutung sein können.[53]

Dementsprechend unterliegen Gegenstände der Beschlagnahme nicht, wenn vorauszusehen ist, dass ein strafrechtliches Ermittlungsverfahren und ein im Anschluss daran folgendes Gerichtsverfahren überhaupt nicht beabsichtigt sind.[54] Darüber hinaus ist die Beschlagnahme auf der Grundlage von § 94 StPO nicht mehr zulässig, wenn ein Strafverfahren bereits abgeschlossen ist.[55]

---

49   BVerfG StV 97, 393 f.

50   Vgl. Instruktiv BGH NJW 95, 3397 f.

51   BGHSt 44, 265.

52   BGH NStZ 99, 200 ff.

53   Ausdrücklich gleichgestellt mit Beweismitteln sind Führerscheine, die der Einziehung unterliegen (§ 94 Abs. 3 StPO).

54   BGHSt 9, 351 ff., 355.

55   Meyer-Goßner, § 94 StPO, Rn 9.

Ein Gegenstand unterliegt also als Beweismittel der Beschlagnahme nur, wenn er zur Beweisführung überhaupt dienlich ist. Insoweit ist der Grundsatz der Verhältnismäßigkeit zu beachten. Verspricht die Beschlagnahme von Gegenständen keine nennenswerten Beweisergebnisse, ist aus dem rechtsstaatlichen Verhältnismäßigkeitsgrundsatz bereits ein Beschlagnahmeverbot herzuleiten.[56] Von besonderer Bedeutung ist diese Rechtsauffassung für die Anordnung der Beschlagnahme von Patientenakten in Therapie oder Betreuungseinrichtungen.[57] Der Grundsatz der Verhältnismäßigkeit findet seinen Niederschlag auch im Gesetz, wonach anstelle einer Beschlagnahme auch die Möglichkeit besteht, die Vorlage oder Herausgabe eines Gegenstandes zu verlangen (§ 95 Abs. 1 StPO). Bemerkenswert ist dabei, dass § 95 Abs. 2 S. 1 StPO im Fall der Weigerung auch die Verhängung von Ordnungs- und Zwangsmitteln anstelle der Beschlagnahme gemäß § 94 Abs. 1 StPO vorsieht.

b) Beschlagnahmeverbote beim Beschuldigten

Die Strafprozessordnung sieht bei dem Beschuldigten selbst grundsätzlich kein Beschlagnahmeverbot vor. So ist denn auch bezeichnend, dass Beschlagnahmeverbote nur dann vorgesehen sind, wenn sich Beweismittel im Gewahrsam einer zeugnisverweigerungsberechtigten Person befinden (§ 97 Abs. 2 S. 1 StPO).   28

Das Bundesverfassungsgericht leitet allerdings aus dem allgemeinen Persönlichkeitsrecht (Art. 2 I, 1 Abs. 1 GG) ein Beweisverwertungsverbot für tagebuchartige Aufzeichnungen her, wenn nach einer Abwägung zwischen dem allgemeinen Persönlichkeitsrecht des Beschuldigten einerseits und den Belangen der Strafrechtspflege andererseits das Interesse des Beschuldigten an einer Geheimhaltung obsiegt.[58]

Darüber hinaus sind bei dem Beschuldigten auch sämtliche Verteidigungsunterlagen beschlagnahmefrei. Dazu gehört insbesondere die Post des Verteidigers, die sich in der Hand des Beschuldigten befindet,[59] ebenso die Post auf dem Weg zwischen Verteidiger und Beschuldigtem.[60]

Ebenso sind beschlagnahmefrei sämtliche Aufzeichnungen des Beschuldigten, die dieser sich zum Zwecke seiner Verteidigung gemacht hat.[61]

c) Beschlagnahmeverbote beim Zeugnisverweigerungsberechtigten

(1) Von der Beschlagnahme befreit sind bei zeugnisverweigerungsberechtigten Personen nur die katalogmäßig in § 97 Abs. 1 StPO aufgeführten Gegenstände. Das sind: 29

- schriftliche Mitteilungen zwischen dem Beschuldigten und zeugnisverweigerungsberechtigten Personen, soweit sich das Zeugnisverweigerungsrecht aus § 52 StPO oder aus § 53 Abs. 1 Nr. 1 – 3 StPO ergibt. Ausgenommen sind also schriftliche Mitteilungen von Beschuldigten an Mitglieder von legislativen Verfassungsorganen (§ 53 Abs. 1 Nr. 4 StPO) sowie schriftliche Mitteilungen von Beschuldigten an publizistische Medien (§ 53 Abs. 1 Nr. 5 StPO).

---

56 LG München I, StV 96, 141 ff.; BVerfG, NJW 77, 1489 ff.
57 Vgl. LG München I., a.a.O.
58 BGHR, GG Art. 2, Persönlichkeitsrecht 2.
59 BGHR, StPO § 97, Verteidigungsunterlagen 3.
60 BGH, a.a.O.; LG Bonn StV 04, 124 f; Zum Verbot von Kontrollmaßnahmen im Hinblick auf Verteidigerpostkontrolle bei Strafgefangenen zuletzt auch OLG Frankfurt StV 03, 401 ff. und LG Gießen StV 04, 144 f.
61 BGHR StPO § 97, Verteidigungsunterlagen 1.

- Aufzeichnungen, die sich zeugnisverweigerungsberechtigte Personen gemäß §§ 53 Abs. 1 Nr. 1 bis 3b über vom Beschuldigten anvertraute Mitteilungen gemacht haben.
- andere Gegenstände einschließlich ärztlicher Untersuchungsbefunde, auf die sich das Zeugnisverweigerungsrecht erstreckt.

(2) Das Beschlagnahmeverbot gilt nur, solange sich die beschlagnahmenfreie **Gegenstände im Gewahrsam** des **Zeugnisverweigerungsberechtigten** befinden (§ 97 Abs. 2 StPO).

Dieser Grundsatz wird erweitert für die zeugnisverweigerungsberechtigten Personen im Bereich der Gesundheitspflege, soweit sich die beschlagnahmenfreie Gegenstände in Gewahrsam einer Krankenanstalt befinden. Dies gilt entsprechend für Schwangerenberatungsstellen und für Suchtberatungsstellen, soweit sich dort die beschlagnahmenfreie Gegenstände im Gewahrsam dieser Beratungsstellen befinden.

(3) Ein Beschlagnahmeverbot existiert nicht, soweit der **Zeugnisverweigerungsberechtigte selbst Beschuldigter** ist. Dies leitet die Rechtsprechung schon aus dem Gesetzeswortlaut her.[62] Es ergibt sich darüber hinaus auch aus der ausdrücklichen gesetzlichen Regelung in § 97 Abs. 2 S. 3 StPO, wonach das Beschlagnahmeverbot entfällt, wenn der Zeugnisverweigerungsberechtigte einer Teilnahme, einer Begünstigung, einer Strafvereitelung oder der Hehlerei verdächtig ist. Seine Grenze findet das Beschlagnahmeverbot darüber hinaus überall dort, wo die zeugnisverweigerungsberechtigte Person von ihrer Schweigepflicht entbunden wird.[63]

(4) Bei **Journalisten** wird das Beschlagnahmeverbot hinsichtlich der beschlagnahmenfreien Gegenstände in Vergleich zu § 97 Abs. 1 StPO nochmals erweitert. Gemäß § 97 Abs. 5 StPO ist die Beschlagnahme von Schriftstücken, Ton-, Bild- und Datenträgern beschlagnahmefrei, allerdings nur soweit diese Gegenstände von Informanten übergeben wurden. Nicht beschlagnahmefrei sind sämtliche Gegenstände, die aufgrund eigener Recherche von Journalisten zustande gekommen sind, insbesondere nicht das selbst recherchierte Bild- und Filmmaterial.[64] Die insoweit bestehende Einschränkung wurde vom Bundesverfassungsgericht als verfassungsgemäß erachtet.[65]

d) Beschlagnahmeanordnung

30 Die **Beschlagnahmeanordnung** ist grundsätzlich dem Richter vorbehalten (§ 98 Abs. 1 S. 1 StPO). Durch die Staatsanwaltschaft und durch die Hilfsbeamten der Staatsanwaltschaft darf die Beschlagnahme nur bei Gefahr in Verzug angeordnet werden.

Für den Bereich von Presseorganen und Medien normiert § 98 Abs. 1 S. 2 StPO ein ausschließliches Richterprivileg.

e) Rechtsbehelfe

31 Gegen die Beschlagnahmeanordnung der Staatsanwaltschaft und der Polizei ist gemäß § 98 Abs. 2 S. 2 StPO ein **Antrag auf gerichtliche Entscheidung** statthaft.[66] Das

---

62 BGHSt 38, 144 ff., 146 f.
63 BGHSt 38, 144 ff., 145.
64 BGH bei Pfeiffer, NStZ 83, 208.
65 BVerfG, NJW 88, 329 ff.
66 Meyer-Goßner, § 98 StPO, Rn 18 ff.

Bundesverfassungsgericht leitet aus dem verfassungsrechtlichen Gebot effektiven Rechtsschutzes (Art. 19 Abs. 4 GG) den Grundsatz her, dass ein solcher Antrag auf gerichtliche Entscheidung auch dann noch zulässig ist, wenn sich die Beschlagnahme bis zum Zeitpunkt der gerichtlichen Entscheidung erledigt hat.[67]

f) Verwertungsverbot

Die Rechtsprechung geht ohne weiteres davon aus, dass aus dem Beschlagnahmeverbot ein **Beweisverwertungsverbot** folgt.[68]   32

2. Beschlagnahme von Verfalls- und Einziehungsgegenständen, Dinglicher Arrest, Vermögensbeschlagnahme

a) Beschlagnahme von Verfalls- und Einziehungsgegenständen

Verfalls- und Einziehungsgegenstände dürfen gemäß § 94 Abs. 1 StPO nur beschlag-   33
nahmt werden, wenn sie gleichzeitig auch Beweismittel darstellen. Eine hierdurch entstehende Lücke schließt die besondere Regelung in § 111b Abs. 1 S. 1 StPO.
Die Beschlagnahme beweglicher Sachen erfolgt in diesen Fällen dadurch, dass die Sache in amtlichen Gewahrsam genommen wird (§ 111c Abs. 1 StPO).
Anders als bei der Sicherstellung von Beweismitteln sieht das Gesetz in § 111b Abs. 3 StPO vor, dass eine Beschlagnahme nach spätestens 6 Monaten aufzuheben ist, es sei denn, wegen der besonderen Schwierigkeit oder wegen des besonderen Umfangs der Ermittlungen wird eine Verlängerung um längstens 3 Monate genehmigt. Bei einer Verlängerung der Beschlagnahme über die 6-Monatsfrist hinaus ist darüber hinaus erforderlich, dass sich der bei der Beschlagnahme möglicherweise noch vorliegende Anfangsverdacht zu einem dringenden Tatverdacht verdichtet haben muss.[69] (Eine Beschlagnahme über 9 Monate hinaus ist nach dem Gesetzeswortlaut und auch auf der Grundlage der gesetzgeberischen Motive nicht vorgesehen).[70] Weitere Handlungsmöglichkeiten ergeben sich darüber hinaus aus § 111c Abs. 6 StPO. Danach können beschlagnahmte bewegliche Sachen gegen die Zahlung des entsprechenden Wertes zurückgegeben werden. Das gleiche kommt bei Überlassung zur Benutzung unter dem Vorbehalt jederzeitigen Widerrufs in Betracht.

b) Anordnung des dinglichen Arrests

Sind Einziehungs- und Verfallsgegenstände nicht vorhanden, kommt die Möglichkeit   34
der **Einziehung oder des Verfalls von Wertersatz** in Betracht (vgl. §§ 73 a, 74c StGB), auch kann anstelle der Beschlagnahme der **dingliche Arrest** angeordnet werden. Zur Anordnung des dinglichen Arrests ist jedoch gemäß §§ 111d Abs. 2 StPO i.V.m. 917 ZPO ein Arrestgrund erforderlich. Daher setzt die Anordnung des dinglichen Arrests stets voraus, dass eine Verschlechterung der Vermögenslage, oder eine wesentliche Erschwerung des Zugriffs auf das Vermögen des Beschuldigten zu erwarten ist.[71] Sind die Vermögensverhältnisse bereits zum Zeitpunkt der Anordnung des

---

67 BVerfG, NJW 97, 2163 f.; NJW 98, 2131.
68 BGHSt 25, 168 ff., 170.
69 Meyer/Hetzer, NJW 98, 1017, 1023.
70 Meyer/Hetzer, NJW 98, 1017, 1023.
71 OLG Frankfurt/Main StV 94, 234.

Arrests beklagenswert und ist keine weitere Verschlechterung zu erwarten, so ist die Anordnung des dinglichen Arrests nicht mehr zulässig.

Insbesondere ist darauf hinzuweisen, dass gerade wegen einer Geldstrafe und der voraussichtlich entstehenden Verfahrenskosten der dingliche Arrest angeordnet werden kann. Hier muss allerdings gegen den „Beschuldigten" ein auf Strafe lautendes Urteil ergangen sein. Strenggenommen ist der dingliche Arrest wegen einer Geldstrafe oder wegen der Verfahrenskosten gegen den Beschuldigten überhaupt nicht statthaft, sondern erst gegen den Angeklagten. Allerdings braucht das Urteil, das gegen den Angeklagten ergangen ist, noch nicht rechtskräftig zu sein. Auf der Grundlage des dinglichen Arrests können selbstverständlich auch Kautionsrückforderungsansprüche des Mandanten gepfändet werden.

III. Identitätsfeststellung und erkennungsdienstliche Behandlung

35   Von ähnlich dramatischer Wirkung wie die Durchsuchung von Räumen kann oft die Durchführung erkennungsdienstlicher Maßnahmen oder das Festhalten zur Feststellung der Identität des Mandanten führen. Nicht selten kann sich der Verteidiger einem alarmierten Anruf des Mandanten ausgesetzt sehen und mit der Frage konfrontiert sein, ob er das alles wirklich über sich ergehen lassen muss.

1. Erkennungsdienstliche Behandlung

a) Voraussetzungen

36   Die Fertigung von Lichtbildern, die Abnahme von Fingerabdrücken und ähnliche Maßnahmen sind nach der gesetzlichen Regelung in § 81b StPO zum einen zum Zweck der Durchführung des Strafverfahrens (§ 81b 1. Alt. StPO), oder zum anderen für polizeiliche Zwecke (§ 81b 2. Alt. StPO) zulässig.[72]

Voraussetzung der Anordnung einer erkennungsdienstlichen Behandlung ist grundsätzlich, dass gegen den Mandanten zu irgendeinem Zeitpunkt ein strafrechtliches Ermittlungsverfahren eingeleitet gewesen sein muss. Anders kann der Mandant die Eigenschaft eines „Beschuldigten", wie sie das Gesetz erfordert, nicht erlangen.[73] Die polizeirechtliche Befugnis gemäß § 81b zweite Alternative StPO hat zur Folge, dass bei den erkennungsdienstlichen Maßnahmen gefertigte Aufnahmen und abgenommene Fingerabdrücke auch nach Ablauf des Ermittlungsverfahrens weiterhin aufbewahrt und verwertet werden können.[74]

Das für erkennungsdienstliche Maßnahmen eine Notwendigkeit gesehen wird, darf nach der Rechtsprechung bereits aus der Tatsache hergeleitet werden, dass gegen den Betroffenen ein Ermittlungsverfahren durchgeführt wurde.[75] Alleine die Verurteilung zu einer Bewährungsstrafe soll deswegen noch kein Kriterium sein, die Zulässigkeit erkennungsdienstlicher Maßnahmen auszuschließen.[76] Ausdrücklich erkennt die Recht-

---

72   Zum Begriff der „ähnlichen Maßnahme" vgl. Meyer-Goßner, § 81b StPO, Rn 8 ff. und weiter unten.
73   BVerwG, NJW 83, 772 ff.
74   BVerwG, a.a.O.
75   BVerwG, a.a.O.
76   BVerwG, a.a.O.

sprechung allerdings an, dass erkennungsdienstliche Maßnahmen nicht mehr zulässig sind, sobald keinerlei Anhaltspunkte mehr für die Notwendigkeit erkennungsdienstlicher Maßnahmen besteht.

b) Duldungspflicht und Zwangsmaßnahmen

Die gesetzliche Regelung in § 81b StPO berechtigt die Polizei zur Fertigung von Lichtbildern, zur Abnahme von Fingerabdrücken, zu Messungen und – wie es im Gesetz heißt – „ähnlichen Maßnahmen". Nach Auffassung der Rechtsprechung sind das lediglich solche Maßnahmen, die der Feststellung der körperlichen Beschaffenheit dienen, soweit sie ohne eine körperliche Untersuchung festgestellt werden können.[77] **37**

Die Polizeibehörden sind befugt, unmittelbaren Zwang anzuwenden, dabei ist der Betroffene allerdings rechtlich nur verpflichtet, Identifizierungsmaßnahmen zu dulden. Er ist jedoch nicht verpflichtet, sie durch aktives Tun herbeizuführen.[78] So hat es die Rechtsprechung beispielsweise für unzulässig erachtet, auf Grundlage der gesetzlichen Regelung § 81b StPO eine heimliche Bild- oder Stimmprobe des Betroffenen zu erstellen und diese später zu verwerten. Mit Zustimmung des Beschuldigten darf eine Stimmprobe allerdings aufgezeichnet werden und später auch ohne dessen Einverständnis für einen Stimmenvergleich durch einen Sachverständigen verwertet werden.[79]

c) Rechtsweg

Soweit gegen die Fertigung von Lichtbildern und sonstiger erkennungsdienstlicher Maßnahmen vorgegangen werden soll, kommt die Unterscheidung zwischen beiden Alternativen der gesetzlichen Regelung § 81d StPO zum Tragen. Sind die Fotografien beispielsweise erstellt worden, um die Identifizierung des Mandanten in einem Strafverfahren als Täter zu ermöglichen, oder um die Fingerabdrücke des Mandanten mit Fingerabdrücken am Tatort zu vergleichen, so handelt es sich um eine rein strafprozessuale Maßnahme. Hier kann ggf. Beschwerde nach § 304 StPO erhoben werden. Gegen Maßnahmen der Staatsanwaltschaft und der Polizei kann nach hM gem. § 98 Abs. 2 S. 2 StPO analog das Gericht angerufen werden.[80] Die Anordnung von Maßnahmen für erkennungsdienstliche Zwecke kann nur im Verwaltungsgerichtsverfahren angegriffen werden. **38**

Soweit die Maßnahmen nicht der Identifizierung des Mandanten im Strafverfahren selbst dienten, sondern darüber hinaus polizeirechtlich präventiven Charakter haben, ist der Verwaltungsrechtsweg gegeben.[81] Das gilt auch für Rechtsfragen, die die Aufbewahrung der gefertigten Lichtbilder, Fingerabdrücke etc. betreffen.[82]

---

77 BGHSt. 34, 39 f., 45.
78 BVerwG 39, ff., 45.
79 Meyer-Goßner, § 81b Rn 8 a.E. m.V.a. BGH.
80 OLG Koblenz StV 02, 128; Meyer-Goßner, § 81d StPO Rn 20 ff.
81 BVerwG, NJW 83, 772 ff.
82 BVerfG, NJW 83, 1338 ff.

2. Identitätsfeststellung

a) Tatverdacht

39 Grundsätzlich sind Maßnahmen zur Feststellung der Identität nicht – wie bei der erkennungsdienstlichen Behandlung – nur gegen den Beschuldigten zulässig, sondern bereits gegen jeden, der einer Straftat verdächtig ist. Ein solcher Tatverdacht besteht dann, wenn es möglich erscheint, dass der Verdächtige durch das Verhalten, das ihm vorgeworfen wird, eine strafbare Tat begangen hat.[83]

b) Befugnisse

40 In erster Linie kann der Betroffene aufgefordert werden, sich auszuweisen. Weitergehende Maßnahmen sind von der Beachtung des **Verhältnismäßigkeitsgrundsatzes** abhängig. So ist schon die Festhaltebefugnis gemäß § 163b Abs. 1 S. 2 StPO nur dann gegeben, wenn die Identität des Betroffenen sonst nicht oder nur unter erheblichen Schwierigkeiten festgestellt werden kann. In der Praxis wird hiergegen häufiger verstoßen als man meinen sollte. Nicht selten wird die Festhaltebefugnis nach § 163b Abs. 1 2 StPO dazu genutzt, um eine erste Beschuldigtenvernehmung durchzuführen. Es ist in jedem Fall Aufgabe des Verteidigers im späteren Verfahren auf ein solches Vorgehen der Polizeibeamten hinzuweisen. Das Festhalten zum Zwecke einer ersten Beschuldigtenvernehmung ist nur aufgrund eines Vorführbefehls gemäß § 134 StPO zulässig, oder wenn die Voraussetzungen zu einer vorläufigen Festnahme gemäß § 127 StPO gegeben sind. Sobald sich der Betroffene anhand eines Personalausweises ausweisen kann, stellen alle weiteren Maßnahmen einen Verstoß gegen den Verhältnismäßigkeitsgrundsatz dar. Auch die Durchführung erkennungsdienstlicher Maßnahmen sowie die Durchsuchung der Person bzw. mitgeführten Sachen sind gemäß § 163b Abs. 1 S. 3 StPO nur unter der Voraussetzung statthaft, dass die Identität nicht anders oder nur unter erheblichen Schwierigkeiten festgestellt werden kann.

c) Identitätsfeststellungen bei Unverdächtigen

41 § 163b Abs. 2 StPO ermöglicht die Identitätsfeststellung auch von Personen, die einer Straftat nicht verdächtig sind; das allerdings nur unter der Voraussetzung, dass dies zur Aufklärung einer Straftat geboten ist. Das bedeutet, dass eine Identitätsfeststellung unverdächtiger Personen zulässig ist, wenn ein Strafverfahren auch zu einem späteren Zeitpunkt nicht eingeleitet wird. Das Festhalten einer unverdächtigen Person ist regelmäßig nicht statthaft, wenn es außer Verhältnis zur Bedeutung der Sache steht. Die Durchsuchung von Gegenständen und die Durchführung erkennungsdienstlicher Maßnahmen gegen den Willen des betroffenen Unverdächtigen ist generell nicht zulässig.

IV. Körperliche Untersuchung und Blutabnahme

42 Die körperliche Untersuchung und auch die Blutabnahme dürfen nur bei einem Beschuldigten durchgeführt werden. Das bedeutet, dass hinreichende Anhaltspunkte für eine Straftat bereits gegeben sein müssen, ohne dass das Ermittlungsverfahren bereits anhängig sein muss.[84]

---

83 BVerfG, StV 96, 143 ff., 145.
84 Meyer-Goßner, § 81 a, Rn 2.

Das Gesetz unterscheidet zwischen der einfachen körperlichen Untersuchung sowie der Entnahme von Blutproben und anderen körperlichen Eingriffen. Die Entnahme von Blutproben und körperliche Eingriffe sind nur zulässig, wenn ein Nachteil für die Gesundheit des Betroffenen nicht zu befürchten ist, und wenn sie ausdrücklich von einem **Arzt** sowie nach den Regeln der ärztlichen Kunst vorgenommen werden.
§ 81a Abs. 3 StPO erlangt angesichts der fortschreitenden Entwicklung wissenschaftlicher Untersuchungsmethoden neue Bedeutung. Danach dürfen entnommene Blutproben und sonstige Körperzellen nur für Zwecke eines anhängigen Strafverfahrens verwendet werden. Insbesondere die Erstellung einer DNA-Analyse ist nur unter den gesetzlichen Voraussetzungen in § 81e Abs. 1 StPO sowie § 81g Abs. 1 StPO zulässig.

V. DNA-Identifizierung

1. Abstammungsfeststellung und Spurenzuordnung

Während eines laufenden Ermittlungsverfahrens oder eines laufenden Strafverfahrens   43
ist die Erstellung einer DNA-Analyse nur zulässig, wenn dadurch die Abstammung festgestellt werden soll oder wenn die Tatsache geklärt werden soll, ob aufgefundenes Spurenmaterial von dem Beschuldigten oder von dem Verletzten stammt. Ausdrücklich bestimmt das Gesetz, in § 81e Abs. 1 S. 2 StPO, dass andere Feststellungen nicht erfolgen dürfen.

2. Identitätsfeststellung in künftigen Verfahren

Für eine nicht unerhebliche Anzahl gerichtlicher Verfahren hat die Regelung der DNA-   44
Identifizierung in § 81g StPO gesorgt. Ähnlich wie bei der Anordnung der erkennungsdienstlichen Behandlung gemäß § 81b StPO handelt es sich hier um eine Vorschrift mit überwiegend präventivem Charakter. Nach Auffassung des Bundesverfassungsgerichts handelt es sich hier dennoch um eine strafprozessuale Regelung, da sie nicht die Funktion hat, künftige Straftaten abzuwehren, sondern vielmehr der Beweisbeschaffung in möglichen künftigen Strafverfahren dient.[85] Eine Vielzahl gerichtlicher Entscheidungen war und ist nach wie vor durch die gesetzliche Regelung der sog. Altfälle verursacht. Es handelt sich hierbei um die Fälle, die noch vor Einführung der gesetzlichen Regelung in § 81g StPO abgeschlossen wurden und hinsichtlich derer die Möglichkeit der Ermittlung der DNA-Identifizierungsmuster eine Befugnis der Ermittlungsbehörden in § 2 DNA-Identifizierungsgesetz geschaffen ist.
Unabdingbare Voraussetzung der **Anordnung einer DNA-Identitätsfeststellung** ist zunächst die Verurteilung entweder wegen eines Verbrechenstatbestandes oder wegen eines der Vergehenstatbestände, die katalogmäßig in § 81g Abs. 1 StPO aufgeführt sind. Neben dem eher zu erwartenden Vergehen gegen die sexuelle Selbstbestimmung gehören dazu auch die gefährliche Körperverletzung (§ 224 StGB), die Erpressung (§§ 253, 255 StGB) sowie immerhin auch der Diebstahl in einem besonders schweren Fall (§§ 242, 243 StGB).
Darüber hinaus muss der Grund zu der Annahme gerechtfertigt sein, dass gegen den Beschuldigten erneut Strafverfahren wegen einer der vorgenannten Straftaten zu führen sind. Diese gesetzlich verlangte Prognose muss auf schlüssigen, verwertbaren und in

---

85   BVerfG, NJW 01, 879 ff., 880.

der Entscheidung nachvollziehbaren dokumentierten Tatsachen beruhen.[86] Darüber hinaus muss das DNA-Identifizierungsmuster einen Aufklärungsansatz durch einen künftigen Spurenvergleich bieten können.[87]

Anders als das verschiedene Fachgerichte angenommen haben[88] ist zwischen einer positiven Sozialprognose gemäß § 56 Abs. 1 StGB und einer negativen Gefahrenprognose gemäß § 81g Abs. 1 StPO nicht ohne weiteres ein unauflöslicher Widerspruch zu sehen.[89] Allerdings sind bei der Anordnung der Maßnahme Gesichtspunkte zu prüfen, wie zum Beispiel die Rückfallgeschwindigkeit, der Zeitablauf seit der vorangegangenen Tatbegehung, das Verhalten in der Bewährungszeit, ein Straferlass, die Motivationslage bei der früheren Tatbegehung oder die Lebensumstände.[90]

Was die Bewährungsstrafe anbelangt, so ist allerdings doch zu bemerken, dass die Annahme der Wiederholungsgefahr im Bewährungsstrafenfall nach Auffassung des Bundesverfassungsgerichts lediglich im Einzelfall bei Vorliegen entsprechender Voraussetzungen gerechtfertigt ist. Das Bundesverfassungsgericht verlangt bei gegenläufigen Prognosen einen erhöhten Begründungsbedarf.[91]

Auch der Verhältnismäßigkeitsgrundsatz verdient an dieser Stelle besonderen Augenmerk. Eine DNA-Identifizierung ist nur dann statthaft, wenn bei der Anlasstat eine Aufklärung durch eine DNA-Identifizierung ermöglicht worden wäre. Insbesondere ist das beispielsweise bei der Teilnahmeform der bloßen Anstiftung regelmäßig nicht der Fall.[92]

VI. Unterbringung zur Beobachtung

45 Die Unterbringung zur Beobachtung setzt zunächst voraus, dass vor der Unterbringung ein Sachverständiger und daneben auch der Verteidiger des Beschuldigten *angehört* wurde. Dabei ist konsequenterweise zu berücksichtigen, dass einem nicht verteidigten Beschuldigten zur Durchführung der Anhörung ggf. ein Verteidiger beizuordnen ist, da ein Fall der notwendigen Verteidigung vorliegt (§ 140 Abs. 1 Nr. 6 StPO).

Weitere wesentliche Voraussetzung ist, dass gegen den Beschuldigten **dringender Tatverdacht** bestehen muss (§ 81 Abs. 2 S. 1 StPO). Mit der entsprechenden gesetzlichen Voraussetzung ist der dringende Tatverdacht gemeint, wie er auch für den Erlaß eines Haftbefehls erforderlich ist (§ 112 Abs. 1 StPO).[93] Da die Unterbringung zur Untersuchung selbstverständlich einen Eingriff in die Freiheit der Person darstellt (Art. 2 Abs. 2 S. 2 GG), muss bei der Anordnung der Unterbringung der Verhältnismäßigkeitsgrundsatz gewahrt sein. Das ist nur der Fall, wenn die Unterbringung zum Zwecke der Untersuchung als unerläßlich zu qualifizieren ist.[94] Die Dauer der Unterbringung in eine psychiatrisches Krankenhaus ist ohne Ausnahmemöglichkeit auf insgesamt 6 Wochen beschränkt (§ 81 Abs. 5 StPO). Zu beachten ist, dass gegen den Beschluss der Un-

---

86 Zur Versagung einer entsprechenden Prognose nach Verurteilung wegen Mordes LG Berlin, StV 03, 610.

87 BVerfG, NJW 01, 879 ff., 881.

88 LG Waldshut-Tiengen, StV 99, 365 f.

89 BVerfG 01, 879 f., 881; LG Göttingen, NJW 00, 751; LG Ingolstadt, NJW 00, 749.

90 BVerfG, a.a.O.

91 BVerfG, a.a.O.

92 LG Berlin, StV 99, 590.

93 Zum „dringenden Tatverdacht" Meyer-Goßner § 112 StPO Rn 5 ff.

94 BVerfG, StV 95, 617 f.

terbringung lediglich die sofortige Beschwerde innerhalb einer Frist von einer Woche statthaft ist (§ 311 Abs. 2 StPO). Ausdrücklich wird der sofortigen Beschwerde aufschiebende Wirkung zugemessen (§ 81 Abs. 4 S. 2 StPO).

VII. Vorläufige Entziehung der Fahrerlaubnis

Die Entziehung der Fahrerlaubnis gemäß § 111a Abs. 1 StPO ist zulässig, wenn dringende Gründe für die Annahme vorhanden sind, dass die Fahrerlaubnis entzogen wird. **46** Dies erfordert zum ersten den **dringenden Tatverdacht**, der mit der gleichen Intensität gegeben sein muss wie bei Erlaß eines Haftbefehls (vgl. § 112 Abs. 1 StPO). Darüber hinaus müssen **dringende Gründe** für die Annahme sprechen, dass dem Betroffenen die Fahrerlaubnis entzogen werden wird. Soweit ein Katalogstraftatbestand im Sinne von § 69 Abs. 2 StGB vorliegt, bedarf das bei dem Beschluss über die vorläufige Entziehung der Fahrerlaubnis keiner näheren Begründung. Soweit keine Katalogstraftat gemäß § 69 Abs. 2 StGB gegeben ist, wird das Gericht die mangelnde Eignung des Betroffenen zum Führen von Kraftfahrzeugen darzustellen haben.

In folgenden Fällen wird die vorläufige Entziehung der Fahrerlaubnis regelmäßig ausgeschlossen sein:

■ Berufung der Staatsanwaltschaft gegen ein freisprechendes Urteil in erster Instanz; hier wird erst bei Erlaß eines Urteils, das einen Schuldspruch enthält, die vorläufige Entziehung der Fahrerlaubnis gerechtfertigt sein.

■ Einspruch des Angeklagten gegen einen Strafbefehl, der keine Maßnahme nach § 69 StGB angeordnet hat.[95]

Die vorläufige Entziehung der Fahrerlaubnis ist ausschließlich dem Richter vorbehalten. Allerdings wird der Beschlagnahme eines Führerscheins gemäß § 94 Abs. 3 StPO die gleiche Wirkung wie die Entziehung der Fahrerlaubnis zugesprochen (§§ 111a Abs. 4 StPO, 69a Abs. 6 StGB).

Die Bestimmung in § 111a Abs. 2 StPO, wonach die vorläufige Entziehung aufzuheben ist, wenn der Grund weggefallen ist, kann insbesondere dann von Bedeutung sein, wenn infolge eines Rechtsmittels die gemäß § 69a StGB angeordnete Sperrfrist im Laufe der Berufungsverhandlung abläuft. Allein der Ablauf der Sperrfrist während des Rechtsmittelverfahrens rechtfertigt die Aufhebung noch nicht von vornherein.[96] Allerdings ist die Aufhebung geboten, wenn eine endgültige Entziehung der Fahrerlaubnis wegen des Zeitablaufs unwahrscheinlich wird. Dabei ist ggf. insbesondere auf die Voraussetzungen der Wiedererteilung der Fahrerlaubnis im Verwaltungsverfahren abzustellen.[97] Insbesondere dann, wenn nach Ablauf der Sperre mit einer Wiedererteilung des Führerscheins ohne medizinischpsychologische Untersuchung gerechnet werden kann, spricht dieser Umstand dafür, dass die vorläufige Entziehung aufzuheben ist. In einer solchen Konstellation besteht kein Anlass für die Annahme, dass die Möglichkeit der Anordnung einer medizinischpsychologischen Untersuchung durch die Verwaltungsbehörde umgangen werden könnte.

Rechtsmittel gegen die vorläufige Entziehung der Fahrerlaubnis ist ohne Befristung die Beschwerde (§ 304 Abs. 1 StPO). Gegen eine Beschlagnahme des Führerscheins durch

95 Vgl. hierzu Meyer-Goßner, § 111a StPO, Rn 3.
96 Meyer-Goßner, § 111a StPO, Rn 11.
97 Vgl. hierzu Meyer-Goßner, § 111a StPO, Rn 12.

Polizeibeamte ist regelmäßig ein Antrag auf gerichtliche Entscheidung statthaft (§ 98 Abs. 2 S. 2 StPO), solange nicht die vorläufige Entziehung gemäß §§ 111a IV, 98 Abs. 2 S. 1 StPO bestätigt worden ist.

VIII. Vorläufiges Berufsverbot

47 Auch die Anordnung eines vorläufigen Berufsverbotes setzt zunächst **dringenden Tatverdacht** im Sinne von § 112 Abs. 1 StPO in Bezug auf eine bestimmte Straftat voraus. Desweiteren setzt bereits die Anordnung eines vorläufigen Berufsverbotes eine **Prognoseentscheidung** voraus, wonach die Gefahr bestehen muss, dass der Betroffene, wenn er seinen Beruf weiter ausüben würde, gleichartige Straftaten erneut begehen würde. Eine nicht zu leugnende Härte dabei ist, dass die bereits erfolgte Anordnung standesrechtlicher Maßnahmen einem vorläufigen Berufsverbot ebensowenig entgegenstehen muss, wie die faktische Unfähigkeit, den Beruf während einer fortdauernden Untersuchungshaft auszuüben.[98]

Von besonderer Bedeutung kann bei der Verhängung eines vorläufigen Berufsverbotes der Verhältnismäßigkeitsgrundsatz sein. Das vorläufige Berufsverbot stellt zweifellos einen Eingriff in das Grundrecht der Berufsfreiheit (Art. 12 Abs. 1 GG) dar. Liegt beispielsweise einem Rechtsanwalt eine Straftat im Zusammenhang mit seiner Tätigkeit als Strafverteidiger zur Last, so würde es unverhältnismäßig sein, ihm die Ausübung des Berufs als Rechtsanwalt zu untersagen. Der Verhältnismäßigkeitsgrundsatz wird es hier gebieten, ihm lediglich die Tätigkeit als Strafverteidiger zu verbieten.

Die gesetzliche Bestimmung in § 132a Abs. 2 StPO, wonach das vorläufige Berufsverbot aufzuheben ist, wenn sein Grund weggefallen ist, ist insbesondere hinsichtlich des Zeitablaufes ebenso einzuordnen, wie die gesetzliche Regelung in § 111a Abs. 2 StPO zur vorläufigen Entziehung der Fahrerlaubnis. Der bloße Zeitablauf spricht nicht zwingend für die Aufhebung des vorläufigen Berufsverbotes. Es müssen zusätzliche weitere Umstände vorgetragen werden, die die Anordnung eines vorläufigen Berufsverbotes im Erkenntnisverfahren unwahrscheinlich machen. Gegen das vorläufige Berufsverbot ist der Rechtsbehelf der Beschwerde (§ 304 Abs. 1 StPO) statthaft.

---

98 BGHSt 28, 84 ff.

IX. Arbeitshilfen

1. Checkliste Mandanteninformation zur Durchsuchung

48

Kann ohne Durchsuchungsbeschluss durchsucht werden?	Von Rechts wegen ist eine Durchsuchung nur auf der Grundlage eines vorher durch einen Richter erlassenen Durchsuchungsbeschlusses zulässig. Das Gesetz lässt jedoch auch eine Durchsuchung ohne Durchsuchungsbeschluss vor, wenn von Gefahr in Verzug auszugehen ist. Die Entscheidungskompetenz darüber räumt das Gesetz der Staatsanwaltschaft und der Kriminalpolizei ein. Von Gefahr in Verzug ist allerdings nur dann auszugehen, wenn die Einholung eines richterlichen Beschlusses den Durchsuchungserfolg gefährden könnte. Eine Durchsuchung ohne Durchsuchungsbeschluss lässt sich während der Durchsuchung nicht verhindern. Nach erfolgter Durchsuchung kann dagegen jedoch Antrag auf gerichtliche Entscheidung gestellt werden.
Habe ich das Recht, einen Durchsuchungsbeschluss zu verlangen?	Jeder, der von einer Durchsuchung betroffen ist, hat das Recht, einen Durchsuchungsbeschluss zu verlangen. Soweit ein Durchsuchungsbeschluss vorhanden ist, muss dieser dem tatsächlichen Inhaber der durchsuchten Räume und Gegenstände ausgehändigt werden.
Bedeutet die Durchsuchung, dass ich als Straftäter verdächtigt werde?	Von einer Durchsuchung kann jeder betroffen sein, unabhängig davon, ob er als Beschuldigter in Betracht kommt oder nicht. Ob man als Beschuldigter in Betracht kommt, lässt sich häufig dem Durchsuchungsbeschluss entnehmen. Wenn es sich um eine Durchsuchung beim Beschuldigten handelt, müßte bei den Rechtsvorschriften regelmäßig die Vorschrift des § 102 StPO genannt sein. Handelt es sich um eine Durchsuchung bei Dritten, die nicht verdächtigt werden, müßte im Durchsuchungsbeschluss die Rechtsvorschrift des § 103 StPO genannt sein.
Kann die Durchsuchung verhindert werden?	Eine effektive Möglichkeit, die vor der Tür stehenden Kriminalbeamten an der Durchführung der Durchsuchung zu hindern, gibt es nicht. Derjenige, der von einer Durchsuchung betroffen ist, unterliegt der rechtlichen Pflicht, diese zu dulden. Es gibt jedoch nachträglich Möglichkeiten, angemessene Rechtsbehelfe zu ergreifen. Diese Rechtsbehelfe können sich entweder gegen die der Durchsuchungsanordnung, oder die Art und Weise der Durchführung der Durchsuchung richten. Welcher Rechtsbehelf hier sinnvollerweise ergriffen werden kann, sollte ein Anwalt klären.
Habe ich das Recht, bei der Durchsuchung anwesend zu sein?	Jeder, der von der Durchsuchung betroffen ist, hat selbstverständlich das Recht, während der Durchsuchung anwesend zu sein. Dies schreibt das Gesetz ausdrücklich vor.
Habe ich das Recht einen Anwalt bei der Durchsuchung hinzuzuziehen?	Jeder, der von einer Durchsuchung betroffen ist, hat das Recht, hier auch einen Anwalt hinzuzuziehen. Das gilt sowohl für den Beschuldigten, dessen Räume durchsucht werden, als auch für nichtbeschuldigte Dritte.

Darf ich während der Durchsuchung Telefonate führen?	Je nach Hintergrund des Verfahrens haben Staatsanwaltschaft und Kriminalpolizei möglicherweise die Befugnis, Telefonate zu verhindern. Das ist aber nur dann der Fall, wenn Anhaltspunkte für die Befürchtung bestehen, dass mit den Telefonaten die Ermittlungen beeinflusst werden sollen. Unbedingt zulässig ist sowohl ein Telefonat mit einem Anwalt, als auch insbesondere ein Telefonat mit einem Verteidiger oder mit einem Anwalt, der als Verteidiger beauftragt werden soll. Sollten Kriminalpolizei und Staatsanwaltschaft auch Telefonate mit Anwälten verhindern wollen, sollten Sie so ruhig wie möglich auf die Rechtslage hingewiesen werden. Es kann hier auch der Vorschlag gemacht werden, dass Staatsanwaltschaft oder ein Kriminalbeamter die Telefonverbindung zu dem Anwalt zumindest herstellen und im Anschluss zulassen, dass das Telefonat ungestört weitergeführt wird.
Kann ich anläßlich der Durchsuchung festgehalten werden?	Grundsätzlich darf derjenige, der von einer Durchsuchung betroffen ist, nicht festgehalten werden. Eine Festhalte- und möglicherweise auch eine Festnahmebefugnis kann sich jedoch aus dem Hintergrund der Ermittlungen ergeben. Die Kriminalpolizei und die Staatsanwaltschaft dürfen die Herstellung bestimmter Kontakte während einer Durchsuchung notfalls auch durch eine Festnahme verhindern.
Bekomme ich am Ende der Durchsuchung eine Bestätigung?	Jeder von einer Durchsuchung Betroffener hat einen Anspruch auf Erstellung und auf Aushändigung eines Durchsuchungsprotokolls sowie ggf. eines Beschlagnahmever-zeichnisses.
Soll ich das Beschlagnahmeverzeichnis/Durchsuchungsprotokoll unterschreiben?	Eine Unterschriftsverweigerung bringt nicht unbedingt einen sinnvollen Erfolg. Wenn man die Unterschrift leistet, sollte man sich jedoch genau vergewissern, was unterschrieben wird. Insbesondere sollte im Beschlagnahmeprotokoll festgehalten sein, dass die beschlagnahmten Gegenstände nicht freiwillig herausgegeben wurden, sondern nur infolge der Beschlagnahme. Dies ist wichtig, um weitere Rechtsbehelfsmöglichkeiten nach der erfolgten Durchsuchung zu wahren.
Dürfen Durchsuchungsbeamte Papiere durchsehen?	Seit dem 1.9.2004 dürfen auch Ermittlungspersonen Papiere des von der Durchsuchung Betroffenen durchsehen. Im Übrigen ist die Genehmigung des Inhabers erforderlich. In steuerstrafrechtlichen Ermittlungsverfahren dürfen allerdings auch die Steuerfahndungsbeamten Papiere durchsehen.
Dürfen bei einer Durchsuchung Türen aufgebrochen werden?	Die Kriminalpolizei ist befugt, anläßlich einer Durchsuchung notfalls auch Türen aufzubrechen. Allerdings ist die Kriminalpolizei gehalten, nach Möglichkeit die Dienste eines Schlüsseldienstes in Anspruch zu nehmen, der Türen ohne Beschädigungen öffnen kann.
Dürfen andere Personen zur Durchsuchung hinzugezogen werden?	Das Gesetz schreibt sogar vor, dass ein Zeuge hinzuzuziehen ist, soweit der Inhaber durchsuchter Räume darauf nicht verzichtet. Die Polizei ist hier allerdings gehalten, geeignete Personen heranzuziehen. Dies sind sehr häufig Beamte oder Verwaltungsangestellte einer Gemeindeverwaltung. Ist der Inhaber der Räume selbst anwesend, so spricht nichts dagegen, auf die Hinzuziehung weiterer Zeugen zu verzichten.

2. Beschlagnahmeverbote beim Beschuldigten

Beim **Beschuldigten** sind beschlagnahmefrei: 49
- Tagebuchartige Aufzeichnungen mit Einschränkungen infolge des Verhältnismäßig-keitsgrundsatzes im Falle schwerer Straftaten
- Verteidigungsunterlagen, Post des Verteidigers, Post an den Verteidiger, Aufzeichnungen des Beschuldigten zum Zwecke der Verteidigung

3. Beschlagnahmeverbote bei zeugnisverweigerungsberechtigten Dritten:

(1) Gegenstände, die beschlagnahmefrei sein können: 50
- Schriftliche Mitteilungen zwischen zeugnisverweigerungsberechtigten Personen und Beschuldigten
- Aufzeichnungen zeugnisverweigerungsberechtigter Personen über durch Beschuldigte anvertraute Tatsachen
- Andere Gegenstände: Ärztliche Untersuchungsbefunde, Röntgenaufnahmen, Kardiogramme.

(2) Die Beschlagnahmefreiheit gilt, solange beschlagnahmefreie Gegenstände in Gewahrsam des Zeugnisverweigerungsberechtigten oder im erweiterten Schutzbereich sind.

(3) Grenze: Anfangsverdacht gegen Zeugnisverweigerungsberechtigten.

§ 6 Verfahrensabschluss im Ermittlungsverfahren und Verteidigungsstrategie

I. Einleitung

1 Obwohl das Strafverfahren sich als fortlaufender Prozess darstellt, bei dem der Anteil der Informationen ständig zunimmt und bestehende Sachverhalte sich bestätigen oder aber auch verändern können, kann es sich der Verteidiger nicht leisten, das Verfahren ohne Gedanken zu einem möglichen Verteidigungsziel vor sich hintreiben zu lassen. Ein solches Vorgehen, welches man in Anlehnung an ein geflügeltes Wort aus dem Fußballbereich als „Schaun wir mal"-Verteidigung bezeichnen könnte, hat mit einer effizienten Verteidigung nichts zu tun, sondern stellt sich als faktische Nichtverteidigung dar.

Eine verantwortungsvolle überlegte Verteidigung zeichnet sich hingegen dadurch aus, dass **ständig**, zu jedem Zeitpunkt des Verfahrens, Überlegungen hinsichtlich Verteidigungsstrategie und Taktik angestellt werden. Beide Begriffe sind dem militärischen Sprachgebrauch entnommen und mögen deshalb etwas martialisch klingen.

Dennoch passen sie sehr gut, weil zu Recht darauf hingewiesen worden ist, dass Verteidigung Kampf ist; Kampf um die Rechte des Beschuldigten im Widerstreit mit den Organen des Staates, die dem Auftrag zur Verfolgung von Straftaten zu genügen haben.[1]

Im militärischen Sprachgebrauch wird unter Strategie üblicherweise die Kunst der militärischen Kriegführung, also die sogenannte Feldherrnkunst, verstanden. Unter Taktik wird hingegen die Kunst der Truppenführung während des Kampfes begriffen.[2] In entsprechender Anwendung lassen sich diese Begriffe auch auf die Verteidigung übertragen. Der Verteidiger muss ein Ziel vor Augen haben und hat Überlegungen darüber anzustellen, mit welchen zulässigen Maßnahmen er dieses Ziel erreichen kann. Wichtig ist dabei auch, dass dem Verteidiger stets bewusst ist, dass sich sowohl die Definition des Ziels als auch die anzuwendenden Methoden ständig ändern können. Nichts wäre fataler, als wenn sich im Laufe eines Strafverfahrens herausstellt, dass ein ursprünglich definiertes Verteidigungsziel nicht mehr erreichbar ist, der Verteidiger aber dennoch unbeirrt an seiner Linie festhält. Es muss also in jeder Lage des Verfahrens ein (möglicherweise wechselndes) Verteidigungsziel definiert sein.

Flexibilität im Denken und Handeln ist also gefordert. Hierbei steht im Ermittlungsverfahren das Erreichen der **raschen Beendigung des Verfahrens** im Vordergrund. Absolute Priorität bei den Verteidigerbemühungen sollte deshalb auf eine Einstellung des Ermittlungsverfahrens gelegt werden. Kurze Verfahren haben eine geringere Öffentlichkeitswirkung. Bei Beschuldigten mit besonderen Positionen oder Stellungen muss, wenn nicht andere meldepflichtige Sachverhalte vorgelegen haben, die Behörde nicht einmal Kenntnis vom Verfahren erlangen.[3]

Bei Personen, die einer **Berufsgerichtsbarkeit** unterliegen, wird durch eine Einstellung kein Präjudiz geschaffen. Hinzutritt, dass gerade bei länger andauernden Ermittlungen immer die Gefahr bestehen kann, dass weitere problematische Sachverhalte zu-

---

1 Dahs, Handbuch des Strafverteidigers, Rn 1.
2 Vgl. Wahrig, Deutsches Wörterbuch.
3 Vgl. 15 MiStra.

tage gefördert werden könnten. All dies kann mit einer Einstellung des Verfahrens vermieden werden. Deshalb ist grundsätzlich die denkbar schlechteste Einstellungsmöglichkeit des Verfahrens für den Mandanten dem Gang in die Hauptverhandlung mit einer Option auf einen Freispruch vorzuziehen. Der Rat eines Verteidigers an den Mandanten, doch lieber die Einstellungsmöglichkeit auszuschlagen und stattdessen auf einen späteren Freispruch in der Hauptverhandlung zu hoffen, ist die Empfehlung zum „Ritt über den Bodensee". Denn Voraussetzung dafür, dass überhaupt eine Hauptverhandlung stattfindet, ist die Bejahung eines hinreichenden Tatverdachts gem. § 203 StPO durch das Gericht. Damit ist aber bereits mit Eröffnung des Hauptverfahrens eine Verurteilung wahrscheinlicher als ein Freispruch. Weiterhin ist zu bedenken, dass nicht wenige Beschuldigte allein durch die Tatsache, dass gegen sie in öffentlicher Hauptverhandlung verhandelt wird, nicht wiedergutzumachenden Schaden erleiden, der selbst dann eintritt, wenn ein Freispruch erfolgen würde. So wird ein Arzt, gegen den wegen des Verdachts eines Kunstfehlers ein Verfahren geführt wird, auch dann empfindliche Umsatzeinbußen erleiden, wenn er von diesem Vorwurf schließlich freigesprochen wird.

Hinzu kommt die **finanzielle Belastung** für den Mandanten. Zwar regelt § 467 StPO, dass bei einem Freispruch die notwendigen Auslagen des Beschuldigten der Staatskasse zur Last fallen. Jedoch gibt es hiervon bereits gem. § 467 Abs. 3 StPO Ausnahmen nach gerichtlichem Ermessen. Im übrigen betrifft der Kostenersatz nur die notwendigen Auslagen. Nachdem es üblich und empfehlenswert ist, dass zwischen Verteidigung und Mandanten Honorarvereinbarungen abgeschlossen werden, wird der von den gesetzlichen Gebühren abweichende Betrag stets vom Mandanten zu tragen sein. Es ist also durchaus denkbar, dass der Beschuldigte am Ende einer langandauernden Hauptverhandlung zwar freigesprochen wäre, im übrigen aber völlig ruiniert ist. Gerade auch dieser Gesichtspunkt spricht deshalb für ein kurzes Verfahren.

Bei seinen Bemühungen um eine Einstellung des Verfahrens im Ermittlungsverfahren hat der Verteidiger die Statistik auf seiner Seite. Weit über die Hälfte aller Ermittlungsverfahren enden durch Einstellung. Kommt eine Einstellung des Verfahrens hingegen nicht in Betracht, endet dadurch nicht die Verteidigungsstrategie. Es ist dann eine Differenzialprognose anzustellen, ob bei Durchführung einer Hauptverhandlung Chancen auf einen Freispruch bestehen. Ist dies eher unwahrscheinlich, ist im nächsten Schritt zu überlegen, ob nicht die Vorteile des Strafbefehlsverfahrens der Hauptverhandlung vorgezogen werden sollten. Erst wenn auch dies nicht in Betracht kommt, hat sich die Verteidigung näher mit einem zu erreichenden Ziel in einer späteren Hauptverhandlung auseinanderzusetzen.

II. Spezielle Verfahrensziele

1. Die Einstellung als Verfahrensabschluss im Ermittlungsverfahren

Wie bereits dargestellt, sollte das Erreichen der Einstellung des Verfahrens im Ermittlungsstadium das vorrangige Verteidigungsziel sein. Dabei muss dem Verteidiger allerdings bewusst sein, dass die verschiedenen Einstellungsmöglichkeiten durchaus nicht gleichwertig sind, sondern wegen ihrer verschiedenartigen Konsequenzen höchst unterschiedliche Bedeutung haben. Die wichtigsten **Einstellungsmöglichkeiten** sind:

a) Die Einstellung mangels Tatverdachts gem. § 170 Abs. 2 StPO

3 Ist von der Möglichkeit der Einstellung des Verfahrens die Rede, gibt es nicht wenige, die sofort an die Einstellungsmöglichkeit mangels Tatverdachts gemäß § 170 Abs. 2 StPO denken. Diese Norm wird gelegentlich auch als „Freispruch im Ermittlungsverfahren" bezeichnet. Damit wird aber leider eine völlig falsche Fährte gelegt. Denn der wesentliche Unterschied zwischen einem Freispruch und einer Einstellung des Verfahrens gem. § 170 Abs. 2 StPO besteht darin, dass ein rechtskräftiger Freispruch zu einem Strafklageverbrauch führt, eine Einstellung gem. § 170 Abs. 2 StPO hingegen nicht.

Das eingestellte Ermittlungsverfahren kann deshalb jederzeit wieder aufgenommen werden, wenn Anlass dazu besteht. Ein Vertrauensschutz auf den Bestand der Einstellungsverfügung besteht nicht.

Die Freude über einen so erzielten Erfolg kann deshalb unter Umständen vorübergehender Natur sein und sich am Ende als „Phyrrus-Sieg" herausstellen. Gerade deshalb sollte diese Einstellungsart auch nicht im Vordergrund der Verteidigungsbemühungen stehen.

Bei einer Einstellung gem. § 170 Abs. 2 StPO hat die Staatsanwaltschaft mitzuteilen, ob das Fehlen eines genügenden Anlasses zur Erhebung der öffentlichen Klage auf sachlichen oder rechtlichen Gründen beruht, wobei ein in der Praxis bedeutungsvollster Unterfall des rechtlichen Grundes die Ausschöpfung des Opportunitätsprinzips ist. Der Staatsanwalt kann mit der Begründung, dass kein öffentliches Interesse an der Strafverfolgung bestehe,[4] ein Verfahrenshindernis für das Offizialverfahren feststellen und im übrigen auf den Privatklageweg verweisen.

Neben den erwähnten **Nachteilen** einer Einstellung gem. § 170 Abs. 2 StPO bietet eine solche Einstellung jedoch auch Vorteile und wird dadurch reizvoll. Dies liegt zum einen darin begründet, dass die Entscheidung des Staatsanwalts rechtlich nicht nachprüfbar ist.[5] Zum anderen machen die wenigsten auf den Privatklageweg verwiesenen Anzeigeerstatter tatsächlich auch von dieser Möglichkeit Gebrauch. Die Chance, mit einer derartigen Einstellungsverfügung tatsächlich ein Ende des Verfahrens zu erreichen, ist deshalb besonders hoch. Hat die Staatsanwaltschaft einmal das öffentliche Interesse verneint, ist die Gefahr, dass sie später doch noch zu einem anderen Ergebnis kommen wird, sehr gering. Vom Anzeigeerstatter ist darüber hinausgehend nur selten weiteres Agieren zu erwarten. Denn jetzt würde das weitere Vorgehen auch für ihn komplizierter. Eine bloße Strafanzeige kann notfalls auch von einer Privatperson sehr schnell gefertigt werden. Mit der Beschreitung des Privatklageweges fühlen sich hingegen viele Personen überfordert und es müßte an anwaltliche Hilfe gedacht werden. Diese kostet allerdings Geld und mit dem Eingehen eines Kostenrisikos können sich nur wenige anfreunden, zumal auch bei den Rechtsschutzversicherungen hierzu keine Deckung besteht.

b) Die Einstellung gem. § 154d StPO wegen Entscheidung einer Vorfrage

4 Eine nicht uninteressante Einstellungsmöglichkeit bietet auch die Einstellung gem. § 154d StPO. Es kommt in der Praxis nicht selten vor, dass insbesondere zur Vorberei-

---

4 Vgl. hierzu Nr. 87 Abs. 2 RiStBV.
5 BVerfG NJW 79, 1591.

tung von Zivilrechtsstreitigkeiten Strafanzeigen erstattet werden. Den Anzeigeerstattern geht es dabei häufig in erster Linie nicht so sehr um die Verfolgung des Angezeigten. Beabsichtigt ist vielmehr mit dieser Vorgehensweise, die Ermittlungsbehörden als kostenlose Beweisbeschaffer auszunutzen, um die eigenen Risiken im Zivilrechtsstreit besser einschätzen zu können.

§ 154d StPO bietet die Möglichkeit, einer solchen Vorgehensweise einen Riegel vorzuschieben. Die Staatsanwaltschaft kann eine Frist zur Austragung der Streitfrage bestimmen und nach fruchtlosem Ablauf das Verfahren einstellen.

Ähnlich wie bei der Verweisung auf den Privatklageweg bietet die Einstellung gem. § 154d StPO gute Aussichten auf eine endgültige Erledigung der Angelegenheit. Die Fristsetzung durch die Staatsanwaltschaft ist nicht rechtsmittelfähig. Der Anzeigerstatter kann deshalb erst gegen die endgültige Einstellung des Verfahrens vorgehen. Dies wird aber in der Praxis kaum erfolgen. Denn wenn der Zweck der Beweismittelbeschaffung nicht mehr erreicht werden kann, werden selten weitere Bemühungen auf Seiten des Anzeigeerstatters unternommen werden, zumal der Staatsanwalt mit seiner Einstellungsverfügung bereits zu erkennen gegeben hat, dass er am Sachverhalt nicht sehr interessiert ist.

c) Die Einstellung gem. § 153 Abs. 1 und § 153 Abs. 2 StPO

Bei der Vorschrift des § 153 StPO könnte man versucht sein, sich wegen der Erwähnung der „Schuld des Täters" zu lassen und deshalb dieser Einstellungsmöglichkeit aus dem Weg zu gehen. Das wäre aber fehlerhaft. Denn eine Einstellung gem. § 153 StPO bietet für den Beschuldigten eine größere Sicherheit als eine Einstellung gem. § 170 Abs. 2 StPO. Dabei sollte die Formulierung der Norm nicht irreführen. Vielmehr ist zu sehen, dass § 153 StPO den Konjunktiv verwendet. Es geht also nicht um den Nachweis einer geringen Schuld, sondern es kommt darauf an, ob eine Schuld, die nach Verfahrenslage anzunehmen sein könnte, allenfalls gering wäre.[6] Es geht somit um eine hypothetische Schuldbeurteilung.[7] Dass es nicht um tatsächliche Schuldfeststellung gehen kann, ergibt sich im übrigen bei einer Einstellung gem. § 153 Abs. 1 StPO auch daraus, dass der Beschuldigte hiergegen nicht vorgehen kann. Für eine Einstellung gemäß § 153 Abs. 1 StPO bedarf es nicht einmal seiner Zustimmung.[8]

Anders verhält es sich bei einer Einstellung gem. § 153 Abs. 2 StPO. Hier haben Staatsanwalt und Angeschuldigter ein Verhinderungsrecht. Auch dies führt aber natürlich nicht dazu, dass etwa mit Erteilung der Zustimmung positiv eine Schuldfeststellung verbunden wäre. Es bleibt vielmehr lediglich bei vorläufigen Schuldüberlegungen.[9]

Sollte der Verteidiger oder der Beschuldigte im Hinblick auf weitere Rechtsstreitigkeiten oder das Ansehen des Beschuldigten dennoch Sorgen haben, kann es sich empfehlen, die Zustimmung zur Verfahrensbeendigung gem. § 153 Abs. 2 StPO mit einer Erklärung zu versehen:

5

---

6 KK/Schoreit, § 153 StPO Rn 15 m.w.N.
7 BVerfG NJW 90, 2741.
8 Zur Kritik an dieser Rechtslage vgl. Dahs NJW 85, 1115.
9 Vgl. hierzu auch die Ausführung zu § 153a StPO unten Rn: 7.

6 ▶

■ **Formular**

Amtsgericht München
80097 München

Az.: ... Js ....//..
M a i e r , Hubert
wegen Verd. d. Diebstahls

Nach Rücksprache mit Herrn Maier erkläre ich für diesen, dass einer Verfahrens-beendigung gem. § 153 Abs. 2 StPO zugestimmt wird. Diese Zustimmung erfolgt jedoch lediglich aus prozessökonomischen Gesichtspunkten und hat keineswegs Geständnischarakter.

Rechtsanwalt◄

Für den Verteidiger sollte die Einstellung gem. § 153 StPO eine reizvolle Verfahrens-lösung darstellen. Anders als bei einer Einstellung gem. § 170 Abs. 2 StPO kann der Anzeigeerstatter im Regelfall nicht im Wege des Klageerzwingungsverfahrens gem. § 172 Abs. 2 StPO vorgehen. Andererseits ist der Beschuldigte aber auch nicht in völli-ger Sicherheit. Stellen sich nämlich zu einem späteren Zeitpunkt neue Tatsachen oder Beweismittel heraus, die dem Einstellungsbeschluss die Grundlage entziehen und da-her den Strafklageverbrauch entfallen lassen, führt dies zur neuen Entstehung des Le-galitätsprinzips gem. § 152 Abs. 2 StPO.[10] Unklar ist dabei allerdings, welche Qualität die neuen Tatsachen und Beweismittel haben müssen. Einigkeit besteht darüber, dass eine erneute Strafverfolgung dann zulässig ist, wenn sich herausstellt, dass statt des (möglichen) angenommenen Vergehens ein (mögliches) Verbrechen vorliegt. Andere wollen hingegen bereits eine Änderung der rechtlichen Beurteilung der Tat genügen lassen oder auch das Vorliegen neuer Tatsachen oder Beweismittel, die unter einem an-deren rechtlichen Gesichtspunkt eine erhöhte Strafbarkeit begründen. Zu Recht ist allerdings darauf hingewiesen worden, dass diesen Auffassungen nicht ge-folgt werden kann. Denn dies würde zu einer systematischen Schieflage führen, weil dadurch der zu einer geringen Geldstrafe verurteilte Täter besser gestellt würde und mehr Rechtssicherheit erlangte als der Beschuldigte, gegen den das Verfahren einge-stellt worden ist. Gleiches gilt hinsichtlich der behaupteten Wiederaufnahmemöglich-keit bei Eintritt eines anderen rechtlichen Gesichtspunktes zur erhöhten Strafbarkeit. Es darf nicht übersehen werden, dass es sich bei der Prüfung der Voraussetzung des § 153 StPO um eine nur hypothetische Überlegung zu einer möglichen Schuld handelt. Wenn sich aber alles nur im wenig gefestigten Bereich abspielt, kann es jederzeit möglich sein, zu völlig anderen Überlegungen zu gelangen. Hiermit wäre der Unwägbarkeit Tür und Tor geöffnet. Dies kann nicht Sinn der Norm sein.[11]
Anders stellt sich hingegen die Sachlage dar, wenn sich die eingestellte Tat als Teil ei-ner **fortgesetzten umfangreicheren Tat erweist**. Hier wird allgemein der Möglichkeit

---

10 In diese Richtung wäre auch ein Klageerzwingungsantrag zulässig.
11 Vgl. zum Ganzen mit Meinungsüberblick vertiefend KK/Schoreit, § 153 Rn 63 ff.

einer erneuten Strafverfolgung zugestimmt.[12] Für den Verteidiger ist dieser Fall allerdings von geringerer Bedeutung, weil die fortgesetzte Handlung praktisch nicht mehr existent ist.

Die Einstellung des Verfahrens gem. § 153 StPO kann deshalb vom Verteidiger durchaus angestrebt werden, wobei darauf hinzuweisen ist, dass in bestimmten Strafverfahren auf diese Verfahrenserledigung besonders hingewiesen wird. So ist im Betäubungsmittelstrafverfahren gem. § 31a BtmG unter der Voraussetzung des § 153 Abs. 1 S. 1 StPO das Absehen von der Verfolgung ohne Zustimmung des Gerichts möglich, wenn die Schuld des Täters als gering anzusehen wäre, kein öffentliches Interesse an der Strafverfolgung besteht und der Täter die Betäubungsmittel lediglich zum Eigenverbrauch in geringer Menge anbaut, herstellt, einführt, ausführt, durchführt, erwirbt, sich in sonstiger Weise verschafft oder besitzt.[13]

Im Steuerstrafrecht ist auf § 398 AO hinzuweisen, nachdem die Staatsanwaltschaft von der Verfolgung einer Steuerhinterziehung, bei der nur eine geringwertige Steuerverkürzung eingetreten ist oder nur geringwerte Steuervorteile erlangt sind, auch ohne Zustimmung des für die Eröffnung des Hauptverfahrens zuständigen Gerichts eingestellt werden kann, wenn die Schuld des Täters als gering anzusehen wäre und kein öffentliches Interesse an der Verfolgung besteht, wobei dies für die Delikte der Steuerhehlerei (§ 374 AO) sowie die Begünstigung einer Person, die eine der in § 375 Abs. 1 Nr. 1 bis 3 genannten Taten begangen hat, entsprechend gilt. Gleiche Einstellungsrechte hat die Finanzbehörde im Ermittlungsverfahren (§ 399 Abs. 1 AO).

d) Die Einstellung gem. § 153a StPO

Die für den Verteidiger interessanteste Verfahrensbeendigung bietet § 153a StPO, weil eine so erfolgte Einstellung bei vollständiger Erfüllung der verhängten Auflagen gem. § 153a Abs. 1 Satz 4 StPO zu einem beschränkten Strafklageverbrauch führt. **7**

aa) Schuldfragen. Ebenso wie bei § 153 StPO sollte sich der Verteidiger bei einer **8** Verfahrenslösung gem. § 153a StPO nicht von der Formulierung hinsichtlich der Schuld täuschen lassen. Auch mit einer Einstellung gem. § 153a StPO wird eine **Schuld keinesfalls positiv festgestellt.** Dies liegt bereits im System des Strafverfahrens begründet. Vom Vorliegen einer Schuld kann nur dann ausgegangen werden, wenn in einem justizförmig geordneten Verfahren, das eine wirksame Sicherung der Grundrechte des Beschuldigten gewährleistet, dem Täter Tat und Schuld **nachgewiesen** worden sind. Bis zum gesetzlichen Nachweis der Schuld wird deshalb die Unschuld des Beschuldigten vermutet. (Diese Unschuldsvermutung schützt den Beschuldigten vor Nachteilen, die Schuldspruch oder Strafe gleichkommen, denen aber kein rechtsstaatliches prozessordnungsgemäßes Verfahren zur Schuldfeststellung und Strafermessung vorausgegangen ist).[14]

Es kann deshalb bei einer Entscheidung gem. § 153a StPO hinsichtlich einer möglichen Schuldfrage lediglich um eine verfahrensbezogene Bewertung einer Verdachtslage gehen, wie diese die Strafprozessordnung notwendigerweise bei einer Vielzahl von anderen Ermittlungshandlungen im Vorverfahren mit jeweils unterschiedlichen Anforde-

---

12 KK/Schoreit, a.a.O.
13 Vgl. BVerfG NJW 94, 1577, nachdem in diesen Fällen grundsätzlich von der Verfolgung abzusehen ist.
14 BVerfG NJW 90, 2741 m.w.N.

rungen an den Grad des Verdachts kennt.[15] Diese Rechtslage ist unstreitig. Sie wurde wiederholt vom Bundesverfassungsgericht bestätigt und dabei darauf hingewiesen, dass die Einstellung nach § 153a StPO lediglich das Bestehen eines hinreichenden Tatverdachts voraussetze und sich gerade nicht auf die Gewißheit der Schuld stütze. Die Zustimmung des Betroffenen werde nur verlangt, weil er bereit sein müsse, die Auflagen und Weisungen anzunehmen und zu erfüllen.[16]

Interessanterweise kommt es dennoch immer wieder vor, dass gerade in Zivilverfahren versucht wird, mit der erfolgten Einstellung gem. § 153a StPO als vermeintlichem Schuldnachweis eine angebliche anspruchsbegründende Tatsache anzuführen. Gerade bei **Versicherungsgesellschaften**[17] scheint diese Vorgehensweise unausrottbar zu sein. Dabei hat ein solches Argument tatsächlich nicht mehr Gewicht, als wenn der zivilrechtliche Anspruchsgrund allein aus dem Vollzug eines Untersuchungshaftbefehls hergeleitet werden sollte (wobei dieses Argument wegen des dann sogar bestehenden dringenden Tatverdachts sogar stärker wäre; dennoch kommt niemand auf die Idee, auf dieser Linie zu argumentieren). Tatsächlich bewegt sich die Systematik genau entgegengesetzt. Die Frage ist nicht, welche Schuld bei einer Einstellung gem. § 153a StPO indiziert ist. Die Frage ist vielmehr, bei welcher möglichen hypothetischen Schuld eine Einstellung gem. § 153a StPO noch möglich wäre. In § 153 StPO ist als Voraussetzung einer Einstellung darauf abgestellt, dass die Schuld des Täters als gering anzusehen wäre. Bei § 153a StPO kommen hingegen (wegen der Möglichkeit der Auflagenverhängung) auch Fälle in Betracht, in denen eine Schuld als größer angesehen werden könnte. Unklar ist allerdings, wo hier die Grenze liegt. Der Verteidiger sollte hierbei das Rechtspflegeentlastungsgesetz vom 11.01.1993 anführen, nachdem alle Vergehen ohne entgegenstehende schwere Schuld grundsätzlich als gem. § 153a StPO einstellungsfähig angesehen werden. Allerdings ist diese Anwendungsinterpretation als zu weitgehend kritisiert woden. Statt dessen wird vorgetragen, dass es sich als Voraussetzung für eine Einstellung höchstens um eine Schuld im mittleren Bereich handeln dürfe. Es dürfe im gerichtlichen Verfahren nur mit einer Geldstrafe zu rechnen sein.[18]

Der Verteidiger sollte sich darüber im Klaren sein, dass die Rechtswirklichkeit von diesen Überlegungen losgelöst ist. Die Handhabung von § 153a StPO ist vielmehr völlig konturenlos geworden. Nicht nur von Bundesland zu Bundesland oder Staatsanwaltschaft zu Staatsanwaltschaft verschieden, sondern sogar innerhalb der Abteilungen der Staatsanwaltschaften werden die Voraussetzungen des § 153a StPO völlig unterschiedlich bewertet. So kann es bei ein und derselben Staatsanwaltschaft durchaus möglich sein, bei einem Ladendiebstahl mit einem Warenwert von EUR 250,00 nicht mehr zu einer Einstellung des Verfahrens zu kommen, wohingegen ein paar Türen weiter in einem Wirtschaftsstrafverfahren mit einem Schaden im fünfstelligen Bereich die Staatsanwaltschaft ohne weiteres zu einer Einstellung bereit ist. Andere Staatsanwälte verweigern wiederum eine Verfahrenslösung gem. § 153a StPO unter Hinweis darauf, dass gegen den Beschuldigten bereits einmal ein Verfahren gem. § 153a StPO eingestellt worden sei,[19] wohingegen für andere Staatsanwaltschaften diese Tatsache richti-

---

15 Z.B. Durchsuchung, Untersuchungshaftbefehl, Eröffnung des Hauptverfahrens.

16 BVerfG StV 96, 136.

17 Worauf auch Weihrauch zutreffend hinweist, Weihrauch, Verteidigung im Ermittlungsverfahren, Rn 122.

18 Meyer-Goßner, § 153a Rn 7 m.w.N.

19 Zur Fehlerhaftigkeit einer solchen Argumentation vgl. oben.

gerweise überhaupt kein Beurteilungskriterium darstellt. Gerade wegen dieser angesprochenen Konturenlosigkeit der Handhabung kann dem Verteidiger nur geraten werden, sich über die Gepflogenheiten nicht nur der zuständigen Staatsanwaltschaft zu informieren, sondern auch des jeweiligen Sachbearbeiters.

bb) Taktische Überlegungen. In diesem Zusammenhang ist auf ein taktisches Problem 9 hinzuweisen, die Frage des richtigen Zeitpunkts zu einer Diskussion mit der Staatsanwaltschaft über eine mögliche Einstellung gem. § 153a StPO. Dem Verteidiger sollte einerseits klar sein, dass eine **frühzeitige Einstellung** des Verfahrens gem. § 153a StPO immer erstrebenswert ist. Er sollte sich bei der Einleitung seiner dahingehenden Bemühungen aber auch darüber informieren, ob der Sachbearbeiter der Staatsanwaltschaft hierzu eigenständig Entscheidungen treffen darf oder ob die Zustimmung seines Dienstvorgesetzten erforderlich ist.

Wäre letzteres der Fall, drohen zwei Gefahrenpunkte: Zum einen besteht in einem solchen Fall die Möglichkeit, dass der Staatsanwalt von sich aus brüsk ablehnt, das Verfahren gem. § 153a StPO einzustellen. Denn die Ablehnung ist in einem solchen Fall für den Staatsanwalt natürlich der einfachere Weg. Er braucht dem Verteidiger nicht zu erläutern, dass er die angesonnene Entscheidung überhaupt nicht aus eigener Verantwortung treffen darf und muss zusätzlich nicht noch seinen Dienstvorgesetzten aufsuchen.

Die weitere Denkmöglichkeit besteht darin, dass dem Verteidiger die eingeschränkten Kompetenzen des zuständigen Staatsanwalts bekannt sind und er deshalb daran denkt, selbst ein **Gespräch mit dem Dienstvorgesetzten** über eine Einstellungsmöglichkeit zu führen. Bei dieser Sachlage muss der Verteidiger nun sehen, dass zwar auf der einen Seite ein solches Gespräch gute Chancen zu einer Einstellungslösung bieten kann, aber auch erhebliche Gefahren bestehen. Denn wenn bei diesem Gespräch der Dienstvorgesetzte eine Einstellung kategorisch ablehnt, ist diese Entscheidung zementiert. Es ist dann auch damit zu rechnen, dass die Ablehnung der Einstellung ihren Niederschlag in den Akten findet. Dies wiederum bedeutet, dass auch in einer späteren Gerichtsverhandlung, selbst dann eine Einstellung kaum noch zu erreichen sein wird, wenn sich hierzu neue Gesichtspunkte ergäben, die für eine Einstellung sprechen könnten. Denn der den Sitzungsdienst leistende Staatsanwalt wird in der Hauptverhandlung trotz neuer Gesichtspunkte immer die Entscheidung des vorgesetzten Staatsanwalts vor Augen haben und sich natürlich unter keinen Umständen darüber hinwegsetzen wollen. Das Thema muss deshalb entsprechend behutsam angegangen werden.

cc) Psychologische Konsequenzen. Weil die Frage der Schuld durch eine Einstellung 10 gem. § 153a StPO nicht entschieden ist, sind Sorgen des Verteidigers hinsichtlich etwaiger rechtlicher Konsequenzen einer Einstellung nicht von Nöten. Dennoch kann es natürlich angezeigt sein, den **psychologischen Konsequenzen**, insbesondere der bereits oben dargestellten fehlerhaften Interpretation dieser Verfahrensweise entgegenzuwirken. Am sinnvollsten kann dies erfolgen, indem man auf das Wesen dieser Norm als sog. „Freikauf vom Verfolgungsrisiko"[20] hinweist. Hierzu kann es sich anbieten, wie bei einer Einstellung gem. § 153 StPO, eine entsprechende Erklärung abzugeben,

---

20 Schmidhäuser JZ 73, 529.

die noch einmal deutlich macht, dass die Zustimmung zur Verfahrenseinstellung keineswegs ein Schuldeingeständnis beinhaltet.[21]

Ist die Grundentscheidung der Einstellung des Verfahrens erreicht, sollte es der Verteidiger hierbei nicht bewenden lassen. Vielmehr sollte auch versucht werden, gestalterisch am Inhalt der zu erfolgenden Einstellung mitzuwirken. Zum einen kann nämlich eine günstige Formulierung der Einstellungsverfügung bzw. des Einstellungsbeschlusses dem Beschuldigten dabei helfen, die so erfolgte Beendigung des Verfahrens auch nach außen „zu verkaufen". Zum anderen muss bedacht werden, dass in einer Einstellung steuerliche Probleme bzw. Gestaltungsmöglichkeiten schlummern können. Denn anders als bei einer Geldstrafe kann eine Geldauflage gem. § 4 Abs. 5 Nr. 8 Satz 4 und § 12 Ziff. 4 Halbsatz 2 EStG **steuerlich abzugsfähig** sein. Dies betrifft allerdings lediglich einen möglichen Abschöpfungsanteil einer Geldauflage, keineswegs einen Sanktionsteil. Wird aus der Formulierung zur verhängten Auflage hingegen nicht klar, ob und in welcher Form eine Aufteilung gewählt wurde, entfällt im Zweifel die Abzugsfähigkeit völlig.

Ein weiterer inhaltlicher Gestaltungspunkt ist die Bestimmung der Frist zur Erfüllung der verhängten Auflagen. Der Verteidiger sollte daran denken, dass die **Höchstfrist für die Leistung von Geldbeträgen** gem. § 153a Abs. 1 StPO sechs Monate beträgt und lediglich bei Unterhaltspflichten eine Frist von einem Jahr möglich ist. Der Verteidiger muss deshalb mit dem Mandanten sehr genau besprechen, innerhalb welcher Zeit dieser eine zu verhängende Auflage tatsächlich erfüllen kann. Ist die Auflage erfüllt, tritt das erstrebte Ziel des **beschränkten Strafklageverbrauchs** ein. Die Tat darf nur noch verfolgt werden, wenn sich später herausstellt, dass es sich um ein mögliches Verbrechen handelt.

Die Einstellung gem. § 153a StPO stellt sich somit für den Verteidiger als die Einstellungsmöglichkeit mit der größten Rechtssicherheit dar. Aus diesem Grund sollte auch der Schwerpunkt der Verteidigerbemühungen dahingehen, eine Einstellung nach dieser Norm zu erreichen. Natürlich wird es aber immer wieder Fälle geben, in denen dieses Ziel auch dann nicht erreichbar ist, wenn eigentlich die Voraussetzungen dafür vorlägen. Äußert etwa der sachbearbeitende Staatsanwalt gegenüber dem Verteidiger, dass er aufgrund der Ermittlungen gegenüber dem Mandanten nunmehr davon überzeugt sei, *„dass an der Sache überhaupt nichts dran sei"* und er deshalb beabsichtige, das Verfahren mangels Tatverdachts gem. § 170 Abs. 2 StPO einzustellen, wird es dem Verteidiger schlecht möglich sein, darauf zu entgegnen, dass der Staatsanwalt darüber nachdenken möge, *„ob nicht doch ein bißchen Tatverdacht vorhanden wäre"* und deshalb eine Einstellung gem. § 153a StPO näherläge.

Ansonsten aber sollte das Erreichen einer Verfahrenseinstellung gem. § 153a StPO oberstes Ziel der Verteidigerbemühungen in diesem Verfahrensabschnitt sein.

e) Die Einstellungen im Jugendstrafverfahren gem. § 45 JGG und § 47 JGG

11 Auch das Jugendstrafverfahren sieht mit § 45 JGG und § 47 JGG Verfahrenseinstellungsmöglichkeiten vor, die mit Modifikationen den §§ 153, 153a StPO nachgebildet sind. Zu beachten ist jedoch ein wesentlicher Unterschied, der letztlich auch beweist, dass Jugendstrafrecht im Vergleich zum Erwachsenenstrafrecht ein „aliud" ist und kei-

---

21 Vgl. dort den Formulierungsvorschlag unter § 5 Rn 6.

neswegs ein „minus" darstellt. Denn das Absehen von der Verfolgung nach § 45 JGG und die Einstellung des Verfahrens nach § 47 JGG führt zwingend zur **Eintragung in das Erziehungsregister** (§ 60 Abs. 1 Nr. 7, Abs. 2 BZRG). Zwar werden Eintragungen im Erziehungsregister mit Vollendung des 24. Lebensjahres entfernt (§ 63 Abs. 1 BZRG), allerdings gilt dies nicht, solange im Zentralregister weitere Eintragungen gem. § 63 Abs. 3 BZRG vorliegen. Aus diesem Grund sollte der Verteidiger in den geeigneten Fällen bei der Verteidigung Heranwachsender versuchen, nicht eine Einstellung des Verfahrens nach dem Jugendstrafrecht anzustreben, sondern die günstigeren Einstellungsmöglichkeiten gem. §§ 153, 153a StPO vorziehen.

f) Die Einstellung nach § 153b StPO

Neuerdings hat auch die Einstellungsmöglichkeit gem. § 153b StPO für den Verteidiger an Bedeutung gewonnen. Dies liegt darin begründet, dass neben den Fällen, in denen das Gericht von Strafe absehen könnte,[22] § 153b StPO auch Anwendung findet, wenn die Voraussetzungen des **Täter-Opfer-Ausgleichs** im Sinne des § 46a StGB erfüllt sind.[23] Damit können nun über den ursprünglichen Anwendungsbereich hinaus durch aktive Verteidigerbemühungen die Voraussetzungen für eine Einstellung gem. § 153b StPO geschaffen werden.

Allerdings muss der Verteidiger aufpassen, nicht „blindwütig" auf den **Täter-Opfer-Ausgleich** als Voraussetzung für das erstrebte Verfahrensziel der Einstellung des Verfahrens gem. § 153b StPO zuzustreben. Denn zu einem Täter-Opfer-Ausgleich gehört u.a., dass der Beschuldigte den Sachverhalt zuzugeben hat und der Beschuldigte als Täter sowie sein Opfer dem Ausgleich zustimmen.[24] Damit liegt hier aber ein besonderes Verteidigungsrisiko. Ist im Regelfall für eine Einstellung gem. § 153b StPO nur Voraussetzung, dass eine Verurteilung des Beschuldigten mit Wahrscheinlichkeit zu erwarten sein wird und mit dem gleichen Wahrscheinlichkeitsgrad erwartet wird, dass das Gericht von Strafe absehen wird,[25] so trifft dies auf die in der Praxis interessanteste Fallgestaltung der Einstellung gem. § 153b StPO wegen zuvor durchgeführten Täter-Opfer-Ausgleichs gem. § 46a StGB nicht zu. Denn anders als bei den anderen aufgelisteten Einstellungsmöglichkeiten führt hier das im Rahmen des Täter-Opfer-Ausgleichs erfolgte Einräumen des Tatvorwurfs dazu, dass nicht mehr lediglich nur von einem Verdachtsgrad gesprochen werden kann. Dies wiederum hat bei einem Scheitern des Verfahrensziels der Einstellung des Verfahrens in einer späteren Hauptverhandlung zur Folge, dass eine Freispruchverteidigung nicht geführt werden kann. Der Verteidiger legt sich also in seiner Linie sehr viel stärker fest als bei anderen Einstellungsalternativen.

Wenn der Verteidiger folglich eine Einstellung gem. § 153b StPO i.V.m. § 46a StGB anstrebt, muss deshalb bereits zu Beginn seiner Bemühungen im Gesprächswege mit der Staatsanwaltschaft geklärt sein, dass die Einstellung des Verfahrens auch erfolgen wird. Ebenso wäre mit Staatsanwaltschaft und Gericht die weitere Vorgehensweise vorab zu klären, wenn eine Einstellung gem. § 153b Abs. 2 StPO erzielt werden soll.

12

---

22 Vgl. hierzu die Auflistung bei Meyer-Goßner, § 153b StPO Rn 1.

23 Bernsmann ZRP 94, 332.

24 Eine gute Übersicht zu den Voraussetzungen des Täter-Opfer-Ausgleichs bietet Burhoff, Handbuch für das strafrechtliche Ermittlungsverfahren Rn 355a m.w.N.

25 KK/Schoreit, § 153b Rn 4.

2. Die Teileinstellung des Verfahrens als Zwischenziel

13 Kommt aufgrund der Aktenlage eine völlige Einstellung des Ermittlungsverfahrens nicht in Betracht oder ist sie nicht erreichbar, sollte der Verteidiger nicht sofort Überlegungen hinsichtlich einer späteren Hauptverhandlung oder eines Strafbefehls anstellen. Vorrangig muss vielmehr daran gedacht werden, ob nicht wenigstens **Teilbereiche** aus dem Verfahren **ausgeschieden werden können**. Ausgangspunkt für die Überlegungen sind dabei die §§ 154, 154a StPO.

Zwar liegt die grundsätzliche Zielrichtung der §§ 154, 154a StPO darin, eine Verfahrensbeschleunigung durch Teilverzicht auf Strafverfolgung zu erreichen, wobei die materiellrechtlichen Strafzwecke in ihrem Kern nicht tangiert und nicht wesentlich beeinträchtigt werden dürfen.[26] Dennoch sollte dem Verteidiger bewusst sein, dass gerade eine durchdachte Anwendung dieser Einstellungsmöglichkeiten weit über eine Verfahrensbeschleunigung hinaus die Möglichkeit bietet, das Verfahren für den Beschuldigten vorteilhaft zu gestalten. Es muss deshalb stets als eine der wichtigsten gestalterischen Aufgaben der Verteidigung begriffen werden, durch Kontaktaufnahme mit der Staatsanwaltschaft (§ 154 Abs. 1, § 154a Abs. 1 StPO) und ggf. zusätzlich dem zuständigen Gericht (§ 154 Abs. 2, § 154a Abs. 2 StPO) dafür einzutreten, dass von den Einstellungsmöglichkeiten weitreichend[27] Gebrauch gemacht wird.[28]

Obwohl es dem Sinn nach bei den hier angesprochenen Verfahrensbeschränkungen eigentlich um das Ausscheiden unwesentlicher Verfahrensbestandteile geht, gilt es zu bedenken, dass auch in anscheinend weniger bedeutenden Tatvorwürfen aus verschiedenen Gründen Gefahren lauern können, die ausgeschaltet werden müssen. Dies kann sowohl die psychologische als auch die rechtliche Seite betreffen.

14 So ist unter psychologischen Gesichtspunkten daran zu denken, dass auf den ersten Blick harmlosere Straftatbestände in einer Hauptverhandlung dennoch zu einer erheblichen Verschlechterung der Position des Beschuldigten führen können. Man stelle sich nur das Beispiel vor, in welchem dem Beschuldigten zwei Betrugsstraftaten zur Last gelegt werden, wobei es sich in einem Fall als Geschädigte um eine Großbank handelt, die einen Schaden von EUR 100.000,00 erlitten hat, und im anderen Fall um eine schwer gezeichnete, gehbehinderte alte Dame, die durch einen betrügerischen Teppichverkauf einen Schaden von EUR 1.000,00 erlitten hat.

Bei solch einem Sachverhalt fällt zwar bei einer rein formalen Betrachtung der Betrug zum Nachteil der alten Dame nicht erheblich ins Gewicht. Dennoch kann der Verteidiger ganz sicher davon ausgehen, dass bei einer Aufarbeitung dieses Falles in der Hauptverhandlung, womöglich noch verbunden mit einer Zeugeneinvernahme der alten Dame, die ihre besondere Schutzwürdigkeit offenbaren wird, sich die Stimmung zum Nachteil des Beschuldigten erheblich verschlechtern und auch in der ausgeworfenen Strafe widerspiegeln wird. Ziel muss es deshalb immer sein, emotional besonders problematische Teilbereiche vorab aus dem Verfahren ausscheiden zu lassen.

15 Ein weiterer Gesichtspunkt betrifft den rechtlichen Bereich. Es muss klar sein, dass es mitunter nicht die Strafe ist, die den Beschuldigten später am Härtesten trifft. Häufig können es auch **Nebenfolgen** sein. Teilweise treten Nebenfolgen aber nur bei Vorlie-

---

26 Meyer-Goßner, § 154 Rn 1.
27 Vgl. auch Nr. 101 RiStBV.
28 Vgl. grundsätzlich zu Verständigungen und Vereinbarung im Strafverfahren weiter unten bei § 22.

gen bestimmter Tatbestände ein. Zu erwähnen ist etwa § 6 Abs. 2 GmbHG, nachdem die Verurteilung wegen einer Straftat nach §§ 283-283d StGB zu einer fünfjährigen Sperrfrist als Geschäftsführer führt. Hingegen ist die Sperrfrist nicht zwingend, wenn eine Verurteilung wegen Betrugs- oder Untreuetatbeständen erfolgt, obwohl der Strafrahmen im wesentlichen gleich ist. In einem solchen Fall kann es sich für den Verteidiger deshalb anbieten, mit Staatsanwaltschaft und ggf. dem Gericht zu diskutieren, um eine Verfahrensbeschränkung auf die Betrugs- und Untreuevorwürfe zu erreichen, die sehr häufig mit den Bankrottdelikten einhergehen werden.

Ein weiterer Bereich betrifft die **Maßregeln der Besserung und Sicherung.** Auch hier   **16** kann es vorkommen, dass nur hinsichtlich eines bestimmten Sachverhalts die Verhängung einer Maßregel droht. Als Beispiel hierfür mag ein Betäubungsmittelstrafverfahren dienen. Man stelle sich vor, dem Beschuldigten werden wiederum zwei Taten zur Last gelegt. In einem Fall handelt es sich um den Ankauf von Betäubungsmitteln und den anschließenden Transport mit dem eigenen Pkw zum Heimatort. Im zweiten Fall handelt es sich ein späteres Handeltreiben mit Betäubungsmitteln. Hierbei muss gesehen werden, dass bei einer späteren Verurteilung im ersten Fall gemäß § 69 Abs. 1 StGB zusätzlich die Entziehung der Fahrerlaubnis drohen wird. Diese wird sich lediglich nach einer neueren Rechtsprechung des BGH dann vermeiden lassen, wenn zum Zeitpunkt der Hauptverhandlung festgestellt werden kann, dass weitere Verletzungen der Kraftfahrerpflichten nicht zu erwarten sind. Dieses soll dann gelten, wenn der Beschuldigte sich aus der Rauschgiftszene gelöst hat, wofür wiederum ein volles Geständnis des Beschuldigten und Angaben zu Mittätern, die zu zahlreichen Haftbefehlen und zur Sicherstellung erheblicher Rauschgiftmengen geführt haben, sprechen können.[29]

Weil die Vermeidung der Entziehung der Fahrerlaubnis unter den oben angesprochenen Grundsätzen aber eher die Ausnahme sein wird, kann es für den Verteidiger sehr viel sicherer sein, zu versuchen, bereits über § 154 StPO diesen Sachverhalt aus dem Verfahren auszuscheiden. Gerade wenn signalisiert werden kann, dass im anderen Sachverhaltsbereich ein umfassendes Geständnis erfolgen wird und ggf. auch eine höhere Strafe akzeptiert werden könnte, wird eine Chance dafür bestehen, die Zustimmung von Staatsanwaltschaft und ggf. auch Gericht zu dieser Verfahrensbeschränkung zu erhalten.

Bei der Frage einer möglichen Verfahrensbeschränkung kann auch Bedeutung erlan-   **17** gen, dass der Beschuldigte ggf. **berufsrechtliche Folgen** zu befürchten hat. Denn auch hier können verschiedene Tatbestände völlig unterschiedliche Konsequenzen hervorrufen. So wird eine Verfehlung im Kernbereich berufsrechtlicher Pflichten (z.B. Untreue beim Rechtsanwalt) zu weitergehenden Ahndungen im späteren Standesverfahren führen als eine damit nicht in unmittelbarem Zusammenhang stehende Verfehlung (z.B. Körperverletzung). Es ist für den Verteidiger gerade deshalb äußerst wichtig, eine mögliche Verurteilung wegen der verschiedener in Frage kommender Tatbestände auch im Hinblick auf weiterreichende Folgen zu überprüfen. Kommt er dabei zu dem Ergebnis, dass bestimmte Tatbestände besondere Gefahren beinhalten, muss bereits in diesem Stadium versucht werden, diese aus dem Verfahren auszuscheiden.

---

29 BGH StV 99, 18; BGH StV 99, 18 f., vgl. zur Frage der Regelvermutung auch BGH NStZ 03, 311; BGH NStZ 03, 312.

Dabei sollte aber bei einer erfolgten Verfahrensbeschränkung die Rechtssicherheit nicht aus den Augen verloren werden. Es wurde bereits im Rahmen der anderen Einstellungsmöglichkeiten darauf hingewiesen, dass die besterzielte Einstellung nur wenig Sinn macht, wenn sie später wieder wegfällt. Ob dies möglich ist, hängt von der jeweiligen Einstellung ab.

Hat die Staatsanwaltschaft gem. § 154 Abs. 1 StPO von der Verfolgung einer Tat abgesehen, ist sie nicht gehindert, das Verfahren jederzeit wieder aufzunehmen. In diesen Fällen besteht deshalb für den Beschuldigten überhaupt keine Rechtssicherheit. Andererseits kann dies aber auch zu der möglicherweise erwünschten Konsequenz führen, dass dem Beschuldigten in späteren Verfahren als Zeuge hinsichtlich dieser Sachverhaltskomplexe immer noch ein Auskunftsverweigerungsrecht gem. § 55 StPO zusteht. Ähnliches gilt bei einer Beschränkung der Strafverfolgung gem. § 154a StPO.

Eine **Wiederaufnahme** des ausgeschiedenen Prozessstoffes ist jederzeit möglich. Ist eine gerichtliche Einstellung gem. § 154 Abs. 3 StPO erfolgt, kann ein nicht verjährter Tatkomplex jederzeit wieder aufgenommen werden, wenn die rechtskräftig erkannte Strafe, wegen der die Einstellung vorgenommen worden ist, nachträglich wegfällt. Dieser Fall ist in der Praxis allerdings selten.

Sehr viel wichtiger ist die Wiederaufnahmemöglichkeit gem. § 154 Abs. 4 StPO. Danach kann bei einer vorläufigen Einstellung im Hinblick auf eine wegen einer anderen Tat zu **erwartenden** Strafe oder Maßregel eine Wiederaufnahme nur binnen drei Monaten nach Rechtskraft des wegen der anderen Tat ergehenden Urteils erfolgen. Mit dieser Dreimonatsfrist besteht somit eine Ausschlußfrist zugunsten des Angeklagten. Es ist deshalb auch für den Fristablauf gleichgültig, ob das andere Verfahren nun tatsächlich auch mit einer Verurteilung oder sogar mit einem Freispruch geendet hat.[30] Diese Einstellungsmöglichkeit bietet deshalb eine weitergehende planerische Sicherheit für die Verteidigung und ist somit allem anderen vorzuziehen.

3. Die Vorbereitung auf das weitere Verfahren als Ziel des Ermittlungsverfahrens

18 Ist für den Verteidiger deutlich geworden, dass sich eine Einstellung des Verfahrens nicht erreichen lassen wird, so muss die weitere Vorgehensweise durchdacht werden. Hierzu waren die oben angesprochenen Möglichkeiten zu einer Verfahrensbeschränkung die erste Stufe. Auf einer zweiten Stufe sind jetzt aber Überlegungen zu treffen, ob der Weg über einen Strafbefehl gewählt werden kann und sollte, oder ob eine Hauptverhandlung zwingend erfolgen wird und ggf. sogar besser ist.

a) Der Strafbefehl

Der Strafbefehlsweg bietet Risiken und Chancen. Wichtigste positive Konsequenz ist, dass eine öffentliche Hauptverhandlung mit der damit verbundenen Prangerwirkung vermieden werden kann. Günstig ist auch, dass lediglich eine **summarische Überprüfung** des Sachverhalts erfolgt. Dies führt zum einen dazu, dass Gefahren vermieden werden, die leicht bei einer genaueren Beschäftigung mit dem Sachverhalt auftreten können.

Zum anderen kann der Beschuldigte stets darauf verweisen, dass der gegen ihn verhängte Strafbefehl nicht auf einer vertieften Beschäftigung mit der Sache beruht.

Negativ ist hingegen, dass zumindest bei einer vereinbarten Strafbefehlslösung die Chancen auf einen möglichen Freispruch verbaut werden. Dieses Für und Wider hat

---

30 Meyer-Goßner, § 154 Rn 23.

der Verteidiger in taktischer Hinsicht gegeneinander abzuwägen. Kommt er zu dem Ergebnis, dass eine Lösung im Strafbefehlswege die vorzugswürdige ist, hat er zwei Möglichkeiten zu unterscheiden: Den verabredeten Strafbefehl und den nicht verabredeten Strafbefehl.

aa) Der verabredete Strafbefehl. Gemäß § 407 Abs. 2 StPO kann nunmehr im Straf-   19
befehlswege eine Freiheitsstrafe bis zu einem Jahr festgesetzt werden, deren Vollstreckung zur Bewährung ausgesetzt wird. Damit ist der Anwendungsbereich für eine Strafbefehlslösung ganz erheblich erweitert worden.[31]
Kommt der Strafverteidiger zu dem Ergebnis, dass die Strafbefehlslösung für den Mandanten die vernünftigere Variante ist, so hat er in dieser Phase des Verfahrens **Kontakt mit der Staatsanwaltschaft** aufzunehmen. Es ist zu klären, ob auch die Staatsanwaltschaft eine solche Lösungsmöglichkeit sieht und ggf. welche weiteren Voraussetzungen hierzu geschaffen werden müssen. Häufig wird es so sein, dass die Staatsanwaltschaft vorab eine Beschuldigtenvernehmung durchführen möchte oder zumindest eine geständige Erklärung in den Akten haben will.
Zusätzlich wird es wegen einer zu verhängenden Geldstrafe oder Geldauflage erforderlich sein, dass Angaben zu den persönlichen Verhältnissen gemacht werden. Auch hier kann allerdings bei einer Strafbefehlslösung mit dem dazugehörigen summarischen Verfahren der Vorteil darin liegen, dass die Staatsanwaltschaft bereit ist, sich mit lediglich oberflächlichen Angaben zufriedenzugeben.
Aufpassen muss der Verteidiger bei Einleitung der „Verhandlungsrunden" mit der Staatsanwaltschaft, dass nicht durch die allzu klare und allzu schnelle Bekanntgabe des Verfahrensziels eines Strafbefehls der Rückweg verstellt ist und damit auch bei einem eventuellen Scheitern der Gespräche ein Freispruch in der Hauptverhandlung unmöglich wird. Es ist deshalb sehr viel Fingerspitzengefühl gefragt. Gelingt es im Wege der Verständigung mit Staatsanwaltschaft und Gericht zu einer Strafbefehlslösung zu kommen, ist mit Erlaß des Strafbefehls das Verfahren beendet. Ein rechtlich grundsätzlich noch möglicher Einspruch gemäß § 410 StPO kann aus Gründen der Seriosität durch den Verteidiger nicht mehr erfolgen.
Wichtig ist dabei, dass der Verteidiger seinen Mandanten insoweit „im Griff" hat. Natürlich ist es dem Mandanten möglich, auch bei einem vereinbarten Strafbefehl entweder selbst hiergegen Einspruch einzulegen oder aber dem Verteidiger das Mandat zu entziehen und durch einen neuen Verteidiger Einspruch einlegen zu lassen. Aber hier sollte der ursprüngliche Verteidiger mit der ganzen Kraft seiner Persönlichkeit dafür sorgen, dass solche Handlungen unterbleiben. Denn es liegt auf der Hand, dass bei einem derartigen Geschehen nach einer erfolgten Verständigung der Verteidiger künftig von Seiten der Staatsanwaltschaft und des Gerichts nicht mehr ernst genommen werden wird.
Liegt der günstigste Zeitpunkt für die Aufnahme von Gesprächen zum Erreichen einer Strafbefehlslösung zweifellos im Verlauf des Ermittlungsverfahrens, so sollte dem Verteidiger dennoch bewusst sein, dass auch zu einem späteren Zeitpunkt diese Lösung möglich bleibt, dann allerdings sehr viel schwerer erreichbar. So ist darauf hinzuweisen, dass auch nach Anklageerhebung gem. § 408a StPO der Strafbefehlsweg beschritten werden kann, wenngleich Staatsanwälte sich ungern hierzu bereitfinden werden. Rechtlich nicht geregelt ist hingegen die Situation bei einer Verständigung über den Strafbefehlsweg im

---

31 Zumal zusätzlich zur Freiheitsstrafe auch noch Geldstrafe verhängt werden kann.

Zwischenverfahren, also nach Anklageerhebung, aber vor Eröffnung des Hauptverfahrens. Hier wird man jedoch in **analoger Anwendung des § 408a StPO** bei Zustimmung der weiteren Verfahrensbeteiligten zu einer Strafbefehlslösung kommen können.

20 *bb) Der nicht vereinbarte Strafbefehl.* Das Problem einer Verständigung über den Erlaß eines Strafbefehls liegt darin, dass gegen den ergangenen Strafbefehl seriöserweise kein Rechtsbehelf eingelegt werden kann.[32]

Auf der anderen Seite kann es verfahrenstaktisch eine günstige Ausgangsposition bedeuten, wenn durch einen ergangenen Strafbefehl Vorleistungen erfolgt sind und es die Verteidigung in der Hand hat, nach einer Art „Rosinentaktik" zu entscheiden, welche Bereiche des Strafbefehls angegriffen werden sollen und welche nicht. Denn gemäß § 410 Abs. 2 StPO kann der Einspruch gegen einen Strafbefehl auch auf bestimmte Beschwerdepunkte beschränkt werden.

Dies kann sehr **vorteilhaft** sein:

Ein Strafbefehl beinhaltet eine sogenannte Geständnisfiktion. Hat der Verteidiger einen Mandanten, bei dem nach Aktenlage zwar zwingend davon auszugehen ist, dass er der Täter ist, ebenso sicher aber ist, dass dieser Mandant niemals ein Geständnis ablegen wird, kann der Strafbefehl nützlich sein. Im Falle der Durchführung einer Hauptverhandlung nach erfolgter Anklage würde zu keinem Zeitpunkt ein Geständnis erfolgen. Dies hätte zur Folge, dass dieser wichtige Strafzumessungsgrund nicht berücksichtigt werden könnte. Erfolgt hingegen ein Strafbefehl gegen den Beschuldigten, könnte der Einspruch gemäß § 410 Abs. 2 StPO auf das Strafmaß beschränkt werden. Die Konsequenz wäre, dass zur Frage der Täterschaft in einer anschließenden Hauptverhandlung nicht verhandelt werden müßte, die Geständnisfiktion des Strafbefehls trotz fehlender Äußerung des Beschuldigten aber aufrechterhalten bleibt und dennoch zum Strafmaß frei verhandelt werden könnte.[33] Zusätzlich ist zu beachten, dass mit Änderung des § 411 Abs. 1 StPO das durch das Justizmodernisierungsgesetz bei einer Beschränkung des Einspruchs gegen den Strafbefehl auf die Höhe der Tagessätze einer festgesetzten Geldstrafe das Gericht mit Zustimmung der Beteiligten ohne Hauptverhandlung auch durch Beschluss entscheiden kann, wobei dann von der Festsetzung im Strafbefehl nicht zum Nachteil des Angeklagten abgewichen werden darf.

Freilich ist die Einlegung eines Rechtsbehelfs aus den oben genannten Gründen nur möglich, soweit keine Vereinbarungen vorab stattgefunden haben. Daher sollte der Verteidiger nicht voreilig Verständigungsgespräche einleiten. Es müssen vielmehr erst allgemein Überlegungen darüber angestellt werden, ob die Staatsanwaltschaft nicht von sich aus einen Strafbefehl beantragen wird. So gibt es besondere Arten von Straftaten, in denen für die Staatsanwaltschaft die Strafbefehlslösung besonders naheliegt. Dies sind im wesentlichen Verkehrsstraftaten, Körperverletzungsdelikte, die nicht zu den schweren gehören, sowie Vermögensdelikte im unteren bis mittleren Bereich.[34]

In diesen Fällen kann es deshalb durchaus angezeigt sein, erst die Staatsanwaltschaft mit dem Strafbefehl „kommen zu lassen", um dann alle Gestaltungsmöglichkeiten bei der Entscheidung über die Art und Weise des Einspruchs zu behalten.

---

32 Vgl. oben Rn 19.
33 Ein ähnliches Prinzip lässt sich auch bei einer Berufung durch eine Beschränkung auf das Strafmaß anwenden.
34 Vgl. hierzu auch Nr. 175 ff. RiStBV.

b) Die Vorbereitung der Hauptverhandlung als Verfahrensziel im Ermittlungsverfahren

Wird für den Verteidiger deutlich, dass die vorgenannten Möglichkeiten nicht greifen werden, ist bereits frühzeitig die Hauptverhandlung vorzubereiten. Dabei können die Handlungen der Verteidigung vielfältiger Natur sein. Neben der bereits angesprochenen und immer zu berücksichtigenden Informationsbeschaffung ist es auch von besonderer Bedeutung, gerade wichtige Verteidigungspositionen so früh wie möglich vorzutragen, damit das Gericht sie beim ersten Studium der Akten bereits zur Kenntnis nehmen kann und sich nicht lediglich einseitig informiert. 21

Ebenfalls sollte frühzeitig entweder mündlich oder ggf. auch schriftlich angesprochen und dargestellt werden, welche weiteren Ermittlungs- und Aufklärungshandlungen sich die Verteidigung vorstellt. Zwar kennt die Strafprozessordnung den verspäteten Beweisantrag nicht (§ 246 Abs. 1 StPO), dennoch steht ein Verteidiger auch psychologisch sehr viel besser da, wenn er in einer Hauptverhandlung darauf hinweisen kann, wie frühzeitig er bereits bestimmte Beweisermittlungen angemahnt hat.

Auch Überlegungen zu **Strafzumessungserwägungen** dürfen nicht zu kurz kommen. Hierzu können zählen ein Bemühen um Schadensausgleich, der Versuch einer Versöhnung mit dem Opfer, aber auch die berufliche Umorientierung, wenn ersichtlich ist, dass der Beschuldigte wegen der Tatbezogenheit seines Berufs („Drogen verkaufender Apotheker") diesen Beruf nicht mehr wird ausüben können.

Gerade in diesem Zusammenhang spielt Glaubwürdigkeit eine besondere Rolle. Je kürzer die Zeit zwischen einer entsprechenden Handlung des Beschuldigten und der Hauptverhandlung ist, desto größer ist die Gefahr, dass ein Gericht eine solche Verhaltensweise als taktische Maßnahme herunterstuft, die lediglich unter dem Druck der Hauptverhandlung erfolgt ist. Ein frühzeitiges Einleiten solcher Maßnahmen ist deshalb besonders wichtig.

Der Verteidiger sollte in diesem Zusammenhang auch bedenken, dass die großen Probleme des Mandanten häufig erst nach der Hauptverhandlung beginnen. **Beispielhaft** zu erwähnen ist etwa die Verkehrsstraftat der Trunkenheitsfahrt. Zumeist wird dabei die am Ende der Hauptverhandlung ausgesprochene Geldstrafe den Verurteilten weniger schmerzen als die Entziehung der Fahrerlaubnis. Gerade die Wiedererlangung der Fahrerlaubnis auf dem Verwaltungsweg kann aber enorme Schwierigkeiten bereiten, wenn aufgrund des BAK-Wertes über 1,6 Promille bzw. im Wiederholungsfall vor der Wiedererteilung der Fahrerlaubnis ein medizinisch-psychologisches Gutachten steht. Würde in einem solchen Fall erst wenige Monate vor Ablauf der Sperrfrist mit Vorbereitungen auf dieses Gutachten begonnen werden, wären wesentliche Chancen vertan worden. Ein sorgfältiger Verteidiger wird vielmehr bereits während des Ermittlungsverfahrens mit seinem Mandanten Maßnahmen zu besprechen haben, die die spätere Wiedererteilung erleichtern können. Hierzu kann etwa zählen psychologisches Training sowie die Sammlung von medizinisch belegbaren Nachweisen darüber, dass der Mandant sich nunmehr abstinent verhalten wird.[35]

---

35 Vgl. etwa Kürti, der Weg zurück zum Führerschein.

DRITTER TEIL: VERTEIDIGUNG GEGEN VERFAHRENSSICHERNDE MAßNAHMEN DER FREIHEITSENTZIEHUNG

1 Vollkommen zu Recht wird in der Literatur die Anordnung der Untersuchungshaft als schärfste Zwangsmaßnahme des Strafprozesses bezeichnet.[1] In ähnlicher Weise gilt das für sämtliche Freiheitsentziehungsmaßnahmen, welche die Strafprozessordnung zum Zwecke der Verfahrenssicherung vorsieht. Neben der Untersuchungshaft sind das die vorläufige Unterbringung schuldunfähiger Tatverdächtiger (§ 126a StPO), die Erzwingungshaft (§ 230 Abs. 2 StPO), die seit kurzem gesetzlich vorgesehene Hauptverhandlungshaft (§ 127b StPO), die Sicherungshaft im Bewährungswiderrufsverfahren (§ 453c StPO) sowie in Grenzen auch die Vollstreckungshaft (§ 457 Abs. 2 StPO). Der als Verteidiger tätige Rechtsanwalt ist in solchen Haftsituationen in besonderem Maße gefordert. Der Mandant und seine Angehörigen erleben den scharfen Zugriff des Staates häufig als existenzbedrohend.

§ 7 Vorläufige Festnahme und Untersuchungshaft

I. Vorläufige Festnahme

2 Nicht selten beginnt das strafrechtliche Mandat mit der vorläufigen Festnahme des Mandanten. Von dieser erfährt der Verteidiger entweder durch den Mandanten oder dessen Angehörige. Die Strafprozessordnung sieht zwei Möglichkeiten der vorläufigen Festnahme vor:

Zum einen die Festnahme aufgrund eines zuvor erlassenen Haftbefehls (§ 115 Abs. 1 StPO), zum anderen die vorläufige Festnahme bei Gefahr im Verzug (§ 127 Abs. 2 StPO).

1. Vorläufige Festnahme nach Erlass eines Haftbefehls

3 **a) Bekanntgabe des Haftbefehls**

Erfolgt die Festnahme aufgrund eines zuvor erlassenen richterlichen Haftbefehls, sollte der Mandant das durch die Bekanntgabe des Haftbefehls im Regelfall erfahren haben (§ 114a Abs. 1 S. 1 StPO). Gleichzeitig sollte er eine Abschrift des Haftbefehls erhalten haben (§ 114a Abs. 2 StPO). Den erforderlichen Förmlichkeiten entspricht der Haftbefehl allerdings nur, wenn der Beschluss durch die Berufsrichter unterzeichnet ist, wenn ausdrücklich die Untersuchungshaft angeordnet wird und wenn im Beschluss die Taten angeführt sind, deren der Angeklagte dringend verdächtig sein soll sowie die Tatsachen, aus denen sich der dringende Tatverdacht ergibt. Eine bloße Bezugnahme auf die Anklageschrift reicht nur, wenn die Anklageschrift dem Haftbefehl als Anlage beigefügt ist.[2] Eine sinnvolle Beratung des Mandanten wird also von der Klärung dieser Vorfrage abhängen. Gegebenenfalls ist es angeraten, von den mit der Festnahme befaßten Polizeibeamten die Übergabe des Haftbefehls zu fordern.

---

1 AK/StPO, Deckers, § 112 Rn 1.
2 OLG Celle StV 98, 385.

b) Polizeigewahrsam

Infolge der vorläufigen Festnahme befindet sich der Mandant in **Polizeigewahrsam**. 4
Es ist daher möglich, den Mandanten zu sprechen, ohne dass zuvor eine richterliche Erlaubnis (Einzelsprechschein) einzuholen ist. Das Gesetz (§ 115 Abs. 1 StPO) sieht vor, dass der aufgrund eines Haftbefehls Festgenommene unverzüglich dem Richter vorzuführen ist. Der Begriff der Vorführung bedeutet, dass der Festgenommene alsbald in den unmittelbaren Machtbereich eines Richters gelangt.[3] Üblicherweise wird die vom Gesetz vorgeschriebene Vorführung dadurch verwirklicht, dass der Festgenommene in eine polizeiliche Haftanstalt verbracht wird, aus der ein Richter jederzeit die Vorführung zur Vernehmung anordnen kann.

c) Richterliche Zuständigkeit

Grundsätzlich ist der Festgenommene dem zuständigen Richter vorzuführen (§ 115 5
Abs. 1 StPO), d.h. demjenigen Richter, der den Haftbefehl erlassen hat. Sollte das nicht möglich sein, weil der Mandant an einem Ort festgenommen wird, der vom zuständigen Gericht weit entfernt ist, muss der Festgenommene einem Zuführrichter vorgeführt werden (§ 115a Abs. 1 StPO). Die **Kompetenzen des Zuführrichters** sind grundsätzlich gegenüber denjenigen des zuständigen Richters deutlich beschränkt. Der Zuführrichter hat zu überprüfen, ob der Haftbefehl nicht zwischenzeitlich aufgehoben wurde. Darüber hinaus hat er auch eine Identitätsprüfung des Festgenommenen vorzunehmen (§ 115a Abs. 2 S. 3 StPO). Das bedeutet allerdings nicht, dass nicht auch vor dem Zuführrichter Einwendungen gegen den dringenden Tatverdacht oder gegen den Haftgrund vorgebracht werden könnten. § 115a Abs. 2 S. 4 StPO sieht die Verpflichtung des Zuführrichters vor, Einwendungen gegen den Haftbefehl oder gegen den Vollzug dem zuständigen Richter unverzüglich und auf schnellstem Wege mitzuteilen. Der Verteidiger muss hier ggf. darauf drängen, dass der Zuführrichter seiner sehr allgemein umschriebenen gesetzlichen Verpflichtung gewissenhaft nachkommt. Insbesondere dann, wenn eine langwierige Verschubung in die **Haftanstalt** beim zuständigen Richter absehbar ist oder wenn bevorstehende Feiertage eine Verzögerung der Verschubung absehbar erscheinen lassen, ist der Zuführrichter nach der Rechtsprechung verpflichtet, mehr zu tun, als beispielsweise lediglich nur einen Anrufsversuch bei dem zuständigen Richter zu unternehmen, bei dem dieser jedoch nicht erreicht werden kann.[4] Nach der höchstrichterlichen Rechtsprechung erscheint es jedenfalls rechtlich bedenklich, wenn der Zuführrichter in Kenntnis einer verzögerten Verschubung es dabei bewenden lässt, lediglich am Zuführtag einen einzigen ergebnislosen Versuch zu unternehmen, den zuständigen Haftrichter zu erreichen. Der BGH verweist hier insbesondere auch auf die Regelung in Art. 9 Abs. 4 IPBPR. Der Verteidiger sollte also den Zuführrichter veranlassen, ggf. nach Sitzungspausen des zuständigen Richters zu fragen, bei der Geschäftsstelle des zuständigen Richters eine Nachricht zu hinterlassen oder per Telefax ggf. vorhandene Bedenken zu übermitteln und eine Entscheidung anzufordern. Ein solches Vorgehen ist kein Entgegenkommen des Zuführrichters, sondern seine rechtliche Pflicht.

---

3 KK/Boujong, § 115 StPO, Rn 2.
4 BGH StV 97, 419.

d) Erste Beschuldigtenvernehmung

6 Kann der Festgenommene unverzüglich dem zuständigen Richter unverzüglich vorgeführt werden, so hat dieser ihn unverzüglich über den Gegenstand der Beschuldigung zu vernehmen (§ 115 Abs. 2 StPO). Der Ablauf einer solchen Vernehmung ist in § 136 StPO geregelt. Dem Beschuldigten ist also der Tatvorwurf zu eröffnen und er ist gem. § 136 Abs. 1 S. 2 StPO über sein Recht, zur Sache auszusagen oder zu schweigen, sowie über sein Recht zu belehren, einen Anwalt zu konsultieren.

Gem. § 168c Abs. 1 StPO ist dem Verteidiger die Anwesenheit bei der ersten Vernehmung zu gestatten.

e) Vorführfrist

7 Die Frist, die mit dem Begriff der Unverzüglichkeit vorgesehen ist, endet spätestens am nächsten Tag. Das bedeutet jedoch nicht, dass die Ermittlungsbehörden Anspruch darauf hätten, diese Frist zu weiteren Ermittlungen auszuschöpfen. Anders als bei der vorläufigen Festnahme gem. § 127 Abs. 2 StPO hat der Ermittlungsrichter, der den Haftbefehl erlassen hat, ausreichende Sachverhaltskenntnisse, um über die Aufrechterhaltung der Untersuchungshaft zu entscheiden. Andauernde Ermittlungen können also kein ausreichender Grund sein, um die Vernehmungsfrist zu verlängern. Die Ausschöpfung der Vernehmungsfrist kann allein durch den Geschäftsanfall beim Ermittlungsrichter gerechtfertigt werden.[5] In Betracht kommt daneben allenfalls noch eine Verzögerung der Vernehmung dadurch, dass der Beschuldigte sein Recht auf Verteidigerkonsultation geltend macht und der Verteidiger eine kurzzeitige Verzögerung zu verantworten hat; in diesem Fall muss der Richter ggf. warten.[6]

f) Kontaktaufnahme mit der Staatsanwaltschaft

8 In geeigneten Fällen kann bereits die Zeit bis zur ersten richterlichen Vernehmung für Verteidigungsbemühungen genutzt werden. So kann es sinnvoll sein, mit dem zuständigen Staatsanwalt Kontakt aufzunehmen. Kann diesem beispielsweise ein Beweismittel präsentiert werden, welches den Tatverdacht restlos ausräumt, so wäre er verpflichtet, gem. § 120 Abs. 3 S. 1 StPO die Aufhebung des Haftbefehls zu beantragen. Die Aufhebung des Haftbefehls hätte dann durch den Richter zwingend ohne einen richterlichen Ermessensspielraum zu erfolgen. In diesem Fall kann der Staatsanwalt sogar vor einer entsprechenden richterlichen Entscheidung aus eigener Befugnis die Freilassung des Festgenommenen anordnen (§ 120 Abs. 3 S. 2 StPO).

Auch wenn sich so weitgehende Erfolge nicht abzeichnen, kann es doch sinnvoll sein, mit dem zuständigen Staatsanwalt darüber zu sprechen, ob er sich einer Außervollzugsetzung des Haftbefehls gem. § 116 StPO[7] widersetzen würde. Die Bereitschaft des Haftrichters, eine Außervollzugsetzung anzuordnen, wird in vielen Fällen größer sein, wenn der Staatsanwalt ankündigt, gegen eine Außervollzugsetzung keine Beschwerde einzulegen, was der Staatsanwalt auf Anregen des Verteidigers möglicherweise ankündigen kann.

---

5 BGH NJW 90, 1188.
6 Brandenburgisches VerfG StV 03, 511 f.
7 Zur Außervollzugsetzung eines auf Fluchtgefahr gestützten Haftbefehls vgl. auch OLG Koblenz StV 03, 171.

g) Haftfortdauerentscheidung

Über die Frage, ob die Untersuchungshaft aufrechterhalten bleibt, hat der Richter im **9** Anschluss an die unverzügliche erste Vernehmung ausdrücklich eine Entscheidung zu treffen (§ 115 Abs. 4 StPO). Das bedeutet nicht, dass ein Plädoyer zu halten wäre. Der Verteidiger muss allerdings die Möglichkeit nutzen, einen ausdrücklichen Antrag mit einer kurzen Begründung zu stellen. Das gilt insbesondere dann, wenn mit dem zuständigen Staatsanwalt zuvor nicht gesprochen werden konnte. Gleiches gilt, wenn nach einer Besprechung mit dem Staatsanwalt ein Einvernehmen nicht besteht.

2. Vorläufige Festnahme bei Gefahr im Verzug

a) Vorführung vor den Richter

Nach einer vorläufigen Festnahme bei Gefahr im Verzug durch die Staatsanwaltschaft **10** und Polizeibeamte sieht das Gesetz ebenfalls eine unverzügliche Vorführung vor den Richter vor, wobei ausnahmslos derjenige Richter zuständig ist, in dessen Bezirk der Mandant festgenommen wird (§ 128 Abs. 1 S. 1 StPO). Hinsichtlich des Begriffs der Vorführung kann auf die Ausführungen zur Vorführung nach einer Festnahme aufgrund bereits erlassenen Haftbefehls verwiesen werden.[8]

b) Vorführfrist

Anders als bei der Festnahme nach bereits erlassenem Haftbefehl sieht die höchstrich- **11** terliche Rechtsprechung es als gerechtfertigt an, dass die äußerste zeitliche Grenze bis zur Vorführung und ersten richterlichen Vernehmung aus ermittlungstaktischen Gründen ausgeschöpft werden kann.[9]
Die Rechtsprechung begründet dies damit, dass Staatsanwaltschaft und Polizei bis zur ersten richterlichen Vernehmung eigene Entscheidungsbefugnisse haben. Daher müßten Staatsanwaltschaft und Polizei dem Beschuldigten Gelegenheit zur Beseitigung vorliegender Verdachtsgründe geben. Staatsanwaltschaft und Polizei hätten zu prüfen, ob der vorläufig Festgenommene wieder freizulassen oder dem Ermittlungsrichter vorzuführen ist. Im letzteren Falle müßten die Ermittlungsbehörden dem Richter eine möglichst umfassende Grundlage für eine Entscheidung unterbreiten. Diese Verfahrensweise hat für die Mandanten zunächst die negative Konsequenz, dass sich die Dauer der Freiheitsentziehung aufgrund der durchgeführten Ermittlungen hinziehen kann.

c) Verteidigungsmöglichkeiten vor der Richtervorführung

Die höchstrichterliche Rechtsprechung weist jedoch auch auf die Handlungsmöglich- **12** keiten hin, die der Verteidiger ausschöpfen sollte. So hat die Polizei in eigener Zuständigkeit auch die Entscheidungsbefugnis über die Frage, ob der Mandant freigelassen werden kann. Diese alleinige Zuständigkeit wird erst enden, wenn bei der Staatsanwaltschaft selbst durch die Polizeibeamten Strafanzeige erstattet wird (§§ 152 II, 158 Abs. 1 S. 1 StPO). Der Verteidiger sollte sich in einem solchen Stadium nicht davor scheuen, ggf. auch mit den festnehmenden Polizeibeamten selbst Kontakt aufnehmen.

---

8 Vgl. Ausführungen oben unter § 7 Rn 5.
9 BGH NJW 90, 1188.

Sollte eine Anzeige bei der Staatsanwaltschaft bereits erstattet sein, so steht dieser die **Freilassungsbefugnis** zu und auch die Befugnis, den Antrag auf Erlaß eines Haftbefehls zu stellen (§ 128 Abs. 2 S. 2 StPO). Soweit ein zuständiger Staatsanwalt noch nicht feststeht, sehen die Geschäftsverteilungspläne regelmäßig die Zuständigkeit eines sogenannten Jourstaatsanwalts vor. Der Verteidiger sollte es nicht versäumen, in einem Gespräch mit dem Staatsanwalt entscheidende Weichenstellungen zu vorzunehmen.

Veranlassen Staatsanwaltschaft oder die Polizei die Vorführung vor den Richter, so gilt hinsichtlich des Ablaufs der ersten Vernehmung und hinsichtlich des Anwesenheitsrechts des Verteidigers das gleiche wie bei der ersten Vernehmung nach einem bereits erlassenen Haftbefehl (§§ 115 III, 136, 168c Abs. 1 StPO). Dabei ist zu beachten, dass in dieser Situation der Ermittlungsrichter auch ohne einen ausdrücklichen Antrag der Staatsanwaltschaft einen Haftbefehl erlassen kann (§ 128 Abs. 2 S. 2 StPO).

II. Materielle und formelle Voraussetzungen des Haftbefehls

1. Formelle Voraussetzungen des Haftbefehls

a) Zuständigkeit

13　Dass ein Gericht für den Erlaß eines Haftbefehls örtlich zuständig sein muss, mag im Verteidiger-Alltag als Selbstverständlichkeit gesehen werden; jedoch können auch hier in der Praxis Fehler vorkommen. Bei Mißachtung der sachlichen Zuständigkeit ist der Haftbefehl aufzuheben.[10]

b) Form

14　Die Schriftform des Haftbefehls (§ 114 Abs. 1 StPO) dürfte sich von selbst verstehen, wobei grundsätzlich auch die Aufnahme des Haftbefehls in ein Verhandlungsprotokoll ausreichen kann.[11] Die letztgenannte Möglichkeit entbindet den Richter nicht von der Pflicht, dem Beschuldigten eine Abschrift des Haftbefehls auszuhändigen (114a Abs. 2 StPO).

c) Sachverhaltsfeststellung

15　Mängel in der Darstellung des dringenden Tatverdachts können sich insbesondere dann ergeben, wenn ein Haftbefehl im Rahmen einer Hauptverhandlung erlassen wurde. Die im Gesetz vorgeschriebene **Darstellung der Tat**, derer der Beschuldigte dringend verdächtig ist (§ 114 Abs. 2 Nr. 2 StPO), verlangt, dass der Sachverhalt ausdrücklich dargestellt wird. Eine pauschale Bezugnahme auf eine Anklageschrift oder auf ein mündlich verkündetes Urteil reichen selbst dann nicht aus, wenn zu einem späteren Zeitpunkt das schriftliche Urteil gefertigt wird.[12] Der Haftbefehl muss aus sich selbst heraus verständlich sein, auf Urkunden kann nur in der Form Bezug genommen werden, dass sie als Anlage zur Haftbefehlsausfertigung genommen werden.[13]

Die Angabe von **Tatzeit** und **Tatort** wird bereits durch das Gesetz angeordnet, ebenso wie die gesetzlichen **Merkmale der Straftat** und die **anzuwendenden Strafvorschriften** (§ 114 Abs. 2 Nr. 2 StPO). Das bedeutet nicht, dass die Sachverhaltsdarstel-

---

10　LG Lübeck StV 03, 516.
11　KK/Boujong, § 114, Rn 2.
12　OLG Stuttgart, Die Justiz 85, 31 f.; OLG Stuttgart NJW 82, 1296.
13　OLG Stuttgart NJW 82, 1296.

lung den Anforderungen an die Sachverhaltsdarstellung in einem Anklagesatz (§ 200 Abs. 1 StPO) entsprechen müßte. Die Tat ist jedoch mindestens so genau darzustellen, dass der Beschuldigte den gegen ihn erhobenen strafrechtlichen Vorwurf nach Umfang und Tragweite eindeutig erkennen kann.[14] Daher sollte aus dem Sachverhalt bei einer Vielzahl von Taten erkennbar sein, wieviele Fälle der Tatvorwurf mindestens umfasst. Soweit es um Vermögensdelikte geht, wird aus dem Sachverhalt des Haftbefehls erkennbar sein müssen, wie hoch der Schaden sein wird. Davon ist letztendlich auch die Beurteilung der Fluchtgefahr abhängig.

Zu beachten ist, dass Mängel der Sachverhaltsdarstellung auch im Beschwerdeverfahren noch korrigiert werden können. Eine Korrekturmöglichkeit sieht die Regelung in § 309 Abs. 2 StPO vor. Vor Anklageerhebung ist eine entsprechende Ergänzungsentscheidung nur dann möglich, wenn die Staatsanwaltschaft einen Antrag auf Erlaß eines Haftbefehls gestellt hat, der wenigstens durch seinen Zusammenhang mit dem übrigen Akteninhalt diejenige Tat erkennen lässt, die die Staatsanwaltschaft zur Grundlage des Haftbefehls gemacht wissen will.[15]

d) Darstellung des Haftgrundes

Ausdrücklich sieht § 114 Abs. 2 Nr. 3 StPO vor, dass der **Haftgrund** im Haftbefehl anzuführen ist. Das bedeutet, dass sich aus dem Haftbefehl ergeben muss, ob dieser aufgrund von Fluchtgefahr oder aufgrund von Verdunkelungsgefahr bzw. von Wiederholungsgefahr ergeht. Dabei müssen gem. § 114 Abs. 2 Nr. 4 StPO die Tatsachen, aus denen der Haftgrund begründet wird, ausdrücklich angegeben werden. Eine lediglich pauschale Darstellung, wonach sich ein Haftgrund aus durchgeführten polizeilichen Ermittlungen ergeben soll, kann dabei nicht ausreichend sein. **16**

2. Dringender Tatverdacht

a) Intensität des Tatverdachts

Die Untersuchungshaft darf nur gegen denjenigen angeordnet werden, der einer Straftat **dringend verdächtig** ist (§ 112 Abs. 1 S. 1 StPO). Diese Regelung ist Ausfluß der grundsätzlichen Unschuldsvermutung, die infolge der Freiheitsgewährleistung in Art. 2 Abs. 2 S. 2 GG Verfassungsrang genießt.[16] Nach gängiger Definition liegt dringender Tatverdacht dann vor, wenn nach dem bisherigen Ermittlungsergebnis eine große Wahrscheinlichkeit dafür besteht, dass der Beschuldigte Täter oder Teilnehmer einer Straftat ist.[17] Der dringende Tatverdacht ist dem Grunde nach stärker als der hinreichende Tatverdacht, von dessen Vorliegen gem. § 203 StPO die Eröffnung des Hauptverfahrens abhängig ist.[18] Denn dieser Tatverdacht ist nach der Rechtsprechung schon dann gegeben, wenn nach den vorliegenden Erkenntnissen eine Verurteilung in der Hauptverhandlung wahrscheinlich ist, wobei eine solche Prognose zwar die Annahme dringenden Tatverdachts hinreichend rechtfertigt, anderseits allerdings diese Schluß- **17**

---

14 Brandenburgisches OLG, StV 97, 114.
15 Brandenburgisches OLG, StV 97, 114.
16 BVerfG NJW 66, 243.
17 KK/Boujong § 112 StPO Rn 3; Meyer-Goßner, § 112 StPO Rn 5.
18 OLG Köln StV 91, 304.

folge die Annahme des dringenden Tatverdachts nicht zwingend notwendig erscheinen lässt.[19] Nach Auffassung des BGH soll es für die Annahme des dringenden Tatverdachts ausreichend sein, wenn aufgrund der bisherigen Ermittlungsergebnisse in seiner Gesamtheit die Wahrscheinlichkeit groß ist, dass der Verfolgte **sich schuldig gemacht hat**.[20] Nicht ausreichend ist es jedoch, dass für die Täterschaft eines die Tat bestreitenden Beschulidgten eine gewisse Wahrscheinlichkeit besteht. Die Annahme dringenden Tatverdachts setzt vielmehr gerichtsverwertbare Beweise voraus, durch die der Beschuldigte mit großer Wahrscheinlichkeit überführt werden kann;[21] die **Möglichkeit der Verurteilung** ist also ausreichend. Für die Praxis bedeutet dies, dass jedenfalls dann, wenn die **Wahrscheinlichkeit** einer Verurteilung besteht, zu Recht dringender Tatverdacht angenommen werden kann. Kann die Wahrscheinlichkeit einer Verurteilung nicht belegt werden, räumt das Gesetz dem Ermittlungsrichter einen gewissen Ermessensspielraum ein, der seine Grenze jedenfalls dann findet, wenn plausible Gründe dagegen sprechen, dass der Schuldnachweis gegen den Mandanten wird erbracht werden können. Hierbei hat der Ermittlungsrichter auch bei erheblichen Verdachtsmomenten zu berücksichtigen, ob die Strafverfolgungsbehörden gebotene Untersuchungen unterlassen haben und hieraus resultierende Defizite gegen eine Verurteilung sprechen.[22]

b) Akteneinsicht der Verteidigung

18   Im Haftprüfungsverfahren und im Beschwerdeverfahren darf das Gericht von einem weiterhin bestehenden dringenden Tatverdacht nur dann ausgehen, wenn dem Verteidiger zuvor durch die Staatsanwaltschaft gemäß § 147 StPO **Akteneinsicht** gewährt wurde. Der Beschluss des 2. Senats des Bundesverfassungsgerichts vom 11.07.1994[23] hat die Verteidigungsmöglichkeiten zugunsten des inhaftierten Mandanten deutlich erweitert. Das Bundesverfassungsgericht folgert aus dem Recht des Beschuldigten auf ein faires rechtsstaatliches Verfahren und seinem Anspruch auf rechtliches Gehör den Anspruch des Verteidigers des Beschuldigten auf Einsicht in die Akten. Dabei wird dieser Anspruch grundsätzlich auf das erweitert, was der Verteidiger an Informationen benötigt, um auf eine bevorstehende gerichtliche Haftentscheidung effektiv einwirken zu können. Diese Rechtsauffassung wirkt sich aufgrund der materiell-rechtlichen Regelung in § 114 Abs. 2 Nr. 4 StPO dahingehend aus, dass der Verteidiger Anspruch auf Einsicht jedenfalls in die Aktenteile hat, die im Haftbefehl als gerichtsverwertbare Beweise[24] angeführt sind. Der Verteidiger hat also Anspruch auf Einsicht in die Protokolle von Aussagen der im Haftbefehl angeführten Zeugen und Sachverständigen, Urkunden, Sachverständigengutachten und Beschuldigtenvernehmungen. Eine Mißachtung dieses Anspruchs führt gleichzeitig zu einer Verletzung des Rechts aus Art. 5 Abs. 4 MRK.[25] In der Praxis verschiedener Staatsanwaltschaften hat das teilweise dazu

---

19   BGH bei Pfeiffer NStZ 81, 93 ff., 94.
20   BGH bei Pfeiffer NStZ 81, 93 ff. 94.
21   BGHSt 38, 276 ff., 278.
22   OLG Karlsruhe, StV 04, 325 f.
23   BVerfG StV 94, 465 ff.; vgl. auch Ausführungen zu § 4 Rn. 29.
24   BGHSt 38, 276, 278.
25   EGMR v. 13.02.2001 in NJW 02, 2013 – 2020; LG Magdeburg StV 04, 327 f. zur Aufhebung des Strafbefehls bei Nichtgewährung der Akteneinsicht.

geführt, dass bereits mit dem Antrag auf Erlaß eines Haftbefehls entsprechende Haftakten angelegt werden.[26]

Die Entscheidung des Bundesverfassungsgerichts hat zwischenzeitlich auch den Gesetzgeber zu einer Regelung des Akteneinsichtsanspruchs des Verteidigers im Falle der Untersuchungshaft veranlasst. Dabei handelt es sich um eine unter Umständen leicht zu übersehende formelle Regelung, die jedoch auch eine materiell-rechtliche Regelung trifft. In § 147 Abs. 5 S. 2 StPO ist ausdrücklich vorgesehen, dass gegen die Versagung der Akteneinsicht durch die Staatsanwaltschaft gerichtliche Entscheidung beantragt werden kann. Dies gilt nach dem ausdrücklichen Gesetzeswortlaut bereits dann, wenn die Akteneinsicht verweigert wird, während sich der Beschuldigte nicht auf freiem Fuß befindet. Die Regelung des einfachen Gesetzes geht zwischenzeitlich also davon aus, dass ein Akteneinsichtsrecht des Verteidigers eines inhaftierten Mandanten nicht erst im Haftprüfungsverfahren oder im Beschwerdeverfahren besteht, sondern unabhängig von entsprechenden Anträgen bei Beginn der Untersuchungshaft.[27]

c) Akteneinsicht vor Festnahme

Der Beschluss des Bundesverfassungsgerichts vom 11.07.1994 hat in der Folge die **19** Frage aufgeworfen, ob der Verteidiger des nichtinhaftierten Mandanten, der von der Existenz eines gegen ihn bestehenden Haftbefehls weiß, Anspruch auf Akteneinsicht hat. In der Rechtsprechung wurde dies bereits teilweise bejaht,[28] auch wenn das Bundesverfassungsgericht[29] selbst aus der grundrechtlichen Position eine so weitgehende Schlußfolgerung nicht ziehen wollte. Das Landgericht Aschaffenburg ist der Auffassung, dass die Verweigerung der Akteneinsicht für den Verteidiger des nicht inhaftierten Beschuldigten immer dann gerechtfertigt ist, wenn der Beschuldigte bereits weiß, dass er mit Haftbefehl gesucht wird. Das OLG Köln möchte so weit nur für besonders gelagerte Fälle gehen, ohne näher auszuführen, unter welchen Voraussetzungen ein besonders gelagerter Fall anzunehmen ist.

3. Flucht und Verborgenhalten

a) Flucht

Entscheidend ist, dass der Haftgrund der **Fluchtgefahr** grundsätzlich nur an Verhal- **20** tensweisen während oder nach Begehung der angelasteten Straftat angeknüpft werden kann.[30]

Nach allgemeiner Auffassung wird der Haftgrund der Flucht angenommen, wenn sich der Beschuldigte während oder nach der Begehung der ihm angelasteten Straftat absetzt, um für Ermittlungsbehörden und Gerichte in dem gegen ihn bereits eingeleiteten oder zu erwartenden Verfahren unerreichbar zu sein und sich dem Zugriff dauernd oder für längere Zeit zu entziehen.[31]

---

26 Instruktiv Hinweise der GStA Celle StV 97, 166f sowie Richtlinien und Hinweise für die Bearbeitung von Haftsachen bei der Staatsanwaltschaft der GStA Brandenburg, StV 97, 553 ff.

27 Vgl. hierzu auch § 4 Rn 14 ff.

28 LG Aschaffenburg StV 97, 644; OLG Köln StV 98, 269.

29 BVerfG NStZ-RR 98, 108.

30 OLG Düsseldorf NJW 86, 2204; OLG Karlsruhe NJW 72, 2098.

31 OLG Bremen StV 97, 533; OLG Düsseldorf NJW 86, 2204; OLG Saarbrücken StV 91, 265; OLG Frankfurt StV 94, 581.

Lediglich vereinzelt wurde in der Rechtsprechung beim Tatbestand der Flucht an ein vor Tatbeginn liegendes Verhalten angeknüpft,[32] wobei hier jedoch besondere Fallgestaltungen zugrundelagen. Der Verteidiger sollte sich allerdings einer schematischen Anwendung dieser Definition widersetzen. Liegt zwischen dem Tatzeitpunkt und dem Zeitpunkt der Einleitung des Ermittlungsverfahrens ein längerer Zeitraum, während dessen der Beschuldigte sich an seinem üblichen Aufenthaltsort aufgehalten hat, so kann daraus der Haftgrund der Flucht dann nicht hergeleitet werden, wenn der Beschuldigte beispielsweise lediglich den Wohnort wechselt.[33]

Gerade bei **Ausländern** muss sich der Verteidiger oft einer schematischen Anwendung der **Fluchtdefinition** widersetzen. So ist ein Ausländer insbesondere dann nicht flüchtig, wenn er sich in sein Heimatland zurückbegibt, ohne dass dies mit seiner Straftat in Zusammenhang steht; so beispielsweise, wenn der Ausländer aufgrund einer ausländerrechtlichen Ausreisepflicht das Land verlässt.[34] Ebenso ist ein Ausländer nicht flüchtig, wenn er unter einer den Strafverfolgungsbehörden bekannten Adresse im Ausland schlicht verbleibt und sich dort zur Verfügung hält.[35]

b) Verborgenhalten

21 Verborgen hält sich derjenige Beschuldigte, der sich unangemeldet oder unter falschem Namen oder an einem unbekannten Ort aufhält, um sich dem Strafverfahren zu entziehen.[36]

4. Fluchtgefahr

22 Nach gängiger Definition setzt der Haftgrund der **Fluchtgefahr** voraus, dass aufgrund bestimmter Tatsachen bei Würdigung der Umstände des Einzelfalles eine höhere Wahrscheinlichkeit für die Annahme spricht, der Beschuldigte werde sich dem Strafverfahren entziehen, als für die Erwartung, er werde am Verfahren teilnehmen.[37]

Bei Beurteilung der Fluchtgefahr unter Berücksichtigung aller Umstände des Falles sind insbesondere die Art der dem Beschuldigten vorgeworfenen Tat, die Persönlichkeit des Beschuldigten, seiner Lebensverhältnisse, sein Vorleben und sein Verhalten vor und nach der Tat ausschlaggebend.[38]

Regelmäßig ist hier in der **Praxis** ausschlaggebend die Frage des vorhandenen Wohnsitzes,[39] die Frage intakter Familienverhältnisse und die wirtschaftliche Situation des Beschuldigten, gerade auch im Hinblick auf die angelastete Tat. Auch ein vollumfängliches Geständnis kann die Fluchtgefahr im Einzelfall ausschließen.[40]

a) Straferwartung

23 Besonders häufig wird der Tatbestand der Fluchtgefahr zudem auf die Höhe der zu erwartenden Strafe gestützt. Dabei muss allerdings differenziert werden, worauf der Verteidiger im besonderen Maße hinzuwirken hat. Generell gilt, dass die Höhe der Strafer-

---

32 OLG Koblenz NStZ 85, 88; OLG Frankfurt/Main, NJW 74, 1835.
33 OLG Bremen StV 97, 533.
34 LG Berlin StV 89, 253.
35 OLG Naumburg StV 97, 138; LG Offenburg StV 04, 326 f. bei festem Wohnsitz im Ausland.
36 LG Verden StV 86, 256; KK/Boujong, § 112 StPO Rn 12.
37 OLG Köln StV 97, 642; Meyer-Goßner, § 112 StPO, 43. Auflage Rn 17; KK/Boujong § 112 StPO Rn 15.
38 OLG Köln StV 95, 475.
39 LG Offenburg, a.a.O.
40 OLG Koblenz, StV 03, 171.

wartung grundsätzlich nicht allein, sondern erst in Verbindung mit weiteren Umständen die Fluchtgefahr zu begründen vermag.[41] Nach einer allgemeinen Formel sind die Anforderungen an die weiter erforderlichen Umstände umso geringer, je höher die Straferwartung ausfällt.[42]

Nur in Fällen besonders **hoher Straferwartung**, wie insbesondere wegen hoher Mindeststrafe oder wegen erforderlicher Generalprävention vermag die Straferwartung allein die Fluchtgefahr regelmäßig zu begründen.[43] Die Rechtsprechung nimmt hier allerdings gewissermaßen eine widerlegbare Vermutung an, so dass in Fällen besonders hoher Straferwartung die Annahme der Fluchtgefahr als widerlegt zu gelten hat, wenn persönliche Verhältnisse des Beschuldigten die Fluchtanreize ausräumen.[44]

Insbesondere im Beschwerdeverfahren ist der Verteidiger also gehalten, Darlegungen darüber zu machen, ob ein „Regelfall der Fluchtgefahr" begründbar ist oder nicht, oder ob der Regelannahme der Fluchtgefahr bedeutsame Anhaltspunkte entgegengesetzt werden können. Bei vorbestraften Mandanten wiederum wird es häufig das Problem geben, dass nach oberlandesgerichtlicher Rechtsauffassung die hohe Wahrscheinlichkeit des Widerrufs der Strafaussetzung den Fluchtanreiz verstärken soll.[45]

b) Auslandsbezug

Die bloße Ausländereigenschaft oder die ausländische Herkunft eines zwischenzeitlich   24
Beschuldigten kann eine Grundlage zu einer schematischen Annahme für Fluchtgefahr sein. Selbst bei einem ausländischen Angeklagten, der sich im Ausland aufhält, dabei aber postalisch erreichbar ist, kann jedoch nicht ohne weiteres Fluchtgefahr angenommen werden. Begründet wird dies damit, dass der bloße Ungehorsam gegenüber Vorladungen oder eine bloße Untätigkeit selbst eines im Ausland aufhältigen Ausländers noch keine Indizien für Fluchtgefahr darstellen.[46]

Ein solches Verhalten kann auch nicht ein Sichentziehen darstellen, da das Sichentziehen eine zweckgerichtete Tätigkeit voraussetzt, die darauf ausgerichtet ist, den Fortgang des Strafverfahrens insgesamt oder in erheblichen Teilen dauernd oder vorübergehend dadurch zu verhindern, dass der Beschuldigte Ladungen nicht zur Verfügung steht.[47]

Bei deutschen Staatsangehörigen ausländischer Herkunft kann alleine die Herkunft Fluchtgefahr nicht begründen, insbesondere dann, wenn der zwischenzeitlich deutsche Staatsangehörige in seinem früheren Heimatland ein Auslieferungsverfahren zu befürchten hätte,[48] oder wenn der zwischenzeitlich deutsche Staatsangehörige bei einer Flucht ins Ausland sozialversicherungsrechtliche Anwartschaften verlieren würde[49] oder wenn die übrige Familie des Beschuldigten in Deutschland lebt.[50]

---

41 Zur Ablehnung der Fluchtgefahr bei einer Straferwartung von 3 Jahren und 8 Monaten Freiheitsstrafe und Zweitwohnsitz auf Mallorca OLG Köln StV 03, 510.
42 OLG Karlsruhe NJW 78, 333.
43 OLG Karlsruhe NJW 78, 333.
44 OLG Düsseldorf StV 82, 585; zuletzt auch OLG Hamm StV 03, 509, 510; eingehend zur Fluchtprognose durch Strafprognose Fröhlich in NStZ 99, 331 ff.
45 KG StV 96, 383.
46 Brandenburgisches OLG StV 96, 381.
47 Brandenburgisches OLG StV 96, 381; BGHSt 23, 384.
48 OLG Köln StV 97, 139.
49 OLG Frankfurt/Main StV 97, 138.
50 Zum Haftgrund der Fluchtgefahr bei EU-Ausländern jüngst Gericke, StV 04, 675 ff.

5. Verdunkelungsgefahr

a) Definition

25 Der Haftgrund der **Verdunkelungsgefahr** besteht, wenn das Verhalten des Beschuldigten den dringenden Tatverdacht begründet, dass durch bestimmte Handlungen auf sachliche oder persönliche Beweismittel eingewirkt und dadurch die Ermittlung der Wahrheit erschwert werden wird.[51]

Soweit der Haftgrund der Verdunkelungsgefahr angenommen wird oder nach einem Antrag der Staatsanwaltschaft angenommen werden soll, so ist zu beachten, dass schon das Tatbestandsmerkmal der Verdunkelungsgefahr in § 112 Abs. 2 Nr. 3 StPO außerordentlich differenziert dargestellt ist. So ergibt sich schon aus dem Wortlaut, dass Verdunkelungsgefahr zunächst auf ein Verhalten des Beschuldigten gestützt werden muss. Daraus folgte ganz selbstverständlich, was in der Praxis offenbar doch immer wieder übersehen wird, dass alleine aus der Art des Delikts im allgemeinen nicht auf den Haftgrund der Verdunkelungsgefahr geschlossen werden kann.[52]

Das Gesetz verlangt weiter, dass aufgrund des Verhaltens des Beschuldigten eine **Prognose** über sein zu erwartendes weiteres Verhalten gestellt werden kann. Das ergibt sich klar aus dem vom Gesetz verwandten Begriff des Verdachts. Ein Verdacht ist nur dann gerechtfertigt, wenn Verdunkelungshandlungen aufgrund bestimmter Tatsachen aus dem Verhalten, den Lebensumständen und den persönlichen Verhältnissen des Beschuldigten belegbar sind und mit großer Wahrscheinlichkeit für den Fall zu erwarten sind, dass der Beschuldigte nicht in Haft genommen wird oder er auf freien Fuß kommt. Dabei muss eine konkrete Gefahr der Verdunklung in dem anhängigen Ermittlungsverfahren bestehen.[53]

Es ist auch weiter zu beachten, dass das Gesetz die denkbaren Formen der Verdunkelungshandlungen umschreibt. Es versteht sich von selbst, dass Verdunkelungsgefahr nicht mehr angenommen werden kann, wenn die im Gesetz aufgeführten Verdunkelungshandlungen technisch gar nicht mehr denkbar sind.[54] Das gilt zum Beispiel dann, wenn Beweismittel, die vernichtet oder sonstwie verändert werden könnten, von der Staatsanwaltschaft bereits vollständig beschlagnahmt worden sind. Bei der Einwirkung auf personelle Beweismittel muss darauf bestanden werden, dass alleine die mehr oder weniger nahezu immer gegebene abstrakte Gefahr möglicher Verdunkelungshandlungen zur Haftanordnung nicht ausreicht.[55]

Alleine die Tatsache, dass der Beschuldigte beispielsweise bereits mit Zeugen oder Mitbeschuldigten gesprochen hat, kann die Verdunkelungsgefahr noch nicht begründen. Würde einem Beschuldigten oder auch seinem Verteidiger überhaupt die Rücksprache mit als Verfahrenszeugen in Betracht kommenden Personen untersagt, so würde dadurch die Verteidigung in unzulässiger Weise beschränkt werden, da sie gezwungen wäre, Zeugen vorladen zu lassen, bei denen sich möglicherweise herausstellt, dass sie zur Sache nichts sagen können.[56]

---

51 OLG Köln StV 97, 27; OLG München NStZ 96, 403.
52 OLG München NJW 96, 941; LG Bremen StV 98, 272.
53 OLG Düsseldorf StV 97, 534.
54 OLG Frankfurt/Main NJW 60, 353.
55 OLG Köln StV 92, 383.
56 OLG Köln NJW 59, 544.

Für eine mögliche Beeinflussung von Zeugen muss durch eine klare und protokollierte Aussage feststehen, dass der Zeuge durch den Beschuldigten beeinflusst werden sollte.[57]

b) Funktion des Geständnisses

Nicht selten beinhaltet der Haftgrund der Verdunkelungsgefahr den Versuch der Ermittlungsbehörden, den Beschuldigten zur Aussage – idealerweise zu einem Geständnis – zu bewegen. Es ist zunächst auch einmal richtig, dass ein Geständnis, insbesondere ein vollumfängliches richterliches Geständnis, die **Verdunkelungsgefahr ausräumen** kann.[58] Das gilt selbst dann, wenn der Beschuldigte in seinem Geständnis keine Angaben über den Verbleib von Gegenständen oder über deren Lieferanten und Abnehmer gemacht hat.[59]

Generell gilt aber, dass nur ein rechtlich verpöhntes oder prozessual nicht tolerierbares Verhalten zur Begründung der Verdunkelungsgefahr herangezogen werden kann.[60] Aufgrund dessen kann insbesondere das Aussageverhalten des Beschuldigten nicht ohne weiteres als Beleg für die Verdunkelungsgefahr herangezogen werden. So ist beispielsweise der Umstand, dass der Beschuldigte keine umfassenden Angaben gemacht hat, immer nur auf konkrete Vorhaltungen reagiert hat und Dinge eingeräumt hat, die durch die Ermittlungen bereits herauskristallisiert worden waren, kein Aussageverhalten, welches die Annahme von Verdunkelungsgefahr rechtfertigen könnte.[61]

26

6. Schwere der Tat

Der Haftgrund der **Schwere der Tat** setzt zunächst den dringenden Tatverdacht hinsichtlich einer der in § 112 Abs. 3 StPO genannten Katalogstraftaten voraus. Das bedeutet beispielsweise auch, dass beim dringenden Tatverdacht eines minder schweren Falls des Totschlages der Haftgrund der Schwere der Tat nicht gegeben ist, obwohl § 213 StGB lediglich eine Strafzumessungsregelung für § 212 StGB darstellt.[62]

Zu beachten ist, dass die bloße Schwere der Tat entgegen dem scheinbar klaren Gesetzeswortlaut keinen eigenständigen Haftgrund darstellt. Weder die Schwere des begangenen Verbrechens noch die Schwere der Schuld rechtfertigen für sich alleine die Verhaftung des Beschuldigten; dies würde gegen den Verhältnismäßigkeitsgrundsatz verstoßen. Das folgert das Bundesverfassungsgericht aus der dem Rechtsstaatprinzip entspringenden Unschuldsvermutung.[63]

Die deshalb erforderliche verfassungskonforme Auslegung des in § 112 Abs. 3 StPO geregelten Haftgrundes erfolgt dahingehend, dass der Erlaß eines Haftbefehls nur zulässig ist, wenn Umstände vorliegen, welche die Gefahr begründen, dass ohne Festnahme des Beschuldigten die alsbaldige Aufklärung und Ahndung der Tat gefährdet sein könnte.[64]

27

---

57 OLG Bremen MDR 51, 55.
58 OLG Düsseldorf StV 84, 339.
59 OLG Düsseldorf StV 84, 339.
60 OLG Hamm StV 85, 114.
61 OLG Düsseldorf StV 97, 534.
62 OLG Köln StV 96, 382.
63 BVerfG NJW 66, 243.
64 Meyer-Goßner, § 112 Rn 37.

Zwar besteht zwischen den Haftgründen der Fluchtgefahr sowie der Verdunkelungsgefahr und der Regelung in § 112 Abs. 3 StPO deswegen **kein direktes Abhängigkeitsverhältnis.** Doch kann schon die zwar nicht mit bestimmten Tatsachen belegbare, aber nach den Umständen des Falles doch nicht auszuschließende Flucht- oder Verdunkelungsgefahr oder die ernstliche Befürchtung, dass der Täter weitere Taten ähnlicher Art begehen werde, für die Voraussetzung des § 112 Abs. 3 StPO ausreichen.[65] In der Rechtsprechung wird aus dieser Auslegung unzutreffenderweise eine Vermutung der Haftgründe begründet.[66] So sieht das OLG Bremen es bei den in § 112 Abs. 3 StPO aufgeführten Straftaten als ausreichend an, wenn die Flucht- und/oder Verdunkelungsgefahr nicht auszuschließen sei, während bei den Straftaten außerhalb des Katalogs in § 112 Abs. 3 StPO bestimmte Tatsachen die Annahme eines Haftgrundes rechtfertigen müssen.[67]

Richtigerweise wird man dem entgegenhalten müssen, dass aus der Auslegung des Bundesverfassungsgerichts allenfalls folgt, dass der Richter von der Feststellung befreit ist, welche Tatsachen die Flucht- oder Verdunkelungsgefahr begründen. Ausreichend, aber auch erforderlich ist vielmehr die Feststellung, ob eine verhältnismäßig geringe oder entfernte Gefahr der oben beschriebenen Art besteht.[68] Insoweit muss der Verteidiger die Begründung des Haftbefehls genau untersuchen. Der Verteidiger kann also selbst bei schwerwiegenden Vorwürfen möglicherweise Ansatzpunkte finden, die Untersuchungshaft zu vermeiden, wenn auch reale Erfolgsaussichten selten sein werden.

Abschließend sei darauf hingewiesen, dass § 112 Abs. 3 StPO nicht ausschließt, den Haftbefehl zusätzlich auf einen der Haftgründe des § 112 Abs. 2 oder auf § 112a StPO zu stützen, wenn ein solcher vorliegt. In der Regel – dies muss allerdings dann auch aus der Begründung hervorgehen – ist bei einer möglichen Straftat i.S.d. § 112 Abs. 3 StPO wegen der hohen Straferwartung oftmals auch an eine Fluchtgefahr i.S.v. § 112 Abs. 2 Nr. 2 StPO zu denken.

7. Wiederholungsgefahr

28 Auch bei dem Haftgrund der Wiederholungsgefahr ist die sorgfältige und differenzierte gesetzliche Regelung zu berücksichtigen. Grundsätzlich gilt, dass der Haftgrund der Wiederholungsgefahr gem. § 112a Abs. 1 StPO nur subsidiär zu den Haftgründen in § 112 Abs. 2 StPO Anwendung findet (§ 112a Abs. 2 StPO).

a) Straftatenkatalog

29 § 112a Abs. 1 Nr. 1 StPO enthält einen Katalog von Straftaten, bei denen bereits die einmalige Anlasstat die Annahme des Haftgrundes der Wiederholungsgefahr rechtfertigen kann. Es handelt sich hierbei durchgehend um Tatbestände des Sexualstrafrechts. Zwingend hinzutreten muss allerdings die Gefahr weiterer erheblicher Straftaten gleicher Art oder die drohende Fortsetzung einer bereits begonnenen Tat.[69] Eine Mindeststraferwartung allerdings setzt der Haftgrund der Wiederholungsgefahr bei dringendem Tatverdacht hinsichtlich einer der Katalogtaten in § 112a Abs. 1 Nr. 1 StPO nicht voraus.

---

65 BVerfG NJW 66, 243, 244.
66 OLG Düsseldorf StV 82, 585.
67 OLG Bremen StV 83, 288.
68 OLG Düsseldorf StraFo 00, 67; OLG Köln NJW 96, 1686.
69 OLG Köln, StV 2003, 169, 170.

b) Katalogstraftaten mit Mindeststraferwartung von einem Jahr

Hinsichtlich der in § 112a Abs. 1 Nr. 2 StPO aufgeführten Katalogstraftaten verlangt   30
das Gesetz wiederholte oder fortgesetzte und darüber hinaus die Rechtsordnung
schwerwiegend beeinträchtigende Straftaten. Hinsichtlich der wiederholten Tatbegehung bestehen in der oberlandesgerichtlichen Rechtsprechung unterschiedliche Auffassungen. Nach der einen Auffassung ist es nicht erforderlich, dass das Verfahren, in dem
die Untersuchungshaft geprüft wird, selbst eine Mehrheit solcher Taten zum Gegenstand hat. Es soll vielmehr ausreichen, wenn sich der Tatverdacht in dem Verfahren nur
auf eine derartige Anlasstat erstreckt, der Beschuldigte aber aus der wegen zumindest
einer weiteren Straftat gleicher Art bereits rechtskräftig verurteilt worden ist, wobei es
auf die Rechtskraft der Vorverurteilung nicht ankommt.[70] Begründet wird diese
Rechtsauffassung damit, dass der Gesetzgeber in den Motiven zur gesetzlichen Regelung angegeben hat, es solle der Entwicklung entgegengetreten werden, da es selbst gefährliche Kriminelle immer wieder auf freien Fuß gesetzt werden, obwohl sie bereits
mehrfach einschlägig in Erscheinung getreten sind.[71]
Nach anderer Auffassung sollen allerdings nur wiederholte Taten im Ermittlungsverfahren selbst ausschlaggebend sein. In einer wortlautorientierten Gesetzesauslegung
wird dieses Ergebnis damit begründet, der Gesetzgeber habe neben der wiederholten
Tat die fortgesetzte Tat nicht zu erwähnen brauchen, wenn er schon regelmäßig eine
einschlägige Vorverurteilung als wiederholte Tat hätte ausreichen lassen wollen.[72]
Auch bei den Katalogstraftaten des § 112a Abs. 1 Nr. 2 StPO muss die Gefahr der Begehung weiterer erheblicher Straftaten gleicher Art bestehen, wobei die Gefahr und
Prognose wiederum auf das Vorliegen bestimmter Tatsachen gestützt sein muss. Wesentlicher Unterschied zu den in § 112a Abs. 1 Nr. 1 StPO aufgeführten Katalogstraftaten ist die Mindeststraferwartung von einem Jahr.
Sind Gegenstand des Ermittlungsverfahrens mehrere Straftaten, so kann nur die
Straferwartung von mindestens einem Jahr für die Einzelstraftat den Haftgrund der
Wiederholungsgefahr rechtfertigen, nicht jedoch die aufgrund mehrerer Einzelstrafta-
ten zu erwartende Gesamtfreiheitsstrafe.

8. Untersuchungshaft gegen Jugendliche

Bei der Untersuchungshaft gegen Jugendliche gelten zunächst die gleichen Grundsätze   31
wie bei der Verhängung von Untersuchungshaft gegen Erwachsene.

a) Subsidiäre Täter

§ 72 Abs. 1 1 JGG normiert jedoch den Grundsatz der Subsidiarität der Untersuchungs-   32
haft gegenüber Jugendlichen, was auch nochmals in § 72 Abs. 1 3 JGG verstärkt wird,
wenn dort vom Richter verlangt wird, die Gründe anzuführen, weshalb andere nach
dem JGG zulässige vorläufige Anordnungen über die Erziehung des Jugendlichen nicht
getroffen wurden.[73]

---

70 OLG Stuttgart, NStZ 88, 326.
71 OLG Hamm MDR 81, 956.
72 OLG Frankfurt/Main StV 84, 159.
73 Schaffstein/Beulke, Jugendstrafrecht, 11. Auflage, § 39 Abs. 1 1.

b) Berücksichtigung der Belastungen

33 Bei der Prüfung der Verhältnismäßigkeit gem. § 112 Abs. 1 S. 2 StPO verlangt § 72 Abs. 1 S. 2 JGG, dass die Jugendrichter die besonderen Belastungen des Vollzuges der Untersuchungshaft für Jugendliche berücksichtigen.

c) Altersgrenze 16 Jahre

34 Bei 14- und 15jährigen Jugendlichen kann wegen des Haftgrundes der Fluchtgefahr (§ 112 Abs. 2 S. 2 StPO) Untersuchungshaft nur verhängt werden, wenn sich der Jugendliche dem konkreten Verfahren bereits entzogen hat oder konkret festgestellte Anstalten zur Flucht getroffen hat (§ 72 Abs. 2 1 JGG) oder wenn der Jugendliche keinen festen Wohnsitz bzw. keinen festen Aufenthalt hat (§ 72 Abs. 2 Nr. 2 JGG). Es versteht sich von selbst, dass gegen Kinder vor dem vollendeten 14. Lebensjahr Untersuchungshaft überhaupt nicht verhängt werden kann. Auf sie ist weder das JGG noch die StPO anwendbar (§ 1 Abs. 2 2 JGG).

9. Verhältnismäßigkeitsgrundsatz

35 Der **Verhältnismäßigkeitsgrundsatz** wird im einfachen Recht ausdrücklich in § 112 Abs. 2 S. 2 StPO normiert. Bereits aus der grundrechtlich geschützten grundsätzlichen **Unschuldsvermutung** (Art. 2 Abs. 2 S. 2, 104 GG) sowie dem **Rechtsstaatsprinzip** folgt jedoch, dass Anordnung und Vollzug der Untersuchungshaft von dem Grundsatz der Verhältnismäßigkeit beherrscht werden müssen.[74] In § 112 Abs. 1 S. 2 StPO findet der Verhältnismäßigkeitsgrundsatz in der Form des Haftausschließungsgrundes bei Unverhältnismäßigkeit seinen Niederschlag.[75]

Die Rechtsprechung faßt den Haftausschlußgrund der Verhältnismäßigkeit dahingehend auf, dass eine Untersuchungshaft erst dann nicht mehr gerechtfertigt ist, wenn sie sowohl hinsichtlich der Bedeutung der Sache als auch der zu erwartenden Strafe außer Verhältnis stehen würde.[76]

Klar ist, dass sowohl gem. § 51 StGB anrechenbare Haftzeiten als auch die Aussicht auf bedingte Entlassung gem. § 57 StGB bei der Bewertung der Verhältnismäßigkeit Berücksichtigung zu finden haben.[77] Eine schematische Begrenzung der Untersuchungshaft alleine im Verhältnis zur Rechtsfolgenerwartung lehnt die Rechtsprechung ab. Es soll sogar noch mit dem Verhältnismäßigkeitsgrundsatz vereinbar sein, dass die Untersuchungshaft ausnahmsweise die Grenze der Straferwartung überschreiten darf.[78]

Das Verhalten des Beschuldigten, das als schuldhaft bewertet werden kann, ist nach der Rechtsprechung als Umstand anerkannt, der für die Beurteilung der Verhältnismäßigkeit zu Lasten des Beschuldigten ins Gewicht fallen kann.[79]

In den Fällen des Haftgrundes der Verdunkelungsgefahr hat der Gesetzgeber allerdings in § 113 Abs. 1 StPO ein Verbot der Untersuchungshaft vorgesehen für den Fall, dass die dem Beschuldigten zur Last gelegte Tat mit einer Strafe von nicht mehr als sechs

---

74 BVerfG 66, 243.
75 KK/Boujong, § 112 StPO, Rn 44; KG Berlin StV 03, 627 zur Aufhebung eines Haftbefehls wegen Verletzung des Verhältnismäßigkeitsgrundsatzes.
76 OLG Frankfurt/Main NStZ 86, 568.
77 OLG Frankfurt/Main, a.a.O.
78 OLG Frankfurt/Main, a.a.O.
79 OLG Frankfurt/Main, a.a.O.

Monaten oder mit Geldstrafe von nicht mehr als 180 Tagessätzen bedroht ist, wobei allerdings die gesetzlich vorgesehene Höchststrafe und nicht die tatsächliche Straferwartung ausschlaggebend ist.

Eine besondere Ausprägung des Verhältnismäßigkeitsgrundsatzes findet sich in § 132 Abs. 1 StPO. Diese Regelung eignet sich vor allem zur Anwendung bei ausländischen Mandanten. Voraussetzung ist das Fehlen eines festen Wohnsitzes oder dauernden Aufenthalts in der Bundesrepublik, wenn ansonsten insbesondere aufgrund geringer Straferwartung ein Haftgrund nicht vorliegt. In diesem Fall kann durch die Leistung einer angemessenen Sicherheit durch die Benennung eines Zustellbevollmächtigten die Gefahr von Untersuchungshaft abgewandt werden. Hierbei ist besonders zu beachten, dass eine entsprechende Anordnung der Sicherheitsleistung gem. § 132 Abs. 2 StPO auch durch die Staatsanwaltschaft oder durch die Polizei getroffen werden kann. Das kann der Verteidiger zugunsten seines Mandanten verfahrensbeschleunigend umsetzen.

III. Rechtsbehelfe

1. Haftprüfung und Haftbeschwerde

a) Kriterien zur Auswahl des Rechtsbehelfs

Als Rechtsbehelf gegen die Anordnung der Untersuchungshaft sieht das Gesetz sowohl   36
die Haftprüfung (§ 117 Abs. 1 StPO) als auch die Beschwerde (§§ 117 Abs. 2, 304 Abs. 1, 305 S. 2 StPO) vor. Welcher Rechtsbehelf vorzuziehen ist, muss vom Verteidiger im Einzelfall entschieden werden. Gleichzeitig neben einem Antrag auf Haftprüfung kann eine Beschwerde jedenfalls nicht eingelegt werden (§ 117 Abs. 2 S. 1 StPO).[80]

aa) Haftprüfung. Das Haftprüfungsverfahren sieht die Möglichkeit einer **mündlichen**   37
Verhandlung vor (§ 118 Abs. 1 StPO), die entweder auf Antrag oder nach dem Ermessen des Gerichts durchgeführt werden kann. Die mündliche Haftprüfung wird vor allem dann vorzuziehen sein, wenn es darauf ankommen kann, dass dem Ermittlungsrichter ein persönlicher Eindruck vom Beschuldigten vermittelt werden soll. Das kommt insbesondere dann in Betracht, wenn der Beschuldigte in der ersten richterlichen Vernehmung (§ 115 Abs. 2 StPO) keine Angaben zur Sache gemacht hat und das nunmehr nachgeholt werden soll oder jetzt ein anderer Richter zuständig ist. Auch die Tatsache, dass eine beantragte mündliche Verhandlung unverzüglich – jedenfalls nicht später als zwei Wochen nach Eingang des Antrags bei Gericht – stattzufinden hat (§ 118 Abs. 5 StPO), kann im Einzelfall ein anzustrebender Vorteil sein. In geeigneten Einzelfällen kann auch die gesetzlich vorgesehene Möglichkeit der Beweisaufnahme im Termin zur mündlichen Haftprüfung (§ 118a Abs. 3 2 StPO) ein beachtenswerter Vorteil sein. Hier ist allerdings zu beachten, dass über den Umfang der Beweisaufnahme ausschließlich das Gericht entscheidet, es gibt also keine Möglichkeit, die Anhörung eines Sachverständigen oder eines Zeugen zu erzwingen. Es ist allerdings immer möglich, beispielsweise Erklärungen von Zeugen oder schriftliche Sachverständigengutachten zu einem mündlichen Haftprüfungstermin zu präsentieren und zum Gegenstand der Beweisaufnahme im mündlichen Haftprüfungstermin zu machen.

---

80 Hans OLG Hamburg StV 03, 512 zur Unzulässigkeit der Haftbeschwerde neben einem Antrag gem. § 115a Abs. 3 Satz 1 StPO.

Wenn mündliche Haftprüfung beantragt wird, ist zu beachten, dass der Beschuldigte nach einer erfolgten mündlichen Haftprüfung, die **nicht zur Aufhebung der Untersuchungshaft** führt, einen Anspruch auf eine weitere mündliche Haftprüfung erst nach weiteren zwei Monaten bzw. nach drei Monaten seit Beginn der Untersuchungshaft hat (§ 118 Abs. 3 StPO). Um diese Rechtsfolge zu vermeiden, gibt es allerdings die Notlösung der Rücknahme des Haftprüfungsantrages im Termin.

Das Gesetz sieht vor, dass der Verteidiger von Ort und Zeit der beantragten mündlichen Haftprüfung zu benachrichtigen ist (§ 118a Abs. 1 StPO). Es empfiehlt sich jedoch, ausdrücklich einen entsprechenden Antrag mit dem Antrag i.S.d. § 118a Abs. 1 StPO auf Durchführung der mündlichen Haftprüfung zu verbinden. Die Regelung in § 118a Abs. 1 StPO erleidet nicht selten das Schicksal, übersehen zu werden.

Im Regelfall endet der Termin der mündlichen Haftprüfung mit einer Entscheidung am Schluß der mündlichen Verhandlung (§ 118a Abs. 4 S. 1 StPO). Das Gesetz eröffnet allerdings auch die Möglichkeit, eine Entscheidung über eine erneute Anordnung einer mündlichen Verhandlung spätestens eine Woche nach der mündlichen Haftprüfung zu erlassen (§ 118a Abs. 4 S. 2 StPO). Auf diese Möglichkeit sollte der Verteidiger dann hinweisen, wenn sich im Haftprüfungstermin herausstellt, dass noch Beweise zugunsten des Beschuldigten eingeholt werden können. Hier kann es zum Beispiel insbesondere angebracht sein, den Ermittlungsrichter zur **Einholung sachverständiger Äußerungen** zu veranlassen.

Die Überschreitung der in § 118 Abs. 5 StPO vorgesehenen Zweiwochenfrist ohne Zustimmung des Beschuldigten führt nach der unveröffentlichten Rechtsprechung nicht zur Freilassung des Beschuldigten, sondern soll lediglich die Besorgnis der Befangenheit des Ermittlungsrichters rechtfertigen können.[81]

38   *bb) Haftbeschwerde.* Für die Haftbeschwerde sieht § 118 Abs. 2 StPO zwar die Möglichkeit einer Entscheidung nach mündlicher Verhandlung vor, in der Praxis findet diese jedoch nicht statt. Das Beschwerdeverfahren ist also ein rein **schriftliches Verfahren**. Wenn der Strafverteidigung der Ruf nachhängt, es handele sich um eine Tätigkeit, bei der Schriftsätze keine große Rolle spielen würden, so gilt gerade hier das Gegenteil. Es empfiehlt sich, die Schriftsätze so zu fertigen, dass sie für die Richter des Beschwerdegerichts ohne weiteres nachvollziehbar sind. Insbesondere sollte vermieden werden, auf Aktenteile Bezug zu nehmen, vor allem bei umfangreichen Akten. Hier ist es empfehlenswert, unmittelbar aus Zeugenvernehmungen, Urkunden- und Sachverständigengutachten zu zitieren. Eine Geschmacksfrage ist es, ob man sich beim Zitat damit behelfen möchte, Aktenteile in den Beschwerdeschriftsatz hineinzukopieren. Die Beschwerde ist bei dem Richter einzulegen, der die angegriffene Entscheidung erlassen hat (§ 306 Abs. 1 StPO). § 306 Abs. 2 StPO sieht die Möglichkeit einer Abhilfeentscheidung vor, was im Einzelfall Anlass sein kann, mit dem Ermittlungsrichter telefonisch oder persönlich Kontakt aufzunehmen. Wird der Beschwerde durch den Ausgangsrichter nicht abgeholfen, so ist sie spätestens am dritten Tag nach der Einlegung dem Beschwerdegericht vorzulegen. Die Dreitagefrist soll nach einer Auffassung in der Literatur lediglich eine Sollvorschrift darstellen.[82] Nach einer anderen – beachtens-

---

81 KK/Boujong, § 118, Rn 6.

82 KK/Engelhard, § 306 StPO, Rn 18.

werten – Auffassung soll bei einer Verletzung der Frist auch die Aufhebung des Haftbefehls in Betracht kommen.[83]

b) Entscheidungsmöglichkeiten des Gerichts

Haben Haftprüfung oder Haftbeschwerde keinen Erfolg, wird der Rechtsbehelf als unbegründet verworfen. Im Erfolgsfall hat das Gericht den Haftbefehl aufzuheben. Die Haftbefehlsaufhebung ist **zwingend** vorgesehen, sobald die Voraussetzungen der Untersuchungshaft nicht mehr vorliegen, also entweder der dringende Tatverdacht ausgeräumt ist oder die Grundlagen für den Haftgrund entfallen sind. Auch wenn aufgrund der Dauer der Untersuchungshaft diese nicht mehr im Verhältnis zur Bedeutung der Sache und zur erwartenden Strafe oder Maßregel sind, ist der Haftbefehl zwingend aufzuheben (§ 120 Abs. 1 S. 1 StPO). Desgleichen ist der Haftbefehl zwingend aufzuheben, wenn das von der Staatsanwaltschaft vor Anklageerhebung beantragt wird (§ 120 Abs. 3 S. 1 StPO). Bis zum Beginn der Hauptverhandlung ist das Beschwerdegericht in der Würdigung der gerichtsverwertbaren Beweise, die sich aus der Akte ergeben, frei. Während laufender Hauptverhandlung ist die Nachprüfungskompetenz des Beschwerdegerichts jedoch beschränkt.[84] Das Beschwerdegericht kann nur prüfen, ob das von dem erkennenden Gericht gewonnene Ergebnis auf Tatsachen gestützt ist, die die Kammer im Zeitpunkt der Entscheidung zur Verfügung standen, sowie darauf, ob das mitgeteilte Ergebnis der Beweisaufnahme auf einer vertretbaren Bewertung dieser zur Zeit für und gegen einen dringenden Tatverdacht sprechenden Umstände beruht.[85] Das Beschwerdegericht befaßt sich also nicht mehr mit dem Akteninhalt, soweit die aktenkundigen gerichtsverwertbaren Beweise bereits unmittelbar in die Hauptverhandlung eingeführt wurden. Kommt nach Auffassung des Gerichts die Aufhebung des Haftbefehls gem. § 120 Abs. 1 StPO nicht in Betracht, so hat das Gericht zwingend auch ohne einen ausdrücklichen Antrag zu prüfen, ob eine **Außervollzugsetzung des Haftbefehls** in Betracht kommt (§ 116 Abs. 1 StPO). § 116 Abs. 1 StPO regelt, welche Auflagen in Betracht kommen, um eine Außervollzugsetzung des Haftbefehls bei Fluchtgefahr zu rechtfertigen. Es handelt sich hierbei nicht um einen abschließenden Katalog („namentlich"), so dass es auch in Betracht kommen kann, Auflagen anzuregen, die ansonsten § 116 Abs. 2 StPO für den Haftgrund der Verdunkelungsgefahr oder § 116 Abs. 3 StPO für den Haftgrund der Wiederholungsgefahr vorsehen. Bei einer Sicherheitsleistung ist es nach der Rechtsprechung „gestattet", die Sicherheit den wirtschaftlichen Verhältnissen des Beschuldigten entsprechend zu bemessen.[86] Der Verhältnismäßigkeitsgrundsatz[87] wird allerdings nicht nur gestatten, sondern gebieten, dass die Sicherheitsleistung den Vermögensverhältnissen des Beschuldigten entsprechen muss.

Für den **Haftgrund der Verdunkelungsgefahr** sieht das Gesetz (§ 116 Abs. 2 S. 2 StPO) namentlich die Anweisung einer Kontaktsperre vor. Auch hier kann es jedoch der Grundsatz der Verhältnismäßigkeit gebieten, über die gesetzliche Regelung hinaus die Verdunkelungsgefahr durch Stellung einer Kaution auszuräumen.[88]

39

---

83 Burhoff, Handbuch für das strafrechtliche Ermittlungsverfahren Rn 445.
84 BGH StV 04, 143 f.
85 OLG Karlsruhe StV 97, 312.
86 OLG Bamberg MDR 58, 788.
87 BVerfG NJW 66, 243.
88 LG Bochum StV 98, 207.

Bei dem **Haftgrund der Wiederholungsgefahr** sieht das Gesetz (§ 116 Abs. 3 StPO) die Möglichkeit bestimmter Anweisungen vor, dabei insbesondere auch die Unterstellung oder die Aufsicht einer bestimmten Person, beispielsweise auch in Zusammenarbeit mit einem Verein für Strafentlassene.[89]

c) Wiederinvollzugsetzung

40 Die Regelung in § 116 Abs. 4 StPO gebietet es, dass der Verteidiger seinen Mandanten über die Möglichkeit der Wiederinvollzugsetzung des Haftbefehls nach § 116 Abs. 4 StPO aufklärt. Die Frage, ob ein außervollzuggesetzter Haftbefehl wieder in Vollzug gesetzt werden kann, erfordert die Abwägung und Beurteilung sämtlicher Umstände.[90] Dabei kann insbesondere eine geänderte Verfahrenslage gemäß § 116 Abs. 4 Nr. 3 StPO eine Wiedereinsetzung rechtfertigen, so beispielsweise wenn ein bestreitender Angeklagter nach durchgeführter Hauptverhandlung zu einer längeren Freiheitsstrafe verurteilt worden ist.[91] Die bloße Bestätigung des dringenden Tatverdachts durch weitere Ermittlungen nach der Außervollzugsetzung des Haftbefehls rechtfertigt dessen Invollzugsetzung jedoch nicht.[92] Die Anklageerhebung wird die Invollzugsetzung eines Haftbefehls allenfalls dann rechtfertigen können, wenn sich mit Anklageerhebung auch der dringende Tatverdacht ganz erheblich erweitert hat.

§ 116 Abs. 4 Nr. 1 und Nr. 2 StPO sind hinreichend klar formuliert und bedürfen keiner zusätzlichen Erläuterung. Das Ausbleiben bei ordnungsgemäßer Ladung (§ 116 Abs. 4 Nr. 2 StPO) kann der Widerruf der Außervollzugsetzung auch dann rechtfertigen, wenn der Beschuldigte dem Verteidiger gem. § 116a Abs. 3 StPO Zustellvollmacht erteilt hat.

d) Weitere Beschwerde

41 Gegen die ablehnende Entscheidung des Beschwerdegerichts ist die weitere Beschwerde statthaft (§ 310 StPO), bei haftrichterlichen Entscheidungen des Amtsgerichts also das Oberlandesgericht.

e) Formulierungshilfen

42 ▶ **Muster Haftprüfungsantrag**

Amtsgericht München
Stadelheimer Straße 12
80097 München

Werner Müller
wegen Verdachts des Diebstahls
Az.: 250 Js 123456/04 StA Mü. I.

Herr Müller wird durch mich verteidigt. Vollmacht ist beigefügt.

---

89 AK/Deckers, § 116 StPO, Rn 8.
90 OLG Hamm StV 03, 512 f.
91 OLG Hamm StV 97, 643.
92 OLG München NJW 78, 771.

Ich

b e a n t r a g e ,

einen Termin zur mündlichen Haftprüfung anzuberaumen, bei dem die **Aufhebung des Haftbefehls** beantragt werden wird.

B E G R Ü N D U N G :

Der Haftbefehl ist aufzuheben, weil weder ein dringender Tatverdacht noch der im Haftbefehl angesprochene Haftgrund der Fluchtgefahr gegeben ist.

1. Der dringende Tatverdacht stützt sich massgeblich auf die Aussage des Zeugen Maier. Der Verteidigung ist jedoch bekannt, dass dieser Zeuge seine Aussagen in wesentlichen Teilen korrigieren will. Die Verteidigung hat deshalb den Zeugen Maier gebeten, ebenfalls zum Termin der mündlichen Haftprüfung zu erscheinen und regt bereits jetzt an, den Zeugen im Rahmen der Haftprüfung richterlich zu vernehmen.

2. Unabhängig von der Frage des fehlenden dringenden Tatverdachts besteht aber auch der angenommene Haftgrund der Fluchtgefahr gem. § 112 Abs. 2 Nr. 2 StPO nicht. Herr Müller wohnt zusammen mit seiner Ehefrau und seinen zwei und fünf Jahre alten Kindern im Amtsgerichtsbezirk, in dem er auch einer regelmäßigen Arbeit nachgeht. Aufgrund einer schwerwiegenden Lebererkrankung befindet er sich in schlechter gesundheitlicher Verfassung und in ständiger ärztlicher Behandlung, die mindestens einmal wöchentlich eine Vorstellung im örtlichen Klinikum erfordert. Herr Müller verfügt somit nicht nur über eine starke familiäre und berufliche Bindung zum Wohnort, sondern ist wegen seines Gesundheitszustandes auch auf die ärztliche Behandlung vorort angewiesen, weil die für Herrn Müller zuständigen Ärzte aufgrund der bereits länger andauernden Behandlung vertiefte Kenntnis von den bestehenden medizinischen Problemen bei Herrn Müller haben.

3. Aufgrund dieser Umstände würde es auch gegen den Verhältnismäßigkeitsgrundsatz verstoßen, wenn die Untersuchungshaft gegen Herrn Müller weiter vollzogen würde.

Lediglich hilfsweise wird

b e a n t r a g t

werden, den Beschuldigten von der Haft zu verschonen und den Haftbefehl außer Vollzug zu setzen.

Es wird ferner darum gebeten, die Stellungnahme der Staatsanwaltschaft zu diesem Haftprüfungsantrag der Verteidigung vor dem Termin zuzuleiten.

Rechtsanwalt◄

43 ▶ Muster Haftbeschwerde

Amtsgericht Kempten/Allgäu
Residenzplatz 6
87435 Kempten/Allgäu

Az.: 2 Gs 2025/02 AG Kempten
Az.: 327 Js 7800/02 StA Kempten
Hermann Müller
wegen Verdachts des Diebstahls

Gegen den Haftbefehl des Amtsgerichts Kempten vom .... lege ich

H a f t b e s c h w e r d e

ein und stelle den

A n t r a g ,

den Haftbefehl des Amtsgerichts Kempten aufzuheben, hilfsweise gegen geeignete Auflagen außer Vollzug zu setzen.

BEGRÜNDUNG:

Der Haftbefehl des Amtsgerichs Kempten ist aufzuheben, weil es an sämtlichen gesetzlichen Haftbefehlsvoraussetzungen fehlt. Gegen Herrn Müller besteht weder ein dringender Tatverdacht noch liegt ein Haftgrund vor. Hinzu tritt, dass auch der Haftausschließungsgrund der Unverhältnismäßigkeit vorliegt.

1. Kein dringender Tatverdacht

Zur Frage eines dringenden Tatverdachts befindet sich im Haftbefehl lediglich die nichtssagende Wendung:

> „Der dringende Tatverdacht ergibt sich aus dem Ergebnis der bisherigen Ermittlungen."

Abgesehen davon, dass das Amtsgericht mit einer solchen Formulierung schon nicht den Begründungsanforderungen zu den Voraussetzungen eines dringenden Tatverdachts genügt hat, ist diese Behauptung auch nicht zutreffend. Bei der Prüfung des dringenden Tatverdachts hat der Haftrichter in freier Beweiswürdigung das von den Ermittlungsbehörden zusammengetragene Tatsachenmaterial zu überprüfen und danach zu entscheiden, ob der Beschuldigte mit großer Wahrscheinlichkeit die ihm zur Last gelegte Tat begangen hat. Dabei sind auch zugunsten des Beschuldigten bestehende Beweisverwertungsverbote zu beachten.

Aus den Akten ergibt sich aber, dass der Verdacht gegen Herrn Müller allein auf die Aussage seiner Schwester gestützt wird, die sie aufgrund eines Telefonanrufs des ermittelnden Polizeibeamten getätigt haben soll. Abgesehen davon, dass höchst zweifelhaft ist, ob die Schwester von Herrn Müller vor dem Telefonanruf ordnungsgemäß über ihr Zeugnisverweigerungsrecht belehrt wurde – in den Akten findet sich hierzu nichts – ist weiterhin in den Akten befindlich ein Schreiben der Schwester an den zuständigen Staatsanwalt, in dem diese darauf hinweist, dass sie im weiteren Verlauf des Verfahrens von dem ihr zustehenden Zeugnisverweigerungsrecht Gebrauch machen werde. Die Aussage der Schwester gegenüber den Polizeibeamten kann deshalb – unabhängig von der Frage der Richtigkeit der Aussage – nicht ins Verfahren eingeführt werden (§ 252 StPO). Damit ist aber nicht ersichtlich, aus welchen Beweismitteln sich ein dringender Tatverdacht gegen Herrn Müller ergeben soll.

2. Kein Haftgrund

Auch der angenommene Haftgrund der Fluchtgefahr gem. § 112 Abs. 2 Nr. 2 StPO besteht nicht.

Herr Müller ist Schweizer Staatsbürger. Er wohnt bereits seit vielen Jahren in Zürich in der Jakob-Kaiser-Straße 13 zusammen mit seiner Frau und seinen zwei minderjährigen Kindern. Dort ist er auch offiziell gemeldet. Ein Ausländer, der in sein Heimatland zurückkehrt, ist aber nur fluchtverdächtig, wenn Anhaltspunkte dafür vorliegen, dass er dort untertauchen oder sich in sonstiger Weise dem Verfahren entziehen will (KK-Boujong, § 112 StPO Rn 20 m.w.N. aus der OLG-Rechtsprechung).

Solche Anhaltspunkte sind den Akten nicht zu entnehmen. Im Gegenteil hat Herr Müller vielmehr bei mehreren Gelegenheiten erklärt, dass er einer Beschuldigtenladung nach Deutschland jederzeit Folge leisten würde. Die Tatsache, dass er hierbei gleichzeitig erklärt hat, bei einer Beschuldigtenvernehmung von seinem Recht, die Aussage zu verweigern, Gebrauch zu machen, vermag naturgemäß eine Fluchtgefahr nicht zu begründen.

3. Unverhältnismäßigkeit

Der Vollzug der Untersuchungshaft ist zudem unverhältnismäßig. Bei der Beurteilung der Frage, ob der Anordnung der Haft das Übermaßverbot entgegensteht, sind die konkreten Nachteile und Gefahren des Freiheitsentzuges für den Beschuldigten mit der Bedeutung der einzelnen Strafsache und der zu erwartenden Sanktion der Haft im Einzelfall zu vergleichen. Ergibt diese Abwägung ein deutliches Übergewicht der Nachteile gegenüber den Vorteilen, so ist von der Verhängung der Untersuchungshaft Abstand zu nehmen (OLG Hamm NStZ-RR 1998, 307). Vorliegend ist beachtlich, dass das Ermittlungsverfahren gegen Herrn Müller, obwohl das staatsanwaltschaftliche Aktenzeichen erst aus dem Jahre 2002 herrührt, bereits seit 7 Jahren durch die Ermittlungsbehörden geführt wird. Die Länge des Ermittlungsverfahrens ist nicht durch Herrn Müller zu vertreten, sondern findet seine Ursache offensichtlich in der Personalsituation bei den Ermittlungsbehörden. Bei außergewöhnlichen Verfahrensverzögerungen durch die Ermittlungsbehörden kann aber der inzwischen eingetretene zeitliche Abstand zur Tat einer Anordnung der Untersuchungshaft entgegenstehen (OLG Hamm, a.a.O.).

Der Haftbefehl des Amtsgerichts Kempten kann daher keinen Bestand haben. Lediglich hilfsweise wird

beantragt,

den Haftbefehl unter geeigneten Auflagen außer Vollzug zu setzen.

Rechtsanwalt ◄

2. Haftfortdauerprüfung durch das Oberlandesgericht

a) Beschleunigungsgrundsatz

44 Schon das Gesetz regelt in § 121 Abs. 1 StPO, dass eine Haftfortdauer über sechs Monate hinaus nur der Ausnahmefall sein soll. Die Rechtsprechung folgert aus der grundsätzlichen Unschuldsvermutung (Art. 2 Abs. 2 S. 2, 104 GG) sowie aus der Geltung des Verhältnismäßigkeitsgrundsatzes die Notwendigkeit, dass die Vorschrift des § 121 Abs. 1 StPO als Ausnahmeregelung grundsätzlich eng auszulegen ist.[93]

Für Haftsachen folgt hieraus das **Beschleunigungsgebot**, wonach alle zuständigen staatlichen Stellen verpflichtet werden, die Justizgewährungspflicht des Staates durch alle zumutbaren Maßnahmen auch durch eine ausreichende personelle Besetzung zu gewährleisten.[94] Die Verletzung des Beschleunigungsgebots kann zu einer Aufhebung des Haftbefehls führen; dies gilt auch bei außervollzuggesetzten Haftbefehlen.[95] Eine Einschränkung erfährt der Beschleunigungsgrundsatz allerdings dadurch, dass bereits eingetretene Verfahrensverzögerungen durch nachträgliche besonders beschleunigte Bearbeitung wieder ausgeglichen werden können.[96]

Immerhin wird in der Rechtsprechung teilweise die Auffassung vertreten, dass es durchaus klar bestimmbare Fristen im Ablauf eines Strafverfahrens geben kann. So wird zum Beispiel vom Eingang der polizeilichen Ermittlungen bei der Staatsanwaltschaft bis zur Anklageerhebung keine längere Frist als drei Monate (!) vergehen dürfen, wenn weitere Ermittlungstätigkeiten der Staatsanwaltschaft nicht stattfinden.[97]

Wird ein **Sachverständiger** durch Staatsanwaltschaft oder Gericht beauftragt, so muss mit diesem eine Absprache über eine Frist zur Erstellung des Gutachtens getroffen werden. Sind Fristabsprachen überhaupt nicht getroffen worden und verzögert sich dadurch das Verfahren, so liegt kein wichtiger Grund für die Anordnung der Haftfortdauer vor.[98]

Engpässe in der Geschäftslage des erkennenden Gerichts rechtfertigen Haftfortdauer nur dann, wenn sie ihre Ursache in kurzfristigen, nicht oder kaum vorhersehbaren und durch organisatorische Maßnahmen nicht behebbaren Schwierigkeiten haben.[99] Die dauerhafte Überlastung des erkennenden Gerichts kann die Haftfortdauer nicht rechtfertigen.[100]

Zwischen dem Eröffnungsbeschluß und dem Beginn der Hauptverhandlung darf grundsätzlich keine längere Zeitspanne als eine solche von drei Monaten[101] bzw. von zwei Monaten[102] liegen.[103] Haftsachen haben auch vor Jugendsachen Vorrang.[104]

---

93 BGHSt 38, 43, 45 ff.; BVerfGE 20, 45, 50; BVerfGE 36, 264, 271; zu den Voraussetzungen des „wichtigen Grundes" zuletzt OLG Koblenz StV 03, 519, 520.

94 BGHSt 38, 43, 45 ff.; BVerfGE 36, 264, 274, 275.

95 OLG Düsseldorf StV 04, 82 f.; KG Berlin StV 03, 627 f.

96 OLG Frankfurt/Main StV 92, 585.

97 OLG Bremen StV 92, 181.

98 HansOLG Bremen StV 97, 143.

99 OLG Düsseldorf StV 97, 145.

100 OLG Düsseldorf StV 97, 145.

101 OLG Koblenz StV 97, 146; HansOLG Bremen StV 92, 408.

102 OLG Hamm NJW 68, 1203.

103 KG Berlin StV 03, 627, 628 zur Zeitspanne von 9 Monaten zwischen Anklageerhebung und Anberaumung eines Hauptverhandlungstermins bei außer Vollzug gesetztem Haftbefehl.

104 OLG Köln StV 97, 148.

b) Beginn der Sechsmonatsfrist

Nicht selten wird es der Verteidiger erleben, dass die Staatsanwaltschaft versucht, mit   45
dem Beginn der Sechsmonatsfrist zu Lasten des Mandanten zu spielen. Das Gesetz
lässt nämlich zu, dass die Sechsmonatsfrist zu einem späteren Zeitpunkt **von neuem zu
laufen** beginnen kann, wenn sich der dringende Tatverdacht auf weitere Taten des inhaftierten Mandanten ausweitet.
Dem ist jedoch nach Kräften entgegenzutreten:
Der Begriff „derselben Tat"[105] ist weit zu fassen. Er ist insbesondere nicht identisch
mit dem Tatbegriff des § 264 StPO,[106] sondern geht über diesen hinaus.[107] Grundsätzlich gehören zu derselben Tat im Sinne des § 121 Abs. 1 StPO alle Taten von dem Zeitpunkt an, in dem sie als tatsächlich bekannt in den Haftbefehl hätten aufgenommen
werden können.[108] Begründet wird diese Rechtsauffassung mit dem Normzweck von
§ 121 StPO, der sicherstellen soll, dass die Dauer der Untersuchungshaft aus verfassungsrechtlichen Gründen zeitlich begrenzt wird.[109]

c) Sperrwirkung der Haftbefehlsaufhebung

Ist der Beschleunigungsgrundsatz verletzt und ist deswegen der Haftbefehl gem. § 121   46
Abs. 2 StPO aufzuheben, entfaltet diese Entscheidung eine Sperrwirkung. In der Recht-
sprechung bestehen unterschiedliche Auffassungen darüber, ob diese Sperrwirkung den
Charakter der Endgültigkeit hat[110] oder ob eine Erneuerung der Untersuchungshaft
ausnahmsweise dann zulässig ist, wenn in der Verfahrenslage eine solch wesentliche
Änderung eingetreten ist, dass nunmehr der Freiheitsanspruch des Beschuldigten er-
neut vor dem Vollzugsinteresse des Staates zurücktreten muss.[111]
Nach einer restriktiven Auffassung endet die Sperrwirkung jedoch mit Beginn der
Hauptverhandlung[112] oder jedenfalls mit der Verkündung des erstinstanzlichen Ur-
teils.[113]

d) Haftfortdauer bei Wiederholungsgefahr

Zu beachten ist die ausdrückliche gesetzliche Regelung, dass bei dem Haftgrund der   47
Wiederholungsgefahr (§ 112a StPO) eine Haftfortdauer über ein Jahr hinaus keinesfalls
angeordnet werden darf (§ 122a StPO).

---

105 Instruktiv Starke StV 88, 233 ff.
106 OLG Düsseldorf StV 96, 493; Brandenburgisches OLG StV 97, 537.
107 OLG Karlsruhe StV 03, 517.
108 OLG Düsseldorf StV 96, 493; OLG Düsseldorf StV 86, 345; OLG Celle NStZ 87, 571; OLG Karlsruhe StV 03, 517
     unter Auseinandersetzung und Widerlegung von OLG Karlsruhe in NStZ-RR 01, 152.
109 Brandenburgisches OLG StV 97, 537.
110 So OLG Zweibrücken StV 96, 494; OLG Stuttgart NJW 75, 1572; OLG Düsseldorf StV 93, 376.
111 OLG Frankfurt/Main NJW 85, 96; OLG Düsseldorf MDR 83, 600; OLG Stuttgart NJW 75, 1275; OLG Celle NJW 73,
     1988.
112 HansOLG Hamburg StV 94, 142.
113 OLG Düsseldorf StV 93, 376.

§ 8 Erzwingungs-, Hauptverhandlungshaft und einstweilige Unterbringung

I. Erzwingungshaft

1. Voraussetzungen

a) Anwesenheitspflicht

1   Das deutsche Strafprozessrecht geht von dem Grundsatz aus, dass eine Hauptverhandlung nur gegen den anwesenden Angeklagten durchgeführt werden kann (§ 230 Abs. 1 StPO). So sieht das deutsche Strafprozessrecht auch nur ein eingeschränktes Verfahren gegen Abwesende vor (§§ 276 ff. StPO), ein Verfahren gegen Abwesende, das mit einem Schuldspruch endet, kennt das deutsche Strafprozessrecht im Gegensatz zur ausländischen Rechtsordnung (z.B. Italien, Frankreich) nicht. Das Verfahren gegen Abwesende ist bloßes Beweissicherungsverfahren (§ 285 Abs. 1 S. 2 StPO). Die Möglichkeit von Verwerfungsurteilen (§§ 329 Abs. 1 S. 1, 412 StPO) ist keine echte Durchbrechung dieses Grundsatzes, da hier jeweils schuldsprechende Entscheidungen vorausgegangen sind. Verfahren in Abwesenheit des ausgebliebenen Anklagten sieht das Gesetz (§§ 232 Abs. 1 S. 1, 233 Abs. 1 S. 1 StPO) im Erkenntnisverfahren in 1. Instanz nur dann vor, wenn eine Geldstrafe bis zu 180 Tagessätzen, Fahrverbot oder weitere in den entsprechenden Vorschriften genannte Sanktionen in Betracht kommen, wenn er ordnungsgemäß geladen wurde und in der Ladung ausdrücklich darauf hingewiesen wurde, dass auch in seiner Abwesenheit verhandelt werden kann. In Fallgestaltungen, in denen dies in Betracht kommt, wird allerdings das Gericht sehr häufig von der Möglichkeit der Anordnung des persönlichen Erscheinens Gebrauch machen (§ 236 StPO). Ein Verfahren in Abwesenheit des Angeklagten ist sonst allenfalls für das Revisionsverfahren (§ 350 Abs. 2 StPO) oder im Privatklageverfahren (§ 387 Abs. 1 StPO) vorgesehen, wobei hier jedoch auch das persönliche Erscheinen des Angeklagten angeordnet werden kann (§ 387 Abs. 3 StPO). Ansonsten erlaubt das Gesetz lediglich die Möglichkeit einer zeitweiligen Abwesenheit unter der Voraussetzung, dass der Angeklagte zur Sache bereits vernommen war und das Gericht seine Anwesenheit nicht für erforderlich erachtet (§ 231 Abs. 2 StPO).

b) Unentschuldigtes Ausbleiben

2   Die Anordnung der Erzwingungshaft gem. § 230 Abs. 2 StPO setzt zunächst voraus, dass der Angeklagte in der Hauptverhandlung **ausbleibt**. Die Erzwingungshaft kann dann gerechtfertigt sein, wenn das Ausbleiben nicht genügend entschuldigt ist. Dabei kommt es nicht darauf an, ob sich der Angeklagte selbst entschuldigt hat, sondern darauf, ob sein Ausbleiben aus objektiven Umständen heraus entschuldigt ist.[1]

Grundsätzlich gilt, dass das Ausbleiben des Angeklagten **dann entschuldigt ist, wenn** dem Angeklagten bei Abwägung aller Umstände des Einzelfalles kein Vorwurf bezüglich des Ausbleibens gemacht werden kann.[2] Die Prüfung der Voraussetzungen hat im Freibeweisverfahren zu erfolgen, der strafrechtliche Zweifelsgrundsatz findet nach der

---

1 BGHSt 17, 391, 396.
2 OLG Düsseldorf NStZ 90, 295.

Rechtsprechung keine Anwendung.[3] Unter diesem Aspekt kann die Herbeiführung der Verhandlungsunfähigkeit nach Auffassung der Rechtsprechung als Abwesenheit im Sinne des Gesetzes gewertet werden.[4]

Für den Verteidiger, der sich ohne seinen Mandanten in der Hauptverhandlung wiederfindet, kann es angebracht sein, auf die Subsidiarität der Möglichkeit des Erzwingungshaftbefehls hinzuweisen. Das Gesetz gibt dem Richter nämlich den Erlaß eines Haftbefehls oder den Erlaß eines Vorführbefehls zur Auswahl. Ein Vorführbefehl hat als weniger einschneidende Maßnahme regelmäßig Vorrang vor dem Haftbefehl, falls anzunehmen ist, dass mit der Vorführung auch die Durchführung der Hauptverhandlung erreicht werden kann.[5]

Dabei können insbesondere Organisationsmängel bei der Polizei den Erlass eines Haftbefehls anstelle eines Vorführbefehls nicht rechtfertigen. Andererseits allerdings werden die Zwangsmaßnahmen des § 230 Abs. 2 StPO als Präventivmaßnahmen bewertet,[6] so dass sich mit einer präventiven Argumentation ein Haftbefehl anstelle eines Vorführbefehls dennoch rechtfertigen lassen kann. Wird der Angeklagte aufgrund eines Erzwingungshaftbefehls festgenommen, so wird eine längere Haftzeit als wenige Tage oder wenige Wochen nicht zu rechtfertigen sein. Eindeutig ist eine Haftzeit von sechs Wochen aufgrund eines Erzwingungshaftbefehls nicht mehr verhältnismäßig.[7]

Der präventive Zweck des Erzwingungshaftbefehls soll die Präsenz des Angeklagten in der erneuten Hauptverhandlung sichern. Daraus folgt, dass der Angeklagte nicht länger als zur Erreichung dieses Ziels notwendig in Haft gehalten werden darf.[8]

Weitere Haftgründe bzw. Voraussetzungen zum Erlaß des Haftbefehls sind nicht erforderlich.

Zuständig für den Erlaß des Verfahrungsbefehls sowie des Haftbefehls werden wegen der Bedeutung des Eingriffs nicht vom Vorsitzenden, sondern vom Gericht erlassen, und zwar vom erkennenden Gericht unter Zuziehung der Schöffen.[9]

II. Hauptverhandlungshaft

Der populistischen Regelungswut des Gesetzgebers haben die im Strafprozess Beteiligten das Institut der Hauptverhandlungshaft (§ 127b StPO) zu verdanken. Danach soll ein Haftbefehl bereits dann ergehen können, wenn aufgrund bestimmter Tatsachen zu befürchten sein soll, dass der Beschuldigte der Hauptverhandlung fernbleiben wird und wenn gleichzeitig eine unverzügliche Entscheidung im beschleunigten Verfahren (§ 417 ff. StPO) wahrscheinlich ist. Welche Logik hinter dem Gedanken steht, dass die Hauptverhandlungshaft ausgerechnet bei Strafvorwürfen gerechtfertigt sein soll, die eine relativ geringe Straferwartung von nicht mehr als einem Jahr zur Folge haben dürfen (§ 419 Abs. 1 S. 2 StPO) bleibt unerfindlich. Nachvollziehbar ist das nicht. Dass darüber hinaus die Unschuldsvermutung (Art. 2 Abs. 2 S. 2 GG) sowie der Verhältnis-

3

---

3 OLG Düsseldorf NStZ 90, 295.
4 OLG Düsseldorf NStZ 90, 295.
5 LG Gera StV 97, 294.
6 OLG Düsseldorf NStZ 90, 295.
7 HansOLG Hamburg MDR 87, 78; LG Dortmund StV 87, 335.
8 Hans-OLG Hamburg MDR 87, 78.
9 KK/Tolksdorf, § 230 Rn 17.

mäßigkeitsgrundsatz durch diese Vorschrift verletzt sein dürften,[10] gibt dieser Verfahrensvorschrift eine besondere Note. Immerhin sieht diese Vorschrift für eine Freiheitsentziehung von bis zu einer Woche als Voraussetzung nicht einmal einen Haftgrund vor. Nach Auffassung des Bundesverfassungsgerichts schließt die grundsätzliche Unschuldsvermutung jedoch auch bei einem noch so geringen Tatverdacht gegen den Beschuldigten eine Maßregel im Vorgriff auf die Strafe aus.[11]

In der Richterschaft wird die Vorschrift glücklicherweise offenbar als unpraktikabel angesehen, was möglicherweise der Grund dafür ist, dass bislang – soweit ersichtlich – keine veröffentlichten Entscheidungen zu dieser Vorschrift ergangen sind.

III. Die einstweilige Unterbringung schuldunfähiger Tatverdächtiger

1. Tatbestandsvoraussetzungen des § 126a StPO

4 Die Anordnung der einstweiligen Unterbringung gem. § 126a StPO setzt zum einen dringende Gründe für die Annahme voraus, dass jemand eine rechtswidrige Tat im Zustand ausgeschlossener oder verminderter Schuldfähigkeit (§§ 20, 21 StGB) begangen hat, und dass darüber hinaus eine Maßregel gem. §§ 63, 64 StGB angeordnet werden wird.

a) Anhaltspunkte für Schuldunfähigkeit

5 Kommt die Unterbringung in einem psychiatrischen Krankenhaus (§ 63 StGB) in Betracht, so muss beachtet werden, dass die ausgeschlossene (§ 20 StGB) oder verminderte Schuldfähigkeit (§ 21 StGB) positiv festgestellt sein muss.[12] In Fällen, in denen die verminderte oder ausgeschlossene Schuldfähigkeit lediglich nicht ausgeschlossen werden kann, gibt es keine ausreichende Rechtsgrundlage für die Unterbringung in einem psychiatrischen Krankenhaus gem. § 63 StGB und somit auch keine ausreichende Rechtsgrundlage für die Anordnung der einstweiligen Unterbringung gem. § 126a Abs. 1 StPO.

b) Therapieerfolgsaussicht

6 Soweit die Unterbringung in einer **Entziehungsanstalt** in Betracht kommen soll, ist zu beachten, dass nach Auffassung des Bundesverfassungsgerichts[13] die Anordnung der Unterbringung nur unter der Voraussetzung in Betracht kommt, dass eine hinreichend konkrete Aussicht besteht, den Süchtigen zu heilen oder doch über eine gewisse Zeitspanne vor dem Rückfall in die akute Sucht zu bewahren. Zwar schränkt bereits der Gesetzeswortlaut von § 64 Abs. 2 StGB die Anordnung einer Entziehungskur aus, wenn eine solche von vornehrein aussichtslos erscheinen muss. Das Bundesverfassungsgericht ist jedoch der Auffassung, dass diese Regelung aufgrund des Gesetzeswortlautes nichtig ist;[14] sie soll lediglich für die Fälle anwendbar bleiben, in denen eine hinreichend konkrete Aussicht auf einen Behandlungserfolg besteht. Auch die Anordnung der vorläufigen Unterbringung gem. § 126a Abs. 1 StPO setzt voraus, dass zum

---

10 Vgl. BVerfG NJW 66, 243; StV 97, 43 ff.
11 Vgl. BVerfG NJW 66, 243.
12 BGHSt 34, 22, 27.
13 BVerfG StV 94, 594 ff.
14 BVerfG StV 94, 594, 597.

Zeitpunkt des Unterbringungsbefehls über die konkreten Erfolgsaussichten einer Therapie eine Beurteilung getroffen werden kann.

c) Verfahren gegen Jugendliche

Auch Jugendliche sollen nach Auffassung der Rechtsprechung ohne weiteres gem. 7 § 126a StPO untergebracht werden können.[15] Die Subsidiaritätsregelungen in §§ 72 Abs. 1 S. 3 JGG sollen den Jugendlichen vor einer einstweiligen Unterbringung ebenso wenig bewahren wie die Regelung in § 73 JGG.[16]

2. Rechtsbehelfe

Hinsichtlich der statthaften Rechtsbehelfe verweist § 126a Abs. 2 S. 1 StPO auf § 117 8 StPO; nicht aber auf die §§ 121, 122 StPO. Dass eine Unterbringungsfortdauerprüfung vor dem Oberlandesgericht dennoch in analoger Anwendung von § 121 StPO stattfinden soll, ist lediglich vereinzelte Auffassung geblieben.[17] Die Auffassung, dass die Unterbringungsfortdauerprüfung vor dem Oberlandesgericht nicht stattfinden soll, hat sich durchgesetzt. Begründet wird das mit dem Normzweck der einstweiligen Unterbringung. Danach soll die Öffentlichkeit vor einem gefährlichen, schuldunfähigen oder nur vermindert schuldfähigen Täter geschützt werden. Die Verfahrenssicherung soll nur eine Nebenauswirkung der einstweiligen Unterbringung sein.[18] Im Gegensatz zur Untersuchungshaft kann in der einstweiligen Unterbringung dem Beschleunigungsgrundsatz keine Geltung verschafft werden.

---

15 OLG Düsseldorf MDR 84, 603.
16 OLG Düsseldorf MDR 84, 603.
17 KG JR 76, 163.
18 LG Nürnberg NStZ 82, 297.

§ 9 Sicherungs-, Vollstreckungs- und europäischer Haftbefehl

I. Sicherungshaftbefehl

1. Tatbestandsvoraussetzungen

1 Der auf der Grundlage von § 453c StPO erlassene Sicherungshaftbefehl setzt zunächst voraus, dass hinreichende Gründe für die Annahme eines Bewährungswiderrufs gem. § 56f Abs. 1 StGB bei zur Bewährung ausgesetzter Freiheitsstrafe oder nach einem Reststrafenerlaß (§§ 57 Abs. 3, 56f Abs. 1 StGB) bestehen. Darüber hinaus müssen die Haftgründe der Flucht (§ 112 Abs. 2 S. 1 StPO) oder der Fluchtgefahr (§ 112 Abs. 2 Nr. 2 StPO) gegeben sein. Der Haftgrund der Wiederholungsgefahr taucht in abgeschwächter Form auf, wenn das Gesetz vorgibt, dass ein Haftgrund auch dann besteht, wenn bestimmte Tatsachen die Gefahr begründen, dass der Verurteilte erhebliche Straftaten begehen werde.

2. „Bewährungsversagen" und Rechtskraft

2 Besonderes Augenmerk hat der Verteidiger auf die Frage zu richten, unter welchen Voraussetzungen der Widerrufsgrund der **Begehung einer Straftat** in der Bewährungszeit (§ 56f Abs. 1 Nr. 1 StGB) angenommen werden darf. Die Begehung einer Straftat muss feststehen.[1] Bislang wurde nach ganz herrschender Ansicht in Rechtsprechung und Literatur eine rechtskräftige Verurteilung wegen der neuen Tat nicht vorausgesetzt und es wurde angenommen, die Unschuldsvermutung aus Art. 6 Abs. 2 MRK stehe dem nicht entgegen.[2] Nach der Entscheidung des Europäischen Gerichtshofs für Menschenrechte vom 03.10.2002 ist indes zweifelhaft, ob durch die bislang angenommene Meinung die Unschuldsvermutung aus Art. 6 Abs. 2 MRK nicht verletzt wird. Denn insoweit verstößt es gegen die Unschuldsvermutung, wenn das über den Widerruf der Strafaussetzung nach § 56f Abs. 1 Nr. 1 StGB entscheidende Gericht feststellt, dass der Verurteilte in der Bewährungszeit eine neue Straftat begangen hat, bevor er wegen dieser verurteilt worden ist.[3] In Reaktion auf diese Entscheidung des EGMR kann die Strafaussetzung zur Bewährung wegen einer neuen, noch nicht rechtskräftig festgestellten Straftat nach § 56f Abs. 1 Nr. 1 allenfalls noch in Ausnahmefällen und nur dann widerrufen werden, wenn die Unschuldsvermutung nicht entgegensteht.[4]

3. Rechtsbehelfe

3 Hinsichtlich der Rechtsbehelfe ist eine Besonderheit zu beachten. Nach allgemeiner Auffassung in der Rechtsprechung ist gegen einen Sicherungshaftbefehl zwar eine Beschwerde (§ 304 Abs. 1 StPO) statthaft, nicht jedoch eine weitere Beschwerde zum Oberlandesgericht (§ 310 Abs. 1 StPO).[5]

---

1 BVerfG NStZ 87, 118.
2 BVerfG NStZ 91, 30 m.w.N.; LK/Gribbohm, § 26 f. Rn 9; SS/Stree, § 56 f. StGB Rn 3; Stree NStZ 92, 153; Wendisch JR 92, 126; Tröndle/Fischer, § 56 f. Rn 4 m.w.N.
3 EGMR StV 03, 82 ff.
4 OLG Hamm StV 04, 83, 84; Thür. OLG StV 03, 574; Thür. OLG StV 03, 575; OLG Celle StV 03, 575.
5 OLG Düsseldorf NStZ 90, 251; OLG Karlsruhe NStZ 83, 92.

Begründet wird das damit, dass unter dem Begriff Verhaftung in § 310 Abs. 1 StPO lediglich Verhaftungen gemeint sind, die in einem noch nicht abgeschlossenen und noch nicht zu einer rechtskräftigen Schuldfeststellung gelangten Verfahren ergehen. Die Untersuchungshaft (§§ 112 ff. StPO) und die Erzwingungshaft (§ 230 Abs. 2 StPO) würde in einem noch nicht abgeschlossenen, noch nicht zu einer rechtskräftigen Schuldfeststellung gelangten Verfahren ergehen. Sie würden nur auf einer summarischen Prüfung des Schuldvorwurfs beruhen. Diese Auffassung steht im Widerspruch zu der Auffassung, wonach auch ohne rechtskräftige Aburteilung bereits ein Bewährungswiderruf zulässig sein soll. Denn in einem Bewährungswiderrufsverfahren findet hinsichtlich der angeblich erneuten Tatbegehung eben auch nur eine summarische Prüfung statt, was trotzdem keine weitere Beschwerde gem. § 310 StPO rechtfertigen soll. In der Literatur[6] wird zutreffend angemerkt, dass § 453c StPO unter anderem auf § 119 StPO hinweist. Damit wird klargestellt, dass der aufgrund eines Sicherungshaftbefehls in Haft Genommene wie ein Untersuchungsgefangener zu behandeln ist. In der Konsequenz sind eben dann auch die gleichen Anfechtungsmöglichkeiten gegen den Haftbefehl wie einem Untersuchungsgefangenen zu geben. In der Rechtsprechung wurde diese Auffassung bislang nicht geteilt.

II. Vollstreckungshaftbefehl

Der Vollstreckungshaftbefehl (§ 457 Abs. 2 StPO) unterscheidet sich von den sonstigen in der Strafprozessordnung vorgesehenen Haftbefehlsmöglichkeiten insoweit, als ihm in jedem Fall eine vollstreckbare Entscheidung vorausgegangen ist (§ 449 StPO). Er ist bereits im Fall der sog. Nichtgestellung zulässig, ohne dass weitere Haftgründe hinzutreten müssen. Voraussetzung ist lediglich, dass der Verurteilte förmlich geladen wurde und nicht rechtzeitig zum Strafantritt erschienen ist.
Der Vollstreckungshaftbefehl ist daneben auch dann zulässig, wenn eine Ladung nicht vorausgegangen ist, der Verurteilte allerdings der Flucht verdächtig ist.
Die Rechtsbehelfe der Haftprüfung (§ 118 StPO) oder der Beschwerde (§ 304 StPO) kommen hier nicht in Betracht. Es kann gem. § 21 StrVollStrO Beschwerde eingelegt werden, über die der Generalstaatsanwalt beim Oberlandesgericht entscheiden kann.[7] Gegen die Entscheidung des Generalstaatsanwalts ist anschließend wiederum ein Antrag auf gerichtliche Entscheidung gem. § 23 EGGVG statthaft. Der Rechtsweg zu den Strafsenaten der Oberlandesgerichte kann auch ohne vorherige Beschwerde zum Generalstaatsanwalt beschritten werden.[8]

III. Europäischer Haftbefehl

Neben den vorgenannten Erscheinungsformen des Haftbefehls gilt es auch noch einen weiteren denkbaren Haftbefehl in seine Überlegungen miteinzubeziehen; den **europäischen Haftbefehl.**
Mit dem Rahmenbeschluss des europäischen Rates vom 13.06.2002 „über den europäischen Haftbefehl und die Übergabeverfahren zwischen den Mitgliedstaaten (RbEuHb)"

---

6 LR/Wendisch, § 453c StPO, 24. Auflage, Rn 16.
7 OLG Celle NJW 73, 1012.
8 OLG Düsseldorf MDR 89, 1016.

wurde der europäische Haftbefehl als die erste konkrete Verwirklichung der justitiellen Zusammenarbeit im strafrechtlichen Bereich manifestiert.

Zum 1. Januar 2004 ist der europäische Haftbefehl in acht Mitgliedstaaten in Kraft getreten.[9] Die übrigen Mitgliedstaaten, darunter auch Deutschland, haben die Frist des 31. Dezember 2003 zur Einführung der zur Durchführung des Rahmenbeschlusses erforderlichen Maßnahmen versäumt. Das Gesetz fand am 11. März 2004 die Zustimmung des Bundestages. Der Bundesrat hat das Gesetz am 2. April 2004 beraten. Der Bundesrat hat den Beschluss gefasst (196/04), den Vermittlungsausschuß in der Sache anzurufen. Am 23.08.2004 ist nach seinem Artikel 3 das „Gesetz zur Umsetzung des Rahmenbeschlusses über den Europäischen Haftbefehl und die Übergabeverfahren zwischen den Mitgliedstaaten der Europäischen Union (Europäisches Haftbefehlsgesetz – EuHbG)" vom 21.07.2004 schließlich in Kraft getreten.[10]

Der Rahmenbeschluss über den Europäischen Haftbefehl (RbEuHb) und das EuHbG zielen ab auf eine **Verbesserung der strafrechtlichen Zusammenarbeit** zwischen den EU-Staaten. Unter Wahrung rechtsstaatlicher Garantien sollen international gesuchte Verdächtige schneller vor Gericht gestellt werden.[11]

6   Ausgangspunkt der gesetzlichen Regelungen ist der Grundsatz, dass die EU-Mitgliedstaaten grundsätzlich strafrechtliche Entscheidungen der nationalen Gerichte gegenseitig anerkennen sollen, was zu einer Veränderung und Verkürzung des Auslieferungsverfahrens und zu Erleichterungen bei der Auslieferung und Durchlieferung an einen anderen EU-Staat führt. Dieses Ziel soll durch Änderungen und Neuimplementierung von Regelungen in das bestehende Gesetz über die internationale Rechtshilfe in Strafsachen (IRG) erreicht werden. In erster Linie werden im IRG im 8. Teil in den §§ 78 bis 83i IRG neue Regelungen für den Europäischen Haftbefehl festgesetzt.[12]

In den neuen § 1 Abs. 4 und § 78 wird deutlich, dass der sich auf Auslieferung und Durchlieferung beziehende 8. Teil den in § 1 Abs. 3 IRG erwähnten völkerrechtlichen Regelungen vorgeht, diese aber wie die IRG-Regelungen für den vertraglosen Rechtshilfeverkehr weiterhin subsidiär anwendbar bleiben. Insbesondere gelten auch weiter allgemeine Grundsätze des IRG über das Stufensystem der Prüfung eingehender Ersuche und über den Grundsatz einer möglichst umfassenden auslieferungsfreundlichen Unterstützung ausländischer strafrechtlicher Verfahren. Anders als im bloßen vertraglosen Auslieferungsverkehr darf ein Ersuchen um Auslieferung nach der Neuregelung nicht abgelehnt werden, sofern nicht ein Ablehnungsgrund vorliegt (§ 79 IRG-Neufassung). Die Zulässigkeit eingehender Auslieferungs- oder Durchlieferungsersuchen richtet sich grundsätzlich weiter nach dem 2. und 3. Teil des IRG; diese werden aber durch erweiternde Zulässigkeitsregelungen im 8. Teil ergänzt (vgl. §§ 80 ff., § 83 f. IRG-Neufassung).

---

9 Belgien, Dänemark, Finnland, Irland, Portugal, Spanien, Schweden und das Vereinigte Königreich.

10 BGBl. I 2004, 1748 ff.; vgl. auch Seitz, NStZ 04, 546 ff.

11 Zu den verfassungsrechtlichen Bedenken im Hinblick auf Art. 79 Abs. 3, 103 Abs. 2 GG vgl. auch Schünemann GA 04, 193, 196, 200 ff.; das BVerfG hat durch Beschluß vom 23.11.04 die Auslieferung eines deutschen Staatsangehörigen an die spanischen Behörden im Verfahren nach Art. 32 BVerfGG gestoppt (AZ: 2 BvR 2236/04), da es zudem an der Verfassungsmäßigkeit des Gesetzes unter dem Aspekt eines freiheitlichen Rechtsstaates i.R.d. Art. 16 Abs. 266 ernsthafte Zweifel hegt.

12 Zu den verfassungsrechtlichen Bedenken vgl. Ausführungen in Fn. 11.

Die bisherigen **Verweigerungsgründe** mangelnder Gegenseitigkeit (§ 5 IRG) und des Vorliegens einer politischen oder militärischen Straftat (§ 7 IRG) finden keine Anwendung mehr (§ 82 IRG-Neufassung).[13] Nicht anwendbar ist auch die Auslieferungen beschränkende Regelung über Spezialität (§ 11 IRG), welche für ausgehende Ersuche durch § 83h IRG-Neufassung ersetzt wird. Der in § 73 IRG-Neufassung verankerte nationale Ordre-Public-Vorbehalt wurde für den Bereich des europäischen Haftbefehls entsprechend Art. 1 Abs. 3 RBEuHB in einem neuen Satz 2 um einen „EU-Ordre-Public" unter Bezugnahme auf Art. 6 EUV ergänzt.

Wesentlich bei den **Neuregelungen** ist § 80 IRG-Neufassung. Hier werden Voraussetzungen geregelt, unter denen deutsche Staatsangehörige in andere Staaten ausgeliefert werden dürfen. Da jedoch aus dem Legalitätsprinzip der StPO folgt, dass regelmäßig beim Vorliegen eines Ersuchens um Auslieferung eines Deutschen wegen einer von ihm angeblich im Ausland begangenen Straftat die zuständige Staatsanwaltschaft wegen § 7 Abs. 2 Nr. 1 StGB ein eigenes Ermittlungsverfahren einleiten wird, wird es in der Regel zu Bewilligungshindernissen für eine sofortige Auslieferung nach § 83b Nr. 1 IRG-Neufassung kommen. Die hieraus resultierende Möglichkeit zur Ablehnung der Auslieferung Deutscher sichert so den in § 80 IRG-Neufassung intendierten Schutz deutscher Staatsangehöriger vor einer Strafvollstreckung im Ausland.[14]

Unklar ist jedoch, wie die Sachlage ist und wie der deutsche Staatsangehörige vor Auslieferung geschützt werden soll, wenn von vornherein feststeht, dass die beiderseitige Strafbarkeit, d.h. eine Strafbarkeit in Deutschland, nicht gegeben ist, es sich jedoch um ein Delikt handelt, welches zu den kontrovers diskutierten Deliktsgruppen gehört, bei denen die beiderseitige Strafbarkeit gar nicht mehr zu prüfen ist, weil auch in diesen Bereichen im Einzelfall eine solche nicht vorzuliegen braucht. So regelt § 81 Nr. 4 IRG-Neufassung, dass eine Prüfung der beiderseitigen Strafbarkeit entfällt, wenn die dem Ersuchen zugrundeliegende Tat nach dem Recht des ersuchenden Staates eine Strafbestimmung verletzt, die den in Art. 2 Abs. 2 des Rahmenbeschlusses des Rates vom 13.06.2002 über den europäischen Haftbefehl und die Übergabeverfahren zwischen den Mitgliedstaaten in Bezug genommenen Deliktsgruppen zugehörig ist. Hiernach soll also eine Übergabe ohne Überprüfung des Vorliegens der beiderseitigen Strafbarkeit, d.h. ipse facto, erfolgen.[15] Der etwas merkwürdig anmutende Straftaten nur schlagwortartig umreissende Straftatenkatalog ist insofern dynamisch, als er jederzeit erweiterbar ist. Er enthält derzeit eine Vielzahl unterschiedlichster Delikte und ist keineswegs auf terroristische oder spezifisch unionsbezogene Straftaten beschränkt. Das Spektrum reicht von Tötungs-, Entführungs-, Fälschungs- und Brandstiftungsdelikten über Cyber- und Umweltkriminalität, Korruption und Geldwäsche bis hin zu Rassismus und Fremdenfeindlichkeit.[16] Der Regierungsentwurf weist lediglich darauf hin, dass der erzielte Kompromiss keinen echten Verzicht auf die beiderseitige Straf-

---

13 Anderes gilt bezüglich der Gegenseitigkeit außerhalb eines europäischen Haftbefehls gem. § 83b Nr. 5 IRG n.F.

14 Bundestag-Rechtsausschuss in BT-Drucksache 15/2677, 5.

15 Wehnert StraFo 03, 356, 357.

16 Kritisch hierzu Wehnert, a.a.O.

barkeit in Teilbereichen enthalte, sondern nur einen Verzicht auf die Prüfung des Merkmals der beiderseitigen Strafbarkeit.[17] Literaturstimmen raten dazu, die Deliktsbegriffe im Rahmenbeschluss einengend auszulegen.[18]

§ 81 IRG-Neufassung regelt im übrigen die eine Auslieferung erleichternden Zulässigkeitsvoraussetzungen im Hinblick auf Mindestsanktionshöhe (1 Jahr Freiheitsstrafe nach dem Recht des ersuchenden Staates) und der Anerkennung der Auslieferung auch bei Fiskaltaten.

Nach § 83 IRG-Neufassung ist eine Auslieferung in bestimmten Fällen (z.B. ne bis in idem, Schuldunfähigkeit, Abwesenheitsurteile) weiterhin nicht zulässig.

7 Für die Verteidigung besonders beachtenswert werden zukünftig die ehrgeizigen **Fristen** der §§ 83c IRG-Neufassung und 83d IRG-Neufassung sein. Für die Erledigung von Ersuchen und die Übergabe eines Verfolgten sind hiernach Fristen von grundsätzlich 60 Tagen, bei vereinfachter Auslieferung mit Zustimmung 10 Tage (§ 83c Abs. 1, Abs. 2 IRG-Neufassung) vorgesehen. Eine Übergabe hat grundsätzlich innerhalb von 10 Tagen nach Entscheidung zu erfolgen. Zu enge Ausnahmen enthalten § 83c Abs. 3, Abs. 4 IRG-Neufassung Regelungen. Werden diese Fristen überschritten, ist der Mandant zwingend zu entlassen (§ 83d IRG-Neufassung).

Entgegen der ursprünglichen Fassung des Gesetzgebers wurde in § 40 Abs. 2 Nr. 1 IRG-Neufassung auch der Grundsatz der doppelten notwendigen Verteidigung gesetzlich festgeschrieben, wenn gewichtige Zweifel daran bestehen, dass die Tat, deretwegen um Auslieferung ersucht wird, dem Positivkatalog des Art. 2 Abs. 2 RBEuHB unterfällt. Diese Regelung wurde zuvor bereits von Literaturmeinungen gefordert.[19]

Rechtsbehelfe richten sich nach dem Aufbau des EuHbG nach den allgemeinen Vorschriften des IRG; so beispielsweise § 26 IRG für die Haftprüfung vor den Oberlandesgerichten.

Insgesamt liegt mit dem neuen europäischen Haftbefehlsgesetz eine Regelung vor, die den Zukunftsalltag des Strafverteidigers mitbestimmen wird. Nicht zuletzt wegen der teilweisen komplizierten Regel-Ausnahme-Verhältnisse sollte das europäische Haftbefehlsgesetz Pflichtlektüre eines jeden Verteidigers sein und die Entwicklung in der Rechtsprechung muss stets beachtet werden. Denn eines muss klar sein: Ist ein Mandant erst ins Ausland ausgeliefert, werden Verteidigungsmöglichkeiten des deutschen Strafverteidigers in erheblichem Maße beschränkt sein.

---

17 Möhrenschlager, wistra 04 Heft 9, S. VI, VII.
18 Möhrenschlager, a.a.O.
19 Wehnert, StraFo 03, 356, 360.

Vierter Teil: Das Zwischenverfahren

§ 10 Grundsätzliche Handlungen des Verteidigers im Zwischenverfahren

I. Allgemeines

Das Zwischenverfahren – geregelt in den §§ 199 bis 211 der StPO – führt ein Schatten- 1
dasein im Bereich von Verteidigerbemühungen. Dies ist bedauerlich und auch nicht
recht einzusehen, weil der Verteidiger nennenswerte Chancen hat, auch im Zwischenverfahren durch entsprechende Anträge auf das Verfahren gestaltend einzuwirken.
Dennoch soll zu Beginn eine erschreckende Zahl nicht verschwiegen werden: Nach einer statistischen Untersuchung werden 99,7 % aller Anklageschriften zur Hauptverhandlung zugelassen.[1]
Allerdings besagt dieser statistische Wert für sich genommen nicht allzu viel. Denn unklar bleibt, ob dieser hohe Wert nicht auch dadurch zustandegekommen sein kann, dass
sich viele Verteidiger im Zwischenverfahren überhaupt nicht betätigen. Hinzu tritt der
Aspekt, dass es häufiger Gerichtspraxis entspricht, trotz Bedenken hinsichtlich einer
Anklageschrift das Hauptverfahren zu eröffnen, um in einer Hauptverhandlung die problematischen Punkte zu diskutieren. Dieser Weg wird als arbeitsparend angesehen,
weil hierbei nicht die Gefahr besteht, sich doppelt mit einer Materie auseinandersetzen
zu müssen: Zunächst bei der Begründung des Nichteröffnungsbeschlusses und möglicherweise ein zweites Mal doch noch im Hauptverfahren, wenn das Beschwerdegericht
aufgrund der sofortigen Beschwerde der Staatsanwaltschaft gegen den Nichteröffnungsbeschluss (§ 210 Abs. 2 StPO) das Hauptverfahren eröffnet und dabei nicht von
der Möglichkeit Gebrauch macht, eine andere Kammer des Gerichts oder ein zu demselben Land gehörendes benachbartes Gericht gleicher Ordnung zu bestimmen (§ 210
Abs. 3 StPO).
Die Versuchung für den Richter ist deshalb groß, nur in den ganz eindeutigen Fällen
von der Möglichkeit des Nichteröffnens des Hauptverfahrens Gebrauch zu machen.
Dies bedeutet dann allerdings keinesfalls, dass er auch für die Hauptverhandlung in
derselben Form festgelegt wäre.
Weiterhin muss bedacht werden, dass der oben angegebene – an sich niederschmet-
ternde Wert – nur die Frage der Zulassung oder Nichtzulassung der Anklage betrifft.
Nicht erfaßt sind alle weiteren möglichen Varianten von Verteidigungsanträgen, die
sich etwa gegen Zeitpunkt der Zulassung, Inhalt der Zulassung oder Form der Zulassung richten können.
Insgesamt sollte der Verteidiger deshalb dazu ermutigt werden, sich von statistischen
Werten nicht abhalten zu lassen, sondern durchaus von den sich bietenden Möglichkeiten im Zwischenverfahren Gebrauch machen.

II. Vorbereitung des Mandanten auf die Anklageschrift

Bietet das durchgeführte Ermittlungsverfahren für die Staatsanwaltschaft genügenden 2
Anlass zur Erhebung der öffentlichen Klage, so wird sie durch Einreichung einer An-

---

1 Hamm/Lohberger, Formularbuch für den Strafverteidiger, 3. Auflage Vorwort zur 1. Auflage.

klageschrift beim zuständigen Gericht erhoben (§ 170 Abs. 1 StPO). Der Vorsitzende des Gerichts veranlasst sodann die Zuleitung der Anklageschrift an Verteidiger und Mandanten. Hierdurch erfahren diese erstmals von den konkret von der Staatsanwaltschaft erhobenen Vorwürfen. Gleichzeitig mit Übersendung der Anklageschrift – im Regelfall oben auf die Anklageschrift geheftet – erfolgt die gerichtliche Aufforderung, innerhalb einer bestimmten Frist zu erklären, ob die Vornahme einzelner Beweiserhebungen beantragt wird oder Einwendungen gegen die Eröffnung des Hauptverfahrens geltend gemacht werden.

Es empfiehlt sich für den Verteidiger, den Mandanten auf diese Art der Mitteilung vorzubereiten, denn ein uninformierter Mandant – insbesondere der inhaftierte Mandant – wird ansonsten sehr schnell in Sorge geraten, dass er nun nur noch die in der Mitteilung des Gerichts bestimmte Frist zur Verfügung hat, sich zu verteidigen. Er wird deshalb in dieser Situation häufig in große Nervosität verfallen und versuchen, so schnell wie möglich Kontakt zu seinem Verteidiger aufzunehmen. Gelingt dies nicht, ist dies eine Situation, in der es durchaus auch einmal zu einem Verteidigerwechsel kommen kann. Der Mandant sollte deshalb nicht nur aus diesem Grund sinnvollerweise **rechtzeitig darüber aufgeklärt** werden, dass er noch bis zum letzten Wort in der Hauptverhandlung Anträge stellen kann und das Strafverfahrensrecht keine verspäteten Beweisanträge kennt (§ 246 StPO). Er sollte weiter darüber informiert werden, dass die Mitteilung der Anklageschrift durch das Gericht mit der Aufforderung zu erklären, ob Anträge gestellt werden (§ 201 StPO), allein das Zwischenverfahren betrifft und lediglich die Entscheidung des Gerichts vorbereiten soll, ob das Hauptverfahren zu eröffnen ist. Weiß der Mandant dieses, wird er in aller Regel die Mitteilung der Anklageschrift mit dem entsprechenden Formblatt gemäß § 201 StPO sehr viel ruhiger aufnehmen und zusätzlich weiteres Vertrauen in den Verteidiger gewinnen, weil er sich von diesem richtig informiert fühlt.

Dass der Angeklagte im übrigen ein Recht darauf hat, zuerst darüber in Kenntnis gesetzt zu werden, was für eine Anklage gegen ihn erhoben wurde und keineswegs die Öffentlichkeit, ergibt sich bereits aus Ziff. 23 Abs. 2 RiStBV und sollte eigentlich zu den Selbstverständlichkeiten eines Strafverfahrens gehören. Bemerkenswert ist jedoch, dass es in einem Fall immerhin der Entscheidung eines Verwaltungsgerichts dazu bedurfte, dieses festzustellen.[2] Im übrigen stellt § 201 StPO eine besondere Ausformung des Rechts des Angeklagten auf ein faires Verfahren i.S.d. Art. 6 Abs. 3 lit. b MRK dar, welches nur gewahrt wird, wenn der Angeklagte ausreichend Zeit und Gelegenheit zur Vorbereitung seiner Verteidigung hat.[3]

III. Vorbereitung des Verteidigers

3 Zur Überprüfung der Frage, inwieweit die Sach- und Rechtslage es gebietet, dass der Verteidiger im Zwischenverfahren handelt, muss er sich zunächst die notwendigen Informationen verschaffen. Ganz wesentlich ist hierbei die **Inanspruchnahme des Akteneinsichtsrechts**; dieses kann ohnehin gar nicht oft genug ausgeübt werden.[4]

---

2 Vgl. VG Frankfurt/Main StV 97, 240.
3 OLG Stuttgart StV 03, 490; vgl. BVerfG NJW 04, 1443 zur Notwendigkeit der Übersendung einer übersetzten Anklageschrift bei ausländischen Angeklagten.
4 Vgl. grundlegend zum Akteneinsichtsrecht die Ausführungen bei § 4 Rn 14 ff.

Für die Gewährung der Akteneinsicht ist nun allerdings nicht mehr die Staatsanwaltschaft, sondern vielmehr der Vorsitzende des mit der Sache befaßten Gerichts zuständig (§ 147 Abs. 5 StPO). Gegen eine Versagung der Akteneinsicht ist das Rechtsmittel der Beschwerde möglich (§ 304 Abs. 1, Abs. 4 Nr. 4 StPO).

Für den Verteidiger ist das Akteneinsichtsrecht in diesem Stadium des Verfahrens deshalb so wichtig, weil der Staatsanwalt nunmehr keine Möglichkeit mehr hat, Aktenteile zurückzuhalten. Gemäß § 199 Abs. 2 S. 2 StPO werden mit der Anklageschrift die Akten dem Gericht vorgelegt. In *alle* diese Akten hat der Verteidiger auch ein Akteneinsichtsrecht. Er kann sich deshalb spätestens jetzt umfassend über den Sachstand informieren. Ungeachtet dessen kommt es jedoch in der Praxis immer wieder zu Versuchen, durch Anlage von Sonderakten dieses grundsätzliche Recht der Verteidigung einzuschränken.[5]

Derartige Vorgänge sind unzweifelhaft rechtswidrig und dementsprechend angreifbar. Der Verteidiger sollte sich darüber bewusst sein, dass derartige Dinge passieren können und deshalb bei seinem Akteneinsichtsrecht zusätzlich auch darauf drängen, dass ihm bestätigt wird, dass er die Akteneinsicht umfassend erhalten hat.

---

5 LG Köln, StV 87, 381, BGH StV 81, 193; OLG Schleswig StV 89, 95; OLG Karlsruhe Anwbl. 81, 18, BGH StV 98, 3.

§ 11 Einwendungen gegen die Eröffnung des Hauptverfahrens

I. Zulassung oder Nichtzulassung der Anklageschrift

1 Das Gericht beschließt die **Eröffnung des Hauptverfahrens**, wenn nach den Ergebnissen des vorbereitenden Verfahrens der Angeschuldigte einer Straftat hinreichend verdächtig erscheint (§ 203 StPO). Dieser Verdachtsgrad steht auf einer erheblich niedrigeren Stufe als beispielsweise der für einen Haftbefehl gemäß § 112 StPO vorauszusetzende dringende Tatverdacht, weswegen jedenfalls bei einem inhaftierten Beschuldigten, soweit nicht andere Hinderungsgründe entgegenstehen, grundsätzlich davon ausgegangen werden kann, dass die Eröffnung des Hauptverfahrens bejaht werden wird.

Bei der Beurteilung der Frage, ob ein hinreichender Verdacht zu bejahen ist, hat das Gericht zur vorläufigen Tatbewertung einen gewissen Beurteilungsspielraum, bei dem der Grundsatz „in dubio pro reo" noch keine Rolle spielt.

Eine Ablehnung der Eröffnung kommt aus tatsächlichen oder aus rechtlichen Gründen in Betracht (§ 204 StPO).

1. Nichteröffnung aus tatsächlichen Gründen

2 In diesem Bereich ist zu prüfen, ob die von der Staatsanwaltschaft ins Feld geführten Beweise tatsächlich einen hinreichenden Tatverdacht gegen den Beschuldigten zu begründen vermögen.

Zu **warnen** ist hierbei davor, dass der Verteidiger mit seinem Antrag in eine Art vorweggenommenen Schlußantrag verfällt, indem er die Glaubwürdigkeit einzelner Aussagen vorweg zu bewerten versucht. Im Einzelfall kann es allerdings geboten sein, genau zu analysieren, wie weit eine Aussage tatsächlich geht, ob sie – ihre Richtigkeit unterstellt – sicheres Wissen weitergibt oder nur Vermutungen, ob sie sich auf eigenes Erleben stützt oder auf bloße Informationen von dritter Seite. Sinnvoll ist es auch, sich Gedanken darüber zu machen, inwiefern etwa bestehende Beweisverbote[1] die von der Staatsanwaltschaft beabsichtigte Beweisgewinnung oder Beweisverwertung hindern können. Weitere Ansatzpunkte in tatsächlichen Bereichen bilden Probleme der Kausalität und Sachverständigenfragen.

2. Nichteröffnung aus Rechtsgründen

3 Anders als im tatsächlichen Bereich bietet im Zwischenverfahren gerade die Argumentation zu rechtlichen Gründen eine sehr viel größere Chance, eine Nichtzulassung der Anklageschrift zu erreichen. Hierbei lohnt sich zuerst ein Blick auf etwa bestehende Verfahrenshindernisse.

a) Verfahrenshindernisse

4 Die Zahl möglicher Verfahrenshindernisse ist groß und kann an dieser Stelle nicht vollständig vertieft werden.[2] Der Verteidiger sollte grundsätzlich versuchen, ein Gespür dafür zu entwickeln, wann ein Verfahrenshindernis in Frage kommen kann. Hierbei ist auch zu beachten, dass bestimmte Verfahrenshindernisse häufiger angesprochen sein

---

1 Vgl. zu den Beweisverboten im einzelnen die näheren Ausführungen bei § 15 Rn 8 ff.
2 Vgl. zu möglichen Verfahrenshindernissen aber die Checkliste bei § 13 und Meyer-Goßner, Einl. Rn 141 ff.

können als andere. Deshalb sollen im folgenden lediglich drei häufig auftauchende Verfahrenshindernisse exemplarisch angesprochen werden. Dabei handelt es sich um

- die Frage eines wirksamen Strafantrags (Verfahrensvoraussetzung)
- die Frage des Eintritts der Verjährung (Verfahrenshindernis)
- die Frage des Strafklageverbrauchs (Verfahrenshindernis).

aa) Strafantrag. Strafantragsdelikte bieten dem Verteidiger stets ein umfangreiches   5
Aktionsfeld. Denn hier ist neben den sonstigen Ansprechpartnern **Staatsanwaltschaft** und **Gericht** wichtigster Ansprechpartner zunächst der **Strafantragsteller**. Denn durch die Rücknahme des Strafantrags gemäß § 77d Abs. 1 Satz 2 und 3 StGB entfällt bei den reinen Antragsdelikten (z.b. Haus- und Familiendiebstahl, § 247 StGB) die Verfahrensvoraussetzung per se, bei den anderen Antragsdelikten (z.b. Diebstahl geringwertiger Sachen, § 248a StGB) entfällt die Verfahrensvoraussetzung dann, wenn nicht ausnahmsweise die Strafverfolgungsbehörde das besondere öffentliche Interesse an der Strafverfolgung für geboten hält.

Im Verhandlungsgeschick des Verteidigers liegt es somit eine Verfahrensvoraussetzung für das Verfahren entfallen zu lassen. Hierbei sollte er allerdings bei den Verhandlungen mit dem Antragsteller auf die Kostentragungsnorm des § 470 StPO aufmerksam machen und darauf hinweisen, dass gemäß § 470 S. 2 StPO die Möglichkeit besteht, den Antragsteller bei einer Zurücknahme des Strafantrags von den Kosten, die er ansonsten zu tragen hätte, freizustellen, wenn sich der Angeklagte zu einer Übernahme bereiterklärt.

Neben diesem Hauptbetätigungsfeld von Verteidigerhandlungen im Bereich des Strafantrags sollte der Verteidiger zusätzlich auch ein Augenmerk auf den **Antragsberechtigten**, sowie **Form, Frist** und **Inhalt des Strafantrags** als Verfahrensvoraussetzung haben.

Hierzu ist zu bedenken, dass ein Strafantrag gemäß § 158 Abs. 2 StPO **schriftlich** zu stellen ist und somit ein bei der Polizei lediglich mündlich vorgebrachter Antrag, über den ein Vermerk gefertigt worden ist, diesen Voraussetzungen nicht genügen würde. Das Bayerische Oberste Landesgericht[3] hat in einer Entscheidung lediglich den von der Polizei schriftlich niedergelegten, zuvor vor demselben Polizeibeamten vom Antragsteller selbst auf Tonträger wortgleich gesprochenen Strafantrag als noch formgültig i.S.d. § 158 Abs. 2 StPO anerkannt. Zu den weiteren Formerfordernissen gehört auch, dass ein Strafantrag nicht bedingt, auch nicht vorsorglich, gestellt werden kann. Das Reichsgericht hat hierzu in schönstem Juristendeutsch ausgeführt, dass die strafbare Handlung *„wenigstens schon in der Verübung begriffen"* sein muss.[4]

Entsprechend einem Nord-Süd-Gefälle sollten sich Verteidiger deshalb bei bestimmten Delikten die gestellten Strafanträge genauer anschauen. Im Norden Deutschlands ist bekannt, dass viele Hauseigentümer dazu neigen, bei Hausbesetzungen vorsorglich Strafanträge wegen Hausfriedensbruch zu stellen. Aus dem Süden ist bekannt, dass die Wies'nwirte des Oktoberfestes erklärt haben, dass sie zukünftig im voraus wegen aller Fälle des Maßkrugdiebstahls Strafantrag stellen werden.[5] Beides wäre in dieser allgemeinen Form unwirksam.

---

3 BayObLG NStZ 97, 453.
4 RGSt 45, 128, 129 f.
5 Zum Hausfriedensbruch vgl. LG Berlin, StV 85, 238, LG Berlin StV 85, 239, sowie Ott, StV 82, 45.

Der **Inhalt eines Strafantrages** ist auslegbar. Im Zweifel ist deshalb beispielsweise anzunehmen, dass eine entsprechende Strafanzeige wegen Verdachts des Diebstahls den Strafantrag wegen Hausfriedensbruch mitumfasst.

Hinsichtlich der **Strafantragsfrist** gilt grundsätzlich die 3-Monats-Frist des § 77b StGB; Fristbeginn ist die qualifizierte Kenntniserlangung (auch dies kann interessant sein). Nicht übersehen werden darf hierbei allerdings, dass sich die Frist bei wechselseitig begangenen Taten erheblich verlängern kann (§ 77c StGB).

6   *bb) Verjährung.* Auch bei der **Verfolgungsverjährung** gemäß §§ 78 ff. StGB als Verfahrenshindernis lohnt sich häufig die Überprüfung. Weil Staatsanwaltschaften selbst einen sehr genauen Blick auf dieses Thema haben, glauben Verteidiger nur allzu oft, darauf verzichten zu können. Dabei wird jedoch übersehen, dass hier durchaus eine gewisse Fehleranfälligkeit besteht. Aufmerksam sollte der Verteidiger immer dann werden, wenn das Verfahren aus einer gewissen Routine herausläuft, wenn plötzlich statt des ursprünglichen Delikts ein anderes Delikt mit einem wesentlich geringeren Strafrahmen angesprochen ist (z.B. wird statt des Vorwurfs einer Bestechung gemäß § 334 StGB nunmehr nur noch nach UWG ermittelt).

Probleme können auch bei der Berechnung des Beginns der Verjährung (§ 78a StGB) entstehen. Die Verjährungszeit läuft mit Eintritt des tatbestandsmäßigen Erfolges, was bei Erfolgsdelikten unter Umständen zu einer extrem langen Laufzeit der Verjährung führen kann (beispielsweise kann bei der Bestechlichkeit gemäß § 334 StGB die letzte Teilzahlung erst sehr spät erfolgt sein). Andererseits kann eine plötzliche Vorverlagerung des Verjährungsbeginnes zu überdenken sein, wenn sich herausstellt, dass gerade die letzte Zahlung, von der die Staatsanwaltschaft bislang ausgegangen ist, überhaupt nicht stattgefunden hat oder sich nicht beweisen lässt.

Dass derartige Veränderungen in der Beurteilung des Tatgeschehens auch verjährungsrechtliche Konsequenzen haben können, wird gelegentlich nicht registriert.

Bei anderen als erfolgsqualifizierten Delikten wird zudem häufig übersehen, dass der tatbestandliche Erfolg sehr viel eher eintreten kann. So ist bei Gefährdungsdelikten wie etwa der politischen Verdächtigung (§ 241a StGB) zu sehen, dass mit Eintritt der Gefährdungshandlung bereits der Lauf der Verjährung beginnt.

7   *cc) Strafklageverbrauch.* Art. 103 Abs. 3 GG garantiert den Grundsatz der Einmaligkeit der Strafverfolgung. Ist das Verfahren wegen der Tat, die Gegenstand des Verfahrens ist, vollständig abgeschlossen, so kann der Beschuldigte wegen dieser Tat nicht noch einmal strafrechtlich zur Verantwortung gezogen werden. Vor vollständigem Abschluss des Verfahrens besteht das Verfahrenshindernis der Rechtshängigkeit. Zu beachten ist allerdings, dass lediglich die Sachentscheidung die Strafklage verbraucht.[6]

Ergehen also Entscheidungen lediglich aufgrund von Verfahrenshindernissen (Nichteröffnungsbeschluss; Einstellungsurteil nach § 260 Abs. 3 StPO) wird hierdurch die **Strafklage nicht verbraucht.**

Wichtig für den Verteidiger ist es, stets zu überprüfen, wie weit die Sperrwirkung der die Strafklage verbrauchenden Sachentscheidung reichen kann. Dies kann nach der erfolgten Gesetzänderung jetzt auch eine Sachentscheidung durch Strafbefehl sein, gegen

---

6   BVerfG in NJW 61, 867.

den nicht rechtzeitig Einspruch erhoben worden ist, weil der Strafbefehl gem. § 410 Abs. 3 StPO einem rechtskräftigen Urteil gleichsteht. Im Rahmen des zusammenwachsenden Europas stellen sich jedoch auch für den Verteidiger zunehmend neue Aufgaben.[7] Denn nach dem **Schengener Durchführungsübereinkommen (SDÜ)** besteht nun seit dem 26.03.1995 zwischen den Mitgliedsstaaten unter bestimmten Voraussetzungen ein Verbot der Doppelbestrafung. Der Verteidiger sollte deshalb ein waches Auge auf Kapitel 3 des Durchführungsabkommens haben und insbesondere bedenken, dass nach Art. 54 eine Vertragspartei des Abkommens einen Beschuldigten dann nicht mehr verfolgen darf, wenn er durch eine andere Vertragspartei wegen derselben Tat bereits verurteilt worden ist **und** die Sanktion bereits vollstreckt worden ist, gerade vollstreckt wird oder nach dem Recht des Urteilstaats nicht mehr vollstreckt werden kann.[8]

Für den Verteidiger bedeutet dies, dass er hier ein besonderes Problembewusstsein entwickeln muss und vorab bei seinem Mandanten verstärkt abfragen, ob auch ausländische Vorverurteilungen vorhanden sind. Die einzige Informationsmöglichkeit, dieses zu erfahren, ist häufig nur der Mandant, weil sich Aussagen über derartige Ereignisse in den anderen Unterlagen nicht befinden. Liegen tatsächlich ausländische Verurteilungen vor, hat der Verteidiger zu prüfen, ob sie durch einen Mitgliedsstaat des Schengener Abkommens ausgesprochen worden ist und ob die weiteren Voraussetzungen für das Bestehen eines Verfahrenshindernisses vorliegen. Gelegentlich kann es auch dazu kommen, dass trotz Vorverurteilung durch einen Mitgliedsstaat die Voraussetzungen des Verbots der Doppelbestrafung noch nicht vorliegen, nach einer entsprechenden Verteidigerempfehlung aber mühelos erreichbar sein können. Dies kann beispielsweise dann der Fall sein, wenn bei einer ausländischen Freiheitsstrafe, deren Vollstreckung zur Bewährung ausgesetzt worden ist, gleichzeitig eine Geldbuße verhängt wird, diese jedoch vom Verurteilten bislang nicht bezahlt worden ist. Hier wären formal die Voraussetzungen des Art. 54 SDÜ nicht erfüllt, durch einfache Zahlung des Verurteilten aber sofort zu erreichen.[9]

Die Sichtweise des Strafverteidigers wird deshalb in Zukunft sehr viel internationaler ausgerichtet sein müssen.

b) Fehler in der Anklageschrift

Auch Darstellungsfehler in der Anklageschrift selbst können Anlass für Verteidigerhandlungen im Zwischenverfahren bieten. Dabei kommen sowohl Fehler im Anklagesatz (§ 200 Abs. 1 StPO) als auch in der Darstellung des wesentlichen Ergebnisses der Ermittlungen (§ 200 Abs. 2 StPO) in Betracht.

8

aa) Anklagesatz. Die Anklageschrift hat eine **Umgrenzungs- und Informationsfunktion**. Wichtigster Teil ist der Anklagesatz, in dem die Angaben zur Person, die Bezeichnung der Tat, die gesetzlichen Merkmale der Straftat und die Bezeichnung der anzuwendenden Strafvorschriften anzusprechen sind.

9

---

7 Vgl. insoweit auch von Langsdorff, StV 03, 472 ff.; Braum StV 03, 576 ff.

8 Vgl. zuletzt hierzu EuGH StV 03, 201 ff. m. Anm. Mansdörfer in StV 03, 313 ff.

9 Vgl. hierzu OLG Saarbrücken, StV 97, 359 sowie Anm. Schomburg StV 97, 383; EuGH StV 03, 201 ff. zur Zahlung einer Geldstrafe i.R. einer Einstellungsverfügung des Staatsanwalts.

Am fehleranfälligsten ist hierbei die Bezeichnung der Tat, die durch Angabe bestimmter Tatumstände so genau zu kennzeichnen ist, dass keine Unklarheiten darüber möglich sind, welche Handlungen dem Angeschuldigten zur Last gelegt werden.[10] Fehleranfällig sind insbesondere Anklageschriften, die aus Ermittlungsverfahren hervorgegangen sind, bei denen vieles im Dunklen geblieben ist. So hat der Bundesgerichtshof[11] entschieden, dass hinsichtlich der Angabe eines bestimmten Tatzeitraums die Leerformel „in nicht rechtsverjährter Zeit" keineswegs ausreicht, weil damit offenbleibe, in welchem Jahr die Taten begangen worden sein sollen.[12]

Eine weitere häufige **Fehleranfälligkeit** betrifft den Bereich der Taten, die früher in den Bereich der fortgesetzten Handlung fielen. Mit der Aufgabe der fortgesetzten Handlung durch den Großen Senat für Strafsachen des BGH am 03.05.1994[13] und entsprechenden Folgeentscheidungen[14] kann jetzt nicht mehr vor einer Gesamtvorstellung des strafbaren Verhaltens in einem Zeitraum ausgegangen werden, sondern es muss vielmehr eine Überzeugung von der Tatbestandserfüllung und dem konkreten Schuldumfang bei jeder individuellen Straftat vorliegen. Allgemeine Beschreibungen reichen deshalb nicht mehr aus. Vielmehr muss die Anklage Tatopfer, Tatort, die Grundzüge der Art und Weise der Tatbegehung sowie den Tatzeitraum bezeichnen; auch muss die Anzahl der Einzeltaten benannt werden.[15] Eine genaue Beschreibung jedes Einzelfalles ist allerdings nicht erforderlich.[16]

Vorwiegend im Bereich von Sexualstraftaten, Betäubungsmittelstraftaten, aber auch in anderer Weise begangenen Serienstraftaten (z.B. Vermögensstraftaten, gelegentlich auch bei Steuerdelikten) finden sich immer wieder Anklagesätze, die den Anforderungen des § 200 Abs. 1 StPO nicht genügen.[17]

Sehr viel seltener ist hingegen der Fall, dass der Anklagesatz zuviele Informationen enthält. Aber auch das kann zu einer unzulässigen Anklage führen, weil beispielsweise eine Beweiswürdigung im Anklagesatz nicht enthalten sein darf.[18]

Daneben hat der Verteidiger natürlich zu überprüfen, inwiefern Subsumtionsfehler vorliegen. Denn auch dies kann dazu führen, dass ein Hauptverfahren entweder überhaupt nicht oder wenigstens in anderer Form eröffnet wird.

10 *bb) Wesentliches Ergebnis der Ermittlungen.* Steht hinsichtlich des Anklagesatzes zweifelsfrei fest, dass die fehlerhafte Abfassung zu einer unzulässigen Anklageschrift führen kann, so ist dies bei Fehlern im Rahmen des **wesentlichen Ergebnisses der Ermittlungen** nicht so eindeutig.

Bei einer Anklage zum Strafrichter ist bereits die Mitteilung eines wesentlichen Ermittlungsergebnisses von Gesetzes wegen nicht geboten (§ 200 Abs. 2 S. 2 StPO).

---

10 Vgl. auch BGHSt 40, 44, 46 f. sowie BGH StV 2003, 320, 321.
11 BGH StV 98, 469; vgl. aber BGHSt 22, 90 (auch zur Strafantragsfrist).
12 In BGH StV 98, 469 kam noch hinzu, dass bei dem gegen den Angeschuldigten erhobenen Vorwurf des sexuellen Übergriffs gegenüber Kindern diese zu Beginn der "nicht rechtsverjährten Zeit" noch gar nicht geboren waren.
13 BGHSt 40, 138.
14 BGHSt 40, 195, BGH NStZ 94, 494, BGH StV 95, 298.
15 BGHSt 40, 44.
16 BGH StV 96, 363.
17 Z.B. BGH StV 96, 362; BGH NStZ 96, 294; OLG Düsseldorf NStZ 96, 298.
18 BGH NJW 87, 1209.

Für eine Strafkammeranklage hat der Bundesgerichtshof[19] ausgeführt, dass Mängel in der Darstellung des wesentlichen Ergebnisses der Ermittlungen grundsätzlich nicht zur Unwirksamkeit der Anklage und des sie zur Hauptverhandlung zulassenden Eröffnungsbeschlusses führen sollen. Lediglich Mängel, welche die Umgrenzungsfunktion einer Anklage betreffen, sollen insofern relevant sein. Verstöße gegen die Informationsaufgabe einer Anklageschrift seien dies hingegen nicht. Allerdings hat der Bundesgerichtshof in seiner Entscheidung ausdrücklich offen gelassen, ob nicht gravierende Informationsmängel, die es dem Angeklagten auch unter Berücksichtigung des Akteninhalts unmöglich machen, zu erkennen, auf welche Beweisgrundlage sich ein Vorwurf stützen soll, möglicherweise nicht doch zu einem anderen Ergebnis führen könnten.

II. Folgen der Nichtzulassung der Anklage

Gemäß § 204 StPO kann das Gericht die **Eröffnung des Hauptverfahrens** aus **tatsächlichen** oder **rechtlichen** Gründen ablehnen. Folge dieser Ablehnung ist gemäß § 211 StPO eine beschränkte Sperrwirkung für die neue Strafverfolgung. Die Klage kann nunmehr nur noch aufgrund neuer Tatsachen oder Beweismittel wiederaufgenommen werden. Als neue Tatsache stellt sich hierbei allerdings auch die Behebung eines Mangels in einer neuen Anklage dar, wenn zuvor die Ablehnung auf die Unwirksamkeit der Anklageschrift gemäß § 200 StPO gestützt wurde.[20]
Stellt sich zu einem späteren Zeitpunkt im Verfahren die Unwirksamkeit der Anklage heraus, ist hingegen gem. § 260 Abs. 3 StPO wegen eines Verfahrenshindernisses die Einstellung des Verfahrens im Urteil auszusprechen. Auch hier ist der Staatsanwalt nicht gehindert, jederzeit eine neue (richtige) Anklage zu verfassen. In diesen Fällen hat das Verfahren noch keinen Abschluss gefunden, weshalb auch mögliche Nebenentscheidungen, beispielsweise Fragen der Entschädigung für eine Untersuchungshaft gem. § 2 Abs. 1 StrEG noch nicht erfolgen.
Andererseits kann an die Aufhebung eines bestehenden Untersuchungshaftbefehls zu denken sein, weil mit der Nichtzulassung der Anklageschrift oder der Einstellung des Verfahrens ein dringender Tatverdacht i.S.d. § 112 StPO nicht mehr vorliegt. Fraglich ist auch die Behandlung der bislang angefallenen Verfahrenskosten. Nach einer Entscheidung des Landgerichts Koblenz[21] fallen die für die Beschaffung eines Beweismittels entstandenen **Kosten** nur einmal an und zwar in dem Verfahren, für das sie ursprünglich beschafft worden sind. Demnach sollen Kosten für Beweismittel, die in einem anderen Verfahren nochmals verwendet werden, nicht erneut in Rechnung gestellt werden können.
Nach dieser Entscheidung könnte der Verurteilte deshalb dann, wenn die Verurteilung erst nach Einstellung des Verfahrens wegen eines Verfahrenshindernisses und dann erfolgter neuen Anklage erfolgt wäre, darauf hoffen, dass insbesondere Sachverständigenkosten oder auch Kosten etwa einer Telefonüberwachung nicht mehr von ihm zu tragen wären. Leider ist diese für den Verurteilten positive Entscheidung durch das Beschwerdegericht jedoch nicht bestätigt worden.[22] In dieser Entscheidung wurde viel-

11

---

19 BGH StV 95, 337.
20 OLG Düsseldorf NStZ 82, 335.
21 LG Koblenz StV 97, 35.
22 OLG Koblenz StV 98, 86.

mehr der Standpunkt vertreten, dass bei einer Einstellung durch Prozessurteil der Angeklagte die durch die Vorbereitung der öffentlichen Klage entstandenen Kosten zu tragen habe, wenn er nach erneuter Anklageerhebung verurteilt wird. Ob sich weitere Gerichte dieser Argumentation allerdings zukünftig anschließen werden, bleibt abzuwarten. Denn die Entscheidung des Beschwerdegerichts setzt sich wesentlich mit der Frage auseinander, ob die vorgehende Entscheidung endgültig war, mit den weiteren Problemen der Verfahrenseinstellung jedoch nur am Rande. Insbesondere ist nicht angesprochen worden, dass keine Einheit zwischen altem und neuem Verfahren besteht, sondern ein neues Verfahren eingeleitet werden musste (mit übrigens auch allen weiteren rechtlichen Konsequenzen: beispielsweise gilt ein Nebenklägeranschluss nicht weiter, sondern es muss eine neue Anschlusserklärung erfolgen).[23]
Wenn dies jedoch der Fall ist, ist nicht recht einzusehen, warum kostenrechtlich etwas anderes gelten sollte. Auch bei anderen Verfahren ist durchaus eine Verwertung von Beweismitteln denkbar, welche in Vorbereitung der öffentlichen Klage bei Verfahren gegen Dritte entstanden sind (im Verfahren gegen A wird diesem ein Telefongespräch vorgehalten, das er mit B geführt hat. Dieses Telefongespräch ist wiederum bekannt, weil eine Telefonüberwachung im Verfahren gegen B stattgefunden hat und diese dann dem Verfahren gegen A in Kopie beigefügt wurde). Auch hier würde man nicht ohne weiteres auf die Idee kommen, dass diese Verfahrenskosten aus dem Verfahren gegen B nun dem A zuzurechnen sind.

III. Taktische Überlegungen

12   Kommt der Verteidiger zu dem Ergebnis, dass ein Verfahrenshindernis hinsichtlich der erhobenen Anklage besteht, so stellt sich für ihn die Frage, ob und zu welchem Zeitpunkt er dieses Verfahrenshindernis anzusprechen hat.
Soweit ein unbehebbares Verfahrenshindernis vorliegt, ist die Beantwortung dieser Frage einfach: Auf diesen Fehler muss **sofort hingewiesen** werden. Das gleiche gilt, soweit eine vorläufige Einstellung gem. § 205 StPO in Betracht kommt. Schwieriger ist die Frage bei anderen behebbaren Fehlern, insbesondere bei Fehlern in der Anklageschrift. Es muss bedacht werden, dass die Staatsanwaltschaft bei einer unwirksamen Anklage nicht gehindert ist, entweder nach Nichtzulassung der Anklage oder aber auch nach Eröffnung des Hauptverfahrens und später möglicherweise auch erst im Revisionsverfahren durch Urteil gemäß § 260 Abs. 3 StPO erfolgter Einstellung eine erneute Anklage zu erheben. Das Verfahren findet also auch nach einer Verfahrenseinstellung durch Urteil gemäß § 260 Abs. 3 StPO keinen endgültigen Abschluss mit der Folge, dass beispielsweise auch keine Entscheidungen über Entschädigung für erlittene Untersuchungshaft erfolgt.[24] Dennoch könnte die Versuchung bestehen, erst sehr spät einen entsprechenden Einstellungsantrag – möglicherweise erst im Revisionsverfahren – zu stellen oder – noch problematischer – das Verfahren nur passiv zu begleiten und darauf zu vertrauen, dass die Rechtsmittelinstanzen bei der von Amts wegen zu erfolgenden Prüfung der Verfahrensvoraussetzungen zu dem Ergebnis kommen, dass eine unwirksame Anklage vorliegt.

---

23 KK/Treier, § 212 StPO Rn 11 m.w.N.
24 Vgl. LG Koblenz StV 95, 127.

Der Vorteil einer solchen Verfahrensweise könnte darin gesehen werden, dass in diesem Fall sehr spät erst eine Zurückweisung erfolgt und bei einer später zu erfolgenden Hauptverhandlung zumindest der anerkannte Strafzumessungsgrund der langen Verfahrensdauer zugunsten des Beschuldigten zum Tragen käme. Im späteren Verfahren bestünde zudem die Hoffnung, dass die Erinnerung der Zeugen weitgehend verblaßt ist und viele Geschehensabläufe nur noch unvollständig erinnert werden.

Eine solche Vorgehensweise ist aber riskant und sollte eher vermieden werden. Zwar muss der Verteidiger grundsätzlich vorausschauend mit Blick auf die Revisionsinstanz verteidigen. Allerdings bedeutet dies nur, dass er darauf zu achten hat, rechtzeitig die prozessualen Geschehensabläufe so zu dokumentieren, dass er sie auch in der Revisionsinstanz rechtswirksam erörtern kann. Eine Verteidigung in der Weise, dass erst versucht wird, in einer folgenden Rechtsmittelinstanz zum Erfolg zu kommen und die vorherige Instanz als Durchlauf zu betrachten, ist hingegen wenig effektiv. Grundsätzlich sollten deshalb bestehende Verfahrensprobleme so früh wie möglich angesprochen werden. Hierbei sollte auch nicht übersehen werden, dass eine erreichte Rücknahme einer Anklageschrift oder aber eine Einstellung durch Urteil gemäß § 260 Abs. 3 StPO selbst dann, wenn alsbald wieder eine erneute Anklage erhoben wird, einen psychologischen Erfolg darstellt, der in einer Hauptverhandlung durchaus vorteilhaft sein. Zudem bieten gerade Situationen, in denen eine Anklage auf dem Prüfstand steht oder nach Rücknahme bzw. Einstellung eine neue Anklage gefertigt werden muss, gute Möglichkeiten, zu einem Verständigungsgespräch mit Staatsanwaltschaft und Gericht zu kommen.

§ 12 Teileinwendungen gegen die Eröffnung des Hauptverfahrens

1 Außerhalb der Frage der grundsätzlichen Wirksamkeit oder Unwirksamkeit der Anklage gibt es jedoch auch andere Fehler der Anklageschrift, die der Verteidiger mit seinen Anträgen ansprechen kann.
Hierbei kann es sich um
- Fehler bei der Formulierung des Anklagesatzes,
- Fehler bei der Beweisermittlung im Ermittlungsverfahren oder
- Zuständigkeitsprobleme für die Anklage
handeln.

I. Fehler bei der Formulierung des Anklagesatzes

2 Bei der Behandlung des Anklagesatzes wurde bereits angesprochen, welche Folgen es haben kann, wenn die Anklage zu wenig Informationen enthält. Umgekehrt ist es jedoch auch denkbar, dass die Anklage zu viele Informationen übermittelt. Soweit dies die Beweiswürdigung betrifft, kann dies zu einer unzulässigen Anklage führen.[1]
Es sind jedoch auch Fälle denkbar, in denen die Anklage zu viele Informationen enthält, ohne dass dies die Beweiswürdigung betrifft. Das kann dann der Fall sein, wenn der Staatsanwalt bei Abfassung der Anklage zu viel „Herzblut" in die Anklage gelegt hat und mit der Anklage einen vorgeworfenen Geschehensablauf bereits wertend kommentiert, indem er etwa ein Tatgeschehen als *„besonders dreist"* oder *„ruchlos"* und *„infam"* bezeichnet.
Derartige Anklagen sollte der Verteidiger nicht ohne weiteres hinnehmen. In solchen Fällen empfiehlt es sich vielmehr, unter Verweis auf den vorgeschriebenen Inhalt der Anklageschrift, der weder unter- noch überschritten werden darf, an das zuständige Gericht einen Antrag dahingehend zu stellen, die Anklage nur mit entsprechenden Änderungen/Streichungen zur Hauptverhandlung zuzulassen. In diesem Zusammenhang empfiehlt sich der Hinweis, dass insbesondere bei Verfahren vor Schöffengerichten die des Akteninhalts unkundigen Schöffen erstmals durch Verlesung des Anklagesatzes erfahren, was dem Beschuldigten von der Staatsanwaltschaft zur Last gelegt wird. Diese Information soll in sachlicher Form erfolgen und es ist nicht vorgesehen, dass bei dieser Gelegenheit den Schöffen gleichzeitig eine Wertung des Tatgeschehens übermittelt werden soll, weil dann zu besorgen sein könnte, dass sie nicht mehr frei in ihrer Entscheidung und unvoreingenommen sind.

II. Fehler bei der Beweisermittlung im Ermittlungsverfahren

1. Unzureichende Ermittlungstätigkeit der Staatsanwaltschaft

3 Im Rahmen der zunehmenden Anzahl von Ermittlungsverfahren bei den Staatsanwaltschaften kommt es immer häufiger vor, dass zum Zeitpunkt des Abschlusses der Ermittlungen und der erfolgten Anklage das Ermittlungsverfahren tatsächlich **nicht richtig ausermittelt** ist, und der Gedanke vorherrscht, die fehlenden Ermittlungen könnten schließlich in der Hauptverhandlung nachgeholt werden. Je umfangreicher und komplizierter sich ein Ermittlungsverfahren gestaltet, umso häufiger kann man eine solche Denkweise antreffen. Gerade in großen Wirtschaftsstrafverfahren passiert es wieder-

---

1 Vgl. hierzu die Ausführungen zum Anklagesatz sowie Meyer-Goßner, § 200 Rn 8, 10, 16.

holt, dass zum Zeitpunkt der Anklageerhebung überhaupt nicht feststeht, wer alles geschädigt wurde und um welche Schadenssummen es sich handelt, weil z.b. nicht alle an die möglichen Geschädigten versandten Fragebögen wieder in Rücklauf gekommen sind. Dennoch wird aber bereits eine Anklage erhoben, in der teilweise entweder keine Schadenssummen oder nur geschätzte Beträge angegeben sind.

Einer solchen Verfahrensweise sollte der Verteidiger entsprechend entgegentreten. Das Hauptverfahren dient nicht der Nachholung von Ermittlungstätigkeit. Vielmehr ist es für den Mandanten und den Verteidiger geboten, sich auf alle Vorwürfe auch hinsichtlich des Umfangs der Vorwürfe, die der Staatsanwalt dann in der Hauptverhandlung nachweisen will, vorab einzustellen. Er sollte deshalb diese fehlerhafte Verfahrensweise ansprechen. Lediglich ausnahmsweise sollte er davon Abstand nehmen, wenn er nach gewissenhafter Prüfung und Rücksprache mit seinem Mandanten zu der Überzeugung gekommen ist, dass ein weiteres Beharren auf Durchführung von Ermittlungen eher schädlich sein kann, weil sich eine weitere Aufklärung der Vorwürfe eher zum Nachteil des Mandanten auswirken könnte.

Kommt er jedoch zu dem Ergebnis, weitere Untersuchungen werden wegen der bisher nur unzureichend vorhandenen Ermittlungen notwendig sein, bietet ihm § 202 StPO die Grundlage für einen entsprechenden Antrag.

Der Verteidiger kann entweder beantragen, dass das Gericht selbst weitere Beweiserhebungen vor einer Entscheidung über die Eröffnung des Hauptverfahrens durchführt oder aber – noch besser – bei der Staatsanwaltschaft darauf hinwirkt, dass diese zunächst „ihre Hausaufgaben" macht. Zwar kann das Gericht die Staatsanwaltschaft zu diesem Zeitpunkt des Verfahrens nicht dazu verpflichten, die von ihm angeregten Ermittlungen auch durchzuführen. Allerdings wird hieran eine Anregung nicht scheitern. Denn zum einen besteht eine grundsätzliche Ermittlungspflicht der Staatsanwaltschaft und zum anderen wird ein Staatsanwalt stets daran interessiert sein, die von ihm erhobene Anklage auch zugelassen zu erhalten. Wird ihm in einer solchen Situation durch das Gericht mitgeteilt, dass es vor einer Entscheidung über die Eröffnung des Hauptverfahrens weitere Beweiserhebungen für geboten hält, ist kaum vorstellbar, dass ein Staatsanwalt einer solchen Anregung nicht nachkommen wird. Auch die Chancen für den Verteidiger, mit einem solchen Antrag Erfolg zu haben, stehen grundsätzlich nicht schlecht. Schließlich wird auch ein Richter wenig geneigt sein, Arbeiten durchzuführen, die primär vom Staatsanwalt hätten erledigt werden müssen. Fener muss der Richter bei einem entsprechenden Antrag des Verteidigers damit rechnen, dass sich wegen der mangelhaften Vorarbeiten die Hauptverhandlung erheblich verlängern kann.

Für den Verteidiger aber bringt ein erfolgreicher Antrag nicht nur einen psychologischen Vorteil, sondern ggf. auch einen Zeitgewinn.

2. Unzureichende Dokumentation der Ermittlungstätigkeiten der Staatsanwaltschaft

Von den Fällen der unzureichenden Ermittlungstätigkeit sind die Fälle zu unterscheiden, in denen die durchgeführte Ermittlungstätigkeit **nur unzureichend in den Akten dokumentiert** ist. Gerade in umfangreichen Verfahrenskomplexen, in denen die Verfahren gegen mehrere Beschuldigte getrennt voneinander geführt werden, kommt es häufiger vor, dass lediglich Teilbereiche dieser Verfahren der Akte gegen den eigenen Mandanten zugefügt werden. Dies kann dazu führen, dass umfangreich stattgefundene

4

Zeugen- oder Beschuldigtenvernehmungen nur bruchstückhaft in die Ermittlungsakte des anderen Verfahrens übernommen worden sind. Dies sollte der Verteidiger ebenfalls nicht hinnehmen. Aus dem Akteneinsichtsrecht gemäß § 147 StPO i.V.m. dem Anspruch des Beschuldigten auf ein faires Verfahren (Art. 6 Abs. 3 MRK) ergibt sich auch der Anspruch der Verteidigung darauf, dass durchgeführe Beweiserhebungen vollständig in der Akte dokumentiert werden.[2] Die Frage der Überprüfung und Bewertung vorhandener Beweismittel ist eine der Kernaufgaben der Verteidigung. Gerade im Bereich des Personalbeweises spielt dabei die Frage der Glaubwürdigkeit der vernommenen Person eine wichtige Rolle. Es bedarf aber keiner weiteren Erörterung darüber, dass eine solche Beurteilung nicht vorgenommen werden kann, wenn der Überprüfende nicht einmal einfachste Überlegungen zur Glaubwürdigkeitsbeurteilung wie etwa Feststellung der Aussagekonstanz, des Detailreichtums und der Nachprüfbarkeit der Aussage in anderen Punkten anstellen kann, weil lediglich die den Mandanten belastenden Sätze wiedergegeben worden sind.

III. Zuständigkeitsprobleme

5   Durch das Rechtspflegevereinfachungsgesetz wurde die Strafgewalt des Amtsgerichts[3] von ursprünglich drei Jahren auf vier Jahre erhöht. Gesetzgeberisches Ziel war hierbei u.a., einen Schwerpunkt der Verfahren vom Landgericht zum Amtsgericht zu verlagern. Dennoch finden sich immer wieder Anklagen zum Landgericht, die nur mit der Höhe der von der Staatsanwaltschaft vorgestellten Straferwartung erklärbar sind, weil ein anderer Zuständigkeitsgrund gemäß § 24 GVG nicht ersichtlich ist. Soweit die Staatsanwaltschaft die Zuständigkeit des Landgerichts wegen der besonderen Bedeutung des Falls annimmt (§ 24 Abs. 1 Nr. 3 GVG), hat sie dies gem. Ziff. 113 der Richtlinien für das Straf- und Bußgeldverfahren (RiStBV) aktenkundig zu machen.

Erscheint dem Verteidiger die Annahme der **landgerichtlichen Zuständigkeit als fehlerhaft**, sollte er auch dieses nicht auf sich beruhen lassen, sondern den Antrag stellen, die Anklage durch das Landgericht vor dem Amtsgericht eröffnen zu lassen. Wie bei allen Zuständigkeits- und Besetzungsfragen ist aber vorab zu überlegen, ob der Antrag tatsächlich für den Mandanten einen Vorteil bringen kann. Es kann bei Verteidigerbemühungen nie darum gehen, lediglich Kunst um der Kunst willen zu produzieren. Der Verteidiger muss sich vielmehr darüber im Klaren sein, dass sich lediglich Personen oder Spruchkörper verändern können, die schließlich zur Entscheidung über den Fall berufen sind. Er muss sich deshalb stets fragen, ob im Falle des Erfolges seines Antrages das neu zuständige Gericht nicht möglicherweise dazu neigen kann, zu einer erheblich schlechteren Entscheidung zu kommen, als das ursprünglich zuständige Gericht. Dabei kann es durchaus so sein, dass ein Landgericht bei der Beurteilung sehr viel moderater ist als ein Amtsgericht. Gerade in Wirtschaftsstrafsachen ist es häufig zu erleben, dass eine Strafkammer – möglicherweise aufgrund der Vielzahl von Fällen mit hohen Schadenssummen – den Bereich der unteren Kriminalität sehr viel weiter sieht als ein Amtsgericht. In Extremfällen kann dies sogar dazu führen, dass von Seiten der Strafkammer noch eine Bereitschaft zu einer Sachbehandlung gemäß § 153a StPO be-

---

2   LG Koblenz, StV 97, 239.
3   Auch die des Strafrichters (!) vgl. § 25 Nr. 2 GVG.

stehen kann, wohingegen bei einem vergleichbaren Fall beim Amtsgericht bereits über die Freiheitsstrafe diskutiert wird.

Kommt der Verteidiger jedoch nach diesen Überlegungen zu dem Ergebnis, dass eine Verhandlung vor dem Amtsgericht mehr Chancen bietet, sollte er sich dazu entschließen, beim Gericht zu beantragen, gemäß § 209 Abs. 1 StPO das Hauptverfahren vor dem Amtsgericht zu eröffnen. Auch bei diesem Antrag hat der Verteidiger gute Chancen, erfolgreich zu sein. Denn wenn der Antrag nur halbwegs plausibel ist, besteht für die Stafkammer immerhin die verlockende Aussicht, sich mit dem Fall nie wieder beschäftigen zu müssen. Denn das Gericht niedrigerer Ordnung hat dann **keine eigene Entscheidungskompetenz** mehr darüber, ob es den Fall überhaupt annehmen oder das Hauptverfahren eröffnen möchte. Beides ist bereits durch das Gericht höherer Ordnung erfolgt. Das Amtsgericht kann in diesen Fällen erst dann wieder verweisen, wenn sich nach Beginn der Hauptverhandlung herausstellt, dass eigentlich die sachliche Zuständigkeit des Landgerichts begründet wäre (§ 270 StPO).

Inhaltlich lässt sich der Antrag des Verteidigers neben der Argumentation zu §§ 24, 25 GVG zusätzlich auch damit untermauern, dass bei einer fehlerhaften Zuständigkeit des Landgerichts für den Beschuldigten eine unzulässige Rechtswegverkürzung erfolgen würde. Denn bei einer erstinstanzlichen Verhandlung vor dem Landgericht steht dem Beschuldigten lediglich noch das Rechtsmittel der Revision zum Bundesgerichtshof zu. Hingegen hätte er bei einer erstinstanzlichen Verhandlung vor dem Amtsgericht sowohl noch das Rechtsmittel der Berufung zum Landgericht, als auch der Revision zum Oberlandesgericht bzw. Bayerischen Obersten Landesgericht oder Kammergericht.[4]

IV. Fehler im Eröffnungsbeschluss

Naturgemäß kann der Verteidiger Fehler im Eröffnungsbeschluss oder gar einen fehlenden Eröffnungsbeschluß im Zwischenverfahren nicht rügen, weil der Eröffnungsbeschluß am Ende des Zwischenverfahrens steht. Hier bestehende Probleme verlagern sich deshalb in das Haupt- oder sogar in das Rechtsmittelverfahren. Dennoch soll aus Gründen der Systematik diese Problematik bereits hier angesprochen werden. **6**

Mängel des Anklagesatzes sind zugleich auch Mängel des Eröffnungsbeschlusses. Allerdings können nur schwere Mängel die Unwirksamkeit des Eröffnungsbeschlusses begründen. Hierfür reicht die Unzuständigkeit eines Gerichts noch nicht aus.[5]

Vom Mangel des Eröffnungsbeschlusses ist das Fehlen des Eröffnungsbeschlusses zu unterscheiden. Der Eröffnungsbeschluß ist **unverzichtbare Prozessvoraussetzung**, sein Fehlen steht einer Entscheidung in der Sache entgegen. Er kann jedoch in der Hauptverhandlung nachgeholt werden.[6] Einen konkludenten Eröffnungsbeschluß gibt es allerdings nicht. Keineswegs kann eine bloße Termins- und Ladungsverfügung des für die Eröffnung des Hauptverfahrens zuständigen Strafrichters den fehlenden Eröffnungsbeschluß ersetzen.[7]

---

4 Das BayObLG wird nach den Bestrebungen des bayerischen Gesetzgebers ab dem 01.01.2005 sukzessive abgeschafft werden; insoweit sind also entsprechende Gesetzesänderungen im Auge zu behalten.

5 OLG Naumburg NStZ 96, 248 (der Vorsitzende des Schöffengerichts lässt die Anklage vor sich als Strafrichter zu).

6 KK/Treier, § 203 StPO Rn 2.

7 OLG Zweibrücken StV 98, 66.

Ist ein Eröffnungsbeschluß erfolgt, ist er unwiderruflich. Dies gilt selbst dann, wenn sich nachträglich herausstellt, dass aus bestimmten Gründen ein hinreichender Tatverdacht bei Eröffnung des Verfahrens nicht angenommen werden konnte oder bereits zu diesem Zeitpunkt ein Verfahrenshindernis bestand. Deshalb ist es lediglich aus rechtshistorischen Gründen noch interessant, die anderslautende Entscheidung des sogenannten „Kommprozesses" in Nürnberg zur Kenntnis zu nehmen.[8] In diesem Verfahren waren sogar nach Beginn der Hauptverhandlung nachträglich noch die Voraussetzungen für die Eröffnung verneint worden.

Stellt der Verteidiger während eines späteren Verfahrensabschnittes fest, dass ein ergangener Eröffnungsbeschluß entweder fehlerhaft ist oder überhaupt kein Eröffnungsbeschluß vorliegt, gilt in taktischer Hinsicht das zur Frage der Nichteröffnung der Hauptverhandlung Gesagte entsprechend.[9]

---

8 LG Nürnberg-Fürth NJW 1983, 584.
9 Vgl. hierzu Ausführungen unter § 11 Rn 12.

§ 13 Arbeitshilfen

I. Checkliste Zwischenverfahren

1. Vorbereitung auf die Anklageschrift

■ Mandanten informieren, welche Aufforderungen das Gericht mit der Übermittlung der Anklageschrift verbinden wird

2. Vorliegen der Anklageschrift

■ Akteneinsicht beantragen (ggf. gleichzeitig Verlängerung der Stellungnahmefrist)

■ Überprüfung, ob sich Gesichtspunkte gegen die Eröffnung des Hauptverfahrens vorbringen lassen oder zumindest Anträge gegen Inhalt, Form oder Zuständigkeit

a) Nichteröffnung des Hauptverfahrens

aa) Nichteröffnung aus tatsächlichen Gründen.

■ Kausalitätsprobleme

■ Sachverständigenfragen

bb) Nichteröffnung aus Rechtsgründen.

■ Verfahrenshindernisse
Überprüfung möglicher Verfahrenshindernisse (nicht abschließend)

■ Strafunmündigkeit (§ 19 StGB, im Privatklageverfahren § 80 JGG)

■ dauernde Verhandlungsunfähigkeit

■ Anwendbarkeit des deutschen Strafrechts[1]

■ Fehlen der Unterworfenheit unter die deutsche Gerichtsbarkeit

■ Immunität (liegt Genehmigung der Strafverfolgung vor?)

■ Besteht ein Straffreiheitsgesetz

■ Beschränkung wegen erfolgter Auslieferung (Spezialitätsgrundsatz)

■ Verfolgungsverjährung

■ Strafantragsdelikte

– Vorliegen eines wirksamen Strafantrages
(Berechtigter, Form, Frist, Inhalt

– Rücknahme (Bejahung des besonderen öffentlichen Interesses durch die StA?)

Privatklagedelikt, bei dem nicht das öffentliche Interesse bejaht wird (§§ 376, 374 StPO)

Behördliche Ermächtigung (§§ 90 Abs. 4, 90b Abs. 2, 97 Abs. 3, 104 a, 194 Abs. 4, 353a Abs. 2, 353b Abs. 4 StGB)

Strafklageverbrauch gem. Art. 103 Abs. 3 GG

Strafklageverbrauch durch ausländische Verurteilung aufgrund internationalen Übereinkommens

Doppelte Rechtshängigkeit

---

[1] BGH NStZ 86, 320.

- Fehler in der Anklageschrift
  - Fehlerhafter Anklagesatz
  Anklagesatz wird der Umgrenzungsfunktion nicht gerecht
  - Fehler im wesentlichen Ergebnis der Ermittlungen
  Anklageschrift wird der Informationsfunktion nicht gerecht

b) **Beschränkte Einwendungen gegen die Anklageschrift**

- Ist die Formulierung des Anklagesatzes beanstandungsfrei?
- Ist die rechtliche Würdigung richtig?
- Ist die Anklageschrift Ergebnis eines ausreichend durchgeführten Ermittlungsverfahrens?
- Ist das Ermittlungsergebnis in der Akte ausreichend dokumentiert?
- Ist die Anklage zum zuständigen Gericht erhoben worden?

II. Musterantrag zur Nichteröffnung der Hauptverhandlung 2

▶

Amtsgericht München
80097 München

Az.: ....
Hans Huber
wegen Verdachts des unbefugten Gebrauchs eines Fahrzeugs

Nach erhaltener Akteneinsicht stelle ich den

Antrag,

die Anklage der Staatsanwaltschaft aus rechtlichen Gründen nicht zur Hauptverhandlung zuzulassen.

BEGRÜNDUNG:

Mit der Anklage der Staatsanwaltschaft vom 10.05.2004 wird Herrn Huber ein unbefugter Gebrauch eines Fahrzeugs gemäß § 248b StGB zur Last gelegt, weil er den im Eigentum seines Nachbarn Michael Zimmermann stehenden Pkw durch Wegfahren entfernt hatte, um wieder freien Zugang zu seiner Grundstückseinfahrt zu erhalten.

Die Eröffnung des Hauptverfahrens ist abzulehnen, weil es an der Verfahrensvoraussetzung des Vorliegens eines wirksamen Strafantrages (§ 248b Abs. 3 StGB) fehlt.

1. Ausweislich der Akten hat der Eigentümer des Pkw's, Herr Michael Zimmermann, überhaupt keinen Strafantrag gestellt.

2. In der Akte befindet sich lediglich ein Vermerk des ermittelnden Polizeibeamten darüber, dass der Sohn von Michael Zimmermann, Herr Herbert Zimmermann, dem das Fahrzeug von seinem Vater zur ständigen Nutzung überlassen wurde, in einem Telefongespräch mitgeteilt habe, dass er die Handlungsweise von Herrn Huber strafrechtlich verfolgt wissen möchte.
Damit aber liegen die Voraussetzungen eines wirksamen Strafantrages nicht vor, wobei bereits nicht mehr auf die strittige Frage eingegangen werden muss, unter welchen Voraussetzungen neben dem Eigentümer auch ein Gebrauchsberechtigter überhaupt antragsbefugt i.S.d. § 248b StGB sein kann.
Denn selbst dann, wenn man dem Sohn des Eigentümers des Pkw's eine Antragsbefugnis zusprechen würde, wäre der Strafantrag unwirksam. Gemäß § 158 Abs. 2 StPO hat ein Strafantrag, wenn er bei der Polizei gestellt wird, schriftlich angebracht zu werden. Hierfür reicht es nicht aus, dass der Beamte über ein Strafbegehren lediglich telefonisch erfährt und daraufhin einen Aktenvermerk anfertigt (BayObLG NStZ 94, 86). So verhält es sich aber hier. Ein schriftliches Dokument des Sohnes liegt nicht vor, somit auch kein formgültiger Strafantrag. Damit fehlt es aber bereits an einer Prozessvoraussetzung mit der Folge, dass die Anklage nicht zur Hauptverhandlung zuzulassen ist.

Rechtsanwalt◀

Fünfter Teil: Das Hauptverfahren

§ 14 Die organisatorische Vorbereitung der Hauptverhandlung

I. Die technische Vorbereitung des Verteidigers und Mandanten

1 Dass es zu einer Hauptverhandlung kommen wird, steht spätestens fest, wenn den Verteidiger entweder die Terminladung erreicht hat oder er aufgrund „ständiger Fühlung" mit dem Gericht entsprechende Nachrichten erhalten hat. Unter Umständen hat es zu diesem Zeitpunkt auch bereits vorsorgliche Verabredungen hinsichtlich eines möglichen Hauptverhandlungstermins gegeben.
Spätestens zu diesem Zeitpunkt muss deshalb konkret die Hauptverhandlung vorbereitet werden. Hierzu stellen sich sehr unterschiedliche Aufgaben, wobei es von erheblicher Wichtigkeit ist, dass der Verteidiger sich entsprechend organisiert.

1. Plan für die Hauptverhandlung

2 Eine gute Verteidigung innerhalb der Hauptverhandlung zeichnet sich dadurch aus, dass der Verteidiger jederzeit in der Lage ist, auf neue Situationen sinnvoll zu reagieren und improvisieren zu können. Die Kunst der Improvisation bedeutet aber nicht, dass nicht all das, was vorbereitet werden könnte, vorab auch vorzubereiten wäre.
Mindestanforderung an eine ordnungsgemäße Verteidigung ist deshalb, dass vor der Hauptverhandlung sowohl die **Haupt- und Hilfsziele** der Verteidigung definiert, sowie die Wege skizziert sind, um diese Ziele zu erreichen. Bestreitet der Verteidiger unvorbereitet oder ohne Definition von möglichen Verteidigungszielen die Hauptverhandlung, begibt er sich damit auf das Niveau einer Art *„schaun wir mal!"-Verteidigung*,[1] die faktisch nichts anderes darstellt als die lediglich körperliche Präsenz eines Verteidigers.
Es ist leider eine nicht zu leugnende Tatsache, dass es zu viele Verteidiger gibt, die einen „Blindflug" durch die Hauptverhandlung betreiben. Gelegentlich wird diese Art von anwaltlicher Leistungsverweigerung sogar noch damit gekrönt, dass im Plädoyer die Verteidigung beantragt, *„dass die auszusprechende Strafe in das Ermessen des Gerichts gestellt wird"*.[2]
Es ist deshalb zwingend gebotenes Verteidigerhandeln, dass der Verteidiger sich bereits **vor** der Hauptverhandlung genau damit auseinandersetzt, **was** eigentlich erreicht werden soll (vgl. hierzu näheres unten).
Entsprechend diesen Vorgaben hat er sich auch äußerlich einen **Plan für die Hauptverhandlung** zurechtzulegen. Dem Verteidiger sollte dabei bewusst sein, dass es – wie auch sonst im Leben – nicht nur auf die inhaltliche Richtigkeit eines Arguments ankommen kann, sondern ebenso bestimmte Faktoren sowohl der Zeitpunkt wie auch die Art und Weise des Vorbringens sein können. Nicht jedes taktische Mittel ist zu jedem Zeitpunkt gleichwertig. Nicht jedes sachgleiche Argument wiegt gleich schwer, wenn die Art und Weise des Vorbringens unterschiedlich ist.

---

1 Nach dem bekannten Zitat von Franz Beckenbauer als ehemaligem Teamchef der deutschen Fußballnationalmannschaft.
2 Zum Schlußantrag vgl. im einzelnen § 23.

In **zeitlicher Hinsicht** muss dem Verteidiger bewusst sein, dass es Verfahren mit völlig   3
unterschiedlicher Bereitschaftshaltung durch das Gericht gibt. So sind neben Verfahren, in denen das Gericht hinsichtlich der Schuldfrage offen ist, auch Verfahren denkbar, in welchen die Bereitschaft des Gerichts zu Zweifeln an der Anklage erst einmal geweckt werden muss. Andererseits sind Verfahren denkbar, bei denen sich die Stimmung eines dem Angeklagten ursprünglich durchaus wohlwollend gesonnenen Gerichts mit der zunehmenden Befassung mit der Angelegenheit ins Gegenteil verkehrt.

Gleiches gilt bei Fragen der **Strafzumessung**. Es darf nicht davon ausgegangen werden,   4
dass Verständigungen zwischen den Verfahrensbeteiligten jederzeit möglich sind. Es gibt vielmehr regelrechte *„Verständigungsfenster"*, die nur zu bestimmten Zeitpunkten geöffnet sind und es höchst fraglich ist, ob sich danach noch einmal die Möglichkeit zu einem entsprechenden Verfahrensabschluss bieten wird.[3] Die Verteidigung hat deshalb im Hinblick auf diese Gegebenheiten den Ablauf der Hauptverhandlung zu durchdenken. In geeigneten Fällen kann es sich anbieten, bereits in einem sehr frühen Stadium mit dem Gericht hinsichtlich des Ablaufs der Beweisaufnahme Gespräche zu führen. Spätestens dann aber, wenn der Verteidigung die Ladungsliste der vorgesehenen Zeugen- und Sachverständigen übermittelt wird, ist Handeln erforderlich. Häufig wird dies zugleich mit dem Eröffnungsbeschluß sowie der Terminierung und Ladung der Hauptverhandlung übermittelt werden. In den Fällen, in denen dies nicht geschieht, hat sich der Verteidiger entweder durch wiederholte Akteneinsicht oder durch Kontaktaufnahme mit dem Gericht darüber zu informieren, welchen Ablauf das Gericht hinsichtlich der Beweisaufnahme vorsieht. In jedem Fall ist es unerläßlich, den durch das Gericht geplanten Ablauf der Beweisaufnahme zu kennen. Von Bedeutung ist dabei sowohl die durch das Gericht geplante Reihenfolge der Beweisaufnahme als auch die Untersuchung der Frage, welche in der Anklage bezeichneten Beweismittel das Gericht aus welchem Grund nicht verwenden will und welche Beweismittel nicht zusätzlich vorgesehen sind. Im Zusammenhang mit der Planung der Hauptverhandlung sind auch die Probleme um die Selbstladung von Zeugen und Sachverständigen zu sehen. Auch hier spielt die Beantwortung der Frage, zu welchem Zeitpunkt der Antrag, einen selbst geladenen Zeugen oder Sachverständigen zu hören, gestellt wird, eine entscheidende Rolle.[4] Daneben kann auch der Zeitpunkt der Beweisaufnahme eine wesentliche Rolle spielen.

Als **Beispiel** hierfür mag eine langtägig terminierte Hauptverhandlung dienen. So kann es etwa denkbar sein, dass in einem Verfahren gegen den Angeklagten wegen des Vorwurfs des Diebstahls in 40 Fällen nach Aktenlage der Ausgang des Verfahrens voraussichtlich davon abhängen wird, ob die Zeugen in Fall 30 der Anklage für glaubwürdig erachtet werden oder nicht, weil es sich gerade bei diesem Fall um eine Art Schlüsselfall handelt. In einem solchen Fall wird der Verteidiger bei seiner Vorbereitung der Hauptverhandlung im Falle eines gerichtlichen Hinweises darüber, bei einer Zeugeneinvernahme zu diesem bestimmten Fall eine Verurteilung anzustreben zwingend die Überlegung miteinzubeziehen haben, seinem Mandanten zumindest nach einem solchen Hinweis als sogenannte „Notbremse" ein Geständnis zu empfehlen. Stellt sich bei einer solchen Verfahrenskonstellation heraus, dass das Gericht die Zeugen für den Fall

---

3 Zu Verständigungen im Strafverfahren im Einzelnen vgl. § 22.
4 Vgl. hierzu die Ausführungen zum Selbstladungsrecht § 15 Rn 40 ff.

30 der Hauptverhandlung aber erst zum 30. Hauptverhandlungstag geladen hat, weil es beabsichtigt, die Fälle chronologisch zu bearbeiten, so kann der Verteidiger mit einem derart vorgesehenen Ablauf der Beweisaufnahme nicht einverstanden sein. Denn es liegt auf der Hand, dass dem Geständnis eines Angeklagten nach 30 Hauptverhandlungstagen ungleich weniger Wert für die Strafzumessung beigemessen werden wird, als nach zwei oder drei Hauptverhandlungstagen. Ergibt sich deshalb eine derart beschriebene Sachlage, so hat der Verteidiger bei Gericht bereits vor Beginn der Hauptverhandlung darauf hinzuwirken, dass die Ladungsliste geändert wird und die Beweisaufnahme zu Fall 30 der Anklage bereits in einem sehr frühen Stadium des Verfahrens erfolgt, möglicherweise sogar als sogenanntes „Pilotverfahren". Die Erfahrung der Praxis lehrt, dass – gerade auch weil sich niemand überflüssige Arbeit machen will – ein entsprechender Vorschlag bei Gericht zumeist auf offene Ohren stoßen wird.

In anderen Fällen kann es wiederum angezeigt sein, von Seiten der Verteidigung zunächst abzuwarten, dass beim Gericht durch die Durchführung der vorgesehenen Beweisaufnahme die Saat von Zweifeln aufgeht, ehe durch Beiführung weiterer Beweismittel der entscheidende Schlag gegen die Anklage versucht wird.

Aber auch das genaue **Gegenteil ist denkbar**. Gerade in Fällen mit vielen möglichen Geschädigten besteht häufig die nicht unerhebliche Gefahr, dass sich allein durch die Anzahl der Aussagen die Situation für den Angeklagten eher verschlechtert als verbessert. Gerade in solchen Fällen wird der Verteidiger deshalb häufig gut beraten sein, wenn er versucht, das Verfahren so weit wie möglich „an der Oberfläche zu führen" und verstärkt darauf hinwirkt, dass die Beweisaufnahme so kurz wie möglich gestaltet wird, ggf. unter Verzicht auf weitere Beweismittel.

5 Ein weiterer wichtiger Punkt der Planung ist die **Anbringung von Schriftsätzen**. Vielfach ist bei Verteidigern die Neigung zu spüren, diese erst spätestmöglich anzubringen, weil sich hiervon ein Überraschungseffekt versprochen wird. Dabei wird jedoch übersehen, dass ein Argument nicht besonders stark sein kann, wenn es sich maßgeblich auf den Moment der Überraschung stützen muss.[5]

Vielmehr sollten Argumente nur dann vorgebracht werden, wenn sie tatsächlich gewichtig sind und mehr für sich haben als lediglich den Überraschungsmoment. Dann muss der Verteidiger aber auch gewährleisten, dass das Gericht die innere Bereitschaft dazu aufbringt, sich damit auseinanderzusetzen. Gerade wenn es sich um schwierigere Argumentationsführungen handelt, wird dies aber nur dann gewährleistet sein, wenn das Gericht auch ausreichend Zeit hierzu hat. Entsprechende Schriftsätze sollten deshalb im Regelfall rechtzeitig – **vor der Hauptverhandlung** – eingebracht werden.

Bei der Gestaltung des Schriftsatzes sollte an eine **leichte Lesbarkeit** gedacht werden. Die Argumente sollten gut geordnet, knapp und verständlich, vorgetragen werden. Umfangreiche Schriftsätze, die weniger dem Gericht als vielmehr zur Gefälligkeit und zum Imponieren des eigenen Mandanten verfaßt werden, sind unwürdig und haben zu unterbleiben. Der Verteidiger ist vielmehr gut beraten, wenn er sich stets vergegenwärtigt, dass auch Gerichte wenig Interesse daran haben, umfangreiche Ausführungen vorlegen zu müssen, die es an entsprechender Substanz vermissen lassen. Die Gefahr, dass die Schriftsätze tatsächlich überhaupt nicht gelesen werden oder nur sehr oberflächlich, ist sonst sehr groß.

---

5 Hierauf weist Schlothauer, Vorbereitung der Hauptverhandlung, RN 120, zu Recht hin.

Der Verteidiger muss dafür sorgen, unter allen Umständen mit seinen Argumenten zur Kenntnis genommen und verstanden zu werden. Dies wird nicht dadurch bewerkstelligt, dass Schwieriges möglichst schwierig und unübersichtlich dargestellt wird. Die besten Chancen bieten vielmehr immer noch eine einfache klare Sprache und eine unkomplizierte nachvollziehbare Argumentationsführung.

2. Verteidigungsunterlagen

Auch die weitere handwerkliche Vorbereitung auf die Hauptverhandlung muss organisiert werden. Der Verteidiger muss sich Gedanken darüber machen, welche Hilfsmittel er in der Hauptverhandlung benötigen wird, wobei zwei verschiedene Bereiche zu unterscheiden sind: **6**

■ Zum einen muss überlegt werden, in welcher Form der Verteidiger für sich den Inhalt der Hauptverhandlung festhalten will, damit er ihn jederzeit reproduzieren kann.

■ Darüber hinausgehend sind Gedanken darüber anzustellen, auf welche Hilfsmittel und welches Material der Verteidiger während der Hauptverhandlung zurückgreifen möchte.

a) Reproduktion der Hauptverhandlung/Festhalten des Inhalts

Der Verteidiger muss es sich zur Pflicht machen, den **Inhalt einer Hauptverhandlung** aufgrund eigener Unterlagen **reproduzieren** zu können. Auf das Hauptverhandlungsprotokoll, welches der Protokollführer während der Hauptverhandlung anfertigt, kann er sich dabei nicht verlassen. Unabhängig davon, dass es bereits während der laufenden Hauptverhandlung erforderlich sein wird, bestimmte Teile der Hauptverhandlung zu reproduzieren, wird ihm das vom Protokollführer gefertigte Protokoll auch sonst kaum ausreichende Dienste erweisen können. Das Protokoll einer Hauptverhandlung vor dem Landgericht oder einer höheren Instanz in den besonders gelagerten Fällen (§ 120 GVG) gibt nur die wesentlichen Förmlichkeiten sowie die sonstigen Ereignisse im Rahmen der Hauptverhandlung im Sinne der §§ 272, 273 Abs. 1 StPO wieder. Bei einer Hauptverhandlung vor dem Strafrichter und dem Schöffengericht sind zwar gemäß § 273 Abs. 2 StPO auch die wesentlichen Ergebnisse der Vernehmung in das Protokoll aufzunehmen, allerdings kann sich auch hier der Verteidiger nicht sicher sein, dass damit dasjenige im Protokoll steht, was später für ihn aus anderen Gründen wichtig werden mag. **7**

Ein eigenes Festhalten der nach Auffassung der Verteidigung wichtigen Abläufe und insbesondere Aussagen ist daher zwingend. Lediglich Entscheidungen, die durch Verkündung im Rahmen der Hauptverhandlung bekannt gemacht werden, brauchen nicht gesondert festgehalten zu werden. Hier bietet es sich vielmehr an, gemäß § 35 Abs. 1 S. 2 StPO die Übermittlung einer Abschrift zu beantragen.

aa) Die Mitschrift in der Hauptverhandlung. Das gängigste Mittel zum Festhalten des Inhalts der Hauptverhandlung ist die **Mitschrift**. Diese wird jeder Verteidiger naturgemäß unterschiedlich gestalten. Es kann allerdings empfohlen werden, als Schreibunterlage weniger Ringbücher oder zusammenhängende nicht trennbare Schreibblöcke zu verwenden, sondern auf Einzelblätter zurückzugreifen, die dann später zusammengeheftet werden können. Geeignet hierfür ist etwa die schlichte Verwendung von Kopierpapier. **8**

Denn diese Verfahrensweise bietet einige Vorteile:
Zum einen kann bei einer derartigen Handhabung frühzeitig durch schlichte Neuordnung der Mitschrift gegen Ende der Hauptverhandlung bereits die Grundlage für einen Teil des Schlußantrages geschaffen werden. Beabsichtigt der Verteidiger im Rahmen des Schlußantrages auch eine Äußerung zu Teilen der Beweisaufnahme, kann er aus seiner Mitschrift die unwichtigen Teile der Beweisaufnahme aussortieren und den Rest als Stichwortliste für seine Ausführungen verwenden.

Darüber hinausgehend bringt das Mitführen einzelner Blätter aber auch weitere Vorteile.

Der Verteidiger sollte es sich zur Pflicht machen, in einer Hauptverhandlung alle seine **Anträge**, soweit sie mehr als eine Zeile betragen, **schriftlich** zu formulieren. Er wird diese Anträge während der Hauptverhandlung mündlich stellen, den schriftlichen Antrag dann aber nach Verlesung dem Gericht übergeben.

Zweck der schriftlichen Abfassung eines Verteidigerantrages ist zum einen die Selbstkontrolle. Dadurch, dass der Verteidiger ausdrücklich seinen Antrag formuliert, wird er in die Lage versetzt, bei der Formulierung noch einmal darüber nachzudenken, was mit seinem Antrag eigentlich genau erreicht werden soll. Vorteile und Gefahren des Antrags können genauer bedacht werden. Die schriftliche Niederlegung des Antrags führt zudem zu einer größeren Genauigkeit bei der Formulierung. Dies kann entscheidend werden, wenn es auf die rechtliche Einordnung des Antrags (z.B. als Beweisantrag oder Beweisermittlungsantrag) ankommen sollte.

Als weiteren Gesichtspunkt muss der Verteidiger gewährleisten, dass seine Anträge in der Hauptverhandlung nicht nur exakt verstanden werden, wie sie gemeint sind, sondern auch ebenso wiedergegeben werden. Stellt der Verteidiger im Rahmen einer Hauptverhandlung einen längeren Antrag, so wäre sein Glaube daran, dass der Protokollführer diesen Antrag exakt auch genauso für das Protokoll der Hauptverhandlung aufnehmen wird, geradezu tollkühn. Im Gegenteil belegt die Praxis immer wieder, dass von Verfahrensbeteiligten lediglich mündlich gestellte längere Anträge geradezu „verwurstelt" ins Hauptverhandlungsprotokoll aufgenommen werden.

Bei einem schriftlich übergebenen Antrag besteht diese Gefahr hingegen nicht. Der gesamte Antrag wird als Anlage zu Protokoll genommen.

Zu bedenken ist auch, dass die Revisionsrechtsprechung es gestattet, bei Unklarheiten hinsichtlich des Ziels des Antrags die Begründung des Antrags heranzuziehen. Nur wenn ein Antrag schriftlich gestellt wird (und natürlich auch mit einer schriftlichen Begründung versehen ist), ist aber überhaupt gewährleistet, dass auf eine existierende Begründung zurückgegriffen werden kann. Der Protokollführer ist hingegen keinesfalls verpflichtet, bei einem mündlichen Antrag die dazu erteilte Begründung im Protokoll festzuhalten.

9 Neben der eigenen Mitschrift auf Papier bieten sich allerdings auch **andere Hilfsmittel** zur Dokumentation der Hauptverhandlung an. So hat vielfach auch der **Laptop** bereits Einzug in die Hauptverhandlung gehalten. Kann der Verteidiger hiermit gut umgehen, stellt die Verwendung eine hervorragende Arbeitserleichterung dar. Durch die Verwendung wird nicht nur die Mitschrift erleichtert, sondern gerade in umfangreicheren Verfahren ist eine gute Archivierung und damit auch Bearbeitung des Prozessstoffs möglich. Gleichzeitig besteht die Möglichkeit des Rückgriffs auf juristische Datenbanken. Gerade weil im Strafverfahren Psychologie und Machtverteilung innerhalb der Haupt-

verhandlung eine bedeutende Rolle spielen, kann der Verteidiger bei Verwendung des Laptops – soweit er nicht auch von weiteren Verfahrensbeteiligten verwendet wird – einen entsprechenden Vorsprung erarbeiten.

Bei der entsprechenden organisatorischen Vorbereitung der Mitschrift – sei es durch schlichte Mitschrift oder durch Verwendung eines Laptops – sollte sich der Verteidiger zusätzlich allerdings auch darüber Gedanken machen, ob er in der Lage ist, die Mitschrift selbst zu fertigen oder aber in einem solchen Fall die Gefahr besteht, dass er wichtige Teile der Hauptverhandlung – etwa bei einer besonders komplizierten Beweisaufnahme – verpassen wird. Kommt er hierbei zu dem Ergebnis, dass eine eigene Mitschrift diese Gefahren birgt, sollte die Überlegung angestellt werden, dass anstelle des Verteidigers ein **Mitarbeiter** mitschreibt.

10

Dieser Mitarbeiter ist dann Gehilfe der Verteidigung und sitzt deshalb auch während der Hauptverhandlung auf der Verteidigerbank und nicht etwa im Zuschauerraum. Obwohl die Rechtsprechung eine solche Handhabung bereits seit langem für rechtens erklärt hat,[6] kann es in der Praxis gelegentlich vorkommen, dass ein Gericht Bedenken äußert, ob eine solche Handhabung möglich ist. Um insofern lästige und überflüssige Diskussionen zu Beginn der Hauptverhandlung zu vermeiden, bietet es sich bei der Planung einer solchen Vorgehensweise an, das Gericht vorab von der geplanten Handhabung der Mitschrift und ggf. auch von der Zulässigkeit dieser Vorgehensweise zu informieren.

Seltsamerweise kommt es bei einigen Fragestellungen in der Hauptverhandlung zu offenbar unausrottbaren Irrtümern mancher Gerichte. Ein typischer Beispielsfall hierfür ist die Frage, welche Personen während der Hauptverhandlung mitschreiben dürfen und welche nicht. So hört man nicht nur bei vielen Amtsgerichten, sondern sogar Landgerichten immer wieder die Auffassung, dass Zuhörern einer Hauptverhandlung – soweit es sich nicht um Presse handelt – das Mitschreiben untersagt sei, obwohl dies – seit langem entschieden – schlichtweg falsch ist.[7]

Denn ein **Mitschreiben** (eines Unbeteiligten) darf nur dann untersagt werden, wenn die durch konkrete Tatsachen begründete Gefahr besteht, dass Aussagen oder sonstige Verhandlungsvorgänge wartenden Zeugen oder Tatbeteiligten, gegen die gesondert noch ermittelt wird, mitgeteilt werden soll.[8]

Wegen dieser Sachlage sollte der Verteidiger deshalb bereits im Vorfeld das Gericht auf seine Absicht hinweisen.

bb) Weitere Hilfsmittel zur Reproduktion. Als weiteres Hilfsmittel der Verteidigung zur Reproduktion der Hauptverhandlung bietet sich auch die Herstellung von **Bild- oder Tonaufnahmen** an.

11

Hinsichtlich **Tonaufnahmen** sind zwei verschiedene Vorgehensweisen denkbar: Zum einen kann ein Antrag an das Gericht gestellt werden, einen bestimmten Teil der Beweisaufnahme (etwa eine Zeugenvernehmung) auf Tonband aufzunehmen. Andererseits ist aber auch der Antrag an das Gericht denkbar, dass der Verteidigung gestattet wird, selbst von einem bestimmten Teil der Beweisaufnahme eine Tonaufnahme zu fertigen.

---

6 BGHSt 18, 179.
7 BGH NStZ 82, 389.
8 BGH MDR 73, 730, BGHSt 3, 386, vgl. insofern auch RistBV Nr. 128 Nr. 2.

Dem Gericht ist es grundsätzlich gestattet, Tonbandaufnahmen von der Hauptverhandlung zu machen. § 169 Satz 2 GVG steht dem nicht entgegen, weil es sich hierbei nicht um Aufnahmen „*zum Zwecke der öffentlichen Vorführung oder Veröffentlichung ihres Inhalts*" handelt.

Allerdings kann das Gericht nicht in revisionserheblicher Weise durch Anträge der Verteidigung dazu gezwungen werden, entsprechenden Anträgen nachzugeben.[9]

Andererseits kann der Verteidiger aber den Antrag stellen, dass ihm gestattet wird, einen bestimmten Teil der Beweisaufnahme, zum Beispiel eine Zeugenvernehmung, aus bestimmten Gründen auf Tonband aufzunehmen. Widerspricht der hierüber informierte Zeuge diesem Vorhaben nicht und ist kein Missbrauch zu befürchten, sollte dies dem Verteidiger gestattet werden.[10]

Der Verteidiger muss sich bei dem ganzen Vorhaben aber stets darüber bewusst sein, dass es sich hierbei nur um eine Arbeitserleichterung zur Reproduktion der Hauptverhandlung handeln kann. Die Nichtgenehmigung der Tonaufnahme würde revisionsrechtlich allenfalls unter der unzulässigen Beschränkung der Verteidigung gem. § 338 Ziff. 8 StPO untersucht werden können (wenn die Nichtzulassung zuvor als Maßnahme der Sachleitung gemäß § 238 Abs. 2 StPO angefochten worden ist).[11] Keinesfalls könnte etwa der Verteidiger darauf hoffen, durch Vorlage seiner Tonbandaufnahme im Revisionsverfahren das Revisionsgericht davon überzeugen zu können, dass sich die Hauptverhandlung tatsächlich anders abgespielt hat. Eine solche Vorgehensweise würde nur die Sonderform einer ohnehin unzulässigen Protokollrüge darstellen.

12 Ähnlich wie bei Tonaufnahmen ist an keiner Stelle ausdrücklich geregelt, dass es dem Gericht oder einem Verfahrensbeteiligten untersagt wäre, von der Hauptverhandlung **Bildaufnahmen** in Form von Videomitschnitten zu fertigen, soweit es sich um interne Belange handelt, die vernommene Person damit einverstanden und kein Missbrauch zu befürchten ist. Wie weit Gerichte dazu bereit sind, solchen Anträgen zu folgen oder hierin eine grundsätzliche Beeinträchtigung der Hauptverhandlung sehen, wird aber erst die zukünftige Entwicklung zeigen. Grundsätzlich hat jedoch die Möglichkeit einer Aufzeichnung auf Bild-/Tonträger durch das Zeugenschutzgesetz vom 30.04.1998 Einzug in das Strafverfahren gehalten. Von Bedeutung sind hierbei insbesondere die §§ 58 a, 168 e, 247a und 255a StPO.

Im Rahmen der hier zu behandelnden Möglichkeit der Dokumentation der Hauptverhandlung ist darauf zu verweisen, dass eine erstellte Bild-/Tonaufzeichnung Bestandteil der Sachakten ist, auf die sich auch das Akteneinsichtsrecht der Verteidigung erstreckt.[12] Auf Antrag ist dem Verteidiger, dem anwaltlichen Nebenklägervertreter und dem Rechtsanwalt des Verletzten i.S.v. § 406e StPO eine Kopie des Videobandes zu überlassen.[13]

---

9   Vgl. BGHSt 19, 193 sowie Marxen, NJW 77, 2188; vgl. auch Pfordte, FS 50 Jahre DAI, 519 ff. zur Protokollierungspflicht und die mögliche Hilfe durch Tonbandaufnahme.

10 Vgl. hierzu auch Meyer-Goßner, § 169 GVG Rn 12 m.w.N. sowie zum Verbot der Aufnahme der Schlußanträge wegen Missbrauchgefahr im sog. „Solinger-Verfahren", OLG Düsseldorf NJW 96, 1360.

11 Marxen, a.a.O., S. 2193.

12 Vgl. ausführlich hierzu auch Trück NStZ 04, 129 ff.

13 BT-Drucks. 13/7165, 6.

Eine aufgezeichnete Bild-/Tonaufnahme ist ihrer rechtlichen Qualität nach darüber hinausgehend Wortprotokoll i.S.d. § 273 Abs. 3 StPO. Dies führt zur entsprechenden weitergehenden Überprüfungsmöglichkeit im Revisionsverfahren.

Zumindest im Bereich der Dokumentation der Hauptverhandlung bildet deshalb für den Verteidiger die Verfahrensweise über die Bild-/Tonaufzeichnung einen Vorteil. Ob deshalb auf eine solche Verfahrensweise gedrungen werden sollte oder hierbei die Nachteile überwiegen, sollte der Verteidiger aber sehr genau überlegen.[14]

b) Hilfsmittel in der Hauptverhandlung

Neben der Verfahrensweise zur Dokumentation der Hauptverhandlung darf der Verteidiger nicht vergessen, sich so für die Hauptverhandlung auszurüsten, dass er dort bestmöglich agieren kann. Dabei sind zu unterscheiden: **13**

- Die rechtlichen Hilfsmittel
- Sonstige Hilfsmittel

aa) Rechtliche Hilfsmittel. Innerhalb der Hauptverhandlung muss der Verteidiger gewährleisten, dass er auf richtiger Grundlage argumentieren kann. Zum Mindeststandard der Ausrüstung gehört deshalb, dass die jeweils erforderlichen Gesetzestexte zur Verfügung stehen. Gleichzeitig haben Kurzkommentare präsent zu sein. Wer ohne Kurzkommentar oder gar ohne Gesetzestext eine Hauptverhandlung bestreitet, handelt zum Nachteil des eigenen Mandanten fahrlässig. Fast bei jeder Hauptverhandlung ist denkbar, dass plötzlich ein besonderes Rechtsproblem auftaucht, welches diskutiert werden muss. In einem solchen Fall sollte sich der Verteidiger nicht darauf verlassen müssen, was ihm die anderen Verfahrensbeteiligten hierzu mitteilen. **14**

In diesem Zusammenhang sollte auch nicht übersehen werden, dass ggf. zu überprüfen ist (etwa weil die Tat bereits einige Zeit zurückliegt), welche **Fassung des Gesetzes** einschlägig ist. Es sollte also auch überprüft werden, ob alte Gesetzestexte und Kommentierungen mitgeführt werden müssen.

bb) Sonstige Hilfsmittel. Der Verteidiger sollte auch den Gebrauch weiterer Hilfsmittel überdenken. Hierzu gehört zum einen neben seiner **Handakte** die von ihm fotokopierte, vor- und aufbereitete Gerichtsakte. Handelt es sich um einen besonders umfangreichen Fall, kann es sich darüber hinaus anbieten, sich in der Vorbereitung für die Hauptverhandlung mit dem Gericht darüber zu verständigen, dass ein Teil der Verteidigerakten während der mehrere Tage andauernden Hauptverhandlung teilweise im Gerichtssaal verbleiben kann. Gerade in diesen Fällen ist eine besonders sorgfältige Planung erforderlich. Denn das teilweise Lagern von Aktenteilen im Gerichtssaal darf natürlich nicht dazu führen, dass der Verteidiger in der Vorbereitung auf den jeweiligen Hauptverhandlungstag wegen fehlender Unterlagen gehindert ist. **15**

Für den Verteidiger ist weiterhin überlegenswert, in der Vorbereitung auf die Hauptverhandlung gefundene **Gerichtsentscheidungen in Fotokopie** mitzuführen. Findet der Verteidiger im Rahmen seiner Vorbereitung der Hauptverhandlung entsprechende Rechtsprechung (möglicherweise auch Literaturmeinungen), die seine Auffassung stützen, so sollte er daran denken, die entsprechenden Entscheidungen nicht nur als Fundstelle zu notieren, sondern zu fotokopieren und in die Hauptverhandlung mitzunehmen.

---

14 Vgl. ausführlich zur Videoaufnahme § 17 Rn 66.

Denn der Verteidiger kann sich nicht sicher sein, dass auf Seiten des Gerichts grundsätzlich die Bereitschaft dazu besteht, eine entsprechende Fundstelle nachzulesen. Dies muss nicht zwingend am Unwillen des Gerichts liegen, sondern kann auch schon in anderen Dingen, wie etwa einer unzureichenden Bibliothek begründet sein.

Da es aber dem Verteidiger darum gehen muss, dass ein Gericht die ihm günstige gerichtliche Entscheidung in jedem Fall zur Kenntnis nimmt, muss er auch alles dafür tun, dass der anderen Seite die Kenntnisnahme auch zu erleichtern. Es wäre deshalb geradezu ein Kunstfehler, wenn er lediglich die Fundstelle angibt. Übergibt er vielmehr im Rahmen von Ausführungen eine Kopie der Entscheidung, wird ein besonnenes Gericht dieses weniger als nicht gern gesehene Belehrung auffassen, sondern als nützliche Hilfestellung.

c) Anzugsordnung des Rechtsanwalts

16 Es ist schon ein wenig peinlich, dass auch auf diesen Aspekt eingegangen werden muss; allerdings belegt die Wirklichkeit in deutschen Gerichtssälen die Notwendigkeit. Grundsätzlich besteht für den Verteidiger die Verpflichtung, seine Mandanten in bestmöglicher zulässiger Weise zu helfen. Bei allem Handeln und Unterlassen hat sich der Verteidiger stets zu fragen, ob seine Handlung oder sein Unterlassen wirklich den Interessen des Mandanten dient.

Diese Grundsätze gelten entsprechend auch für die **Kleiderordnung** innerhalb der Hauptverhandlung. Eine ordnungsgemäße Kleiderordnung nützt dem Mandanten zwar nicht unmittelbar, sie schadet ihm aber auch nicht. Erscheint der Verteidiger hingegen aufgrund persönlicher Überzeugungen über die Sachwidrigkeit der jeweiligen Kleiderordnung kleiderordnungswidrig zur Hauptverhandlung, so kann dem Mandanten hieraus unter keinem Gesichtspunkt ein Vorteil erwachsen. Im Gegenteil ist nicht fernliegend, dass die Gefahr besteht, dass das Gericht den Unwillen über das anwaltliche Verhalten auf den Mandanten überträgt, zumindest aber die Verhandlungsatmosphäre sich verschlechtert.

Die strafrechtliche Hauptverhandlung ist deshalb der ungeeignetste Ort, um eigene Auffassungen über die jeweilige örtliche Handhabung der Kleiderordnung zu dokumentieren. Die Frage, ob ein weißer Langbinder zu tragen ist,[15] ein weißes Hemd, welche Robe[16] in welcher Form und welche Kleidungsstücke nicht getragen werden dürfen, sind in Politik und Rechtspolitik zu entscheiden. An diesen Entscheidungen mitzuwirken, steht jedem frei. Die öffentliche Hauptverhandlung ist hierfür nicht geeignet. Der Verteidiger hat deshalb zu gewährleisten, entsprechend den örtlichen Gegebenheiten bekleidet in der Hauptverhandlung zu erscheinen.

---

15 Vgl. OLG Zweibrücken, NStZ 88, 144.
16 OLG Köln VRS 70, 21; OLG Karlsruhe NJW 77, 309.

3. Die Vorbereitung des Mandanten

a) Darstellung des Ablaufs der Hauptverhandlung

Der Verteidiger muss zusätzlich daran denken, dass er neben sich selbst auch seinen   17
Mandanten auf die Hauptverhandlung vorzubereiten hat. Dies betrifft nicht nur den inhaltlichen Bereich,[17] sondern auch weitergehende Informationen über Art und Weise der Hauptverhandlung.
So ist dem Mandanten der **äußerliche Ablauf** einer Hauptverhandlung klarzumachen. Der Mandant muss wissen, wer Prozessbeteiligter ist und wer welche Funktion hat. Ihm ist auch zu erläutern, über welchen Wissensstand die einzelnen Personen verfügen. Schlecht vorbereitete Hauptverhandlungen zeichnen sich dadurch aus, dass Beschuldigte in Unkenntnis darüber sind, dass das Gericht sein Urteil nur aus dem Inbegriff der Hauptverhandlung schöpfen darf (§ 261 StPO) und deshalb der gesamte Verfahrensstoff verfahrensrechtlich richtig erst in die Hauptverhandlung eingeführt werden muss. Es fallen dann gelegentlich Äußerungen, dass der Beschuldigte bereits auf seine schriftlich getätigten Aussagen verweisen will und nicht weiß, dass dies noch einmal wiederholt werden muss.
Wichtig ist auch, dem Mandanten klarzumachen, dass nicht alle Prozessbeteiligten über die gleiche Kenntnis vom Verfahrensstoff verfügen. So ist auf die – in der Regel – **fehlende Aktenkenntnis der Schöffen**[18] und die für den Beschuldigten hieraus resultierenden Chancen und Risiken hinzuweisen. Chancen deshalb, weil durch die Unkenntnis zumindest die Möglichkeit besteht, den Schöffen erstmalig einen Sachverhalt aus der Sicht des Beschuldigten schildern zu können, ohne dass eine anderweitige Vorprägung bereits erfolgt ist. Risiken deshalb, weil gerade bei einer komplizierteren Sachlage die große Gefahr besteht, dass die Schöffen nicht verstehen können oder auch verstehen wollen, um was es eigentlich überhaupt geht.
Sinnvoll ist es weiterhin, den Mandanten darauf hinzuweisen, dass in weniger umfangreichen Fällen häufig nicht der sachbearbeitende Staatsanwalt der **Sitzungsvertreter der Staatsanwaltschaft** ist. Der Sitzungsvertreter wird dann teilweise nur durch die ihm vorliegende Anklage und ggf. schriftliche oder persönliche Anmerkungen des Sachbearbeiters über den Fall informiert sein, woraus sich ebenfalls Chancen und Risiken ergeben.
Viele Mandanten haben, weil ihnen der Ablauf der Strafverhandlung nicht klar ist, auch Sorge, dass sie in der Hauptverhandlung entweder nicht richtig zu Wort kommen oder nicht in der Lage sein werden, das, was sie eigentlich erklären wollen, infolge ihrer Aufregung richtig „rüberbringen" zu können.
Auf den ersten Teil dieser Sorge ist bei der inhaltlichen Vorbereitung mit dem Mandanten einzugehen.[19]
In organisatorischer Hinsicht sollte der Mandant hierzu beruhigt werden. Er sollte darüber informiert werden, dass er sich auch noch in der Hauptverhandlung nach seiner Vernehmung i.S.d. § 243 Abs. 4 S. 2 StPO jederzeit äußern kann, etwa im Rahmen des § 257 Abs. 1 StPO. Der Mandant sollte aber auch darauf hingewiesen werden, dass er jederzeit damit zu rechnen hat, noch ergänzende Fragen an ihn gestellt zu bekommen.

---

17 Vgl. hierzu auch Ausführungen unter § 15 Rn 1 ff.
18 Vgl. hierzu aber BGH StV 97, 450 m. Anm. Lunnebach.
19 Vgl. Ausführungen unter § 15 Rn 1 ff.

Gerade dieser Hinweis ist deshalb wichtig, weil die Praxis länger andauernder Hauptverhandlungen zeigt, dass verfahrensungewohnte Angeklagte dazu neigen können, nach ihrer eigenen Einlassung der anschließenden Beweisaufnahme in der Hauptverhandlung nur noch unkonzentriert zu folgen und deshalb von Rückfragen des Gerichts oder anderer Prozessbeteiligter überrascht werden können. Dies gilt es zu vermeiden. Inwieweit der Mandant eigene Unterlagen zur Hauptverhandlung mitbringen sollte, hängt vom jeweiligen Fall ab. In schwierigeren Fällen wird dies sicherlich erforderlich sein. Auf der anderen Seite darf nicht übersehen werden, dass es ausgesprochen negativ wirken kann, wenn ein Mandant selbst in einfachst gelagerten Fällen mit mehreren Leitzordnern zur Hauptverhandlung antritt. Geht es zum Beispiel um eine Straftat, die aus einem Nachbarschaftskonflikt entstanden ist (Beleidigung, Sachbeschädigung, Hausfriedensbruch), kann es ausgesprochen querulatorisch wirken, wenn der Mandant hierzu umfassende Unterlagen vor sich in der Hauptverhandlung aufbereitet. Allein dieses Verhalten kann bereits beim Gericht den unter allen Umständen in diesen Fällen zu vermeidenden Eindruck hervorrufen, dass es sich bei dem Mandanten um einen besonders uneinsichtigen „Streithansl" handelt.

b) Vorbereitung auf das Zusammentreffen mit Zeugen

18   Neben der Schilderung des Ablaufs der Hauptverhandlung gehört es auch zur äußerlichen Vorbereitung des Beschuldigten auf die Hauptverhandlung, ihm noch einmal vor Augen zu führen, auf welche Personen er dort möglicherweise trifft. Der Verteidiger sollte hierbei bedenken, dass gerade bei amtsgerichtlichen Hauptverhandlungen vielfach die Praxis vorherrscht, dass auch **Zeugen** bereits zu Beginn der Hauptverhandlung geladen sind. Dies kann dann dazu führen, dass der Angeklagte vor der Tür des Sitzungssaals auf diese Zeugen stoßen kann. Handelt es sich um Strafverfahren, in denen diese Zeugen Geschädigte sind, kann dies ebenso zu unliebsamen Begegnungen führen, wie in Fällen, in denen es zusätzlich um eine Wiedererkennungsproblematik geht. Der Verteidiger sollte es deshalb in diesen Fällen vermeiden, sich mit seinem Mandanten erst vor dem Sitzungssaal zu treffen, sondern sich an anderer Stelle verabreden, um gemeinsam mit dem Mandanten den unmittelbaren Bereich des Sitzungssaales zu erreichen. Dies ermöglicht ihm dann, ggf. bei auftretenden Problemen eingreifen zu können.

c) Vorbereitung auf Öffentlichkeit und Medien

19   Ein weiteres vorzubereitendes Problemfeld stellt die **Öffentlichkeit** dar. Der Mandant ist darauf vorzubereiten, dass die Hauptverhandlung gegen ihn – soweit nicht Ausnahmetatbestände vorliegen – öffentlich durchgeführt werden wird. Mit dem Mandanten muss deshalb sehr genau erörtert werden, dass ihn dies weder dazu veranlassen darf, sich zu „produzieren", noch, dass er sich davon einschüchtern lassen sollte.
Ebenso ist die Möglichkeit einer **öffentlichen Berichterstattung** durch Fernsehen, Rundfunk und Presse anzusprechen. Ist absehbar, dass es zu einer entsprechenden Berichterstattung kommen wird, muss geklärt werden, inwieweit sich dieser Berichterstattung offensiv gestellt werden soll oder aber welche Möglichkeiten bestehen, diese Berichterstattung so karg wie möglich ausfallen zu lassen. Dabei bietet sich für den Verteidiger an, diese Themen vorab mit dem Vorsitzenden des Gerichts zu besprechen. In der Praxis zeigt sich immer wieder, dass die Einstellung von Richtern zur Presse,

Funk und Fernsehen so verschieden ist, wie man dies auch auf Verteidigerseite erlebt. So gibt es Richter, die dazu bereit sind, durch entsprechende Verfügungen einen sehr weiten Verbotsring von Foto- und Fernsehaufnahmen um den Gerichtssaal zu ziehen. In diesen Fällen trifft man auch häufig auf die Bereitschaft, dass dem Beschuldigten bei entsprechenden räumlichen Möglichkeiten gestattet wird, über einen anderen – nicht einsehbaren – Eingang das Gericht und den Sitzungssaal zu erreichen. Teilweise lässt sich sogar eine rechtlich zulässige Vorverlegung der Terminierung am selben Hauptverhandlungstag verabreden, die dann zur Folge hat, dass die erschienene „Medienöffentlichkeit" erst zu einem späteren Termin im Gerichtsgebäude erscheint, zu dem das Ereignis bereits lange vorbei ist.

Es existieren allerdings auch Gerichte, die geradezu erfreut sind, selbst einmal im Mittelpunkt des Interesses zu stehen. Bei diesen Gerichten besteht dann teilweise die Einstellung, den Medien allzu bereitwillig den Angeklagten zu präsentieren und auch im Sitzungssaal außerhalb der eigentlichen Hauptverhandlung Aufnahmen zuzulassen. Weiß der Verteidiger aufgrund seiner eingeholten Informationen, dass er es mit einem solchen Gericht zu tun hat, verbleibt ihm nur zu versuchen, sehr früh durch entsprechende Anträge auf einen größtmöglichen Persönlichkeitsschutz seines Mandanten hinzuwirken.

Es ist jüngst wieder durch das Bundesverfassungsgericht bestätigt worden, dass für das Strafverfahren § 169 S. 2 GVG uneingeschränkt gilt: Ton- und Filmaufnahmen **während** der Hauptverhandlung sind unzulässig. Anderes gilt für Aufnahmen vor und nach der Hauptverhandlung sowie bei Verhandlungspausen. Hier ist bei Ton- und Filmaufnahmen aber eine Gestaltung möglich,[20] die den Medien üblicherweise mittels eines sogenannten „Poolvertrages" Zugang gestattet. (Erlaubnis für ein Fernsehteam, welches sich verpflichtet, ihr Aufnahmematerial auch den anderen Sendern zur Verfügung zu stellen).

Zu beachten ist auch, dass § 169 S. 2 GVG nicht das Fotografieren und Zeichnen während der Hauptverhandlung verbietet.[21] Es muss deshalb durch den Verteidiger eine eigene Entscheidung herbeigeführt werden, wobei der zuständige Ansprechpartner zu beachten ist.

- Geht es um sitzungspolizeiliche Maßnahmen, ist der Vorsitzende des Gerichts zuständig. Der Sitzungsgewalt unterfallen aber nicht nur Sitzungssaal und Beratungszimmer, sondern auch die Bereiche unmittelbar in der Nähe des Sitzungssaals, in denen sich etwa Personen aufhalten, die auf die Sitzung warten (z.B. Zeugen). Damit stehen Teilbereiche der Flure des Gerichtsgebäudes (nur) unter der Sitzungsgewalt des Gerichts.[22]
  Zeitlich ist die Sitzungsgewalt bestimmt durch die Dauer der Hauptverhandlung, Beratung sowie An- und Abmarsch der Beteiligten.
- In allen anderen Fällen ist der Hausrechtsinhaber zuständig, üblicherweise also der Behördenleiter. Im Bereich der Sitzungsgewalt geht diese aber dem Hausrecht vor.[23]

---

20 BVerfG NJW 92, 3288 („Honecker-Verfahren"), BGHSt 23, 123 (Pausenaufnahme in Abwesenheit des Angeklagten); BVerfG NJW 01, 1633 ff. zur Verfassungsmäßigkeit des § 169 S. 2 GVG.
21 BGH NJW 70, 63.
22 BGHSt 44, 23.
23 Vgl. zum Ganzen auch Maul, MDR 70, 286 ff., sowie Lehr, NStZ 01, 63 ff.

Der Verteidiger muss die Problematik der (sehr) **interessierten Öffentlichkeit** bereits schon vor der Hauptverhandlung durchdacht haben und seinen Mandanten darauf hinweisen. Denn es darf in keinem Fall dazu kommen, dass der Mandant durch das ihm plötzlich gegenüberstehende unmittelbare Publikums- und Medieninteresse zu Beginn der Hauptverhandlung derartig überrascht wird, dass er in seiner Verteidigung aus dem Konzept gerät. Gerade wenn ein entsprechendes Medieninteresse zu erwarten ist und ein Schutz davor nur unzureichend möglich, sollte der Verteidiger dem Mandanten eher zu einer offensiven Linie raten. Häufig wird der Mandant dazu neigen, sein Gesicht durch das Hochhalten von Akten oder Zeitungen vor Fotografien zu schützen. Gerade eine solche Handlungsweise wirkt aber psychologisch wie der Wunsch nach Verbergen und wie ein Schuldeingeständnis. Wenn keine anderen Möglichkeiten bestehen, sollte deshalb ein „Blitzlichtgewitter" eher mit stoischer Ruhe ertragen werden.

Abzuraten ist aber von Interviews des Mandanten oder auch des Verteidigers vor der Hauptverhandlung oder zwischendurch. Wenn es sich überhaupt nicht vermeiden lässt, sollte es bei einem belanglosen Ein- oder Zweizeiler verbleiben. Nichts wirkt unprofessioneller als der Eindruck, dass die Verteidigung ihre Bemühungen aus der Hauptverhandlung heraus verlege.

d) Hinweise zur „Kleiderordnung" vor Gericht

20 Ein weiterer Gesichtspunkt der Vorbereitung des Mandanten muss für den Verteidiger sein, diesen im Hinblick auf die „**Kleiderordnung**" auf die Hauptverhandlung einzustellen. Natürlich wird die richtige Bekleidung nicht allein für sich zu einem Freispruch führen können, ebenso wie nicht automatisch aus einer deplazierten Kleiderwahl zwangsläufig eine Verurteilung folgt. Dennoch sollte sich der Verteidiger darüber bewusst sein, dass der Mensch durch seine Vorurteile geprägt ist. Das Sprichwort „*Kleider machen Leute*" ist allgemein bekannt. Auch Richter werden sich äußeren Eindrücken nicht entziehen können.

Wenn man sich in großen Strafjustizzentren an bestimmten Tagen die Besetzung der Cafeterien anschaut, kann man aber allein aufgrund des Äußeren, in dem sich Personen dort präsentieren, Vermutungen darüber anstellen, um welche Straftaten es möglicherweise gehen könnte. Dies darf der Verteidiger in den von ihm bearbeiteten Fällen nicht zulassen. Es ist bereits schwierig genug, gegen den von der Staatsanwaltschaft behaupteten Vorwurf inhaltlich anzugehen. Deshalb besteht keine Veranlassung dazu, als zusätzliche Beschwernis auch noch den negativen äußeren Anschein hinzuzunehmen. Gibt es deshalb beim eigenen Mandanten bestimmte Kleidungsstücke, die besonders in eine bestimmte Richtung deuten, sollte dem Mandanten nahegelegt werden, sie nicht unbedingt zur Hauptverhandlung anzuziehen. Eine entsprechende modische Beratung sollte deshalb durchaus erfolgen.

Weiter ist zu klären, ob andere Personen den Beschuldigten zur Hauptverhandlung begleiten. Auch diese Überlegungen hängen sehr vom Einzelfall ab. Gelegentlich kann es durchaus eine Unterstützung sein, wenn die Eltern oder der/die Lebensgefährte/Lebensgefährtin mit zur Hauptverhandlung kommt. Auf der anderen Seite kann es aber auch zu einer zusätzlichen Belastung führen. Dabei sollte auch das verfahrensrechtliche Problem bedacht werden, dass ein Gericht versucht sein könnte, ggf. „aus dem Stand heraus" die mitgebrachte Person als Zeugen zu bestimmten Tatsachen zu vernehmen.

Teilweise glauben Mandanten auch, dass sie durch das Mitbringen von Kindern, insbesondere Kleinkindern, einen Pluspunkt bei Gericht erwerben könnten, der dann dazu führt, dass eine Strafe vielleicht doch noch zur Bewährung ausgesetzt werden kann. Vor diesen Gedanken sollte der Verteidiger warnen. Üblicherweise empfinden Gerichte eine solche Gedankenhaltung völlig zu Recht als Unverschämtheit und als unverfrorene Druckausübung. Die Gefahr besteht deshalb, dass sich so etwas eher als „Bumerang" dergestalt erweisen kann. So kann das Gericht beispielsweise (völlig zu Recht) fragen, wenn sich die Beschuldigte ihrer Kinder so bewusst gewesen sei, warum sie denn dann nicht bei Begehung der Tat daran gedacht habe. Darüber hinausgehend ist eine solche Verhaltensweise erst recht verantwortungslos dem Kind gegenüber.

Ähnliches gilt hinsichtlich des Weinens in der Hauptverhandlung. Gerade gerichtsunerfahrene Beschuldigte glauben, dass sie hierdurch Mitleid erregen könnten. Das Gegenteil wird aber häufig der Fall sein. Üblicherweise ist Weinen ein Zeichen des Selbstmitleids und beginnt nach kurzer Zeit nur noch lästig zu fallen. Dem Beschuldigten sollte deshalb vom Verteidiger klargemacht werden, dass eine solche Verhaltensweise eher negativ wirkt und deshalb ebenfalls – soweit möglich – zu unterbleiben hat.

4. Checkliste Hauptverhandlungsorganisation

21 **a) Eigene Vorbereitung des Verteidigers**

- Plan für die Hauptverhandlung
  Wann sind welche Beweismittel vorgesehen? Entspricht dies auch den Vorstellungen der Verteidigung von der Hauptverhandlung? Ggf. auf Änderung der Reihenfolge hinwirken.
- Zeitpunkt der Einreichung von Schriftsätzen bestimmen
- Zeitpunkt des Stellens von Anträgen bestimmen
- Verteidigungsunterlagen vorbereiten
- Beweismaterial zur Reproduktion der Hauptverhandlung vorbereiten
- Dabei folgende Alternativen überlegen:
  - Verwendung eines Laptops
  - Gehilfen der Verteidigung in die Hauptverhandlung mitbringen (BGHSt 18, 179)
  - Beantragung der Zulässigkeit von Tonaufnahmen (durch das Gericht, durch die Verteidigung)
  - Möglichkeit der Ausnutzung von Bildaufnahmen
    - durch Antragstellung
    - durch Ausnutzung bereits vorhandenen Materials, welches in die Hauptverhandlung eingeführt wird

Bereitstellung von weiteren Hilfsmitteln für die Hauptverhandlung:
- Gesetzestexte und Kommentare bereitlegen (Überprüfung, ob wegen Gesetzesänderungen und länger zurückliegenden Tatzeitpunkten mehrere Fassungen des Gesetzes und der Kommentierung benötigt werden)

Sonstige Hilfsmittel
- Gerichtsentscheidungen und Kommentarfundstellen, die die Auffassung der Verteidigung unterstützen, in Fotokopie mitführen.
- Weitere Hilfsmittel, die ggf. spontan in die Beweisaufnahme einzuführen sind (Fotos, weitere Augenscheinsobjekte)

b) Die Vorbereitung des Mandanten
- Bekanntgabe des organisatorischen Ablaufs einer Hauptverhandlung
- Vorbereitung auf das Zusammentreffen mit Zeugen
- Vereinbarung eines Treffpunkts vor der Hauptverhandlung (um ungeschütztes Aufeinandertreffen von Beschuldigten und Zeugen zu vermeiden)
- Erörterung der Frage, ob ggf. starkes Interesse von Öffentlichkeit und Medien zu erwarten ist
  - Maßnahmen zum Schutz des Mandanten überprüfen
  - Antrag auf Verbot von Foto- und Fernsehaufnahmen[24]
  - Möglichkeit des unbeobachteten Zugangs zum Sitzungssaal erörtern; ggf. auf Austausch des Sitzungssaals hinwirken
  - Verhaltensweise des Beschuldigten gegenüber Zuschauern, Presse und weiteren Personen außerhalb der Hauptverhandlung erörtern

---

24 Zur Problematik des Rechtsbehelfs gegen negative Entscheidungen vgl. Lehr, a.a.O., 66.

- Klärung der Frage, welche Unterlagen der Mandant zur Hauptverhandlung mitbringt und in der Hauptverhandlung verwendet
- Besprechung der Anzugsordnung

II. Terminierungsfragen

1. Rechtsfragen

Schon bei der **Terminierung der Hauptverhandlung** zeigt sich häufig, ob das Verfahren von einem vernünftigen Miteinander der Prozessbeteiligten oder dadurch bestimmt wird, dass alle Seiten nach besten Kräften nur ihre eigenen Interessen verfolgen. Die Probleme um die Terminierung der Hauptverhandlung können deshalb bereits einen Fingerzeig geben, ob ein Strafverfahren mit einem pragmatischen Ansatz durchgeführt werden kann oder durch starre Standpunkte geprägt sein wird.

In rechtlicher Hinsicht ist unbestritten, dass der Termin zur Hauptverhandlung vom Vorsitzenden des Gerichts anberaumt wird (§ 213 StPO). Mit der Terminsbestimmung legt der Vorsitzende zugleich Ort, Tag und Stunde der Hauptverhandlung fest.

Bei der Terminsbestimmung und der Festlegung des Terminsortes steht **dem Vorsitzenden ein Ermessen** zu. Wichtige Kriterien sind dabei bereits in Nr. 116 der Richtlinien für das Straf- und Bußgeldverfahren angesprochen. Die Hauptverhandlung soll grundsätzlich am Ort des Gerichts und nur ausnahmsweise anderswo stattfinden. Für die Festsetzung der Terminstage sind die örtlichen Feiertage (auch wenn sie gesetzlich nicht anerkannt sind) von Bedeutung. Ferner ist den Beteiligten jeder vermeidbare Zeitverlust zu ersparen und die Verkehrsverhältnisse sind zu berücksichtigen. Zeugen und Sachverständige sollen möglichst erst zu dem Zeitpunkt geladen werden, in dem sie voraussichtlich benötigt werden.

Darüber hinausgehend hat der Vorsitzende das Gebot der Verfahrensbeschleunigung, insbesondere in Haftsachen zu beachten. Dies folgt bereits aus dem sich aus der Menschenrechtskonvention ergebenden Anspruch auf Aburteilung innerhalb einer angemessenen Frist oder auf Haftentlassung während des Verfahrens (Art. 5 Abs. 3 S. 2 MRK),[25] wobei allerdings die Überschreitung der angemessenen Frist nicht zur Beendigung des Verfahrens, sondern nur zur Beendigung der Haft führen würde.[26]

Die bei einer Terminsbestimmung am häufigsten auftretende Problematik ist die **Terminskollision** mit anderen Terminen von Verteidiger oder Beschuldigten. Hierbei gilt, dass weder Verteidiger noch Beschuldigter einen grundsätzlichen Anspruch darauf haben, dass der Termin nach ihren Wünschen festgesetzt wird. Andererseits erwächst aus der Prozessualen Fürsorgepflicht des Gerichts und dem Anspruch auf ein faires Verfahren die Verpflichtung für das Gericht, bestmöglich dafür zu sorgen, dass dem Beschuldigten der von ihm gewählte Verteidiger auch zur Verfügung steht. Deswegen hat nicht jede Verhinderung des gewählten Verteidigers zwangsläufig zur Folge, dass eine Hauptverhandlung gegen den Angeklagten nicht durchgeführt werden kann.[27] Allerdings folgt aus dem Recht des Angeklagten auf wirksame Verteidigung (Art. 6 Abs. 3 c) MRK) und dem Grundsatz des fairen Verfahrens die Verpflichtung des Gerichts,

22

---

25 Vgl. hierzu auch BVerfG NJW 66, 1259.
26 BGHSt 21, 81; LG Köln NStZ 89, 442.
27 BGHSt 98, 414.

ernsthaft zu versuchen, dem Recht des Angeklagten, sich in einem Strafverfahren von einem Rechtsanwalt seines Vertrauens verteidigen zu lassen, so weit wie möglich Geltung zu verschaffen.[28]

Dabei besteht auch im Ordnungswidrigkeitsverfahren für den Betroffenen der Anspruch, dass das Gericht versuchen muss, zu gewährleisten, dass die Verteidigung durch den ausgewählten Verteidiger erfolgen kann.[29]

2. Praktische Handhabung

23 Aufgrund der bestehenden oben geschilderten Rechtslage sind viele Gerichte vernünftigerweise dazu übergegangen, die Terminierung der Hauptverhandlung mit der Verteidigung telefonisch zu vereinbaren. Dies führt zu einer frühzeitigen Klarheit der Terminsbestimmung – der Verteidiger wird bei späteren auftretenden Terminskollisionen gehalten sein, diese späteren Termine umzuverlegen – und erspart auch dem Gericht selbst lästige nachträgliche Verlegungen. Ist diese Handhabung bei den Landgerichten fast durchgängige Praxis geworden, so gibt es doch noch eine erhebliche Anzahl von Amtsrichtern, die nicht dazu bereit sind, vorab von sich aus mit der Verteidigung wegen einer Terminsbestimmung Kontakt aufzunehmen.

Die Liste dieser „kontaktunwilligen" Richter lässt sich grob in zwei Gruppen aufteilen. Die erste Gruppe lehnt es zumeist entweder aus falsch verstandenem beruflichen Standesbewusstsein oder aber auch nur aus Bequemlichkeit ab, von sich aus auf die Verteidigung zuzugehen. Insofern herrscht der Gedanke vor, dass die Verteidigung doch, wenn sie etwas wolle, auf das Gericht zuzugehen habe. Die zweite Gruppe besteht aus den Richtern, die es aus unerfindlichen Gründen überhaupt nicht für erforderlich halten, auf die Belange der Verteidigung einzugehen.

Die praktische Erfahrung lehrt, dass bei den nicht von vornherein Kontakt aufnehmenden Richtern die erste Gruppe die weit überwiegende Mehrheit darstellt. Ist dem Verteidiger dies bekannt, kann dem Problem der unpassenden Terminierung deshalb sehr einfach dadurch begegnet werden, dass von sich aus bereits sehr frühzeitig mit dem Gericht Kontakt im Hinblick auf eine Terminsabsprache aufgenommen wird. Es bietet sich an, bereits im Zwischenverfahren Termine im Falle der Eröffnung des Hauptverfahrens vorzuschlagen. Ob die entsprechende Kontaktaufnahme telefonisch, mündlich oder schriftlich erfolgt, bleibt den Umständen des Einzelfalls vorbehalten. Geht der Verteidiger davon aus, dass die fehlende Initiative des Gerichts von sich aus zu einer Terminsabsprache mit der Verteidigung zu kommen, nicht auf einem allgemeinen Unwillen des Gerichts zu derartigen Handlungen beruht, empfiehlt sich im Regelfall die mündliche, auch telefonische Kontaktaufnahme. Vorteil dieser Handhabung ist, dass bereits bei der ersten Kontaktaufnahme ein möglicher Hauptverhandlungstermin vereinbart werden kann. Erfolgt hingegen die Kontaktaufnahme des Verteidigers schriftlich, ist erst die Antwort des Gerichts abzuwarten. Das Verfahren ist damit mühsamer, umständlicher und langwieriger. Zudem besteht die nicht auszuschließende Gefahr, dass der Schriftsatz der Verteidigung bei der Terminsbestimmung schlichtweg übersehen wird. Dies gilt insbesondere, wenn die Akte zwischenzeitlich weiter gewachsen ist.

---

28 BGHSt 1992, 53; BGHSt 99, 524.
29 OLG Zweibrücken, StV 92, 568 (bei schwieriger Sach- und Rechtslage), BayObLG StV 95, 10 (auch bei Ordnungswidrigkeitsverfahren von geringer Bedeutung).

Eine schriftliche Antragstellung bietet sich hingegen immer dann an, wenn von vorneherein die Gefahr nicht auszuschließen ist, dass das Gericht die Verteidigungsbelange bei der Terminierung überhaupt nicht berücksichtigen wird. Denn dann kann es erforderlich sein, zur Vorbereitung weiterer Anträge das Bemühen der Verteidigung um eine einverständliche Terminierung zu dokumentieren.

3. Rechtliche Möglichkeiten bei Terminierungsproblemen

Streitig ist, welche Möglichkeiten der Verteidigung zustehen, wenn ihre Belange bei   24
der Terminierung nicht beachtet werden. Dabei ist anerkannt, dass in besonders gelagerten Fällen das Versäumen der Terminabsprache zu einem Verfahrensverstoß führen kann (§ 137 StPO, Art. 6 MRK), der die Revision begründen kann, wenn dadurch dem Angeklagten der Verteidiger seiner Wahl vorenthalten worden ist.[30]

Problematischer zu beurteilen ist hingegen die Frage, ob sich der Verteidiger gegen die Ablehnung eines Terminverlegungswunsches bzw. Terminverlegungsantrages rechtlich auch schon vor der Hauptverhandlung wehren kann.

In Frage käme hier nur die Möglichkeit der Beschwerde. Gemäß § 305 S. 1 StPO unterliegen allerdings Entscheidungen der erkennenden Gerichte, die der Urteilsfällung vorausgehen, nicht der Beschwerde. Deshalb wird vielfach auch von ihrer Unzulässigkeit ausgegangen.[31]

Trotz des klaren Wortlauts des § 305 S. 1 StPO scheint sich dennoch sowohl in der Rechtsprechung als auch im Schrifttum die Auffassung durchzusetzen, dass zumindest in besonderen Fällen fehlerhafter Ermessensausübung durch das Gericht die Beschwerde gegen den Terminsverlegungsantrag ausnahmsweise zulässig und begründet sein soll. Es ist zwar richtig, wenn hiergegen eingewandt wird, dass dies rechtsdogmatisch inkonsequent sei, weil für „besondere Fälle" inhaltlicher Bedenken die Statthaftigkeit der Beschwerde konstatiert werde und damit die Trennung von Zulässigkeit und Begründetheitsfragen aufgegeben werde.[32] Andererseits erfolgt dies nicht – wie eingewandt wird „ohne Not"[33] –, sondern durchaus auch vor dem Hintergrund der Prozessökonomie in Zeiten ständiger Klagen über die Überlastung der Justiz. Zutreffend wurde darauf hingewiesen, dass die sich ansonsten anbietende Handlungsweise des Verteidigers, in der Hauptverhandlung einen Aussetzungsantrag zu stellen und dessen ggf. erfolgende Ablehnung mit der Revision zu überprüfen, zwar dogmatisch möglicherweise sauberer, aber prozessunökonomisch wäre.[34]

Die zunehmende Bejahung der Zulässigkeit und Begründetheit der Beschwerde gegen die Ablehnung einer Terminsverlegung ist deshalb zu begrüßen.[35]

Begründet ist der Antrag des Verteidigers auf Terminsverlegung in der Regel, wenn nicht deutlich wird, dass der Vorsitzende des zuständigen Gerichts das ihm einge-

---

30 BGH StV 99, 524, OLG Frankfurt StV 98, 13, vgl. aber auch BGH StV 98, 414.
31 Schellenberg, Die Hauptverhandlung im Strafverfahren, S. 17, Burhoff, Handbuch für das strafrechtliche Ermittlungsverfahren Rn 783; OLG Hamm, StV 90, 56; OLG Celle, NStZ 84, 282.
32 Schellenberg, a.a.O.
33 Schellenberg, a.a.O.
34 Schlothauer, Vorbereitung der Hauptverhandlung, Rn 180, Fn. 5.
35 LG Koblenz, StV 99, 593; LG Dortmund StV 98, 14, LG Braunschweig, StV 97, 403; OLG Frankfurt StV 97, 402; LG Berlin, StV 95, 239; OLG Hamburg, StV 95, 11; OLG München, NStZ 94, 451, KMR Paulus § 213 StPO Rn 17 ff.; KK/Tolksdorf, § 213 StPO Rn 6.

räumte Ermessen ordnungsgemäß ausgeübt hat. Die Chancen für eine erfolgreiche Beschwerde steigen, je deutlicher der Verteidiger darlegen kann, dass er auf seiner Seite alles Erforderliche für eine zügige und störungsfreie Terminierung unternommen hat. Dazu kann beispielsweise der frühzeitige Hinweis auf bestehende Terminskollisionen oder auch Verhinderungen aus privaten Gründen (Urlaub)[36] gehören. Insbesondere wenn die Verteidigung an der Wahrnehmung des Termins ersichtlich nur kurzfristig gehindert und nicht auf Monate hinaus belegt ist, kann davon ausgegangen werden, dass es ermessensfehlerhaft ist, einem Terminsverlegungsantrag nicht nachzukommen. Keineswegs darf das Gericht diesen Begründungen die häufig anzutreffende floskelhafte Behauptung der angespannten Terminslage des Gerichts entgegensetzen.[37]

Allerdings kann das Beschwerdegericht nur die Rechtswidrigkeit der angefochtenen Verfügung feststellen und den Termin aufheben. Eine Neufestsetzung durch das Beschwerdegericht kommt hingegen nicht in Betracht.

25 Neben der Einlegung der **Beschwerde** kann in Einzelfällen bei einer Ablehnung des Terminverlegungsantrages auch an einen Antrag wegen Besorgnis der Befangenheit gedacht werden. In der Rechtsprechung ist anerkannt, dass es die Besorgnis der Befangenheit begründen kann, wenn ein besonnener Angeklagter den Eindruck gewinnen kann, dass es dem zuständigen Richter in erster Linie darauf ankommt, das Verfahren auf jeden Fall zu Ende zu bringen, ohne auf den berechtigten Wunsch eines Angeklagten, von einem Rechtsanwalt seines Vertrauens verteidigt zu werden, die gebührende Rücksicht zu nehmen.[38]

Ob im Einzelfall so weit gegangen werden sollte, muss der Verteidiger selbst entscheiden. Hierbei sollte auch bedacht werden, dass die Stellung des Befangenheitsantrags unter Umständen aber wegen der notwendigen Entscheidung über den Antrag zur Terminsaufhebung und zur Ansetzung eines neuen Termins (gerade in amtsgerichtlichen Verfahren) führen wird. Die Anbringung eines Befangenheitsantrags gerade beim Amtsgericht wird deshalb auf indirektem Wege häufig zu einer Terminsverlegung führen.

4. Sonstiges

26 Terminierungsfragen stellen sich häufig nicht nur bei der erstmaligen Terminierung der Hauptverhandlung, sondern auch dann, wenn aufgrund der Sachlage in der Hauptverhandlung Fortsetzungstermine erforderlich werden. Hier gilt das oben Angeführte sinnentsprechend. In der Praxis treten hier allerdings seltener Probleme auf, weil bereits anläßlich des Hauptverhandlungstermins, in dem ersichtlich wird, dass es zu einem Fortsetzungstermin kommen muss, die Terminierung zwischen den Prozessbeteiligten erörtert wird. Die tatsächliche Schwierigkeit bestand vor Inkrafttreten des Justizmodernisierungsgesetzes zum 01.09.2004 vielmehr häufig darin, dass das Gericht bei einer Unterbrechung der Hauptverhandlung die Höchstdauer der Unterbrechung von 10 Tagen (§ 229 StPO) zu beachten hatte, um eine sonst erforderlich werdende Aussetzung der Hauptverhandlung zu vermeiden. Drohte in diesen Fällen wegen Verhinderung ei-

---

36 OLG Celle, StV 84, 503; OLG München a.a.O.
37 OLG Frankfurt, StV 95, 9; LG München II, NJW 95, 1439; LG Verden StV 96, 255; Eine Zusammenstellung von Einzelfällen, in denen die Beschwerde Aussicht auf Erfolg hat, findet sich bei Neuhaus, StraFo 98, 87.
38 BayObLG StV 88, 97; in diesem Sinne auch LG Dortmund StV 86, 13, LG Mönchen-Gladbach, StV 98, 533, LG Krefeld StraFo 95, 59.

nes Prozessbeteiligten die Aussetzung, hatte es sich in der Praxis eingebürgert, sogenannte „Sprungtermine" zu vereinbaren. Es gehörte zu einem vernünftigen Miteinander der Prozessbeteiligten, dass sich in solchen Fällen auch der Verteidiger dazu bereitfand, dass der Sprungtermin bei seiner Verhinderung von einem anderen Verteidiger wahrgenommen werden kann. Andererseits war für die gerichtliche Zusage Sorge zu tragen, an diesem Sprungtermin nichts Wesentliches zu erörtern und gerade so viel (eher unwesentlichen) Verfahrensstoff zu behandeln, dass nicht die Gefahr einer „Scheinverhandlung" eintritt.[39]

Durch das Justizmodernisierungsgesetz vom 01.07.2004 mit Wirkung zum 01.09.2004 wurde § 229 StPO geändert.[40] Künftig ist es möglich, eine **Hauptverhandlung** bis zu drei Wochen zu **unterbrechen**. Ist ein Block von zehn Verhandlungstagen absolviert, hat das Gericht die Möglichkeit, nach § 229 Abs. 2 StPO n.f. weitere Unterbrechungen von jeweils bis zu einem Monat vorzunehmen. Durch diese Neuänderung sollen die bereits erwähnten „Scheinverhandlungen" vermieden werden.[41] Ob diese so nun mögliche flexible Terminsgestaltungsnorm zusätzliche Belastungen für alle Prozessbeteiligten wirklich wird vermeiden können, bleibt abzuwarten. Konnte die alte Regelung für sich in Anspruch nehmen, zwangsläufig zu einer Förderung des Verfahrens zu führen, bietet die neue großzügige gesetzliche Regelung den Rahmen, der auch eindeutig dilatorisches Prozessverhalten des Gerichts umfassen kann. Alle Verfahrensbeteiligten werden sich aufgrund der Neuregelung darauf einstellen müssen, die Terminierung in jedem Einzelfall daraufhin zu überprüfen, ob der Beschleunigungsgrundsatz des Art. 6 Abs. 1 MRK gewahrt worden ist. Die Möglichkeit der Rügen auch in der Revision dürften erhöht worden sein.[42]

Eine zusätzliche **Unterbrechungsmöglichkeit** im laufenden Prozess bietet die Neuformulierung des § 229 Abs. 3 StPO n.F. Erkrankt ein Richter oder Schöffe, kann nunmehr bis zu 6 Wochen auf dessen Gesundung zugewartet werden, ohne dass das Verfahren ausgesetzt werden muss.

---

39 Vgl. BGH StV 96, 528; OLG Koblenz StV 97, 288; BGH StV 98, 359; BGH NStZ 99, 43.

40 JuMoG in BR-Drucksache 2004, 537/04, S. 14.

41 Sommer, Anwbl. 04, 506, 507.

42 Sommer Anwbl. 04, 506, 507.

5. Arbeitshilfe

27 ▶ **Schriftsatz zur Terminierung der Hauptverhandlung**
Amtsgericht München
Adresse

Az.: 810 Ls 320 Js ....
M a i e r , Hermann
wegen Verdachts des Betruges

Sehr geehrter Herr Richter Huber,
in dieser Sache ist mir mit Datum vom 13.05.2000 die Anklage der Staatsanwaltschaft München I zugestellt worden. Obwohl bislang noch nicht über die Eröffnung des Hauptverfahrens entschieden wurde, teile ich vorsorglich für den Fall einer möglichen Terminierung mit, dass ich in der Zeit vom 05. bis 09.06. wegen bereits vereinbarter Hauptverhandlungstermine in anderer Sache und vom 02. bis 14.07. wegen einer langfristig geplanten urlaubsbedingten Abwesenheit als Verteidiger nicht zur Verfügung stehe.

Dankbar wäre ich darüber hinausgehend, wenn Sie mich im Falle der Terminierung einer Hauptverhandlung zur Vereinbarung von Terminen anrufen könnten.

Mit freundliche Grüßen

Rechtsanwalt ◀

§ 15 Die inhaltliche Vorbereitung der Hauptverhandlung

Spätestens wenn feststeht, dass es tatsächlich zu einer Hauptverhandlung kommen 1
wird, muss diese auch inhaltlich vorbereitet werden. Dabei haben zwei Ziele im Vordergrund zu stehen:

■ Die Definition eines Verfahrensziels sowie möglicher Hilfsziele; die Festlegung einer Verfahrensstrategie sowie die Bestimmung möglicher taktischer Mittel zur Zielerreichung.

■ Die Erarbeitung von besonderer Sachkompetenz zur gestalterischen und psychologischen Prägung des Verfahrens durch die Verteidigung.

I. Bestimmung von Verfahrenszielen

Die **Verfahrensziele eines Strafverfahrens** können völlig unterschiedlicher Natur 2
sein. So kommen das Verteidigungsziel des Freispruchs oder die Möglichkeit der Einstellung des Verfahrens in Betracht. Auch kann das Ziel einer möglichst niedrigen Strafe angedacht werden. Dabei kann wiederum ein wichtiges Thema sein, ob eine bestimmte Strafart (Freiheitsstrafe, Vermögensstrafe, Geldstrafe) vermieden werden kann. Kommt eine Freiheitsstrafe in Betracht, wird immer herausragendes Thema sein, ob eine Vollzugsstrafe zu umgehen ist.

Damit ist der Katalog der Ergebnismöglichkeiten aber bei weitem nicht erschöpft. Der Verteidiger muss vielmehr stets die Zweigleisigkeit des Strafrechtssystems beachten und deshalb die Maßregeln der Besserung und Sicherung (§§ 61 ff. StGB) vor Augen haben. In bestimmten Strafrechtsgebieten, wie etwa im Betäubungsmittelstrafrecht, in dem die Möglichkeit der Therapie statt Strafe besteht (§§ 35, 36 BtMG), sind sogar noch mehr Varianten möglich.

Dem Verteidiger muss bewusst sein, dass vielfältige Möglichkeiten von Verknüpfungen bestehen sowie durch das sogenannten „vikariierende System" die Reihenfolge der Vollstreckung bei bestimmten Maßregeln geändert werden kann (§§ 63, 64, 67 StGB).

Liegen **mehrere Straftaten** vor, kann eine wichtige Rolle spielen, inwieweit Gesamtstrafenbildungen erforderlich oder nicht möglich sind. Dabei darf auch nicht übersehen werden, dass zuweilen wegen neuer Delikte bereits verhängte Gesamtstrafen wieder aufgelöst werden müssen und neue Strafen zu bilden sind. Auch der Härteausgleich kann eine Rolle spielen. Sehr genaue Überlegungen zu diesem Thema empfehlen sich insbesondere immer dann, wenn wegen bestehender gesetzlicher Grenzen bestimmte Strafbereiche nicht überschritten werden dürfen (etwa die Zwei-Jahres-Grenze als höchstmögliche Freiheitsstrafe, die noch zur Bewährung ausgesetzt werden kann).

Zu bedenken ist auch, dass unter bestimmten Voraussetzungen Freiheitsstrafe neben Geldstrafe verhängt werden kann, was zusätzliche Chancen und Risiken bedeutet. So kann etwa bei einer Ahndung mehrerer vorliegender Taten die eigentlich nicht mehr mögliche Aussetzung der Freiheitsstrafe zur Bewährung noch dadurch erreicht werden, dass die verhängten Geldstrafen nicht zu einer Gesamtstrafe in die Freiheitsstrafe miteinbezogen werden (Höchstgrenze zwei Jahre Freiheitsstrafe, die zur Bewährung ausgesetzt wird und daneben Geldstrafe von 720 Tagessätzen).

Auch nicht einbeziehungsfähig, hingegen härteausgleichsfähig, sind bereits vollstreckte Strafen. Gerade bei der Geldstrafe ist deshalb über die Zahlung oder Nichtzahlung eine gewisse Steuerung des Verfahrens möglich.

Weiterhin zu bedenken ist, dass es auch Nebenstrafen gibt, die neben der eigentlichen Strafe verhängt werden können (z.B. Fahrverbot). Andererseits ist die Möglichkeit des sogenannten Täter-Opfer-Ausgleichs (§ 46a StGB) geschaffen worden, um eine mögliche Bestrafung ganz zu vermeiden. Hierbei sollte dem Verteidiger bewusst sein, dass der Täter-Opfer-Ausgleich seinem Sinn nach nicht nur auf Bagatelldelikte Anwendung finden soll, sondern auch in Fällen durchaus erheblicherer Kriminalität als Lösungsmöglichkeit akzeptiert wird.

Auch die Möglichkeit der Verwarnung mit Strafvorbehalt (§ 60 StGB), sollte in den Gedanken des Verteidigers eine Rolle spielen, ganz abgesehen von den sehr viel weitergehenden Möglichkeiten des Jugendstrafrechts.

Trotz dieser zahlreichen Handlungsmöglichkeiten[1] wäre es aber dennoch zu kurz gedacht, wenn der Verteidiger sein Verhandlungsziel, soweit es sich nicht um den erhofften Freispruch oder die Einstellung des Verfahrens handelt, allein durch die erhoffte geringstmögliche gerichtliche Reaktion definiert. Denn es darf nicht übersehen werden, dass es zum Teil mit dem Verfahren einhergehende Übel sind, die den Mandanten sehr viel mehr treffen und beeinträchtigen als die mit dem Urteil verhängte Sanktion.

So kann bereits bei bestimmten im öffentlichen Leben oder in herausgehobener Position befindlichen Personen, die dem Strafverfahren immanente Stigmatisierung weit schlimmer wirken, als die schlimmste Sanktion selbst. In diesen Fällen kann deshalb das Verfahrens(neben)ziel einer kurzen Verhandlung im Verhältnis zum erzielbaren möglichen Ergebnis zu weit größerer Bedeutung gelangen.

Ferner können auch positive Vorteile im Einzelfall gegenteilige Wirkungen mit sich bringen, weil mit ihnen besonders negative zwingende gesetzliche Folgen für den Mandanten verbunden sind. Wird beispielsweise in einem Insolvenzstrafverfahren wegen eines Bankrottdelikts (§ 283 ff. StGB) verurteilt, so erzeugt dies im Regelfall eine negativere Wirkung als etwa eine Verurteilung wegen Untreue oder Betrugs, weil wegen § 6 GmbHG eine Sperrzeit eintritt, innerhalb welcher der Verurteilte nicht mehr Geschäftsführer einer GmbH sein kann.

Wird ein aktiver Beamter verurteilt, scheidet er bei Rechtskraft des Urteils von Gesetzes wegen aus dem Beamtenverhältnis aus, wenn die verhängte Strafe ein Jahr Freiheitsstrafe oder mehr beträgt. Bei einem Ruhestandsbeamten gilt dasselbe bei einer Freiheitsstrafe von zwei Jahren.[2] Folgen dienstrechtliche oder berufsrechtliche Verfahren dem Strafverfahren zwingend nach, kann zum Teil die Art der Verurteilung eine größere Rolle spielen als die tatsächlich verhängte Strafe. Denn beispielsweise droht immer dann nachfolgend besonderes Ungemach, wenn die Verletzung den Kernbereich der Tätigkeit betrifft. So könnte etwa für einen beschuldigten Rechtsanwalt eine höhere Verurteilung wegen Steuerhinterziehung berufsrechtlich besser handhabbar sein als eine Verurteilung wegen Untreue.

II. Überprüfung des Verfahrensziels an der Aktenlage

3 Es versteht sich von selbst, dass zwischen **Verfahrensziel** und **Aktenlage** eine Wechselwirkung besteht. Es macht wenig Sinn, ein Verfahrensziel zu bestimmen, ohne die Akten darauf überprüft zu haben, ob die Zielerreichung überhaupt möglich ist. Wenn

---

1 Vgl. hierzu im einzelnen Ausführungen unter § 24 und § 25.
2 Vgl. hierzu als warnendes Beispiel die Entscheidung zur Anwaltshaftung OLG Nürnberg StV 97, 481.

bereits eine schriftliche Aussage eines Zeugen vorliegt, kann nicht darauf vertraut werden, dass dieser Zeuge in der Hauptverhandlung plötzlich etwas völlig anderes bekunden wird. Das Abrücken von einer Aussage stellt die seltene Ausnahme dar. Häufiger ist hingegen, dass eine Aussage modifiziert, abgeschwächt oder verstärkt wird. Eine davon zu unterscheidende Problematik ist hingegen, ob der Inhalt einer Aussage anderweitig für das Verfahren entkräftet werden kann. Dabei ist in tatsächlicher Hinsicht darüber nachzudenken, ob der Nachweis geführt werden kann, dass die Aussage nicht der Wahrheit entspricht. In rechtlicher Hinsicht ist an das Bestehen von Verwertungsverboten zu denken.

1. Erneute Akteneinsicht

Um das Verfahrensziel anhand der Aktenlage aktuell und genau bestimmen zu können, ist es erforderlich, erneut die Akten zur Einsicht zu erhalten. Es ist bereits an anderer Stelle darauf hingewiesen worden, dass der Verteidiger in einem Strafverfahren in Bezug auf die Akteneinsicht nur dadurch einen Fehler begehen kann, dass er zu selten die Akten zur Einsicht anfordert. Ein Zuviel an Akteneinsicht ist hingegen nicht möglich. Es muss immer daran gedacht werden, dass die Akte ständig wächst und der Verteidiger darum bemüht sein muss, auf dem aktuellen Sachstand zu sein. **4**

Zum Zeitpunkt der Vorbereitung der Hauptverhandlung besteht für das Gericht und natürlich erst recht nicht mehr für die Staatsanwaltschaft die Möglichkeit, Akten vorzuenthalten.[3] Es herrscht Waffengleichheit. Im Gegenteil, die Verheimlichung der Akten kann sogar die Besorgnis der Befangenheit begründen.[4]

Der Verteidiger hat deshalb Anspruch nicht nur auf die Aktenteile, sondern auf die vollständigen Akten. Strittig ist lediglich, ob bei einer doch erfolgenden Versagung der Akteneinsicht der richtige Verfahrensweg hiergegen über die Beschwerde[5] oder über einen Aussetzungsantrag in der Hauptverhandlung wegen unvollständiger Akteneinsicht zu erfolgen hat.[6]

In jedem Fall sind die Akten vom Verteidiger anzufordern und er hat sie auch zu erhalten.

2. Überlegungen zu Verfahrensziel und Verteidigungsstrategie anhand der Akten; Bestimmung möglicher taktischer Mittel zur Zielerreichung

Hat sich der Verteidiger durch die wiederholte Akteneinsicht einen Überblick über den in den Akten ausgewiesenen Sachstand des Verfahrens verschafft, kommt nun eine seiner wichtigsten Aufgaben. Der Verteidiger hat eine **Strategie** zu entwickeln, um das von ihm bestimmte **Verfahrensziel** zu erreichen. Dabei hat er gleichzeitig die ihm zur Verfügung stehenden taktischen Möglichkeiten zu überdenken und einen Einsatz abzuwägen. **5**

Die Bestimmung von Verfahrensziel, Verteidigungsstrategie und die Wahl von taktischen Mitteln stehen in einer Wechselwirkung zueinander. Es wäre deshalb verfehlt, diese Vorgänge zu trennen. Vielmehr leitet sich häufig bereits aus der Wahl eines Ver-

---

3 Vgl. hierzu Ausführungen oben zu § 10 Rn 3.
4 LG Köln, StV 87, 381; OLG Hamm StV 04, 310 f. zu den Anforderungen an Verfahrensrüge bei Verletzung des Akteneinsichtsrechts während der Hauptverhandlung.
5 BGH StV 88, 193.
6 BGH StV 85, 4, LG Koblenz StV 97, 239.

fahrensziels automatisch die einzuschlagende Verteidigungsstrategie ab, bestimmte taktische Möglichkeiten bieten sich zusätzlich an. Der Verteidiger muss deshalb immer eine **Gesamtschau** vornehmen.

Dabei ist zu beachten:
Diejenigen Strafverfahren, in denen es nur die eine **richtige** Verteidigungslinie gibt, sind eher selten. Häufig werden vielmehr **mehrere** richtige **Verteidigungslinien** in Betracht kommen. Es ist deshalb in diesen Fällen deshalb geboten, gerade auch in der Beratung mit dem Mandanten, genau zu analysieren und abzuwägen, ob ein risikoreicherer Weg eingeschlagen wird, der aber den größeren Erfolg bringen kann oder aber ob ein vorsichtigerer Weg sinnvoll ist, der aber lediglich einen kleineren Erfolg bringen wird.

So kann beispielsweise bei entsprechenden Fällen eine „Freispruchverteidigung" die Gefahr in sich bergen, dass bei Verfehlen dieses Verfahrensziels das Gericht eine Freiheitsstrafe verhängt, die nicht mehr zur Bewährung ausgesetzt wird. Wird hingegen als Verfahrensziel der Erhalt der Freiheit für den Mandanten definiert, so kann – gerade dann, wenn als entsprechendes taktisches Mittel hierzu die frühzeitige geständige Einlassung des Mandanten zur Abkürzung des Verfahrens herangezogen wird – der Freispruch natürlich nicht mehr möglich sein, dafür aber die Bewährungsstrafe.

Der Verteidiger ist deshalb gut beraten, wenn er nicht nur für sich selbst, sondern gerade auch für seinen Mandanten in der Vorbereitung auf die Hauptverhandlung mehrere Szenarien (best case/worst case) mit den entsprechenden Strategien und zugehörigen taktischen Mitteln entwirft, damit nicht nur der Mandant aufgeklärt ist, sondern auch er sich einen entsprechenden Überblick verschafft.

Auch wenn diese Vorbereitung durch den Verteidiger besonders gründlich zu erfolgen hat und eine genaue Planung erforderlich ist, darf dies auf der anderen Seite aber nicht dazu führen, an einer einmal eingeschlagenen Verteidigungslinie stur festzuhalten. Dem Verteidiger muss vielmehr bewusst sein, dass sich die Lage in der Hauptverhandlung schlagartig ändern kann. Dies kann zum einen dazu führen, dass ein einmal definiertes Verfahrensziel plötzlich nicht mehr erreichbar ist. Andererseits ist allerdings auch ein plötzlicher Geschehensablauf denkbar, wonach ein nicht für möglich gehaltenes Verfahrensziel plötzlich erreichbar scheint. Es ist hier deshalb eine erhebliche Flexibilität gefordert.

Eine Veränderung kann dabei nicht nur durch eine Veränderung der Rechts- und Sachlage in der Hauptverhandlung auftreten, auf die das Gericht gemäß § 265 StPO hinweisen muss.[7] Denkbar ist auch, dass sich lediglich wegen einer geänderten Stimmungslage im Verfahren etwaige Verfahrensziele erweitern oder einengen können.

Beispielsfälle:
- Abweichend von seiner Zeugenaussage im Ermittlungsverfahren erkennt der Hauptbelastungszeuge in der Hauptverhandlung bei einem erstmaligen persönlichen Zusammentreffen mit dem Angeklagten diesen nun nicht mehr/nunmehr ganz sicher als Täter wieder.
- Ein Zeuge schildert den Tatbeitrag des Angeklagten abschwächend. Der Zeuge kann sich nun nicht mehr daran erinnern, ob bei der gegen ihn ausgeübten Körperverlet-

---

7 Bei Veränderung der Rechtslage muss der Hinweis förmlich, durch die Sitzungsniederschrift beweisbar erfolgen; BGHSt 88, 329; bei veränderter Sachlage ist hingegen ein förmlicher Hinweis nicht erforderlich.

zung der Angeklagte tatsächlich ein gefährliches Werkzeug verwendet hat, so dass anstatt des Tatbestands des § 224 nur noch § 223 StGB in Betracht kommt.

■ Es stellt sich heraus, dass die dem Angeklagten angelastete Tat in keinem Fall zu dem angegebenen Zeitpunkt stattgefunden haben kann. Ein anderer Zeitpunkt scheint hingegen möglich (Frage der Änderung der Sachlage oder einer neuen Tat; § 266 StPO).

■ In der Hauptverhandlung stellt sich heraus, dass der Hauptbelastungszeuge derart viel Unsinn erzählt, dass das Gericht trotz einer eigentlich plausiblen Schilderung des Tatgeschehens erkennbar nicht mehr bereit ist, allein auf einen solchen Zeugen eine Verurteilung überhaupt zu stützen (psychologische Veränderung).

■ In der Hauptverhandlung stellt sich plötzlich heraus, dass gegen den bestreitenden Angeklagten noch weitere offene Verfahren im einschlägigen Bereich anhängig sind.

III. Die Festlegung des Aussageverhaltens des Beschuldigten

Eine der schwierigsten und zugleich wichtigsten Entscheidungen bei der Vorbereitung   6
der Hauptverhandlung liegt darin, das **Aussageverhalten des Beschuldigten** (selbstverständlich im Rahmen des rechtlich Erlaubten)[8] zu bestimmen. Grundsätzlich ist denkbar, dass sich ein Beschuldigter umfassend zu Person und Anklagevorwurf äußert. Eine Verpflichtung hierzu besteht, anders als zur Äußerung über die persönlichen Verhältnisse, (§ 243 Abs. 2 S. 2 StPO) allerdings nicht.[9]

Denkbar ist jedoch genauso, dass der Beschuldigte sich überhaupt nicht, weder zur Person noch zur Sache, äußert. Zusätzlich sind alle Varianten und Schattierungen dazwischen denkbar:

■ Der Beschuldigte äußert sich entweder nur zur Person oder nur zur Sache.

■ Der Beschuldigte äußert sich nur teilweise zur Person, aber umfassend zur Sache.

■ Der Beschuldigte äußert sich vollständig zur Person, aber nur in Teilbereichen zur Sache

Weil dem Beschuldigten das Recht zusteht zu schweigen, kann über das Schweigerecht zusätzlich das Aussageverhalten auch zeitlich gesteuert werden. Dies kann dann dazu führen, dass der Beschuldigte sich nicht vor der Beweisaufnahme im Rahmen des § 243 Abs. 4 S. 2 StPO zur Sache äußert, sondern erst nach Beginn der eigentlichen Beweisaufnahme (§ 244 Abs. 1 StPO). Auch hierbei kann wiederum kombiniert werden. Gegebenenfalls äußert sich der Beschuldigte zu bestimmten Anklagevorwürfen zu Beginn der Hauptverhandlung. Zu anderen Anklagevorwürfen äußert er sich erst nach einem bestimmten Abschnitt oder zum Schluß der Beweisaufnahme.[10] Gerade diese enorme Vielfalt der Variationsmöglichkeiten des Aussageverhaltens führt zu Entschei-

---

8 Hierzu eingehend Beulke, Strafbarkeit des Verteidiger, Rn 25 ff.

9 Die Angaben zu den persönlichen Verhältnissen sind gemäß § 111 OWiG bußgeldbewehrt, wobei allerdings nicht übersehen werden darf, dass Tatbestandsvoraussetzung für das Vorliegen von § 111 OWiG ist, dass die Daten bislang unbekannt sind, was aber wiederum selten der Fall sein wird. Im übrigen wird eine Verpflichtung auch zu Angaben über die persönlichen Verhältnisse zu verneinen sein, wenn diese Angaben für die Schuldfrage Bedeutung erlangen können (z.B. Alter, Beruf, Staatsangehörigkeit); vgl. hierzu auch Meyer-Goßner, § 136 StPO Rn.5.

10 Zur Pflicht des Gerichts, dem Beschuldigten die Möglichkeit zu geben, sich zur Sache zu äußern vgl. BGH NStZ 85, 561 und BGH StV 86, 235.

dungsschwierigkeiten. Im Regelfall wird es der Verteidiger mit einem Beschuldigten zu tun haben, der darauf drängt, durch eine eigene Aussage zu seiner Verteidigung beizutragen. Diesem mehr emotionalen Gedanken darf aber nicht ohne Weiteres nachgegeben werden. Vielmehr sollte nur dann ausgesagt werden, wenn der Verteidiger aus den nachstehend aufgezeigten, rational überprüften Gründen davon überzeugt ist, dass eine Aussage oder Teilaussage tatsächlich die bessere Variante darstellt.

Dennoch dürfen die menschlichen Empfindungen nicht vernachlässigt werden. Der Mensch ist so geprägt, dass er lieber spricht als zuhört.[11] Es besteht deshalb das natürliche Bedürfnis, der Rede die Gegenrede entgegenzusetzen. Diese menschliche Verhaltensweise ist sogar derart weit verbreitet, dass in weiten Kreisen eine allzu leichte Bereitschaft dazu besteht, das Schweigen gleichzusetzen mit dem Zugeständnis des erhobenen Vorwurfs. Aussagen wie *„wer schweigt hat Unrecht"*, *„wer nichts zu verbergen hat, der kann auch reden"* sind nicht nur Gedankenhaltungen juristischer Laien, sondern leider auch in den Köpfen vieler Juristen mehr oder weniger fest verwurzelt. Es ist in der Praxis nicht selten, dass Beschuldigte von polizeilichen Vernehmungen berichten, bei denen an die korrekte Belehrung über das Schweigerecht eine solche Bemerkung angesetzt wurde. Der Verteidiger ist gut beraten, wenn er aber nicht nur die emotionale Ebene auf der **Empfängerseite** in seine Überlegungen einbezieht. Denn es gibt auch eine emotionale Ebene auf der Seite des Beschuldigten, die es zu beachten gilt.

So ist zu bedenken, dass es einem Beschuldigten aufgrund seiner Wesenszüge schwerfallen kann oder sogar unmöglich ist, die Entscheidung zu schweigen im Lauf des Verfahrens (insbesondere der Hauptverhandlung) auch durchzuhalten.

In diesen Fällen sollte der Verteidiger mit dem Beschuldigten sehr genau erörtern, wie auf bestimmte Situationen in der Hauptverhandlung zu reagieren oder nicht zu reagieren ist. Denn es muss in jedem Fall gewährleistet sein, dass nicht plötzlich aufgrund eines überraschenden Ereignisses oder einer überraschenden Aussage in der Hauptverhandlung der Beschuldigte die besprochene Vorgehensweise plötzlich „über Bord wirft".

Für besonders vorsichtige Verteidiger muss auch noch ein weiterer Hinweis erfolgen. Die mit dem Beschuldigten zusammen getroffene Entscheidung, dass dieser in der Hauptverhandlung schweigen wird, ist ein denkbarer Weg zum vorher definierten Verteidigungsziel. Natürlich bietet dieser Weg aber nicht die Gewähr, dass das Verteidigungsziel auch erreicht werden kann. Gerade dann, wenn der Beschuldigte schweigt, kann aber nach der Hauptverhandlung die Situation entstehen, dass der Beschuldigte dem Verteidiger vorwerfen wird, dass das Verteidigungsziel nur deshalb nicht erreicht wurde, weil der Beschuldigte nicht hat reden dürfen. Auch diese Situation ist deshalb vorab zu erörtern.

7   Bei der Entscheidung der Grundfrage, ob eine Aussage entweder **gar nicht** oder allenfalls in **Teilbereichen** erfolgt, ist zuvorderst zu klären, welche weiteren Beweismittel neben einer etwaigen Aussage zur Verfügung stehen. So wie auch sonst bei der strukturellen Aufbereitung der Hauptverhandlung und beim zwingend erforderlichen Denken in Alternativen ist hierbei vor allen Dingen zu untersuchen, wie sich der Beschuldigte bislang im Verfahren verhalten hat. Existieren Aussagen des Beschuldigten vor der

---

11 Deshalb heißt es nach einem schönen Beispiel von Haft auch „Sprache" und nicht „Höre".

Hauptverhandlung, stellt sich die Frage, ob diese in die Hauptverhandlung eingeführt werden können oder ob ein Verwertungsverbot[12] besteht. Ist eine frühere Aussage des Beschuldigten verwertbar, ist es im Zweifel besser, dass eine Aussage durch den Beschuldigten selbst erfolgt. Denn eine Einführung der früheren Aussage durch eine andere Person – zumeist durch den Vernehmungsbeamten – wird in der Regel zu einer negativen Verstärkung der Aussage führen. Die Praxis zeigt immer wieder, dass Vernehmungsbeamte sich nur selten darauf beschränken werden, allein die getätigte Aussage wiederzugeben. Vielmehr besteht häufig eine Neigung, die emotionalen Bewegungen des Beschuldigten zusätzlich darzustellen und ggf. auch noch als Beleg für die besondere Glaubhaftigkeit bestimmter Aussagepassagen anzuführen.

Liegen hingegen keine Aussagen des Beschuldigten aus dem Zeitraum vor der Hauptverhandlung vor, die im Falle eines Schweigens in der Hauptverhandlung zu verwerten wären, gelten folgende Grundsätze:

■ Geht es um das Ziel der Freispruchverteidigung, ist daran zu denken, dem Beschuldigten eher zum Schweigen zu raten. Eine Ausnahme gilt dann, wenn erst durch die Aussage des Beschuldigten bestimmte Sachverhalte aufgezeigt werden können, die zum Freispruch führen. Dies ist insbesondere denkbar im Bereich der Rechtfertigungsgründe. Liegt das Verteidigungsziel deshalb so, dass Notwehr oder rechtfertigender Notstand geltend gemacht werden soll, ist eher an eine Aussage zu denken.

■ Ist hingegen Verteidigungsziel nicht der Freispruch, sondern liegt das Verteidigungsziel im Strafzumessungsbereich, ist im Regelfall eine Aussage des Beschuldigten sinnvoll. Denn durch die Aussage können insbesondere auch Strafzumessungserwägungen zugunsten des Beschuldigten in die Hauptverhandlung eingeführt werden. Im Falle einer Divergenz zwischen Mandanten und Verteidiger (der Mandant sieht sich als unschuldig an, der Verteidiger weiß nach Aktenlage jedoch, dass es zu einer Verurteilung kommen wird) ist hingegen wiederum das Schweigen die bessere Variante. Denn unter bestimmten Umständen kann das Aussageverhalten des Beschuldigten auch bei den Strafzumessungserwägungen negativ durchschlagen. Das vollständige Schweigen darf hingegen auch im Rahmen der Strafzumessung nicht negativ angerechnet werden.[13]

Es bietet sich deshalb an, grundsätzlich folgende Prüfungsüberlegungen vorzunehmen:

■ Kommt ein Verfahrensziel in Betracht, welches mit einem schweigenden Beschuldigten leichter erreichbar scheint, ist zu prüfen, ob der Beschuldigte sich bereits vor der Hauptverhandlung geäußert hat. Ist dies der Fall, ist zu überprüfen, ob diese Äußerungen bei einem Schweigen des Beschuldigten in der Hauptverhandlung in die Hauptverhandlung eingeführt werden können.

Hat sich der Beschuldigte nicht geäußert oder besteht ein Verwertungsverbot hinsichtlich seiner Äußerungen, kann die Taktik beibehalten werden, es beim Schweigen des Beschuldigten zu belassen.

---

12 Zu bestehenden Verwertungsverboten vgl. unten Rn 8 ff.

13 OLG Karlsruhe, StV 03, 609 zur fehlerhaften Beweiswürdigung bei einem in verschiedenen Stadien des Verfahrens schweigendem Angeklagten.

Hat sich der Beschuldigte hingegen geäußert und wäre diese Äußerung im Verfahren einführbar, muss – von wenigen Ausnahmen abgesehen – dem Beschuldigten zu einer Einlassung in der Hauptverhandlung geraten werden.

- Ist die Grundentscheidung gefallen, dass der Beschuldigte sich in der Hauptverhandlung äußern soll, ist zu überlegen, ob eine vollumfängliche Äußerung sinnvoll ist. Dabei ist zu beachten, dass immer noch die Möglichkeit bestehen kann, sich nur zu bestimmten Teilaspekten zu äußern. Wichtig ist allerdings, vorher genau zu analysieren, wann die Teiläußerung dazu führt, dass ein Schweigen zu weiteren Bereichen der Anklage negativ verwertet werden darf und wann nicht.

- Als Alternativmöglichkeit ist dabei auch zu bedenken, ob nicht außerhalb einer verwertbaren Äußerung des Beschuldigten Möglichkeiten bestehen, dessen Stellungnahme zu den gegen ihn erhobenen Vorwürfen in die Hauptverhandlung einzuführen.

- Ist die Entscheidung hinsichtlich eines „ob" einer Einlassung gefallen, ist sodann über das „wie" der Einlassung zu entscheiden.

1. Die Überprüfung von Verwertungsverboten

8 Es würde den Umfang dieses Buches bei Weitem sprengen, sich ausführlich mit allen bestehenden Verwertungsverboten, die hinsichtlich einer erfolgten Beschuldigtenvernehmung denkbar sind, auseinanderzusetzen. Der Verteidiger ist aber gut beraten, wenn er sich insbesondere mit dem Thema der Verwertungsproblematik intensiv befaßt, weil gerade auch die aktuelle Rechtsprechung zeigt, dass hier noch Vieles im Fluß ist und deshalb Änderungen von Rechtsansichten prognostiziert werden können. Grundsätzlich gilt, dass eine ordnungsgemäß im Vorverfahren zustandegekommene Aussage des Beschuldigten verwertbar ist.[14]

a) Die Verwertbarkeit richterlicher Protokolle

9 Erklärungen des Angeklagten, die in einem richterlichen Protokoll enthalten sind, können zum Zweck der Beweisaufnahme über ein Geständnis verlesen werden (§ 254 Abs. 1 StPO), soweit diese ordnungsgemäß zustande gekommen sind.[15] Ebenso verlesbar ist die nicht geständige Aussage zur Feststellung, dass kein Geständnis abgelegt worden ist (Umkehrschluß).[16]

Der Begriff des „**richterlichen Protokolls**" wird dabei weit verstanden. Hierunter wird nicht nur das Protokoll des Ermittlungsrichters verstanden, sondern dem Begriff unterfallen auch Protokolle über Vernehmungen im Ausland, wenn die Vernehmungsperson dort die Stellung eines Richters einnimmt und grundsätzliche rechtsstaatliche Bedenken nicht entgegenstehen.[17] Gemäß § 15 Konsulargesetz stehen Vernehmungen durch einen dazu ermächtigten Konsul oder Konsulatsbeamten richterlichen Vernehmungen gleich.

Unter richterlichem Protokoll wird ferner auch das beim Amtsgericht geführte Inhaltsprotokoll verstanden,[18] wobei in der Literatur aber zu Recht darauf hingewiesen

---

14 BGHSt 22, 171.
15 Meyer-Goßner, § 254 Rn 4.
16 Schellenberg, S. 99.
17 KK/Diemer, § 254 StPO Rn 4.
18 BGHSt 24, 183.

wird, dass hierbei zumindest ein Wertungsproblem besteht.[19] Wer aus der Praxis weiß, wie unterschiedlich die inhaltlichen Mitschriften von Protokollführern ausfallen, weil sie entweder bei komplizierteren Sachverhalten überfordert sind oder aus anderen Gründen – gelegentlich soll auch Faulheit vorkommen – lediglich selektiv mitschreiben, wird bei der Bewertung entsprechender Protokollinhalte größtmögliche Vorsicht walten lassen müssen. Es ist deshalb richtig, wenn zu einer solchen Verlesung angeführt wird, dass sich aus ihr nicht viel mehr ergeben wird, als die Tatsache, dass es ein entsprechendes Protokoll gibt und dass der Protokollführer bestimmte Inhalte niedergelegt hat.[20]

Gerade ermittlungsrichterliche Protokolle sind besonders fehleranfällig und lohnen für den Verteidiger immer wieder einer genaueren Betrachtung. Dies liegt weniger daran, dass die Erstellung eines ermittlungsrichterlichen Protokolls besonders schwierig ist, sondern vielmehr an der immer noch weit verbreiteten Übung, dass Ermittlungsrichterstellen häufig mit Anfängern im Justizdienst, die noch über keine große praktische Erfahrung verfügen, besetzt werden. So darf sich etwa ein richterliches Protokoll nicht darauf beschränken, auf eine polizeiliche Niederschrift zu verweisen. Das richterliche Protokoll muss vielmehr den wesentlichen Inhalt dessen, was der Beschuldigte zur Sache aussagt, selbst enthalten. Das Vorlesen eines polizeilichen Protokolls ist auch keine Vernehmung. Ein polizeiliches Vernehmungsprotokoll ist deshalb nur dann Bestandteil einer richterlichen Niederschrift, wenn der Beschuldigte die ihm vorgelesenen Angaben auch in der Fassung des Polizeiprotokolls als seine Aussage vor dem Richter behandelt wissen will und dies aus dem Protokoll hervorgeht.[21]

Trotz dieser **eindeutigen Rechtsprechung** finden sich in der Praxis jedoch immer wieder ermittlungsrichterliche Protokolle, die sehr kurz gehalten sind und eine Generalverweisung des Beschuldigten dahingehend enthalten, dass das, was der Beschuldigte bereits vor der Polizei geäußert habe, richtig sei. Solche Protokolle sind jedoch nicht verwertbar.[22]

Ein richterliches Vernehmungsprotokoll unterliegt ebenfalls dem Verwertungsverbot, wenn der Verteidiger nicht gemäß § 168c Abs. 5 StPO vor der Vernehmung benachrichtigt wurde und kein Ausnahmegrund vorliegt.[23] Der Nichtbenachrichtigung steht es dabei gleich, wenn die Benachrichtigung des Verteidigers so spät erfolgt, dass sie sich als reine pro forma-Benachrichtigung darstellt.

In beiden Fällen ist allerdings Voraussetzung für ein Verwertungsverbot, dass der Verteidiger der angekündigten Verwertung in der Hauptverhandlung widerspricht.[24]

Neben der Verlesbarkeit des richterlichen Protokolls kommt natürlich stets auch in Betracht, die bei der Vernehmung anwesenden Personen, namentlich den Richter, als Zeugen in der Hauptverhandlung zu hören.

---

19 Schellenberg, a.a.O.
20 Schellenberg, a.a.O.
21 BGH NStZ 87, 85; BGH NStZ 1991, 500; KK/Diemer, § 254 StPO Rn 5.
22 BGHR Vernehmung, richterliche Nr. 6., BGHSt 42, 15.
23 BGHR StPO § 136, Beschuldigter 1; LG Hamburg StV 03, 328 zu der Frage, ob und inwieweit es dem Verteidiger verwehrt ist, den Beschuldigten über geplante Zeugenvernehmungen zu unterrichten.
24 KK/Wache, § 168c Rn 22 m.w.N.

b) Die Einführbarkeit polizeilicher Protokolle

10   **Polizeiliche Protokolle** durften nach bisheriger Rechtslage hingegen nicht wie richterliche Protokolle verlesen werden.[25] Zulässig war es aber, hieraus einem Beschuldigten Vorhalte zu machen oder den Polizeibeamten als Zeugen zu vernehmen. War der Polizeibeamte aus bestimmten Gründen nicht oder nicht in absehbarer Zeit vernehmbar, richtet sich die Möglichkeit der Protokollverlesung nach § 251 Abs. 1 StPO n.F.[26] Aufgrund des Justizmodernisierungsgesetzes mit Wirkung zum 01.09.2004 sind bisherige Regelungen über die Verlesbarkeit von in Vermerken niedergelegten Ermittlungstätigkeiten der Polizeibeamten in der Hauptverhandlung reformiert worden. Statt der konsequenten Durchführung des Unmittelbarkeitsprinzips soll nach der Neuregelung in § 256 Abs. 1 Ziff. 5 StPO n.F. die Verlesung dieser Vermerke für die Beweisaufnahme ausreichend sein.[27] Der Verlauf einer Festnahme oder die Durchführung einer Hausdurchsuchung soll für den gesamten Strafprozess allein durch die schriftliche Fixierung der Polizeibeamten selbst feststehen. Eine Ausnahme gilt nach der Neuregelung nur für Vernehmungen, seien es Vernehmungsprotokolle oder mittelbare Wiedergaben von Vernehmungen in Vermerken. Insoweit wird das Unmittelbarkeitsprinzip weiterhin formal aufrechterhalten.[28] Die neue Situation und das oftmals abweichende Dokumentationsinteresse von Polizeibeamten gegenüber dem Erkenntnisinteresse der Verfahrensbeteiligten im Prozess gibt für den Verteidiger ausreichenden Anlass für eine individualisierende Hinterfragung der polizeilichen Protokolle bei Verlesung im Hauptverfahren.

Die **Verlesung des Polizeiprotokolls** zum Beweis der Tatsache, dass eine solche Urkunde überhaupt vorhanden ist, war bereits nach der bisherigen Gesetzeslage zulässig.[29] Damit verhält es sich so, dass eine polizeiliche Vernehmung bis auf die beschriebenen Ausnahmen nur im Wege des Zeugenbeweises über die Verhörsperson bzw. die Teilnehmer an der Vernehmung einführbar ist. Eingeführt wird dabei deswegen auch nur dasjenige, an was sich die Zeugen erinnern und nicht das, was im Protokoll niedergeschrieben ist.[30] So selbstverständlich dies ist, ist leider in der Praxis zu beobachten, dass diese Trennung nicht immer beachtet wird. Es ist deshalb Aufgabe des Verteidigers, diese Unterschiede deutlich zu machen.

11   *aa) Verbotene Vernehmungsmethoden gemäß § 136a StPO.* Grundvoraussetzung für die Einführung der Äußerungen eines Beschuldigten anläßlich einer polizeilichen Vernehmung der Verhörsperson ist allerdings, dass die Vernehmung ordnungsgemäß abgelaufen ist.[31]

Dies bedeutet zu vorderst, dass keine verbotenen Vernehmungsmethoden i.S.d. § 136a StPO bei der Vernehmung Anwendung gefunden haben dürfen. Liegen verbotene Vernehmungsmethoden vor, so folgt daraus zwingend ein Beweisverwertungsverbot. Die-

---

25 BGHSt 1, 337, 339; 14, 310, 311; Meyer-Goßner, § 254 Rn 6.
26 JuMoG BR-Drucks. 537/04, 14 f.
27 Krit. hierzu Sommer Anwbl. 04, 506, 508.
28 Sommer, Anwbl. 04, 506, 508.
29 BGHSt 3, 149, 150.
30 BGHSt 14, 310, 311; BGH NStZ 95, 47.
31 Meyer-Goßner, § 136 StPO Rn 20 ff.

ses Beweisverwertungsverbot muss nicht durch den Beschuldigten oder Verteidiger geltend gemacht werden. Es ist auch nicht disponibel (§ 136a Abs. 3 StPO).

Die Schwierigkeit des Verteidigers liegt in diesen Fällen deshalb weniger darin, sich zum richtigen Zeitpunkt einer vorgesehenen Verwertung zu widersetzen, sondern darin begründet, das verbotene Vernehmungsmittel darzulegen und den für ein Verwertungsverbot erforderlichen Ursachenzusammenhang zwischen verbotenem Vernehmungsmittel und der seinerzeitgen Aussage des Beschuldigten deutlich zu machen.

Obwohl die Aufzählung der verbotenen Vernehmungsmethoden in § 136a Abs. 1 StPO nicht abschließend ist, sondern lediglich beispielhaft erfolgt, lässt sich doch sagen, dass sich die in der Praxis des Verteidigers häufigsten Probleme um das Vorliegen der verbotenen Vernehmungsmethoden der *„Ermüdung"*, *„Täuschung"*, *„Drohung mit einer verfahrensrechtlich unzulässigen Maßnahme"* sowie des *„Versprechens eines gesetzlich nicht vorgesehenen Vorteils"* drehen.[32] Gerade bei diesen verbotenen Vernehmungsmethoden tritt die Problematik besonders zutage, dass nach der Rechtsprechung nur dann eine Freiheit der Willensentschließung und der Willensbetätigung i.S.d. § 136a StPO vorliegt, wenn eine gewisse „Erheblichkeitsschwelle" erreicht wird. Nur „gravierende Verstöße gegen elementare rechtsstaatliche Grundsätze"[33] sollen beachtlich sein.

■ **Ermüdung**   **12**

Für den Zustand der Ermüdung ist daher Voraussetzung, dass die **Ermüdung** zu einer solch starken Erschöpfung führt, dass diese sich auf die Willensentscheidung des Beschuldigten auswirkt.

Die besondere Problematik liegt hier darin begründet, dass die Rechtsprechung davon ausgeht, dass sich der Beschuldigte im Regelfall bereits während der Vernehmung auf seinen Erschöpfungszustand berufen wird, wenn er sich in seiner Entschließungsfreiheit beeinträchtigt fühlt.[34] Findet sich hierzu keine entsprechende Aussage oder ein Vermerk in der Akte, wird es im Regelfall für den Verteidiger deshalb aussichtslos sein, diesen Zustand zu reklamieren. Denn ein Nachweis der Ermüdung des Beschuldigten anläßlich der Vernehmung wird ansonsten nur über die Vernehmung von Zeugen oder anhand objektiver Anzeichen zu führen sein. Als Zeugen kommen jedoch in der Regel die Verhörspersonen in Betracht und es wäre wohl eher erstaunlich, wenn diese nun ausgerechnet erklären würden, dass der Beschuldigte bei der Vernehmung erschöpft gewesen sei.

Damit stehen zur weiteren Beweisführung, die im Freibeweisverfahren durchgeführt werden kann,[35] nur andere objektive Hinweise, etwa der anläßlich der Vernehmung niedergelegte Vermerk über die Dauer der Vernehmung und die erfolgten Pausen, zur Verfügung. Viel Erfolg wird sich der Verteidiger aber leider dabei nicht erhoffen dürfen, wenn er sich die Rechtsprechung des BGH vor Augen führt. Hiernach wird

---

32 Entgegen dieser Erfahrung erregten die Vernehmungsmethoden der Frankfurter Polizeibehörden in einem Entführungsfall umfangreiche Diskussionen in der Medien- und Juristenwelt; konkret ging es um die Tatbestandsmerkmale „Misshandlungen" und „Quälerei" im Rahmen des § 136a Abs. 1 Satz 1 StPO; vgl. insoweit nur LG Frankfurt/Main StV 03, 325 ff. m.Anm. Weigend in StV 03, 436 ff.

33 KK/Boujoung § 136a StPO Rn 8 m.w.N.

34 BGHSt 38, 291.

35 KK/Boujoung, § 136a StPO Rn 43 m.w.N.; Der Grundsatz „in dubio pro reo" findet hier keine Anwendung.

eine Beeinträchtigung der Willensfreiheit durch Übermüdung bei einem Beschuldigten, der ein Geständnis abgelegt hat, (erst) dann angenommen, wenn dieser in den
letzten 30 Stunden davor keine Gelegenheit zum Schlafen gehabt hatte;[36] 24 Stunden Schlaflosigkeit sollen hingegen unschädlich sein.[37]

13 ■ Täuschung
Ähnlich traurig ist es um die verbotene Vernehmungsmethode der **Täuschung**
bestellt. Denn von der Täuschung ist die kriminalistische List bei der Vernehmung
zu unterscheiden, die zulässig ist. Die weitere Schwierigkeit besteht darin, dass eine
Täuschung nur bei bewusster Irreführung durch den Vernehmungsbeamten vorliegen
soll, lediglich fahrlässiges Verhalten genügt hingegen nicht.[38] Gerade dies ist jedoch
besonders problematisch, wenn man sich bewusst macht, dass § 136a StPO gewährleisten soll, dass der Beschuldigte auch im Strafverfahren Prozesssubjekt zu sein hat,
über sich selbst verfügen können soll, sein Schicksal eigenverantwortlich gestalten
darf und Herr seiner Entschlüsse bleiben kann.[39] Bei dieser Zielrichtung kann es
aber keine Rolle spielen, ob ein Beschuldigter durch das Verhalten eines Vernehmungsbeamten bewusst oder unbewusst getäuscht wird, zumal hierzu im übrigen in
der Praxis der Nachweis auch schwerfällt.[40]

Ein weiteres Problem stellt sich dadurch – dies betrifft aber alle verbotenen Verneh-
mungs-methoden –, dass ein Verwertungsverbot nur so weit reicht, wie die Methode
andauert. Steht deshalb fest, dass bei einer weiteren Vernehmung der Beschuldigte
nicht mehr der ursprünglichen Täuschung unterlegen ist, so bleibt die Aussage verwertbar. Wie schwierig es für den Verteidiger ist, ein Gericht zur Annahme der verbotenen Vernehmungsmethode der Täuschung zu bewegen, zeigt exemplarisch die
sog. Sedlmayer-Entscheidung:[41]

Nach der Rechtsprechung ist durchaus anerkannt, dass eine Täuschung i.S.d. § 136a
StPO dann vorliegen soll, wenn dem Beschuldigten wahrheitswidrig erklärt werde,
dass ein Mitbeschuldigter bereits ein Geständnis abgelegt habe.[42] Im angesprochenen Fall hatten die Vernehmungsbeamten einem Beschuldigten mitgeteilt, es läge
eine „Aussage" des weiteren Mitbeschuldigten vor, mit der er belastet würde.
Daraufhin hatte der Beschuldigte ausgesagt. Tatsächlich lag jedoch überhaupt keine
Aussage des Mitbeschuldigten vor. Vielmehr behaupteten andere Personen, Mitgefangene in der Justizvollzugsanstalt, **ihnen gegenüber** habe der Beschuldigte Angaben zur Sache gemacht.

Obwohl es keinem vernünftigen Zweifeln begegnen kann, dass diese „Verstümme-
lung des wirklichen Sachverhalts" natürlich nur den Sinn gehabt haben kann, ein falsches Vorstellungsbild beim Empfänger, dem zu vernehmenden Beschuldigten, her-
vorzurufen, hat sich der BGH geweigert, in einer solchen Vorgehensweise eine
Täuschung zu sehen.[43]

---

36 BGHSt 13, 60, BGH NStZ 84, 15.
37 BGH bei Pfeiffer/Miebach NStZ 84, 15.
38 BGHSt 31, 395, BGHSt 35, 328, BGHStV 89, 515, BGHSt 37,48.
39 Vgl. BVerfGE 45, 187; BVerfGE 49, 286.
40 Vgl. OLG Bremen, NJW 67, 2022; Puppe GA 1978, 289.
41 BGH StV 94, 521, 523 f.
42 Vgl. KK/Boujoung, § 136a StPO Rn 19.
43 BGH a.a.O.

■ Drohung mit einer verfassungsrechtlich unzulässigen Maßnahme   **14**
Ähnlich düster ist es um die verbotene Vernehmungsmethode der **„Drohung mit einer verfassungsrechtlich unzulässigen Maßnahme"** bestellt. Es ist zwar unbestritten, dass es unzulässig ist, einem leugnenden Beschuldigten mit einer Festnahme oder Verhaftung zu drohen, wenn die Voraussetzungen dafür im konkreten Fall nicht vorliegen.[44] Ob die Voraussetzungen im konkreten Fall tatsächlich nicht vorliegen, wird jedoch in der Praxis in den seltensten Fällen klar zutage treten. Zusätzlich dürfen prozessual statthafte Konsequenzen dem Beschuldigten während einer Vernehmung jederzeit vor Augen geführt werden. Insofern ist auch die Drohung mit einer vorläufigen Festnahme nicht verboten.[45]
Es bedarf sicher keiner weiteren Ausführungen dazu, dass aufgrund der erheblichen Abgrenzungsschwierigkeiten der „Graubereich" hier so groß ist, dass zwar einerseits in der Praxis sehr häufig entsprechende Drohungen ausgesprochen werden, die Reklamation als verbotene Vernehmungsmethode i.S.d. § 136a StPO aber fast aussichtslos ist. Leider haben sich insofern auch bei einigen Polizeibeamten – namentlich im Großstadtbereich – hoch problematische Verhaltensweisen eingebürgert.
Nach einer vorläufigen Festnahme ist der Festgenommene gemäß § 128 Abs. 1 StPO, sofern er nicht wieder in Freiheit gesetzt wird, unverzüglich, spätestens am Tag nach der Festnahme, dem Ermittlungsrichter vorzuführen. Leider wird diese Vorschrift gerade in größeren Städten von vielen Ermittlungsbehörden und Gerichten nicht richtig ernst genommen. Es findet hier vielmehr eine Übung statt, dass Festgenommenen fast durchgehend erst am nächsten Tag dem Richter vorgeführt werden. Diese Handhabung wird nun wiederum von Vernehmungsbeamten dazu ausgenutzt, dem Festgenommenen für den Fall mangelnder Aussagebereitschaft damit zu drohen, dass er dann eine Nacht in der Polizeihaftanstalt verbringen müsse. Nachdem Polizeihaftanstalten aufgrund des hohen Durchgangs von inhaftierten Personen und deren besonderer Situation (viele alkoholisierte Personen, die sich in den üblicherweise benutzten Sammelzellen erbrechen, urinieren oder auch „nur" randalieren) besonders scheußlich sind, haben diese Drohungen natürlich ein besonderes Gewicht.
Dennoch wird in der Praxis selbst dann das Vorliegen einer unzulässigen Drohung nicht erfolgreich begründet werden können, wenn im weiteren Verfahren ernsthaft von allen Verfahrensbeteiligten über die Möglichkeiten einer Einstellung des Verfahrens oder eine Geldstrafe im untersten Bereich nachgedacht wird.

■ Versprechen eines gesetzlich nicht vorgesehenen Vorteils   **15**
Genauso verhält es sich mit der verbotenen Vernehmungsmethode des **„Versprechens eines gesetzlich nicht vorgesehenen Vorteils"**. Auch diesbezüglich ist in der Rechtsprechung anerkannt, dass es unstatthaft ist, als Gegenleistung für eine Aussage oder einen bestimmten Inhalt der Aussage Vorteile zu versprechen,[46] worunter allerdings nicht das Anbieten von Zigaretten oder Kaffee während der Vernehmung fällt.[47] Der praktisch relevante Graubereich liegt aber auch hier im Rahmen einer

---

44 OLG Frankfurt, StV 98, 119.
45 BGH GA 55, 246.
46 BVerfG NJW 84, 428.
47 BGHSt 5, 290.

polizeilichen Vernehmung wieder darin, dass der Polizeibeamte erklärt, sich bei einem entsprechenden Aussageverhalten *„für eine milde Strafe verwenden zu wollen"*. Denn tatsächlich ist später für das Gericht ohne Interesse, welche Vorstellungen der Polizeibeamte von einer angemessenen Strafe hat, es hat aufgrund eigener Erwägungen zu einem Strafmaß zu kommen. Derartige Erklärungen können deshalb sowohl als die verbotene Vernehmungsmethode des Versprechens eines gesetzlich nicht vorgesehenen Vorteils als auch als verbotene Täuschungshandlung angesehen werden. Allerdings ist auch dies reine Theorie. In der Praxis sind die Chancen einer Durchsetzung äußerst gering.

16 *bb) Weitere Vernehmungsfehler.* Aber auch andere Fehler bei der Beschuldigtenvernehmung können unter bestimmten Umständen zu einem Verwertungsverbot führen. Gemäß § 136 Abs. 1 StPO und § 163a Abs. 4 StPO, der auf § 136 StPO verweist, muss der Vernehmung des Beschuldigten eine Belehrung vorangegangen sein. Diese ist dreiteilig. Der Beschuldigte ist darauf hinzuweisen,

- dass es ihm nach dem Gesetz freistehe, sich zu den Beschuldigungen zu äußern oder nicht zur Sache auszusagen,
- er schon vor seiner Vernehmung einen von ihm zu wählenden Verteidiger befragen kann
- und zu seiner Entlastung einzelne Beweiserhebungen beantragen kann.

Im Gegensatz zu einem Verstoß gegen das Belehrungsgebot zu Beginn der Hauptverhandlung, dass dem Beschuldigten ein **Schweigerecht** zusteht (§ 243 Abs. 4 S. 1 StPO), welches den Richter trifft, und dessen Unterlassung bereits seit langem als Verfahrensverstoß angesehen wurde,[48] war ein Verfahrensverstoß gegen die Belehrungspflichten gemäß §§ 136, 163a StPO lange Zeit als unbeachtlich angesehen worden, weil die Vorschriften als bloße Ordnungsnormen aufgefasst wurden, deren Verletzung keine Rechtsfolge auslöst. Nachdem sich jedoch zunehmend die Erkenntnis durchgesetzt hat, dass der eigentliche Schwerpunkt des Strafverfahrens weniger in der Hauptverhandlung liegt, sondern bereits im Ermittlungsverfahren, war es zwingend geboten, diesen Normen mehr Bedeutung zu verleihen. Dies ist durch die Rechtsprechung des BGH zwischenzeitlich erfolgt.[49] In seiner grundlegenden Entscheidung[50] hat der BGH ein Verwertungsverbot für eine polizeiliche Vernehmung unter bestimmten Umständen anerkannt:

- Es muss feststehen, dass der Beschuldigte sein Recht zu schweigen ohne Belehrung nicht gekannt hat
- Der verteidigte Angeklagte darf der Verwertung in der Hauptverhandlung nicht ausdrücklich zugestimmt haben und muss ihr bis zu dem in § 257 StPO genannten Zeitpunkt spätestens widersprochen haben. Dem verteidigten Angeklagten steht dabei ein Angeklagter gleich, der vom Vorsitzenden über die Möglichkeit des Widerspruchs unterrichtet worden ist (Widerspruchslösung).[51]

---

48 BGHSt 25, 325.
49 Vgl. zum Hintergrund u.a. Maul/Eschelbach, StraFo 96, 66.
50 BGH StV 92, 212.
51 Zuletzt hierzu BGH StV 04, 57 f.

Dabei hat der BGH ausdrücklich die Frage offen gelassen, ob das Verwertungsverbot auch gegenüber Dritten oder in Verfahren wegen Ordnungswidrigkeiten gilt. Es liegt auf der Hand, dass seit dieser Entscheidung eine Flut von Fragen aufgetaucht ist, die sich in unzähligen Entscheidungen widerspiegeln. Dabei lassen sich mehrere Problemkreise trennen:

■ Kenntnis der Aussagefreiheit: **17**
Ein Problembereich dreht sich darum, wann feststeht, dass der Beschuldigte seine Aussagefreiheit nicht kannte. Dies ist im Freibeweisverfahren zu klären.[52] Können die Zweifel nicht behoben werden, ist davon auszugehen, dass es dem Beschuldigten an der Kenntnis gefehlt hat.[53] Hierunter fallen nicht nur die Fälle der tatsächlichen grundsätzlichen Unkenntnis des Beschuldigten über sein Schweigerecht, sondern es sind auch Fälle denkbar, in denen ein Beschuldigter aufgrund persönlicher Eigenschaften nicht um sein Schweigerecht weiß.[54]

■ Erteilung der Belehrung: **18**
Ein weiteres Problem ist, wie festgestellt werden soll, ob die Belehrung erteilt wurde. Wirken sich Zweifel darüber, ob der Beschuldigte tatsächlich von seinem Schweigerecht wußte, noch zugunsten des Beschuldigten aus (vgl. oben), so hat die Rechtsprechung zu diesem Aspekt erstaunlicherweise entschieden, dass Zweifel über die Erteilung der Belehrung zu Lasten des Beschuldigten gehen sollen.[55] Dies ist zu Recht durch die Literatur als grober Wertungswiderspruch und unzutreffend kritisiert worden.[56]
Der Verteidiger sollte ein Gespür dafür entwickeln, wie er die Suche nach fehlerhaften polizeilichen Vernehmungen, die keine erforderlichen Belehrungen enthalten, erfolgreich gestalten kann. Die Fälle, in denen Belehrungen nicht erfolgt sind und auch nicht in den Protokollen enthalten sind, kommen zwar vor, sind jedoch selten. Häufiger sind die Fälle, in denen der Beschuldigte dem Verteidiger entweder auf Fragen oder direkt mitteilt, dass er bei seinen Vernehmungen überhaupt nicht belehrt worden sei. Dennoch findet sich im Protokoll aber eine Belehrung, weil sie bereits im Formblatt der Vernehmungsniederschrift enthalten ist. Hier ist dann allerdings der Nachweis schwierig, der im Regelfall nur über weitere anwesende Personen bei der Vernehmung (Protokollführerin) geführt werden kann. Der häufigste Fall der unterlassenen Belehrung wird sich in den Fällen geringerer Kriminalität, namentlich im Verkehrsstrafrecht, finden. Nicht von ungefähr befaßte sich die erste maßgebliche Entscheidung des BGH auch mit einem entsprechenden Sachverhalt. Dabei muss insbesondere das Vorliegen einer **sog. „informatorischen Befragung"** stets ein Grund für den Verteidiger sein, genauer zu untersuchen, ob tatsächlich ordnungsgemäß belehrt wurde. Denn eine informatorische Befragung ist – anders als von vielen Vernehmungsbeamten gehandhabt – nur unter engen Voraussetzungen möglich.[57]

---

52 BGH StV 02, 117, 118.
53 BGHSt 38, 214; BGH StV 02, 117, 118.
54 Z.B. geistig seelischer Zustand, BGHSt 39, 349.
55 BGH NStZ 92, 294.
56 Schellenberg, S. 100 m.w.N.
57 Vgl. zur Abgrenzung auch Meyer-Goßner, Einl. 76 ff., § 163a Rn 4.

Liegt bereits ein bestimmter Verdachtsgrad gegenüber dem Befragten vor, was sowohl aus der Sicht des Ermittlungsbeamten als auch den objektiven Umständen zu beurteilen ist, ist für eine informatorische Befragung kein Raum mehr.[58]

19 ■ Inhalt der Belehrung

Unter den Problembereich der nicht erfolgten Belehrung fällt ebenfalls die Frage, ob ein Verwertungsverbot auch dann bestehen kann, wenn sich ergibt, dass nur teilweise belehrt worden ist. Dabei ist zu unterscheiden:

■ Unterlassen der Belehrung über das bestehende Schweigerecht

Aus dem Vorangegangenen ergibt sich bereits, dass es sich bei dem Schweigerecht um ein elementares Recht des Beschuldigten handelt. Dementsprechend kann ein Verstoß gegen diese Hinweispflicht unter den genannten Umständen auch dann zu einem Verwertungsverbot führen, wenn über die weiteren Rechte belehrt worden ist.

■ Verstoß gegen das Recht auf Verteidigerkonsultation

In der Praxis nicht selten sind aber auch die Fälle, in denen gegen das Recht auf Verteidigerkonsultation verstoßen worden ist.

Dies kann zum einen dadurch erfolgen, dass direkt gegen die Belehrungspflicht verstoßen wird und der Vernehmungsbeamte es unterlässt, auf das Recht der jederzeitigen Verteidigerkonsultation hinzuweisen.[59] Die zweite Möglichkeit besteht darin, dass zwar der Beschuldigte ordnungsgemäß über das ihm zustehende Recht informiert wird, der Anspruch des Beschuldigten aber in tatsächlicher Hinsicht unterlaufen wird, indem dem Beschuldigten entweder mitgeteilt wird, dass sich zum Zeitpunkt der Vernehmung (z.B. nachts) ohnehin kein Verteidiger zum Beistand bereitfände, oder aber ein bereits angereister Verteidiger nicht zum Beschuldigten vorgelassen wird. Der 5. Strafsenat des BGH[60] hat für den Fall, dass der Beschuldigte nach einer Belehrung über sein Recht auf Verteidigerkonsultation und der Erklärung, dass er einen Verteidiger sprechen wolle, das Erfordernis der sofortigen Unterbrechung der Vernehmung bejaht. Der Vernehmungsbeamte soll in einem solchen Fall die Vernehmung ohne vorangegangene Verteidigerkonsultation nur dann fortsetzen dürfen, wenn sich der Beschuldigte nach erneutem Hinweis auf sein Recht auf Hinzuziehung eines Verteidigers mit der Fortsetzung der Vernehmung einverstanden erklärt. Dem müssen allerdings **ernsthafte Bemühungen** des Polizeibeamten vorausgegangen sein, dem Beschuldigten bei der Herstellung des Kontakts zu einem Verteidiger in effektiver Weise zu helfen. Der BGH hat es hierfür, gerade weil der Beschuldigte insbesondere im Fall der vorläufigen Festnahme durch die Ereignisse verwirrt und durch die ungewohnte Umgebung bedrückt und verängstigt ist, nicht für ausreichend erachtet, wenn die Hilfestellung lediglich symbolisch erfolgt. In der angesprochenen Entscheidung war einem der deutschen Sprache nicht mächtigen Beschuldigten lediglich das Branchentelefonbuch von Hamburg überlassen worden, in dem sich unter dem Stichwort „Rechtsanwaltsbüros" eine sehr große Zahl von Eintragungen befindet. Diese Handlungsweise hat

---

58 Vgl. auch Schlothauer, Vorbereitung der Hauptverhandlung, Rn 59, 59 a.
59 Zur Heilung dieses Verstoßes durch Kenntnis des Rechts auf Seiten des Beschuldigten vgl. auch oben und BGH StV 02, 117, 118.
60 BGHSt 42, 15.

der BGH völlig zu Recht weniger als Hilfestellung an den Beschuldigten gewertet, sondern vielmehr als Handlungsweise, die eher dazu geeignet war, den Beschuldigten von der Unmöglichkeit einer alsbaldigen Kontaktaufnahme zu überzeugen. Nach Auffassung des BGH könnte es in solchen Fällen geboten sein, dem Beschuldigten die Telefonnummer eines anwaltlichen Notdienstes mitzuteilen.[61] Leider wird diese strenge Auffassung des 5. Senats jedoch nicht von allen weiteren Senaten durchgehend geteilt. In Abgrenzung zur Entscheidung des 5. Senats hat der 1. Senat des BGH entschieden, dass kein Verwertungsverbot bei Angaben ohne einen Verteidiger bestehen soll, wenn der ordnungsgemäß belehrte Beschuldigte in freier Entscheidung Angaben zur Sache gemacht hat, auch wenn er nach ordnungsgemäßer Belehrung zunächst die Hinzuziehung eines Verteidigers gewünscht hatte.[62] In Abgrenzung zur Entscheidung des 5. Senats des BGH, bei der nach der Deutung des 1. Senats eine „*aktive Verweigerung*" des Polizeibeamten zur Kontaktaufnahme zwischen Beschuldigtem und Rechtsanwalt zum möglichen Verwertungsverbot geführt habe, soll es in anders gelagerten Fällen lediglich darauf ankommen, ob der Beschuldigte in freier Entscheidung dazu gekommen sei, Angaben zur Sache zu machen.[63]

Für den Verteidiger löst diese Entscheidung in mehrfacher Hinsicht Unbehagen aus. Abgesehen davon, dass der ganzen Angelegenheit ein unguter rechtspolitischer Beigeschmack innewohnt, weil die Entscheidung des 1. Strafsenats in bemerkenswerter Zeitnähe zu einer Personalie beim BGH steht,[64] verkennt die Entscheidung leider auch die häufig anzutreffende tatsächliche Handhabung von Beschuldigtenrechten in der Praxis. In einer Anmerkung zu der Entscheidung[65] ist hierauf in sehr instruktiver Weise hingewiesen worden.

Tatsächlich stellt die Annahme, dass ein Polizeibeamter eine Vernehmung passiv begleitet und schließlich die Angaben des Beschuldigten schon deshalb entgegenzunehmen habe, weil er ansonsten dessen Recht, sich zu verteidigen, verletze,[66] eher das Zerrbild einer Vernehmung dar. In der **Praxis** erlebt man es in gerade von Ermittlungsbehörden als wichtig beurteilten Fälle häufiger, dass insbesondere inhaftierte Beschuldigte **gegen ihren Willen in das Vernehmungszimmer** gebracht werden und trotz der Erklärung, dass sie sich nicht äußern und einen Verteidiger sprechen wollen, zunächst in der Hoffnung dort minutenlang belassen werden, dass der Beschuldigte diesem Druck nicht gewachsen sein würde und redet. Es ist deshalb besonders bedauerlich, dass der 1. Senat in seiner Entscheidung dem 5. Senat mit seiner deutlichen Grenzziehung nicht gefolgt ist. Der Verteidiger wird aber mit beiden Entscheidungen leben müssen.[67]

---

61 BGH a.a.O.

62 BGHSt 42, 170.

63 BGH a.a.O.

64 Kurz nach dieser Entscheidung erfolgte ein Wechsel des Vorsitzenden beim 1. Senat, Vorsitzender wurde ein ehemaliges Mitglied des 5. Senates, welches an der Entscheidung BGHSt 42, 15 beteiligt war.

65 Ventzke StV 96, 524.

66 BGHSt 42, 170.

67 Eine Anrufung des Großen Senates musste nicht erfolgen, weil die Ausführungen des 5. Senats zum Verwertungsverbot keine tragenden Gründe enthielten; das Verwertungsverbot wurde auch in diesem Fall letztlich verneint, weil die Verteidigung nicht rechtzeitig von dem erforderlichen Widerspruchsrecht Gebrauch gemacht hatte (!).

■ Unterlassen des Hinweises der jederzeit möglichen Beweisantragstellung
In Rechtsprechung und Lehre ist anerkannt, dass die drei Elemente der Beschuldigtenbelehrung nicht als gleichrangig anzusehen sind. Als besonders bedeutsam wird der Hinweis auf das dem Beschuldigten zustehende Schweigerecht verstanden. Von gleichem Gewicht ist das Recht auf jederzeitige Verteidigerkonsultation. Demgegenüber steht die Bedeutung des Hinweises auf die jederzeit mögliche Beweisantragstellung hintan. Eine höchstrichterliche Vorgabe darüber, was zu gelten hat, wenn anläßlich einer Vernehmung lediglich auf diese Möglichkeit nicht hingewiesen wurde, liegt ersichtlich zwar noch nicht vor. Es kann jedoch vermutet werden, dass ein Unterlassen lediglich dieses Hinweises nicht zu einem Verwertungsverbot führen wird.

20 ■ Zeitpunkt des Widerspruchs
Die für den Verteidiger besonders wichtige Tätigkeit ist das rechtzeitige Erheben des Widerspruchs gegen die Verwertung der Aussage. Der Widerspruch muss spätestens bis zu dem in § 257 StPO genannten Zeitpunkt geltend gemacht werden. Dies bedeutet, dass sich der Verteidiger spätestens mit der Beendigung der Vernehmung des Polizeibeamten als Zeugen, über den üblicherweise die polizeiliche Aussage des Beschuldigten in die Hauptverhandlung eingeführt wird, der Einführung widersetzen muss.[68] In der Beachtung dieser Zeitvorgabe liegt eine besondere Verantwortlichkeit des Verteidigers. Verpaßt er diesen Zeitpunkt, ist er nach der nunmehr durchgehenden Rechtsprechung – anders als selbst Revisionsrichter ursprünglich vermuteten –[69] an der Ausübung des Widerspruchsrechts gehindert. Das Widerspruchsrecht lebt weder im Berufungsverfahren[70] noch etwa nach erfolgreich durchgeführter Revision in einer neuen Hauptverhandlung vor dem Tatrichter wieder auf.[71]

Steht somit fest, wann der letztmögliche Zeitpunkt zur Ausübung des Widerspruchsrechts liegt, bleibt die taktisch sehr viel weiterführende Frage, wann die erste Möglichkeit zur Ausübung des Widerspruchsrechts besteht. Hierzu ist grundsätzlich darauf zu verweisen, dass nur ein innerhalb der Hauptverhandlung erhobener Widerspruch eine rechtswirksame Bedeutung erlangen kann. Dennoch sollte aus taktischen Gründen der Verteidiger so früh wie möglich, innerhalb und außerhalb, noch vor und während der Hauptverhandlung, auf den Widerspruch der Verteidigung hinweisen. Denn natürlich ist es für die Verteidigung sehr viel vorteilhafter, wenn das Gericht bereits zu der Überzeugung kommt, dass die Verhörsperson gar nicht erst als Zeuge über die Aussage des Beschuldigten zu vernehmen ist, als wenn trotz eines zuerkannten Verwertungsverbots dennoch die Aussage im Bewusstsein der Richter bleibt. Ob insbesondere ein Laienrichter wirklich dazu in der Lage ist, eine bereits getätigte Wahrnehmung „aus seinem Kopf zu streichen", muss wohl eher bezweifelt werden. Aus diesem Grund ist dem

68 BGH StV 04, 57 f.
69 Vgl. Maul/Eschelbach, a.a.O.
70 LG Stuttgart StV 97, 341.
71 BayObLG StV 97, 66.

Verteidiger deshalb anzuraten, mehrfach auf seinen Widerspruch hinzuweisen und lediglich der Vorsicht halber, wenn vorher kein Erfolg eingetreten ist, nach der Vernehmung der Verhörsperson sich der Aussage noch einmal zu widersetzen.

c) Vernehmungen in anderen Verfahren

Vernehmungen des Beschuldigten in **anderen Strafverfahren** und **anderen Verfah-** **rensarten** sind ohne weiteres im Wege der Vernehmung der Verhörsperson oder auch – unter den weiteren Voraussetzungen – durch Verlesung in die Hauptverhandlung einführbar. Dies gilt allerdings nicht, wenn der Beschuldigte in diesem Verfahren nicht über seine Beschuldigtenrechte verfügen konnte. Einer der häufigsten Anwendungsfälle betrifft dabei das **Insolvenzstrafverfahren**. Bereits der sog. Gemeinschuldnerbeschluß des Bundesverfassungsgerichts[72] hatte festgestellt, dass dem Beschuldigten im Konkursverfahren (jetzt Insolvenzverfahren) kein Schweigerecht zusteht und er auskunftsverpflichtet bleibt. Dafür darf seine Aussage aber nicht gegen seinen Willen in einem Strafverfahren gegen ihn verwertet werden. Dies ist jetzt auch ausdrücklich in der Insolvenzverordnung geregelt (§ 97 Abs. 1 S. 3 InsO). 21

Ein weiterer häufig anzutreffender Problembereich besteht an der Nahtstelle zwischen **Steuerrecht und Steuerstrafrecht**. Nach § 30 Abs. 4 Nr. 4a AO dürfen für ein Verfahren, wegen einer Tat, die keine Steuerstraftat ist, solche Tatsachen nicht offenbart werden, die der Steuerpflichtige in Unkenntnis der Einleitung eines steuerlichen Straf- und Bußgeldverfahrens offenbart hat oder die bereits vor Einleitung im Besteuerungsverfahren bekannt geworden sind. Werden die Tatsachen dennoch bekannt, ist in § 393 Abs. 2 Satz 1 AO ein Verwertungsverbot normiert worden. Danach dürfen Staatsanwalt oder Gericht in einem Strafverfahren Tatsachen oder Beweismittel aus den Steuerakten nicht verwenden, wenn der Steuerpflichtige sie der Finanzbehörde vor Einleitung des Strafverfahrens oder in Unkenntnis der Einleitung des Strafverfahrens in Erfüllung steuerrechtlicher Pflichten offenbart hat. 22

Dieses **Verwertungsverbot** gilt aber **nur** für die Verfolgung von **Nicht-Steuerstraftaten** und nicht für Steuerstraftaten, an denen i.S.d. § 30 Abs. 4 Nr. 5 AO ein zwingendes öffentliches Interesse besteht. Schwierigkeiten bereitet in all diesen Fällen insbesondere die Reichweite des Verwertungsverbotes. Unklarheit herrscht darüber, ob nur wahrheitsgemäße Angaben dem Verwertungsverbot des § 393 Abs. 2 AO unterliegen. Hierzu hat das Bayerische Oberste Landesgericht differenziert.[73] Legt der Steuerpflichtige im Rahmen einer Betriebsprüfung gefälschte Belege vor, nachdem er vom Betriebsprüfer aufgefordert worden war, Nachweise zu erbringen, so soll diese Handlungsweise ebenso dem Verwertungsgebot gemäß § 393 Abs. 2 AO unterfallen wie ein Handlungsablauf, in dem der Steuerpflichtige dem Finanzamt gefälschte Belege übersendet, nachdem er dazu aufgefordert war, Nachweise zu erbringen. Etwas anderes soll hingegen dann gelten, wenn der Steuerpflichtige seiner Einkommensteuererklärung unaufgefordert gefälschte Belege beifügt.[74]

---

72 BVerfG StV 81, 213.
73 BayObLG wistra 96, 353; wistra 98, 117; wistra 98, 197.
74 BayObLG a.a.O.

Diese Auffassung hat allerdings nicht nur in der Literatur[75] Kritik gefunden, sondern auch der BGH folgt dieser Auffassung nicht.[76] Dies ist auch nachvollziehbar. Denn es ist weder einzusehen, warum falsche Angaben ein Verwertungsverbot auslösen sollen, noch kann es von entscheidender Bedeutung sein, ob ein Steuerpflichtiger seiner Steuererklärung sofort Unterlagen beifügt oder erst auf eine Anforderung des Finanzamtes, mit der ohnehin zu rechnen sein wird.

d) „Vernehmungen" durch Privatpersonen

23   Grundsätzlich können nur fehlerhafte Maßnahmen staatlicher deutscher Vernehmungsorgane zu einem Verwertungsverbot führen. Häufig werden jedoch Fallgestaltungen vorliegen, in denen sich eine besonders problematische Aussage des Beschuldigten nicht in einer förmlichen Vernehmung wiederfindet, sondern eine Privatperson erklärt, dass ihr gegenüber diese Aussage getätigt wurde.

Dabei kann es keinen Zweifeln unterliegen, dass derartige Äußerungen über den Zeugenbeweis in die Hauptverhandlung einführbar sind. Problematisch wird die Situation jedoch, wenn sich herausstellt, dass diese Personen nicht lediglich bei Gelegenheit eines Gesprächs Informationen vom Beschuldigten erlangt haben, sondern aufgrund eigenen Interesses faktisch wie Vernehmungsbeamte aufgetreten sind. Die Rechtsprechung ist hierbei erstaunlich großzügig. Denn selbst dann, wenn sich herausstellt, dass die Privatperson Befragungsmethoden angewandt hat, die bei einem Vernehmungsbeamten unter § 136a StPO fielen (zum Beispiel „Hypnose"), soll auch dies nach der Rechtsprechung nicht ohne Weiteres zur Unverwertbarkeit der Aussage führen. Der Beweiswert derartiger Aussagen sei allerdings nach besonders sorgfältiger Prüfung zu ermitteln.[77] Etwas anderes soll sich lediglich für Fälle *„extremer Menschenrechtswidrigkeit"* ergeben.[78]

In der Praxis treten die häufigsten Probleme beim Einsatz von **Lockspitzeln, V-Leuten** und **verdeckten Ermittlern** auf.[79] Dabei gilt, dass der Einsatz von Lockspitzeln grundsätzlich zulässig ist. Ein Beweisverbot wird hier nicht angenommen.[80] Bei tatprovozierendem Verhalten eines polizeilichen V-Mannes hält die Rechtsprechung entgegen dem Europäischen Gerichtshof für Menschenrechte an ihren Erwägungen fest, dass bei etwaigen Überschreitungen der Grenzen des erlaubten Verhaltens auf der Ebene der Strafzumessung eine Lösung zu finden sei.[81]

Für den Verteidiger ist in einer solchen Situation wichtig, dass in den Urteilsgründen des entscheidenden Gerichts später ein Verstoß gegen Art. 6 Abs. 1 Satz 1 MRK festgestellt wird und bei der Festsetzung der Rechtsfolgen das Maß der Kompensation für das konventionswidrige Handeln gesondert zum Ausdruck zu bringen ist.[82]

Auch eine Vertrauensperson (V-Mann) führt keine Vernehmung des Beschuldigten im Rechtssinne durch. Nach der Rechtsprechung soll der Einsatz von V-Leuten (§ 163

---

75 Joecks, wistra 98, 86.
76 BGH wistra 99, 341, allerdings nur obiter dictum.
77 BGHSt 27, 355.
78 Roxin, § 24 D V.
79 Zur Differenzierung vgl. Meyer-Goßner, § 110a StPO Rn 2, 4 und Anl. D Ziff. Abs. 1, 2 zu RiStBV.
80 KK/Senge, vor § 48 StPO Rn 82.
81 BGH NStZ 00, 269 ff.; EGMR NStZ 99, 47 ff.; weitergehend zur Verwertbarkeit von Aussagen gegenüber von den Polizeibehörden eingesetzten Privatpersonen zuletzt EGMR StV 03, 257 ff.
82 BGH NStZ 00, 269 ff.; BGH NStZ 01, 53.

Abs. 1 StPO) oder verdeckten Ermittlern (§ 110a Abs. 2 StPO) nicht gegen § 136a StPO oder dessen Rechtsgedanken verstoßen.[83] Das zulässige Handeln dieser Personen sei vielmehr gerade durch Heimlichkeit und dadurch geprägt, dass ihre Steuerung durch die Polizei für den Beschuldigten nicht offenbar wird.[84] Zulässig soll es auch sein, dass ein Ermittlungsorgan eine Privatperson zu einem Gespräch mit dem Tatverdächtigen veranlasst, damit über dieses Gespräch dann ein Aufklärungserfolg erzielt werden kann, soweit es um die Aufklärung einer Straftat von erheblicher Bedeutung geht und die Erforschung des Sachverhalts unter Einsatz anderer Ermittlungsmethoden erheblich weniger erfolgversprechend oder wesentlich erschwert gewesen wäre.[85] Allerdings wird in diesen Fällen dann weiterhin von einem Verwertungsverbot ausgegangen werden können, wenn ein entsprechendes Gespräch nach erklärter Verweigerung, Angaben zur Sache zu machen, mittels einer Täuschung durch die Ermittlungsbeamten herbeigeführt wird.[86]

Nicht selten wird es auch vorkommen, dass ein **Mithäftling** eines inhaftierten Beschuldigten sich meldet, um tatsächlich vernommene oder auch nur fingierte Angaben eines Beschuldigten zum eigenen Vorteil den Ermittlungsbehörden mitzuteilen.

Auch solche Äußerungen unterliegen grundsätzlich keinem Verwertungsverbot.[87] Dies gilt allerdings nur, soweit der Mitgefangene aus eigener Initiative gehandelt hat. Wird ein Mithäftling hingegen bewusst und gezielt von den Ermittlungsbehörden zur Aushorchung eines anderen Gefangenen eingesetzt, muss sich der Staat die Handlungen des Privaten zurechnen lassen, mit der Folge, dass ein Verwertungsverbot zu bejahen ist.[88] Dies gilt auch schon in den Fällen, in denen ein Mitgefangener zwar nicht bewusst auf einen anderen Gefangenen angesetzt wird, die Handlungsweise des Gefangenen aber bekannt ist und zum Vorteil der Ermittlungsbehörden toleriert wird.[89]

2. Die Alternativentscheidung Schweigen/Reden

a) Vollständiges oder teilweises Schweigen

Ist die Grundentscheidung gefallen, dass sich der Beschuldigte in der Hauptverhandlung äußern soll, bedeutet dies nicht automatisch, dass er sich vollumfänglich zu allen Vorwürfen zu äußern hat sowie sämtliche Fragen beantworten muss. Denn anders als bei einem zeugnisverweigerungsberechtigten Zeugen bleibt dem Beschuldigten in jeder Lage des Verfahrens die Entscheidung unbenommen, zu welchen Aspekten er sich äußern möchte und zu welchen nicht. Selbstverständlich kann er auch jederzeit frei entscheiden, welche Fragen er beantworten will und welche nicht.

24

Dabei muss der Verteidiger jedoch in rechtlicher Hinsicht genau beachten, dass ein lediglich erfolgtes „Teilschweigen", anders als bei einem vollumfänglichen Schweigen,[90] das Gericht dazu legitimiert, das Teilschweigen negativ für den Beschuldigten zu verwerten.

---

83 Der verdeckte Ermittler muss bei seiner Tätigkeit zwar § 136a StPO beachten, aber nur soweit er nicht „legendenbedingte" Täuschungen vornimmt (Meyer-Goßner, § 110c Rn 3).
84 BGHSt 39, 335.
85 BGHSt (GS) 42, 139 (sog. Hörfallenbeschluss).
86 BGHSt 39, 335, 348; 40, 66, 72; Meyer-Goßner, § 136a Rn 4a a.E.
87 BGH NStZ 89, 32.
88 BGH NStZ 89, 33.
89 BGH NStZ 99, 147.
90 OLG Karlsruhe StV 03, 609 zur fehlerhaften Beweiswürdigung bei (schon in U-Haft) schweigenden Angeklagten.

Die Verhaltensweise des Beschuldigten ist deshalb im Hinblick darauf genau zu analysieren, wann Reden, wann Schweigen und wann Teilschweigen vorliegt.[91]

25 *aa) Vollständiges Schweigen.* Sicher ist, dass das Unterlassen jeglicher Erklärung ein Schweigen darstellt. Dieses umfängliche Schweigen darf nicht gegen den Beschuldigten verwertet werden, wobei es auch völlig unerheblich ist, ob sich der Beschuldigte vor der Hauptverhandlung geäußert hat. Lediglich diese Äußerung wäre dann, über die Vernehmung der Verhörsperson,[92] einführbar. Die Tatsache des Schweigens bliebe aber weiterhin unverwertbar. Gleiches gilt, wenn der Beschuldigte in der Hauptverhandlung erst schweigt und später redet. Dann darf aus dem Zeitpunkt der Äußerung keine negative Schlußfolgerung hergeleitet werden.[93]

Ebenso unzulässig wäre es, wenn das Gericht Gedanken darüber anstellt, aus welchem Motiv heraus der Beschuldigte schweigt.

Darauf hinzuweisen ist allerdings, dass – anders als viele Verteidiger meinen – bereits in rechtlicher Hinsicht das Schweigerecht mit dem daraus resultierenden **Verbot der negativen Beweiswürdigung**, ein äußerst zerbrechlicher Rechtsgrundsatz ist. Abgesehen davon, dass dieser Rechtsgrundsatz keineswegs in allen westlichen Rechtsordnungen anerkannt wird, begegnet der Grundsatz auch im deutschen Strafrecht Anfechtungen. So ist es gesetzestechnisch ohne weiteres möglich, Normen so zu konstruieren, dass dem Beschuldigten zwar in rechtlicher Hinsicht keine Beweisführungslast auferlegt wird, diese faktisch aber sehr wohl besteht und den Beschuldigten das Mißlingen des Beweises sogar zusätzlich belastet. Als **Beispiel** hierfür mag das Anführen von Strafausschließungsgründen in der Norm gelten (z.B. § 186 StGB: Nichterweislichkeit), das Schaffen besonderer Rechtfertigungsgründe (z.B. § 193 StGB: Wahrnehmung berechtigter Interessen) oder die Schaffung sog. „verkappter Beweiserleichterungsregelungen" (z.B. § 261 Abs. 5 StGB: leichtfertige Geldwäsche). Es muss deshalb sehr genau beobachtet werden, welchen Wert das Schweigen tatsächlich hat.

Aber auch dann, wenn der Beschuldigte nicht vollständig schweigt, liegt nicht automatisch ein verwertbares Teilschweigen vor. Es ist dem Beschuldigten ohne weiteres möglich, sich außerhalb seines Schweigens aktiv an der Hauptverhandlung zu beteiligen, insbesondere Fragen an Zeugen zu stellen, ohne dass dies als Durchbrechen seines Schweigens aufgefasst werden darf. So ist die **Ausübung des Fragerechts keine Äußerung zur Sache**.

Dabei ist allerdings höchste Vorsicht geboten. Denn es ist nicht unmöglich, dass aus einer prinzipiell unproblematischen Fragestellung doch noch eine Sachäußerung werden kann. Diese Gefahr besteht gerade dann, wenn vom Beschuldigten die eigentliche Fragestellung mit persönlichen Erklärungen oder Vorhalten eingeleitet wird. Ist dem Verteidiger deshalb bereits grundsätzlich anzuraten, dem Beschuldigten zu empfehlen, an Prozessbeteiligte keine eigenständigen Fragen zu stellen, so gilt dies in besonderem Maße in den Fällen, in denen der Beschuldigte schweigt.

Abgesehen von der Möglichkeit, sich in sonstiger Weise am Verfahren zu beteiligen, erfordert das Schweigen in vollem Umfang nicht das Unterlassen jeder Erklärung.[94] So

---

91 Vgl. insofern auch Richter II, StV 94, 687 sowie Verrel, NStZ 97, 361, 415.
92 Vgl. Ausführungen oben unter § 15 Rn 10.
93 BGH StV 94, 413.
94 BGH NStZ 97, 147.

ist es dem Beschuldigten nicht verwehrt, mitzuteilen, dass er sich eine Äußerung angesichts der schwerwiegenden Vorwürfe zuvor überlegen müsse.[95] Darüber hinausgehend darf der Beschuldigte in einer Erklärung sogar die Täterschaft generell bestreiten, ohne dass dies als Aussage verwertbar wäre. In der allgemeinen Erklärung des Beschuldigten, *„dass er die Tat nicht begangen habe“*, liegt keine Angabe zur Sache, aus der nachteilige Schlüsse gegen den Beschuldigten gezogen werden dürfen.[96] Alle weitergehenden Äußerungen können im Hinblick auf eine mögliche Verwertbarkeit aber gefährlich werden.

bb) Teilschweigen. Zusätzlich führt die Tatsache, dass sich ein Beschuldigter zur Sache einlässt, nicht automatisch dazu, dass ein Schweigen zu anderen Taten indiziell gegen ihn verwertet werden dürfte. Für die Beantwortung der Frage, ob in solchen Fällen von einem verwertbaren Teilschweigen oder einem nicht verwertbaren vollständigen Schweigen hinsichtlich des Tatvorwurfs, zu dem geschwiegen wird, auszugehen ist, ist vielmehr entscheidend, ob die Tatvorwürfe eine oder mehrere Taten im prozessualen Sinn gem. § 264 StPO betreffen.[97] Der Verteidiger muss deshalb genau trennen. Unter „Tat im prozessualen Sinn“ wird ein einheitlicher geschichtlicher Vorgang verstanden, der sich von anderen ähnlichen oder gleichartigen unterscheidet und innerhalb dessen der Beschuldigte einen Straftatbestand verwirklicht hat oder haben soll.[98] Zur Tat gehört das gesamte Verhalten des Täters, soweit es nach natürlicher Auffassung einen einheitlichen Lebensvorgang darstellt. Auf eine Unterscheidung, ob die vorgeworfenen Taten sich sachlich-rechtlich als Tateinheit oder Tatmehrheit darstellen, kommt es dabei nicht an.[99] Deshalb handelt es sich beispielsweise auch noch um eine Tat im prozessualen Sinn, wenn eine Trunkenheitsfahrt durch einen Verkehrsunfall unterbrochen wird und der Beschuldigte sich anschließend vom Unfallort unerlaubt entfernt.[100] Schweigt der Beschuldigte innerhalb dieses einheitlichen Lebensvorgangs zu bestimmten Vorwürfen, so bildet sein Schweigen einen negativen Bestandteil seiner Aussage, die in ihrer Gesamtheit der freien richterlichen Beweiswürdigung unterliegt. Schweigt der Beschuldigte hingegen zu einem anderen Lebensvorgang, so darf das Schweigen nicht verwertet werden.

Beispielsfälle:

Fall 1):
Dem Beschuldigten wird zur Last gelegt, am 1. Mai in ein Anwesen eingedrungen zu sein, um dort stehlenswerte Gegenstände zu entwenden. Zugleich wird ihm zur Last gelegt, bei dieser Gelegenheit die angetroffene Bewohnerin des Hauses sexuell missbraucht zu haben.

Fall 2):
Dem Beschuldigten wird zur Last gelegt, am 1. Mai in ein Haus eingedrungen zu sein, um stehlenswerte Gegenstände entwendet zu haben. Ihm wird weiterhin zur Last gelegt, am 1. August die Bewohnerin des Hauses sexuell missbraucht zu haben.

---

95 BGH a.a.O.
96 BGHSt 34, 324; vgl. auch BGHSt 25, 365, BGHSt 38, 302.
97 BGH StV 00, 598; BGH NStZ 84, 377 mit Anm. Volk.
98 BGHSt 22, 375; BGHSt 29, 341; BGHSt 32, 215.
99 Meyer-Goßner, § 264 StPO Rn 2.
100 BGHSt 25, 72.

In beide Fällen äußert sich der Beschuldigte zum Vermögensdelikt, nicht aber zum Sexualdelikt. Wegen des einheitlichen Lebenssachverhalts führt dies dazu, dass im Fall 1) ein verwertbares Teilschweigen zum Nachteil des Beschuldigten vorliegt. Im Fall 2) liegt hingegen ein nicht verwertbares vollständiges Schweigen hinsichtlich des Vorwurfs des Sexualdelikts vor.

Der Verteidiger muss sich aber darüber bewusst sein, dass die Rechtsprechung (wohl) nur dann von einem nicht verwertbaren Teilschweigen ausgehen wird, wenn die Angaben zu einer Tat gehören, die noch verfolgbar ist. Ist die Tat hingegen bereits entweder rechtskräftig abgeurteilt oder aus anderen Gründen endgültig nicht mehr verfolgbar, so würden Angaben zu der Tat ein verwertbares Teilschweigen darstellen.[101]

Beispielsfall: Wäre im oberen Fall 2) hinsichtlich des vorgeworfenen Vermögensdeliktes zum Zeitpunkt der Verhandlung über das Sexualdelikt bereits ein rechtskräftiges Urteil ergangen, so wären die Angaben des Beschuldigten zum Vermögensdelikt indiziell gegen den Beschuldigten verwertbar.

b) „Äußerung" trotz Schweigens?

27 Wie bereits dargelegt[102] kann für den Verteidiger die Entscheidung, dem Beschuldigten zum Schweigen zu raten, auch deshalb so schwierig sein, weil er die psychologische Seite des Schweigens nicht außer Acht lassen darf. Dabei können die psychologischen Probleme sogar in verschiedener Hinsicht bestehen. Grundsätzlich darf bereits nicht übersehen werden, dass die Auffassung weit verbreitet ist, derjenige habe etwas zu verbergen, der schweigt, wobei dies nicht für für Laien, sondern auch für Juristen gilt. Bezeichnenderweise wird sogar in Lehrbüchern, in denen durchaus der häufigere Gebrauch des Schweigerechts empfohlen wird,[103] „zwischen den Zeilen" von einem schuldigen Beschuldigten ausgegangen, dem dieses Aussageverhalten anzuraten sei, weil der Beschuldigte ansonsten „kräftig und verteidigungstaktisch ohne Not an der eigenen Verurteilung" mitwirke.[104] Dies mag auch darauf beruhen, dass Ausgangspunkt des Schweigerechts ist, dass niemand Zeuge gegen sich selbst sein muss. Aufgrund dieser Formulierung kann leicht der Gedanke mitschwingen, dass sich bei einem schweigenden Beschuldigten weniger die Frage stellt, ob er schuldig oder unschuldig ist, sondern vielmehr die Frage, ob ein Nachweis der Schuld möglich ist. Gerade einer solchen Grundstimmung kann aber nicht energisch genug widersprochen werden. Der Gebrauch des Schweigerechts hat keine Verteidigungsmaßnahme zu sein, die allein auf einer Non-Liquet-Überlegung beruht, sondern es sind vielfältige andere Sachverhalte vorstellbar, in denen auch der unschuldig Beschuldigte auf sein Recht zu schweigen zurückgreifen sollte. Gar nicht so selten sind etwa Sachverhalte, in denen der Beschul-

---

101 Vgl. hierzu auch Volk, a.a.O.
102 Vgl. oben § 15 Rn 24.
103 Vgl. Schellenberg, S. 91.
104 Schellenberg, a.a.O.; vgl. hierzu aber auch das in Fußnote 120 ausgeführte sehr instruktive Beispiel.

digte durch eine Aussage zwar den konkreten Vorwurf entkräften könnte, die Aussage aber dazu führen würde, dass ihm anderes Ungemach drohen könnte (sei es in persönlicher[105] oder auch in rechtlicher[106] Hinsicht).

Vielfach werden auch Sachverhalte vorliegen, in denen die Frage der Tatbestandserfüllung unklar ist. In einer solchen Situation kann der Beschuldigte aber nicht darauf vertrauen, dass ein Richter geneigt sein wird, bei einer Befragung des Beschuldigten im wesentlichen die entlastenden Punkte zu beachten. Es besteht vielmehr die Gefahr, dass ein Gericht versucht sein könnte, anhand der Befragung des Beschuldigten negative Beweisanzeichen festzuschreiben.

Beispielsfall: Als besonderes Beispiel hierfür können die Fahrlässigkeitsdelikte angesehen werden. Die Elemente der Fahrlässigkeit sind die Pflichtwidrigkeit und Vorhersehbarkeit der Tatbestandsverwirklichung[107] sowie die Erkennbarkeit der Rechtswidrigkeit.[108]

Gerade im Bereich der Pflichtwidrigkeit können sehr unterschiedliche rechtliche Auffassungen vertreten werden. So können sich Sorgfaltspflichten aus einer Rechtsnorm, aus Vertrag, aus dem Beruf des Täters oder aus dessen vorausgegangenem Verhalten herleiten. Darüber hinausgehend findet der allgemeine Grundsatz Anerkennung, dass fremde Rechtsgüter nicht verletzt werden dürfen.[109] Weil für die Frage der Sorgfaltspflichtverletzung stets die konkrete Situation entscheidend ist, ergibt sich aber, dass ein Gericht umso genauer die Frage des Vorliegens der Sorgfaltspflichtverletzung beantworten kann, je mehr Erkenntnisse über die konkrete Situation vorliegen. Häufig wird das Gericht hierbei auch persönliche Ansichten einfließen lassen. Lässt sich der Sachverhalt hingegen nicht eingrenzen und bleibt die Möglichkeit sog. rechtmäßigen Alternativverhaltens offen, wird eine Sorgfaltspflichtverletzung im Ergebnis nicht bejaht werden können.

Dies hat zur Konsequenz, dass sich der Beschuldigte bei einer Aussage, die dann zur Eingrenzung des Sachverhalts führt, ohne Not (und vor allem ohne dass er hierdurch einen Vorteil gewänne), zum Gehilfen des Richters machen würde, und somit zu seiner eigenen Verurteilung mithilft. Dem Verteidiger muss deshalb bewusst sein, dass jede Äußerung des Beschuldigten eine nicht belohnte „Serviceleistung" für die Anklage sein kann.

Neben dem „Volksglauben" „*wer schweigt hat Unrecht*", gibt es aber auch andere Situationen, in denen die Ausübung des Schweigerechts zumindest **psychologische Nachteile** mit sich bringen kann. Diese Fälle sind vor allem dann denkbar, wenn sich der Beschuldigte in einer auch in der Öffentlichkeit beachteten Position befindet oder aber mehrere Beschuldigte gemeinsam auf der Anklagebank sitzen, die beruflich in einem Über-/Unterordnungsverhältnis zueinander stehen.

---

105 Zum Beispiel müßte der Beschuldigte erklären, dass er den Abend mit seiner Geliebten verbracht hat; oder aber einer ungenehmigten Nebentätigkeit nachgegangen ist; denkbar ist auch, dass er ansonsten eine ihm nahestehende Person belasten muss.

106 Zum Beispiel müßte der Beschuldigte auf die Frage, woher denn sonst der plötzliche Vermögenszuwachs gekommen sein soll, erklären, dass er das Vermögen bei anderen strafbaren Handlungen erlangt hat.

107 BGHSt 10, 369, BGHSt 12, 75.

108 Tröndle/Fischer, § 15 StGB Rn 14.

109 Tröndle/Fischer, § 15 StGB Rn 16.

In solchen Fällen wird es besonders schwer sein, die Ausübung des Schweigerechts verständlich zu machen,[110] denn der Verteidiger muss damit rechnen, dass ein Gericht wenig Verständnis für einen Beschuldigten aufbringen wird, der sich außerhalb der Hauptverhandlung stets und ungefragt zu jedem Thema äußert, im Verfahren selbst aber schweigt. Ebenso kann ein Verfahren sehr leicht optisch in eine Schieflage geraten, wenn sich zwar die beruflich Untergebenen in einem Verfahren als Beschuldigte äußern, derjenige, der als Chef beruflich den Ton angibt, nun aber nichts mehr äußert und damit insbesondere auch seine Fürsorgepflicht gegenüber den Mitarbeitern im Moment der Gefahr nicht wahrnimmt.

28 Aus diesen Gründen kann die Versuchung groß sein, dem Beschuldigten doch zu empfehlen, sich zu äußern. Will man dem Beschuldigten in diesen Fällen anraten zu schweigen, kann sich als Ausweg die „Quadratur des Kreises" anbieten:
Der Beschuldigte schweigt in der Hauptverhandlung, es ist aber dennoch eine Äußerung von ihm einführbar. Der Verteidiger kann dies dadurch erreichen, dass er eine im Wege des Urkundenbeweises (§ 249 StPO) einführbare Äußerung des Beschuldigten veranlasst und zu den Akten gibt. Steht fest, dass es sich um eine schriftliche Erklärung des Beschuldigten handelt, kann eine solche Erklärung im Wege des Urkundenbeweises in die Hauptverhandlung eingeführt werden,[111] wobei der Verteidiger sinnvollerweise einen förmlichen Beweisantrag stellt, die Beweisaufnahme auf das präsente Beweismittel gemäß § 245 Abs. 2 StPO zu erstrecken.
Der Verteidiger muss allerdings darauf achten, dass für das Gericht **klar erkennbar** ist, dass die Erklärung vom Beschuldigten selbst stammt (z.B. durch Unterschrift). Nicht ausreichend wäre etwa die Erklärung des Verteidigers in einem anwaltlichen Schriftsatz. Sie ist grundsätzlich keine eigene Erklärung des Beschuldigten. Der Verteidiger ist nicht Vertreter des Beschuldigten, sondern hat eine von diesem unabhängige Rechtsstellung. Seine Schriftsätze sind deshalb nicht als Urkunden verlesbar.[112] In Betracht käme allenfalls die Vernehmung des Verteidigers als Zeugen.[113] Anders verhält es sich lediglich in der Hauptverhandlung. Gibt dort der Verteidiger für seinen Mandanten in dessen Anwesenheit eine Erklärung zur Sache ab, so kann darin eine Einlassung des Beschuldigten liegen.[114] In diesen – rechtlich durchaus nicht unproblematischen[115] – Fällen geht die Rechtsprechung davon aus, dass der anwesende Angeklagte schließlich zum Ausdruck bringen könne, wenn die Erklärung des Verteidigers für ihn nicht von seinem Willen getragen sei. Allerdings soll eine Grenze dann bestehen, wenn sich der Beschuldigte überhaupt nicht äußert. Gibt der Verteidiger in einem solchen Fall, etwa im Rahmen von Beweisanträgen, Äußerungen zur Sache ab, sollen diese nur dann als Einlassung eines die Angaben verweigernden Beschuldigten verwertet werden dürfen, wenn durch Erklärung des Beschuldigten oder des Verteidigers klargestellt wird, dass der Beschuldigte diese Äußerung als eigene Einlassung verstanden wissen will.[116]

---

110 Was in rechtlicher Hinsicht natürlich nicht nötig ist.
111 BGHSt 39, 305; OLG Zweibrücken StV 86, 290.
112 OLG Celle, StV 88, 425.
113 BGH StV 93, 623.
114 BGH StV 94, 467; BGH StV 98, 59.
115 Vgl. Park StV 98, 59.
116 BGH StV 90, 394.

Steht fest, dass eine eigene Erklärung des Beschuldigten vorliegt, kann sie im Wege   29
des Urkundenbeweises in die Hauptverhandlung eingeführt werden. Geht der Verteidiger auf diese Art und Weise vor, muss er gelegentlich damit rechnen, dass Staatsanwaltschaft und/oder Gericht die Zulässigkeit dieser Vorgehensweise bezweifeln. Häufig ist dabei das Argument der „unzulässigen Umgehung des Mündlichkeitsprinzips"
zu hören. Diese Argumentation greift jedoch nicht. Eine unzulässige **Umgehung des**
Mündlichkeitsprinzips kann nur dann vorliegen, wenn durch die Verlesung der
schriftlichen Erklärung des Beschuldigten die mündliche Einlassung ersetzt werden
soll. Davon kann aber dann nicht ausgegangen werden, wenn ein Schriftstück vorliegt,
welches im Rahmen der Beweisaufnahme, die gem. § 244 Abs. 1 StPO erst nach der
Vernehmung des Angeklagten folgt, aufgrund eines Beweisantrags[117] im Urkundsbeweis verwertet werden soll.

Erwartet der Verteidiger dennoch Probleme mit dem Gericht, ob ein entsprechendes
Schriftstück als Einlassungsersatz oder als Urkunde anzusehen sein wird, ist ihm anzuraten, vorsichtshalber das Schriftstück so früh wie möglich zur Akte zu bringen. Denn
zum einen ist zweifelhaft, wann der spätestmögliche Zeitpunkt anzusetzen ist, zu dem
ein Schreiben noch zur Akte gelangen kann, um im Falle der Einführung in die Hauptverhandlung als Urkunde und nicht als Teileinlassung des Beschuldigten verwertet zu
werden.[118]

Zum anderen gelingt auch die Abgrenzung zwischen Einlassung und Urkunde umso
einfacher und einleuchtender, je mehr Zeit zwischen Übermittlung der Urkunde zu den
Akten und Beginn der Hauptverhandlung verstrichen ist.

Inhaltlich ist die Gestaltung der schriftlichen Äußerung beliebig. Denkbar ist, dass der
Beschuldigte lediglich erklärt, warum er sich zum Schweigen entschlossen hat. Denkbar ist aber auch, dass der Beschuldigte – ähnlich wie bei einer Einlassung[119] – Angaben zu seinem Lebenslauf, zu Teilbereichen des Vorwurfs oder zum Vorwurf insgesamt macht. Umfang und Art und Weise der schriftlichen Äußerungen werden dabei an
den jeweils vorliegenden Gegebenheiten auszurichten sein.

Der Weg über den Urkundenbeweis kann sich somit als Ausweg aus der **„Schweige-**
problematik" anbieten: Zum einen wird der psychologische Nachteil des schweigenden Beschuldigten dadurch ausgeglichen, dass nun doch eine „Äußerung" vorliegt. Ein
weiterer Vorteil dieser Erklärung liegt aber auch darin, dass der Wortlaut der Äußerung
feststeht und – anders als dies leider bei Einlassungen des Beschuldigten vorkommt –
nicht umgedeutet werden kann. Auch revisionsrechtlich kann diese Vorgehensweise
deshalb Bedeutung erlangen.

3. Die Einlassung (Art, Inhalt und Umfang)

Ist die Entscheidung gefallen, dass der Beschuldigte sich einlassen wird, ist es erforder-   30
lich, genau festzulegen, in welchem Umfang und durch wen (Beschuldigter selbst oder
Verteidiger) die Einlassung erfolgen soll. Hierbei sind alle Varianten denkbar. Die Ein-

---

117 Vgl. hierzu BGH StV 94, 521.
118 Burhoff, Handbuch für die strafrechtliche Hauptverhandlung Rn 1040 und 1154, meint, dass dies spätestens
     vor Aufruf der Sache zu erfolgen hat, was aber nicht in vollem Einklang mit der Rechtsprechung steht, vgl. BGH
     a.a.O. und Schlothauer, Vorbereitung der Hauptverhandlung Rn 77 b.
119 Vgl. hierzu unten Rn 30.

lassung richtet sich sowohl nach xden Erforderlichkeiten des Einzelfalls als auch nach den Gebräuchen des Gerichts (soweit diese aus taktischen Gründen respektiert werden sollen).

So kann sich die Einlassung etwa danach ausrichten, dass der Beschuldigte im Rahmen seiner Einlassung vor Eintritt in die Beweisaufnahme das Recht hat, sich im Zusammenhang zu äußern und dies nicht durch Fragen des Gerichts unterbrochen werden darf.[120] Andererseits muss aber auch bedacht werden, dass die wenigsten Beschuldigten zum „Festredner" taugen und deshalb kaum in der Lage sind, sich außerhalb einer vorbereiteten Erklärung länger andauernd (sinnvoll) zur Sache zu äußern.

Soll sich darauf eingelassen werden, den Vorgaben und Fragen des Gerichts zu folgen, so hat der Verteidiger den Beschuldigten auf die unterschiedlichen Gebräuche der einzelnen Gerichte hinzuweisen. So ist es bei einer Vielzahl der Amtsgerichte üblich, den Beschuldigten erst zur Sache und dann zur Person zu befragen, wohingegen bei den Landgerichten zumeist die Vernehmung zur Person vor der Vernehmung zur Sache erfolgt. Bei einer erstaunlich großen Anzahl von Amtsgerichten tritt als zusätzliches Phänomen auf, dass die Vernehmung zur Person mit der Vernehmung über die persönlichen Verhältnisse des Beschuldigten gemäß § 243 Abs. 2 StPO gleichgesetzt wird, wobei sogar zuweilen gleich noch vor Verlesung der Anklageschrift Feststellungen aus dem Bundeszentralregister getroffen werden. Obwohl eine solche Handhabung natürlich rechtsfehlerhaft ist und im Falle eines anschließend nach erfolgter Belehrung gemäß § 243 Abs. 4 StPO schweigenden Beschuldigten zu einer Unverwertbarkeit der zuvor getätigten Angaben führen würde, kann es empfehlenswert sein, auch eine solche Handhabung hinzunehmen und sich sogar darauf einzurichten, wenn eine Äußerung des Beschuldigten ohnehin vorgesehen ist. Es ist immer unklug, Einwendungen gegen eine Vorgehensweise des Gerichts nur deshalb zu erheben, um dem Gericht die Fehlerhaftigkeit seiner Handlungsweise zu demonstrieren. Hingegen sind Einwendungen zwingend dann angezeigt, wenn die rechtsfehlerhafte Handhabung durch das Gericht den Interessen der Verteidigung zuwiderläuft oder der Eindruck entsteht, dass das Gericht lediglich eine Machtdemonstration veranstalten will.

Grundsätzlich hat der Verteidiger den Beschuldigten auf zwei verschiedene Einlassungsbereiche, die Einlassung zur Person und die Einlassung zur Sache, vorzubereiten, wobei allerdings (etwa im Falle einer Betäubungsmittelstraftat bei der Schilderung der „Drogenkarriere") die Grenzen fließend sein können.

a) Die Einlassung zur Person

31 Im Rahmen der Vorbereitung des Beschuldigten zu einer **Einlassung zur Person**, sollte dem Strafverteidiger bewusst sein, dass viele Beschuldigte nicht einmal genaue Daten ihres eigenen Lebenslaufs oder ihrer Familie präsent haben. Dies kann aber einen negativen Eindruck hervorrufen. So würde es etwa befremdlich wirken, wenn ein Beschuldigter zwar eine besondere Nähe zu seiner Familie behauptet, andererseits aber nicht angeben kann, an welchem Tag seine Kinder geboren sind oder sogar, wie alt sie sind.

Wichtig ist bei der Vorbereitung auch, dass der Verteidiger mit dem Beschuldigten über die richtige Schwerpunktsetzung diskutiert. Geht es um den gegen ein Vorstands-

---

120 BGH StV 1990, 245.

mitglied einer Kapitalgesellschaft erhobenen Vorwurf der Steuerhinterziehung, wird die Frage, ob der Beschuldigte in seiner Jugendzeit einen Kindergarten besucht hat, von eher untergeordneter Bedeutung sein. Ganz andere Bedeutung kann die Frage früher sozialer Kontakte hingegen bei einem noch jungen Beschuldigten entfalten, der er wegen in einer Gruppe begangener Straftaten belangt wird.

Einen besonderen Schwerpunkt hat bei der Beratung hinsichtlich der **Einlassung zur Person** die Frage einzunehmen, in welchem Umfang eine Äußerung zu den Vermögensverhältnissen vorgenommen werden soll. Der Verteidiger hat den Mandanten darauf hinzuweisen, dass entsprechende Ausführungen im Falle der Verhängung einer späteren Sanktion (z.B. Geldstrafe oder Bewährungsauflage) entscheidend sein können. Obwohl der Beschuldigte auch zu seinen Vermögensverhältnissen falsche Angaben machen darf, darf der Verteidiger dies aber selbstverständlich nicht empfehlen.[121] Er kann allerdings darauf hinweisen – was sich vielfach auch anbieten wird –, dass es der Beschuldigte mit der Erklärung bewenden lassen sollte, „dass seine Vermögensverhältnisse geordnet" sind.

Dies gilt insbesondere, wenn bei vermögenderen Beschuldigten die Befürchtung besteht, dass ein Abfragen der **Vermögensverhältnisse** voyeuristische Züge annimmt oder aber die im Gerichtssaal anwesenden Zuhörer – insbesondere die anwesenden Pressevertreter – nur darauf warten werden, persönliche Informationen zur Weiterverbreitung an die besonders interessierte Öffentlichkeit dargereicht zu erhalten. Eine solche Art Schauspiel zum Nachteil des eigenen Mandanten darf der Verteidiger niemals zulassen. Liegt wirklich ein Fall vor, in dem die Darstellung der Vermögensverhältnisse und weiterer persönlicher Verhältnisse in der Hauptverhandlung besonders wichtig ist und kann deshalb auf die Einführung in die Hauptverhandlung nicht verzichtet werden, so muss der Verteidiger bei Verfahren mit großer Öffentlichkeitswirkung zumindest über Auswege nachdenken. Zum einen bietet sich an, die Einlassung zur Person erst zu einem späteren Zeitpunkt abzugeben, zu dem möglicherweise das Publikums- und Presseinteresse deutlich nachgelassen hat (z.B. nachmittags nach Redaktionsschluß). Zum anderen kann der Verteidiger auch darüber nachdenken, ob nicht eine Einlassung zur Person völlig unterbleibt und stattdessen vor der Hauptverhandlung eine schriftliche Äußerung gegenüber dem Gericht erfolgt, welche dann im Urkundsbeweis, noch dazu im Selbstleseverfahren gemäß § 249 Abs. 2 StPO, in die Hauptverhandlung eingeführt wird.[122]

Grundsätzlich sollte dem Verteidiger folgendes bewusst sein: Gerade in „kleinen" Hauptverhandlungen, insbesondere vor dem Amtsgericht, legt das Gericht üblicherweise keinen besonderen Wert auf eine ausführliche Vernehmung zur Person. Je **klarer und gradliniger** der Beschuldigte deshalb hierzu seine Angaben macht, umso schneller wird nicht nur dieser Teil der Vernehmung beendet sein, sondern umso weniger Fragen werden auch auftauchen.

Ergibt sich hingegen, dass die Vernehmung zur Person mühsam durch Fragen des Gerichts abgearbeitet werden muss, so kann daraus eine gefährliche Dynamik entstehen. Denn die Erfahrung lehrt, dass sich aus einer Frage weitere Fragestellungen entwickeln, die das Gericht dann auch noch geklärt wissen möchte. Häufig fällt dann auch

---

121 Beulke, Die Strafbarkeit des Verteidigers, Rn 29 m.w.N.
122 Vgl. hierzu oben § 15 Rn 28 f.

dem Staatsanwalt noch ein Thema ein, das er noch abfragen möchte. Damit besteht die Gefahr einer Ausfragung zu der Person des Beschuldigten in einer nicht geahnten und deshalb auch nicht vorbereiteten Tiefe. Dies muss vermieden werden.

b) Die Einlassung zur Sache

32 Noch sehr viel wichtiger als die Vorbereitung der Einlassung zur Person ist die **Einlassung zur Sache**.

Auch hier ist zu Beginn zu klären, in welchem Umfang Äußerungen erfolgen sollen. Nicht immer ist die Entscheidung zu ausschweifenden Angaben die richtige Lösung. Zu betonen ist, dass bereits die kurze Äußerung – vorgetragen durch den Beschuldigten oder sogar den Verteidiger –, dass der Anklagevorwurf zutreffend sei, ein umfassendes Geständnis beinhaltet. Offen bleibt dabei lediglich, ob diese Form des Geständnisses von Schuldeinsicht und Reue getragen ist.

Bei der Einlassungsberatung hat der Verteidiger zu bedenken, dass der Beschuldigte in der Hauptverhandlung psychologisch besonders angespannt ist. Der Verteidiger darf deshalb in keinem Fall davon ausgehen, dass der Beschuldigte in der Hauptverhandlung ohne weiteres dazu in der Lage sein wird, eine vorbereitete Erklärung zu wiederholen. Dies trifft insbesondere für die Fälle zu, in denen die Einlassung für den Beschuldigten besondere Peinlichkeitsmomente mit sich bringt. Geht es etwa um das Geständnis eines Sexualdelikts, so darf die Gefahr nicht unterschätzt werden, dass der Beschuldigte bei Anwesenheit der weiteren Verfahrensbeteiligten und insbesondere des Opfers geneigt sein könnte, von seiner ursprünglich vorgesehenen Einlassung abzurücken oder diese zumindest zu modifizieren. In solchen Fällen ist der Verteidiger deshalb gut beraten, wenn er eine Aufteilung der Einlassung zwischen seinem Mandanten und ihm selbst empfiehlt.

Der Verteidiger kann dann den wichtigen, das Geständnis enthaltenen Teil der Einlassung vortragen, wohingegen der Mandant diese Einlassung entweder als die seine nur bestätigt oder aber zu unwichtigeren Bereichen Ergänzungen vornimmt.

Zu einer guten Einlassungsvorbereitung gehört eine entsprechende Gliederung der Einlassung. Das Gericht muss dem Beschuldigten in seinen Ausführungen folgen können. Das ist von höchster Wichtigkeit. Es kann sich deshalb empfehlen, durch den Beschuldigten erläutern zu lassen, zu welchem Teilsachverhalt er sich gerade äußern will und ob er den Vorwurf einräumt oder nicht. Erfahrungsgemäß erregt es bei vielen Gerichten besonderen Unmut, wenn aus der Einlassung eines Beschuldigten nicht einmal zu erkennen ist, was eigentlich der Sinn der Einlassung sein soll. Erfolgt deshalb im Rahmen der Einlassung des Beschuldigten die Zwischenfrage des Richters: *„Sagen Sie mal, was ist das eigentlich, was Sie hier erklären? Bestreiten Sie die Ihnen zur Last gelegte Tat oder räumen Sie sie ein?"*, muss dies der Verteidiger als Beleg für eine völlig unzureichende Einlassung zur Kenntnis nehmen. In diesen Fällen kann nur geraten werden, eine Unterbrechung der Hauptverhandlung zu beantragen und den Beschuldigten neu hinsichtlich einer zu erfolgenden Einlassung zu beraten; hier ist dann zu empfehlen, dass eine Erklärung über den Verteidiger abgegeben wird.

Ist die Einlassung nach Art, Inhalt und Umfang festgelegt, kann es damit noch nicht sein Bewenden haben. Es wird empfohlen, die Situation der **Hauptverhandlung mit dem Mandanten mehrfach durchzugehen**. Dies bedeutet, dass der Beschuldigte zumindest einmal vor der Hauptverhandlung eine Art „Generalprobe" hinter sich gebracht haben sollte. Hierzu gehört nicht nur die „Überprüfung" der vorbereiteten Einlassung des Beschuldigten, sondern auch die Einstellung des Beschuldigten auf mögliche Fragen und Reaktionen der weiteren Prozessbeteiligten. Auch wenn sicherlich nicht alle Fragen der weiteren Beteiligten durch den Verteidiger vorausgeahnt werden können, so wird sich doch häufig prognostizieren lassen, welche Bereiche für die weiteren Beteiligten besonders wichtig sind und wo besonders hartnäckige Nachfragen erwartet werden müssen.

Letztlich gehört zur **Einlassungsberatung** auch die Festlegung der Verhaltensweise gegenüber Geschädigten. Der Verteidiger hat zu analysieren, ob der Beschuldigte in den geeigneten Fällen dazu in der Lage ist, ein Wort der Entschuldigung oder zumindest des Bedauerns gegenüber Geschädigten zu äußern oder ob dies aufgrund der Art und Weise des Beschuldigten eher zu einem „Schuß nach hinten" zu werden droht.

4. Checkliste

Schweigen/Reden   33

a) „Ob" der Entscheidung Schweigen/Reden

Freispruchverteidigung	*Strafmaßverteidigung*
In der Regel: Schweigen	In der Regel: Aussage

Ausnahmen:
■ Verteidigung auf der Basis von Rechtfertigungsgründen
■ Verwertbare Äußerungen des Beschuldigten vor der Hauptverhandlung
  • Verwertbares richterliches Protokoll?
  • Einführbares polizeiliches Protokoll?
  • Vernehmung aus anderen Verfahren einführbar?
  • Zeugenaussagen über Äußerungen des Beschuldigten vorhanden?
 	
→ Grundentscheidung, „**ob**" Schweigen oder Aussage	

b) „Wie" der Entscheidung Schweigen/Reden

Vollständiges Schweigen	Teilweises und Teilschweigen	„Äußerung trotz Schweigens"
Keine Aussage, allenfalls generelles Bestreiten der Täterschaft	■ Äußerung nur zur Person ■ Äußerung nur zu Teilen der Vorwürfe ■ Keine indizielle Verwertbarkeit, wenn anderer verfolgbarer Lebenssachverhalt	Urkundsbeweis gemäß § 249 StPO

IV. Schriftlicher Vortrag des Verteidigers

34 Ein häufig anzutreffender Grundirrtum vieler Rechtsanwälte besteht darin, dass sich das zivilrechtliche Mandant vom strafrechtlichen Mandat in der Praxis wesentlich dadurch unterscheidet, dass im zivilrechtlichen Mandat die Schriftsatztätigkeit überwiege, wohingegen es beim Strafmandat mehr auf die Mündlichkeit ankäme. Einer solchen Einschätzung kann nicht deutlich genug widersprochen werden.

Richtig daran ist allenfalls, dass im Strafverfahren der mündliche Vortrag und die mündlichen Äußerungen eine größere Bedeutung als im Zivilverfahren haben. Dies bedeutet aber nicht, dass der anwaltliche Schriftsatz dem Strafverfahren fremd wäre. Im Gegenteil gibt es eine Vielzahl von Strafverfahren, die durch einen umfangreichen Austausch von Stellungnahmen sowohl der Verteidigung als auch der Staatsanwaltschaft geprägt sind. Dabei ist es von völlig untergeordneter Bedeutung, ob diesen Schriftsätzen ein besonderer Name zu verleihen ist, was darüber hinaus auch sowohl vom Zeitpunkt der Anbringung des Schriftsatzes, dessen Inhalt oder dem Blickwinkel des Verfassers abhängen kann. Am häufigsten werden derartige Schriftsätze unter den Begriffen Verteidigungsschrift[123] oder auch Schutzschrift[124] zusammengefasst. Aber auch von einem Recht auf eine Gegenschrift zur Anklageschrift[125] ist die Rede.[126]

Die unterschiedlichen Auffassungen über die richtige Begrifflichkeit haben in der Praxis allerdings keinen Belang. Es ist dem Verteidiger ohnehin anzuraten, seine schriftlichen Eingaben, soweit es sich nicht um spezielle Anträge handelt, nicht mit Titeln zu versehen. Wichtiger ist es vielmehr, das Ziel des Schriftsatzes deutlich zu machen. Hierbei sind im wesentlichen drei Richtungen möglich. Der Schriftsatz des Verteidigers kann darauf zielen,

■ den Abschluss eines Verfahrens unmittelbar herbeizuführen (und ggf. hierzu einen entsprechenden Antrag enthalten),

■ auf den Gang des Verfahrens einzuwirken (Erweiterung, Verkürzung, Modifikation der Beweisannahme und ggf. hierzu Anträge und Anregungen enthalten) oder

■ Erläuterungszwecken zur Auffassung der Verteidigung hinsichtlich tatsächlicher und/oder rechtlicher Problematik zu dienen.

35 Ob und in welcher Form entsprechende Anträge zu stellen sind, hängt von einer genauen **Analyse des Einzelfalles** ab.[127]

Zum Teil wird die Auffassung vertreten, dass generell von entsprechenden Schriftsätzen abzuraten sei. Es bestünde die Gefahr, durch vorzeitige vollständige Materialauslieferung sein „Pulver zu verschießen", was eine „Prozessdummheit" darstellen

---

123 Vgl. Schlothauer, Vorbereitung der Hauptverhandlung, Rn 118 ff., Hamm, StV 82, 490.

124 Vgl. Rückel, Stv und Zeugenbeweis, Rn 133, Weihrauch, Verteidigung im Ermittlungsverfahren, Rn 167 ff., Dahs, Handbuch des Strafverteidigers Rn 355 ff.

125 Wolter, GA 85, 49, 86.

126 Dabei wird von Dahs (a.a.O.) und Weihrauch (a.a.O.) gegen den Begriff Schutzschrift eingewandt, dass er negativ besetzt sei, weil er in verdächtiger Nachbarschaft zur „Schutzbehauptung" eines Angeklagten stehe. Dies mag zwar nicht völlig von der Hand zu weisen sein, andererseits sollte man die Sorge um unglückliche Assoziationen aber auch nicht übertreiben. Das Wort „Schutz" ist grundsätzlich positiv geprägt und kann allenfalls in Verbindung mit anderen Substantiven eine negative Bedeutung erfahren. Sicherlich käme auch niemand ohne weiteres auf die Idee, den Begriff „Schutzmann" negativ zu deuten, weil es auch das „Schutzgeld" gibt.

127 Vgl. hierzu im einzelnen Hamm, a.a.O.

könnte[128] Dies gelte nicht nur für den Vortrag in tatsächlicher Hinsicht, sondern auch hinsichtlich rechtlicher Probleme. So sollte etwa auf grobe Mängel der Anklageschrift erst in der Hauptverhandlung hingewiesen werden und nicht zuvor.[129]

Diese Auffassung erscheint jedoch als zu streng. Richtig ist zwar, dass bei einer vorzeitigen Darlegung tatsächlicher oder rechtlicher Probleme die Möglichkeit nicht mehr besteht, diese als Überraschungsmoment in die Hauptverhandlung einzuführen. Dieser Verlust darf aber nicht zu hoch bewertet werden. Wenn ein Argument zu seiner Wirkung den Überraschungseffekt braucht, kann es bereits grundsätzlich nicht besonders stark sein.[130] Hinzu tritt, dass auf die Wirkung des **Überraschungseffekts** ohnehin wohl nur in den Fällen vertraut werden könnte, in denen die Hauptverhandlung zeitlich eng begrenzt terminiert ist. Denn bei einer mehrtägigen Hauptverhandlung wäre es Staatsanwaltschaft und Gericht natürlich ohne Weiteres möglich, zwischen den Hauptverhandlungstagen über die Argumentation der Verteidigung nachzudenken, so dass auch von daher das Moment der Überraschung letztendlich nicht allzu viel Gewicht entfalten wird. Im übrigen würde auch bei kurzzeitigen Hauptverhandlungen ein halbwegs erfahrener Sitzungsvertreter der Staatsanwaltschaft eine Unterbrechung der Hauptverhandlung beantragen, wenn ihm die neuen in der Hauptverhandlung vorgetragenen Ansätze der Verteidigung entsprechend wichtig erscheinen und er dies überprüfen möchte. Nicht zuletzt können auch erst in der Hauptverhandlung vorgetragene Bedenken hinsichtlich rechtlicher Probleme den nicht gerade vorteilhaften Eindruck erwecken, dass der Verteidiger sich entweder erst sehr spät mit dem Verfahren genauer auseinandergesetzt hat oder aber sogar bewusst „Fallen" stellen will.

Für die Verteidigung erheblich vorteilhafter und effektiver ist es deshalb, wenn die Anliegen der Verteidigung so früh wie möglich deutlich gemacht werden. Liegt beispielsweise ein fehlerhafter Anklagesatz gem. § 200 Abs. 1 StPO vor, so sollte hierauf nicht erst in der Hauptverhandlung hingewiesen werden. Eine nicht zugelassene Anklage ist im Regelfall günstiger als eine Einstellung des Verfahrens durch Prozessurteil. Denn zum einen ist es möglich, dass mit der Nichtzulassung der Anklage positive Nebenentscheidungen verbunden sind (z.B. in der Haftfrage, was aber nicht zwingend ist), die bei einer Einstellung in der Hauptverhandlung erst zu einem späteren Zeitpunkt möglich wären. Zum anderen kann hierdurch bereits frühzeitig versucht werden, den psychologischen Vorteil der Nichtzulassung der Anklage zu einem erfolgversprechenden Gespräch mit dem zuständigen Staatsanwalt über die anderweitige Lösung des Verfahrens zu nutzen. Führt der Antrag auf Nichtzulassung der Anklage nicht zum Erfolg, bleibt es dem Verteidiger immer noch unbenommen, seine Bedenken zusätzlich noch einmal in der Hauptverhandlung geltend zu machen.[131]

Auch in Bezug auf etwaige **Anträge zur Verfahrensgestaltung** versteht es sich aus dem Sinn der Anträge heraus von selbst, hiermit nicht bis zur Hauptverhandlung zuzuwarten. Geht es dem Verteidiger etwa darum, die Art und Weise der Beweisaufnahme zu modifizieren, wird er dabei nur Erfolg haben, wenn dies rechtzeitig vor der Hauptverhandlung vorgetragen wird.

36

---

128 Dahs, a.a.O.
129 Dahs, a.a.O.
130 So zutreffend Schlothauer, Vorbereitung der Hauptverhandlung Rn 120.
131 Vgl. hierzu im Einzelnen § 10 ff. Das Zwischenverfahren.

Beispielsfall: In diesem Zusammenhang der Modifikation der Hauptverhandlung hat der Verteidiger beispielsweise insbesondere zu überprüfen, ob eine Erweiterung, Verkürzung oder Umgestaltung der Beweisaufnahme sinnvoll sein kann.

Eine **Erweiterung der Beweisaufnahme** wird für den Verteidiger insbesondere dann in Betracht kommen, wenn an weitere Zeugen und Sachverständige zu denken ist. Allerdings ist die gestalterische Einwirkung auf die Hauptverhandlung in Form der angestrebten Erweiterung der Beweisaufnahme der Bereich, in dem häufig auch an die Berücksichtigung eines Überraschungsmomentes zu denken ist. Dies gilt insbesondere für den an anderer Stelle besprochenen Gebrauch des Selbstladungsrechts von Zeugen und Sachverständigen,[132] wobei nicht nur Gericht und Staatsanwaltschaft, sondern auch Zeugen und Sachverständige von der Zuführung weiterer Beweismittel überrascht werden können.

Im Gegensatz zur angestrebten Erweiterung der Beweisaufnahme eignet sich die **Verkürzung der Beweisaufnahme** seltener als Überraschungselement.[133] An eine Verkürzung der Beweisaufnahme hat der Verteidiger insbesondere dann zu denken, wenn er besorgen muss, dass eine bestimmte Beweisaufnahme sich besonders nachteilig für den Beschuldigten auswirken kann. Häufigstes Beispiel ist hierfür die drohende Einvernahme von Geschädigten als Zeugen. Die Erfahrung lehrt, dass dann, wenn ein Geschädiger das Durchlittene in der Hauptverhandlung selbst schildert, dieses sehr viel eindrucksvoller und damit auch belastender wirkt, als eine lediglich in der Akte vorhandene Zeugenaussage. Es kann deshalb Aufgabe des Verteidigers sein, durch frühzeitige Verdeutlichung der Verteidigungslinie darauf hinzuwirken, dass auf die Ladung bestimmter Zeugen von vornherein verzichtet wird.

Diese zeitliche Vorgabe gilt auch hinsichtlich der **Gestaltung der Hauptverhandlung**. Kommt es dem Verteidiger darauf an, dass bestimmte Punkte der Beweisaufnahme etwa wegen der damit verbundenen Weichenstellung vor anderen Punkten erfolgen, kann es natürlich keinen Sinn machen, eine solche Anregung erst in der Hauptverhandlung vorzubringen. Auch hier ist es notwendig, bereits frühzeitig vor der Hauptverhandlung tätig zu werden, denn nur das kann Erfolg versprechen.

37 Darüber hinausgehend kann es sich anbieten, die Auffassung der Verteidigung zu **Sach- und Rechtsfragen** bereits vor der Hauptverhandlung zu erläutern. Das vollständige Durchdringen äußerst vielschichtiger Komplexe wird in einer Hauptverhandlung kaum zu leisten sein (insbesondere, wenn für sie nur wenig Zeit vorgesehen ist). Dies gilt bei schwierigen Rechtsproblemen. Ein Verteidiger, der in solchen Fällen darauf vertraut, dass es ihm allein in der mündlichen Verhandlung gelingen wird, den Richter von der Unrichtigkeit der in der Anklageschrift des Staatsanwalts vorgebrachten Auffassung zu überzeugen, handelt fahrlässig.

In diesen Fällen bietet sich vielmehr an, dem Gericht durch eine frühzeitige schriftliche Stellungnahme die Gelegenheit zu geben, in Ruhe nachzuvollziehen, warum die Verteidigung anderer Auffassung ist. Gerade dann, wenn die Möglichkeit besteht, dem Gericht anhand von in Fotokopie zur Verfügung gestellten Fundstellen darzulegen, dass

---

132 Vgl. Ausführungen unten bei Rn 40 ff.

133 Wenn man von den Fällen absieht, in denen ein erst in der Hauptverhandlung plötzlich erklärter Verzicht auf eine umfangreiche Beweisaufnahme kalkuliert dazu verwendet werden soll, die freudige Überraschung des Gerichts in eine milde Strafe „umzumünzen".

(bestenfalls) auch die Rechtsprechung eine andere Auffassung zu diesem Thema hat, ist das Argumentationsgewicht sehr viel stärker, als wenn lediglich in der mündlichen Verhandlung dazu vorgetragen wird. Das frühzeitige Vorbringen derartiger Argumente darf keinesfalls als unnötige Serviceleistung gegenüber dem Gericht interpretiert werden. Die Praxis zeigt vielmehr immer wieder, dass sich bei Gericht spätestens nach Zulassung der Anklage eine Einschätzung des Falles parallel zum Inhalt der Anklage entwickelt. Dem nur die mündliche Argumentation in der Hauptverhandlung entgegensetzen zu wollen, kann deshalb für den Verteidiger nicht ausreichen. Es besteht die nicht zu unterschätzende Gefahr, dass sich der Richter bzw. das Gericht bei komplizierten Sachverhalten und Rechtsfragen überfordert oder auch überrumpelt fühlt und deshalb „zumacht". Deshalb muss dafür gesorgt werden, dass der Richter frühzeitig in den Stand gesetzt wird, auch inhaltlich die Auffassung der Verteidigung nachvollziehen zu können, damit er dann in der Hauptverhandlung auch die Bereitschaft hat, die Argumentation offen weiterverfolgen zu wollen.

Übersicht 38
Schriftliche Stellungnahmen vor der Hauptverhandlung

Ziel:	Einwirkung auf Verfahrensabschluss	Einwirkung auf Verfahrensgang	Erläuterung der Verfahrensproblematik aus Sicht der Verteidigung
Wann:	Möglichkeiten zur vorzeitigen Verfahrensbeendigung sichtbar:	Erweiterung der Beweisaufnahme, wenn nicht Überraschungseffekt geplant	Das Verfahren enthält schwierige Sach- und Rechtsprobleme, die sich zur ausschließlichen Diskussion in der Hauptverhandlung nicht eignen
	Einstellung des Verfahrens gem. §§ 153, 153a StPO; Bestehen eines Verfahrenshindernisses (unzulässige Anklage)	Verkürzung der Beweisaufnahme Modifizierung der Beweisaufnahme	

V. Die Vorbereitung von in der Hauptverhandlung zu stellenden Anträgen

39 **1. Die Selbstladung von Sachverständigen und Zeugen**

a) Die Selbstladung von Sachverständigen

40 Gerade der Sachverständige nimmt im Strafverfahren eine zentrale Stellung ein.[134] Im Regelfall wird das Gericht der Auffassung des Sachverständigen folgen, Zweifel an der Auffassung des Sachverständigen werden eher die Ausnahme sein.[135] Der Verteidiger sollte deshalb niemals darauf vertrauen, dass es ihm allein aufgrund seines Wissens, der Aktenkenntnis und seiner Fragetechnik gelingen wird, einen Sachverständigen „aus den Angeln zu heben". Dies mag noch am ehesten bei forensich unerfahrenen Gutachtern, die mit der Denkweise und Terminologie des Strafverfahrens nicht vertraut sind, gelingen. Handelt es sich hingegen bei dem Sachverständigen um einen „alten Hasen", so wird dieser in aller Regel über die notwendige Souveränität und Vorsicht verfügen, dem Gericht sein Gutachten richtig zu vermitteln. Einwände der Verteidigung hiergegen, insbesondere fachliche Einwände, werden hingegen von vorneherein unter dem psychologischen Nachteil zu leiden haben, dass sie von einem Laien auf dem Gebiet des Sachverständigen erhoben werden.

Die Konsequenz hieraus ist, dass der Verteidiger in allen Fällen, in denen es zu einer Sachverständigenbegutachtung kommen wird, aktiv bei der Auswahl des Gutachters mitzuwirken hat. Kann er bei den Ermittlungsbehörden einen ihm genehmen Sachverständigen nicht durchsetzen, bedeutet dies weiterhin, dass er dann dafür zu sorgen hat, dass ein weiterer Sachverständiger in der Hauptverhandlung auftritt. Er muss sich dabei im Klaren darüber sein, dass ein Unterlassen der Herbeischaffung eines weiteren Sachverständigen im Ergebnis nichts anderes darstellt, als ein Unstreitigstellen der Auffassung des ersten Sachverständigen. Überlässt der Verteidiger dem ersten Sachverständigen allein die Begutachtung, so steht das Verfahrensergebnis, soweit die Begutachtung des Sachverständigen reicht, bereits mit überwiegender Wahrscheinlichkeit fest. Es ist deshalb von elementarer Wichtigkeit, dass der Verteidiger sich um das Sachverständigenthema kümmert.

41 *aa) Ausgangssituation*. Die Ausgangssituation bei der **Sachverständigenproblematik** kann verschieden sein. Ist noch kein Sachverständiger von den Ermittlungsbehörden (oder später durch das Gericht) beauftragt worden, so ist zu prüfen, ob die Ermittlungsbehörden Sachverständigengutachten in Auftrag geben werden oder der Verteidiger von sich aus einen Sachverständigen benötigt wird. Im Regelfall lässt sich bei einer genauen Aktenanalyse sehr genau vorhersagen, wann die Ermittlungsbehörden einen Sachverständigen beauftragen werden. Abgesehen davon, dass bei bestimmten Verfahrensarten die Begutachtung praktisch zur Regel geworden ist (z.B. die psychologische und psychiatrische Begutachtung sowie das rechtsmedizinische Gutachten in Kapitalstrafverfahren, die Glaubwürdigkeitsbegutachtung in Fällen sexuellen Missbrauchs) wird auch bei schwierigen Fragen aus dem Bereich der Kriminaltechnik oder naturwissenschaftlichen Kriminalistik ebenso an eine Begutachtung zu denken

---

134 Tiefergehend zuletzt auch Hagedorn StV 04, 217 ff.
135 Vgl. hierzu auch die Ausführungen zum Sachverständigen bei § 4 Rn 53.

sein, wie bei Wirtschaftsstrafverfahren hinsichtlich komplizierterer betriebs- bzw. volkswirtschaftlicher Vorgänge.[136] Der Verteidiger hat sich sowohl in solchen Fällen wie auch in denjenigen Fällen, in welchen er ein Sachverständigengutachten für notwendig erachtet, vorab darüber zu informieren, welche Sachverständigen zu dem Themenbereich des beabsichtigten Gutachtens in Frage kommen und wo ihre Vor- und Nachteile liegen. Leider wird von vielen Verteidigern immer noch übersehen, dass ein Anhörungsrecht besteht, wenn die Ermittlungsbehörden einen Sachverständigen beauftragen wollen. Denn gemäß Nr. 70 der Richtlinien für das Strafverfahren und das Bußgeldverfahren (RiStBV) hat der Staatsanwalt dem Verteidiger während des Ermittlungsverfahrens Gelegenheit zu geben, vor Auswahl eines Sachverständigen Stellung zu nehmen, es sei denn, dass Gegenstand der Untersuchung ein häufig wiederkehrender, tatsächlich gleichartiger Sachverhalt (z.b. Blutalkoholgutachten) ist oder eine Gefährdung des Untersuchungszwecks (vgl. § 147 Abs. 2 StPO) oder eine Verzögerung des Verfahrens zu besorgen ist. Bei den Richtlinien handelt es sich um Verwaltungsanordnungen ohne Gesetzeskraft, die aber ihrem Wesen nach aus sich heraus verbindliche Wirkung gegenüber den dem jeweiligen Justizministerium nachgeordneten Dienststellen und deren Bediensteten entfalten können. Adressat der Richtlinien ist in erster Linie der einzelne Staatsanwalt. Die Bedeutung der Richtlinien liegt dabei generell in der Einengung der Restbereiche des staatsanwaltschaftlichen Ermessens, speziell bei Entscheidungen zu in der Strafprozessordnung weitgehend offen gelassenen technischen Fragen der Verfahrenshandhabung.[137] Daraus folgt, dass der Staatsanwalt dem Verteidiger zumindest dann Gelegenheit zur Stellungnahme bei der Auswahl des Sachverständigen zu geben hat, wenn dieser sich auch noch ausdrücklich danach erkundigt. Als praktische Handhabung ist es somit für den Verteidiger empfehlenswert, in all denjenigen Fällen, in denen er einen Begutachtungsauftrag vermutet, von sich aus bereits sehr frühzeitig mit dem zuständigen Staatsanwalt Kontakt aufzunehmen. Hierbei empfiehlt sich das persönliche Gespräch. Die Erfahrung lehrt, dass viele Staatsanwälte, gerade wenn sie auf Ziff. 70 RiStBV hingewiesen worden sind, durchaus einer persönlichen Diskussion darüber zugänglich sind, welcher Sachverständige auszuwählen ist. Versagt sich der Staatsanwalt allerdings den Argumenten der Verteidigung, wird es dem Verteidiger in diesem Stadium des Verfahrens nicht gelingen, den von ihm gewünschten Sachverständigen durchzusetzen.[138]

bb) Weitere Weichenstellung. Haben sich Verteidigung und Staatsanwaltschaft entweder nicht auf einen Gutachter einigen können oder beabsichtigt die Verteidigung, von sich aus einen Gutachter in das Verfahren einzuführen, ist die weitere Vorgehensweise gleichlaufend.   42

Der Verteidiger muss sich überlegen, **welchen Sachverständigen** er in das Verfahren einführen kann. Dabei ist zu beachten, dass der auszuwählende Sachverständige auch über die notwendige Reputation verfügt. Sinnvoll kann zusätzlich sein, einen Sachverständigen auszuwählen, der im Bereich der vorzunehmenden Begutachtung über Spezi-

---

136 Eine gute Übersicht zu typischen Sachverständigenproblemen findet sich bei Schlothauer, Vorbereitung der Hauptverhandlung Rn 99a ff.
137 Roxin § 3 D 1.
138 Vgl. auch § 4 Rn 53.

alwissen verfügt. Wenig Sinn macht es hingegen, einen wissenschaftlichen „Exoten" zu wählen. Denn dieser mag dann zwar zu einem dem Beschuldigten und der Verteidigung genehmen Ergebnis kommen. Allerdings ist zu befürchten, dass auch ein Gericht entweder Kenntnis von der Reputation des Sachverständigen hat oder entsprechende Informationen einholen und deshalb das Ergebnis des Sachverständigen wenig wert sein wird. Erfährt das Gericht hierbei hingegen, dass es sich bei dem Sachverständigen um eine auf seinem Fachgebiet anerkannte „Kapazität" handelt, wird es diesem Gutachten zwangsläufig aufgeschlossener gegenüberstehen als dem Gutachten eines Außenseiters.

Hat der Verteidiger einen Gutachter ermittelt, den er einsetzen möchte, empfiehlt sich – nicht zuletzt auch aus finanziellen Gründen – ein **stufenweises Vorgehen**. Zunächst sollte mit dem Beschuldigten die Notwendigkeit der Beauftragung eines Sachverständigen erörtert werden. Dann sollte mit dem entsprechenden Gutachter Kontakt aufgenommen und er zu seiner Bereitschaft befragt werden, zunächst ein **Kurzgutachten** zu erstellen. Hierzu werden im Regelfall auch Sachverständige bereit sein, die ansonsten einer Ladung durch die Verteidigung skeptisch gegenüberstehen.

Das erhaltene **Kurzgutachten** wird einen entscheidenden Fingerzeig über die weitere Vorgehensweise geben. Bereits aus einem solchen Gutachten wird sich entnehmen lassen, zu welchem Ergebnis der Gutachter bei einer ausführlichen Begutachtung voraussichtlich gelangen wird. Besteht noch kein Gutachtenauftrag durch die Ermittlungsbehörden, so kann der Verteidiger dem Kurzgutachten entnehmen, ob es erfolgversprechend sein kann, ein Thema weiterzuverfolgen oder nicht. Ähnliches gilt für den Fall, dass bereits ein Gutachten im Auftrag der Ermittlungsbehörden vorliegt. Das Kurzgutachten wird sich dann mit dem Thema beschäftigen, ob dieses Gutachten angreifbar ist oder nicht. Kommt das Kurzgutachten dabei zu dem Ergebnis, dass das andere bei den Akten befindliche Gutachten unantastbar ist, hat sich dennoch die Beauftragung gelohnt. Denn hierdurch hat der Verteidiger für die weitere Vorgehensweise zumindest Klarheit gewonnen. Geht es bei der Begutachtung um eine für die Täterschaft entscheidende Frage, muss der Verteidiger dem Beschuldigten nunmehr klarmachen, dass der Beschuldigte allein aufgrund des Gutachtensausgangs unabhängig von seiner Aussage verurteilt werden könnte. Hieraus folgt dann, das der Schwerpunkt der Verteidigung nur im Rahmen der Strafzumessung liegen kann. Dem Beschuldigten ist also entweder zu empfehlen, ein Geständnis abzulegen, damit dies als Strafzumessungserwägung zu seinen Gunsten berücksichtigt werden kann, oder aber zu schweigen, damit bei der voraussichtlich erfolgenden Verurteilung die Aussage des Beschuldigten nicht negativ hinsichtlich der Strafzumessung gewertet wird.[139]

Kommt das Kurzgutachten hingegen zu dem Ergebnis, welches die Verteidigung erhofft hat, so muss der Verteidiger dafür sorgen, dass es in die Hauptverhandlung eingeführt wird. Hierfür kommen grundsätzlich fünf verschiedene Vorgehensweisen in Betracht.

Der Verteidiger kann

- dem Gericht das Ergebnis des Kurzgutachtens mitteilen und anregen, den Sachverständigen von sich aus zu laden,
- einen Beweisantrag gemäß § 219 Abs. 1 StPO stellen,

---

139 Vgl. hierzu weitere Ausführungen bei § 15 Rn 6 ff.

- von seinem Selbstladungsrecht gemäß § 220 Abs. 1 StPO Gebrauch machen,
- den Sachverständigen ohne vorherige Ladung zum Termin mitbringen oder
- erstmals in der Hauptverhandlung einen Beweisantrag stellen.

Alle geschilderten Verfahrensweisen bieten Vor- und Nachteile.[140] Von besonderer   43
Praxisrelevanz ist hierbei das **eigenständige Mitbringen des Sachverständigen zur
Hauptverhandlung** oder der Gebrauch des **Selbstladungsrechts** ohne vorhergehenden Antrag (§ 220 Abs. 1 S. 2 StPO).

- Mitbringen des Sachverständigen

   Immer dann, wenn der Verteidiger das Ausnutzen des Überraschungseffekts für entbehrlich hält und auf das weitere aufwendige Verfahren verzichten will, kann es sich anbieten, den Sachverständigen in die Hauptverhandlung einfach mitzubringen. Will der Verteidiger so vorgehen, muss er allerdings zwingend zuvor durch ein Gespräch mit dem Gericht sichergestellt haben, dass das Gericht auch dazu bereit ist, den mitgebrachten Sachverständigen zu vernehmen. Denn die **Gefahr für den Verteidiger** besteht darin, dass es das Gericht relativ mühelos ablehnen kann, einen mitgebrachten Sachverständigen zu hören.

   Wird ein Sachverständiger lediglich in die Hauptverhandlung mitgebracht und angeregt, ihn zu hören, ist das Gericht lediglich im Rahmen seiner allgemeinen Aufklärungspflicht gemäß § 244 Abs. 2 StPO gehalten, darüber zu befinden, ob es den Sachverständigen auch vernehmen will. In solchen Fällen bedarf es zur Ablehnung nicht einmal eines Gerichtsbeschlusses gemäß § 244 Abs. 6 StPO. Aber auch dann, wenn hinsichtlich des mitgebrachten Sachverständigen noch ein förmlicher Beweisantrag gestellt worden ist, sieht die Sache nicht sehr viel besser aus. Denn ein Beweisantrag kann ohne größere Mühen gemäß § 244 Abs. 4 StPO abgelehnt werden.[141] Schon die eigene Sachkunde des Gerichts wäre hierfür als Begründung ausreichend, wobei aber die Berechtigung der Annahme des Gerichts, selbst sachkundig zu sein, in den Urteilsgründen plausibel zu machen ist, wenn mehr als Allgemeinwissen in Anspruch genommen wird.[142] Bei Ablehnung eines beantragten weiteren Sachverständigen kommt als Ablehnungsgrund das Erwiesensein der behaupteten Tatsache hinzu, mit dem ein Gericht im Regelfall ebenso mühelos seinen Unwillen zur weiteren Beweisaufnahme begründen kann.

- Das Selbstladungsrecht

   Weil der Verteidiger also keine ernstzunehmende Chance hat, einen mitgebrachten Gutachter gegen den Willen des Gerichts in die Hauptverhandlung einzuführen, wäre es ein Kunstfehler, wenn der Verteidiger **ohne Absprache** mit dem Gericht „seinen" Sachverständigen mitbringt.

   In allen Fällen, in denen der Verteidiger nicht vorab vom Gericht die Zusage erhalten hat, einen mitgebrachten Sachverständigen auch anzuhören, ist deshalb vom Selbstladungsrecht Gebrauch zu machen.

---

140 Vgl. Checkliste unten bei Rn 48.
141 Soweit es sich überhaupt um Verfahren handelt, in denen eine Entscheidung gemäß § 244 Abs. 2 StPO nicht ausreichend ist.
142 KK/Herdegen, § 244 StPO Rn 28.

Gemäß § 220 Abs. 1 S. 2 StPO kann der Angeklagte Personen auch ohne vorherigen Antrag unmittelbar laden lassen. Mit der unmittelbaren Ladung ist gem. § 38 StPO der Gerichtsvollzieher zu beauftragen. Nur dieser kann die einzig mögliche Form der unmittelbaren Ladung bewirken. Eine unmittelbare Ladung liegt deshalb nicht vor, wenn ein Sachverständiger über Vemittlung der Geschäftsstelle geladen werden soll oder über die Post unmittelbar angegangen wird. Allerdings kann der Gerichtsvollzieher die Zustellung gem. §§ 193 ff. ZPO durch die Post bewirken. Soll eine Zustellung durch die Post erfolgen, kann dies gem. § 160 GVG jedem in Deutschland angestellten Gerichtsvollzieher übertragen werden. Nur wenn die Zustellung ohne Mitwirkung der Post stattfinden soll, muss ein Gerichtsvollzieher beauftragt werden, zu dessen Amtsbezirk der Bestimmungsort gehört.[143] Dies bedeutet andererseits aber wiederum nicht, dass die Zustellung an der Haustür des Sachverständigen zu erfolgen hat. Wird es zeitlich eng für den Verteidiger, ist es deshalb möglich, soweit die weiteren Voraussetzungen vorliegen, den Gerichtsvollzieher zu bitten, kurz vor dem Termin der Hauptverhandlung vor dem Gerichtssaal zu erscheinen und dort die Zustellung an den Sachverständigen vorzunehmen. Auch dies würde zu einer ordnungsgemäßen Zustellung ausreichen.

44 *cc) Art und Weise, Inhalt der Selbstladung.* Um den Sachverständigen selbst zu laden, muss der Verteidiger somit **zwei Schreiben** fertigstellen. Zum einen richtet er ein Auftragsschreiben an den zuständigen Gerichtsvollzieher mit der Bitte, das beigeschlossene Schreiben (Ladung) zuzustellen. Sodann entwirft er ein Ladungsschreiben, in dem er dem Sachverständigen mitteilt, zu welchem Termin und an welchem Ort er ihn als Sachverständigen zur Hauptverhandlung lädt. Dabei hat er die Wahl, ob er den Sachverständigen zusätzlich darauf aufmerksam macht, dass er zum Erscheinen in der Hauptverhandlung verpflichtet ist und welche Sanktionen bei einem unentschuldigten Ausbleiben drohen. Diese Hinweise dürfen allerdings nur erfolgen, wenn dem Sachverständigen bei der Ladung die gesetzliche Entschädigung für Reisekosten und Versäumnis bar dargeboten oder deren Hinterlegung bei der Geschäftsstelle nachgewiesen wird (§ 220 Abs. 2 StPO). In diesen Fällen hätte der Verteidiger zuvor nach dem Zeugen- und Sachverständigenentschädigungsgesetz die entsprechende Beträge zu ermitteln und zu veranlassen, dass sie dem Sachverständigen entweder bei der Zustellung gegen Quittung in bar übergeben werden oder die Hinterlegungsbescheinigung mit zugestellt wird (§ 51 Abs. 2 GVGA). Allerdings wird eine derart komplizierte Vorgehensweise in der Praxis oft entbehrlich sein. Denn meistens verhält es sich so, dass – wie oben geschildert – der Sachverständige zuvor von der Verteidigung ausfindig gemacht worden ist und bereits dazu befragt worden ist, ob er auch bereit ist, in der Hauptverhandung zu erscheinen. In solchen Fällen ist aber eine zusätzliche „Bedrohung des Sachverständigen" wenig sinnvoll.

45 *dd) Taktische Fragen.* In der Praxis können Probleme entstehen, wenn der Sachverständige in einer länger andauernden Hauptverhandlung ständig präsent sein soll. In diesen Fällen empfiehlt sich für den Verteidiger, die Ladung des Sachverständigen nicht nur auf einen Tag zu erstrecken, sondern bereits in der Ladung deutlich zu machen, dass auch die weiteren Tage von der Ladung umfasst sind.

Ist der Sachverständige aufgrund der erfolgten Selbstladung in der Hauptverhandlung erschienen, darf dort nicht vergessen werden, einen Beweisantrag auf Vernehmung des Sachverständigen zu stellen. Denn nur dann sind die Voraussetzungen des § 245 Abs. 2 StPO erfüllt. Ferner ist erforderlich, dass der Verteidiger gegenüber dem Gericht den Nachweis der ordnungsgemäßen Ladung führt.[144] Es empfiehlt sich deshalb, dem Beweisantrag einen Zustellungsnachweis beizufügen.

Ein weiteres Problem betrifft den **Zeitpunkt der Beweisantragstellung** auf Vernehmung des selbst geladenen Sachverständigen. Hierbei kann grundsätzlich nur empfohlen werden, diesen Beweisantrag schnellstmöglich in der Hauptverhandlung anzubringen. Der Sachverständige hat ein eigenes Fragerecht. Damit er von diesem Fragerecht auch so früh wie möglich Gebrauch machen kann und somit auch optisch sofort eine Gleichwertigkeit zu dem anderen Sachverständigen hergestellt werden kann, sollte deshalb darauf gedrängt werden, dass der selbst geladene Sachverständige bereits von Anfang an an der Hauptverhandlung teilnehmen kann. Der gemäß § 245 Abs. 2 StPO notwendig zu stellende Beweisantrag sollte daher mit dem weiteren Antrag verbunden werden, dass das Gericht sofort über den Beweisantrag entscheidet, damit dem Sachverständigen bei einem positiven Ausgang die sofortige Anwesenheit in der Hauptverhandlung gestattet wird.

Die sofortige Anwesenheit in der Hauptverhandlung bietet auch noch einen **psychologischen Vorteil**. Weiß der Sachverständige in der Hauptverhandlung um seine alleinige „Sachherrschaft", so besteht zumindest die Gefahr, dass seine Aussagen apodiktisch ausfallen. Wird ihm hingegen – noch dazu für ihn völlig überraschend – plötzlich ein anderer Sachverständiger an die Seite gesetzt, so führt dies zu einer erhöhten Vorsicht bei der Bestimmung seines Ergebnisses. Möglicherweise kann deshalb schon dieser Umstand dazu führen, dass der erste Sachverständige hinsichtlich seines Gutachtens im Ergebnis nicht mehr so festgelegt ist und er bestimmte andere Möglichkeiten zumindest nicht ausschließen will. Allein dies kann aber in den geeigneten Fällen schon dazu führen, dass das Sachverständigengutachten des erstbeauftragten Sachverständigen in seinen Schlußfolgerungen vorsichtiger ist und alleine eine Verurteilung nicht mehr zu tragen vermag.

Ein weiteres taktisches Problem stellt sich bei der Frage, ob geeignete sinnvolle Mittel denkbar sind, den selbst geladenen weiteren **Sachverständigen in eine bessere Position** zu bringen als den durch die Ermittlungsbehörden beauftragten Sachverständigen. Diese Fragestellung tritt namentlich in den Fällen auf, in denen der Sachverständige für die Bearbeitung seines Gutachtenauftrags auf die Mitwirkung des Beschuldigten angewiesen sein könnte, also insbesondere im Bereich von medizinischen Gutachten (dort vor allem hinsichtlich von Explorationen bei psychologischen oder psychiatrischen Fragestellungen).

Für den Verteidiger kann der Gedanke verführerisch sein, dem Beschuldigten zu empfehlen, seine Mitwirkung bei dem zuerst beauftragten Gutachter zu verweigern, wohingegen bei dem weiteren Gutachter kooperativ verfahren wird. Solchen Überlegungen muss allerdings die Rechtsprechung des BGH[145] entgegengehalten werden, wonach ein weiterer Sachverständiger nicht deswegen über überlegene Forschungsmittel ver-

---

144   BGH NJW 52, 836.
145   BGH StV 1999, 465.

fügt, weil sich der Angeklagte nur von diesem hat untersuchen lassen. Hintergrund der Entscheidung ist, dass der BGH (ähnlich wie beim Befangenheitsrecht oder der Entbindung von der Pflichtverteidigung) nur eingeschränkt zulassen will, dass ein Beschuldigter mit taktischen Maßnahmen bestimmte prozessuale Handlungen erzwingen kann.[146] Der BGH hat es in diesen Fällen deshalb für ausreichend erachtet, wenn ein Sachverständiger sich ohne persönliche Exploration allein durch die bloße Beobachtung in der Hauptverhandlung unter Umständen in Verbindung mit sonstigen Erkenntnisquellen gutachtlich äußert.

Vor diesem Hintergrund ist dem Verteidiger deshalb zu raten, sich gar nicht erst in eine solche „psychologische Falle" zu begeben. Eine Auseinandersetzung mit „offenem Visier" erscheint erfolgversprechender. Erstatten zwei Gutachter aufgrund derselben Ausgangssituation ihre Gutachten, wird im Regelfall die Bereitschaft bei allen Verfahrensbeteiligten ausgeprägter sein, sich mit dem Für und Wider der einzelnen Argumentationslinien auseinanderzusetzen. In diesem Zusammenhang ist sehr deutlich darauf hinzuweisen, dass Gutachter im Gerichtsverfahren grundsätzlich gleichwertig sind. Die Tatsache, dass die Verteidigung für die Erstattung des Gutachtens gesorgt hat, ändert hieran nichts. In der strafrechtlichen Hauptverhandlung gibt es kein „Parteigutachten". Leider fallen jedoch auch in der Literatur hierzu immer wieder Begriffe wie „Privatgutachter".[147] Dies deutet aber in die falsche Richtung. Mit dem Beschluß des Gerichts gemäß § 245 Abs. 2 StPO, durch den der weitere Sachverständige zur Hauptverhandlung zugelassen wird, ist er Sachverständiger im Verfahren mit allen Rechten und Pflichten. Er ist Gehilfe des Gerichts, welches gemäß § 78 StPO ihm gegenüber eine Leitungsfunktion ausüben kann. Den Interessen der weiteren Verfahrensbeteiligten ist er hingegen vollständig entzogen. Er hat unabhängig zu urteilen, was er auf Antrag auch eidlich zu versichern hat (§§ 79 Abs. 2 StPO). Die Unabhängigkeit zeigt sich nicht zuletzt daran, dass den weiteren Verfahrensbeteiligten ihm gegenüber auch ein Ablehnungsrecht zusteht.

Mit der Stellung eines „Privatgutachters" hat dies überhaupt nichts zu tun. Leider ist in diesem Bereich viel Heuchelei, vorauseilender Gehorsam und sogar auch Feigheit im Spiel. Viele Gerichte haben eine Aversion gegen den Gebrauch des Selbstladungsrechts.[148] Teilweise wird von Gerichten behauptet, dass von Verteidigern beauftragte Gutachter schon deshalb nicht unabhängig urteilen würden, weil sie schließlich für ihr Gutachten auch von diesen Personen bezahlt würden. Die Versuchung läge deshalb besonders nah, ein entsprechendes **Gefälligkeitsgutachten** zu erstatten. Dies ist in zweifacher Hinsicht falsch.

Zum einen wird dabei übersehen, dass auch dem Verteidiger nur ein fundiertes Gutachten nützt. Dabei bietet ein Gutachten, selbst wenn es nicht das erhoffte Ergebnis enthält, immer noch mehr Vorteile, als ein Gutachten, welches auf haltloser Grundlage zu einem vorerst positiven Ergebnis kommt. Denn auch das negative Gutachten kann entscheidende Fingerzeige geben.[149] Im übrigen stockt die Argumentation auch auf halbem Wege. Denn wenn schon der Gedanke angestellt wird, dass der Gutachter versucht sein

---

146   BGH a.a.O.

147   So Burhoff, Handbuch für die strafrechtliche Hauptverhandlung, Rn 773.

148   Ein besonders instruktives Beispiel bietet die Entscheidung BGH StV 99, 463 m. Anm. Grabow zum Prozessverlauf.

149   Vgl. hierzu die Ausführungen zum Kurzgutachten bei § 15 Rn 42.

könnte, dem Verteidiger mit seinem Gutachten gefällig zu sein, weil dieser ihn bezahlt, muss doch zwangsläufig die Frage gestellt werden, wieso dies beim Staatsanwalt gerade anders sein sollte? Und in der Tat lässt sich in der Praxis bei vielen Gutachtern feststellen, dass sie gerade dann, wenn sich Ermessensspielräume öffnen, beim Ausfüllen dieses Spielraums versuchen zu erahnen, welches Ergebnis dem Staatsanwalt gefälliger sein könnte. Wer hiergegen anführt, dass dies schon deshalb nicht stimmen könne, weil der Staatsanwaltschaft im Regelfall der Ausgang der Begutachtung egal sei, nicht zuletzt, weil sie gemäß § 160 Abs. 2 StPO dazu verpflichtet sei, das Verfahren objektiv zu führen, hat sich von der Wirklichkeit deutscher Strafverfahren vollständig entfernt. Wie groß tatsächlich die Furcht vieler Sachverständiger ist, bei mangelndem Wohlverhalten nicht mehr von ihrem Hauptauftraggeber, der Staatsanwaltschaft, mit Gutachtenaufträgen bedacht zu werden, zeigt sich in der Tatsache, dass nur sehr wenige Sachverständige die Bereitschaft aufbringen, über die Verteidigung als weitere Sachverständige ins Verfahren geladen zu werden, obgleich sie dort natürlich genauso objektiv gutachten müßten.[150]

Eine ganz andere taktische Problematik bietet hingegen das vom Verteidiger stets einzukalkulierende Mißlingen des über den Gutachter angestrebten **Beweiserfolges**. Denn im Regelfall muss der Verteidiger bedenken, dass sein Mißerfolg unmittelbar zum Vorteil der anderen Seite werden kann, wenn diese darüber informiert ist. Der Verteidiger muss deshalb stets beachten, dass ein Gutachtenauftrag auch „der Schuß nach hinten" sein kann. Dies ist in allen Fällen unschädlich, in denen die weiteren Verfahrensbeteiligten keine Informationen darüber erhalten haben, dass die Verteidigung zu bestimmten Fragestellungen ein Gutachten in Auftrag gegeben hat. Problematisch kann es aber in den Bereichen werden, in denen der von der Verteidigung beauftragte Sachverständige nur dann sein Gutachten sinnvoll erstellen kann, wenn er an bestimmte Unterlagen kommt, die er nur durch Mitwirkung der Ermittlungsbehörden erhalten kann. Gleiches gilt, wenn die Verteidigung über einen weiteren Sachverständigen medizinische Untersuchungen des Beschuldigten beabsichtigt und dieser sich in Haft befindet. Denn dann muss eine entsprechende Besuchsgenehmigung eingeholt werden und auf diesem Weg erfährt auch der Staatsanwalt von der Vorgehensweise der Verteidigung.

Ist der Staatsanwalt aber über eine entsprechende Vorgehensweise informiert und stellt er dann fest, dass die Verteidigung zu diesem Punkt nichts mehr von sich hören lässt, insbesondere keinen Beweisantrag stellt, wird der Verdacht sehr naheliegen, dass das gewünschte Ergebnis für die Verteidigung nicht erreicht wurde. In diesen Fällen kann ein Staatsanwalt aber leicht erahnen, dass das Ergebnis des Gutachtens ihm Vorteile bringen wird und nun seinerseits den Sachverständigen in die Hauptverhandlung einführen möchte. Die Frage ist, ob der Verteidiger dies verhindern kann. Teilweise wird versucht, den von der Verteidigung beauftragten Sachverständigen als Berufshelfer gemäß § 53a StPO anzusehen, weil dies zur Folge hätte, dass ihm ein Zeugnisverweigerungsrecht zustünde, über dessen Ausübung zudem auch noch der Verteidiger und nicht der Sachverständige entscheiden könnte. Gerade dieses Argument greift jedoch nicht. Der Kreis der gem. § 53a StPO zum Zeugnisverweigerungsrecht berechtigten

---

150 Einen besonders deutlichen Beleg dieser Furcht der Sachverständigen bietet das Streitgespräch zwischen Jungfer und dem zwischenzeitlich verstorbenen Psychiater Rasch, einem der namhaftesten Sachverständigen in Deutschland, StV 99, 513.

Berufsgeheimnisträger ist nach der Rechtsprechung wegen der Notwendigkeit des Erhalts einer funktionsfähigen Rechtspflege begrenzt. Eine erweiternde Auslegung ist nicht möglich.[151] Das gleiche muss dementsprechend für das Zeugnisverweigerungsrecht der Berufshelfer gem. § 53a StPO gelten, welches sich aus § 53 StPO herleitet. Eine Ausdehnung des § 53a StPO auf den beauftragten Sachverständigen ist von daher nicht möglich.[152] Auch wenn die herrschende Auffassung mit der Verneinung des Zeugnisverweigerungsrechts für den Gutachter für den Verteidiger auf den ersten Blick negative Auswirkungen haben mag, stärkt sie doch im Ergebnis die Argumentation zum Selbstladungsrecht. Auch der vom Verteidiger beauftragte Sachverständige ist gerade kein Privatgutachter, sondern hat vielmehr eine unabhängige Stellung. Der Verteidiger muss sich deshalb stets des Risikos der Beauftragung eines Gutachters, der nun einmal unparteiisch zu urteilen hat, bewusst sein.

46 *ee) Die Kosten der Selbstladung.* Soll vom Selbstladungsrecht Gebrauch gemacht werden, kann es in der Praxis leider häufig im finanziellen Bereich zu Schwierigkeiten kommen. Wie in so vielen Dingen des Lebens zeigt sich leider auch hier, dass der Reiche gegenüber dem Armen bevorteilt ist. Abhängig vom jeweiligen Gutachtenauftrag wird der Beschuldigte erhebliche Vorschüsse zu leisten haben. Für finanziell schwache Beschuldigte wird der Gebrauch des Selbstladungsrechts deshalb in vielen Fällen schlichtweg entfallen.

Einen wirklichen Ausweg aus diesem Dilemma gibt es nicht. Allerdings bietet § 220 Abs. 3 StPO die Möglichkeit, auf Antrag anordnen zu lassen, die gesetzliche Entschädigung der unmittelbar geladenen Person aus der Staatskasse zu gewähren, wenn die Vernehmung zur Aufklärung der Sache dienlich war. Als sachdienlich gilt dabei eine Beweiserhebung schon dann, wenn sie die Entscheidung oder den Verfahrensgang irgendwie beeinflusst hat. Hierzu ist nicht erforderlich, dass das Gericht bei einer Sachverständigenvernehmung der Auffassung des Sachverständigen gefolgt ist. Ausreichend kann vielmehr bereits eine Verbreiterung der Entscheidungsgrundlage sein.[153] Der Verteidiger sollte deshalb stets nach Einführung eines weiteren Sachverständigen gemäß § 245 Abs. 2 StPO den **Antrag** stellen, die **Sachdienlichkeit der Vernehmung** festzustellen. Entscheidet das Gericht über diesen Antrag abschlägig, ist hiergegen die Beschwerde gem. § 304 StPO zulässig.

b) Die Selbstladung von Zeugen

47 Nicht nur Sachverständige, sondern auch Zeugen können im Wege der Selbstladung in das Verfahren eingeführt werden. Hier stellt sich die Problematik allerdings nicht in derselben Ausprägung wie beim Sachverständigen, weil ein Beweisantrag auf Ladung eines Zeugen gemäß § 244 Abs. 3 StPO nicht mit der gleichen Leichtigkeit abgelehnt werden kann wie bei einem Sachverständigen gem. § 244 Abs. 4 StPO. Dennoch kann es sich aus Gründen der Sicherheit anbieten, auch den Zeugen im Wege des Selbstla-

---

151 BVerfGE 33, 367, BVerfGE 38, 312.
152 Meyer-Goßner, § 53a StPO Rn 2; LR/Laufhütte, § 53a Rn 3; LG Essen, StraFo 96, 92; a.A. allerdings KK/Senge, § 53a StPO Rn 3, Unterscheidung zwischen Gutachtertätigkeit vor der Hauptverhandlung und in der Hauptverhandlung; vgl. auch OLG Köln StV 91, 506 m. Anm. Münchhalffen.
153 OLG München, StV 96, 491 m. Anm. Degenhard; Widmaier StV 85, 528; KG NStZ 99, 476.

dungsrechts in das Verfahren einzuführen. Dann gilt hinsichtlich der prozessualen Vorgehensweise grundsätzlich dasselbe wie beim Sachverständigen. Wichtig ist allerdings, vor einer solchen Vorgehensweise Informationen darüber einzuholen, was der Zeuge zur Beweisaufnahme beitragen wird.[154]

Der wesentliche taktische Unterschied zwischen der eigenen Ladung eines Sachverständigen und eines Zeugen wird im Regelfall im Zeitpunkt der Beweisantragstellung liegen. Der Verteidiger sollte stets beachten, dass nicht jedes taktische Mittel zum gleichen Zeitpunkt gleichwertig ist. Bietet es sich beim Sachverständigen an, den Beweisantrag so früh wie möglich zu stellen,[155] so gilt dies nicht für den Zeugenbeweis.

Auch wenn das Gericht im Regelfall einem Beweisantrag mit selbstgeladenem Beweismittel nachzugehen hat, bestimmt das Gericht doch die Reihenfolge der Beweisaufnahme. Gerade hieraus können sich aber bereits entscheidende Vor- oder Nachteile ergeben. Beabsichtigt etwa der Verteidiger mit einem selbst geladenen Zeugen die Aussage eines Belastungszeugen zu widerlegen, so bietet es sich an, die Aussage des selbst geladenen Zeugen erst nach der Aussage des Belastungszeugen stattfinden zu lassen. Denn ansonsten besteht die Gefahr, dass Gericht oder Staatsanwaltschaft im Rahmen ihrer Befragung des Zeugen – die im Regelfall vor dem Fragerecht durch die Verteidigung stattfindet[156] – diesem vorhalten, was der selbst geladene Entlastungszeuge der Verteidigung hierzu erklärt hat. Damit besteht aber die Gefahr, dass der Zeuge bestimmte Aussagen relativiert oder vage lässt; ein Widerlegen wird dann nicht mehr möglich sein.

Taktisch klüger erscheint es hingegen, erst den Belastungszeugen auftreten zu lassen. Dieser wird dann zwar auch durch Gericht und Staatsanwaltschaft befragt werden, allerdings schon deshalb weniger intensiv zu den durch die andere Zeugenaussage kritischen Punkten, weil Gericht und Staatsanwaltschaft noch überhaupt keine Kenntnis davon haben, dass ein weiterer Zeuge in der „Hinterhand" gehalten wird. Möglicherweise wird es dem Verteidiger dann bei der Befragung des Belastungszeugen gelingen, dessen Aussagen „festzuzurren". Ist dies gelungen, kann der selbst geladene Zeuge der Verteidigung als „Überraschungsgast" in die Hauptverhandlung eingeführt werden. Sagt der selbst geladene Zeuge nun in den entscheidenden Passagen (etwa Uhrzeit, Beobachtung) etwas völlig Anderes aus, ist eine Harmonisierung der Aussagen nicht mehr möglich und das Gericht muss sich entscheiden.

Natürlich hätten die anderen Prozessbeteiligten bei einer solchen Verfahrensweise gem. § 246 Abs. 2 StPO grundsätzlich die Möglichkeit, wegen der Einholung von Erkundigungen über den Zeugen, einen Aussetzungsantrag zu stellen. Dies ist aber unschädlich. Abgesehen davon, dass der Verteidiger durch seine eigenen Ermittlungen die „Werthaltigkeit der Zeugenaussage" weitestgehend sichergestellt haben sollte, wird gerade ein Staatsanwalt in den seltensten Fällen wegen einer solchen Vorgehensweise die Aussetzung des Verfahrens mit den damit verbundenen Terminsproblemen und weiteren Arbeiten in Kauf nehmen wollen.

---

154 Vgl. hierzu die Ausführungen § 4 Rn 44 ff.
155 Vgl. oben § 15 Rn 45.
156 Hinsichtlich der Befragung durch das Gericht ist dies zwingend, bei der Befragung durch die weiteren Verfahrensbeteiligten ist dies disponibel, erfolgt dennoch in der Praxis zumeist so.

Zudem kann das Gericht gem. § 246 Abs. 4 StPO über einen entsprechenden Aussetzungsantrag nach freiem Ermessen entscheiden. Dem Gericht steht deshalb ein großer Spielraum bei der Beurteilung der Berechtigung des Aussetzungsverlangens zu.[157] Das Gericht wird aber nur in Ausnahmefällen geneigt sein, einem solchen Begehren auch nachzugeben.

c) Arbeitshilfe

48 ■ Checkliste zur Einführung von Sachverständigen in die Hauptverhandlung durch den Verteidiger

Vorgehensweise	Vorteile	Nachteile
Anregung an das Gericht, den Sachverständigen zu laden.	Einfaches Verfahren ohne besonderen tatsächlichen und finanziellen Aufwand.	Das Gericht entscheidet über die Sachverständigenvernehmung nur im Rahmen der allgemeinen Aufklärungspflicht gemäß § 244 Abs. 2 StPO, ein Gerichtsbeschluß ist nicht erforderlich.
Beweisantrag gemäß § 219 Abs. 1 StPO.	Vermeidung von Prozessverzögerungen, Demonstration der Kooperationsbereitschaft; frühzeitige Erlangung von Informationen über die Sacheinschätzung durch den Vorsitzenden; eine Ablehnung führt nicht zum endgültigen Verlust des Beweismittels, da noch Selbstladungsrechte möglich (§ 220 Abs. 1 S. 1 StPO) oder Beweisantrag in der Hauptverhandlung erneut gestellt werden kann (allerdings wenig aussichtsreich wegen § 244 Abs. 4 StPO).	Kein möglicher Überraschungseffekt.
Gebrauch des Selbstladungsrechts gem. § 220 Abs. 1 S. 2 StPO.	Verpflichtung zum Erscheinen des geladenen Sachverständigen, wenn ordnungsgemäß selbst geladen; Einschränkung der Ablehnungsgründe wegen § 245 Abs. 2 StPO.	Ggf. tatsächlich und finanziell aufwendige Vorgehensweise.
Mitbringen der Sachverständigen zum Termin.	Einfache Handhabung; Überraschungseffekt.	Keine Verpflichtung des Sachverständigen zum Erscheinen; wegen § 244 Abs. 4 StPO einfache Ablehnungsmöglichkeit durch das Gericht.
Beweisantrag auf Sachverständigenvernehmung erstmals in der Hauptverhandlung.	Die weitere Beweisaufnahme kann zunächst abgewartet werden; die Ablehnung bedarf eines zu begründenden förmlichen Gerichtsbeschlusses (wegen § 244 Abs. 4 StPO aber nicht schwerwiegend); möglicherweise Überraschungseffekt; Verzögerung der Hauptverhandlung.	Unsicherheit, ob das Gericht tatsächlich dem Antrag nachkommt; Verzögerung der Hauptverhandlung kann auch nachteilig sein.

---

157 KK/Herdegen, § 246 StPO Rn 3.

▶ **Formular**   49
(Zustellungsersuchen an den Gerichtsvollzieher)

Herrn Obergerichtsvollzieher
Peter Meier
Adresse

Selbstladung eines Sachverständigen gem. §§ 220, 38 StPO

Sehr geehrter Herr Meier,

in der Strafsache gegen Herrn Peter Berg vor dem Amtsgericht München (Az.: 816
Ds 314 Js 12345/00) bin ich als Verteidiger von Herrn Berg bestellt. Vollmacht ist beigefügt.

Zu der für Mittwoch, den 23. Mai .... vorgesehenen Hauptverhandlung vor dem
Amtsgericht München möchte die Verteidigung Herrn Prof. Dr. Huber als Sachverständigen selbst laden.
Ich bitte daher, die beigefügte Sachverständigenladung an Herrn Prof. Dr. Huber,
Kaufingerstraße 18, 80331 München, zuzustellen und mir baldmöglichst die beigefügte Abschrift nebst Zustellungsurkunde zum Nachweis der Zustellung zurückzusenden. Die Kosten bitte ich, mir ebenso persönlich aufzugeben.

Mit freundlichen Grüßen

Rechtsanwalt ◄

▶ **Formular**   50
(Sachverständigenladung)

Herrn Prof.
Dr. Paul Huber
Adresse

Az.: 816 Ds 314 Js 12345/00
B e r g , Peter
wegen Verdachts des Betruges

hier: Ladung zum Termin vor dem Amtsgericht München am 23.05..... als Sachverständiger

Sehr geehrter Herr Prof. Dr. Huber,

Herr Peter Berg wird in dem o.a. Verfahren durch mich verteidigt. Vollmacht ist beigefügt. In meiner Eigenschaft als Verteidiger von Herrn Berg lade ich Sie hiermit zu
der am

23.05..... um 10:00 Uhr vor dem Amtsgericht München,
Sitzungssaal A 231,

stattfindenden Hauptverhandlung.

Mit freundlichen Grüßen

Rechtsanwalt ◄

Anmerkung:
Es handelt sich hierbei um die vereinfachte Form der Ladungsschreiben. Soll dem Sachverständigen tatsächlich entsprechend ZSEG eine Entschädigung angeboten werden, dann wäre dieses entsprechend in das Zustellungsersuchen an den Gerichtsvollzieher aufzunehmen (alternativ Barentschädigung/Hinterlegung). In diesem Fall könnte der Sachverständige im Ladungsschreiben noch gemäß § 77 StPO auf die Folgen des Ausbleibens in der Hauptverhandlung oder der Weigerung der Gutachtenerstattung hingewiesen werden.

51 ▶ **Formular**
(Beweisantrag auf Vernehmung eines selbst geladenen Sachverständigen)

Amtsgericht München
Adresse

Az.: 816 Ds 314 Js 12345/00
B e r g , Peter
wegen Verdachts des Betruges

Zum Beweis der Tatsache, dass der Angeklagte Peter Berg zum Zeitpunkt der Tat am 04.04..... aufgrund einer paranoiden Persönlichkeitsstörung bei hochgradig eingeengtem Denkvermögen, die unter die schwere andere seelische Abartigkeit zu subsummieren ist, in seiner Steuerungsfähigkeit i.S.d. §§ 20, 21 StGB erheblich vermindert war, beantrage ich die Vernehmung des

Prof. Dr. Paul Huber, Kaufingerstraße 18, 80331 München,

als selbst geladenen Sachverständigen.
Herr Prof. Dr. Huber hat den Beschuldigten Herrn Berg eingehend exploriert. Er ist in der heutigen Hauptverhandlung aufgrund der durch den zuständigen Gerichtsvollzieher erfolgten Ladung – Nachweis ist beigefügt – erschienen.
Ferner wird

b e a n t r a g t ,

über den Antrag der Verteidigung sogleich zu entscheiden, damit der selbst geladene Sachverständige an der Hauptverhandlung von Beginn an teilnehmen und ggf. Fragen an weitere Verfahrensbeteiligte stellen kann.

Rechtsanwalt ◄

2. Anträge zur Veränderung des gesetzlichen Richters

Im Rahmen der Vorbereitung der Hauptverhandlung hat der Verteidiger auch zu über-   52
prüfen, ob ein Versuch erfolgreich sein kann, von dem derzeit zuständigen Gericht zu
einem anderen Gericht zu gelangen. Dabei muss sich der Verteidiger von taktischen
Erwägungen leiten lassen. Es kann zu keinem Zeitpunkt eine Rolle spielen, ob ein
Rechtsfehler vorliegt, der in „oberlehrerhafter Weise" zu reklamieren ist. Entscheidend
muss vielmehr die Überlegung sein, bei welchem Richter die beste Verfahrenssituation
für den Beschuldigten erhofft werden kann. Dies hängt aber nicht nur von juristischen
Fragestellungen ab, sondern vielfach auch von der Verschiedenartigkeit der Richter,
die zur Entscheidung über die Sache berufen sein können. Es ist eine Binsenweisheit,
dass völlig verschiedene Lebenseinstellungen und Lebenserfahrungen zu einer anderen Bewertung von Sachverhalten führen können. Der Verteidiger hat eine Vielfalt ver-
schiedenartiger Überlegungen gegeneinander abzuwägen.

■ So kann beispielsweise ein Verfahren vor dem Amtsgericht den Vorteil bieten, dass
der „Hochseilakt" der Hauptverhandlung „mit Netz" geführt werden kann. Denn
wenn das Verfahren anders läuft als sich Beschuldigter und Verteidiger erhoffen,
besteht wenigstens noch die Möglichkeit der Durchführung einer weiteren Tatsacheninstanz beim Landgericht.

■ Ein weiterer Vorteil des Amtsgerichts liegt in der begrenzten Strafkompetenz. Das
Amtsgericht als Schöffengericht darf gem. § 24 Abs. 2 GVG nicht auf eine höhere
Strafe als 4 Jahre Freiheitsstrafe und nicht auf die Unterbringung in einem psychiatrischen Krankenhaus, allein oder neben einer Strafe, oder auf Sicherungsverwahrung
erkennen. Auch dem Strafrichter steht, was vielfach von Verteidigern übersehen wird,
die Strafkompetenz bis zu 4 Jahren Freiheitsstrafe zu. Weil Strafrichteranklagen gem.
§ 25 Ziff. 2 GVG jedoch zu erfolgen haben, wenn eine höhere Strafe als Freiheitsstrafe von 2 Jahren nicht zu erwarten ist, kann in der Praxis eine ganz erhebliche psychologische Hemmschwelle für den Strafrichter bestehen, die Zweijahresgrenze zu
überschreiten.

■ Die gleiche Erwägung gilt hinsichtlich § 270 StPO. Grundsätzlich kann das Amtsgericht zwar bei Annahme seiner sachlichen Unzuständigkeit die Sache an ein Gericht
höherer Ordnung verweisen. Dennoch wird eine solche Vorgehensweise eher die
Ausnahme bleiben. Ist die Sache erst vor dem Amtsgericht angeklagt, so wird das
Gericht im Regelfall versuchen, bei einer Verurteilung die Sache im Rahmen der
vorgesehenen Strafkompetenz zu erledigen. Dies bedeutet, dass der Verteidiger
damit kalkulieren kann, dass bei einer Strafrichteranklage eine höhere Freiheitsstrafe
von 2 Jahren nicht erfolgen wird, bei einer Schöffenrichteranklage keine höhere
Freiheitsstrafe als 4 Jahre. Ebenfalls droht keine Unterbringung in einem psychiatrischen Krankenhaus oder in der Sicherungsverwahrung. Insbesondere hieraus kann
sich eine Sicherheit für das Verfahren ergeben, die bei einem landgerichtlichen Verfahren wegen der erweiterten Strafkompetenz nicht besteht. Auch die sich häufig
stellende Frage einer möglicherweise verringerten Schuldfähigkeit gem. §§ 20, 21
StGB ist zu beachten. Der Verteidiger muss sich darüber im Klaren sein, dass das
Vorliegen einer verminderten Schuldfähigkeit nicht nur zu einer Verringerung der
Strafe führen kann (nicht muss!), sondern auch eine Kehrseite hat. Denn bei Vorliegen der entsprechenden Voraussetzungen kann gem. § 63 StGB die Unterbringung in
einem psychiatrischen Krankenhaus drohen. Wird das Verfahren hingegen vor dem

Amtsgericht durchgeführt, so droht diese Gefahr nicht. Sie könnte erst nach einer gem. § 270 StPO erfolgten Verweisung wieder auftauchen. Dann bleiben dem Verteidiger vor dem Neubeginn der Hauptverhandlung vor dem Landgericht aber wenigstens noch Möglichkeiten, hier entgegenzusteuern.

■ Allerdings ist trotz der dargestellten Beispiele vor dem Gedanken zu warnen, dass die Verhandlung vor dem Amtsgericht stets der Verhandlung vor dem Landgericht vorgezogen werden sollte. Vielmehr sind eine Vielzahl von Verfahren denkbar, bei denen der Beschuldigte beim Landgericht als Eingangsinstanz besser aufgehoben sein kann. So ist es im Regelfall von Vorteil, wenn das Gericht bereits Erfahrung mit einer besonderen Materie hat wie beispielsweise Umweltstrafverfahren, Korruptionsverfahren oder anderen Wirtschaftsstrafverfahren. Es kann dann auch für den Verteidiger leichter sein, die Wertigkeit des Verfahrens darzustellen, da bei einem wenig erfahrenen Gericht u.U. mühsam erst Grundlagen erarbeitet werden müssen. Bei Vermögensstraftaten besteht zudem die Gefahr, dass das Amtsgericht aufgrund der normalerweise dort abgehandelten Fälle sehr leicht höhere Strafvorstellungen entwickelt, wohingegen die Chance beim Landgericht, namentlich bei einer Wirtschaftsstrafkammer, besteht, dass mit einer Gewöhnung an höhere Schadenssummen bei mittleren Beträgen moderatere Vorstellungen vorherrschen können. Außerdem wird das Verfahren beim Landgericht im Regelfall prozessordnungsgemäßer durchgeführt werden. Dem Landgericht ist bewusst, dass als einziges Rechtsmittel nur die Revision in Betracht kommt. In dieser Instanz wird sich das Gericht aber nicht gerne Nachlässigkeiten bescheinigen lassen.

■ Neben diesen Erwägungen darf auch der allgemeine menschliche Faktor nicht außer Acht gelassen werden. So gibt es strenge und milde Richter, nachlässige und gründliche, fleißige und weniger fleißige, kluge und weniger kluge Richter. Bei Berücksichtigung dieser Tatsachen muss die Grunderwägung bestehen, dass ein günstiges Urteil vor dem gesetzlich nicht zuständigen Richter allemal besser ist als ein schlechtes Urteil von dem zuständigen Gericht.

53 Kommt der Verteidiger aufgrund dieses **komplexen Abwägungsvorgangs** zu dem Ergebnis, ein Verfahren von dem derzeit zuständigen Gericht oder Richter zu verhindern, sind mehrere Alternativen denkbar, auf deren Grundlage dieses Ziel erreicht werden kann.

So kann

■ eine fehlerhafte Zuständigkeit des Gerichts gegeben sein,
■ das Gericht fehlerhaft besetzt sein oder
■ es kann gegenüber einem oder mehreren Richtern die Besorgnis der Befangenheit bestehen.

a) Zuständigkeit des Gerichts

54 Bei der Zuständigkeit des Gerichts wird zwischen der örtlichen, der sachlichen und der funktionellen Zuständigkeit unterschieden.

55 *aa) Örtliche Zuständigkeit.* Die örtliche Zuständigkeit ist in den § 7 ff. StPO geregelt. Weitere Zuständigkeitsregeln finden sich in § 42 JGG sowie in den §§ 58, 74 c, 74d GVG.

Die örtliche Zuständigkeit ist eine sog. befristete Verfahrensvoraussetzung. Gemäß § 16 S. 1 StPO prüft das Gericht seine örtliche Zuständigkeit bis zur Eröffnung des Hauptverfahrens von Amts wegen. Danach darf es seine Unzuständigkeit nur auf Einwand des Angeklagten aussprechen, die dieser bis zum Beginn seiner Vernehmung zur Sache in der Hauptverhandlung geltend machen muss (§ 16 S. 2 und S. 3 StPO). Der Verteidiger muss sich deshalb darüber bewusst sein, dass er spätestens bis zu diesem Zeitpunkt den Einwand vorgebracht haben muss, weil er ansonsten präkludiert ist.[158] Dabei ist zu beachten, dass gem. § 16 S. 2 StPO nur der Angeklagte, nicht aber der Verteidiger aus eigenem Recht die örtliche Unzuständigkeit beanstanden kann. Der Antrag des Verteidigers muss deshalb klar machen, dass der Einwand im Namen des Angeklagten geltend gemacht wird.[159] Nimmt das Gericht von sich aus seine örtliche Unzuständigkeit an, so liegt in dieser Entscheidung die Ablehnung der Eröffnung des Hauptverfahrens.[160] Kommt es auf den Einwand des Angeklagten hingegen zur Nichteröffnung des Hauptverfahrens, so stellt das Gericht außerhalb der Hauptverhandlung das Verfahren nach § 206a StPO durch Beschluß und in der Hauptverhandlung nach § 260 Abs. 3 StPO durch Urteil ein. In all diesen Fällen ist die Staatsanwaltschaft natürlich nicht gehindert, wiederum Anklage zu einem anderen Gericht zu erheben.

Örtliche Zuständigkeitsregelungen und wesentliche Überprüfungsmöglichkeiten können der nachfolgenden Checkliste entnommen werden.

---

158 OLG Köln StV 04, 314 zu weiteren Voraussetzungen einer späteren erfolgreichen Rüge in der Revision.
159 Vgl. auch die Ausführungen zur funktionellen Zuständigkeit unten Rn 62.
160 Str.; a.A. Meyer-Goßner, § 16 Rn 4, vgl. aber KK/Pfeiffer § 16 Rn 4.

56 ■ **Checkliste**

(zur Überprüfung örtlicher Zuständigkeitsprobleme)

Örtliche Zuständigkeit		Überprüfungsmöglichkeit
Primäre Gerichtsstände	Tatort § 7 Abs. 1 StPO bei Straftaten auf Schiffen und Flugzeugen i.V.m. § 10 Abs. 1 StPO	Richtiger Tatort? **Mittäterschaft:** Tatort ist jeder Ort, an dem auch nur einer der Mittäter gehandelt hat. **Teilnahme:** Tatort ist der Begehungsort der Teilnahme und der versuchten oder vollendeten Haupttat (anders bei selbständigen Teilnahmedelikten wie Begünstigung, Strafvereitelung, Hehlerei). **Konkrete Gefährdungsdelikte:** Tatbestandlicher Erfolg ist bereits die Konkretisierung der Gefahr (dort Tatort, anders bei abstrakten Gefährdungsdelikten) **Unterlassungsdelikte:** Tatort dort, wo sich der Täter während der Zeit seiner Handlungspflicht aufhält und handeln kann bzw. muss. **Binnenschiffahrtssachen:** Gericht des Tatorts zuständig, allerdings nicht bei Zusammentreffen mit einer anderen Straftat, wenn dort das Schwergewicht liegt (§ 2 Abs. 3 Satz 3 BinSchVfG).
	Wohnsitz (§ 8 Abs.1 StPO)	**Wohnort:** § 7 bis § 11 BGB; Untersuchungshaft ist nicht Wohnort; langfristiger Hotelaufenthalt kann aber Wohnort begründen
	Ergreifungsort (§ 9 StPO)	Ergreifung ist nur befugte und gerechtfertigte Festnahme; nur bei Strafverfahrensverfolgung

Örtliche Zuständigkeit		Überprüfungsmöglichkeit
Subsidiäre Gerichtsstände	Kommt ein primärer Gerichtsstand nicht in Betracht, so greifen hilfsweise folgende Erwägungen:	
	– Aufenthaltsort bzw. letzter Wohnsitz (§ 8 Abs. 2 StPO)	**Freiwilliger** Aufenthalt erforderlich
	– Hamburg bei Straftaten gegen die Umwelt außerhalb des Geltungsbereiches des Gesetzes im Bereich des Meeres (§ 10a StPO) – Gerichtliche Bestimmung (§ 13a StPO) – Übertragung (§ 15 StPO) – Notzuständigkeit (§ 21 StPO)	Benennung eines Gesamtkomplexes nicht ausreichend („Kriegsverbrechen in Bosnien", BGH NStZ 94, 139) in jeder Lage des Verfahrens zulässig
Besondere Gerichtsstände	Presse (§ 7 Abs. 2 StPO) Zusammenhang (§ 13 StPO)	Nicht entsprechend auf Rundfunk und Fernsehen anwendbar (KK-Pfeiffer, § 7 StPO Rn 7), allerdings periodische Druckschrift nicht erforderlich. Begrenzung auf Gerichtsstand des Erscheinungsortes, vgl. auch RiStBV Nr. 250
Sonderfälle	Widerklage bei Privatklage (§ 388 Abs. 1 StPO) Einziehung (§ 441 Abs. 1 S. 2 StPO) Jugendstrafsachen (§ 42 JGG) Rechtshilfeersuchen (§ 157 GVG) Einspruch gegen Bußgeldbescheid (§ 68 OwiG) Binnenschiffahrtssachen (§ 2 Abs. 3a BinSchVfG)	Anregung zur Abgabe des Verfahrens möglich (§ 42 Abs. 3 JGG) Sitz der Verwaltungsbehörde entscheidend

Örtliche Zuständigkeit		Überprüfungsmöglichkeit
Gerichtsstandskonzentrationen	Amtsgericht § 58 GVG § 157 Abs. 2 GVG i.V.m. den jeweiligen Rechtsverordnungen der Bundesländer Landgericht Staatsschutzkammer (§ 74a GVG) Wirtschaftsstrafkammer (§ 74c Abs. 3 und 4 GVG) Gemeinsames Schwurgericht (§ 74d GVG) Strafvollstreckungskammer (§ 78a Abs. 2 GVG) Jugendstrafsachen § 33 Abs. 4 JGG Steuerstrafsachen § 391 Abs. 1 und 2 AO (BverfGE NJW 71, S. 795) Wirtschaftsstrafsachen (§ 13 Abs. 1 WiStG) Außenwirtschaftsstrafsachen (§ 43 Abs. 1 AWG) Marktorganisation der EG (§ 38 Abs. 1 MOG)	Im Bereich der Gerichtsstandskonzentrationen ist insbesondere überprüfenswert, ob die Staatsanwaltschaft versucht, wegen unterschiedlicher Haftzuständigkeiten eines kürzeren Weges zum Gericht oder einer Abgabemöglichkeit, ein anderes Gericht „herbeizuargumentieren".

Handlungsmöglichkeiten des Verteidigers:

1.
Vor Eröffnung des Hauptverfahrens:
Antrag auf Nichteröffnung des Hauptverfahrens wegen örtlicher Unzuständigkeit (strittig).

2.
Nach Eröffnung des Hauptverfahrens, aber vor der Hauptverhandlung:
Antrag auf Einstellung des Verfahrens wegen eines Verfahrenshindernisses gem. § 206a StPO

3.
Innerhalb der Hauptverhandlung bis zum Beginn der Vernehmung des Angeklagten zur Sache
(Präklusion gem. § 16 Satz 3 StPO!):
Antrag auf Einstellung des Verfahrens wegen eines Verfahrenshindernisses
gem. § 260 Abs. 3 StPO

4.
Rechtsmittelverfahren
- Berufung
- Antrag gem. § 328 Abs. 2 StPO das Verfahren wegen fehlerhafter Zuständigkeit unter Aufhebung des Urteils an das zuständige Gericht zu verweisen.
- Revision; Antrag gem. § 355 StPO

5.
Daneben im **Jugendstrafverfahren**
Antrag auf Abgabe des Verfahrens gem. § 42 Abs. 3 JGG

▶ **Formularschriftsatz** 57

Amtsgericht München
Adresse

Az.: 814 Ls 316 Js 12345/00
M e i e r , Herrmann
wegen Verdachts des Betruges

In dieser Sache stelle ich namens und im Auftrag von Herrn Meier den

A n t r a g ,

das Verfahren wegen eines Verfahrenshindernisses gem. § 260 Abs. 3 StPO einzustellen und den Haftbefehl gegen Herrn Meier aufzuheben.

Das Amtsgericht München ist für das Verfahren gegen Herrn Meier örtlich unzuständig. Herr Meier hat ausweislich seiner Akten seinen Wohnsitz in Augsburg. Dort soll sich auch die ihm zur Last gelegte Betrugshandlung ereignet haben. Der Gerichtsstand des Tatortes gem. § 7 StPO ist deshalb nicht begründet.
Die Tatsache der Inhaftierung in München führt auch nicht zu einer Zuständigkeit gem. § 8 StPO, weil der Ort der Vollstreckung der Untersuchungshaft weder einen Wohnsitz noch einen gewöhnlichen Aufenthaltsort begründet. Darüber hinausgehend liegt auch keine örtliche Zuständigkeit gem. § 9 StPO vor. Herr Meier ist zwar

seinerzeit durch die Polizei von seiner in München lebenden Verlobten abgeholt worden und zur Vernehmung nach Augsburg verbracht worden. Erst im Anschluss an die Vernehmung in Augsburg wurde Herrn Meier gegenüber jedoch die vorläufige Festnahme erklärt, so dass Ergreifungsort Augsburg und nicht München ist.

Damit besteht das Verfahrenshindernis der fehlenden örtlichen Zuständigkeit.

Rechtsanwalt◄

58 *bb) Sachliche Zuständigkeit.* Gemäß § 6 StPO hat das Gericht seine sachliche Zuständigkeit in jeder Lage des Verfahrens von Amts wegen zu prüfen. Anders als bei der örtlichen Zuständigkeit besteht deshalb für den Verteidiger keine Präklusionsgefahr bei verspäteten Anträgen. Es bleibt somit eine Frage der Taktik, ob und wann ein Vorstoß gegen die sachliche Zuständigkeit unternommen wird.

Die sachliche Zuständigkeit betrifft die Frage, welches Gericht für die Strafsache in 1. Instanz zuständig ist. Bestehen dort mehrere Spruchkörper, die jeweils erstinstanzlich tätig werden können, so betrifft die sachliche Zuständigkeit auch die Frage, welcher Spruchkörper zuständig ist, sofern eine unterschiedliche Rechtsfolgengewalt besteht (z.B. Einzelrichter oder Schöffengericht beim AG).[161]

Die Frage der sachlichen Zuständigkeit der einzelnen Gerichte bestimmt sich nach der Festlegung im GVG. Dennoch können Probleme auftauchen, weil der Staatsanwalt in engen Grenzen eine Wahlmöglichkeit hat, vor welchem Gericht er Anklage erhebt. So ist es ihm im Rahmen der sog. „beweglichen Zuständigkeit" beispielsweise möglich, wegen der besonderen Bedeutung des Falles statt beim Amtsgericht die Anklage beim Landgericht zu erheben (§§ 24 Abs. 1 Nr. 3, 74 Abs. 1 Satz 2 GVG). Hierbei ist zu beachten, dass § 24 Abs. 1 Nr. 3 GVG mit Inkrafttreten des Opferrechtsreformgesetzes vom 24.06.2004 geändert wurde und nunmehr eine Anklage beim Landgericht auch wegen der besonderen Schutzbedürftigkeit von Verletzten der Straftat, die als Zeugen in Betracht kommen oder zusätzlich des besonderen Umfangs des Verfahrens erfolgen kann.[162] Ferner kann sich hinsichtlich gewisser Straftaten gem. § 120 Abs. 2 GVG anstelle einer landgerichtlichen Zuständigkeit eine Zuständigkeit des OLG (bzw. Bayerischen Obersten Landesgerichts)[163] ergeben, wenn der Generalbundesanwalt wegen der besonderen Bedeutung des Falles die Verfolgung übernimmt.

Gegen die Wahlentscheidung der Staatsanwaltschaft, die das Bundesverfassungsgericht als in Einklang stehend mit dem Anspruch auf den gesetzlichen Richter angesehen hat,[164] steht dem Verteidiger kein Rechtsmittel zu. Der Verteidiger wird deshalb mit diesem Sachverhalt leben müssen, obwohl zu Recht auf die dadurch eröffnete Gefahr der Verfahrensmanipulation hingewiesen wurde.[165] Anträge an das mit der Sache befaßte Gericht bleiben aber unbenommen. In Frage käme hierbei sowohl ein Antrag

---

161 Beulke, Strafprozessrecht, Rn 36.

162 Dies wird vor allem in Sexualstrafsachen voraussichtlich zu weit mehr erstinstanzlichen Verfahren beim Landgericht führen.

163 Zu dessen geplanter Abschaffung bei Erstellung dieses Buches und dem geplanten sukzessiven Abbau des Bay-ObLG ab 01.01.2005 siehe bereits oben unter Fußnote 636.

164 BVerfGE 9, 223; 22, 254.

165 Herzog, StV 93, 608.

gem. § 270 StPO (was in dieser Lage des Verfahrens für einen Verteidiger aber wohl eher eine Seltenheit darstellen würde) als auch – soweit man sich noch im Zwischenverfahren befindet – Anträge gem. § 209 StPO.[166]

Die fehlerhafte sachliche Zuständigkeit kann auch im Rechtsmittelverfahren Bedeutung entfalten. Das Landgericht als Berufungsgericht hat nur dieselbe Strafgewalt wie das Amtsgericht.[167] Hat deshalb das erstinstanzliche Urteil seine Strafgewalt überschritten, muss das Landgericht die Sache nach § 328 Abs. 2 StPO an dieses Gericht verweisen.[168] **59**

Auch in der Revisionsinstanz ist die sachliche Zuständigkeit von Amts wegen zu prüfen. Stellt sich heraus, dass die Annahme der Zuständigkeit des Gerichts höherer Ordnung i.R.d. § 269 StPO auf objektiver Willkür beruht, so liegt ein Verfahrensverstoß vor.[169] Problemstellungen haben sich hier insbesondere durch die Änderung des § 25 GVG ergeben. Gemäß § 25 Ziff. 2 GVG ist der Strafrichter zur Entscheidung über Vergehen berufen, wenn eine höhere Strafe als Freiheitsstrafe von 2 Jahren nicht zu erwarten ist. Nach der Änderung der Rechtslage kommt es nicht mehr darauf an, ob die Staatsanwaltschaft die Sache als eine solche von minderer Bedeutung ansieht.[170] Werden deshalb durch die Staatsanwaltschaft Strafverfahren zum Schöffengericht (oder höher) angeklagt, die die Voraussetzungen des § 25 Ziff. 2 GVG erfüllen, so ist dies willkürlich und führt zu einer fehlerhaften sachlichen Zuständigkeit. Eine solche Willkür ist angenommen worden in Verfahren, in denen lediglich Geldstrafe zu erwarten war[171] oder eine Freiheitsstrafe von mehr als 2 Jahren von vornherein nicht in Betracht kam.[172] Besonders deutlich wird dies in den Fällen, in denen bereits vor Anklageerhebung zwischen den Verfahrensbeteiligten über die Möglichkeit einer Einstellung des Verfahrens gemäß § 153a Abs. 2 StPO verhandelt worden ist.[173] **60**

Zu beachten ist allerdings, dass im Rahmen des Revisionsverfahrens die fehlerhafte Annahme der Zuständigkeit des Gerichts höherer Ordnung nur auf eine entsprechende Verfahrensrüge hin berücksichtigt werden kann.[174] Nicht erforderlich ist jedoch, dass der Angeklagte in der Hauptverhandlung einen Zuständigkeitseinwand erhoben hat.

cc) Funktionelle Zuständigkeit. Den Begriff der **funktionellen Zuständigkeit** kennt das Gesetz nicht. Vielmehr werden hierunter alle Zuständigkeitsregelungen zusammengefasst, die nicht zur sachlichen oder örtlichen Zuständigkeit gehören.[175] **61**

Zur funktionellen Zuständigkeit gehören damit die Fragen der Zuständigkeit einer allgemeinen oder besonderen Strafkammer auf Landgerichtsebene, die geschäftsplanmäßige Zuständigkeit sowie auch alle Regelungen, welche Aufgaben in der Hauptver-

---

166 Vgl. auch die Ausführungen zum Zwischenverfahren unten § 10 Rn 1 ff.
167 BGHSt 31, 63.
168 Meyer-Goßner, § 328 StPO Rn 5.
169 Meyer-Goßner, § 269 Rn 8 StPO.
170 Meyer-Goßner, § 25 GVG Rn 3.
171 OLG Köln StraFo 96, 55.
172 OLG Düsseldorf NStZ 96, 206, OLG Hamm, MDR 96, 91.
173 OLG Hamm, StV 95, 182; vgl. zum ganzen Thema auch Neuhaus, Die Revisibililtät der sachlichen Zuständigkeit des Schöffengerichts im Verhältnis zu der des Strafrichters (§ 25 Nr. 2 GVG), StV 95, 212.
174 BGHSt 43, 55.
175 Meyer-Goßner, vor § 1 StPO Rn 8.

handlung der Vorsitzende und welche das erkennende Gericht selbst wahrzunehmen hat, die Zuständigkeit der Rechtsmittelgerichte und der Strafvollstreckungskammern.[176] Keine Frage der funktionellen, sondern vielmehr der sachlichen Zuständigkeit ist hingegen die Frage, ob für ein Verfahren das Erwachsenengericht oder das Jugendgericht zuständig ist. Deswegen kann diese Frage gem. § 6 StPO jederzeit von Amts wegen überprüft werden, wobei die Nichtbeachtung der Zuständigkeit des Jugendgerichts allerdings nur auf Rüge gem. § 338 Nr. 4 StPO überprüft wird.[177] Bei der Frage der sachlichen Zuständigkeit ist allerdings der Vorrang der Jugendgerichte gem. § 47a JGG zu beachten. Daher kann nicht die sachliche Unzuständigkeit beanstandet werden, wenn anstatt eines eigentlich zuständigen allgemeinen Gerichts ein Jugendgericht entschieden hat.[178]

Im umgekehrten Fall ist die Rüge der sachlichen Unzuständigkeit hingegen möglich. Unzuständigkeit kann sogar in einem verbundenen Verfahren durch einen erwachsenen Beschuldigten gerügt werden, auch wenn selbstredend nicht wegen ihm, sondern ausschließlich aufgrund der erfolgten Verbindung mit dem Verfahren gegen den Jugendlichen oder Heranwachsenden die Zuständigkeit des Jugendgerichts begründet ist.[179]

Sind hingegen Fragen der funktionellen Zuständigkeit gem. § 6a StPO gegeben, hat der Verteidiger wiederum die Präklusion zu beachten. Bis zur Eröffnung des Hauptverfahrens prüft das Gericht seine bestehende Zuständigkeit von Amts wegen. Danach kann der Angeklagte den Einwand nur bis zum Beginn seiner Vernehmung zur Sache in der Hauptverhandlung geltend machen. Zu beachten ist, dass (wie bei der Rüge der örtlichen Unzuständigkeit gem. § 16 StPO) der Einwand der Unzuständigkeit nur vom Angeklagten selbst oder von dessen Erziehungsberechtigten bzw. gesetzlichen Vertreter erhoben werden kann. Der Verteidiger kann nicht kraft eigenen Rechts, sondern nur im Namen des Angeklagten den Einwand vorbringen.[180]

62 ▶ **Formularmuster**
(Einwand der funktionellen Unzuständigkeit)

Landgericht München I
Adresse

Az.: ....
M e i e r , Herrmann
wegen Verdachts der Bestechung

Namens und im Auftrag von Herrn Meier rüge ich die funktionelle Unzuständigkeit der Strafkammer (§ 6 a, § 74c Abs. 1 GVG).

---

176 KK/Pfeiffer, § 1 StPO Rn 4.
177 BGHSt (GrS) 18, 79; BGHSt 30, 260; KG StV 85, 408.
178 Meyer-Goßner, § 338 StPO Rn 34.
179 BGHSt 30, 260; KG a.a.O.
180 Meyer-Goßner, § 6a Rn 5, vgl. auch Ausführungen zur örtlichen Zuständigkeit § 15 Rn 55.

Nach erfolgter Berufung gegen das Urteil des Amtsgerichts München ist das Verfahren gegen Herrn Meier jetzt vor einer Kleinen Strafkammer des Landgerichts München als Berufungskammer anhängig. Bei dieser Strafkammer handelt es sich aber um eine allgemeine Strafkammer.

Zwar hat das Amtsgericht München – Schöffengericht – Herrn Meier nicht wegen einer Katalogtat des § 74c GVG verurteilt. Dennoch hat es im Eröffnungsbeschluß den Verfahrensgegenstand als Katalogtat i.S.d. § 74c Nr. 5a GVG gewürdigt. Dies reicht aber bereits für die Begründung der Zuständigkeit der Wirtschaftsstrafkammer im Berufungsrechtszug aus (OLG Stuttgart, MdR 82, S. 252).

Beim Landgericht München I sind Kleine Wirtschaftsstrafkammern eingerichtet, denen die Zuständigkeit bei Berufungen in Wirtschaftsstrafsachen im Wege der Geschäftsverteilung zugewiesen sind. Gemäß Geschäftsverteilungsplan ist im vorliegenden Fall die .... Kammer des Landgerichts München I zuständig, an die die Sache zu verweisen ist.

Rechtsanwalt◄

b) Anträge zur Besetzung des Gerichts

Der Unterschied zwischen der Frage der richtigen Zuständigkeit des Gerichts und der richtigen Besetzung liegt darin, dass es bei der Zuständigkeit um das Problem der richtigen Befassung des gesamten Spruchkörpers geht. Die Frage der **richtigen Besetzung** stellt sich dagegen hinsichtlich der innerhalb eines Spruchkörpers tätigen Richter. Beiden Problemkreisen ist gemeinsam, dass sie für den Verteidiger ein sehr effizientes Verteidigungsmittel darstellen können. 63

Denn wenn dem Revisionsgericht im Rechtsmittelverfahren verfahrensordnungsgemäß die Möglichkeit eröffnet wird, entweder die fehlende Zuständigkeit des Tatgerichts zu erkennen oder die fehlerhafte Besetzung, so lägen damit absolute Revisionsgründe gemäß § 338 Nr. 1 StPO (Besetzung) bzw. § 338 Nr. 4 StPO (Zuständigkeit) vor, die aufgrund des Wesens des absoluten Revisionsgrunds zu den unwiderlegbaren Vermutungen führen würden, dass sie entscheidungserheblich und damit auch für die Aufhebung des Urteils des Tatgerichts ursächlich sind.[181]

Über diese Erwägungen hinaus kann durch eine Rüge der fehlerhaften Besetzung aber auch in taktischer Hinsicht ein **psychologischer Druck** gegenüber dem Gericht aufgebaut werden. Dasjenige Gericht, welches auf die entsprechend vorgebrachten Einwände der Verteidigung nicht eingeht und dennoch die Hauptverhandlung weiterführt, steht im weiteren Verfahren unter dem „Damoklesschwert", in der Revisionsinstanz wegen des Vorliegens eines absoluten Revisionsgrundes alle Bemühungen mit einem Federstrich zur Makulatur werden zu lassen mit der Folge der Urteilsaufhebung. Gerade diese Unwägbarkeiten und Unsicherheiten können aber einen Tatrichter dazu bewegen, das Verfahren so abzuschließen, dass eine Revision der Verteidigung nicht zu befürchten ist; sei es durch die Art und Weise der Entscheidung, sei es durch das Suchen einer Verständigungslösung. 64

---

181 KK/Kuckein, § 338 StPO Rn 1.

Bei der Überprüfung der Gerichtsbesetzung empfiehlt sich grundsätzlich, die materiellen Voraussetzungen von den formellen Voraussetzungen einer solchen Besetzungsrüge zu unterscheiden.

65 **aa) Materielle Prüfung.** In materiell rechtlicher Hinsicht hat sich der Verteidiger die Frage zu stellen, ob das erkennende Gericht richtig besetzt ist. Grundlage hierfür ist Art. 101 Abs. 1 Satz 2 GG. Die Gewährleistung des gesetzlichen Richters ist eine besondere Ausprägung des allgemeinen rechtsstaatlichen Objektivitätsgebots. Der zuständige Richter muss generell vorher bestimmt werden, damit die Justiz durch die Manipulation der rechtsprechenden Organe nicht sachfremden Einflüssen ausgesetzt wird. Die Entscheidungsbefugnis des Richters muss sich deshalb möglichst eindeutig aus generellen Vorschriften, nämlich aus der Zuständigkeitsregelung der Prozessgesetze und dem Geschäftsverteilungsplan des zuständigen Gerichts ableiten lassen.[182]
Bei der Überprüfung der richtigen Besetzung empfiehlt sich eine Überprüfung in drei Schritten dahingehend, ob

- der befaßte Spruchkörper insgesamt Fehler aufweist,
- Bedenken hinsichtlich der befaßten Berufsrichter bestehen und/oder
- Bedenken hinsichtlich der befaßten Laienrichter bestehen.

66 Bei der Frage, ob der **richtige Spruchkörper** befaßt ist, ist zu überprüfen, ob ein Zuweisungsmangel[183] vorliegen kann. Ein Zuweisungsmangel liegt dann vor, wenn der gesamte eingesetzte Spruchkörper nach dem Geschäftsverteilungsplan zur Verhandlung und Entscheidung nicht berufen war.[184] Nicht verwechselt werden darf dabei der hier innerhalb der Besetzungsfrage zu untersuchende **Zuweisungsmangel** mit der Frage der richtigen **Zuständigkeit**. Geht es um das Problem, ob das erkennende Gericht im Ganzen oder der eingesetzte Spruchkörper aufgrund von Vorschriften über eine besondere Zuständigkeit (z.B. §§ 74 Abs. 2, 74 a, 74 c, 74d GVG, § 41 JGG) mit der Sache befaßt sein muss, sind dies Fragen, die im Rahmen von Zuständigkeitsrügen[185] zu beanstanden sind. Besondere Fragestellungen können sich ergeben im Hinblick auf die Aufstellung eines Geschäftsverteilungsplans, seinen Inhalt, erfolgte Abänderungen und die Nichteinhaltung.

67 ■ Die Aufstellung des Geschäftsverteilungsplans
Die **Geschäftsverteilung** wird durch die Präsidien der Gerichte aufgestellt (§ 21e GVG). Hierbei hat der Verteidiger zu überprüfen, ob der richtige Zuständige den Geschäftsverteilungsplan aufgestellt hat und ob der Geschäftsverteilungsplan inhaltlich zulässig ist.
Die Zusammensetzung des für den Geschäftsverteilungsplan zuständigen Präsidiums bestimmt sich nach §§ 21a ff. GVG. Allerdings führt die unvorschriftsmäßige Besetzung des Präsidiums nicht ohne weiteres zur Ungültigkeit der von ihm erlassenen Beschlüsse über die Geschäftsverteilung.[186] Etwas anderes gilt allerdings dann, wenn das Präsidium überhaupt nicht entschieden hat, sondern der Geschäftsverteilungsplan oder

---

182 BVerfGE 17, 294; 21, 139; 82, 194.
183 KK/Kuckein, § 338 StPO Rn 26 ff.; Danckert/Ignor, Becksches Formularbuch für den Strafverteidiger VII.C.1.
184 Danckert/Ignor, a.a.O.
185 Vgl. hierzu die vorherigen Ausführungen zur Zuständigkeit bei § 15 Rn 54 ff.
186 BVerfGE 31, 47; BGHSt 12, 227.

eine diesem gleiche Entscheidung – auch aus dem Stegreif – vom Präsidenten des Gerichts oder seinem Vertreter erlassen worden ist.[187] In diesen Fällen läge ein mit der Besetzungsrüge angreifbarer Zuweisungsmangel aufgrund fehlerhaft aufgestellten Geschäftsverteilungsplans vor.

■ Der Inhalt des Geschäftsverteilungsplans   68

Den wohl wichtigsten Prüfungsbereich in diesem Zusammenhang stellt der **Inhalt des Geschäftsverteilungsplans** dar. Den Anforderungen aus Art. 101 GG ist Geltung zu verschaffen. Deswegen hat sich die Zuteilung der Geschäfte nach allgemeinen abstrakten Merkmalen zu richten. Jede Manipulation der Besetzung im Einzelfall muss nach menschlichem Ermessen ausgeschlossen sein.[188] Ein bestimmtes System für die Bestimmung der Geschäftsverteilung ist dabei allerdings nicht vorgeschrieben. Solange gewährleistet ist, dass kein Entscheidungsspielraum über die Zuteilung besteht oder sogar die Möglichkeit aufkommt, dass nach Zweckmäßigkeitsgesichtspunkten verfahren werden könnte, ist dem Präsidium die Entscheidung überlassen, welcher Weg der Geschäftsverteilung gewählt wird.

In der Praxis werden sich häufig Geschäftsverteilungssysteme finden, welche die Strafsachen auf die Kammern nach Sachgebieten und Anfangsbuchstaben verteilen. Für zulässig wird aber auch ein „rollierendes System" gehalten, welches die Zuständigkeit nach Eingangszahlen regelt.

Als Zuweisungsmangel wird hingegen erachtet, wenn die Verteilung der Geschäfte bei den Strafkammern vom zeitlichen Eingang der Sachen bei der Geschäftsstelle abhängig gemacht wird[189] oder wenn Richter für einzelne anfallende Sachen benannt werden.[190] Ebenso darf nicht die Reihenfolge der Registrierung für die Zuteilung maßgebend sein.[191] Es muss vielmehr durch geeignete Anordnungen dafür Sorge getragen werden, dass weder die Staatsanwaltschaft noch die Geschäftsstelle oder die Registratur Einfluss auf die Zuteilung nehmen kann.[192]

Entscheidend ist darüber hinausgehend auch, ob sich der Geschäftsverteilungsplan überhaupt durchführen lässt. Hat das Präsidium einen Geschäftsverteilungsplan aufgestellt, bei dem von vornherein ersichtlich ist, dass er undurchführbar sein wird, so kann ebenfalls ein Zuweisungsmangel vorliegen.[193] (Möglich ist aber, einem Spruchkörper mehr Richter zuzuweisen, als er nach dem Gesetz haben muss. Allerdings dürfen einem Spruchkörper niemals soviele Richter angehören, dass der Vorsitzende zwei personell verschieden besetzte Sitzgruppen oder drei Spruchkörper mit jeweils verschiedenen Beisitzern bilden kann. Etwas anderes kann allerdings unter Umständen dann gelten, wenn einem Spruchkörper ein Hochschullehrer angehört.[194] Jeder Spruchkörper muss auch über einen Vorsitzenden Richter verfügen.[195] Dieser kann zwar in bestimmten Fällen in der Sitzung vertreten werden. Die ständige Besetzung einer Straf-

---

187 BGHSt 3, 353; BGHSt 15, 218.
188 BVerfGE 17, 294; BGHSt 15, 116; BGHSt 10, 179.
189 BGHSt 15, 116.
190 BGHSt 20, 37.
191 BGH NJW 63, 2070.
192 KK/Diemer, § 21e GVG Rn 11.
193 BGHSt 7, 205.
194 KK/Diemer, § 21e GVG m.w.N.
195 BGHSt 28, 290; OLG Hamm StV 98, 6.

kammer ohne Vorsitzenden Richter ist allerdings unzulässig. Andererseits dürfen einem Vorsitzenden Richter allerdings zwei Spruchkörper übertragen werden, wenn nicht von vorneherein feststeht, dass er an der Leitung des einen Spruchkörpers meist oder dauernd verhindert sein wird.[196] Auch die weiteren Richter können gleichzeitig mehreren Spruchkörpern zugeteilt sein.

69 ■ Die Abänderung von Geschäftsverteilungsplänen
Geschäftsverteilungspläne sind keine starre Einrichtung, die nur einmal im Jahr aufgestellt werden dürfen. Vielmehr kann es insbesondere eine Überlastungssituation des Gerichts gebieten, andere Regelungen zu treffen. Allerdings muss hierbei § 21e Abs. 3 GVG beachtet werden. Es gilt der „**Grundsatz der Stetigkeit**".[197]
Gerade die **Änderung des Geschäftsverteilungsplans** ist ein Thema, welches den Verteidiger stets elektrisieren muss. Es ist durchaus denkbar, dass die plötzliche Überlastungssituation des Gerichts weniger durch eine Vielzahl neuer Verfahren hervorgerufen worden ist, sondern möglicherweise nur durch ein besonders umfangreiches Verfahren. Wird gerade im Hinblick auf ein solches Verfahren, welches sich noch im Endstadium des Ermittlungsverfahrens unmittelbar vor Anklageerhebung befindet, eine Änderung des Geschäftsverteilungsplanes vorgenommen, so ist eine kritische Überprüfung der Vorgangsweise durch den Verteidiger nahezu unverzichtbar.
In der Praxis kann es vorkommen, dass Strafkammervorsitzende Anklagen eines bestimmten Schwerpunktbereiches (z.B. mit wirtschaftsstrafrechtlichen Fragestellungen) „horten" und dann zur Abarbeitung in den Hauptverhandlungen vom Präsidium die Zuteilung eines in diesem Bereich erfahrenen Richters anfordern. Eine solche Vorgehensweise ist natürlich hoch problematisch.
Zwar ist bei besonderem Geschäftsanfall, z.B. durch eine umfangreiche Wirtschaftsstrafsache die Neubildung von Spruchkörpern und ihre Besetzung mit fachlich und persönlich besonders geeigneten Richtern als sachgerecht und erforderlich angesehen wird[198] und auch die Änderung der Geschäftsverteilung wegen nur eines Verfahrens als zulässig erachtet wird.[199] Dennoch bedarf es in diesen Fällen nach der Rechtsprechung einer besonders kritischen Überprüfung der Sachgerechtigkeit der Auswahlkriterien. Unzulässig bleibt natürlich immer die spezielle Zuteilung eines Richters zu einem bestimmten Verfahren.
Damit der Verteidiger dies aber überhaupt erfolgreich prüfen kann, ist es für ihn zwingend geboten, nicht nur im Besitz der Geschäftsverteilungspläne der Gerichte zu sein, an denen er verteidigt, sondern auch die **jeweiligen Änderungen** zu verfolgen. Erfreulicherweise wird ihm dies heutzutage bei den meisten Gerichten vereinfacht. Auf entsprechende Anforderung übermitteln Gerichte die entsprechenden Geschäftsverteilungspläne. Darüber hinausgehend können viele Geschäftsverteilungspläne mittlerweile auch über das Internet abgerufen werden.[200]
Eine andere Möglichkeit mit der Überlastung des Gerichts umzugehen, ist Bildung von Hilfsstrafkammern durch die Präsidien der Gerichte. Eine solche Hilfsstrafkammer darf

---

196 BGHSt 2, 21.
197 KK/Diemer, § 21e GVG Rn 14.
198 BGH NJW 76, 60.
199 KK/Diemer, § 21e GVG Rn 14 m.w.N.
200 Vgl. etwa die Website der Berliner Strafverteidiger, www.strafverteidiger-berlin.de.

allerdings nur innerhalb eines bestimmten Zeitraums bestehen und nicht zu einer ständigen Einrichtung werden. Die Bildung einer Hilfsstrafkammer kann nur dann in Betracht kommen, wenn eine begründete Wahrscheinlichkeit dafür besteht, dass sie spätestens bis zum folgenden Geschäftsjahr wieder aufgelöst wird.[201]
Bei der inhaltlichen Gestaltung des Geschäftsverteilungsplanes ist auch der **Konzentrationsgrundsatz** zu beachten.[202] Es dürfen nicht etwa mehrere Schwurgerichtskammern gebildet werden, die gleichzeitig auch mit anderen Sachen befaßt werden.[203]
Eine Aufteilung auf mehrere Schwurgerichtskammern kann nur erfolgen, wenn eine Strafkammer allein nicht dazu in der Lage ist, den Geschäftsanfall zu bewältigen. Auch bei Wirtschaftsstrafkammern wird nach dem Sinn und Zweck dasselbe zu gelten haben. Dies ist allerdings noch offen.[204] Sichergestellt sein muss hingegen, dass Wirtschaftsstrafkammern den Schwerpunkt ihrer Zuständigkeit eindeutig auch bei Wirtschaftsstrafverfahren haben.[205]

■ Die Nichteinhaltung von Geschäftsverteilungsplänen 70
Die vorhergehenden Ausführungen betrafen die Frage, wann der Verteidiger die Rügemöglichkeit der fehlerhaften Besetzung in Fällen hat, in welchen ein Gericht zwar auf der Grundlage eines fehlerhaften Geschäftsverteilungsplans aber dennoch in „richtiger" Anwendung dieses Geschäftsverteilungsplanes befaßt worden ist. Hiervon zu unterscheiden ist die Frage, was gilt, wenn ein Spruchkörper mit einer Sache entgegen einem (richtigen oder fehlerhaften) Geschäftsverteilungsplan befaßt wird. Hierbei geht es also um die **Folgen der Nichteinhaltung des Geschäftsverteilungsplans.**
Weil der Geschäftsverteilungsplan keine Rechtsnorm darstellt, sondern lediglich einen Organisationsakt der gerichtlichen Selbstverwaltung,[206] kann hierauf nicht ohne weiteres die Besetzungsrüge gestützt werden. Lediglich dann, wenn die Abweichung vom Geschäftsverteilungsplan offensichtlich und damit grob fehlerhaft war, soll etwas anderes gelten.[207] Dies soll jedenfalls immer dann der Fall sein, wenn das mit der Sache befaßte Gericht seine Zuständigkeit aufgrund des Geschäftsverteilungsplans willkürlich angenommen hat oder der Rechtsverstoß „klar zutagetritt".[208]
Ein weiterer wichtiger Überprüfungsgesichtspunkt der Verteidigung ist, ob die im 71
Spruchkörper befindlichen **Berufsrichter zu Recht** mit der Sache befaßt sind. Hierbei hat sich der Verteidiger in einem ersten Schritt die Frage zu stellen, warum bestimmte Berufsrichter zur Entscheidung über die Sache bestimmt sind und in einem zweiten Schritt, warum andere Richter fehlen.
Hinsichtlich der befaßten Richter ist zumindest bei Verfahren ab dem Landgericht aufwärts zu klären, ob ein Vorsitzender Richter die Verhandlungen führt. Ist dies der Fall, so werden nur in Ausnahmefällen beanstandungsfähige Fehler vorliegen.[209] Hinsichtlich der beisitzenden Richter ist bei einem überbesetzten Spruchkörper die Frage zu

---

201 BGHSt 33, 303, Danckert/Ignor, a.a.O.
202 KK/Diemer, § 74 GVG Rn 3.
203 BGH NJW 78, 1594.
204 Vgl. Danckert/Ignor, m.w.N., a.a.O.
205 BGHSt 31, 323; BGHSt 34, 379.
206 KK/Kuckein, § 338 StPO Rn 22.
207 KK/Kuckein, a.a.O.
208 Danckert/Ignor, a.a.O.
209 Vgl. beispielhaft hierzu BGH NJW 62, 1570; BGH NJW 67, 1566.

stellen, warum diese zur Entscheidung berufen sind und nicht die anderen, demselben Spruchkörper angehörigen Richter. Die gleiche Frage stellt sich, wenn das Landgericht – wie zumeist – in der nunmehr nach dem Rechtspflegevereinfachungsgesetz möglichen Besetzung gem. § 76 Abs. 2 GVG nur mit Vorsitzendem und einem Berufsrichter urteilt.[210]

Denn in all diesen Fällen ergibt sich aus dem Grundsatz des gesetzlichen Richters, dass der Vorsitzende Richter kein Bestimmungsrecht im Einzelfall darüber hat, welchen beisitzenden Richter aus dem Spruchkörper er zur Verhandlung hinzuzieht. Auch hier muss vielmehr eine abstrakte Regelung vorliegen, die die Mitwirkung der weiteren Richter bestimmt. Ein Besetzungsplan gemäß § 21g Abs. 2 und 3 GVG ist erforderlich. Die Aufstellung des Besetzungsplans ist Aufgabe des Vorsitzenden oder im Verhinderungsfall seines Vertreters. Hierbei steht ihm allerdings ein großer Freiraum zu.[211] Insbesondere kann ihm das Präsidium hierzu keine Vorschriften machen. Soweit der Besetzungsplan die erforderlichen abstrakten Merkmale aufweist, ist er im Regelfall als ausreichend anzusehen. Dies gilt insbesondere in den Fällen, in denen eine Bestimmung der Richterbank nach feststehenden sachlichen Merkmalen, nach bestimmten Sitzungstagen, sogar auch nach speziellen Kenntnissen oder Erfahrungen bestimmter Beisitzer bestimmt sind.[212] Der BGH hat es dabei nicht für erforderlich gehalten, dass der kammerinterne Geschäftsverteilungsplan gem. § 21g GVG die gleiche vorgeplante Geschäftsverteilung enthält wie der Geschäftsverteilungsplan gem. § 21e GVG.[213]

Gegen diese Auffassung ist in der Praxis mit Recht Kritik geübt worden.[214] Dennoch wird nach derzeitigem Stand die Rüge der fehlerhaften Besetzung des Spruchkörpers mit bestimmten Berufsrichtern für den Verteidiger nur dann erfolgreich sein, wenn beanstandet werden kann, dass die Grundsätze des kammerinternen Geschäftsverteilungsplans willkürlich sind oder mißbräuchlich nicht eingehalten worden sind.[215] Dies wird namentlich dann der Fall sein, wenn die Kammer entweder überhaupt keinen Besetzungsplan ausweist oder dieser nicht schriftlich vorliegt. Gleiches mag sicher gelten, wenn der Besetzungsplan überhaupt keine abstrakten Merkmale aufweist oder die Besetzung der Strafkammer entgegen dem eigenen Besetzungsplan erfolgt ist.

72 Genauso wichtig wie die Klärung der Frage, warum bestimmte Richter sich im Spruchkörper befinden, kann für den Verteidiger auch die Frage sein, warum bestimmte Richter sich gerade nicht dort befinden.

Dies beginnt bereits bei der Frage der Verfahrensleitung. Ist ersichtlich, dass kein Vorsitzender Richter das Verfahren führen wird, hat der Verteidiger den Grund zu klären. Dabei hat er zu beachten, dass gem. § 21f GVG jeder Spruchkörper einen ständigen ordentlichen Vorsitzenden haben muss, der in der Regel Vorsitzender Richter auf Lebenszeit zu sein hat.[216] Ein Richter am Landgericht kann niemals zum ständigen

---

210 BGH StV 03, 657 zum insoweit gegebenen Verstoß gegen § 76 Abs. 2 GVG.
211 Dahs/Dahs, Revision Rn 129.
212 KK/Diemer, § 21g GVG Rn 5.
213 BGHSt 21, 250.
214 Schlothauer, StV 93, 147; Müller NJW 74, 656.
215 KK/Diemer, § 21g GVG Rn 7.
216 Dieses gilt allerdings nur für Spruchkörper; die sog. Kleine Strafvollstreckungskammer i.S.d. § 78b GVG gilt nicht als Spruchkörper; vgl. im übrigen oben.

Vorsitzenden einer Strafkammer bestellt werden.[217] Stellt der Verteidiger bei seinen Recherchen fest, dass zwar ein Vorsitzender Richter den Vorsitz im Spruchkörper führt, in seiner Hauptverhandlung allerdings ein anderer Richter vorgesehen ist, hat er sich zu fragen, auf welchem Umstand die Verhinderung des Vorsitzenden beruht. Dabei ist zu beachten, dass ein Spruchkörper dann als nicht vorschriftsgemäß besetzt gilt, wenn es dem Vorsitzenden infolge anderweitiger Inanspruchnahme nicht möglich ist, den Vorsitz in seinem Spruchkörper in einem solchen Umfang wahrzunehmen, dass er einen „richtungsweisenden Einfluss" auf die Rechtsprechung des Spruchkörpers ausüben kann. Der Vorsitzende soll in der Lage dazu sein, mindestens drei Viertel der Vorsitzendenaufgaben selbst wahrzunehmen.[218]

Liegt ein Fall der Verhinderung vor, so hat der Verteidiger zu überprüfen, ob die Reihenfolge der Vertretung gem. § 21f Abs. 2 GVG eingehalten ist. Dabei darf den Vorsitz als Vertreter nur ein Richter führen, der ebenso wie der vertretene Vorsitzende Richter Richter auf Lebenszeit ist. Ungeklärt ist, ob auch ein abgeordneter Richter den Vorsitz führen kann. Dies wird zum Teil zu Recht verneint.[219]

Nicht nur beim Vorsitzenden Richter, sondern auch bei den beisitzenden Richtern ist die Frage der Verhinderung aber häufig nachprüfenswert. Der Begriff der Verhinderung meint hier nur die „vorübergehende Verhinderung" und nicht die „Dauerverhinderung". Eine voraussehbare Dauerverhinderung muss bereits bei der Geschäftsverteilung berücksichtigt werden.[220]

Die Verhinderung eines Richters bedarf der Feststellung, wenn sie nicht offenkundig ist.[221]

Für den Verteidiger kann aber nicht nur die Überprüfung des Spruchkörpers insgesamt und der Berufsrichter lohnenswert sein, sondern gerade das „weite Feld" der **Laienrichter** stellt einen großen Problembereich dar. Umso bedauerlicher ist es, dass zumeist von Verteidigern der Aufwand gescheut wird, sich mit diesem Thema intensiv auseinanderzusetzen.

73

Dabei gilt gerade hier aufgrund der Vielfalt der befaßten Personen, dass eine hohe Fehleranfälligkeit besteht. Gerade dann, wenn kleine Kommunen befaßt sind, kann es gelegentlich angebracht sein, hier genauer hinzuschauen.

Die Eignung zum Schöffenamt bestimmt sich gem. § 32 (Schöffenunfähigkeit), § 33, § 34 (Schöffenungeeignetheit) und § 35 GVG (Ablehnungsmöglichkeiten einer Berufung zum Schöffen). Allerdings führt lediglich die Schöffenunfähigkeit gem. § 32 GVG zur Fehlbesetzung des Gerichts.

Alle vier Jahre wird durch die Gemeinden eine Vorschlagsliste zur Schöffenwahl aufgestellt, die nach entsprechenden Grundsätzen zu erfolgen hat (§ 36 Abs. 1 und Abs. 2 GVG). Nach der Rechtsprechung sollen Verstöße gegen die Art und Weise der Aufstellung der Vorschlagsliste nicht mit der Besetzungsrüge angreifbar sein. Etwas anderes könne allenfalls im Fall der Willkür gelten.[222] Die Schöffenvorschlagsliste ist in der Gemeinde eine Woche lang zu Jedermanns Einsicht aufzulegen und der Zeitpunkt der

---

217 OLG Hamm, StV 98, 6.
218 KK/Diemer, § 21f GVG m.w.N.
219 LR/Schäfer, § 21 GVG Rn 28.
220 BGHSt 25, 239.
221 BGHSt 21, 174.
222 Danckert/Ignor, a.a.O. VII. C. 4.

Auflegung ist vorher öffentlich bekanntzumachen (§ 36 Abs. 3 GVG). Wird hiergegen verstoßen, kann dies (unter engen Voraussetzungen) die Besetzungsrüge begründen.[223] Im Anschluss hieran kommt es zur Schöffenwahl gem. §§ 40 ff. GVG. Diese hat durch einen Schöffenwahlausschuß zu erfolgen, dessen Besetzung im Gesetz geregelt ist. Die fehlerhafte Besetzung des Schöffenwahlausschusses führt allerdings nicht zur Ermöglichung der Besetzungsrüge.[224] Inhaltlich ist bei der Schöffenwahl allerdings zu gewährleisten, dass es sich auch tatsächlich um eine „Wahl" handelt, ohne dass genau bestimmt ist, welche Formen eine solche Wahl haben soll. Kommt es deshalb anstelle einer Wahl zu einem Losverfahren, so ist diese Vorgehensweise auch durch den Verteidiger angreifbar.[225] Unzulässig ist auch die pauschale Übernahme der von anderen Gremien getroffenen Auswahl.[226] Zulässig soll hingegen sein, wenn der Ausschuß lediglich in einer vorbereitenden Handlung die Schöffen auslost und sodann noch förmlich wählt[227] oder wenn durch den Ausschußvorsitzenden jeder zweite Schöffe aus der Vorschlagsliste zur Wahl gestellt wird.[228] Im Übrigen können ansonsten lediglich besonders schwerwiegende und offensichtliche Fehler zur Nichtigkeit der Wahl führen.[229] Die Namen der gewählten Haupt- und Hilfsschöffen werden bei jedem Amtsgericht in gesonderte Verzeichnisse aufgenommen.

Nach der Schöffenwahl kommt es zur Feststellung der Sitzungstage für die Schöffen im Wege der Auslosung (§ 45 GVG). Wesentliche Fehler führen hierbei zur fehlerhaften Besetzung des Gerichts.[230] Hierunter kann etwa die Mißachtung des Öffentlichkeitsgrundsatzes fallen oder aber die Tatsache, dass eine Auslosung im eigentlichen Sinn überhaupt nicht stattgefunden hat.[231]

74 *bb) Formale Voraussetzungen der Besetzungsrüge.* Eine wesentliche Klippe bei der Besetzungsrüge stellen für die Verteidigung neben der Formgebundenheit der Besetzungsrüge auch die zeitlichen Vorgaben dar. Hierbei sind mehrere Gesichtspunkte zu beachten:

Grundsätzlich kann gegenüber jedem Gericht der Besetzungseinwand erhoben werden. Soll der Besetzungseinwand entweder hinsichtlich der Besetzung des Amtsgerichts erhoben werden oder sollen persönliche Mängel bei einem Richter geltend gemacht werden (z.B. Unfähigkeit zum Schöffenamt,[232] tauber oder stummer Richter), so unterliegt die Besetzungsrüge keinen besonderen Formvorschriften.

Soll die Besetzungsrüge hingegen im landgerichtlichen Verfahren oder höheren Verfahren geltend gemacht werden, so sind die Vorschriften der §§ 222 a, 222b i.V.m. § 338 Abs. 1 StPO zu beachten.

In zeitlicher Hinsicht ist die drohende Präklusion zu beachten. Der Einwand der vorschriftswidrigen Besetzung kann nur bis zum Beginn der Vernehmung des ersten An-

223 KK/Kissel, § 37 GVG Rn 8; vgl. auch BayObLG StV 98, 8 mit abl. Anm. Bockemühl; BGH StV 01, 156.
224 BGHSt 26, 206.
225 BGHSt 33, 41 („Frankfurter Schöffenroulette").
226 BGHSt 35, 190.
227 BGHSt 33, 261.
228 BGH NJW 86, 1358.
229 BGH StV 03, 607 f. zum Fall der fehlenden Vereidigung eines Schöffen.
230 BGH StV 83, 446.
231 BGH NStZ 84, 274.
232 Vgl. oben und BGHSt 35, 28.

geklagten zur Sache in der Hauptverhandlung geltend gemacht werden, wenn die Besetzung des Gerichts nach § 222a StPO mitgeteilt worden ist (§ 222b StPO).[233] Diese Präklusion gilt allerdings dann nicht, wenn die Mitteilung nicht erfolgt ist oder später als eine Woche vor Beginn der Hauptverhandlung zugegangen ist. In diesen Fällen hat der Verteidiger spätestens bis zum Beginn der Vernehmung des ersten Angeklagten den Antrag zu stellen, die Hauptverhandlung zur Prüfung der Besetzung zu unterbrechen (§ 222a Abs. 2 StPO). Erfolgt nicht wenigstens dieser Antrag durch den Verteidiger, ist er wiederum präkludiert. Nach der Rechtsprechung werden allerdings Ausnahmen von der Präklusion anerkannt, wobei maßgebliches Kriterium die objektive Erkennbarkeit des Mangels sein soll.[234] War zum Zeitpunkt der vorgesehenen Präklusion der Besetzungsfehler objektiv erkennbar oder hätte erkannt werden können, so soll dies zum Rügeverlust führen, wobei aber restriktiverweise davon ausgegangen wird, dass der Fehler nicht offensichtlich sein muss.[235]

War der Fehler jedoch objektiv nicht erkennbar, so soll dies nach allerdings bestrittener Auffassung[236] nicht zum Rügeverlust führen. Hierbei sind insbesondere vier Fallgruppen angenommen worden. So soll eine Präklusionswirkung nicht eintreten, wenn 75

- das Tatgericht die erforderliche Mitteilung entweder insgesamt unterlassen hat oder unrichtig oder unvollständig erteilt hat, oder
- entweder der Besetzungseinwand selbst erfolglos geblieben ist, oder
- das Tatgericht sich geweigert hat, die Hauptverhandlung gem. § 222a Abs. 2 StPO zur Prüfung der Besetzung zu unterbrechen, oder
- das Tatgericht zwar die Vorschriftswidrigkeit seiner Besetzung festgestellt hat, dennoch aber in derselben Besetzung weiterverhandelt und entschieden hat.[237]

Neben den zeitlichen Grenzen der Besetzungsrüge muss der Verteidiger auch besonderen Wert auf die Einhaltung der Form legen. Dabei ist bei Erhebung der Besetzungsrüge in der Hauptverhandlung zwar nicht die Schriftform erforderlich – der Einwand ist als wesentliche Förmlichkeit gem. § 273 StPO zu protokollieren – es empfiehlt sich zur Sicherheit aber die schriftliche Abfassung.[238] Denn inhaltlich muss der Verteidiger in jedem Fall gewährleisten, dass die erhobene Besetzungsrüge alle Tatsachen, die die vorschriftswidrige Besetzung belegen sollen, enthält. Alles muss gleichzeitig und vollständig vorgetragen werden, eine Bezugnahme auf Vorgänge außerhalb der Besetzungsrüge ist nicht zulässig.[239] 76

▶ **Formular** 77
(Unterbrechungsantrag gemäß § 222a Abs. 2 StPO)

Landgericht München
Adresse

---

233 BGH StV 03, 607 f.
234 KK/Kuckein, § 338 StPO Rn 10.
235 BGH NStZ 96, 48; BGH StV 97, 59.
236 A.A. Meyer-Goßner, § 338 StPO Rn 16.
237 Vgl. KK/Kuckein, § 338 StPO Rn 11 ff.
238 Vgl. hierzu auch die Ausführungen zum grundsätzlichen Erfordernis schriftlicher Anträge durch den Verteidiger in der Hauptverhandlung bei § 14 Rn 8.
239 Malek, Verteidigung in der Hauptverhandlung Rn 84.

Az.: ....

M e i e r , Herrmann
wegen Verdachts des Betruges

Sehr geehrter Herr Vorsitzender Richter Müller,

vorsorglich mache ich zu der am Donnerstag dieser Woche gegen Herrn Meier beginnenden Hauptverhandlung darauf aufmerksam, dass der Verteidigung bis zum heutigen Tag nicht die Besetzung des Gerichts gem. § 222a StPO mitgeteilt worden ist. Die Verteidigung macht deshalb zur weiteren Planung der Hauptverhandlung darauf aufmerksam, dass sie, weil sie eine Überprüfung der Besetzung lauf ihre Richtigkeit hin beabsichtigt, in der Hauptverhandlung einen Unterbrechungsantrag gem. § 222a Abs. 2 StPO stellen wird.

Mit freundlichen Grüßen

Rechtsanwalt◄

78 ► **Formularmuster**
(Unterbrechungsantrag)

Landgericht München
Adresse

Az.: ....

M e i e r , Herrmann
wegen Verdachts des Betruges

In dieser Sache stelle ich den

A n t r a g ,

die Hauptverhandlung zur Prüfung der Besetzung gem. § 222a Abs. 2 StPO zu unterbrechen.

B E G R Ü N D U N G :

Dem Verteidiger ist erst gestern, also einen Tag vor Beginn der Hauptverhandlung, mitgeteilt worden, dass sich hinsichtlich der Besetzung des Gerichts eine Besetzungsänderung ergeben hat.

Wegen der notwendigen umfangreichen Recherchen hinsichtlich der Gerichtsbesetzung bitte ich die Dauer der Unterbrechung auf mindestens eine Woche festzulegen. Hierbei bitte ich zu beachten, dass der Antragsberechtigte ein Recht darauf hat, die Gerichtsbesetzung in jeder Hinsicht umfassend zu prüfen (BGH NStZ 1988, S. 36).

Rechtsanwalt ◄

▶ **Formularmuster**   79
  (2. Unterbrechungsantrag)

Landgericht München
Adresse

Az.: ....
M e i e r , Herrmann
wegen Verdachts des Betruges

In dieser Sache stelle ich den

A n t r a g ,

die Unterbrechung der Hauptverhandlung zur Überprüfung der Gerichtsbesetzung
um drei Tage zu verlängern.

BEGRÜNDUNG:

Das Landgericht München hat auf Antrag der Verteidigung gem. § 222a Abs. 2 StPO
zur Überprüfung des Gerichts eine Unterbrechung der Hauptverhandlung für eine
Woche beschlossen. Im Rahmen der Recherchen hinsichtlich der richtigen Besetzung des Gerichts hat sich nun ergeben, dass umfangreiche Präsidialbeschlüsse
vorliegen, die durchgearbeitet werden müssen. Dies ist in der vorgesehenen Unter-
brechungszeit nicht möglich. Eine Verlängerung der Unterbrechung ist daher
angezeigt. Die Verlängerung der Unterbrechung durch weiteren Gerichtsbeschluß
ist jederzeit zulässig.
(KK-Tolksdorf, § 222a StPO Rn 12 m.w.N).
Rechtsanwalt ◄

▶ **Formularmuster**   80
  (Besetzungseinwand)

Landgericht München
Adresse

Az.: ....
M e i e r , Herrmann
wegen Verdachts des Betruges

In dieser Sache rüge ich gem. § 222b StPO die vorschriftswidrige Besetzung des
Gerichts hinsichtlich des in der Hauptverhandlung als Vorsitzenden Richter vorgesehenen Richter, Richter am Landgericht Huber.

BEGRÜNDUNG:

Mit seiner Besetzungsmitteilung vom 12.10.2000 hat das Landgericht München I
mitgeteilt, dass Herr Richter am Landgericht München I Huber als Vorsitzender
Richter die Verhandlung gegen Herrn Meier führen wird.

Im Geschäftsverteilungsplan des Landgerichts München I für das Jahr .... heißt es auf S .20:[240]

„8. Strafkammer: Richter am Landgericht Huber, Richter am Landgericht Maier, Richter am Landgericht Schulze, Richter am Landgericht Franz"

Eine solche Geschäftsverteilung ist unzulässig. Ein Richter am Landgericht kann niemals zum ständigen Vorsitzenden einer Strafkammer bestellt werden (OLG Hamm, StV 98, S. 6).

Diese Geschäftsverteilung führt deshalb zur fehlerhaften Besetzung des Gerichts.

Rechtsanwalt ◄

81 ► **Checkliste**
(Zur Besetzungsüberprüfung hinsichtlich der Laienrichter)

1. Eignung zum Schöffenamt gem. § 32 GVG (Schöffenunfähigkeit)
2. Vorschlagslisten der Gemeinden (§ 36 Abs. 1 und Abs. 2 GVG; nur Willkür angreifbar)
3. Auflegungsfristen der Gemeinde und Bekanntmachung gem. § 36 Abs. 3 GVG
4. Einhaltung der Schöffen**wahl** gem. § 40 GVG
5. Auslosung der Sitzungstage unter Beachtung der Verfahrensvorschriften gem. § 45 GVG ◄

82 ► **Frühzeitige Organisation des Verteidigers und entsprechende vorgreifliche Anträge:**

1. Organisation des Geschäftsverteilungsplans des zuständigen Gerichts durch
   ■ Antrag auf Übermittlung des gültigen Geschäftsverteilungsplans an den zuständigen Gerichtspräsidenten (§ 21e Abs. 8 Abs. 8 GVG)
   ■ Recherche im Internet
2. Organisation der zum Geschäftsverteilungsplan ergangenen Präsidialbeschlüsse durch
   ■ Antrag an den Gerichtspräsidenten
3. Organisation der Schöffenwahlunterlagen durch
   ■ Antrag an das zuständige Gericht
   ■ Antrag an die Gemeindevertretungen, soweit sich Unterlagen nicht beim Landgericht befinden
4. Organisation der Unterlagen zur Schöffenauslosung durch
   ■ Antrag an das Landgericht. ◄

c) Der Befangenheitsantrag

83   Neben Fehlern bei der Zuständigkeit und der Besetzung des Gerichts können auch in der Person des Richters liegende persönliche Gründe ausschlaggebender Faktor sein, die zu einer Veränderung des gesetzlichen Richters führen können. Neben gesetzlichen Ausschlußgründen der §§ 22, 23 StPO besteht zusätzlich insbesondere die Möglichkeit, einen Richter wegen Besorgnis der Befangenheit abzulehnen, wenn ein Grund vorliegt,

---

240   Es empfiehlt sich, den entsprechenden Passus aus dem Geschäftsverteilungsplan wörtlich abzuschreiben.

der geeignet ist, Mißtrauen gegen seine Unparteilichkeit zu rechtfertigen (§ 24 Abs. 1, 2 StPO). Antragsberechtigt für Ausschließung und Ablehnung ist dabei sowohl der Richter selbst über die Selbstanzeige (§ 30 StPO) als auch der Staatsanwalt, Privatkläger sowie der Beschuldigte (§ 24 Abs. 3 StPO). Zu beachten ist, dass der anwaltliche Vertreter hingegen kein eigenes Antragsrecht hat. Bei der Frage der Änderung des gesetzlichen Richters in diesem Verfahrensabschnitt besteht für den Verteidiger die besondere Schwierigkeit darin, dass sich die Besorgnis der Befangenheit aus einer vor der Hauptverhandlung liegenden Tätigkeit des abgelehnten Richters herleiten muss und die verfahrensrechtliche Formstrenge nicht übersehen werden darf.[241]

aa) Der Ablehnungsgrund der Befangenheit. Unter Befangenheit ist die innere Haltung eines Richters zu verstehen, die seine erforderliche Neutralität, Distanz und Unparteilichkeit gegenüber den Verfahrensbeteiligten störend beeinflussen kann.[242] Zu beachten ist allerdings, dass der Ablehnungsgrund des § 24 Abs. 2 StPO nicht die Befangenheit voraussetzt, sondern bereits die Besorgnis der Befangenheit ausreichend ist. Eine Besorgnis der Befangenheit besteht, wenn ein am Verfahren Beteiligter bei vernünftiger Würdigung aller Umstände Anlass hat, an der Unvoreingenommenheit des Richters zu zweifeln.[243] Dabei ist ein sog. „individuell objektiver" Maßstab anzulegen.[244] Die Frage der Besorgnis der Befangenheit ist nicht aus der subjektiven Sicht des Ablehnenden zu beurteilen, sondern Maßstab ist vielmehr, ob der Beschuldigte aufgrund des ihm bekannten Sachverhalts bei verständiger Würdigung der Sache Grund zu der Annahme hat, der abgelehnte Richter nehme ihm gegenüber eine innere Haltung ein, die die erforderliche Unparteilichkeit und Unvoreingenommenheit störend beeinflussen könnte. Maßstab ist deshalb der sog. „vernünftige Angeklagte".[245]
Wie problematisch die Beurteilung der Besorgnis der Befangenheit sein kann, zeigt sich gerade bei der hier zu besprechenden Frage des Ableitens eines Befangenheitsgrundes aus einer Verhaltensweise des Richters vor Beginn der Hauptverhandlung. Denn in diesen Fällen kann sich ein Ablehnungsgrund grundsätzlich nur entweder aus einer allgemeinen Verhaltensweise oder Äußerungen des Richters vor der Hauptverhandlung oder aus einer Vortätigkeit in der Sache ergeben.[246]

■ Vortätigkeiten in der Sache **85**
Im Gegensatz zu anderen Strafrechtsverfahrenssystemen kennt das deutsche Strafverfahren leider nicht die strikte Trennung der Zuständigkeit des Richters für Entscheidungen in der Hauptverhandlung und Vorentscheidungen. Bereits daraus ergibt sich aber, dass die schlichte Vorbefassung eines Richters mit dem Fall vor der Hauptverhandlung nicht die Besorgnis der Befangenheit begründen kann (darf), weil ansonsten

84

---

241 Zu Befangenheitsanträgen im Laufe der Hauptverhandlung und gegenüber anderen Verfahrensbeteiligten vgl. weiter unten bei § 20.
242 BGHSt 1, 34; BVerfGE 21, 139.
243 BVerfG NJW 95, 1277; BVerfGE 88, 1.
244 KK/Pfeifer, § 24 StPO Rn 3.
245 BGHSt 21, 334.
246 Weitere Möglichkeiten sind kaum vorstellbar. Insbesondere kann richtigerweise das eigene Verhalten des Ablehnenden oder dritter Personen (z.B. Verteidiger) nicht zu einem Ablehnungsgrund führen, weil es sonst der Ablehnende durch seine Verhaltensweise selbst in der Hand hätte, einen Ablehnungsgrund zu schaffen.

das gesamte System zusammenbrechen würde. Soll dementsprechend aus einer Vortätigkeit des Richters die Besorgnis der Befangenheit hergeleitet werden, so bedarf es über die reine Vortätigkeit des Richters hinausgehender besonderer Umstände.

So vermag weder die Mitwirkung eines Richters am Eröffnungsbeschluß für das Hauptverfahren oder die Beteiligung an einer Haftfortdauerentscheidung die Besorgnis der Befangenheit zu begründen.[247] Auch die grundsätzliche Befassung im Rahmen eines anderen Straf- oder sogar Zivilverfahrens mit dem Sachverhalt (z.B. bei einem abgetrennten Verfahren gegen einen Mitbeschuldigten) ist hinzunehmen.[248]

Besonders problematisch ist, dass dies auch dann gilt, wenn ein Richter an einer früheren, vom Rechtsmittelgericht aufgehobenen Entscheidung mitgewirkt hat. Derselbe Richter kann deshalb zweimal in derselben Sache urteilen.[249]

Wenn man sich vor Augen hält, wie schwer es den meisten Menschen fällt, von einer einmal gefällten Entscheidung abzurücken, so kann man nur staunend vor dem idealistischen Menschenbild stehen, welches sich das deutsche Strafverfahrenssystem auf der Suche nach einem gerechten Urteil glaubt, leisten zu können.

Etwas anderes soll allerdings dann gelten, wenn zur Vorbefassung des Richters noch weitere Umstände hinzutreten. So ist eine Besorgnis der Befangenheit dann anerkannt worden, wenn ein Richter bei seiner Vortätigkeit eine völlig unhaltbare Rechtsansicht vertreten hat oder sonst den Anschein der Willkür gesetzt hat.[250] Voraussetzung hierbei ist allerdings, dass im Ablehnungsgesuch die behauptete Willkür schlüssig dargelegt wird.[251]

Nachdem die Begründung willkürlicher richterlicher Handlungen oder völlig abwegigen Agierens auch im gegenwärtigen Verfahren eine Besorgnis der Befangenheit zu begründen vermag, lässt sich damit sagen, dass die Vortätigkeit des Richters an sich nur dann eine Besorgnis der Befangenheit begründet, wenn aus ihr Indizien herausgelesen werden können, die nah an eine rechtsfeindliche Gesinnung kommen. Es bedarf keiner weiteren Ausführungen, dass dies nur äußerst selten der Fall sein wird.

86 ■ Verhaltensweise des Richters

Darüber hinausgehend kann auch aus der Verhaltensweise des Richters vor der Hauptverhandlung die Besorgnis der Befangenheit hergeleitet werden.[252] Weil hierzu jedoch nichts anderes gilt, als hinsichtlich von Verhaltensweisen während der Hauptverhandlung, kann auf die Ausführungen diesbezüglich verwiesen werden.[253]

87 *bb) Verfahren.* Hinsichtlich des notwendigen Inhalts des Ablehnungsantrags ist ebenso auf die Ausführungen zum Befangenheitsantrag während der Hauptverhandlung zu verweisen.[254] Bezüglich des Ablehnungszeitpunktes ist jedoch § 25 Abs. 1

---

247 BVerfG NJW 71, 1029.
248 BGHSt 41, 348.
249 § 23 Abs. 1 StPO verbietet nur die Mitwirkung an Rechtsmittelentscheidungen.
250 BGH NJW 84, 1907, BGH NJW 90, 1373.
251 OLG Düsseldorf, NStZ-RR 97, 175.
252 AG Hameln StV 04, 127 im Zusammenhang mit der Übergehung des ausdrücklichen und wiederholten Wunsches auf Pflichtverteidigerbestellung i.S.d. § 141 StPO.
253 Zu Befangenheitsanträge im Laufe der Hauptverhandlung und gegenüber anderen Verfahrensbeteiligten vgl. weiter unten bei § 20.
254 Siehe hierzu unten § 20.

StPO zu beachten. Letzter Zeitpunkt für die Geltendmachung bis zum Beginn der Hauptverhandlung bekannter Ablehnungsgründe ist der Beginn der Vernehmung des ersten Angeklagten über seine persönlichen Verhältnisse i.S.d. § 243 Abs. 2 S. 2 StPO.[255] Mit dem Antrag müssen alle zur Zeit der Ablehnung bekannten Gründe gleichzeitig vorgebracht werden.

cc) Formularmuster   88

▶ **Ablehnungsantrag**

Amtsgericht München
80097 München

Az.:..............................
M e i e r , Herrmann
wegen Verd. d. uneidlichen Falschaussage

Befangenheitsantrag:

Namens und im Auftrag von Herrn Meier lehne ich Herrn Richter am Amtsgericht Müller wegen Besorgnis der Befangenheit ab.

Begründung:

1. Der für das Verfahren gegen Herrn Meier zuständige Richter am Amtsgericht Müller war ebenfalls zuständig für das Verfahren gegen Frau Bärbel Huber, welches beim Amtsgericht unter dem Aktenzeichen .... geführt wurde.
In dem Verfahren gegen Frau Huber ging es um den gegen diese erhobenen Vorwurf des unerlaubten Entfernens vom Unfallort. In der seinerzeitigen Hauptverhandlung wurde unter anderem Herr Meier als Zeuge gehört. Auf Grund der Aussage von Herrn Meier leitete die Staatsanwaltschaft ein Ermittlungsverfahren gegen Herrn Meier wegen Verdachts der Falschaussage ein (Bl. 9 d. A.).
In dem in der Akte befindlichen schriftlichen Urteil des Amtsgerichts gegen Frau Huber hat der abgelehnte Richter als Strafrichter die Zeugenaussage von Herrn Meier wie folgt gewürdigt:[256]
„Die Aussage des Zeugen Meier, die den Angaben der Zeugen Hase, Fuchs und Igel entgegenstand, war nach Überzeugung des Gerichts eine Falschaussage. Der Zeuge Meier muss nach Ansicht des Gerichts die Unterredung des Angeklagten und dem Zeugen Hase im Auto mitbekommen haben. Wenn der Zeuge Meier in der Hauptverhandlung angab, es sei keine Person an das Auto herangetreten und habe mit der Angeklagten gesprochen, während er im Auto gesessen habe, so konnte es sich hierbei nach der Überzeugung des Gerichts nur um eine bewusste Falschaussage handeln, die die Angeklagte entlasten sollte." (S. 7 des Urteils des AG München vom 07.10.1999)

---

255 Im Berufungs- und Revisionsverfahren der Beginn des Vortrags der Berichterstatters, §§ 324 Abs. 1, 321 Abs. 1 StPO.
256 Hier ist ggf. das genaue Zitat wiederzugeben.

Im vorliegenden Verfahren erging auf Antrag der Staatsanwaltschaft Strafbefehl gegen Herrn Meier, über den auf Grund eingelegten Einspruchs jetzt in der Hauptverhandlung zu entscheiden ist. Zuständig hierfür wird Herr Richter am Amtsgericht Müller sein.

2. Der vorgetragene Sachverhalt begründet aus der Sicht eines verständigen Beschuldigten die Besorgnis der Befangenheit gegenüber dem abgelehnten Richter. Zwar kann grundsätzlich die rechtliche Vorbefassung eines Richters mit einer Angelegenheit nicht zur Besorgnis der Befangenheit führen. Dies gilt aber dann nicht, wenn die Beteiligung des Richters an dem anderen Verfahren in einem besonders engen Zusammenhang zu dem jetzt zu entscheidenden Verfahren steht. So ist anerkannt, dass ein Richter, der in einem Vorprozess einen Zeugen wegen Unglaubwürdigkeit nicht vereidigt hat, das Berufungsgericht aber die Vereidigung anordnet, in einem nachfolgenden Meineidsprozess befangen ist. Ebenso ist ein Richter, wenn er als Richter des Vorprozesses den Angeklagten wegen Prozessbetrugs oder einen Zeugen wegen Meineides angezeigt hat, in dem durch die Anzeige ausgelösten Strafverfahren stets als befangen anzusehen (LR/Wendisch § 24 Rn.34 m.w.N.).

So verhält es sich aber hier. Zwar hat der abgelehnte Richter in dem Verfahren gegen Frau Huber Herrn Meier nicht unmittelbar wegen Verdachts der Falschaussage angezeigt. Es ist jedoch zu besorgen, dass er sich bereits in seiner Entscheidung festgelegt hat. Denn mit der oben wiedergegebenen Urteilswendung ist durch den abgelehnten Richter nicht nur erklärt worden, dass der Zeugenaussage von Herrn Meier nicht gefolgt wird, sondern darüber hinausgehend wurde zusätzlich festgestellt, dass es sich bei dieser Aussage **„nur um eine bewusste Falschaussage"** handeln kann die mit dem Motiv erfolgte, Frau Huber zu entlasten. Bei dieser Sachlage ist aber ein Grund gegeben, der aus der Sicht von Herrn Meier geeignet ist, das Mißtrauen gegen die Unparteilichkeit eines Richter im Sinne von § 24 Abs. 2 StPO zu rechtfertigen. Es kommt nicht darauf an, ob der abgelehnte Richter tatsächlich befangen ist. Ausreichend ist vielmehr, dass auf Grund des dargelegten Sachverhalts die Besorgnis der Befangenheit besteht.

3. Zur Glaubhaftmachung des oben vorgetragenen Sachverhalts beziehe ich mich auf die dienstliche Erklärung des abgelehnten Richters. Weiterhin versichere ich mit meiner Unterschrift unter diesen Schriftsatz den vorgetragenen Sachverhalt zugleich anwaltlich.

Weiterhin **beantrage** ich, mir vor einer Entscheidung über den Ablehnungsantrag die dienstliche Erklärung des abgelehnten Richters zur Kenntnis zu bringen.

Rechtsanwalt◄

3. Anträge zur Abwesenheit des Angeklagten in der Hauptverhandlung

a) Die grundsätzliche Anwesenheitspflicht des Angeklagten und Maßnahmen zur Durchsetzung

89 Aus § 230 Abs. 1 StPO ergibt sich die Pflicht des Angeklagten zur Anwesenheit während der gesamten Dauer der Hauptverhandlung, also vom Aufruf der Sache bis zur Urteilsverkündung inklusive der Ortsbesichtigungen.[257] § 231 Abs. 1 StPO besagt, dass

---

257 BGHSt 25, 317, 318.

sich der Angeklagte nicht aus der Verhandlung entfernen darf. Die Anwesenheitspflicht ist Ausdruck des Rechtsstaatsprinzips und soll dem Gericht zudem insbesondere ermöglichen, sich einen unmittelbaren Eindruck von der Person des Angeklagten, seinem Auftreten und seinen Erklärungen zu machen. Dies dient der Erforschung des wahren Sachverhalts.[258]

Dem Ausbleiben des Angeklagten steht die Verhandlungsunfähigkeit gleich, denn allein die körperliche Anwesenheit kann natürlich nicht ausreichend sein.[259] Bestehen Zweifel an der Verhandlungsfähigkeit, darf – außer in den normierten Ausnahmefällen – die Hauptverhandlung nicht stattfinden.[260] Finden dennoch wesentliche Teile der Hauptverhandlung statt, so ist der absolute Revisionsgrund des § 338 Nr. 5 StPO gegeben, wenn der betroffene Teil der Hauptverhandlung nicht wiederholt wird.[261] Ist der Angeklagte beschränkt verhandlungsfähig, muss die Verhandlung darauf abgestimmt werden.[262]

Ist der Angeklagte trotz einer ordnungsgemäßen Ladung[263] unentschuldigt abwesend, muss das Gericht gemäß § 230 Abs. 2 StPO die Vorführung anordnen oder einen Haftbefehl erlassen.[264] Unentschuldigt ist der Angeklagte, wenn weder er selbst noch sein Verteidiger oder ein anderer für ihn eine genügende Entschuldigung vorgebracht hat und auch sonst keine Entschuldigungsgründe bekannt sind. Dabei kommt es nicht darauf an, ob sich der Angeklagte entschuldigt hat, sondern nur darauf, ob er entschuldigt ist.[265] Entscheidend ist, ob dem Angeklagten unter Abwägung aller Umstände wegen seines Fehlens ein Vorwurf gemacht werden kann.[266] Dies hat das Gericht im Freibeweisverfahren[267] zu klären.

Krankheit kann zum Vorliegen eines Entschuldigungsgrundes führen, soweit sie nach Art und Auswirkung eine Beteiligung an der Hauptverhandlung unmöglich macht.[268] Der Verteidiger sollte aber beachten, dass eine bloße Arbeitsunfähigkeitsbescheinigung vom Gericht regelmäßig nicht akzeptiert werden wird[269] und deshalb weitere Nachprüfungen durch das Gericht zu erwarten sind. Er sollte sich daher darum bemühen, ein inhaltlich möglichst aussagekräftiges Attest vorlegen zu können, um ggf. die Anordnung einer amtsärztlichen Untersuchung zu vermeiden.

Zu beachten ist auch, dass die Nichteinhaltung der Ladungsfrist gem. § 217 StPO keineswegs zu einem entschuldigten Ausbleiben in der Hauptverhandlung führt. Der Angeklagte bleibt vielmehr zum Erscheinen verpflichtet. Ihm steht lediglich das Recht zu, gemäß § 217 Abs. 2 StPO die Aussetzung der Verhandlung zu verlangen. Die Anwendung von Zwangsmitteln gegen einen in diesem Fall ausgebliebenen Angeklagten wäre allerdings unzulässig, weil unverhältnismäßig. Darüber hinausgehend wäre es auch

---

258 BGHSt 26, 84, 90; Beulke, Rn 382.
259 BGHSt 23, 331, 334.
260 BGH NStZ 84, 520, 521.
261 BGH StV 03, 649.
262 KK/Tolksdorf § 230 Rn 3.
263 OLG Karlsruhe MDR 80, 868.
264 Vgl. auch Ausführungen unter § 8 Rn 3.
265 Meyer-Goßner, § 230 Rn 16.
266 KK/Tolksdorf, § 230 Rn 10.
267 Zum Freibeweisverfahren vgl. näher § 17 Rn 2.
268 OLG Düsseldorf NStZ 84, 331.
269 So auch Schellenberg, Die Hauptverhandlung im Strafverfahren, S. 69.

seltsam, in diesen Fällen einen Angeklagten zwangsweise der Hauptverhandlung zuzuführen, damit er kurz darauf nach entsprechender Belehrung gleich die Aussetzung der Hauptverhandlung beantragt.[270]

90 Zur Anwendung von Zwangsmitteln ist das Gericht hingegen verpflichtet, wenn anders das Verfahren nicht durchgeführt werden kann.[271] Dabei muss jedoch der bereits angesprochene Grundsatz der Verhältnismäßigkeit gewahrt bleiben.[272] Daher muss als weniger eingreifende Maßnahme zunächst die Vorführung angeordnet werden, wenn mit ihr das Ziel erreicht werden kann.[273] Die in der Praxis leider nicht selten zu beobachtende Handhabung, dass gegen den ausgebliebenen Angeklagten ohne weiteres ein Haftbefehl beantragt und erlassen wird, ist deshalb schlicht rechtswidrig.

Ergeht ein Haftbefehl, ist dieser in zeitlicher Hinsicht am Übermaßverbot auszurichten. Die Hauptverhandlung muss in angemessener Zeit nach der Ergreifung durchgeführt werden.[274] Zuständig für die Entscheidung ist wegen der Bedeutung des Eingriffs das erkennende Gericht, also auch die Schöffen.[275] Gegen den Vorführungs- und Haftbefehl ist die Beschwerde zulässig. Die weitere Beschwerde nach § 310 Abs. 1 StPO ist nur gegen den Haftbefehl möglich.[276] Der Verteidiger sollte aber auch bedenken, dass § 116 StPO entsprechend anwendbar ist.[277] Es ist also auch möglich, den Haftbefehl nach § 230 Abs. 2 StPO gegen entsprechende Maßnahmen außer Vollzug zu setzen. Ob derartige Verteidigerbemühungen allerdings erfolgversprechend sind, hängt häufig wiederum sehr stark von den Usancen des zuständigen Gerichts ab. Gerade bei einem Haftbefehl nach § 230 StPO wird die Bereitschaft des zuständigen Gerichts zur Außervollzugsetzung oftmals gering sein. Mehr Erfolg verspricht dann für den Verteidiger die Bemühung, eine schnelle, möglicherweise vorgezogene Terminierung der Hauptverhandlung zu erreichen. Weil der Haftbefehl gem. § 230 StPO nur der Sicherung der Weiterführung und Beendigung des Strafverfahrens dient, wird er mit dem Abschluss der Hauptverhandlung gegenstandslos.[278]

Genügt der Haftbefehl nicht den Anforderungen des § 114 Abs. 2 StPO, kann er aufgehoben werden.

Ist der Angeklagte nicht erschienen, kann die Staatsanwaltschaft bei einem Verfahren vor dem Strafrichter oder dem Schöffengericht auch nach § 408a StPO vorgehen. Nach dem Justizmodernisierungsgesetz vom 01.07.2004 kann die Staatsanwaltschaft gemäß § 408a Abs. 1 Satz 2 StPO n.F. auch mit Hilfe eines bloß mündlichen Antrages einen Strafbefehl erwirken.[279] Dies setzt aber voraus, dass das Hauptverfahren nur wegen eines Vergehens eröffnet ist und die Staatsanwaltschaft (§ 407 Abs. 1 S. 2 StPO) eine Hauptverhandlung nicht mehr für erforderlich erachtet. Ein solcher Antrag, den das

---

270 So zu Recht Schellenberg, a.a.O., S. 68.
271 Meyer-Goßner, § 230 Rn 18.
272 Welp JR 91, 269.
273 BVerfGE 32, 87; OLG Düsseldorf NStZ 90, 295, 296.
274 BVerfGE 32, 87, 94.
275 OLG Bremen MDR 60, 244, 245; KK/Tolksdorf, § 230 Rn 17.
276 Meyer-Goßner, § 230 Rn 25.
277 Berlin KG GA 72, 127.
278 OLG Karlsruhe MDR 80, 868, OLG Saarbrücken, NJW 75, 791.
279 JuMoG in BR Drucksache 04, 537/04, 17. Gemäß § 418 Abs. 3 StPO n.F. gilt dies aufgrund des JuMoG auch künftig im beschleunigten Verfahren gem. §§ 417 ff. StPO.

Gericht und der Angeklagte und sein Verteidiger anregen können,[280] kann auch noch in der Hauptverhandlung gestellt werden.[281] Gemäß §§ 408a II, 408 Abs. 3 S. 1 StPO muss das Gericht dem Antrag entsprechen, wenn dem Erlass des Strafbefehls keine Bedenken entgegenstehen. Das weitere Verfahren richtet sich dann nach §§ 409–412 StPO.

b) Ausnahmen der Anwesenheitspflicht

Von dem Grundsatz der notwendigen Anwesenheit des Angeklagten existieren allerdings zahlreiche Ausnahmen. Die StPO sieht Fälle vor, bei denen auf die **Anwesenheit** des Angeklagten **gänzlich verzichtet** werden kann (§§ 231 a, 232, 233, 329, 350 StPO, 50 Abs. 1 JGG) und Fälle, bei denen in **zeitweiliger Abwesenheit** des Angeklagten verhandelt wird (§§ 231 II, 231 b, 231 c, 247 StPO, § 51 JGG). Außer in den vom Gesetz vorgesehenen Fällen darf die Verhandlung jedoch nicht in Abwesenheit des Angeklagten stattfinden. Es ist daher unzulässig, den Angeklagten im allgemeinen Einverständnis aus dem Sitzungssaal zu entlassen.[282] Auch kann der Angeklagte selbst nicht wirksam auf seine Anwesenheit verzichten.[283]

aa) Vollständiger Verzicht auf die Anwesenheit des Angeklagten. In einigen Fällen kann auf die Anwesenheit des Angeklagten während der gesamten Hauptverhandlung verzichtet werden.

§ 231a StPO gestattet die Verhandlung in Abwesenheit des Angeklagten auch schon vor seiner Vernehmung. Voraussetzung ist, dass dieser sich vorsätzlich und schuldhaft in einen seine Verhandlungsfähigkeit ausschließenden Zustand versetzt hat und er dadurch wissentlich die ordnungsgemäße Durchführung oder Fortsetzung der Hauptverhandlung verhindert. Die Vorschrift ist auch anwendbar, wenn der Angeklagte eine zur Beseitigung seiner Verhandlungsunfähigkeit notwendige medizinische Behandlung nicht in Anspruch nimmt, sofern ihm dieses Verhalten als Verschulden anzurechnen ist, d.h. ihm die Durchführung der Behandlung zugemutet werden kann.[284] Gemäß § 231a Abs. 3 S. 3 HS 1 StPO ist gegen den Beschluß, der die Verhandlung ohne den Angeklagten anordnet, die sofortige Beschwerde statthaft. Beschwerdeberechtigt sind die Staatsanwaltschaft, der Angeklagte, sein Verteidiger und der gesetzliche Vertreter. Gegen den Beschluß, der den Antrag auf Verhandlung ohne den Angeklagten ablehnt, ist die einfache Beschwerde nach § 304 Abs. 1 StPO zulässig.[285]

§ 232 StPO gestattet in Bagatellsachen die Durchführung der Verhandlung ohne den Angeklagten, wenn er ordnungsgemäß und unter Hinweis darauf geladen worden ist, dass in seiner Abwesenheit verhandelt werden kann. Das Gericht soll in Strafsachen von geringer Bedeutung nicht genötigt sein, das Erscheinen des Angeklagten zu erzwingen. Die Vorschrift ermöglicht eine möglichst schnelle Erledigung.[286] Eine Beschwerde ist gemäß § 305 S. 1 StPO sowohl gegen die Abwesenheitsverhandlung als auch gegen den Beschluß, durch den diese abgelehnt wird, unzulässig. Nach § 236

91

92

280 Meyer-Goßner, § 408a Rn 2.
281 Meyer-Goßner, § 408a Rn 4.
282 BGHSt 22, 18, 20; NStZ 91, 296.
283 BGHSt 3, 187, 191; 25, 317, 318; NJW 73, 522.
284 OLG Düsseldorf StraFo 00, 384; OLG Nürnberg NJW 00, 1804, 1805; KK/Tolksdorf, § 231a Rn 3.
285 OLG Nürnberg NJW 00, 1804.
286 KK/Tolksdorf, § 232 Rn 1.

StPO kann der Angeklagte jedoch unter den Voraussetzungen der §§ 44 bis 47 StPO die Wiedereinsetzung in den vorherigen Stand verlangen, wenn ohne ihn verhandelt wurde.

Ebenfalls für Bagatellsachen ermöglicht § 233 StPO, den Angeklagten auf seinen Antrag hin von seiner Pflicht zum Erscheinen zu entbinden. Über den Antrag entscheidet das Gericht nach Ermessen. Gegen die Entscheidung ist nach § 305 die Beschwerde nicht möglich.

Nach § 234 StPO kann sich der zulässig abwesende Angeklagte durch seinen Verteidiger vertreten lassen. Er muss dem Anwalt zusätzlich zur Verteidigervollmacht eine schriftliche Vollmacht erteilen, aus der sich ergibt, dass der Verteidiger zur Vertretung berechtigt ist.[287]

Die §§ 329, 350 StPO regeln die Fälle der Abwesenheit des Angeklagten in der Berufungs- bzw. Revisionsverhandlung.

93 *bb) Zeitweilige Abwesenheit des Angeklagten.* Nach § 231 Abs. 2 StPO kann ohne den Angeklagten verhandelt werden, wenn der Angeklagte sich aus der Hauptverhandlung entfernt hat oder wenn er bei Fortsetzung einer unterbrochenen Hauptverhandlung ausbleibt und wenn er über die Anklage schon vernommen ist und das Gericht seine weitere Anwesenheit nicht für erforderlich erachtet. Der Angeklagte muss dabei seine **Pflicht zur Anwesenheit eigenmächtig verletzt haben**.[288] Dies bedeutet, dass der Angeklagte **ohne Rechtfertigungs- und Entschuldigungsgründe wissentlich** seiner Anwesenheitspflicht nicht genügt.[289] **Eigenmächtig** handelt der Angeklagte z.B. nicht, wenn er in der Fortsetzungsverhandlung ausbleibt, ohne ordnungsgemäß geladen worden zu sein.[290] Eine Ladung ist aber bereits deshalb fehlerhaft, weil der Angeklagte über die möglichen Konsequenzen seines Ausbleibens nicht belehrt wird.[291] Hat das Gericht Zweifel an der Eigenmächtigkeit, darf eine Verhandlung ohne den Angeklagten nicht stattfinden. Bei der Überprüfung der Eigenmächtigkeit kommt es nicht darauf an, ob das Gericht Grund zu der Annahme hatte, der Angeklagte sei eigenmächtig ferngeblieben, sondern nur darauf, ob nach den objektiven Gegebenheiten diese Eigenmächtigkeit tatsächlich vorlag und erwiesen ist.[292]

Die Eigenmächtigkeit muss gegebenenfalls dem Angeklagten nachgewiesen werden.[293] Hat sich der Angeklagte nach seiner Vernehmung in einen verhandlungsunfähigen Zustand versetzt, steht dies einem eigenmächtigen Ausbleiben (bei der Fortsetzungsverhandlung) gleich.[294] § 231 Abs. 2 StPO ist als Ausnahme zur Anwesenheitspflicht eng auszulegen.[295]

§ 231b StPO dient der Sicherung des Ablaufs der Hauptverhandlung.[296] Wenn der Angeklagte wegen ordnungswidrigen Benehmens aus dem Sitzungssaal entfernt wurde,

---

287 KK/Tolksdorf, § 234 Rn 3., dies ist bei den meisten gängigen Vollmachtsformularen allerdings angeführt.
288 BGHSt 10, 304, 305; 25, 317, 319.
289 BGH NStZ 91, 246.
290 BGHSt 38, 271, 273; StraFo 2000, 333, 334.
291 BGH StraFo 00, 333, 334; a.A. OLG Düsseldorf NJW 70, 1889.
292 BGH StV 03, 649.
293 BGHSt 16, 178, 180; BGH NJW 80, 950, 951.
294 BGH NJW 81, 1052, 1053; NStZ 81, 95.
295 BGHSt 19, 144, 148; 25, 317, 320.
296 KK/Tolksdorf, § 231b Rn 1.

kann ohne ihn verhandelt werden, wenn das Gericht seine weitere Anwesenheit nicht für unerläßlich hält. Der Angeklagte soll nicht durch sein Benehmen den Verlauf der Verhandlung stören können.[297] Die Anordnung, ohne den Angeklagten weiterzuverhandeln, ist wegen § 305 S. 1 StPO nicht mit der Beschwerde angreifbar.

§ 231c StPO bietet dem Verteidiger die Gelegenheit dazu, auf die **zeitweilige Abwesenheit des Angeklagten** und ggf. auch des Verteidigers selbst **hinzuwirken** (Beurlaubung). Bei Hauptverhandlungen gegen mehrere Angeklagte wird damit dem Angeklagten und auch dem Verteidiger auf Antrag ermöglicht, sich während einzelner Teile der Verhandlung zu entfernen, wenn sie von diesen Verhandlungsteilen nicht betroffen sind.

Damit soll erreicht werden, dass bei umfangreichen Hauptverhandlungen Mitangeklagte durch die Pflicht zur ständigen Anwesenheit nicht unnötig belastet werden, wenn offensichtlich ist, dass sie von der Verhandlung überhaupt nicht betroffen sind. Ein anderer Weg wäre ansonsten die Abtrennung und anschließende Wiederverbindung der Verfahren.

Hinsichtlich der Problematik der möglichen Beurlaubung des Angeklagten ist auch zu bedenken, dass die Freistellung von der Hauptverhandlung nicht nur zu einer erheblichen zeitlichen Entlastung führt. Diese Vorgehensweise eröffnet oftmals auch große revisionsrechtliche Problemfelder.[298] Denn häufig werden im Rahmen der Abwesenheit des Angeklagten oder des Verteidigers Umstände erörtert, die den Angeklagten zumindest mittelbar betreffen. Dies stellt einen Fehler dar. Ein Fehler kann aber auch darin liegen, dass die Abwesenheit der Verfahrensbeteiligten sich noch auf einen Verfahrensteil erstreckt hat, der in dem notwendigen Beurlaubungsbeschluß nicht benannt ist.[299]

Der Verteidiger sollte deshalb nicht nur aus Gründen der Arbeitserleichterung und der Kostenersparnis für den Mandanten, sondern durchaus auch aus taktischen Gründen immer prüfen, ob ein Urlaubsantrag gem. § 231c StPO in Betracht kommen kann. Stellt er den Antrag und wird der Antrag abschlägig beschieden, steht ihm die Beschwerde hiergegen allerdings nicht zu (§ 305 S. 1 StPO).

Die problematischste Vorschrift im Zusammenhang mit der zeitlichen Abwesenheit des Angeklagten stellt § 247 StPO dar. § 247 lässt im Interesse der Sachaufklärung, des **Schutzes kindlicher und jugendlicher Zeugen** und des Angeklagten selbst eine **Ausnahme von der Anwesenheitspflicht** zu.[300] Sowohl die Voraussetzungen der Vorschrift wie auch das Ausschlußverfahren sind genauestens zu beachten, da ansonsten das Urteil wegen des absoluten Revisionsgrundes des § 338 Nr. 5 StPO aufgehoben wird. Voraussetzung eines Ausschlusses ist die Befürchtung, dass in Gegenwart des Angeklagten ein Zeuge bei seiner Vernehmung nicht die Wahrheit sagen werde, bei einem unter 16jährigen Zeugen ein erheblicher Nachteil eintritt oder bei einem anderen Zeugen die dringende Gefahr für die Gesundheit besteht. Zulässig ist z.B. der Ausschluß, wenn der Zeuge bei Präsenz des Angeklagten von seinem Aussageverweige-

94

95

---

297 KK/Tolksdorf, § 231b Rn 1.
298 Vgl. BGH bei Holtz MDR 79, 807; BGH NStZ 81, 111, BGH (bei Miebach 89) NStZ 219.
299 Schlothauer, Ausgabe Koch, Rn 245 ff.
300 Vgl. Meyer-Goßner, § 247 Rn 1.

rungsrecht[301] oder der Mitangeklagte von seinem Schweigerecht[302] Gebrauch machen will. Die Entfernung kann jedoch nicht darauf gestützt werden, dass ein gemäß § 1897 BGB bestellter Betreuer der Vernehmung des Betreuten widerspricht.[303] Hält das Gericht die Voraussetzungen für gegeben, sind gemäß § 33 Abs. 1 die Prozessbeteiligten zu hören. Anschließend entscheidet das Gericht durch Beschluß über den vorübergehenden Ausschluß des Angeklagten.[304] Eine Verfügung des Vorsitzenden alleine ist nicht ausreichend.[305] Der Beschluß muss verkündet und begründet werden. Aus ihm muss eindeutig hervorgehen, für welchen Teil der Verhandlung der Ausschluß gilt, auf welchen Punkt des § 247 StPO das Gericht den Beschluß stützt und aus welchem Grund die Voraussetzungen gegeben sind.[306] Dabei ist auch zu beachten, dass mit Inkrafttreten des Opferrechtsreformgesetzes am 01.09.2004 in § 247a StPO die sogenannte Subsidiaritätsklausel gestrichen worden ist. Die audiovisuelle Vernehmung gemäß § 247a StPO ist deshalb nunmehr als echte Alternative zu den sonstigen Schutzmaßnahmen aufgewertet worden. Aus der Begründung des Gesetzesentwurfes heißt es, dass sich deshalb ein Gericht zukünftig – bevor es den Angeklagten ausschließt – mit der Möglichkeit des § 247a StPO auseinanderzusetzen hat, weil es anderenfalls – so die ausdrückliche Begründung – einen absoluten Revisionsgrund riskiert.[307]

Die **Verkündung des Beschlusses** muss noch während der Anwesenheit des Angeklagten geschehen.[308] Anschließend findet in Abwesenheit des Angeklagten die Vernehmung des Zeugen statt. Der Ausschluß bezieht sich auf alle Vorgänge, die mit der Vernehmung oder mit dem bezeichneten Teil in enger Verbindung stehen oder sich daraus entwickeln.[309] Bei Handlungen, die über die Vernehmung hinausgehen und somit selbständige verfahrensrechtliche Bedeutung haben, ist der Angeklagte wieder zuzulassen.[310] Zur Vernehmung gehören immer die Befragung zur Person und die Zeugenbelehrung. Die Verhandlung über die Vereidigung[311] und die Entscheidung über die Entlassung eines Zeugen[312] sind dagegen nicht mehr Teil der Vernehmung, weil die Anwesenheit des Angeklagten hierbei sein Recht auf effektive Ausübung des Fragerechts sichert.[313] Auch bei der Vereidigung selbst muss der Angeklagte anwesend sein.[314] Der BGH nimmt allerdings an, dass die Verhandlung über den Ausschluß der Öffentlichkeit in Abwesenheit des Angeklagten stattfinden kann.[315] Ausgeschlossen bleibt der Angeklagte nur, wenn er wegen Enttarnung oder Gefährdung des Zeugen

301 BGHSt 22, 18, 21.
302 BGH StV 01, 214.
303 BGH StraFo 01, 59.
304 BGH StV 03, 373.
305 BGHSt 1, 346, 350; StV 93, 285, 286.
306 BGH NStZ 99, 419, 420; BGH StV 03, 373.
307 Vgl. zum Ganzen auch weiter unten sowie ausdrücklich Ferber, Das Opferrechtreformgesetz NJW 04, 2562.
308 BGH StV 00, 120.
309 BGH MDR 75, 544.
310 BGH StV 87, 377.
311 BGHSt 26, 218, 219; NStZ 82, 256; NStZ 99, 522; KK/Tolksdorf, § 230 Rn 4.
312 BGH NStZ 86, 133; 00, 440.
313 BGH StV 00, 653, 654; vgl. auch Wortlaut des § 59 Satz 1 StPO.
314 BGH NStZ 82, 256; 83, 181; 86, 133; BGH NStZ-RR 03, 100 bei Becker; zur Problematik vgl. auch Basdorf, Salger-FS, 215.
315 BGH NJW 79, 276; StV 95, 250; a.A. Meyer-Goßner, § 247 Rn 6; Park NJW 96, 2213, 2215.

ausgeschlossen war.[316] Nach der Vernehmung muss der Angeklagte wieder zugelassen werden. Der Vorsitzende hat ihn gemäß § 247 S. 4 StPO über den wesentlichen Inhalt der Verhandlung während seiner Abwesenheit zu unterrichten. Es ist ihm auch zu gestatten, den Zeugen ergänzend zu befragen. Unter Umständen muss der Angeklagte sich vor der Beantwortung der Frage wieder entfernen.[317]

Die Vielzahl der zu beachtenden Formalien macht bereits deutlich, dass der Vorgang um die zeitweilige Entfernung des Angeklagten aus der Hauptverhandlung in hohem Maße fehleranfällig ist. Eine häufige Fehlerquelle besteht dabei darin, dass der Angeklagte auch bei wesentlichen Prozesshandlungen ausgeschlossen bleibt, die nicht mehr vom Ausschluß nach § 247 StPO gedeckt sind. Dies kann dann der Fall sein, wenn nicht lediglich die Zeugenvernehmung erfolgt, für deren Dauer der Angeklagte ausgeschlossen wurde, sondern zusätzlich damit einhergehend, weitere wesentliche Prozesshandlungen vorgenommen werden. Dies kann etwa eine Verlesung zum Zweck des Urkundenbeweises[318] oder eine Augenscheinseinnahme sein.[319] Ein Fehler liegt allerdings nur dann vor, wenn es sich tatsächlich um die Durchführung einer eigenständigen Beweisaufnahme handelt. Dem Gericht ist es selbstverständlich nicht verwehrt, im Rahmen der Zeugenvernehmung als Vernehmungsbehelf Vorhalte aus Urkunden zu machen, denn in diesen Fällen stellt die vorgehaltene Urkunde kein selbständiges Beweismittel dar.

Hat eine wesentliche Prozesshandlung in Abwesenheit des Angeklagten stattgefunden, muss diese bis zum Ende der Beweisaufnahme in Anwesenheit des Angeklagten wiederholt werden.[320]

Weitere Fehler können dadurch auftreten, dass der Angeklagte bei den Verhandlungen über die Entlassung und die Vereidigung von Zeugen nicht anwesend war. Bei der Verhandlung über die Entlassung wird das Recht auf effektive Ausübung des Fragerechts des Angeklagten gesichert.[321] Auch bei der Frage der Vereidigung des Zeugen ist dem Angeklagten ein Anwesenheitsrecht zuzusprechen, weil er Gelegenheit haben muss, auf die Entscheidung durch Anträge Einfluss zu nehmen.[322] Ebenso kann die Durchführung der Vereidigung rechtsfehlerhaft sein, wenn sie in Abwesenheit des Angeklagten stattfindet.[323] Hinzuweisen ist allerdings darauf, dass Tendenzen in der Rechtsprechung erkennbar sind, insbesondere unter Berücksichtigung des Zeugen- und Opferschutzes, die Verhandlung über die Entlassung eines Zeugen nicht mehr generell als wesentlichen Teil der Hauptverhandlung anzusehen. Zusätzlich wird man abwarten müssen, ob nach der erfolgten Reduktion der Vereidigungspflichten im Strafverfahren auch diesbezüglich eine Verbesserung der Anwesenheitspflicht des Angeklagten erfolgt.[324] Die Anwendung von § 247 StPO sollte aber nicht nur als revisionsrechtliche Chance begriffen werden. Der Verteidiger darf vielmehr die besondere Gefahr der

---

316 BGH NJW 85, 1478.
317 Meyer-Goßner, § 247 Rn 18.
318 BGH NStZ 97, 402; BGH NStZ 01, 262, 263.
319 BGH NStZ 86, 564; zur Ortsbesichtigung BGH StV 83, 4.
320 BGH StV 00, 238; BGH NStZ 01, 262, 263.
321 BGH NJW 86, 267; BGH StV 00, 653, 654.
322 BGH StV 00, 653, 654.
323 BGH NStZ 86, 133; OLG Dresden StV 99, 637, 638.
324 Vgl. zum Ganzen auch die Hinweise Fn. 964 sowie BGH StV 00, 238; NStZ 00, 328, StraFo 01, 128, 129, StV 00, 240.

Norm nicht übersehen. Ihm muss bewusst sein, dass eine Entfernung des Angeklagten aus der Hauptverhandlung stets eine ganz erhebliche Schwächung der Verteidigerposition bedeutet, weil damit einer Person, der eine unmittelbare Nähe zur Tat unterstellt wird, wichtige Informationen vorenthalten bleiben. Hierbei ist zu bedenken, dass zwar § 247 S. 4 StPO eine Unterrichtungspflicht des Angeklagten über den wesentlichen Inhalt dessen normiert, was während seiner Abwesenheit ausgesagt oder verhandelt worden ist. Allerdings kann dies nie ein gleichwertiger Ersatz sein, da die Beurteilung dessen, was wesentlicher Inhalt einer Aussage ist, aus der Sicht des Vorsitzenden erfolgt und damit von einer Person, die das Tatgeschehen nicht selbst miterlebt hat. Auch die weiteren Prozessbeteiligten, die die Information durch den Vorsitzenden miterleben und ergänzen können, werden möglicherweise nicht dazu in der Lage sein, zu erkennen, was wesentlich und was nicht wesentlich ist.

Beispiel: Ein Hauptanwendungsgebiet für § 247 StPO stellt das Sexualstrafverfahren dar. Geht es hierbei um den Vorwurf des sexuellen Missbrauchs des Vaters an seiner Tochter, so liegen die Sachverhalte zumeist so, dass als einzige mögliche Personen, die zum Tatgeschehen im engeren Sinne etwas sagen können, der Vater als Angeklagter und die Tochter als Zeugin in Betracht kommen. Gerade in diesen Fällen können die Details einer Aussage für die Beurteilung der Glaubhaftigkeit der einzelnen Aussagen eine besonders wichtige Rolle spielen.

Hier ist es aber nun gerade ohne weiteres möglich, dass die Tochter in Abwesenheit des angeklagten Vaters Schilderungen vornimmt, die mühelos als falsch zu beweisen wären, wenn ein Informierter anwesend wäre. Denkbar wäre etwa, dass die Tochter in ihrer Zeugenaussage Details aus der Wohnung oder von Handlungen schildert, die objektiv nicht zutreffen können (zum Beispiel Standort und Farbe von Möbeln, die falsch sind; ggf. erst späteres Anschaffungsdatum des Möbelstücks). Weil jedoch keiner der anderen Verfahrensbeteiligten (Gericht, Staatsanwalt und Verteidiger) mangels Kenntnis der Wohnung dazu in der Lage ist, die Unrichtigkeit der Aussage zu erkennen und die Farbe eines Möbelstücks nicht für wesentlich gehalten wird, demzufolge auch dem Angeklagten nicht mitgeteilt wird, bleibt die Falschaussage unentdeckt.

Aus diesem Grund sollte sich der Verteidiger grundsätzlich mit allen ihm zur Verfügung stehenden Mitteln einer vorübergehenden Entfernung des Angeklagten aus der Hauptverhandlung widersetzen. Im übrigen ist gerade zum Zeitpunkt des Einzugs der Videotechnologie in die Hauptverhandlung nicht einzusehen, warum nicht ohnedies eine andere Lösung gefunden werden kann. § 247a StPO ermöglicht nunmehr die zeitgleiche Einführung der Zeugenvernehmung von einem anderen Ort in die Hauptverhandlung. Es ist nicht zu verstehen, warum nicht ähnliches hinsichtlich des Angeklagten praktiziert werden kann. Wenn sich der Angeklagte schon aus der Hauptverhandlung zu entfernen hat, sollte es ihm zumindest ermöglicht werden, in einem anderen Raum die Vernehmung des Zeugen mittels Videotechnik zu verfolgen. Dabei mag es auch durchaus hingenommen werden, dass die Verfolgung der Zeugenaufnahme nicht zeitgleich möglich ist. Ebenso wenig verständlich ist auch, warum es nicht möglich sein sollte, dem Angeklagten zumindest nach Abschluss der Vernehmung eine Aufnahme der Vernehmung vorzuspielen. Denn nur dadurch kann wirklich umfassend das Informationsrecht gewahrt werden. Deshalb sollte der Verteidiger in all diesen Fällen auch zumindest mit einem entsprechenden Antrag versuchen, die Rechte des Angeklagten, mehr als es § 247

StPO vorsieht, zu gewährleisten.[325] Hierzu bietet ihm nun ausgerechnet das Opfer-rechtsreformgesetz, welches am 01.09.2004 in Kraft getreten ist, eine Möglichkeit, wo-bei die Diskussion der Frage müssig ist, ob die Verteidigeroption eher zufällig entstan-den ist.[326]

Denn das Opferrechtsreformgesetz hat es sich zum Ziel gesetzt, unter anderem auch die bestehenden Belastungen der Opfer von Straftaten während des Strafverfahrens zu re-duzieren. In diesem Zusammenhang war bemerkt worden, dass Gerichte bislang von der Möglichkeit der audiovisuellen Zeugenvernehmung gemäß § 247a StPO nur selten Gebrauch machten, wobei als Ursache hierfür ausgemacht wurde, dass das Gericht vor der Durchführung einer audiovisuellen Vernehmung zu prüfen hatte, ob andere Schutz-maßnahmen, insbesondere die Entfernung des Angeklagten oder der Ausschuss der Öf-fentlichkeit nicht in Betracht kämen (Subsidiaritätsklausel). Um die Förderung von Vi-deovernehmungen gemäß § 247a StPO zu bewirken, ist die Subsidiaritätsklausel durch das Opferrechtsreformgesetz nunmehr gestrichen worden. Daher wird ein Gericht zu-künftig vor einem Ausschluss des Angeklagten gemäß § 247 StPO stets zu prüfen ha-ben, ob nicht alternativ die Vernehmung gemäß § 247a StPO in Betracht kommen kann. Der Verteidiger wird konsequenterweise deshalb zukünftig bei jedem drohenden Ausschluss des Angeklagten gemäß § 247 StPO den Antrag zu stellen haben, anstelle eines Ausschlusses gemäß § 247 StPO von der Möglichkeit einer audiovisuellen Zeu-genvernehmung gemäß § 247a StPO Gebrauch zu machen.

c) Anwesenheitsrecht des Angeklagten

Der Angeklagte hat korrespondierend zu seiner Pflicht auch ein Recht auf Anwesenheit in der Hauptverhandlung.[327] Dies ist zwingend geboten, da nur die Präsenz des Ange-klagten sein Recht auf rechtliches Gehör gewährleisten kann.[328] Auch die Möglichkeit der umfassenden Verteidigung verlangt dieses Recht.[329] Das Gericht darf daher dem Angeklagten die Anwesenheit auch dann nicht verbieten, wenn es ausnahmsweise ohne den Angeklagten verhandeln könnte.[330] Das Recht zur Anwesenheit geht daher über die Pflicht zur Anwesenheit hinaus. Die Verhandlung darf somit nicht stattfinden, wenn der Angeklagte erkenntlich an der Hauptverhandlung teilnehmen will, dies aber schuldlos nicht kann.[331] Verfahrensrechtlich stellt sich die unbefugte Einschränkung des Anwesenheitsrechts als absoluter Revisionsgrund gemäß § 338 Nr. 5 StPO dar. Liegt also keine der Ausnahmen vor, die eine Verhandlung ohne den Angeklagten ge-statten, liegt ein zwingender Aufhebungsgrund vor. Dies gilt aber nur, wenn während der unzulässigen Abwesenheit wesentliche Teile der Hauptverhandlung verhandelt wurden.[332] Wegen § 336 S. 2 StPO kann jedoch die Revision nicht auf die Rüge ge-stützt werden, das Gericht habe die Voraussetzungen des § 231a Abs. 1 StPO zu Un-recht angenommen. Dieser Beschluß ist nach Abs. 3 der Vorschrift mit der sofortigen Beschwerde anfechtbar.

96

325 Vgl. hierzu auch Meyer-Mews NJW 02, 107 und Pfordte, FS 50 Jahre DAI, 519, 530.
326 Opferrechtsreformgesetz v. 24.06.04 in BGBl. 2004 I, 1354, 1355.
327 BGHSt 19, 144, 147; 26, 84, 90; OLG Karlsruhe StV 86, 289.
328 KK/Tolksdorf, § 230 Rn 1.
329 Malek, IV 3. Rn 200, S. 96.
330 BGH MDR 80, 631.
331 Meyer-Goßner, § 230 Rn 4.
332 BGHSt 26, 84, 91; Meyer-Goßner, § 338 Rn 36.

d) Formularmuster

97 ▶ **Antrag auf Entbindung des Angeklagten vom Erscheinen in der Hauptverhandlung**

An das
Amtsgericht München

80097 München

Az.: ....
M ü l l e r , Hermann wegen Verdachts des Fahrens ohne Fahrerlaubnis

Hinsichtlich der auf den 16.08..... anberaumten Hauptverhandlung gegen Herrn Müller wegen Verdachts des Fahrens ohne Fahrerlaubnis stelle ich den

A n t r a g ,

Herrn Müller von seiner Verpflichtung zum Erscheinen in der Hauptverhandlung zu entbinden und gem. § 231 Abs. 2 StPO durch einen beauftragten oder ersuchten Richter über die Anklage vernehmen zu lassen.

B E G R Ü N D U N G :

Die Voraussetzungen des § 233 Abs. 1 StPO liegen vor. Unabhängig von der abstrakten Strafandrohung wäre im vorliegenden Fall auch bei einer Verurteilung von Herrn Müller keine Freiheitsstrafe zu erwarten, die sechs Monate überschreitet. Wie sich aus den Akten ergibt, wohnt Herr Müller in einem Altenstift in Hamburg. Wegen seiner bereits durch Attest belegten Gebrechlichkeit ist er schon jetzt kaum in der Lage, weitere Fahrten zu übernehmen. Eine Entbindung von der Erscheinenspflicht in der Hauptverhandlung ist deshalb angezeigt. Eine Vollmacht zur Stellung des Entbindungsantrages sowie eine über die Verteidigervollmacht hinausgehende Vertretungsvollmacht füge ich in der Anlage bei.[333]

Rechtsanwalt ◀

98 ▶ **Verteidigeranregung in der Hauptverhandlung auf Erlass eines Strafbefehls gegen den im Termin ausgebliebenen Angeklagten**

Amtsgericht München
80097 München

Az.: ....
M ü l l e r , Herrmann

In dieser Sache gibt die Verteidigung an die Staatsanwaltschaft die

---

333 Vgl. hierzu zum Meinungsstand Meyer-Goßner, StPO § 233 StPO Rn 5.

Anregung,

das Verfahren im Strafbefehlsweg gem. § 408a StPO fortzuführen.
Die Voraussetzungen hierfür liegen vor. Der Angeklagte ist zum heutigen Hauptverhandlungstermin ausgeblieben. Die Voraussetzungen des § 407 Abs. 1 S. 1 und 2
StPO liegen vor. Auch ist zwischenzeitlich durch weitere zu den Akten gelangten
Urkunden der Sachverhalt insoweit aufgeklärt, dass eine Durchführung der Hauptverhandlung auch aus anderen Gründen nicht mehr erforderlich ist. Der Übergang
in das Strafbefehlsverfahren scheint daher angezeigt.[334]

Rechtsanwalt ◄

▶ **Beurlaubungsantrag** 99

Landgericht München I
80097 München

Az.: ....
M ü l l e r , Herrmann
Die Verteidigung stellt den

A n t r a g ,

Herrn Müller und der Verteidigung von Herrn Müller gemäß § 231c StPO zu gestatten, sich für die Dauer der Vernehmung der Mitangeklagten über ihre persönlichen
Verhältnisse sowie für die Dauer der Verhandlung über Ziffer 2. des Anklagevorwurfs zu entfernen.
Ziffer 2. des Anklagevorwurfs betrifft Herrn Müller weder unmittelbar noch mittelbar. Es geht hierbei vielmehr um den Vorwurf eines unerlaubten Entfernens vom
Unfallort, der gegen den weiteren Angeklagten Schulze erhoben wird. Er steht mit
dem gegen Herrn Müller erhobenen Vorwurf des gemeinschaftlichen Raubes
ersichtlich in keinerlei Zusammenhang.
Darüber hinausgehend ist auch eine Freistellung von der Hauptverhandlung für
die Dauer der Vernehmung über die persönlichen Verhältnisse gem. § 243 Abs. 2
S. 2 StPO möglich (BGHSt 31, S. 323).

Rechtsanwalt ◄

4. Anträge zum Ausschluss der Öffentlichkeit in der Hauptverhandlung

a) Der Grundsatz der Öffentlichkeit, § 169 GVG

Die Öffentlichkeit der Gerichtsverhandlung ist eine grundlegende Einrichtung des 100
Rechtsstaates.[335] Damit soll gewährleistet werdne, dass sich die Erkenntnistätigkeit der
Strafgerichte öffentlich und nicht hinter verschlossenen Türen abspielt.[336] Dies diente
früher vor allem der Kontrolle und dem Schutz vor Willkür seitens der Staatsmacht.

---

334 Die Anregung gem. § 408a StPO kann auch vor der Hauptverhandlung durch den Verteidiger erfolgen.
335 BGHSt 9, 280, 281; 21, 72, 73; 22, 297, 301; 23, 176, 178; Meyer-Goßner, § 338 Rn 46.
336 BGHSt 3, 386, 387; 7, 218, 221.

Heute dagegen steht das Informationsinteresse der Allgemeinheit im Vordergrund.[337] Öffentlichkeit bedeutet, dass jedermann ohne Ansehung seiner Zugehörigkeit zu bestimmten Gruppen der Bevölkerung und ohne Ansehung bestimmter persönlicher Eigenschaften die Möglichkeit hat, an den Verhandlungen der Gerichte teilzunehmen.[338]

b) Einschränkungen des Grundsatzes

101 Die Prozessmaxime der Öffentlichkeit unterliegt aber einigen Schranken. Die §§ 175 ff. GVG enthalten Rechtsgrundlagen, die es gestatten, einzelnen Personen den Zugang zu einer Verhandlung zu verweigern. So kann gem. § 175 Abs. 1 GVG unerwachsenen oder solchen Personen der Zutritt versagt werden, die in einer die Würde des Gerichts nicht entsprechenden Weise erscheinen. Unerwachsen sind Personen, die das 18. Lebensjahr noch nicht vollendet haben und denen nach ihrem äußeren Erscheinungsbild die für die Teilnahme an der Verhandlung nötige Reife fehlt.[339] Ausgeschlossen werden können auch Personen, gegen die wegen Beteiligung an der Tat, die Gegenstand des Verfahrens ist, ermittelt wird oder die als Zeugen im laufenden Verfahren in Betracht kommen.[340] Nach § 177 GVG können Zuhörer, die den Verhandlungsablauf stören, aus dem Sitzungszimmer entfernt werden.

Der Katalog dieser Bestimmungen ist nicht abschließend. Der Ausschluß kann auch aus allgemein übergeordneten Verfahrensgesichtspunkten erfolgen.[341] Der ungestörte Ablauf ist ebenso wichtig wie die Kontrolle des Verfahrensganges durch die Allgemeinheit.[342]

Diese unmittelbaren Einschränkungen werden durch mittelbare Einschränkungen ergänzt. Sitzungspolizeiliche Maßnahmen des Vorsitzenden nach §§ 176 ff. GVG und Anordnungen des Gerichtspräsidenten aufgrund seines Hausrechts wie z.B. eine Ausweiskontrolle können zur Abschreckung potentieller Besucher und somit zu einer indirekten Beschränkung führen. Solche Maßnahmen sind dennoch zulässig, wenn sie eine ordnungsgemäße und sichere Verhandlung gewährleisten sollen.[343]

Verzögert sich der Zutritt zum Sitzungssaal aufgrund einer Anordnung, wie z.B. der vorherigen Durchsuchung von Prozessbesuchern, darf das Gericht mit der Verhandlung erst beginnen, wenn den zum vorgesehenen Verhandlungsbeginn erschienenen Personen der Zutritt gewährt worden ist.[344]

c) Ausnahmen vom Grundsatz der Öffentlichkeit

102 Bei Strafverfahren gegen Jugendliche ist die Öffentlichkeit gemäß § 48 Abs. 1 JGG immer von der Verhandlung ausgeschlossen. Bei Heranwachsenden kann sie gemäß § 109 Abs. 1 S. 4 JGG ausgeschlossen werden, wenn dies im Interesse des Angeklagten geboten ist. Ansonsten sind in den §§ 171a ff. GVG Tatbestände normiert, auf deren Grundlage die Öffentlichkeit ausgeschlossen werden kann.[345] Ein Ausschluß kann

---

337 Meyer-Goßner, § 169 GVG Rn 1; Beulke, Rn 376.
338 BGHSt 28, 341, 343.
339 Beulke, Rn 377.
340 BGHSt 3, 386, 389 ff.
341 Meyer-Goßner, § 174 GVG Rn 1.
342 BGHSt 24, 72, 74; 27, 13, 15; 29, 258, 259 f.; Meyer-Goßner, § 169 GVG Rn 5.
343 BGHSt 27, 13, 15.
344 BGH StV 95, 116, 117.
345 BGH StV 03, 659 f.

immer dann erfolgen, wenn es um die Erörterung schutzwürdiger privater oder öffentlicher Belange geht, die nicht an die Öffentlichkeit dringen sollen.[346] Die Verkündung des Urteils muss in jedem Fall öffentlich erfolgen (§ 173 Abs. 1 GVG). Die Urteilsbegründung dagegen kann gemäß § 173 Abs. 2 GVG unter Ausschluß der Öffentlichkeit verkündet werden, wenn die Voraussetzungen der §§ 171 b, 172 GVG vorliegen.

Eine unzulässige Beschränkung der Öffentlichkeit stellt einen absoluten Revisionsgrund gemäß § 338 Nr. 6 StPO dar. Die tatsächlichen Gründe, auf denen der Ausschluß beruht, prüft das Gericht jedoch nicht nach.[347] Die Revision kann sich lediglich auf einen Verstoß gegen § 174 GVG stützen. Die Förmlichkeiten dieser Norm unterliegen in vollem Umfang der Revision.[348] Die Rüge kann auch vom Angeklagten erhoben werden, wenn er selbst die Ausschließung der Öffentlichkeit verlangt hatte.[349] Andererseits stellt eine unzulässige Erweiterung der Öffentlichkeit keinen absoluten Revisionsgrund dar,[350] da der Angeklagte keinen Anspruch auf Ausschluß der Öffentlichkeit hat, auch nicht aus Art. 1, 2 GG oder Art. 6 Abs. 1 S. 2 MRK.[351]

aa) Voraussetzungen der einzelnen Rechtsgrundlagen. Als Gründe für die Durchbrechung des Öffentlichkeitsgrundsatzes kommen u.a. der Schutz der Privatsphäre, die Gefährdung der Staatssicherheit, die Sittlichkeit oder die Gefährdung der schützenswerten Intimsphäre der Zeugen in Betracht. Die einzelnen Voraussetzungen enthalten die §§ 171 a, 171b und 172 GVG.   103

Nach § 171a GVG kann die Öffentlichkeit ausgeschlossen werden, wenn das Verfahren die Unterbringung des Beschuldigten in einem psychiatrischen Krankenhaus oder einer Entziehungsanstalt zum Gegenstand hat.

§ 171b GVG dient dem Schutz der Privatsphäre. Wenn nicht das Interesse an der öffentlichen Erörterung überwiegt, kann bei der Darlegung von Umständen aus dem persönlichen Lebensbereich eines Prozessbeteiligten, Zeugen oder Opfers die Öffentlichkeit ausgeschlossen werden, wenn ansonsten schutzwürdige Interessen verletzt würden. Gemeint sind insbesondere private Eigenschaften und Neigungen des Betroffenen, sein Gesundheitszustand, seine Sexualsphäre, seine politische und religiöse Einstellung, aber auch Tatsachen aus dem Familienleben, die unbefugten Dritten nicht ohne weiteres zugänglich sind und Schutz vor dem Einblick Außenstehender verdienen.[352] Wenn die öffentliche Erörterung sich nach objektiven Maßstäben gemessen in einer Weise nachteilig auswirken kann, sind schutzwürdige Interessen betroffen.[353] Bei der Abwägung zwischen dem öffentlichen Interesse an der Erörterung der Umstände und dem Schutz des Persönlichkeitsrechts gilt der Grundsatz, dass der Öffentlichkeitsgrundatz um so mehr zurücktreten muss, je stärker es um den Schutz des inneren Kerns der Persönlichkeitssphäre geht und je größer die Gefahr einer unzumutbaren öffentlichen Anprange-

---

346 Beulke, Rn 370.
347 Meyer-Goßner, § 174 GVG Rn 21; Gössel, NStZ 82, 141, 143.
348 BGH StV 90, 10.
349 BGH NJW 67, 687; MDR 78, 461; BGH StV 00, 243.
350 BGHSt 10, 202, 206 f.; 23, 82, 85; MDR 79, 458.
351 BGHSt 23, 82, 83; a.A. die hM in der Literatur.
352 Malek, Abs. 3 9. c) Rn 154, S. 76.
353 Meyer-Goßner, § 171b GVG Rn 4.

rung durch die Berichterstattung der Massenmedien ist.[354] Die Möglichkeit eines solchen Ausschlusses muss es geben, da dem Straf- und Strafprozessrecht immanent ist, dass immer mehr Umstände aus dem persönlichen Lebensbereich in der Hauptverhandlung erörtert werden. Dies müssen die Betroffen hinnehmen, wenn es der Wahrheitsfindung dient. Da dies nicht in der Öffentlichkeit geschehen muss, erlaubt § 171b GVG in Übereinstimmung mit Art. 6 Abs. 1 S. 2 MRK daher, das Öffentlichkeitsprinzip hinter dem verfassungsrechtlich geschützten Anspruch auf Achtung der Privatsphäre zurücktreten zu lassen.[355] Ein Ausschluß muss daher nach Abs. 2 erfolgen, wenn der Betroffene dies beantragt und die genannten Voraussetzungen vorliegen.

§ 172 GVG schützt in Nr. 1 die Interessen der Allgemeinheit und in den Nr. 1a bis 4 das Einzelinteresse. Die genannten Ausschließungsgründe sind streng auszulegen und abschließend.[356]

104 **bb) Das Verfahren gem. § 174 GVG.** Die Förmlichkeiten eines Ausschlusses regelt § 174 GVG. Aus dessen Abs. 1 S. 1 ergibt sich, dass ein Beteiligter den Antrag auf Ausschluß der Öffentlichkeit stellen kann. Derjenige, dessen Privatsphäre bei einer öffentlichen Erörterung beeinträchtigt würde, kann von dieser Befugnis Gebrauch machen.[357] Will das Gericht die Öffentlichkeit ohne Antrag ausschließen, erhalten die Beteiligten Gelegenheit zur Äußerung. Der Ausschließungsgrund wird im Freibeweisverfahren geklärt.[358]

Über den Beschluß, ob die Öffentlichkeit auszuschließen ist, wird in der Regel in öffentlicher Sitzung verhandelt. Die Verhandlung muss jedoch in nicht öffentlicher Sitzung erfolgen, wenn ein Beteiligter dies beantragt (§ 174 Abs. 1 S. 1 GVG).

Der Beschluß über den Ausschluß muss dagegen grundsätzlich öffentlich verkündet werden. Dies dient der Information der auszuschließenden Öffentlichkeit über Anlass und Ausmaß der Ausschließung.[359] Eine Ausnahme kann nur unter den engen Voraussetzungen des § 174 Abs. 1 S. 2, 2. HS GVG erfolgen. Notwendig ist in jedem Fall, dass ein Beschluß ergeht und verkündet wird. Eine Anordnung des Vorsitzenden kann den Beschluß nicht ersetzen.[360] Ist die Öffentlichkeit für einen Teil der Hauptverhandlung ausgeschlossen und ergeht der Beschluß, dass für die Fortdauer des Verfahrens der Ausschluß ebenfalls gelten soll, so muss dieser in der Regel in öffentlicher Sitzung verkündet werden.[361] Für eine Ausnahme gilt auch in diesem Fall § 174 Abs. 1 Satz 2, 2. HS GVG.

Gemäß § 174 Abs. 1 S. 3 GVG ist in den Fällen der §§ 171 b, 172 und 173 GVG anzugeben, aus welchem Grund die Öffentlichkeit ausgeschlossen worden ist. Dies dient vor allem der Nachprüfungsmöglichkeit,[362] aber auch der Selbstkontrolle des Gerichts und der Unterrichtung der Öffentlichkeit.[363] Die Begründung muss somit in öffentli-

---

354 Meyer-Goßner, § 171b GVG Rn 5.
355 Meyer-Goßner, § 171b GVG Rn 1.
356 Malek, II 2. a) Rn 12 (S. 5).
357 Meyer-Goßner, § 174 GVG Rn 2.
358 Meyer-Goßner, § 174 GVG Rn 4.
359 BGH StV 00, 243.
360 BGH StV 84, 499; BGH StV 00, 242.
361 BGH NStZ 85, 37, 38; StV 00, 243.
362 BGH StV 96, 135; StV 00, 244, 245.
363 BGH StV 82, 106, 108; StV 00, 244, 245; Park, StV 00, 246, 247.

cher Sitzung erfolgen. Es ist nicht ausreichend, wenn der Beschluß in öffentlicher Sitzung verkündet wird und die Begründung erst nach Ausschluß der Öffentlichkeit erfolgt.[364] Nach ständiger Rspr. muss die Begründung den maßgebenden Grund des Ausschlusses eindeutig erkennen lassen. Eine genaue Aufklärung der Zuhörer über den Grund ist aber nicht erforderlich.[365] Die tatsächlichen Umstände, aus denen sich der Ausschließungsgrund ergibt, brauchen in der Beschlußbegründung deshalb nicht angegeben zu werden. Ansonsten bestünde die Gefahr, dass Details offenbart werden müßten, die der öffentlichen Erörterung entzogen werden sollen. In diesen Fällen muss die Öffentlichkeitsmaxime insoweit hinter den geschützten Rechtsgütern der Ausschließungsvorschriften zurücktreten.[366] Bei der Begründung ist die Angabe des Grundes mit dem Gesetzeswortlaut oder der Gesetzesvorschrift (nur) ausreichend, wenn damit der Grund des Ausschlusses eindeutig erkennbar ist. Ausreichend für das Begründungsgebot ist auch, wenn lediglich auf eine bestimmte Gesetzesbestimmung verwiesen wird, die nur einen einzigen Ausschließungsgrund enthält oder wenn die in Bezug genommene Alternative den Grund zweifelsfrei erkennen lässt.[367] So genügt beispielsweise ein Verweis auf § 172 Nr. 4 GVG, da der Grund sich aus der Vorschrift allein hinreichend entnehmen lässt.[368] Auch die Angabe des Ausschließungsgrundes des § 172 Nr. 1a GVG genügt den Anforderungen des § 174 Abs. 1 S. 3 GVG.[369] Nach Entstehungsgeschichte, Inhalt, Gesetzessystematik sowie Sinn und Zweck enthält die Vorschrift den einheitlichen Ausschließungsgrund der Personengefährdung. In einer neueren Entscheidung des 1. Senats des BGH werden die Anforderungen an das Begründungsgebot gelockert.[370] Der Senat verneint einen Verstoß gegen § 174 Abs. 1 S. 3 GVG, wenn der Ausschließungsgrund dem Schutz des Privatsphäre des Opfers (§ 171 b) oder der Gefährdung der Sittlichkeit (§ 172) oder beider zusammen für die Verfahrensbeteiligten und die Öffentlichkeit durch den sich aus dem Beschluß selbst ergebenden Hinweis auf den Verfahrensabschnitt zweifelsfrei erkennbar ist. Den Zuhörern muss erkennbar sein, auf welche Prozesshandlung sich die Ausschließung beziehen soll und welche Bedeutung dieser Prozesshandlung zukommt. Ebenso muss später das Revisionsgericht aus den gleichen Gründen sicher ausschließen, dass nach der konkreten Sachlage aus rechtlichen Gründen keine andere Entscheidung des Tatgerichts in Betracht kam. Dies ändert zwar nichts an dem Verstoß gegen das Begründungsgebot, angesichts des Zwecks der Begründungspflicht ist der Verstoß nicht so schwer, dass deshalb der absolute Revisionsgrund des § 338 Nr. 6 StPO zu bejahen wäre. Nicht zuletzt auch deshalb, weil der Verstoß nur das Verfahren betrifft und nicht zu einer unzulässigen Beschränkung der Öffentlichkeit geführt hat. Dem Urteil vorausgegangen war eine Anfrage an die übrigen Senate, da die beabsichtigte Entscheidung

105

---

364 BGH StV 96, 135.
365 BGHSt 27, 117, 120; StV 96, 135.
366 Gössel, NStZ 82, 141, 143.
367 BGH StV 96, 134.
368 BGHSt 27, 117, 119.
369 BGH StV 96, 135; a.A. Park StV 96, 136, 137: § 172 Nr. 1a enthalte verschiedene Modalitäten, deren alternative Verwirklichungsmöglichkeit durch die zweifache Verwendung des Wortes „oder" zum Ausdruck gebracht wird.
370 BGH StV 00, 244, 245.

von der bisherigen Rspr. abweichen sollte.[371] Die anschließenden Stellungnahmen der anderen Senate hinderten den 1. Senat nicht, die Revision auf der Grundlage dieser Begründung zu verwerfen.
In der Literatur ist die neue Rspr. des BGH nicht auf Zustimmung gestoßen. Aus dem Wortlaut des § 174 Abs. 1 S. 3 GVG geht ausdrücklich und unmißverständlich hervor, dass es sich bei der Angabe der Begründung nach der gesetzlichen Intention um ein zwingendes Erfordernis handelt. Fehlt eine Begründung, ist eine Verletzung der Rechtsnorm gegeben und somit ein Verfahrensfehler.[372] § 338 Nr. 6 StPO betrifft gerade Verfahrensfehler. Die Auffassung des BGH ist contra legem, da trotz Feststellung, dass ein Verstoß gegen § 174 Abs. 1 S. 3 GVG vorliegt, der absolute Revisionsgrund dennoch versagt wird. Auch überschreitet der BGH hier seine Kompetenzen. Der BGH argumentiert, dass das eindeutige Vorliegen eines Ausschliessungsgrundes ausreicht, wenn ein Ausschließungsgrund eindeutig vorliegt, dies ausreicht, um einen Revisionsgrund zu verneinen. Diese Auffassung setzt jedoch voraus, dass das Revisionsgericht die Kompetenz besitzt, nachzuprüfen, ob ein solcher Grund tatsächlich vorgelegen hat. § 336 S. 2 StPO entzieht aber gerade alle unanfechtbaren Entscheidungen ausdrücklich der Überprüfung der Revisionsgerichte. Da vorliegend ein Fall des § 171b GVG gegeben war und ein solcher Beschluß nach Abs. 3 unanfechtbar ist, ist die Zurückweisung der Revision mit dem Gesetz unvereinbar.[373]

106   *cc) Formularmuster.*

▶ **Antrag auf Ausschluß der Öffentlichkeit gem. § 171b GVG**

Landgericht München
Adresse

Az.: ....
M a i e r , Hermann
wegen Verdachts des sexuellen Missbrauchs von Kindern

In dieser Sache stelle ich die

A n t r ä g e ,

1. für die Dauer der Vernehmung von Herrn Maier die Öffentlichkeit gem. § 171b GVG auszuschließen sowie
2. bereits die Verhandlung über die Ausschließung der Öffentlichkeit gem. § 174 Abs. 1 Satz 1 GVG in nicht-öffentlicher Sitzung durchzuführen.

B E G R Ü N D U N G :

Gemäß § 171b Abs. 1 GVG kann die Öffentlichkeit ausgeschlossen werden, soweit Umstände aus dem persönlichen Bereich eines Prozessbeteiligten zur Sprache kommen, deren öffentliche Erörterung schutzwürdige Interessen verletzten würde, soweit nicht das Interesse an der öffentlichen Erörterung dieser Umstände

---

371   BGH NStZ 99, 92.
372   Park, StV 00, 246.
373   Gössel, NStZ 00, 181, 183.

überwiegt. So verhält es sich hier. Kernpunkt der Vernehmung von Herrn Maier zur Sache werden bei dem gegenständlichen Vorwurf sowohl die persönlichen Beziehungen und Erlebnisse innerhalb der Familie sein. Insbesondere wird es aber auch um seine Sexualsphäre gehen. Bei einer öffentlichen Erörterung dieser Belange würden aber schutzwürdige Interessen des Betroffenen verletzt, so dass eine Geheimhaltung erforderlich ist, um den Betroffenen davor zu schützen, dass sein Ansehen in der Öffentlichkeit gemindert oder dass ihr Einblick in sein Wesen und seine Lebensgewohnheiten verschafft wird. Der Öffentlichkeitsgrundsatz ist deshalb zugunsten des überwiegenden Persönlichkeitsschutzes von Herrn Maier einzuschränken. Weil bereits die Gefahr besteht, dass eine Verhandlung über die Gründe des beantragten Ausschlusses schutzwürdige Interessen des Betroffenen verletzen könnte, ist bereits die Verhandlung über die Ausschließung der Öffentlichkeit in nicht-öffentlicher Sitzung gem. § 174 GVG angezeigt.

Rechtsanwalt ◄

▶ **Widerspruch zum Antrag auf Ausschluß der Öffentlichkeit gem. § 171b GVG** 107

Landgericht München
Adresse

Az.: ....
M a i e r , Hermann
wegen Verdachts des sexuellen Missbrauchs

In dieser Sache trete ich als Nebenklägervertreter dem Antrag des Verteidigers auf Ausschluß der Öffentlichkeit gem. § 171b GVG entgegen.
Der grundsätzliche Vorrang der schutzwürdigen Interessen des Betroffenen gem. § 171b GVG besteht im vorliegenden Fall nicht. Eine Woche vor der Hauptverhandlung hat sich der Betroffene in der Zeitschrift .... in dem in Fotokopie beigehefteten Artikel in einem Interview ausführlich zu seinen familiären Bindungen und insbesondere auch zu seiner Sexualspähre aus freien Stücken geäußert. Der Betroffene hat somit die grundsätzlich schutzwürdigen Tatsachen freiwillig und außerhalb des Verfahrens vor der Öffentlichkeit ausgebreitet. Damit besteht aber auch innerhalb der Hauptverhandlung mehr kein Schutz vor der Öffentlichkeit (Meyer-Goßner, § 171b GVG Rn. 4).

Rechtsanwalt ◄

▶ **Antrag auf Vorverlegung der Hauptverhandlung am selben Sitzungstag** 108

Landgericht München I
80097 München

Az.: ....
M a i e r , Hermann
wegen Verdachts des sexuellen Missbrauchs von Kindern

In dieser Sache stelle ich den

Antrag,

den für den morgigen Hauptverhandlungstag auf 14:00 Uhr anberaumten Sitzungstermin auf 9:00 Uhr morgens vorzuverlegen.

Wegen anderweitiger enger Terminplanung wird es der Verteidigung nur schwer möglich sein, bei einem Beginn der Hauptverhandlung um 14:00 Uhr langzeitig zur Verfügung zu stehen. Der Verteidigung ist allerdings bekannt geworden, dass eine ursprünglich für 9:00 Uhr vor dem Landgericht angesetzte Strafsache ausgefallen ist. Es erscheint daher möglich, die Hauptverhandlung entgegen der ursprünglichen Planung bereits um 9:00 Uhr stattfinden zu lassen.

Eine Vorverlegung scheint daher angezeigt. Der Öffentlichkeitsgrundsatz wird hierdurch nicht verletzt, weil ein Vertrauen in Terminsankündigungen vom Öffentlichkeitsgrundsatz nicht umfasst sind (BGH NStZ 84, 134).

Rechtsanwalt ◀

Anmerkung:
Eine der effektivsten Anträge der Verteidigung, um den Mandanten vor der Öffentlichkeit zu bewahren, ist eine Anregung oder ein Antrag im oben genannten Sinne. Denn es liegt auf der Hand, dass dann, wenn eine Öffentlichkeit in der Sitzung nicht vorhanden ist, ein Antrag auf Ausschluß erst gar nicht gestellt werden muss.

5. Anträge zur Sitzordnung

109 Man kann es nur als kurios bezeichnen, dass es trotz der Tatsache, dass die StPO Bundesgesetz ist, in der Praxis offensichtlich nicht gelingt (und möglicherweise auch nicht gewollt ist), die Sitzungssäle auch gleichartig zu gestalten. Vielmehr erlebt man hier erhebliche Unterschiede. Relativ konstant ist noch, dass in einem Sitzungssaal mit Fenstern – überlebten Ansichten folgend – der Vertreter der Staatsanwaltschaft zumeist vor der Fensterfront sitzt. Konstant ist auch, dass in bayerischen Gerichtssälen ein Kreuz an der Wand hängt.

Bei der weiteren Gestaltung des Gerichtssaals wird es aber mitunter schon erstaunlich und es geht sogar so weit, dass dem Sitzungsstaatsanwalt ein Platz an der Ecke der Richterbank eingeräumt wird. Mag der Verteidiger bei solchen Raumgestaltungen bereits versucht sein, hiergegen etwas zu unternehmen, so sollte in jedem Fall die Gutmütigkeit dann enden, wenn Sitzungssäle vorgefunden werden, in denen sich der Platz des Mandanten räumlich völlig entfernt von der Verteidigerbank befindet.

Die Praxis zeigt hier erschreckende Beispiele. Teilweise ist die Verteidigerbank gerade kurz vor der Zuschauerreihe angebracht worden, teilweise ist für den Angeklagten lediglich ein einzelner Stuhl vorgesehen, der in der Mitte des Saales unmittelbar vor der Richterbank angeschraubt (!) ist.

In all diesen Fällen muss ein Verteidiger sich dessen bewusst sein, dass auf diese Art und Weise eine Verteidigung wohl kaum sachgerecht zu führen ist. Verteidigt werden kann nur dann ordnungsgemäß, wenn ein unmittelbarer Kontakt zum Mandanten besteht und im übrigen auch die Möglichkeit eröffnet ist, die Beweisaufnahme vollständig (also mit allen sinnlichen Wahrnehmungen) mitzuerleben. Über die Glaubwürdigkeit des Zeugen werden wohl kaum weitergehende Aufschlüsse dadurch gewonnen werden können, dass einzig und allein die Rückenmuskulatur des Zeugen genau inspiziert werden kann. Der Verteidiger muss deshalb unter allen Umständen dafür sorgen, dass er selbst und der Beschuldigte einen ordnungsgemäßen Platz im Sitzungssaal zugewiesen erhalten. Verteidiger und Beschuldigter müssen in der Lage sein, den Zeugenvernehmungen folgen zu können. Sie müssen auch in der Lage sein, eine Mitschrift der Hauptverhandlung fertigen zu können, Unterlagen auszubreiten und zu kommunizieren. Dies hat nichts damit zu tun – wie dies einmal formuliert worden ist – dass der Verteidiger den Angeklagten ans Bein treten können soll.[374] Eine vernünftig vorbereitete Verteidigung hat solche Mätzchen nicht nötig. Es geht um viel ernstere Themen. Erfreulicherweise ist diese Notwendigkeit auch von den meisten Gerichten mittlerweile erkannt worden. So hat in einer insofern maßgeblichen Entscheidung das OLG Köln[375] in einem Ordnungswidrigkeitsverfahren bereits entschieden, dass ein Betroffener im Sitzungssaal einen solchen Platz zugewiesen zu erhalten hat, der seiner Würde und seinem Anspruch auf Gleichbehandlung mit den übrigen Verfahrensbeteiligten entspricht. Darüber hinaus soll der Betroffene die Möglichkeit haben, von seinem Platz aus der Verhandlung zu folgen und seine Verteidigung sachgerecht führen zu können. Stellt der Verteidiger deshalb bei Beginn der Hauptverhandlung fest, dass diese Mindeststandards nicht eingehalten sind, ist zwingend auf eine Änderung hinzuwirken.[376] Revisionsrechtlich kann die Nichtgewährung eines ordnungsgemäßen Platzes zur Durchführung der Verteidigung unter § 338 Ziff. 8 StPO relevant sein. In den entscheidenden Fällen ist dem Verteidiger deshalb anzuraten, vor der Hauptverhandlung mit dem Vorsitzenden über die Sitzordnung ein entsprechendes Gespräch zu führen. Führt dies nicht zu dem gewünschten Ergebnis, sollte zu Beginn der Hauptverhandlung ein entsprechender Antrag gestellt werden und bei Zurückweisung eine Gerichtsentscheidung gem. § 238 Abs. 2 StPO herbeigeführt werden.[377]

---

374 Müller, Praxis der Strafverteidigung Band 12, 83.
375 OLG Köln, NJW 80, 302.
376 Wie schwierig dies allerdings sein kann – selbst bei höheren Gerichten –, zeigt die Entscheidung BVerfG, StraFo 96, 176.
377 Vgl. auch BayObLG StraFo 96, 47.

§ 16 Der Beginn der Hauptverhandlung

I. Erneute Akteneinsicht

1 Es ist bereits mehrfach darauf hingewiesen worden, wie wichtig es für den Verteidiger ist, mit seinen Verfahrenskenntnissen stets auf „der Höhe der Akte" zu sein.[1] Dies gilt natürlich insbesondere zu Beginn der Hauptverhandlung. Es ist selbstverständlich, dass sich bis kurz vor der Hauptverhandlung und natürlich später auch während der Hauptverhandlung, neue Entwicklungen ergeben können, die ihren Niederschlag in der Akte gefunden haben und dem Verteidiger noch nicht bekannt sind. So ist es ohne weiteres denkbar, dass zum Beispiel noch eine Stunde vor der Hauptverhandlung ein Telefax bei Gericht eingegangen ist, in dem sich ein entscheidender Zeuge wegen Krankheit entschuldigt. Der Verteidiger kann in solchen Situationen nicht ohne weiteres davon ausgehen, dass das Gericht ihm zu Beginn der Hauptverhandlung diese Entwicklung auch mitteilen wird. Möglicherweise hofft ein Gericht sogar darauf, dass der Beschuldigte ohnehin ein Geständnis ablegen wird und dann, nach Beginn der Beweisaufnahme und Mitteilung vom Fernbleiben des Zeugen aus Gesundheitsgründen allseitig auf die Einnahme verzichtet wird.

Es liegt aber auf der Hand, dass in einem solchen Fall die **Verhandlungsposition** der Verteidigung weitaus schlechter ist als wenn der Verteidiger von vorneherein von der Entschuldigung des Zeugen weiß. Denn durch die dann bestehende Gefahr der möglichen Aussetzung des Verfahrens kann möglicherweise die Verständigungsbereitschaft von Gericht und auch Staatsanwaltschaft erheblich steigen.[2]

Dem Verteidiger ist somit zu raten, sich in jedem Fall vor Beginn einer Hauptverhandlung davon zu überzeugen, dass keine weiteren Aktenteile zur Akte gelangt sind. Hierzu kann es sich entweder anbieten, eine entsprechende Anfrage an das Gericht zu richten oder aber einige Minuten vor dem vorgesehenen Beginn der Hauptverhandlung bereits im Gerichtssaal einzutreffen und den Richter zu bitten, noch einmal kurz die Akte einsehen zu dürfen. Hierbei kann aber bereits eine kurze Durchsicht genügen, um festzustellen, ob sich etwas neues ergeben hat. Denn die meisten Ermittlungsakten werden so geführt, dass die zuletzt eingegangenen Schriftstücke oben auf der Akte geführt werden und erst zu einem späteren Zeitpunkt einpaginiert werden. Der Eingang neuer Schriftstücke ist also rasch feststellbar.

II. Taktische Grundüberlegungen

2 Von der Frage der Bestimmung von Verfahrenszielen, die zu der inhaltlichen Vorbereitung der Hauptverhandlung gehört,[3] ist die Frage zu unterscheiden, welche taktischen Mittel zum Erreichen des Verfahrensziels zur Verfügung stehen. Hierüber muss sich der Verteidiger schon vor der Hauptverhandlung Klarheit verschafft haben. Das schließt allerdings nicht aus, dass sich taktische Vorgehensweisen im Laufe der Hauptverhandlung auch wiederum ändern können. Im Rahmen taktischer Überlegungen geht es auch um den Einbau von Sicherheitsmaßnahmen. Es ist zu überlegen, was an Möglichkeiten zur Verfügung steht, wenn ein Verfahrensziel nicht erreicht wird. Dies be-

---

1 Vgl. u.a. § 15 Rn 4.
2 Vgl. hierzu näher die Ausführung unter Verständigung und Vereinbarungen im Strafverfahren bei § 22.
3 Vgl. § 15 Rn 1 ff.

deutet wiederum, dass bereits zu Beginn der erstinstanzlichen Hauptverhandlung **auch die Rechtsmittelmöglichkeiten** nicht nur zu bedenken sind, sondern die Hauptverhandlung vorsichtigerweise auch so zu bestreiten ist, dass notfalls die Erfolgsaussichten für ein erfolgreiches Rechtsmittel steigen. Steht eine Verteidigung beim Amtsgericht an, so hat der Verteidiger also einzukalkulieren, dass es bei einem Rechtsmittel durch den Staatsanwalt, den Nebenkläger oder ihn zu einer zweiten Tatsacheninstanz vor dem Landgericht kommen wird. Eine sofortige Revisionsinstanz durch Einlegung einer Sprungrevision ist in diesen Fällen eher unwahrscheinlich. Abgesehen davon, dass es schon völlig offensichtlicher und ganz eklatanter Fehler im Verfahren bedarf, damit der Verteidiger eine Sprungrevision riskiert, wird vielfach auch der Staatsanwalt durch Einlegung einer sogenannten „Sperrberufung" eine solche Möglichkeit verhindern (§ 335 Abs. 3 StPO). Erfolgt hingegen die Verteidigung vor dem Landgericht als Eingangsinstanz oder Berufungsinstanz, so hat der Verteidiger im Blick zu haben, dass als Rechtsmittel nur die Revision zur Verfügung stehen wird.

In Bezug auf die taktische Grundeinstellung bedeutet dies, dass in den Fällen, in denen die Berufung das mögliche Rechtsmittel sein wird, während der Hauptverhandlung darauf zu achten ist, dass die Tatsachenfeststellungen möglichst umfangreich und richtig dokumentiert sind. Die häufigste Problematik kann hierbei im Zusammenhang mit dem Protokoll auftauchen. Gemäß § 273 Abs. 2 StPO ist bei einer Hauptverhandlung vor dem Strafrichter oder dem Schöffengericht ein Inhaltsprotokoll aufzunehmen. Dieses Protokoll kann in einer Berufungshauptverhandlung unter den Voraussetzungen des § 325 StPO verlesen werden.

Gerade dieser Bereich kann aber für den Verteidiger gefährlich werden. Die Erstellung eines **Inhaltsprotokolls** bedeutet, dass eine wörtliche Niederschrift durch den Protokollführer gerade nicht erfolgt. Der Protokollführer schreibt also das auf, was er für erheblich hält. Dies muss jedoch häufig nicht mit dem übereinstimmen, was tatsächlich wichtig ist. Dem Verteidiger muss bewusst sein, dass dem Protokollführer im Regelfall erst mit der Verlesung der Anklage überhaupt bekannt wird, was Gegenstand des Strafverfahrens ist. Handelt es sich um ein Wirtschafts- und Steuerstrafverfahren oder aber um ein sonstiges komplizierteres Verfahren mit einer umfangreichen Beweisaufnahme, wird der Protokollführer bestenfalls erst im Laufe des Verfahrens erkennen, worauf es bei einer Aussage möglicherweise ankommt. Es besteht hier somit immer die große Gefahr, dass die Protokolle in wesentlichen Punkten unvollständig sind.

Im Blick auf eine weitere Tatsacheninstanz ist somit entweder bereits in der Hauptverhandlung oder später darauf hinzuwirken, dass die Protokolle auch diese entscheidenden Aussagepassagen enthalten. Denn sonst besteht die Gefahr, dass entweder bei der Verlesung des Protokolls wichtige Passagen fehlen oder aber bei einer erneuten Beweisaufnahme Zeugen zu Unrecht vorgehalten wird, dass sie bestimmte Äußerungen in erster Instanz nicht getätigt hätten.

Noch viel wichtiger ist der Blick auf die Rechtsmittelinstanz in der Hauptverhandlung vor dem Landgericht. Natürlich wäre es grundfalsch, die Verteidigung vor dem Landgericht mit der Vorstellung zu führen, dass man schließlich in der Revisionsinstanz zu einem Erfolg kommen wird. Dennoch müssen gerade in diesen Fällen in der Hauptverhandlung wichtige Weichenstellungen vorgenommen werden. Dabei sollte man als Grundüberlegung immer vor Augen haben, dass die Entscheidungsträger in der Revision (BGH oder Oberlandesgerichte) selbstverständlich Richter sind und keine Rechtsanwälte. Diese Binsenweisheit bedeutet, dass Revisionsrichter in der Vergangenheit ebenfalls Instanzrichter waren und deshalb in der Regel mehr Verständnis für die Nöte eines Instanzrichters als für die eines Verteidigers werden aufbringen können. Dem Verteidiger muss deshalb bewusst sein, dass er in einer späteren Revisionsinstanz im Regelfall auf wenig Verständnis und damit auch geschmälerte Erfolgsaussichten treffen wird, wenn der Eindruck entsteht, dass er sich in einer Hauptverhandlung als „Jäger und Fallensteller" geriert hat, der das Instanzgericht umfangreich beschäftigt und insoweit fast schikaniert hat. Es kommt dann sehr leicht der Gedanke vom Missbrauch der Verteidigerrechte auf.[4] Auf der anderen Seite kann der Verteidiger auf größeres Interesse und auf Verständnis bei einem Revisionsgericht hoffen, wenn er darstellen kann, dass er nicht nur nach den Regeln der Kunst verteidigt hat, sondern sogar das Gericht auf strafprozesswidriges Verhalten hingewiesen hat. Denn bei einer nachhaltigen Ignoranz des Verfahrensrechts und ggf. der aktuellen Rechtsprechung hierzu besteht immer die Hoffnung, dass ein heftiges „Stirnrunzeln" auf Seiten des Revisionsgerichts erfolgt. Der Verteidiger muss deshalb bei der Verteidigung in der Hauptverhandlung im Blick auf die Revision sein Augenmerk auf verschiedene Aspekte legen.

Er hat darauf zu achten, dass er die **verfahrensrechtlichen Fehler** auch tatsächlich in der Revision ansprechen kann. Dazu muss er in der Hauptverhandlung die entsprechenden Anträge stellen oder von seinem Beanstandungsrecht gem. § 238 Abs. 2 StPO Gebrauch machen.[5] Zum anderen sollte der Verteidiger aber auch versuchen, durch seine Verteidigungsführung dafür zu sorgen, dass sich die Atmosphäre der Hauptverhandlung im Hauptverfahrensprotokoll widerspiegelt, damit erkennbar wird, dass (nur) nach den Regeln der Kunst verteidigt worden ist. Trotz dieser Überlegungen sei aber vor einem Fehlschluß gewarnt, dem gerade Verteidiger leicht unterliegen. Immer wieder ist festzustellen, dass Schwerpunkt vieler Verteidigeransätze das Verfahrensrecht ist. Dabei wird verkannt, dass das Verfahrensrecht nur der „Weg zum Ziel" ist. Das Urteil beinhaltet hingegen das materielle Recht. Gerade im materiellen Recht liegen deshalb auch die erfolgreichsten Verteidigungsansätze begründet. Fast immer sind Fragen der Anwendbarkeit eines Tatbestandes, der Möglichkeit des „Herunterdefinierens" eines Vorwurfs von elementarer Bedeutung. Insbesondere der allgemeine Teil des Strafgesetzbuches bietet eine Fundgrube für Verteidigungsbemühungen, die nicht übersehen werden darf. Beispielsweise ist etwa kaum ein versuchtes Kapitaldelikt vorstellbar, bei dem sich nicht in irgend einer Weise die Frage des Rücktritts stellt. Der Verteidiger sollte deshalb in taktischer Hinsicht nicht den Fehler machen, sich schwerpunktmäßig auf verfahrensrechtliche Probleme zu stürzen, sondern vor allem dort ansetzen, wo die Erfolgsaussichten deutlich größer sind, im materiellen Recht. Dass dieses so ist, beweist nicht zuletzt auch die Revisionsstatistik des Bundesgerichtshofs. Urteilsaufhebungen erfolgen zum überwiegenden Teil aufgrund der Sachrüge, nicht aufgrund von Verfahrensrügen.

---

4 Vgl. hierzu nur Niemöller, StV 96, 501; aber auch unter dem gleichen Titel Kempf StV 96, 507.
5 Vgl. hierzu § 18 Rn 1 ff. zum Beanstandungsrecht.

III. Der Beginn der Hauptverhandlung

1. Zeitpunkt des Erscheinens

Die Hauptverhandlung selbst beginnt mit dem Aufruf der Sache (§ 243 Abs. 1 S. 1 StPO). Zu dieser sollten Verteidiger und Mandant selbstverständlich **pünktlich erscheinen**. Keiner liebt Verspätungen und es ist deshalb höchst überflüssig, durch nachlässige Planungen von vorneherein die Gefahr einer unguten Stimmung heraufzubeschwören. Kommt es dennoch zu einer nicht vermeidbaren Verspätung; sollte das Gericht informiert werden.

3

Liegt ein Fall der notwendigen Verteidigung vor, so ist grundsätzlich gewährleistet, dass das Gericht nicht ohne Verteidiger die Verhandlung beginnen wird. In Ausnahme hierzu ist es allerdings schon vorgekommen, dass Gerichte bei längerem Ausbleiben des Verteidigers einen Pflichtverteidiger bestellt haben und es gibt auch Kollegen, die als bestellte Pflichtverteidiger unter diesen Bedingungen sogar die Durchführung einer Hauptverhandlung zulassen.[6] Liegt kein Fall der notwendigen Verteidigung vor, so neigen einige Gerichte dazu, ohne den Verteidiger mit der Hauptverhandlung zu beginnen. Dies ist rechtswidrig. Insbesondere wenn der Verteidiger dem Gericht bereits mitgeteilt hat, dass er kurzfristig zum Beginn der Hauptverhandlung erscheinen wird, hat das Gericht auch länger auf das Eintreffen zu warten.[7] Ansonsten wird im Regelfall eine Wartezeit von einer Viertelstunde für angemessen gehalten.[8]

In rechtlicher Hinsicht kann ein Verstoß gegen das Wartegebot wegen Verletzung des Rechtsstaatsgebots auf eine entsprechende Verfahrensrüge hin zur Aufhebung des Urteils führen.[9] In der Praxis wird dies jedoch selten das probate Mittel sein, weil die meisten Wartezeitverstöße beim Amtsgericht vorkommen und sehr genau überlegt sein will, ob aus diesen Gründen eine Sprungrevision erhoben wird. Es ist vielmehr zu empfehlen, in solchen Fällen zunächst das persönliche Gespräch mit den entsprechenden Richtern zu suchen und die Zeitprobleme der Verteidigung zu erläutern. Das Verständnis eines Richters wird entsprechend groß sein, wenn der Verteidiger hierbei etwa deutlich machen kann, dass Grund seiner Verspätung weniger seine eigene fehlerhafte Terminplanung ist, sondern vielmehr das fehlende Talent eines anderen Richters, seine Terminplanung richtig vorzunehmen und der Verteidiger deshalb schon in anderer Sache lange warten musste. Ggf. kann der Verteidiger bei dieser Gelegenheit auch darauf hinweisen, dass die Frage der Wartezeit ein „Geben und Nehmen" ist.

Denn das Gericht kann auch durchaus verpflichtet sein, den Termin zu verlegen, wenn der verspätete Beginn einer Hauptverhandlung zu einer terminlichen Verhinderung des Verteidigers führt.[10]

---

6 Eine solche Verhaltensweise kann nur als bedauerlich bezeichnet werden. Das Mindeste, was in diesen Fällen zu erwarten wäre, ist eine Erklärung des Pflichtverteidigers, nicht verteidigungsbereit zu sein und deshalb eine Aussetzung oder zumindest eine Unterbrechung der Hauptverhandlung zu beantragen. Die sofortige Durchführung der Hauptverhandlung ohne Kenntnis des Mandanten und der Sache stellt nichts anderes als die Karikatur einer Verteidigung dar. Ein Verteidiger, der sich derart verhält, verdient die Bezeichnung nicht.

7 BayOBLG VRS 67, 438; bei auswärtigem Verteidiger OLG Frankfurt, Anwbl 84, 108.

8 OLG Düsseldorf StV 95, 454; OLG Köln StV 84, 147.

9 OLG Düsseldorf, a.a.O.

10 BayObLG StV 84, 13.

Vor diesem Hintergrund sollte sich der Verteidiger zur Pflicht machen, pünktlich und bestenfalls sogar einige Minuten **vor Beginn der Hauptverhandlung** am Sitzungssaal einzutreffen, weil hiermit anderweitige Chancen und Vorteile einhergehen können. Zu erinnern ist zum einen an das Gebot der kurzfristigen Akteneinsicht vor Beginn der Hauptverhandlung.[11] Darüber hinausgehend sollte auch nicht unterschätzt werden, dass sich die Zeit kurz vor der Hauptverhandlung brisant entwickeln kann. Es ist möglich, dass der Mandant vor dem Sitzungssaal erstmals wieder auf Zeugen trifft, die etwa als potentielle Geschädigte (im doppelten Sinn) geladen sind. In einem solchen Fall kann nicht ausgeschlossen werden, dass es zu hitzigen Gesprächen kommt, die für das spätere Verfahren nicht förderlich sind. Ist der Verteidiger bereits vorher anwesend, kann er hier notfalls schlichtend eingreifen.

4　Auch ein anderer Punkt ist anzusprechen: Manchmal bietet sich für den Verteidiger, der zuerst mit seinem Mandanten den Sitzungssaal betritt, bei einem Verfahren gegen **mehrere Angeklagte** die Möglichkeit, seinen Platz frei zu wählen. Auch dies kann eine Bedeutung haben. Denn nicht alle Gerichte lassen bei einer Verhandlung gegen mehrere Angeklagte diese entsprechend der Auflistung in der Anklageschrift Platz nehmen. In einem solchen Fall kann die freie Platzwahl deswegen wichtig sein, weil von Gerichten bei der Befragung der Angeklagten gelegentlich in der Reihenfolge vorgegangen wird, in der die Angeklagten Platz genommen haben. Dies bedeutet für den Verteidiger, dass sein Mandant möglicherweise dann als Erster vernommen wird, wenn Mandant und Verteidiger an vorderster Stelle in der Anklagebank Platz genommen haben. Mit der Einnahme eines hinteren Platzes geht somit die Gefahr einher, eine Befragung als Letzter hinzunehmen. Der Zeitpunkt der Befragung bei einem Verfahren gegen mehrere Angeklagte kann indes eine ganz entscheidende Rolle spielen.[12]

2. Präsenzfeststellung

5　Ist der Aufruf der Sache erfolgt, stellt das Gericht die Präsenz fest und belehrt die zu dem Zeitpunkt bereits geladenen und erschienenen Zeugen sowie die Sachverständigen. Dieser Vorgang ist insbesondere in denjenige Fällen wichtig und zu beachten, in denen es im Laufe des Verfahrens um die Frage der Wiedererkennung des Angeklagten durch einen Zeugen geht. In solchen Fällen muss dem Verteidiger klar sein, dass die Frage der Wiedererkennung spätestens dann „gelaufen" ist, wenn der Wiedererkennungszeuge den Angeklagten auf der Anklagebank hat sitzen sehen. Wird der entsprechende Zeuge dann später im Verfahren durch das Gericht gefragt, ob er den Angeklagten als Täter wiedererkenne, kann der Verteidiger mit größter Sicherheit davon ausgehen, dass diese Frage bejaht wird. Obwohl einer solchen Zeugenbestätigung aufgrund der **Wiedererkennungssituation** kaum ein Beweiswert zukommen kann, ist in der Praxis leider immer wieder zu beobachten, dass viele Gerichte groteskerweise auf diese Frage nicht verzichten und sie auch noch für wichtig erachten.

11　Vgl. oben § 16 Rn 1 sowie § 15 Rn 4.
12　Soll sich der eigene Mandant hingegen als Letzter äußern, kann dies notfalls auch über die Erklärung gesteuert werden, dass der Mandant vorerst von seinem Schweigerecht Gebrauch macht.

In den entsprechenden Verfahren sollte der Verteidiger deshalb darauf achten, dass es dem Zeugen vor Beantwortung einer entsprechenden Wiedererkennungsfrage nicht möglich ist, den Angeklagten als solchen zu identifizieren. Nach einer Empfehlung[13] sollte bei solchen Fragestellungen daran gedacht werden, einen Antrag an das Gericht zu stellen, dem Angeklagten zu gestatten, bis zur Entfernung der Zeugen nach deren Belehrung im Sitzungssaal im Zuschauerraum Platz zu nehmen. Wird die Stellung eines solchen Antrags erwogen, muss allerdings bedacht werden, dass dies nicht erst in der Hauptverhandlung vorgebracht werden sollte. Dies folgt zum einen aus der Funktion des Antrages selbst. Zum anderen stehen viele Menschen Situationen zunächst mit Vorbehalten gegenüber, die aus der täglichen Routine hinauslaufen. Bei Richtern verhält es sich nicht anders. Denkt der Verteidiger an einen entsprechenden Antrag, sollte er hierfür deswegen vielmehr rechtzeitig vor der Hauptverhandlung beim Richter werben und ihn auch in einem persönlichen Gespräch über den Hintergrund aufklären. Die Chance, dass ein Gericht sich dann bereitfindet, einem solchen Antrag zu folgen, ist unter diesen Umständen jedenfalls größer.

3. Vernehmung zu den persönlichen Verhältnissen

Nachdem die Zeugen den Sitzungssaal verlassen haben, vernimmt der Vorsitzende den Angeklagten über seine persönlichen Verhältnisse (§ 243 Abs. 2 S. 2 StPO). Zweck der Vernehmung über die persönlichen Verhältnisse ist in erster Hinsicht die Identitätsfeststellung. Es geht daher um die in § 111 Abs. 1 OWiG bezeichneten Angaben.[14] Darüber hinaus geht es bei der Abfrage der persönlichen Verhältnisse um die Klärung von Prozessvoraussetzungen, wie etwa der Prüfung der Verhandlungs- und Verteidigungsfähigkeit. Weitere Angaben gehören nicht zu den persönlichen Verhältnissen, sondern zur Vernehmung zur Sache (Vernehmung zur Person). Obwohl dies völlig unstrittig ist, wird in der Praxis dennoch regelmäßig gegen diese Norm verstoßen. Man kann zuweilen erleben, dass Richter im Rahmen der Vernehmung zu den persönlichen Verhältnissen noch vor Verlesung der Anklage nicht nur den Lebenslauf des Angeklagten abfragen, sondern zum Teil sogar die Einkommensverhältnisse des Angeklagten klären wollen. Gelegentlich werden an dieser Stelle auch noch das Bundeszentralregister bemüht und Feststellungen über existierende Vorstrafen getroffen. Alle diese Handhabungen sind eindeutig verfahrensfehlerhaft. Würde der Angeklagte nach Verlesung der Anklage und Belehrung über sein Schweigerecht gemäß § 243 Abs. 4 StPO von seinem Verweigerungsrecht Gebrauch machen, so würden entsprechende Angaben sogar einem Verwertungsverbot unterliegen.[15]

Dennoch ist es natürlich **Ermessenssache des Verteidigers**, ob er eine entsprechende fehlerhafte Handhabung durch das Gericht hinnimmt oder nicht. Ist mit dem Mandanten eine Verteidigungslinie vereinbart, innerhalb der sich der Mandant umfassend zu seiner Person äußert, wird es in der Regel keine Rolle spielen, wann diese Äußerungen erfolgen. Es besteht dann auch keine Notwendigkeit für den Verteidiger, bei einer fehlerhaften Handhabung durch das Gericht einzugreifen. Hat der Verteidiger hingegen mit dem Mandanten eine andere Linie vereinbart und läuft die Vorgehensweise des Gerichts dem zuwider, so sollte die Handhabung des Gerichts in jedem Fall unterbunden

---

13   Danckert/Ignor, Formularbuch für den Strafverteidiger, S. 321, nach einem Vorschlag von Tondorf.
14   Meyer-Goßner, § 243 StPO Rn 11.
15   Meyer-Goßner, § 240 StPO Rn 12.

und darauf hingewiesen werden, dass gem. § 243 Abs. 3 StPO erst die Anklage zu verlesen sei, bevor nach anschließender Belehrung gem. § 243 Abs. 4 über das Schweigerecht eine Entscheidung erfolgt, ob zur Sache ausgesagt wird oder nicht.

IV. Die Einlassung des Angeklagten

1. Die Erklärung des Angeklagten

7 Ist die Anklageschrift verlesen worden, hat das Gericht den Angeklagten gem. § 243 Abs. 4 StPO über sein Recht zu belehren, dass es ihm freisteht, sich zur Anklage zu äußern oder nicht zur Sache auszusagen. Ist der Angeklagte zur Äußerung bereit, so wird er nach Maßgabe des § 136 Abs. 2 StPO zur Sache vernommen (§ 243 Abs. 4 Satz 1 und 2 StPO). Der Beginn der Vernehmung des Angeklagten zur Sache ist ein wesentlicher Präklusionszeitpunkt. Anträge, von denen geplant ist, sie zu Beginn der Hauptverhandlung zu stellen (zum Beispiel Unzuständigkeitsanträge, Befangenheitsanträge, Besetzungseinwände; vgl. oben) können nach Beginn der Vernehmung des Angeklagten bzw. nach Beginn der Vernehmung des **ersten** Angeklagten (Besetzungseinwand) nicht mehr gestellt werden. Nach der erfolgten Belehrung hat der Angeklagte sodann entsprechend der Vorbereitungen mit dem Verteidiger seine Einlassung abzugeben.[16] Ob die Erklärung alleine durch den Angeklagten abgegeben wird oder zusätzlich durch den Verteidiger, hängt von den Umständen des Einzelfalls ab. Gerade in Verfahren mit großer Öffentlichkeitswirkung oder besonderer Vorberichterstattung kann es sich anbieten, dass der Verteidiger auf Besonderheiten vorab hinweist. Soweit er dies im Rahmen der Einlassung des Angeklagten macht, ist dies ohne weiteres zulässig.[17] Weil es sich hierbei um eine Äußerung im Rahmen der Aussage des Beschuldigten handelt, muss dem Verteidiger allerdings bewusst sein, dass auch seine Aussage als Einlassung des Beschuldigten verwertet werden kann.[18] Etwas anderes würde nur dann gelten, wenn der Beschuldigte ausdrücklich erklärt, dass die Aussage des Verteidigers nicht von seinem Willen gedeckt ist. Dass so etwas aber nicht erfolgen sollte, versteht sich von selbst.

8 Ist durch den Verteidiger mit dem Angeklagten eine zusammenhängende Aussage vorbereitet worden, so ist darauf zu achten, dass der Mandant tatsächlich auch die Gelegenheit hat, seine Aussage ohne Unterbrechung vortragen zu dürfen. Wird der Mandant durch ständige Zwischenfragen des Gerichts unterbrochen, sollte der Verteidiger deshalb deutlich auf das bestehende Recht des Angeklagten hinweisen, sich vor Eintritt in die Beweisaufnahme im Zusammenhang zu äußern.[19]

Insbesondere das **Äußerungsrecht des Angeklagten** im Zusammenhang stellt ein sehr wesentliches Recht dar. Die Äußerung des Angeklagten gehört nicht zur Beweisaufnahme, die erst nach der Vernehmung des Angeklagten beginnt (§ 244 Abs. 1 StPO). Die Äußerung des Angeklagten ist vielmehr Gegenposition zum durch den Staatsanwalt vorgetragenen Anklagevorwurf. Auch der Staatsanwalt wird beim Vortrag seines Anklagevorwurfes nicht unterbrochen. Es ist deshalb auch von optischer Wichtigkeit, dass der Angeklagte in der Hauptverhandlung, in der Waffengleichheit zu herrschen

---

16 Vgl. oben § 15 Rn 6 ff.
17 Vgl. auch Malek, Rn 166, Dahs Handbuch der Strafverteidigung Rn 470.
18 BGHSt 98, 59.
19 BGHStV 90, 245.

hat, ebenfalls die Möglichkeit zu einer Sachdarstellung erhält, bei er nicht unterbrochen wird. Es ist eine besondere Aufgabe des Verteidigers, anderweitigen Handhabungen, die sich hierbei zuweilen einschleichen und gelegentlich sogar ins Skurile[20] gehen, entgegenzuwirken. Wird dieses Recht durch den Vorsitzenden nicht anerkannt, hat der Verteidiger das Mittel einzusetzen, welches er stets gegen seiner Auffassung nach unrechtmäßige Entscheidungen der Sachleitung zur Verfügung hat. Er hat die Entscheidung des Vorsitzenden zu beanstanden und gemäß § 238 Abs. 2 StPO eine gerichtliche Entscheidung hierzu herbeizuführen, weil nur dies ihm die Möglichkeit eröffnet, den Vorgang auch revisionsrechtlich überprüfen zu lassen (vgl. unten).

Mit gutem Grund hat der BGH deshalb in seinen Entscheidungen immer wieder die Wichtigkeit der Äußerung des Angeklagten unterstrichen. Dies betrifft auch die Fälle, in denen sich der Angeklagte nicht sofort äußert. Kommt es erst später zur Bereitschaft des Angeklagten, sich zur Sache zu äußern, so hat das Gericht dann dann die Verpflichtung, dem Angeklagten baldmöglichst die Gelegenheit zur Äußerung auch zuzugestehen.[21]

In Bezug auf die inhaltlichen Ausführungen im Rahmen der Einlassung des Angeklagten sollte der Verteidiger besonderes darauf achten, dass der Angeklagte wie ein Zeuge aussagt.[22] Deshalb sollte sich sein Vortrag auf die Schilderung von Tatsachen beschränken. Rechtliche Ausführungen oder Motivforschung bei anderen Personen können und sollten nicht Aufgabe des Angeklagten sein. Leider ist bei vielen Strafverfahren (insbesondere Verfahren im Sexualstrafrecht) die Frage des Gerichts an den Angeklagten üblich geworden, welche Erklärung er für die Aussage der Zeugin habe, wenn diese doch nicht stimme. Diese Art der Befragung sollte nicht zugelassen werden. Vielmehr ist es in solchen Fällen an der Zeit, den Fragesteller auf die Stellung als „Zeuge in eigener Sache" hinzuweisen. Ein Zeuge hat aber über Tatsachen zu berichten und nicht über ihm unbekannte Vorgänge. Dieser Hinweis ist gerade auch in psychologischer Hinsicht wichtig, weil ein Angeklagter bei einer solchen Fragestellung ansonsten nur verlieren kann. Zum einen wird er meist nur unvollkommen über mögliche Motivlagen bei Belastungszeugen Auskunft geben. Zum anderen neigen viele Gerichte dazu, sich bei entsprechenden Erklärungsversuchen des Angeklagten zum Motiv einer Belastung insbesondere damit zu beschäftigen, dieses Motiv zu entkräften, nicht aber weitere Überlegungen zu anderen Motiven anzustellen. Der Angeklagte gerät also fast zwangsläufig ins Hintertreffen.

2. Die Befragung des Angeklagten

Im Anschluss an die Einlassung des Angeklagten haben die Prozessbeteiligten das **10** Recht, den Angeklagten zu befragen. Hierdurch wird das Schweigerecht des Angeklagten natürlich nicht aufgehoben. Der Angeklagte kann also von vorneherein erklären, dass er außer seiner Aussage keine Fragen beantworten wird oder aber Fragen zu ei-

---

20 BGH StV 88, 45 hatte zu befinden, dass es unzulässig sei, einen Angeklagten vor Belehrung über seine Aussagefreiheit vor Beginn der Vernehmung zur Sache zu veranlassen, durch Kopfnicken oder Kopfschütteln zu einzelnen Punkten des Anklagesatzes zum Ausdruck zu bringen, ob der Angeklagte sich zu ihm bekenne oder sie bestreite.

21 BGHStV 82, 457; BGHStV 86, 235; BGH NStZ 85, 561.

22 So zu Recht Malek, Rn 218, der vom „Zeugen in eigener Sache" spricht.

nem bestimmten Anklagepunkt oder Fragen bestimmter Prozessbeteiligter (z.B. Staatsanwalt oder Nebenkläger) nicht beantworten werde. Wird eine solche Verfahrensweise gewählt, ist aber zuvor **abzuwägen**, welche Variante die größeren Vor- bzw. Nachteile mit sich bringt. Denn die Nichtbeantwortung bestimmter Fragen von Prozessbeteiligten stellt, soweit es sich um zulässige und zugelassene Fragen handelt, ein **verwertbares Teilschweigen** dar. Auf der anderen Seite muss gesehen werden, dass bestimmte Fragen unter Umständen nur entweder unzureichend oder unvorteilhaft durch den Angeklagten beantwortet würden.

Die Entscheidung für die richtige Variante erfordert für Verteidiger und Angeklagten eine gründliche Vorbereitung.[23] Das Erfordernis, auf Fragen der Prozessbeteiligten vorbereitet zu sein, entfällt selbst dann nicht, wenn der Beschuldigte ein Geständnis in der Hauptverhandlung ablegen wird. Häufig wird hier vielmehr die Gefahr bestehen, dass der Beschuldigte die Fragen der weiteren Prozessbeteiligten dazu verwendet, das ursprünglich umfassend abgegebene Geständnis in einzelnen Punkten wieder zurückzunehmen oder zu verwässern. Gerade in diesen Fällen kann es deshalb angezeigt sein, es bei der geständigen Erklärung zu belassen. Dabei muss dem Verteidiger klar sein, dass ein umfängliches Geständnis (schon) dann vorliegt, wenn der Anklagevorwurf vollumfänglich eingeräumt wird (inwieweit dieses Geständnis von Schuldeinsicht und Reue getragen wird, ist eine andere Frage). Es ist daran zu erinnern, dass den Angeklagten keine Verpflichtung trifft, außerhalb des Anklagevorwurfs liegende Vorgänge auch noch zu erklären und einzuräumen.

---

23   Vgl. hierzu § 15 insbesondere Rn 30.

§ 17 Die Beweisaufnahme

I. Grundsätze der Beweisaufnahme

1. Allgemeines

Damit der Verteidiger produktiv an der Beweisaufnahme mitwirken kann, ist unbedingt ein Bewußtsein darüber erforderlich, was Inhalt, Ziel und Mittel der Beweisaufnahme im Strafverfahren sind, welche Beweiserhebungen ein Strafverfahren verlangt und was nicht ermittelt werden muss. Nur diese Kenntnis ermöglicht ihm auch eine vernünftige Planung von Verteidigungsstrategie und Taktik. Gerade in der Praxis zeigt sich immer wieder, dass nicht nur viele Verteidiger in diesem Bereich unsicher sind, sondern auch Gerichte erhebliche Schwächen offenbaren, die teilweise zu einer erheblichen Verlängerung von Strafverfahren führen können.[1]

Unter Beweisaufnahme ist derjenige Teil der Hauptverhandlung zu verstehen, in dem mit den gesetzlich zugelassenen Beweismitteln von Amts wegen oder auf Antrag eines Prozessbeteiligten vergangene oder gegenwärtige Tatsachen und Erfahrungssätze aufgeklärt werden (sollen).[2] Der Umfang der Beweisaufnahme richtet sich nach der Beweisbedürftigkeit. Über alle entscheidungserheblichen Tatsachen, die der Angeklagte nicht glaubhaft eingesteht, sowie über Erfahrungssätze, die nicht allgemeingültig sind, ist Beweis zu erheben. Dieses hat in der Hauptverhandlung zu geschehen, weil § 261 StPO normiert, dass das Gericht über das Ergebnis der Beweisaufnahme nach seiner freien, aus dem **Inbegriff der Hauptverhandlung** geschöpften Überzeugung entscheidet.[3]

Die Grenze der Beweisbedürftigkeit beginnt bei Tatsachen, die so allgemein bekannt sind, dass die Beteiligten vernünftigerweise damit rechnen müssen, dass sie zur Grundlage der Entscheidung gemacht werden.[4] Hierüber braucht kein Beweis erhoben zu werden. Ebenso wenig kann – im Gegensatz zu ausländischen Rechtsnormen – inländisches Gesetzesrecht Gegenstand der Beweisaufnahme sein.

Die Pflicht zur Aufklärung ist zusätzlich in bestimmten Bereichen durch sogenannte „Schätzklauseln" begrenzt. Soweit es um die Berechnung von Rechtsfolgen geht, darf sich das Gericht mit der Ermittlung von Anhaltspunkten begnügen, die nach der Lebenserfahrung eine hinreichend sichere Beurteilung erlauben, und muss nicht alle notwendigen Einzelheiten klären.[5] **Typische Schätzklauseln** enthalten die §§ 40 Abs. 3, 43a Abs. 1 Satz 3, 73 b, 73d Abs. 2, 74c Abs. 3 StGB, § 29a Abs. 3 Satz 1 OwiG.

Darüber hinaus sollte beachtet werden, dass es auch ein „zuviel" an Aufklärung gibt. Steht bereits der Freispruch des Angeklagten fest, so ist eine weitere Aufklärung nicht geboten. Ebenso wenig kann ein Angeklagter verlangen, dass ein Strafverfahren allein zu dem Zweck fortgeführt wird, dass seine Unschuld bewiesen wird.[6]

---

1 Vgl. hierzu instruktiv Nehm/Senge NStZ 98, 377.
2 Meyer-Goßner, § 244 StPO Rn 2.
3 Zuletzt hierzu auch OLG Köln StV 04, 7 sowie BGH StV 03, 319.
4 Meyer-Goßner, § 244 StPO Rn 3.
5 BGH NJW 98, 1723.
6 BGHSt 10, 88.

Ein Strafverfahren kann auch nicht den Zweck haben, andere außerhalb des Verfahrens liegende Straftaten aufzuklären.[7] Ausufernden Beweisaufnahmen kann deshalb mit dieser Argumentation ein Riegel vorgeschoben werden.

2. Streng- und Freibeweisverfahren

2   Das Strafverfahren stellt für das Beweisverfahren grundsätzlich zwei verschiedene Verfahrensarten zur Verfügung, das Streng- und das Freibeweisverfahren.

Das Strengbeweisverfahren ist das engere Beweisverfahren. Es ist erforderlich für die Feststellung der Schuld- und Rechtsfolgentatsachen in der Hauptverhandlung.

Das Strengbeweisverfahren umfasst das Beweisverfahren gem. §§ 244 bis 256 StPO, wobei die weiteren Prozessmaximen der Mündlichkeit und Öffentlichkeit der Verhandlung (§ 261 StPO, § 169 GVG) zu beachten sind.

Beweismittel des strengen Beweisverfahrens sind somit (nur) der **Personalbeweis** durch Zeugen (§ 48 ff. StPO) sowie Sachverständige (§ 72 ff. StPO), und der **Sachbeweis** durch Augenschein (§ 86, 244 Abs. 5 StPO) sowie Urkundsbeweis (§ 249 StPO).[8]

3   Im Gegensatz zum strengen Beweisverfahren steht das freie Beweisverfahren für alle Beweiserhebungen in der Hauptverhandlung zur Verfügung, soweit sie nicht Schuld und Rechtsfolgentatsachen betreffen. Zusätzlich kommt das Freibeweisverfahren für alle Beweiserhebungen außerhalb der Hauptverhandlung in Betracht. Dem Freibeweisverfahren in der Hauptverhandlung unterliegen demnach insbesondere

- die Feststellung von Prozessvoraussetzungen,
- Feststellungen hinsichtlich der tatsächlichen Voraussetzung von Verwertungsverboten,
- die Frage von Eidesverboten,
- die Beweisaufnahme über ausländisches Recht[9] wie auch
- weitere Feststellungen zum „Rahmengeschehen" einer Hauptverhandlung.[10]

Auch wenn der Fantasie des Gerichts bei der Beweisaufnahme im freien Beweisverfahren weitestgehend keine Einschränkungen entgegenstehen, so sind doch die weiteren verfahrensrechtlichen Vorschriften einzuhalten. Dies bedeutet, dass sich der Umfang des freien Beweisverfahrens nach der in § 244 Abs. 2 StPO normierten Aufklärungspflicht des Gerichts richtet. Ebenso ist der Grundsatz rechtlichen Gehörs zu beachten wie auch etwa bestehende Beweisverbote.[11] Soweit das Freibeweisverfahren innerhalb der Hauptverhandlung zum Tragen kommt, ist nicht zu vergessen, dass trotz des fehlenden Erfordernisses der Mündlichkeit, Unmittelbarkeit und Öffentlichkeit wegen § 261 StPO die gewonnenen Ergebnisse zum Gegenstand der mündlichen Verhandlung gemacht werden müssen.

---

7 Vgl. auch BGH NStZ 94, 247 m.Anm. Widmaier, StV 94, 169.

8 Ob darüber hinaus die Aussage des Angeklagten („Geständnis") als Beweismittel im weiteren Sinn aufzufassen ist, ist eine terminologische Frage (KK-Herdegen, § 244 Rn 1 mit weiteren Nachweisen).

9 BGH NJW 94, 3364.

10 Z.B. die Frage, ob das Ausbleiben des Angeklagten entschuldigt ist, ob ein Zeuge bereits zuvor in der Hauptverhandlung anwesend war, Geschehnisse bei der Vorführung des Angeklagten durch den Vorführdienst, Erreichbarkeit eines Zeugen, Sachkunde eines Sachverständigen.

11 Vgl. hierzu unten Rn 5.

Gelegentlich kann es auch zu einer **Doppelrelevanz der Beweisaufnahme** kommen. **4**
Dies ist immer dann der Fall, wenn Fragen zu klären sind, die nicht nur etwa die Prozessvoraussetzungen betreffen, sondern gleichzeitig auch Fragen der Schuld und Rechtsfolgentatsachen (z.b. die sich bei einem Angeklagten gleichzeitig stellende Frage der Verhandlungs- und Schuldfähigkeit).
In solchen Fällen ist das strenge Beweisverfahren anzuwenden. Etwas anderes gilt nur, wenn zunächst lediglich die Prozessvoraussetzung geklärt werden soll. Dann kann insofern im Freibeweisverfahren vorgegangen werden.[12]

3. Beweisverbote

Abgesehen von den bereits angesprochenen Begrenzungen durch Schätzklauseln oder **5**
einer Ausuferung der Beweisaufnahme ist die Beweisaufnahme auch sonst nicht schrankenlos. Es sind vielmehr bestehende Beweisverbote zu beachten. Hierbei ist im einzelnen vieles unklar und in Rechtsprechung und Literatur umstritten. Es würde den Umfang dieses Buches deshalb sprengen, auf dieses Thema in allen Details einzugehen. Allgemein lässt sich aber sagen, dass üblicherweise die Beweisverbote in Beweiserhebungs- und Beweisverwertungsverbote unterschieden werden.
Im Rahmen der Beweiserhebungsverbote wird zwischen Beweisthema-, Beweismittel- und Beweismethodenverboten unterschieden. Dabei untersagt das Beweisthemaverbot die Aufklärung bestimmter Tatsachen, das Beweismittelverbot die Benutzung bestimmter Beweismittel und das Beweismethodenverbot die Art und Weise der Beweisgewinnung trotz sonstiger Zulässigkeit.
Beweisverwertungsverbote ergeben sich hingegen nach Verstoß gegen ein Beweisthema oder Beweismittelverbot. Die besondere Problematik besteht darin, dass allgemein verbindliche Regeln, unter welchen Voraussetzungen ein solches Verbot bestehen kann, nicht vorliegen. Die Rechtsprechung geht vielmehr vom Einzelfall aus und entscheidet nach Sachlage und Art des Verbotes in einer Abwägung zwischen den Interessen der Rechtspflege und dem Individualrechtsgut.[13]

Übersicht **6**

Beweisverbot

Beweisgewinnung-(erhebungs-)verbot	Beweisverwertungsverbot
1. Beweisthemaverbot (z.B. bindend festgestellte Tatsachen oder geheimhaltungsbedürftige Tatsachen: Sachverhaltsaufklärung bei Strafmaßberufung, Beratungsgeheimnis nach § 43 DRiG, getilgte oder tilgungsreife Verurteilungen gem. § 51 Abs. 1 BZRG	Folgt aus Beweisthema oder Beweismittelverbot ■ Gesetzlich ausdrücklich angeordnet (z.B. § 69 Abs. 3, 136 a, 252 StPO, § 393 Abs. 2 AO, § 51 Abs. 1 BZRG, Artikel 1 § 7 Abs. 3 G 10

---

12 KK/Herdegen, § 244 StPO Rn 8.
13 Eine gute Übersicht bieten Baumann/Brenner, Die strafprozessualen Beweisverbote, 1991; vgl. aber auch Müssig GA 99, 139, Beulke StV 90, 184; aus der Rechtsprechung vgl. insbesondere BVerfGE 34, 238.

2. Beweismittelverbote (z.B. Zeugen, die von ihrem Zeugnis-verweigerungsrecht Gebrauch machen, Urkundenverwertung trotz § 96 StPO)	■ Sonstiges Verwertungsverbot bei fehlerhafter Beweiserhebung, wenn die Abwägung ergibt, dass höherwertige Rechtsgüter den Verzicht auf Beweismittel und Beweisergebnisse, mit denen die Überführung eines Straftäters gelingen könnte, unabweichlich machen (BGHSt 19, 325), z.b. ■ Schriftliche Aufzeichnungen/Tagebücher-unverwertbar außerhalb der Schwerkriminalität[14]
3. Beweismethodenverbot (z.b. Drohung, Täuschung)	■ Verletzung der Vertaulichkeit des Wortes/ Heimliche Tonbandaufnahmen: bei fehlender Zustimmung nicht verwertbar[15] ■ Verteidigungsunterlagen des Angeklagten bei Widerspruch nicht verwertbar[16] ■ Überwachung des Verteidigertelefons: nicht verwertbar[17] ■ Äußerungen des Angeklagten in der Untersuchungshaft gegenüber Mitgefangenen: bei bewusstem Ansetzen nicht verwertbar[18] bei ohne Ansetzung freiwillig erfolgter Aussage verwertbar[19] bei Handlungen Privater, die dem Staat aber zuzurechnen sind (Wahrsagerfall) verwertbar[20] ■ Äußerungen Dritter, die diese mit in § 136 a StPO genannten Methoden vom Angeklagten gewonnen haben: nur bei „extremer Menschenrechtswidrigkeit" nicht verwertbar ■ Verletzung von Benachrichtigungspflichten: strittig, aber richtiger Ansicht nach nicht verwertbar[21] ■ Verletzung des Rechts auf Verteidigerkonsultation: bei Widerspruch nicht verwertbar (vgl. oben) ■ Verletzung von Belehrungspflichten: bei Widerspruch unter bestimmten Umständen (vgl. oben) nicht verwertbar

14 BVerfGE 34, 238.
15 BGHSt 34, 379; BGHSt 36, 167, anders bei vorliegender Notwehr oder Nothilfe; grundsätzlich verwertbar aber die Aussage eines Zeugen, der am lautgestellten Telefon mitgehört hat.
16 BGH NStZ 98, 309, vgl. auch Malek Rn 265 a; LG Bonn StV 04, 124 f.
17 BGHSt 33, 47; BverfG v. 03.03.2004 in StV 04, 169 ff. auch zur teilweisen Verfassungswidrigkeit der §§ 100c ff. StPO.
18 BGH NStZ 89, 33.
19 BGH NStZ 89, 32.
20 BGH NStZ 99, 147; EGMR StV 04, 1 ff. zur Verletzung von Art. 8 MRK bei Einschaltung von Privatpersonen in Ermittlungstätigkeiten gegen nicht in Haft sitzende Beschuldigte.
21 Malek, a.a.O. Rn 265 g.

II. Der Zeugenbeweis

1. Die Zeugenfähigkeit

Von den **vier Beweismitteln** des Strengbeweisverfahrens ist der Zeuge nicht nur das 7 meistgebrauchte Beweismittel, sondern zugleich auch das problematischste, was bereits in der häufig unvollständigen Organisation der menschlichen Sinne begründet liegt.[22]

Grundsätzlich kann jede natürliche lebende Person als Zeuge in Betracht kommen. Tote (auch wenn von ihnen eine Videoaufzeichnung vorhanden ist) oder Tiere (z.b. der Rauschgifthund, der einen Koffer mit Drogen erschnüffelt hat) sind hingegen keine Zeugen im strafprozessualen Sinn. Dies bedeutet nicht, dass entsprechende Erkenntnisse nicht in die Hauptverhandlung einführbar wären. Allerdings muss dies auf anderem Wege erfolgen. Denkbar wäre in solchen Fällen etwa die Erhebung eines Zeugenbeweises durch Vernehmungsbeamte oder Polizeihundeführer bzw. der Weg über den Urkundenbeweis.

Die Tatsache, dass alle natürlichen Personen grundsätzlich als Zeugen in Betracht kommen können, bedeutet naturgemäß nicht, dass der Aussagegehalt aller Zeugen gleichwertig ist. Aussagetüchtigkeit und Aussagefähigkeit können vielmehr völlig verschieden ausgeprägt sein.[23] Bestehen Zweifel an der grundsätzlichen Zeugnisfähigkeit einer Person, hat das Gericht ein Sachverständigengutachten hierüber einzuholen.[24] Auch der Verteidiger sollte daran denken, in den geeigneten Fällen hierauf mit einem Antrag hinzuwirken. Dabei ist es eine rein taktische Frage, ob der Antrag als Beweisermittlungsantrag oder Beweisantrag formuliert wird. Wird ein Beweisermittlungsantrag gestellt, ist das Gericht lediglich im Rahmen seiner Aufklärungspflicht gemäß § 244 Abs. 2 StPO gehalten, diesem Antrag nachzugehen. Wird hingegen ein Beweisantrag gestellt, bestimmt sich die gerichtliche Verpflichtung in den für das Gericht erheblich engeren Grenzen des § 244 Abs. 3 StPO.[25]

Auch **Kinder** kommen grundsätzlich als Zeugen in Betracht.[26] Dabei wird aber die 8 Grenze für die Aussagetüchtigkeit bei etwa drei bis vier Jahren liegen.[27] Unverständlicherweise wird gelegentlich kindlichen Aussagen weniger Bedeutung beigemessen, als den Aussagen erwachsener Zeugen. Dabei handelt es sich allerdings um einen grundlegenden Irrtum. Denn häufig erweisen sich die Beobachtungen von Kindern und Jugendlichen als sehr viel genauer und exakter als die Beobachtungen Erwachsener, denen es zuweilen äußerst schwerfällt, zwischen tatsächlich Wahrgenommenem und Schlußfolgerungen zu unterscheiden.[28]

Auch Prozessbeteiligte können zu Zeugen werden. Hierbei gilt der Grundsatz, dass die 9 Zeugenpflicht sogar anderen Aufgaben vorgeht, weil der Zeuge wegen der Unwiederholbarkeit seiner Wahrnehmung nicht austauschbar ist.[29] Dies bedeutet, dass auch für

---

22 Rückel, Strafverteidigung und Zeugenbeweis, Rn 1.
23 Vgl. hierzu näheres unten.
24 KK/Senge, vor § 48 StPO Rn 5; BGH StV 93, 522; BGH StV 94, 634, BGH StV 94, 642; OLG Zweibrücken StV 95, 293.
25 Vgl. hierzu weiter unten bei § 19.
26 Bei der Art und Weise der Vernehmung sind aber Nr. 19, 222 RiStBV zu beachten.
27 OLG Zweibrücken a.a.O., vgl. auch Arntzen, DRiZ 76,20, Malek PdStV Rn 323.
28 Vgl. näheres hierzu unten.
29 Eisenberg, Persönliche Beweismittel in der StPO, Rn 1007.

den befaßten Richter die Zeugenpflicht vorgeht. Äußert sich der Richter als Zeuge, kann er gemäß § 22 Nr. 5 StPO in der Sache aber nicht mehr tätig sein. Wegen dieser weitreichenden Konsequenz ist es dem Richter allerdings möglich, vor seiner in Frage kommenden Zeugenvernehmung durch eine dienstliche Erklärung mitzuteilen, ob er tatsächlich etwas zu einer Beweistatsache bekunden kann. Ergibt sich, dass die Zeugeneinvernahme des befaßten Richters in der Sache nichts bringen wird, muss die entsprechende Beweisaufnahme nicht erfolgen und der Richter kann weiterhin in der Sache tätig bleiben. Sollte der Verteidiger auf den Gedanken kommen, diesbezüglich einen Beweisantrag zu stellen, würde dieser nach einer erfolgten dienstlichen Erklärung des Richters als unzulässig zurückgewiesen werden können.[30] Dem Verteidiger ist von einer solchen Handlungsweise deshalb dringend abzuraten.

Auch der **Sitzungsstaatsanwalt** ist als Zeuge denkbar und möglich. Im Gegensatz zum Richter führt der Auftritt des Staatsanwalts als Zeugen allerdings nicht grundsätzlich zur Beendigung seiner Tätigkeit als Sitzungsstaatsanwalt. Er ist aber gehindert, seine eigene Vernehmung und die Verfahrensteile, die mit dieser Vernehmung untrennbar verbunden sind, im Plädoyer selbst zu würdigen.[31] Hierzu hat sich dann – soweit erforderlich – der Staatsanwalt zu äußern, der während der Zeugenaussage des anderen Staatsanwalts als Sitzungsvertreter fungiert.

10 Neben **Richter und Staatsanwalt** kann auch der Verteidiger als Zeuge in Betracht kommen. Liegt ein Fall der notwendigen Verteidigung vor, so hat das Gericht sicherzustellen, dass während der Dauer der Zeugenvernehmung des Verteidigers der Angeklagte durch einen weiteren Verteidiger verteidigt ist. Soweit der Angeklagte nicht über mehrere Verteidiger verfügt, ist im Fall der notwendigen Verteidigung deshalb ggf. ein anderer Verteidiger beizuordnen.[32]

Ebenso wie bei Richter und Staatsanwalt besteht für den Verteidiger grundsätzlich eine Aussagepflicht. So wie für den Richter und Staasanwalt allerdings hinsichtlich von Aussagen, die den dienstlichen Bereich betreffen, eine Aussagegenehmigung erforderlich ist, ist für den Verteidiger die Entbindung von der Schweigepflicht durch den Mandanten, den es betrifft, erforderlich. Dabei darf allerdings nicht übersehen werden, dass der Äußerung des Richters oder Staatsanwalts ohne die erforderliche dienstliche Aussagegenehmigung wegen § 54 StPO ein Beweiserhebungsverbot aber kein Beweisverwertungsverbot entgegensteht,[33] wohingegen die Aussage des Verteidigers ohne die erforderliche Schweigepflichtsentbindung zwar zu persönlichen Konsequenzen für den Zeugen führt, nicht aber zu einem Beweiserhebungsverbot und erst recht nicht zu einem Verwertungsverbot.[34]

Der **Verteidiger als Zeuge** muss deshalb den Umfang seiner Schweigepflicht, die sich (nur) auf die bei der Berufsausübung anvertrauten oder bekannt gewordenen Tatsachen erstreckt,[35] genau bestimmen.

---

30 BGH StV 91, 99; BGH StV 93, 507.
31 BGH StV 83, 497.
32 BGH NJW 86, 78.
33 Meyer-Goßner, § 54 StPO Rn 2.
34 Anders ggf. bei unrichtiger Belehrung und Hinweis auf angebliche Entbindung i.S.d. § 53 Abs. 2 StPO; vgl. Schwaben NStZ 02, 288, 295; Meyer-Goßner, § 53 Rn 50.
35 Meyer-Goßner, § 53 StPO Rn 7.

Liegt hingegen eine Entbindung von der Schweigepflicht vor, so stellt sich das Problem nicht. Eine solche Schweigepflichtentbindung kann auch konkludent erteilt werden. Sie kann sich lediglich auf Teilbereiche erstrecken und ist zusätzlich jederzeit widerrufbar. Hierdurch ergibt sich für den Verteidiger in taktischer Hinsicht die Möglichkeit, mit dem Mandanten sehr genau abzustimmen, in welchem eingrenzbaren Bereich eine Aussage des Verteidigers als Zeugen in Betracht kommen kann. Trotz dieser guten Abgrenzungsmöglichkeiten kann jedoch nur davor gewarnt werden, zum taktischen Mittel des Verteidigerauftritts als Zeugen zu greifen.[36] Üblicherweise wird der Wert einer solchen Zeugenaussage nur sehr gering sein. Demgegenüber kann aber erheblicher „Flurschaden" angerichtet werden. Dies gilt umso mehr, wenn die Verteidigerzeugenaussage auch noch durch eine nur eingegrenzte Entbindung beschränkt ist. Nicht zuletzt wird auch die besonders notwendige und für die anderen Prozessbeteiligten erforderlich sichtbare Distanz zwischen Mandanten und Verteidiger verkleinert.

Als weitere Prozessbeteiligte können auch Protokollführer Zeugen sein. Weil § 31 Abs. 1 StPO auf die Vorschriften über die Ausschließung und Ablehnung der Gerichtspersonen verweist, sind sie in diesem Fall ab dem Zeitpunkt, in dem ihre Zeugenvernehmung angeordnet wird, von der weiten Mitwirkung an der Hauptverhandlung ausgeschlossen. **11**

Daneben können noch andere **Verfahrensbeteiligte als Zeugen** in Betracht kommen. Besonders häufig wird dies beim Nebenkläger der Fall sein. Hier bestimmt § 397 Abs. 1 S. 1 StPO sogar ausdrücklich, dass dieser nach erfolgtem Anschluss (auch wenn er als Zeuge vernommen werden soll) zur Anwesenheit in der Hauptverhandlung berechtigt bleibt. Weil der Nebenkläger jedoch keine **Anwesenheitspflicht** in der Hauptverhandlung hat,[37] ist der Rechtsanwalt als Nebenklägervertreter gut beraten, wenn er seinem Mandanten empfiehlt, von diesem Recht nicht Gebrauch zu machen.

Im Gegensatz zum **Nebenkläger** kommt der Privatkläger als Zeuge nicht in Betracht. Denn dies würde sich nicht mit seiner Parteistellung im Privatklageverfahren vereinbaren lassen.[38] Anderes gilt wiederum für den Dolmetscher; dies selbst dann, wenn er zuvor, was auch bei einem Dolmetscher durchaus möglich ist, wegen Besorgnis der Befangenheit abgelehnt worden ist .[39]

Auch weitere prozessbeteiligte Personen kommen als Zeugen in Betracht. Dies betrifft etwa Erziehungsberechtigte und gesetzliche Vertreter im Jugendstrafverfahren, teilnahmeberechtigte Vertreter des Finanzamts (§ 407 Abs. 1 AO)[40] oder anderer Behörden (§ 66 Abs. 1 Nr. 2 GWB, § 76 OWiG), Beistände, Bewährungs- und Gerichtshelfer.

Mitangeklagte können (aufgrund ihrer prozessualen Stellung) jedoch keine Zeugen sein. Hier ist nicht einmal die Befragung durch die weiteren Angeklagten zulässig (§ 240 Abs. 2 S. 2 StPO).[41] Dies gilt aber nur, soweit sie tatsächlich „mitangeklagt" sind. Weil es für die Zeugnisfähigkeit nur auf die Verbindung der Verfahren ankommt,

---

36 Vgl. Rückel, Rn 88.
37 Meyer-Goßner, § 398 StPO Rn 2.
38 BayObLG MDR 53, 377, BayObLG NJW 61, 2318.
39 BayObLG NStZ 98, 270; zu den Personen, die wegen Besorgnis der Befangenheit abgelehnt werden können vgl. unten bei § 20 Rn 2 ff.
40 LG Dresden, NStZ 99, 313.
41 Dem Verteidiger bleibt es natürlich gestattet, auch Mitangeklagte zu befragen.

kann deshalb auch ein gemäß § 231c StPO zeitweise beurlaubter Mitangeklagter nicht als Zeuge aussagen. Erfolgt aber eine Abtrennung der Verfahren, kann durchaus eine Zeugenaussage eines früheren Mitangeklagten in Betracht kommen.[42]

Auch der Angeklagte kann im Gegensatz zu anderen Rechtsordnungen nach deutschem Rechtsverständnis nicht Zeuge in eigener Sache sein.[43]

2. Formularmuster

12 ▶ **Antrag auf Erholung eines Sachverständigengutachtens über die Zeugnistüchtigkeit (als Beweisermittlungsantrag)**

Landgericht München I
Adresse

Az.: ....
M e i e r , Hermann
wegen Verdachts des Raubes

Die Verteidigung von Herrn Meier stellt den

A n t r a g ,

vor einer Vernehmung des Zeugen Peter Schmitz ein psychiatrisches Sachverständigengutachten über dessen Zeugnistüchtigkeit einzuholen. Gleichzeitig wird angeregt, mit der Begutachtung Herrn Prof. Dr. med. Norbert Müller zu beauftragen.

BEGRÜNDUNG:

Wie sich aus der mitgeteilten Ladungsliste des Gerichts ergibt, ist in der Hauptverhandlung gegen Herrn Meier für den 16. Hauptverhandlungstag die Vernehmung von Herrn Peter Schmitz als Zeuge vorgesehen.

Der Verteidigung sind jedoch zwischenzeitlich erhebliche Anknüpfungstatsachen bekannt geworden, die Zweifel an der Zeugnistüchtigkeit von Herrn Schmitz begründen.

Herr Schmitz hat im Jahr 1998 einen schweren Verkehrsunfall erlitten, die bei ihm neben multiplen Frakturen auch zu einem Schädel-Hirn-Trauma geführt haben. Aufgrund dieser Verletzung befand sich Herr Schmitz über einen Monat im Koma. Auch zum heutigen Zeitpunkt leidet er unter Lähmungserscheinungen, die sich insbesondere durch einen schleppenden Gang bemerkbar machen. Aus der Zeugenaussage des Zeugen Huber (Bl. ... d.A.) ergibt sich zudem, dass Herr Schmitz gegenüber Herrn Huber geäußert haben soll, dass er Schwierigkeiten habe, sich an bestimmte Ereignisse zu erinnern und manchmal nicht genau wisse, ob er selbst etwas erlebt habe oder es ihm nur erzählt worden sei. Aufgrund dieser Tatsachen bestehen aber erhebliche Zweifel an der Zeugentüchtigkeit von Herrn Schmitz. Es ist anerkannt, dass sich ein Schädel-/Hirn-Trauma nachhaltig auf die Zeugentüchtigkeit einer als Zeugen vorgesehenen Person auswirken kann (BGH StV 94, S. 634).

---

42 BGH StV 84, 361; dies soll sogar auch bei nur vorübergehender Abtrennung gelten, BGH NJW 64, 1034; BGH MDR 71, 897.
43 BGH NJW 86, 78.

Die Auswirkung ist dabei im Regelfall umso größer, je schwerer das Trauma war. Vorliegend deutet die Dauer des komatösen Zustandes aber auf einen erheblichen Schweregrad hin. Es ist daher durch Einholung eines neurologisch-psychiatrischen Gutachtens geboten, vor der Vernehmung des Zeugen Erkenntnisse zur grundsätzlichen Zeugeneignung von Herrn Schmitz zu erlangen.

Rechtsanwalt ◄

► **Antrag auf Einholung eines Sachverständigengutachtens über die Zeugnistüch-**   **13**
tigkeit (als Beweisantrag)

Landgericht München I
Adresse

Az.: ....
M e i e r , Hermann
wegen Verdachts des Raubes

B e w e i s a n t r a g:

Zum Beweis der Tatsache, dass der Zeuge Friedrich Hase am 13.05.2000 um 13:00 Uhr infolge vorangegangenen Alkoholgenusses nicht in der Lage war, für das Verfahren beweiserhebliche Tatsachen richtig wahrzunehmen, beantrage ich die Einholung eines Sachverständigengutachtens.

BEGRÜNDUNG:

Aus der diesem Verfahren zwischenzeitlich beigezogenen Ermittlungsakte gegen den Zeugen Hase wegen Verdachts der fahrlässigen Trunkenheitsfahrt ergibt sich, dass der Zeuge Hase am 13.05.2000 um 20:00 Uhr in eine Verkehrskontrolle geriet. Wegen des dabei wahrgenommenen Alkoholgeruchs wurde eine Blutprobe veranlasst, die zum Abnahmezeitpunkt um 21:00 Uhr einen Blutalkoholgehalt im Mittelwert von 1,2 Promille aufwies. Der Zeuge Hase hat sich in dem Ermittlungsverfahren gegen ihn dahingehend geäußert, dass er den letzten Alkohol am 13.05.2000 um 12:00 Uhr zu sich genommen haben will. Hieraus folgt, dass bei einer Rückrechnung mit Abbauwerten von 0,2 Promille pro Stunde und einem zusätzlichen Sicherheitszuschlag von 0,2 Promille am 13.05.2000 um 13:00 Uhr von einer alkoholischen Belastung von mehr als 3,0 Promille auszugehen ist. Bei solchen Werten, bei denen die Annahme von Schuldfähigkeit für Straftäter in der Regel nicht ausgeschlossen ist, ist aber auch davon auszugehen, dass die Fähigkeit eines Zeugen, Sachverhalte zutreffend aufzunehmen, beeinträchtigt ist (BGH StV 90, S. 289).
Der beantragte Sachverständigenbeweis wird diese Tatsache belegen. Insbesondere wird der Sachverständige darlegen können, dass neben der errechneten hohen Blutalkoholkonzentration auch die weiteren sich aus der Akte ergebenden Verhaltensweisen des Zeugen, insbesondere das mehrmalige Hinfallen am Ort seiner Beobachtung, auf Ausfallerscheinungen hinweist, die im Rahmen einer erforderlichen Gesamtbetrachtung dazu führen, dass von einer fehlenden Wahrnehmungsfähigkeit des Zeugen auszugehen ist. Der Zeuge ist damit nicht zeugnistüchtig.

Rechtsanwalt ◄

3. Der Gegenstand des Zeugenbeweises

a) Individuelle Wahrnehmungen und Tatsachen

14 Gegenstand der Zeugenvernehmung ist der Bericht des Zeugen über individuelle Wahrnehmungen und Tatsachen, die er in Erinnerung hat und die er zu reproduzieren vermag.[44] Rechtsfragen, Erfahrungssätze, allgemeine Eindrücke, Schlußfolgerungen oder Mutmaßungen sind hingegen ebensowenig Gegenstand des Zeugenbeweises wie anderweitige Werturteile.[45] Bereits daraus ergibt sich, dass nur derjenige Zeuge sein kann, der die zu bekundende Tatsache auch selbst wahrgenommen hat. Keine Rolle spielt hingegen für die Frage der Zeugeneigenschaft, warum der Zeuge eine Wahrnehmung gemacht hat oder über Tatsachen berichten kann. Diese Frage, etwa ob es zur Beobachtung des Zeugen zufällig oder aus gezieltem Interesse kam, kann allerdings bei der Frage der Beurteilung der Richtigkeit der Zeugenaussage von Belang sein.

b) Der Sonderfall des Zeugen vom Hören-Sagen

15 *aa) Rechtslage.* Einen für die Ermittlung der Wahrheit im Strafverfahren und damit naturgemäß auch für die Verteidiger besonders problematischen Bereich stellt die Möglichkeit dar, dass auch Gegenstand des Zeugenbeweises eine Aussage sein kann, die der Zeuge von einer anderen Person über einen bestimmten Vorgang gehört hat. Zwar ist in § 250 StPO der **Unmittelbarkeitsgrundsatz** normiert. Dieser bestimmt aber nur im Interesse möglichst zuverlässiger Beweisgewinnung den Vorrang des Personalbeweises vor dem Urkundenbeweis.[46] Und selbst dies steht noch auf tönernen Füßen. Denn abgesehen davon, dass der so bestimmte Unmittelbarkeitsgrundsatz ohnehin nicht im beschleunigten Verfahren (vgl. § 420 StPO) und im Einspruchsverfahren nach Strafbefehl (§§ 411 Abs. 2 S. 2 StPO i.V.m. § 420) gilt, sowie weitere Durchbrechungen in das Strafverfahren Einzug gehalten haben (vgl. § 255a StPO), soll sich aus § 250 StPO nach herrschender Auffassung auch kein weiterreichender Grundsatz ergeben, dass allgemein bei der Beweisaufnahme das sachnächste Beweismittel benutzt werden muss.[47] Das führt dazu, dass auch die Vernehmung eines sog. Zeugen-vom-Hören-Sagen für zulässig erachtet wird.[48]

Bei dieser Sachlage liegt es nahe, den möglichen Gegenstand des Zeugenbeweises sogar noch auszudehnen. So ist selbst die Vernehmung eines Zeugen des „Zeugen-vom-Hören-Sagen" möglich, wobei die Kette beliebig weiter verlängert werden kann. Unerheblich ist zudem, ob der Zeuge, der von einem anderen behauptet hat, etwas erfahren zu haben, diesen überhaupt kennt.[49] Gerade in Verfahren im Zusammenhang mit V-Leuten wird hierbei eine bedenkliche Großzügigkeit an den Tag gelegt.

Selbst das Wissen eines verdeckten Ermittlers der Polizei bzw. einer Vertrauensperson (V-Mann), der dem Gericht infolge Verweigerung der Aussagegenehmigung oder der Auskunft über Person und Anschrift gemäß § 110b Abs. 3 StPO bzw. § 96 StPO analog

---

44 KK/Pelchen Rn 1 vor § 248; LR/Dahs, Rn 2; 3; 9 vor § 48 StPO, Alsberg/Nüse/Meier, S. 173.
45 Meyer-Goßner, vor § 48 StPO Rn 2; BGHSt 22, 269.
46 Ganz h.M. BGHSt 6, 210; BGHSt 15, 253; BGHSt 17, 382; BGHSt 31, 149; BGHSt 32, 115; BGHSt 33, 178; BGHSt 36, 159.
47 Meyer-Goßner, § 250 Rn 3.
48 BGHSt 17, 382.
49 BGH StV 99, 7.

nicht zur Verfügung steht, kann inhaltlich durch Vernehmung eines Beamten der Polizei oder des Verfassungsschutzamtes in den Prozess eingeführt werden.[50] Unbeachtlich ist dabei, ob die Verhörsperson über die Person des Informanten Auskunft gibt. Die Frage, ob sich das Gericht dazu in der Lage sieht, auf die Aussage des „Zeugen-vom-Hören-Sagen" eine Entscheidung zu stützen oder weitere Ermittlungen und Überlegungen anzustellen hat, soll sich lediglich nach allgemeinen Grundsätzen, also insbesondere nach der bestehenden Aufklärungspflicht des Gerichts, beurteilen lassen. Hierbei ist zwar anerkannt, dass das Gebot äußerster Vorsicht insbesondere dann gelten soll, wenn die Zahl der Zwischenglieder in der Beweisführung wächst.[51] Andererseits ist es aber auch anerkannt, dass das Gericht nicht dazu verpflichtet ist, bei einem „Zeugen-vom-Hören-Sagen" daneben einen Gewährsmann zu hören, selbst wenn dies möglich wäre.[52] Dabei kann rechtlich nicht zweifelhaft sein, dass ein „Zeuge-vom-Hören-Sagen" unmittelbaren Beweis nur für das ihm Mitgeteilte, nicht aber für dessen Wahrheitsgehalt erbringen kann.[53] Der „Zeuge-vom- Hören-Sagen" bekundet deshalb auch keine zum gesetzlichen Tatbestand gehörenden Tatsachen, sondern lediglich Beweisanzeichen.[54] Durch die Vernehmung eines „Zeugen-vom-Hören-Sagen" über eine indizierende Tatsache soll vielmehr im Wege mittelbarer Beweisführung das aufgeklärt werden, was durch die Aussage des originären Zeugen unmittelbar bewiesen werden könnte.[55]

Die Problematik einer solchen Vorgehensweise liegt auf der Hand. Als Verteidiger kann man sich deshalb über die beachtliche Zuversicht nur wundern, mit der geglaubt wird, mit einer derart großzügigen Handhabung der Beweisaufnahme zu richtigen Ergebnissen im Strafverfahren zu gelangen.[56]

Es ist zwar nicht zu übersehen, dass die Rechtsprechung voller Warnungen und Mahnungen zu einer vorsichtigen Handhabung ist.[57] So wird etwa ausgeführt, dass bei einem Zeugen vom Hören-Sagen bereits ganz allgemein eine erhöhte Gefahr der Entstellung oder Unvollständigkeit in der Wiedergabe von Tatsachen bestehe, die ihm von

---

50 BVerfG NJW 92, 168, BGHSt 32, 115 (GSSt); BGHSt 33, 168; BGH NJW 04, 1259, 1261.

51 BGHSt 34, 15.

52 Meyer-Goßner, § 250 StPO Rn 4; vgl. aber BayObLG StV 82, 412, dass es für unerläßlich hält bei einem wichtigen unmittelbaren Zeugen, der erkrankt ist, selbst bei einer zu erwartenden Genesungszeit von sechs Monaten auf diesen zu warten, auch wenn nicht feststeht, ob der Zeuge dann überhaupt noch eine Erinnerung an das Tatgeschehen hat.

53 Eisenberg, Rn 1027.

54 BGHSt 17, 382.

55 Eisenberg, a.a.O.

56 Vgl. zur grundsätzlichen Problematik auch Mehle, Grünwald-FS, 358.

57 BGH NJW 04, 1295, 1261 mahnte ausdrücklich in dem öffentlichkeitswirksamen Verfahren gegen einen Verdächtigen im Zusammenhang mit den Anschlägen vom 11.09.2001 (Fall El Motassadeq) im Falle einer durch Maßnahmen der executivbedingten Verkürzung der Beweisgrundlage: „Jedoch muss sich das Gericht der dadurch seiner Überzeugungsbildung gezogenen Grenzen bewusst sein und dies in den Urteilsgründen zum Ausdruck bringen. Dies gilt nicht nur wegen der begrenzten Zuverlässigkeit mittelbarer Beweisführung durch die Einvernahme von „Zeugen-vom-Hören-Sagen" oder die Verlesung von Vernehmungsprotokollen, die besondere Anforderungen an die Beweiswürdigung und an die Begründung der tatrichterlichen Entscheidung stellt, insbesondere wenn der unmittelbare Gewährsmann anonym bleibt. Die mittelbar in das Verfahren eingeführten Angaben derartiger Gewährsleute bedürfen sorgfältigster Überprüfung; vielmehr auch deswegen, weil bei dieser Art der Beweisführung das Fragerecht der Verteidigung Einbußen erleidet." (m.w.N. auf Rechtsprechung des BGH).

demjenigen vemittelt worden sind, auf den sein Wissen zurückgeht. Eine zusätzliche Problematik bestehe auch darin, dass die Strafprozessordnung neben dem Grundsatz der Unmittelbarkeit von dem der Parteiöffentlichkeit beherrscht werde. Bei einem anonymen Gewährsmann versagten allerdings die Rechte aus den §§ 240, 257 StPO und es trete unverständlich hinzu, dass die Verfahrensbeteiligten ebenso wie das Gericht sich kein Bild machen könnten von Persönlichkeit, Lebenslauf, Charakter und Beweggründen, also von der persönlichen Glaubwürdigkeit der im Dunkeln bleibenden Gewährsperson und damit auch vom Beweiswert seiner Bekundungen. Von daher bedürfe es sorgfältigster Überprüfung der wiedergegebenen Aussagen solcher Gewährsleute.[58]

Leider spricht die Praxis vieler strafrechtlicher Hauptverhandlungen hier aber eine andere Sprache. Vielfach kann die geforderte sorgfältige Prüfung durch die Gerichte überhaupt nicht angestellt werden und wird auch nicht angestellt.[59] Die Praxis lehrt zudem, dass das Ermittlungsziel vieler Ermittlungsbeamter nicht schlicht die Aufklärung des Sachverhalts ist, sondern nach Fokussierung auf einen Hauptverdächtigen gerade die Überführung von diesem als Täter. Die Versuchung liegt dabei sehr nah, zur Erreichung dieser vermeintlichen „guten Sache" die vorhandenen Beweismittel in einem besseren Licht dastehen zu lassen. Gerade nach einer gelegentlich vorkommenden sog. „Enttarnung" eines V-Manns werden Prozessbeteiligte immer wieder mit Erstaunen zur Kenntnis nehmen können, welche Diskrepanz zwischen dem Erscheinungsbild der V-Person und der Schilderung der V-Person durch den Vernehmungsbeamten besteht.

16   *bb) Der Umgang des Verteidigers mit der Problematik einer Sperrerklärung.* Dennoch wird sich der Verteidiger auf die bestehende Verfahrenslage der Zulässigkeit des „Zeugnisses-vom-Hören-Sagen" einzustellen haben. Dabei muss es insbesondere seine Aufgabe sein, dem Gericht stets die grundsätzliche Problematik und insbesondere die Grenzen dieses Beweismittels aufzuzeigen. Dabei sollte auch einem in diesen Fällen häufig drohenden „Rollentausch"[60] begegnet werden. Denn auch bei der Vernehmung eines „Zeugen-vom-Hören-Sagen" muss es Aufgabe des Gerichts bleiben, die Glaubwürdigkeit des Zeugen zu überprüfen, der dem „Zeugen-vom-Hören-Sagen" gegenüber Angaben gemacht hat. Dies kann nicht Aufgabe des „Zeugen-vom-Hören-Sagen" sein. Deshalb kommt etwa der Würdigung der Umstände, unter denen der mittelbare Zeuge die Angaben vom originären Zeugen erhalten hat, besondere Bedeutung zu.[61]

Für den Beschuldigten und natürlich auch für den Verteidiger besonders aufreizend sind dabei die Fälle, in denen es zur Vernehmung eines „Zeugen-vom-Hören-Sagen" gerade dadurch kommt, dass die Exekutive eine erschöpfende Sachaufklärung verhindert und eine sog. **Sperrerklärung** abgibt. Dies erfolgt insbesondere in Verfahren, in denen zuvor verdeckte Ermittlungsmethoden zum Tragen gekommen sind.[62] Dabei be-

---

58 BGHSt 17, 382, 386; BGH NJW 04, 1259, 1261.

59 So wurde auch in der angesprochenen Entscheidung BGH NJW 04, 1295 ff. die Entscheidung des zuständigen Oberlandesgerichts aufgehoben und wegen mangelnder sorgfältiger Prüfung durch das OLG die Sache an dieses Gericht zurückverwiesen.

60 Peters, StrafProzess, 4. Auflage, 318.

61 BGHSt 34, 18; BGHSt 36, 166, vgl. auch Schäfer StV 95, 152.

62 Einen guten Überblick über die Entwicklung und besondere Problematik der verdeckten Ermittlungsmethoden geben Ebert/Müller, Verteidigung in Btm-Sachen, Rn 138 ff. und Endriß/Malek, Btm-Strafrecht, Rn 1114 ff.

dienen sich die Ermittlungsbehörden Personen, deren Identität sie gerne geheimhalten möchten.[63] Üblicherweise wird bei den von den Behörden als **geheimhaltungsbedürftig eingestuften Personen** dabei unterschieden zwischen

- **Informanten**, die nach der Begriffsbestimmung in den gemeinsamen Richtlinien[64] Personen sind, die im Einzelfall bereit sind, gegen Zusicherung der Vertraulichkeit der Strafverfolgungsbehörde Informationen zu geben,
- **V-Personen**, die nach der Begriffsbestimmung ohne einer Strafverfolgungsbehörde anzugehören, bereit sind, diese bei der Aufklärung von Straftaten auf längere Zeit vertraulich zu unterstützen, und deren Identität grundsätzlich geheimgehalten wird sowie
- **verdeckten Ermittlern** (§§ 110a ff. StPO).

V-Personen unterscheiden sich von verdeckten Ermittlern wiederum dadurch, dass V-Personen keine Angehörige der Strafverfolgungsbehörden sind und deshalb auch nicht über staatliche Befugnisse (z.b. strafprozessuale Zwangsmaßnahmen) verfügen. Insbesondere unterliegen sie aber nicht dem Legalitätsprinzip. Im Gegenteil – und dies macht ihre besondere Problematik aus – kommen sie häufig aus höchst zweifelhaftem Milieu, in denen der gewissenhafte Umgang mit der Wahrheit selten das oberste Gebot ist, leiden gelegentlich an eigenen Suchtproblematiken und haben häufig ein handfestes eigenes Interesse daran, den Ermittlungsbehörden Aussagen zu liefern, die dann Anlass zur strafrechtlichen Verfolgung anderer Personen sind.

Demgegenüber sind verdeckte Ermittler nach der Legaldefinition des § 110a Abs. 2 StPO Beamte des Polizeidienstes, die unter einer ihnen verliehenen, auf Dauer angelegten, veränderten Identität (Legende) ermitteln.[65]

Für diese Personen ist im Strafverfahren über den allgemeinen Zeugenschutz[66] hinaus die Geheimhaltung der Identität gem. § 96 StPO bzw. § 110b Abs. 3 Satz 2 i.V.m. § 96 StPO zulässig. Eine weitere Grenze wird durch die Verschwiegenheitspflicht öffentlicher Bediensteter gem. § 54 StPO gesetzt, der ein Beweiserhebungsverbot schafft.[67]

Liegt eine wirksame Sperrerklärung vor, die auch nicht durch das Bemühen des Tatrichters um unmittelbare Vernehmung des originären Zeugen oder im Wege der Anfechtung der Sperrerklärung durch den Beschuldigten bzw. dessen Verteidiger auf dem Verwaltungsrechtsweg zu Fall zu bringen ist,[68] wird die Vernehmung einer Verhörsperson, die die V-Person oder den verdeckten Ermittler zuvor vernommen hat, als „Zeuge-vom-Hören-Sagen" in der Hauptverhandlung erfolgen.[69]

17

---

63 Auf die grundsätzliche Problematik einer solchen Handlungsweise in einem Rechtsstaat kann hier nicht näher eingegangen werden, vgl. hierzu Endriß/Malek, Rn 1114.

64 RiStBV, Anlage D, Richtlinien der Justizminister und der Innenminister der Länder über die Inanspruchnahme von Informanten sowie über den Einsatz von V-Personen und verdeckten Ermittlern im Rahmen der Strafverfolgung.

65 Ob der Einsatz eines unter einem Decknamen tätigen Beamten als verdeckte Ermittlungstätigkeit anzusehen ist, ist im Rahmen einer Gesamtwürdigung zu ermitteln; BGH NStZ 96, 2108, 2109; nicht bei nur kurzfristiger Tätigkeit, BGH NStZ 95, 516 m. Anm. Krey 517.

66 Vgl. hierzu unten.

67 Meyer-Goßner, § 54 StPO Rn 2.

68 BGH NJW 98, 3577; vgl. zur einzelnen Vorgehensweise Ebert/Müller, Rn 157.

69 Bei einer rechtmäßigen Sperrerklärung sind nach herrschender Meinung auch andere Beweissurrogate zulässig, BGHSt 33, 87, BGHSt 33, 181.

Hier kann es zu den erstaunlichsten Situationen kommen. So sind Fallgestaltungen denkbar, bei denen auch der Sitzungsstaatsanwalt keine nähere Informationen über die V-Person hat. Andererseits kann es passieren, dass nur der Sitzungsstaatsanwalt näher informiert ist oder, wegen § 110 Abs. 3 S. 2 StPO bzw. § 96 StPO analog, dass zwar Gericht und Staatsanwaltschaft über einen verdeckten Ermittler als originären Zeugen informiert sind, Beschuldigter und Verteidiger aber im Dunkeln tappen. Dass derartige Möglichkeiten Bedenken hervorrufen müssen, liegt auf der Hand.[70] Deshalb ist zu Recht gefordert worden, dass der Anspruch des Angeklagten auf Legitimation des Schuldspruchs in all diesen Fällen erhöht ist.[71] Die besonderen Problematiken werden dennoch allein auf der Ebene der Beweiswürdigung bei der Verwertung der Bekundungen eines solchen Zeugen gelöst, indem, vom Bundesverfassungsgericht[72] wiederholt bestätigt, besondere **Anforderungen an die Beweiswürdigung** gestellt werden:[73]

- *Bei der Beurteilung eines „Zeugen vom Hören-Sagen" ist bereits grundsätzlich besondere Vorsicht geboten und der Tatrichter ist gehalten, den Beweiswert dieses weniger sachnahen Beweismittels besonders sorgfältig zu prüfen.*

- *Dies gilt vor allem dann, wenn ein Polizeifahnder oder Gewährsmann nur deshalb nicht als Zeuge gehört werden kann, weil die zuständige Behörde sich weigert, seinen Namen und seine Anschrift preiszugeben oder eine Aussagegenehmigung zu erteilen. Hier darf der Tatrichter nicht übersehen, dass es die Exekutive ist, die eine erschöpfende Sachaufklärung verhindert und es den Verfahrensbeteiligten unmöglich macht, die persönliche Glaubwürdigkeit des im Dunkeln bleibenden Fahnders oder Gewährsmanns zu überprüfen.*

- *Deshalb ist eine besonders kritische Würdigung erforderlich. Auf die Aussage eines Zeugen vom Hören-Sagen darf ein Gericht seine Feststellungen regelmäßig nur dann stützen, wenn die Angaben durch andere nach der Überzeugung des Tatrichters wichtige Beweisanzeichen bestätigt worden sind. Dies muss auch in den Urteilsgründen zum Ausdruck kommen.*

Trotz dieser Grundsätze bleibt die Verteidigungsführung in diesen Fällen aber schwierig. Dem Verteidiger sollte bei einer solchen Zeugenproblematik bewusst sein, dass er nicht nur auf diese Grundsätze der Beweiswürdigung hinweisen muss, sondern vielmehr trotz einer derartigen Gestaltung der Beweisaufnahme die Möglichkeit hat, wenigstens im mittelbaren Weg an den originären Zeugen Fragen zu stellen. Denn aus Art. 6 Abs. 3 lit. d MRK folgt das Recht des Angeklagten, Fragen an die Belastungszeugen zu stellen oder stellen zu lassen.[74] Der Verteidiger sollte deshalb daran denken, einen Fragenkatalog vorzubereiten und zu beantragen, dass dieser durch die V-Person als originärem Zeugen zu beantworten ist. Gerade wegen des durch die Strafverfahrensordnung und die Menschenrechtskonvention garantierten Fragerechts darf ein Tatgericht eine so beantragte Befragung nicht ablehnen. Das Gericht ist vielmehr verpflichtet, die Beweisaufnahme unter Beachtung der Belange der Vertrauensperson in

---

70 Vgl. nur Janssen, § 110b Abs. 3 Satz 2 StPO – ein Schlag gegen die „Waffengleichheit", StV 95, 275.
71 Eisenberg Rn 1034; a.A. Schäfer StV 95, 152.
72 BVerfG NStZ 95, 600, BVerfG NJW 92, 168.
73 Vgl. zuletzt auch BGH NJW 04, 1259, 1261 (Fall El Motassadeq).
74 Vgl. auch BGH StV 91, 100, sowie hierzu Joachim, StV 92, 245, und zur immer stärker werdenden Tendenz des BGH, das Recht auf Befragung zu gewährleisten.

einer Form durchzuführen, die dem im Gesetz grundsätzlich vorgesehenen Verfahren am Nächsten kommt. Dies bedeutet, dass in den Fällen der Sperrung eines Zeugen die Vorlegung von Fragen, welche dieser in geeigneter Form zu beantworten hat, ein zulässiges Mittel der Wahrheitsfindung sein kann.[75] Das Gericht kann aus einem Fragenkatalog lediglich einzelne Fragen ablehnen, wenn sie dem Zweck der Sperrerklärung zuwider laufen, nicht aber den gesamten Fragenkatalog.

Die Vorlage eines vorbereiteten Fragenkataloges ist für den Verteidiger umso wichtiger, als er nur unter diesen Umständen in der Revision beanstanden könnte, dass ihm das mittelbare Fragerecht verwehrt geblieben ist.[76]

c) Gegenwärtige und vergangene Wahrnehmungen, äußere und innere Tatsachen

Neben sog. „äußeren Tatsachen" kann Gegenstand der Zeugenaussage auch der Bericht über „**innere Tatsachen**" sein. Diese werden üblicherweise in eigenpsychische und fremdpsychische Tatsachen unterschieden, wobei unter eigenpsychischen Tatsachen Abläufe aus dem eigenen Bewusstsein des Zeugen zu verstehen sind, auf deren Darstellung es im Strafverfahren ankommen kann (z.B. Irrtum, Drohung, Ärger). Fremdpsychische Tatsachen betreffen hingegen die Beobachtung von Verhaltensweisen dritter Personen, welche die Schlüsse auf innere Abläufe zulassen (z.B. weinen, rot werden, schmerzverzerrtes Gesicht).[77]

18

Dabei ist allerdings zu beachten, dass der Bericht über diese inneren Tatsachen nur die Grundlage für eine spätere Schlußfolgerung des Gerichts sein kann, die im Rahmen der freien Beweiswürdigung gemäß § 261 StPO zu erfolgen hat.[78]

Von den Tatsachen, seien es innere oder äußere Tatsachen, sind die **Werturteile** zu unterscheiden. Sie können zu keinem Zeitpunkt Gegenstand des Zeugenbeweises sein. Es ist eine besonders wichtige Aufgabe des Verteidigers, darauf zu achten, dass sie nicht dennoch in die Hauptverhandlung eingeführt werden. Dabei ist diese Aufgabe schwer zu erfüllen, weil die Grenzziehung häufig nicht sauber möglich ist. Die Vermittlung von Werturteilen in den Äußerungen von Zeugen wird sich gelegentlich kaum vermeiden lassen.[79] Auch kann hinter bestimmten Werturteilen oder Schlußfolgerungen ein dem Beweis durchaus zugänglicher zulässiger Tatsachenkern liegen.[80]

Natürlich darf andererseits auch nicht übersehen werden, dass gerade dann, wenn ein Zeuge – unzulässigerweise – von seinen Werturteilen berichtet, sich hieraus auch Schlußfolgerungen auf seine Glaubwürdigkeit finden lassen.

Berichtet der Zeuge im Rahmen seiner Vernehmung üblicherweise schwerpunktmäßig über vergangene Wahrnehmungen und Tatsachen, so kann dennoch Gegenstand des Zeugenbeweises auch eine gegenwärtige Wahrnehmung sein.[81] So sagt der Zeuge etwa über gegenwärtige Tatsachen aus, wenn er Fragen beantwortet, die seine Glaubwürdigkeit oder die Zuverlässigkeit seines Wahrnehmungsvermögens betreffen.[82]

---

75 BGH StV 93, 171; BGH StV 04, 241, 242.
76 So zu Recht Ebert/Müller, Rn 160.
77 Vgl. hierzu näher Rückel, Strafverteidigung und Zeugenbeweis, 34.
78 Vgl. Rückel, a.a.O.
79 Vgl. BGH bei Holtz, MDR 79, 807.
80 BGH StV 84, 451.
81 Vgl. auch oben § 17 Rn 14.
82 Alsberg/Nüse/Meyer, 191.

4. Die Abgrenzung zwischen Zeugen, Sachverständigen und sachverständigen Zeugen

19 Der Zeuge unterscheidet sich vom Sachverständigen dadurch, dass er Auskunft über die Wahrnehmung von Tatsachen gibt. Im Gegensatz zum anderen Mittel des Personalbeweises, dem Sachverständigenbeweis, sagt der Zeuge über Wahrnehmungen aus, die er ohne besondere Veranlassung oder Auftrag getätigt hat. Dabei werden diese Wahrnehmungen zumeist in der Vergangenheit liegen. Dies ist aber nicht zwingend, sondern die Wahrnehmungen können auch die Gegenwart betreffen und sogar in die Zukunft hineinreichen (z.b. Schilderung der noch andauernden Verletzungsfolgen eines Tatopfers).

Anders als der Zeuge vermittelt der Sachverständige Sachkunde, indem er erläutert, wie er aufgrund bestimmter Anknüpfungstatsachen Befundtatsachen erhalten hat.[83]

Die Unterscheidung zwischen Zeugen- und Sachverständigenbeweis kann schwierig sein. Überschneidungen sind möglich. Maßgeblich für die Abrenzung wird auf den Anlass der Wahrnehmung und die Auftragslage abzustellen sein.[84] Erfährt der Sachverständige ohne behördlichen Auftrag Zusatztatsachen, ist er hierzu als Zeuge zu vernehmen. Wird der Sachverständige aufgrund Auftrags eines anderen Prozessbeteiligten tätig, wird er zwar vorerst nicht als Sachverständiger tätig, muss aber vor Gericht über seine Wahrnehmungen als Sachverständiger vernommen werden.[85]

Wird hingegen eine Person mit besonderer Sachkunde tätig, die keinen behördlichen Auftrag erhalten hat, so ist sie als sachverständiger Zeuge gem. § 85 StPO anzusehen, für die die Vorschriften über den Zeugenbeweis gelten.

5. Die Zeugenbelehrung

20 Der Vernehmung des Zeugen geht eine (allgemeine) Belehrung voraus. Diese beinhaltet den Hinweis an den Zeugen, dass er zur Wahrheit verpflichtet ist und damit zu rechnen hat, dass er seine Aussage möglicherweise beeiden muss (§ 57 StPO). Zur Belehrung über die Wahrheits- und Eidespflicht gehört der Hinweis, dass dies auch für die **Angaben zur Person** gelte. Zudem ist auf die strafrechtlichen Folgen einer falschen Aussage hinzuweisen, wobei es dem Richter obliegt, ob er neben den insbesondere in Betracht kommenden Straftatbeständen des Meineides und der falschen uneidlichen Aussage auch eine mögliche Strafbarkeit durch einen fahrlässigen Falscheid oder auch Begünstigung und Strafvereitelung anspricht.[86] In welcher Form die Zeugenbelehrung in der Hauptverhandlung erfolgt, bleibt dem dafür zuständigen Vorsitzenden überlassen. Die Handhabung ist in der Praxis durchaus unterschiedlich. Teilweise erfolgt eine kollektive Belehrung der bereits erschienen Zeugen bei der Präsenzfeststellung, teilweise erfolgt aber auch eine Einzelbelehrung. Welcher Handhabung der Vorzug zu geben ist, muss aus Verteidigersicht nicht geklärt werden. Die Belehrungspflicht nach § 57 StPO stellt eine Ordnungsvorschrift dar, die zudem nur den Rechtskreis des Zeugen betrifft und auch nicht der Wahrheitsfindung dient.[87] Ein Verstoß kann also durch den Angeklagten **nicht gerügt** werden.

---

83 Vgl. näher die Ausführungen zum Sachverständigenbeweis unter § 17 Rn 67 ff.
84 Meyer-Goßner § 85 StPO Rn 3; LR/Dahs § 85 StPO Rn 11.
85 Meyer-Goßner, a.a.O.; a.A. BGH MDR 74, 382.
86 KK/Senge, § 57 StPO Rn 3.
87 KK/Senge, § 57 StPO Rn 7.

Der Verteidiger hat deshalb in diesem Bereich wenig Einflussmöglichkeiten. Er sollte allerdings sicherstellen, dass der Zeuge den „Ernst der Lage" begriffen hat. Ergibt sich deshalb entweder aufgrund des persönlichen Zuschnitts des Zeugen oder aufgrund einer nur „heruntergeleierten" Belehrung durch den Vorsitzenden die Befürchtung, dass dem Zeugen die Tragweite seiner Verpflichtung und der ihm drohenden Sanktionen nicht bewusst ist, ist der Verteidiger nicht gehindert, auf die Notwendigkeit einer nochmaligen Belehrung hinzuweisen. Es kann auf Seiten des Verteidigers auch zusätzlich daran gedacht werden, im Rahmen der Ausübung seines Fragerechts auf die (weiterhin) bestehende Wahrheitspflicht des Zeugen hinzuweisen.

Daneben ist darauf zu achten, dass dem Zeugen auch nicht abverlangt wird, sich bereits vor einer erfolgten Belehrung zum Sachverhalt zu äußern. Dieser Versuchung unterliegen manche Gerichte insbesondere dann, wenn einer möglichen förmlichen Vernehmung Hinderungsgründe (etwa in Form einer Aussagegenehmigung) entgegenstehen könnten. Gerade der in § 53 Abs. 1 Nr. 3a und 3b genannte Personenkreis, aber auch Bewährungshelfer, werden deshalb gelegentlich gebeten, vor ihrer Einvernahme in der Hauptverhandlung erst einmal „informatorisch" zum Beweisthema Stellung zu nehmen. Eine solche Handhabung ist aber nicht nur problematisch, weil das Gericht auf diese Art und Weise keine Feststellungen zu Fragen der Schuld und Strafzumessung treffen kann (kein Strengbeweisverfahren), sondern darüber hinausgehend ist eine informatorische Befragung zum Beweisthema vor der Belehrung auch gesetzwidrig.[88]

6. Die Zeugenvernehmung zur Person

a) Die Personalienfeststellung

Die Vernehmung eines Zeugen beginnt mit der Befragung des Zeugen zu Vornamen und Zunamen, Alter, Stand oder Gewerbe und Wohnort (§ 68 Abs. 1 S. 1 StPO). Die Vorschrift dient hauptsächlich dem Zweck, Personenverwechslungen zu vermeiden, soll aber auch eine verläßliche Grundlage sein, Erkundigungen über den Zeugen anzustellen, die sich auf seine Glaubwürdigkeit beziehen.[89] Dennoch stellt sie nach herrschender Auffassung nur eine **Ordnungsvorschrift** dar,[90] die den Rechtskreis des Angeklagten nicht berührt.[91]   21

Obwohl § 68 Abs. 1 StPO lediglich die Auskunft des Zeugen über Vor- und Zunamen, Alter, Stand oder Gewerbe und Wohnort vorschreibt, ist es in der Praxis ständig zu beobachten, dass die Befragung ausgedehnt wird. So werden in fast jedem Strafverfahren nahezu stereotyp sämtliche Zeugen selbst dann nach ihrem Familienstand befragt, wenn diese Frage für die Sache ersichtlich überhaupt keine Bedeutung haben kann. Hingegen kann eine solche Frage durchaus dann angebracht, sinnvoll und auch zulässig sein, wenn Anlass zur Annahme einer bestehenden familiären Beziehung zum Angeklagten besteht, weil dann auch zu überprüfen ist, ob nicht Zeugnisverweigerungsrechte[92] bestehen können.

---

88 KK/Senge, § 57 StPO Rn 2 m.w.N.

89 BGH NJW 86, 1999.

90 BGHSt 23, 244.

91 Eine Verletzung der Norm kann für den Angeklagten allenfalls dann Bedeutung erlangen, wenn sie in Zusammenhang mit weiteren Verletzungen steht (z.B. unzulässige Beschränkung der Verteidigung (BGHSt 23, 244) oder Verletzung der Aufklärungspflicht (BGH NStZ 89, 237)).

92 Vgl. hierzu unten Rn 27 ff.

Auch andere Skurrilitäten sind bei der Vernehmung zur Person zu beobachten. So hat es sich im südwestdeutschen Bereich bei fast allen Gerichten eingebürgert, Zeugen gleich bei der Vernehmung zur Person danach zu befragen, ob sie wegen Eidesverletzungen vorbestraft sind. Auch dieses erfordert die Vernehmung zur Person gem. § 68 StPO jedoch nicht. Dem Grunde nach stellt eine solche Frage vielmehr eine gemäß § 68a StPO unzulässige Frage nach entehrenden Tatsachen und Vorstrafen dar. Denn eine entsprechende Frage darf nur gestellt werden, wenn sie zur Glaubwürdigkeitsbeurteilung unerläßlich wäre. Nun ist zwar nicht von der Hand zu weisen, dass das Vorliegen einer Falschaussage ggf. indizielle Bedeutung bei der Beurteilung einer Aussage haben kann, jedoch gilt auch dies nicht uneingeschränkt. Zum einen darf nicht übersehen werden, dass entsprechende Vorverurteilungen nur berücksichtigungsfähig wären, wenn sie nicht bereits getilgt oder tilgungsreif wären,[93] zum anderen sei daran erinnert, dass auch einem Zeugen, der bereits in der Vergangenheit falsch ausgesagt hat, die Möglichkeit einer richtigen Aussage nicht verschlossen ist. Schon das Sprichwort beklagt insofern:

„Wer einmal lügt, dem glaubt man nicht, auch wenn er dann die Wahrheit spricht!"

Dennoch scheinen bestimmte „Zöpfe" unausrottbar. Dies nimmt insbesondere dann eigenartige Züge an, wenn bei Gerichten Zeugen (wie etwa Polizeibeamte) auftreten, die regelmäßig vor Gericht erscheinen. Denn ein Großteil dieser Zeugen neigt dazu, schon von sich aus nach Bekanntgabe der Personalien gemäß § 68 Abs. 1 StPO und natürlich unter Zufügung ihres Familienstandes die Erklärung zu den persönlichen Verhältnissen mit der Bemerkung abzuschließen: *„Im übrigen verneinend!"*. Trotz dieser Handhabung wird die Verteidigung hiergegen nur wenig einwerfen können.

Unbenommen hiervon sollte seitens der Verteidigung jedoch versucht werden, den Vorsitzenden dahingehend zu motivieren, dass der Zeuge dazu veranlasst wird, seine Personalien selbst anzugeben und diese nicht lediglich nach Vorlesung durch den Vorsitzenden „abzunicken". Dies kann in der Praxis von großer Bedeutung sein. Denn mit Recht wird zum einen darauf verwiesen, dass Menschen vor Gericht oft nicht richtig zuhören, wenn es um Dinge geht, die vermeintlich nur Formalitäten betreffen und vielen Menschen zudem die Klarstellung eines Fehlers schwerfällt.[94] Zum anderen bietet aber auch die Veranlassung des Zeugen, seine Personalien eigenständig anzugeben, die größere Chance, dass Änderungen augenfällig werden. Möglicherweise ist der Zeuge gerade zu einem andereren Zeugen oder Mitangeklagten gezogen. Die neue Anschrift des Zeugen kann deshalb ein wichtiger Ansatzpunkt für die spätere Befragung zur Sache sein.

b) Die Wohnortproblematik

22 Im Zusammenhang mit den Angaben des Zeugen über seinen **Wohnort** wird im Rahmen des § 68 Abs. 1 StPO auch problematisiert, ob diesem Erfordernis schon mit der Angabe des Wohnortes selbst genügt[95] oder die Benennung einer genauen Adresse er-

---

93 Vgl. § 51 BZRG: „... dürfen dem Betroffenen im Rechtsverkehr nicht mehr vorgehalten und nicht zu seinem Nachteil verwertet werden ..." (was sich auch auf den Zeugen erstreckt).
94 So Schellenberg, S. 105.
95 So KK/Senge, § 68 Rn 5, OLG Celle, NJW 88, 2751.

forderlich ist.[96] Nachdem in § 68 Abs. 2 StPO jedoch ausdrücklich von einer ladungs-fähigen Anschrift die Rede ist, ergibt sich aus dem Zusammenhang, dass auch bei § 68 Abs. 1 StPO den Erfordernissen der Wohnortangabe nur dann ausreichend Rechnung getragen wurde, wenn eine genaue Adresse durch den Zeugen angegeben wird. Die Diskussion hierzu ist keinesfalls überflüssig,[97] sondern der Verteidiger sollte auf dies-bezügliche vollständige Angaben des Zeugen achten. Zwar stellt § 68 StPO eine Ord-nungsvorschrift dar und eine Verletzung kann somit in der Revision nicht geltend ge-macht werden. Doch können sich für den Verteidiger aus der Anschrift des Zeugen weitere Verteidigungsansätze ergeben. So sollte sich der Verteidiger immer fragen, ob eine Veränderung der Anschrift des Zeugen im Vergleich zu der noch in den Akten ausgewiesenen Adresse im Zusammenhang mit dem Verfahren stehen kann. Es wurde bereits darauf hingewiesen, dass plötzliche übereinstimmende Adressen von Zeugen oder auch Prozessbeteiligten eine für die Verteidigung relevante Nähe von Personen bezeugen kann. Das gleiche kann natürlich auch gelten, wenn im Zusammenhang mit dem Umzug eines Zeugen eine Veränderung im Aussageverhalten zu registrieren ist. Denn dies könnte beispielsweise darauf zurückzuführen sein, dass der Zeuge seine ur-sprünglichen Aussagen unter dem Eindruck einer am Wohnort tätigen Clique (der er möglicherweise auch angehörte) tätigte. Nicht uninteressant kann für den Verteidiger auch das soziale Umfeld des unmittelbaren Wohnortes sein. Ergeben sich hierbei bei-spielsweise Diskrepanzen zwischen der Wohngegend des Zeugen und seinem Lebens-zuschnitt, sollte dies aufmerksam betrachtet werden (z.B. Sozialhilfeempfänger mit Wohnanschrift im Nobelvorort).[98]

Zeugen, die Wahrnehmungen **in amtlicher Eigenschaft** gemacht haben, können statt ihres Wohnortes auch den **Dienstort** angeben. Von dieser Vorschrift wird zwischen-zeitlich in der Praxis extensiv und rechtlich in bedenklicher Weise Gebrauch gemacht. Gilt die Vorschrift dem Wortlaut nach nur für Zeugen, die Wahrnehmungen in amtli-cher Eigenschaft gemacht haben – der Hauptfall in der Hauptverhandlung ist die Zeu-genaussage des ermittelnden Polizeibeamten[99] – so ist in vielen Hauptverhandlungen zu beobachten, dass auch andere Zeugen, die Wahrnehmungen in Verbindung mit ih-rem Beruf gemacht haben, gestattet wird, lediglich ihre Berufsanschrift anzugeben (etwa Ärzte, Rechtsanwälte, Notare). Ob diese – unzulässige – Handhabung im Einzel-fall dennoch ausreichend sein kann, hat der Verteidiger zu überdenken.

Von größerer Bedeutung ist die Vorschrift des § 68 Abs. 2 StPO, die dem Zeugen ge-stattet, bei einer zu besorgenden Gefährdung seiner selbst oder einer anderen Person seinen Wohnort nicht anzugeben (§ 68 Abs. 2 S. 2 StPO) oder statt des Wohnortes sei-nen Geschäfts- oder Dienstort oder eine andere ladungsfähige Anschrift anzugeben (§ 68 Abs. 2 S. 1 StPO).

23

---

96 OLG Stuttgart, NStZ 91, 297; LR/Dahs § 68 StPO Rn 6; Meyer-Goßner, § 68 Rn 8.

97 Vgl. aber Schellenberg, Rn 200.

98 Der Verteidiger sollte nicht vergessen, dass die zu Recht problematisierte Rasterfahndung hinsichtlich der Datenauswertung auch mit entsprechenden Rückschlüssen arbeitet.

99 Hier beendete die durch das OrgkG eingeführte pauschale Regelung das Problem, unter welchen Umständen der Polizeibeamte von seiner Wohnortsangabe absehen konnte.

Die Entscheidung der Gestattung trifft der Vorsitzende des Gerichts nach **pflichtgemäßem Ermessen**, wobei er den Informationsanspruch der Prozessbeteiligten und der Öffentlichkeit gegen den Persönlichkeitsschutz abzuwägen hat.[100] Soweit es um die körperliche Gefährdung einer Person geht oder dessen Eigentum oder Hausfrieden, wird
dabei dem Persönlichkeitsschutz der Vorzug zu geben sein. Sind hingegen (nur) Belästigungen zu erwarten, gebührt dem Informationsanspruch der Vorrang.

Trotz der gelegentlich nicht zu unterschätzenden Bedeutung der Wohnortangaben eines
Zeugen (vgl. oben) ist in diesem Zusammenhang anzuraten, auf Seiten der Verteidigung nicht auf der Angabe des Wohnortes zu bestehen, wenn anschließende Beläsi-
gungen des Zeugen durch den Mandanten oder auch weitere Personen befürchtet werden müssen. Der Verteidiger sollte sich auch für den Rechtsfrieden verantwortlich
fühlen und daran mitwirken, dass absehbare Belästigungen nicht eintreten. Hinzu
kommt, dass bei noch andauernden Hauptverhandlungen bei Bekanntwerden von Belästigungen von Zeugen – völlig unabhängig davon, ob ein Nachweis dafür gegeben
ist, dass sie durch den Angeklagten selbst zu verantworten sind – immer die Gefahr besteht, dass sich dies in einer negativen Stimmung gegenüber dem Angeklagten bemerkbar machen kann.

24 Eine noch weitergehende Einschränkung der Auskunftspflicht enthält § 68 Abs. 3
StPO. Unter den dort genannten Gefährdungsvoraussetzungen kann Zeugen sogar die
Angabe ihrer Personalien gänzlich erlassen werden bzw., bei einem Identitätswechsel,
lediglich die Angaben zu der früheren Identität gefordert werden. § 68 Abs. 3 StPO
betrifft somit im Wesentlichen die Fallgestaltungen, in denen verdeckte Ermittler und
V-Leute in der Hauptverhandlung auftreten und nicht die Aussage anderweitig eingeführt werden soll (zur Problematik vgl. oben).

Der Verteidiger sollte stets im Hinterkopf haben, dass er bei Entscheidungen des Vorsitzenden hinsichtlich der Art und Weise der Vernehmung zur Person bzw. der Beschränkung von Angaben, die nicht mit seiner Auffassung in Einklang stehen, das Gericht
gem. § 238 Abs. 2 StPO anrufen kann. Für eine **revisionsrechtliche Beanstandung** ist
dies in jedem Fall erforderlich, wobei ein Verstoß gegen § 68 StPO wegen der Qualität
als Ordnungsvorschrift zwar nicht rügbar ist, allerdings die Beanstandungsmöglichkeit
als unzulässige Beschränkung der Verteidigung[101] oder eine Verletzung der Aufklärungspflicht[102] möglich bleibt. Zusätzlich kann auch der als Zeugenbeistand tätige
Rechtsanwalt für den Zeugen gegen die Verweigerung einer Beschränkungsgestattung
gem. § 68 Abs. 2, 3 StPO ein Beanstandungsrecht ausüben.[103]

7. Die Vernehmung zur Sache

25 Es gibt wohl wenige Bereiche in der strafrechtlichen Hauptverhandlung, bei denen so
viel „gesündigt" wird, wie beim Ablauf der Vernehmung eines Zeugen **zur Sache** innerhalb der strafrechtlichen Hauptverhandlung. Hierbei trägt die Verteidigung allerdings
nicht selten auch Mitschuld, weil das gerichtliche Abweichen von (teilweise) zwingend
vorgeschriebenen Abläufen anstandslos hingenommen wird. Dabei sind die Grundregeln
nicht nur gesetzlich festgelegt, sondern ergeben sich auch aus der Logik des Ablaufs.

---

100 Hilger, NStZ 92, 459; Leineweber MDR 85, 637; BGH NJW 89, 1230.
101 BGH NJW 89, 1231; Rebmann/Schnarr, NJW 89, 1191.
102 Böttcher, Schüler-Springorum-FS 549.
103 KK-Senge, § 68 StPO Rn 10.

Zu Beginn der Vernehmung zur Sache hat erst einmal eine Unterrichtung des Zeugen darüber zu erfolgen, über was und wen es eigentlich geht. Erst dieses versetzt den Zeugen endgültig in die Position, darüber entscheiden zu können, ob er – soweit vorhanden – ein Zeugnisverweigerungsrecht ausüben möchte (die Entscheidung über ein Auskunftsverweigerungsrecht fällt hingegen punktuell während der Vernehmung, vgl. unten). Nach der Unterrichtung des Zeugen erfolgt der zusammenhängende Zeugenbericht, danach nötigenfalls erst das Verhör.

a) Die Unterrichtung des Zeugen

Gemäß § 69 Abs. 1 S. 2 StPO ist dem Zeugen vor seiner Vernehmung der Gegenstand   26
der Untersuchung und die Person des Beschuldigten, sofern ein solcher vorhanden ist, zu bezeichnen. Die Unterrichtung des Zeugen ist wichtig, damit er erkennen kann, um welchen Inhalt es überhaupt geht.[104] Sie kann allerdings dann entfallen, wenn der Zeuge bereits im Bilde ist.[105] Inwieweit der Verteidiger auf eine umfassende Unterrichtung durch den Vorsitzenden hinwirken sollte, bleibt dem Einzelfall überlassen. Zu erwägen ist zum einen, dass bei einem Zeugen, der ohne große Unterrichtung ungebremst „losplappert" gut demonstriert werden kann, dass er sich auch noch anderweitig über den Sachverhalt infomiert hat. Zum anderen muss aber auch bedacht werden, dass möglicherweise nur ein umfassend über den Gegenstand der Untersuchung unterrichteter Zeuge überlegen kann, welche Wahrnehmungen im Hinblick auf die Sache noch von Gewicht sein können. Die Unterrichtung über die Person des Beschuldigten kann zudem erhebliche Bedeutung für die Frage der Ausübung eines Zeugnisverweigerungsrechtes aus persönlichen Gründen sein. Hierbei muss der Verteidiger insbesondere in komplexeren Fällen darauf achten, dass dem Zeugen als Entscheidungsgrundlage für die mögliche Ausübung eines Verweigerungsrechtes bewusst ist, wer alles als Beschuldigter gilt. Denn nur dann kann dieser entscheiden, ob er von einem ihm zustehenden Verweigerungsrecht auch Gebrauch macht.

b) Die Zeugnisverweigerungsrechte

Zeugnisverweigerungsrechte bieten dem Zeugen im Gegensatz zu Auskunftsverweige-   27
rungsrechten die Möglichkeit, Angaben zur Sache vollständig zu verweigern. Dabei können diese Rechte sowohl auf persönlichen als auch auf beruflichen Gründen beruhen. Für den Verteidiger ist die Ausübung des Zeugnisverweigerungsrechtes in vielfacher Hinsicht von taktischer Bedeutung.

Bereits bei der Aktenbearbeitung im Vorfeld der Hauptverhandlung wird er sich hinsichtlich der bis dahin bekannten Zeugen zu fragen haben, welche Bedeutung deren Aussagen für das Verfahren voraussichtlich zukommt. In diesem Zusammenhang wird sich ihm auch die Frage stellen, ob bestimmte Aussagen in der Hauptverhandlung aufrechterhalten werden. Hierbei ist zu klären, ob Zeugen Verweigerungsrechte zustehen und welchen Umfang diese Verweigerungsrechte haben. Gleichzeitig muss er prüfen, ob für ihn in zulässiger Weise die Möglichkeit besteht, Zeugen zu empfehlen, von ihren Verweigerungsrechten auch Gebrauch zu machen. Dabei wird sich das weitere Problem ergeben, ob durch die Ausübung des Verweigerungsrechts eine Aussage „vom

---

104 Schellhammer, 106.
105 Meyer-Goßner, § 69 Rn 2.

Tisch" ist oder nicht eine anderweitige Einführung in die Hauptverhandlung doch möglich sein kann.

28 *aa) Der Kreis der Zeugnisverweigerungsberechtigten.* § 52 Abs. 1 StPO zählt die möglichen **Angehörigkeitsverhältnisse zum Beschuldigten** auf, aufgrund derer dem Zeugen ein Zeugnisverweigerungsrecht erwachsen kann. Hierbei kann es bei den Einzelheiten immer wieder zu Problemen kommen, denn der Kreis der Berechtigten ist nicht durchgehend nachvollziehbar. So pendelt die Gewährung des Verweigerungsrechtes zwischen bemerkenswerter Großzügigkeit und unangebrachter Einengung im Wesentlichen deshalb, weil der Gesetzgeber ganz offensichtlich Probleme damit hat, veränderte familiäre Strukturen und soziale Lebensformen zur Kenntnis zu nehmen. Im Einzelnen:

29 ■ Zeugnisverweigerungsrecht des Verlobten (§ 52 Abs. 1 Nr. 1 StPO)

Verlöbnis ist ein von beiden Seiten gegebenes ernstgemeintes Eheversprechen. Ob dieses vorliegt, ist nach den Bedürfnissen der Strafrechtspflege zu bestimmen.[106] Dies bedeutet, dass es auf die Ernsthaftigkeit des Versprechens ankommt. Nicht von Bedeutung für die Wirksamkeit des Verlöbnisses ist deshalb, ob bei einem Minderjährigen die Einwilligung des gesetzlichen Vertreters vorliegt. Ebenfalls setzt ein wirksames Verlöbnis nicht Öffentlichkeit oder Feierlichkeit voraus. Wirksam, nur nicht stilvoll, kann ein Verlöbnis auch eine halbe Stunde vor dem Gerichtstermin in der Gerichtskantine erfolgen. Andererseits steht ein Verstoß gegen Gesetz oder gute Sitten der Annahme eines Verlöbnisses entgegen. Deshalb ist ein Verlöbnis mit einem Verheirateten oder anderweitig Verlobten nicht möglich. Dies gilt nach herrschender Auffassung selbst dann, wenn ein Ehescheidungsverfahren anhängig ist.[107] Auch Partner der gesetzlich nicht normierten nicht-ehelichen Lebensgemeinschaft stehen Verlobten nicht gleich. Dies ergibt sich zum einen daraus, dass der Gesetzgeber ersichtlich nur auf gesetzliche Angehörigkeitsverhältnisse abstellen wollte und zum anderen aus der Aufnahme von Ziffer 2. lit. a) in § 52 StPO (vgl. unten).

Für das Bestehen des Weigerungsrechts kommt es auf den **Zeitpunkt der Vernehmung** an. Ist das Verlöbnis zum Zeitpunkt der Vernehmung beendet, besteht kein Verweigerungsrecht mehr. Dies gilt nach der klaren Gesetzessystematik (unverständlicherweise) selbst bei Tod des Verlobten.[108]

Obwohl familienrechtlich natürlich keine Ehe ohne vorherige Verlobung erfolgen kann, hat sich die „klassische Verlobung" früherer Tage heute überlebt. Es ist demgegenüber erstaunlich, wieviele verlobte Zeugen in Strafverfahren auftreten und es kann somit dem Gericht auch nicht verübelt werden, wenn hierbei „nachgehakt" wird. Dies erfolgt hauptsächlich durch Befragung des Zeugen selbst, dessen Angaben dazu natürlich der Wahrheitspflicht unterliegen.[109] Interessant kann es dann werden, wenn die beiden Verlobten unterschiedliche Daten ihrer angeblichen Verlobung benennen. Selbst dies schließt ein wirksames Verlöbnis natürlich nicht aus, macht es aber doch

---

106 KK/Senge, § 52 StPO Rn 10.
107 KK/Senge, a.a.O.
108 BGHSt 23, 16; die Aussage ist aber unverwertbar, wenn der Verlobte nach Abgabe der Erklärung i.S.d. § 252 StPO verstorben ist, Meyer-Goßner, § 252 Rn 2.
109 Schellenberg, S. 107.

sehr unwahrscheinlich. Ein „in dubio pro familiae" gibt es nicht. Das Gericht hat vielmehr festzustellen, ob ein Verlöbnis vorliegt oder nicht. In Zweifelsfällen kann die Glaubhaftmachung durch eidliche Versicherung des Zeugen gem. § 56 StPO verlangt werden. Weitere Erkenntnisquellen, etwa die Vorlage von Urkunden, können dem Zeugen entgegen anderer Ansicht[110] hingegen nicht abverlangt werden, weil eine Beibringungspflicht des Zeugen nicht besteht. Das Gericht ist aber natürlich nicht gehindert, den Sachverhalt weiter aufzuklären.

■ Zeugnisverweigerungsrecht des Ehegatten des Beschuldigten, auch wenn die Ehe **30** nicht mehr besteht (§ 52 Abs. 1 Nr. 2 StPO)

Genau wie beim Verlöbnis bestimmt sich der Begriff der Ehe nach strafverfahrensrechtlichen Bedürfnissen. Es kommt nur auf die formelle Gültigkeit der Ehe nach dem Ehegesetz an. Nichtigkeits- und Aufhebungsgründe stehen dem Zeugnisverweigerungsrecht nicht entgegen, wohl aber das Vorliegen einer Nichtehe. Die ausländische Ehe steht bei Anerkennungsfähigkeit im Inland der deutschen Ehe gleich. Nicht anerkennungsfähig sind hingegen Ehen, die deutschen Gesetzen zuwiderlaufen. Deshalb steht einer aus arabischen Ländern kommenden Zweitfrau kein Zeugnisverweigerungsrecht zu. Unerheblich ist hingegen, ob die Ehe nur noch „auf dem Papier" besteht. Im Gegensatz zum Verlöbnis dauert das Zeugnisverweigerungsrecht auch nach Bestehen der Ehe an, sogar bei Wiederverheiratung.

Problematisch sind Gemeinschaften, die traditionell überwiegend nach deutschem Recht keine Ehe begründen (z.b. Sinti und Roma). Hier wird sich vielfach dadurch geholfen, dass diesen der Status des Verlöbnis zugebilligt wird. Diese im Ergebnis richtige aber rechtlich natürlich zweifelhafte Entscheidung – die Voraussetzung eines Verlöbnisses mit ernsthaftem Eheversprechen liegt gerade nicht vor – stellt eigentlich nichts anderes dar, als einen Schritt dazu, auch die nichteheliche Lebensgemeinschaft außerhalb des § 52 Abs. 1 Nr. 2a StPO vom Zeugnisverweigerungsrecht zu umfassen. In der Tat bezeugen hierbei viele Entscheidungen eine „merkwürdige" Wankelmütigkeit,[111] nachdem selbst ein nach erfolgter Scheidung bestehendes Eheverbot der Wirksamkeit eines neues Verlöbnisses nicht entgegensteht. Es wäre von daher begrüßenswert, wenn hier ein Umdenken stattfände.

■ Zeugnisverweigerungsrecht des Lebenspartners des Beschuldigten, auch wenn die **31** Lebenspartnerschaft nicht mehr besteht (§ 52 Abs. 1 Nr. 2a StPO)

Die Einführung dieses Zeugnisverweigerungsrechts war zwingend und konsequent nach Einführung des Lebenspartnerschaftsgesetzes. Die Vorschrift ist an das Zeugnisverweigerungsrecht der Ehegatten angelehnt. Voraussetzung ist allerdings die wirksame Begründung der Lebenspartnerschaft.

Ein Versprechen der Eingehung der Lebenspartnerschaft (analog Verlöbnis) begründet systemwidrig allerdings kein Verweigerungsrecht.

---

110 Schellenberg, a.a.O.
111 Vgl. etwa schon RGSt 40, 420.

32   ■ Verwandte und Verschwägerte des Beschuldigten (§ 52 Abs. 1 Nr. 3 StPO)

Zeugnisverweigerungsberechtigt sind Verwandte des Beschuldigten *„in gerader Linie"*, Verwandte *„in der Seitenlinie bis zum 3.Grad"* oder Verschwägerte *„in der Seitenlinie bis zum 2. Grad"*.

Daraus ergibt sich auch unter Zugrundelegung der §§ 1589, 1590 BGB die nachfolgende Übersicht:

Übersicht über Angehörige gem. § 52 Abs. 1 Nr. 3 StPO

Grad der Verwandtschaft/Schwägerschaft	zeugnisverweigerungsberechtigt?
Eltern	ja
Großeltern	ja
Urgroßeltern	ja
Ur-Urgroßeltern	ja
Kinder	ja
Enkelkinder	ja
Stiefkinder (BGH St 88, 89)	ja
Stiefenkel	ja
Minderjährige Adoptierte	ja gegenüber den bisherigen Verwandten vor der Adoption; ja gegenüber den Annehmenden und deren Verwandten (wie eheliche Kinder) auch nach Auflösung des Adoptionsverhältnisses
Volljährige Adoptierte	ja gegenüber bisherigen Verwandten; ja gegenüber den Adoptierenden; nein gegenüber den Verwandten der Adoptierenden
Kinder der Adoptivkinder	ja, wenn zum Zeitpunkt der Adoption bereits geboren; ja gegenüber den bisherigen Verwandten vor der Adoption, wenn sie schon zur Zeit der Adoption geboren waren; nein gegenüber den bisherigen Verwandten vor der Adoption, wenn sie zur Zeit der Adoption noch nicht geboren waren; ja gegenüber den Annehmenden und deren Verwandten
Urenkelkinder	ja
Brüder und Schwestern	ja
Neffen und Nichten	ja
Onkel und Tanten	ja
Cousin und Cousine	nein
Großcousin und Großcousine	nein
Großonkel und Großtante	nein

Grad der Verwandtschaft/Schwägerschaft	zeugnisverweigerungsberechtigt?
Schwiegereltern	ja
Eltern der Schwiegereltern	ja
Schwiegergroßeltern	ja
Schwiegersohn und Schwiegertochter	ja
Ehegatten	ja
Ehegatten der Schwestern und Brüder	nein
Pflegeeltern	nein
Pflegekinder	nein

Gerade die Übersicht macht deutlich, dass die Bewertungen des Zeugnisverweigerungsrechts dringend einer Reform bedürfen. Ausgangspunkt des Zeugnisverweigerungsrechtes gem. § 52 StPO ist die Annahme, dass das öffentliche Interesse an der wahrheitsgemäßen Aufklärung von Straftaten hinter dem persönlichen Interesse des Zeugen dann zurückzutreten hat, wenn dieser der Zwangslage ausgesetzt sein kann, gegen einen Angehörigen aussagen zu müssen.[112] Gerade im familiären Bereich hat sich aber vieles geändert. So ist eine familiäre Zwangslage des Bruders oder der Schwester des Ehepartners des Beschuldigten in besonderem Maße naheliegend. Gerade hier wird aber ein bestehendes Zeugnisverweigerungsrecht verneint.[113] Andererseits geht das Zeugnisverweigerungsrecht erstaunlich weit, wenn man sich vor Augen hält, dass es unabhängig vom Fortbestand der Ehe auch gegenüber den Großeltern oder Geschwistern des ehemaligen Ehepartners gültig bleibt. Nicht einsichtig ist auch, dass – nach der klaren Gesetzeslage – der Tod des Verlobten das Verweigerungsrecht aufhebt. Ebenso ist der Regelung über die Lebenspartnerschaft des § 52 Abs. 1 Nr. 2a StPO deutlich anzumerken, dass bei folgerichtiger Annäherung an die Ehe mit analoger Anwendung der Verlöbnisvorschriften die Furcht besteht, dass die Lebenspartnerschaft zumindest aus diesem Grund nicht mehr notwendig wäre. Inkonsequent erscheint zudem, dass es hier keine der Schwägerschaft entsprechenden Regeln gibt.

Neben dem Zeugnisverweigerungsrecht aus persönlichen Gründen kennt das Strafverfahrensrecht auch ein **Verweigerungsrecht aus beruflichen Gründen**, das in den §§ 53, 53a StPO geregelt ist. Sinn und Zweck dieser Regelung ist der Schutz des Vertrauensverhältnisses zwischen bestimmten Berufsangehörigen und denen, die ihre Hilfe und Sachkunde in Anspruch nehmen.[114] **33**

■ Die Berufsgeheimnisträger gem. § 53 StGB

Der Kreis der zeugnisverweigerungsberechtigten Personen ist in § 53 StPO **abschließend** aufgezählt, eine Ausdehnung ist grundsätzlich nicht möglich.[115] Ein Zeugnisverweigerungsrecht für Sozialarbeiter, Bewährungshelfer oder gar Bankangestellte[116] besteht deshalb nicht. **34**

---

112 KK/Senge, § 52 StPO Rn 1.
113 Vgl. bereits RGSt 15, 78.
114 BVerfG NJW 75, 588; Meyer-Goßner, § 53 StPO Rn 1.
115 KMR/Paulus, § 53 StPO Rn 4; LR/Dahs, § 53 StPO Rn 3.
116 Was tatsächlich unter Berufung auf das sog. „Bankgeheimnis" reklamiert worden ist, LG Frankfurt NJW 54, 690.

Trotz der grundsätzlich abschließenden Aufzählung der Weigerungsberechtigten in § 53 Abs. 1 StPO sollte jedoch nicht übersehen werden, dass die Rechtsprechung darüber hinausgehend in ganz besonderen **Ausnahmefällen** ein unmittelbar aus Artikel 2 Abs. 1 i.V.m. Artikel 1 Abs. 1 GG herzuleitendes Zeugnisverweigerungsrecht anerkennt.[117] Dieses soll dann vorliegen, wenn die Vernehmung in den grundgesetzlich geschützten Bereich der privaten Lebensführung eingreifen würde und der Eingriff im Hinblick auf die aufzuklärende Straftat unverhältnismäßig wäre.

Häufig wird im übrigen auch übersehen, dass ein Zeugnisverweigerungsrecht aus beruflichen Gründen gem. § 53 StPO nicht deckungsgleich ist mit der strafbewehrten Schweigepflicht des § 203 StGB, weil es sich auch auf Tatsachen bezieht, die keine „Geheimnisse" sind; auch ist der betroffene Personenkreis in § 53 StPO enger gefasst als in § 203 StGB.[118]

So ergibt sich etwa, dass Geistliche (§ 53 Abs. 1 Nr. 1 StPO), politische Mandatsträger (§ 53 Abs. 1 Nr. 4 StPO) oder Journalisten (§ 53 Abs. 1 Nr. 5 StPO) ein Zeugnisverweigerungsrecht haben. Verstoßen sie hiergegen, besteht für sie allerdings nicht die Gefahr einer strafrechtliche Ahndung gem. § 203 StGB. Andererseits steht wiederum etwa Tierärzten, Berufspsychologen, Sozialarbeitern kein Zeugnisverweigerungsrecht gem. § 53 StPO zu. Sie unterliegen aber der Strafdrohung des § 203 StGB bei einem Geheimnisbruch.

35 Ferner ist bei der Auseinandersetzung mit § 53 StPO zu beachten, dass das Zeugnisverweigerungsrecht aus beruflichen Gründen kein Recht begründet, **vollständig** zur Sache zu schweigen. Das Zeugnisverweigerungsrecht gem. §§ 53, 53a StPO ist vielmehr auf die bei der Berufsausübung anvertrauten oder bekannt gewordenen Tatsachen begrenzt, wobei bei Abgeordneten sogar streitig ist, ob das Zeugnisverweigerungsrecht nur die anvertrauten Tatsachen und nicht die lediglich bekannt gewordene Tatsachen betrifft.[119]

Dabei werden unter anvertrauten Tatsachen die Tatsachen verstanden, die unter Verlangen oder stillschweigender Erwartung der Geheimhaltung schriftlich oder mündlich mitgeteilt wurden.[120] Unter bekannt gewordenen Tatsachen sind hingegen Tatsachen zu verstehen, die der Berufsausübende erfahren hat, ohne dass sie ihm besonders anvertraut worden sind. Der Begriff ist weit auszulegen. Es reicht für die Annahme einer bekannt gewordenen Tatsache aus, dass Wissen, auch wenn es zufällig erlangt wurde, im Zusammenhang mit dem Vertrauensverhältnis erworben wurde.[121] Außerhalb des Vertrauensverhältnisses erworbenes Wissen stellt hingegen keine bekanntgewordene Tatsache i.S.d. § 53 StPO dar.[122]

Ein typisches Beispiel, in welchem kein Fall des Zeugnisverweigerungsrechts eines Berufsangehörigen vorliegt, stellt deshalb der vom Gericht als Sachverständiger beauftragte Arzt dar. Dieser wird im Rahmen seines Sachverständigenauftrages tätig und be-

---

117 BVerfG NJW 72, 2214; eingehend dazu Baier JR 99, 495 ff.

118 Meyer-Goßner, § 53 StPO Rn 4.

119 So KK/Senge, § 53 StPO Rn 24; a.A. LR/Dahs, § 53 StPO Rn 43, Meyer-Goßner, § 53 Rn 24, KMR/Paulus, § 53 Rn 21.

120 OLG Köln, NStZ 83, 412.

121 OLG Oldenburg, NJW 82, 2615, LG Karlsruhe, StV 83, 144.

122 OLG Bamberg, StV 84, 499.

gründet deshalb kein schützenswertes Vertrauensverhältnis zum Untersuchten, innerhalb dessen ihm etwas anvertraut oder bekannt werden könnte.
Eine besondere Problematik kann sich beim Rechtsanwalt stellen. Zu klären ist stets, ob ein Mandatsverhältnis vorliegt, und welche Reichweite dieses im konkreten Fall hat. Besonders problematisch kann es dann werden, wenn gegen den Rechtsanwalt selbst der Verdacht strafbarer Handlungen gehegt wird.
Hier gilt – nach bestrittener Auffassung –, dass bei Straftaten des Rechtsanwalts, die in Zusammenhang mit dem Mandat stehen können (also insbesondere Strafvereitelungshandlungen) ein erforderlicher sachlicher Zusammenhang bejaht wird, mit der Folge, dass auch ein Zeugnisverweigerungsrecht besteht.[123] Nicht dem Zeugnisverweigerungsrecht unterliegt hingegen, was der Rechtsanwalt nur gelegentlich im Rahmen seiner Berufsausübung erfährt; selbiges gilt für privat erlangtes Vorwissen.[124] Dies betrifft auch das Wissen, welches der Rechtsanwalt durch eine von ihm selbst begangene Straftat erlangt hat, die ohne sachlichen Zusammenhang mit denkbaren Verfahrenszielen steht.[125] Da die Honorierung des Rechtsanwalts nicht ohne sachlichen Zusammenhang mit dem Mandat zu sehen ist, folgt hieraus beispielsweise, dass Rechtsanwälten selbst dann ein Zeugnisverweigerungsrecht gem. § 53 StPO zusteht, wenn gegen sie selbst der Verdacht der Geldwäsche gem. § 261 StPO erhoben wird.

■ **Der Kreis der Berufshelfer gem. § 53a StGB**

Vom Zeugnisverweigerungsrecht der Berufsgeheimnisträger gem. § 53 StPO ist das Zeugnisverweigerungsrecht der Berufshelfer gem. § 53a StPO zu unterscheiden. Die Frage, welche Hilfspersonen der Berufsgeheimnisträger schweigeberechtigt und -verpflichtet i.S.d. § 53a StPO sind, kann von entscheidender Bedeutung für die Gestaltung eines Verfahrens sein. Die Verteidigung muss sich bereits aus taktischen Gründen darüber bewusst sein, dass das Zurückgreifen auf Hilfspersonen, die nicht schweigeberechtigt sind, ein erhebliches Risiko darstellen kann. Denn hinsichtlich dieser Personen wird von Seiten eines aufmerksamen Gerichts oder einer aufmerksamen Staatsanwaltschaft mitunter die Gefahr drohen, dass diese als Zeugen in das Verfahren eingeführt werden könnten und hierbei Nachteiliges offenbaren. Die Beachtung der Reichweite des Zeugnisverweigerungsrechts für Berufshelfer gem. § 53a StPO ist also zwingend geboten.
Der Rechtsanwalt ist einer der prozessual am häufigsten relevant werdenden Berufsgeheimnisträger des § 53 StPO. Hier ist zu beachten, dass zum Kreis der anwaltlichen Mitarbeiter gem. § 53a StPO grundsätzlich diejenigen Personen zählen, die innerhalb seines beruflichen Wirkungsbereichs eine auf die berufliche Tätigkeit bezogene unterstützende Tätigkeit ausüben, welche die Kenntnis fremder Geheimnisse mit sich bringt oder ohne Überwindung von Hindernissen ermöglicht.[126] Klassische anwaltliche Mitarbeiter sind deshalb etwa Sekretariatskräfte. Die Tätigkeit des Mitarbeiters muss dabei lediglich in einem inneren Zusammenhang mit der Tätigkeit des Anwalts stehen und nicht notwendig selbst als Beruf ausgeübt werden. Dies bedeutet, dass ein Dienst- oder

36

---

123 BGH MDR 91, 881; Eisenberg Rn 1271.
124 KK/Senge, § 53 StPO Rn 14.
125 Eisenberg, Rn 1271.
126 SS/Lenckner, § 203 StGB Rn 64.

Anstellungsverhältnis nicht erforderlich ist. Es bedarf auch keiner Weisungsgebundenheit des Mitarbeiters im Verhältnis zum Berufsträger.[127]

Nicht unter den **geschützten Mitarbeiterbegriff** fallen hingegen Personen, die lediglich die äußeren Bedingungen für die Berufstätigkeit schaffen oder Tätigkeiten in dieser Richtung ausüben. Keine Berufshelfer i.S.d. § 53a StPO sind deshalb Reinigungskräfte und technisches Wartungspersonal. Problematisch ist die Position der Empfangsdame und des Kanzleiboten. Wegen des überwiegend bestehenden unmittelbaren Zusammenhangs mit der Berufstätigkeit des Rechtsanwalts wird man aber hier die Gehilfenstellung zu bejahen haben.[128] Bei Rechtsreferendaren ergibt sich die Gehilfenstellung unmittelbar aus § 203 Abs. 3 StGB und § 53a StPO. Mitarbeiter, die ein eigenes Zeugnisverweigerungsrecht bereits haben, wie etwa angestellte Rechtsanwälte, fallen hingegen nicht unter den Gehilfenbegriff, sondern unterliegen direkt § 53 StPO. Dies kann für die Frage, wer über die Ausübung des Zeugnisverweigerungsrechts entscheidet, Bedeutung erlangen. Denn den Hilfspersonen steht keine eigene Entscheidungsbefugnis bei der Ausübung des Schweigerechts zu. Sie ist vielmehr abhängig von der Entscheidung des Hauptberufsträgers, der insofern wiederum von der Mandantenentscheidung abhängig ist. Schließlich entscheidet der Mandant hinsichtlich des **Berufsgeheimnisträgers** i.S.d. § 53 StPO folglich über die Entbindung von der Schweigepflicht. Ist der Berufsgeheimnisträger nicht von der Schweigepflicht entbunden, muss er selbst darüber entscheiden, ob er aussagt oder nicht. Sagt er aus, bleibt seine Aussage verwertbar. Ihn können allerdings berufs- oder strafrechtliche Konsequenzen treffen. Der Berufshelfer des § 53a StPO hat hingegen keine eigene Entscheidungsbefugnis über die Ausübung des Zeugnisverweigerungsrechts. Über die Ausübung entscheidet vielmehr der Berufsgeheimnisträger.

37 Aber auch außerhalb des Anwaltsbereichs kann die Frage, wer Berufshelfer ist, bedeutungsvoll sein. So sind grundsätzlich etwa keine Berufshelfer i.S.d. § 53a StPO selbständig Gewerbetreibende, die zur selbständigen Erledigung bestimmter Aufträge von Berufsgeheimnisträgern hinzugezogen werden.[129] Dies hat weitreichende Konsequenzen. Denn soweit auf Personen zurückgegriffen wird, die nicht über ein eigenes Zeugnisverweigerungsrecht als Berufsgeheimnisträger verfügen, kann die Gefahr bestehen, dass Gericht oder Staatsanwalt versucht sein könnten, diese ins Verfahren als Beweismittel einzuführen.

Beispiel: Der Verteidiger beabsichtigt, eigenständig ein Gutachten in Auftrag zu geben, um nachzuweisen, dass der am Tatort sichergestellte Fußabdruck des Täters nicht mit dem seines Mandanten übereinstimmt. Um diesen Nachweis führen zu können, beantragt er, dass ihm bzw. dem von ihm beauftragten Gutachter der asservierte Fußabdruck zur Untersuchung zur Verfügung gestellt wird.

Hört der Staatsanwalt nach diesem Vorgang überhaupt nichts mehr von dem Verteidiger in dieser Richtung und taucht auch bis zur Hauptverhandlung ein entsprechender Gutachter nicht auf, so wird der Staatsanwalt unschwer davon ausgehen können, dass die Beweisabsicht der Verteidigung gescheitert ist, möglicherweise sich sogar das Gegenteil des erhofften Ergebnisses ergeben hat.

---

127 SS/Lenckner a.a.O.
128 Pfordte/Gotzens, BRAK 97, 84.
129 KK/Senge, § 53a StPO Rn 3.

Daraus folgt für den Staatsanwalt jedoch auch, dass der Gutachter ein gutes Beweismittel für sein beabsichtigtes Verfahrensziel sein kann. Der Staatsanwalt wird sich nun also fragen, ob er nicht diesen Gutachter ins Verfahren einführen kann.

Es ist deshalb von erheblicher Wichtigkeit, welchen rechtlichen Status man derartigen Personen zugesteht. Richtigerweise wird man sie zunächst als Gehilfen der Verteidigung anzusehen haben, so dass ihnen hinsichtlich fallbezogener Anknüpfungstatsachen, die dem Sachverständigen vom Verteidiger oder Beschuldigten mitgeteilt worden sind, ein Zeugnisverweigerungsrecht zusteht. Denn ansonsten würde das Recht der Verteidigung auf eigene Erhebungen ausgehöhlt werden.[130]

Zu beachten ist allerdings, dass es in der gerichtlichen Hauptverhandlung kein „Privatgutachten" gibt. Spätestens mit der offiziellen Einführung des Sachverständigen in das Verfahren kann der Sachverständige deshalb auch nicht mehr Gehilfe der Verteidigung sein. Die Verteidigung hat deshalb dann auch keine Möglichkeit mehr, dem Sachverständigen im Wege des § 53a StPO die Aussage zu verbieten. Dabei ist auch zu bedenken, dass § 53a StPO ohnehin nur unvollkommenen Schutz bietet. Denn natürlich könnte der Staatsanwalt auch das Ziel verfolgen, dem vormals von der Verteidigung eingeschalteten Gutachter einen neuen Auftrag zu erteilen. Lässt sich der Gutachter hierauf unbeschadet möglicher berufsrechtlicher Konsequenzen ein, bestünde im Hinblick auf das Ergebnis kein Verwertungsverbot.

Anders als bei dem Kreis der Zeugnisverweigerungsberechtigten aus beruflichen Gründen liegt die Rechtslage bei **Angehörigen des öffentlichen Dienstes.** Sie unterliegen grundsätzlich den allgemeinen Zeugenpflichten, welche aber durch öffentliche Geheimhaltungsinteressen eingeschränkt sind. Dies bedeutet, dass der Angehörige des öffentlichen Dienstes nach den allgemeinen Zeugenregeln auszusagen hat, soweit nicht die Pflicht zur Amtsverschwiegenheit betroffen ist. Über Bereiche, welche die Amtsverschwiegenheit berühren, darf der Zeuge hingegen nur aussagen, wenn eine Aussagegenehmigung erteilt wird. Ansonsten entfallen Aussagepflicht und Aussagebefugnis, für das Gericht schafft § 54 StPO ein Beweiserhebungsverbot.

38

Wird eine Aussagegenehmigung erteilt, so liegt es in der Natur der Sache, dass diese nur so weit wirken kann, wie das Amtsgeheimnis reicht. Andere Geheimhaltungspflichten werden hiervon nicht betroffen. Dem Richter als Zeugen bleibt es deshalb trotz erteilter Aussagegenehmigung etwa verboten, wegen des Fortbestands des Beratungsgeheimnisses nach § 43 DRiG über die Urteilsberatung zu berichten.

Für die Verteidigung hoch problematisch sind gerade die Fälle, in denen eine Beschränkung der Aussagegenehmigung erfolgt. Auch dies wird für zulässig gehalten, sogar weitergehend als beim zeugnisverweigerungsberechtigten Zeugen gemäß § 52 StPO, bei dem eine Teilverweigerung der Aussage dann für zulässig gehalten wird, wenn das Beweisthema aufteilbar ist.[131] Dies führt dazu, dass es für zulässig erachtet wird, dass etwa der Polizeibeamte als Zeuge sein durch einen Mittelsmann erlangtes Wissen bekunden darf, die Person des Gewährsmannes aber nicht enttarnen muss.[132]

---

130 Tondorf/Weider StV 97, 493; Krause StraFO 98, 1; Krekeler/Schonart wistra 98, 137; LR/Dahs § 53a StPO Rn 5; KK/Senge, § 53a StPO Rn 3.

131 BGH 4 StR 180/57; BGH 2 StR 272/66.

132 BGHSt 17, 382; KK/Senge, § 54 StPO Rn 17; vgl. auch oben, § 17 Rn 15 ff.

Ebenso wie für den Berufsgeheimnisträger gilt, dass die Aussagegenehmigung jederzeit widerrufbar ist. Anders als dort wird jedoch die Verwertbarkeit bei Widerruf gesehen. Erfolgt beim Angehörigen des öffentlichen Dienstes der Widerruf in der Hauptverhandlung, bleibt die zuvor in der Hauptverhandlung erstattete Aussage verwertbar, während die Aussage im Vorverfahren nicht durch die Vernehmung der Verhörsperson eingeführt werden darf.[133]

39   *bb) Reichweite des Zeugnisverweigerungsrechts in Verfahren gegen mehrere Beschuldigte.* In den Fällen, in denen ein Verfahren nicht nur gegen einen, sondern gegen mehrere Beschuldigte geführt wird, sollte der Verteidiger der **Reichweite des Zeugnisverweigerungsrechts** besondere Aufmerksamkeit widmen. Dieser Bereich ist nicht nur besonders fehleranfällig, sondern es entwickeln sich auch besondere Chancen und Risiken mit Blick auf eine Verfahrensstrategie.

Denn in diesen Fällen steht dem Angehörigen eines Beschuldigten gem. § 52 Abs. 1 StPO auch ein Zeugnisverweigerungsrecht hinsichtlich aller weiteren Beschuldigten zu.[134] Voraussetzung hierfür ist allerdings, dass wenigstens in irgendeinem Verfahrensabschnitt hinsichtlich der Beschuldigten eine prozessuale Gemeinsamkeit bestanden hat,[135] so dass die Aussage des betroffenen Zeugen auch dessen Angehörigen beträfe. Die prozessuale Gemeinsamkeit der Verfahren muss dabei durch eine ausdrückliche Willensentscheidung der Staatsanwaltschaft begründet worden sein. Der faktische Gleichlauf der Ermittlungen gegen mehrere Personen ist noch nicht ausreichend. Gleiches gilt, wenn die Staatsanwaltschaft aus sachlich vertretbaren Gründen gegen einen schon früher wegen einer Tat in Verdacht geratenen Beschuldigten zu einem späteren Zeitpunkt ein neues selbständiges Ermittlungsverfahren einleitet.[136] Es kommt somit entscheidend für die förmliche Gemeinsamkeit auf das gemeinsame Aktenzeichen an. Allerdings gilt auch dies nicht durchgehend. Betrifft das gemeinsame Verfahren mehrere selbständige Taten i.S.v. §§ 155, 267 StPO, so erstreckt sich das Zeugnisverweigerungsrecht nur auf die Fälle, an denen der Beschuldigte, von dem sich das Zeugnisverweigerungsrecht herleitet, beteiligt sein kann. Hierbei ist die Frage der Beteiligung wiederum extensiv zu verstehen. Neben Täterschaft und Teilnahme zählen hierzu auch mögliche Begleitdelikte wie Hehlerei, Geldwäsche, Begünstigung, Strafvereitelung.[137]

40   Die insoweit dargestellte **Reichweite des Zeugnisverweigerungsrechts** im Strafverfahren gegen mehrere Beteiligte wurde durch die Rechtsprechung an anderer Stelle **eingeschränkt.**[138] Ohne im Rahmen dieser Darstellung vertiefend auf eine Diskussion der Richtigkeit dieser Rechtsprechung eingehen zu wollen,[139] sollen nachfolgend kurz die nunmehr geltenden Beschränkungen des Zeugnisverweigerungsrechts im Verfahren

---

133 LR/Dahs, § 54 StPO Rn 21; beim Berufsgeheimnisträger wäre hingegen bei einem Widerruf in der Hauptverhandlung die zuvor getätigte Aussage im Vorverfahren einführbar.

134 Beim Zeugnisverweigerungsrecht des Berufsgeheimnisträgers stellt sich die Problematik nicht, weil die Schweigepflicht unabhängig von der prozessualen Situation besteht und sogar über den Tod hinaus fortwirkt (hier ist auf den mutmaßlichen Willen abzustellen).

135 BGH NJW 74, 758; BGHSt 34, 138.

136 BGH NStZ 98, 469.

137 Vgl. z.B. BGH NStZ 1983, 564.

138 BGH NStZ 92, 195 mit Dokumentation Widmaier.

139 Vgl. hierzu Dahs/Langkeit StV 92, 492.

gegen mehrere Beschuldigte dargestellt werden. Demgemäß erlischt das Zeugnisverweigerungsrecht des Angehörigen, wenn das Verfahren gegen den angehörigen Beschuldigten rechtskräftig abgeschlossen ist.[140] Ob der Abschluss durch rechtskräftige Verurteilung oder durch Freispruch[141] erfolgt, ist dabei unbeachtlich. Dem rechtskräftigen Abschluss des Verfahrens steht der Abschluss des Verfahrens durch Tod des angehörigen Beschuldigten gleich.[142] Eine endgültige Einstellung liegt hingegen nicht bei Verfahrenseinstellungen gem. § 170 Abs. 2 StPO[143] oder nach § 205 StPO[144] vor. In diesen Fällen besteht das Zeugnisverweigerungsrecht vielmehr fort. Noch nicht entschieden ist die Problematik für Fälle der Einstellung gem. § 153a StPO.[145] Wegen des mit einer endgültigen Verfahrenseinstellung gem. § 153a StPO einhergehenden beschränkten Strafklageverbrauchs wird aber wohl zumindest in den Fällen, in denen die Gefahr einer Beteiligung an einem Verbrechenstatbestand nicht zu sehen ist, von einem Erlöschen des Zeugnisverweigerungsrechts auszugehen sein. Hingegen stellt – wie sich aus dem oben Angeführten bereits ergibt – die Abtrennung des Verfahrens gegen die weiteren Beschuldigten oder den angehörigen Beschuldigten keine endgültige Verfahrensbeendigung dar. Gerade dies sind aber für den Verteidiger die besonders interessanten Fallkonstellationen. Denn hierbei wird häufig übersehen, dass (noch) ein Zeugnisverweigerungsrecht besteht. Daneben können sich aber auch weitere Gefahren und Risiken aus dem Verfahrensverlauf ergeben. So muss der Verteidiger damit rechnen, dass ein das Zeugnisverweigerungsrecht ausübender Angehöriger eines anderen Beschuldigten sein Zeugnisverweigerungsrecht verlieren kann, weil das Verfahren gegen seinen Angehörigen vor dem Verfahren gegen den angehörigen Beschuldigten abgeschlossen wird. Dann hat der Verteidiger aber zu besorgen, dass sich die Beweislage in „seiner Hauptverhandlung" schlagartig ändert. Der zeitliche Ablauf der Hauptverhandlungen muss deshalb beobachtet werden.

Das Ganze gilt natürlich auch umgekehrt. Stehen dem Verteidiger bestimmte Zeugen derzeit nicht zur Verfügung, weil diese berechtigt ihr Zeugnisverweigerungsrecht nutzen, kann ein Versuch Sinn machen, mit der Hauptverhandlung über denjenigen Zeitpunkt hinaus zu kommen, in dem die Hauptverhandlung gegen den angehörigen Beschuldigten des Zeugnisverweigerungsberechtigten rechtskräftig abgeschlossen ist, um dann einen Beweisantrag auf erneute Anhörung des nunmehr nicht mehr verweigerungsberechtigten Zeugen zu stellen.

Auch für den Fall, dass kein entsprechender Antrag gestellt würde, kann eine **Aufklärungsrüge** in diesen Fällen durchaus erfolgreich sein.

cc) Die Ausübung des Zeugnisverweigerungsrechts. Das Zeugnisverweigerungsrecht **41** ist ein **höchst persönliches Recht.**[146]Daraus folgt, dass kein Prozessbeteiligter (insbesondere Gericht, Staatsanwaltschaft oder Verteidigung) die prozessuale Möglichkeit haben, dem Zeugen eine bestimmte Verhaltensweise abzuverlangen. Selbst etwaige

---

140 BGH a.a.O.
141 BGH NStZ 93, 501.
142 BGH NJW 92, 1118.
143 BGH StV 1998, 245.
144 BGHSt 27, 139.
145 BGH NStZ 98, 583.
146 BGHSt 21, 303.

Empfehlungen hinsichtlich eines möglichen Aussageverhaltens durch Gericht[147] oder Staatsanwaltschaft sind unangebracht und dürfen vom Verteidiger nicht hingenommen werden. Eine andere Betrachtungsweise ergibt sich allerdings hinsichtlich des anwaltlichen Vertreters. Soweit dieser als Zeugenbeistand Vertreter des Zeugen selbst ist, ergibt sich bereits aus seiner Aufgabenstellung, dass er auch dazu befugt ist, dem Zeugen Empfehlungen hinsichtlich einer möglichen Ausübung seines Verweigerungsrechts zu geben. Gleiches gilt für den Nebenklagevertreter hinsichtlich des Nebenklägers. Aber auch darüber hinausgehend ist es dem anwaltlichen Prozessbeteiligten, insbesondere dem Verteidiger, nicht untersagt, Zeugen nicht nur auf ihre bestehenden Zeugnisverweigerungsrechte hinzuweisen, sondern sogar Empfehlungen auszusprechen, diese Rechte auch auszuüben. Von besonderer Wichtigkeit ist dabei allerdings, dass der Verteidiger deutlich macht, dass es sich um eine Empfehlung aus seiner Sicht als einseitiger Interessenvertreter handelt und dem Zeugen nach wie vor alle Optionen verbleiben, sich frei zu entscheiden. Dem Verteidiger muss bewusst sein, dass es sich trotz der grundsätzlichen Zulässigkeit einer solchen Empfehlung um einen verfahrensrechtlich äußerst sensiblen Bereich handelt.[148] Jeglicher Anschein von Druckausübung kann dabei nicht nur die Stimmungslage im Verfahren problematisch zum Nachteil des Beschuldigten verändern, sondern sogar strafrechtliche Verfolgungsmaßnahmen auslösen.[149] Dennoch hat der Strafrechtsausschuß der Bundesrechtsanwaltskammer die grundsätzliche Zulässigkeit der Schweigeempfehlung an den Zeugen in seinen Thesen zur Strafverteidigung, Thesen 28 bis 30, ausdrücklich bestätigt. Hierauf sollte der Verteidiger nötigenfalls hinweisen.[150]

42 Aus der Möglichkeit des Zeugen, frei über die Ausübung seines Zeugnisverweigerungsrechts entscheiden zu können, folgt im übrigen auch, dass er frei darüber entscheiden kann, ob er Berufsgeheimnisträger von deren Schweigepflicht entbindet. Gerichtliche Fragen an den Zeugen, warum er denn die Entbindung von der Schweigepflicht verweigere, sind deshalb nicht nur ungehörig, sondern auch unzulässig, weil sie gerade in den durch § 53 StPO geschützten Bereich des Vertrauensverhältnisses zwischen bestimmten Berufsangehörigen und denen, die ihre Hilfe und Sachkunde in Anspruch nehmen, eingreift. Denn soweit derjenige Zeuge, an den diese Frage gerichtet ist, nicht aus anderen Gründen zeugnisverweigerungspflichtig wäre, wäre er umfassend aussageverpflichtet unter Beachtung der Wahrheitspflicht. Damit würde das Zeugnisverweigerungsrecht des Berufsgeheimnisträgers aber ausgehöhlt werden.[151] Über die Ausübung des Zeugnisverweigerungsrechts gem. § 52 StGB entscheidet jeder Zeuge in **eigener Verantwortung**. Bei nicht ausreichender Verstandesreife oder Verstandeskraft gilt § 52 Abs. 2 StPO. Dabei wird vom Vorliegen des notwendigen Verständnisses für die Ausübung des Zeugnisverweigerungsrechts dann ausgegangen,

---

147 So zu Recht Schellenberg, S. 108.

148 Die Einflussnahme in Form der bloßen Bitte an den Zeugen stellt keine Strafvereitelung des Verteidigers dar: vgl. insoweit Beulke, Rn 57 ff.

149 In einem Fall hatte der Verteidiger seinen Mandanten aus dem Rotlichtmilieu gleich mit dessen „Verlobter" zusammen zum Gespräch empfangen, in der er der „Verlobten" ohne weiteres eröffnete: „Du hältst im Verfahren die Klappe, Kleine!".

150 Schriftenreihe der BRAK, Band 8, Thesen zur Strafverteidigung; vgl. im Einzelnen hierzu 2. Teil „Die Verteidigung im Ermittlungsverfahren", § 4 Abs. 3 2 a) bb) ccc) Probleme der Einwirkung auf Zeugen.

151 Vgl. hierzu näher unten.

wenn der Zeuge erkennen kann, dass der Beschuldigte etwas Unrechtes getan haben könnte und dass ihm hierfür Strafen drohen und die Zeugenaussage zu einer Strafe beitragen kann.[152] Bei Minderjährigen gibt es hierzu keine festen Altersgrenzen. Der Tatrichter hat vielmehr im Rahmen einer Ermessensentscheidung über das Vorliegen der Voraussetzungen zu entscheiden.[153] Regelmäßig wird aber von dem Fehlen der notwendigen Verstandesreife bei einem Siebenjährigen auszugehen sein,[154] wohingegen sie bei einem 14jährigen regelmäßig vorliegen soll.[155] Bestehen Zweifel an der Verstandesreife oder -kraft, so ist mangelnde Verstandesreife anzunehmen.[156] In diesen Fällen ist die Entscheidung des gesetzlichen Vertreters einzuholen. Dabei sollte der Verteidiger darauf achten, dass **nur** unter diesen Voraussetzungen der gesetzliche Vertreter zu befragen ist, ansonsten entscheidet der Zeuge völlig selbständig.

Wer **gesetzlicher Vertreter** ist, bestimmt sich nach dem BGB. Bei ehelichen Minderjährigen, die von beiden Elternteilen vertreten werden, müssen auch beide einwilligen, wobei es aber ausreichend ist, dass der eine gesetzliche Vertreter die Einwilligung erteilt und der andere zustimmt.[157]

Problematisch wird es, wenn der gesetzliche Vertreter der Beschuldigte selbst ist.[158] Er ist dann gem. § 52 Abs. 2 S. 2 StPO von der Entscheidung über die Ausübung des Zeugnisverweigerungsrechts ausgeschlossen. Steht die gesetzliche Vertretung allerdings beiden Eltern zu, gilt dies automatisch auch für den anderen Elternteil, was zur Folge hat, dass ein Ergänzungspfleger nach § 1909 BGB zu bestellen ist.[159] Gesetzlich nicht geregelt ist hingegen der Fall, in dem der nicht beschuldigte Elternteil alleinvertretungsberechtigt ist. Die höchstrichterliche Rechtsprechung hat dieses Thema bislang offen gelassen,[160] wohingegen im Schrifttum verschiedene Auffassungen vertreten werden.[161] Mag man den Hintergrund der unterschiedlichen Auffassungen auch nachvollziehen, so erscheint der Wortlaut des § 52 Abs. 2 S. 2 StPO hingegen eindeutig. In den Fällen, in denen der andere Elternteil alleinvertretungsberechtigt ist, wird es der Bestellung eines Ergänzungspflegers gerade nicht bedürfen.

Die Ausübung des Zeugnisverweigerungsrechts muss **klar und eindeutig** sein, eine Begründung hierfür allerdings nicht erfolgen.[162] Umgekehrt ergibt sich aus der Tatsache, dass der Zeuge aussagt, dass er auf die Ausübung seines Zeugnisverweigerungsrechts verzichten will. Hierzu bedarf es keiner gesonderten Erklärung. Entscheidet sich der Zeuge zur Aussage, unterliegen seine Angaben natürlich der Wahrheitspflicht. Er darf nicht aus eigenem Entschluß einfach Teilbereiche weglassen oder verschweigen, die einen Angehörigen oder ihn belasten könnten. Allerdings ist auch ein Teilverzicht

---

152 BGHSt 14, 162; LR/Dahs, § 52 StPO Rn 27.
153 BGHSt 13, 397.
154 BGHSt 14, 159, vgl. aber zu einem Sechsjährigen BGH NStZ 91, 398.
155 BGHSt 20, 234; bejahend zum 15jährigen BGH NStZ 97, 145, zum 16jährigen BGH NStZ 85, 493 und zum 17jährigen BGHSt 14, 21.
156 BGHSt 19, 85; BGHSt 23, 221.
157 BGH MDR 57, 52.
158 Dies kommt insbesondere in Verfahren im Zusammenhang mit sexuellem Missbrauch häufig vor.
159 Vgl. BGHSt 12, 235; BayObLG NJW 1998, 614.
160 BGH NStZ 91, 398; BGHR StPO § 52 Abs. 2 2 Ergänzungspfleger 1; BGH NJW 96, 206.
161 Für die Bestellung eines Ergänzungspflegers KK/Senge, § 52 StPO Rn 29; KMR/Paulus, § 52 StPO Rn 25; dagegen LR/Dahs § 52 StPO Rn 33; Meyer-Goßner, § 52 StPO Rn.20.
162 Vgl. auch BGH NJW 80, 794.

auf das Zeugnisverweigerungsrecht möglich, wenn das Beweisthema teilbar ist.[163] Der Teilverzicht kann aber nicht konkludent erklärt werden. Hier muss der Zeuge vielmehr ausdrücklich erklären, zu welchen Punkten er aussagt und zu welchen er schweigt. Den Umfang der Verwertbarkeit seiner Aussage kann aber ein in vollem Umfang aussagender Zeuge nicht bestimmen.[164]

Anders liegt der Fall hingegen, wenn der Zeuge sich **während seiner Vernehmung neu entscheidet** und erklärt, dass er nun doch von seinem Zeugnisverweigerungsrecht Gebrauch machen möchte. Dieser Entschluß zum Widerruf des Verzichts auf das Zeugnisverweigerungsrecht ist unbestritten bis zum endgültigen Abschluss der Vernehmung möglich (§ 52 Abs. 3 S. 2 StPO). Umstritten ist in diesen Fällen jedoch, was mit den zuvor getätigten Zeugenaussagen anzufangen ist. Nach Auffassung der Rechtsprechung und eines Teils des Schrifttums[165] bleibt das, was der Zeuge bis zum Widerruf geäußert hat, verwertbar; nach anderer in der Literatur vertretener Auffassung verliert die Zeugenaussage durch den Widerruf hingegen ihre Verwertbarkeit.[166]

Hierbei ist allerdings der Auffassung, die eine Verwertbarkeit der (richterlichen) Aussage vor Verzichtswiderruf annimmt, der Vorzug zu geben. Denn es ist nicht einzusehen, warum diese Fallgestaltung anders gelöst werden sollte, als Verwertungsproblematiken gemäß § 252 StPO, der hier dem Wortlaut nach zwar keine Anwendung findet, aber eine gleichgelagerte Problematik betrifft. Wird ein Zeuge vor einer Hauptverhandlung mehrfach richterlich vernommen und erklärt er anläßlich seiner letzten richterlichen Vernehmung, dass er nunmehr von seinem Zeugnisverweigerungsrecht Gebrauch mache, so bleiben die zuvor getätigten Aussagen bei den richterlichen Vernehmungen dennoch verwertbar und können über die Vernehmung des mitwirkenden Richters eingeführt werden.[167] Ebenso verwertbar und durch richterliche Vernehmung einführbar wäre eine vor der Hauptverhandlung getätigte richterliche Zeugenvernehmung, wenn der Zeuge in der Hauptverhandlung von Anfang an schweigt. Von diesen Fallgestaltungen unterscheidet sich aber der Fall nicht grundlegend, dass der Zeuge anfänglich in der Hauptverhandlung redet und dann schweigt.

Nicht übersehen werden darf dabei in taktischer Hinsicht, dass die Bejahung der Verwertbarkeit der **Teilaussage** dem Zeugen ein eigentlich gesetzlich nicht vorgesehenes Gestaltungsrecht hinsichtlich seiner Aussage möglich macht. Denn der Zeuge hat zu Beginn seiner Aussage seinen Zeugenbericht gem. § 69 Abs. 1 zu erstatten. Erst danach ist er zu befragen.[168]

Aufgrund dessen kann sich der Zeuge aber dazu entschließen kann, vorab dem Gericht das mitzuteilen, was er in der Sache für wichtig und vorteilhaft hält, um anschließend zu erklären, dass er nunmehr von seinem Zeugnisverweigerungsrecht hinsichtlich weiterer Äußerungen und Fragen Gebrauch mache. Diese Situation hätte zu Folge, dass der Zeuge völlig eigenständig darüber entschieden hätte, was er dem Gericht mitteilen wollte und was nicht. Das Gericht hat hingegen bei der Beurteilung der Zeugenaussage

---

163 KK/Senge, § 52 StPO Rn 40.
164 BGH NJW 03, 2619.
165 BGHSt 2, 99; BGH bei Holtz MDR 92, 322; BGH NJW 88, 716; KK/Senge, § 52 StPO Rn 42; LR/Dahs, § 42 StPO Rn 36; Meyer-Goßner, § 52 StPO Rn 22.
166 Eisenberg, Rn 1257; Geppert Jura 91, 134.
167 Ständige Rechtsprechung des BGH, so BGHSt 45, 342; BGHSt 36, 384; BGHSt 32, 25.
168 Vgl. hierzu Näheres unten.

eine noch schlechtere Ausgangsposition als beim Auskunftsverweigerungsrecht. Denn dort ist wenigstens ersichtlich, dass der Zeuge bei einer erfolgten Verweigerung zu möglichen Gesichtspunkten phasenweise die Auskunft verweigert hat, wohingegen er hinsichtlich seiner anderen Äußerungen an die Wahrheits- und Vollständigkeitspflicht gebunden ist. Bei den zeugnisverweigerungsberechtigten Zeugen liegt hingegen die äußerst problematische Situation vor, dass er nach bzw. inmitten seines Vortrags seine Ausführungen unter Berufung auf sein Zeugnisverweigerungsrecht einfach abbricht. Das Gericht weiß deshalb nicht einmal, ob die vom Zeugen bekundeten Tatsachen zu einzelnen Gesichtspunkten überhaupt vollständig und damit richtig sind. Die Problematik ist aber nicht auf der Basis eines Verwertungsverbots zu lösen, sondern im Rahmen der Beweiswürdigung.

Auch wenn man die Verwertbarkeit einer solchen Zeugenaussage deshalb aus systematischen Gründen für zulässig erachtet, kann dies nur bedeuten, dass bei Beurteilung der Aussage äußerste Vorsicht angezeigt sein muss. Dies gilt im übrigen auch bei der Handhabung durch den Verteidiger. Wie bereits dargelegt, ist es zwar grundsätzlich zulässig, dass der Verteidiger einem Zeugen empfiehlt, von der Ausübung seines Zeugnisverweigerungsrechts Gebrauch zu machen,[169] dies gilt jedoch nicht für die Art und Weise der Ausübung des Zeugnisverweigerungsrechts. Die Empfehlung an den Zeugen, doch einfach im Rahmen des Zeugenberichts erst einmal das zu erzählen, was man erzählen wolle und anschließend den Widerruf des Verzichts zu erklären, ist deshalb eine Empfehlung aus der rechtlichen Grauzone, die eines Verteidigers nicht würdig ist.

Von der soeben erörterten Frage, ob bei einer erst später erfolgten Zeugnisverweigerung die vorab in richterlicher Vernehmung getätigte Aussage verwertbar bleibt, ist die Frage zu unterscheiden, ob es dem Zeugen möglich ist, zu genehmigen, dass vorab getätigte Aussagen (etwa anläßlich polizeilicher Zeugenvernehmungen oder einer Sachverständigenexploration) dennoch in die Hauptverhandlung eingeführt werden können. Dies hat der BGH[170] für möglich gehalten. Zu Recht ist diese Entscheidung allerdings auf erhebliche Kritik gestoßen[171] und es darf prognostiziert werden, dass der BGH diesen hochproblematischen Weg nicht weiterverfolgen wird.[172] **43**

c) Das Auskunftsverweigerungsrecht

Völlig anders als das Zeugnisverweigerungsrecht gestaltet sich das **Auskunftsverweigerungsrecht** gem. § 55 StPO. Während das Zeugnisverweigerungsrecht die Möglichkeit gibt, die Aussage im Ganzen[173] zu verweigern, ergibt sich aus § 55 StPO die Möglichkeit, einzelne Fragen nicht zu beantworten. Das Auskunftsverweigerungsrecht des § 55 StPO ist damit beweisthemabezogen.[174] Dabei ist anerkannt, dass insbesondere dann, wenn alle Beweisthemen der Zeugenaussage die Gefahr der Strafverfolgung nach sich ziehen würden, das Auskunftsverweigerungsrecht zu einem umfassenden **44**

---

169 Vgl. oben.
170 BGHSt 45, 203.
171 Vgl. beispielhaft zur Problematik den Disput zwischen Ranft (für eine Gestattungsmöglichkeit), NJW 01, 1305, 3761 und Wollweber (gegen eine Gestattungsmöglichkeit), NJW 00, 1702; NJW 01, 3760.
172 In BGH StV 02, 1 wird die Frage der Gestattungsmöglichkeit bei Annahme eines Verwertungsverbots gar nicht erst angesprochen.
173 Mit den oben erörterten Ausnahmen.
174 KMR/Paulus § 55 StPO Rn 5.

Auskunftsverweigerungsrecht erstarken kann.[175] Allerdings wäre selbst in diesen Fällen das Auskunftsverweigerungsrecht niemals einem Zeugnisverweigerungsrecht gleichzusetzen. Der Anwendungsbereich bleibt vielmehr stets unterschiedlich. Dies hat zur Folge, dass die Rechte des Zeugen aus den verschiedenen Verweigerungsrechten nebeneinander bestehen bleiben und der Zeuge ein Wahlrecht bei der Ausübung hat.[176] Anders als beim Zeugnisverweigerungsrecht ist eine **vorherige Belehrung** über das Auskunftsverweigerungsrecht auch bei der sich aufdrängenden Möglichkeit, dass bei einem Teil der Zeugenaussage die Anwendbarkeit des § 55 StPO in Frage kommen kann, nicht erforderlich. Es reicht vielmehr aus, dass das Gericht während der Zeugenvernehmung bei sich bietender Gelegenheit auf diese Verweigerungsmöglichkeit hinweist. Ohnehin dient das Auskunftsverweigerungsrecht nach der Rechtskreistheorie des BGH dem Schutz des Zeugen und nicht dem des Angeklagten.[177] Der Angeklagte kann deshalb auch die fehlende Belehrung über das zustehende Auskunftsverweigerungsrecht nicht rügen. Lediglich umgekehrt stünde ihm natürlich dann ein Rügerecht zu, wenn der Zeuge aufgrund eines zu Unrecht angenommenen Auskunftsverweigerungsrechtes eine Aussage nicht getätigt hat, weil dies keine Angelegenheit des Rechtskreises des Zeugen ist.

45 *aa) Gefahr der Strafverfolgung.* Voraussetzung für die Ausübung des Auskunftsverweigerungsrechts ist, dass dem Zeugen (oder einem Angehörigen) die **Gefahr der Verfolgung** wegen einer **Straftat** oder **Ordnungswidrigkeit droht**. Ausreichend für das Vorliegen einer Gefahr ist dabei bereits die Begründung eines Anfangsverdachts durch eine wahrheitsgemäße Aussage. Dies ist nach strafverfahrensrechtlichen Gesichtspunkten zu ermitteln.

Die Bestimmung, wann genau eine Gefahr der Strafverfolgung vorliegen kann, kann im Einzelfall Schwierigkeiten bereiten. Sicher ist, dass es auf die Verfolgungsgefahr, nicht auf die Verurteilungsgefahr, ankommt. Deswegen besteht ein Auskunftsverweigerungsrecht auch dann, wenn die Konsequenz der Verfolgung allenfalls zur Anordnung von Sicherungsmaßregeln, Erziehungsmaßregeln nach § 9 JGG oder Zuchtmitteln nach § 13 JGG führen könnte.[178] Auch die Gefahr einer Strafverfolgung im Ausland kann zur Auskunftsverweigerung berechtigen, sofern deren Realisierung nicht auszuschließen ist.[179] Keine Verfolgungsgefahr liegt hingegen vor bei der Gefahr von Nachteilen im außerstrafverfahrensrechtlichen Bereich durch die Aussage, selbst dann, wenn sie sich im Ergebnis nachteiliger auswirken als die strafrechtliche Verfolgung. So rechtfertigt etwa die Gefahr von Vermögensnachteilen, die Offenbarung von Geschäfts- oder Betriebsgeheimnissen oder zu befürchtender Ehrverlust keine Auskunftsverweigerung.[180]

Unklar ist die Anwendbarkeit des § 55 StPO hingegen bei berufsrechtlichen und disziplinarrechtlichen Verfolgungsgefahren. Während für die Fälle der berufsrechtlichen Verfolgung die Anwendbarkeit des § 55 StPO überwiegend bejaht wird, weil die Vor-

175 BGH NStZ 02, 604.
176 BGH StV 88, 509.
177 BGHSt 1, 39; BGHSt 11, 213 (GSST); BGHSt 36, 23.
178 Meyer-Goßner, § 55 StPO Rn 6.
179 Eisenberg Rn 1116; LG Freiburg NJW 86, 3036.
180 KMR/Paulus § 55 StPO Rn 7.

schrift auch nach den jeweils zugrundeliegenden Verfahrensordnungen Anwendung findet,[181] wird die Gefahr disziplinarrechtlicher Verfolgung nicht als ausreichend für die Bejahung eines Auskunftsverweigerungsrechts gem. § 55 StPO angesehen.[182] Inhaltlich ist zu bedenken, dass es für die Bejahung des Auskunftsverweigerungsrechts ausreicht, wenn der Zeuge bestimmte Tatsachen angeben müßte, die nur mittelbar den Verdacht einer Straftat ergeben.[183] Es gilt also das „Mosaiksteinchenprinzip". Stellen Teile der Zeugenaussage ein Mosaiksteinchen dar, welches mit anderen Mosaiksteinchen zusammengesetzt zur Annahme einer strafbaren Handlung führen könnten und damit zur Gefahr der Verfolgung, so reicht dies bereits aus, die Auskunft verweigern zu dürfen.[184]

Fraglich ist, ob die Gefahr der Verfolgung auch noch besteht, wenn das Verfahren anders als durch rechtskräftiges Urteil abgeschlossen worden ist. Hierbei ist zu beachten, dass Einstellungen durch die Staatsanwaltschaft gemäß §§ 170 Abs. 2, 153, 154 und 154a StPO nicht zur endgültigen Verfahrensbeendigung führen. Gleiches gilt bei einer Einstellung gem. § 153a StPO, wenn sich herausstellt, dass ein Verbrechenstatbestand vorliegt. Ebenso fehlt der Einstellung nach § 45 Abs. 1, 2 JGG die Bindungswirkung.[185] In all diesen Fällen wird man deshalb auch ein Auskunftsverweigerungsrecht anzunehmen haben.[186]

bb) Keine Gefahr der Strafverfolgung. Die Gefahr der Strafverfolgung besteht allerdings grundsätzlich bereits dann nicht, wenn **Verfahrenshindernisse** vorliegen. Verjährung, Fristablauf bei reinen Antragsdelikten oder rechtskräftige Entscheidungen in den Fällen, von denen sich die Gefahr der Strafverfolgung herleitet (Verurteilung, Freispruch) stehen der Annahme einer Gefahr entgegen. Andererseits gilt aber, dass die Strafverfolgung zweifellos ausgeschlossen sein muss.[187] Ausnahmsweise kann deshalb bei der ernsthaften Gefahr der Möglichkeit der Wiederaufnahme des Verfahrens zu Ungunsten des Angeklagten bei einer entsprechenden Aussage selbst bei zuvor erfolgtem rechtskräftigen Freispruch ein Auskunftsverweigerungsrecht bestehen. Bei zuvor erfolgter rechtskräftiger Verurteilung ist zu bedenken, dass wegen der abgeurteilten Taten keine Gefahr der Verfolgung mehr bestehen kann, die rechtskräftige Verurteilung aber nicht die Verfolgung anderer noch nicht entdeckter Taten hindert. Hierunter könnte auch eine mögliche Strafbarkeit wegen des Verteidigungsverhaltens fallen. So kann etwa denkbar sein, dass durch die in der Hauptverhandlung erfolgte Aussage ein neuer Straftatbestand (z.B. falsche Verdächtigung) verwirklicht wurde, der dann wiederum zum Vorliegen eines Auskunftsverweigerungsrechts führt.[188] Denkbar ist aber auch, etwa im BtM-Verfahren, dass durch die erzwungene Benennung von Abnehmern neue Taten ans Licht kommen können. Auch insofern besteht deshalb ein Auskunftsverweigerungsrecht.[189]

46

---

181 BGHSt 27, 374 (Anwaltsgerichtsbarkeit); LR/Dahs, § 55 StPO Rn 2; KK/Senge § 55 StPO Rn 7.

182 OLG Hamburg MDR 84, 335, a.A. OLG Köln StV 87, 538.

183 BGHR StPO § 55 Abs. 1 Verfolgung 1; BVerfG NJW 02, 1411; BVerfG NJW 03, 3045.

184 BGH NJW 99, 1413.

185 BGHSt 10, 104.

186 Vgl. aber KK/Senge, § 55 StPO Rn 4 unter Hinweis auf BGH 5 StR 452/55.

187 BGHSt 9, 34, BGH StV 94, 524; BGHR § 55 Abs. 1 StPO, Verfolgung 4.

188 OLG Koblenz StV 96, 474 m. Anm. Gatzweiler.

189 OLG Zweibrücken StV 00, 606.

47 *cc) Zeitraum des Bestehens eines Auskunftsverweigerungsrechts.* Die Frage, ob und wie lange ein Auskunftsverweigerungsrecht besteht, ist für den Verteidiger von vielfacher und vielschichtiger Bedeutung. Schon manche anfangs erfolgreiche Verteidigungsbemühungen haben schließlich doch noch zu einem Mißerfolg geführt, weil nicht bedacht worden ist, dass ein Auskunftsverweigerungsrecht mit dem Wegfall der Verfolgungsgefahr erlischt. Gerade in Verfahrenskomplexen gegen mehrere Beschuldigte muss immer bedacht werden, dass das Erreichen eines frühen rechtskräftigen Ergebnisses, auch wenn es sich erst einmal als günstig darstellt, allein deshalb eine beträchtliche Gefahr bietet, weil mit der Rechtskraft im Regelfall (Ausnahme siehe oben) **das Auskunftsverweigerungsrecht erlischt.** Sind zu diesem Zeitpunkt Verfahren gegen weitere Beschuldigte nicht abgeschlossen, so muss in die Verteidigungsstrategie deshalb immer eingeplant werden, dass der vormals Beschuldigte nun in diesen Verfahren als Zeuge in Betracht kommen kann und kein Auskunftsverweigerungsrecht mehr hat. Es kann dann in einem weiteren Verfahren die Gefahr bestehen, dass nach der Aussage wegen einer tatsächlich erfolgten oder vermeintlichen Falschaussage ein neues Verfahren eingeleitet wird, welches die früheren Erfolge zur Gänze zunichte machen kann. So würde etwa eine Verurteilung wegen einer Falschaussage im Fall einer zuvor ausgesprochenen Bewährungsstrafe dazu führen können, dass es zu einem Widerruf der Bewährung wegen einer neuen Straftat in der nun laufenden Bewährungszeit käme.

Aber selbst dann, wenn es nicht zu einer neuen Verurteilung wegen einer Falschaussage kommt, kann Ungemach drohen. So muss etwa im Fall einer rechtskräftigen Verurteilung zu einer Vollzugsstrafe bedacht werden, dass Vollzugsanstalten fast durchgängig keine Vollzugslockerungen gewähren, so lange ein weiteres Ermittlungsverfahren anhängig ist. Unbeschadet des tatsächlichen Ausgangs eines solchen Verfahrens wegen Verdachts der Falschaussage kann es deshalb dazu kommen, dass allein mit der Einleitung eines weiteren Verfahrens aufgrund der nachfolgend getätigten Zeugenaussage bestimmte Verteidigungskonstruktionen schlichtweg zusammenbrechen.

48 *dd) Glaubhaftmachung des Auskunftsverweigerungsrechts.* Bestehen Zweifel daran, ob ein Auskunftsverweigerungsrecht vorliegt, kann vom Zeugen verlangt werden, dieses gem. § 56 StPO **glaubhaft zu machen.** Dabei meint das „Verlangen" aber nur den Vernehmenden; die Prozessbeteiligten haben keinen Anspruch auf Glaubhaftmachung.[190] Es handelt sich um eine Ermessensentscheidung, die allerdings durch die Prozessbeteiligten beanstandet werden kann. Hält der Verteidiger demgemäß eine Glaubhaftmachung für erforderlich und erfolgt diese nicht durch das Gericht, so ist ein Gerichtsbeschluß gem. § 238 Abs. 2 StPO herbeizuführen.

Kommt es zur Glaubhaftmachung, so ist zu beachten, dass der Umfang der Erklärung notwendigerweise beschränkt ist, weil ansonsten durch die Angabe zur Glaubhaftmachung gerade das Auskunftsverweigerungsrecht konterkariert würde.[191] Ausreichend für die Glaubhaftmachung ist es deshalb, wenn der Zeuge zur Glaubhaftmachung erklärt, er nehme nach bestem Wissen und Gewissen an, dass eine Beantwortung der Frage ihn oder einen Angehörigen in die Gefahr straf- oder bußgeldrechtlicher Verfolgung bringe.[192]

---

190 KK/Senge, § 56 StPO Rn 4.
191 BGH StV 86, 282.
192 LG Hamburg VRS 74, 442; Eisenberg Rn 1125.

d) Die prozessualen Folgen der berechtigten Ausübung der Verweigerungsrechte/ die Frage anderweitiger Verwertungsmöglichkeiten

Für die Verteidigungsstrategie von elementarer Bedeutung ist nicht nur die Beantwortung der Frage, ob ein Zeuge von seinem Zeugnis- oder Auskunftsverweigerungsrecht Gebrauch machen wird, sondern die weiterführende Klärung, ob die Aussage nach Ausübung eines Verweigerungsrechts prozessual doch noch eingeführt werden kann. Denn der Verteidiger sollte sich im Fall einer anderweitigen Einführbarkeit der Zeugenaussage darüber bewusst sein, dass dies häufig die schlechteste Lösung ist, weil in diesen Fällen die Vernehmungspersonen nicht nur dazu neigen, den Inhalt der Aussage wiederzugeben, sondern auch häufig versucht sind, durch Schilderung der Umstände bei der Aussage sowie auch der Gemütsreaktionen des Zeugen der Aussage in ihrem Sinne eine besondere Glaubwürdigkeit oder Unglaubwürdigkeit beizumischen.[193]

aa) Zeugnisverweigerungsrecht. Macht ein Zeuge von seinem **Zeugnisverweigerungsrecht** in der Hauptverhandlung Gebrauch, so führt das gem. § 252 StPO zu einem allgemeinen Verwertungsverbot.[194] Dieses Beweisverbot ist für die Prozessbeteiligten grundsätzlich unverzichtbar.[195]
Die Geltendmachung des Zeugnisverweigerungsrechts soll den Zeugen nach derzeitiger Auffassung des BGH aber nicht hindern, nach ordnungsgemäßer Belehrung die Verwertung der bei einer nicht richterlichen Vernehmung gemachten Aussage zu gestatten.[196] Gegebenenfalls sei der Zeuge zu befragen, ob er der Verwertung zustimmt, jedoch ist der Richter zu einer solchen Befragung in der Regel nicht verpflichtet.[197]
Bei der Würdigung der Aussage sei allerdings der erheblich geringere Beweiswert zu beachten, so dass in der Regel eine Verurteilung auf die Aussage allein nicht gestützt werden könne.[198]
Es ist schon an anderer Stelle[199] darauf hingewiesen worden, dass diese Rechtsauffassung hochproblematisch ist. Zeugen können unter Ausnutzung dieser Rechtssituation nunmehr nicht nur die Überprüfung ihrer Aussage in der Hauptverhandlung vermeiden, sondern gegen jede gesetzliche Intention Zeitpunkt, Art und Umfang ihrer Aussage durchgestalten. Natürlich wird es etwa einer Hauptbelastungszeugin immer lieber sein, die Konfrontation mit der Verteidigung zu vermeiden und statt dessen etwa zu gestatten, dass der im Regelfall sehr viel wohlmeinendere Sachverständige wiedergibt, was sie dort berichtet hat. Einem solchen Verhalten lediglich auf der Ebene der Beweiswürdigung zu begegnen, ist zu wenig, weil dadurch selbstverständlich zu besorgen ist, dass die Aussage der Zeugin doch – wenn auch im geringeren (allerdings schwer kontrollierbaren) Umfang – in die Beweiswürdigung einfließt. Mag man aus systematischen Gründen eine Teilverwertbarkeit von früheren Aussagen vor einem Richter noch für verwertbar halten,[200] so ist eine Grenze dann erreicht, wenn es um nichtrichterliche

49

50

---

193 Die Problematik besteht also ähnlich wie bei der Einführung der Aussage einer Beschuldigten durch einen Dritten; vgl beispielsweise oben Rn 15 ff.
194 Und nicht nur entsprechend dem Wortlaut zu einem Verlesungsverbot, BGHSt 2, 99; OLG Hamm NStZ 03, 107.
195 BGHSt 10, 77.
196 BGHSt 45, 203 ff.; a.A. Firsching StraFo 00, 124 ff., Vogel StV 03, 598 ff.
197 BGH NStZ 03, 498 f.
198 BGHSt 45, 203, 208; Vogel StV 03, 598 ff.; vgl. auch BGH StV 03, 604 f.
199 Vgl. die Ausübung des Zeugnisverweigerungsrechts Rn 44.
200 Vgl. die Ausübung des Zeugnisverweigerungsrechts, Rn 43 und unten Rn 52.

Vernehmungen oder vernehmungsähnliche Situationen geht. Es bleibt deshalb nur zu hoffen, dass der BGH diese Rechtsauffassung wieder aufgibt und zu dem zurückkehrt, was auch sonst im Hinblick auf den Umgang des Verwertungsverbots gilt. Denn vom Verbot der Verwertung mitumfasst ist auch jede andere Möglichkeit der Einführung von Teilen der Aussage. Deshalb dürfen auch Schriftstücke,[201] die der Zeuge bei der Vernehmung übergeben hat und Bestandteil der Aussage geworden sind, ebenso wenig verwertet werden wie eine mittelbare Einführung der früheren Aussage durch Verlesung eines früheren Urteils,[202] durch Vorhalt gegenüber anderen Zeugen[203] oder Tonband- oder Videoaufnahmen[204] über eine frühere Vernehmung nicht möglich ist. Das Verwertungsverbot gilt bei Bestehen eines Zeugnisverweigerungsrechts aus persönlichen Gründen auch dann, wenn bei den früheren Vernehmungen deshalb eine Aussage getätigt wurde, weil das Verweigerungsrecht erst zu einem späteren Zeitpunkt durch Begründung der Angehörigeneigenschaft (z.b. Verlöbnis) entstanden ist.[205]

51 Anders verhält es sich hier allerdings mit dem Zeugnisverweigerungsrecht aus **beruflichen Gründen**. Ist beim Berufsgeheimnisträger zu irgendeinem Zeitpunkt die Schweigepflicht durch Entbindung weggefallen und erst zu einem späteren Zeitpunkt durch Widerruf der Entbindung neu begründet worden, so ist die Aussage des Berufsgeheimnisträgers als Zeugen, die er aufgrund der Entbindung getätigt hat, auch dann in das Verfahren einführbar, wenn er später aufgrund des Wiederauflebens des Zeugnisverweigerungsrechts weitere Aussagen verweigert.

Anderes gilt hingegen hinsichtlich der Frage der Schweigepflichtentbindung. Die Tatsache, ob oder warum entbunden wird oder nicht, darf zu keinem Zeitpunkt indiziell verwertet werden.[206]

Das allgemeine Verwertungsverbot kennt allerdings abgestellt auf die Qualität der Vernehmung **zwei wichtige Ausnahmebereiche** (sozusagen nach „oben und unten").

■ Ausnahme nach „oben": Verwertbarkeit der richterlichen Vernehmung
Nach der ständigen Rechtsprechung des BGH[207] ist wegen der „besonderen Qualität" der richterlichen Vernehmung diese entgegen dem Grundsatz des § 252 StPO, wonach auch die Vernehmung von Verhörspersonen ausgeschlossen ist, verwertbar. Die richterliche Verhörsperson kann also als Zeuge befragt werden. Es muss an dieser Stelle nicht vertieft werden, ob diese Argumentation wirklich stichhaltig ist.[208] Hieran kann man insbesondere vor dem Hintergrund gewichtige Zweifel haben, dass es sich in der Praxis bei den meisten hierfür in Frage kommenden richterlichen Vernehmungen um die von Ermittlungsrichtern handeln wird. Häufig handelt es sich aber bei Ermittlungsrichtern leider – entgegen der Bedeutung als Schlüsselfunktion für viele Verfahren – um junge und unerfahrene Juristen, die teilweise sogar bereits

---

201 BGHSt 22, 219.
202 BGHSt 20, 386.
203 BGHSt 2, 99.
204 Eisenberg Rn 1314.
205 BGHSt 45, 342 ff. zweifelnd bei unlauterer Verfahrensmanipulation (Heirat zwecks Erlangung des Zeugnisverweigerungsrechts); vgl. auch BGH StV 03, 605 ff.
206 BGH StV 00, 234; vgl. aber die anders gelagerte Beweiswürdigungsmöglichkeit bei Ausübung des Auskunftsverweigerungsrechts, BGH StV 84, 233.
207 Seit BGHSt 2, 99.
208 Vgl. Eisenberg NStZ 88, 488, Beulke, 420.

Schwierigkeiten mit der ordnungsgemäßen Durchführung einer richterlichen Zeugenvernehmung haben.[209]
Zu diesem Problemkreis tritt hinzu, dass nicht vollständig geklärt ist, wie weit der Begriff des Richters gespannt ist.

Unstreitig ist Richter einer „richterlichen Vernehmung" jeder Strafrichter, sogar – und dies zeigt die besondere Problematik – der Schöffe als ehrenamtlicher Richter.[210] Auch die Einführung einer in einem Zivilverfahren durch den weigerungsberechtigten Zeugen getätigten Aussage mittels des Zivilrichters wird für zulässig erachtet.[211] Zu Recht hat die Bejahung dieser Möglichkeit wegen der völlig unterschiedlichen Situationen des Zeugen im Straf- und Zivilverfahren gerade hinsichtlich der Konsequenzen für die Angehörigen, die gerade bei der Entscheidung über die Ausübung des Zeugnisverweigerungsrechts maßgeblich ist, im Schrifttum Kritik gefunden.[212] Nicht entschieden ist hingegen die Frage, ob die Aussage eines Zeugnisverweigerungsberechtigten auch durch die Aussage eines ausländischen Richters in das Verfahren eingeführt werden kann. Wenn die gleichen prozessualen Grundvoraussetzungen vorliegen, wird aber abzusehen sein, dass dies bejaht werden wird.[213]

■ Abweichung nach „unten": Nichtvernehmung und „Vernehmung" durch Privatpersonen
Voraussetzung für die Verwertbarkeitsfrage des § 252 StPO ist, dass grundsätzlich überhaupt eine Vernehmung stattgefunden hat.
Grundsätzlich ist unter einer Vernehmung i.S.d. § 252 StPO jede Einvernahme durch ein staatliches Organ zu verstehen.[214] Auf die verfahrensrechtliche Stellung des Zeugen kommt es dabei nicht an. Ebenso wenig ist entscheidend, in welcher Form die Aussagen getätigt werden. Deshalb gelten auch schriftliche Erklärungen in einem Fragebogen als Vernehmung i.S.d. § 252 StPO.[215] Weitere schriftliche Äußerungen in Anträgen, auch wenn sie an staatliche Organe gestellt werden, stellen hingegen keine Vernehmung dar.[216]
Ein (häufiges) Problem des Strafverfahrens kann sich dann ergeben, wenn ein Zeuge spontan, ohne dass der Vernehmungsbeamte noch Zeit hatte, ihn zu belehren, von sich aus „losgesprudelt" hat. Hierin sieht die herrschende Meinung in der Rechtsprechung[217] keine Vernehmung mit der Folge, dass sich die Problematik des § 252 StPO gar nicht erst stellt. Anders verhält es sich hingegen mit der sogenannten informatorischen Anhörung. Sie ist der förmlichen Vernehmung gleichzusetzen.[218]
Bei „Vernehmungen" von Privatpersonen ergibt sich aus der Natur der Sache, dass es sich hierbei nicht um die Einvernahme durch ein staatliches Organ handeln kann.

---

209 Nicht ganz selten finden sich in Ermittlungsakten unbrauchbare richterliche Vernehmungen, die lediglich in der Erklärung des Zeugen bestehen, dass das, was er bei der Polizei bereits gesagt habe, richtig sei.
210 BGHSt 13, 394.
211 BGHSt 17, 324.
212 KK/Diemer, § 252 StPO Rn 24; Eser, NJW 63, 234.
213 Vgl. auch KK/Diemer § 252 StPO Rn 27.
214 LR/Gollwitzer, § 252 StPO Rn 9.
215 OLG Stuttgart VRS 63, 52.
216 BGH NStZ 86, 232 (Antrag an Sozialbehörde).
217 BGHSt 29, 230; BayObLG NJW 83, 132.
218 BGH a.a.O.

Es kann deshalb auch grundsätzlich kein Verwertungsverbot gem. § 252 StPO bestehen. Brisanz kann die Situation allerdings dann haben, wenn die Privatperson überhaupt nicht mehr privat handelt, sondern von staatlicher Seite eingesetzt wird, um von einem Zeugnisverweigerungsberechtigten unter Umgehung des Zeugnisverweigerungsrechts etwas zu erfahren.[219]

In diesem Zusammenhang gilt es, auf Verteidigerseite auch die fragwürdige Entscheidung des BGH zu beachten, wonach die bei einer „Vernehmung" durch den Verteidiger gemachten Angaben nicht verwertet werden dürfen.[220]

52 *bb) Die Verwertbarkeit bei Ausübung des Auskunftsverweigerungsrechts.* Nach überwiegender Auffassung ist im Fall der Ausübung des **Auskunftsverweigerungsrechts** i.S.d. § 55 StPO das Verwertungsverbot des § 252 StPO nicht anwendbar.[221] Dies ist die Konsequenz der bereits angesprochenen „Rechtskreistheorie". Weil das Auskunftsverweigerungsrecht ausschließlich dem Schutz des Zeugen und nicht auch den Interessen des Angeklagten dienen soll, besteht auch kein Grund mehr dafür, die Aussage des auskunftsverweigerungsberechtigten Zeugen nicht anderweitig in die Hauptverhandlung einzuführen. Der Zeuge selbst ist bereits durch die Ausübung des Auskunftsverweigerungsrechts geschützt. Den Angeklagten soll die Norm nicht schützen. Eine Änderung der in der Literatur durchaus kritisierten Auffassung zur Verwertbarkeit[222] wird wohl erst dann zu erhoffen sein, wenn die Rechtskreistheorie aufgegeben wird.

Die Aussage eines gem. § 55 StPO die Aussage verweigernden Zeugen kann somit unproblematisch in die Hauptverhandlung eingeführt werden. Üblicherweise wird dies durch Vernehmung der Verhörsperson erfolgen. Auch der Vorhalt ist zulässig. Lediglich die Einführung im Wege der Verlesung des Vernehmungsprotokolls gem. § 251 Abs. 1 Nr. 4 oder § 251 Abs. 2 StPO wäre unzulässig.[223]

In diesen Fällen muss der Verteidiger deshalb in **taktischer Hinsicht** aus den bereits angesprochenen Gründen besorgen, dass die Ausübung des Auskunftsverweigerungsrechts eines Zeugen eher dazu führen wird, dass die auf andere Art eingeführte Aussage einen negativen Eindruck hervorruft, als dass sie vorteilhaft wirken wird.

53 Eine hiervon zu unterscheidende taktische Frage betrifft das Problem, ob aus der Tatsache der Ausübung des Auskunftsverweigerungsrechts an sich Schlußfolgerungen für die Beweiswürdigung möglich sind. Dies wird zumindest für Schlußfolgerungen zu Ungunsten des Angeklagten teilweise abgelehnt.[224] Auch hier ist aber wiederum die Rechtskreistheorie zu sehen. Wenn das Auskunftsverweigerungsrecht nicht auch dem Schutz des Angeklagten dient, ist nicht begründbar, warum negative Schlußfolgerungen nicht möglich sein sollten.[225]

---

219 BGHSt 40, 211 ff. (Sedlmayr-Fall) verneint die Frage nach einem Verwertungsverbot, obwohl der gezielte Einsatz eines V-Mannes nach BVerfG StV 00, 233 einen Verstoß gegen den Grundsatz des fairen Verfahrens darstellt; vgl. hierzu auch bei tatprovozierenden V-Mann BGHSt 45, 321 ff. entgegen EGMR NStZ 99, 47 ff. (Meyer-Goßner Einl. Rn 148a m.w.N.).

220 BGHSt 46, 1 ff.; krit. hierzu Schittenhelm, NStZ 01, 50 f.

221 KK/Diemer, § 252 StPO Rn 7.

222 Hanack JZ 72, 238, Regnier S. 236; Geppert Jura 88, 313; Rogall 237.

223 BGH NStZ 82, 342.

224 KMR/Paulus § 55 StPO Rn 26; AK/Kühne § 55 StPO Rn 8.

225 BGH StV 84, 233; KK/Senge, § 55 StPO Rn 16.

Dennoch muss diese Möglichkeit für den Verteidiger nicht nur negative Tendenzen haben. Denn die Ausübung des Auskunftsverweigerungsrechts eines Zeugen kann durchaus auch für den Angeklagten entlastende Indizwirkung haben.

Beispiel: In der Hauptverhandlung wird zu einem gegen den Angeklagten erhobenen Diebstahlsvorwurf ein Zeuge befragt, der laut Aktenlage in überhaupt keiner Verbindung zum Angeklagten steht. Dieser Zeuge wird von einem Prozessbeteiligten gefragt, ob er den dem Angeklagten zur Last gelegten Diebstahl begangen hat. Hierzu macht der Zeuge überraschend von seinem Auskunftsverweigerungsrecht gem. § 55 StPO Gebrauch.

Die Ausübung dieses Auskunftsverweigerungsrechts könnte im Verfahren gegen den Angeklagten selbst zu dessen Gunsten bei der Beweiswürdigung positiv berücksichtigt werden. Ausgeschlossen ist allerdings wegen des Nemo-tenetur-Grundsatzes die Berücksichtigung dieses Schweigens in einem späteren Strafverfahren gegen den Zeugen zu dessen Lasten.[226]

cc) Übersicht zur Verwertung früherer Aussagen nach Zeugnis- bzw. Aussage-verweigerung.

54

	Beschuldigter/Angeklagter	Zeuge mit Recht nach § 52 StPO:	Zeuge mit Recht nach § 55 StPO:
Variante 1: Frühere Angaben nach Belehrung; Schweigen in der Hauptverhandlung ebenfalls nach Belehrung			
Verlesung eines richterlichen Protokolls	ja, § 254 StPO (Geständnis)	nein, § 252 StPO	nein, Lit: § 252 StPO Rspr. § 250 S. 2 StPO
Verlesung eines nicht-Richterlichen Protokolls	nein, § 250 S. 2 StPO	nein, § 252 StPO	nein, Lit.: § 252 StPO Rspr.: § 250 S. 2 StPO
Vorhalt an vernommene Person	ja	nein, § 252 StPO	Lit.: nein, § 252 StPO Rspr.: ja
Vernehmung der richterlichen Verhörsperson	ja	Lit.: nein, § 252 StPO Rspr.: ja, wenn früher belehrt	Lit.: zum Teil nein, § 252 StPO analog Rspr.: ja
	Beschuldigter/ Angeklagter	Zeuge mit Recht nach § 52 StPO:	Zeuge mit Recht nach § 55 StPO:
Vernehmung der nicht-richterlichen Verhörsperson	ja	nein, § 252 StPO	Lit.: zum Teil nein, § 252 StPO analog Rspr. ja
Variante 2: Frühere Aussage ohne Belehrung; Schweigen in der Hauptverhandlung nach Belehrung			
Verlesung eines richterlichen Protokolls	§ 136 Abs. 1 S. 2 StPO Lit.: nein BGH/NJW 92, 1463: grundsätzl. nein	nein, § 252 StPO	Lit.: zum Teil nein, § 252 StPO analog Rspr. nein, § 250 S. 2 StPO

---

226 BGHSt 38, 305.

	Beschuldigter/Ange-klagter	Zeuge mit Recht nach § 52 StPO:	Zeuge mit Recht nach § 55 StPO:
Verlesung eines nicht-richterlichen Proto-kolls	nein, § 250 S. 2 StPO	nein, § 252 StPO	Lit.: zum Teil nein, Rspr. nein, § 250 S. 2 StPO
Vorhalt an vernom-mene Person	Lit.: nein, allgem. Verwertungsverbot Rspr. grundsätzl. nein vgl. BGH (s.o.)	nein, § 252 StPO	Lit. zum Teil nein, § 252 StPO analog, Rspr. ja
Vernehmung der Ver-hörsperson	Lit.: nein, allgem. Verwertungsverbot Rspr. grundsätzl. nein vgl. BGH (s.o.)	nein	Lit.: nein, § 252 StPO bzw. allge-meines Verwertungs-verbot, Rspr. ja
Variante 3: Fehlende notwendige Belehrung und Vernehmung in der Hauptverhandlung			
Verwertbarkeit:	nein, § 243 Abs. 4 S. 1 StPO	nein, § 52 Abs. 3 StPO	Literatur: nein § 55 Abs. 2 StPO Rspr. ja Rechtskreistheorie

e) Die prozessualen Folgen der (vermeintlich) unberechtigten Ausübung der Verweigerungsrechte

55 Bei jeder Aussageverweigerung eines Zeugen stellt sich automatisch die Frage, ob diese berechtigt oder nicht berechtigt ist. Kommt das Gericht zu dem Ergebnis, dass der Zeuge unberechtigt die Aussage verweigert, so hat es zwingend hierauf zu reagie-ren, wobei ihm § 70 StPO Maßnahmemöglichkeiten an die Hand gibt. Dies betrifft al-lerdings nur die Fälle der Verweigerung der Aussage, eine inhaltlich richtige Aussage kann hierdurch nicht erzwungen werden.

Ein Grenzfall mag dann vorliegen, wenn der Zeuge angibt, über die Beweisfrage nichts zu wissen und sich deshalb nicht weiter äußert. Eine solche wahrheitswidrige Aussage kommt einer Aussageverweigerung gleich mit der Folge, dass § 70 StPO anwendbar wäre.[227]

Liegt ein Fall des schuldhaften Verstoßes gegen die Zeugenpflicht vor, so hat das Ge-richt gem. § 70 StPO dem Zeugen zwingend die Kosten aufzuerlegen, die durch seine Weigerung entstehen.[228] Zusätzlich ist ein Ordnungsgeld aufzuerlegen und für den Fall, dass dies nicht beigetrieben werden kann, Ordnungshaft anzuordnen. Das Ord-nungsgeld wird sich dabei gemäß Artikel 6 Abs. 1 EGStGB zwischen EUR 5,00 und EUR 1.000,00 bewegen, die Ordnungshaft gemäß Artikel 6 Abs. 2 EGStGB zwischen 1 Tag und sechs Wochen.

Nicht zwingend, jedoch möglich, ist darüber hinausgehend die Anordnung von Erzwin-gungshaft gem. § 70 Abs. 2 StPO.[229] Ob sie vom Gericht angeordnet und verhängt wird, steht im pflichtgemäßen Ermessen des Gerichts, wobei zwischen Aufklärungs-

---

227 BGHSt 9, 362.
228 Kostengrundentscheidung (unabhängig davon, ob tatsächlich mehr Kosten anfallen).
229 Auch „Beugehaft" genannt.

pflicht gem. § 244 Abs. 2 StPO und Verhältnismäßigkeitsgrundsatz abzuwägen ist.[230] Dabei kann die Erzwingungshaft auch gleich zusammen mit der Festsetzung des Ordnungsgeldes angeordnet werden.

Für den im Strafverfahren tätigen Rechtsanwalt kann sich die Problematik der Aussageerzwingungsmöglichkeiten von verschiedenen Seiten stellen. Zum einen ist zu beachten, dass ein Gericht die unberechtigte Weigerung des Zeugen bei der Beweiswürdigung berücksichtigen darf, ohne vorher den Versuch einer Aussageerzwingung unternehmen zu müssen.[231] Verstöße gegen § 70 StPO berühren auch nicht direkt den Angeklagten, weil sie das Verhältnis des Richters zum Zeugen betreffen und der Angeklagte kein prozessuales Recht hat, in die Ahndungsbefugnis des Richters einzugreifen.[232] Allerdings kommt eine Verletzung der Aufklärungspflicht gem. § 244 Abs. 2 StPO in Betracht, weil der Tatrichter bei einer unberechtigten Aussageverweigerung alle gebotenen Schritte unternehmen muss, um sich von der Irrtumsfreiheit, Ernsthaftigkeit und Endgültigkeit einer Weigerung zur Aussage zu überzeugen.[233] Eine andere Problematik kann sich hingegen für den als Zeugenbeistand tätigen Rechtsanwalt stellen, wenn das Gericht eine Nichtberechtigung der Zeugnisverweigerung annimmt und deshalb beabsichtigte Maßnahmen gegen den Zeugen gem. § 70 StPO ergreifen will. Hierbei ist zu beachten, dass entsprechende Maßnahmen mit der einfachen Beschwerde angreifbar sind. Diese hemmt zwar grundsätzlich nicht den Vollzug (§ 307 Abs. 1 StPO), so dass die Maßnahme gleich vollzogen werden kann. Jedoch besteht ebenso die Möglichkeit, gem. § 307 Abs. 2 StPO die Vollziehung der angefochtenen Entscheidung auszusetzen, wobei die Aussetzung der Vollziehung eine Ermessensentscheidung ist, bei der das öffentliche Interesse an sofortiger Vollziehung gegenüber den dem Beschwerdeführer drohenden Nachteilen abgewogen werden muss. Einem Zeugenbeistand ist deshalb zu empfehlen, soweit das Gericht Maßnahmen gegen den Zeugen wegen vermeintlich unberechtigter Aussageverweigerung ergreift, noch in der Hauptverhandlung **Beschwerde** einzulegen und gemäß § 307 Abs. 2 StPO zugleich die Aussetzung der Vollziehung der angefochtenen Entscheidung bis zur Entscheidung des Beschwerdegerichts zu beantragen. Gerade in Hauptverhandlungen, die über mehrere Tage andauern, wird unter Beachtung des Verhältnismäßigkeitsgrundsatzes eine Aussetzung der Vollziehung zu erfolgen haben. Das Beschwerdegericht kann in dieser Zeit überprüfen, ob die erfolgte Aussageverweigerung tatsächlich berechtigt ist oder nicht. Ein anschließendes Anhören des Zeugen wird in der Hauptverhandlung dann immer noch möglich sein. Soweit der Zeuge ohne Zeugenbeistand erschienen ist, kann der Verteidiger je nach Wichtigkeit und Einschätzung der Zeugenaussage zumindest anregen, in dieser Form zu verfahren.

f) Der Zeugenbericht

Kommt es zu einer Sachaussage des Zeugen, bestimmt § 69 Abs. 1 StPO **zwingend** deren Ablauf. Kernstück der Zeugenaussage ist der Zeugenbericht. Dem Zeugen muss die Möglichkeit eingeräumt werden, unbeeinflusst und im Zusammenhang zu schildern, was er über den Gegenstand der Vernehmung in Erinnerung hat. Obwohl diese Vor-

56

---

230 KK/Senge § 70 StPO Rn 5.
231 BGH NJW 66, 211; KMR/Paulus § 70 StPO Rn 4.
232 BGH 5 StR 310/83.
233 KK/Senge § 70 StPO Rn 17.

schrift zwingendes und nicht abdingbares Verfahrensrecht enthält,[234] wird in der gerichtlichen Praxis leider immer wieder hiergegen verstoßen. Handelt es sich um einen „wichtigen" Zeugen, darf der Verteidiger dies nicht hinnehmen. Denn nur wenn dem Zeugen Gelegenheit gegeben wird, zunächst im Zusammenhang anzugeben, welche Tatsachen er über den Gegenstand der Vernehmung zu berichten weiß, kann auch ein unabhängiges Bild entstehen. Eine sofortige „Fragenkaskade" des Gerichts führt hingegen dazu, dass der Zeuge automatisch in eine bestimmte Richtung gelenkt wird. Gerade bei Polizeibeamten als Zeugen, die über den Verlauf einer Vernehmung berichten sollen, wird häufig zudem nur durch einen Zeugenbericht ohne Unterlagen ersichtlich werden, an was sie sich bei der Vernehmung tatsächlich noch erinnern und an was nicht.[235] Natürlich führt das Gebot des Zeugenberichts nicht so weit, dass der vernehmende Richter Weitschweifigkeiten, Nebensächlichkeiten und offenbare Unwahrheiten ohne Widerspruch hinzunehmen hat.[236] Auch kann es geboten sein und wird auch für zulässig gehalten, dass ggf. „Anstoßfragen" oder Vorhalte erfolgen. Soweit dies jedoch zu weit geht, ist zwingendes Einschreiten durch die Verteidigung geboten und nötigenfalls ein Gerichtsbeschluß herbeizuführen.

g) Verhör und Ausübung des Fragerechts durch die weiteren Prozessbeteiligten

57 Nach Erstattung des Zeugenberichts beginnt das Verhör. Hierbei werden beginnend durch den Vorsitzenden Richter Fragen an den Zeugen gestellt. Zur Vorbereitung der Fragen können auch Vorhalte gemacht werden.

Von besonderer Wichtigkeit ist hier, dass der Verteidiger seiner Wächterfunktion für den Angeklagten gerecht wird. Ungeeignete Fragen sollten auch dem Gericht nicht gestattet werden. Hierzu gehören solche Fragen, die in tatsächlicher Hinsicht nicht zur Wahrheitsfindung beitragen können oder aus rechtlichen Gründen nicht gestellt werden dürfen.[237] Insbesondere auch Fang- oder Suggestivfragen[238] oder solche Fragen, die reine Werturteile betreffen, sollen zu keinem Zeitpunkt hingenommen werden.

Das gleiche gilt hinsichtlich etwaiger Vorhalte. Vorhalte sind stets **nur Vernehmungshilfen**. Sie dienen der Gewinnung der Aussage, in deren Rahmen sie erhoben werden. Vorhalte können daher nie ein eigenes Beweisergebnis sein. Dies bleibt die Aussage, die unter Zuhilfenahme des Vorhalts zustandegekommen ist.[239] Für die Unzulässigkeit von Vorhalten gilt prinzipiell nichts anderes als bei der Unzulässigkeit von Fragen. Denn systematisch ist ein Vorhalt nur die vorausgeschickte Erläuterung einer sich anschließenden Frage.[240] Damit ergibt sich aber, dass auch ein Vorhalt sowohl aus tatsächlichen wie auch aus rechtlichen Gründen ungeeignet und damit unzulässig sein kann, wenn ein Beweisverwertungsverbot besteht. Kommt es zu derartig unzulässigen Fragen oder Vorhalten, sollte der Verteidiger deshalb von seinem Beanstandungsrecht Gebrauch machen. Nur dies eröffnet ihm im übrigen auch die Möglichkeit, die Verfahrensweise ggf. später in der Revision rügen zu können.

234 BGH StV 81, 269.
235 Hierbei besteht ohnedies die Problematik, dass der Polizeibeamte in der Regel (zulässigerweise) zur Vorbereitung auf die Zeugenvernehmung die durchgeführte Vernehmung noch einmal durchgelesen hat.
236 LR/Dahs, § 69 StPO Rn 7; a.A. Prüfer, DRiZ 75, 334.
237 BGHSt 13, 252.
238 LR/Gollwitzer, § 241 StPO Rn 11.
239 Schellenberg, S. 52.
240 Schellenberg, S. 53.

Ist der Vorsitzende mit seiner Befragung am Ende, so hat er den beisitzenden Richtern auf Verlangen das Fragerecht zu gestatten (§ 240 Abs. 1 StPO). Danach erfolgt die Weitergabe des Fragerechts an die weiteren Prozessbeteiligten. Bei der Erteilung des Fragerechts ist er dabei an keine bestimmte Reihenfolge gebunden.[241] Dennoch hat es sich in der Praxis eingebürgert, dass üblicherweise zuerst der Staatsanwaltschaft, dann eventuell weiteren Prozessbeteiligten (Nebenkläger, Sachverständiger [§ 80 Abs. 2 StPO] und zuletzt dem Verteidiger) das Fragerecht eingeräumt wird.

In Berufungsverfahren wird hingegen häufig entsprechend § 326 StPO verfahren und das Fragerecht zuerst dem Berufungsführer bzw. dem, der das Urteil am weitestgehenden angefochten hat, erteilt.

Der Zeitpunkt der Ausübung des Fragerechts kann gelegentlich von entscheidender Bedeutung für den weiteren Verlauf der Beweisaufnahme sein. In geeigneten Fällen sollte deshalb durchaus das eingefahrene „Reihenfolgeritual" durchbrochen werden und beantragt werden, dass die Verteidigung vor den weiteren Prozessbeteiligten das Fragerecht erhält. Der Verteidiger sollte bedenken, dass es umso prägender für den weiteren Verlauf sein kann, je früher ein Fragerecht ausgeübt werden kann. Die Antwort eines Befragten korrespondiert stets zur Fragestellung. Es kann dehalb von entscheidender Bedeutung sein, in welcher Form die Frage an den Zeugen herangetragen wird. So ist es durchaus möglich, in rechtlich nicht zu beanstandender Form allein durch die Formulierung eine Tendenz in der Antwort vorzugeben. So wird zum Beispiel regelmäßig ein Zeuge die Frage *„Wie hoch schätzen Sie die Geschwindigkeit ein, mit der sich das Auto an Ihnen vorbeibewegte?"* mit einer geringeren Geschwindigkeit beantworten als die Frage *„Wie hoch schätzen Sie die Geschwindigkeit ein, mit der der Porsche an Ihnen vorbeifuhr?"*.

Andererseits sollte die Verteidigung nicht zwingend auf die Erstausübung des Fragerechts drängen, wenn sich die Erteilung eher als Ignoranz des Gerichts gegenüber der Beweisaufnahme und dem Zeugen darstellt. So kann es gelegentlich vorkommen, dass ein Gericht bei einem auf Beweisantrag der Verteidigung geladenen Zeugen mitteilt, die Verteidigung habe schließlich den Zeugen gewollt, sie solle den Zeugen nun auch befragen, weil das Gericht mit dem Zeugen nichts anzufangen wisse. In diesen Fällen kann es sich vielmehr anbieten, das Gericht auf § 244 Abs. 2 StPO hinzuweisen und aufzufordern, doch zunächst selbst nach dem Zeugenbericht das Verhör zu beginnen.

h) Formularmuster

▶ **Beanstandung einer ungeeigneten Frage des Vorsitzenden**   58

Landgericht München I
Adresse

Az.:.....................
M e i e r , Herrmann
wegen Verdachts des Diebstahls

---

241 BGH NJW 69, 437.

In dieser Sache beanstande ich die Frage des Vorsitzenden Richters an den Zeugen Huber, ob er den Angeklagten, Herrn Meier, für schuldfähig halte, als ungeeignet und **beantrage** hierzu eine gerichtliche Entscheidung gem. § 238 Abs. 2 StPO. Die Frage der Beurteilung der Schuldfähigkeit steht nicht zur Beantwortung des Zeugen, sondern liegt in der Entscheidung des Gerichts nach erfolgter Beweisaufnahme. Der Zeuge hat sich deshalb auch nicht zu diesem Thema zu äußern (Meyer-Goßner, vor § 48 StPO Rn 2).

Rechtsanwalt◄

i) Die Zeugenvernehmung durch den Verteidiger

59 Erhält der **Verteidiger** die Gelegenheit zur Ausübung des **Fragerechts**, so ist er in besonderem Maße gefordert. Obwohl die Ausübung des Fragerechts anspruchsvoll und wichtig ist, erlebt man in der Praxis leider immer wieder, dass viele Verteidiger glauben, aufgrund ihrer praktischen Lebens- und Berufserfahrungen das Fragerecht allein improvisierend ausüben zu können. Hiervor kann nur gewarnt werden. Die Befragung eines Zeugen muss sorgfältigst vorbereitet werden.

Dies beginnt bereits im organisatorischen Bereich. Hier kann es Sinn machen, sich eine eigene Arbeitsunterlage zu erstellen. Gerade wenn der zu befragende Zeuge sich vor der Hauptverhandlung bereits in mehreren Vernehmungen geäußert hat, empfiehlt es sich, diese Vernehmungen gesondert zusammenzustellen, weil es in der Hauptverhandlung häufig unpraktisch ist, gerade wenn die Staatsanwaltschaft die Aussagen nicht zusammengeführt hat, an völlig verschiedenen Stellen der Akten nach den einzelnen Aussagen zu suchen. Ebenfalls kann es sich anbieten, zur Vorbereitung der Zeugenvernehmung andere Unterlagen zusammenzustellen,[242] die zu Vorhalten verwandt werden sollen.

Auch weitere organisatorische Maßnahmen können hilfreich sein. So ist an die Mitschrift der Zeugenvernehmung durch einen Mitarbeiter oder weiteren Verteidiger zu denken, damit die Befragung nicht nur sehr flüssig durchgeführt werden kann, sondern auch das Tempo der Vernehmung beliebig variabel bleibt. Gegebenenfalls ist auch an den Antrag auf Genehmigung eines Tonbandmitschnitts zu denken.[243]

60 Naturgemäß muss das Hauptaugenmerk bei der Vorbereitung der Zeugenvernehmung aber im **inhaltlichen Bereich** liegen. Hierzu gilt, dass auf der einen Seite nicht konzeptionslos in eine Befragung gegangen werden darf, sondern eine genaue Planung erforderlich ist. Auf der anderen Seite muss aber die Fähigkeit bewahrt werden, bei einer Veränderung der Situation spontan das Konzept aufgeben zu können und zu improvisieren.

Vorbereitung und Erfahrung ist also gleichermaßen notwendig, was auch den Umgang mit dem Zeugen betrifft. Zu Recht wird darauf hingewiesen, dass ein angemessener Umgangsstil den Einstieg in die Kommunikation erleichtert.[244] Damit kann nicht nur dazu beigetragen werden, Vorbehalte und Mißtrauen gegenüber dem Verteidiger abzubauen, sondern vielleicht sogar zu einer Entschärfung der Aussage des Zeugen zum

---

242 Beispielsweise anderweitige Zeugenaussagen, andere Beweismittel oder ggf. auch Aktenvermerke.
243 Vgl. oben, § 14 Rn 11 sowie Malek, Rn 161, 162; Pfordte, FS 50 Jahre DAI, 519 ff. zur Frage der Protokollierungspflicht in der Hauptverhandlung und die mögliche Erleichterung durch Tonbandaufnahmen.
244 Eisenberg Rn 1347.

Vorteil des Angeklagten[245] oder auch zu mangelnder Vorsicht bei dem vermutlich falschaussagenden Zeugen. Ob die Anrede des Zeugen mit Familiennamen („*Herr Müller*") oder mit seiner Funktion im Strafverfahren („*Herr Zeuge*") erfolgt, mag Geschmackssache sein. Es kann sich sogar anbieten, die Anrede zu variieren. Die Anrede mit Familiennamen stellt sicherlich die persönlichere Form der Gesprächsführung dar, wohingegen die Anrede mit „Herr Zeuge" dazu dienen kann, dem Zeugen auf diese Art deutlich zu machen, dass es sich nicht nur um ein Gespräch handelt, welches man führt, sondern dass der Zeuge bei der Beantwortung der Fragen unter der Wahrheitspflicht steht.

Ebenfalls von der Vernehmungssituation hängt es ab, ob die Tonlage geändert wird und das Tempo der Vernehmung. Vorteil eines gleichmäßigen Vernehmungsstils kann sein, dass der Befragte nicht in der Lage ist, zu erkennen, worauf es dem Verteidiger eigentlich ankommt.[246] Auf der anderen Seite kann aber auch unter bestimmten Umständen gerade die Veränderung der Tonlage dem Zeugen deutliche Signale geben.[247] So kann etwa durch eine plötzlich etwas lautere Tonart dem hemmungslos plappernden Zeugen deutlich gemacht werden, dass er sich nicht in Weitschweifigkeiten zu ergehen hat oder aber auch dem dreist lügenden Zeugen, dass wenig Bereitschaft dazu besteht, sich Unsinn anzuhören.

Es würde den Umfang dieses Buches bei weitem sprengen, hier sämtliche Einzelheiten zur Befragung der Zeugen durch den Verteidiger darzulegen. Insofern ist insbesondere auf die weiterführenden Ausführungen von Arntzen[248] und Bender/Nack[249] zu verweisen. Allgemein lässt sich jedoch sagen, dass der Verteidiger sich zwingen sollte, seine Fragen so kurz und präzise wie möglich zu stellen (wer, wie, wo, was, warum). Problematisch wird es im Regelfall immer dann, wenn die eigentliche Frage des Verteidigers länger als die Antwort des Zeugen ist. Nicht der Verteidiger wird vernommen, sondern der Zeuge. Komplizierte Fragestellungen – schlimmstenfalls noch als eine Art „Koreferat" – sind zu vermeiden. Dies gilt insbesondere bei Befragungen von Zeugen mit schlichter Denkstruktur.

Ob es sinnvoll ist, bei der Vorbereitung der Zeugenbefragung die Zeugen in verschiedene Aussagetypen einzuteilen, ist fraglich.[250] Das kann dann Sinn machen, wenn tatsächlich vorher ersichtlich ist, um welchen „Zeugentyp" es sich bei dem jeweiligen Zeugen handeln wird. Häufig wird dies aber gerade nicht feststehen.[251] Vor Beginn der Zeugenvernehmung hat der Verteidiger im Regelfall allenfalls Anhaltspunkte darüber, was er von einem Zeugen zu halten hat. Denn dem in der Akte ausgewiesenen Ermittlungsergebnis ist natürlich ebenso mit Vorsicht zu begegnen, wie auch den Angaben des eigenen Mandanten, bei dem immer damit zu rechnen ist, dass er dem Verteidiger entweder überhaupt nicht oder nur die halbe Wahrheit berichtet hat. Wenn auf einer solchen Grundlage aber „Schubladen" mit jeweils einliegenden „Kochrezepten" gebil-

245 Malek Rn 349.
246 Malek Rn 349.
247 Bender/Nack, Rn 6341.
248 Arntzen, Vernehmungspsychologie; Psychologie der Zeugenvernehmung.
249 Bender/Nack, Tatsachenfeststellungen vor Gericht, Band I Glaubwürdigkeits- und Beweislehre, Band II Vernehmungslehre.
250 So Schlothauer Rn 85 ff.
251 So zu Recht Malek Rn 353; Eisenberg 1335.

det werden sollen, so kann hierdurch sehr leicht die Gefahr bestehen, dass die Befragung schablonenhaft verläuft und den tatsächlich vielschichtigeren Anforderungen an die Vernehmung nicht genügt wird.

61 Im übrigen ist darüber hinausgehend aber zu beachten, dass der Verteidiger sich von einer Zeugenvernehmung nicht zu viel erhoffen darf. Bereits der oben angesprochene Zeitpunkt seiner Befragung versetzt den Verteidiger im Regelfall in eine ungünstige Startposition. Der Zeuge hat sich bereits zu vielem geäußert. Die **Wiederholung von Fragen** ist im Regelfall unzulässig, wenn sie nicht ausnahmsweise der Überprüfung der früheren Aussage dienen sollen und bestimmte durch eine allgemeine Aussage noch nicht beantwortete Einzelheiten betreffen.[252] Bei der Befragung des Zeugen gilt im Grunde deshalb nichts anderes als hinsichtlich der einzuschlagenden Verfahrensweise für das gesamte Verfahren. Je länger eine Hauptverhandlung gedauert hat, umso schwieriger bzw. aussichtsloser wird es, allein durch einen guten Schlußantrag das Tatgericht doch noch davon zu überzeugen, dass die Freisprechung des Angeklagten die richtige Verfahrenslösung ist. Beim Zeugen gilt Ähnliches: Je länger die Befragung vor Erteilung des Fragerechts an den Verteidiger gedauert hat, umso problematischer wird es für den Verteidiger dann noch bei der Befragung des Zeugen herauszuarbeiten, dass dieser im Kern die Unwahrheit sagt.

Liegt deshalb nach einer langen Hauptverhandlung der Schwerpunktbereich des Schlußantrags bei den Schattierungen, sollte der Verteidiger für die Zeugenbefragung beachten, dass er **weniger Angriffe auf den Kerninhalt** der Aussage unternimmt, sondern eher die Randbereiche „abklopft". Die Chance, hierbei Fehler und Unrichtigkeiten aufzudecken und herauszuarbeiten, ist jedenfalls um ein Vielfaches größer. Äußert sich der Zeuge in einer Weise, die mit sonstigen Erkenntnissen des Verfahrens nicht in Einklang stehen, ist es unangebracht, aufgrund dessen eine Diskussion mit dem Zeugen zu beginnen. Empfehlenswert ist vielmehr, durch den Gebrauch des Beweisantragsrechts die Widersprüchlichkeiten zu dokumentieren und zu verdeutlichen.

Allgemein kann zudem nur davor gewarnt werden, das Fragerecht durch den Verteidiger zu extensiv zu handhaben. Es sollte vielmehr stets das Bewusstsein vorherrschen, dass die Gefahren, durch das Fragerecht weitere negative Tatsachen herauszuarbeiten, im Regelfall größer sind als die Hervorbringung positiver neuer Erkenntnisse. Dabei ist naturgemäß auch die Person des Zeugen und das Beweisthema zu beachten.

So ist etwa einem **Vernehmungsbeamten als Zeugen** stets mit Vorsicht zu begegnen. Ist Beweisthema, ob die Vernehmung in prozessual zulässiger Form durchgeführt wurde (z.B. richtig erfolgte Belehrung), so kann im Regelfall unbesorgt gefragt werden. Denn selbst dann, wenn der Nachweis der prozessualen Unrichtigkeit der Vernehmung durch die Zeugenbefragung nicht gelingt, ist inhaltlich für die Verteidigungsposition noch nichts verloren.

Etwas anderes wird hingegen dann gelten, wenn es um die inhaltliche Wiedergabe einer Aussage via Vernehmungsbeamten geht. Bei dieser Situation den Vernehmungsbeamten als Person zu viel zu befragen, ist bereits kunstfehlerverdächtig. Denn in einer solchen Situation wird nicht ernsthaft erwartet werden dürfen, dass der Vernehmungsbeamte bei der Befragung Abstriche von der Aussage des Vernommenen machen wird. Im Gegenteil besteht ein erhöhtes Risiko dafür, dass er aufgrund der Befragung der

---

252 BGH NStZ 1981, 71.

Verteidigung auf neue Gedanken gebracht wird, warum gerade die belastenden Äußerungen für ihn so gewichtig waren (möglicherweise schildert er hierzu jetzt noch das
Randgeschehen der Vernehmung, z.b. angeblich sichtbare Erleichterung des Vernommenen nach erfolgter Äußerung zum Beweis, dass er sich das „Geschehen von der
Seele geredet" hat). Die Verfasser können jedenfalls von keinem Fall berichten, in dem
es etwa gelungen wäre, durch die Kunst der Fragestellung an den Vernehmungsbeamten diesen in der Hauptverhandlung zum Zusammenbruch gebracht zu haben und zum
Eingeständnis, dass er in Wahrheit der Täter wäre.

Die vorsichtige Ausübung des Fragerechts ist darüber hinausgehend auch deswegen
angezeigt, weil nicht sicher und auch nicht kontrollierbar ist, wohin die Antworten führen. Jeder Fragende ist gut beraten, wenn er sich stets vergegenwärtigt, dass seine Prä-
missen nicht richtig sein können. So kann es beispielsweise bereits deshalb objektiv
unmöglich sein, den Zeugen hinsichtlich seiner Aussage der Lüge zu überführen, weil
der Zeuge eben nicht lügt, sondern die Wahrheit bekundet. Hier gilt dann eher die
andere bekannte Verteidigerweisheit: „Wer zuviel fragt, fragt am Ende die Wahrheit
heraus!?" Behutsamkeit und Vorsicht sollten deshalb den Fragestil des Verteidigers
prägen.

Hiervon völlig unabhängig ist allerdings ein anderer Geschehensablauf zu sehen, der 62
häufig in Hauptverhandlungen zu einem Ärgernis führen kann. Nicht selten kommt es
vor, dass der Verteidiger durch das Gericht bei der Ausübung seines Fragerechts **unterbrochen** wird und der Vorsitzende, weil ihn bestimmte Punkte wieder interessieren, einfach das Fragerecht wieder übernimmt. Eine solche Handlungsweise sollte durch die
Verteidigung aber nicht widerspruchslos hingenommen werden, wenn sich der Verteidiger nicht ausnahmsweise einen Vorteil hiervon verspricht. Dieser Vorteil kann darin liegen, dass die Übernahme der Fragestellung durch das Gericht auch etwas Positives haben kann. Denn derjenige, der eigene Fragen stellt, macht damit deutlich, dass er sich
für die Sache interessiert und sie gedanklich verfolgt. Gerade dies muss aber für den
Verteidiger gewollt oder erwünscht sein, weil es schließlich darum geht, das Gericht
von einer Sachlage zu überzeugen. Wenn deshalb die Zwischenfrage durch das Gericht
die Fragekonzeption der Verteidigung nicht durcheinanderbringt und auch ansonsten die
Einhaltung der Strafprozessordnung nicht „sklavisch genau" durch den Vorsitzenden
verlangt wird – auch dem Verteidiger werden Zwischenfragen gestattet –, besteht kein
Anlass, dieser Handhabung zu begegnen.

Etwas anderes sollte aber dann gelten, wenn Zwischenfragen durch den Vorsitzenden
das Fragekonzept der Verteidigung nachhaltig durcheinanderbringen oder sich als reiner „Machtdünkel" darstellen. In diesen Fällen ist dem Verteidiger zu empfehlen, die
Zwischenfrage(n) des Vorsitzenden als unzulässig zu beanstanden und eine gerichtliche Entscheidung gem. § 238 Abs. 2 StPO herbeizuführen.

In rechtlicher Hinsicht ist dabei durchaus ungeklärt, wie weit das **Recht der Verteidigung auf ungestörte Zeugenbefragung** geht. Nach einer Entscheidung des OLG
Hamm[253] darf der Verteidiger bei der Ausübung seines Fragerechts nur unterbrochen
werden, wenn er dieses missbraucht. Andererseits hat aber der Bundesgerichtshof[254]
entschieden, dass der Verteidiger des Angeklagten kein Recht haben soll, eine einmal

253 OLG Hamm StV 93, 462.
254 BGH StV 95, 172.

begonnene Zeugenvernehmung fortzusetzen und zu Ende zu führen. Dieser Entscheidung lag allerdings die Besonderheit zugrunde, dass während der Befragung durch den Verteidiger ein bislang schweigender Mitangeklagter nunmehr zur Äußerung bereit war und das Gericht ihm hierzu Gelegenheit geben wollte. Nachdem das Äußerungsrecht des Beschuldigten in der Hauptverhandlung von ganz besonderem Wert ist, ist deshalb nicht klar, ob es sich hierbei um eine Einzelfallentscheidung handelt oder der BGH tatsächlich von der grundsätzlichen Zulässigkeit der Unterbrechung des Fragerechts ausgeht. Dies wäre indes der falsche Weg. Denn wenn es dem Vorsitzenden freistünde, das Fragerecht jederzeit an sich zu ziehen, bedürfte es der ausdrücklichen Regelung zur Zurückweisung der Fragen gemäß § 241 Abs. 2 StPO nicht. Im übrigen muss bedacht werden, dass eine sinnvolle Ausübung des Fragerechts nur durch ein Fragekonzept gewährleistet werden kann. Das Fragekonzept kann aber nur funktionieren, wenn die Fragen im Zusammenhang gestellt werden können. Man muss sich also bewusst machen, dass die Unterbrechung der Befragung durch den Verteidiger die Gefahr mit sich bringt, dass die gesamte Befragung des Zeugen unterminiert wird und die Verteidigung in diesem Punkt völlig leerläuft. Dies aber ist durch die Verfahrensordnung zweifellos nicht gewollt. Die Unterbrechung der Zeugenbefragung durch den Verteidiger muss deshalb – abgesehen von den gesetzlich normierten Fällen – auch zur Wahrung der Waffengleichheit vor Gericht absoluten Ausnahmesituationen vorbehalten bleiben.

8. Vereidigungsfragen

63 Die Frage der Vereidigung eines Zeugen ist ein typisches Beispiel dafür, dass sich gesetzgeberische Intention und Verfahrenspraxis gelegentlich vollständig gegenläufig entwickeln können.

Nach früheren gesetzgeberischen Vorstellungen war jeder Zeuge nach seiner Vernehmung im Regelfall zu vereidigen. Lediglich beim Vorliegen von Ausnahmetatbeständen konnte hiervon abgesehen werden. Dennoch handhabe die Praxis die Vereidigung genau umgekehrt. Die Nichtvereidigung von Zeugen war die Regel, die Vereidigung hingegen die absolute Ausnahme.

Dies erschien allerdings akzeptabel, wenn man sich bewusst macht, dass hierdurch der Geruch okkulter Wahrheitserforschungen vom Strafverfahren ferngehalten wurde. Völlig zu Recht sind durch das Justizmodernisierungsgesetz die Vereidigungsregelungen deshalb der praktizierten Realität in den Gerichten angepaßt und insgesamt mit Wirkung zum 01.09.2004 neu und übersichtlicher gestaltet worden.[255] Zeugen bleiben gemäß § 59 StPO nunmehr in der Regel unvereidigt. Eine Vereidigung erfolgt nur, wenn es das Gericht wegen der ausschlaggebenden Bedeutung der Aussage oder zur Herbeiführung einer wahren Aussage nach seinem Ermessen für notwendig hält (§ 59 Abs. 1 StPO).

Bedauerlicherweise fallen durch die Neuregelung jedoch einige Möglichkeiten und Ansätze für eine erfolgreiche Verteidigung fast gänzlich weg. Denn kommt es zu einer Vereidigung, hat das Gericht **bestehende Vereidigungsverbote** gem. § 60 StPO nach wie vor zu beachten. Ein solches Vereidigungsverbot besteht etwa gem. § 60 Nr. 2 StPO hinsichtlich derjenigen Zeugen, die der Tat, welche den Gegenstand der Untersu-

---

255 JuModG.

chung bildet, oder der Beteiligung an ihr oder der Begünstigung, Strafvereitelung oder Hehlerei verdächtig oder deswegen bereits verurteilt sind. Von besonderer Praxisrelevanz können hierbei Fälle der Strafvereitelung sein.[256] Kommt das Gericht zu dem Ergebnis, dass ein Zeuge im polizeilichen Ermittlungsverfahren zugunsten des Angeklagten in Strafvereitelungsabsicht falsche Angaben gemacht haben kann, wobei hierfür nicht einmal hinreichender Tatverdacht Voraussetzung ist, so besteht das Vereidigungsverbot. Anders verhielte es sich hingegen, wenn der Verdacht sich lediglich auf die erst in der Hauptverhandlung getätigte Zeugenaussage bezöge.[257] Die Frage des Bestehens eines Vereidigungsverbotes konnte dem Verteidiger deshalb durchaus einen Fingerzeig dafür geben, wie das Gericht bestimmte Aussagen beurteilt. Jetzt wird dies indessen nur noch der Fall sein, wenn das Gericht ausdrücklich die Frage des § 60 StPO aufwirft.

Das **Problem des Vereidigungsverbots** stellt sich in der Hauptverhandlung mehrfach. Denn wenn das Gericht erst in der Urteilsberatung aufgrund einer Analyse der Hauptverhandlung zu dem Ergebnis kommt, dass der vereidigte Zeuge eigentlich nicht hätte vereidigt werden dürfen, weil ein Verbot gem. § 60 StPO bestand, so ist es verpflichtet, erneut in die Hauptverhandlung einzutreten und einen rechtlichen Hinweis zu geben.[258] Auch diesbezüglich liegt die Fehleranfälligkeit auf der Hand.

Vorteile einer erfolgten Vereidigung ergeben sich auch beim Wiederaufnahmeverfahren zugunsten des Verurteilten. Gemäß § 359 Nr. 2 StPO besteht bei einem nicht vereidigten Zeugen ein Wiederaufnahmegrund nur wegen einer vorsätzlichen falschen Aussage, wohingegen es im Falle der Beeidigung unerheblich ist, ob der Zeuge vorsätzlich oder fahrlässig falsch ausgesagt hat. Im letztgenannten Fall ist dementsprechend der Nachweis i.S.d. § 359 Nr. 2 StPO leichter. Dennoch wäre es natürlich etwas übertrieben, bereits im Hauptverfahren an mögliche Wiederaufnahmegründe des Verfahrens zu denken. Die Verteidigung in der Hauptsache mit Blick auf die Revision ist eine gebotene und sinnvolle Verteidigung. Die Verteidigung in der Hauptsache mit Blick auf die Wiederaufnahme ist hingegen Verteidigung aus dem „Raritätenkabinett".

Ob grundsätzlich dennoch weiterhin versucht werden sollte, auf die **Vereidigung von Zeugen** zu drängen oder die gesetzgeberische Intention der regelmäßigen Nichtvereidigung akzeptiert werden sollte, muss jede Verteidigung für sich selbst entscheiden. Hierbei muß die schwache Rechtsposition des Verteidigers zur Durchsetzung einer Vereidigung des Zeugen nach der gesetzlichen Neuregelung gesehen werden. Zwar ist es dem Verteidiger unbenommen, einen entsprechenden Vereidigungsantrag zu stellen, das Gericht wird einen solchen Antrag aber ohne Revisionssorgen ablehnen können.

9. Die unterbundene Konfrontation zwischen Angeklagtem und Zeugen gem. §§ 247, 247a StPO

Für die Verteidigung kann ein besonderer Problembereich mit den entsprechenden Risiken, aber auch Chancen dann auftauchen, wenn aufgrund bestimmter Verfahrensvoraussetzungen die unmittelbare persönliche **Konfrontation zwischen Angeklagtem und (Belastungs-)Zeugen** unterbleibt. Konnte man aus der vergangenen Rechtsprechung den Eindruck gewinnen, dass die Bedeutung der persönlichen Konfrontation

64

---

256 So zu Recht auch Schellenberg, S. 121.
257 BGH NStZ 89, 583.
258 BGH NStZ 95, 244.

eher geringer eingeschätzt wurde, so gibt gerade die jüngere Rechtsprechung des BGH Anlass zur Hoffnung, dass die Rechtsprechung auf die Erhaltung der Verteidigungsmöglichkeiten künftig genauer achten wird. Diese Stärkung der Verteidigungsposition folgte insbesondere aus dem in Art. 6 Abs. 3 lit d) MRK enthaltenen Verteidigungsrecht, Fragen an den Belastungszeugen stellen zu können.[259] Dennoch bestehen natürlich weiterhin gesetzlich vorgesehene Möglichkeiten, die unmittelbare Konfrontation zwischen Angeklagtem und Zeugen in der Hauptverhandlung zu unterbinden.

a) Die Entfernung des Angeklagten gem. § 247 StPO

65   Gemäß § 247 StPO kann das Gericht anordnen, den Angeklagten während der Vernehmung aus dem Sitzungssaal zu **entfernen**, wenn zu befürchten ist, dass ein Mitangeklagter oder ein Zeuge bei seiner Vernehmung in Gegenwart des Angeklagten nicht die Wahrheit sagen wird. Auf die besonderen Chancen und Risiken in diesem Zusammenhang ist bereits hingewiesen worden.[260]

b) Die audiovisuelle Zeugenvernehmung gem. § 247a StPO

66   Durch das Zeugenschutzgesetz vom 30.04.1998 hat der Gesetzgeber in § 247a StPO nunmehr auch die Bereitschaft zum Einsatz moderner Technik wie der **Videoaufnahme im Strafverfahren** dokumentiert. Zu den richtigen Neuerungen dieser Regelung durch das Opferrechtsreformgesetz wird auf die bisherigen Ausführungen verwiesen.[261]
Die Möglichkeit der Videovernehmung gem. § 247a StPO bietet die Chance, eine Videovernehmung in der Hauptverhandlung durchzuführen, entweder wenn die dringende Gefahr eines schwerwiegenden Nachteils für das Wohl des Zeugen unter bestimmten Umständen besteht (§ 247a S. 1 HS 1 StPO) oder die Voraussetzung der Verlesung von Protokollen gem. § 251 Abs. 1 Nr. 2 bis 4 StPO n.F. vorliegt.
Grundsätzlich kann die Aussage simultan von dem Ort, an dem sich der Zeuge befindet, in den Sitzungssaal, in dem sich die weiteren Verfahrensbeteiligten befinden, übertragen werden. Wo sich der Ort der Zeugenaussage befindet, ist nach dem Verständnis von § 247a StPO ohne Belang. Der Zeuge kann sich deshalb im Nebenzimmer desselben Gerichtsgebäudes ebenso befinden wie in einer anderen Stadt oder einem anderen Land. Neben den Gefahren, die für die Verteidigung durch die Videovernehmung in die Hauptverhandlung Einzug gehalten haben, bestehen deshalb auch Chancen. Gerade im Beweisantragsrecht hat der BGH durch Einführung des § 247a StPO den sogenannten „erweiterten Erreichbarkeitsbegriff" geprägt .[262] Zeugen, die früher als für die Verhandlung nicht erreichbar galten, können jetzt doch noch unter dem Gesichtspunkt erreichbar sein, dass sie sich wenigstens einer Videovernehmung stellen könnten.
Hinsichtlich der Art und Weise der Videovernehmung schweigt das Gesetz allerdings. Man wird hier jedoch zu fordern haben, dass die Gestaltung so vorgenommen wird, dass sie der Situation im Gerichtssaal möglichst nahekommt.[263] Hierbei sind auch die Zeugenschutzrechte zu beachten, die von ihm oder seinem Beistand nur dann wahrgenommen werden können, wenn er mitbekommt, was sich in der Hauptverhandlung er-

---

259 Wegweisend für einen Fall außerhalb der Hauptverhandlung BGHSt 46, 93.
260 Vgl. Ausführungen zu § 15 Rn 95 ff.
261 Vgl. Ausführungen unter § 15 Rn 95 a.E.
262 BGH StV 99, 580; vgl. hierzu auch Anm. Schlothauer StV 00, 180 sowie BGH StV 00, 345.
263 Leitner StraFo 99, 45.

eignet.[264] Ob trotz der Möglichkeit der Videoaufnahme auch eine weitere zusätzliche akustische und optische Abschirmung des Zeugen möglich bleibt, ist umstritten, dürfte aber unter dem Gesichtspunkt des bestmöglichen Beweises zu bejahen sein.[265]

III. Der Sachverständigenbeweis

1. Aufgabe und Begriff des Sachverständigen

Nach dem Zeugen ist der **Sachverständige** das zweite mögliche Beweismittel des Personalbeweises. Seine Aufgabe ist die eines „Gehilfen des Richters"[266] und „Vermittlers von Sachkunde".[267] „Berater" des Gerichts[268] ist er hingegen ebenso wenig wie „Hilfsrichter".[269]

67

Die Aufgabe des Sachverständigen kann vielschichtig und völlig unterschiedlich sein. Der Sachverständige kann lediglich zur Vornahme von Verrichtungen (z.B. Entnahme der Blutprobe),[270] Übermittlung von Sachverständigenwissen[271] oder aber zur bloßen Feststellung von Tatsachen benötigt werden (Bestimmung der Blutalkoholkonzentration, Bestimmung von toxikologischen Werten aufgrund einer Haarprobe).

Neben der **Feststellung von Tatsachen** kann Grund für die Vornahme eines Sachverständigenbeweises aber auch die **Beurteilung von Tatsachen** sein. Dies ist sogar der häufigste Fall, in welchen Sachverständige in gerichtlichen Verfahren eingeschaltet werden. Hierbei geht es darum, dass der Sachverständige aufgrund von **von Anknüpfungstatsachen zu Befundtatsachen** gelangt, die er sodann im Rahmen des Sachverständigenbeweises mitteilt.

Für den Verteidiger ist hierbei wichtig, dafür zu sorgen, dass die **Grenzen des Sachverständigenbeweises** beachtet werden. Es ist in den heutigen Zeiten des verstärkten Redeflusses und Redebedürfnisses ein ständiges Ärgernis, dass sich Personen zu Sachverhalten äußern, zu denen sie weder gefragt sind noch etwas davon verstehen. Allzu häufig ist dies in der Praxis leider auch beim Sachverständigenbeweis zu beobachten. Gerade Fragen des Vorliegens von (deutschen) Rechtsnormen und deren Anwendung sind niemals Sachverständigenfragen (iura novit curia). Es sollte deshalb auch nicht hingenommen werden, dass Sachverständige sich hierüber verbreiten.[272]

Differenzierungsprobleme können nicht nur bei der Abgrenzung zwischen Sachverständigen und Zeugenbeweis bestehen,[273] sondern auch zum Beweismittel des Augenscheins oder zum Aufgabenbereich des möglichen Prozessbeteiligten Dolmetschers.

---

264 So auch Malek PdStV Rn 345 i.

265 KK/Diemer, § 247a StPO Rn 14 unter Berufung auf BGHSt 32, 115; a.A. KK-Senge, § 48 StPO Rn 71; zweifelnd BGH StV 04, 241, 242 in Bezug auf die Vernehmung von V-Leuten.

266 Ständige Bezeichnung in der Rechtsprechung, vgl. etwa BGHSt 3, 27, BGHSt 11, 211, BGHSt 13, 1, sowie KK/ Senge in § 71 StPO Rn 1; Meyer-Goßner, vor § 72 StPO Rn 8.

267 So der Vorschlag von Schellenberg, S. 134 Fn. 364.

268 So Peters in Hilde Kaufmann – Gedächtnisschrift, 917.

269 Zur Problematik des Sachverständigen hierbei vgl. bereits die Ausführungen unter § 15 Rn 40.

270 Schon diese Tatsache zeigt, dass die Bezeichnung des Sachverständigen als „Berater" verfehlt ist.

271 BGHSt 23, 156.

272 Zuläss wäre allerdings die Erstattung von Gutachten über ausländisches Recht oder inländisches Gewohnheitsrecht LR/Dahs Rn 9 vor § 72 StPO; LR/Gollwitzer Rn 2 zu § 244 StPO, Eisenberg Rn 1501; a.A. KMR/Paulus Rn 26 vor § 72 StPO.

273 Vgl. hierzu § 17 Rn 19.

In Rechtsprechung und Literatur ist die im Gesetz nicht ausdrücklich vorgesehene Figur des „*Augenscheinsgehilfen*" anerkannt.[274] Dies bedeutet, dass es dem Gericht möglich ist, eine andere Person mit der Augenscheinnahme zu beauftragen, wenn es selbst aufgrund tatsächlicher oder rechtlicher Unmöglichkeit nicht zu einer eigenen Inaugenscheinnahme imstande ist. Ein Fall der tatsächlichen Unmöglichkeit kann etwa vorliegen, wenn das Objekt der Augenscheinseinnahme nur für eine besonders qualifizierte Person erreichbar ist (z.b. Berggipfel, Schiffswrack auf dem Meeresgrund), ein Fall der rechtlichen Unmöglichkeit, wenn die Augenscheinseinnahme durch das Gericht gesetzlich verboten ist (z.b. wegen Verletzung des Schamgefühls, § 81d StPO).

Beauftragt in diesen Fällen das Gericht den Sachverständigen mit der Augenscheinseinnahme, stellt sich für das Gericht die Frage, ob er hierzu als Zeuge oder als Sachverständiger zu vernehmen ist. Hier gilt, dass die Vorschriften über den Sachverständigenbeweis auch hinsichtlich der Tätigkeit als Augenscheinsgehilfe dann zu gelten haben, wenn zur Augenscheinseinnahme eine sachkundige Beurteilung erforderlich ist. In diesen Fällen verwertet der Sachverständige das Augenscheinsobjekt als Befundtatsache.[275] Nach der bloßen Augenscheinseinnahme wird er hingegen wie ein Zeuge behandelt.[276] Abgrenzungsprobleme kann aber auch die Unterscheidung zwischen Sachverständigem und Dolmetscher bereiten. Als Gehilfe des Gerichts und der Prozessbeteiligten ist der Dolmetscher ein Beteiligter eigener Art.[277] Wie sich aus dem Umkehrschluß des § 191 GVG ergibt, ist der Dolmetscher kein Sachverständiger,[278] sondern wird lediglich in Teilbereichen wie ein solcher behandelt (z.B. § 17 Abs. 2 ZSEG, oder hinsichtlich des Wiederaufnahmegrundes gem. § 359 Nr. 2 StPO).[279]

Von der Tätigkeit des Dolmetschers ist wiederum die Tätigkeit des Sprachkundigen zu unterscheiden, der über den Sinn einer außerhalb des Verfahrens abgegebenen fremdsprachigen Erklärung zu befinden hat. Dies ist nicht mehr Dolmetschertätigkeit, sondern Sachverständigenbeweis.[280]

2. Erforderlichkeit des Sachverständigenbeweises

68 Die **gesetzliche Vermutung** geht dahin, dass das Gericht in der Regel selbst über die **erforderliche Sachkunde** verfügt, um seiner gesetzlichen Aufklärungspflicht zu genügen. Der Gesetzgeber hat deshalb lediglich bestimmte Einzelfälle normiert, in denen in jedem Fall die Hinzuziehung eines Sachverständigen veranlasst ist. Dieses sind etwa

- die Hinzuziehung des Sachverständigen **im Vorverfahren** bei Erwartung der Unterbringung des Beschuldigten in einem psychiatrischen Krankenhaus, einer Entziehungsanstalt oder in der Sicherungsverwahrung (§ 80a StPO),

- die Hinzuziehung in der **Hauptverhandlung** bei möglicher Unterbringung des Angeklagten in einem psychiatrischen Krankenhaus, einer Entziehungsanstalt oder in der Sicherungsverwahrung (§ 146a StPO); gelegentlich übersieht das Gericht, dass in diesem Fall der Sachverständige in der Hauptverhandlung hierüber zu **vernehmen** ist,

---

274 BGHSt 33, 221, Eisenberg Rn 2262.
275 BGHSt 9, 292; LR/Dahs § 86 StPO Rn 3.
276 Foth/Karcher NStZ 89, 166.
277 Meyer-Goßner, § 185 GVG Rn 7.
278 BGHSt 4, 154.
279 Allg. M, vgl. nur Meyer-Goßner, § 359 StPO Rn 10.
280 BGHSt 1, 4; BGH NJW 65, 643.

- die Anhörung eines Sachverständigen zur Frage der Unterbringung des Beschuldigten zur Beobachtung wegen der Vorbereitung eines Gutachtens über dessen psychischen Zustand (§ 81 StPO),
- die Leichenschau (§ 87 StPO sowie §§ 89, 90 StPO),
- der Verdacht einer Vergiftung (§ 91 StPO),
- bei Vorliegen des Verdachts einer Geld- oder Wertzeichenfälschung (§ 92 StPO) oder etwa
- bei erforderlicher Schriftvergleichung zur Ermittlung der Echtheit oder Unechtheit eines Schriftstücks sowie zur Ermittlung seines Urhebers (§ 93 StPO).

Neben diesen gesetzlichen Vorschriften bedarf es im Regelfall nur dann eines Gutachtens, wenn aus der Persönlichkeit oder den Gegebenheiten des Einzelfalls besondere Schwierigkeiten der Beurteilung folgen.[281]

Die Frage, ob das Gericht tatsächlich die erforderliche Sachkunde besitzt, um ihrer   69
Aufklärungspflicht zu genügen, wird in der Praxis immer wieder zu Meinungsverschiedenheiten führen. Dies gilt insbesondere dann, wenn das Gericht einen Beweisantrag der Verteidigung auf Vernehmung eines Sachverständigen gem. § 244 Abs. 4 S. 1 StPO ablehnen möchte.[282]

Eine abstrakte Formel dazu, wann das Gericht über die **erforderliche Sachkunde** verfügt, gibt es nicht. Es wird vielmehr auf den Einzelfall ankommen. So toleriert die Rechtsprechung vom Richter reklamierte Sachkunde, wenn es sich um erworbenes Spezialwissen handelt, welches der Richter durch intensive Beschäftigung etwa mit theoretischen Fachfragen anderer Themenbereiche oder handwerklicher Ausübungen erworben hat.[283]

Allerdings gilt dies nicht für den Fall, dass bei der Beantwortung der Beweisfrage auch Anwendungs- oder Auswertungswissen gefragt ist.[284] Denn hier geht es (über die theoretischen Kenntnisse hinaus) auch um Wissen, welches nur in besonderer Ausbildung und praktischer Betätigung erworben werden kann.

Ob das Gericht tatsächlich über die erforderliche Sachkunde verfügt, wird die Verteidigung anläßlich einer Hauptverhandlung wohl kaum sicher beurteilen können. Ebenso wenig wird bei einer Entscheidung eines Kollegialgerichts eine Entscheidung möglich sein, ob nur einer der Richter über die Sachkunde verfügt oder das gesamte Gericht die Sachkunde besitzt. Deshalb ist der Streit über die Frage, ob als Voraussetzung der erforderlichen Sachkunde die entsprechende Sachkunde beim gesamten Kollegialgericht vorliegen muss, auch hier nicht zu vertiefen.[285] Die Frage des Vorliegens der erforderlichen Sachkunde kann jedoch zumindest von revisionsrechtlicher Bedeutung sein. Denn in der Rechtsprechung ist anerkannt, dass ein Gericht die Annahme, selbst sachkundig zu sein, in den Urteilsgründen plausibel zu machen hat. Dabei werden im allge-

---

281 Eisenberg Rn 1520.
282 Vgl. hierzu auch die Ausführungen zum Beweisantragsrecht bei § 19.
283 BGHSt 12, 18; BGH MDR 78, 42; OLG Hamm, NJW 78, 1210.
284 KK/Herdegen, § 244 StPO Rn 28.
285 Vgl. hierzu ggf. weiterführend Eisenberg Rn 1518.

meinen die sich stellenden Fragen oder die aufgestellte Behauptung, die Anknüpfungstatsachen, die zur Anwendung kommenden fachwissenschaftlichen Erfahrungssätze und ihre Anwendung auf den Fall darzulegen sein.[286] Aber auch für die Verteidigung vor dem Tatgericht sollte der Verteidiger wissen, dass die Rechtsprechung zumindest den Grundsatz anerkennt, dass die Berufung auf die (angebliche) eigene Sachkunde jedenfalls dann nichtssagend ist, wenn das Gericht die tatsächlich geforderte Sachkunde überhaupt nicht haben kann, weil das – oben angesprochene – unerläßliche Anwendungs- oder Auswertungswissen fehlt.

70   Die praktisch häufigsten Fälle, in denen Streit um die Hinzuziehung eines Sachverständigen auftreten kann, betreffen hierbei Fragen der

- Schuldfähigkeit[287] und
- Glaubwürdigkeit.

Dabei gilt, dass ein Gericht die Hinzuziehung eines Sachverständigen zur Beurteilung der Schuldfähigkeit nur dann vernachlässigen kann, wenn jegliche Anzeichen dafür fehlen, dass der Angeklagte nicht schuldfähig sein könnte.[288] Deuten hingegen Indizien auf eine Beeinträchtigung der Schuldfähigkeit hin, ist im Rahmen der Aufklärungspflicht ein Sachverständiger hinzuzuziehen. Solche Fragen kann ein Gericht nicht allein beantworten. Bei der Auswahl des Sachverständigen selbst kann das Gericht nach seinem Ermessen handeln. Vielfach wird es möglich sein, entweder nur einen Psychologen oder einen Psychiater als Sachverständigen hinzuziehen,[289] obwohl sorgfältige Gerichte bei Fragen der Schuldfähigkeit verstärkt dazu übergegangen sind, Sachverständige beider Fachrichtungen zu befragen.

Die Frage, ob der beauftragte Sachverständige tatsächlich etwas zur aufgetretenen Fragestellung beitragen kann, ist eine Frage seiner Sachkunde. Gegebenenfalls muss die Verteidigung dafür sorgen, dass ein weiterer zusätzlicher Sachverständiger zu diesem Thema gehört wird.[290]

Die Frage, ob das Gericht aufgrund eigener Sachkunde die **Glaubwürdigkeit** eines Zeugen beurteilen kann, ist ebenfalls ein häufiger Streit im Hauptverfahren. Es gehört fast zum Handwerkszeug vieler Gerichte, entsprechenden Fragestellungen und Anträgen der Verteidigung mit dem Hinweis (oder gerichtlichen Beschluß) entgegenzutreten, dass die Beurteilung der Glaubwürdigkeit *„ureigenste Aufgabe des Tatrichters sei, die von jeher zum Wesen richterlicher Rechtsfindung gehöre"*.

Eine solche Aussage ist zwar grundsätzlich richtig. Ganz so einfach ist es aber dennoch nicht. Dies beginnt schon bei der Begrifflichkeit. Eine Person ist glaubwürdig, eine Aussage ist glaubhaft. Letztendlich kommt es in Strafverfahren aber auf die Glaubhaftigkeit von Aussagen, nicht auf die Glaubwürdigkeit von Personen an. Die Frage der Glaubwürdigkeit einer Person kann allenfalls indizielle Bedeutung für die Glaubhaftig-

286   KK/Herdegen, § 244 StPO Rn 28 m.w.H. auf die Rechtsprechung.
287   Barton, StV 03, 537, 539 als Anm. zu BGH StV 03, 537 weist darauf hin, dass es erfahrungswissenschaftlich belegt sei, dass vielfach schon durch die Auswahl des Sachverständigen im Strafverfahren die Würfel für die spätere Beurteilung der Schuldfähigkeit des Angeklagten fallen.
288   BGH VRS 39, 101.
289   BGHSt 34, 355.
290   Vgl. hierzu die Ausführungen zum Beweisantragsrecht bei § 19 sowie BGH StV 03, 430 f. zur Einholung eines Sachverständigengutachtens.

keit seiner Aussage haben. Auch weniger glaubwürdige Personen können bekanntermaßen glaubhafte Aussagen machen (*„wer einmal lügt, dem glaubt man nicht, auch wenn er dann die Wahrheit spricht"*).

Wenn der notorische Lügner und Betrüger beispielsweise erklärt, dass er sich beim Anblick der Leiche in seiner Wohnung fürchterlich erschrocken hat, so ist etwa kein Grund zu sehen, warum diese Aussage nicht glaubhaft sein sollte.

Bereits daraus lässt sich entnehmen, dass es für die Beurteilung einer Aussage auf die Eigenart und besondere Gestaltung des Einzelfalls ankommen kann. Hierbei aber ist wiederum anerkannt, dass entweder Fallbesonderheiten oder Besonderheiten der Persönlichkeit eines Zeugen die Beurteilung der Frage der Glaubhaftigkeit so erschweren können, dass sie nur mit Hilfe eines Sachverständigen möglich wird. Dies ist in der Rechtsprechung etwa im Rahmen der Zeugenbeurteilung von Kindern oder Jugendlichen anerkannt worden, die vom „gewöhnlichen Erscheinungsbild" der Altersgenossen abweichende, eine glaubhafte Aussage in Frage stellende Eigentümlichkeit oder Auffälligkeit des Verhaltens aufweisen.[291]

Auch bei Erwachsenen wird in der Regel die Einholung eines Sachverständigengutachtens zur Glaubwürdigkeit (der Person und zur Glaubhaftigkeit der Aussage) erforderlich sein, wenn Anhaltspunkte für psychische Auffälligkeiten in der Person des zu Vernehmenden bestehen oder bestanden haben. Zu denken ist hierbei etwa an eine Psychose,[292] bestimmtes Suchtverhalten[293] oder einen möglichen psychosomatischen Hintergrund.[294] Aber auch besondere Eigentümlichkeiten des Tatgeschehens können durchaus ein solches Gutachten erforderlich machen.[295]

Ob auch unaufgeklärte Widersprüche[296] oder ein Geständniswiderruf[297] zusätzlich eine sachverständige Glaubwürdigkeitsbeurteilung erforderlich machen, wird hingegen vom Einzelfall abhängen.

3. Gegenstand des Sachverständigenbeweises

Steht fest, dass ein Sachverständigenbeweis erforderlich ist, so wird es für den Verteidiger besonders wichtig, den Gegenstand des Sachverständigenbeweises nicht aus den Augen zu verlieren. Dies gilt insbesondere für den häufigsten Bereich des Sachverständigenbeweises, bei dem es nicht nur um die bloße Vermittlung von Sachkunde durch Referierung geht, sondern vielmehr um die Schlußfolgerung aus ermittelten Tatsachen. In diesem Bereich muss **genau unterschieden** werden zwischen

71

---

291 BGHSt 3, 52; BGH NStZ 81, 400; BGH NStZ 85, 420; BGH NStZ-RR 1997, 171; ansonsten ist auch bei normal entwickelten Kindern oder Jugendlichen an eine Glaubwürdigkeitsuntersuchung zu denken, wenn wegen des Zeitablaufs seit dem Tatgeschehen entweder die Erinnerungsfähigkeit zweifelhaft ist (BGHSt 94, 173) oder wenn der Zeuge noch besonders jung ist (vgl. oben § 17 Rn 7). Dabei muss der Verteidiger allerdings darauf achten, wo der Glaubwürdigkeitsgutachter seinen Schwerpunkt legt. Üblicherweise herrscht bei Gutachtern diesbezüglich die Auffassung vor, dass bei Kindern bis zum 10. oder 11. Lebensjahr der Schwerpunkt auf der Erforschung der Aussagefähigkeit des Kindes zu liegen hat, bei Kindern ab diesem Alter soll es hingegen eher um die Untersuchung der Aussageehrlichkeit gehen.

292 BGH StV 90, 8.

293 BGH StV 91, 405.

294 BGH StV 95, 398.

295 BGHSt 7, 82; BGH NStZ 82, 42; BGHSt 87, 374.

296 BGHSt 8, 130.

297 Eisenberg Rn 1860 a.

- Anknüpfungstatsachen,
- Zusatztatsachen und
- Befundtatsachen.

a) Anknüpfungstatsachen

72 Bei **Anknüpfungstatsachen** handelt es sich um diejenigen Tatsachen, von denen der Sachverständige bei seinem Gutachten auszugehen hat. Im Regelfall werden diese von ihm nicht selbst ermittelt, sondern durch das Gericht mitgeteilt. Dem Sachverständigen ist es allerdings nicht verwehrt, duch eigene Ermittlungen selbst weitere Tatsachen festzustellen. Er hat insofern gem. § 80 Abs. 1 S. 1 StPO eine beschränkte eigene Aufklärungspflicht.[298]

Zu beachten ist in diesem Zusammenhang, dass es dem Gericht aber unbenommen bleibt, dem Sachverständigen aufzugeben, seiner Gutachtenerstattung bestimmte Tatsachen als Anknüpfungstatsachen zu unterstellen, auch in alternativer Form.[299]

Dasselbe gilt natürlich für die Verteidigung. Auch dem Verteidiger ist es möglich, dem Sachverständigen bei der Befragung andere **Anknüpfungstatsachen vorzugeben**. Dies empfiehlt sich sogar besonders dann, wenn der Eindruck entsteht, dass der Sachverständige „festgefahren" ist. Gerade dann, wenn der gefährliche Eindruck entsteht, dass ein Sachverständiger den Verteidiger als seinen Gegner begreift und es nur noch gilt, das (lange feststehende) Ergebnis seines Gutachtens zu verteidigen, kann sich diese Technik anbieten. Auf eine solche Weise kann entweder die „Entkrampfung" des Sachverständigen erreicht werden oder aber ein Nachweis der Fehlerhaftigkeit der Schlußfolgerungen des Sachverständigen geführt werden, weil offensichtlich ist, dass bei zunehmender Abänderung oder Wegnahme von Anknüpfungstatsachen sich die Schlußfolgerungen des Sachverständigen zwingend ändern müssen. Bleibt der Sachverständige trotz dieser Variationen dennoch stur bei seiner Schlußfolgerung, zeigt dies entweder die Fehlerhaftigkeit seiner Aussage oder kann auch seine frühzeitige Festlegung deutlich machen, die womöglich eine Besorgnis der Befangenheit[300] nahelegen kann. Weicht der Sachverständige hingegen aufgrund anderer Anknüpfungstatsachen erst einmal von seinen getätigten Schlußfolgerungen ab, so ist häufig ein erster wichtiger Schritt getan. Ein solcher Sachverständiger wird dann nicht selten auch zu einer weitergehenden Diskussion über einzelne Fragestellungen bereit sein und möglicherweise auch leichter einräumen, dass man die Problematik vielleicht auch anders beurteilen könnte.

b) Zusatztatsachen

73 Im Gegensatz zu Anknüpfungstatsachen handelt es sich bei **Zusatztatsachen** um Umstände, die zwar auch ohne besondere Sachkunde ermittelt werden könnten, die aber nicht durch die Beweisaufnahme zutagegetreten sind.[301] Auf diese Tatsachen kann sich natürlich ein Sachverständiger auch ohne weiteres stützen. Voraussetzung ist allerdings, dass sie zuvor ordnungsgemäß in die Hauptverhandlung eingeführt worden sind. Dies kann zum einen durch Vernehmung des Sachverständigen selbst erfolgen; der

---

298 KK/Senge, § 80 StPO Rn 1.
299 KK/Senge, a.a.O.; vgl. auch BayObLG StV 04, 6, 7.
300 Vgl. hierzu unten.
301 Schellenberg, S. 135.

Sachverständige ist hierzu dann allerdings als Zeuge und nicht als Sachverständiger zu hören (mit den entsprechenden rechtlichen Konsequenzen).[302] Möglich ist aber zum anderen natürlich auch die Einführung der Zusatztatsachen durch andere Beweismittel oder die Bestätigung der durch den Sachverständigen referierten Zusatztatsachen durch Befragung des Angeklagten.[303] Zusatztatsachen treten im Rahmen eines Sachverständigengutachten besonders häufig dann zutage, wenn ein Sachverständiger über den Akteninhalt hinaus Aufklärungsarbeit betrieben hat. Dies gilt sowohl für Tätigkeiten im Rahmen des § 80 Abs. 1 StPO als auch etwa intensive Befragungen zu explorierender Personen, etwa zum Lebenslauf.

c) Befundtatsachen

Im Gegensatz zu Anknüpfungs- und Zusatztatsachen sind **Befundtatsachen** die Tatsachen, die der Sachverständige aufgrund seiner besonderen Sachkunde feststellt. Sie werden unmittelbar durch das Gutachten des Sachverständigen in die Hauptverhandlung eingeführt.

74

Der Versuch der Verteidigung – bei einem negativ ausgefallenen Gutachten –, die mitgeteilten Befundtatsachen des Sachverständigen anzugreifen, ist mit höchsten Schwierigkeiten behaftet. Erforderlich ist hierfür sowohl ein fundiertes Wissen über das Sachverständigenthema als auch eine gründliche Kenntnis des Sachverständigengutachtens. Dies macht es erforderlich, dass sich der Verteidiger (gerade bei komplizierteren Fragestellungen) intensiv mit dem vorbereitenden Sachverständigengutachten auseinandersetzt. Leider kommt es in der Praxis allerdings gelegentlich vor, dass Sachverständige überhaupt kein schriftliches vorbereitendes Gutachten zur Akte geben, sondern beabsichtigen, die Prozessbeteiligten erst in der Hauptverhandlung mit ihrem Gutachten zu „überraschen". In diesen Fällen empfiehlt sich gem. § 78 StPO der **Antrag an das Gericht**, dass im Rahmen der richterlichen Leitung des Sachverständigen der Sachverständige angewiesen wird, zur Vorbereitung der Hauptverhandlung das Gutachten schriftlich abzufassen.[304] Zur weiteren Begründetheit des Antrags ist dabei auf die Schwierigkeit der Sachverständigenfrage hinzuweisen und gleichzeitig vorab anzukündigen, dass die Verteidigung sich ansonsten gezwungen sähe, nach Erstattung des Gutachtens eine längere Unterbrechung zu beantragen, um sich inhaltlich mit dem Gutachten auseinandersetzen und sachgerechte Fragen stellen zu können.

Dabei ist **revisionsrechtlich** allerdings zu beachten, dass eine Verletzung des § 78 StPO nicht gerügt werden kann. Mittelbar kann sich aber ein Revisionsgrund aus der Verletzung der Vorschrift ergeben, wenn etwa wegen Nichtleitung bzw. Unterrichtung bestimmte Verfahrensvorschriften oder Normen des sachlichen Rechts verletzt wurden.[305]

Die Schwierigkeit der Herausarbeitung von Befundfehlern des Sachverständigen wird durch die Tatsache zusätzlich erschwert, dass Sachverständigen bei der Würdigung von Befundtatsachen tatsächlich häufig Fehler unterlaufen. So weist bereits Peters[306] da-

---

302 BGH NStZ 93, 245.
303 So zu Recht Schellenberg, Fn. 369.
304 Eb Schmidt, § 78 Rn 10, Eisenberg Rn 1605.
305 BGH NStZ 85, 421; KK/Senge, § 78 Rn 5; Meyer-Goßner, § 78 Rn 7.
306 Peters, Fehlerquellen im Strafprozess, Band Abs. 1 bis III.

rauf hin, dass sich bei einer Überprüfung einschlägiger Fehlerquellen anhand des Aktenmaterials bei 48 % der Erstgutachten Anamnesefehler und bei 60 % Befunderhebungsfehler ergeben hätten.

Darüber hinausgehend ist auch stets fraglich, inwieweit grundsätzliche Aussagen (*„im Regelfall"*) abgesichert werden müssen. Hierbei ist zu Recht darauf hingewiesen worden, dass die Wahrheit der Angaben innerhalb solcher Quellen nach aller Erfahrung nicht von vorneherein unterstellt werden darf.[307]

Als weiterer Fehler kommt hinzu, dass Sachverständige häufig dazu neigen, sich zu Themen zu äußern, die sie nichts angehen. Besonders häufig wird es dabei vorkommen, dass Sachverständige bei ihrer Begutachtung die Beweisteile der Beweiswürdigung vorwegnehmen. Darüber hinausgehend können aber auch Fehler in der unzureichenden Befähigung des Sachverständigen oder aufgrund fehlender Zurückhaltung gegenüber normativ wertenden Entscheidungen (besonders häufig bei Schuldfähigkeitsbeurteilungen) erfolgen.

Gerade diese Problematiken aufzuarbeiten, verlangt vom Verteidiger nicht nur Fleiß und Kenntnis, sondern vor allem auch viel Fingerspitzengefühl. Insbesondere weniger souveräne Sachverständige (und zusätzlich auch das Gericht, welches meint, „seinen" Sachverständigen schützen zu müssen) reagieren gelegentlich ungehalten darauf, wenn der Eindruck entsteht, dass der Sachverständige „examiniert" werden soll. Es ist deshalb bei der Befragung des Sachverständigen weniger die Rolle des „gestrengen Schulmeisters" gefragt, sondern die des interessierten Laien („sog. Columbo-Effekt"). Der Sachverständige sollte dazu aufgefordert werden, Auskunft über die unterschiedlichen Meinungen innerhalb seiner Fachrichtungen zu geben. Hierbei ist er nicht gleich mit einer gegensätzlichen Auffassung zu konfrontieren, sondern besser darüber zu befragen, ob die von ihm mitgeteilte Auffassung denn die allgemeine Lehrauffassung und Stand der Wissenschaft sei. Der Sachverständige selbst sollte sodann aufgefordert werden, die unterschiedlichen Strömungen, soweit sie nicht völlig unwesentlich sind, zu referieren. Der Verteidiger befindet sich hierbei im Vorteil, wenn er im Anschluss an die Ausführungen des Sachverständigen durch Anträge belegen kann, dass sich das, was der Sachverständige als völlig unstreitig oder Stand der Wissenschaft bezeichnet hat, keineswegs tatsächlich so verhält.

4. Verantwortlicher Sachverständiger

75 Der Sachverständigenbeweis ist zwar ein **vertretbares Beweismittel**. Dies bedeutet aber nicht, dass der einmal vom Gericht beauftragte Sachverständige seinen Auftrag beliebig weiter delegieren darf.

Beachtet werden sollte deshalb, ob der Sachverständige sein Gutachten tatsächlich selbst angefertigt hat. Diese Fragestellung stellt sich gerade, wenn Gutachteraufträge an Lehrstuhlinhaber erteilt werden.

Grundsätzlich gilt, dass der bestellte Sachverständige zwar andere Personen mit Einzelleistungen beauftragen darf, jedoch hierdurch seine Verantwortung und Beurteilung für den gesamten Inhalt des höchstpersönlich zu leistenden Gutachtens nicht eingeschränkt wird.[308] Befunde anderer Sachverständiger dürfen nur nach eigener Prüfung

---

307 Eisenberg, Rn 1613.
308 LR/Dahs, § 73 StPO Rn 6.

in das Gutachten übernommen werden. Eine Prüfung setzt dabei voraus, dass der Sachverständige das Fachgebiet, auf dem die anderen tätig geworden sind, auch selbst beherrscht. Der psychiatrische Sachverständige darf deshalb auch nicht ohne weiteres das psychologische Sachverständigengutachten referieren. Erst recht gilt, dass er nicht gleichzeitig zum rechtsmedizinischen Sachverständigengutachten gehört werden kann.

5. Vereidigungsfragen

Die Vereidigung des Sachverständigen ist nur als Ausnahmefall vorgesehen. Sie erfolgt nach Ermessen des Gerichts (§ 79 Abs. 1 StPO).   **76**

Aus der Unterscheidung zwischen Sachverständigen- und Zeugenbeweis ergibt sich, dass sich der abzuleistende Sachverständigeneid nur auf Anknüpfungs- und Befundtatsachen erstrecken kann. Soweit es sich um Zusatztatsachen handelt, können diese nicht vom Sachverständigeneid umfasst sein. Hier stellt sich aber die Frage der Vereidigung des Sachverständigen als Zeugen.

IV. Der Urkundsbeweis

1. Begriff und Gegenstand des Urkundsbeweises

Urkundenbeweis bedeutet Ermittlung und Verwertung des gedanklichen Inhalts eines   **77** Schriftstücks.[309] Hierbei besteht kein begrifflicher Unterschied zwischen Urkunden und Schriftstücken. Zu beachten ist allerdings, dass der strafverfahrensrechtliche Urkundenbegriff nicht identisch ist mit dem materiellen Urkundenbegriff des § 267 StGB. So kann etwa auch dann eine Urkunde i.S.d. § 249 StPO vorliegen, wenn ein Aussteller nicht erkennbar ist.[310] Auf der anderen Seite ist denkbar, dass Urkunden im materiellen Sinne gemäß § 267 StGB zwar vorliegen, diese aber nicht im Wege des Urkundsbeweis gem. § 249 StPO in die Hauptverhandlung eingeführt werden können. So unterfallen etwa nach herrschender Rechtsprechung auch sog. Beweiszeichen dem materiellen Urkundsbegriff .[311] Ein solches Beweiszeichen kann etwa die Ohrenmarke bei Tieren sein. Es liegt auf der Hand, dass diese wegen ihrer fehlenden Verlesbarkeit nicht als Urkunde in das Strafverfahren einführbar wäre. Hier käme vielmehr der Augenscheinsbeweis in Betracht.

Dem strafprozessualen Urkundsbeweis zuzurechnen sind hingegen Abschriften, Fotokopien und sonstige Reproduktionen bzw. Vervielfältigungen von Schriftstücken.[312] Ohne Bedeutung für den strafprozessualen Urkundsbegriff ist, aus welchen Gründen es zur Herstellung der Urkunde kam. So unterfällt eine ausdrücklich für das Strafverfahren angelegte Urkunde (etwa der Brief des Angeklagten an den Vorsitzenden Richter kurz vor Beginn der Hauptverhandlung) ebenso dem Urkundsbegriff, wie eine zufällig aufgefundene Fotokopie eines Vertrages. Problematisch kann es allerdings dann werden, wenn die Urkunde keinen allgemein verständlichen Gedankeninhalt aufweist. Dies kann etwa der Fall sein, wenn die Urkunde in Geheimschrift oder Kurzschrift, möglicherweise auch in fremder Sprache abgefasst ist. Hier ist daran zu denken, dass die Gerichtssprache deutsch ist, die schriftlich allgemeinverständlich in lateinischen

---

309 LR/Gollwitzer, § 249 Rn 1.
310 KG StV 95, 348.
311 Tröndle/Fischer § 267 StGB Rn 4.
312 Eisenberg Rn 2008.

Buchstaben und arabischen Zahlen wiedergegeben wird. Sind diese Voraussetzungen nicht erfüllt, wird deshalb für die Einführung des Inhalts der Urkunde in die Hauptverhandlung der Sachverständigenbeweis zu fordern sein.[313]

2. Ergebnis und Grenzen des Urkundsbeweises

78 Von der Frage des Gegenstands und Begriffs des Urkundsbeweises ist die Frage zu trennen, was **Beweisergebnis** des Urkundsbeweises sein kann.

Grundsätzlich wird durch den Urkundenbeweis nur der **Gedankeninhalt einer Urkunde/eines Schriftstücks** bewiesen. Handelt es sich bei der im Strafverfahren eingeführten Urkunde um eine Fotokopie oder eine andere Reproduktion, so wird durch die Verlesung aber keineswegs nachgewiesen, dass etwa ein Original existiert und mit der Fotokopie übereinstimmt. Die Frage **der Echtheit einer Urkunde** muss vielmehr anderweitig in der Hauptverhandlung geklärt werden. Gleiches gilt hinsichtlich der möglichen Frage des **Ausstellers** eines Schriftstücks. Auch diese Frage wird sich im Regelfall nicht durch den Urkundenbeweis klären lassen, sondern vielmehr entweder durch Zeugenbeweis, Sachverständigenbeweis[314] oder Augenschein (im Wege des Vergleichs) verschiedener Urkunden. Die erforderliche Differenzierung wird in der Praxis nicht immer beachtet, was auch in einem anderen für den Verteidiger wichtigen Bereich gilt. So werden in der Hauptverhandlung in rechtlich zulässiger Form gemäß § 249 Abs. 1 S. 2 StPO früher ergangene Strafurteile und Registerauszüge verlesen. Diese im Wege des Urkundenbeweis getroffenen Feststellungen bedeuten allerdings nur, dass die verlesenen Urteile ergangen sind und die Eintragungen bestehen. Sie bedeuten hingegen nicht automatisch, dass die ergangenen Strafurteile auch richtig sind. Es kann sich deshalb durchaus ergeben, dass tatsächliche Feststellungen eines früheren Urteils noch einmal nachzuprüfen sind. Dabei ist zu beachten, dass das nunmehrige Tatgericht an die Feststellungen auch aus einem rechtskräftigen früheren Urteil nicht gebunden ist.[315] Es wird für den Verteidiger eine Frage der Abwägung im Einzelfall sein, inwieweit es opportun ist, etwa durch Beweisanträge darauf hinzuwirken, dass auch das frühere Verfahren im neuen Prozess noch einmal aufgerollt wird. Grundsätzlich ist aber eher zur Vorsicht zu raten. Im allgemeinen wird ein Tatgericht nur wenig Bereitschaft dazu haben, sich ernsthaft mit dem Gedanken auseinanderzusetzen, dass es sich bei einer früheren Verurteilung um ein Fehlurteil handeln könnte. Es besteht vielmehr die Gefahr, dass die Kritik an einem früheren Urteil als Querulieren eines Beschuldigten interpretiert und als Indiz dafür verstanden wird, dass eine Neigung beim Beschuldigten dafür besteht, grundsätzlich alle Vorwürfe (mögen sie in der Vergangenheit oder Gegenwart liegen) zu bestreiten. Dies wird das Gericht aber eher in der Meinung bestärken, dass auch dem Bestreiten des Beschuldigten zum gegenwärtigen Vorwurf wenig Bedeutung beizumessen ist. Das Aufrollen eines alten Strafverfahrens innerhalb eines neuen Strafverfahrens sollte deshalb lediglich dann angestrebt werden, wenn erhebliche Gesichtspunkte dafür vorliegen, dass das alte Urteil tatsächlich fehlerhaft war.

---

313 Diese Auffassung ist allerdings streitig, vgl. etwa KK/Diemer, § 249 StPO Rn 15, wonach die Übersetzung nur als „technische Hilfstätigkeit" angesehen sein soll.

314 Durch die Neufassung des § 256 StPO infolge des JuMoG mit Wirkung zum 01.09.2004 erweitert der Gesetzgeber die Möglichkeiten für die Verlesung von Sachverständigengutachten, soweit der Sachverständige für das jeweilige Fachgebiet allgemein vereidigt ist. Kritisch hierzu Sommer, Anwbl. 04, 506, 507.

315 Meyer-Goßner, § 249 StPO Rn 9; vgl. auch BGHR § 261 StPO Überzeugungsbildung 19.

Zu beachten ist weiterhin, dass der Urkundsbeweis nicht stets geboten ist. Kann etwa **79** ein bestimmtes Beweisergebnis auch durch andere Beweismittel in die Hauptverhandlung eingeführt werden, so wäre auch dieser Weg zulässig. So könnte etwa auch im Wege des Zeugenbeweises der Abschluss und der Inhalt eines Darlehensvertrages in der Hauptverhandlung dargelegt werden, wobei allerdings nicht übersehen werden darf, dass Gegenstand der Beweiswürdigung dann natürlich nur die Zeugenaussage und nicht die Urkunde (Darlehensvertrag) sein kann.

Welcher Weg vorzuziehen ist, ist wiederum eine **Einzelfallentscheidung.** Für die Durchführung des Zeugenbeweises kann unter Umständen eine Straffung der Hauptverhandlung sprechen. Geht es um zahlreiche Urkunden und kommt es nicht auf deren genauen Wortlaut an, so kann eine Zeugenaussage darüber, dass diese Verträge abgeschlossen worden sind, zu einer erheblichen Zeitersparnis führen. Kommt es hingegen auf die Details von Schriftstücken an, so wird nur die Verlesung der Urkunde selbst als unmittelbarstes Beweismittel ausreichenden Aufschluß über den Inhalt geben. Umgekehrt besteht diese Wahlmöglichkeit allerdings nicht. Geht es um die Wahrnehmung einer Person, so gebietet bereits § 250 StPO deren persönliche Vernehmung (Unmittelbarkeitsprinzip). Lediglich unter Vorliegen weiterer Voraussetzungen wäre auch hier die Verlesung möglich (vgl. §§ 251 ff. StPO).

Der Verteidiger sollte bei der Frage, ob er versucht, eher auf die Durchführung des Zeugenbeweises oder auf die Durchführung des Urkundsbeweises hinzuwirken, folgendes abwägen:

Vor- und Nachteile des Urkundsbeweises	Vor- und Nachteile des Zeugenbeweises
Umfassende revisionsrechtlich Überprüfbarkeit der richtigen tatrichterlichen Auswertung des Inhalts der Urkunde	Erfüllung des Sachverhalts mit Leben (kann Vor- und Nachteile bewirken)
Vorhersehbarkeit des Beweisergebnisses	Chancen zur Veränderung des Sachverhalts
Begrenzung des Verfahrensstoffes	Mögliche Ausdehnung des Verfahrensstoffes
Nüchternheit (emotional aufgeladene Sachverhalte berühren in rein schriftlicher Form nicht so stark wie durch Vortrag von Betroffenen)	Emotionale Einbeziehung des Gerichts über den nüchternen Sachverhalt hinaus (z.B. Darlehensgeber stellt sich als wenig schutzwürdiger rücksichtloser Kredithai heraus)

3. Die Einführung der Urkunde in die Hauptverhandlung; Möglichkeit des Selbstleseverfahrens

a) Die Einführung durch Verlesen und Selbstlesen

Gemäß § 249 Abs. 1 S. 1 StPO wird der Inhalt von Urkunden durch Verlesung in die **80** Hauptverhandlung eingeführt. Von gerade für die Verteidigung wesentlicher Bedeutung ist hierbei die Möglichkeit des sog. Selbstleseverfahrens gem. § 249 Abs. 2 StPO. Bei dieser zur **Verfahrensvereinfachung** eingeführten Möglichkeit findet eine Selbstlesung des Gerichts und der weiteren Prozessbeteiligten statt und es entfällt die öffentliche Bekanntgabe der Urkunde in der Hauptverhandlung. Verfahrensökonomisch ergibt sich hieraus der Vorteil, dass tatsächlich gerade in umfangreichen Wirtschaftsstrafverfahren endlose Lesestunden nicht mehr stattfinden müssen.

Für den Verteidiger bietet das Selbstleseverfahren aber auch noch eine **weitere Chance**. Gerade in Verfahren mit großem Öffentlichkeitsinteresse und damit der Gefahr einer erheblichen Prangerwirkung kann versucht werden, durch umfangreiche Hinwirkung auf das Selbstleseverfahren den Voyeurismus einzudämmen. Die Öffentlichkeit, insbesondere aber die am Verfahren interessierten Journalisten, bekommen den wesentlichen Inhalt derartig eingeführter Urkunden überhaupt nicht zur Kenntnis. So ist es beispielsweise auch zulässig, Erklärungen zu persönlichen Lebensumständen – soweit es sich um Urkunden handelt – im Wege des Selbstleseverfahrens in die Hauptverhandlung einzuführen.

Auf der anderen Seite besteht eine **nicht unerhebliche Gefahr** im Rahmen der Durchführung des Selbstleseverfahrens darin, dass letztlich nicht überprüfbar ist, inwieweit beispielsweise die Schöffen tatsächlich vom Inhalt von Urkunden Kenntnis genommen haben. Gerade in der Praxis kann man hier Erstaunliches erleben. So verblüfft es gelegentlich, dass Schöffen dazu in der Lage sein können, eine über 100 Seiten starke hochtechnische komplizierte Erklärung in weniger als einer Stunde komplett zur Kenntnis zu nehmen, wobei sie von dieser Stunde auch noch wenigstens 20 Minuten in der örtlichen Gerichtskantine zu sehen sind. Den Vorsitzenden Richter einer Strafkammer trifft allerdings leider nach herrschender Auffassung grundsätzlich keine Pflicht, die Selbstlesung zu überwachen oder gar inhaltlich zu überprüfen. Ausreichend ist vielmehr die Erklärung der Berufsrichter und Schöffen, die Urkunden gelesen zu haben.[316] Lediglich bei tiefergehenden Zweifeln, ob tatsächlich vom Inhalt der Urkunde Kenntnis genommen worden ist, hat der Vorsitzende eine Verlesung gem. § 249 Abs. 1 StPO anzuordnen.

Inwieweit eine etwa durch einen Schöffen nicht zur Kenntnis genommene Urkunde aber Verfahrensbedeutung erlangen kann, kann hier weder beurteilt noch erörtert werden. Gerade in Strafverfahren, die eine äußerst komplizierte Materie zum Gegenstand haben, stellt sich gelegentlich die (ebenso bösartige wie aber auch resignierende) Frage, inwieweit es einen wesentlichen Unterschied macht, ob ein Schöffe eine Urkunde vorgelesen bekommt und nicht versteht, ob er die Urkunde selbst durchliest und nicht versteht oder ob er die Urkunde gar nicht erst liest. Dies mag aber auch eine grundsätzliche Problematik des Schöffenrichtersystems sein, die an dieser Stelle nicht vertieft werden kann.

b) Keine weiteren Einführungsmöglichkeiten im Wege des Urkundsbeweises

81 Anders als durch Verlesung – sei es durch Verlesung im Wege des § 249 Abs. 1 StPO oder im Wege des Selbstleseverfahrens gem. § 249 Abs. 2 StPO – kann eine Urkunde nicht in die Hauptverhandlung eingeführt werden. Teilweise wird – auch in der Rechtsprechung – vertreten, dass auch die Möglichkeit der Einführung einer Urkunde durch Bericht des Vorsitzenden über den Inhalt der Urkunde bestünde. Einer solchen Vorgehensweise sollte sich die Verteidigung jedoch stets widersetzen. Diese Verfahrensweise ist in der StPO nicht vorgesehen, insbesondere kann ein Gericht nicht selbst Beweismittel sein.[317]

---

316 Meyer-Goßner, § 249 StPO, Rn 22 a.
317 So zu Recht auch Schellenberg Fn 438; Eisenberg Rn 2052 ff.

Von der Durchführung des Urkundenbeweises zu trennen ist hingegen der Gebrauch einer Urkunde als sog. Vernehmungsbehelf. In diesen Fällen wird im Rahmen einer Zeugen- oder Sachverständigenvernehmung frei aus Urkunden vorgehalten. Hierbei handelt es sich aber dann rechtlich nicht um die Einführung des Inhalts eines vorgehaltenen Schriftstücks, sondern maßgebend ist vielmehr, was der Zeuge (oder Sachverständige) aufgrund des Vorhalts äußert.

Die Verteidigung muss gerade in diesen Fällen besonders darauf achten, dass die Grenzen der verschiedenen Beweismittel nicht achtlos verwischt werden. Hauptgefahrenpunkt ist dabei häufig die Befragung von Vernehmungsbeamten, namentlich Polizeibeamten. So kann das im Ermittlungsverfahren aufgenommene Vernehmungsprotokoll, welches einem Polizeibeamten zur Gedächtnisunterstützung vorgehalten wird, inhaltlich nur dann im Urteil (mittelbar) verwertet werden, wenn sich der Polizeibeamte auch auf den Vorhalt hin inhaltlich an die Einzelheiten der Vernehmung erinnert.[318] Die in Strafverfahren häufig zu hörende Erklärung des Polizeibeamten, das Vernehmungsprotokoll sei korrekt, weil er stets korrekt protokolliere, kann deshalb nicht zu einer inhaltlichen Verwertbarkeit führen.[319]

V. Die Augenscheinseinnnahme

Unter Augenscheinseinnahme ist jede **sinnliche Wahrnehmung des Gerichts** durch eines der fünf Sinnesorgane (sehen, hören, riechen, schmecken oder fühlen) zu verstehen, soweit sie unmittelbar der Überzeugungsfindung des Gerichts dient.[320]   82

Die Frage, ob die Durchführung eines Augenscheinsbeweises oder eine Beweisaufnahme mittels eines anderen Beweismittels (Zeuge, Sachverständiger, Urkunde) in Betracht kommen kann, ist Frage des Beweisthemas. Gerade dann, wenn es auf die äußere Beschaffenheit eines Gegenstandes ankommt – insbesondere auch die Frage der Existenz – wird sich der Augenscheinsbeweis besonders anbieten. Möglich ist die Durchführung eines richterlichen Augenscheins darüber hinausgehend aber auch, wenn es auf Beschaffenheit und Inhalt der festgehaltenen Gedankenäußerungen[321] ankommt.

Für den Verteidiger liegen die Chancen und Risiken einer Augenscheinseinnahme nicht nur in der Tatsachen- sondern auch in der Revisionsinstanz.

1. Chancen und Risiken der Augenscheinseinnahme in der Tatsacheninstanz

Wie sich aus § 244 Abs. 5 StPO ergibt, liegt die Durchführung eines richterlichen Augenscheins im pflichtgemäßen Ermessen des Gerichts. Dabei wird es in der Praxis am häufigsten dazu kommen, dass kleinere Beweisstücke – insbesondere wenn sie bereits in der Hauptverhandlung vorliegen – Gegenstand der Augenscheinseinnahme sind. So kann als eines der meist gebrauchten Beweismittel des Augescheinsbeweises die in der Hauptakte befindliche Lichtbildmappe bezeichnet werden.   83

Dem gegenüber gilt, dass die Bereitschaft zur Augenscheinseinnahme umso seltener wird, je aufwendiger sie sich gestaltet. So ist nicht selten zu beobachten, dass – sogar in Kapitalstrafsachen – asservierte Gegenstände, wie etwa Tatwerkzeug und Kleidung,

---

318 Eisenberg Rn 2059.
319 Vgl. hierzu insbesondere BGHSt 14, 312 sowie BGH NJW 52, 556.
320 Meyer-Goßner, § 86 StPO Rn 1, 2, 3, KMR/Paulus vor § 72 StPO Rn 50.
321 Vgl. BGHSt 14, 339; 27, 125; BGH NJW 04, 1468, 1469 erklärt die Augenscheinnahme einer Bild-Ton-Aufzeichnung einer ermittlungsrichterlichen Zeugenvernehmung für zulässig.

nicht in der Hauptverhandlung in Augenschein genommen werden. Noch sehr viel seltener finden Augenscheinseinnahmen außerhalb des Gerichtssaales statt, weil sie in diesem Fall in der Regel besonders zeitaufwändig sind.

Die Verteidiger sollte einer solchen Passivität jedoch nicht tatenlos zuschauen, sondern sich darüber im Klaren sein, dass der persönliche Eindruck von einem Gegenstand oder einer Örtlichkeit durch nichts anderes überboten werden kann und häufig auch nicht ersetzt.[322] Bereits im Rahmen der Ausführungen zur Tätigkeit des Verteidigers im Ermittlungsverfahren wurde darauf hingewiesen, von welch elementarer Bedeutung es ist, sich einen persönlichen Eindruck von den Gegebenheiten zu verschaffen. Dies gilt für die Hauptverhandlung umso mehr. Wer es jemals schon selbst versucht hat, sich entweder aufgrund des Studiums einer Landkarte oder von Lichtbildern Vorstellungen von einer Landschaft zu machen, wird auch die Überraschungen kennen, die sich einstellen, wenn die Landschaft dann persönlich aufgesucht wird. Lichtverhältnisse, Sichtverhältnisse, Geräuschkulisse stellen sich häufig anders dar, als es nach der „Papierform" zu vermuten gewesen wäre. Aber sogar selbst dann, wenn sich das Augenscheinsobjekt – ausnahmsweise – wie erwartet darstellen sollte, kann die Besichtigung Zusatzinformationen liefern. So kann sich etwa ergeben, dass vor Ort eine markante andere Wahrnehmung hätte gemacht werden müssen und deshalb bestimmten Aussagen mit äußerstem Mißtrauen zu begegnen ist, weil gerade diese Wahrnehmung nicht geschildert wird.[323] Ebenfalls kann nur durch die unmittelbare sinnliche Wahrnehmung von Asservaten letztlich beurteilt werden, inwieweit sie vollständig für das Verfahren ausgewertet worden sind. Der Verteidiger sollte hierbei bedenken, dass mitunter die Gefahren und vertanenen Chancen weniger darin liegen, dass eine Falschauswertung der Asservate durch falsche Beschreibung erfolgt, sondern vielmehr darin, dass die Auswertung unvollständig ist. So gilt es etwa hinsichtlich eines Tatmessers festzustellen, ob dieses nicht Blutreste enthält (weiterer Ermittlungsansatz), oder ob dies beschädigt ist (war das Messer bereits vor der Tat beschädigt oder ist es durch die Tat beschädigt worden?). Bei einem Gewehr als Tatwaffe kann hingegen nicht nur von Interesse sein, ob das Gewehr funktionsfähig ist, sondern auch die Beschaffenheit der Zieleinrichtung (wo ist der Haltepunkt?).

2. Revisionsrechtliche Problematik

84 Zu beachten ist zudem, dass gerade die Durchführung eines Augenscheinsbeweises in revisionsrechtlicher Hinsicht der Verteidigung Chancen bietet. Dies gilt weniger für die Frage, ob die Augenscheinseinnahme grundsätzlich durchzuführen ist, weil dies im **pflichtgemäßen Ermessen des Gerichts** steht (vgl. oben) und nur in den Fällen gem. § 245 Abs. 1 StPO durchzuführen ist, in denen zur Vorbereitung der Hauptverhandlung Objekte des Augenscheins herbeigeschafft worden sind.

Fehleranfällig kann eine Augenscheinseinnahme jedoch im Hinblick auf den **Zeitpunkt ihrer Durchführung** und die Art und Weise sein. Dabei wurde hinsichtlich des Zeitpunkts im Rahmen der Erörterung zum Zeugenbeweis und der Entfernung des An-

---

322 So zu Recht auch Schellenberg, S. 141.

323 Bspw. erklärt ein Zeuge genau, wo er sich bei seiner Beobachtung befunden hat. Nach den Lichtbildern ist diese Darstellung auch plausibel. Nur bei einer Ortsbesichtigung lässt sich allerdings feststellen, dass der Beobachtungsort im unmittelbaren Einzugsbereich einer Kläranlage liegt (oder etwa einer Sägewerkstatt). Der Zeuge schildert aber weder, dass ihm ein besonderer Geruch aufgefallen ist, noch besonderer Lärm.

geklagten aus der Hauptverhandlung (§ 247 StPO) bereits angesprochen, dass während dieses Zeitpunkts eine Augenscheinseinnahme (soweit es sich um eine Augenscheinseinnahme und nicht lediglich um die Vernehmung eines Zeugen mit Hilfe eines Vernehmungsbehelfs handelt) nicht durchgeführt werden darf bzw., soweit dies geschehen ist, in Anwesenheit des Angeklagten nachgeholt werden muss.

Die weiteren revisionsrechtlichen Gefahren stellen sich für das Gericht dann, wenn die Augenscheinseinnahme außerhalb des Gerichtssaales stattfinden soll. Die Gefahren liegen hier darin begründet, dass das Gericht sicherzustellen hat, dass die Vorschriften über die Öffentlichkeit nicht verletzt werden und alle notwendigen Prozessbeteiligten auch anwesend sind. Gelegentlich kann es hierbei aber dazu kommen, dass entweder der notwendige Aushang am Sitzungssaal über die Fortsetzung der Hauptverhandlung fehlt oder aber – gerade bei Hauptverhandlungen mit sehr vielen Beteiligten – in der Unübersichtlichkeit der Situation übersehen wird, dass bestimmte Prozessbeteiligte fehlen.[324]

---

324 Zur Abwägung zwischen Öffentlichkeits- und Hausrechtsfragen vgl. im übrigen NStZ 94, 498.

§ 18 Erklärungsrechte und Festschreibung von Inhalten der Hauptverhandlung

1 Der Gang der Beweisaufnahme in der Hauptverhandlung darf nicht als eher passiv erlebter Geschehensablauf verstanden werden, bei dem sich für den Verteidiger lediglich innerhalb der Wahrnehmung seines Fragerechts Gestaltungsmöglichkeiten ergeben. Wichtig ist vielmehr die Verteidigung mit dem Bewusstsein und der Bereitschaft zu führen, auch außerhalb des eigenen Fragerechts auf den Gang der Hauptverhandlung einwirken zu wollen und zu können.

Wesentliche Instrumente hierfür können die dem Verteidiger zustehenden Beanstandungs- und Erklärungsrechte sein. Hinzu kommt, dass zu überlegen ist, ob und in welcher Form der Inhalt der Hauptverhandlung festgeschrieben werden sollte und kann.

I. Das Beanstandungsrecht

2 Das den Verfahrensbeteiligten zustehende Recht, gem. § 238 Abs. 2 StPO Anordnungen des Vorsitzenden zu **beanstanden** und hierüber eine **gerichtliche Entscheidung** (durch Gerichtsbeschluß) herbeizuführen, kann in der Hauptverhandlung eine bedeutende Rolle spielen.

Dabei ist zunächst noch einmal darauf zu verweisen, dass eine Verteidigung in der Hauptverhandlung mit Blick (nicht mit Hoffnung!) auf die Revision geführt werden muss. Dies bedeutet, dass es im Falle einer etwaigen Revision dem Revisionsgericht nicht nur möglich sein sollte, die Atmosphäre der Hauptverhandlung nachzuvollziehen, sondern – weit wichtiger – dass in der Hauptverhandlung die rechtlichen Voraussetzungen dafür geschaffen werden, dass es der Revisionsinstanz überhaupt ermöglicht wird, sich mit den rechtlichen Problemen auch zu befassen. Gerade hierbei ist beachtlich, dass nur in Ausnahmefällen Verfahrensfehler gerügt werden können, die nur der Verhandlung führende Richter begangen hat.[1] In den weitaus meisten Fällen wird es hingegen erforderlich sein, eine gerichtliche Entscheidung herbeizuführen. Erfolgt dies nicht, bleibt ein noch so gravierender Fehler in der Sachleitung unbeachtlich. Die nach § 238 Abs. 2 StPO zu erfolgende Beanstandung ist hingegen eine wesentliche Förmlichkeit, die gemäß § 273 Abs. 1 StPO in das Hauptverhandlungsprotokoll aufzunehmen ist und deren richtige Behandlung durch das Gericht revisionsrechtlich überprüfbar ist. Gerügt werden kann allerdings nur eine auf die Sachleitung bezogene Anordnung des Vorsitzenden, wobei unter dem Begriff „Sachleitung" jede Anordnung des Vorsitzenden zu verstehen ist, die im konkreten Einzelfall rechtlich unzulässig ist und die auf die Entscheidung in formeller und materieller Hinsicht Einfluss haben könnte.

---

1 Z.B. Vereidigung trotz Vereidigungsverbots gem. § 60 StPO.

Sachleitungsordnung

Ja	nein
■ Befragung des Angeklagten zu seinen persönlichen Verhältnissen vor Anklageverlesung ■ Anordnung der Vereidigung oder Nichtvereidigung eines Zeugen oder Sachverständigen ■ Anordnung der Fortsetzung der Hauptverhandlung, obwohl der Angeklagte erklärt hat, übermüdet zu sein ■ Anordnung, dass nunmehr die Schlußanträge zu halten sind ■ Ständiges Unterbrechen des Angeklagten bei dessen Einlassung durch Fragen ■ Unterbrechen des Zeugen bei dessen Erstattung des Zeugenberichts gem. § 69 Abs. 1 StPO ■ Unterbrechen des Verteidigers bei Ausübung des Fragerechts ■ Anordnung der Verlesung einer Urkunde ■ Vorhalt an einen Zeugen (BGH St 1, 322) ■ Anordnung der Fortsetzung der Hauptverhandlung nach § 29 Abs. 2 StPO ■ Entlassung eines vernommenen Zeugen oder Sachverständigen gegen den Widerspruch eines Verfahrensbeteiligten (BGH StV 85, 355) ■ Weigerung des Vorsitzenden, nach Schluß der Beweisaufnahme noch Beweisanträge entgegenzunehmen (BGH NStZ 92, S. 346) ■ Festsetzung der Reihenfolge der Beweiserhebung (König Grundlagen der Strafverteidigung S. 207)	■ Sitzungspolizeiliche Maßnahmen nach § 176 GVG (BGH St 10, 202) ■ Fesselung des Angeklagten während der Hauptverhandlung (BGH NJW 1957, 271) ■ Ablehnung der Unterbrechung der Urteilsverkündung wegen eines nach Beginn gestellten Beweisantrages (BGH MDR 75, 24) ■ Feststellung der Verhinderung eines Richters (BGHSt 35, 366)

Neben der revisionsrechtlichen Vorarbeit, die durch das Beanstandungsrecht geleistet **3** werden kann, hat das Beanstandungsrecht aber auch unmittelbare praktische Bedeutung für die Instanz. Denn ganz unzweifelhaft kann es auch dazu dienen, auf das Gericht Druck auszuüben, die Prozessordnung einzuhalten. Die extensive Ausübung des Beanstandungsrechts hat natürlich nicht nur eine „gymnastische Funktion". Wird vielmehr durch die Ausübung des Beanstandungsrechts das Gericht ständig „ins Beratungszimmer geschickt",[2] so tritt hier ein erheblicher „Lästigkeitsfaktor" auf, der zwar auf der einen Seite zur Verschlechterung der Verhandlungsatmosphäre führen kann, auf der anderen Seite aber auch zu einer doch steigenden Bereitschaft des Gerichts sich verfahrenskonform zu verhalten.

In diesem Rahmen kann sehr schnell wiederum an das Schlagwort der sogenannten „Konfliktverteidigung" gedacht werden. Dies ist aber schon deshalb nicht weiterführend, weil je nach Tätigkeit und Auffassung hierunter etwas völlig Anderes verstanden wird. So gibt es durchaus Richter, die es schon als Konfliktverteidigung empfinden, wenn ein Verteidiger einen Beweisantrag stellt. Auf der anderen Seite ist nicht zu leugnen, dass es auch Verteidiger gibt, die in einer nicht mehr mit dem Verfahren in Ein-

---

2 So die Formulierung von Dahs, Handbuch des Strafverteidigers, Rn 437.

klang zu bringenden Form das Gericht mit Anträgen überschütten, denen bereits auf der Stirn geschrieben steht, dass diese keine verfahrensfördernden Intentionen haben.[3] Erforderlich ist es deshalb für den Verteidiger, zwischen den in vielfacher Hinsicht denkbaren Extrempositionen einen vernünftigen Verteidigungsweg zu finden. Dieser Weg kann am einfachsten gefunden werden, wenn man sich klar macht, dass die Verteidigung nicht zur „Erbauung" des Gerichtes dient, sondern die Pflicht der Verteidigung darin liegt, dem Beschuldigten sachgemäßen rechtskundigen Beistand zu leisten. Von diesem Ausgangspunkt aus kann es deshalb niemals ein Kriterium sein, auf das Beanstandungsrecht nur deswegen zu verzichten, um das Gericht oder die Staatsanwaltschaft nicht zu verärgern. Auf der anderen Seite ist der Verteidiger aber zum Beistand und nicht zum Oberlehrer berufen. Es kann nicht die Aufgabe des Verteidigers sein, Verfahrensfehler nur deshalb zu beanstanden, um dem Gericht vorzuführen, was es falsch gemacht hat. Besteht deshalb die Überzeugung, dass das Verfahren in vernünftigen Bahnen abläuft, ohne dass die Prozessordnung sklavisch genau eingehalten wird, so kann dies durchaus hingenommen werden.

Anders liegt die Situation allerdings dann, wenn der Vorsitzende in seiner Verhandlungsleitung deutlich macht, dass er aus selbst angemaßter Macht heraus die Verhandlungsleitung nach „Gutsherrnart" durchzuführen gedenkt. In diesen Fällen muss dem Verteidiger bewusst sein, dass es in keiner Weise etwas mit Konfliktsuche zu tun hat, durch die **Ausübung des Beanstandungsrechts** auf die Einhaltung der Prozessordnung hinzuwirken. Hier ist es nicht der Verteidiger, der (möglicherweise) das Recht unzulässig ausübt, sondern der Vorsitzende, der sich außerhalb des Rechts begibt. Wer in diesen Fällen als Verteidiger meint, auf die Ausübung des Beanstandungsrechts verzichten zu können, handelt deshalb keineswegs sachgemäß, sondern muss sich sehr ernsthaft die Frage stellen, ob nicht vielmehr Feigheit zum Nachteil seines eigenen Mandanten vorliegt. Es ist sogar die Frage zu stellen, ob bei einer solchen Grundhaltung überhaupt die Eignung zum Verteidiger besteht.

Beispiel: Wenn der Vorsitzende dazu übergeht, bereits zu Beginn der Einlassung des Angeklagten diesen zu unterbrechen und Fragen zu stellen, hat der Verteidiger sich hierüber Gedanken zu machen. Diese können durchaus zu dem Ergebnis führen, dass aufgrund der besonderen Situation der Hauptverhandlung die Verhaltensweise des Vorsitzenden hingenommen wird, weil möglicherweise der Mandant ohnehin Schwierigkeiten hat, sich im Ganzen zu artikulieren und die Fragen des Gerichts davon zeugen, dass noch eine relative Offenheit gegenüber den Vorwürfen besteht.

Anders kann es sich hingegen verhalten, wenn der Verteidiger mit seinem Mandanten eine genaue Einlassung zur Sache vorbereitet hat und die Unterbrechungen und die Fragen des Vorsitzenden zu diesem Zeitpunkt stören. In einem solchen Fall hat der Verteidiger den Vorsitzenden darauf aufmerksam zu machen, dass dem Mandanten erst einmal Gelegenheit gegeben wird, sich im Ganzen zu den Vorwürfen zu äußern. Stellt sich aber dann heraus, dass der Vorsitzende einem solchen Argument unzugänglich ist (*„Herr Verteidiger, ich bin hier seit zehn Jahren Vorsitzender, Sie müssen schon mir überlassen, wie ich die Verhandlung führe ..."*), so ist der Zeitpunkt erreicht, zu dem

---

3 Vgl. BgHSt 38, 111 ff. (in diesem Verfahren zeichnete sich die Verteidigung durch die Stellung bzw. Ankündigung von insgesamt 8500 Beweisanträgen aus).

der Verteidiger das Beanstandungsrecht auszuüben hat.[4] Ebenso kann es sich bei der Zeugenvernehmung verhalten. Auch hier kann durchaus geduldet werden, dass ein Gericht den Verteidiger bei der Ausübung seines Fragerechts unterbricht und eigene Fragen stellt, wenn der bisherige Verfahrensverlauf davon zeugt, dass das Gericht auch dazu bereit ist, Zwischenfragen der Verteidigung hinzunehmen. Ergibt sich hingegen, dass sich das Gericht anmaßt, nur selbst dieses Recht zu haben und zudem etwa versucht, die Verteidigung unter Bezug auf die Prozessordnung ständig in die Schranken zu weisen, so ist auch hier der Zeitpunkt für die Ausübung des Beanstandungsrechts gegeben.[5]

Der Vorsitzende ist auch Ansprechpartner, wenn prozessuale Verhaltensweisen weiterer Prozessbeteiligter nicht hingenommen werden sollen. Der häufigste Beispielsfall dürfte hierbei das Stellen unzulässiger Fragen weiterer Prozessbeteiligter (z.B. des Staatsanwalts) sein. Auch hier ist es unbedingt erforderlich, dass die Verteidigung reagiert und das Gericht etwa dazu auffordert, die gestellte Frage des Staatsanwalts als unzulässig zurückzuweisen. Kommt das Gericht dieser Aufforderung nicht nach, ist wiederum die Ausübung des Beanstandungsrechts angezeigt.

Nicht übersehen werden darf schließlich, dass neben diesen Möglichkeiten, durch die Ausübung des Beanstandungsrechts unmittelbar auf die Gestaltung der Hauptverhandlung einzuwirken, das Beanstandungsrecht zusätzlich der **Informationsgewinnung** dienen kann. Denn die auf die Ausübung des Beanstandungsrechts ergehenden Gerichtsentscheidungen sind zu begründen. Diese Begründungen können wertvolle Fingerzeige für die Auffassung und Meinungsbildung des Gerichts bieten.[6]

II. Das Erklärungsrecht

Mit der Ausübung des Erklärungsrechts gemäß § 257 StPO ist dem Verteidiger ein **4** weiteres Instrumentarium an die Hand gegeben, auf die Hauptverhandlung gestalterisch einwirken zu können. Dabei sollten Chancen und Risiken der Wahrnehmung dieses Rechts aber genau eingeschätzt werden.

Dies beginnt damit, dass gemäß § 257 Abs. 1 StPO auch der Angeklagte nach jeder einzelnen Beweiserhebung dazu befragt werden soll, ob er sich hierzu erklären möchte. Allerdings wäre eine solche Erklärung des Angeklagten rechtlich nichts anderes als eine Ergänzung der Vernehmung zur Sache. Unabhängig davon, dass es ohnehin zu vermeiden ist, dass ein Angeklagter ohne vorherige Beratung und Rücksprache mit seinem Verteidiger Erklärungen in der Hauptverhandlung abgibt, ist deshalb zu beachten, dass es bei einem schweigenden Angeklagten durch eine entsprechende Erklärung dazu kommen kann, dass nunmehr ein verwertbares Teilschweigen vorliegt.

Soweit der Verteidiger beabsichtigt, selbst eine Erklärung gemäß § 257 Abs. 2 StPO abzugeben, muss die Reichweite dieser Erklärung gesehen werden. So kann die Abgabe einer entsprechenden Erklärung nach der gerade erfolgten Beweiserhebung ein guter Zeitpunkt sein, eine besondere Situation noch einmal zu verdeutlichen (z.B. Hinweis darauf, dass es dem soeben gehörten Zeugen mit seiner jetzigen Äußerung „gelun-

---

4 Zur Rechtslage hierzu vgl. nur BGH StV 90, 245; BGHR § 243 IV Äußerung 1.
5 Zur Rechtslage hierzu vgl. die Entscheidungen BGH StV 95, 172 sowie OLG Hamm StV 93, 462.
6 So zu Recht Dahs, Handbuch des Strafverteidigers, Rn 438.

gen" ist, einschließlich der in den Akten wiedergegebenen Zeugenvernehmungen die fünfte Version angeblicher Beobachtungen wiederzugeben). Darüber hinausgehend ist auch beachtlich, dass der in § 257 StPO genannte Zeitpunkt die letzte Gelegenheit sein kann, in der Hauptverhandlung prozessuale Rechte auszuüben (z.b. Widerspruch bei bestehendem Verwertungsverbot hinsichtlich der Äußerungen des Beschuldigten).

Die Ausübung des Erklärungsrechts kann aber auch ein eleganter Einstieg in rechtliche und sachliche Erörterungen sowie Vergleichsgespräche[7] sein. Hierbei kann es sich anbieten, dass der Verteidiger im Rahmen der Ausübung seines Erklärungsrechts Ausführungen zu seiner Sicht der bisherigen Beweisaufnahme macht und damit versucht, die weiteren Verfahrensbeteiligten dazu einzuladen, ebenfalls hierzu Stellung zu nehmen. Dabei besteht zwar die Rechtslage, dass das Gericht keine Verpflichtung dazu trifft, sich während der Hauptverhandlung zu Inhalt und Ergebnis einzelner Beweiserhebungen zu äußern.[8] Auf der anderen Seite sind diese Äußerungen dem Gericht auch nicht verboten. Es bleibt dem Geschick der Verteidigung überlassen, herauszufinden, welche Bereitschaft das Gericht einer solchen Diskussion entgegenbringt. Bestehen hierfür Ansätze, sollte die Chance nicht verpaßt werden.

Gelegentlich wird durch die Verteidigung auch versucht, das Erklärungsrecht des § 257 StPO zur Festschreibung des Hauptverhandlungsinhalts zu nutzen. Es werden dann umfangreiche schriftliche Erklärungen abgegeben, in denen die Würdigung der Beweiserhebung aus Verteidigersicht (meist von Zeugenaussagen) erfolgt. Zugleich wird die Erklärung mit dem Antrag verbunden, dass das Gericht gemäß § 265 StPO darauf hinweisen möge, wenn es die erfolgte Beweiserhebung anders bewertet als die Verteidigung.

Eine solche Vorgehensweise wird in der Praxis jedoch kaum zum Erfolg führen können, weil die Revisionsrechtsprechung sich weigert, dieses Spiel mitzumachen.[9]

III. Die Sachverhaltsfestschreibung in der Hauptverhandlung

1. Die rechtlichen Grundlagen der Protokollierung

5 Wenn einem juristischen Laien und teilweise sogar auch einem Juristen Einzelheiten des deutschen Strafverfahrensrechts berichtet werden, so kann stets davon ausgegangen werden, dass der Zuhörer am zuverlässigsten zu fassungslosem Staunen gebracht werden kann, wenn ihm erklärt wird, in welcher – dürftigen – Art und Weise der Inhalt der Hauptverhandlung festgehalten wird. Es ist in der Tat auch nur äußerst schwer vermittelbar, warum ausgerechnet in der Blüte des Medienzeitalters eine Verfahrensweise betrieben wird, als sei eine der wichtigsten Aufgaben des Strafverfahrens die strenge Bewahrung alter Traditionen.[10]

So wird zwar in jedem Zivilprozess und in jedem Verwaltungsrechtsprozess, auch wenn es nur um die Herausgabe eines nicht bezahlten Staubsaugers oder um die Frage geht, ob der Stuhl eines Straßencafes 50 cm zu weit in den Gehweg hineinragt, über die gehörten Zeugenaussagen eine wörtliche Niederschrift gefertigt. Im Strafverfahren, in

---

7 Vgl. hierzu näher auch Ausführungen zu Verständigungen und Vereinbarungen unter § 22.

8 BGH StV 97, 561.

9 BGH StV 97, a.a.O.; vgl. auch Anm. König StV 98, 113 ff.

10 Vgl. auch Pfordte, FS 50 Jahre DAI, 519 ff.

dem es immerhin um die Verhängung einer lebenslangen Freiheitsstrafe mit besonderer Schuldschwere gehen kann, bestehen diese Protokollierungspflichten nicht. Im Strafverfahren gilt vielmehr, dass gem. § 271 Abs. 1 StPO über die Hauptverhandlung ein **Protokoll** aufzunehmen ist, dessen **Inhalt** sich nach § 272 und § 273 StPO bestimmt. Darüber hinausgehend sind in einigen Sondernormen Protokollierungspflichten angesprochen wie dem Protokollvermerk bei Nichtvereidigung (§ 64 StPO), der Protokollierung der Verlesung (§ 255 StPO), der Protokollierung eines Ordnungsmittels (§ 182 GVG), der Protokollierung einer Straftat innerhalb der Sitzung (§ 183 GVG) oder der Protokollierung bei Gebrauch eines Dolmetschers (§ 185 GVG). Gemäß § 273 Abs. 1 StPO muss das Protokoll (nur) den **Gang und die Ergebnisse der Hauptverhandlung** im Wesentlichen wiedergeben und die Beobachtung aller wesentlichen Förmlichkeiten ersichtlich machen. Bei der Hauptverhandlung vor dem Strafrichter und dem Schöffengericht sind außerdem die wesentlichen Ergebnisse der Vernehmungen in das Protokoll aufzunehmen, wenn es zur Einlegung eines Rechtsmittels kommt (§ 273 Abs. 2 StPO). Hierbei kann in Ausnahmefällen gemäß § 273 Abs. 2 Satz 2 StPO der Vorsitzende allerdings anordnen, dass anstelle der Aufnahme der wesentlichen Vernehmungsergebnisse in das Protokoll einzelner Vernehmungen im Zusammenhang auf Tonträger aufgezeichnet werden.[11] Damit steht auch der Zweck des Sitzungsprotokolls im Strafverfahren fest. Das Protokoll dient in erster Linie der Nachprüfung der Gesetzmäßigkeit der Hauptverhandlung durch das Rechtsmittelgericht.[12] Nicht Sinn des Protokolls ist hingegen, den genauen Inhalt der abgelaufenen Hauptverhandlung zu dokumentieren. Dies gilt sogar für das bei der amtsgerichtlichen Hauptverhandlung anzufertigende Inhaltsprotokoll. Dieses dient zwar auch dazu, dem Berufungsgericht die Beweisaufnahme zu erleichtern.[13] Aber auch das Inhaltsprotokoll muss deshalb nicht exakt diejenigen Aussagen wiedergeben, die im Rahmen der Beweiserhebung erfolgt sind. Ausreichend ist vielmehr, dass das wesentliche Ergebnis der einzelnen Vernehmungen reproduziert wird, wobei dies zunächst der Urkundsbeamte (!) zu beurteilen hat.[14] Nicht selten kommt es deshalb in der Praxis bei amtsgerichtlichen Hauptverhandlungen, die einen sehr komplizierten Verfahrensgegenstand zum Inhalt haben, zu unvollständigen, teilweise sogar bizarren Protokollen. Eine wörtliche Protokollierung gem. § 273 Abs. 3 StPO ist hingegen nur dann erforderlich, wenn es auf die Feststellung eines Vorgangs in der Hauptverhandlung oder des Wortlauts einer Aussage bzw. einer Äußerung ankommt. Zwar können hierfür grundsätzlich sowohl Interessen am laufenden Verfahren selbst als auch an anderen Verfahren von Bedeutung sein. Dennoch gilt, dass dies in der Praxis nur selten zum Vorteil der Verteidigung geschehen wird. Den häufigsten Fall der wörtlichen Protokollierung stellt vielmehr das Vorliegen der (vermeintlichen) Falschaussage eines Zeugen dar. Geht es hingegen darum, dass der Verteidiger eine dem Beschuldigten günstige Aus-

---

11 Die Einführung des Inhalts der aufgenommenen Vernehmung in der Berufungshauptverhandlung regelt sich gemäß §§ 323 Abs. 2 Satz 2 bis 4 StPO und 325 StPO.

12 Meyer-Goßner § 273 StPO Rn 1.

13 KK/Engelhardt, § 273 StPO Rn 16.

14 Meyer-Goßner § 273 Rn 14; Beweiskraft des Protokolls zuletzt BGH StV 2004, 297 f.; nach dem durch das JuMoG vom 01.07.2004 mit Wirkung zum 01.09.2004 geänderten § 226 StPO kann der Strafrichter in der Hauptverhandlung von der Hinzuziehung eines Urkundsbeamten der Geschäftsstelle absehen (§ 226 Abs. 2 StPO n.F.).

sage exakt festgehalten wissen will, kann er fast immer damit rechnen, dass eine **wörtliche Protokollierung** eher scheitern wird.

Zu Recht wird allerdings teilweise vertreten, dass eine Protokollierung stets dann als notwendig anzusehen ist, wenn eine bestimmte Aussage oder Äußerung gerade für die Entscheidungsfindung rechtserheblich sein wird oder sich eine derartige Möglichkeit nicht von vorneherein ausschließen lässt.[15] Ebenfalls soll eine Protokollierungspflicht dann bestehen, wenn wegen der verschiedenen Deutungsmöglichkeiten eine Aussage die Gefahr unterschiedlicher Schlußfolgerungen besteht und es deswegen auf den genauen Wortlaut ankommen kann.[16]

Soweit die Voraussetzungen für eine wörtliche Protokollierung nicht vorliegen, muss das Protokoll nur alle wesentlichen Förmlichkeiten des Verfahrens enthalten. Dabei sind unter wesentlichen Förmlichkeiten alle Prozesshandlungen zu verstehen, die für die Gesetzmäßigkeit des anhängigen Verfahrens von Bedeutung sind.[17]

Beispiele wesentlicher Förmlichkeiten des Verfahrens

Ja	nein
■ Angaben über die Öffentlichkeit der Verhandlung einschließlich Ausschluß und Wiederherstellung ■ der Sache ■ Anwesenheit der Person, die gem. § 226 StPO zwingend vorgeschrieben ist ■ Die Verlesung des Anklagesatzes ■ Die Vernehmung des Angeklagten zur Person und Sache (Schweigt der Angeklagte, muss die Tatsache der späteren Einlassung in das Protokoll aufgenommen werden)[18] ■ Tatsache und Reihenfolge der Vernehmung von Zeugen und Sachverständigen (ebenso umgekehrt das Unterbleiben der Vernehmung)[19] ■ Die Belehrung von Zeugen und Sachverständigen einschließlich etwa bestehender Verweigerungsrechte gem. §§ 52, 55 StPO ■ Die Begründung für das Unterbleiben der Vereidigung eines Zeugen ■ Das Einverständnis von Prozessbeteiligten beim Absehen von der Erhebung einzelner Beweismittel	■ Die Anwesenheit von Zeugen oder Sachverständigen ■ Die Übersetzung einzelner Äußerungen durch den zugezogenen Dolmetscher ■ Die Benutzung von Hilfsmitteln zur Verständigung mit einem schwerhörigen Angeklagten[20] ■ Die Tatsache, dass ein blinder (schwerhöriger) Richter mitwirkt ■ Die Tatsache der Beratung[21]

---

15 Ulsenheimer NJW 80, 2273.
16 So zu Recht Malek PdStV Rn 432 m.w.N.
17 KK/Engelhardt, § 273 StPO Rn 4; Meyer-Goßner § 273 Rn 6.
18 BGH NStZ 92, 49.
19 BGH StV 83, 52.
20 OLG Freiburg JZ 51, 23.
21 Vgl. aber BGH NStZ 87, 472.

Ja	nein
■ Verzichtserklärungen ■ Widerspruchserklärungen ■ Beanstandungen gem. § 238 Abs. 2 ■ Die Tatsache, dass Schlußvorträge gehalten worden sind sowie darin enthaltene Anträge, einen minderschweren Fall anzunehmen oder die Strafe zur Bewährungauszusetzen ■ Die Gewährung des letzten Wortes nach § 258 StPO	

2. Der Umgang des Verteidigers mit der Protokollierung

Gerade wenn in der Hauptverhandlung aus Sicht der Verteidigung besonders positive   6
Geschehensabläufe stattfinden, sei es, weil etwa ein Zeuge entweder eine entlastende
Tatsache im Hinblick auf den Angeklagten schildert oder aber auch nur, weil der Zeuge
von zuvor in polizeilichen Vernehmungen geäußerten belastenden Momenten Abstand
nimmt, wird der Wunsch entstehen, diese Momente auch festgehalten zu wissen.
Denn leider ist die Sorge nicht unberechtigt, dass ein Gericht diese Geschehnisse zuweilen entweder nicht wahrnimmt oder dokumentiert. Es kommt durchaus vor, dass
sich mancher Verteidiger gelegentlich verwundert die Augen reibt, wenn er Wochen
nach der mündlichen Hauptverhandlung die schriftlichen Urteilsgründe in den Händen
hält und dort feststellt, dass die dort vorgefundene Aussage des seiner Meinung nach
doch so positiv wirkenden Zeugen entweder völlig anders wiedergegeben ist oder aber
das Urteil die Wendungen überhaupt nicht enthält, die ihm so wichtig erschienen.
Nicht selten wird deshalb die Idee entwickelt, zu versuchen, dadurch eine größere
Autentizität der Verhandlung der Verfahrensreproduktion zu bewirken, dass Anträge
auf wörtliche Protokollierung gestellt werden. Leider muss hierbei aber darauf hingewiesen werden, dass dies nur ein schwaches Mittel ist. Aus den oben dargestellten engen Voraussetzungen, unter denen nur eine wörtliche Protokollierung erreicht werden
kann, ergibt sich, dass ein entsprechender Antrag selten zum Erfolg führen wird. Darüber hinaus darf aber auch der rechtliche Nutzen einer wörtlichen Protokollierung nicht
überschätzt werden. Denn in der Revisionsinstanz bleiben für die Feststellung des
Sachverhalts allein die schriftlichen Gründe des angefochtenen Urteils maßgebend.[22]
Eine Rüge der „Protokollwidrigkeit" der Urteilsfeststellungen wird deshalb selbst
durch einen erfolgreichen Antrag auf wörtliche Protokollierung natürlich nicht möglich.
Der **taktische Hintergrund** eines Antrags auf wörtliche Protokollierung wird deshalb
eher im psychologischen Bereich liegen, wovon sowohl die Tatsachen- als auch die
Revisionsinstanz betroffen sei können. Für die Tatsacheninstanz gilt, dass das Gericht
der Versuchung, den Inhalt der Hauptverhandlung zu entstellen oder „zu begradigen"
besser widerstehen wird, wenn sich schon nach dem Protokoll Geschehensabläufe
nachvollziehen lassen. Aber auch für das Revisionsgericht können wörtlich protokollierte Aussageteile deshalb interessant sein, weil sich aus ihnen durchaus auf die
Hauptverhandlungsatmosphäre schließen lässt.[23]

---

22 BGHSt 7, 363.
23 So zu Recht Malek PdStV, Rn 437.

Entschließt sich der Verteidiger dazu, einen Antrag auf wörtliche Protokollierung zu stellen, so sollte er bereits den Teil, den er wörtlich protokolliert haben möchte, in den Antrag aufnehmen. Denn damit stellt er zumindest auch für den naheliegenden Fall, dass seinem Antrag nicht entsprochen wird, sicher, dass der Inhalt des Antrags wenigstens indirekt in das Protokoll aufgenommen wird.

3. Formulierungshilfe

7 ▶ **Muster eines Antrags auf wörtliche Protokollierung**

Landgericht München
Adresse

Az.: ....
H u b e r , Werner
wegen Verdachts des Raubes

Die Verteidigung

b e a n t r a g t

die wörtliche Protokollierung gem. § 273 Abs. 3 S. 1 StPO der soeben vom Zeugen Hermann Meier wie folgt getätigten Aussage:

„Als ich den Huber Werner zum ersten Mal beim Krämer Sepp stehen sah, hatte er einen Schläger in der Hand. Diesen hielt er obi." (phonetisch)

Der Antrag auf wörtliche Protokollierung gem. § 273 Abs. 3 StPO ist begründet, weil es auf den Wortlaut dieser Äußerung für das weitere Verfahren ankommt.
Die Zeugenaussage ist mehrdeutig. Der zuvor im Verfahren bereits gehörte Zeuge Friedhelm Franz hat erklärt, der Zeuge Meier habe ihm gegenüber erklärt, mit erhobenem Schläger auf das spätere Opfer, den Zeugen Josef (Sepp) Krämer losgegangen zu sein. Aus der Aussage des jetzigen Zeugen ergibt sich hingegen, dass er erklärt hat, dass er den Schläger „obi" (phonetisch) gehalten habe. Diese Bezeichnung entstammt aus dem Bayerischen und bedeutet – leicht verwechselbar – jedoch nicht oben, sondern gerade das Gegenteil, nämlich unten. Es kann deshalb davon ausgegangen werden, dass der zuvor gehörte Zeuge einem Missverständnis unterlegen ist.
Die Aussage wird deshalb für das weitere Verfahren noch von erheblicher Bedeutung sein. Die wörtliche Protokollierung soll auch dazu dienen, sie als Vorhalt gegenüber weiteren noch zu hörenden Zeugen zu nutzen.

Rechtsanwalt◀

§ 19 Das Beweisantragsrecht

I. Einführung

1. Die Anwendbarkeit des Beweisantragsrechts

Das Beweisantragsrecht stellt für den Verteidiger eine der wirksamsten Möglichkeiten **1** dar, auf die Hauptverhandlung **gestalterisch Einfluss** zu nehmen. Klug und sinnvoll gehandhabt kann für den Verteidiger durch seine Ausübung ein enormer Nutzen entstehen, andererseits kann eine fehlerhafte Anwendung fatale Folgen haben. Die besondere Schwierigkeit liegt darin, dass nicht nur die Art und Weise der Antragstellung, sondern auch der erforderliche Umfang der Ausübung in erheblichem Maße durch den Einzelfall geprägt ist und deshalb nicht nur fundierte Kenntnisse über die rechtlichen Grundlagen des Beweisantrags gefragt sind, sondern darüber hinausgehend auch Erfahrung und Sensibilität. Zu bedenken ist, dass die Hoffnung, durch einen Beweisantrag eine Wendung zum Positiven zu bewirken, nicht selten genauso groß ist wie die damit verbundene Gefahr, nachteilige Erkenntnisse zu provozieren. Gerade im Zivilverfahren stärker beheimatete Anwälte übersehen häufig, dass das Beweisthema hinsichtlich eines einmal in die Hauptverhandlung eingeführten Beweismittels nicht grundsätzlich eingeschränkt ist. Die weiteren Prozessbeteiligten sind deshalb auch keineswegs daran gehindert, einen Zeugen ergänzend auch zu völlig anderen Sachverhalten zu befragen. Die Gefahren liegen auf der Hand. Für die Verteidigung ist kaum eine schlimmere Situation vorstellbar als wenn ein zynisch begabtes Gericht bei der Urteilsverkündung ausführt, dass es gerade aufgrund der Anhörung des von der Verteidigung benannten Zeugen nunmehr restlos von der Schuld des Angeklagten überzeugt sei.

Auf der anderen Seite darf nicht übersehen werden, dass das Beweisantragsrecht für den Verteidiger nicht nur zur Gestaltung der Beweisaufnahme innerhalb der Hauptverhandlung dienlich ist, sondern – bei richtiger Anwendung – darüber hinausgehend auch in taktischer Hinsicht erhebliche weitere Chancen bereithält. So kann es etwa dazu tauglich sein, bestimmte Sachverhalte in der Hauptverhandlung festzuschreiben (sog. „affirmative" Beweisanträge), oder ermöglichen, im Wege der Beantwortung des Beweisantrages durch das Gericht Antworten auf bestimmte Fragen zu erhalten oder Informationen dazu, welche Auffassung das Gericht vom gegenwärtigen Stand der Beweisaufnahme hat. Nicht zu leugnen ist auch, dass durch die Stellung bestimmter Beweisanträge sowohl psychologischer Druck als auch Verhandlungsbereitschaft erzeugt werden kann.

Es würde den Umfang dieses Buches bei weitem sprengen, auf die äußerst vielfältigen Probleme des Beweis- und Beweisantragsrechts einzugehen. Insofern kann nachfolgend nur ein kursorischer Überblick geboten werden, der sich – entsprechend der Zielsetzung dieses Buches – mit Verteidigerüberlegungen zur Ausübung des Beweisantragsrechts befaßt. Dem Leser ist aber unbedingt ans Herz zu legen, sich gerade mit dieser Materie fundiert zu befassen. Unerläßlich ist hierbei insbesondere das Studium **des** Lehrbuchs zum Beweisantragsrecht von Alsberg/Nüse/Meier[1] sowie der umfangreichen Kommentierung von Herdegen im Karlsruher Kommentar.[2]

---

1 Alsberg/Nüse/Meier, Der Beweisantrag im Strafprozess.
2 KK/Herdegen § 244 Rn 1 ff.

2. Die Abhängigkeit zwischen Art und Weise der Beweisaufnahme und der Beweiswürdigung

2 Die erheblichen Möglichkeiten, die das Beweisantragsrecht der Verteidigung bietet, resultieren nicht zuletzt daraus, dass das Gesetz es dem Gericht nicht freistellt, in welcher Form und in welchem Umfang es die Beweisaufnahme zu gestalten hat, sondern hierfür genaue Regeln aufstellt. Obwohl diese Regeln bisher bereits erhebliche Einschränkungen erfahren haben (vgl. unten), werden sie bei nicht wenigen Gerichten immer noch als zu streng empfunden und zuweilen wird sogar die Auffassung vertreten, dass es zum Grundsatz der freien Beweiswürdigung gem. § 261 StPO eher passe, auch Art und Umfang der Beweisaufnahme frei gestalten zu dürfen. Dabei wird allerdings übersehen, dass nur die strengen Regeln hinsichtlich der Beweis**aufnahme** die freie Beweis**würdigung** ermöglichen. Die Art und Weise der Beweisaufnahme sowie die Beweiswürdigung bedingen sich somit gegenseitig und können nicht isoliert betrachtet werden. Schon das Reichsgericht hat hierzu erklärt, dass der Grundsatz der freien Beweiswürdigung voraussetzt, dass das Gericht der Verpflichtung, die materielle Wahrheit zu erforschen, in vollem Umfang genügt und auch den vom Angeklagten über wesentliche Punkte angetretenen Beweis erhebt.[3] Die Chancen der Verteidigung ergeben sich damit aus der für das Gericht nicht frei verfügbaren Antwortmöglichkeit auf den Antrag der Verteidigung.

II. Amtsaufklärungsgrundsatz und eingeschränkte Beweisaufnahme

3 Um sich der Materie zu nähern, ist deshalb zunächst zu klären, welche Antwortmöglichkeiten dem Gericht auf welche Antragsmöglichkeiten der Verteidigung verbleiben. Dabei ist vor allem beachtlich, dass das Gericht bereits grundsätzlich die Verpflichtung hat, von Amts wegen die Beweisaufnahme auf alle Tatsachen und Beweismittel zu erstrecken, die für die Entscheidung von Bedeutung sind (§ 244 Abs. 2 StPO).
In bestimmten Verfahren ist dieses sogar die alleinige Richtschnur und der **sog. numerus clausus** des Beweisantragsrechts gem. §§ 244 Abs. 3, 244 Abs. 4, § 245 StPO ist nicht eröffnet. Dies betrifft das beschleunigte Verfahren (§ 420 StPO), das Privatklageverfahren (§ 384 StPO), das Bußgeldverfahren (§ 77a OWiG), aber auch das Strafbefehlsverfahren (§ 411 Abs. 2 S. 2 StPO i.V.m. § 420 StPO), wobei jedoch gerade die vereinfachte Behandlung des Beweisantragsrechts im Strafbefehlsverfahren erheblichen Bedenken begegnen muss. Denn es darf nicht übersehen werden, dass das Gericht gem. § 411 Abs. 4 StPO bei der Urteilsfällung nach Einspruch gegen den Strafbefehl gerade nicht dem Verböserungsverbot unterliegt. Es wäre damit durchaus möglich, dass ein Gericht nach erfolgtem Einspruch zur Verhängung einer Vollzugsstrafe sogar bis zu vier Jahren kommt. Bei einer solchen Sanktionskompetenz ist es aber nur schwer verständlich, hierbei vereinfachte Regeln zur Beweisaufnahme zu akzeptieren.
Neben der durch die Verfahrensart eingeschränkten Regeln des Beweisantragsrechts ist eine weitere Einschränkung durch das gewählte Beweismittel möglich. Grundsätzlich kann eine über die Amtsaufklärungspflicht des § 244 Abs. 2 StPO hinausgehende Verbescheidung des Beweisantrages ohnehin nur in Betracht kommen, wenn ein Beweis-

---

3 RGSt 6, 453.

mittel des Strengbeweises gewählt wird.[4] Aber selbst die Strengbeweismittel unterliegen in zweifacher Hinsicht einer Einschränkung. So richtet sich gem. § 244 Abs. 5 StPO die Einnahme eines richterlichen Augenscheins ebenso (lediglich) nach richterlichem Ermessen wie die Vernehmung eines sog. Auslandszeugen.

III. Qualität des Antrags: Beweisanregung, Beweisermittlungsantrag, Beweisantrag

Liegen hingegen die geschilderten Einschränkungen aufgrund der Verfahrensart oder   4
des benannten Beweismittels nicht vor, ist es dem Gericht unabhängig von der Amtsaufklärungspflicht des § 244 Abs. 2 StPO nur dann erlaubt, den Beweisantrag der Verteidigung abzulehnen, wenn mindestens einer der Ablehnungsgründe der § 244 Abs. 3, Abs. 4 StPO oder § 245 StPO vorliegt.[5]
Die weitere Voraussetzung für eine Beurteilung des Antrags anhand der genannten Normen besteht allerdings darin, dass der Antrag der Verteidigung tatsächlich auch die **Qualität eines Beweisantrages** hat. Dies ist keineswegs zwingend, da es sich aus der Natur der Hauptverhandlung ergibt, dass nicht sämtliche Äußerungen der Verteidigung Antragsqualität haben können und müssen. Im Rahmen der äußeren Gestaltung der Beweiserhebung werden üblicherweise drei Stufen unterschieden. Dabei handelt es sich um

- die Beweisanregung,
- den Beweisermittlungsantrag und
- den Beweisantrag (im eigentlichen Sinn).

Unter **Beweisanregung** wird der Anstoß zu einer weiteren Ermittlungshandlung verstanden, ohne dass der Verfahrensbeteiligte eine förmliche Bescheidung verlangt. Ob das Gericht einer solchen Anregung nachgeht, bestimmt sich allein wiederum nach dem Amtsaufklärungsgrundsatz des § 244 Abs. 2 StPO.
Im Gegensatz zur Beweisanregung verlangt der Verfahrensbeteiligte hingegen mit einem **Beweisermittlungsantrag** eine förmliche Bescheidung für den Fall, dass das Gericht seinem Antrag nicht nachkommen möchte. Wesentliches Kennzeichen des Beweisermittlungsantrags ist zudem, dass dem Antragsteller das Ergebnis der beantragten Beweisaufnahme völlig unklar ist. Mit dem Beweisermittlungsantrag soll deshalb vom Gericht ein Tätigwerden verlangt werden, mit dem ein unmittelbarer oder mittelbarer Aufklärungseffekt erzielt werden soll. Häufig wird dies der Fall sein, wenn der Antragsteller eine bestimmte Beweistatsache nicht zu behaupten oder ein bestimmtes Beweismittel nicht zu benennen vermag.[6]
Nach anderer Auffassung[7] gibt hingegen das weitere Motiv für die Antragstellung zur Einordnung eines Antrags als Beweisermittlungsantrag nichts her. Denn für die Qualität eines Beweisermittlungsantrags ist es völlig unerheblich, ob er unmittelbar zur Aufklärungsanforderung an das Gericht gestellt wird oder ob mit dem Antrag zusätzlich

---

4 Vgl. auch BGH StV 03, 650, 652 m. Anm. Schlothauer zur Reichweite der Aufklärungspflicht im Zusammenhang mit einer Bild-Ton-Aufzeichnung; sowie BGH StV 04, 465, 466 m. Anm. Julius.

5 Besteht allerdings die Bereitschaft, dem Antrag nachzukommen, bedarf es hierfür ausdrücklich keiner gerichtlichen Entscheidung.

6 KK/Herdegen § 244 StPO Rn 53.

7 Vgl. etwa Schellenberg S. 150.

noch das Motiv verbunden ist, wonach der Antrag den Antragsteller in die Lage versetzen soll, eine zu beweisende Tatsache zu behaupten oder ein Beweismittel zu benennen, um damit einen förmlichen Beweisantrag stellen zu können.

Der **Beweisantrag im eigentlichen Sinne** unterscheidet sich wiederum von Beweisanregung und Beweisermittlungsantrag dadurch, dass er eine bestimmte Tatsachen- oder Beweisbehauptung enthält, die durch eines der in der StPO angegebenen Beweismittel bewiesen werden soll.[8] Dabei muss die behauptete Tatsache für die Schuldfrage oder Rechtsfolge relevant sein.[9]

IV. Anforderungen an den Beweisantrag im engeren Sinne

5   Gerade weil die Stellung eines Beweisantrages im engeren Sinne das Gericht aufgrund des „numerus clausus des Beweisantragsrechts" in seinen Entscheidungsmöglichkeiten erheblich einengt, wird in der Hauptverhandlung häufig eine Neigung dahingehend zu verspüren sein, den gestellten Beweisantrag nicht als solchen aufzufassen, sondern ihn als Beweisermittlungsantrag oder gar nur als Beweisanregung zu definieren, um den Umgang mit dem Antragsinhalt zu vereinfachen. Einer solchen Handhabung muss der Verteidiger bereits dadurch begegnen, dass er formal „saubere" Beweisanträge stellt, die keine Möglichkeiten zu einer Qualitätsumdeutung eröffnen.

Dabei besteht die Fehleranfälligkeit weniger im formellen als im inhaltlichen Bereich.

1. Formelle Anforderungen an den Beweisantrag

6   In **formeller Hinsicht** gilt, dass der Beweisantrag in der Hauptverhandlung grundsätzlich mündlich zu stellen ist. Vor der Hauptverhandlung gestellte Anträge müssen in der Hauptverhandlung wiederholt werden, damit sie die gewünschte Wirkung entfalten können. Gleiches gilt naturgemäß auch in den Fällen, in denen es zu einer Aussetzung der Hauptverhandlung gekommen ist.[10] Die Anträge sind dann zu wiederholen.

Gelegentlich wird darüber gestritten, ob der Verteidiger einen Anspruch darauf hat, einen Beweisantrag in das Protokoll der Hauptverhandlung diktieren zu dürfen, oder ob ihm die schriftliche Fixierung seines Antrags abverlangt werden kann.[11] Bei „handwerklich" richtiger Handhabung des Beweisantragsrechts ist dies allerdings ein völlig überflüssiger Streit. Es bietet sich an, Beweisanträge stets schriftlich zu fixieren, weil dies mehrere Vorteile mit sich bringt.

Zum einen führt eine schriftliche Niederlegung des Beweisantrags zu einer nochmaligen Reflektion über Ziel und Gefahren des zu stellenden Antrags. Eine „auf den Punkt genaue" Formulierung wird bei einer schriftlichen Niederlegung stets besser möglich sein.

Zum anderen bietet auch nur der schriftlich niedergelegte Antrag die Gewähr dafür, dass der Antrag des Verteidigers einschließlich der Begründung[12] genau so in das Pro-

---

8   Zur Abgrenzung Beweisantrag und Beweisermittlungsantrag vgl. auch BGH StV 03, 428, 429; BGHR StPO § 244 Abs. 6 Beweisantrag 8.

9   BGH NStZ 85, 468.

10 BayObLG DAR 64, 242.

11 Vgl. hierzu etwa Meyer-Goßner, § 244 StPO Rn 32.

12 Die Begründung eines Beweisantrages ist keine wesentliche Förmlichkeit und deshalb nicht protokollierungspflichtig gem. § 273 StPO. Ein Revisionsgericht kann aber bei Unklarheiten über Sinn und Zweck des Beweisantrages auf eine – vorhandene – Begründung zurückgreifen.

tokoll aufgenommen wird, wie der Verteidiger dies verlangt. Gerade bei einem längeren, lediglich mündlich gestellten Antrag, kann der Antragsteller in der Hauptverhandlung niemals sicher sein, dass der Protokollführer den Antrag auch zur Gänze mitnotiert oder aber wenigstens nur inhaltlich richtig erfaßt. Jeder Praktiker, der bereits das zweifelhafte Vergnügen hatte, mehrere Protokolle aus mündlichen Hauptverhandlungen durchlesen zu können, wird – insbesondere bei Protokollen aus amtsgerichtlichen Verfahren – schon erstaunt festgestellt haben, wie fehlerhaft die Wiedergabe eines Antrages sein kann. Gerade bei einem so wichtigen Thema wie einem Beweisantrag wäre es deshalb für einen Verteidiger geradezu fahrlässig, lediglich darauf zu vertrauen, dass der Protokollführer den Antrag schon richtig aufnehmen wird. Der Antrag sollte durch den Verteidiger folglich **schriftlich niedergeschrieben** werden, sodann in der Hauptverhandlung durch ihn verlesen und schließlich durch das Gericht in der Anlage zu Protokoll genommen werden. Damit stellen sich auch von vornherein keine Fragen der notwendigen Protokollierung von Beweisanträgen und entsprechender Beanstandungsmöglichkeiten gem. § 273 Abs. 3 S. 2 StPO.

Sollte es wegen des Umfangs des zu stellenden Antrags zeitliche Probleme geben, kann sich empfehlen, einen Unterbrechungsantrag zu stellen. Wird die beantragte Unterbrechung nicht gewährt, kommt als Begegnungsmittel das Beanstandungsrecht gem. § 238 Abs. 2 StPO in Betracht.

2. Inhaltliche Anforderungen an den Beweisantrag

Im Gegensatz zur formell relativ unproblematischen Handhabung des Beweisantragsrechts besteht eine erhebliche **Fehleranfälligkeit** im Hinblick auf die **inhaltliche Gestaltung**. Hierbei muss genau beachtet werden, dass der Beweisantrag auch tatsächlich eine bestimmte Tatsachenbehauptung enthält, die zudem für die Schuldfrage oder Rechtsfolge relevant ist. Diese Tatsachenbehauptung muss durch ein Beweismittel des Strengbeweisverfahrens (Zeuge, Sachverständige, Urkunde, Augenschein) bewiesen werden.   7

Typische Fehleranfälligkeiten liegen dabei vor allem in folgenden Bereichen:

a) Beweismittel

Der Beweisantrag muss ein Beweismittel des Strengbeweisverfahrens benennen.

aa) Zeugenbeweis. Bei **Zeugen** ist darauf zu achten, dass sie **individualisiert** werden   8
und Anschrift oder wenigstens der Ladungsweg mitgeteilt wird. Soweit der Zeuge Mitarbeiter einer Behörde, einer Organisation oder juristischen Person ist, darf der Beweisantrag nicht auf *„Auskunft der Behörde"* lauten, sondern auf *„Zeugnis des zuständigen Sachbearbeiters"*.

Die Beurteilung, wann die Voraussetzungen der ausreichenden Individualisierbarkeit gegeben sind (und damit insofern die Voraussetzungen eines Beweisantrags im eigentlichen Sinne vorliegen) und wann nicht (und damit der Beweisantrag als Beweisermittlungsantrag aufgefasst werden kann), kann im Einzelfall problematisch sein. Sicher liegt eine ausreichende Individualisierung vor, wenn der Zeuge mit Anschrift benannt werden kann.[13] Nach der Rechtsprechung sind die Erfordernisse aber auch dann erfüllt, wenn der Antrag Identifikationsmerkmale enthält, die unmißverständlich

---

13 BGH StV 03, 316 für die Benennung eines Zeugen, der gleichzeitig auch V-Mann war.

verdeutlichen, welcher Zeuge gemeint ist und zudem ein Weg aufgezeigt wird, auf dem der Zeuge zuverlässig ermittelt werden kann.[14] Als ausreichend individualisiert angesehen worden ist insofern die Angabe der früheren Arbeitsstätte[15] oder auch die Bezeichnung „Arbeitskollege".[16] Ebenso genügte bei einem Lkw-Fahrer die Angabe seines CB-Funknamens und der Firma, für die er während eines bestimmten Zeitraums tätig war,[17] ebenso die Individualisierung eines Zeugens über sein Kfz-Kennzeichen am Pkw,[18] sowie die Bezeichnung „Sachbearbeiter für Führerscheinsachen".[19] Können entsprechende Angaben nicht gemacht werden, so soll es zur Individualisierbarkeit auch ausreichend sein, wenn der benannte Zeuge in seiner Tätigkeit in Umfang und Zeitpunkt genau beschrieben werden kann, so zum Beispiel der Kellner eines bestimmten Lokals, der zu einer bestimmten Zeit tätig war.[20]

Auf der anderen Seite reichen allgemeine Oberbegriffe für eine Individualisierbarkeit nicht aus. Dies gilt sowohl für Ortsbezeichnungen,[21] als auch Beziehungsangaben[22] oder Berufsbezeichnungen.

Prüfkriterium für eine ausreichende Individualisierung bei der Angabe des Beweismittels muss deshalb sein, ob der benannte Zeuge als Beweismittel mit ausreichenden auf ihn hindeutenden Charakteristika beschrieben wurde und der Personenkreis, aus dem der Zeuge ermittelt werden soll, deutlich abgrenzbar ist.[23]

Aber auch wenn alle an eine Individualisierung zu stellenden Anforderungen erfüllt sind, kann es für die Verteidigung zu einem Ärgernis kommen. Denn dem Gericht ist es unter bestimmten Voraussetzungen möglich, das beantragte Beweismittel auszutauschen. Bei einem zulässigen Austausch liegt dabei aber selbst dann keine im Rahmen des numerus clausus des Beweisantragsrechts zu begründende Ablehnung des Beweisantrages vor, wenn der Antragsteller den Austausch selbst nicht will.[24]

Voraussetzung hierfür ist allerdings, dass das Beweismittel, welches nach Intention des Gerichts an die Stelle des benannten treten soll, *„zweifelsfrei gleichwertig"* ist und der Beweiswert nicht von Faktoren abhängt, die von Beweismittel zu Beweismittel qualitativ verschieden sind; solche Faktoren sind insbesondere persönliche Eigenschaften, Fähigkeiten und Einstellungen einer Person.[25]

Die Problematik eines solchen Austauschs liegt auf der Hand. Gerät der Verteidiger in eine derartige „verkappte Ablehnungsfalle" und will er sie nicht hinnehmen, so kann nur empfohlen werden, hierauf mit einem erneuten Beweisantrag zu reagieren. Hierbei sollte insbesondere dargelegt werden, warum keine zweifelsfreie Gleichwertigkeit zwischen dem beantragten und dem vorgesehenen Zeugen besteht. In diesem Zusammen-

---

14 BGHSt 40, 3; NStZ 81, 309; NStZ 95, 246; StV 89, 379; BGHR StPO § 244 Abs. 6 Beweisantrag 23.
15 BGH StV 96, 581.
16 BGH NStZ 83, 210.
17 BGH NStZ 95, 246.
18 BayObLG DAR 1965, 285.
19 BayObLG DAR 1980, 269.
20 OLG Köln, StV 96, 368.
21 Wie etwa nur die allemeine Stadtangabe, BGHSt 40, 3.
22 Wie etwa „Nachbarschaft", OLG Saarbrücken VRs 49, 45.
23 So zu Recht Burhoff, Handbuch für die strafrechtliche Hauptverhandlung Rn 292.
24 BGHSt 22, 347; BGH StV 83, 4 mit Anm. Schlothauer.
25 Vgl. etwa BGH NStZ-RR 96, 336.

hang kann auch darauf hingewiesen werden, dass das Ergebnis von Wahrnehmungen und ihrer Wiedergabe regelmäßig durchaus persönlicher Art sind und deshalb ein Austausch insofern ohnehin problematisch ist.[26]

bb) Sachverständigenbeweis. Im Gegensatz zum Zeugenbeweis muss ein **Sachverständiger** nicht individualisiert werden, weil es sich bei ihm um ein sog. vertretbares Beweismittel handelt. Die Auswahl der hinzuzuziehenden Sachverständigen und die Bestimmung ihrer Anzahl erfolgt gem. § 73 Abs. 1 S. 1 StPO durch den Richter. Will der Verteidiger deshalb einen ganz bestimmten Sachverständigen im Verfahren haben, so kann er dies nur über sein Selbstladungsrecht erzwingen.[27] Wenngleich es dem Verteidiger somit freisteht, weder einen bestimmten Sachverständigen noch das Fachgebiet im Beweisantrag anzugeben,[28] sollte dennoch bei Antragstellung auf diese Angaben nicht verzichtet werden.[29] Denn nicht selten wird das Gericht dazu bereit sein, wenn es dem Antrag der Verteidigung folgen will, einem entsprechenden Vorschlag der Verteidigung bei der Auswahl des Sachverständigen sowie hinsichtlich des vorgeschlagenen Fachgebiets zu folgen.[30]

9

cc) Sachbeweis (Urkunde, Augenschein). Nicht nur beim Zeugenbeweis, sondern auch im Rahmen des **Sachbeweises** ist auf eine Individualisierbarkeit zu achten. Wird ein Urkundenbeweis beantragt, müssen die Urkunden, die Beweismittel sein sollen, konkret bezeichnet werden. Die größte Fehleranfälligkeit im Hinblick auf einen ordnungsgemäß zu stellenden Beweisantrag stellen dabei Urkundensammlungen wie insbesondere Akten anderer Verfahren dar. Denn „*Akten*" als solche sind keine Beweismittel.[31] Der Antrag auf Beiziehung und Verwertung von Prozessakten aus einem anderen Verfahren ist deshalb niemals ein Beweisantrag, sondern lediglich ein Beweisermittlungsantrag. In solchen Fällen muss der Verteidiger folglich darauf achten, dass er bei Stellung seines Urkundenbeweisantrages die genauen Seitenzahlen aus der Akte angibt, die im Urkundsbeweis in die Hauptverhandlung eingeführt werden sollen. Sofern man sich in der Praxis diese Mühe – beispielsweise aus Zeitgründen – nicht machen kann, mag es sich anbieten, dem Beweisantrag die Urkunden beizufügen, die im Wege des Urkundsbeweises eingeführt werden sollen.[32] Nur ganz ausnahmsweise kann der Antrag auf Beiziehung und Verwertung einer „Akte" – entgegen obigen Ausführungen – als Beweisantrag und nicht als Beweisermittlungsantrag aufgefasst werden. Dies wäre z.B. dann der Fall, wenn mit dem Beweisantrag ein negatives Beweisergebnis angestrebt wird, etwa, dass sich in einer bestimmten Akte eine bestimmte Urkunde gerade nicht befindet.

10

Auch bei einem Beweisantrag auf Durchführung einer **Augenscheinseinnahme** muss der Gegenstand der Augenscheinseinnahme konkret benannt werden. Allerdings haben sich hier die taktischen Überlegungen der Verteidigung zu verlagern. Denn es darf nicht übersehen werden, dass ein Gericht einen Antrag auf Augenscheinseinnahme ge-

---

26 Vgl. insofern KK/Herdegen, § 244 StPO Rn 63.
27 Vgl. hierzu unter § 15 Rn 40 ff.
28 Vgl. hierzu auch OLG Celle, MDR 69, 950.
29 Vgl. hierzu auch Dahs, Rn 568.
30 BGH StV 03, 430 f. zur Einholung eines weiteren Sachverständigengutachtens.
31 BGHSt 6, 128.
32 Nicht zuletzt auch wegen des dann maßgeblichen § 245 Abs. 2 StPO; vgl. unten.

mäß § 244 Abs. 5 StPO behandeln kann. Hiernach darf der Antrag abgelehnt werden, wenn der Augenschein nach dem pflichtgemäßen Ermessen des Gerichts zur Erforschung der Wahrheit nicht erforderlich ist. Es gilt damit nicht der numerus clausus des § 244 Abs. 3 StPO. Bestehen deshalb Befürchtungen, dass ein Gericht dem Antrag der Verteidigung auf Augenscheinseinnahme nicht nachzukommen gedenkt, so ist das Augenscheinsobjekt – natürlich soweit möglich – dem Gericht idealerweise in der Hauptverhandlung unmittelbar zu präsentieren und ein Beweisantrag zu stellen.[33] Denn damit stehen dem Gericht nicht mehr die Ablehnungsgründe des § 244 Abs. 5 StPO zur Verfügung, sondern lediglich noch die Ablehnungsgründe des § 245 Abs. 2 StPO (im Hinblick auf präsente Beweismittel). Insofern sind die Ablehnungsmöglichkeiten des Gerichts aber eingeschränkt. Eine Ablehnung wegen Unerreichbarkeit, Unerheblichkeit, Offenkundigkeit oder Wahrunterstellung ist nicht mehr möglich.

dd) Formulierungshilfe.

11 ▶ **Beweisantrag auf Augenscheinseinnahme eines überreichten Augenscheinsobjektes**

Landgericht München I
Adresse

**Az.: 3 KLs 120 Js ..../02
M e i e r , Hermann
wegen Verdachts des Raubes**

Zum Beweis der Tatsache, dass Herr Hermann Meier sich am 17.03.2000 als Gast auf der Hochzeit der Eheleute Huber von mindestens 12:00 Uhr mittags bis 20:00 Uhr abends befunden hat, beantrage ich die

A u g e n s c h e i n s e i n n a h m e

der zugleich mit diesem Beweisantrag überreichten fünf Fotos als präsente Beweismittel gemäß § 245 Abs. 2 StPO.

BEGRÜNDUNG:

Die Anklage legt Herrn Meier zur Last, dass er am 17.03.2000 gegen 16:00 Uhr in München einen Taxifahrer überfallen und beraubt habe.
Dem Gericht ist durch die Einvernahme der Eheleute Huber bereits bekannt, dass diese am 17.03.2000 in Hamburg geheiratet haben und hierzu Herr Meier auch als geladener Gast erschienen war. Die beantragte Augenscheinseinnahme der fünf Fotos, die mit diesem Antrag dem Gericht übergeben werden und damit als präsente Beweismittel i.S.d. § 245 StPO aufzufassen sind, wird aber ergeben, dass Herr Meier sowohl bei der kirchlichen Hochzeit der Eheleute Huber um 12:00 Uhr anwe-

---

33 Die Präsentation hat durch Überreichung des Augescheinsobjekts an das Gericht zu erfolgen, um damit die Präsenz zu dokumentieren; BGH MDR 75, 369; BGH NStZ 93, 28.

send war, als auch beim anschließenden Empfang und dem späteren Festessen. Damit wird sich aber durch die beantragte Augenscheinseinnahme in Verbindung mit den benannten Zeugenaussagen ergeben, dass Herr Meier nicht zur selben Zeit in München gewesen sein kann.

Rechtsanwalt◄

Allgemein kann darüber hinaus eine Fehleranfälligkeit im Hinblick auf die Benennung   12
des Beweismittels auch gelegentlich dadurch entstehen, dass mit dem Antrag eigentlich eine Beweiserhebung erreicht werden soll, die nicht unmittelbar auf den Zeugen-, Sachverständigen-, Urkunden- oder Augenscheinsbeweis gemünzt zu sein scheint. So könnte etwa an die Durchführung eines experimentellen Versuchs gedacht werden, eine Tatrekonstruktion oder aber eine Gegenüberstellung. Aber auch hierbei gilt, dass bei einem so gestellten Antrag dann kein Beweisantrag im eigentlichen Sinne mehr vorliegt. In diesen Fällen empfiehlt es sich deshalb, auch hier das Beweismittel des Strengbeweisverfahrens zu benennen und lediglich im Rahmen der Begründung des Beweisantrages die Anregung oder Empfehlung zu geben, dass im Rahmen der entsprechend beantragten Beweiserhebung weitere Aufklärungshandlungen erfolgen sollten. So kann etwa im Rahmen einer Augenscheinseinnahme oder eines Zeugenbeweises eine Gegenüberstellung erfolgen, ein experimenteller Versuch kann hingegen Gegenstand eines Sachverständigenbeweises sein.[34]

b) Beweistatsachen

Im Bereich der Beweistatsachenbehauptung stellen sich im Wesentlichen **zwei Haupt-**   13
probleme:
Zum einen ist zu klären, was unter den Begriff „Tatsachenbehauptung" fällt. Zum anderen stellt sich die Frage, wie bestimmt diese Beweistatsachenbehauptung zu sein hat, also welcher Grad der Gewißheit im Hinblick auf die Behauptung dem Antragsteller abzuverlangen ist.

aa) Inhalt der Beweistatsache. Unter **Beweistatsachen** werden üblicherweise wahr-   14
nehmbare, mitteilbare, intersubjektiv vermittelbare Sachverhaltsmomente verstanden.[35]
Dies ist unproblematisch, soweit Zustände der „äußeren Welt" angesprochen werden. Allerdings können auch sog. „innere Tatsachen" zur Beweistatsache werden. Denn selbst Werturteile oder bloße Schlußfolgerungen können Bedeutung erlangen. Sie sind auch nicht grundsätzlich unbeweisbar.[36]
Nachdem die Wahrnehmung des Menschen ein Gesamtphänomen ist, in dem in einem oder mehreren Vorgängen aufgenommene Sinnesdaten zugleich erfaßt, bewertet und interpretiert werden, liegt es auf der Hand, dass die Abgrenzung, was noch als Tatsache durch das Beweismittel wiedergegeben werden kann, im Einzelfall schwierig sein

---

34 OLG Düsseldorf VRS 60, 122, wobei sich allerdings das Problem stellen kann, dass bestimmte Abläufe als nicht rekonstruierbar angesehen werden können (z.B. akustische Wahrnehmung der Schreie des Opfers in der Nachbarwohnung, BGH StV 87, 5) oder aber bestimmte Rekonstruktionen als dem Opfer nicht zumutbar angesehen werden (z.B. Nachstellen der Tatsituation bei Vergewaltigung, BGH NJW 61, 1486).

35 KK/Herdegen § 244 StPO Rn 45.

36 Schellenberg, S. 151.

kann.[37] Daher können grundsätzlich auch noch Wertungen oder Schlußfolgerungen von Zeugen und Sachverständigen Beweistatsachen sein, sofern es auf deren Wertungen ankommt. Geht es allerdings nicht mehr um Wertungen von Zeugen und Sachverständigen, sondern wird mit dem Beweisantrag eine Wertung des Gerichts vorweggenommen, so liegt keine Beweistatsache mehr vor. Behauptungen mit beweiswürdigendem Inhalt (*„unglaubwürdig"*, *„verlogen"*, *„verwahrlost"*) enthalten deshalb keine Tatsache[38] und genügen im übrigen auch nicht dem Bestimmtheitserfordernis.[39] Das gleiche gilt für (angebliche) Rechtstatsachen. Die Behauptung einer Tatanstiftung[40] ist ohne konkretisierende weitere Angaben ebenso wenig als Beweistatsache geeignet wie die Behauptung der Schuldunfähigkeit.[41]

Bei der Formulierung der Beweistatsachen ist deshalb darauf zu achten, dass sie nicht mit dem Beweisziel verwechselt werden. Denn erst die Tatsachen sollen es möglich machen, zum Ziel zu gelangen und nicht umgekehrt.[42] Aus dem gleichen Grund können auch keine Beweistatsachen zu Sachverhalten behauptet werden, die das Gericht erst festzustellen hat.[43]

Schließlich muß die behauptete Tatsache auch für die Schuldfrage oder Rechtsfolge relevant sein. Ist dies nicht gegeben, liegt unter keinen Umständen ein Beweisantrag im engeren Sinne vor.[44]

15 *bb) Bestimmtheit der Beweisbehauptung.* Nicht selten kommt es in der Hauptverhandlung aufgrund gestellter Beweisanträge zu Äußerungen des Gerichts dahingehend, dass der Verteidiger doch selbst überhaupt nicht wisse, ob die von ihm gestellte Behauptung überhaupt zutreffend sei. Dabei wird verkannt, dass es bereits ausreichend für die Aufstellung einer bestimmten Tatsachenbehauptung ist, dass die behauptete Tatsache nur für **möglich** gehalten und deren Bestätigung **erhofft** wird.[45] Sicheres Wissen hinsichtlich der aufgestellten Behauptung ist gerade nicht erforderlich.[46] Deshalb stellt auch eine bloße Vermutung, die in Form einer bestimmten Behauptung gekleidet ist, bereits einen Beweisantrag dar.[47] Deswegen die Formulierung der bestimmten Beweisbehauptung stets so zu wählen, dass an deren Gewißheit keinerlei Zweifel aufkommen. Ist das Gericht im Gegensatz zur Formulierung der Auffassung, dass der Beweisantrag „ins Blaue hinein" gestellt worden und deshalb als Beweisermittlungsantrag aufzufassen ist,[48] so trägt es selbst die Argumentationslast hierfür.[49]

---

37 Vgl. hierzu im Einzelnen Herdegen, a.a.O.
38 Vgl. BGH StV 91, 2 mit Anm. Gollwitzer.
39 BGHSt 37, 162.
40 BGHSt 1, 137.
41 BGH StV 92, 218; die Behauptung, dass die Schuldfähigkeit aufgrund Heroinabhängigkeit erheblich vermindert sei, beinhaltet keine Tatsache.
42 Falsch wäre z.B. der Antrag: „Zum Beweis der Tatsache, dass mein Mandant unschuldig ist ...".
43 Z.B. Antrag, dass die Verteidigung der Rechtsordnung die Ablehnung der Strafaussetzung zur Bewährung nicht gebiete; vgl. aber zum Beweisantrag, dass die Sozialprognose günstig sei OLG Celle JR 85, 32.
44 Z.B. Anträge zu Nebensächlichkeiten wie der Art und Weise der Vorführung des Beschuldigten; vgl. etwa Nehm, NStZ 98, 377 ff.
45 BGH StV 03, 369, 370.
46 BGHSt 21, 118, Burhoff, Rn 257 m.w.N.
47 BGH StV 88, 185 („Doppelkopffall"); BGH StV 03, 369, 370.
48 Vgl. hierzu BGH NStZ 92, 397.
49 Herdegen NStZ 98, 444.

Dabei kann das Gericht einen Beweisantrag zum Beweisermittlungsantrag **herabstufen**, wenn die Beweisbehauptung ohne jeden tatsächlichen Anhaltspunkt und ohne jede begründete Vermutung aufs gerate Wohl ins Blaue hinein aufgestellt wurde, so dass es sich in Wahrheit nur um einen nicht ernst gemeinten, zum Schein gestellten, Beweisantrag handelt.[50] Dies ist jedoch nicht schon dann der Fall, wenn die bisherige Beweisaufnahme keine Anhaltspunkte für die Richtigkeit der Beweisbehauptung ergeben hat.[51] Vielmehr kann hiervon erst dann ausgegangen werden, wenn das bisherige Beweisergebnis, die Akten und der Antrag, keinerlei Verknüpfung des Beweisthemas mit dem benannten Beweismittel erkennen lassen. Demgemäß muss jeder Anhalt dafür fehlen, dass das Beweismittel überhaupt etwas zur Klärung der Beweisbehauptung beitragen kann oder wenn etwa eine Mehrzahl neutraler Zeugen eine Tatsache übereinstimmend bekundet hat und, ohne Beleg für entsprechende tatsächliche Anhaltspunkte, das Gegenteil in das Wissen eines weiteren, völlig neu benannten Zeugen gestellt wird, dessen Zuverlässigkeit offensichtlich Zweifeln begegnet.[52]

Im Zuge des Versuchs, Beweisanträge abzulehnen, kommt es auch häufiger vor, dass Gerichte Beweisanträge der Verteidigung entweder kommentieren oder nach einem Hintergrund des Beweisantrags fragen. Hierbei kann es sowohl um den Versuch gehen, die Bestimmtheit der Beweisbehauptung zu entkräften, um den Beweisantrag zum Beweisermittlungsantrag herabstufen zu können oder aber die Frage der sog. Konnexität zu klären.

Dass die Frage des Gerichts nach der Quelle des Wissens des Antragstellers zulässig ist, kann keinen Zweifeln begegnen. Ebenso unbestritten ist allerdings auch, dass hierauf keine Antwort gegeben werden muss und im übrigen teilweise auch überhaupt nicht gegeben werden darf, da der Verteidiger schließlich der Schweigepflicht unterliegt, woran auch das Gericht gelegentlich erinnert werden sollte. Hieraus beantwortet sich aber noch nicht die Frage, welche Konsequenz das Schweigen der Verteidigung auf das Auskunftsbegehren des Gerichts hat. Zum Teil wird vertreten, dass bei Ausbleiben einer plausiblen Antwort nach den Wissensquellen das Beweisbegehren „je nach Sachlage" dann als Beweisermittlungsantrag behandelt werden könnte oder der Beweisantrag wegen Verschleppungsabsicht abgelehnt werden darf.[53] Diese Auffassungen sind allerdings zu Recht auf Kritik gestoßen.[54] Dem Verteidiger ist vielmehr grundsätzlich anzuraten, soweit es um sein Wissen zur aufgestellten Beweisbehauptung geht, sich auf eine solche Diskussion mit dem Gericht gar nicht erst einzulassen. Sinnvoller ist, das Gericht über den Beweisantrag entscheiden zu lassen und hiervon die weitere Verfahrensweise abhängig zu machen.

Eine ganze andere Problematik betrifft hingegen die bereits erwähnte **Konnexität**. Ein   16
Beweisantrag soll dabei nur dann vorliegen, wenn ein Konnex zwischen Beweistatsache und Beweismittel erkennbar ist. Ergibt sich nicht von selbst – wie vielfach –, weshalb etwa ein benannter Zeuge überhaupt etwas zu einem Beweisthema bekunden können soll (etwa weshalb er eine bestimmte Beobachtung hätte machen können), ist dies

50 BGH NStZ 93, 143; BGH NJW 97, 2762.
51 BGH NJW 83, 126.
52 BGH StV 02, 233; BGH NStZ 93, 143; BGH NJW 97, 2762.
53 BGH StV 85, 311.
54 Vgl. nur KK/Herdegen § 244 StPO Rn 44; BGH NStZ 87, 181; Burhoff Rn 258, der die Auffassung zumindest dann für nicht zutreffend hält, wenn der Angeklagte auch ansonsten schweigt.

darzulegen.[55] Zwar ist die Ablehnungsmöglichkeit der fehlenden Konnexität als hochproblematisch anzusehen und wurde zu Recht als *„jüngste Entdeckung eines Ablehnungsgrundes von generalklauselartiger Weite"* kritisiert.[56] Dennoch ist der Verteidiger bei Fragen nach der Konnexität aber gut beraten, hierzu weitere Ausführungen zu machen. Häufig wird sich hier auch das Problem des ungewollten Offenbarens weiterführenden Wissens nicht stellen. So kann die Frage, warum ein bestimmter Zeuge eine bestimmte Beobachtung gemacht haben soll, im Hinblick auf die erforderliche Konnexität damit beantwortet werden, dass der Zeuge sich vorort aufgehalten habe. Die Frage, woher die Verteidigung weiß, dass der Zeuge sich tatsächlich vorort aufgehalten hat, braucht hingegen nicht beantwortet zu werden.

V. Zeitpunkt der Antragstellung

17 Ist bereits während des gesamten Strafverfahrens zu beachten, dass nicht jedes taktische Mittel zum gleichen **Zeitpunkt** gleichwertig ist, sondern der Zeitpunkt eine **entscheidende Rolle** für die Bedeutung des Einsatzes spielen kann, so trifft dies in besonderem Ausmaß auf das Beweisantragsrecht zu. Dabei gilt in rechtlicher Hinsicht, dass das Strafverfahren gem. § 246 Abs. 1 StPO keine verspäteten Beweisanträge kennt. Eine Ablehnung eines Beweisantrages als verspätet wäre deshalb rechtsfehlerhaft. Ein Beweisantrag kann sogar bis zum Beginn der Urteilsverkündung gestellt werden;[57] in die Urteilsbegründung hinein allerdings nur mit Zustimmung des Gerichts.[58] Möglich ist zudem, dass ein Prozessbeteiligter aufgrund eines verspäteten Beweisantrags unter den Voraussetzungen der §§ 246 Abs. 2 bis 4 StPO einen Aussetzungsantrag zum Zwecke der Erkundigung stellt.

Unter diesen rechtlichen Vorgaben haben die taktischen Überlegungen stattzufinden, zu welchem Zeitpunkt die Anbringung eines Beweisantrages sinnvoll ist. Hierbei sollte nicht nur von den völlig gegensätzlich ausgerichteten Möglichkeiten ausgegangen werden, einen Beweisantrag entweder so früh wie möglich oder so spät wie möglich zu stellen, sondern weitergehend überlegt werden, zu welchen anderen Zeitpunkten sich innerhalb der Hauptverhandlung eine Beweisantragstellung anbietet.

18 Für eine **frühe Beweisantragstellung** spricht hierbei, dass der Einfluss der Beweisaufnahme auf die Überzeugungsbildung des Gerichts grundsätzlich üblicherweise umso größer ist, je früher die erstrebte Beweisaufnahme stattfindet. Es ist immer schwierig, eine bereits in der Verfestigung befindliche Meinungsbildung noch einmal „umzuwerfen". Erfolgversprechender ist ein Ansatz schon dann, wenn noch sehr viel Unklarheit über den Sachverhalt herrscht.

Insofern darf auch nicht übersehen werden, wie menschliche Überzeugungsbildung funktioniert. Es ist zu Recht immer wieder darauf hingewiesen worden, dass nach Treffen eines (im wahrsten Sinne des Wortes) „Vorurteils" zur Entscheidung berufene Personen dazu neigen, die Informationen zu überschätzen, die ihr Vorurteil stützen und gegenläufige Erkenntnisse in ihrem Wert abzuwerten. Unter diesen Voraussetzungen besteht deshalb eine erhebliche Gefahr dahingehend, dass ein sehr spät gestellter Ent-

---

55 Vgl. BGHSt 43, 321; BGH NStZ 98, 97.
56 KK/Herdegen § 244 StPO Rn 48.
57 KG StV 91, 59.
58 BGH StV 85, 398; vgl. aber auch BGH StV 92, 218.

lastungsbeweisantrag vom Gericht als „persönliche Kriegserklärung" gegen das bisher mühsam aufgebaute Verurteilungskonstrukt angesehen wird. In einem solchen Fall wird aber die Neigung des Gerichts weniger dahin gehen, objektiv den neu gewonnenen Beweiswert zu bestimmen, sondern vielmehr dahin, den Angriff auf das (kunstvolle) Verurteilungsgebäude abzuwehren.[59]

Gelegentlich wird gegen eine zu frühe Beweisantragstellung indes eingewandt, dass hiermit ein Überraschungseffekt im Verfahren verloren gehen könnte. Dabei muss aber bedacht werden, dass der Überraschungseffekt – wie bereits betont[60] – eine der schwächsten taktischen Möglichkeiten überhaupt darstellt. Weil dies so ist, besteht sogar die Gefahr der Substanzentkräftung des eigenen Antrags durch die Handhabung der späten Stellung. Auch ein Gericht wird sich bei einer spät erfolgenden Antragstellung stets fragen, warum der Antrag denn nicht früher gestellt worden ist, wenn ihm verfahrensbedeutende Substanz zukommen soll. Es besteht die nicht unerhebliche Gefahr dafür, dass es diese Frage damit beantworten wird, dass der Verteidiger wohl offensichtlich selbst nicht so recht an seinen Antrag glaubt oder vielleicht nur pure Verfahrensobstruktion betreiben will, was dann auch den Ablehnungsgrund der Verschleppungsabsicht nahelegen könnte.

Darüber hinausgehend ist an eine frühe Beweisantragstellung auch immer dann zu denken, wenn ein Beweismittelverlust im Raum steht. In einem solchen Fall mit der Antragstellung abzuwarten, wäre natürlich geradezu ein Kunstfehler. Eine **spätere Beweisantragstellung** kommt hingegen wiederum dann in Betracht, wenn die Antragstellung von bestimmten Zwischenergebnissen in der Beweisaufnahme abhängt.

Manchmal kann es auch sinnvoll sein, bestimmte Entlastungsbeweismittel erst nach belastenden Beweismitteln in die Hauptverhandlung einzuführen. Gerade wenn die Verteidigung Kenntnis von Beweismitteln (z.B. Zeugen oder Urkunden) hat, die geeignet sind, eine belastende Zeugenaussage zu widerlegen, muss aus taktischen Gründen stets darüber nachgedacht werden, ob dieses Beweismittel nicht erst nach der belastenden Zeugenaussage vorgelegt werden sollte. Bei einer Präsentation des entlastenden Beweismittels vor dem belastenden Beweismittel zeitlich in der Hauptverhandlung kann die nicht zu unterschätzende Gefahr bestehen, dass bereits bei Anhörung des belastenden Zeugen schon das Gericht – ohne dass der Verteidiger hier eingreifen könnte – den Zeugen darauf hinweisen könnte, dass dem Gericht anderslautende Aussagen oder Unterlagen über den vom Zeugen vorgetragenen Vorgang bekannt sind. Je nachdem, wie das Gericht oder auch der Staatsanwalt hier aber verfährt, kann in einem solchen Fall die Gefahr eintreten, dass der Zeuge deshalb seine Angaben in einigen Punkten relativiert oder abschwächt, ohne aber vom Kern seiner Behauptungen abzuweichen. Dies kann dann im Ergebnis zu gefährlichen „Harmonisierungslösungen" durch das Gericht führen. Das Gericht kommt zu der Erkenntnis, dass alle Zeugenaussagen glaubhaft sind und sich im Kern auch nicht widersprechen. Eine Verurteilung könnte somit erfolgen, der Entlastungsbeweis des Verteidigers wäre verspielt.

Wird der Weg hingegen andersherum beschritten, so können sich bessere Möglichkeiten ergeben. Wird der Belastungszeuge ohne Kenntnis des Gerichts darüber, dass der Verteidigung Beweismittel zur Verfügung stehen, die zu der Aussage des Zeugen im

19

---

59 Vgl. hierzu Bandilla/Hassemer StV 89, 551; Malek, Rn 283.
60 Vgl. hierzu oben unter § 14 Rn 1 ff.

Widerspruch stehen, durch das Gericht und die Staatsanwaltschaft befragt, so ist davon auszugehen, dass zu den problematischen Punkten durch Gericht und Staatsanwaltschaft keine Fragen erfolgen werden, weil diese Problematik dort überhaupt nicht bekannt ist. Der Zeuge wird somit automatisch in seiner Sicherheit gestärkt. Es kann sodann Aufgabe des Verteidigers sein, vorsichtig herauszufühlen, ob der Zeuge sich zu bestimmten Punkten nicht auch noch zu weiterreichenderen Aussagen bewegen lässt, sich möglicherweise sogar hinsichtlich des genauen Zeitpunktes seiner Beobachtungen oder weiterer Details festlegt.

Gelingt es, eine solche Festlegung bei dem Zeugen zu erreichen, so ist ein danach gestellter Beweisantrag, bei dem ein Beweismittel präsentiert wird, welches einen anderen Sachverhalt belegt, ungleich effektiver. Denn nun sind die beiden Beweismittel nicht mehr in Einklang zu bringen und das Gericht ist zu einer wirklichen Entscheidung darüber aufgerufen, unter Beachtung der Regeln des Strafverfahrensrechts zu entscheiden, welchem Beweismittel der Vorzug zu geben ist.

VI. Der bedingte Beweisantrag

20 Neben der taktisch zu beurteilenden Frage, zu welchem Zeitpunkt ein Beweisantrag richtigerweise gestellt werden sollte, bietet sich noch die andere Möglichkeit an, Beweisanträge auch mit einer Bedingung zu versehen. Das Verlangen nach Beweiserhebung kann von einem künftigen, ungewissen Umstand abhängig gemacht werden, falls dieser Umstand ein innerprozessualer Vorgang (innerprozessuales Ereignis) ist.[61] Dabei kann (abhängig von der Zielsetzung des Antrages) die Bedingung jeweils in einem völlig unterschiedlichen Bereich liegen. Rechtsprechung und Literatur haben deshalb vermehrt versucht, eine Einteilung von bedingten Beweisanträgen vorzunehmen, wobei die Terminologie leider nicht einheitlich verwendet wird. Soweit ersichtlich, scheint sich jedoch die Einteilung in drei Kategorien durchzusetzen, wobei unter

- der ersten Kategorie der Hilfsbeweisantrag,
- der zweiten Kategorie der Eventualbeweisantrag,
- der dritten Kategorie der prozessualbedingte Beweisantrag

zu verstehen ist.[62]

Ein **Hilfsbeweisantrag** (erste Kategorie) soll vorliegen, wenn die Verknüpfung des Beweisbegehrens mit einem (unbedingt gestellten) Sach- oder Hauptantrag verbunden ist. Dies kann bei der Alternative Freispruch oder Verurteilung[63] vorkommen, aber auch die Fragen des Versuchs oder der Tatvollendung, der Tatbegehung (Vorsatz/Fahrlässigkeit) oder der Rechtsanwendung (Erwachsenenstrafrecht/Jugendstrafrecht),[64] der Strafart (Geld-/Freiheitsstrafe) oder das Strafmaß (z.B. unbedingte/bedingte Strafe)[65] betreffen.

Bei einem **Eventualbeweisantrag** (zweite Kategorie) verhält es sich hingegen so, dass ein Beweisbegehren mit einem relevanten Begründungselement des Sachurteils verknüpft wird. Dies kann etwa der Fall sein, wenn es um Einschränkungen der Schuldfä-

---

61 KK/Herdegen, § 244 Rn 50 StPO.
62 KK/Herdegen, § 244 Rn 50 StPO m.w.N.
63 BGH StV 91, 349 m.Anm. Schlothauer.
64 BGH NStZ 82, 447.
65 Schlothauer, StV 88, 542.

higkeit des Angeklagten geht,[66] die Frage eines minderschweren Falles zu bejahen oder das Vorliegen eines besonders schweren Falles zu verneinen ist. Als weiteres häufig vorkommendes relatives Begründungselement kommt auch die Beurteilung eines Zeugen hinsichtlich seiner Glaubwürdigkeit in Betracht.[67]

Der Begriff „Eventualbeweisantrag" wird nicht einheitlich verwendet. So wird auch vertreten, dass der Eventualbeweisantrag ein bedingter Beweisantrag sei, der im Schlussvortrag als Hilfsantrag gestellt würde,[68] teilweise wird noch anders abgegrenzt.[69]

Eine weitere Möglichkeit eines bedingten Beweisantrages stellt der **prozessualbedingte Beweisantrag** (dritte Kategorie) dar. Hier erfolgt die Verknüpfung der Bedingung unmittelbar mit einer bestimmten Prozesslage.[70] In Betracht kommt insbesondere die Verknüpfung eines unbedingt gestellten Beweisantrages mit einem prozessualbedingten Beweisantrag, wobei die prozessuale Bedingung etwa die Ablehnung des unbedingt gestellten Beweisantrages mit einer bestimmten Begründung darstellt. Zu denken wäre etwa daran, dass ein unbedingt gestellter Beweisantrag auf Anhörung eines bestimmten Zeugen mit einem prozessualbedingten Beweisantrag verknüpft wird, der das Beweisziel hat, falls das Gericht vorsehen sollte, den Beweisantrag wegen Unerreichbarkeit des Zeugen abzulehnen, zu demonstrieren, dass dies durchaus nicht der Fall ist.[71]

Die **Unterscheidung der bedingten Beweisanträge** in die einzelnen Kategorien hat für den Verteidiger eine sehr weitreichende Konsequenz. Denn in Fällen einer Hilfs- oder Eventualbeweisantragstellung wird durch die Rechtsprechung in der Antragstellung konkludent die Erklärung des Verzichts auf eine der Urteilsverkündung vorausgehende Antragsablehnung durch Beschluß gesehen. Dies erklärt sich daraus, dass in diesen Fällen das Gericht die endgültige Beurteilung der Frage, ob die gestellte Bedingung eingetreten ist, erst in der Urteilsberatung entscheiden kann.[72] Der Verteidiger bleibt in solchen Fällen deshalb ohne genaue Antwort auf sein Beweisbegehren. Er nimmt lediglich zur Kenntnis, dass diesem nicht entsprochen wurde. Einzige Ausnahme bildet der Ablehnungsgrund der Verschleppungsabsicht. Geht das Gericht vom Vorliegen dieses Ablehnungsgrundes aus, ist es gezwungen, die Hauptverhandlung wiederzueröffnen und dort die Ablehnung durch besonderen Beschluß bekanntzugeben, um dem Antragsteller Gelegenheit zu geben, den Vorwurf zu entkräften.[73]

Bei einem prozessualbedingten Beweisantrag klärt sich die Frage des Eintritts der Bedingung nicht erst im Urteil, sondern bereits in der Hauptverhandlung. Der Antrag kann dementsprechend auch bereits dort verbeschieden werden.

Gerade weil bei Stellung eines **Hilfs- oder Eventualbeweisantrages** die Antwort zunächst im Dunklen liegt, ist die Frage aufgeworfen worden, ob nicht durch Ergänzung des bedingten Beweisantrages in solchen Fällen doch noch eine Verbescheidung des 21

---

66 BGH NStZ-RR 96, 362.
67 BGH NStZ 89, 191; BGH NStZ 95, 98.
68 Meyer-Goßner, § 244 StPO Rn 22 b.
69 Widmaier/Salger FS, 422; Hamm Peters-FG, 173.
70 KK/Herdegen, § 244 StPO Nr. 50.
71 Vgl. hierzu aber die Ausführungen zum erforderlichen Inhalt der Beweistatsache.
72 BGHSt 32, 10; BGH StV 90, 149.
73 BGHSt 22, 124; BGH NStZ 86, 372; BGH StV 86, 418; BGH StV 90, 394.

Antrags in der Hauptverhandlung zu erreichen ist. Zu denken ist etwa dem Antrag die Wendung hinzuzufügen:

„Auf eine Verbescheidung des Antrags in der Hauptverhandlung wird nicht verzichtet".

Dabei muss aber beachtet werden, dass die Wirksamkeit einer solchen sog. „Bescheidungsklausel" nicht unumstritten ist. Frühere Auffassungen in Rechtsprechung und Literatur waren in Bezug auf eine solche Klausel der Auffassung, dass das Gericht dem Rechnung zu tragen habe, wenn es zum Bedingungseintritt komme.[74] Mittlerweile wird eine solche Klausel mit dem Argument für unbeachtlich gehalten, dass damit indirekt Verfahrensbeteiligte vom Gericht verlangen würden, bereits vor der Urteilsverkündung über Beratungsergebnisse unterrichtet zu werden.[75]

Der Hilfsbeweisantrag würde bei einer solchen Handhabung systemwidrig dem Antragsteller mehr Informationen verschaffen als ein unbedingt gestellter Beweisantrag. Lediglich dann, wenn der Hilfsantrag in einem Hauptverfahren geändert würde, könne das Gericht aber zu einer Entscheidung vor Urteilserlass gezwungen werden.[76]

Die **taktische Entscheidung**, ob Beweisanträge in bedingter oder unbedingter Form gestellt werden, bedarf also genauer Überlegung. Keinesfalls sollte Motiv für die Stellung von bedingten Beweisanträgen alleine sein, das Gericht nicht verärgern zu wollen und deshalb die Argumentationsmöglichkeit zu gewinnen, das Gericht habe es ja schließlich selbst in der Hand, ob es dem Beweisantrag nachgehen wolle.

Wird ein bedingter Beweisantrag gestellt, sollte nicht übersehen werden, dass der Verteidiger auch nach Stellung eines bedingten Beweisantrages wegen der Natur des Beweisantrages nicht endgültig in der Bedingung festgelegt ist. Dies ist insbesondere im Hinblick auf die bereits oben angesprochene Bescheidungsklausel zu erwähnen. Gibt etwa das Gericht im Rahmen der Hauptverhandlung nach einem mit einer Bescheidungsklausel versehenen bedingten Beweisantrag den Hinweis, dass es beabsichtige, trotz der Klausel erst im Rahmen der Urteilsberatung über den Beweisantrag zu entscheiden, so ist der Verteidiger jedenfalls nicht gehindert, zu erklären, dass der ursprünglich bedingt gestellte Beweisantrag nunmehr unbedingt gestellt würde. Das Gericht hat dann noch in der Hauptverhandlung über den Beweisantrag zu entscheiden (vgl. oben).

Eine Ausnahmesituation im Umgang mit bedingten Beweisanträgen liegt vor, wenn Beweisanträge aus affirmativen Motiven gestellt werden, also zur Festschreibung eines bereits erreichten Beweisergebnisses in der Hauptverhandlung. Hier kann sich anbieten, einen Beweisantrag für den Fall zu stellen, dass die nachstehend unter Beweis gestellte Tatsache nicht aufgrund der bisherigen Beweisaufnahme für bewiesen angesehen wird. Denn dadurch wird dem Gericht mit dem Beweisantrag zugleich ein möglicher Weg für die Ablehnung des Antrags gewiesen. Zusätzlich hat es das Gericht dann selbst zu verantworten, wenn es aufgrund der Antragstellung zur Notwendigkeit einer weiteren Beweisaufnahme kommt.[77]

---

74 So etwa BGH NStZ 89, 191; BGH StV 90, 149.
75 Widmaier/Salger-FS 1995, 421; KK/Herdegen § 244 StPO Rn 50; vgl. aber auch BGH StV 91, 349; BGH NStZ-RR 96, 362.
76 BGHSt 32, 10, 14.
77 Hamm in FS für Peters, 1984, 174; Malek, Rn 288.

VII. Die Ablehnung von Beweisanträgen

1. Anforderungserfordernis an die Gerichtsentscheidung

Bereits aus den Ausführungen zur Anwendbarkeit des Beweisantragsrechts[78] ergibt **22**
sich, dass die Kenntnis der möglichen Ablehnungsgründe eines Beweisantrages nicht
nur von revisionsrechtlicher Bedeutung ist, sondern auch in der Hauptverhandlung eine
bedeutende Rolle spielen kann. Abhängig davon, welchen taktischen Hintergrund der
gestellte Beweisantrag hat, können sich aus der Ablehnungsbegründung Erkenntnisse
darüber ergeben, ob sich die Verteidigung in der Beurteilung des bisher in der Hauptverhandlung festgestellten Sachverhalts auf der gleichen Höhe mit dem Gericht befindet,
ob – beim affirmativen Beweisantrag – eine beabsichtigte Sachverhaltsfestschreibung
gelungen ist oder aber etwa das Gericht den bisherigen Verlauf der Hauptverhandlung
völlig anders interpretiert.

Will das Gericht einen Beweisantrag ablehnen, bedarf es hierzu eines Gerichtsbeschlusses (§ 244 Abs. 6 StPO). Der Beschluß ist alsbald, jedenfalls aber vor Schluß der
Beweisaufnahme bekannt zu machen. Dies gilt auch für den Ablehnungsgrund der
Wahrunterstellung, weil auch er eine neue Prozesslage bewirkt.[79] Die Begründung der
Ablehnung des Beweisantrages muss über den Gesetzeswortlaut hinaus erfolgen. Hintergrund ist, dass der Antragsteller durch die Ablehnungsbegründung die Gelegenheit
erhalten soll, sich gleichzeitig auf die durch den Ablehnungsbeschluß entstandene Prozesslage einstellen zu können.[80]

Vor diesem Hintergrund bemißt sich auch, ob die erfolgte Ablehnungsbegründung ausreichend ist.[81] Weil der Antragsteller in die Lage versetzt werden soll, sich auf die Prozesslage neu einstellen zu können, muss das Gericht beispielsweise dann, wenn es die
ursprünglich angenommenen Ablehnungsvoraussetzungen nicht mehr für gegeben hält,
aber einen anderen Ablehnungsgrund erwägt, hierüber einen neuen Gerichtsbeschluß
fassen und diesen auch in der Hauptverhandlung verkünden. Keinesfalls besteht deshalb die Möglichkeit – mit Ausnahme der oben angesprochenen bedingten Beweisanträge – noch durch die Urteilsgründe, den Ablehnungsbeschluß zu ändern oder zu ergänzen. Andererseits kann ausnahmsweise auch eine formelhafte Ablehnung
ausreichend sein, wenn der Antragsteller ihr ohne weiteres die tragende Erwägung des
Gerichts entnehmen kann.[82]

Die Ablehnung von Beweisanträgen mit den dazugehörigen Gründen ist als **wesentliche Förmlichkeit** gemäß § 273 Abs. 1 StPO in das Hauptverhandlungsprotokoll aufzunehmen. Damit der Verteidiger tatsächlich in die Lage versetzt wird, die Ablehnungsgründe genau zu analysieren, sollte hierbei daran gedacht werden, gemäß § 35 Abs. 1
S. 2 StPO eine Abschrift des Beschlusses zu beantragen. Noch immer nicht völlig unbestritten ist dabei, ob eine solche Abschrift unverzüglich zu erteilen ist[83] oder erst
nach Fertigstellung des Protokolls erteilt werden muss.[84] Dem Antragsteller ist deshalb

---

78 § 19 Rn 1 ff.
79 Alsberg/Nüse/Meyer. S. 765.
80 KK/Herdegen § 244 StPO Rn 58.
81 BGH StV 94, 635 mit Anm. Eckart Müller.
82 BGH StV 94, 635 m. Anm. Eckart Müller.
83 KMR/Paulus § 35 StPO Rn 23.
84 Meyer-Goßner, § 35 StPO Rn 6 unter Berufung auf RGSt 44, 53.

zu raten, den Antrag auf Erteilung einer Abschrift gem. § 35 Abs. 1 S. 2 StPO mit der Begründung zu versehen, dass ein berechtigtes Interesse an der Erteilung der Abschrift bestünde, weil es für das weitere prozessuale Verhalten des Angeklagten auf die Kenntnis des Wortlauts der Entscheidung ankomme.[85]

2. Die Ablehnungsgründe

23 Ein Beweisantrag kann gemäß § 244 Abs. 3 StPO abgelehnt werden. § 244 Abs. 3 S. 1 StPO ordnet zunächst die zwingende Ablehnung eines Beweisantrages für den Fall an, dass die Erhebung des Beweises unzulässig ist. § 244 Abs. 3 Satz 2 StPO normiert hingegen Ablehnungsgründe in Bezug auf den Antrag selbst, wobei die in Betracht kommenden **Ablehnungsgründe abschließend** aufgezählt sind. Dies sind:

- Überflüssigkeit der Beweiserhebung (wegen Offenkundigkeit)
- Bedeutungslosigkeit der Tatsachen
- bereits Erwiesensein der Tatsachen
- völliger Ungeeignetheit des Beweismittels
- Unerreichbarkeit des Beweismittels
- wegen Antragstellung zum Zwecke der Prozessverschleppung
- wegen Wahrunterstellung.

Darüber hinausgehend kann ein Beweisantrag auf Vernehmung eines Sachverständigen gemäß § 244 Abs. 4 StPO auch abgelehnt werden wegen Sachkunde des Gerichts.

a) Unzulässigkeit der Beweiserhebung (§ 244 Abs. 3 Satz 1 StPO)

24 Zu beachten ist, dass § 244 Abs. 3 Satz 1 StPO und der hierin enthaltene zwingende Ablehnungsgrund der **Unzulässigkeit** nur Anträge auf eine unzulässige Beweiserhebung und nicht eine Unzulässigkeit des Beweisantrags meint.

Eine Unzulässigkeit der Beweiserhebung kann bei einem bestehenden Beweisverbot vorliegen. Dies kann wiederum der Fall sein bei einem bestehenden Beweisthemaverbot, aufgrund dessen es dem Gericht verwehrt ist, bestimmte Tatsachen aufzuklären (z.B. ein Beweisantrag, der den Inhalt einer Urteilsberatung zum Thema hat, welches durch das Beratungsgeheimnis gem. § 34 DRiG geschützt ist oder ein Antrag des Staatsanwalts zur Verwertung getilgter oder tilgungsreifer Vorverurteilungen entgegen § 51 Abs. 1 BZRG).[86] Ein Beweisverbot kann auch in einem Beweismittelverbot bestehen. Dies ist etwa dann der Fall, wenn die Benutzung des vorgesehenen Beweismittels aufgrund rechtlicher Voraussetzungen nicht gestattet ist (z.B. zeugnisverweigerungsberechtigter Zeuge, der von seinem Recht gem. § 52 StPO Gebrauch gemacht hat; unter Verletzung des Grundsatzes der Spezialität erhaltene Urkunden; Verwertung eines Tagebuchs in einem Fall, in dem die Einzelfallabwägung zwischen den Interessen der Rechtspflege und des Individualrechts wegen eines weniger schwerwiegenden Delikts zugunsten des Individualrechts ausgeht (z.B. Beleidigungsdelikt).[87] Darüber hinausgehend kann eine Unzulässigkeit der Beweiserhebung auch durch ein Beweis-

---

85 Alsberg/Nüse/Meyer, S. 767; vgl. auch LR/Wendisch, § 35 StPO Rn 11; KK/Maul § 35 StPO Rn 9.

86 Zu beachten ist aber, dass die Verteidigung durchaus akzeptieren kann, dass auch getilgte oder tilgungsreife Vorverurteilungen zum Thema der Hauptverhandlung werden. Dies kann sich beispielsweise dann anbieten, wenn es etwa wegen der Gewinnung zusätzlicher Strafzumessungserwägungen zugunsten des Beschuldigten sinnvoll ist, sich auch mit dem Vorleben genau auseinanderzusetzen.

87 Vgl. BVerfG StV 90, 1; vgl. auch zur Verletzung der Vertraulichkeit des Wortes BGHSt 34, 379.

methodenverbot begründet sein. Hierbei wird eine bestimmte Art und Weise einer ansonsten zulässigen Beweisgewinnung untersagt. So wurde etwa lange Zeit die Verwendung eines Lügendetektors als unzulässige Beweismethode angesehen.[88] Diese Meinung ist mit Recht überholt. Allerdings wird der Einsatz des Lügendetektors nunmehr nicht als unlässig angesehen, sondern vielmehr als völlig ungeeignetes Beweismittel abgelehnt.[89] Unter die Möglichkeit der Ablehnung wegen unzulässiger Beweiserhebung fallen darüber hinausgehend auch sog. Pseudo- oder Scheinbeweisanträge. Hierunter sind Anträge zu verstehen, mit denen nur scheinbar eine Beweiserhebung beabsichtigt wird, tatsächlich aber verfahrensfremde oder rechtsmißbräuchliche Ziele angestrebt werden (etwa reine Sensationserregung, Bloßstellung anderer oder politische Propaganda). Einen Sonderfall betrifft das Begehren, ein Mitglied des erkennenden Gerichts als Zeuge hören zu wollen. Versichert daraufhin der benannte Richter in einer dienstlichen Erklärung, dass er zum Beweisthema tatsächlich nichts zu sagen wisse, kann diese Erklärung ein genügendes Indiz für die Annahme sein, die Benennung des Richters sei nur erfolgt, um ihn auszuschalten und das Gericht an der Fortführung des Verfahrens zu hindern. Ein unter diesen Umständen aufrechterhaltener Antrag kann deshalb ebenfalls als unzulässig abgelehnt werden, weil er auf einen mißbilligenswerten Zweck gerichtet ist.[90]

b) Überflüssige Beweiserhebung (Offenkundigkeit)

Ist eine Tatsache oder ein Erfahrungssatz **offenkundig**, so erübrigt sich der Beweis   25
hierüber. Dabei umfasst die Offenkundigkeit sowohl die Allgemeinkundigkeit als auch die Gerichtskundigkeit. Allgemeinkundig sind Tatsachen und Erfahrungssätze, von denen verständige und erfahrene Menschen regelmäßig ohne weiteres Kenntnis haben und über die sie sich – und ohne über Fachkenntnisse zu verfügen – aus allgemein zugänglichen zuverlässigen Quellen unschwer unterrichten können.[91] Hierzu können Naturvorgänge, Daten, geografische Gegebenheiten, aber auch historische und politische Tatsachen zählen.

Gerichtskundig sind demgegenüber Tatsachen und Erfahrungssätze, von denen das Gericht im Zusammenhang mit seiner amtlichen Tätigkeit ohne Benutzung privater Informationsquellen zuverlässig Kenntnis erlangt hat.[92]

Wann bei einem Kollegialgericht von Offenkundigkeit ausgegangen werden kann, ist umstritten. Es wird vertreten, dass nicht die Kenntnis aller Richter erforderlich sei.[93] In Bezug auf gerichtskundige Tatsachen werden hingegen auch dies keine Tatsachen sein können, bei denen die Quelle der Gerichtskunde in der Entgegennahme von Informationen eines anderen Richters besteht.[94] Der Antragstellung durch die Verteidigung ist dieser Bereich ohnedies nur schwer zugänglich.

Von größerer verfahrensrechtlicher Bedeutung ist hingegen, dass die offenkundigen Tatsachen und Erfahrungssätze in der Hauptverhandlung zur Sprache gebracht werden

---

88 BGHSt 5, 332; BVerfG NStZ 81, 446.

89 BGH StV 99, 74.

90 KK/Herdegen, § 244 StPO Rn 67 a; BGH StV 03, 315 mit der Annahme einer Prozessverschleppungsabsicht.

91 KK/Herdegen, § 244 StPO Rn 69.

92 KK/Herdegen, § 244 StPO Rn 71.

93 Meyer-Goßner, § 244 StPO Rn 53; LR/Gollwitzer, § 244 StPO Rn 233; BGHSt 34, 209, 210.

94 KK/Herdegen, § 244 StPO Rn 72.

müssen.[95] Der Verteidiger muss dieser Erörterung allerdings nicht tatenlos gegenüberstehen. Hält er die als offenkundig bezeichnete Beweistatsache für nicht zutreffend, ist es zulässig, hiergegen den Gegenbeweis anzutreten.[96] Gerade in Strafverfahren mit politischen oder historischen Zusammenhängen gehen Gerichte gelegentlich dazu über, um entsprechende Beweisanträge zu vermeiden, von vorneherein Offenkundigkeitserklärungen abzugeben. Ist die Verteidigung oder möglicherweise die Nebenklage hiermit nicht einverstanden, ist deshalb die Beweismöglichkeit nicht abgeschnitten. Sie kehrt sich nur um.

c) Bedeutungslose Tatsachen

26   Eine Tatsache ist **bedeutungslos**, wenn sie für das Urteil keinen Einfluss hat. Die Bedeutungslosigkeit kann dabei sowohl auf rechtlichen als auch auf tatsächlichen Gründen beruhen. Der Gerichtsbeschluß muss dabei erkennen lassen, welcher Unterfall angenommen wird.

Eine Bedeutungslosigkeit aus rechtlichen Gründen liegt dann vor, wenn die behauptete Beweistatsache für die rechtliche Würdigung des Falles oder die Bestimmung der Rechtsfolgen ohne unmittelbaren Belang ist. Aus tatsächlichen Gründen sind Beweisbehauptungen unerheblich, wenn die Beweisaufnahme zwar zum Nachweis eines Beweisanzeichens oder einer Hilfstatsache führen kann, selbst dieser Nachweis aber die Beweiswürdigung nicht beeinflussen würde.

Gerade in diesem Bereich liegt in der Begründung eine erhebliche Fehleranfälligkeit von gerichtlichen Entscheidungen,[97] weil insbesondere stets das Verbot der Beweisantizipation zu beachten ist. Dem Gericht ist es verboten, die behauptete Beweistatsache als solche oder ihre Beweisbarkeit in Frage zu stellen. Es darf sich vielmehr lediglich mit der Frage auseinandersetzen, ob die vom Antragsteller behauptete Beweistatsache – ihre Erweislichkeit unterstellt – geeignet wäre für die vom Antragsteller erwünschten Folgerungen. Die Frage der Erheblichkeit der Beweistatsache bemißt sich deshalb daran, ob dann, wenn die Beweistatsache als erweislich in den Beweisstoff eingefügt würde und die Sachverhaltsannahmen und der Urteilsspruch in relevanter Weise beeinflusst werden könnte.[98] Nicht begründet werden kann die Ablehnung des Beweisantrages wegen Bedeutungslosigkeit beispielsweise mit dem Argument, dass das Gegenteil der Beweistatsache schon erwiesen sei. Auch hierin würde eine verbotene Beweisantizipation liegen.[99]

d) Erwiesensein der Beweistatsache

27   Ein Beweisantrag kann auch abgelehnt werden, wenn die behauptete Tatsache aufgrund der bisherigen Beweisaufnahme bereits **erwiesen ist,** also das Gericht von der Richtigkeit der Behauptung bereits überzeugt ist. Hierbei muss aber die Überzeugung von der Richtigkeit tatsächlich auch die Beweisbehauptung betreffen. Die Überzeugung vom Gegenteil der Beweisbehauptung rechtfertigt hingegen die Ablehnung des

---

95   BGH NStZ 95, 246; BGH StV 88, 514.
96   BVerfGE 10, 177, vgl. auch Malek Rn 299.
97   BGH StV 03, 429 f. zur fehlerhaften Annahme der Bedeutungslosigkeit aus tatsächlichen Gründen; BGH StV 03, 316 f. zur unzureichenden Begründung.
98   BGH StV 90, 340; BGH StV 93, 173; BGH StV 94, 62.
99   BGH StV 86, 418.

Beweisantrages mit dieser Begründung nicht. Das Erwiesensein kann sowohl belastende als auch entlastende Tatsachen betreffen. Es muß sich nicht um entscheidungserhebliche Tatsachen handeln.[100]
Weil mit dem Ablehnungsgrund des Erwiesenseins eine Vorwegnahme der Beweiswürdigung und somit eine Ausnahme vom Verbot der Beweisantizipation besteht,[101] ist gerade dieser Ablehnungsgrund für den Verteidiger im Bereich der taktischen Handhabung des Beweisantragsrechts von Bedeutung. Denn natürlich ist das Gericht – soweit es nicht durch Gerichtsbeschluß eine Abänderung der Begründung herbeiführt – an seine Begründung gebunden und darf sich auch in einem späteren Urteil hierzu nicht in Widerspruch setzen.

e) Ungeeignetes Beweismittel

Die Möglichkeit der Ablehnung einer Beweiserhebung wegen **völliger Ungeeignetheit** 28
kann dann erfolgen, wenn das Gericht feststellt, dass sich mit dem angebotenen Beweismittel das in Aussicht gestellte Ziel des Beweisantrages nach sicherer Lebenserwartung nicht erreichen lässt.[102] Auch die Ablehnung einer Beweiserhebung mit dieser Begründung ist für das Gericht nicht ungefährlich, weil Voraussetzung die **völlige Ungeeignetheit** ist. Völlig ungeeignet ist ein Beweismittel nur dann, wenn sich ohne jede Rücksicht auf das bisherige Beweisergebnis sagen lässt, dass sich mit einem solchen Beweismittel das im Beweisantrag in Aussicht gestellte Ergebnis nach sicherer Lebenserfahrung nicht erzielen lässt.[103] Die völlige Ungeeignetheit muss sich aus dem Beweismittel im Zusammenhang mit der Beweisbehauptung selbst ergeben. Das sonstige Ergebnis der Beweisaufnahme darf hierzu nicht herangezogen werden.[104] Eine „relative Ungeeignetheit" reicht nicht aus.[105] Ist es zwar unwahrscheinlich, nicht aber ausgeschlossen, dass das Beweisergebnis erzielt werden kann, so liegt keine Ungeeignetheit vor.[106] In Fällen objektiver Unmöglichkeit des Beweisgelingens ist die Sachlage dabei meist noch einfach zu beurteilen. Ein Zeuge kann nicht bekunden, was eine andere Person zu einem bestimmten Zeitpunkt an einem bestimmten Ort beobachtet hat. Er wäre insofern ein völlig ungeeignetes Beweismittel. Allerdings könnte der Zeuge möglicherweise bekunden, was diese andere Person ihm über seine Wahrnehmungen berichtet hat. Insofern wäre er dann nicht völlig ungeeignet.
Rechtsfehlerträchtig ist der Ablehnungsgrund der völligen Ungeeignetheit aber auch deshalb, weil die Rechtsprechung in engen Grenzen hierbei eine vorweggenommene Beweiswürdigung zulässt.[107] So kann das Gericht etwa auch einen Antrag auf Zeugenvernehmung mit der Begründung der völligen Ungeeignetheit des Beweismittels zurückweisen, wenn der Zeuge zu Vorfällen befragt werden soll, hinsichtlich derer es entweder aufgrund der extrem langen Zeitdauer oder einer damaligen oder zwischenzeitlichen Erkrankung nicht nur unwahrscheinlich ist, sondern völlig ausgeschlossen

---

100 Meyer-Goßner, § 244 Rn 57.
101 Malek Rn 301.
102 BGH StV 90, 98.
103 OLG Celle StV 03, 431.
104 BGH StV 04, 465; BGHR StPO § 244 Abs. 3 Satz 2 Ungeeignetheit 4.
105 BayObLG StV 04, 6, 7; BGH StV 04, 465; BGH StV 04, 466.
106 Schellenberg, S. 161.
107 Zur Überschreitung dieser Grenzen auch OLG Celle StV 03, 431.

erscheint, dass der Zeuge noch über zuverlässige Erinnerungen hierüber verfügt.[108] Allerdings ist insofern ein besonders strenger Maßstab anzulegen. Im Zweifel muss das Gericht auch bei vermuteter Unwahrscheinlichkeit den Beweis erheben.[109] Ausgeschlossen ist es hingegen, eine völlige Ungeeignetheit mit der von vorneherein fehlenden Glaubwürdigkeit eines Zeugen zu begründen.

Der Verteidiger sollte beachten, dass es sich bei einer möglichen Ablehnung wegen völliger Ungeeignetheit anbieten kann, den Beweisantrag besonders sorgfältig zu begründen.[110] Denn hiermit kann unter Umständen von vorneherein die völlige Ungeeignetheit entkräftet werden. Denkbar ist aber auch der Weg über die Verbindung des Beweisantrages mit einem prozessualbedingten Beweisantrag.

f) Unerreichbarkeit des Beweismittels

29 Ein Beweismittel ist **unerreichbar**, wenn das Gericht sich erfolglos um seine Heranziehung bemüht hat und auch keine begründete Aussicht dafür besteht, dass es in absehbarer Zeit beigebracht werden könnte. Hierbei müssen die Bedeutung des Beweismittels und das Beschleunigungsgebot gegeneinander abgewogen werden. Das Gericht darf entsprechende Bemühungen nur ausnahmsweise als von vorneherein aussichtslos unterlassen. Angemessene Ermittlungsmaßnahmen sind bei Zeugen unbekannten Aufenthalts in jedem Fall zu ergreifen.[111] Eine Unterbrechung oder Aussetzung der Hauptverhandlung ist notfalls in Kauf zu nehmen. Geht es um Kernfragen des Verfahrens, müssen alle praktisch verfügbaren Möglichkeiten ausgenutzt werden. Für Randbereiche können allerdings auch geringere Bemühungen ausreichen.[112] In der Frage der Erreichbarkeit eines Beweismittels ist gerade hinsichtlich des Zeugenbeweises durch die Einführung des § 247a StPO Bewegung gekommen, indem nunmehr von einem „erweiterten Erreichbarkeitsbegriff" ausgegangen wird. Danach umfasst ein Antrag auf Ladung eines Zeugen im Ausland vor das Prozessgericht zugleich jedes weniger, das der Tatrichter nicht als für die Wahrheitsfindung wertlos erachtet. Eines gesonderten Antrages bedarf es nicht.[113] Erreichbar ist deshalb grundsätzlich auch ein Zeuge, der grenzüberschreitend unter Inanspruchnahme audivisueller Verfahren gem. § 247a StPO im Wege der Rechtshilfe vernommen werden kann, wenn der Tatrichter dies nicht als für die Wahrheitsfindung wertlos erachtet oder eine Ablehnung des Beweisantrages nach § 244 Abs. 5 S. 2 StPO in Betracht kommt.[114]

Neben der Unerreichbarkeit aus tatsächlichen Gründen kann aber auch eine **Unerreichbarkeit aus Rechtsgründen** bestehen. Dies ist der Fall, wenn sich die zuständige Behörde aufgrund von Erwägungen, die weder offensichtlich rechtsfehlerhaft noch willkürlich sind,[115] weigert, Namen und Anschrift des Zeugen preiszugeben oder einem anderen Zeugen die Genehmigung zur Aussage über die Personalien des Gesuch-

---

108 Vgl. etwa BGH NStZ 93, 295.
109 Schellenberg, S.162; BGH StV 04, 465.
110 So zu Recht Burhoff, Handbuch für die strafrechtliche Hauptverhandlung, Rn 267.
111 Schellenberg, S. 163.
112 KK/Herdegen, § 244 StPO Rn 81.
113 BGH StV 99, 580.
114 BGH StV 01, 93; vgl. auch Schlothauer StV 00, 180 und Vassilaki JZ 00, 474; zu § 244 Abs. 5 Satz 2 auch BGH StV 03, 317 f; vgl. aber auch BGH StV 04, 465, 466 m. Anm. Julius.
115 Vgl. BGHSt 36, 159.

ten zu erteilen.[116] Grundlegende Unterschiede zur Unerreichbarkeit aus tatsächlichen Gründen bestehen indes nicht. Auch hier muss sich das Gericht im Rahmen seiner Aufklärungspflicht darum bemühen, die einer Beweiserhebung entgegenstehenden Hindernisse auszuräumen. Es muss also prüfen, ob an die Stelle der Vernehmung in der Hauptverhandlung ein „weniger" treten kann (z.b. Vernehmung durch den beauftragten oder ersuchten Richter, Niederschrift über eine frühere richterliche Vernehmung, Vernehmung des Zeugen- vom-Hören-Sagen).

g) Verschleppungsabsicht

Der Ablehnungsgrund der Verschleppungsabsicht ist in der Praxis kaum von Belang. Dies liegt darin begründet, dass er der einzige Ablehnungsgrund ist, an dessen Voraussetzung sowohl objektive als auch subjektive Voraussetzungen geknüpft sind. Darüber hinaus hat die Rechtsprechung außerordentlich hohe Begründungserfordernisse entwickelt.

30

Objektive **Voraussetzung des Ablehnungsgrundes** ist die Eignung der begehrten Beweiserhebung zur erheblichen Verzögerung des Verfahrensabschlusses.[117] Diese liegt vor, wenn nach Überzeugung des Gerichts die begehrte Beweiserhebung nichts Sachdienliches erbringen wird, wofür dem Gericht eine Vorauswürdigung[118] gestattet ist. Neben dieser Voraussetzung muss es aber auch Intention des Antragstellers sein, die Beweiserhebung lediglich als einen verzögernden Vorgang zu erstreben. Der Antragsteller muss also bei Stellung seines Antrages wissen oder zumindest sicher annehmen, dass die Beweisaufnahme, die er begehrt, nichts für den Nachweis der Beweisbehauptung und für den von ihm gewollten Verfahrensausgang erbringen kann.[119]

Da Absicht etwas höchstpersönliches ist, ist weitere Voraussetzung, dass die Verschleppungsabsicht in der Person des Antragstellers vorliegt. Stellt also der Verteidiger den Beweisantrag, ist maßgeblich, welche Vorstellungen er über seinen Antrag hat.[120]

Es liegt auf der Hand, dass das Vorliegen einer Verschleppungsabsicht nur aus Beweisanzeichen erschlossen werden kann. Hierbei ist insbesondere beachtlich, dass alleine eine späte Antragstellung nicht die Annahme einer Verschleppungsabsicht begründen kann. Dies folgt schon aus der Erwägung, dass der Verteidiger einen Beweisantrag nicht zu dem vom Gericht für angemessen gehaltenen Zeitpunkt stellen muss, weil er naturgemäß die Verteidigung unabhängig von den Wünschen und Vorstellungen der weiteren Prozessbeteiligten gestalten kann und muss. Im übrigen kennt das Strafverfahren keinen verspäteten Beweisantrag (§ 246 Abs. 1 StPO). Aus demselben Grund kann richtigerweise auch die Verweigerung einer Antragsbegründung nicht als Indiz für eine Verschleppungsabsicht angenommen werden.[121] Hingegen können wechselndes Verteidigungsvorbringen und inkonsequente Verteidigungsstrategie zusammen mit weiteren Beweisanzeichen (Stellung unseriöser Aussetzungsanträge, unverständlicher Aufschub der Konkretisierung einer Alibibehauptung) Beweisanzeichen von Gewicht

---

116 KK/Herdegen § 244 StPO Rn 84.
117 BGH NStZ 82, 391; BGH StV 03, 315.
118 KK/Herdegen, § 244 StPO Rn 88.
119 BGHSt 21, 118; BGH NStZ 82, 291; BGH StV 84, 494; BGH StV 03, 315.
120 BGH StV 03, 315.
121 So zu Recht Malek Rn 308, vgl. aber BGH StV 89, 234 mit abl. Anm. Michalke und Frister StV 89, 380.

für das Vorliegen einer Verschleppungsabsicht sein.[122] Aber auch in Fällen der Häufung solcher Beweisanzeichen kann nicht von vorneherein jedem Verteidigungsantrag die Verschleppungsabsicht unterstellt werden. Erforderlich ist vielmehr, dass jeder einzelne Antrag im Hinblick hierauf gesondert geprüft wird.

h) Wahrunterstellung

31 Im Gegensatz zum zuvor erörterten Ablehnungsgrund der Verschleppungsabsicht hat die **Wahrunterstellung** in der Praxis eine ganz erhebliche Bedeutung.
Es dürfte sich wohl um den mit am meisten verwendeten Ablehnungsgrund handeln, wobei dem Verteidiger bewusst sein muss, dass eine derartig erfolgte Ablehnung selten ein Grund zur Freude ist, sondern – sehr viel häufiger – ein Warnzeichen.
Die Wahrunterstellung bezieht sich auf die **Beweistatsache** und nicht auf die Schlüsse, die aus ihr gezogen werden können. Voraussetzung einer Wahrunterstellung ist daher keineswegs, dass das Gericht auch dazu bereit ist, die Schlüsse zu ziehen, auf die es dem Antragsteller ankommt. Denn was ein Beweisanzeichen besagt, hängt vom gesamten Beweisstoff ab.[123] Wie sich bereits aus dem Wortlaut des § 244 Abs. 3 StPO ergibt, kommen für eine Wahrunterstellung nur entlastende Tatsachen in Betracht. Gerade dies verleitet manche Verteidiger dazu, der Wahrunterstellung fälschlich positive Bedeutung beizumessen. Die Gefahr liegt indes darin, dass eine Wahrunterstellung nur dann zulässig ist, wenn nicht die Aufklärungspflicht des Gerichts die Beweiserhebung gebietet. Diese geht in jedem Fall vor.[124] Auch wenn nur erhebliche Tatsachen als wahr unterstellt werden dürfen und deshalb der Ablehnungsgrund der Wahrunterstellung und der Bedeutungslosigkeit der Beweistatsache sich gegenseitig ausschließen, deutet eine erfolgte Wahrunterstellung immer darauf hin, dass das Gericht dem Beweisbegehren der Verteidigung nicht dasselbe Gewicht und die Bedeutung beimißt.
Soweit der Beweisantrag der Verteidigung deshalb allein aus taktischen Gründen gestellt worden ist, kann dies im Einzelfall durch die Verteidigung gewollt sein und deshalb auch akzeptiert werden. Kritisch wird es aber in den Fällen, in denen die Verteidigung sich gerade von dem beantragten Beweisbegehren ganz wesentliche Erkenntnisse versprochen hat. Wird ein solcher Beweisantrag mit der Begründung der Wahrunterstellung abgelehnt, so spricht dies dafür, dass das Gericht von dem vorläufigen Ergebnis der Hauptverhandlung eine völlig andere Auffassung hat als die Verteidigung. Gerade in diesen Fällen ist der Verteidiger gefordert, entweder durch Anträge oder Gespräche schleunigst zu ermitteln, „wo sich das Gericht denn gerade befindet".
Die Wahrunterstellung bietet aber auch noch eine weitere Fußangel. Ergibt sich im weiteren Verlauf der Verhandlung für das Gericht, dass die ursprünglich als wahr unterstellte Tatsache doch unerheblich ist, so ist das Gericht nicht darin gehindert, einen solchen Bewertungswandel zu vollziehen. Hierüber muss die Verteidigung nach Ansicht der Rechtsprechung nicht unterrichtet werden.[125] Eine Ausnahme wird nur dann

---

122 BGH NStZ 90, 350; BGH NStZ 92, 551; BGH StV 84, 494, BGH NJW 97, 2762.
123 KK/Herdegen § 244 StPO Rn 93 m.w.N.
124 BGH StV 96, 648.
125 BGH NStZ 81, 96; BGH NStZ 83, 357; OLG Celle NStZ 86, 91; a.A. Schlothauer StV 86, 227; Gillmeister StraFo 97, 11.

bejaht, wenn es naheliegt, dass die Verteidigung wegen der Wahrunterstellung weitere Beweisanträge unterlässt. In diesen Fällen soll eine Hinweispflicht gelten.[126]

i) Sachkunde des Gerichts

Über die Ablehnungsmöglichkeiten des § 244 Abs. 3 StPO hinaus kann gem. § 244 Abs. 4 S. 1 StPO ein Beweisantrag auf Vernehmung eines Sachverständigen auch dann abgelehnt werden, wenn das Gericht selbst die erforderliche Sachkunde besitzt. Woher diese Sachkunde rührt, ist unbeachtlich. Sie kann beruflich oder privat erworben sein. Bei Kollegialgerichten stellt sich dabei wiederum das Problem, ob es genügt, wenn einer der mitwirkenden Richter sein Fachwissen den anderen vermittelt. Dies wird – ähnlich wie beim Ablehnungsgrund der Offenkundigkeit der Beweistatsache – durch die herrschende Meinung bejaht.[127]

Hiergegen bestehen allerdings **weitreichende Bedenken**. Denn die zur Entscheidung berufenen Richter sollen über das Ergebnis der Beweisaufnahme nach ihrer freien aus dem Inbegriff der Verhandlung geschöpften Überzeugung entscheiden (§ 261 StPO). Hierbei haben sie sich in den Bereichen, in denen sie selbst nicht über die erforderliche Sachkunde verfügen, sachverständig beraten zu lassen. Bei einer eintägigen Hauptverhandlung eines Kollegialgerichts würden diese Grundsätze jedoch nicht eingehalten. Erst im Anschluss an die Hauptverhandlung, im Rahmen der Urteilsberatung, würde in diesen Fällen den nicht sachkundigen Richtern mitzuteilen sein, was sie von bestimmten Sachverhalten zu halten haben. Dies kann nicht richtig sein. Darüber hinausgehend würde mit einer solchen Verfahrensweise auch der Grundsatz der Mündlichkeit und der gesicherten Verteidigung verletzt.[128]

Nimmt das Gericht eine eigene Sachkunde an, so muss sie diese mit den schriftlichen Urteilsgründen auch belegen.[129]

Hinsichtlich der Frage, wann ein Sachverständigenbeweis erforderlich ist, ist darüber hinausgehend auf die Ausführungen zur Erforderlichkeit des Sachverständigenbeweises zu verweisen.[130]

32

---

126 BGHSt 30, 383; OLG Hamm NStZ 83, 522, Burhoff, Handbuch Hauptverhandlung, Rn 269.
127 BGHSt 12, 18; Alsberg/Nüse/Meyer S. 714; Schellenberg S. 167; vgl. auch Ausführungen zum Sachverständigenbeweis, § 17 Rn 67 ff.
128 So zu Recht Malek Rn 315.
129 BGHSt 12, 18.
130 Vgl. auch Ausführungen zum Sachverständigenbeweis § 17 Rn 67 ff.

§ 20 Die Ausübung des Befangenheitsrechts in der Hauptverhandlung

I. Allgemeines

1 Die Bedeutung des Ablehnungsrechts im Strafverfahren ist zwiespältig zu beurteilen. An den Juristenstammtischen spielt das Ablehnungsrecht eine überragende Rolle, wenn es um die „Heldentaten" von Verteidigern geht. Der praktische Nutzen spiegelt hingegen nicht ganz die Rolle wieder, die das Rechtsinstitut in den Mythen und Sagen vergangener Hauptverhandlungen erlebt.

Sicher ist, dass die Ausübung des Ablehnungsrechts hinsichtlich der beteiligten Richter Möglichkeiten für die Revisionsinstanz eröffnen kann. Denn bei einem zu Unrecht verworfenen Ablehnungsgesuch läge der absolute **Revisionsgrund** des § 338 Nr. 3 StPO vor. Hinzu kommt, dass die Frage der begründeten Ablehnung eines Richters auch den Weg zum Bundesverfassungsgericht eröffnen kann, weil das verfassungsrechtliche Problem des Grundrechts auf den gesetzlichen Richter (Art. 101 Abs. 1 Satz 2 GG) berührt ist.[1]

Allerdings sind die **Chancen**, in der Revisionsinstanz mit einem zu Unrecht abgelehnten Befangenheitsantrag zu einem Erfolg zu kommen, äußerst **gering**. Gilt bereits generell, dass die Erfolgsaussichten in der Revisionsinstanz mit der (ausgeführten) Sachrüge ungleich größer sind als mit der Verfahrensrüge, so trifft dies in besonderem Fall auf das Befangenheitsrecht zu. Der Verteidiger sollte sich deshalb hierauf nicht verlassen. Und dies gilt, obwohl die Prüfungskriterien der Revisionsinstanz hinsichtlich einer erfolgten Richterablehnung weiter sind als bei der Ablehnung eines anderen Prozessbeteiligten, wie etwa des Sachverständigen. Denn das Revisionsgericht prüft bei der Richterablehnung die sachliche Rechtfertigung des Ablehnungsgesuchs unter Anwendung von Beschwerdegrundsätzen[2] (es kann somit eigenes Ermessen ausüben), wohingegen bei der Ablehnung von Sachverständigen nicht die Grundsätze der Beschwerde, sondern die der Revision gem. § 337 StPO gelten.[3] Wenn das Instrument des (Richter)-Ablehnungsantrags im Hinblick auf die Revision genutzt werden soll, ist es deshalb weniger zur Erhöhung der Erfolgsaussichten in einer späteren Revision geeignet als zur Darstellung der Hauptverhandlungsatmosphäre. Denn durch die Darstellung der Verhaltensweise des abgelehnten Richters im vorgetragenen Sachverhalt und die Bekräftigung dieses Sachverhalts durch eine entsprechende Glaubhaftmachung – bestenfalls durch die eigene dienstliche Erklärung des abgelehnten Richters – kann unter Umständen eindrucksvoll dargestellt werden, in welcher Art und Weise sich der Richter (daneben) benommen hat. Möglicherweise kann eine Kenntnisnahme des Revisionsgerichts von derartigen Verhaltensweisen dann ein erhebliches „Stirnrunzeln" auslösen und die Bereitschaft dazu fördern, sich das weitere Revisionsvorbringen genauer anzusehen.

Dennoch liegt die Hauptzielrichtung des Ablehnungsantrages in der Instanz. Hier kann er eine mögliche Reaktion auf eine nicht mehr akzeptable Verhaltensweise anderer Prozessbeteiligter darstellen (näheres hierzu vgl. unten). Nicht zu leugnen ist aber auch, dass Befangenheitsanträge mitunter weniger aus dem Motiv gestellt werden, den

---

1 BVerfGE 21, 148.
2 BGHSt 18, 200; BGH StV 91, 49.
3 BGHSt 8, 226; BGH NStZ 1994, 388.

Austausch des abgelehnten Richters zu erreichen, sondern mittelbar einen anderen Zweck verfolgen. Dieser kann darin liegen, psychologischen Druck auf das Gericht auszuüben, da es nunmehr unter dem Damoklesschwert eines geschaffenen Revisionsgrundes weiterverhandelt[4] und bis zur Prozessabotage gehen.[5] Daneben kann der schlichte Hintergrund eines Ablehnungsantrags aber auch sein, dass eine Unterbrechung der Hauptverhandlung erreicht werden soll, wobei allerdings zu beachten ist, dass wegen der Ermächtigung zur Fortsetzung der Hauptverhandlung gem. § 29 Abs. 2 StPO mit einem Ablehnungsantrag möglicherweise nur eine kurze Unterbrechung erreichbar sein wird.

II. Ablehnungsfähige Prozessbeteiligte

1. Die Richterablehnung

a) Ablehnungsgründe

Der in der Praxis häufigste eintretende Ablehnungsfall betrifft die Richterablehnung. Ein Richter kann gem. § 24 Abs. 1 StPO abgelehnt werden, wenn er

2

■ entweder von der Ausübung des Richteramts kraft Gesetzes ausgeschlossen ist oder
■ gegen ihn die Besorgnis der Befangenheit besteht.

Dabei besteht die Besorgnis der Befangenheit gem. § 24 Abs. 2 StPO dann, wenn ein Grund vorliegt, der geeignet ist, Mißtrauen gegen seine Unparteilichkeit zu rechtfertigen. Der Unterschied zwischen Ausschluß und Ablehnung wegen Besorgnis der Befangenheit liegt darin, dass der Ausschluß eines Richters kraft Gesetzes eintritt und die begehrte Feststellung des Gerichts deshalb nur deklaratorischen Charakter hat, während bei einer begründeten Ablehnung wegen Besorgnis der Befangenheit die Entscheidung des berufenen Gerichts konstitutiv wirkt und erst die Entscheidung selbst zum Ausschluß des Richters führt.

Wann für den Angeklagten die Besorgnis der Befangenheit besteht, ist nach der Rechtsprechung **eng auszulegen**. Hiernach setzt eine Ablehnung eines Richters wegen Besorgnis der Befangenheit voraus, dass ein verständiger Angeklagter bei Würdigung der durch das Ablehnungsgesuch vorgetragenen Umstände Grund zu der Annahme hat, dass der Richter eine innere Haltung einnimmt, der seine Unvoreingenommenheit und Unparteilichkeit beeinflussen könnte.[6]

Hierzu hat sich mittlerweile eine umfangreiche Kasuistik entwickelt. Dabei gilt, dass die persönlichen Verhältnisse des Richters nur dann zur Ablehnung berechtigen, wenn zwischen ihnen und der Strafsache ein besonderer Zusammenhang besteht.[7] Die Tatsache einer anderen oder derselben Parteizugehörigkeit, Vereinszugehörigkeit oder Zugehörigkeit zu Interessens- oder Glaubensgemeinschaften kann deshalb grundsätzlich zu keinem Ablehnungsgrund führen.

---

4 Vgl. hierzu Dahs, Handbuch des Strafverteidigers Rn 151.
5 Vgl. zur unzulässigen Ausübung von Rechten im Strafverfahren Kempf StV 96, 507; Niemöller StV 96, 501, Fischer NStZ 97, 212.
6 LG Hanau StV 04, 71.
7 Meyer-Goßner, § 24 StPO Rn 9.

Dienstliche Beziehungen können nur dann ein Ablehnungsgrund darstellen, wenn ein besonders enges, auf die persönlichen Beziehungen ausstrahlendes Verhältnis vorliegt.[8] Bei persönlichen Beziehungen ist maßgeblich, ob diese je nach Nähe einen Ablehnungsgrund darstellen können. Dies trifft sowohl für den Fall einer besonderen Nähe zum Beschuldigten oder Verletzten zu als auch für den Fall des Gegenteils, einer besonderen Feindschaft.[9] Problematische Beziehungen zwischen Richter und Verteidiger können hingegen in der Regel die Ablehnung nicht begründen.[10]

In Bezug auf Verhaltensweisen von Richtern in der Hauptverhandlung ist festzuhalten, dass die Besorgnis der Befangenheit völlig unterschiedlich bewertet wird. So ist etwa ein Befangenheitsgrund darin gesehen worden, dass der Richter dem Angeklagten mitgeteilt hatte, bei ihm handele es sich um den *„Typus des Gewohnheitsverbrechers"*.[11] Gleichfalls wurde das Vorliegen eines Befangenheitsgrundes bejaht bei besonderem Drängen des Richters zur Aussage des Angeklagten oder sogar zu einem Geständnis;[12] ebenso bei Versagung einer Pflichtverteidigerbestellung.[13] Auch wenn der Vorsitzende beispielsweise eine schnelle Prozesserledigung einer sachgemäßen Aufklärung der Sache vorzuziehen scheint, kommt ein Befangenheitsantrag in Betracht.[14]

Nach der Revisionsrechtsprechung können auch besonders massive Vorhalte oder sogar ehrverletzende Äußerungen unter dem Gesichtspunkt der Befangenheit kritisch gesehen werden. So wurde die Äußerung des Vorsitzenden *„Sie lügen nach Aktenlage unverschämt"*,[15] ebenso als zu weitgehend angesehen wie die Bemerkung, der Angeklagte möge keinen „politischen Quatsch" von sich geben, bevor dieser noch irgend etwas geäußert hatte.[16]

In diesem Zusammhang kann auch eine bei manchen Richtern gelegentlich zu spürende Neigung gefährlich werden, sich selbst als „Chefermittler" zu verstehen. Danach wurde etwa ein Ablehnungsgesuch als begründet angesehen, nachdem der zuständige Richter den in Haft befindlichen Mitangeklagten in der Zelle aufgesucht hatte, ihm einen Beschluß übergeben und sich mit ihm über das Verfahren und über Privates unterhalten hatte.[17]

Die Rechtsprechung betont allerdings auch, dass nur eine **besondere Nachhaltigkeit** in der Verhaltensweise des Richters einen Ablehnungsgrund darstellen kann. So ist etwa ein Ablehnungsgrund nicht gesehen worden, nachdem der Richter aufgrund einer Verhandlungssituation in einer einmaligen Unmutsäußerung gegenüber dem Angeklagten erklärt hatte, er möge sein „dummes Geschwätz lassen".[18]

Unterschiedlich zu beurteilen ist auch die Frage, ob fehlerhafte Rechtsanwendung insbsondere des Strafverfahrensrechts durch einen Richter einen Ablehnungsgrund dar-

---

8 BGHSt 43, 16.
9 Meyer-Goßner a.a.O.
10 Vgl. hierzu aber Dahs, 102.
11 BGH NJW 61, 789.
12 BGH NJW 82, 1712; BGH NJW 1959, 55.
13 AG Hameln StV 04, 127 f.
14 BGH StV 03, 369, 370.
15 BayObLG NJW 93, 2948.
16 LG Freiburg StV 82, 112.
17 BGH NStZ 83, 359.
18 BGH MDR 71, 17; welches Ausmaß richterliche Entgleisungen annehmen müssen, zeigt dabei exemplarisch BGH StV 04, 356.

stellen kann. Dies wird bejaht bei massiven Verstößen gegen das Strafverfahrensrecht,[19] wohingegen leichtere Fehler keinen Ablehnungsgrund darstellen sollen.

b) Ablehnungsverfahren

aa) Taktische Überlegungen. Bereits aus den oben dargelegten allgemeinen Erwägun-   3
gen ergibt sich, dass die Stellung eines Befangenheitsantrags gut überlegt sein will.
Auch wenn es bei einem Ablehnungsantrag nicht darum geht, ob ein Richter tatsächlich befangen ist, sondern vielmehr die Besorgnis der Befangenheit als Ablehnungsgrund bereits ausreichend ist,[20] kratzt es doch bei vielen Richtern ganz empfindlich an ihrem eigenen Selbstverständnis, wenn ihnen Voreingenommenheit unterstellt wird. Mit der Stellung von Befangenheitsanträgen wird deshalb häufig eine – zumindest vorübergehende – Verschlechterung des Prozessklimas verbunden sein. Gleichwohl muss dies nicht grundsätzlich abschrecken, weil es nicht Aufgabe des Verteidigers sein kann, ständig für „gutes Wetter" zu sorgen.

Es sollten mehrere Überlegungen gegeneinander abgewogen werden.

Zum einen muss gesehen werden, dass es häufig auch im Sinne der Verteidigung sein kann, wenn ein Richter mit seiner (hoffentlich vorläufigen) Auffassung vom Verfahren nicht „hinter dem Berg" hält. Es nutzt der Verteidigung wenig, einem ewig freundlichen Richter gegenüber zu stehen, der bis zur letzten Minute der Hauptverhandlung Verteidigung und Angeklagten über seine Beweiswürdigung völlig im Unklaren lässt, um dann schließlich das Urteil als „dickes Ende" zu verkünden. Häufig wird es gerade in diesen Fällen verstärkter Anstrengungen der Verteidigung bedürfen, den Angeklagten davon zu überzeugen, dass das Gericht trotz der vermeintlich so freundlichen Verhandlungsatmosphäre keineswegs dazu geneigt ist, den Angeklagten freizusprechen, sondern vielmehr in aller Ruhe an einem hieb- und stichfesten Urteil arbeitet.

Dem gegenüber kann es sehr viel einfacher sein, bei einem Gericht zu verhandeln, welches ein offenes Wort nicht scheut und in den geeigneten Fällen deutlich darauf hinweist, ob es dem Angeklagten glaubt oder nicht. Gerade wenn man das offene Wort schätzt, wäre es aber geradezu fatal, einer solchen Vorgehensweise mit Befangenheitsanträgen zu begegnen. Dies gilt im übrigen in besonderer Weise für vorbereitende Gespräche zwischen den Prozessbeteiligten, die zu Verständigungen und Vereinbarungen in Strafverfahren führen sollen. In diesen Gesprächen ist es geradezu ein Gebot von Stil und Fairness, hieraus keine Befangenheitsgründe herleiten zu wollen.

Allerdings gilt dies nur für wirklich stattfindende Gespräche. Wenn etwa – was nun leider auch in der Praxis vorkommt – der Vorsitzende Richter nach Anklageverlesung die Hauptverhandlung unterbricht, die Verteidiger zu sich ins Sitzungszimmer bittet und ihnen dort mitteilt, dass ihre Mandanten bei einem Geständnis eine Bewährungsstrafe von zwei Jahren erhalten, wohingegen sie bei einem Bestreiten eine Freiheitsstrafe von 2 Jahren und 8 Monaten erhalten würden, so besteht bei einer solchen Verhaltensweise natürlich kein Hindernis für die Anbringung eines Ablehnungsantrages, sondern er drängt sich vielmehr geradezu auf.[21]

---

19   BGH wistra 85, 27; AG Hameln a.a.O.
20   LG Hanau StV 04, 71.
21   Vgl. auch den Sachverhalt BGH StV 2004, 470.

Grundsätzlich lässt sich deshalb sagen, dass ein Verteidiger zufrieden sein sollte, wenn er es mit einem Gericht zu tun hat, welches dialogbereit ist. Es liegt stets in der Natur der Sache, dass sich ein Richter, der die Akten gelesen hat, zum Akteninhalt auch eine **vorläufige Meinung** gebildet haben dürfte. Abgesehen davon, dass dies niemals alleine bereits die Besorgnis der Befangenheit begründen könnte, ist es allemal besser, mit einem kundigen Gericht zu sprechen als mit einem Richter, der noch nicht mal die Akte kennt.

4 Auf der anderen Seite sollte das Anbringen eines Ablehnungsgesuchs aber auch nicht als ultima ratio verstanden werden. Es ist leider in der Praxis zu beobachten, dass gelegentlich vor Gericht ein geradezu infantil anmutendes Kräftemessen zwischen Gericht und Verteidigung stattfindet, bei dem sich ab und an der Eindruck aufdrängt, als ob die Verfahrensbeteiligten völlig unterschiedliche Verfahrensordnungen kennen. Dies kann bereits damit beginnen, dass es für Verteidiger manchmal (offensichtlich) schwer sein kann, dem Gericht verständlich zu machen, dass der Beschuldigte in unmittelbarer Nähe des Verteidigers zu sitzen hat, damit eine Verteidigung überhaupt ordnungsgemäß geführt werden kann.[22] Ebenso kann es leider auch zum Alltag der Hauptverhandlung gehören, dass einfachste Rederechte und Fragerechte des Beschuldigten und Verteidigers immer wieder beschnitten werden. Kommt dann noch hinzu, dass der Gang der Hauptverhandlung und die Verhandlungsweise deutlich macht, dass ein Gericht ersichtlich nicht beabsichtigt, aus der Hauptverhandlung neue Erkenntnisse zu gewinnen, sondern sich das Ganze eher als „Aktenreproduktionsveranstaltung" verstehen lässt, muss sich der Gedanke an die Stellung eines Ablehnungsantrages aufdrängen.

In solchen Fällen das Verfahren einfach weiter laufen zu lassen, wäre geradezu fatal. Im Gegenteil kann vielmehr die aufgezeigte Bereitschaft, sich nicht alles gefallen zu lassen, Wunder wirken. In diesen Fällen wäre es auch völlig verfehlt, Sorgen vor einer Verschlechterung des Prozessklimas durch die Anbringung des Ablehnungsantrags zu haben. Denn schlechter kann die Atmosphäre ohnehin nicht werden. Dagegen kann sogar die Hoffnung gehegt werden, dass mit dem Aufzeigen eigener Stärke und der Auslösung eines „reinigenden Gewitters" sogar eine Lageverbesserung bis hin zu einer vernünftigen Verhandlung erreicht werden kann. Die Entscheidung, ob ein Ablehnungsantrag gestellt wird, wird deshalb immer vom Einzelfall abhängen.

5 *bb) Verfahrensablauf.* Kommt es zu dem Entschluß, einen Antrag wegen Besorgnis der Befangenheit zu stellen, empfiehlt es sich, den weiteren Ablauf „checklistenartig" ablaufen zu lassen, weil eine erhebliche Anzahl gefährlicher Klippen zu beachten ist und nichts unglücklicher ist, als in dieser Situation einen unzulässigen Antrag zu stellen.

Checkliste:
Reihenfolge des Vorgehens bei einem beabsichtigten Ablehnungsantrag hinsichtlich eines Richters:

■ Unverzüglichkeit
Die Ablehnung eines erkennenden Richters wegen Besorgnis der Befangenheit ist in der Hauptverhandlung gemäß § 25 Abs. 2 Ziff. 2 StPO unverzüglich geltend zu ma-

---

22 Vgl. hierzu bereits oben zur inhaltlichen Vorbereitung der Hauptverhandlung § 15 Rn 110.

chen. Dies bedeutet, dass sie so bald wie möglich zu erfolgen hat, ohne eine nicht durch die Sachlage begründete Verzögerung. Hierbei ist ein **strenger Maßstab** anzulegen.[23] Dem Angeklagten ist aber stets eine Überlegungsfrist und die ausreichende Möglichkeit einzuräumen, sich mit seinem Verteidiger zu beraten.[24] Bei einem während einer Beweiserhebung entstehenden Ablehnungsgrund braucht dieser vor deren Beendigung nicht geltend gemacht zu werden.[25] Liegt eine Unterbrechung der Hauptverhandlung vor, kommt es auf deren Länge an. Bei einer kurzen Unterbrechung kann die Fortsetzung der Hauptverhandlung abgewartet werden, bei einer längeren Unterbrechung muss das Ablehnungsgesuch außerhalb der Hauptverhandlung angebracht werden.

■ Antragsberechtigung

Zu beachten ist, dass das Ablehnungsrecht nicht dem Verteidiger, sondern gem. § 24 Abs. 3 StPO nur dem Beschuldigten zusteht. Es muss deshalb vor Anbringung des Ablehnungsantrags **in jedem Fall** eine Beratung mit dem Beschuldigten stattgefunden haben, damit dieser sich dazu erklärt, ob der Ablehnungsantrag gestellt werden soll oder nicht. Es kommt gelegentlich vor, dass Sitzungsstaatsanwälte sehr genau beobachten, ob eine solche Beratung auch stattgefunden hat. Außerdem ist es auch gelegentlich schon vorgekommen, dass ein abgelehnter Richter sich nach Anbringung eines Ablehnungsgesuches unmittelbar an den Beschuldigten selbst gewandt hat und diesen gefragt hat, ob er denn selbst gegenüber ihm die Besorgnis der Befangenheit hege und nicht nur sein Verteidiger. Ob beide Vorgehensweisen hinzunehmen sind, ist hier nicht zu entscheiden. In jedem Fall könnte eine Verwerfung des Ablehnungsgesuchs bereits jetzt wegen Unzulässigkeit drohen.

Praktischer Hinweis: Vor dem Hintergrund dieser rechtlichen Überlegungen hat der erste Schritt der Verteidigung zu erfolgen. Sobald der mögliche Ablehnungsgrund in der Hauptverhandlung aufgetreten ist, empfiehlt es sich, einen Unterbrechungsantrag zu stellen (*„Herr Vorsitzender, ich bitte um eine Unterbrechung, weil ich einen Antrag stellen möchte, der keinen Aufschub erlaubt!"*).

Dabei kann es sich aus taktischen Gründen anbieten, die Antragsentscheidung nicht als endgültig hinzustellen (*„Herr Vorsitzender, ich bitte um eine Unterbrechung der Hauptverhandlung, weil ich mit meinem Mandanten über eine Antragstellung beraten muss, die keinen Aufschub duldet!"*).

Bei beiden Unterbrechungsvarianten ist dem Gericht bewusst, dass die Verteidigung offensichtlich einen Ablehnungsantrag vorbereiten möchte. Die zweite Variante hat aber den Vorteil, dass dem Gericht damit zugleich mitgeteilt wird, dass die Stellung des Ablehnungsantrags noch nicht endgültig beschlossene Sache ist. Weil Richter es nicht mögen, wenn Befangenheitsanträge gestellt werden,[26] kann dadurch gelegentlich bei Kollegialgerichten die Idee entwickelt werden, dass einer der Richter in der folgenden Unterbrechung (mit oder ohne Auftrag des ablehnungsbedrohten Richters) den

---

23 BGHSt 21, 334; BGH NStZ 82, 291.
24 BGH StV 91, 49; BGH NStZ 84, 371.
25 BGH StV 86, 281.
26 Vgl. oben, aber auch Schellenberg, S. 176, 177.

Kontakt mit dem Verteidiger sucht, um zu klären, ob der Ablehnungsantrag „wirklich erfolgen muss".

Gerade diese Kontakte können manchmal Wunder wirken, denn sie ermöglichen allen Verfahrensbeteiligten, ihr Gesicht zu wahren. Erfolgt nach einem klärenden Gespräch trotz vorheriger Absicht kein Befangenheitsantrag, gibt es nur Gewinner. Der Verteidiger hat dem Gericht angedeutet, dass er durchaus nicht dazu bereit ist, sich alles gefallen zu lassen. Dem Gericht droht andererseits auch kein Ungemach, weil der entsprechende Antrag überhaupt nicht gestellt wurde. Gilt schon, dass ein sog. „reinigendes Gewitter" zwischen den Verfahrensbeteiligten am Ende zu einem besseren Hauptverhandlungsergebnis für die Verteidigung führen kann als ein „dahinplätschernd" betriebenes Verfahren, so kann auch das hier beschriebene Gespräch – um es mit einem berühmten Filmzitat zu sagen – „der Beginn einer wunderbaren Freundschaft" sein.

■ Ablehnungsfähigkeit

Zu beachten ist, dass nur einzelne Richter abgelehnt werden können, nicht aber ein Kollegialgericht als Ganzes.[27] Sollen also mehrere Richter gleichzeitig abgelehnt werden, sind diese aufzuzählen (*„Lehne ich namens und in Vollmacht des Angeklagten den Vorsitzenden Richter am Landgericht Maier, die Beisitzenden Richter Huber und Schmidt ..."*; **nicht:** *„lehne ich namens und in Vollmacht des Angeklagten die 6. Strafkammer ..."*).

■ Ablehnungsgrund

Gemäß § 25 Abs. 1 S. 2 StPO sind alle Ablehnungsgründe **gleichzeitig** vorzubringen. Ein Nachschieben von Gründen ist nicht möglich. Ausnahmsweise können aber Äußerungen eines Richters, die nicht unverzüglich zu einem Ablehnungsgesuch geführt haben, für die Beurteilung eines späteren Ablehnungsgesuchs herangezogen werden, wenn dadurch dem späteren, grundsätzlich berechtigten Ablehnungsgesuch ein erhöhtes Gewicht verliehen wird.[28]

Hinsichtlich des konkreten Ablehnungsgrundes kann auf die Ausführungen II. 1. a) Ablehnungsgründe verwiesen werden.

Praktischer Hinweis: Es kann sich empfehlen, bei Darlegung des Ablehnungsgrundes darauf hinzuweisen, dass wegen Besorgnis der Befangenheit abgelehnt wird und nicht wegen Befangenheit. Dies ist zwar nicht erforderlich, macht aber noch einmal deutlich, dass die Besorgnis bereits ausreicht und deshalb nicht darüber zu diskutieren ist, ob eine tatsächliche Befangenheit vorliegt.

Ebenfalls empfiehlt es sich, obwohl nicht erforderlich, Ausführungen darüber zu machen, aus welchem Blickwinkel die Frage der Besorgnis der Befangenheit zu beurteilen ist und warum sie aus diesem Blickwinkel zu bejahen ist. Dabei ist zu beachten, dass es zwar auf den Standpunkt des Ablehnenden ankommt (ob er die Besorgnis der Befangenheit hegt) und nicht darauf, ob der Richter tatsächlich parteiisch oder befangen ist. Gleichwohl wird dieses subjektive Element durch ein objektives Element ergänzt. Maßgebend ist nicht der Standpunkt des jeweiligen Angeklagten, der den Antrag stellt,

---

27 BVerfGE 11, 1; BVerfGE 46, 200.
28 BGH StV 04, 356.

sondern der Standpunkt eines vernünftigen Angeklagten.[29] Kriterium sind damit die Vorstellungen, die sich ein geistig gesunder, bei voller Vernunft befindlicher Prozessbeteiligter bei der ihm zumutbaren ruhigen Prüfung der Sachlage machen kann. Es geht also um Ablehnungsgründe, die jedem unbeteiligten Dritten einleuchten.[30]

- Glaubhaftmachung

§ 26 Abs. 2 StPO verlangt zur Zulässigkeit des Ablehnungsantrags, dass die vorgebrachten Tatsachen glaubhaft gemacht werden. Ohne Glaubhaftmachung wäre der Antrag als unzulässig zu verwerfen.

Dabei stehen als Mittel der Glaubhaftmachung zur Verfügung:

- Eidesstattliche Versicherungen von Zeugen. Die bloße Benennung von Zeugen allein reicht hingegen noch nicht aus.[31]
- Die anwaltliche Erklärung des Verteidigers
- Die dienstliche Erklärung des abgelehnten Richters, die dieser gemäß § 26 Abs. 3 StPO zwingend abzugeben hat.

Praktischer Hinweis: Es empfiehlt sich, bei einem Ablehnungsantrag immer zugleich mit mehreren Mitteln der Glaubhaftmachung zu arbeiten. So sollte in jedem Fall stets zur Glaubhaftmachung der Vortrag anwaltlich versichert werden und auf die dienstliche Erklärung des abgelehnten Richters verwiesen werden.

- Weitere Ausführungen im Ablehnungsantrag

Mit Einhaltung der oben dargestellten Erfordernisse wäre ein gestellter Ablehnungsantrag zumindest zulässig. Dennoch sollten sich die Ausführungen damit nicht erschöpft haben. Wichtig ist vielmehr, dass der Antragsteller zugleich mit dem Antrag noch beansprucht, dass ihm die Gerichtspersonen namhaft gemacht werden, die mit der Bearbeitung der Angelegenheit befaßt sind. Dieser Anspruch besteht gemäß § 24 Abs. 3 S. 2 StPO. Der Antrag ist deshalb erforderlich, damit der Ablehnungsberechtigte ermitteln kann, ob auch insofern Ablehnungsgründe vorliegen können.[32] Allerdings erschöpft sich der Anspruch in der Namhaftmachung. Weitere einzelne Lebensdaten können nicht erfragt werden.[33]

Darüber hinaus ist noch zu beantragen, dass die dienstliche Äußerung des abgelehnten Richters vor der Entscheidung über das Ablehnungsgesuch zugänglich gemacht wird, damit hierzu auch noch einmal Stellung genommen werden kann. Diese Stellungnahme kann insbesondere dann wichtig werden, wenn die dienstliche Äußerung möglicherweise einen völlig anderen Sachverhalt wiedergibt, als im Ablehnungsgesuch angesprochen, oder der Richter die Tatsachen bestreitet. Im übrigen zeigt sich in der Praxis, dass gerade dienstliche Äußerungen des abgelehnten Richters Anlass zur Stellung eines weiteren Befangenheitsantrages geben. Denn diese dienstliche Äußerungen, die der abgelehnte Richter gesondert zu verfassen hat und die nicht ins Protokoll diktiert werden dürfen, werden häufig in einem Zustand persönlicher Betroffenheit geschrieben, der sich dann auch in den Formulierungen wiederfindet. Gerade hierbei schiessen Richter nicht selten über das Ziel.

---

29 BGHSt 1, 34; BGHSt 21, 334.
30 BGH NJW 68, 2297; BGH JR 57, 68.
31 Meyer-Goßner, § 26 StPO Rn 11.
32 OLG Koblenz, NStZ 83, 470; BayObLG MDR 85, 342; BayObLG NStZ 90, 200.
33 Meyer-Goßner, § 24 StPO Rn 21.

cc) Formulierungsmuster.

6 ▶ **Ablehnungsgesuch**

Amtsgericht München I
Adresse

Az.: ....
M e i e r , Hermann
wegen Verd. d. Diebstahls

B e f a n g e n h e i t s a n t r a g

Namens und in Vollmacht von Herrn Hermann Meier lehne ich den Richter am Amtsgericht Dr. Koller wegen Besorgnis der Befangenheit ab.

BEGRÜNDUNG:

In der heutigen Hauptverhandlung äußerte der abgelehnte Richter nach einem Beweisantrag des Verteidigers wörtlich: „Herr Verteidiger, unterlassen Sie doch Ihre sinnlosen Anträge! Sie sind doch nicht der Komplize des Angeklagten!"
Diese Äußerungen erwecken aus der Sicht eines verständigen und vernünftigen Beschuldigten die Besorgnis, dass der abgelehnte Richter nicht mehr frei in seiner Entscheidung ist, sondern sich bereits vor Abschluss der Beweisaufnahme endgültig bei seiner Entscheidungsfindung festgelegt hat. Denn abgesehen davon, dass die Äußerungen grob unsachlich sind, kann nach dem Sprachgebrauch mit dem Wort „Komplize" nur der Begleiter eines Straftäters gemeint sein. Der abgelehnte Richter hat somit zu erkennen gegeben, dass er bereits vor Abschluss der Beweisaufnahme Herrn Meier für den Täter hält.
Zur Glaubhaftmachung des vorgetragenen Sachverhalts beziehe ich mich auf die dienstliche Erklärung des abgelehnten Richters. Gleichzeitig versichere ich den vorgetragenen Sachverhalt mit meiner Unterschrift unter diesen Antrag anwaltlich.

Ich

b e a n t r a g e

weiterhin,

mir die zur Mitwirkung bei der Entscheidung über den Ablehnungsgrund berufenen Gerichtspersonen namhaft zu machen (§ 24 Abs. 3 S. 2 StPO) und

die dienstliche Erklärung des abgelehnten Richters mir vor einer Entscheidung des Ablehnungsgesuchs zugänglich zu machen.

Rechtsanwalt◀

2. Die Ablehnung eines Sachverständigen

Ein Sachverständiger kann aus denselben Gründen, die zur Ablehnung eines Richters 7 berechtigen, abgelehnt werden (§ 74 Abs. 1 S. 1 StPO). Dieser Verweis auf das Ablehnungsrecht hinsichtlich der Richter zeigt bereits die enge Anlehnung des Sachverständigenablehnungsrechts an das Richterablehnungsrecht. Auch hier gibt es eine Zweigliedrigkeit des Aufbaus. Weil es beim Sachverständigen außer im Falle der Leichenöffnung (vgl. § 87 Abs. 2 S. 3 StPO) keine gesetzlichen Ausschließungsgründe wie beim Richter gibt, ist beim Sachverständigen zu unterscheiden zwischen zwingenden Ablehnungsgründen und sonstigen Ablehnungsgründen.

a) Ablehnungsgründe

Zwingende Ablehnungsgründe liegen vor, wenn einer der in § 22 Ziff. 1 bis 4 StPO 8 beschriebenen Tatbestände einschlägig ist.

Problematisch kann hierbei allerdings die Beurteilung der Frage sein, ob der Sachverständige in der Sache zuvor als Polizeibeamter oder Beamter der Staatsanwaltschaft tätig gewesen ist.[34] Hierbei ist zu beachten, dass nicht bereits die bloße Eigenschaft die Ablehnung eines Sachverständigen begründen kann, sondern erforderlich ist, dass der Sachverständige auch ermittelnd tätig gewesen ist.[35] Nicht ausreichend als Ablehnungsgrund wäre deshalb die Tatsache, dass ein Beamter lediglich mit der Angelegenheit befaßt war (z.B. eine Anzeige im Verwaltungswege weitergeleitet hat).[36] Demnach lässt sich sagen, dass die Beamten, die ermittelnd oder strafverfolgend in einer Sache tätig werden, ohne weiteres als befangen angesehen werden können. Dieses trifft natürlich auch für Kriminalbeamte des Bundes- und der Landeskriminalämter zu.[37] Etwas anderes gilt allerdings dann, wenn sie lediglich mit der Wahrnehmung kriminalwissenschaftlicher Aufgaben wie der Erstattung kriminaltechnischer Gutachten befaßt waren.[38] Der Verteidiger muss in diesen Fällen deshalb auf die organisatorische Struktur achten, aus der ein Sachverständiger kommt. Stellt sich heraus, dass der Sachverständige einer Ermittlungsabteilung angehört, ist eine Ablehnung möglich.

Im Gegensatz zu Mitgliedern der Kriminalämter gehören **Beamte der Verfassungsschutzbehörden** nicht zur Polizei. Ein zwingender Ablehnungsgrund besteht deshalb insofern nicht. Möglich bleibt hier nur die Ablehnung aus anderen Gründen (vgl. unten). Ebenfalls nicht zwingend ablehnungsfähig sind Polizeibedienstete als Sachverständige, wenn sie einer organisatorisch von den Strafverfolgungsbehörden getrennten Dienststelle angehören und in dieser Eigenschaft etwa technische oder chemische Untersuchungen durchführen. Ob der bei bestimmten Abteilungen der Staatsanwaltschaften eingegliederte Wirtschaftsreferent zwingend abgelehnt werden kann, ist streitig. Hierzu wird die Auffassung vertreten, dass dies jedenfalls dann nicht möglich sein soll, wenn der Wirtschaftsreferent sein Gutachten ersichtlich eigenverantwortlich erstattet hat.[39] Zutreffend wird allerdings darauf hingewiesen, dass ein zwingender Ausschluß-

---

34 Ob darüber hinausgehend auch im Falle des § 23 StPO ein zwingender Ausschlußgrund vorliegt, ist zwar umstritten, jedoch ohne erkennbare praktische Relevanz.

35 KMR/Paulus § 74 StPO Rn 8.

36 Gössel, DRiZ 1980, 363, Wigmann StV 96, 572.

37 Vgl. auch BGHSt 18, 214.

38 Vgl. BGHSt 18, a.a.O.

39 Vgl. OLG Zweibrücken, NJW 1979, 1995.

grund zumindest dann gegeben sein sollte, wenn der Wirtschaftsreferent selbst an Ermittlungshandlungen mitgewirkt hat und somit unmittelbar das Ermittlungsergebnis mitgestaltet hat.[40]

9 Neben den oben angesprochenen zwingenden Ablehnungsgründen, die sich an den Ausschließungsgründen der Richterausschließung orientieren, besteht beim Sachverständigen analog der Richterablehnung auch die Möglichkeit der **Ablehnung aus sonstigen Gründen**. Diese liegen dann vor, wenn vom Standpunkt des Ablehnenden verständigerweise ein Mißtrauen gegen die Unparteilichkeit des Sachverständigen gerechtfertigt ist.[41] Insoweit und hinsichtlich der möglichen Ablehnungsgründe kann auf die Grundsätze der Richterablehnung verwiesen werden. Generell lässt sich sagen, dass eine Ablehnungsgefahr für einen Sachverständigen umso eher steigt, je mehr er seinen eigenen Aufgabenbereich verlässt. So ist ein Ablehnungsgrund hinsichtlich des Sachverständigen bejaht worden, der den Angeklagten zur Änderung seines Aussageverhaltens bestimmt hat.[42] Gleiches gilt für einen Sachverständigen, der zugunsten des Angeklagten gestellte Entlastungsfragen nicht beantwortet hat,[43] Fangfragen an Entlastungszeugen gestellt hat[44] oder in besonderer Weise provokativ gefragt hat.[45] Aber auch dem Sachverständigen nicht zustehende Äußerungen zu einer möglichen Strafe können durchaus als Ablehnungsgrund ausreichend sein.[46]

Ein nicht selten vorkommendes Ärgernis kann sich insbesondere bei **psychiatrischen Sachverständigen** dadurch ergeben, dass Hochschullehrer als Sachverständige den Probanden gerne ihren Studenten vorführen möchten. Auch hier sollte der Verteidiger darauf hinweisen, dass eine solche Verfahrensweise, zumindest wenn sie ohne Einwilligung des Angeklagten erfolgt, ebenfalls die Besorgnis der Befangenheit begründen kann.[47]

Hingegen vermögen leichtere Fehler des Sachverständigen nicht ohne weiteres eine Befangenheit zu begründen, sei es hinsichtlich der Belehrung oder auch in der Ausdrucksweise.[48] Soweit bei einem Sachverständigen mangelnde Sachkunde festgestellt wird, ist zu differenzieren. Allein die schlechte Kenntnis des Sachverständigen vermag noch keine Besorgnis der Befangenheit zu begründen. Etwas anderes kann aber dann gelten, wenn der Sachverständige sich hartnäckig weigert, sich im Rahmen seines Gutachtens mit dem Meinungsstand der Gegenwart auseinanderzusetzen.

b) Ablehnungsverfahren

10 Hinsichtlich des Ablehnungsverfahrens folgt die Sachverständigenablehnung der Richterablehnung. Zu beachten ist insbesondere, dass Zulässigkeitsvoraussetzung für den Ablehnungsantrag ebenfalls die Glaubhaftmachung ist (§ 74 Abs. 3 StPO). Lediglich in Bezug auf das Erfordernis der Unverzüglichkeit sind die Anforderungen weniger streng. Zwar ist der Ablehnungsantrag überhaupt erst dann zeitlich zulässig, wenn der

---

40 Wigmann StV 96, 574.
41 BGHSt 8, 144; BGHSt 8, 236.
42 BGHSt 37, 376.
43 BGH MDR 75, 368.
44 OLG Hamburg StV 87, 142.
45 BGH StV 90, 389.
46 BGH StV 81, 55.
47 BGH MDR 1980, 456.
48 BGH NStZ 88, 210.

Sachverständige ernannt und die Sache bei Gericht anhängig ist.[49] Auf der anderen Seite kann ein Ablehnungsantrag aber auch noch nach Erstattung des Gutachtens erfolgen (§ 83 Abs. 2 StPO).

Für die weitere Hauptverhandlung gilt, dass der Sachverständige als Folge eines begründeten Ablehnungsantrages nicht weiter in der Funktion eines Sachverständigen vernommen werden darf. Ein von ihm bereits erstattetes Gutachen darf insofern nicht verwertet werden.[50] Der abgelehnte Sachverständige darf sein Gutachten auch nicht als sachverständiger Zeuge erstatten.[51] Ebenfalls darf das Gericht aus dem Gutachten nicht seine eigene Sachkunde herleiten. Hingegen ist das Gericht nicht gehindert, den Sachverständigen außerhalb seiner Sachverständigentätigkeit als anderes Beweismittel zu verwenden. So kann der Sachverständige als Zeuge sowohl zu Zusatz- als auch zu Befundtatsachen befragt werden.

Die Erfolgsaussichten in der Revision auf der Grundlage eines zu Unrecht abgelehnten Befangenheitsantrages sind allerdings eher als gering einzuschätzen. Denn anders als bei der Richterablehnung überprüft die Revision die Berechtigung des Ablehnungsantrags nicht nach Beschwerdegrundsätzen.

c) Formulierungshilfe

▶ **Ablehnung eines Sachverständigen** **11**

Landgericht München I
Adresse

Az.: ....

Müller, Hermann
wegen Verdachts des Raubes

Befangenheitsantrag:

Namens und in Vollmacht des Angeklagten lehne ich den Sachverständigen Dr. Ferdinand Müller wegen Besorgnis der Befangenheit ab.

Im heutigen Hauptverhandlungstermin hat der abgelehnte Sachverständige, der mit der Begutachtung der Schuldfähigkeit des Angeklagten beauftragt war, erklärt, dass beim Angeklagten zwar eine krankhafte seelische Störung in Form einer endogenen Psychose bestünde, diese aber zweifellos keinerlei Auswirkung auf die Einsichts- und Steuerungsfähigkeit des „Täters" habe. Die Voraussetzungen für eine Schuldfähigkeitsbeeinträchtigung i.S.d. §§ 20, 21 StGB lägen deshalb nicht vor. Im übrigen bestünde aufgrund der nicht vorhandenen gesundheitlichen Beeinträchtigungen bei der Tat keine Grundlage dafür, eine positive Sozialprognose zu stellen.

Diese Äußerungen des Sachverständigen begründen aus der Sicht eines verständigen Angeklagten ein Mißtrauen gegen dessen Unparteilichkeit.

Mit seinen Ausführungen zu den Schuldausschließungsvoraussetzungen des § 20 StGB, die auf der psychisch-normativen Methode aufbauen, hat der Gutachter

---

49 LR/Dahs § 74 StPO Rn 18, 20.
50 OLG Düsseldorf MDR 84, 71; KMR-Müller § 74 StPO Rn 204: Absolutes Verwertungsverbot.
51 BGHSt 20, 222.

seine Kompetenzgrenzen bei weitem überschritten und sich nicht der gebotenen normativen Enthaltsamkeit befleißigt.[52] Bereits diese Tatsache allein begründet die Besorgnis der Befangenheit.

Darüber hinausgehend hat der Sachverständige mehrfach hinsichtlich des bestreitenden Angeklagten vom Täter gesprochen, obwohl hierüber naturgemäß zum jetzigen Zeitpunkt noch überhaupt keine endgültigen Feststellungen vorliegen können.[53] Ebenfalls steht es dem Sachverständigen nicht zu, sich zu den Rechtsfolgen einer (möglichen) Tat zu äußern.[54] Aber auch dies hat der Sachverständige getan, indem er mit der Verneinung der Sozialprognose unmittelbar die Frage einer Strafaussetzung zur Bewährung angesprochen hat.

Nach Auffassung des Antragstellers ist im vorliegenden Fall eine Glaubhaftmachung entbehrlich, weil das Gericht die Ausführungen des abgelehnten Sachverständigen selbst mitgehört hat und deshalb ohne weitere Ermittlungen entscheiden kann.[55] Vorsorglich wird zur Glaubhaftmachung dennoch die Richtigkeit des o.a. Sachverhalts mit der Unterschrift unter diesen Schriftsatz anwaltlich versichert.

Rechtsanwalt◄

3. Die Ablehnung des Protokollführers

12 Gemäß §§ 31, 24 StPO kann auch ein Protokollführer wegen Besorgnis der Befangenheit abgelehnt werden. Diese Möglichkeit ist allerdings in der **Praxis ohne Bedeutung**, weil ein weiterführender Nutzen von einer solchen Ablehnung nicht zu erwarten sein wird. Insbesondere kann ein Protokollführer jederzeit ausgetauscht werden. Im übrigen bliebe auch das Protokoll eines abgelehnten Protokollführers bis zu dessen Ausscheiden wirksam.

4. Die Ablehnung eines Dolmetschers

13 Auf den Dolmetscher sind die Vorschriften über Ausschließung und Ablehnung der Sachverständigen entsprechend anzuwenden (§ 191 GVG). Das Gesetz ist allerdings insofern ungenau, weil es bei einem Sachverständigen an sich anders als beim Richter keine Ausschließung gibt, sondern lediglich eine zwingende Ablehnungsmöglichkeit (vgl. oben). Dennoch leiten sich hieraus keine Besonderheiten ab.

Anders als bei der praktisch unbedeutenden Möglichkeit der Ablehnung des Protokollführers kann die Ablehnung eines Dolmetschers gelegentlich ins Kalkül zu ziehen sein. Hieran ist insbesondere dann zu denken, wenn der Dolmetscher über seine reine Übersetzungstätigkeit hinaus **Interpretationen und Bewertungen** des Sprachinhalts vornimmt.[56] Zu beachten ist auch, dass ein erfolgreich abgelehnter Dolmetscher nicht zwingend aus der Hauptverhandlung verbannt ist. Denn es ist streitig, ob die Vernehmung eines abgelehnten Dolmetschers als Zeuge über die übersetzten Aussagen noch zulässig ist.[57]

---

52 Vgl. zu diesem Thema auch Nedopil NStZ 99, 433; Tondorf Rn 121.
53 Vgl. zu dieser Problematik Eisenberg, Beweisrecht der StPO Rn 1551 a, aber auch Meyer-Goßner § 74 Rn 7.
54 BGH StV 81, 55.
55 BGHSt 21, 334.
56 In diesen Fällen ist der Dolmetscher aber möglicherweise nicht mehr als Dolmetscher, sondern als Sachverständiger tätig.
57 LG Köln StV 92, 460 (unzulässig); BayObLG NStZ 98, 270 (zulässig).

5. Die „Ablehnung" des Staatsanwalts

Im Gegensatz zu den vorgenannten ablehnungsfähigen Prozessbeteiligten können Sitzungsvertreter der Staatsanwaltschaft nicht analog §§ 22 ff. StPO abgelehnt werden.[58] Dennoch ist es natürlich in der Praxis nicht selten, dass Staatsanwälte Anlass zur Besorgnis der Befangenheit geben. Dies gilt sowohl für Tatbestände, die den Richter betreffend in § 22 StPO normiert sind, als auch hinsichtlich bestimmter Verhaltenweisen, die Staatsanwälte während des Verfahrens an den Tag legen. Die einzige Möglichkeit des Verteidigers hierauf zu reagieren, liegt in dem Antrag auf Auswechslung des Staatsanwalts. Hierbei bieten sich verschiedene Möglichkeiten an. Zum einen kann der Verteidiger selbst beim Dienstvorgesetzten um die Ersetzung des Staatsanwalts gemäß § 145 GVG nachsuchen und bis zur Entscheidung die Aussetzung des gerichtlichen Verfahrens beantragen. Zum anderen kann aber auch daran gedacht werden, bei Gericht zu beantragen, dass dieses auf die Auswechslung des Staatsanwalts hinwirkt, weil hinsichtlich der Person des Staatsanwalts die Besorgnis der Befangenheit besteht. Ein Anspruch auf Auswechslung besteht allerdings nicht.[59] Indes kann die Mitwirkung eines entsprechenden Staatsanwalts durchaus Revisionsgrund sein.[60] Ebenfalls kann revisionsrechtlicher Prüfungsmaßstab sein, ob das Gericht einer zu bejahenden Verpflichtung nachgekommen ist, auf die Ablösung des voreingenommenen Staatsanwalts hinzuwirken.[61]

Gelegentlich wird in diesem Zusammenhang empfohlen, statt des Antrags auf Auswechslung des Staatsanwalts zu überlegen, ob nicht der voreingenommene Staatsanwalt über den Weg eines Beweisantrags zur Zeugenvernehmung aus dem Verfahren entfernt werden kann. Eine solche Variante wird in der Praxis jedoch wenig erfolgreich sein. Denn der entsprechend vernommene Sitzungsstaatsanlat ist hierdurch nicht für die gesamte weitere Hauptverhandlung gesperrt. Ihm ist es lediglich verwehrt, innerhalb seines Schlußantrages seine eigene Zeugenaussage zu würdigen. Dies muss dann durch einen weiteren Sitzungsstaatsanwalt erfolgen.

14

---

58 H.M. in der Rspr. vgl. nur BGH NJW 80, 845; BGH NJW 84, 1907.
59 BGH NJW 84, 1907.
60 BGH StV 89, 240.
61 Vgl. hierzu LG Mönchengladbach JR 87, 303; LR/Wendisch vor § 22 StPO Rn 9.

§ 21 Richterliche Hinweise gemäß § 265 StPO und Nachtragsanklage

1 Im Verlauf einer Hauptverhandlung ist es nicht nur die alleinige Aufgabe des Verteidigers, durch Gespräche oder die Ausübung von Erklärungs- und Antragsrechten zu versuchen, Informationen darüber zu erhalten, wie das Gericht Prozesssituationen beurteilt. Beachtlich ist vielmehr, dass auch das Gericht von sich aus dazu gezwungen sein kann, die übrigen Verfahrensbeteiligten über bestimmte Veränderungen und Entwicklungen, die sich aus seiner Sicht ergeben, aufzuklären. Wesentliche Norm ist hierbei § 265 StPO. § 265 StPO wird als gesetzlich geregelter Fall der gerichtlichen Fürsorgepflicht angesehen.[1]

Für den Verteidiger ergeben sich im Umgang mit den gerichtlichen Hinweispflichten vor allem **zwei Problembereiche**: Zum einen stellt sich die Frage nach dem Umfang der Hinweispflichten. Denn nur bei deren Kenntnis kann beurteilt werden, inwieweit bei unterbliebenen Hinweisen davon ausgegangen werden kann, dass das Gericht tatsächlich an dem durch die Anklage vorgegebenen Prozessstoff festhält und nicht doch zu einer Veränderung seiner Auffassung kommt. Zum anderen stellt sich aber immer auch die Frage, in welcher Weise der Verteidiger auf die Hinweise zu reagieren hat.

I. Umfang der Hinweispflichten

1. Veränderung des rechtlichen Gesichtspunktes

2 Zu beachten ist, dass es bei den Hinweispflichten gemäß § 265 StPO in erster Linie um eine Veränderung der Rechtslage geht (vgl. § 265 Abs. 1 und Abs. 2 StPO). Ob eine solche Veränderung eingetreten ist, ist zu ermitteln anhand eines Vergleichs zwischen der zugelassenen Anklage und der jetzt erfolgenden Beurteilung der Tat durch das Gericht. Maßgeblich ist deshalb, was in der Anklageschrift niedergelegt ist und welche Modifikationen noch in einem Eröffnungsbeschluß vorgenommen worden sind. Ergeben sich im Vergleich hierzu bei der nun anzustellenden Beurteilung des Gerichts Unterschiede in rechtlicher Hinsicht, so hat ein Hinweis zu erfolgen. Dabei benennt § 265 Abs. 1 StPO ausdrücklich die Verurteilung wegen eines **anderen Strafgesetzes**. Der Begriff ist aber weit zu verstehen. Unter „anderes Strafgesetz" fällt deshalb nicht nur jeder andere gesetzliche Straftatbestand, der den in der zugelassenen Anklage aufgeführten Straftatbestand ersetzen kann, sondern auch jedes Strafgesetz, welches daneben (noch) in Betracht kommt[2] und sich in irgendeiner Weise auf den Schuldspruch auswirken kann.

Unter dem Begriff „anderes Strafgesetz" wird zusätzlich auch eine mögliche andersartige Begehungsform desselben Strafgesetzes verstanden, wobei es aber auf die **„Wesensverschiedenartigkeit"** zwischen den Begehungsformen ankommt. Diese soll sich danach beurteilen lassen, ob der Angeklagte infolge der Änderung des Strafvorwurfs auch seine Verteidigung ändern muss.[3] Eine „Wesensverschiedenartigkeit" und damit ein hinweispflichtiger Wechsel der Begehungsform kann etwa gesehen werden beim Wechsel zwischen bestimmten Mordmerkmalen[4] oder bei der gefährlichen Körperver-

---

1 KK/Engelhardt, § 265 StPO Rn 1.
2 KK/Engelhardt, § 265 StPO Rn 6.
3 KK/Engelhardt, § 265 StPO Rn 7.
4 Vgl. etwa BGHSt 23, 95; BGHSt 25, 287.

letzung gem. § 224 StGB, wenn eine Veränderung der Begehungsweise mittels gefährlichen Werkzeugs statt hinterlistigen Überfalls in Betracht kommt.[5] Ebenso löst bei der Untreue gem. § 266 StGB der Wechsel vom Missbrauchstatbestand zum Treuebruchtatbestand die Hinweispflicht aus.[6] Keine „Wesensverschiedenartigkeit" liegt hingegen vor, wenn es bei einer gleichartigen Begehungsform bleibt. Dies kann der Fall sein, wenn etwa im Rahmen der gefährlichen Körperverletzung gem. § 224 Abs. 1 Nr. 2 StGB die Verletzung nicht mittels einer Waffe, sondern mittels eines gefährlichen Werkzeugs begangen wird oder wenn im Falle des Betruges gemäß § 263 StGB eine Vorspiegelung falscher statt eine Unterdrückung wahrer Tatsachen angenommen wird. Auch hinsichtlich des Tatbestandes der Untreue gemäß § 266 StGB ist aufgrund der Rechtsprechung des BGH Vorsicht geboten. Wie oben aufgezeigt, führt zwar der Wechsel vom Treubruch anstelle des Missbrauchstatbestandes zu einer Hinweispflicht. Umgekehrt ist dies hingegen nicht zwingend.[7]

Hinweispflichtig ist jedoch wiederum eine Veränderung der Handlungsform (Wechsel vom Tun zum Unterlassen),[8] eine Veränderung der Deliktsform (Vollendung statt Versuch),[9] der Teilnahmeform (von Teilnahme auf Täterschaft und umgekehrt,[10] Wechsel von Mittäterschaft auf Alleintäterschaft)[11] sowie der Konkurrenzform (Übergang von Tateinheit auf Tatmehrheit oder die Annahme mehrerer selbständiger Taten statt einer fortgesetzten Tat).[12] Ebenfalls noch unter den Begriff „anderes Strafgesetz" fällt die beabsichtigte Anwendung des Jugendgerichtsgesetzes, wenn sie in Abweichung von der zugelassenen Anklage erfolgen soll oder aber auch, wenn das Gericht eine Wahlfeststellung treffen will.

Neben der hinweispflichtigen beabsichtigten Anwendung eines anderen Strafgesetzes   **3** (§ 265 Abs. 1 StPO) ist ein richterlicher Hinweis gemäß § 265 Abs. 2 StPO aber auch dann erforderlich, wenn sich in der Verhandlung hinsichtlich eines Strafgesetzes besonders normierte Umstände ergeben, welche die Strafbarkeit erhöhen oder die Anordnung einer **Maßregel der Besserung und Sicherung** rechtfertigen. Danach ist ein Hinweis erforderlich, wenn die Strafschärfung an tatsächliche Umstände anknüpft, die in dem die Strafbarkeit begründenden Tatbestand nicht enthalten sind.[13] Hierunter zählen unbestritten alle sog. **Qualifikationstatbestände**, die den Grundtatbestand um spezielle vom Gesetz besonders vorgesehene Merkmale erweitern mit der Folge, dass praktisch ein neuer Tatbestand gebildet wird.[14] Umstritten ist hingegen, ob eine Hinweispflicht auch dann besteht, wenn **unbenannte Strafschärfungsgründe** etwa für besonders schwere Fälle in Betracht kommen. Dies wird zum Teil verneint,[15] zum Teil

---

5 BGH 5 StR 598/57.
6 BGH NJW 54, 1616.
7 Vgl. BGH NJW 84, 2539.
8 BGHR StPO § 265 Abs. 1 Hinweispflicht 1; BGH StV 84, 367; BGH StraFo 02, 15.
9 BGH NJW 51, 726; BGH NStZ 91, 229 (M/K).
10 BGH MDR 77, 63.
11 BGHR StPO § 265 Abs. 1 Hinweispflicht 5; BGH wistra 96, 69.
12 BGH MDR 1951, 464.
13 Schlothauer, StV 86, 220.
14 Schlothauer a.a.O.
15 Meyer-Goßner, § 265 StPO Rn 19; BGH StV 00, 298; BGHSt 29, 274, 279.

aber mit gewichtigen Argumenten bejaht.[16] Der Streit muss hier nicht entschieden werden. Wichtig für den Verteidiger ist jedoch, dass er sich aufgrund der unterschiedlichen Auffassung gerade nicht darauf verlassen kann, einen rechtlichen Hinweis zu erhalten.

Bei der Verhängung von Nebenstrafen/Nebenfolgen bedarf es immer dann eines rechtlichen Hinweises, wenn sie vom Vorliegen zusätzlicher Tatsachen abhängig sind und zwar unabhängig davon, ob diese Sanktionen fakultativ oder obligatorisch verhängt werden (z.b. Fahrverbot gem. § 25 StVG wegen Tatbegehung unter grober und beharrlicher Verletzung der Pflichten eines Kraftfahrzeugführers).

Ist beabsichtigt, eine Maßregel der Besserung und Sicherung gem. § 61 ff. StGB zu verhängen, die nicht bereits in der zugelassenen Anklage erwähnt ist, ist ebenfalls ein Hinweis erforderlich.[17] Dies gilt auch für einen beabsichtigten Wechsel zwischen den Maßregeln.

Keine Hinweispflicht besteht hingegen dann, wenn es zu einem Wegfall straferhöhender Merkmale kommt. Dies gilt auch – und dies ist besonders beachtlich – für den Fall, dass es zum Wegfall eines in der zugelassenen Anklage aufgeführten Milderungsgrundes kommt. So soll etwa ein Wegfall der Voraussetzungen des § 21 StGB, der noch in der Anklage angenommen worden war, keine Hinweispflicht auslösen.[18] Der Verteidiger muss hier deshalb besonders aufmerksam sein und darf sich keineswegs wegen Ausbleibens eines Hinweises in Sicherheit wiegen.

2. Veränderung der Sachlage

4 Obwohl § 265 Abs. 1 und Abs. 2 StPO nur die richterliche Hinweispflicht in Bezug auf rechtliche Veränderungen anspricht, kann unter bestimmten Umständen auch eine **Veränderung der Sachlage** hinweispflichtig sein. Denn auch insofern muss sichergestellt sein, dass der Angeklagte sich gegen alle Verdachtsgründe verteidigen kann, die ein Gericht möglicherweise später in einem Urteil würdigt. Nur mit einer entsprechenden Hinweispflicht kann sichergestellt werden, dass der Angeklagte nicht im Urteil mit der Feststellung eines tatsächlichen Umstands überrascht wird, auf den er weder durch den Inhalt der Anklageschrift oder des Eröffnungsbeschlusses noch durch den Gang der Hauptverhandlung so weit vorbereitet worden war, dass er Anlass gehabt hätte, sich hierzu zu äußern.[19] Welche Veränderungen insoweit maßgeblich sind, lässt sich nicht abschließend bestimmen. Man wird allerdings im Anschluss an Schlothauer[20] im Wesentlichen sechs Fallkategorien unterscheiden können

- die Änderung der Tatzeit,
- die Änderung der Sachlage durch Austausch des Tatopfers,
- die Änderung der Sachlage durch Auswechslung der Tatbeteiligten,
- die Änderung der Sachlage durch Austausch der vorgeworfenen Handlung ohne Auswirkung auf den Schuldspruch,
- die Veränderung der Sachlage bei Änderung der die Verurteilung tragenden tatsächlichen Indizien oder

---

16 Schlothauer, a.a.O., 221.
17 BGH StraFo 03, 276; BGH StV 03, 151.
18 Meyer-Goßner, § 265 StPO Rn 17; dies wird allerdings zu Recht kritisiert (vgl. Burhoff, Handbuch für die strafrechtliche Hauptverhandlung Rn 553, 556).
19 BGHSt 11, 88.
20 Schlothauer , a.a.O., 224.

■ die Veränderung der Sachlage im Zusammenhang mit Änderung des Schuldumfangs der vorgeworfenen Tat.

3. Veränderung der Verfahrenslage

Neben einer Veränderung der Rechts- und Sachlage kann es aber auch zu einer **Veränderung der Verfahrenslage** dann kommen, wenn das Gericht beabsichtigt, von einer bestimmten prozessualen Situation abzuweichen. Dass auch diese Verhaltensweise für den Angeklagten relevant sein kann, liegt auf der Hand, weil er seine Verteidigung an den prozessualen Gegebenheiten und Vorgaben des Gerichts ausrichten muss. Auch hier besteht wegen des Gebots des fairen Verfahrens eine Hinweispflicht, wenn die Veränderung eine bestimmte Qualität erreicht.[21]

So muss beispielsweise darauf hingewiesen werden, wenn das Gericht die Aussage eines ursprünglich vereidigten Zeugen wegen Verstoßes gegen das Vereidigungsverbot gemäß § 60 StPO nunmehr als unvereidigt werten möchte[22] oder das Gericht bei der Strafzumessung Taten zu berücksichtigen gedenkt, die wegen eines Verfahrenshindernisses (z.b. fehlender Strafantrag, Verjährung) nicht selbst verfolgbar wären. Hinsichtlich der Wiedereinbeziehung ausgeschiedener Taten ist dies sogar gemäß § 154a Abs. 3 S. 3 StPO ausdrücklich im Gesetz angesprochen.

Gerade bei einem Beweisantrag können dabei erteilte Hinweise von besonderer Bedeutung sein, weil das Beweisantragsrecht – wie bereits aufgezeigt – mannigfaltige Funktionen besitzt und die Verteidigung durch den Hinweis weitergehende Informationen über den gegenwärtigen Meinungsstand des Gerichts erhalten kann.[23] So besteht etwa eine Hinweispflicht für das Gericht, wenn es sich an eine dem Angeklagten zugesagte Wahrunterstellung nicht halten möchte,[24] wenn es eine im Wege der Wahrunterstellung behandelte Tatsache nunmehr als unerheblich ansieht,[25] wenn es einen Austausch der Beweismittel beabsichtigt[26] oder wenn es einen Ablehnungsgrund auszuwechseln beabsichtigt.

II. Art und Weise der Erteilung der Hinweispflicht

Die Qualität des Hinweises durch das Gericht kann davon abhängig sein, ob auf rechtliche oder sachliche Veränderungen hingewiesen wird. Die Erteilung eines rechtlichen Hinweises muss durch eine förmliche an den Angeklagten gerichtete Erklärung erfolgen. Der Hinweis ist zwingend zu erklären, selbst dann, wenn der veränderte rechtliche Gesichtspunkt bereits von einem Verfahrensbeteiligten von sich aus angesprochen wurde.[27] Er ist als wesentliche Förmlichkeit auch in das Sitzungsprotokoll aufzunehmen.

Dieselbe Strenge gilt nicht hinsichtlich der sachlichen Hinweispflicht. Insoweit ist von der Rechtsprechung entschieden worden, dass es der Hinweispflicht auch genügen kann, wenn der Angeklagte außerhalb eines förmlichen Hinweises über die Verände-

---

21 Burhoff, Rn 561.
22 Vgl. BGH StV 81, 329; BGH StV 86, 89.
23 Vgl. § 19 „Das Beweisantragsrecht".
24 BGHSt 32, 44.
25 BGHSt 1, 51.
26 Schlothauer, a.a.O., 227.
27 KK/Engelhardt, § 265 StPO Rn 16.

rung der Sachlage unterrichtet worden ist.[28] Dabei wird es bereits als ausreichend angesehen, wenn der Angeklagte aus dem Gang der Verhandlung erfahren hat, dass das Gericht neue tatsächliche Gesichtspunkte in seine die Tatfrage betreffenden Überlegungen einbezieht.[29] Wann dies der Fall ist, kann im Einzelfall allerdings höchst unterschiedlich zu beurteilen sein. So wird man etwa lediglich das Ansprechen neuer sachlicher Gesichtspunkte im Rahmen einer Zeugenvernehmung kaum für ausreichend halten können.[30] Auf der anderen Seite wird eine klare Verdeutlichung des Gerichts außerhalb einer Vernehmung, dass nunmehr etwa von einer anderen Tatzeit[31] oder anderen Tatbeteiligten ausgegangen wird, den Anforderungen an die Hinweispflicht genügen. Ausreichend ist, dass der Angeklagte aus dem Gang der Hauptverhandlung erfährt, dass das Gericht neue tatsächliche Gesichtspunkte in seine die Tatfrage betreffenden Überlegungen einbezogen hat und dass der Angeklagte Gelegenheit hat, sich dazu zu äußern, Beweisanträge zu stellen oder Beweiserhebungen anzuregen.[32] Bei einer späteren revisionsrechtlichen Überprüfung, ob die Verteidigung tatsächlich über eine Veränderung der Sachlage informiert war, wird es deshalb wesentlich darum gehen, wie die Verteidigung gestaltet wurde. Ergibt sich hierbei bereits entweder aus den Äußerungen des Angeklagten oder den Anträgen der Verteidigung, dass auf die Veränderung der Sachlage eingegangen worden ist, kann durch die Verteidigung vernünftigerweise (und auch redlicherweise) nicht damit argumentiert werden, über Veränderungen nicht informiert worden zu sein. Ergibt sich aus den Anträgen der Verteidigung, so wie sie im Sitzungsprotokoll enthalten sind, nichts und lassen sich auch keine weiteren Ausschlüsse aus dem Protokoll ersehen, kann nicht zwingend davon ausgegangen werden, dass nicht doch über die Veränderung der Sachlage informiert worden ist.[33] Dem Revisionsgericht steht dann immer noch die Möglichkeit offen, im Wege des Freibeweisverfahrens (etwa durch Einholung von dienstlichen Erklärungen der Richter und des Sitzungsstaatsanwalts) Feststellungen über die Art und Weise der Erteilung der Information einzuholen.[34]

III. Der Umgang des Verteidigers mit der Nichterteilung/Erteilung eines Hinweises

1. Unterbliebener Hinweis

7 Das Vertrauen des Verteidigers auf das Fortbestehen einer unveränderten Rechts- und Sachlage wegen eines **unterbliebenen Hinweises** muss also begrenzt sein. In jedem Fall käme es eher einer „Amokverteidigung" gleich, nur um mögliche (vage) Revisionschancen nicht zu gefährden, bestimmte weitere Aspekte nicht in die Verteidigung einzubeziehen, wenn bemerkt wird, dass sie für das Gericht von Interesse sind. Jeder Hinweis des Gerichts auf eine Veränderung von Rechts-, Sach- oder Verfahrenslage

---

28 KK/Engelhardt, § 265 StPO Rn 24 m.w.N.
29 Becker, NStZ-RR 01, 257, 263 f; BGH NStZ 00, 216.
30 Vgl. etwa BGH StV 96, 584; BGH StV 98, 381.
31 Anzumerken ist allerdings, dass es noch nicht abschließend geklärt ist, inwieweit bei einer Tatzeitänderung nicht sogar ein förmlicher Hinweis erforderlich sein kann; vgl. hierzu BGH 19, 88, aber a.A. BGH NJW 99, 802.
32 BGH NJW 99, 802, BGHSt 19, 141.
33 BGHSt 28, 196.
34 Vgl. hierzu im Einzelnen BGH NJW 99, 802.

kann nur als „zusätzlicher Service" verstanden werden. Keineswegs sollte sich der Verteidiger allein deshalb in Sicherheit wiegen, weil das Gericht bei Erörterungen über rechtliche Probleme, die sich anders darstellen als in Anklageschrift und Eröffnungsbeschluß, gleichwohl keinen förmlichen Hinweis erteilt.

Bei einer solchen Verfahrenssituation auf einen späteren Erfolg in der Revision zu vertrauen, wäre ein reines Vabanquespiel. Dies ergibt sich bereits daraus, dass die Nichterteilung eines förmlichen Hinweises bei einer Veränderung der Rechtslage (wenn sie tatsächlich vorliegt), zwar zweifellos einen Rechtsfehler darstellt, damit aber noch nicht sicher ist, dass das Urteil auch auf diesem Rechtsfehler beruhen kann.[35] Denn das Beruhen auf diesem Rechtsfehler kann verneint werden, wenn sich der Verteidiger mit dem neuen Gesichtspunkt in der Hauptverhandlung befaßt hat und daher nicht ersichtlich ist, dass dem Angeklagten eine andere Verteidigungsmöglichkeit offenstand.[36] Das gleiche gilt sogar dann, wenn der Verteidiger sich mit der neuen Situation zwar nicht auseinandergesetzt hat, aber dennoch festgestellt werden kann, dass der Angeklagte auch bei einem entsprechenden Hinweis sich sicher nicht hätte anders verteidigen können.[37] Das Vertrauen auf den Erfolg der Revision aufgrund eines nicht erteilten an sich erforderlichen Hinweises ist deshalb eine höchst unsichere Angelegenheit. Gilt dies schon bei einer Veränderung des rechtlichen Gesichtspunktes, so trifft dies wegen der geringeren Qualitätsanforderungen umso mehr bei Veränderungen der Sach- oder Verfahrenslage zu.

Der Verteidiger ist deshalb gut beraten, wenn er auf jede „Schwingung" des Gerichts auch reagiert und neu angesprochene Erwägungen grundsätzlich sofort in seine Verteidigungsbemühungen einbezieht.

Etwas anderes kann allenfalls dann gelten, wenn der Verteidiger von sich aus über andere Rechts- oder Sachvarianten nachdenkt, die aber ersichtlich von Gericht und Staatsanwaltschaft nicht gesehen werden. In einem solchen Fall wäre es natürlich nicht nur überflüssig, sondern geradezu ein Kunstfehler, von Seiten der Verteidigung neue Themen anzusprechen und die weiteren Verfahrensbeteiligten auf diese Weise auch noch auf „gefährliche Gedanken" zu bringen.[38]

2. Erteilung eines Hinweises

Es muss sich für den Verteidiger von selbst verstehen, dass einem Hinweis des Gerichts **größte Aufmerksamkeit** zu schenken ist. Denn obgleich durch die Erteilung des Hinweises eine Veränderung der Rechts- oder Sachlage nicht sicher ist, sondern nur möglich, zeigt die Praxis, dass Hinweise häufig nur dann erteilt werden, wenn das Gericht eher von einer veränderten Rechts- oder Sachlage ausgeht als von der ursprünglich Niedergelegten. Der Verteidiger muss deshalb unter allen Umständen sicherstellen, dass er den erteilten Hinweis auch in seiner **ganzen Dimension** erfaßt. Ist dies

8

---

35 Zum notwendigen Verteidigungsvorbringen in der Revision vgl. auch BGH StraFo 02, 261 sowie Meyer-Goßner, § 265 Rn 47.
36 BGH NStZ 95, 247.
37 BGHSt 2, 250; BGHSt 23, 95; BGH StV 88, 329.
38 Dies kann z.B. der Fall sein, wenn gegen einen Polizeibeamten Ermittlungen geführt werden, dem zur Last gelegt wird, während einer Vernehmung den Beschuldigten geschlagen zu haben und deswegen zwar ein Verfahren wegen Körperverletzung im Amt (§ 340 StGB) eingeleitet wird, nicht aber wegen des Straftatbestandes der Aussageerpressung (§ 343 StGB), der – unverständlicherweise – trotz wesentlich geringerer Tathandlungsanforderungen einen sehr viel schärferen Strafrahmen (Verbrechen) beinhaltet.

aufgrund der Kürze des erteilten Hinweises nicht möglich, ist das Gericht darum zu bitten, hierzu nähere Ausführungen zu machen. Dabei kann dem Gericht zwar nicht abverlangt werden, sich zu Inhalt und Ergebnis einzelner Beweiserhebungen zu äußern.[39] Doch muss das Gericht sicherstellen, dass der Verteidiger und der Angeklagte durch den Hinweis tatsächlich in die Lage versetzt werden, die Verteidigung auf den neuen Gesichtspunkt auszurichten.[40]

Darüber hinausgehend muss dem Verteidiger bewusst sein, dass es häufig unangebracht sein wird, sich mit reinen Informationen über die Veränderung eines Gesichtspunktes zu begnügen. Gemäß § 265 Abs. 3 StPO besteht vielmehr die Möglichkeit, nach einem solchen Hinweis die **Aussetzung der Hauptverhandlung** zu beantragen. Hierüber sollte sehr genau nachgedacht werden, wobei der Inhalt des § 265 Abs. 3 StPO durchaus Verteidigungsrichtlinie sein kann:

Bewegen sich die veränderten Aspekte nach einem richterlichen Hinweis eher auf einem vergleichbaren Schweregrad (z.B. andere Begehungsform einer Körperverletzung; statt § 224 Abs. 1 Nr. 2 nunmehr § 224 Abs. 1 Nr. 5 StGB), so sollte zwar grundsätzlich nicht ohne Pause weiterverteidigt werden und zumindest eine Beratung mit dem Mandanten erfolgen. Gleichwohl wird eine längere Unterbrechung oder gar Aussetzung des Verfahrens seltener erforderlich sein.

Etwas anderes muss hingegen gelten, wenn sich der erteilte Hinweis darauf bezieht, dass nunmehr die Anwendung eines schwereren Strafgesetzes in Betracht kommen kann, Umstände vorliegen, die die Strafbarkeit erhöhen oder die Anordnung einer Maßregel der Besserung und Sicherung rechtfertigen (vgl. § 265 Abs. 2 und Abs. 3 StPO). In diesen Fällen ist immer daran zu denken, einen **Aussetzungsantrag** gemäß § 265 Abs. 3 StPO zu stellen und man wird sogar sagen müssen, dass es an einen Kunstfehler heranreicht, wenn dies nicht geschieht. Denn häufig gehen derartige Hinweise einher mit einer drastischen Klimaverschlechterung innerhalb der Hauptverhandlung. Es wird von daher bei einer Fortsetzung der Hauptverhandlung wenig Gutes zu erwarten sein. Vielmehr wird sich der Verteidiger fast zwingend darauf einrichten können, dass das Gericht im Urteil auch dem rechtlichen Hinweis folgen wird. Demgegenüber bietet aber der durch eine Aussetzung ermöglichte Neuanfang der Hauptverhandlung alle Chancen zu einem besseren Ergebnis.[41] Natürlich ist es richtig, wenn hinsichtlich eines beabsichtigten Aussetzungsantrages gelegentlich angeführt wird, dass der Kostenaspekt nicht aus den Augen verloren werden dürfte, weil im Falle einer Verurteilung die zusätzlich entstehenden Kosten den Angeklagten treffen würden.[42] Allerdings kann einem solchen Gesichtspunkt nur geringes Gewicht beigemessen werden. Denn Ziel des Aussetzungsantrages muss es sein, die fast sicher erscheinende Verurteilung zu einer sehr viel schwereren Strafe oder erheblich belastenderen Maßregel zunächst zu unterbinden. Deshalb sollte die Möglichkeit eines „zweiten Versuchs" angestrebt werden, bei dem nicht die Verteidigungsaspekte nur von vornehein erweitert, sondern zusätzlich bei einer Verhandlung vor einem Kollegialgericht auch neue

---

39 BGH St 43, 212.
40 Vgl. hierzu auch BGHSt 13, 320; BGH NStZ 85, 563; BGH StV 85, 489.
41 Ergeht etwa in einem Schwurgerichtsverfahren, in dem Totschlag gem. § 212 StGB angeklagt ist, der rechtliche Hinweis, dass wegen Vorliegen eines bestimmten Mordmerkmals auch an ein Verbrechen des § 211 StGB zu denken ist, muss zwingend die „Notbremse" gezogen werden.
42 Burhoff Rn 562.

Schöffen zur Entscheidungsfindung berufen sind. Außerdem besteht so möglicherweise zusätzlich eine Chance dafür, dass – etwa aufgrund einer möglichen Verhinderung (Urlaub) – eine teilweise Veränderung unter den Berufsrichtern möglich ist.

Entscheidet sich der Verteidiger für einen Aussetzungsantrag, ist zu beachten, dass die durch den erfolgten Hinweis neu hervorgetretenen Umstände bestritten werden müssen, unter der Behauptung, auf die Verteidigung nicht genügend vorbereitet zu sein (vgl. § 265 Abs. 3 StPO). Diese Behauptung ist vom Gericht nicht nachprüfbar. Ein Aussetzungsantrag darf deshalb nicht mit der Begründung abgelehnt werden, nach Auffassung des Gerichts sei eine anderweitige Vorbereitung nicht erforderlich.[43] Das Gericht hat allerdings die Möglichkeit zu entscheiden, ob die „neu hervorgetretenen Umstände" wirklich in einer Weise hervorgetreten sind, dass von ihrer Berücksichtigung bei der Urteilsfällung die Rede sein kann. Kommt das Gericht zu dem Ergebnis, dass die Umstände im Urteil gerade nicht als erwiesen angesehen werden und dem Angeklagten nicht zur Last gelegt werden, wäre ein Aussetzungsantrag unbegründet.[44] Ebenfalls ist es Sache des Gerichts, die Länge der Aussetzung zu beurteilen. Strittig ist dabei, ob anstelle einer Aussetzung auch lediglich eine Unterbrechung der Hauptverhandlung in einfacher gelagerten Fällen möglich ist.[45] Angesichts des klaren Wortlauts des § 265 Abs. 3 StPO, in dem lediglich von Aussetzung und nicht von Unterbrechung der Hauptverhandlung die Rede ist, wird man dies allerdings zu verneinen haben.[46] Kommt es hingegen nicht zu einer Veränderung der Sach- und Rechtslage i.S.d. §§ 265 Abs. 2 und 3 StPO, sondern zu einer bloßen Veränderung der materiell-rechtlich relevanten Sachlage, wie sie Abs. 4 anspricht, besteht **kein zwingender Aussetzungsanspruch.** Aber es besteht auch hier zumindest die Möglichkeit, eine Aussetzung zu beantragen.

3. Formulierungsmuster

▶ **Aussetzungsantrag gemäß § 265 Abs. 3 StPO**[47]   9

Landgericht München I
Adresse

Az.: ....
M e i e r , Herbert
wegen Verdachts des Totschlags

---

43 KK/Engelhardt § 265 StPO Rn 27; LR/Gollwitzer, § 265 StPO Rn 92; KMR/Paulus § 265 StPO Rn 52.

44 LR/Gollwitzer, a.a.O.

45 So LR/Gollwitzer, § 265 StPO Rn 94, der aber bezweifelt, ob dies prozessökonomisch sinnvoll ist.

46 BGH NStZ 02, 444; Meyer-Goßner § 265 Rn 37 (anders noch 46. Auflage) sowie zu Recht AK/Loos, § 265 StPO Rn 39, der auch auf die Entstehungsgeschichte der Vorschrift verweist.

47 An dieser Stelle wird nur der „zwingende" Aussetzungsantrag bei veränderter Rechtslage dargestellt. Darüber hinausgehend gibt es weitere Normen, unter deren Voraussetzungen ebenfalls eine Aussetzung der Hauptverhandlung beantragt werden kann (z.B. § 246 Abs. 2 StPO bei verspäteter Namhaftmachung eines Zeugen oder Sachverständigen; § 217 Abs. 2 StPO bei Nichteinhaltung von Ladungsfristen; § 145 Abs. 3 StPO bei Ausbleiben des notwendigen Verteidigers und Bestellung eines Neuen; § 266 Abs. 3 StPO bei einer Nachtragsanklage [vgl. hierzu die folgenden Ausführungen]).

Ich stelle den

Antrag,

die Hauptverhandlung gem. § 265 Abs. 3 StPO auszusetzen.

BEGRÜNDUNG:

Mit der durch das Landgericht München I unverändert zur Hauptverhandlung zugelassenen Anklage wird Herrn Meier ein Verbrechen des Totschlags gem. § 212 StGB zur Last gelegt. Das Schwurgericht hat nunmehr gem. § 265 StPO darauf hingewiesen, dass anstelle des Verbrechens des Totschlags auch ein Verbrechen des Mordes aus Habgier gem. § 211 StGB in Betracht kommen kann, weil sich jetzt ergeben habe, dass der Angeklagte nach der ihm vorgeworfenen Tötung des Tatopfers aus der Wohnung des Tatopfers Wertgegenstände mitgenommen habe.

Der Angeklagte bestreitet die neu hervorgetretenen Umstände. Er ist insoweit auf die Verteidigung nicht genügend vorbereitet.

Für eine neue Hauptverhandlung wird der Angeklagte Zeugen dafür benennen, dass die Wertgegenstände, deren Mitnahme dem Angeklagten zur Last gelegt werden, sich zum fraglichen Tatzeitpunkt nicht mehr in der Wohnung des Getöteten befanden.

Darüber hinausgehend wird die Verteidigung ein weiteres Sachverständigengutachten beantragen, aus dem sich ergeben wird, dass beim Angeklagten zum Tatzeitpunkt ein sogenannter Affektsturm vorlag und deshalb nicht nur seine Schuldfähigkeit i.S. der §§ 20, 21 StGB wegen einer durch eine tiefgreifende Bewusstseinsstörung verursachten Beeinträchtigung der Steuerungsfähigkeit erheblich vermindert war, sondern der Angeklagte darüber hinausgehend aufgrund dieses Zustandes auch nicht zu zielgerichteten Handlungen in Bezug auf die Wegnahme bestimmter Gegenstände in der Lage gewesen wäre.

Diese weiteren Verteidigungsbemühungen sind aufgrund der möglichen Änderung des Vorwurfs erforderlich. Damit der Angeklagte sich hierauf vorbereiten kann, ist dem Antrag auf Aussetzung der Hauptverhandlung stattzugeben.

Rechtsanwalt◄

IV. Nachtragsanklage

10   Eine Nachtragsanklage kann der Staatsanwalt gemäß § 266 StPO erheben. Der Unterschied zur Veränderung des rechtlichen Gesichtspunktes (§ 265 StPO) besteht dabei darin, dass Gegenstand der Nachtragsanklage eine gegenüber der bereits vorliegenden Anklage rechtlich selbständige Tat sein muss, die im verfahrensrechtlichen Sinne gem. § 264 StPO einen anderen selbständigen geschichtlichen Lebensvorgang darstellt.[48] Dabei kann die Beantwortung der Frage, ob es sich um eine andere als die bereits angeklagte Tat handelt oder nicht, im Einzelfall erhebliche Schwierigkeiten bereiten. Es kommt darauf an, ob die „Nämlichkeit" der Tat trotz der Veränderung des Tatbildes noch gewahrt bleibt oder ob die Veränderung „wesentlich" ist. Dies kann sich anhand

---

48 KK/Engelhardt, § 266 StPO Rn 2.

einer Gesamtschau daran bestimmen lassen, ob vernünftige Zweifel an der Tatidentität, an der Unterscheidbarkeit von anderen ähnlichen Taten, bestehen können.[49]

Im Umgang mit der Erhebung einer Nachtragsanklage und hinsichtlich der Unterscheidung zwischen Erforderlichkeit der Erhebung einer Nachtragsanklage gem. § 266 StPO oder Erteilung eines Hinweises gem. § 265 StPO sind von der Verteidigung verschiedene taktische Überlegungen gegeneinander abzuwägen.

Zum einen ist zu bedenken, dass eine Nachtragsanklage gem. § 266 Abs. 1 StPO nur dann in das Verfahren einbezogen werden kann, wenn der Angeklagte **zustimmt**.[50] Eine solche Zustimmung sollte – anlehnend an die Ausführungen zu § 265 Abs. 3 StPO – in der Regel nicht erteilt werden, so dass eine Einbeziehung rechtlich nicht möglich ist.[51] Eine Zustimmung kann sich allenfalls dann empfehlen, wenn die Verteidigung die Zustimmungsproblematik zuvor dazu genutzt hat, mit Gericht und Staatsanwaltschaft **Verständigungen** über den weiteren Verlauf der Hauptverhandlung herbeizuführen. Hierbei bietet es sich an, insbesondere zu erörtern, inwieweit Verfahrensbeschränkungen gem. § 154 StPO im Hinblick auf Sachverhalte, die entweder die ursprüngliche Anklage betreffen oder die Nachtragsanklage betreffen, möglich sind. Gelingt dies, steht einer Zustimmung natürlich nichts im Wege. Ansonsten ist zu bedenken, dass sich die Verteidigung ohne Not durch eine willfährig erteilte Zustimmung in eine Verteidigungssituation begibt, bei der sich zum einen der Vorwurf gegenüber dem Angeklagten erhöht hat und zum anderen die Verteidigung hierauf nicht genügend vorbereitet ist. In der Praxis kann häufig beobachtet werden, dass – möglicherweise gerade wegen des Zustimmungserfordernisses bei Erhebung der Nachtragsanklage – bei vielen Gerichten eine Neigung dazu besteht, eher eine Umgestaltung der angeklagten Tat als eine andere Tat anzunehmen. Dabei wird zugleich der Tatbegriff in rechtsfehlerhafter Weise ausgedehnt. Für den Verteidiger bleibt es eine taktische Einzelfallentscheidung, wie er hiermit umgeht. Gelingt es, das Gericht doch noch von der Notwendigkeit einer Nachtragsanklage zu überzeugen, eröffnet sich damit die Möglichkeit, wegen des Zustimmungserfordernisses den Prozessstoff beschränkt zu halten.

Auf der anderen Seite bietet eine fälschlich unterlassene Nachtragsanklage revisionsrechtlich natürlich erhebliche Erfolgsaussichten. Denn käme nämlich das Revisionsgericht zu der Überzeugung, dass richtigerweise nicht ein rechtlicher Hinweis zu erteilen gewesen wäre, sondern eine Nachtragsanklage zu erheben, hätte es festzustellen, dass es insoweit an der (von Amts wegen zu überprüfenden) Prozessvoraussetzung der Nachtrags-Anklageerhebung fehlt. Das Verfahren müßte eingestellt werden.

---

49 KK/Engelhardt, § 264 StPO Rn 16.
50 So auch Jahn/Schmitz wistra 01, 328 ff.
51 Tendenzen in der Rspr., dass die Verweigerung der Zustimmung rechtsmißbräuchlich sein könnte und deshalb trotz fehlender Zustimmung dennoch eine Einbeziehung möglich ist, ist angesichts der eindeutigen Ausgestaltung des § 266 Abs. 1 StPO eine klare Absage zu erteilen.

§ 22 Verständigung und Vereinbarungen im Strafverfahren

I. Allgemeines

1 Kaum ein Thema des Strafverfahrensrechts hat die Literatur und Rechtsprechung innerhalb der letzten 20 Jahre ähnlich bewegt wie die Frage, in welcher Form es Prozessparteien des Strafverfahrens möglich ist, in rechtlich zulässiger Weise verbindliche Übereinkommen zu schließen. Dabei geht der Streit bereits bei der Terminologie los. So ist teilweise die Rede von Vergleich,[1] Absprache,[2] informeller Absprache,[3] Vergleichsabsprache,[4] Deal,[5] Verständigung[6] oder Vereinbarung.[7]

Sind schon bei der Begrifflichkeit erhebliche Meinungsunterschiede festzustellen, so betrifft dies erst recht die Frage der grundsätzlichen Zulässigkeit solcher ungeregelter Verhaltensweisen. Dass diese zumindest auf den ersten Blick mit den Verfahrensvorschriften des Strafrechts nicht kompatibel erscheinen, wird man konzidieren müssen.[8]

Auf der anderen Seite muss allerdings gesehen werden, dass allein aus der fehlenden Normierung bestimmter Verhaltensweisen nicht zwingend folgt, dass sie deshalb unzulässig wären. Es stellt sich vielmehr die Frage, ob ein durch gesetzliche Vorschriften garantierter **rechtsstaatlicher Mindeststandard** durch bestimmte Handlungsweisen verletzt würde.[9] Hierbei führt die mögliche Verletzung des Prinzips der gerechten Strafe, also das materielle Schuldprinzip zum Unbehagen der Beteiligten gegenüber entsprechenden Vergleichsgesprächen.[10] Es wird befürchtet, dass die Grundprinzipien des Strafprozessrechts, nämlich die Erforschung der materiellen Wahrheit und die Verhängung einer schuldangemessenen Sanktion durch den gesetzlichen Richter in öffentlicher Hauptverhandlung, gefährdet sein könnten.[11]

Die große Sorge besteht vor einem „Handel mit der Gerechtigkeit" und einem anschließenden Urteil in einem Strafverfahren, welches in Wahrheit diesen Namen nicht verdient, weil es sich vielmehr um einen „Vergleich im Gewand des Urteils" handelt, dem Plädoyers und Urteilsverkündung als „Formelhokuspokus" vorausgegangen sind.[12]

Weitere wesentliche Bedenken bestehen auch, da bei derartigen Verhaltensweisen sehr schnell der Eindruck des „Geheimbündlerischen" entsteht und deshalb zum einen der

---

1 Schmidt/Hieber, StV 86, 355; BVerfG NStZ 87, 419.
2 Schellenberg, S. 235.
3 Hassemer/Hippler StV 86, 360.
4 Widmaier, StV 86, 358.
5 Vgl. nur den Aufsatz eines Frankfurter Strafverteidigers unter dem Pseudonym Deal StV 82, 545 (Detlef Deal aus Mauschelhausen).
6 BRAK, Thesen zur Strafverteidigung These 38 ff.; Schmidt/Hieber, Verständigung im Strafverfahren, 1986; BGH StV 03, 544 ff.
7 Rückel NStZ 87, 297.
8 BGH StV 03, 544; vgl. hierzu auch sehr eindringlich das Gutachten von Schünemann „Absprachen im Strafverfahren?" zum 58. DJT München 1990 sowie derselbe in StV 93, 657: „Wetterzeichen einer untergehenden Strafprozesskultur? wider die falsche Prophetie des Absprachenelysiums", und in Festschrift für Rieß, S. 525 unter dem bezeichnenden Titel „Die Absprachen im Strafverfahren – Von ihrer Gesetz- und Verfassungswidrigkeit, von der ihren Versuchungen erliegenden Praxis und vom dogmatisch gescheiterten Versuch des 4. Strafsenats des BGH, sie im geltenden Strafprozessrecht zu verankern.
9 Vgl. BVerfG NStZ 87, 419.
10 Vgl. BVerfG NStZ 87, 419.
11 BGH StV 03, 544, 545; zu diesen Bedenken auch sehr ausführlich und lesenswert Schünemann, a.a.O.
12 Vgl. Schmidt/Hieber in „Der Spiegel" 38/1993, S. 78.

Öffentlichkeitsgrundsatz in Gefahr gerät und zum anderen auch der Grundsatz des fairen Verfahrens – der in diesem Bereich ohnehin in manigfaltiger Weise angesprochen ist – verletzt wird.[13] Es sind dies alles wichtige Fragen, mit denen sich jeder Strafverteidiger zwingend und gründlich auseinandersetzen sollte. Den Umfang dieses Buches würde es indes bei weitem sprengen, hierauf detailliert einzugehen. In der Verteidigerpraxis aber gilt, was Widmaier bereits 1986 festgestellt hat:

> *„Der strafprozessuale Vergleich ist existent. Er braucht nicht erst legalisiert zu werden und er lässt sich auch nicht verbieten.“*[14]

Deshalb soll es vorliegend darum gehen, was in der Praxis machbar ist und tatsächlich auch getan wird, wobei aber einleitend zwei Anmerkungen zu machen sind.

▪ Es ist zu betonen, dass das Gespräch zwischen Verfahrensbeteiligten nicht allein   2
dem **Zeitpunkt** der Hauptverhandlung vorbehalten bleibt. Vielmehr kann es in jeder Lage des Verfahrens sinnvoll sein, Übereinkommen mit weiteren Verfahrensbeteiligten zu treffen. Eine gute Übersicht über die verschiedenen Handlungsweisen, noch dazu mit anhängender „Checkliste", findet sich bei Rückel.[15] Die Ausführungen haben nichts an ihrer Aktualität verloren und stellen die verschiedenen Möglichkeiten und Zielsetzungen von Gesprächen im Ermittlungsverfahren, Zwischenverfahren und Hauptverfahren dar. Insofern wird auch sinnvollerweise angeregt, zwischen den Begrifflichkeiten „Verständigungen" und „Vereinbarungen" im Strafverfahren zu unterscheiden, wobei die Vereinbarung dem Verfahrensabschluss dienen soll und die Verständigung jede Form der Konsenserzielung erfaßt.[16]
Wenn somit erst zum jetzigen Zeitpunkt in diesem Buch auf das Thema der Verständigungen und Vereinbarungen im Strafverfahren eingegangen wird, so darf dies nicht so verstanden werden, dass Gespräche zeitlich erst gegen Ende der Hauptverhandlung geführt werden sollten. Die Frage des Erreichens von Verständigungen oder sogar von Vereinbarungen stellt sich vielmehr während der ganzen Dauer des Strafverfahrens von Beginn an. Insofern ist der gewählte Platz an dieser Stelle des Buches eher willkürlich.

▪ Neben der nicht eingeschränkten zeitlichen Möglichkeit, während eines Strafverfah-   3
rens zu Verständigungen oder Vereinbarungen zu gelangen, muss auch zwingend die nicht eingrenzbare Praxis Erwähnung finden. Es gibt kaum einen anderen Bereich des Strafverfahrens, in dem die Rechtswirklichkeit vor den Instanzgerichten in einem solchen Maße von den Vorgaben der Obergerichte abweicht. Dies kann und darf unabhängig von der rechtlichen Problematik in einem Buch, welches die Mandats**praxis** im Blick hat, nicht verschwiegen werden. Dennoch wird im Folgenden zuerst auf die Vorgaben der Rechtsprechung einzugehen sein. Dabei muss jedoch beachtet werden, dass sich diese Rechtsprechung stets mit fehlgeschlagenen Verständigungen und Vereinbarungen befaßt. Die große Weite der gelungenen Verein-

---

13 Vgl. zum Grundsatz des fairen Verfahrens und zur Drohung mit einer erhöhten Strafe bei Verständigungsgesprächen BGH StV 04, 470.
14 Widmaier StV 86, 357, vgl. hierzu aber wiederum auch die Kritik von Schünemann, in FS für Rieß, 531.
15 Rückel NStZ 87, 297.
16 Rückel a.a.O.

barungen bleibt indes im Verborgenen. Und was sich in diesem Bereich abspielt, ist teilweise jenseits der Vorstellungsmöglichkeiten mancher Revisionsrichter.

Wenn also nachfolgend die rechtliche Problematik von Vereinbarungen dargestellt wird, dann soll klar sein, dass die Praxis bestehend aus Richtern, Staatsanwälten und Verteidigern die Ausführungen des BGH zu den rechtlichen Voraussetzungen zur Kenntnis nimmt, sich aber nicht ohne wenn und aber daran hält.[17] Der Verteidiger befindet sich diesbezüglich in einem besonderen Dilemma. Denn – wie noch zu zeigen sein wird –, bürdet die Revisionsrechtsprechung dem Revisionsführer bei fehlgeschlagenen Verständigungen das Risiko des Nachweises des Scheiterns einer tatsächlichen geschlossenen Vereinbarung auf. Zudem kann ein Verteidiger nicht davon ausgehen, dass nur deswegen keine Gespräche zwischen Staatsanwaltschaft und Gericht stattfinden, weil er selbst ein Gespräch bzw. eine Verständigung mit dem Gericht ablehnt.[18]

Es ist deshalb eine nicht zu leugnende Tatsache, dass wegen der sich stellenden „Sachzwänge" in einer Vielzahl von Fällen Verständigungen über die gerichtlichen Vorgaben hinaus getroffen werden. Natürlich bleibt es aber gerade in diesem Bereich sorgfältigster Prüfung durch den Verteidiger überlassen, ob er dies im Einzelfall für den richtigen Weg hält und hieran mitwirken will oder muss (vgl. hierzu auch unten III. Verteidigerüberlegungen bei Verständigungen und Vereinbarungen).

II. Die rechtlichen Vorgaben durch den Bundesgerichtshof

4 Nach jahrzehntelangem Streit über die Grenzen legaler Absprachen hat der 4. Strafsenat des BGH im Jahre 1997[19] grundlegende Erfordernisse für eine zulässige Absprache formuliert. Diese lassen sich wie folgt wiedergeben:

- Art und Weise der Gespräche
  Eine Absprache ist nur dann wirksam, wenn sie **alle** wesentlichen Verfahrensbeteiligten einbezieht. Dies muss in öffentlicher Hauptverhandlung stattfinden. Es ist allerdings möglich, dass Vorgespräche zwischen einzelnen Verfahrensbeteiligten außerhalb der Hauptverhandlung stattfinden.

- Erklärungen des Angeklagten aufgrund einer Absprache
  Der Angeklagte darf **nicht durch Drohung** mit einer höheren Strafe oder durch Versprechen eines gesetzlich nicht vorgesehenen Vorteils zu einem Geständnis gedrängt werden.[20] Allerdings steht die Tatsache, dass ein Geständnis im Rahmen einer Absprache abgelegt wurde, dessen strafmildernder Berücksichtigung nicht entgegen.

---

17 Siolek, Festschrift für Rieß, 583, spricht zutreffend von einer „Subkultur" der Absprachen, die ein gestörtes Verhältnis der unteren Instanzen zu den Obergerichten offenbaren und sieht als Ausweg nur eine gesetzliche Regelung.

18 Ohnehin besteht in vielen Bundesländern vielfach zwischen Staatsanwaltschaften und Gericht wegen der erfolgenden Positionswechsel in der Justizlaufbahn eines Staatsanwalts bzw. eines Richters eine besondere Nähe, teilweise auch eine psychologische Abhängigkeit. Dies belegt letztlich auch die geringe Anzahl staatsanwaltschaftlicher Ablehnungsanträge gegenüber den Gerichten, welche in diesen Bundesländern pro Jahr gestellt bzw. nicht gestellt werden.

19 BGH NStZ 98, 31.

20 Vgl. hierzu aber BGH StV 04, 470.

- Weitere Aufklärung des Sachverhalts in der Hauptverhandlung
Auch nach einer erfolgten Verständigung oder Vereinbarung gilt das Amtsaufklärungsgebot des § 244 Abs. 2 StPO weiter. Das Gericht muss deshalb bei Zweifeln am Sachverhalt weitere **Sachaufklärung** betreiben.

- Keine bestimmte Strafe
Das Gericht darf vor der Urteilsberatung **keine bestimmte Strafe zusagen**; es kann allenfalls für den Fall der Ablegung eines Geständnisses durch den Angeklagten eine Strafobergrenze angeben, die es nicht überschreiten wird. Hieran ist das Gericht nur dann nicht gebunden, wenn sich in der Hauptverhandlung neue (das heißt dem Gericht bisher unbekannte) schwerwiegende Umstände zu Lasten des Angeklagten ergeben haben;[21] eine solche beabsichtigte Abweichung ist in der Hauptverhandlung mitzuteilen.[22]

- Schuldangemessene Strafe
Das Gericht hat zu beachten, dass es stets eine **schuldangemessene Strafe verhängt**. Die Grundlage darf immer nur der nach der Überzeugung des Gerichts tatsächlich gegebene Sachverhalt sein; dessen strafrechtliche Bewertung und Einordnung ist einer Vereinbarung nicht zugänglich.

- Protokollierungspflicht
Absprachen über Verfahrensinhalt und Ergebnis dürfen **nicht unter dem Deckmantel** der Heimlichkeit und Unkontrollierbarkeit stattfinden. Sie dürfen deshalb nicht als eigenständiges, informelles Verfahren neben der eigentlichen Hauptverhandlung geführt werden. Deshalb müssen Absprachen offengelegt werden, ihr Inhalt muss für alle Beteiligten und auch für das Rechtsmittelgericht überprüfbar sein. Das Ergebnis der Absprache ist – da es sich um einen wesentlichen Verfahrensvorgang handelt – im Protokoll über die Hauptverhandlung festzuhalten, weil nur dadurch auch spätere Streitigkeiten über angeblich erfolgte Absprachen vermieden werden können.

- Vereinbarung eines Rechtsmittelverzichts unzulässig
Das Gericht darf sich nicht versprechen lassen, dass der Angeklagte auf sein **Rechtsmittel**, für das Inaussichtstellen einer milderen Strafe verzichtet. Denn damit läge eine unzulässige Verknüpfung der Rechtsmittelbefugnis mit der Höhe der Strafe vor, die auf jene keinen Einfluss haben darf.[23] Der BGH ist insofern konsequent. Wenn sich das Gericht bei der Verhängung der Strafe nicht endgültig vor der Urteilsberatung festlegen kann, so kann auch dem Angeklagten nicht abverlangt werden, dass dieser sich bereits vor Abschluss der Hauptverhandlung und Kenntnis der Entscheidung dieser Kontrollmöglichkeit begibt.

---

21 Vgl. zuletzt zur fehlenden Verbindlichkeit gerichtliche Zusagen bei fehlender Kenntnis der Staatsanwaltschaft; BGH StV 03, 482.

22 Vgl. zuletzt auch BGH StV 03, 268 (hiernach ist der Hinweis der Nichtbindung sogar protokollierungspflichtig).

23 Ob aus einer unzulässigen Vereinbarung eines Rechtsmittelverzichts auch zwingend die Unwirksamkeit eines dann erklärten Rechtsmittelverzichts folgt, ist zwischen den einzelnen Senaten des BGH strittig; vgl. 3. Senat BGH StV 03, 544, 4. und 5. Senat BGH StV 04, 4, 1. Senat BGH StV 04, 115, 2. Senat BGH StV 04, 196. Nach Anfrage durch den 3. Senat in StV 03, 544 regt in diesem Zusammenhang neben dem 1. und 4. Senat auch der 2. Senat in StV 04, 196 an, die Frage der Unwirksamkeit des erklärten Rechtsmittelverzichts durch den Großen Senat für Strafsachen im Verfahren gemäß § 132 Abs. 4 GVG entscheiden zu lassen. Der Vorlagebeschluß wurde am 15.06.04 gefaßt (BGH StV 04, 473 ff.). Hier bleibt die weitere Entwicklung abzuwarten.

III. Verteidigerüberlegungen bei Verständigungen und Vereinbarungen

1. Zeit- und Anknüpfungspunkte für die Aufnahme von Gesprächen

5   Die richtige Handhabung von Verständigungen und Vereinbarungen im Strafverfahren ist eine der anspruchsvollsten Aufgaben, die sich dem Verteidiger im Laufe des Strafverfahrens stellen können. Denn sowohl die Frage, ob überhaupt eine Verständigung oder eine Vereinbarung gesucht werden sollte und zusätzlich die Bestimmung des richtigen Zeitpunkts hängt von manigfaltigen Faktoren rechtlicher, sachlicher und psychologischer Art ab.

So ist bereits zu bedenken, dass zu frühe „Verhandlungen" die Möglichkeit eines besseren Verfahrensergebnisses durchaus zunichte machen können. Insbesondere verstellt sich in der Regel dem Angeklagten die Möglichkeit auf einen Freispruch. Bereits hieraus folgt die selbstverständliche Pflicht, dass der Verteidiger die Aufnahme von Verständigungsgesprächen mit seinem Mandanten abzuklären hat. Dazu gehört, dass er den Mandanten nicht nur über Umfang und Risiken einer solchen Entscheidung aufzuklären hat, bevor diese getroffen wird, sondern auch im folgenden ständig informiert.[24]

Ebenso selbstverständlich ist, dass der Verteidiger seinen Mandanten nicht zu einem falschen Geständnis rät und an der Verurteilung eines Unschuldigen mitwirkt. Ein Geständnis, welches der Mandant im Rahmen einer Verfahrensabsprache ablegt, muss von diesem auch verantwortet werden können.[25]

Umgekehrt lässt sich aber auch sagen, dass die **frühe Aufnahme** von Verständigungsgesprächen nicht grundsätzlich falsch ist. Denn häufig wird der Verteidiger eine Prozesslage vorfinden, in der es wünschenswert ist, dass das Gericht nicht zu tief in den Sachverhalt einsteigt. Gerade wenn sich nach Aktenlage ergibt, dass die Beweisaufnahme besonders unangenehme Aspekte und Details zutage bringen wird, muss natürlich dafür gesorgt werden, dass eine Beweisaufnahme allenfalls eingeschränkt erfolgt.

Hat sich der Verteidiger einmal zur Aufnahme von Verständigungs- und Vereinbarungsgesprächen entschlossen, kann die angesprochene Frage nach dem richtigen Zeitpunkt des Gesprächs entscheidende Bedeutung entfalten. Diese Frage wird auch nicht dadurch überflüssig, dass es gelegentlich das Gericht oder der Staatsanwalt sind, die die Gesprächsinitiative ergreifen. Denn auch in solchen Fällen steht es dem Verteidiger natürlich frei, mitzuteilen, dass gegenwärtig noch kein Gesprächsbedarf bestünde.

Allgemein lässt sich sagen, dass dann, wenn im Rahmen der Hauptverhandlung derartige Gespräche angestrebt sind, bereits bei der Vorbereitung der Hauptverhandlung günstige Zeitpunkte analysiert und bestimmt werden sollten. Häufig wird es sich dabei anbieten, den Gesprächsbeginn im Anschluss an ein bestimmtes Ereignis zu planen, das prozessualer oder tatsächlicher Art sein kann. So kann es etwa sinnvoll sein, bei einer Hauptverhandlung, die aufgrund eines Einspruchs nach Strafbefehl erfolgt, bereits

---

24   Vgl. hierzu auch These 40 des Strafrechtsausschusses der Bundesrechtsanwaltskammer, a.a.O.

25   Vgl. These 21 des Strafrechtsausschusses der BRAK, a.a.O.; häufig wird dieses Problem allerdings eher theoretischer Natur sein. Der Verteidiger kann im Regelfall davon ausgehen, dass er von seinem Mandanten nicht vollständig mit der Wahrheit bedient wird. Die Frage, ob der Mandant nun wirklich unschuldig ist oder nicht, wird sich deshalb kaum beantworten lassen. Hierbei kann es für die Beantwortung der Frage, ob schuldig oder unschuldig, auch kein Indiz sein, wenn der Mandant erklärt, „eigentlich stimme der Vorwurf ja überhaupt nicht".

im Rahmen und zu Beginn der Einlassung des Angeklagten mit einer Erklärung zum Sinn des Einspruchs eine „Gesprächsrunde einzuläuten".

Denkbar ist es auch, im Anschluss an Zeugen- oder Sachverständigenaussagen, im Rahmen der Ausübung des Erklärungsrechts gemäß § 257 StPO, die Gesprächsbereitschaft abzuklopfen, wenn absehbar ist, dass im Rahmen der Beweisaufnahme aufgrund dieser Aussagen entsprechende Weichenstellungen erfolgen werden.

Nicht selten können sich erfolgreiche Gespräche aber auch nach dem Auftreten von Hindernissen oder Hürden entwickeln, die dem Gericht Probleme bereiten. Ergibt sich etwa, dasss noch bestimmte Beweismittel (insbesondere Zeugen und Sachverständige) für das Verfahren zwingend gebraucht werden, diese aber derzeit nicht greifbar sind, und dass deshalb eine erhebliche Verfahrensverzögerung (Unterbrechung oder möglicherweise sogar Aussetzung des Verfahrens) droht, steigert sich in der Praxis die Verständigungsbereitschaft von Gerichten ganz erheblich.

Aber auch außerhalb der eigentlichen Hauptverhandlung kann die Gesprächsaufnahme gesucht werden. So sind Fälle bekannt, in denen im Rahmen einer Unterbrechung der Hauptverhandlung der Vorsitzende Richter den Verteidiger auf dem Flur kontaktiert hat oder sogar auf der Toilette (!).[26] Es ist in der Praxis nicht unüblich, dass außerhalb der Hauptverhandlung Verteidiger das Gericht im Beratungszimmer aufsuchen, um dort den bisherigen Verfahrensablauf zu analysieren oder aber umgekehrt, dass sogar unmittelbar nach Anklageverlesung der Strafkammervorsitzende Verteidiger und Staatsanwalt in das Beratungszimmer „zitiert", um noch vor Einlassung zur Sache seine punktgenauen Vorstellungen von den zu verhängenden Strafen darzulegen.

Mag – wie oben aufgezeigt – schon der äußerliche Rahmen eines Vergleichsgesprächs gelegentlich – im wahrsten Sinne des Wortes – anrüchig und teilweise auch befremdlich sein, so gilt dies – gemessen an der bestehenden Rechtslage – in einem noch weit stärkerem Maße für den Inhalt. Hinzu kommt hier wiederum die praktisch alltägliche Abweichung von den Vorgaben der höchstrichterlichen Rechtsprechung.

Erklärbar (ob rechtlich hinnehmbar, ist eine andere Frage) ist dies dadurch, dass sowohl die Versuchung der möglichen schnellen Verfahrensbeendigung als auch das Bedürfnis an der Klarheit und Sicherheit der getroffenen Vereinbarung von den Revisionsgerichten im Wesentlichen nicht steuerbar ist.[27]

Demzufolge ist es bis heute noch Standard, dass Verteidiger nicht daran interessiert sind, lediglich eine Strafobergrenze (vorbehaltlich der Urteilsberatung) mitgeteilt zu erhalten. Ebenso wenig sind viele Gerichte dazu bereit, sich auf eine Vereinbarung mit den Verfahrensbeteiligten einzulassen, wenn nicht zumindest der Verteidiger die Erklärung des Rechtsmittelverzichts in Aussicht stellt. Auch diesbezüglich muss noch einmal darauf hingewiesen werden, dass ein enormer Graubereich besteht. Es gibt fast nichts, was in der Praxis nicht vorstellbar wäre. Dies beginnt mit „Geheim"-Gesprächen zwischen Verfahrensbeteiligten unter Ausschluß weiterer Verfahrensbeteiligter und endet nicht selten damit, dass punktgenau zu verhängende Strafen vereinbart wer-

---

26 Wobei der Fall dadurch publik wurde, dass der Nebenklägervertreter unerkannt in der anderen Kabine weilte.

27 Weigend (StV 00, 63) führt hierzu am Ende einer Urteilsanmerkung zur Unwirksamkeit eines Rechtsmittelverzichts bei einer Absprache an: „Der BGH kann beeinflussen, was geschrieben und gesagt wird, aber er kann nicht ändern, was getan wird." Deswegen wird die Problematik auch bestenfalls durch gesetzliche Regelungen in den Griff zu bekommen sein.

den, die nur schwer mit einer schuldangemessenen Strafe in Verbindung zu bringen sind.[28]

Auf der anderen Seite drängt sich ab und an der Eindruck auf, dass völlig losgelöst von der Ebene schuldangemessenen Strafens als nicht erwähnter Strafzumessungsgrund zu Lasten des Angeklagten berücksichtigt wurde, wenn sich der Angeklagte nicht auf das Verständigungsangebot des Gerichts eingelassen und somit die Erwartung der schnellen Erledigung des Gerichts enttäuscht hat.[29]

2. Protokollierungsprobleme

6 Probleme in taktischer Hinsicht ergeben sich für den Verteidiger auch hinsichtlich der **Protokollierungsbedürftigkeit** einer Absprache. Wie angesprochen[30] wird nach der revisionsrechtlichen Rechtsprechung die Protokollierung des Ergebnisses der Absprache im Hauptverhandlungsprotokoll gefordert.[31] Tatsächlich beachten viele Gerichte dieses Erfordernis in der Praxis nicht. Dem Verteidiger muss dabei bewusst sein, dass ihm der „schwarze Peter" für diese Nichtprotokollierung durch die Revisionsrechtsprechung zugeschoben wird. Denn nach der Auffassung des BGH kann es zweifelhaft sein, ob sich der Angeklagte im Revisionsverfahren auf eine von ihm behauptete, vom Gericht gegebene Zusage berufen kann, wenn die Erklärung nicht im Protokoll über die Hauptverhandlung festgehalten worden ist. Insofern könnte es für die Wirksamkeit der behaupteten Zusage an einer wesentlichen Förmlichkeit fehlen, die auch für das Rügerecht im Revisionsverfahren Bedeutung erlangt.[32]

Aufgrund dieser riskanten Rechtsprechung wird für den Verteidiger deshalb stets zu überlegen sein, ob nicht auf der **Protokollierungspflicht** bestanden werden sollte.[33] Besteht er nicht auf einer Protokollierung der Absprache – möglicherweise weil der Inhalt entweder aus tatsächlichen oder psychologischen Gründen nicht protokollierungsfähig ist –, so muss ihm bewusst sein, dass sein Mandant – völlig unverständlicher – und unhaltbarerweise allein das Risiko eines nicht anfechtbaren Scheiterns der Vereinbarung tragen kann.

Diese Rechtslage ist gerade für einen Angeklagten schlichtweg unerträglich. Im Regelfall steht der Angeklagte als juristischer Laie einer Allianz von Berufsjuristen bestehend aus Richter, Staatsanwalt und Rechtsanwalt gegenüber. Ihm ist es überhaupt nicht möglich, die rechtlichen Grenzen zulässiger Absprachen auch nur entfernt beurteilen zu können.[34] Warum deshalb ausgerechnet der Rücken des Angeklagten als „Expertenschlachtfeld" akzeptiert wird, ist nicht einzusehen. Zudem sind diejenigen Fälle nicht

---

28 So ist es etwa denkbar, dass das Tatgericht sich dazu bereitfindet, bei einem entsprechenden Entgegenkommen des Angeklagten eine Freiheitsstrafe zu verhängen, die grundsätzlich noch im Bewährungsbereich liegt, dies aber ohne Bewährung, obwohl eigentlich eine sehr viel höhere Strafe auch nach Auffassung der Strafkammer angemessen wäre. Die Verhängung der Strafe wird aber von einem sofortigen Rechtsmittelverzicht abhängig gemacht, weil allen Verfahrensbeteiligten bewusst ist, dass das Urteil revisionsrechtlicher Überprüfung in keinem Fall standhalten könnte, da sich schlechterdings nicht begründen ließe, warum die Voraussetzungen für eine Bewährungsaussetzung nicht vorliegen sollten.

29 Vgl. hierzu sehr eindrucksvoll Wieder, StV 02, 397, sowie Amelung, Strafo 01, 185.

30 Vgl. Ausführungen unter § 22 Rn 4.

31 Vgl. BGH NStZ 89, 33.

32 BGH StV 99, 408.

33 So im Ergebnis Malek Rn 48.

34 Vgl. zutreffend Weider, Anm. zu BGH StV 00, 539.

selten, in denen sich Gericht oder Staatsanwaltschaft zwar vergleichsbereit zeigen, aber aus psychologischen Gründen eine Protokollierung des Vergleichs in der Hauptverhandlung vermeiden wollen. Denkbar ist dies vor allen Dingen in den Fällen, die großes Öffentlichkeitsinteresse aufgrund der Tatumstände hervorgerufen haben. Dann kommt es vor, dass die Staatsanwaltschaft aufgrund von Vergleichsgesprächen signalisiert, dass sie eine bestimmte Strafe des Gerichts akzeptieren wird und nicht ins Rechtsmittel geht. Aus Gründen der **Öffentlichkeitswirkung** wird es dabei aber zugleich für erforderlich gehalten, den Strafantrag des Sitzungsstaatsanwalts weit über die vereinbarte Strafe hinaus zu formulieren. Macht deshalb der Staatsanwalt im Rahmen der Gespräche deutlich, dass er einen entsprechenden Hinweis auf eine Absprache im Rahmen der Hauptverhandlung vermeiden möchte, sich aber dennoch an die Absprache hält, kommt es zu der typischen Zwickmühle für den Verteidiger. Sicher ist auf der einen Seite, dass er bei einem Scheitern unter diesen Voraussetzungen revisionsrechtlich wohl kaum zu einem Erfolg kommen dürfte. Sicher ist aber auch, dass er Gefahr laufen kann, bei einem Nichteingehen auf diese Vereinbarung zu einem deutlich schlechteren Ergebnis zu gelangen. Es wird hier deshalb immer der Einzelfallentscheidung des Verteidigers überlassen bleiben müssen, welche weitere Verfahrensgestaltung er wählt.

3. Befangenheit und Vergleichsgespräche

Bereits an anderer Stelle[35] wurde darauf hingewiesen, dass die Gespräche mit den weiteren Verfahrensbeteiligten dem Verfahren nur dann förderlich sind, wenn sie in einer gewissen Offenheit stattfinden. Hierbei sollte es sich als ein Gebot der Fairness von selbst verstehen, dass einem offenen Wort auch entsprechend begegnet wird. Daher sollten Verständigungsgespräche in der Regel keinen Anlass zur Befangenheitsablehnung geben.[36]   7

Andererseits ist dem Verteidiger die Richterablehnung aufgrund von Verständigungsgesprächen grundsätzlich nicht verwehrt. Ausnahmen können etwa dann denkbar sein, wenn der Vorsitzende nicht nur von sich aus die Vergleichsgespräche beginnt, sondern im Rahmen der Gespräche von vornherein erkennen lässt (und dies sogar noch vor der Beweisaufnahme), dass Verteidiger und Angeklagter nur die Möglichkeit haben, entweder die exakte Strafvorstellung des Gerichts mit Rechtskraft zu akzeptieren oder im Falle der Weigerung einer höheren Strafe entgegenzusehen.[37]

4. Rechtsmittelverzicht

Ein besonderes Problemfeld im Bereich der Absprachen stellt weiterhin die Zusage des   8
Rechtsmittelverzichts dar.[38] Hierzu ist durch die Rechtsprechung immer wieder darauf hingewiesen worden, dass die Vereinbarung eines Rechtsmittelverzichts vor der Ur-

---

35 Vgl. die Ausführungen zum Befangenheitsrecht, § 20.

36 Vgl. hierzu auch These 42 des Strafrechtsausschusses der BRAK.

37 Vgl. hierzu auch BGH StV 04, 470 f. zur Unzulässigkeit einer konkreten Strafandrohung oder einem Versprechen eines gesetzlich nicht vorgesehenen Vorteils des Angeklagten zu einem Geständnis (in der Vorinstanz hatte die Strafkammer des LG München I nach Anklageerhebung und Eröffnungsbeschluß in Gesprächen mit der Verteidigung für den Fall eines Geständnisses eine Bewährungsstrafe in Aussicht gestellt und für den Fall einer notwendigen Durchführung einer Beweisaufnahme ohne Geständnis und ohne vollständige Schadenswiedergutmachung eine Freiheitsstrafe von bis zu 6 Jahren als mögliches Ergebnis prophezeit).

38 Vgl. auch ausführlich Meyer, StV 04, 41 ff.

teilsverkündung unzulässig ist.[39] Ob der Verteidiger sich dennoch auf die Vereinbarung eines Rechtsmittelverzichts einlässt, wird er ebenfalls im Einzelfall zu beurteilen haben. Zu bedenken ist, dass es in der Praxis ohne Rechtsmittelverzicht in aller Regel kaum zu einer Absprache kommen wird. Auf der anderen Seite ist zu sehen, dass der Verteidiger mit Verzicht auf die mögliche Rechtsmitteleinlegung dem Mandanten eine Überprüfungsmöglichkeit des Urteils abschneidet.

In diesem Lichte betrachtet ist aber zu fragen, welches besondere Überprüfungsbedürfnis denn nach einer – gelungenen – Absprache redlicherweise noch zu sehen ist. Der BGH hat hierzu ausgeführt:

> *„Derjenige Angeklagte, dessen Erwartungen sich durch eine solche Übereinkunft weitgehend haben verwirklichen lassen, wird sich schon zur Ersparnis weiterer Kosten und psychischer Belastung ohne weiteres auf einen entsprechenden Rechtsmittelverzicht einlassen, oftmals diesen aus den angesprochenen Gründen sogar dezidiert wollen. Deshalb ist häufig in solchen Verhandlungen ein Rechtsmittelverzicht inzident bereits angelegt, und die Beteiligten verstehen ein entsprechendes Verhandlungsergebnis auch in der Sache als endgültig.[40]"*

Abzuwarten bleibt in diesem Zusammenhang auch die zwischen den einzelnen Senaten des BGH streitige Frage, ob aus einem unzulässigen Rechtsmittelverzicht auch gleichzeitig die Unwirksamkeit eines tatsächlich erklärten Rechtsmittelverzichts folgt.[41]

---

39 Vgl. nur BGH NStZ 98, 31, BGH StV 00, 42; BGH StV 99, 412; BGH StV 00, 4, jetzt aber auch in der Diktion beachtlich BGH StV 02, 354; vgl. hierzu die weiteren Ausführungen.

40 BGH StV 02, 354.

41 Vgl. insoweit bereits die Äußerungen zum Vorlagebeschluß an den Großen Senat für Strafsachen in StV 04, 437 ff. unter Fn. 22.

§ 23 Ausführungen und Erklärungen am Ende der Hauptverhandlung

I. Der Schlußvortrag des Verteidigers

1. Rechtliche Grundlagen, Reihenfolge und Zeitpunkt des Schlußvortrages

Nach dem Schluß der Beweisaufnahme tritt das Hauptverfahren in das Stadium der Schlußvorträge ein (§ 258 Abs. 1 StPO). Dabei haben das Recht zum Schlußvortrag nicht nur der Staatsanwalt und der Angeklagte, die in § 258 Abs. 1 StPO ausdrücklich erwähnt sind, sondern darüber hinausgehend über entsprechende Verweisungsnormen auch weitere Prozessbeteiligte.[1] Auf den ersten Blick erstaunlich mag es sein, dass § 258 Abs. 1 StPO als Schlußvortragsberechtigten den Verteidiger nicht aufführt. Nachdem es dem Verteidiger aber ohnehin gestattet ist, für den Angeklagten zu sprechen,[2] ist eine ausdrückliche Erwähnung für überflüssig erachtet worden. Negative Schlußforderungen ergeben sich aus der Nichterwähnung in § 258 Abs. 1 StPO für den Verteidiger jedenfalls nicht.[3] Im Gegenteil können sich sogar Vorteile im Hinblick auf die Reihenfolge der Schlußvorträge (vgl. unten) herleiten lassen.

Bis auf den Staatsanwalt handelt es sich bei dem erwähnten Personenkreis allerdings um **Schlußvortragsberechtigte**, nicht Schlußvortragsverpflichtete. Allein die Staatsanwaltschaft ist aufgrund ihrer prozessualen Stellung im Offizialverfahren verpflichtet, den Sachverhalt im Rahmen der Schlußausführungen in tatsächlicher und rechtlicher Hinsicht zu würdigen und einen bestimmten Antrag zu stellen.[4] Von besonderer praktischer Bedeutung für das Verfahren ist dies allerdings nicht, weil das Gericht selbst dann ein Urteil fällen könnte, wenn der Staatsanwalt pflichtwidrig eine Antragstellung unterlässt.[5] Von ebenfalls geringer praktischer Bedeutung ist auch die gelegentlich vertretene Auffassung, dass auch den Verteidiger im Falle der notwendigen Verteidigung eine Antragsverpflichtung träfe.[6] Abgesehen davon, dass diese Auffassung abzulehnen ist, da es dem Verteidiger wie dem Angeklagten überlassen bleiben muss, ob er schweigt oder redet, wird sich auch dieses Problem selten stellen. Denn das Auslassen eines Schlußvortrags steht immer einer vertanenen Chance gleich und kann deshalb kein sinnvolles Verteidigungsmittel sein. Kein Verteidiger sollte ernsthaft glauben, etwa ein Gericht nach einem extrem prozessordnungswidrig geführten Verfahren durch eine Verweigerung des Schlußvortrags „aufrütteln" zu können.[7] Ist ein solcher Verfahrenszustand eingetreten, so wird in einem solchen Fall sehr viel eher zu erwarten sein, dass das Gericht mit Zufriedenheit oder Genugtuung darauf reagiert, wenn die Verteidigung nunmehr vollständig zusammengebrochen ist und der Weg zum Urteil verkürzt

1 Privatkläger (§ 385 Abs. 1 S. 1 StPO), Widerkläger (§ 388 StPO), Nebenkläger (§ 397 Abs. 1 StPO), Einziehungsbeteiligte (§ 433 Abs. 1 StPO), Vertreter einer juristischen Person oder Personenvereinigung (§ 444 Abs. 2 StPO), Erziehungsberechtigte und gesetzliche Vertreter (§§ 67, 104 Abs. 1 Nr. 9 JGG), wobei es zwar gesetzlich nicht ausdrücklich geboten ist, aber dennoch guter Stil sein sollte, dass sich Prozessbeteiligte nur im Rahmen ihres Beteiligungsrechts äußern (vgl. zu den häufigsten Ärgernissen beim Nebenkläger etwa § 400 StPO).
2 Vgl. auch § 258 Abs. 3 StPO.
3 Ihm ist sogar regelmäßig ohne ausdrücklichen Antrag das Wort zum Schlußantrag zu erteilen.
4 BGH NStZ 84, 468.
5 KK/Engelhardt, § 258 StPO Rn 8.
6 So Schlüchter, das Strafverfahren, Rn 561 Punkt 3.
7 So ein Beispiel bei Malek Rn 444.

ist. Der Verteidiger muss es sich deshalb selbst zur Pflicht machen, stets einen Schluß-vortrag zu halten.

Von weit größerer Bedeutung kann es hingegen sein, in welcher **Reihenfolge** die Schlußvorträge zu halten sind. Eine gesetzlich zwingende Regelung gibt es hierzu nicht. Die Norm des § 258 Abs. 1 StPO, welche als erstes den Staatsanwalt nennt, ist nur eine Ordnungsvorschrift. Von ihr kann aus Zweckmäßigkeitsgründen jederzeit abgewichen werden. Allerdings wird im Regelfall der Staatsanwalt mit dem Schlußvortrag beginnen. Für die Rechtsmittelverfahren folgt die Reihenfolge der Schlußvorträge aus § 326 StPO (Berufung) und § 351 Abs. 2 S. 1 StPO (Revision), wonach der Beschwerdeführer seinen Schlußvortrag zuerst zu halten hat. Auch hierbei handelt es sich jedoch lediglich um Ordnungsvorschriften, von denen aus Zweckmäßigkeitserwägungen abgewichen werden kann.

Zu den Ausführungen eines Prozessbeteiligten im Schlußvortrag steht den anderen Prozessbeteiligten das Recht auf **Erwiderung** zu. Zwar benennt § 258 Abs. 2 StPO ausdrücklich nur den Staatsanwalt, dies gilt jedoch auch für die anderen Beteiligten.[8] Aus der gesetzlichen Regelung ist allerdings abzulesen, dass kein Beteiligter Anspruch darauf hat, im Rahmen der Schlußausführungen mehr als zweimal das Wort zu erhalten.

Für den Verteidiger ist dies alles jedoch allenfalls im Hinblick darauf von Bedeutung, wie oft von anderer Seite auf seinen Vortrag eingegangen werden kann, weil er sich sicher sein kann, bei Bedarf immer als letzter sprechen zu können. Denn dem Angeklagten steht in jedem Fall **das letzte Wort** zu. Im Rahmen des letzten Wortes kann sich der Angeklagte aber auch des Beistands seines Verteidigers bedienen.

Ergibt sich deshalb in der Hauptverhandlung, dass der Vorsitzende Richter gegen den Willen der Verteidigung eine **andere Reihenfolge** der Schlußvorträge bestimmt (z.B. Staatsanwalt, Verteidiger und dann erst Nebenkläger), so bieten sich hiergegen gleich zwei Handlungsweisen des Verteidigers an. Zum einen steht ihm natürlich die Anrufung des Gerichts gemäß § 238 Abs. 2 StPO offen. Darüber hinausgehend kann der Verteidiger aber auch schlichtweg seine Erklärungen erst im Rahmen des letzten Wortes des Angeklagten abgeben.

2 Eine andere Frage betrifft den **Zeitpunkt des Schlußvortrages**. In normal verlaufenden Strafverfahren wird es häufig so sein, dass unmittelbar an den Schluß der Beweisaufnahme das Gericht den Prozessbeteiligten dazu Gelegenheit gibt, ihre Schlußanträge zu halten. Hiergegen ist nichts einzuwenden, wenn durch entsprechende Vorbereitungen vor der Hauptverhandlung und innerhalb der bisherigen Hauptverhandlung sichergestellt ist, dass ein Vortrag auch in qualifizierter Form erfolgen kann.

Etwas anderes muss aber dann gelten, wenn aufgrund des Umfangs oder der Schwierigkeit des Verfahrensstoffs der Verteidiger sich redlicherweise eingestehen muss, zu einem sinnvollen sofortigen Schlußantrag nicht in der Lage zu sein. Der Schlußantrag ist zu wichtig, als dass fahrlässig Erklärungen improvisiert werden sollten. In einem solchen Fall muss deshalb eine Sitzungsunterbrechung beantragt werden, damit der Schlußvortrag auch vernünftig vorbereitet werden kann. Die beanspruchte Unterbrechung muss dem Verteidiger auch gewährt werden.[9] Keineswegs sollte er sich dabei einem vermeintlichen Leistungsdruck ausgesetzt sehen. Die fehlende Bereitschaft zum

---

8 KK/Engelhardt, § 258 Rn 13 StPO.
9 Schellenberg, S. 246; vgl. auch KG NStZ 84, 521.

sofortigen Schlußvortrag ist kein Zeichen von mangelnder Professionalität. Im Gegenteil ist vielmehr der sofort und ohne Unterbrechung gehaltene qualitätsarme Schlußvortrag ein Zeichen für schlechte Verteidigung.

Vernünftigerweise sollte der Verteidiger sich aber nicht nur fragen, ob er unmittelbar im Anschluss an den Schluß der Beweisaufnahme dazu in der Lage ist, einen Schlußvortrag zu halten, sondern er muss sich auch Gedanken darüber machen, ob die weiteren Prozessbeteiligten überhaupt noch aufnahmefähig sind. Selbst die beste Rede nützt nichts, wenn sie keine **Empfangsbereitschaft** findet. Gerade bei besonders lang andauernden Hauptverhandlungen bis tief in den Abend hinein kann die Gefahr bestehen, dass die Schlußvorträge nur noch als wirkungsloses Ritual stattfinden. Bestehen deshalb Bedenken, ob das Gericht den Verteidigungsausführungen tatsächlich noch mit der erforderlichen Aufmerksamkeit folgen wird, ist in jedem Fall ebenfalls eine **Unterbrechung zu beantragen**, wobei sinnvollerweise in der Begründung darauf hingewiesen werden sollte, dass Verteidiger und Angeklagter aufgrund der lang andauernden Hauptverhandlung nun nicht mehr in der Lage dazu seien, der Verhandlung konzentriert zu folgen.

2. Taktik und Inhalt des Schlußvortrages des Verteidigers

Die Festlegung des Inhalts und der Vortrag des Schlußantrags stellen an den Verteidiger erhebliche Anforderungen. Es ist eine nicht zu leugnende Tatsache, dass sowohl die Öffentlichkeit und insbesondere hierbei die über die Hauptverhandlung berichtenden Medien, wie auch in der Regel der Mandant selbst dazu neigen, die Güte eines Verteidigers nach dessen **Schlußplädoyer** zu beurteilen. Der dadurch ausgelösten Versuchung können leider manche Verteidiger nicht widerstehen und deuten den Gerichtssaal in eine Theaterbühne um, auf der dann eine Schmierenkomödie gegeben wird. Wenn der Verteidiger glaubt, insbesondere durch einen „dröhnenden Schlußakkord" seine Honoraransprüche rechtfertigen zu müssen, hat er vorher etwas falsch gemacht. Vor einer solchen Handlungsweise kann nicht deutlich genug gewarnt werden. Die Herausforderung des Schlußvortrags muss für den Verteidiger vielmehr darin liegen, eine Zielrichtung des Antrags zu definieren und gemäß dieser Vorgabe einen in Inhalt und Form angemessenen Antrag an den richtigen Adressaten zu übermitteln. 3

a) Adressat des Schlußantrages

Nachdem im deutschen Strafrecht das Gericht am Ende der Hauptverhandlung das Urteil zu fällen hat, versteht es sich von selbst, dass sich der Schlußvortrag **an das Gericht** zu wenden hat. Dort sind die Ansprechpartner, die unbedingt erreicht werden müssen. Ob das Publikum hingegen die Rede versteht und begeistert aufnimmt, ist von untergeordneter Bedeutung. Nur in Ausnahmefällen kann es sich anbieten, zeitlich begrenzt den Kreis der unmittelbaren Ansprechpartner zu verringern oder zu erweitern. 4

aa) Verringerung des Adressatenkreises. Eine Verringerung kann etwa dann in Betracht kommen, wenn aus dem Kreis des Gerichts gezielt nur die Laienrichter angesprochen werden sollen. Eine solche Möglichkeit kann in den Fällen angedacht werden, in denen es um die Darstellung von einfacheren Rechtsproblematiken oder Handlungsabläufen geht. Hierbei ist zu bedenken, dass nicht wenige Richter, die letztlich ein Leben lang von Berufswegen „Recht haben", ungehalten darauf reagieren, wenn sie den Eindruck haben, nun auch noch von der Verteidigung über Rechtsprob- 5 leme oder Abläufe belehrt zu werden. Schon im täglichen Leben lassen sich erfahrungsgemäß bessere Verhandlungsergebnisse dann erzielen, wenn der **Verhandlungspartner** (nicht Verhandlungsgegner) nicht nur die Möglichkeit erhält, sein Gesicht wahren zu können, sondern auch den Eindruck hat, von selbst auf das richtige Ergebnis gekommen zu sein.

Ein gesondertes Ansprechen der Schöffen kann somit deutlich machen, dass auch die Verteidigung selbstverständlich davon ausgeht, dass den Berufsrichtern das Thema genauestens bekannt ist, dennoch aber die Gelegenheit dazu genutzt werden soll, den mit der Materie nicht vertrauten Laienrichtern aus der Sicht der Verteidigung die besonderen Problematiken aufzuzeigen.

Bei einer solchen Vorgehensweise kann natürlich auch daran gedacht werden, den eingeengten Adressatenkreis der Laienrichter lediglich pro forma zu wählen, damit aber tatsächlich zugleich auch die Berufsrichter anzusprechen. Denn es gibt bestimmte Handlungsabläufe im Strafverfahren, von denen viele Berufsrichter erfahrungsgemäß kaum Kenntnis haben, da sie damit wenig befaßt sind, dennoch aber unwirsch reagieren würden, wenn sie hierzu explizit aufgeklärt würden und man ihnen damit Unwissenheit unterstellt. Beispielhaft zu nennen sind hierbei etwa wichtige Erwägungen im Bereich der Strafzumessung. So kann nicht ohne weiteres davon ausgegangen werden, dass allen Berufsrichtern geläufig ist, dass im Regelfall die Untersuchungshaft für einen Gefangenen sehr viel schlimmer erlebt wird als die Strafhaft.[10] Ebenso unbekannt sind vielfach die landesrechtlich unterschiedlichen Bestimmungen, ab wann eine bestimmte JVA zuständig ist und welche Vollzugslockerungsmöglichkeiten bestehen. Es kann indes einen erheblichen Unterschied machen (gerade für die Chancen und Entwicklungen des Mandanten) in welcher JVA er eine Strafe zu verbüßen haben wird. Von daher wird es häufig sinnvoll sein, dem Gericht zu verdeutlichen, in welcher Form der weitere Weg durch den Vollzug von der Strafhöhe abhängig ist.

6 *bb) Erweiterung des Adressatenkreises.* In Ausnahmefällen ist aber auch an eine **Erweiterung des Adressatenkreises** über das Gericht hinaus zu denken. So kann es sich unter Umständen anbieten, den Nebenkläger direkt anzusprechen, wenn eine persönliche Geste angezeigt und auch angebracht ist. Lediglich in ganz seltenen Ausnahmefällen kann auch zusätzlicher Adressat des Vortrags die Öffentlichkeit sein. Dabei ist aber Vorsicht geboten. Es wurde bereits an anderer Stelle vor einer Verteidigung durch oder mit Hilfe der Presse gewarnt. Dies gilt natürlich auch für den Schlußvortrag. Kein Gericht wird eine besondere Bereitschaft dafür entwickeln, sich durch die Meinung und Stimmungslage in der Öffentlichkeit unter Druck setzen zu lassen. Andererseits kann aber in Sonderfällen ein Signal gegenüber der Öffentlichkeit im Schlußvortrag durchaus die Stimmung des Gerichts zugunsten des Angeklagten beeinflussen.[11] Natürlich

---

10 Dies resultiert zum einen bereits daraus, dass für den Beschuldigten eine völlig ungewisse Lebenssituation bis zur Hauptverhandlung besteht und zum anderen aus den Umständen des Vollzugs der Untersuchungshaft; im Regelfall verbringt der Untersuchungshäftling 23 Stunden in der Zelle und lediglich 1 Stunde im Freien während des Hofgangs. Bei der Strafhaft hat der Gefangene hingegen zum Beispiel zeitliche Gestaltungsmöglichkeiten in Form von Arbeitsmaßnahmen, welche die Belastung in der Regel reduzieren.

11 So kann etwa in einem Verfahren gegen einen Skinhead, bei dem sich im Zuhörerraum weitere Skinheads befinden, eine klare Erklärung des Verteidigers dahingehend, dass der Angeklagte mit seiner (aufklärenden) Verhaltensweise auch weiteren Gruppenmitgliedern zeigen wolle, dass es sich lohne, sich aus dem Umfeld zu lösen, durchaus positive Wirkung haben.

muss auch bei Personen des öffentlichen Lebens daran gedacht werden, dass eine zu erwartende Berichterstattung die Sachlage im Hinblick auf die erhobenen Vorwürfe in erträglicher Form schildert; auch wenn es sich hierbei nur um Folgeerscheinungen handelt. Der Verteidiger, der lediglich im Hinblick auf eine spätere Berichterstattung in seinem Schlußvortrag mit der Beweisaufnahme nicht zu vereinbarende sachfremde Ausführungen macht, würde seinem Mandanten einen bloßen „Bärendienst" erweisen, da er das Gericht geradezu provoziert, in der mündlichen Urteilsbegründung auf die falsche Argumentation der Verteidigung auch noch in ganz besonderer Weise einzugehen.

b) Zielsetzung des Schlußvortrags

aa) Allgemeine Erwägungen. Noch wichtiger als das Bewusstsein hinsichtlich des   7
tatsächlichen Adressaten ist allerdings die **Zielsetzung**, die der Verteidiger mit seinem Schlußvortrag verbindet. So wie in jeder Lage des Verfahrens eine Definition und Überprüfung der Verfahrensziele zu erfolgen hat, muss dies in besonderer Weise für den Schlußvortrag gelten. Es hat keinen Sinn, gegen die Aktenlage und den Inhalt der Hauptverhandlung zu plädieren. Damit kann allenfalls erreicht werden, dass nicht nur die Ausführungen des Verteidigers, sondern auch er selbst vom Gericht nicht ernst genommen wird. Genau so wenig professionell wäre es natürlich, bei klarem Sachverhalt weitschweifige Ausführungen zu machen, um damit bestenfalls alle weiteren Prozessbeteiligten zu langweilen und schlimmstenfalls das Gericht möglicherweise zu einer negativen Meinungsänderung zu bewegen. Der richtige Schlußantrag hat ein enges Korsett. Er muss alles Notwendige umfassen, sollte aber Überflüssiges vermeiden. Dabei liegt es in der Kunst der Verteidigungsführung, möglichst zutreffend vor den Schlußanträgen analysieren zu können, welche Gesichtspunkte entscheidend sein werden und welche nicht (wofür vorwiegend Gespräche mit den Verfahrensbeteiligten dienen können, aber auch u.a. Verfahrensanträge).[12]

Am deutlichsten stellt sich die Situation dar, wenn es vor den Schlußanträgen zu einer Verständigung zwischen den Verfahrensbeteiligten gekommen ist. Vor diesem Hintergrund noch lange Ausführungen zu machen, wäre deplaziert. Etwas anderes könnte allenfalls dann gelten, wenn entweder entsprechend den Vorgaben des BGH eine Strafobergrenze durch das Gericht benannt worden ist und berechtigte Aussichten dafür bestehen, dass das Gericht dazu bereit sein könnte, unter Akzeptanz des Staatsanwalts von dieser Strafobergrenze zugunsten des Angeklagten abzuweichen. Ebenfalls können bei einer bestehenden Vereinbarung ausnahmsweise auch dann weitere Ausführungen angezeigt sein, wenn die Vereinbarung im Gegensatz zur Rechtsprechung des BGH zwar eine punktgenaue Strafzumessung vorsieht, der Staatsanwalt aus Gründen der Öffentlichkeit aber einen Antrag zur Verhängung einer höheren Strafe stellen wird, gleichzeitig aber mitgeteilt hat, dass er auch ein niedrigeres Strafmaß akzeptieren wird. In einem solchen Fall sind bereits deshalb Ausführungen der Verteidigung veranlasst, weil es schief wirken würde, wenn lediglich der Staatsanwalt einen weitergehenden Vortrag hielte.

Kommt es hingegen nicht zu einer Verständigung, bleibt dem Verteidiger keine andere Möglichkeit, als aus den Gesprächen mit dem Gericht und der Verbescheidung von

---

12 Vgl. etwa § 19 Rn 1.

Verfahrensanträgen den bisherigen **Meinungsstand des Gerichts einzuschätzen**. Gelegentlich trügerisch kann es dabei sein, sich vom Schlußantrag des Staatsanwalts beeinflussen zu lassen. So ist es keinesfalls sicher, dass auch das Gericht zu dem Ergebnis eines Freispruchs kommen wird, nur weil der Staatsanwalt dies beantragt. Äußert sich der Verteidiger deshalb aufgrund eines solchen staatsanwaltschaftlichen Schlußantrags nicht weiter, kann dies ein Fehler sein. Auf der anderen Seite sind aber auch Fälle denkbar, in denen die Vorzeichen in der Hauptverhandlung so deutlich auf Freispruch stehen, dass der Verteidiger mit einem längeren Schlußvortrag nach dem beantragten Freispruch durch den Staatsanwalt nur seine mangelnde Sensibilität und Beobachtungsgabe verrät. Notfalls sollte der Verteidiger bei bestimmten Verfahrensabläufen deshalb dafür sorgen, deutliche Erklärungen durch das Gericht zu erhalten. So kann es sich etwa in amtsgerichtlichen Verfahren, bei denen häufig zuerst die Vernehmung des Beschuldigten zur Sache erfolgt, dann die Beweisaufnahme und am Ende die Vernehmung zur Person, in den geeigneten Fällen anbieten, nach der Beweisaufnahme zu fragen, ob es denn wirklich noch der Vernehmung zur Person bedürfe. Wird dies von Gericht und Staatsanwaltschaft verneint und beantragt der Staatsanwalt anschließend Freispruch, so ist klar, dass es zu einem Freispruch kommen wird. Längere Ausführungen im Schlussvortrag wären hier völlig überflüssig.

Wieder anders liegt der Sachverhalt, wenn das Gericht entweder von sich aus bei der Staatsanwaltschaft anregt, oder auf Antrag der Staatsanwaltschaft entscheidet, Verfahrensteile gemäß §§ 154, 154a StPO zu behandeln. Nachdem es sich hierbei um **Einstellungsmöglichkeiten** bei Mehrfachtaten oder mehreren Gesetzesverletzungen handelt, gibt das Gericht auf diese Weise zu erkennen, dass es von einer Verurteilung ausgeht. Natürlich ist es der Verteidigung auch in einem solchen Fall nicht verwehrt, weiter für den Freispruch zu kämpfen. Dies muss aber mit dem deutlichen Bewusstsein geschehen, dass das Gericht jedenfalls gegenwärtig einen solchen Verfahrensabschluss nicht sieht.

Für den Verteidiger ergibt sich der grundsätzliche Vorteil, dass er bei seiner inhaltlichen Gestaltung des Schlußvortrags frei ist. Diesen Vorteil muss er nutzen. Wenn der Sachverhalt von der Staatsanwaltschaft richtig wiedergegeben ist und auch gegen die Beweiswürdigung keine Einwände bestehen, muss hierauf nicht erneut eingegangen werden. Vorträge nach dem bekannten Motto von Karl Valentin („*Alles ist gesagt, aber noch nicht von allen*"!) ermüden bestenfalls die Zuhörenden und bringen schlechtestenfalls die Zuhörerschaft auch noch gegen den Redner auf. Weit ergiebiger ist es in all diesen Fällen, sofort zu den Kernpunkten des Verteidigeranliegens zu kommen. Dort, wo nach der bereits angesprochenen Analyse die größten Überzeugungsmöglichkeiten bestehen, muss auch der Schwerpunkt des Vortrags liegen. Vor der zu großzügigen Anwendung genereller Erfahrungssätze ist aber zu warnen. Häufig wird man zwar davon ausgehen können, dass Richter umso offener in ihrer Auffassung sind, je weniger sie bisher mit der Angelegenheit befasst waren. Dies könnte wiederum zu der Meinung verleiten, dass gerade in kleineren amtsgerichtlichen Strafverfahren, von denen noch dazu einige an einem Sitzungstag stattfinden, die richterliche Festlegung am wenigsten vorhanden wäre und demzufolge die Chancen, den Richter mit einem Schlußvortrag der Verteidigung zu überzeugen, größer ist als in Verfahren, bei denen die Schlußvorträge erst nach mehrtägigen Hauptverhandlungen stattfinden. Dies kann so sein, muss es aber nicht. Genauso wie es Richter gibt, die grundsätzlich zunächst alles glauben, was in der Akte steht und deshalb überhaupt nur sehr schwer von reinen „Aktenreproduktionsveranstaltungen" abzubringen sind, kommt es glücklicherweise immer wieder vor, dass sich Richter auch nach mehreren Hauptverhandlungstagen eine Offenheit gegenüber dem Fall bewahren, die auch Optionen für den Schlußvortrag garantieren. Insbesondere niemals vergessen werden darf (soweit es sich nicht um reine Freispruchverteidigung handelt) die **Strafzumessungsseite.** Auch wenn Gerichte noch so sehr von einem Schuldspruch überzeugt sind, ist es dennoch vergleichsweise selten, dass Gerichte auch hinsichtlich der Strafzumessung schon vor den Schlußvorträgen genau entschieden sind. Insbesondere hierauf Sorgfalt zu verwenden, wird sich deshalb fast immer lohnen.[13]

bb) Der Schlußantrag selbst. Grundsätzlich kommt als Schlußantrag Freispruch oder   8
bei aufgrund des Gangs der Hauptverhandlung nicht vermeidbarer Verurteilung ein Strafzumessungsantrag in Betracht.

Soweit das alleinige Ziel der Verteidigung die **Freisprechung** des Angeklagten ist, sind unter Beachtung der oben dargelegten allgemeinen Erwägungen keine Besonderheiten zu beachten. Denkbar ist allerdings, dass der Verteidiger zwar nach dem Ergebnis der Beweisaufnahme einen Freispruch als die richtige Lösung ansieht, der Staatsanwalt aber in seinem vorherigen Antrag eine Verurteilung zu einer bestimmten Strafe verlangt hat und realistischerweise diese Möglichkeit mit einkalkuliert werden muss. Im übrigen kann es auch zu einer Meinungsverschiedenheit zwischen Verteidiger und Angeklagtem über den Gang der Hauptverhandlung kommen, der zur Folge hat, dass der Angeklagte einen Freispruch für zwingend erachtet, wohingegen der Verteidiger allenfalls noch die Höhe des Strafmaßes für beeinflussbar hält.

In beiden Fallvarianten können sich hieraus erhebliche **praktische Probleme** ergeben. Lösbar ist dieses Problem mit einer Alternativargumentation. Eine solche Alternativargumentation zu den Konsequenzen Freispruch oder der Art und Weise der Verurteilung birgt stets die Gefahr in sich, dass die Überzeugungskraft des Gesamtvortrags leidet. Denn es kann der Eindruck entstehen, der Verteidiger könne sich offensichtlich selbst nicht zu einem klaren Ergebnis der Hauptverhandlung durchringen. Einem eindeutigen Antrag ist deshalb grundsätzlich immer der Vorzug zu geben. Auf der anderen Seite muss aber bedacht werden, dass wesentliche Chancen für die Verteidigung ungenutzt bleiben, wenn auch bei nur drohender Verurteilung nicht zu möglichen Strafzumessungserwägungen Stellung genommen wird. Der Ausweg aus diesem Dilemma sollte in keinem Fall in ebenso hilflos wie komisch wirkenden Hilfsantragskonstruktionen gesucht werden (*„Ich beantrage Freispruch hilfsweise 2 Jahre auf Bewährung"*), sondern vielmehr darin, dass ein klar bestimmter Antrag (*„Freispruch"*) gestellt wird, im Rahmen des Schlußantrags aber gleichzeitig auch auf die Argumentation der Staatsanwaltschaft eingegangen wird. Dabei bietet es sich aus rhetorischen Gründen an, die (hilfsweise erfolgenden) Strafzumessungserwägungen mit der Kritik an den Ausführungen des Staatsanwalts zu verbinden:

Beispiel: „Ich beantrage, Herrn Müller von dem ihm zur Last gelegten Vorwurf freizusprechen, weil nach dem Ergebnis der Hauptverhandlung ein Schuldnachweis gegen ihn nicht geführt werden kann. Der Staatsanwalt sieht dies anders und hat deswegen

---

13 Vgl. hierzu auch Schellenberg, S. 247.

eine Freiheitsstrafe von 3 Jahren gefordert. Diese Auffassung kann die Verteidigung in keiner Weise nachvollziehen. Denn selbst dann, wenn man anders als die Verteidigung nach dem Ergebnis der Hauptverhandlung zu dem Ergebnis kommen würde, dass ein Schuldnachweis gelungen ist, wären die Strafzumessungserwägungen der Staatsanwaltschaft rechtsfehlerhaft, weil ...".

Erhebliche Probleme hinsichtlich der Zielsetzung des Schlußantrages können aber auch daraus resultieren, dass der Mandant die **Beweislage am Ende der Hauptverhandlung** anders einschätzt als der Verteidiger und deshalb von seinem Verteidiger fordert, dass dieser auf Freispruch plädiert, wohingegen der Verteidiger diese Bewertung der Hauptverhandlung für ausgemachten Unsinn hält. In diesen Fällen muss der Verteidiger zuerst all seine Überzeugungskraft und auch Autorität dazu verwenden, den Mandanten von der Sinnlosigkeit derartiger Vorstellungen zu überzeugen. Gelingt dies nicht, bietet sich als am ehesten gangbarer Ausweg aus dem Dilemma ein Vorschlag von Dahs an.[14] Es kann sich empfehlen, dass die Ausführungen im Schlußantrag aufgeteilt werden in Ausführungen *„aus der Sicht des Angeklagten"*, mit denen Gründe dargelegt werden, die gegen die Überführung sprechen sowie daran anschließend, Ausführungen *„aus der Sicht des Verteidigers"* zur Strafzumessung, falls das Gericht entgegen der Auffassung des Angeklagten diesen nicht freispricht. Dass trotz dieser Notlösung eine solche Verfahrenslage für den Verteidiger nicht glücklich ist und unter allen Umständen vermieden werden sollte, ergibt sich bereits aus dem oben Gesagten.

Ist hingegen aufgrund der Beweisaufnahme deutlich, dass ein Freispruch nicht in Betracht kommen wird, muss es Aufgabe der Verteidigung sein, einen sinnvollen Strafzumessungsvorschlag zu machen. Allgemeine unbestimmte Begriffe (*„Ich fordere eine gerechte Strafe!"*, *„Ich bitte um Milde!"*) sind dabei inhaltsleer und deshalb zu vermeiden. Denn darüber, was eine angemessene, gerechte oder möglicherweise milde Strafe sein kann, kann völlig unterschiedlich geurteilt werden. Es ist aber gerade die Aufgabe des Verteidigers, bei einem Abgleich zwischen Sachverhalt und Rechtsnormen **Vorschläge** hierfür zu entwickeln. Daher sollte auch daran gedacht werden, einen konkreten Strafantrag zu stellen. Zumindest im Bereich der Geldstrafe bietet es sich an, Tagessatzanzahl und Tagessatzhöhe punktgenau zu bestimmen, wohingegen im Freiheitsstrafenbereich neben der punktgenauen Benennung einer möglichen Freiheitsstrafe auch daran gedacht werden kann, die Verhängung einer Freiheitsstrafe zu beantragen, die eine bestimmte Höhe nicht übersteigt.

Gelegentlich wird von einer solchen Handhabung mit dem Hinweis abgeraten, dass es für den Verteidiger peinlich werden könnte, wenn das Gericht den Antrag der Verteidigung unterbietet. Einer solchen Auffassung muss jedoch nicht gefolgt werden. Hier ist vielmehr das Selbstbewusstsein des Verteidigers und Vorbereitungsarbeit gefragt. Selbstverständlich wird der Verteidiger seinen Schlußantrag vorher nicht nur mit dem Mandanten besprechen, sondern auch mögliche Strafzumessungserwägungen erläutern. Ist das Gericht nach Beurteilung aller Erwägungen der Überzeugung, dass sogar noch eine wesentlich mildere Strafe vertretbar ist, dann kann dies nur umso besser für den Mandanten sein.

---

14   Dahs, Handbuch des Strafverteidigers Rn 618.

Die Stellung eines konkreten Antrags zur Strafzumessung gehört im übrigen auch in den Bereich der Glaubwürdigkeit des Verteidigers. Hiermit kann er ausdrücken, dass er selbst sehr konkrete Vorstellungen davon hat, was als Verfahrensausgang angemessen ist. Völlig unbestimmte Anträge können demgegenüber sehr leicht den Eindruck erwecken, dass der Verteidiger ein „Rohr im Wind" ist, da er selbst nur höchst vage Vorstellungen von dem hat, was als Verfahrensergebnis herauskommen kann. Eine solche Einschätzung von Seiten des Gerichts muss aber unbedingt vermieden werden.

Souveränität bei der Verteidigungstätigkeit sollte im übrigen auch in einem anderen Bereich an den Tag gelegt werden. Der Verteidiger muss bereits vor dem Schlußantrag des Staatsanwalts eigene konkrete Vorstellungen von der angemessenen Strafe haben und sollte diese nicht abhängig vom Schlußantrag des Staatsanwalts machen. Es gehört zu einer vernünftigen Verteidigungsgestaltung dazu, dass dann, wenn der Staatsanwalt in seinem Schlußantrag eine Strafe beantragt, die auch der Verteidiger nach Rücksprache mit seinem Mandanten im Auge hat, es dann auch bei der identischen Antragstellung verbleibt und dies zum Ausdruck gebracht wird. Hier sollte nicht künstlich lediglich aufgrund des Antrags der Staatsanwaltschaft eine „kosmetische Korrektur" nach unten in der Hoffnung durchgeführt werden, vielleicht doch noch eine etwas geringere Strafe erzielen zu können.

c) Inhalt des Schlußvortrages

Anders als der Staatsanwalt ist die Verteidigung nicht dazu verpflichtet, im Rahmen des Schlußvortrags das Gesamtergebnis der Hauptverhandlung in tatsächlicher und rechtlicher Hinsicht umfassend zu würdigen (vgl. auch oben b). Ist dies dennoch einmal angezeigt, so kann sich auch für den Verteidiger ein Blick auf die Richtlinien lohnen, die der Staatsanwalt bei der Beachtung seines Antrags einzuhalten hat (Nr. 138 und 139 RiStBV). Diese Vorschriften folgen dem sog. „klassischen Aufbau" eines Schlußvortrages, der sich auch für den Verteidiger empfehlen kann. Danach ist zuerst herauszuarbeiten, von welchem konkreten Sachverhalt aufgrund der Beweisaufnahme in der Hauptverhandlung auszugehen ist. Der Verteidiger hat sich hierbei damit auseinanderzusetzen, welche Beweismittel zulässigerweise für die Beweiswürdigung herangezogen werden können und welcher Beweiswert diesen Beweismitteln zuzubilligen ist.

Einen häufigen Verteidigungsfehler stellt dabei die Mißachtung des Grundsatzes dar, dass das Gericht gemäß § 261 StPO über das **Ergebnis der Beweisaufnahme** aus dem Inbegriff der Hauptverhandlung entscheidet. Es wirkt deshalb immer unbeholfen und schräg, wenn versucht wird, im Schlußantrag noch Sachverhalte in die Hauptverhandlung einzuführen, die bislang überhaupt nicht Gegenstand der Hauptverhandlung waren. Ebenso sind persönliche Erklärungen zu vermeiden. So wäre etwa die Erklärung „*Ich weiß, dass mein Mandant unschuldig ist*", nicht nur holprig, sondern auch fehlerhaft, weil es hierum in der Hauptverhandlung überhaupt nicht geht.[15] Was der Verteidiger weiß, ist für die Hauptverhandlung ohne Belang. Von Belang ist, ob ein Schuldnachweis in der Hauptverhandlung geführt wurde oder nicht. Es gibt auch keinen Freispruch erster oder zweiter Klasse mehr.

9

---

15 Gerade weil es nicht auf das Wissen des Verteidigers, sondern auf das Ergebnis der Hauptverhandlung ankommt, ist es dem Verteidiger auch prozessual und standesrechtlich möglich, die Freisprechung eines Angeklagten zu beantragen, von dem gewußt wird, dass er schuldig ist.

Ist der Sachverhalt herausgearbeitet, von dem die Verteidigung ausgeht und führt dieser Sachverhalt nicht in der Konsequenz zu einem Freispruch, so beginnt danach das Kerngebiet der Verteidigererörterungen. Es geht als nächstes um die rechtliche Würdigung des Sachverhalts mit den rechtlichen Problemen, die sich stellen können und anschließend um das weite Feld der möglichen Strafzumessung. Gerade hierbei können sich auch taktische Probleme stellen.

Zu bedenken ist, dass ein Schlußantrag günstigstenfalls positiv auf die Meinungsbildung des Gerichts einwirken kann. Nicht ausgeschlossen werden kann dabei allerdings auch, dass ein Gericht einen guten Schlußvortrag dann, wenn es ihm nicht zu folgen bereit ist, dazu nutzt, mögliche Fehlerquellen zu vermeiden. So wäre es etwa denkbar, dass erst durch den Vortrag der Verteidigung, die hierauf eine wesentliche Argumentation stützen will, erkannt wird, dass der Sachverhalt z.B. eine Rücktrittsproblematik bietet. Für den Verteidiger kann sich damit die ärgerliche Situation ergeben, dass das Gericht der Auffassung einer Bejahung des Rücktritts nicht zu folgen bereit ist, durch den Vortrag der Verteidigung aufgeschreckt aber im Urteil nun revisionsbeständig ausführt, warum ein Rücktritt nicht vorliegen kann. Hätte der Verteidiger hingegen das Thema nicht angesprochen, hätten sich für ihn bedeutend höhere Chancen in einer weiteren Instanz ergeben. Der Umfang des Schlußvortrages muss deshalb gut überlegt sein. Auch hier gilt aber der Gedanke, dass eine Verteidigung lediglich „in der Hoffnung auf die Revision oder nächste Instanz" nicht betrieben werden darf. Daher sollten Argumente, die bereits in der Instanz angeführt werden können, nicht künstlich zurückgehalten werden. Lediglich dann, wenn absehbar ist, dass das Gericht bestimmten Gesichtspunkten ohnehin nicht folgen wird, besteht kein Bedürfnis, das Gericht auch noch dabei zu unterstützen, Fehler zu vermeiden.

10 Wenn somit im Schlußvortrag hinsichtlich der **rechtlichen Würdigung** die wesentlichen Themen anzuschneiden und zu behandeln sind, so bedeutet dies auf der anderen Seite nicht, dass dies in umfassender Ausgiebigkeit zu erfolgen hat. Hierzu wurde bereits angesprochen (vgl. Adressat des Antrags), dass sich nur wenige Richter gerne von der Verteidigung über Rechtsfragen belehren lassen. Dezidierte Ausführungen bergen deshalb häufig die Gefahr in sich, dass sie zum Gegenteil dessen führen, was eigentlich gewollt ist. Vielversprechender kann es sein, die sich stellenden Rechtsfragen lediglich grob anzusprechen und es dem Gericht zu überlassen, durch eigene Denkarbeit die Lösungsansätze weiter zu verfolgen. Nichts ist wirkungsvoller, als wenn das Gericht am Ende glaubt, die Lösung selbst entwickelt zu haben.

In diesem Zusammenhang ist auch davor zu warnen, das Gericht zu sehr mit Fundstellen zu überhäufen. Sollte sich im Einzelfall ergeben, dass eine Entscheidung aus der Rechtsprechung die Auffassung der Verteidigung besonders unterstützt, dann kann durchaus daran gedacht werden, diese Entscheidung in Fotokopie mitzuführen und dem Gericht im Rahmen des Schlußvortrags zu übergeben.[16] Hingegen ist ausdrücklich davor zu warnen, dem Gericht im Rahmen des Schlußvortrags gehäuft Fundstellen „an den Kopf zu werfen". Um es mit Goethes Faust zu sagen, entwickelt sich hieraus allenfalls der Eindruck des Redners als „trockenen Schleichers". Ansonsten ist die Vorgehensweise ebenso langweilig wie nutzlos. Auch wenn das derart zitierte Werk oder die derart zitierte Rechtsprechung (bestenfalls) in der Gerichtsbibliothek vorhanden

---

16 Vgl. auch § 14 „Die organisatorische Vorbereitung der Hauptverhandlung".

sein sollte, ist damit noch lange nicht sichergestellt, dass der Richter, falls er das Zitat überhaupt mitnotiert hat, dies auch nachlesen wird.

Darüber hinausgehend birgt ein zu sehr auf bestehende Rechtsprechung aufgebauter Verteidigungsvortrag auch eine andere Gefahr. Die Versuchung kann dann besonders groß sein, nicht mehr einen in der Hauptverhandlung festgestellten Sachverhalt rechtlich zu würdigen, sondern vielmehr umgekehrt, den Sachverhalt im Hinblick auf eine günstige Rechtsprechung zu verbiegen. Dies ist aber einer der größten Fehler, der überhaupt im Schlußvortrag erfolgen kann.[17]

Ist der Bereich der **Strafzumessung** erreicht, ist sodann wiederum ausführlich auf die in Betracht kommenden vielfältigen gesetzlichen Möglichkeiten einzugehen. Dabei ist die Schrittfolge zu beachten.   **11**

Zunächst ist anhand des strafrechtlichen Tatbestandes der Strafrahmen zu bestimmen. Anschließend ist über mögliche Strafrahmenveränderungen zu sprechen und sodann ist eine mögliche konkrete Einzelstrafe anzusprechen (vgl. nachfolgende Checkliste und insbesondere auch 6. Teil Strafen und Maßregeln).

Hierbei muß vermieden werden, lediglich positive Gesichtspunkte für den Angeklagten ins Feld zu führen. Im Gegenteil wirkt ein Schlußvortrag umso ausgewogener, je mehr er auch mögliche negative Strafzumessungsgründe nicht verschweigt. Es kann dann immer noch dem Geschick des Verteidigers überlassen bleiben, diese negativen Strafzumessungsgründe richtig einzuordnen. So werden etwa beispielsweise immer wieder durch Staatsanwälte im Rahmen ihres Schlußvortrags als negativer Strafzumessungsgrund die Vorstrafen des Täters angeführt. Insofern kann es aber von Bedeutung sein, wenn der Verteidiger demgegenüber herausarbeitet, dass Vorstrafen zwar berücksichtigungsfähig sind, soweit man dem Täter im Rahmen seines Vorlebens vorwerfen kann, dass er sich über bestimmte Warnungen hinweggesetzt hat. Ergibt sich hingegen aus der Tat, dass sie aus dem Moment heraus erfolgt ist und dementsprechend ein bewusstes Hinwegsetzen über die Warnung gar nicht erfolgen konnte, so relativiert sich dieser Strafzumessungsgesichtspunkt.

Ob bei einem solchen Schlußvortragsaufbau ein **konkreter Antrag** an das Ende oder an den Anfang der Ausführungen gestellt wird oder möglicherweise am Schluß noch einmal eine Wiederholung erfolgt, muss dem Einzelfall überlassen bleiben. Ebenso wird es eine Einzelfallentscheidung sein, ob neben dem Hauptantrag noch mögliche Zusatzanträge zu stellen sind. Am häufigsten wird hierbei an einen Haftantrag (Aufhebung des Haftbefehls) zu denken sein. Möglich ist aber auch ein Kostenantrag und ggf. Anträge zu Verfall, Einziehung oder Nebenstrafen.   **12**

d) Form des Schlußantrags

Die **äußerliche Gestaltung** des Schlußvortrags ist gesetzlich nicht geregelt und damit formfrei. Es bleibt deshalb auch dem Vortragenden überlassen, ob er sich zum Schlußvortrag erhebt oder nicht.[18]   **13**

Dennoch macht es Sinn, den Schlußvortrag stehend zu halten, da hiervon eine größere Wirkung ausgeht. Auf der anderen Seite ist vor übertriebenem Pathos zu warnen. So wirkt wildes Gestikulieren während des Schlußvortrags eher lächerlich. Gleiches gilt

---

17   Vgl. hierzu ausführlich auch Dahs, Handbuch des Strafverteidigers, Rn 627.
18   Schellenberg, S. 249.

für manchmal zu beobachtende Plädoyers, bei denen der Vortragende im Rahmen seines Vortrags auch noch durch den Gerichtssaal läuft. Es drängt sich hier häufig der Eindruck auf, dass der Vortragende weniger durch das Gesetz als mehr durch Film und Fernsehen inspiriert ist.

Ein Schlußvortrag muß **vernünftig vorbereitet** sein. Es kann sich deshalb anbieten, einen Vortrag schriftlich auszuarbeiten. Die Benutzung einer solchen Ausarbeitung ist ebenso zulässig wie die Heranziehung von Skizzen und anderen Hilfsmitteln.[19] Zu warnen ist jedoch davor, dass der Vortragende zu sehr am Manuskript „klebt". Die wörtliche Verlesung eines Vortrags führt häufig nicht nur zu Langeweile bei den Zuhörern, sondern birgt für den Vortragenden auch immer die Gefahr, dass er im geeigneten Moment nicht improvisieren kann. Es ist aber von besonderer Wichtigkeit, im Rahmen des Vortrags auch das Gericht zu beobachten und auf etwaige Reaktionen (z.B. Mimik, Gestik, etc.) zu reagieren. In geeigneten Fällen kann es sich hierzu anbieten, bestimmte Argumente noch einmal in anderer Form zu vertiefen oder zu wiederholen. Ebenfalls muss der Verteidiger natürlich darauf reagieren, wenn er feststellt, dass das Gericht seinem Vortrag keinerlei Bedeutung mehr beimißt. Stellt er etwa fest, dass das Gericht ungeniert anfängt, sich während seines Vortrags zu unterhalten, so kann es sich anbieten, schlicht mit dem Vortrag solange zu pausieren, bis auch das Gericht merkt, dass nicht weitergeredet wird. Möglicherweise kann die Erklärung des Verteidigers: *„Ich wollte Sie nicht unterbrechen!"* hierbei Wunder wirken.[20]

Umgekehrt ist es dem Vorsitzenden allerdings auch möglich, den Verteidiger zu unterbrechen, wobei dies weniger die Redezeit selbst betrifft, die grundsätzlich frei ist. Liegt jedoch inhaltlich ein Missbrauch des Schlußvortrags vor, so besteht durchaus eine Unterbrechungsmöglichkeit. Bei weiterem Missbrauch nach Ermahnung kommt sogar als letztes Mittel in Betracht, dass das letzte Wort entzogen werden kann.[21]

Ein vernünftiger Schlußvortrag des Verteidigers wird sich nie in diese Gefahr begeben. Die elegante Strafverteidigung zeichnet sich im übertragenen Sinne durch den Kampf mit dem Florett und nicht mit dem Dampfhammer aus. Genauso wie im Volksmund der Spruch gilt, dass der, der schreit, Unrecht hat, ist auch beim Verteidigervortrag vor Übertreibungen zu warnen. Es kann sehr wohl in Einzelfällen Sinn machen, scharf pointiert auf Fehler hinzuweisen. Zu bedenken ist aber, dass ständige Übertreibungen eher die Gefahr mit sich bringen, dass ein Abstumpfungseffekt eintritt. Schärfere Formulierungen gegenüber weiteren Prozessbeteiligten führen im Regelfall auch nicht dazu, dass das Gericht diesem Vorbringen nun zwingend folgen wird. Vielmehr kann es zu einem Solidarisierungseffekt kommen: Das Gericht wird zu einer Parteinahme gegen den Verteidiger verleitet. So wäre es etwa unsinnig, den ermittelnden Polizeibeamten „Gestapo-Methoden" vorzuwerfen. Dies kann allenfalls dazu führen, dass das Gericht meint, die ermittelnden Polizeibeamten vor derartigen Äußerungen, die sogar Beleidigungen darstellen können, schützen zu müssen. Damit besteht aber die Gefahr, dass der Blick auf das Wesentliche verstellt wird, welches möglicherweise darin liegt, dass von Seiten der Ermittlungsbehörden nicht verwertbare Beweise produziert wurden.

---

19 Vgl. BGH St 3, 368; OLG Hamm VRS 35, 370.
20 Vgl. hierzu auch Malek Rn 469 und Pohl PdStR S. 130.
21 Vgl. hierzu Beispielsfälle bei BGH MDR 64, 72; BGHSt 3, 368.

Hingegen bleibt es dem persönlichen Geschmack des Verteidigers überlassen, wie er **14**
Anfang und Ende des Schlußvortrags gestalten will. Als Anrede zu Beginn des
Schlußvortrags bietet sich entweder die Bezeichnung „Hohes Gericht" oder „Hohe
Strafkammer" an. Denkbar ist aber auch, dass die Anrede in *„Meine Damen und Her-*
ren" gewählt wird, bzw. als (unhöfliche) Variante überhaupt keine Anrede erfolgt. Em-
pirische Untersuchungen darüber, inwiefern die Anrede im Schlußvortrag Auswirkungen auf das Verhandlungsergebnis hat, sind den Verfassern nicht bekannt.

Ebenso frei gestaltbar ist das Ende der Ausführungen. Es wurde bereits darauf hingewiesen, dass es dem Einzelfall überlassen bleiben muss, ob der konkrete Antrag an das
Ende oder an den Anfang der Ausführungen gestellt wird. Abzuraten ist allerdings von
allgemeinen Meinungsäußerungen (*„Ich bedanke mich für das faire Verfahren."; „Ich*
darf mich bei Ihnen allen für die Mitwirkung in der Hauptverhandlung bedanken").
Derartige Ausführungen wirken eher devot und damit auch peinlich. Eine strafrechtliche Hauptverhandlung hat der Prozessordnung nach zu erfolgen. Es ist die selbstverständliche Pflicht eines Richters, sich hieran zu halten. Ebenso ist es die selbstverständliche Pflicht eines Verteidigers, dafür zu sorgen, dass die Prozessordnung eingehalten
wird.

II. Arbeitshilfen

Der Schlußantrag des Verteidigers   **15**

1. Taktische Fragen:

■ Nutzen des Schlußantrags
  Ziel, die Entscheidung des Gerichts zugunsten des Angeklagten zu beeinflussen.

■ Gefahr
  – Gericht folgt nicht der Auffassung der Verteidigung, nutzt aber entsprechende
    Ausführungen, um das Urteil revisionssicher abzufassen.
  – Problem: Wenn Argumente nur zurückhaltend angebracht werden, kann ein aufge-
    schlossenes Gericht sie auch nicht bedenken.
  – Regreßgefahr: Der Rechtsanwalt hat die Verpflichtung, das Gericht auf offensicht-
    liche Fehler aufmerksam zu machen (vgl. OLG Nürnberg StV 97, S. 481).

2. Gliederung des Schlußvortrags:

a) Klassischer Aufbau

■ Vorbemerkung (soweit es die Besonderheit eines Verfahrens erfordert)
■ Sachverhalt, von dem die Verteidigung ausgeht und Beweiswürdigung
■ Zusammenfassung der Beweisaufnahme und Bewertung
  – Was wurde im Strengbeweisverfahren festgestellt
  – Was darf hierfür zulässig für die Beweiswürdigung herangezogen werden (ggf.
    ansprechen von Beweismittel-, Beweiserhebungs- und -verwertungsverboten)
  – Würdigung der Beweismittel (Zeuge, Sachverständige, Urkunde, Augenschein)
  – Nur relevant: Die Beweisaufnahme in der Hauptverhandlung (§ 261 StPO): *„Aus*
    dem Inbegriff der Verhandlung geschöpft")
    (z.B. falsch: Erwähnung, was der Mandant einem schon im Büro erzählt hat, wenn
    dies nicht zuvor in die Hauptverhandlung eingeführt wurde).

aa) Rechtliche Würdigung:

- Benennung der in Frage kommenden Strafvorschriften und exakte Subsumtionstätigkeit
- Ggf. Erörterung des Fehlens oder Bestehens von Strafvoraussetzungen (z.b. Strafantrag)

bb) Strafzumessung.

„1. Schritt":
Bestimmung des Strafrahmens
- Benennung des gesetzlichen Strafrahmens
- Diskussion von Regelstrafrahmen und Sonderstrafrahmen
  (Achtung: Bei qualifizierten und privilegierten Tatbeständen ist der Grundtatbestand keine Frage der Strafzumessung, sondern des Schuldspruchs).

– Exkurs: Sonderstrafrahmen
Strafvorschriften mit besonderen Strafrahmen für besonders schwere und minderschwere Fälle
Die Kategorien der Sonderstrafrahmen
- Obligatorische Anwendung des Sonderstrafrahmens bei Vorliegen benannter Voraussetzungen
- Sonderstrafrahmen mit Regelbeispieltechnik („Kompensation des Regelbeispiels", z.B. BGH StV 81, 72; BGH NStZ 1987, 222; BGH StV 1995, 470)
- Sonderstrafrahmen mit unbenannten Voraussetzungen:
  (BGH St 23, 254, BGH St 26, 97; BGH St 29, 319)

Prüfungsschritte bei in Betracht kommender Wahl eines Sonderstrafrahmens
- Wahl des Sonderstrafrahmens aufgrund allgemeiner Strafzumessungserwägungen **ohne** vertypte Milderungsgründe
- Konsequenzen bei Vorhandensein vertypter Milderungsgründe (§ 49 StGB) im Hinblick auf § 50 StGB
- Wahl des Sonderstrafrahmens **unter Berücksichtigung** vertypter Milderungsgründe
- Konsequenzen für Anwendung des § 49 StGB im Hinblick auf § 50 StGB

„2. Schritt":
Diskussion einer möglichen Strafrahmenveränderung bei besonderen gesetzlichen Milderungsgründen nach § 49 StGB
Vertypte Strafmilderungsgründe
- Beihilfe
- Fehlen besonderer persönlicher Merkmale (§ 28 Abs. 1 StGB)
- Unterlassen (§ 13 Abs. 2 StGB)
- erheblich verminderte Schuldfähigkeit (§ 21 StGB)
- Versuch (§ 23 StGB)
- Täter/Opfer-Ausgleich (§ 46a StGB)
- Aufklärungshilfe (§ 31 BtmG)

Höchstmaß:

- lebenslang (nicht unter 3 Jahren; § 49 Abs. 1 Nr. 1 StGB)
- zeitige Freiheitsstrafe (§ 49 Abs. 1 Nr. 2 S. 1 StGB)
- Geldstrafe (§ 49 Abs. 1 Nr. 2 S. 2 StGB)

¾ der Tagessätze
360 TS ¾ – 270 TS

Höchstmaß	¾	1. Milderung	¾	2. Milderung
15 Jahre		11 J. 3 Mo.		8 Jahre 5 Mo.
10 Jahre		7 J. 6 Mo.		5 Jahre 7 Mo.
5 Jahre		3 J. 9 Mo.		2 Jahre 9 Mo.
2 Jahre		18 Mo.		13 Mo.
1 Jahr		9 Mo.		6 Mo.

Mindestmaß:

Erhöhtes Mindestmaß	1. Milderung	2. Milderung
10 o. 5 Jahre	2 Jahre	6 Monate
3 o. 2 Jahre	6 Monate	1 Monat
1 Jahr	3 Monate	1 Monat
unter 1 Jahr	1 Monat	1 Monat

Strafrahmenbemessung nach § 49 Abs. 2 StGB
(z.B. 23 III, 113 IV, 157, 158, 315 VI, 316a II StGB)

BGHSt 32, 92:
§ 49 StGB II mildert nur die Untergrenze, nicht auch die Obergrenze des Strafrahmens.

„3. Schritt":
Festlegung des verhängten Schuldstrafrahmens durch Bewertung von Unrecht und Schuldgehalt der Tat (noch/schon schuldangemessene Strafe)
Schwereeinstufung anhand der Vergleichsfalltechnik (Durchschnittsfall)

„4. Schritt":
Findung der gerechten Strafe innerhalb des verhängten Schuldstrafrahmens (konkrete Einzelstrafe)
Argumentation anhand der Gliederung des § 46 Abs. 2 StGB:

- Beweggründe und Ziele des Täters
- Gesinnung, die aus der Tat spricht, und der bei der Tat angewendete Wille
- Das Maß der Pflichtwidrigkeit
- Die Art der Ausführung und die verschuldeten Auswirkungen der Tat
- Das Vorleben des Täters, seine persönlichen und wirtschaftlichen Verhältnisse
- Sein Verhalten nach der Tat, besonders sein Bemühen, den Schaden wiedergutzumachen, sowie das Bemühen des Täters, einen Ausgleich mit dem Verletzten zu erreichen

Darüber hinausgehend § 46 Abs. 1 StGB:
Wirkungen der Strafe auf den Täter
dabei zum Beispiel:

- Vermeidung einer Entsozialisierung
- Berufliche Folgen
- Wirkung des Verfahrens (hohe Verfahrenskosten, öffentliche Vorverurteilung, Zeitablauf zwischen Tat und Verurteilung)
- Geringe Lebenserwartung, Alter
- Einwirkung auf Familienangehörige

Festlegung der Strafart innerhalb der Strafhöhenbereiche
a) 5 Tage bis 1 Monat: Nur Geldstrafe (§ 38 Abs. 2 StGB)
b) 1 Monat bis 6 Monate: Regelstrafe, Geldstrafe (§ 47 StGB)
c) 6 Monate bis 1 Jahr: Geldstrafe nur, falls ausdrücklich angeordnet oder nach § 47 Abs. 2 StGB
d) mehr als 1 Jahr: nur Freiheitsstrafe (§ 40 Abs. 1 Satz 2 StGB)
e) Verbindung von Freiheits- und Geldstrafe (§ 41 StGB)

Strafarten:
- Geldstrafe
- Freiheitsstrafe

Bei Geldstrafenantrag: Argumentation zur Tagessatzanzahl und Tagessatzhöhe. Ggf. Diskussion über Suspendierung der Strafe (z.b. §§ 59, 60 StGB).

Bei Freiheitsstrafe ggf. Argumentation zur Strafaussetzung zur Bewährung
a) § 56 Abs. 1 StGB – unter 1 Jahr
b) § 56 Abs. 2 StGB – 1 bis 2 Jahre
c) § 56 Abs. 3 StGB – Verteidigung der Rechtsordnung
Bei Antrag zur Aussetzung zur Bewährung: Diskussion von Auflagen und Weisungen. Argumentation zu Maßregeln der Besserung und Sicherung (§ 61 ff. StGB), Reihenfolge der Vollstreckung (§ 67 StGB „Vikariierendes System"; Verbindung von Maßregeln, § 72 StGB).

Der konkrete Schlußantrag
Ob genaue Bezifferung vorgenommen wird, hängt vom Einzelfall ab (häufig sinnvoll bei Geldstrafen); es kann sich auch anbieten, eine Strafe „nicht über" zu beantragen (bei Freiheitsstrafen).
Mögliche Zusatzanträge (in der Praxis sehr selten)
- Kostenantrag (vorwiegend im Jugendstrafverfahren)
- Verfall und Einziehung (§ 73 ff. StGB)
- Nebenstrafen (z.B. Fahrverbot gem. § 44 StGB)

Beachtung von Gesamtstrafenbildung (Unterlassung der Gesamtstrafenbildung bei drohender Freiheitsstrafe ohne Bewährung wegen Überschreitens der Zweijahresgrenze).

b) Alternative Aufbaumöglichkeiten des Schlußantrags:

Weil die Art der Ausführungen des Verteidigers formfrei ist, kann es sich anbieten, je nach Sachlage, vom dargestellten „klassischen Aufbau" abzuweichen. Hierbei sind vorwiegend folgende Fälle denkbar.

■ Der Schlußantrag des Staatsanwalts trifft zum Teil/ganz die Zustimmung der Verteidigung.

Hier ist es im Regelfall überflüssig und unangebracht, diese Teile noch einmal zu wiederholen, sondern es bietet sich an, darauf zu verweisen, inwieweit Übereinstimmung besteht.

■ Die Verteidigung strebt Freispruch aus tatsächlichen Gründen an. Hier bietet es sich an, lediglich zu Sachverhalt und Beweiswürdigung Stellung zu nehmen.

■ Die Verteidigung strebt Freispruch aus rechtlichen Gründen oder die Einstellung des Verfahrens an.

Hier bietet es sich an, dem klassischen Aufbau mit Ausnahme der Strafbemessung zu folgen.

■ Die Verteidigung strebt Freispruch an, geht aber davon aus, dass eine erhebliche Gefahr für eine Verurteilung besteht.

Es ist ein taktisches Problem, ob in Fällen der Freispruchverteidigung auch zu einer möglichen Strafbemessung Stellung genommen werden sollte.

■ dagegen spricht: Es kann die Überzeugungskraft des Verteidigerantrags mindern, wenn er durch Ausführungen zur Strafbemessung zu erkennen gibt, dass auch eine Verurteilung durchaus möglich ist.

■ dafür spricht: Das Gericht kann Argumente des Verteidigers bei einer Verurteilung hinsichtlich der Strafbemessung nicht berücksichtigen.

Deshalb:

Es empfiehlt sich, außer in Fällen sehr klarer Sachlagen auch zur Strafbemessung Stellung zu nehmen.

Die Stellung von Hilfsanträgen ist dann unter allen Umständen zu vermeiden (*„Ich beantrage Freispruch, hilfsweise zwei Jahre Freiheitsstrafe, die zur Bewährung ausgesetzt werden"*).

In diesen Fällen empfiehlt es sich vielmehr, folgendes Schema zu verwenden:

1. Stellung des eigenen Schlußantrags vorweg (Freispruch).
2. Feststellung, dass die Staatsanwaltschaft von einer Verurteilung ausgeht und Auseinandersetzung mit der Argumentation der Staatsanwaltschaft zur Strafbemessung.
3. Begründung des eigenen Antrags freizusprechen.

III. Das „letzte Wort" des Angeklagten

Der Angeklagte selbst hat das Recht, vor der Urteilsberatung als letzter zu sprechen, auch wenn er zuvor schon einen Schlußantrag gehalten hat (§ 258 Abs. 2 2. Halbsatz StPO).   **16**

So gut gemeint diese Regelung für den Angeklagten ist, so vorsichtig muss der Verteidiger im Umgang damit sein. Denn gerade dann, wenn der Angeklagte nicht auf „das letzte Wort" vorbereitet ist, kann es durchaus zu furchtbarem Fehlverhalten kommen.

Dies liegt nicht zuletzt darin begründet, dass Angeklagte durch die erfolgende Aufforderung des Vorsitzenden plötzlich den Eindruck besonderer Dramatik erhalten. Sie haben nun letztmals die Möglichkeit, doch noch irgend etwas zu dem Verfahren zu sagen. Nicht selten trifft diese Möglichkeit in einer Situation, in der sie durch die zuvor erfolgten Anträge von Staatsanwalt und Verteidigung aufgewühlt sind und besonders deutlich vor Augen geführt bekommen haben, was alles als mögliches Ergebnis des Verfahrens in Betracht kommen kann. Völlig überfordert von der Situation entsteht hieraus bei nicht wenigen Angeklagten der Eindruck, sie müssten nun doch noch, weil dies ihre letzte Chance ist, ganz viel erklären. Nicht wenige Angeklagte laufen dabei Gefahr, in eine „Endlosschleife" zu geraten, bei der die Aussicht besteht, dass das Gericht ihnen ihre Ausführungen auch noch besonders übel nehmen wird.

Es muss von daher das Gebot jeder Verteidigung sein, den Angeklagten rechtzeitig und wiederholt auf sein „letztes Wort" **vorzubereiten**. Dabei sollte das „letzte Wort" so verstanden werden, dass – nur in den geeigneten Fällen – dem Angeklagten noch einmal die Möglichkeit gegeben wird, einen „Schlußakkord" zu setzen. Ein „letztes Wort" des Angeklagten ist im Regelfall dann geglückt, wenn das Gericht die **kurze** Äußerung noch im Ohr hat, wenn es mit der Urteilsberatung beginnt. Mehr kann, darf und soll das „letzte Wort" nicht leisten. Von daher wäre es völlig verfehlt, den Angeklagten entweder völlig unvorbereitet in das „letzte Wort" „laufen zu lassen" oder ihm sogar anzuempfehlen, umfangreiche rechtliche Äußerungen zu tätigen. Hingegen kann ein „letztes Wort" durchaus wirkungsvoll sein, wenn der Angeklagte in geeigneter Situation die Gelegenheit noch einmal nutzt, sich zu entschuldigen oder sein Bedauern über bestimmte Umstände zum Ausdruck zu bringen. Alle darüber hinausgehenden weiteren Erklärungen sind im Regelfall überflüssig, treffen bestenfalls auf die Ungeduld des Gerichts und können schlechtestenfalls sogar gefährlich werden (bis hin zur Bewertung als Einlassung zur Sache eines bislang schweigenden Angeklagten).

In all diesen Fällen ist dem Angeklagten vom Verteidiger deshalb dringend zu raten, dass er seine Erklärung am Ende der Verhandlung darauf beschränkt, dass er sich den Ausführungen des Verteidigers anschließe.

Sechster Teil: Strafen und Maßregeln

Im Mittelpunkt der meisten Verteidigungsmandate steht die Frage, welche Konsequenzen den Mandanten aufgrund der Schuldfeststellung treffen werden. Während der Ausbildung im Studium und meist auch Referendariat wird der Jurist mit Rechtsfragen der Strafzumessung praktisch nicht konfrontiert. Die Systematik der Rechtsfolge eines Schuldspruches muss der Strafverteidiger in seiner alltäglichen Praxis erlernen. Ob diese Umstände die Ursache dafür sind, dass Strafzumessungsfragen mit deutlichem Abstand der häufigste Gegenstand der Aufhebungsentscheidungen des Bundesgerichtshofs sind, kann hier nur vermutet werden.

1

Die hierzu gewonnenen Zahlen und **statistischen Erfassungen** sind jedoch aufschlußreich. In einer außerordentlich instruktiven Darstellung[1] wird mitgeteilt, dass von den in den Jahren 1992 bis 1995 beim Bundesgerichtshof erledigten Revisionsverfahren etwa 82 % mit einer Verwerfungsentscheidung endeten. Lediglich ein knappes Fünftel aller Revisionsverfahren enden also mit einer Aufhebungsentscheidung.[2] Etwa die Hälfte bis 3/5 der Aufhebungsentscheidungen befassen sich mit Rechtsfragen fehlerhafter Zumessung.[3] Dabei lässt sich die Tendenz feststellen, dass Revisionsverfahren zur Strafzumessung in vielen Fällen zu milderen Strafen führen. Vielfach werden in den aufhebenden Revisionsentscheidungen die Strafrahmenwahl sowie die Strafrahmenverschiebung beanstandet. Besonders häufig erfolgen die Aufhebungen deswegen, weil die Tatgerichte nach Auffassung des Bundesgerichtshofes einen gesetzlich vorgesehenen minderschweren Fall jeweils zu Unrecht verneint haben, oder weil die Tatgerichte einen schweren Fall jeweils zu Unrecht angenommen haben.

Die Schlußfolgerung für den Strafverteidiger in der Praxis muss deshalb lauten, dass in der Hauptverhandlung die Umstände, die zu einer milderen Bestrafung führen können, neben der **Schuldfrage** ein wesentliches Augenmerk verdienen.[4] Bislang konnten Strafzumessungsfragen mit relativ großer Aussicht auf Erfolg zum Gegenstand von Revisionsbegründungen gemacht werden.[5] Ob dies auch nach der gesetzlichen Neuerung des § 354 Abs. 1a StPO weiterhin gelten wird, bleibt abzuwarten.[6]

In jeder Fallbearbeitung ist zu berücksichtigen, dass der Gesetzgeber seine Phantasie zunehmend auf die Frage lenkt, wie Straftaten zu sanktionieren sind. Daher gehen die Sanktionsmöglichkeiten deutlich über die bloße Alternative Geldstrafe oder Freiheitsstrafe hinaus. Das Strafgesetzbuch stellt folgenden Katalog an Rechtsfolgen zur Verfügung:

2

- Freiheitsstrafe als Vollzugsfreiheitsstrafe oder als Bewährungsstrafe
- Geldstrafe, möglicherweise auch in Form einer Verwarnung mit Strafvorbehalt (§§ 59 ff. StGB)

---

1 Nack NStZ 97, 153 ff.
2 Aufgrund des JuModG vom 24.08.2004 und der damit einhergegangenen Ergänzung des § 354 Abs. 1a StPO ist mit einem weiteren Rückgang der Aufhebungsentscheidungen der Revisionsgerichte zu rechnen, da das Revisionsgericht nunmehr von einer Aufhebung des angefochtenen Urteils auch dann absehen kann, sofern die verhängte Rechtsfolge angemessen ist (§ 354 Abs. 1a S. 1 StPO). Auf Antrag der Staatsanwaltschaft kann das Revisionsgericht die Rechtsfolgen auch angemessen herabsetzen (§ 354 Abs. 1a S. 2 StPO).
3 Nack, a.a.O.
4 Vgl. auch Schott, StV 03, 587 ff.
5 Vgl. auch Schott, StV 03, 587 ff.
6 Vgl. hier JuModG v. 24.8.2004 in BGBl. I S. 2198.

- Freiheitsstrafe in Kombination mit Geldstrafe
- Entziehung der Fahrerlaubnis oder Fahrverbot
- Berufsverbot
- Freiheitsentziehende Unterbringung in einem psychiatrischen Krankenhaus, einer Entziehungsanstalt oder in der Sicherungsverwahrung
- Verfall
- Einziehung

Für **Jugendliche und Heranwachsende** sieht das Gesetz ein vollkommen eigenständiges Sanktionensystem vor (§ 5 JGG). Dieses Sanktionensystem kann auch bei Heranwachsenden im Alter bis zu 21 Jahren Anwendung finden (§ 105 Abs. 1 JGG). Selbst wenn auf den Heranwachsenden Jugendstrafrecht nicht mehr angewandt wird, ist zumindest die Verhängung lebenslanger Freiheitsstrafe in Abweichung von den allgemeinen gesetzlichen Regelungen nicht obligatorisch (§ 106 Abs. 1 JGG). Die Maßregel der Sicherungsverwahrung darf auch gegen Heranwachsende, auf die Jugendstrafrecht nicht mehr anwendbar ist, nicht verhängt werden (§ 106 Abs. 2 1 JGG). Denkbare Sanktionen gegen Jugendliche und Heranwachsende sind:

- Erziehungsmaßregeln, dabei insbesondere die Erteilung von Weisungen (§ 10 JGG)
- Zuchtmittel, dabei insbesondere die Verhängung von Jugendarrest in verschiedenen Formen
- Jugendstrafe als Vollzugsfreiheitsstrafe oder Bewährungsstrafe
- Freiheitsentziehende Maßregeln der Unterbringung in der Psychiatrie oder in der Entziehungsanstalt (keine Sicherungsverwahrung gemäß § 66 StGB; § 7 JGG)
- Entziehung der Fahrerlaubnis (§ 7 JGG).
- Fahrverbot (§ 8 Abs. 3 JGG i.V.m. §§ 2, 6, 76 JGG)

§ 24 Strafen und Strafzumessung

I. Strafrechtliche Verantwortung

Die Verhängung von Strafe setzt einen schuldhaft handelnden Straftäter voraus (§ 20   1
StGB). Gegen denjenigen, der ohne Schuld handelt, können folgende Rechtsfolgen
nicht verhängt werden:
- Freiheitsstrafe
- Geldstrafe
- Fahrverbot
- Verlust der Amtsfähigkeit, der Wählbarkeit und des Stimmrechts.

Bestimmte Maßregeln der Besserung und Sicherung können jedoch auch gegen denje-
nigen verhängt werden, der gemäß § 20 StGB ohne Schuld handelt. Statthaft sind diese
Maßregeln in Fällen, in denen das Gesetz sie ausdrücklich vorsieht. Dazu gehören:
- Unterbringung in einem psychiatrischen Krankenhaus (§ 63 StGB)
- Unterbringung in einer Entziehungsanstalt (§ 64 StGB)
- Entziehung der Fahrerlaubnis (§ 69 StGB)
- Berufsverbot (§ 70 StGB).

Daneben können gegen den Schuldunfähigen ausgesprochen werden:
- Verfall des Erlangten aus einer rechtswidrigen Tat (§ 73 StGB)
- Einziehung der benutzten oder hervorgebrachter Gegenstände zur Abwehr von All-
  gemeingefahr oder spezialpräventiver Wiederholungsgefahr (§ 74 Abs. 3 StGB).

Bei der Tatbestandssubsumtion des § 20 sind die sog. diagnostischen Merkmale von
den sog. psychologischen Merkmalen zu unterscheiden.

1. Diagnostische Merkmale

In der gängigen Kommentarliteratur wird üblicherweise ausgeführt, das Gesetz folge   2
einer biologisch-psychologischen Methode.[1] Dementsprechend setze die Feststellung
ausgeschlossener Schuldfähigkeit oder verminderter Schuldfähigkeit zunächst Feststellungen zu den gesetzlich vorausgesetzten biologischen Merkmalen voraus. Einleuchtend erscheint jedoch der Begriff der **diagnostischen Merkmale**, wie ihn die
höchstrichterliche Rechtsprechung regelmäßig verwendet.[2] Die Annahme ausgeschlossener oder verminderter Schuldfähigkeit sieht das Gesetz vor, wenn beim Täter eines
der folgenden diagnostischen Merkmale erfüllt ist:
- Krankhafte seelische Störung
- Tiefgreifende Bewusstseinsstörung
- Schwachsinn
- Schwere andere seelische Abartigkeit.

Der vom Gesetzgeber verwandte Begriff der schweren anderen seelischen Abartigkeit
wird häufig als verunglückt betrachtet. Sinnvollerweise soll er als Sammelbegriff aufgefasst werden, unter den alle Störungen, die nicht mit den vorangegangenen drei
Merkmalen erfaßt werden können, subsumiert werden.[3]

---

1 Tröndle/Fischer, § 20 Rn 4.
2 Detter, NStZ 92, 477, 478, Fn. 9.
3 Nedopil, Forensische Psychiatrie, S. 21.

a) Krankhafte seelische Störung

3 Die forensische Psychiatrie ordnet folgende Störungen dem Gesetzesbegriff der krankhaften seelischen Störung zu:

- Körperlich begründbare Psychosen
- Exogene Psychosen
- Degenerative Hirnerkrankungen
- Durchgangssyndrome (z.b. Alkoholrausch, Drogenintoxikationen, Medikamentenintoxikationen)
- Epileptische Erkrankungen
- Endogene Psychosen
- Körperliche Abhängigkeiten
- Genetisch bedingte Erkrankungen.

Aus forensisch-psychiatrischer Sicht ist allen diesen Störungen gemein, dass es sich hierbei um Krankheiten und Störungen handelt, bei denen nach früherer klassischer, psychiatrischer Anschauung eine organische Ursache bekannt ist oder eine solche vermutet wird.[4]

b) Tiefgreifende Bewusstseinsstörungen

4 Als tiefgreifende Bewusstseinsstörung wird aufgefasst eine grundsätzlich nicht krankhafte Trübung oder Einengung des Bewusstseins.[5] Die höchstrichterliche Rechtsprechung nimmt das zum einen für den Fall eines völligen Mangels des Selbstbewusstseins im Sinne des intellektuellen Wissens um das eigene Sein des Täters und über seine Beziehung zur Umwelt an.[6] Zum anderen kann der Verlust der Selbstbesinnung auf eine tiefgreifende Störung des Gefühls- und Trieblebens zurückzuführen sein, also im emotionalen Bereich der menschlichen Persönlichkeit seine Ursache haben[7] Eine Bewusstseinsstörung im emotionalen Bereich setzt **nicht** voraus, dass Mangelerscheinungen im geistig-seelischen Bereich objektiv festgestellt werden müssen.[8]

c) Schwachsinn

5 Unter dem Begriffsmerkmal des Schwachsinns sind alle Störungen der Intelligenz zusammengefasst, die nicht auf nachweisbaren organischen Grundlagen beruhen.[9] Zum Ausschluß der Schuldfähigkeit führen nur die schweren Formen des Schwachsinns (Imbezillität; Idiotie). Die forensische Psychiatrie differenziert zwischen vier Fallgruppen der Intelligenzminderung bzw. geistigen Behinderung.[10]

d) Schwere andere seelische Abartigkeit

6 Dem diagnostischen Merkmal der schweren anderen seelischen Abartigkeit können in der Praxis insbesondere zugeordnet werden:

---

4 Nedopil, Forensische Psychiatrie, S. 20.
5 Tröndle/Fischer, § 20 Rn 10.
6 BGHSt 11, 20 ff., 23.
7 BGHSt 11, 20 ff., 23 f.
8 BGHSt 11, 20 ff., 23.
9 Nedopil, Forensische Psychiatrie, S. 21.
10 Weltgesundheitsorganisation, Internationale Klassifikation psychischer Störungen, ICD 10, F 7, Intelligenzminderung.

- Die pathologische Spielsucht
- Sexuelle Triebstörungen
- Drogenabhängigkeit

2. Psychologische Merkmale

Das Vorliegen von diagnostischen Merkmalen reicht nicht aus, um den Ausschluß oder   7
die Verminderung der Schuldfähigkeit annehmen zu können. Vielmehr müssen als
Konsequenz der festgestellten diagnostischen Merkmale Funktionsbeeinträchtigun-
gen[11] festgestellt werden, die im Gegensatz zu den diagnostischen Merkmalen in vor
allem wertender Betrachtung zu ermitteln sind. In der forensischen Psychiatrie wird
hervorgehoben, dass es mit empirischen Methoden nicht möglich ist, eindeutige Aussagen zum Ausmaß psychischer Beeinträchtigung zu treffen.[12] Die Humanwissenschaf-
ten, als auch die Psychiatrie, können lediglich Hilfestellungen anbieten. Die normativen Entscheidungen sind jedoch nach Auffassung der forensischen Psychiatrie
letztendlich vom Gericht zu treffen.[13]

a) Mangelnde Einsichtsfähigkeit

Einen Fall des Schuldausschlusses nimmt das Gesetz an, wenn das Vorliegen eines der   8
diagnostischen Kriterien zur Folge hat, dass der Täter unfähig ist, das Unrecht der Tat
einzusehen (mangelnde Einsichtsfähigkeit). Die Rechtsprechung stellt klar, dass die
Verminderung oder der Ausschluß der Schuldfähigkeit nicht auf beide gesetzliche Alternativen (Einsichts- und Steuerungsfähigkeit) zugleich gestützt werden kann.[14] Ein
Ausschluß der Schuldfähigkeit kann grundsätzlich nicht allein mit der Feststellung gerechtfertigt werden, die Fähigkeit des Angeklagten, das Unrecht seines Handelns einzusehen, sei erheblich vermindert gewesen. Entscheidend ist vielmehr, ob der Täter,
trotz generell verminderter Einsichtsfähigkeit die Einsicht im konkreten Fall hatte oder
nicht.[15] Fehlt dem Täter die Einsichtsfähigkeit zum Zeitpunkt der Tat, ist regelmäßig
davon auszugehen, dass die Schuldfähigkeit ausgeschlossen werden kann.[16] Ob letztlich von einem Ausschluß der Schuldfähigkeit oder lediglich von einer Verminderung
der Schuldfähigkeit auszugehen ist, macht die Rechtsprechung alleine davon abhängig,
ob die eingeschränkte Einsichtsfähigkeit vorwerfbar ist oder nicht.[17] Ist die Vermide-
rung der Einsichtsfähigkeit vorwerfbar, so kommt lediglich die Annahme verminderter
Schuldfähigkeit gemäß § 21 StGB in Betracht. Ist die Verminderung der Einsichtsfähigkeit nicht vorwerfbar, kommt umgekehrt regelmäßig ein Ausschluß der Schuld in
Betracht.[18]

b) Fehlende Steuerungsfähigkeit

Ein Schuldausschluß kommt desweiteren in Betracht, wenn infolge eines festgestellten   9
diagnostischen Merkmals der Täter im Zeitpunkt der Tat nicht in der Lage ist, entspre-

---

11 Nedopil, Forensische Psychiatrie, S. 21.
12 Nedopil, Forensische Psychiatrie, S. 21.
13 Nedopil, Forensische Psychiatrie S. 21.
14 Detter, NStZ 98, 501, Fn. 8.
15 BGHR StGB § 20, Einsichtsfähigkeit 2.
16 Detter, NStZ 95, 170, Fn. 19.
17 Detter, NStZ 95, Fn. 19.
18 Detter, NStZ 95, 170, Fn. 19.

chend seiner Einsicht über das Unrecht der von ihm begangenen Tat zu handeln (fehlende Steuerungsfähigkeit). In der forensisch psychiatrischen Literatur wird die Störung der Steuerungsfähigkeit beschrieben als Einbuße der voluntativen Fähigkeiten, die zu einem Handlungsentwurf beitragen.[19] Ebenso wird hier verwandt der Begriff der gestörten Motivationsbildung.[20]

3. Feststellungen durch Sachverständige

10 Regelmäßig ist für die Feststellung der diagnostischen Merkmale und für die Feststellung der wesentlichen Anhaltspunkte für die psychologischen Merkmale die Heranziehung eines psychiatrischen Sachverständigen erforderlich.[21] Die Verwertung eines solchen Gutachtens kann nicht in der Weise stattfinden, dass das Gericht sich dessen Ausführungen lediglich „voll inhaltlich" anschließt. Das Tatsachengericht muss in jedem Fall die wesentlichen Anknüpfungstatsachen und Sachverständigendarlegungen im Urteil so wiedergeben, wie dies zum Verständnis des Gutachtens und zur Beurteilung seiner Schlüssigkeit erforderlich ist.[22] Lediglich die Mitteilung des Ergebnisses eines Gutachtens in den Urteilsgründen reicht nicht aus.[23] Anhaltspunkte für das Vorliegen diagnostischer und psychologischer Merkmale sind insbesondere dann gegeben, wenn die Diagnosemerkmale der gängigen psychiatrischen Klassifikationssysteme gegeben sind. Bei der Beurteilung der Schuldfähigkeit spricht die höchstrichterliche Rechtsprechung den Klassifikationssystemen keine Verbindlichkeit zu. Die Zuordnung einer Störung zu einem Krankheitsbild nach einem der Klassifikationssysteme weist nach Auffassung der Rechtsprechung allerdings in der Regel auf eine nicht ganz geringfügige Beeinträchtigung hin.[24]

II. Typische Fallgestaltungen

1. Affektstörungen

11 Eine Affektstörung erfüllt das diagnostische Merkmal der tiefgreifenden **Bewusstseinsstörung**.
Sie kann zum Ausschluß der Steuerungsfähigkeit und damit zur Schuldunfähigkeit führen. Das ist nach der Rechtsprechung allerdings nur im Ausnahmefall anzunehmen. Grundsätzlich müsse der geistig gesunde Mensch nach Auffassung der Rechtsprechung seine Affekte beherrschen.[25] Eine zum Schuldausschluß führende tiefgreifende Bewusstseinsstörung kann der Affekt allerdings dann darstellen, wenn ein Mensch ohne geistige oder seelische Dauerschäden ausschließlich durch den Höchstgrad seiner Erregung in eine Lage gerät, in der er gänzlich die Selbstbesinnung oder die Fassung verliert.[26] Die Rechtsprechung stützt sich bevorzugt auf eine katalogartige Zusammenstellung von Merkmalen, die sie der psychiatrischen Literatur entnimmt. Danach können für einen affektiven Ausnahmezustand sprechen das Ansteigen chronischer Affekt-

---

19 Nedopil, Forensische Psychiatrie, S. 22.
20 Nedopil, Forensische Psychiatrie, S. 22.
21 Tröndle/Fischer, § 20 StGB, Rnr. 23.
22 BGHR § 261 StPO, Sachverständiger 6.
23 Detter, NStZ 97, 476, Fn. 12.
24 Detter, NStZ 98, 501, Fn. 9.
25 Detter, NStZ 1997, 476, Fn. 15.
26 Detter, a.a.O.

spannungen, psychopathologische Disposition der Persönlichkeit, konstellative Faktoren wie Alkoholgenuß oder Erschöpfung, abrupter Tatverlauf mit elementarer Wucht, gleichsam rechtwinkliger Affektverlauf, schwere Erschütterung nach der Tat, hochgradige Einengung des Wahrnehmungsfeldes und der seelischen Abläufe, starke Erinnerungsstörungen, Persönlichkeitsfremdheit sowie Störungen der Sinn- und Erlebniskontinuität.[27] Gegen eine tiefgreifende Bewusstseinsstörung im Sinne eines Affekts spreche nach Auffassung der Rechtsprechung eine aggressive Vorgestaltung der Tat in der Phantasie, Ankündigungen der Tat, aggressive Handlungen in der Tatanlaufzeit, Tatvorbereitungen, Herbeiführen der Tatsituation durch den Täter, Fehlen eines Zusammenhangs zwischen Provokation, Erregung und Tat, Gestaltung des Tatablaufes vorwiegend durch den Täter, lang hingezogenes Tatgeschehen, komplexer Handlungsablauf in Etappen, erhaltene Introspektionsfähigkeit bei der Tat, exakte detailreiche Erinnerungen, zustimmende Kommentierung des Tatgeschehens, Fehlen von vegetativen, psychomotorischen und psychischer Begleiterscheinungen.[28]

2. Alkohol

a) Schuldausschluß   12

Die Auswirkung des Alkoholkonsums auf die Steuerungsfähigkeit können nach der höchstrichterlichen Rechtsprechung zum Schuldausschluß führen. Ab einer **Blutalkoholkonzentration** von 3,0 Promille, bei Tötungsdelikten bei 3,3 Promille, liegt nach der Rechtsprechung die Annahme von Schuldunfähigkeit nahe.[29] Die Annahme der Schuldunfähigkeit erfordert dabei eine Gesamtwürdigung, bei der neben der Blutalkoholkonzentration alle wesentlichen objektiven und subjektiven Umstände, die sich auf das Erscheinungsbild des Täters vor, während und nach der Tat beziehen, zu berücksichtigen sind.[30] Selbst motorisch kontrolliertes äußerlich geordnetes, zielstrebiges und situationsangepaßtes Verhalten schließt einen Fortfall des Steuerungsvermögens nicht ohne weiteres aus.

Der Einfluss des Alkohols auf die Schuld setzt zunächst **tatsächliche Feststellungen** zur Blutalkoholkonzentration zum **Zeitpunkt der Tat** voraus. Zur Feststellung dieser Blutalkoholkonzentration ergeben sich grundsätzlich zwei Methoden: Zum einen kann die Blutalkoholkonzentration durch Rückrechnung unter Zugrundelegung von Werten erfolgen, die sich aus einer Blutprobe ergeben. Zum anderen gibt es die Möglichkeit, die Blutalkoholkonzentration aufgrund der Trinkmengenangaben des Angeklagten unter Zugrundelegung der sog. Widmarkformel zu errechnen.[31]

Die **Rückrechnung** zum Zwecke der Feststellung der Schuldunfähigkeit hat nach anderen Grundsätzen zu erfolgen als die Rückrechnung zur Feststellung der Fahrtüchtigkeit gemäß § 316 StGB. Anders als bei der Feststellung der Fahrtüchtigkeit ist die Rückrechnung auch dann zulässig, wenn die Blutprobe innerhalb der sog. Resorptionsphase entnommen wurde. Während bei der Feststellung der Fahrtüchtigkeit eine Resorptionsphase von zwei Stunden nach Trinkende zugrunde gelegt wird, wird bei der Feststellung der Schuldfähigkeit eine Resorptionsphase nicht berücksichtigt. Daneben

---

27 BGH, StV 93, 637.
28 BGH a.a.O.
29 BGHSt 34, 29 ff., 31.
30 BGHR, StGB § 20, Blutalkoholkonzentration 6, 9, 12.
31 Instruktiv zum Ganzen: Salger, DRiZ, 89, 174 ff.

wird bei der Feststellung der Fahrtüchtigkeit von einem Abbauwert von 0,1 Promille pro Stunde ausgegangen, wohingegen bei der Feststellung der Schuldfähigkeit ein Abbauwert von 0,2 Promille pro Stunde zugrundegelegt wird. Darüber hinaus wird auf das unter Zugrundelegung eines Abbauwertes von 0,2 Promille berechnete Ergebnis noch ein Sicherheitszuschlag von 0,2 Promille hinzuaddiert.[32]

Liegt eine Blutprobe nicht vor, so ist die Blutalkoholkonzentration zur Tatzeit anhand der Angaben des Angeklagten zu ermitteln.[33] Dabei ist die Blutalkoholkonzentration anhand **der sog. Widmarkschen Formel** zu berechnen:

$$\text{BAK (Promille)} = \frac{\text{aufgenommene Alkoholmenge (A) in Gramm}}{\text{Körpergewicht (p) in Kilogramm x Reduktionsfaktor (r)}}$$

In weiteren Schritten ist dann zunächst der Maximalwert und sodann der Mindestwert der Blutalkoholkonzentration aufgrund der Trinkmengenangaben zu errechnen sowie in einem letzten Schritt die Berechnung des wahrscheinlichen Wertes.[34]

Bei der Vorbesprechung mit dem Mandanten ist zu beachten, dass es den Gerichten nach der höchstrichterlichen Rechtsprechung unbenommen ist, die Alkoholangaben als unglaubhaft zu bewerten, wenn sich rechnerisch infolge sehr hoher Trinkmengenangaben Werte ergeben, die den letalen Bereich tangieren.[35] Als unglaubwürdig können Trinkmengenangaben jedoch nur dann bewertet werden, wenn eine Kontrollrechnung, durch die der Mindestwert der Blutalkoholkonzentration errechnet wird, dazu führt, dass die Angaben des Angeklagten als unglaubwürdig erscheinen müssen.[36] Das Gericht darf jedoch zu Ungunsten des Angeklagten nicht von einem niedrigeren Blutalkoholwert als von dem errechneten ausgehen. Der Zweifelssatz gebietet es, die höchstmögliche Tatzeitblutalkoholkonzentration im Bereich zwischen dem theoretisch höchsten und dem niedrigsten zu bestimmen.[37]

b) Verminderte Schuldfähigkeit

13 Im Bereich der verminderten Schuldfähigkeit ist die Rechtsprechung erheblich in Bewegung geraten. Der erste Strafsenat des Bundesgerichtshofes kam in seinem Urteil vom 29.04.97[38] zur Auffassung, es gäbe keinen gesicherten medizinisch-statistischen Erfahrungssatz darüber, dass ohne Rücksicht auf psychodiagnostische Beurteilungskriterien allein wegen einer bestimmen Blutalkoholkonzentration zur Tat in aller Regel vom Vorliegen einer alkoholbedingt erheblich verminderten Steuerungsfähigkeit auszugehen wäre. Dieser Entscheidung ging ein Vorlagebeschluß vom 09.07.1996 voraus, dem sich instruktive Hinweise zur Thematik Schuldfähigkeit und Alkohol entnehmen lassen.[39] Bei der Frage der Erheblichkeit einer Verminderung der Steuerungsfähigkeit hat der Tatrichter ohne Bindung an Äußerungen von Sachverständigen eigene Erwä-

---

32 BGH, NStZ 86, 114.
33 Detter, NStZ 98, 182 ff., 183, Fn. 26.
34 Außerordentlich instruktiv: Schütz/Weiler, StraFo 99, 371 ff.
35 BGHR, § 20 StGB, Blutalkoholkonzentration 18.
36 BGHR, § 20 StGB, Blutalkoholkonzentration 18.
37 BGHR, § 20 StGB; Blutalkoholkonzentration 18.
38 BGH NJW 97, 2460 ff.
39 BGH StV 96, 593 ff.

gungen anzustellen.[40] Hierbei fließen normative Gesichtspunkte ein. Entscheidend sind die Anforderungen, welche die Rechtsordnung an jedermann stellt.[41] Diese Anforderungen sind umso höher, je schwerwiegender das in Rede stehende Delikt ist.[42] Auch bei der Frage, ob eine erhebliche Verminderung der Steuerungsfähigkeit zu einer Strafrahmenverschiebung führt, ist die Rechtsprechung in Bewegung.[43] Beruht die erhebliche Verminderung der Schuldfähigkeit auf zu verantwortender Trunkenheit, spricht dies in der Regel gegen eine Strafrahmenverschiebung nach §§ 21, 49 Abs. 1 StGB, wenn sich aufgrund der persönlichen oder situativen Verhältnisse des Einzelfalls das Risiko der Begehung von Straftaten vorhersehbar signifikant infolge der Alkoholisierung erhöht hat.[44] Ob dies der Fall ist, der Tatrichter in wertender Betrachtung zu bestimmen; seine Entscheidung unterliegt nur eingeschränkter revisionsgerichtlicher Überprüfung.[45] Das gilt auch für das Sachverständigengutachten, welches der Strafsenat im Rahmen des Revisionsverfahrens einholte.[46]

3. Betäubungsmittelabhängigkeit

Drogenabhängigkeit führt nach der höchstrichterlichen Rechtsprechung nicht ohne   **14**
weiteres zu einer Beeinträchtigung der Steuerungsfähigkeit.[47] Insbesondere bei Heroinabhängigkeit kann jedoch auch eine so weit gehende Minderung der Steuerungsfähigkeit in Betracht kommen, dass sogar ein Ausschluß der Schuldfähigkeit in Frage kommt.[48]

Eine Beeinträchtigung der Schuldfähigkeit wird nach der Rechtsprechung dann angenommen, wenn aufgrund **langjährigen Drogenkonsums** schwerste Persönlichkeitsveränderungen festzustellen sind oder der Abhängige durch starke Entzugserscheinungen zu Beschaffungstaten getrieben wird.[49]

Genügen kann dabei unter Umständen die Angst des Drogenabhängigen vor Entzugserscheinungen, die er schon als äußerst unangenehm erlebt hat und als nahe bevorstehend einschätzt.[50]

4. Triebstörungen

Triebstörungen sind nach der Rechtsprechung nur dann als Beeinträchtigung der Steue-   **15**
rungsfähigkeit anzunehmen, wenn die geschlechtliche Triebhaftigkeit des Täters so stark ausgeprägt ist, dass ihr der Träger selbst bei Aufbietung aller ihm **eigenen Willenskraft** nicht ausreichend zu widerstehen vermag, oder wenn sie infolge ihrer Abartigkeit den Träger in seiner gesamten inneren Grundlage und damit im Wesen seiner Persönlichkeit so verändern, dass er zur Bekämpfung seiner Triebe nicht die erforderli-

---

40 BGH v. 21.01.2004 – 1 StR 346/03.
41 Vgl. auch BGHSt 43, 66, 77; BGH NStZ – RR 99, 295, 296.
42 BGH v. 21.03.2001 – 1 StR 32/01.
43 Vgl. hierzu das Urteil des 3. Strafsenats vom 27.03.2003 in BGHR StGB § 21 Strafrahmenverschiebung 31, BGHR StGB § 21, Strafrahmenverschiebung 32 sowie BGH v. 17.08.2004 in StV 04, 591 ff.
44 BGH v. 17.08.2004 in StV 04, 591 ff.
45 BGH a.a.O.
46 Kröber, NStZ 96, 569 ff.
47 Detter, NStZ 97, 476 ff., 477 Fn. 22; vgl. zuletzt auch BGH v. 17.8.2004 – 5 StR 591/03.
48 BGHR, § 20 StGB, Btm-Auswirkungen 1.
49 BGHR, § 21 StGB, Btm-Auswirkungen 6.
50 Detter, NStZ 97, 476 ff., 477 Fn. 22.

chen Hemmungen aufbringt, selbst wenn der abnorme Trieb nur von durchschnittlicher Stärke ist. Die Abartigkeit eines sexuellen Verhaltens allein rechtfertigt noch nicht die Annahme einer krankhaften Störung, sondern erst die Tatsache einer im Zusammenhang mit der Triebanomalie entstehenden, das Hemmungsvermögen betreffenden Persönlichkeitsentartung.[51]

5. Sonstige Persönlichkeitsstörungen

16   Zu den schweren anderen seelischen Abartigkeiten rechnet die Rechtsprechung insbesondere Psychopathien, Neurosen, Triebstörungen, durchaus aber auch seelische Fehlanlagen oder seelische Fehlentwicklungen. Mit dem Tatbestandsmerkmal der schweren anderen seelischen Abartigkeit sollen bewusst Veränderungen der Persönlichkeit erfaßt werden, die im medizinischen Sinne keine Krankheit darstellen. Um das Merkmal einer schweren anderen seelischen Abartigkeit zu erfüllen, müssen diese Erscheinungen jedoch so gravierend sein, dass sie in ihrer belastenden Wirkung für den Betroffenen das Gewicht krankhafter seelischer Störungen erreichen. Beurteilungsmaßstab soll dabei nach einer Formel der Rechtsprechung die Ganzheitsbetrachtung von Täter und Tat sein.[52]

Nicht selten spielt bei den schweren anderen seelischen Abartigkeiten die Frage eine Rolle, ob der Täter unter dem Einfluss von Spielsucht gehandelt hat. Der Maßstab der Rechtsprechung ist hier hoch angesetzt. Danach überschreitet die Spielsucht die Erheblichkeitsschwelle zur Anwendung bereits des § 21 StGB nur dann, wenn sie zu schwersten Persönlichkeitsveränderungen geführt hat oder der Täter bei Beschaffungstaten unter starken Entzugserscheinungen gelitten hat.[53]

III. Strafrahmenwahl

17   Existiert kein Anhaltspunkt für einen Ausschluß der Schuld des Mandanten, ist (gedanklich) der erste Schritt zur Bestimmung der Strafe die Wahl des anzuwendenden Strafrahmens. Ausgangspunkt ist dabei zunächst der Regelstrafrahmen. Je nach Straftatbestand kommt hier eine Geldstrafe und/oder Freiheitsstrafe in Betracht. Bei Freiheitsstrafe gilt § 38 StGB. Für Geldstrafen ist § 40 StGB zu Rate zu ziehen. In einem ersten Schritt ist festzustellen, ob der zu beurteilende Sachverhalt eine Fallkonstellation der Tateinheit oder der Tatmehrheit darstellt. Die **Tateinheit** hat zur Folge, dass ein Sachverhalt oder Sachverhaltskomplex nur mit einer Strafe geahndet wird (§ 52 Abs. 1 StGB). Die **Tatmehrheit** hat zur Folge, dass verschiedene Sachverhaltskomplexe mehrere Strafen zur Folge haben, die dann in einem weiteren Schritt zu einer Gesamtstrafe zusammenzufassen sind (§ 54 Abs. 1 StGB), soweit keine Zäsurwirkung eingetreten ist.[54]

In einem weiteren Schritt ist sodann die Frage zu beantworten, ob hinsichtlich der zu verhängenden Strafe bei Tateinheit oder mehrerer zu verhängender Strafen bei Tatmehrheit ein besonders schwerer Fall oder ein minderschwerer Fall anzunehmen ist.

---

51 Detter, NStZ 96, 424 ff., 425 Fn. 16; BGHR StGB § 21, Seelische Abartigkeit 22.
52 Detter, NStZ 97, 476 ff., 477 Fn. 19.
53 Detter, NStZ 93, 473 ff., 474 Fn. 23, BGHR § 21 StGB, Seelische Abartigkeit 17.
54 Vgl. hierzu im Einzelnen Tröndle/Fischer § 55 Rn 9 ff.

In einem nächsten Schritt ist anschliessend zu klären, ob ein sogenannter benannter Strafmilderungsgrund eine Strafrahmenverschiebung gem. § 49 StGB zur Folge hat. Erst jetzt ergibt sich bezogen auf die konkrete Tat der Strafrahmen, innerhalb dessen die Strafbemessung durch das Gericht stattfindet.

1. Tateinheit und Tatmehrheit

a) Tateinheit

Nach der gesetzlichen Regelung in § 52 Abs. 1 StGB liegt Tateinheit vor, wenn dieselbe Handlung mehrere Strafgesetze verletzt oder dieselbe Handlung dasselbe Strafgesetz mehrmals verletzt. Im Einzelnen ist hier vieles umstritten und teilweise sind die Grenzen fließend.[55] In der höchstrichterlichen Rechtsprechung haben sich **mehrere Fallgruppen** herausgebildet. Tateinheit liegt dann vor, wenn dieselbe tatbestandsmäßige Ausführungshandlung mehrere Straftatbestände erfüllt, wenn eine Mehrheit gleichartiger strafrechtlich erheblicher Verhaltensweisen in einem engen räumlichen und zeitlichen Zusammenhang stehen, wenn mehrere Delikte durch ein gleichzeitiges Dauerdelikt miteinander verbunden sind oder wenn mehrere Handlungen zu einer fortgesetzten Handlung miteinander verbunden sind.

aa) Tateinheit durch dieselbe Handlung. Tateinheit aufgrund derselben Handlung besteht dann, wenn die tatbestandsmäßige Ausführungshandlung in einem für sämtliche Tatbestandsverwirklichungen notwendigen Teil zumindest teilweise **identisch** sind.[56] Die bloße Gleichzeitigkeit von Geschehensabläufen, die Verfolgung eines Endzwecks oder eine Mittelzweckverknüpfung alleine führen noch nicht zur Tateinheit.[57] Ebenso reicht eine Teilidentität der Tathandlung bei bloßen Vorbereitungshandlungen zur Begründung der Tateinheit nicht aus.[58]

bb) Natürliche Handlungseinheit. Eine Tateinheit aufgrund natürlicher Handlungseinheit kann dann in Betracht kommen, wenn ein mehraktiges Tatgeschehen zu beurteilen ist. In einer solchen Konstellation ist es ausgeschlossen, dass durch dieselbe Handlung mehrere Strafgesetze verletzt werden, allerdings kann die zweite Alternative von § 52 Abs. 1 StGB verwirklicht sein, wonach durch dieselbe Handlung dasselbe Strafgesetz mehrmals verletzt wird. Fraglich ist hier, unter welchen Voraussetzungen ein mehraktiges Tatgeschehen als „dieselbe Handlung" i.S.v. § 52 Abs. 1 StGB betrachtet wird.

Die höchstrichterliche Rechtsprechung geht von einer natürlichen Handlungseinheit aus, wenn zwischen einer Mehrheit gleichartiger strafrechtlich erheblicher Verhaltensweisen ein derart **unmittelbarer räumlicher und zeitlicher Zusammenhang** besteht, dass das gesamte Handeln des Täters objektiv auch für einen Dritten als ein einheitliches zusammengehöriges Tun erscheint.[59] Dabei muss das einheitliche zusammengehörige Tun auch durch ein gemeinsames subjektives Element miteinander verbunden sein.[60] Die aus der Sicht eines Dritten eine Einheit bildenden Tatakte stellen also dann

18

19

20

---

55 Tröndle/Fischer, vor § 52 Rn 1 ff.
56 BGHR StGB § 52 Abs. 1, Handlung, dieselbe 25.
57 BGH a.a.O.
58 BGHSt 33, 163 ff., 165.
59 BGHSt 41, 368.
60 BGHR StGB vor § 1, natürliche Handlungseinheit, Entschluß, einheitlicher 7.

eine natürliche Handlungseinheit dar, wenn sie aufgrund eines einheitlichen, zu Beginn der Tatausführung gefassten, Tatentschlusses verwirklicht werden.

21 *cc) Tateinheit durch Klammerwirkung.* Eine Klammerwirkung mit der Rechtsfolge der Tateinheit entsteht dadurch, dass ein Delikt sich über einen gewissen **Zeitraum** hinzieht, innerhalb dessen durch den Täter andere Straftaten begangen werden, die ihrerseits untereinander bei isolierter Betrachtung in Tatmehrheit zueinander stehen.[61] Diese Klammerwirkung tritt dann nicht ein, wenn die die Klammerwirkung begründende Zwischentat im Verhältnis zu den Taten, die während der Dauer der Zwischentat gleichzeitig verwirklicht werden, minderschwer ist.[62] So kann **beispielsweise** ein Vergehen als Zwischenstraftat nicht mehrere Verbrechenstatbestände zu einer Tateinheit verklammern. Eine solche Klammerwirkung kann allerdings sehr wohl dann eintreten, wenn nur einzelne während der Fortdauer der Zwischentat begangenen Straftaten im Verhältnis zu Zwischentat schwerer wiegt. So kann beispielsweise ein Vergehen als Zwischentat ein während der Dauer der Zwischentat begangenes Vergehen und ein weiteres Verbrechen miteinander verklammern. So ist beispielsweise zu erklären, dass ein Vergehen des unerlaubten Waffenbesitzes ein Verbrechen des versuchten Totschlags, eine versuchte gefährliche Körperverletzung sowie eine fahrlässige Körperverletzung miteinander zu einer Tateinheit verklammert.[63]

22 *dd) Fortgesetzte Handlung.* Infolge des Beschlusses des Großen Strafsenates vom 03.05.1994 ist der weitverbreitete Eindruck entstanden, die höchstrichterliche Rechtsprechung hätte die Rechtsfigur der fortgesetzten Handlung aufgegeben. Das ist jedoch nicht zutreffend.

Von einer Tateinheit durch fortgesetzte Handlungen geht die **höchstrichterliche Rechtsprechung** dann aus, wenn die mehrfach an sich selbständige Tatbestandsverwirklichung in rechtlicher und tatsächlicher Hinsicht gleichartig begangen wird und die einzelnen Teilakte durch einen nahen räumlichen und engen zeitlichen Zusammenhang miteinander verbunden sind. Dieses objektive Geschehen muss von einem Gesamtvorsatz getragen sein, der die Teile der vorgesehenen Handlungsreihe nicht in allen Einzelheiten aber doch in den wesentlichen Grundzügen der zukünftigen Gestaltung nach betroffenem Rechtsgut, Rechtsgutträger sowie Ort, Zeit und ungefähre Art der Tatbegehung umfasst, allerdings noch bis zur Beendigung des letzten Teilakts auf weitere Handlungsteile erstreckt werden kann. Dabei muss der Gesamterfolg oder der Gesamtumfang aller Teilakte annähernd vom Gesamtvorsatz umfasst sein.[64] An diesen Voraussetzungen für die Annahme der fortgesetzten Handlung hat der Große Strafsenat festgehalten. Argumentativ hat der Große Senat jedoch ausgeführt, dass die gesetzlichen Bestimmungen über die Strafenbildung und Strafbemessung bei Tatmehrheit im Regelfall ausreichen, um gleichartige Taten, die nicht zu natürlicher Handlungseinheit oder zu tatbestandlicher Bewertungseinheit verbunden sind, auch dem Gesamtunwert nach zu erfassen.[65] Damit wird die **Annahme fortgesetzter Handlungen** in Sachver-

---

61 BGHR StGB § 52 Abs. 1, Klammerwirkung 7.
62 BGHSt 31, 29 ff., 30.
63 BGHR StGB § 52 Abs. 1, Klammerwirkung 6.
64 BGHSt 40, 138 ff., 145 f.
65 BGHSt 40, 138 ff., 165.

haltskonstellationen, in denen mehrere Teilakte nicht zu einer natürlichen Handlungseinheit verbunden sind, zum **absoluten Ausnahmefall.**
Ob die Annahme eines solchen Ausnahmefalles in Betracht kommt, macht der **Große Strafsenat** vom gesetzlichen Deliktstatbestand abhängig. Nur bei gesetzlichen Tatbeständen, die einerseits zwar schon durch eine Einzelhandlung verwirklicht sein können, andererseits aber ihrem Sinne nach in erster Linie ein über den Einzelfall hinausreichendes, auf ganze Handlungskomplexe gerichtetes Verhalten treffen sollen, sollen nach Auffassung des Bundesgerichtshofes zu einer fortgesetzten Handlung miteinander verbunden werden können.[66] In Verbindung mit dem Hinweis auf die rechtswissenschaftliche Literatur kommt die Annahme einer fortgesetzten Handlung also nur noch bei bestimmten Deliktstatbeständen in Betracht. Tateinheit infolge einer fortgesetzten Handlung kommt beispielsweise bei zahlreichen Staatsschutzdelikten, bei nachrichtendienstlicher Tätigkeit und durchaus auch beim Handeltreiben mit Betäubungsmitteln in Betracht.[67] Nach Auffassung des Bundesgerichtshofes müssen allerdings tatbestandsbezogene Gründe von besonderem Gewicht vorhanden sein, um die Annahme einer fortgesetzten Handlung in Betracht ziehen zu können. Bloße Erwägungen der Zweckmäßigkeit sollen für die Annahme einer fortgesetzten Handlung nicht ausreichen, ebenso wenig bloße Beweisschwierigkeiten.[68] Im Ergebnis ist durch den Großen Senat für Strafsachen entschieden, dass bei den Tatbeständen des Betruges (§ 263 Abs. 1 StGB), des Beischlafs zwischen Verwandten (§ 173 StGB), des sexuellen Missbrauchs von Schutzbefohlenen (§ 174 StGB) und des sexuellen Missbrauchs von Kindern (§ 176 StGB) die Verbindung mehrerer Teilakte eines Gesamtgeschehens zu einer fortgesetzten Handlung nicht in Betracht kommt.

ee) Bewertungseinheit. Einen in der Praxis bedeutenden Fall der Tateinheit begründet der Fall des Handeltreibens mit Betäubungsmitteln (§§ 29 Abs. 1 1, 29a Abs. 1 2, 30 I, 30a BtmG). Alle Betätigungen, die sich auf den Vertrieb derselben in einem Akt erworbenen Betäubungsmittelmenge richten, sind durch das gesetzliche Tatbestandsmerkmal des unerlaubten Handeltreibens zu einer Einheit miteinander verbunden, weil der Erwerb und der Besitz von Betäubungsmitteln, die zum Zweck gewinnbringender Weiterveräußerung bereitgehalten werden, bereits den Tatbestand des Handeltreibens in Bezug auf die gesamte Betäubungsmittelmenge erfüllt. Wird eine erworbene Betäubungsmittelmenge in mehreren Teilmengen zu einem späteren Zeitpunkt veräußert, so werden der Erwerbsvorgang und die einzelnen Veräußerungsvorgänge durch den Begriff des Handeltreibens zu einer Tat miteinander verbunden. Die auf eine Betäubungsmitteleinheit bezogenen Teilakte werden durch den Begriff des Handeltreibens zu einer Bewertungseinheit miteinander verbunden,[69] diese Grundsätze gelten auch bei allen Abgabedelikten im Zusammenhang mit Betäubungsmitteln.[70]

23

ff) Rechtsfolgen. Nach dem Gesetzeswortlaut wird in Fällen der Tateinheit „nur auf eine Strafe erkannt". Das bedeutet, dass im Rahmen der Strafzumessung von dem Strafrahmen auszugehen ist, der sich zwangsläufig aus dem gesetzlichen Tatbestand er-

24

66 BGHSt 40, 138 ff., 164.
67 Vgl. S/S/Stree, Vorbem. §§ 52 ff., Rn 30 ff.
68 BGHSt 40, 138 ff., 165.
69 BGH NJW 95, 2300 ff., 2300.
70 BGH StV 03, 619.

gibt. Dabei unterscheidet die Rechtsprechung zwischen den Fällen der gleichartigen Tateinheit und den Fällen der ungleichartigen Tateinheit. Gleichartige Tateinheit liegt vor, wenn mehrere zu einer Tateinheit verbundenen Teilakte jeweils den gleichen gesetzlichen Straftatbestand erfüllen. Verletzen mehrere zu einer Tateinheit verbundene Teilakte mehrere verschiedene Straftatbestände, liegt ein Fall ungleichartiger Tateinheit vor.[71] In einem solchen Fall ungleichartiger Tateinheit ist nach der gesetzlichen Regelung in § 52 Abs. 2 S. 1 StGB der Strafrahmen nach demjenigen Gesetz zu bestimmen, das die schwerste Strafe androht. Maßgeblich ist dabei nach der Rechtsprechung **nicht** die **abstrakte Strafdrohung**, die das Gesetz als Regelstrafrahmen vorsieht. Es kommt also nicht auf einen abstrakten Vergleich der im Gesetz vorgesehenen Strafrahmen für den Regeltatbestand an, sondern auf einen Vergleich der im konkreten Fall anzuwendenden Strafrahmen. Es kann also von Bedeutung sein, ob im konkreten Fall bei einem der verwirklichten Tatbestände der Ausnahmestrafrahmen eines besonders schweren Falles Anwendung zu finden hat oder nicht.[72] Der untere Rand des Strafrahmens darf dabei nicht niedriger liegen als der untere Rand der Strafrahmen, die infolge der Bestimmung in § 52 Abs. 2 S. 1 StGB keine Anwendung finden.

Kein Fall der Tateinheit liegt vor, wenn eine Handlung zwar mehrere Straftatbestände verletzt, diese jedoch im Verhältnis der Gesetzeseinheit zueinander stehen. Gesetzeseinheit liegt nach der höchstrichterlichen Rechtsprechung dann vor, wenn mehrere Strafgesetze denselben Tatbestand aufstellen und sich nur dadurch unterscheiden, dass das eine Gesetz ein Begriffsmerkmal oder mehrere Begriffsmerkmale in engerer Begrenzung oder besonderer Gestaltung enthält. Das ist anzunehmen, wenn eine Strafe zwar nicht zwingend notwendige, aber doch regelmäßige Erscheinungsform der anderen ist.[73] Auch dann besteht jedoch Gesetzeseinheit nur dann, wenn durch die übereinstimmenden gesetzlichen Tatbestände dasselbe Rechtsgut geschützt werden soll. Werden durch die gleichzeitig verwirklichten Tatbestände unterschiedliche Rechtsgüter geschützt, so kann auf keinen Fall Gesetzeseinheit vorliegen, sondern es ist Tateinheit anzunehmen.[74]

b) Tatmehrheit

25 Liegen die Voraussetzungen für eine Tateinheit gemäß § 52 StGB nicht vor, so ist von Tatmehrheit auszugehen.

26 *aa) Gesamtstrafenbildung.* Der Gedankengang bei der Gesamtstrafenbildung wird einleuchtend deutlich bei der Bildung einer Gesamtfreiheitsstrafe aus mehreren Einzelfreiheitsstrafen. Gemäß § 54 Abs. 1 S. 2 StGB wird die Gesamtstrafe durch die Erhöhung der verwirkten höchsten Strafe gebildet. Das bedeutet also, dass selbst zur Findung des Gesamtstrafenrahmens zunächst die Strafzumessung hinsichtlich sämtlicher Einzeltaten zu erfolgen hat. Es ist also zunächst zu jeder Einzeltat der jeweilige Strafrahmen zu ermitteln, sodann hat innerhalb des Strafrahmens für die Gesamttat die Strafzumessung im engeren Sinne zu erfolgen. Die untere Grenze des Strafrahmens stellt gemäß § 54 Abs. 1 S. 2 StGB die höchste verwirkte Einzelstrafe dar. Die Ober-

---

71 BGHR StGB § 52 Abs. 2, Androhen 1.
72 BGHR StGB § 52 Abs. 2, Androhen 1.
73 BGHSt 11, 15 ff., 17.
74 BGHSt 31, 380 ff.

grenze des Strafrahmens ergibt sich aus § 54 Abs. 2 S. 1 StGB. Sie besteht in der Summe der Einzelstrafen, wobei eine Gesamtstrafe die Obergrenze von 15 Jahren nicht überschreiten kann (§ 54 Abs. 2 S. 2 StGB). Im Falle der Bildung einer Gesamtgeldstrafe kann diese die **Obergrenze von 720 Tagessätzen** nicht überschreiten. Vor Bildung der Gesamtstrafe sind die Person des Täters sowie die einzelnen Straftaten (nochmals) zusammenfassend zu würdigen (§ 54 Abs. 1 S. 3 StGB). Ist eine lebenslange Freiheitsstrafe in eine Gesamtstrafe einzubeziehen, so ist obligatorisch auf eine lebenslange Freiheitsstrafe als Gesamtstrafe zu erkennen (§ 54 Abs. 2 S. 1 StGB).

bb) Nachträgliche Gesamtstrafenbildung. Der gesetzliche Regelfall der Gesamtstrafenbildung geht von der Beurteilung mehrerer Straftaten in einem Verfahren aus. In der Praxis ist es allerdings häufig so, dass Sachverhalte abzuurteilen sind, die sich vor einer vorangegangenen Verurteilung ereignet haben und die mit den vorangegangenen Urteilen zugrundeliegenden Taten nicht in Tateinheit stehen.   **27**

Beispiel: Es hat eine Verurteilung wegen Raubes gemäß § 249 Abs. 1 StGB am 01.10.2003 stattgefunden. Nunmehr stellt sich in einem weiteren Verfahren heraus, dass sich der Angeklagte bereits am 20.08.2003 wegen einer Straftat gemäß § 113 Abs. 1 StGB (Widerstand gegen Vollstreckungsbeamte) strafbar gemacht hat.

In einem solchen Fall hat das Gericht nachträglich eine Gesamtstrafe zu bilden, vorausgesetzt, die in dem früheren Urteil erkannte Strafe ist nicht vollständig vollstreckt, nicht verjährt oder im Falle einer Bewährungsstrafe nicht erlassen (§ 55 StGB). Die Bildung einer Gesamtfreiheitsstrafe ist obligatorisch.[75]

Maßgeblich für die Bildung der Gesamtstrafe sind das Datum des Urteils im aktuellen Verfahren, das Datum des vorangegangenen Urteils sowie das Datum der Tat im aktuellen Verfahren. Liegt das Datum der Tat im aktuellen Verfahren (wie im Beispielsfall) vor dem vorangegangenen Urteil, so sind die Voraussetzungen für eine obligatorische Gesamtstrafenbildung gegeben. Entscheidend ist dabei, dass die Tat des aktuellen Verfahrens vor dem Datum des vorangegangenen Urteils beendet sein muss, das Datum der Vollendung der Tat ist also nicht maßgeblich.[76] Das kann insbesondere dann von Bedeutung sein, wenn Gegenstand des aktuellen Verfahrens eine Unterlassungstat ist und die Rechtspflicht zum Handeln über einen längeren Zeitraum besteht.

Ist bereits in der vorausgegangenen Verurteilung eine Gesamtstrafe gebildet worden, so ist durch das neue Urteil die vorangegangene Gesamtstrafe aufzulösen und eine **neue Gesamtstrafe** zu bilden. Das ist grundsätzlich auch dann der Fall, wenn in der vorangegangenen Verurteilung eine zugunsten des Verurteilten wirkende fehlerhafte Gesamtstrafenbildung vorgenommen worden ist.[77]

Von den im einzelnen oft außerordentlich komplizierten Problemen bei der nachträglichen Gesamtstrafenbildung[78] seien hier die besonders wichtigen und praktisch häufigen Auswirkungen der **Zäsurwirkung** vorangegangener Verurteilungen angesprochen. Es ist der in der Rechtsprechung immer wieder formulierte Grundgedanke der nachträglichen Gesamtstrafenbildung, dass der Angeklagte, dessen mehrere Straftaten in

---

75 BGHSt 35, 243 ff., 244 f.
76 BGHR StGB § 55 Abs. 1, Begehung 1.
77 BGHR StGB § 55 Abs. 1 Satz 1, Strafen, einbezogene 4.
78 Zu Einzelheiten: Bringewat, Die Bildung der Gesamtstrafe, Berlin, 1987.

verschiedenen Verfahren abgeurteilt werden, nicht schlechter, aber auch nicht besser gestellt werden soll, als wenn alle Taten in einem und zwar dem zuerst durchgeführten Verfahren abgeurteilt worden wären.[79] Nach der Rechtsprechung kommt es für die Frage der nachträglichen Gesamtstrafenbildung darauf an, welche Straftaten das Gericht, welches zuerst eine Strafe verhängt hat, mit hätte aburteilen können, wenn sie ihm bekannt gewesen wären. Dies bedeutet konsequenterweise, dass später abgeurteilte Strafen, die zwischen mehreren rechtskräftigen Verurteilungen begangen wurden, nur in dem Urteil hätten berücksichtigt werden können, vor dessen Datum sie begangen wurden.

Eine ebenfalls nicht seltene Konstellation liegt vor, wenn eine aktuell abzuurteilende Straftat vor dem Datum bereits vollstreckter Verurteilungen liegt. Hier stellt sich die Frage, ob die vollstreckte Verurteilung ihre Zäsurwirkung beibehält oder ob sie infolge der Vollstreckung entfällt. Die Rechtsprechung des Bundesgerichtshofs hierzu ist uneinheitlich. Der 3. Strafsenat hat in seinem Urteil vom 13.11.1985[80] die Auffassung vertreten, die einmal entstandene Zäsurwirkung einer vorangegangenen Verurteilung bleibe bestehen. Die anderen Strafsenate sind dieser Auffassung jedoch nicht gefolgt. Sie sind der Auffassung, dass eine erledigte Vorverurteilung dazu führt, dass eine damit verbundene Zäsurwirkung entfällt.[81] Von einer Gesamtstrafenbildung kann abgesehen werden, wenn die Strafgewalt des im aktuellen Verfahren entscheidenden Gerichts bei Einbeziehung der vorangegangenen Strafe nicht ausreicht. In einer solchen Konstellation ist es nach Auffassung des Bundesgerichtshofs sogar empfehlenswert, die Gesamtstrafenbildung dem Beschlußverfahren nach §§ 460, 462 StPO zu überlassen.[82] Mit einer vorangegangenen, in eine neue Gesamtstrafe einzubeziehenden, Verurteilung ausgesprochene Nebenfolgen bleiben aufrechterhalten, was im Urteilstenor auch zum Ausdruck zu bringen ist. Das gilt insbesondere für die Entziehung der Fahrerlaubnis und die Anordnung einer Sperre.[83]

2. Minder schwerer Fall und besonders schwerer Fall

a) Vorrangigkeit

28   Insbesondere das Vorliegen eines minder schweren Falles ist eine Fragestellung, die in der Urteilsbegründung jedenfalls dann anzusprechen ist, wenn ein entsprechender Antrag in der Verhandlung gestellt wurde (§ 267 Abs. 3 S. 2 StPO). Wird also seitens des Verteidigers ein Schuldspruch unter Anwendung des Strafrahmens eines minder schweren Falles angestrebt, so ist es unbedingt ratsam, im Schlußwort einen dementsprechenden Antrag zu stellen.[84]

b) Minder schwerer Fall

29   Entscheidend für das Vorliegen eines minder schweren Falles ist, ob das gesamte Tatbild einschließlich aller subjektiven Momente und der Täterpersönlichkeit vom Durchschnitt erfahrungsgemäß vorkommender Fälle in einem so erheblichen Maße abweicht,

---

79 BGHR StGB § 55 Abs. 1 Satz 1, Zäsurwirkung 1.
80 BGHSt 33, 367 ff.
81 BGHR StGB § 55 Abs. 1 Satz 1, Zäsurwirkung 7.
82 BGHR StGB § 55 Abs. 1 Satz 1, Zuständigkeit 1.
83 BGHR StGB § 55 Abs. 2, Aufrechterhalten 1.
84 Detter NStZ 93, 473 ff., 473, Fußnote 4.

dass die Anwendung des Ausnahmestrafrahmens geboten erscheint.[85] Die Entscheidung der Frage, ob ein solcher Fall anzunehmen ist, erfordert nach der Rechtsprechung eine Gesamtbetrachtung. Für sie sind alle Umstände heranzuziehen und zu würdigen, die für die Wertung der Tat und des Täters in Betracht kommen, gleich viel ob sie der Tat selbst innewohnen, sie begleiten, ihr vorausgehen oder nachfolgen.[86] Dabei müssen auch die Persönlichkeit des Täters, sein Gesamtverhalten, seine Tatmotive und die seine Tat begleitenden Umstände gewürdigt werden. Eine Bewertung nur des engeren Tatgeschehens ist unzureichend.[87]

Im Rahmen der Gesamtwürdigung sind die benannten (§ 49 StGB) und die unbenannten Strafmilderungsgründe grundsätzlich zu berücksichtigen. Dabei ist zu beachten, dass in einem ersten Schritt zunächst ausschließlich die unbenannten Strafmilderungsgründe Berücksichtigung finden müssen, und zu prüfen ist, ob alleine die Berücksichtigung dieser Strafmilderungsgründe zur Annahme eines minder schweren Falles ausreichen.[88] Es besteht so die Möglichkeit, eine doppelte Strafrahmenverschiebung vorzunehmen. Die erste Strafrahmenverschiebung würde sich unter Berücksichtigung alleine der unbenannten Strafmilderungsgründe ergeben. Der daraus resultierende Strafrahmen könnte sodann wegen eines benannten Strafmilderungsgrundes gem. § 49 Abs. 1 StGB erneut zugunsten des Angeklagten verschoben werden.

Insbesondere ist, wenn dem Angeklagten lediglich eine Beihilfehandlung zur Last liegt,[89] auf den Tatbeitrag unter Mitberücksichtigung des Gewichts der Haupttat abzustellen; es darf nicht alleine auf das Gewicht der Haupttat abgestellt werden.[90] Ebenso ist Anlass zur Prüfung des minder schweren Falles, wenn die abzuurteilende Tat im Versuchsstadium steckengeblieben ist.[91] Das gleiche gilt bei einem Anstiftungsversuch zu einem Verbrechen gem. § 30 Abs. 1 StGB.[92] Auch bei der Feststellung eines Verbotsirrtums muss eine Strafrahmenverschiebung durch Annahme eines minder schweren Falles geprüft werden. Zu beachten ist in diesem Zusammenhang auch § 21 StGB mit seiner Anordnung der fakultativen Strafrahmenverschiebung[93]

c) Besonders schwerer Fall

Den besonders schweren Fall definiert die höchstrichterliche Rechtsprechung als einen 30 solchen, der vom **gesamten Tatbild** einschließlich aller subjektiven Momente und der Person des Täters vom Durchschnitt erfahrungsgemäß gewöhnlich vorkommende Fälle in einem solchen Maße abweicht, dass die Anwendung nicht des Normalstrafrahmens,

---

85 Detter, 476 ff., 476 Fußnote 7.
86 OLG Dresden StV 03, 452 für den nachfolgenden Strafzumessungsumstand der erlittenen Untersuchungshaft; BGH StV 03, 72, 73 zur Maßgeblichkeit der Vorgeschichte der Tat neben den anderen zu berücksichtigenden Faktoren.
87 BGHR StGB vor § 1/minderschwerer Fall, Gesamtwürdigung 1.
88 BGHR StGB vor § 1/minderschwerer Fall, Strafrahmenwahl 7.
89 StGB vor § 1/Unvollständige 4.
90 Detter NStZ 98, 182 ff., 182, Fußnote 9.
91 BGHR StGB vor § 1/minderschwerer Fall, Strafrahmenwahl 1.
92 Detter 97, 476 ff., 476, Fußnote 9.
93 Insoweit ist auch die beabsichtigte Änderung der Rechtsprechung des Bundesgerichtshofes zu beachten, wonach eine Strafrahmenverschiebung nach § 21, § 49 Abs. 1 StGB in der Regel schon allein dann nicht in Betracht kommt, wenn die erhebliche Verminderung der Schuldfähigkeit des Täters auf verschuldeter Trunkenheit beruht; vgl. BGH StV 03, 497, 498 f.

sondern des vom Gesetz zur Verfügung gestellten Ausnahmestrafrahmens geboten erscheint.[94] Das Vorliegen eines Regelbeispiels ist dabei für die Annahme eines besonders schweren Falles nicht zwingend. Auch bei Vorliegen eines Regelbeispiels hat das Gericht daher in der Regel zu prüfen, ob die Gesamtheit der Umstände das Unrecht und die Schuld des Täters deutlich vom Regelfall abheben.[95]

3. Weitere vertypte Milderungsgründe

a) Verminderte Schuldfähigkeit

31   Ergibt die oben dargestellte Prüfung der Schuldfähigkeit, dass diese nicht ausgeschlossen, allerdings erheblich vermindert ist, so ist die in §§ 21, 49 Abs. 1 StGB vorgesehene Strafrahmenverschiebung regelmäßig zur Anwendung zu bringen. Abgesehen werden darf davon nur, wenn die schuldmindernden Umstände durch schulderhöhende Umstände ausgeglichen werden.[96] Nicht rechtmäßig ist es jedoch, die Strafrahmenverschiebung nur deswegen zu versagen, weil die verminderte Schuldfähigkeit aufgrund des Zweifelsatzes unterstellt wird, allerdings nicht positiv festgestellt werden kann.[97]

b) Regelbeispiele

32   Regelbeispielen kommt nach der Rechtsprechung **indizielle Wirkung** für die Annahme eines minder schweren Falles oder eines besonders schweren Falles zu. In bestimmten Konstellationen können jedoch Umstände in Tat oder Person des Täters vorliegen, die den indizierten Unrechts- und Schuldgehalt so deutlich vom gesetzlichen Regelfall abheben, dass die Anwendung des erschwerten oder verminderten Strafrahmens als unangemessen erscheint.[98] Solche Umstände hat der Richter regelmäßig zu prüfen, wenn Anhaltspunkte dafür gegeben sind.[99]

c) Versuch

33   Für den Versuch sieht das Gesetz in § 23 Abs. 2 StGB eine fakultative Strafrahmenverschiebung zugunsten des Angeklagten vor. Die Frage der Strafmilderung in einem solchen Fall ist nach der Rechtsprechung aufgrund einer Gesamtschau der Tatumstände im weitesten Sinne und der Persönlichkeit des Täters zu entscheiden. Besonderes Gewicht kommt den wesentlichen versuchsbezogenen Umständen zu, nämlich Nähe der Tatvollendung, Gefährlichkeit des Versuchs und angewandte kriminelle Energie.[100] Droht der gesetzliche Tatbestand alternativ eine lebenslange oder zeitige Freiheitsstrafe an, so muss das Tatgericht zunächst über die Frage entscheiden, ob lebenslange oder zeitige Freiheitsstrafe zu verhängen ist. Erst danach ist in einem weiteren Schritt zu prüfen, ob im konkreten Fall darüber hinaus eine Strafrahmenverschiebung gem. §§ 23 II, 49 Abs. 1 StGB in Betracht kommt.[101]

---

94 Detter NStZ 93, 176 ff., 176, Fußnote 8.
95 Detter NStZ 93, 473 ff., 473 Fußnote 13.
96 Detter NStZ 97, 174 ff., 175, Fußnote 15.
97 Detter NStZ 97, 476 ff., 477, Fußnote 24.
98 Detter NStZ 98, 182 ff., 183, Fußnote 28.
99 Detter NStZ 93, 473 ff., 473, Fußnote 13.
100 BGHR StGB § 23 Abs. 2, Strafrahmenverschiebung 4.
101 Detter NStZ 98, 501 ff., 502, Fußnote 25.

Die Frage, ob ein beendeter Versuch oder ein unbeendeter Versuch gegeben ist, ist alleine für die Frage der Strafrahmenverschiebung nicht ausschlaggebend. In beiden Fällen kann gleichermaßen eine Strafrahmenverschiebung in Betracht kommen. Es kommt ausschließlich darauf an, wie nahe der Versuch zum tatbestandlichen Erfolg geführt hat.[102]

d) BtmG-Aufklärungshilfe

In der Praxis besonders relevant ist die gemäß § 49 Abs. 2 StGB mögliche **Strafrahmenverschiebung** bei einer freiwilligen Offenbarung von Wissen über den eigenen Tatbeitrag zur Betäubungsmittelelevanten Straftat hinaus (§ 31 Nr. 1 BtmG). Einen solchen Aufklärungserfolg leistet der Angeklagte nicht bereits durch die bloße Benennung von Mittätern, Auftraggebern und Abnehmern, sondern erst durch Angabe über deren Beteiligung an der Tat. Diese Darstellung muss eine Überprüfung durch die Strafverfolgungsbehörden standhalten und wesentlich zu einem erfolgreichen Abschluss der Strafverfolgung beitragen. Dabei reicht es aus, dass der Erfolg nach Überzeugung des erkennenden Gerichts voraussichtlich eintreten wird. Da es allein auf die Überzeugung des Gerichts ankommt, können in der Hauptverhandlung getätigte Angaben ausreichend sein, um zu einem Aufklärungserfolg im Sinne des Gesetzes führen zu können.[103] Die Strafrahmenverschiebung infolge der Aufklärungshilfe verlangt weder ein umfassendes Geständnis des Angeklagten noch eine Offenbarung des gesamten Wissens, so dass beispielsweise auch nicht sämtliche Abnehmer benannt werden müssen.[104] Bei der Freiwilligkeit der Aufklärungshilfe sind die Motive des Angeklagten unwesentlich, soweit er sich noch frei entscheiden kann. Der Freiwilligkeit i.S.v. § 31 Abs. 1 1 BtmG steht es nicht entgegen, wenn die Offenbarung des Angeklagten allein deswegen erfolgt, um den Angaben seiner Mittäter mit seinem Geständnis zeitlich zuvorzukommen.[105]

Die bloße Bestätigung bereits bekannter Erkenntnisse stellt **keine Aufdeckung** i.S.v. § 31 Abs. 1 1 BtmG dar. Eine bloße Bestätigung ist regelmäßig dann anzunehmen, wenn der Angeklagte auf Vorhalt der den Strafverfolgungsbehörden vorliegenden Erkenntnisse deren Richtigkeit einräumt. Dabei kommt es allerdings darauf an, ob dem Angeklagten tatsächlich Vorhalte gemacht wurden. Werden die Angaben ohne Vorhalt gemacht und decken sie sich mit den Erkenntnissen der Strafverfolgungsbehörden, so werden sie dem Angeklagten als Aufklärungserfolge zugerechnet.[106]

Angaben des Angeklagten zur Aufklärung weiterer Taten, die außerhalb der Hauptverhandlung gemacht wurden, sind im Rahmen der Urteilsfindung zu berücksichtigen. Ist das nicht der Fall, kann das eine Aufklärungsrüge gem. § 244 Abs. 2 StPO begründen.[107]

34

---

102 BGHR StGB § 23 Abs. 2, Strafrahmenverschiebung 8.

103 Detter NStZ 74, 474 ff., 475, Fußnote 23.

104 Detter a.a.O.

105 Detter NStZ 91, 272 ff., 273, Fußnote 62.

106 Detter NStZ 91, 272 ff., 273, Fußnote 68.

107 BGHR BtmG, § 31 Nr. 1 Aufdeckung 12.

Zu beachten ist, dass § 49 Abs. 2 StGB eine abgeschwächte Form der Strafrahmenverschiebung anordnet. Bei der Anwendung dieser Vorschrift wir die untere Grenze des Strafrahmens auf einen Monat Freiheitsstrafe (§ 38 Abs. 2 StGB) bzw. auf 5 Tagessätze Geldstrafe (§ 40 Abs. 1 StGB) verschoben.

e) Beihilfe

35 Beim Gehilfen sieht das Gesetz in § 27 Abs. 2 S. 2 StGB eine obligatorische Strafrahmenverschiebung gem. § 49 Abs. 1 vor. Ein Abweichen von der Strafrahmenverschiebung kommt nicht in Betracht, jedoch kann innerhalb des Strafrahmens ausschlaggebend sein, dass die Beihilfehandlung als nahe an der Mittäterschaft zu bewerten ist.[108]

f) Unterlassen

36 Für Unterlassenstatbestände sieht das Gesetz in § 13 Abs. 2 StGB eine fakultative Strafrahmenmilderung vor. Auch hier verlangt die Rechtsprechung eine wertende Gesamtwürdigung der wesentlichen unterlassungsbezogenen Gesichtspunkte. Dabei sollen vor allem diejenigen Momente berücksichtigt werden, die etwas darüber besagen, ob das Unterlassen im Verhältnis zur entsprechenden Begehungstat weniger schwer wiegt oder nicht. Besondere Bedeutung kommt dabei der Frage zu, ob die gebotene Handlung von dem Unterlassungstäter mehr verlangt als den normalen Einsatz rechtstreuen Willens.[109]

IV. Strafzumessung im engeren Sinne

37 Erst wenn der anzuwendende Strafrahmen bestimmt ist, findet die Strafzumessung innerhalb des gefundenen Strafrahmens statt, wobei in erster Linie die Schuld des Täters Grundlage für die Strafzumessung ist (§ 46 Abs. 1 S. 1 StGB). Die höchstrichterliche Rechtsprechung zur Strafzumessung im engeren Sinne hat etwas Unübersichtliches an sich. Wesentliche Kriterien lassen sich jedoch anhand der Rechtsprechung herausarbeiten. Im weiteren sollen hier typische Fallgestaltungen und deren Behandlung in der Rechtsprechung dargestellt sein.

1. Allgemeine Kriterien

a) Wiederholte Berücksichtigung von Kriterien der Strafrahmenwahl

38 Die Regelung in § 50 StGB führt, wie zahlreiche höchstrichterliche Entscheidungen belegen, offensichtlich immer wieder zu Missverständnissen. Bei der Strafzumessung ist der Strafrahmen in zwei Schritten zu bestimmen. In einem ersten Schritt hat das Gericht zu prüfen, ob aufgrund des Sachverhalts die Anwendung des Strafrahmens eines besonders schweren Falles oder eines minder schweren Falles in Frage kommt. Sodann hat das Gericht zu prüfen, ob ein benannter Strafmilderungsgrund gem. § 49 StGB zu einer weiteren Strafrahmenverschiebung führt. Hinsichtlich dieser beiden aufeinanderfolgenden Schritte bei der Strafrahmenbestimmung ordnet § 50 StGB an, dass ein Umstand, der für die Annahme eines minder schweren Falles ausschlaggebend war, nicht ein weiteres Mal zur Strafrahmenmilderung gem. § 49 StGB herangezogen werden darf. Das hat umgekehrt auch zur Folge, dass, wie schon oben dargelegt, die Annahme eines min-

---

108 BGHR StGB § 27 Abs. 2, Strafzumessung 1.
109 BGHR StGB § 13 Abs. 2, Strafrahmenverschiebung 1.

der schweren Falles zunächst unter Außerachtlassung der benannten Strafmilderungsgründe gem. § 49 StGB zu prüfen ist. Erst dann, wenn das Gericht zur Auffassung
kommt, dass ein minder schwerer Fall bei Außerachtlassung der benannten Strafmilderungsgründe nicht anzunehmen ist, darf das Gericht prüfen, ob unter Heranziehung der
benannten Strafmilderungsgründe die Annahme eines minder schweren Falles noch in
Betracht kommt. In der Praxis führt diese Regelung oftmals zu dem Missverständnis,
dass die benannten Strafmilderungsgründe gem. § 49 StGB bei der Strafzumessung im
engeren Sinne nicht nochmals als Umstände zugunsten des Angeklagten gewertet werden können. Diese Ansicht ist indes nicht korrekt. Die höchstrichterliche Rechtsprechung hat vielmehr wiederholt entschieden, dass es rechtswidrig ist, allgemein zugunsten des Angeklagten sprechende Milderungsgründe nur deshalb unberücksichtigt zu
lassen, weil sie bereits bei der Findung des Sonderstrafrahmens verwertet worden
seien.[110] Nach Auffassung der Rechtsprechung bestimmt § 50 StGB lediglich, dass die
vertypten Strafmilderungsgründe gem. § 49 StGB bei der Strafrahmenmilderung nur
einmal verwertet werden dürfen. Benannte Strafmilderungsgründe gem. § 49 StGB können jedoch im Rahmen der Strafzumessung im engeren Sinne ohne weiteres nochmals
berücksichtigt werden, wobei ihnen allerdings nach einer Berücksichtigung bei der
Strafrahmenverschiebung ein geringeres Gewicht zukommt.

b) Durschnittsfall bei Anwendung eines Regelstrafrahmens

Die Rechtsprechung geht davon aus, dass innerhalb des Regelstrafrahmens eine ange- **39**
messene Strafe für den **Durchschnittsfall** gefunden werden kann. Dabei hat der Bundesgerichtshof wiederholt entschieden, dass dies nur dann gilt, wenn die Strafe innerhalb des Regelstrafrahmens zu bestimmen ist, also weder ein besonders schwerer Fall
noch ein minderschwerer Fall oder eine Strafrahmenverschiebung gem. § 49 StGB gegeben ist.[111] Innerhalb des Regelstrafrahmens wird angenommen, dass es möglich ist,
einen Regelfall zu umschreiben, hinsichtlich dessen die Anwendung einer Strafe im
arithmetischen Mittel des Regelstrafrahmens zu hoch liegen würde. Würde für den Regelfall eine Strafe im Bereich der Mitte des gesetzlichen Regelstrafrahmens angewandt
werden, so bliebe für Fälle, deren Schwere die Alltagskriminalität übersteigt, ein zu geringer Spielraum für eine dem Einzelfall angepaßte individuelle Strafzumessung.[112]
Für die Praxis bedeutet dies, dass bei einer Strafzumessung innerhalb des Regelstrafrahmens die Einstufung im Verhältnis zum **Regelfall** vorgenommen werden muss.

c) Unvertretbare hohe Strafe

Eine Obergrenze für die Strafzumessung ergibt sich aus dem Begriff der unvertretbar **40**
hohen Strafe, der nach höchstrichterlichen Entscheidungen immer wieder Anwendung
finden kann. Dabei geht die Revisionsrechtsprechung davon aus, dass die Strafzumessung grundsätzlich Sache des Tatrichters ist. Er allein sei aufgrund der Hauptverhandlung in der Lage, sich von der Tat und der Täterpersönlichkeit einen umfassenden Eindruck zu verschaffen. Das Revisionsgericht könne dagegen nur eingreifen, wenn ein
falscher Strafrahmen gewählt worden ist, wenn Strafzumessungserwägungen in sich
rechtsfehlerhaft sind, wenn der Tatrichter rechtlich anerkannte Strafzwecke außer Be-

---

110 BGHR StGB § 50, Strafhöhenbemessung 4; BGHSt 26, 311.
111 BGHR StGB § 46 Abs. 1, Durchschnittsfall 1.
112 BGHSt 27, 2 ff., 5.

tracht lässt und wenn sich die Strafe so weit nach oben oder unten von ihrer Bestimmung löst, gerechter Schuldausgleich zu sein, dass sie nicht mehr innerhalb des vom Tatrichter eingeräumten Spielraums liegt.[113] Insbesondere ein oberhalb des arithmetischen Mittels des Strafrahmens verhängtes Strafmaß ist nur dann vertretbar, wenn sich die Tat von anderen Fällen in der Praxis nach oben abhebt.[114] Dies bedarf insbesondere dann einer Begründung, wenn Tatsachenfeststellungen getroffen worden sind, welche die Annahme eines benannten Strafmilderungsgrundes nahelegen.[115] Der Strafrahmen gibt dem Tatsachengericht einen gewissen Spielraum zur Strafzumessung in die Hand, innerhalb dessen der Richter allerdings auf eine Strafe zu erkennen hat, die schon oder noch schuldangemessen ist.[116] Der Grundsatz der Verhältnismäßigkeit und das daraus abgeleitete aus dem Rechtsstaatsprinzip folgende Übermaßverbot ist auch im Rahmen des § 47 StGB maßgeblich bei der Frage zu berücksichtigen, ob die Verhängung einer kurzen Freiheitsstrafe unerläßlich ist.[117]

d) Unvertretbare milde Strafe

41 Eine Untergrenze der Strafzumessung ergibt sich aus dem von der Rechtsprechung verwandten Begriff der unvertretbar milden Strafe. Auch hier gilt, dass eine milde Strafe in einem angemessenen Verhältnis zum Grad der persönlichen Schuld des Angeklagten, zum Unrechtsgehalt und zur Gefährlichkeit der Tat stehen muss.[118] Die Grenze der unvertretbar milden Strafe kann insbesondere dann unterschritten werden, wenn sich eine Strafe sehr nahe an der Untergrenze des Strafrahmens bewegt, obwohl das Tatsachengericht Feststellungen getroffen hat, die im Rahmen der Strafzumessung zu Ungunsten des Angeklagten sprechen.

e) Härteausgleich bei nachträglicher Gesamtstrafenbildung

42 Soweit eine nachträgliche Gesamtstrafe gem. § 55 StGB nicht mehr gebildet werden kann, weil die einzubeziehende Strafe bereits vollstreckt oder erlassen ist, muss ein **Härteausgleich** stattfinden. Das folgt nach der Rechtsprechung aus dem Grundgedanken des § 55 StGB, nachdem Taten, auf die bei gemeinsamer Verhandlung die §§ 53, 54 StGB anzuwenden gewesen wären, bei getrennter Aburteilung dieselbe Behandlung erfahren sollen. Der Täter soll danach im **Endergebnis** weder besser noch schlechter gestellt werden.[119] Der Härteausgleich muss in der Begründung der Strafzumessung zum Ausdruck kommen. Er kann so stattfinden, dass zunächst eine fiktive Gesamtstrafe gebildet wird und diese um die vollstreckte Strafe gemildert wird. Ebenso ist es zulässig, den Nachteil unmittelbar bei der Festsetzung der neuen Strafe zu berücksichtigen, wobei darzulegen ist, dass die auf der getrennten Aburteilung beruhenden Nachteile tatsächlich ausgeglichen werden.[120]

---

113 BGHR StGB § 46 Abs. 1 Strafhöhe 1; OLG Karlsruhe StV 03, 622 f.
114 BHG a.a.O.
115 BGH a.a.O.
116 BGHSt 20, § 64 ff., 266 f.
117 OLG Karlsruhe, StV 03, 622, 623.
118 BGHR StGB § 46 Abs. 1, Beurteilungsrahmen 8.
119 BGHR StGB § 46 Abs. 1, Schuldausgleich 14; BGHSt 31, 102.
120 BGH a.a.O.

2. Doppelverwertungsverbot

Das Doppelverwertungsverbot gem. § 46 Abs. 3 StGB greift immer dann Platz, wenn   43
die Höhe der Strafe durch Tatumstände gerechtfertigt werden soll, die bereits zum geschützten Rechtsgut des gesetzlichen Tatbestandes gehören. So liegt beispielsweise ein
Verstoß gegen das Doppelverwertungsverbot, wenn bei einem Diebstahl zu Lasten des
Angeklagten gewertet wird, dass dieser aus Diebstählen einen ganz erheblichen Teil
der Diebesbeute im Besitz hatte. Dass der Dieb Diebesgut in Besitz hat, gehört bereits
zum Tatbestand des Diebstahls und stellt damit keinen tauglichen Strafzumessungsgrund dar.[121] Bei einem Schuldspruch wegen des Handeltreibens mit Betäubungsmitteln kann das Gewinnstreben bzw. das Handeln eines Angeklagten „nur um des geldli-
chen Vorteils willens" nicht als Strafzumessungsaspekt zu Lasten des Angeklagten
herangezogen werden. Gewinnstreben gehört bereits von vornherein zum Tatbestand
des Handeltreibens. Allenfalls ein besonders verwerfliches, den Rahmen des Tatbestandsmäßigen deutlich übersteigendes Gewinnstreben dürfte bei einem Handeltreiben
mit Betäubungsmitteln zu Lasten des Angeklagten zur Verwertung kommen.[122]
Ebenso kann beim Handeltreiben mit Betäubungsmitteln die fehlende Abhängigkeit
des Angeklagten und dessen Handeln allein des finanziellen Vorteils willens verwertet
werden.[123]
Wiederholt wird in der höchstrichterlichen Rechtsprechung beanstandet, dass § 46
Abs. 3 StGB auch für unrechts- und schuldbegründende Merkmale gilt. So ist es beispielsweise unzulässig, straferschwerend zu werten, dass eine Tat durch Notwehr nicht
geboten war.[124]
Besonders häufig ist Gegenstand höchstrichterlicher Entscheidungen, ob bei dem
Straftatbestand des Raubes oder der Erpressung eine **Maskierung** strafschärfend berücksichtigt werden darf oder nicht. Teilweise wird eine strafschärfende Berücksichtigung der Maskierung für unzulässig gehalten, da sie ausschließlich der planmäßigen
Verminderung des Entdeckungsrisikos gilt.[125] Nach anderer Ansicht hingegen soll eine
Maskierung strafschärfend berücksichtigt werden dürfen, da sie regelmäßig die impres-
sive Wirkung auf das Opfer erhöhe und deswegen die Art der Tatausführung kenn-
zeichne. Eine Maskierung sei Ausdruck besonderer krimineller Energie.[126]
Im Falle von Tötungsdelikten hat die Revisionsrechtsprechung wiederholt betont, dass
der strafrechtliche Schutz des Lebens Wertabstufungen grundsätzlich nicht zulässt.[127]
Insbesondere die Formulierung, es sei ein Mensch getötet worden, der noch einen großen Teil seines Lebens vor sich hatte, verstößt gegen das Doppelverwertungsverbot.[128]
Ebenso liegt ein Verstoß gegen § 46 Abs. 3 StGB vor, wenn bei Verwertung eines Tötungsdelikts strafschärfend berücksichtigt wird, dass der Täter den Eintritt des Todes
des Opfers nicht zu verhindern gesucht hat.[129]

---

121 BGHR StGB § 46 Abs. 3, Diebstahl 1.
122 BGHR StGB § 46 Abs. 3, Handeltreiben 1.
123 Detter NStZ 94, 174 ff., 176, Fußnote 38.
124 Detter NStZ 97, 174 ff., 175, Fußnote 26.
125 Detter NStZ 97, 476 ff., 477 f., Fußnote 42.
126 Detter NStZ 98, 182 ff., 183, Fußnote 35.
127 BGHR StGB § 46 Abs. 3, Totschlag 1.
128 Detter NStZ 97, 476 ff., 477, Fußnote 32.
129 BGH StV 03, 223.

3. Typische Aspekte der Strafzumessung

a) Geständnis

44 Ein Geständnis hat im Grundsatz immer Bedeutung als **strafmildernder Gesichtspunkt**. Das gilt auch dann, wenn das Gewicht eines Geständnisses gemindert sein kann, da es etwa erkennbar auf prozesstaktischen Erwägungen beruht.[130] Ebenso grundsätzlich kommt einem Geständnis im Regelfall dann geringes Gewicht zu, wenn angesichts der Beweislage Leugnen aussichtslos wäre.[131] Das bedeutet aber nicht, dass bei aussichtsloser Beweislage ein Geständnis immer geringer zu gewichten ist. Auch bei ungünstiger Beweislage kann nämlich ein Geständnis dann mildernd wirken, wenn es auf Einsicht in das begangene Unrecht sowie auf Reue schließen lässt oder wenn dadurch eine weitere Belastung des Opfers abgewendet wird.[132]

Die höchstrichterliche Rechtsprechung zum Wert eines Geständnisses wird bei der Beratung zum prozessualen Verhalten immer von besonderer Bedeutung sein. Dabei sollte auch beachtet werden, dass in der Praxis nicht selten ein fehlendes Geständnis zwar nicht strafschärfend berücksichtigt wird, aber darauf hingewiesen wird, dass wegen eines fehlenden Geständnisses eine Stafmilderung nicht in Betracht kam.

b) Nachtatverhalten

45 Das Nachtatverhalten des Angeklagten darf dann nicht straferschwerend angelastet werden, wenn es ausschließlich dazu dient, sich nach der Tat der Strafverfolgung zu entziehen, indem **Spuren verwischt** werden oder ein **falsches Alibi** aufgebaut wird. Etwas anderes soll nur dann gelten, wenn dieses Verhalten bereits Gegenstand des Tatplanes gewesen ist und deshalb als Zeichen besonderer krimineller Energie gewertet werden kann.[133] Ansonsten kann das Nachtatverhalten auch dann strafschärfend berücksichtigt werden, wenn dadurch weitere strafbewehrte Verbote verletzt werden.[134]

c) Verteidigungsverhalten

46 Zur Frage, inwieweit sich das Verteidigungsverhalten des Angeklagten auswirken kann, gibt es eine Vielzahl höchstrichterlicher Entscheidungen. Gegenstand dieser Entscheidungen ist regelmäßig die Frage, ob ein Verteidigungsverhalten zulässigerweise straferschwerend zu Lasten des Angeklagten verwertet werden durfte. Es sollen hier nur schlaglichtartig wohl typische Situationen und deren Auswirkungen auf die Strafzumessung dargestellt werden.

Das schlichte Ausnützen einer Falschaussage eines Zeugen kann nicht strafschärfend berücksichtigt werden. Das bloße Ausnützen einer Falschaussage ist kein Ausdruck von Rechtsfeindlichkeit.[135] Anders ist dies allerdings, wenn der Angeklagte den Zeugen zur Falschaussage zu seinen Gunsten veranlasst hat oder den Zeugen in Kenntnis der Bereitschaft zur Falschaussage als Zeugen benannt hat.[136]

---

130 Detter NStZ 97, 174 ff., 176, Fußnote 32.
131 Detter NStZ 98, 501 ff., 503, Fußnote 38.
132 Detter NStZ 98, 501 ff., 503, Fußnote 39.
133 Detter NStZ 98, 501 ff., 503, Fußnote 36.
134 Detter NStz 98, 182 ff., 184, Fußnote 39.
135 BGHR StGB § 46 Abs. 2, Verteidigungsverhalten 12.
136 Detter NStZ995, 486 ff., 488, Fußnote 39.

Vom Angeklagten vorgebrachte Einwände gegen die Richtigkeit des Inhaltes polizeilicher Protokolle stellen ebenfalls regelmäßig keinen Anhaltspunkt für eine rechtsfeindliche Gesinnung dar und dürfen daher nicht strafschärfend gewürdigt werden.[137] Angriffe auf Zeugen können nur dann zu Lasten des Angeklagten gewürdigt werden, wenn dabei die Grenze des § 193 StGB überschritten wird. Grundsätzlich darf nicht strafschärfend berücksichtigt werden, wenn der Angeklagte versucht, einen Belastungszeugen als unglaubwürdig hinzustellen.[138] Ähnliche Maßstäbe gelten auch für eine Einlassung eines Angeklagten, durch die Mitangeklagte belastet werden.[139]

d) Ausländereigenschaft

Die Ausländereigenschaft als solche hat grundsätzlich **keine Auswirkungen** auf die Strafzumessung. Nach der Rechtsprechung soll aus der Ausländereigenschaft für sich alleine noch keine strafmildernd zu berücksichtigende besondere Haftempfindlichkeit folgen. Ob der Vollzug einer Freiheitsstrafe außergewöhnliche Wirkungen für einen Verurteilten haben wird, hängt von der Beurteilung der gesamten persönlichen Verhältnisse ab, zu denen allerdings Verständigungsprobleme, wesentliche abweichende Lebensgewohnheiten und vor allem erschwerte familiäre Kontakte gehören können. Von einer gewissen Doppelbödigkeit ist die Rechtsprechung, wonach die Auswirkungen der Strafhaft auf einen Ausländer diesen dann nicht besonders hart treffen sollen, wenn die Strafvollstreckung überwiegend im Heimatland des Ausländers erfolgen kann.[140]

Die drohende Ausweisung eines Ausländers infolge einer Verurteilung soll regelmäßig keinen Einfluss auf die Strafzumessung haben, insbesondere dann nicht, wenn durch die Verurteilung ein zwingender Ausweisungsgrund nicht gegeben ist.[141] Selbstverständlich sollte es sein, dass die Strafzumessung zu Lasten eines Ausländers nicht damit begründet werden darf, dieser habe das Gastrecht in Deutschland ausgenutzt.[142] Ebenso ist es unzulässig, Ausländer schwerer als deutsche Staatsangehörige zu bestrafen, weil die von Ihnen begangene Straftat in deren Heimatland mit einer deutlich höheren Strafe bestraft werden würde.[143]

Bei ausländischen Mandanten muss der Verteidiger stets die ausländerrechtlichen Wirkungen einer Verurteilung im Auge haben. Hier muss die Systematik der **Ausweisungstatbestände** des Ausländergesetzes klar sein: Das Ausländergesetz sieht Ausweisungsvorschriften (§§ 53 ff. AuslG) vor, die in drei Stufen unterschiedlicher Härte gestaffelt sind. Relativ geringfügige strafrechtliche Verurteilungen können Grundlage für eine Ermessensausweisung gem. § 55 AuslG sein. Dabei ist allerdings besonders zu beachten, dass nach § 55 Nr. 4 AuslG schon der Umgang mit Kokain oder Heroin bei fehlender Therapiebereitschaft eine Ermessensausweisung rechtfertigen kann. Unterhalb der sogenannten absoluten Bagatellgrenze liegende Verurteilungen können eine Ausweisung nicht rechtfertigen. Konkret können also bereits bloße Geldstrafenverurteilungen eine Ausweisung rechtfertigen, wobei allerdings gilt, dass eine Ausweisung

47

---

137 Detter NStZ 94, 174 ff., 176, Fußnote 48.
138 BGHR StGB § 46 Abs. 2, Verteidigungsverhalten 1.
139 BGHR StGB § 46 Abs. 2, Verteidigungsverhalten 8.
140 Detter NStZ 98, 182 ff., 184, Fußnote 48.
141 Detter NStZ 97, 174 ff., 176, Fußnote 39.
142 Detter NStZ 92, 477 ff., 479, Fußnote 35.
143 Detter NStZ 96, 182 ff., 184, Fußnote 40.

regelmäßig dann nicht in Betracht kommt, wenn eine erstmalige Verurteilung mit einer Freiheitsstrafe geahndet wird, die gem. § 56 Abs. 1 StGB zur Bewährung ausgesetzt wurde.[144] Ein Regelausweisungstatbestand ist bereits dann gegeben, wenn ein Angeklagter wegen vorsätzlich begangener Straftaten zu einer Jugendstrafe von mindestens zwei Jahren oder zu einer nicht mehr zur Bewährung ausgesetzten Freiheitsstrafe verurteilt wurde (§ 54 Nr. 1 AuslG). Unabhängig vom Strafmaß begründet das Handeltreiben, Einführen und Herstellen von Betäubungsmitteln einen Regelausweisungstatbestand (§ 54 Nr. 3 AuslG). Ein zwingender Ausweisungsgrund ist gegeben, wenn ein Ausländer wegen einer oder mehrerer vorsätzlich begangener Straftaten rechtskräftig entweder zu einer Freiheits- oder Jugendstrafe von mindestens drei Jahren verurteilt wurde oder wegen mehrerer vorsätzlich begangener Straftaten innerhalb von fünf Jahren zu mehreren Freiheits- oder Jugendstrafen von zusammen mindestens drei Jahren rechtskräftig verurteilt worden ist (§ 54 Nr. 1 AuslG). In der konkreten Fallbearbeitung sollte die gesetzliche Regelung detailliert beachtet werden, wobei insbesondere die Begriffe „Vorsatz", „Rechtskraft" sowie der „Zeitrahmen von fünf Jahren" Beachtung finden sollte.

e) Schadenswiedergutmachung

48 Die Wiedergutmachung des dem Opfer zugefügten Schadens ist stets ein Umstand, der zugunsten des Angeklagten zu berücksichtigen ist. Eine unterbliebene Schadenswiedergutmachung kann allerdings nur dann zum Nachteil des Angeklagten verwertet werden, wenn er aufgrund seiner wirtschaftlichen Verhältnisse überhaupt in der Lage wäre, den Schaden wiedergutzumachen. Dem wirtschaftlich weniger gutgestellten Angeklagten muss es auch zu seinen Gunsten angerechnet werden, dass er durch Teilleistungen sein Bemühen um Schadenswiedergutmachung belegen kann. Selbst wenn der Angeklagte nicht aktiv zur Schadenswiedergutmachung beigetragen hat, muss es strafmildernd berücksichtigt werden, dass dem Geschädigten ein durch die Straftat eingetretener Schaden nicht verbleibt, da die gesamte Tatbeute aufgrund einer Beschlagnahme durch die Polizei an ihn zurückgegeben werden konnte.[145] Seit dem 1. Dezember 1994 gilt hinsichtlich der Schadenswiedergutmachung die Sondervorschrift des § 46a StGB. Dabei sind die beiden Tatbestandsalternativen, nämlich der **Täter-Opfer-Ausgleich** zum einen (§ 46a Nr. 1 StGB) und die Schadenswiedergutmachung (§ 46a Nr. 2 StGB) im Anwendungsbereich voneinander zu unterscheiden.

Der Täter-Opfer-Ausgleich dient ausschließlich dem Ausgleich immaterieller Folgen durch einen kommunikativen Prozess zwischen Täter und Opfer.[146] Ein bloßes einseitiges Wiedergutmachungsbestreben ohne den Versuch der Einbeziehung des Opfers soll nicht genügen.[147]

Die in § 46a Nr. 2 StGB normierte Fallgruppe der Schadenswiedergutmachung setzt voraus, dass der Angeklagte das Tatopfer ganz oder zum ganz überwiegenden Teil entschädigt hat. Dabei muss die Entschädigungsleistung Ausfluß erheblicher persönlicher Leistungen und persönlichen Verzichts sein. In den Bestrebungen zum Schadensausgleich muss die Übernahme von Verantwortung zum Ausdruck kommen. Nach der ge-

---

144 BVerwG NJW 79, 506, 507.
145 Detter NStZ 98, 501 ff., Fußnote 42.
146 BGH StV 04, 72 f.
147 BGHR StGB § 46, a Wiedergutmachung 1.

setzgeberischen Intention kann eine Schadenswiedergutmachung ihre friedenstiftende Wirkung dann entfalten, wenn der Täter einen über die rein rechnerische Kompensation hinausgehenden Beitrag erbringt. Die bloße Erfüllung von zivilrechtlichen Schadensersatzansprüchen soll die Anwendung des § 46a Nr. 2 StGB nicht rechtfertigen.[148]

f) Verfahrensverzögerung

Nicht selten kommt es vor, dass sich Strafverfahren über einen **außergewöhnlich** langen Zeitraum hinziehen, so dass zwischen der Beendigung der abzuurteilenden Tat und Aburteilung teilweise mehrere Jahre verstreichen. Dies wird insbesondere dann problematisch, wenn sich der Verfahrensablauf den strafrechtlichen Verjährungsfristen nähert. Solche Verfahrensverzögerungen sind bei der Strafzumessung zugunsten des Angeklagten zu berücksichtigen.[149] Der Zeitraum, der zwischen Tat und Urteil verstrichen ist, muss strafmildernde Berücksichtigung finden. Die Urteilsgründe dürfen über diesen Strafmilderungsgrund nicht hinweggehen, ihr Schweigen legt nahe, dass der Tatrichter diesen Strafmilderungsgrund übersehen hat.[150] Darüber hinaus ergibt sich aus Art. 6 Abs. 1 EMRK ein nach Auffassung des Bundesgerichtshofs besonderer Strafmilderungsgrund, der neben der bloßen strafmildernden Berücksichtigung zu berücksichtigen ist.[151] Bei diesem besonderen Strafmilderungsgrund der langen Verfahrensdauer kommt es auf den Zeitablauf zwischen dem Beginn des Verfahrens und der rechtskräftigen Festsetzung der Strafe an.[152] Zu berücksichtigen ist der besondere Strafmilderungsgrund des Art. 6 Abs. 1 EMRK schon bei der **Strafrahmenwahl**, soweit sich das nach der gesetzlichen Regelung anbietet. Ist dieser Milderungsgrund also gegeben und sieht das Gesetz den Strafrahmen eines minder schweren Falles vor, so ist dieser Strafrahmen anzuwenden und sodann noch einmal bei der Strafzumessung im engeren Sinne die Verfahrensverzögerung zu berücksichtigen.[153] Der Umfang der Verfahrensverzögerung muss ausdrücklich festgestellt werden, lediglich pauschale Darstellungen, die sich in der Beschreibung einer „überlangen Verfahrensdauer" erschöpfen, genügen nicht. Insbesondere ist der Zeitabstand zwischen Beendigung der Tat und Aburteilung und vor allem der Zeitabstand zwischen Beginn und Beendigung des Verfahrens festzustellen (Art. 6 Abs. 1 EMRK). Richtigerweise ist dann im Urteil darzustellen, inwieweit infolge der Verfahrensverzögerung die verhängte Strafe reduziert wird, in einem besonders extremen Fall kann das z.B. rechtfertigen, eine grundsätzlich tatangemessene Freiheitsstrafe von vier Jahren auf zwei Jahre zu senken.[154] Unter Umständen können sogar Verfahrensverzögerungen Berücksichtigung finden, die erst nach dem Urteil der letzten Tatsacheninstanz eingetreten sind.[155]

49

---

148 BGHR StGB § 46 a, Wiedergutmachung 1.
149 BVerfG StV 03, 383, 385.
150 BGHR StGB § 46 Abs. 2, Verfahrensverzögerung 3.
151 Hierzu BGH StV 01, 13 f. im Falle einer Gesamtstrafenbildung.
152 BGHR StGB § 46 Abs. 2, Verfahrensverzögerung 3.
153 BGHR StGB § 46 Abs. 2, Verfahrensverzögerung 7.
154 BGHR StGB § 46 Abs. 2, Verfahrensverzögerung 12.
155 BGHR StGB § 46 Abs. 2, Verfahrensverzögerung 8, 10.

g) Berufliche Folgen

50 Berufsrechtliche Folgen für den Verurteilten sind bei der Strafzumessung zugunsten des Angeklagten zu würdigen. Ob sie im schriftlichen Urteil ausdrücklich zu erörtern sind, ist nach der höchstrichterlichen Rechtsprechung eine Frage des Einzelfalles. Mit Sicherheit werden solche Erwägungen in einem schriftlichen Urteil dann enthalten sein müssen, wenn die Verurteilung relativ knapp über bestimmten zeitlichen Grenzen liegt, von denen berufsrechtliche Bestimmungen berufliche Einschränkungen abhängig machen; selbiges gilt bei besonderer Berufsbezogenheit der Straftaten.[156] Berufsrechtlich nachteilige Auswirkungen für den Verurteilten sind nicht erst bei der Strafzumessung im engeren Sinne zu erörtern, sondern grundsätzlich bereits bei der Strafrahmenwahl zu berücksichtigen.[157] Bei Beamten wird das Gericht so beispielsweise die Regelungen in § 59 BeamtVG sowie § 48 BBG zu berücksichtigen haben. Danach kann aus dem Dienst entfernt werden, wer wegen einer vorsätzlich begangenen Straftat zu einer Freiheitsstrafe von mindestens einem Jahr verurteilt wird sowie der Ruhestandsbeamte, der wegen einer vorsätzlich begangenen Straftat zu einer Freiheitsstrafe von mindestens zwei Jahren verurteilt wird.[158] Auch im privatrechtlichen Bereich muss das Gericht berufsrechtliche Konsequenzen berücksichtigen, insbesondere auch bei den **freien Berufen**.[159]

h) Einwirkung durch V-Leute

51 Gerade in betäubungsmittelrechtlichen Strafverfahren spielt immer wieder die Tätigkeiten von V-Leuten eine Rolle.[160] Zwar hat es die höchstrichterliche Rechtsprechung bislang stets abgelehnt, aus der Beteiligung von V-Leuten Verwertungsverbote herzuleiten, dennoch hat der Einsatz von V-Leuten erheblichen Einfluss auf die Strafzumessung. Insbesondere die **Tatprovokation** einer nicht von vornherein tatbereiten Person ist in die Gesamtbetrachtung miteinzubeziehen.[161] Dabei sind die Fragen zu erörtern, in welcher Absicht die provozierenden Stellen handelten und inwieweit der Angestiftete als Straftäter oder jedenfalls tatbereite Person in begründetem Verdacht stand. Es macht einen Unterschied, ob durch den V-Mann-Einsatz Straftaten des Angeklagten, weiterer bis dahin möglicherweise vollkommen unbekannter Hintermänner aufgeklärt werden oder verhindert werden können, oder ob der V-Mann-Einsatz den alleinigen Zweck verfolgt, den Angeklagten alleine zu überführen.[162] Der Verteidiger sollte dabei mit Beweisanträgen nicht zurückhaltend sein, da die Einzelheiten des V-Mann-Einsatzes für die Strafzumessung von wesentlicher Bedeutung sein können.[163] Das kann insbesondere für die Frage gelten, inwieweit die tatrelevante Menge der Betäubungsmittel durch den V-Mann-Einsatz beeinflusst wurde.[164]

---

156 BGH StV 04, 71, 72.
157 BGHSt 35, 148.
158 BGHR StGB § 46 Abs. 1, Schuldausgleich 18.
159 BGHR StGB § 46 Abs. 1, Schuldausgleich 23.
160 Vgl. hierzu BGHSt 32, 345 ff.
161 Zur insoweit angestrebten Strafzumessungslösung bei gegen Art. 6 Abs. 1 MRK verstoßenden Tatprovokationen vgl. insbesondere BGHSt 45, 321 ff. im Widerspruch zu EGMR in NStZ 99, 47 ff.
162 BGHR StGB § 46 Abs. 1, V-Mann 2.
163 BGHR StGB § 46 Abs. 1, V-Mann 5.
164 BGHR StGB § 46 Abs. 1, V-Mann 11.

i) Generalprävention

Generalpräventive Aspekte dürfen bei der Strafzumessung (grundsätzlich) Berücksichtigung finden. Der Schutz der Allgemeinheit durch Abschreckung anderer möglicher künftiger Rechtsbrecher rechtfertigt eine schwerere Strafe als sie sonst angemessen wäre allerdings nur dann, wenn hierfür eine Notwendigkeit besteht. Das trifft nur in denjenigen Fällen zu, in denen bereits eine gemeinschaftsgefährliche Zunahme solcher oder ähnlicher Straftaten festgestellt worden ist. Bei sogenannten Konflikttaten wird eine solche Annahme eher fernliegen.[165] Im Rahmen der Strafzumessung dürfen darüber hinaus nur solche Umstände der Generalprävention herangezogen werden, die der Gesetzgeber bei der Bestimmung des Strafrahmens noch nicht berücksichtigt hat.

52

j) Zurückstellungsmöglichkeit bei Betäubungsmittelabhängigkeit

Keine originäre Thematik der Strafzumessung ist die Frage, ob eine verhängte Freiheitsstrafe nach der entsprechenden Regelung in § 35 BtmG zurückgestellt werden kann. Aufgrund der gesetzlichen Regelung wird der Verteidiger jedoch zu beachten haben, dass die Betäubungsmittelabhängigkeit seines Mandanten zum Gegenstand der Hauptverhandlung werden muss, wenn der Mandant zu einem späteren Zeitpunkt einen Antrag auf Zurückstellung zum Zweck der Durchführung einer Therapie stellen möchte. Nach der gesetzlichen Regelung ist von einer entsprechenden Betäubungsmittelabhängigkeit dann auszugehen, wenn sie sich aus den Urteilsgründen ergibt (§ 35 Abs. 1 S. 1 BtmG). Ergibt sich aus dem Urteil bereits, dass nicht nur Betäubungsmittelabhängigkeit, sondern andere Motive für die Tat ausschlaggebend waren, wird eine Zurückstellung gem. § 35 BtmG ernsthaft in Frage gestellt.[166]

53

4. Lebenslange Freiheitsstrafe

Lebenslange Freiheitsstrafe ordnet das Gesetz als alleinige denkbare Konsequenz nur bei Mord (§ 211 StGB) an. Beim besonders schweren Fall des Totschlags (§ 212 Abs. 2 StGB) sieht das Gesetz lebenslange Freiheitsstrafe ausschließlich für den besonders schweren Fall vor. Bei Brandstiftung mit Todesfolge (§ 306c StGB) und bei Raub mit Todesfolge (§ 251 StGB) kommt lebenslange Freiheitsstrafe neben einer Freiheitsstrafe von nicht unter 10 Jahren in Betracht. Auch bei Straftaten außerhalb des Kapitalstrafbereichs, die mit lebenslanger Freiheitsstrafe bedroht sind (z.B. §§ 80, 81 StGB) besteht eine **Strafalternative**.

54

Dort, wo das Gesetz auf der Rechtsfolgenseite zwingend die Verhängung einer lebenslangen Freiheitsstrafe anordnet, hatte das Bundesverfassungsgericht Gelegenheit, die Vereinbarkeit der lebenslangen Freiheitsstrafe mit dem Grundgesetz zu überprüfen. Die Entscheidungen aus den Jahren 1977[167] und 1992[168] wurde vom Bundesgerichtshof als Fachgericht in zweierlei Hinsicht umgesetzt. Für bestimmte Fälle des Mordes hat der Bundesgerichtshof über die gesetzliche Regelung hinaus eine **Strafrahmenverschiebung** gemäß § 49 Abs. 1 Nr. 1 StGB für zulässig erachtet, mit der Folge, dass hier auch eine zeitige Freiheitsstrafe in Betracht kommen kann. Für alle Fälle des Mordes – und auch für andere Fälle der Verhängung der lebenslangen Freiheitsstrafe – verlangt

---

165 BGHR StGB § 46 Abs. 1, Generalprävention 3.
166 OLG Hamm, NStZ 83, 287.
167 BVerfG, NJW 77, 1525 ff.
168 BVerfG NJW 92, 2947 ff.

der Bundesgerichtshof Feststellungen dazu, ob die besondere Schwere der Schuld einer möglichen **Reststrafenaussetzung** bereits nach 15 Jahren der Strafverbüßung von vornherein entgegensteht oder nicht.

a) Strafrahmenverschiebung bei Heimtückemord oder Verdeckungsmord in notstandsnaher Situation

55 In seinem Urteil vom 21.06.1977 hat das Bundesverfassungsgericht die lebenslange Freiheitsstrafe am Maßstab des Schuldgrundsatzes überprüft, der aus der Menschenwürde (Art. 1 Abs. 1 1 GG) und dem Rechtsstaatsprinzip (Art. 20 Abs. 3 GG) hergeleitet wird. Hiermit und auch mit dem Gebot des sinn- und maßvollen Strafens ist die lebenslange Freiheitsstrafe nach Auffassung des Bundesverfassungsgerichts grundsätzlich vereinbar. Diese Vereinbarkeit besteht allerdings nur dann, wenn dem zu lebenslanger Freiheitsstrafe Verurteilten grundsätzlich eine Chance verbleibt, jemals wieder in die Freiheit zu gelangen. Darüber hinaus hält das Bundesverfassungsgericht eine verfassungskonforme Auslegung des Mordtatbestandes in Fällen des Heimtückemordes oder des Verdeckungsmordes unter bestimmten Konstellationen für geboten, wobei es offengelassen hat, worin die verfassungskonforme Auslegung letztendlich bestehen soll.[169]

In seiner Entscheidung vom 19.05.1998 hat der große Strafsenat des Bundesgerichtshofs die Auffassung formuliert, in Umsetzung der Bundesverfassungsgerichtsentscheidung sei in bestimmten Fallkonstellationen über die gesetzliche Regelung in § 49 Abs. 1 Nr. 1 StGB hinaus eine Strafrahmenverschiebung durchzuführen..[170] Das komme allerdings nur in den Fällen des Verdeckungsmordes sowie in den Fällen des Heimtückemordes in Betracht. Hier kommt eine Strafrahmenverschiebung dann in Betracht, wenn die Tat durch eine notstandsnahe, ausweglos erscheinende Situation motiviert ist, in großer Verzweiflung oder aus tiefem Mitleid, oder aus gerechtem Zorn aufgrund einer schweren Provokation durch das Tatopfer begangen wird. Auch bei einem vom Opfer verursachten und ständig neu angefachten, zermürbenden Konflikt, oder bei schweren Kränkungen des Täters durch das Opfer, die des Gemüt immer wieder heftig bewegen, kann die Strafrahmenverschiebung in Betracht kommen.[171] Der Bundesgerichtshof hat damit nach längerer Diskussion in Rechtsprechung und rechtswissenschaftlicher Literatur der Rechtsfolgenlösung einer einschränkenden Auslegung des Mordparagraphen bei Heimtücke und Verdeckungsabsicht den Vorzug gegeben. Insbesondere die in der Literatur diskutierten Tatbestandslösungen hat der BGH damit verworfen.

Ausdrücklich klargestellt wurde zwischenzeitlich durch die Rechtsprechung, dass die Grundsätze der Strafrahmenverschiebung beim Habgiermord nicht in Betracht kommt.[172]

b) Besondere Schwere der Schuld

56 Bereits in dem schon angesprochenen Urteil vom 21.06.1977 hat das Bundesverfassungsgericht postuliert, dass ein Reststrafenerlass der lebenslangen Freiheitsstrafe le-

---

169 BVerfG NJW 77, 1525 ff., 1534.
170 BGHSt 30, 105 ff., 118 ff.
171 BGHSt 30, 105 ff., 119.
172 BGHR StGB § 211 Abs. 1, Strafmilderung 4.

diglich im Gnadenwege mit der Verfassung nicht zu vereinbaren sei.[173] Der Gesetzgeber leistete dieser Kritik des Bundesverfassungsgerichts durch die Einführung der Vorschrift in § 57a StGB Folge. In seinem Beschluß vom 03.06.1992 stellte das Bundesverfassungsgericht sodann fest, dass die Feststellung der besonderen Schwere der Schuld gemäß § 57a StGB erst im Vollstreckungsverfahren nicht mit der Verfassung vereinbar sei. Das im Vollstreckungsverfahren herrschende schriftliche Verfahren und der große zeitliche Abstand zur abgeurteilten Tat biete keine hinreichende Gewähr für die Zuverlässigkeit einer Feststellung und Bewertung aller erschwerend oder mildernd in Betracht kommenden Gesichtspunkte.[174]

In Umsetzung dieser Vorgabe des Bundesverfassungsgerichts kam der Bundesgerichtshof zu der Rechtsauffassung, dass Feststellungen über die besondere Schwere der Schuld nicht nur in den Urteilsgründen getroffen werden sollten, sondern dass die Feststellungen bereits am Urteilstenor erkennbar sein müßten. Die Feststellung der besonderen Schwere der Schuld muss daher im Tenor des Urteils aufgenommen sein; wird die besondere Schwere der Schuld nicht angenommen, muss das im Tenor nicht gesondert ausgewiesen werden.[175]

Hinsichtlich des **Maßstabes für die Schuldschwere** war die Rechtsprechung der verschiedenen Strafsenate zunächst uneinheitlich. Überwiegend vertraten die Strafsenate zunächst die Auffassung, dass von einer besonderen Schuldschwere nur dann auszugehen sei, wenn das gesamte Tatbild einschließlich der Täterpersönlichkeit von den erfahrungsgemäß persönlich vorkommenden Mordfällen so sehr abweicht, dass eine Strafaussetzung der lebenslangen Freiheitsstrafe nach 15 Jahren auch bei günstiger Täterprognose unangemessen wäre.[176] In einem Beschluß vom 22.11.1994 gelangte der große Strafsenat aufgrund einer Vorlage des 1. Strafsenats jedoch zur Auffassung, dass sich eine solche Formel mit dem Gesetz nicht vereinbaren lasse, und dass es keine Anhaltspunkte dafür gäbe, wie eine normale oder übliche Mordtat zu bestimmen sei.[177]

Seit dieser Entscheidung setzt die Feststellung der besonderen Schwere der Schuld Umstände voraus, die Gewicht haben.[178] Die Reichweite der besonderen Schwere der Schuld dürfte damit erweitert worden sein. Umstände, die für eine besondere Schwere der Schuld sprechen, sollen beispielsweise sein eine besondere Verwerflichkeit der Tatausführung, der Motive, mehrere Opfer bei der Tat, Begehung mehrerer Mordtaten, oder die Begehung weiterer schwerer Straftaten im Zusammenhang mit dem Mord.[179] Gegen die Annahme einer besonderen Schwere der Schuld kann sprechen, dass der Tötungsvorsatz spontan gefasst wurde. In einer solchen Konstellation kann selbst bei der Verwirklichung eines Habgiermordes die besondere Schwere der Schuld abgelehnt werden.[180]

Bei der Feststellung der besonderen Schwere der Schuld ist in besonderem Maße das **Doppelverwertungsverbot** aus § 46 Abs. 3 StGB zu beachten. Umstände, die bereits

---

173 BVerfG NJW 77, 1525 ff., 1529.
174 BVerfG NJW 92, 2947 ff., 295.
175 BGHR StGB § 57a I, Schuldschwere 13.
176 BGHR StGB § 57a I, Schuldschwere 6, 16.
177 BGHSt 40, 360 ff.
178 BGHSt 40, 360 ff., 370.
179 BGH a.a.O.
180 BGHR StGB § 57a I, Schuldschwere 16.

zum Tatbestand des Mordes gehören, können nicht nochmals bei der Feststellung der besonderen Schwere der Schuld Berücksichtigung finden.[181] Im übrigen gelten auch im Rahmen der Prüfung der besonderen Schwere der Schuld, die bei § 46 Abs. 1 StGB aufgestellten Regeln, dass beispielsweise zulässiges Verteidigungsverhalten nicht als schulderhöhender Umstand angerechnet werden darf[182]

V. Strafaussetzung zur Bewährung

57 Ein großer Teil der Verfahren, die der Verteidiger zu betreuen hat, wird sich in einem Bereich bewegen, in dem Aussicht auf eine Aussetzung der Freiheitsstrafe zur Bewährung besteht. Im Rahmen einer entsprechenden Strafmaßverteidigung und bei der begleitenden Beratung des Mandanten ist deshalb die Beachtung des § 56 StGB von entscheidender Bedeutung. Ob eine Freiheitsstrafe mit einer Dauer von bis zu einem Jahr zur Bewährung ausgesetzt werden kann, hängt zunächst von einer günstigen Sozialprognose ab (§ 56 Abs. 1 StGB). Generalpräventive Aspekte der Verteidigung der Rechtsordnung können einer Bewährungsaussetzung erst dann entgegenstehen, wenn die verhängte Freiheitsstrafe mindestens sechs Monate beträgt (§ 56 Abs. 3 StGB). Übersteigt die Freiheitsstrafe die Grenze von einem Jahr, so kann sie dennoch zur Bewährung ausgesetzt werden, wenn besondere Umstände dafür ausschlaggebend sind (§ 56 Abs. 2 StGB) und wenn die Zweijahresgrenze nicht überschritten wird.

1. Sozialprognose

58 Eine günstige Sozialprognose verlangt von dem erkennenden Gericht nicht die Überzeugung, dass der Verurteilte künftig keine Straftaten mehr begehen wird, sondern lediglich die Erwartung, dass der Verurteilte sich schon die Verurteilung **zur Warnung dienen lassen** und künftig auch ohne die Einwirkung des Strafvollzugs keine Straftaten mehr begehen wird.[183] Für diese Erwartung ist es ausreichend, wenn die Wahrscheinlichkeit künftigen straffreien Verhaltens größer ist als diejenige neuer Straftaten.[184]
Bei der Gesamtwürdigung ist der strafrechtliche Zweifelssatz nicht anzuwenden, vorhandene Zweifel gehen zu Lasten des Angeklagten.[185] Ein umfangreiches Vorstrafenregister muss dabei einer günstigen Sozialprognose nicht entgegenstehen. Vielmehr kann gerade eine vorangegangene verbüßte Freiheitsstrafe Grundlage dafür sein, für die Zukunft eine günstige Sozialprognose zu rechtfertigen.[186] Bei einem nicht vorbestraften und im wesentlichen geständigen Angeklagten bedarf es einer besonderen Begründung, um die günstige Sozialprognose verneinen zu können.[187] Bei einem bereits vorbestraften Angeklagten führt die Tatbegehung während der Bewährungszeit nicht automatisch zu einer negativen Sozialprognose. Die höchstrichterliche Rechtsprechung verlangt vielmehr auch in diesen Fällen eine Gesamtwürdigung der früheren und der neuen Tat sowie der persönlichen Umstände des Täters an.[188]

---

181 BGHR StGB § 57a Abs. 1 Satz 1 Nr. 2, Schuldschwere 1.
182 BGH StV 03, 17, 18 sowie BGH StV 03, 18.
183 BGHR StGB § 56 Abs. 1, Sozialprognose 7.
184 Detter NStZ 98, 182 ff., 185, Fußnote 69.
185 BGHR StGB § 56 I, Sozialprognose 13.
186 BGHR StGB § 56 I, Sozialprognose 11.
187 BGHR StGB § 56 I, Sozialprognose 17.
188 BGHR StGB § 56 I, Sozialprognose 15.

In geeigneten Fällen (beispielsweise Betäubungsmittelstraftaten, Sexualstraftaten) kann eine **Therapiebereitschaft** ausschlaggebend für eine günstige Sozialprognose sein. In der Beratungssituation wird der Verteidiger seinen Mandanten darauf hinzuweisen und dem Mandanten ggf. zu empfehlen haben, dass er einen Therapieplatz sucht. Dies ist ebenso Fürsorgepflicht des Verteidigers, wie es Fürsorgepflicht des Gerichtes sein kann.[189] Für den Fall eines Schuldspruches wegen Exhibitionismus enthält die gesetzliche Regelung in § 183 Abs. 3 die Besonderheit, dass eine Strafaussetzung zur Bewährung selbst dann unabhängig von § 56 Abs. 2, 3 StGB in Betracht kommt, wenn an und für sich eine ungünstige Zukunftsprognose zu stellen ist.[190] Hier kann eine Bewährung allerdings nur dann gewährt werden, wenn zu erwarten ist, dass der Angeklagte erst nach einer längeren Heilbehandlung keine exhibitionistischen Handlungen mehr vornehmen wird.

2. Besondere Umstände

Übersteigt die verhängte Freiheitsstrafe das Maß von einem Jahr, so hängt die Aussetzung zur Bewährung neben der günstigen Sozialprognose zusätzlich davon ab, ob nach der Gesamtwürdigung von Tat und Persönlichkeit des Verurteilten besondere Umstände vorliegen. Die gesetzliche Regelung in § 56 Abs. 2 Satz 2 StGB sollte bei der Beratung des Mandanten hervorgehoben werden. Der Begriff der besonderen Umstände darf nicht dazu führen, dass an die Strafaussetzung zur Bewährung zu hohe Ansprüche gestellt werden. Insbesondere kann schon ein Zusammentreffen durchschnittlicher und einfacherer Milderungsgründe die Bedeutung besonderer Umstände i.S.v. § 56 Abs. 2 StGB erlangen.[191] Zieht der Verurteilte berufliche Konsequenzen im Zusammenhang mit Straftaten, die ihm im Rahmen der Berufsausübung zur Last gelegt worden sind, so ist bei der Bewertung der besonderen Umstände diese Tatsache zu berücksichtigen.[192]

Die Annahme eines besonders schweren Falles im Rahmen der Strafrahmenwahl steht grundsätzlich der Annahme besonderer Umstände i.S.v. § 56 Abs. 2 StGB nicht entgegen.[193] Desweiteren ist es ohne weiteres zulässig, möglicherweise sogar geboten, eine unter zwei Jahren liegende Freiheitsstrafe zur Bewährung auszusetzen, wenn daneben noch eine hohe Geldstrafe verhängt wird.[194] Es versteht sich von selbst, dass bei einem bestreitenden Angeklagten fehlende Reue der Strafaussetzung zur Bewährung nicht entgegenstehen kann.[195]

3. Generalprävention

Grundsätzlich können generalpräventive Aspekte die Aussetzung einer Strafe zur Bewährung verhindern. Dabei ist allerdings zu beachten, dass die Frage einer der Bewährung entgegenstehenden Generalprävention erst dann vom Gericht zu prüfen ist, wenn die sonstigen Voraussetzungen für eine Bewährungsaussetzung gegeben sind. Die

59

60

189 BGHR StGB § 56 I, Sozialprognose 19.
190 BGH StV 03, 389, 390.
191 BGHR StGB § 56 I, Gesamtwürdigung 1.
192 BGHR StGB § 56 II, Umstände, besondere 2.
193 BGHR StGB § 56 II, Umstände, besondere 9.
194 BGHR StGB § 56 II, Umstände, besondere 10.
195 BGHR StGB § 56 II, Umstände, besondere 12.

Frage, ob besondere Umstände gegeben sind, darf nicht mit der Frage vermengt werden, ob generalpräventive Aspekte einer Strafaussetzung entgegenstehen.[196] Die Versagung der Bewährung darf nicht mit Aspekten begründet werden, die letztendlich dazu führen, dass bestimmte Deliktsgruppen von der Möglichkeit einer Bewährungsstrafe ausgeschlossen wären.[197] Bei der Frage der Generalprävention spielt darüber hinaus die Frage der Untersuchungshaft eine besondere Rolle. Generalpräventive Aspekte können durch eine lang andauernde Untersuchungshaft erheblich abgeschwächt werden.[198] Generell gilt, dass auch gem. § 56 Abs. 3 StGB eine Aussetzung zur Bewährung nur dann versagt werden kann, wenn eine Bewährung im Hinblick auf schwerwiegende Besonderheiten des Einzelfalles für das allgemeine Rechtsempfinden unverständlich erscheinen müßte und dadurch das Vertrauen der Bevölkerung in die Unverbrüchlichkeit des Rechts erschüttert werden könnte.[199]

4. Gesamtstrafe

a) Gleichzeitige Gesantstrafenbildung

61 Für den Fall der gleichzeitigen Gesamtstrafenbildung aufgrund einer Aburteilung mehrerer Straftaten in einer Hauptverhandlung sieht § 58 Abs. 1 StGB ausdrücklich vor, dass die Voraussetzungen der Bewährungsaussetzung ausschließlich unter Zugrundelegung der aus den Einzelstrafen gebildeten Gesamtfreiheitsstrafe zu entscheiden ist.

b) Nachträgliche Gesamtstrafenbildung

62 Bei einer nachträglichen Gesamtstrafenbildung ergibt sich nicht selten das Problem, dass Geldauflagen, die bereits vollständig oder teilweise durch die Verurteilten gezahlt worden sind, nicht erstattet werden können (§ 56f Abs. 3 Satz 1 StGB). Derlei Leistungen sind bei der nachträglichen Gesamtstrafenbildung obligatorisch anzurechnen (§§ 58 Abs. 2 Satz 2, 56f Abs. 3 Satz 2 StGB). Die Höhe der Anrechnung ist im Urteilstenor zum Ausdruck zu bringen.[200] Die Bestimmung des Anrechnungsmaßstabes obliegt nach der Rechtsprechung als Akt der Strafzumessung dem pflichtgemäßen Ermessen des Tatrichters, der sich dabei an dem Ziel zu orientieren hat, einen angemessenen Ausgleich dafür zu gewähren, dass die erbrachten Geldleistungen nicht erstattet werden. Das Tagessatzsystem bei der Bemessung der Geldstrafe ist dabei als Orientierung zugrundegelegt. Im Urteilstenor ist sodann das Ergebnis der Anrechnung zum Ausdruck zu bringen.

Ist bei der nachträglichen Gesamtstrafenbildung eine Einzelfreiheitsstrafe einzubeziehen, die nicht zur Bewährung ausgesetzt war, so steht das einer Bewährungsaussetzung der nachträglich gebildeten Gesamtfreiheitsstrafe nicht zwingend entgegen.[201]

---

196 BGHR StGB § 56 III, Verteidigung 8.
197 BGHR StGB § 56 III, Verteidigung 2.
198 BGHR StGB § 56 III, Verteidigung 7.
199 BGHR StGB § 56 III, Verteidigung 15.
200 BGHSt 36, 378 ff., 381.
201 Tröndle/Fischer, § 58, Rn 3 m.H.a. BayObLG St 56, 86.

5. Bewährungszeit und bewährungsbegleitende Entscheidungen

a) Bewährungszeit

Den Zeitrahmen für die Bewährungszeit gibt das Gesetz mit einer Mindestdauer von **63** **zwei Jahren** und einer Obergrenze von fünf Jahren vor (§ 56a Abs. 1 Satz 2 StGB). Nachträgliche Veränderungen der Bewährungszeit sind grundsätzlich statthaft, sowohl im positiven als auch im negativen Sinne (§ 56a Abs. 2 Satz 2 StGB). Endgültig überstanden ist die Bewährung für den Mandanten mit dem förmlichen Beschluß über den Erlass der verhängten Strafe (§ 56g Abs. 1 Satz 1 StGB). Mit Rechtskraft des Erlassbeschlusses kann die gewährte Bewährung nicht mehr widerrufen werden, die zur Bewährung verhängte Strafe kann nicht mehr vollstreckt werden. Zu beachten ist allerdings, dass auch der Straferlass grundsätzlich nachträglich noch widerrufen werden kann, was insbesondere bei der Verteidigung in erneuten Strafverfahren gegen den Mandanten zu beachten ist. Innerhalb einer Frist von einem Jahr nach dem Ablauf der Bewährungszeit und von sechs Monaten nach Rechtskraft einer erneuten Verurteilung kann ein Widerruf eines bereits beschlossenen Straferlasses erfolgen. Das setzt allerdings voraus, dass der Mandant zum einen wegen einer vorsätzlich begangenen Straftat erneut schuldig gesprochen wird und deswegen eine Freiheitsstrafe von mindestens sechs Monaten verurteilt wurde.

b) Auflagen und Weisungen

Regelmäßig werden **Bewährungsstrafen mit Auflagen und Weisungen** verbunden. **64** Als Auflagen werden regelmäßig Geldzahlungen in Betracht gezogen. Mandanten, deren Bewährungsverhalten von vorneherein als „wackelig" zu beurteilen ist, sollte dabei auf die Bedeutung der Regelung in § 56f Abs. 3 Satz 2 StGB hingewiesen werden. Danach können Leistungen aufgrund der Schadenswiedergutmachungsauflage bei einem nachträglichen Bewährungswiderruf nicht berücksichtigt werden, anders als das bei Geldauflagen zugunsten einer gemeinnützigen Einrichtung oder zugunsten der Staatskasse der Fall ist. Bei sämtlichen Geldauflagen muss die Leistungsfähigkeit des Angeklagten vom Gericht beachtet werden,[202] der Mandant muss überhaupt dazu in der Lage sein, die gegen ihn verhängten Geldauflagen zu erbringen.[203] Bei den Weisungen, die gem. § 56c zulässig sind, ist zu unterscheiden zwischen denen, die das Gericht nur mit Einwilligung des Verurteilten beschließen kann (§ 56c Abs. 3 StGB) und denen, die von einer solchen Einwilligung nicht abhängig sind (§ 56c Abs. 2 StGB). Die Einwilligung von **Therapie** und Heimweisungen gem. § 56c Abs. 3 StGB ist bis zur Erteilung der Weisung grundsätzlich vollkommen frei widerruflich. Danach hat der Widerruf der Einwilligung zur Folge, dass die Weisung nicht zwangsweise durchgesetzt werden kann.[204] Der Widerruf einer Einwilligung nach Rechtskraft des Bewährungsbeschlusses hat allerdings nicht automatisch zur Folge, dass ein Widerruf der Bewährung ausgesprochen werden kann.[205]

---

202 BGHR StGB § 56 b, Wiedergutmachung 2.
203 LG Köln, StV 94, 249 f.
204 BGHR StGB § 56 c, Heilbehandlung 1.
205 BGH, a.a.O.

c) Widerruf der Strafaussetzung

65 Ein Bewährungswiderruf kommt nach der gesetzlichen Regelung in § 56f Abs. 1 StGB unter dreierlei Voraussetzungen in Betracht, nämlich dann, wenn der Verurteilte in der Bewährungszeit **erneut eine Straftat** begeht, wenn er gegen Weisungen gröblich oder beharrlich verstößt, oder sich der Aufsicht und der Leitung des Bewährungshelfers beharrlich entzieht, oder wenn er gegen Auflagen gröblich oder beharrlich verstößt.

66 *aa) Begehung einer erneuten Straftat.* Für die Bejahung von § 56f Abs. 1 Nr. 1 StGB muss die neuerliche Straftat feststehen.[206] Wegen Maßgeblichkeit der Unschuldsvermutung (Art. 2 Abs. 2 S. 2 GG; Art. 6 Abs. 2 MRK) wird die Frage, ob eine Straftat tatsächlich begangen worden ist, regelmäßig erst im Anschluss an eine **rechtskräftige Verurteilung** zu beantworten sein und nur in Ausnahmefällen schon vorher einen Bewährungswiderruf rechtfertigen können.[207]

67 *bb) Verstoß gegen Weisungen und/oder Auflagen.* Ein Bewährungswiderruf kommt auch dann in Betracht, wenn der Verurteilte gegen Auflagen (§ 56b StGB) oder Weisungen (§ 56c StGB) gröblich oder beharrlich verstoßen hat. Dabei ist zu beachten, dass sowohl bei Weisungen,[208] wie auch bei Auflagen[209] der Maßstab der Verhältnismäßigkeit berücksichtigt sein muss. Eine gerichtliche Weisung ist gesetzwidrig, wenn damit unzumutbare Anforderungen an den Verurteilten gestellt werden und somit das Ermessen des Gerichts bei der Bestimmung der Weisungen überschritten oder missbraucht wird.[210] Insbesondere **Geldauflagen** dürfen nicht in Mißverhältnis zur wirtschaftlichen Situation des Verurteilten stehen.[211]

Zu beachten ist, dass gegen Bewährungsbeschlüsse gemäß § 305a Abs. 1 StPO die Beschwerde auch nach Rechtskraft der Verurteilung statthaft ist und diese keiner Frist unterliegt.

68 *cc) Verurteilung zu erneuter Bewährungsstrafe.* Von Bedeutung ist auch, dass gegen den Verurteilten wegen in der Bewährungszeit begangener Straftaten nicht zwingend eine Vollzugsfreiheitsstrafe verhängt werden muss. Wird wegen der innerhalb der Bewährungszeit erneut begangenen Straftat gegen den Verurteilten lediglich eine Bewährungsstrafe verhängt, so ist regelmäßig der Widerruf der Bewährung aus der vorangegangenen Verurteilung nicht zulässig.[212] Begründet ist diese Rechtsauffassung vor allem wegen der Auffassung des Bundesverfassungsgerichts,[213] wonach sich das Gericht, welches über den Bewährungswiderruf zu befinden hat, regelmäßig der Sozialprognose anzuschließen hat, die durch das letzte Tatsachengericht getroffen wurde. Diese Prognoseentscheidung könne nur in Ausnahmefällen widerlegt sein. Das gleiche wird auch zu gelten haben, wenn der Verurteilte im Laufe der Bewährungszeit wegen

206 BVerfG NStZ 87, 118.
207 Vgl. zum insoweit wichtigen Urteil des Europäischen Gerichtshofs für Menschenrechte vom 03.10.2002 und die im Anschluss hieran ergangenen obergerichtlichen Entscheidungen auch Ausführungen unter § 9 Rn 2.
208 BGH, StV 98, 658.
209 LG Zweibrücken, StV 00, 86.
210 BGH a.a.O.
211 LG Zweibrücken, StV 00, 86; OLG Düsseldorf, StZ 93, 136.
212 OLG Düsseldorf, StV 98, 214.
213 NStZ 95, 357.

erneuter Straftaten lediglich zur Geldstrafe verurteilt wird, insbesondere dann, wenn das Gericht dabei § 47 StGB angewandt hat und somit eine Freiheitsstrafe als nicht unerläßlich bewertet hat.

VI. Geldstrafe

1. Strafrahmen

Der Strafrahmen einer Einzelgeldstrafe liegt zwischen fünf und 360 Tagessätzen (§ 40 Abs. 1 Satz 2 StGB).   69

Ist aus mehreren Einzelgeldstrafen eine Gesamtgeldstrafe zu bilden, so erhöht sich der Strafrahmen der Gesamtgeldstrafe auf 720 Tagessätze (§ 54 Abs. 2 Satz 2 StGB). Einzelne gesetzliche Tatbestände (von besonderer praktischer Relevanz die Aussagedelikte, §§ 153 ff. StGB) sehen keine Geldstrafenandrohung vor. Die etwas abseitige Regelung von Art. 12 EGStGB bestimmt jedoch, dass neben die Freiheitsstrafe die wahlweise Androhung der Geldstrafe tritt. In die gleiche Richtung weist die Regelung in § 47 Abs. 2 Satz 1 StGB, wonach die Verhängung einer Geldstrafe auch unter der Voraussetzung in Betracht kommt, dass eine Freiheitsstrafe von sechs Monaten oder mehr nicht in Betracht kommt.

2. Geldstrafe und Freiheitsstrafe

a) Ermessen des Gerichts

Die Entscheidung, ob Geld- oder Freiheitsstrafe zu verhängen ist, steht zunächst im pflichtgemäßen Ermessen des erkennenden Gerichts. Lediglich für den Fall, dass eine Freiheitsstrafe mit einer Dauer von weniger als sechs Monaten in Betracht kommt, macht das Gesetz Vorgaben. Hier müssen besondere Umstände, die in der Tat oder der Persönlichkeit des Täters liegen, die Verhängung einer Freiheitsstrafe unerläßlich machen (§ 47 Abs. 1 StGB). Die Rechtsprechung schlußfolgert daraus, dass bei der Verhängung einer Freiheitsstrafe eine Gesamtwürdigung vorgenommen werden muss und im Ergebnis der Gesamtwürdigung die Verhängung einer Freiheitsstrafe als unverzichtbar erscheinen muss.[214]   70

b) Freiheitsstrafe neben Geldstrafe

Interessante Verteidigungsmöglichkeiten eröffnet die Regelung, wonach unter bestimmten Voraussetzungen neben einer Freiheitsstrafe auch eine Geldstrafe verhängt werden kann. Dabei ist zunächst zu beachten, dass diese Regelung (§ 41 StGB) zunächst nur und ausschließlich für einzelne Taten gilt, nicht jedoch für die Gesamtstrafe.[215] Zur Voraussetzung hat diese Regelung, dass der Täter sich durch die Tat bereichert hat oder zu bereichern versucht hat. Anders als bei der nach § 47 Abs. 1 StGB zu treffenden Entscheidung kann gegen die kombinierte Verhängung von Geldstrafe und Freiheitsstrafe jedoch sprechen, dass die Vermögensverhältnisse des Mandanten zum Zeitpunkt der Aburteilung die Verhängung einer Geldstrafe nicht mehr als angebracht erscheinen lassen.   71

---

214 BGHR StGB § 47 I, Umstände 7.
215 BGHR StGB § 41, Geldstrafe 2.

c) Gesamtgeldstrafe

72 Ebenso gestalterische Möglichkeiten bietet die gesetzliche Regelung in § 53 Abs. 2 Satz 2 StGB, wenn wegen mehrerer abgeurteilter Straftaten eine Gesamtstrafe zu bilden ist, das Gericht jedoch bei der Verhängung der Einzelstrafen auch Geldstrafen verhängt hat. In einem solchen Fall eröffnet § 53 Abs. 2 Satz 2 StGB dem Gericht die Möglichkeit, lediglich aus den verhängten Einzelfreiheitsstrafen eine Gesamtfreiheitsstrafe zu verhängen und Einzelgeldstrafen entweder bestehen zu lassen oder ebenfalls zu einer Gesamtgeldstrafe zusammenzufassen. Dabei ist hier die **höchstrichterliche Rechtsprechung** der Auffassung, dass das Tatsachengericht von der Verwendung dieser Regelung dann nicht ohne weiteres absehen darf, wenn dies eine nachteilige Auswirkung für den Angeklagten zur Folge hätte.[216] Das Gericht muss die Nichtanwendung der Regelung in § 53 Abs. 2 Satz 2 StGB insbesondere dann darlegen, wenn die Gesamtfreiheitsstrafe als das schwerere Übel erscheint.[217] Auch wenn durch die Aufrechterhaltung einer Geldstrafe berufsrechtliche Konsequenzen vermieden werden können, muss das Tatsachengericht nach höchstrichterlicher Rechtsprechung darlegen, weshalb keine Strafe gebildet wurde, mit Hilfe derer berufsrechtliche Konsequenzen hätten vermieden werden können.[218]

3. Verwarnung mit Strafvorbehalt

73 Nicht vernachlässigt werden sollte die Möglichkeit, dass anstelle einer Geldstrafe auch eine Verwarnung mit Strafvorbehalt ausgesprochen werden kann (§ 59 StGB). Es handelt sich hierbei gewissermaßen um die Verhängung einer Geldstrafe auf Bewährung, die das Gesetz in dieser Form nicht kennt. Von dieser Vorschrift wurde insbesondere in den Fällen politisch motivierter Nötigungshandlungen Gebrauch gemacht. Dabei hat die Rechtsprechung darauf hingewiesen, dass an die Annahme besonderer Umstände gemäß § 59 Abs. 1 Nr. 2 StGB geringere Anforderungen zu stellen sind, als an die besonderen Umstände in Tat und Person gemäß § 56 Abs. 2 StGB und § 57 Abs. 2 StGB.[219] Durch die zwischenzeitlich weniger strenge Gesetzesformulierung in der seit dem 01.05.1986 geltenden Fassung von § 59 Abs. 1 Nr. 2 StGB dürfte dies für die jetzige Gesetzesfassung erst recht gelten.[220]

4. Tagessatzbemessung

74 Ein eigenständiger Vorgang bei der Bestimmung der Geldstrafe ist die Festsetzung der Höhe des Tagessatzes.[221] Ausgangspunkt der Tagessatzbestimmung ist dabei das Nettoeinkommen, jedenfalls sieht das Gesetz vor, dass dies der Regelfall der Tagessatzbestimmung sein soll (§ 40 Abs. 2 Satz 1 StGB). Für den Tagessatz sieht das Gesetz ebenfalls einen Rahmen vor, der bei EUR 2,0 beginnt und höchstens EUR 10.000,00 betragen kann.

---

216 BGHR StGB § 53 Abs 2 Satz 2, Einbeziehung, nachteilige 1.
217 BGHR StGB § 53 Abs. 2, Einbeziehung, nachteilige 1.
218 BGHR StGB § 53 Abs. 2, Einbeziehung, nachteilige 3.
219 BayObLG, NJW 90, 58 f.
220 BayObLG a.a.O.
221 BGHR StGB § 40 Abs. 2 Satz 1, Einkommen 1.

Grundlage der **Nettoeinkommensbestimmung** ist zunächst das Einkommen des Angeklagten selbst. Einkommen von Familienangehörigen sind dann und soweit zu berücksichtigen als sie dem Mandanten unmittelbar oder mittelbar zufließen oder sonst irgendwie zugutekommen.[222] Ist die Einkommensquelle Familienangehöriger dem Mandanten jedoch unwiederbringlich verschlossen, so kann ihm daraus weder unmittelbar noch mittelbar ein Vorteil zufließen, so dass derlei Einkünfte unberücksichtigt bleiben müssen.[223] Vom Einkommen abzuziehen sind neben den steuerlichen Belastungen insbesondere Unterhaltsverpflichtungen[224] sowie u.U. Schulden aus der privaten Lebensführung.[225]

Auf der Grundlage des so ermittelten Nettoeinkommens wird die Tagessatzhöhe errechnet, wobei sich die Formel durchgesetzt hat, dass das durchschnittliche monatliche Nettoeinkommen durch 30 (durchschnittliche Tageszahl pro Monat) zu teilen ist.

---

222 BGHR StGB § 40 Abs. 2 Satz 1, Einkommen 4.
223 BGH a.a.O.
224 TröndleFischer, § 40 Rn 16 m.H.a. BGH, 17.03.1995, 4 StR 98/95.
225 Tröndle/Fischer a.a.O.

§ 25 Maßregeln der Besserung und Sicherung

I. Entziehung der Fahrerlaubnis und Verhängung eines Fahrverbotes

1 In einer nicht geringen Zahl der Mandate hat der Verteidiger die große Sorge des Mandanten um seinen Führerschein zu berücksichtigen. Es wird sich hier häufig um Sachverhalte handeln, bei denen eine Geldstrafe zu erwarten ist, die dem Mandanten meistens weniger Sorge bereitet. Dabei wird der Verteidiger nicht nur das Ziel einer möglichst geringfügigen Beeinträchtigung der Rechte aus dem Führerschein, sondern auch eine sinnvolle Beratung für die Zeit nach Ablauf des Fahrverbotes bzw. der Sperre nach der Entziehung der Fahrerlaubnis im Auge haben müssen.

1. Systematik

a) Verbotsfrist und Sperre

2 Die Entziehung der Fahrerlaubnis (als Maßregel) einerseits und die Verhängung eines Fahrverbotes (als Nebenstrafe) andererseits schließen sich nicht nur in ihren Voraussetzungen gegenseitig aus, sondern unterscheiden sich auch durch die Rechtsfolgen der verhängten Maßnahmen.

Die Entziehung der Fahrerlaubnis gemäß § 69 Abs. 1 StGB greift in Rechtspositionen ein, die aufgrund verwaltungsrechtlicher Bestimmungen erteilt wurden. Deutlich wird das anhand der Regelung in § 20 FeV. Dort heißt es, dass für die Neuerteilung einer Fahrerlaubnis die Vorschriften für die Ersterteilung zu gelten haben. Das heißt mit anderen Worten, die Entziehung der Fahrerlaubnis gemäß § 69 Abs. 1 StGB durch Urteil eines Strafgerichts nimmt dem Verurteilten die Rechte, die sich bis dahin aufgrund der nach verwaltungsrechtlichen Bestimmungen erteilten Fahrerlaubnis ergeben haben. Infolge der Entziehung der Fahrerlaubnis ist der Verurteilte nicht mehr berechtigt, auf öffentlichen Straßen ein Kraftfahrzeug zu führen (§ 4 Abs. 1 FeV).

Da nach verwaltungsrechtlichen Bestimmungen jedermann jederzeit die Erteilung einer solchen Fahrerlaubnis beantragen könnte, sieht das Gesetz weiter vor, dass durch ein strafrechtliches Urteil der zuständigen Verwaltungsbehörde untersagt wird, entsprechend den Bestimmungen der FeV eine Fahrerlaubnis zu erteilen. Dies ist die Rechtsfolge der mit der Entziehung einer Fahrerlaubnis **zwingend** zu bestimmenden Sperre gemäß § 69a Abs. 1 Satz 1 StGB. Das bedeutet allerdings selbstverständlich nicht, dass mit Ablauf der Sperre die Fahrerlaubnis selbständig wieder auflebt, sondern vielmehr ist die Rechtslage so gestaltet, dass die Verwaltungsbehörden nach Ablauf der durch Gerichtsurteil verhängten Sperre nach allgemeinen Vorschriften und erst auf Antrag (§ 21 FeV) wieder eine Fahrerlaubnis erteilen können.

Die Anordnung eines Fahrverbotes hingegen hat gemäß § 44 Abs. 1 Satz 1 StGB lediglich zur Folge, dass der Verurteilte für einen bestimmten Zeitraum trotz der ihm erteilten Fahrerlaubnis keine Kraftfahrzeuge steuern darf. Mit der Verhängung eines Fahrverbotes wird die aufgrund verwaltungsrechtlicher Bestimmungen erteilte Fahrerlaubnis in keiner Weise tangiert. Hier ist es auch nicht die für die Erteilung von Fahrerlaubnissen zuständige Verwaltungsbehörde, die darüber entscheidet, wann das Fahrverbot endet. Die Dauer des Fahrverbotes ergibt sich vielmehr unmittelbar aus den Bestimmungen im Strafgesetzbuch.

b) Obligatorische Entziehung der Fahrerlaubnis und Ermessensentscheidung bei Anordnung eines Fahrverbotes

Die Rechtsfolge der Entziehung einer Fahrerlaubnis ist bei Vorliegen der Tatbestandsmerkmale des gesetzlichen Tatbestandes in § 69 StGB zwingend anzuordnen. Ebenso ist für den Fall einer Entziehung der Fahrerlaubnis zwingend eine **Sperre anzuordnen** (§ 69a Abs. 1 Satz 1 StGB). Im Gegensatz dazu steht die Verhängung eines Fahrverbotes gemäß § 44 Abs. 1 Satz 1 StGB in pflichtgemäßem Ermessen des Gerichts. Lediglich für bestimmte Fälle der Straßenverkehrsgefährdung (§ 315c Abs. 1 Satz 1 Nr. 1 a, Abs. 3 StGB) oder für den Fall der Trunkenheitsfahrt (§ 316 StGB) ist dem Gericht die Verhängung eines Fahrverbotes als Regelfall dann vorgeschrieben, wenn die Entziehung der Fahrerlaubnis gemäß § 69 Abs. 1 StGB nicht in Betracht kommt.

c) Jugendliche und Heranwachsende

Auch Jugendlichen und Heranwachsenden kann die Fahrerlaubnis entzogen werden. Das gilt bei Heranwachsenden unabhängig davon, ob auf sie Jugendstrafrecht oder Erwachsenenstrafrecht angewandt wird.

Die Entziehung der Fahrerlaubnis gemäß § 69 StGB gestattet § 7 JGG sowohl bei der Anordnung von Erziehungsmaßregeln und Zuchtmitteln, als auch bei Verhängung von Jugendstrafe.

Die Verhängung eines Fahrverbotes gemäß § 44 StGB ist als Nebenstrafe gemäß § 8 Abs. 3 JGG statthaft und zwar ebenfalls sowohl bei der Anordnung von Entziehungsmaßregeln und Zuchtmitteln, als auch bei der Verhängung von Jugendstrafe, zielt aber bei einem Schuldspruch nach § 27 JGG.

d) Anrechnung der vorläufigen Entziehung der Fahrerlaubnis bei Verhängung eines Fahrverbotes

Gelegentlich besteht der Erfolg einer Verteidigung darin, dass gegen den Mandanten lediglich ein Fahrverbot verhängt wird, die von der Staatsanwaltschaft beabsichtigte Entziehung der Fahrerlaubnis jedoch verhindert werden kann. Für diese besondere Konstellation sieht die gesetzliche Regelung in § 51 Abs. 5 StGB vor, dass die Dauer der vorläufigen Entziehung auf das verhängte Fahrverbot angerechnet wird. War dem Mandanten also aufgrund eines Beschlusses außerhalb einer Hauptverhandlung die Fahrerlaubnis für die Dauer von 6 Wochen vorläufig entzogen oder war der Führerschein für diese Zeit durch die Polizei beschlagnahmt (§ 51 Abs. 5 S. 2 StGB) und wird nach einer Hauptverhandlung gegen den Mandanten Fahrverbot von zwei Monaten verhängt, muss dieser den Führerschein lediglich für zwei weitere Wochen abgeben.

2. Entziehung der Fahrerlaubnis und Sperrfrist

a) Katalogtaten

3

§ 69 Abs. 2 StGB zählt numerativ eine Reihe von Vergehen auf, bei deren Vorliegen nach der gesetzlichen Regelung der Täter als in der Regel ungeeignet zum Führen von Kraftfahrzeugen anzusehen ist. Nach der Rechtsprechung kann das Gericht bei Vorliegen einer Katalogtat gemäß § 69 Abs. 2 StGB von einer Gesamtabwägung aller Umstände absehen, die gegen die Eignung des Täters als Autofahrer sprechen.[1] Der Rich-

---

1 Tröndle/Fischer, StGB, § 69 Rn 22.

ter kann sich mithin auf die Prüfung beschränken, ob ein Ausnahmefall und damit besondere Umstände vorliegen, welche der Katalogtat die gesetzlich angeordnete Indizwirkung nehmen. Treten besondere Umstände hinzu, die gegen die Indizwirkung einer verwirklichten Katalogtat sprechen, bedarf die Entziehung der Fahrerlaubnis einer eingehenden Begründung.[2]

b) Ungeeignetheit zum Führen von Kraftfahrzeugen bei Nicht-Katalogtaten

Liegt dem Mandanten keine Katalogtat gemäß § 69 Abs. 2 StGB zur Last, so kommt eine Entziehung der Fahrerlaubnis gem. § 69 Abs. 1 StGB dann in Betracht, wenn eine Gesamtwürdigung der Täterpersönlichkeit, soweit sie in der Tat zum Ausdruck gekommen ist, ergibt, dass der Mandant zum Führen von Kraftfahrzeugen ungeeignet ist.[3] Im Hinblick auf den Charakter der Maßnahme des Führerscheinentzuges als Maßregel liegt Ungeeignetheit in diesem Sinne vor, wenn eine Würdigung der körperlichen, geistigen und charakterlichen Voraussetzungen und der sie wesentlich bestimmenden objektiven und subjektiven Umstände ergibt, dass die Teilnahme des Täters am Kraftfahrzeugverkehr zu einer **nicht hinnehmbaren Gefährdung** der Verkehrssicherheit führen würde.[4] Nach neuerer Rechtsprechung des BGH muss die Anlasstat zugleich Symptomtat sein.[5]

c) Sperre

Bei der Beratung des Mandanten in einem Fall, in dem die Entziehung der Fahrerlaubnis droht, ist dieser zunächst über den gesetzlichen Rahmen der Sperrzeit und darüber hinaus über die verwaltungsrechtlichen Auswirkungen der Dauer der Sperre aufzuklären. Für den Ersttäter sieht das Gesetz eine Mindestdauer der Sperrfrist von 6 Monaten vor, sie kann für eine Zeit von bis zu 5 Jahren angeordnet werden (§ 69a Abs. 1 1 StGB). Für den Wiederholungstäter beträgt das Mindestmaß der Sperre 1 Jahr jedenfalls dann, wenn gegen den Mandanten in den letzten 3 Jahren vor der Tat bereits einmal eine Sperre angeordnet worden war. Zu beachten ist, dass diese 3-Jahres-Frist vom Datum der Tat und nicht vom Datum des Urteils aus gerechnet wird (§ 69a Abs. 3 StGB).

Ferner ist wichtig, dass die Sperre grundsätzlich **mit der Rechtskraft des Urteils** beginnt (§ 69a Abs. 5 Satz 1 StGB). Die Dauer einer vorläufigen Entziehung der Fahrerlaubnis, die vor dem aufgrund einer Hauptverhandlung ergehenden Urteil, oder vor Erlass eines Strafbefehls liegt, wird auf die verhängte Sperre nicht angerechnet. Angerechnet wird lediglich die Zeit, die seit Verkündung des Urteils bis zu dessen Rechtskraft verstrichen ist (§ 69a Abs. 5 Satz 2 StGB). Die Dauer der vorläufigen Entziehung einer Fahrerlaubnis hat jedoch Auswirkungen auf das Mindestmaß der Sperre. Das Mindestmaß der Sperre kann sich auf bis zu 3 Monate reduzieren, unabhängig davon, ob sich das Urteil gegen einen Ersttäter oder gegen einen Wiederholungstäter richtet, der die Voraussetzungen des § 69a Abs. 3 StGB erfüllt.

---

2 Tröndle/Fischer, StGB, § 65 Rn 33.

3 BGHR StGB § 69 I, Entziehung 2.

4 BGH StV 04, 132, 134.

5 BGH StV 04, 132, 134; anders noch BGH NStZ 03, 658 ff.; zur Entwicklung in der Rechtsprechung vgl. auch Geppert, NStZ 03, 288 ff.; weiterführend auch der Anfragebeschluss des 4. Senats vom 16.09.2003 in StV 04, 128 f. sowie OLG Stuttgart vom 20.11.2003 in StV 04, 27, 28.

Zu beachten ist, dass gemäß § 20 Abs. 2 FeV bei Neuerteilung einer Fahrerlaubnis nach vorangegangener Entziehung und abgelaufener Sperrzeit regelmäßig auf eine erneute Fahrerlaubnisprüfung verzichtet werden kann; dies geschieht in der Praxis regelmäßig. Allerdings ist das jedoch nur dann möglich, wenn seit Beginn der führerscheinlosen Zeit nicht mehr als 2 Jahre verstrichen sind (§ 20 Abs. 2 Satz 2 FeV). Für diese Bestimmung kommt es nicht auf die Dauer der mit dem Urteil verhängten Sperre an, sondern auf die Zeit vom Beginn desjenigen Rechtsakts, mit dem die Fahrerlaubnis vorläufig entzogen wurde und dem Ablauf der mit Urteil verhängten Sperre. Im Falle einer Trunkenheitsfahrt wird der 2-Jahres-Zeitraum gemäß § 20 Abs. 2 FeV als regelmäßig mit der Beschlagnahme des Führerscheins beginnen.

Im Falle von Trunkenheitsfahrten sollte der Mandant auf die zusätzlich bestehende Gefahr hingewiesen werden, dass vor der Neuerteilung einer Fahrerlaubnis ein medizinisch-psychologisches Gutachten beizubringen ist. Das ist insbesondere dann vorgesehen, wenn der Mandant wiederholt wegen Alkoholdelikten verurteilt wurde (§ 13 Nr. 2b FeV), oder bei einer erstmaligen Alkoholfahrt dann, wenn die Blutalkoholkonzentration zum Zeitpunkt der Tat 1,6 Promille überschritten hat (§ 13 Nr. 2c FeV).

d) Beschlagnahme, amtliche Verwahrung des Führerscheins und vorläufige Entziehung der Fahrerlaubnis

In einer großen Anzahl der Fälle, insbesondere bei Trunkenheitsfahrten, wird der Mandant berichten, dass ihm durch Polizeibeamte der Führerschein abgenommen wurde. Rechtsgrundlage für die Beschlagnahme von Führerscheinen ist die gesetzliche Regelung in § 94 Abs. 3 StPO, da ein deutscher Führerschein regelmäßig gemäß § 69 Abs. 3 S. 2 StGB im Urteil einzuziehen ist. Soll in einer solchen Situation die Beschlagnahme des Führerscheins angegriffen werden, so ist gemäß § 98 Abs. 2 S. 2 StPO ein Antrag auf richterliche Entscheidung zu stellen. Von eher akademischem Interesse ist, dass die Beschlagnahme des Führerscheins durch Polizeibeamte – und das wird der Normalfall sein – gemäß § 98 Abs. 1 S. 1 StPO nur bei Gefahr im Verzug statthaft ist. Denn § 111a Abs. 3 S. 1 StPO besagt, dass die gerichtliche Anordnung der vorläufigen Entziehung der Fahrerlaubnis zugleich als Bestätigung der Beschlagnahme des Führerscheins zu gelten hat. Gegen eine solche vorläufige Entziehung der Fahrerlaubnis kann gemäß § 304 Abs. 1 StPO Beschwerde eingelegt werden.

3. Verhängung eines Fahrverbotes

a) Verurteilung zur Freiheitsstrafe oder Geldstrafe   4

Die Verhängung eines Fahrverbotes setzt voraus, dass der Täter zu einer Freiheitsstrafe oder zu einer Geldstrafe verurteilt wurde. Bei Jugendlichen kann gemäß § 8 Abs. 3 JGG ein Fahrverbot auch neben Erziehungsmaßregeln und Zuchtmitteln verhängt werden. Nicht zulässig ist die Verhängung eines Fahrverbotes bei einer Verwarnung mit Strafvorbehalt (§ 59 Abs. 3 Satz 1 StGB).[6]

b) Regelfälle

Ähnlich wie bei der Regelung in § 69 Abs. 2 sieht § 44 Abs. 1 S. 2 StGB für bestimmte Fälle die regelmäßige Anordnung eines Fahrverbotes vor, nämlich für den Fall einer

---

6 Himmelreich/Hentschel, Fahrverbot und Führerscheinentzug, Rn 271.

Verurteilung wegen einer Trunkenheitsfahrt (§ 316 StGB), oder einer Straßenverkehrsgefährdung infolge Alkoholgenusses (§ 315c Abs. 1, Abs. 3a StGB), wenn hierbei die Entziehung der Fahrerlaubnis unterbleibt.

c) Sonstige Zusammenhangtaten

Liegt kein Regelfall des § 44 Abs. 1 Satz 2 vor, so kann ein Fahrverbot angeordnet werden wegen einer Straftat, die bei dem Führen eines Kraftfahrzeuges oder im Zusammenhang mit dem Führen eines Kraftfahrzeuges begangen wurde. Darüber hinaus kommt das Fahrverbot in Betracht, wenn der Mandant eine Straftat unter **Verletzung der Pflichten eines Kraftfahrzeugführers** begangen hat.

Anders als das Fahrverbot bei Ordnungswidrigkeiten gemäß § 25 StVG setzt das Fahrverbot nach § 44 StGB keine grobe oder beharrliche Verletzung der Pflichten eines Kraftfahrzeugführers voraus. Die Verhängung eines Fahrverbotes besteht im pflichtgemäßen Ermessen des Gerichts. Aus dem Charakter des Fahrverbotes als Nebenstrafe folgt allerdings, dass die Verhängung des Fahrverbotes neben der Hauptstrafe als erforderlich erscheinen muss, um den Strafzweck zu erreichen.[7] Verteidigungsmöglichkeiten können sich vor allem dann ergeben, wenn die Notwendigkeit einer Nebenstrafe neben der Hauptstrafe ausgeschlossen erscheinen kann.

d) Vollstreckung

§ 44 Abs. 2 S. 1 StGB ordnet die Wirksamkeit des Fahrverbotes mit der Rechtskraft des Urteils an. In der Konsequenz bedeutet dies, dass der Mandant sich ab diesem Tage eines vorsätzlichen oder fahrlässigen Vergehens des Fahrens trotz Fahrverbotes (§ 21 StVG) schuldig macht, wenn er trotzdem fährt. Gleichzeitig wird allerdings die Verbotsfrist erst von dem Tage an gerechnet, ab dem der Führerschein sich in amtlicher Verwahrung befindet (§ 44 Abs. 3 1 StGB). Konsequenterweise wird der Mandant dahingehend zu beraten sein, dass er zwingend am Tage des Eintritts der Rechtskraft den Führerschein abgeben sollte, weil er ab diesem Tage erlaubterweise nicht mehr fahren dürfte, trotzdem allerdings der Ablauf der Monatsfrist nicht in Gang gesetzt würde. Abzugeben ist der Führerschein bei der für die Vollstreckung des Fahrverbotes als Nebenstrafe zuständigen Vollstreckungsstaatsanwaltschaft.

e) Keine vorläufigen Vollstreckungsmaßnahmen

Anders als bei der Entziehung der Fahrerlaubnis sieht das Gesetz bei einem Fahrverbot keine vorläufige Fahrverbotsmaßnahme vor. Das ermöglicht es, den Eintritt der Rechtskraft in Absprache mit dem Mandanten zu steuern. Gegen ein schuldsprechendes Urteil, in welchem ein Fahrverbot angeordnet wird, kann Berufung zur Verhinderung der Rechtskraft eingelegt werden. Vor der Berufungshauptverhandlung kann die Berufung sodann ohne Zustimmung der Staatsanwaltschaft zurückgenommen werden. Zu achten ist allerdings darauf, dass nicht auch die Staatsanwaltschaft ihrerseits Berufung eingelegt hat.

---

7 BGHSt 24, 348 ff., 350.

II. Freiheitsentziehende Maßregeln

Neben der Anordnung von Freiheitsstrafen lässt das Gesetz auch die Anordnung von 5
Maßregeln zu, die freiheitsentziehende Wirkung haben. Dies sind die Unterbringung in
eine Entziehungsanstalt (§ 64 StGB), die Unterbringung in einem psychiatrischen
Krankenhaus (§ 63 StGB) sowie die Unterbringung in der Sicherungsverwahrung (§ 66
StGB).

1. Unterbringung in einer Entziehungsanstalt

Die Unterbringung nach § 64 StGB ist sowohl eine auf Heilung ausgerichtete Maßregel
der Besserung wie auch eine sichernde Maßregel; sie ist weder Mittel der bloßen
Suchtfürsorge noch darf diese Fürsorge unsachgemäß in den Vordergrund treten.[8]

a) Hang

Die Unterbringung in einer Entziehungsanstalt setzt zunächst einen Hang zum Konsum 6
berauschender Mittel oder alkoholischer Getränke voraus. Dass nimmt die höchstrichterliche **Rechtsprechung** dann an, wenn eine chronische auf körperliche Sucht beruhende Abhängigkeit festgestellt wird. Genauso ist von einem Hang jedoch auch dann
auszugehen, wenn aufgrund einer psychischen Disposition oder durch Übung eine intensive Neigung festzustellen ist, immer wieder Rauschmittel im Übermaß zu sich zu
nehmen.[9] Dabei muss diese Neigung nicht den Grad psychischer Abhängigkeit erreicht
haben.[10]

Diese allgemeinen Auffassungen, wie sie in der Rechtsprechung formuliert werden,
sollten bei der Verteidigung des Mandanten stets bedacht werden, weil für den Fall eines Hangs zu Alkohol oder eines Hangs zu Drogen die Anordnung der Unterbringung
in einer Entziehungsanstalt durch das Gericht zwingend zu erfolgen hat. Bei einem Al-
koholtäter, bei dem nach den Sachverhaltsfeststellungen der Hang zu Alkohol einen ursächlichen Zusammenhang zur Tat herstellt, liegt nach höchstrichterlicher Auffassung
die Annahme eines Hanges nahe.[11] Aber auch bei einer beispielsweise langjährigen
„Haschischkonsumkarriere" kann selbst dann die Anordnung einer Unterbringung in
einer Entziehungsanstalt in Betracht kommen, wenn es sich bei der abzuurteilenden Tat
nicht um einen bloßen Fall von Beschaffungskriminalität handelt (z.B. Besitz von 15
Kilogramm Marihuana).[12]

Demgemäß kann insbesondere die Darstellung einer Lebensgeschichte, die von lang-
jährigem abnormen Haschischmissbrauch geprägt ist, ein Bumerang werden. Die
höchstrichterliche Rechtsprechung schließt sich der Auffassung an, wonach regelmäßi-
ger Haschischkonsum zu psychischer Abhängigkeit bei gering ausgeprägter Tendenz
zur Dosissteigerung führt. Der BGH nimmt auf medizinische Auffassungen bezug, wonach psychische Entzugserscheinungen beim Absetzen der Substanz die Regel sind
und sich als Unruhe, Nervosität, Verstimmung und dem schwer beherrschbaren Bedürfnis äußern, sich erneut Stoff für den Eigenbedarf zu beschaffen und den Konsum
der Droge fortzusetzen. Nach der vom Bundesgerichtshof favorisierten medizinischen

---

8   BVerfGE 91, 1 ff.; BGHSt 28, 332 ff.
9   BGH StV 03, 276.
10 BGHR, StGB § 64 I, Hang 5.
11 BGHR, StGB § 64, Anordnung 1.
12 BGHR, StGB § 64, Anordnung 2.

Auffassung bleibt das Verlangen nach erneuter Zufuhr relativ lange erhalten, woraus eine wochen- und monatelange Rückfallgefahr entstehe. Ob dabei Haschischkonsum zu psychischer Abhängigkeit führe, sei nicht ausschlaggebend, da Hang im Sinne des § 64 StGB nicht den Grad psychischen Abhängigkeit erreichen müsse.[13]

b) Anlasstat

7 Anlass für die Anordnung einer Entziehungsunterbringung kann entweder eine **Rauschtat** oder eine **Symptomtat** sein. Die Alternative der Rauschtat wird in der Rechtsprechung als Unterfall der Symptomtat aufgefasst.[14]

Um von einem Rausch auszugehen, müssen nach der Gesetzfassung die Voraussetzungen der eingeschränkten Schuldfähigkeit gemäß § 21 StGB nicht vorliegen. Nach Auffassung der Rechtsprechung muss der Rauschzustand als solcher allerdings feststehen, so dass es nicht ausreicht, wenn das Gericht die Voraussetzungen einer eingeschränkten Schuldfähigkeit lediglich zu Gunsten des Täters nicht ausschließt.[15]

Voraussetzung für die Annahme einer Symptomtat ist nach der Rechtsprechung, dass die abgeurteilten Taten ihre Wurzeln im Hang zu Alkohol oder Drogen finden, die Taten also Symptomwert für den Hang des Täters zum Missbrauch berauschender Mittel haben. Eine Symptomtat liegt hiernach vor, wenn sich in der Tat die hangbedingte Gefährlichkeit des Mandanten äußern soll.[16] Besonders typisch sind nach höchstrichterlicher Auffassung Fälle der Beschaffungskriminalität. Bei Sexualdelikten bedarf die Annahme eines Symptomzusammenhangs besonderer Anhaltspunkte.[17]

c) Gefahrenprognose

8 Sind Feststellungen über den Hang zu Alkohol oder zu Drogen getroffen worden und geht das Gericht auch weiter davon aus, dass eine Rauschtat oder eine Symptomtat vorliegt, setzt die Anordnung einer Entziehungsunterbringung zusätzlich die Annahme der Gefahr voraus, dass der Mandant infolge seines Hangs zu Alkohol oder Drogen erhebliche rechtswidrige Straftaten begehen wird. Eine bloße allgemeine Überzeugung, wonach vom Beschuldigten weitere Gefahren ausgehen, reicht dabei zur Begründung nicht aus.[18] Vielmehr muss die Gefahrenprognose aufgrund des Vorlebens des Angeklagten, aus der Tat selbst oder aus seinem Nachtatverhalten hergeleitet werden. Einen allgemeinen Erfahrungssatz, dass bei einem Drogenabhängigen grundsätzlich die Gefahr neuer erheblicher Straftaten besteht, darf das Gericht nicht zugrunde legen.[19] Von einer fortbestehenden Gefahr ist auch dann nicht auszugehen, wenn die Anlasstat für den Angeklagten an sich wesensfremd ist, oder wenn allenfalls geringfügige Delikte aus dem Bereich der Beschaffungskriminalität zu erwarten sind.[20]

---

13 BGHR, StGB § 64, Hang 1.
14 BGHR, StGB § 64 I, Rausch 1.
15 BGHR, StGB § 64 I, Rausch 1.
16 BGHR, StGB § 64 I, Rausch 1.
17 BGHR, StGB § 64 I, Rausch 1.
18 BGHR, StGB § 64 I, Gefährlichkeit 1.
19 BGHR, StGB § 64 I, Gefährlichkeit 3, 5.
20 BGHR, StGB § 64 I, Gefährlichkeit 6.

d) Hinreichend konkrete Erfolgsaussicht

Nach dem gesetzlichen Wortlaut der Regelung in § 64 Abs. 2 StGB soll eine Entzie- **9** hungsanordnung unterbleiben, wenn eine Entziehungskur von vornherein aussichtslos erscheint. Diese gesetzliche Regelung ist mit Art. 2 Abs. 1 und Art. 2 Satz 2 GG unvereinbar und daher verfassungskonform auszulegen. Nach der Entscheidung des Bundesverfassungsgerichts vom 16.03.1994[21] setzt die Anordnung der Entziehungsmaßregel die hinreichend **konkrete Aussicht** eines Behandlungserfolges voraus. Ist ein hinreichend konkrete Aussicht eines Behandlungserfolges nicht gegeben, muss die Anordnung der Entziehungsmaßregel unterbleiben. Dann tritt der Sicherungsaspekt hinter den Behandlungsaspekt der Maßregel zurück.[22] Eine lediglich verbal geäußerte fehlende **Therapiemotivation** ist nicht von vornherein ausreichender Anhaltspunkt, um eine solche Erfolgsaussicht zu verneinen. Das Gericht hat dabei auch zu überprüfen, ob therapeutische Bemühungen in Richtung einer positiven Beeinflussung des Mandanten Aussicht auf Erfolg haben können.[23]

e) Reihenfolge der Vollstreckung

Von besonderem Interesse für den Mandanten ist sehr häufig die Frage, wann eine zu **10** erwartende Entziehungsmaßregel vollzogen wird. Das Gesetz gibt hier den Maßstab insoweit vor, als die Vollziehung der Maßregel vor der Strafe der Regelfall sein soll. Der Vorwegvollzug der Freiheitsstrafe oder eines Teiles der Freiheitsstrafe kann angeordnet werden, allerdings unter der Maßgabe, dass der Zweck der Maßregel dadurch leichter erreicht wird (§ 67 Abs. 2 StGB). Der Vorwegvollzug der Maßregel kann als Vorteil insoweit empfunden werden, als der Maßregelvollzug bis zum Erreichen des Drittelzeitpunktes der verhängten Freiheitsstrafe auf die Strafe angerechnet wird (§ 67 Abs. 4 Satz 1 StGB). In einem solchen Fall hat der Mandant darüber hinaus unter bestimmten Voraussetzungen die Aussicht, dass nach dem Vollzug der Maßregel bereits zum Hälftezeitpunkt die Strafe erlassen werden kann (§ 67 Abs. 5 Satz 1 StGB). Andererseits kann der Vorwegvollzug der Strafe oder eines Teiles der Strafe im Lichte der gesetzlichen Regelung des § 35 BtmG als die sinnvollere Alternative gesehen werden. Nach der Rechtsprechung kommt auch im Falle des § 35 BtmG die Anordnung eines Vorwegvollzuges eines Teils der Strafe bis zum Therapiebeginn nach § 35 BtmG in Betracht.[24] Eine solche Entscheidung wird jedoch nur dann als erforderlich und gerechtfertigt betrachtet, wenn eine Therapie in eine Therapieanstalt gemäß § 35 BtmG bessere Aussicht einer Heilung bieten würde als die Behandlung in einer Entziehungsanstalt gemäß § 64 StGB.[25] Grundsätzlich ist das **Rehabilitationsinteresse** des Mandanten der Maßstab für eine Entscheidung über den Vorwegvollzug der Freiheitsstrafe.[26] Mit diesem Maßstab tritt die höchstrichterliche Rechtsprechung nicht selten Entscheidungen entgegen, die zwar die nachteilige Entscheidung eines Vorwegvollzuges eines Teils der Freiheitsstrafe enthalten, in der Begründung allerdings stereotyp und ohne Anhaltspunkte sind. Grund-

---

21 BVerfG NStZ 94, 578.
22 Tröndle/Fischer, § 64 Rn 12.
23 BGHR, StGB § 64 I, Erfolgsaussicht 8.
24 BGHR, StGB § 67 II, Vorwegvollzug, teilweiser 6.
25 BGH, a.a.O.
26 BGHR, StGB § 67 II, Vorwegvollzug, teilweiser 3.

sätzlich soll es möglich sein, die Umkehrung der Vollstreckungsreihenfolge dann anzuordnen, wenn der Entlassung in die Freiheit die Entziehungsbehandlung gemäß § 64 StGB unmittelbar vorausgehen sollen.[27] Der Verteidiger hat allerdings einer schematischen Argumentation in dieser Richtung entgegenzuwirken. Die höchstrichterliche Rechtsprechung bietet hier gute Anhaltspunkte. Insbesondere eine Argumentation dergestalt, der Mandant müsse spüren, dass er sich in gefährlicher Weise strafbar gemacht habe und er müsse zur Einsicht gebracht werden, damit eine Entziehungsbehandlung Aussicht auf Erfolg habe, ist zweifelhaft. Eine solche Begründung genügt nach der höchstrichterlichen Rechtsprechung nicht den Anforderungen. Leidensdruck zur Förderung der Therapiemotivation ist insbesondere dann zu einer Umkehr der Vollstreckungsreihenfolge nicht ausreichend, wenn der Mandant bereits mehrere Monate in Untersuchungshaft verbracht haben sollte.[28] Auch die Argumentation, der Mandant solle nach einer Behandlung in die Freiheit entlassen werden, um so seine Therapiebereitschaft zu fördern, darf nicht zur Schablone verkommen. Nach höchstrichterlicher Rechtsprechung muss es gerade bei längerer Strafdauer darum gehen, den Angeklagten schon frühzeitig von seinem Hang zu befreien, damit er in der Strafanstalt an der Verwirklichung des Vollzugszieles der Strafe arbeiten kann.[29]

f) Verhältnis zur Schuldfähigkeit

11 Wie sich schon aus dem Gesetzeswortlaut ergibt, setzt die Entziehungsunterbringung nicht zwingend voraus, dass bei dem Mandanten eine verminderte Schuldfähigkeit gemäß § 21 StGB festgestellt wurde, oder gar die Schuld gemäß § 20 StGB ausgeschlossen sein müßte. Auch nach höchstrichterlicher Rechtsauffassung setzt die Anordnung einer Entziehungsmaßregel keine eindeutige Feststellung der Verminderung der Schuldfähigkeit voraus.[30]

2. Unterbringung in einem psychiatrischen Krankenhaus

12 Die Unterbringung nach § 63 StGB dient neben dem Schutz der Allgemeinheit dazu, erkrankte oder krankhaft veranlagte Menschen von einem dauernden Zustand zu heilen oder sie in ihrem Zustand zu pflegen.[31]

a) Beeinträchtigte Schuldfähigkeit

Anders als die Entziehungsunterbringung erfordert die Unterbringung in einem psychiatrischen Krankenhaus eindeutige Feststellungen über die Auswirkung einer Störung auf die Schuldfähigkeit des Mandanten.[32] Dabei müssen auch eindeutige Feststellungen darüber getroffen werden, ob eine Störung der Einsichtsfähigkeit oder eine Störung der Steuerungsfähigkeit vorliegen soll.[33] Das setzt eine medizinische Diagnose und Feststellungen darüber voraus, welches biologische Merkmal des § 20 StGB infolge der medizinischen Diagnose erfüllt ist.[34] Insbesondere in Fällen des Alkoholmiss-

---

27 BGHR, StGB § 67 II, Vorwegvollzug, teilweiser 3.
28 BGHR, StGB § 67 II, Zweckerreichung, Leichtere 12; BGHSt 33, 285 ff., 287.
29 BGHSt 37, 160 ff., 162.
30 BGHR, StGB § 64 I, Hang 2.
31 BGH NJW 92, 1570.
32 BGHR, StGB § 63, Zustand 20.
33 BGHR, StGB § 63, Schuldunfähigkeit 1; zuletzt auch in diesem Sinn BGH StV 04, 264, 265.
34 BGHR, StGB § 63, Schuldunfähigkeit 4.

brauchs ist zu unterscheiden zwischen der Möglichkeit der Entziehungsunterbringung gemäß § 64 StGB, die eine Feststellung der Schuldfähigkeit nicht voraussetzt und die Anordnung der Unterbringung in einem psychiatrischen Krankenhaus gemäß § 63 StGB.[35] Der Mandant ist hier vor allem vor dem Hintergrund der Regelung in § 67d Abs. 1 Satz 1 StGB zu beraten, wonach die Unterbringung in einer Entziehungsanstalt auf eine Höchstdauer von 2 Jahren beschränkt ist. Ebenso ist § 67e Abs. 2 StGB zu beachten, wonach die Überprüfungsfrist für eine Entziehungsanstalt 6 Monate beträgt, für ein psychiatrisches Krankenhaus jedoch ein Jahr.

Nachdem die Unterbringung in einem psychiatrischen Krankenhaus dazu dient, erkrankte Menschen von einem dauerhaften Zustand zu heilen, kommt im Falle eines Affekttäters eine psychiatrische Unterbringung regelmäßig nicht in Betracht.[36]

b) Gefahrenprognose

Die Anordnung der Unterbringung in einem psychiatrischen Krankenhaus setzt voraus, dass das Gericht zur Auffassung gelangt, dass bei dem Mandanten die **Gefahr der Begehung** weiterer Straftaten besteht. Gefordert ist hier eine Gefahrenprognose, die eine Gesamtwürdigung sowohl der Persönlichkeit des Beschuldigten, als auch seiner bisherigen Straftaten fordert. Auf die Anlasstat allein kann die Unterbringung nicht gestützt werden.[37] Auch die reine Behandlungsbedürftigkeit rechtfertigt keine Unterbringung i.S.d. § 63 StGB. Denn die Unterbringung gem. § 63 StGB dient nicht dazu, Straftäter ohne Vorliegen der übrigen Voraussetzungen allein wegen ihrer Behandlungsbedürftigkeit der zeitlich unbefristeten und deshalb besonders belastenden Unterbringung in einem psychiatrischen Krankenhaus zu unterwerfen.[38] Demgemäß muss zwischen der Anlasstat, dem seelischen Zustand des Mandanten und seiner Gefährlichkeit ein **symptomatischer Zusammenhang** gegeben sein.[39] Ebenso müssen Feststellungen darüber getroffen werden können, dass die begangenen und die noch zu erwartenden rechtswidrigen Taten sowie der seelische Zustand des Mandanten in einem ursächlichen Zusammenhang stehen.[40] Die Gefährlichkeit muss sich dabei auf erhebliche Taten beziehen.

Das kann insbesondere dann nicht ohne weiteres in Betracht kommen, wenn vorausgegangene Verurteilungen dem Bereich der mittleren Kriminalität zuzuordnen sind,[41] was insbesondere dann gegeben sein dürfte, wenn die vorausgegangenen Delikte lediglich vor dem Einzelrichter am Amtsgericht abgeurteilt wurden oder lediglich Geldstrafen zur Folge hatten. Insbesondere bei Bagatellkriminalität (beispielsweise wiederholte Ladendiebstähle) kommt die Anordnung der Unterbringung in einem psychiatrischen Krankenhaus generell nicht in Betracht.[42]

3. Sicherungsverwahrung

Eines der weitestgehenden Eingriffe in das Freiheitsrecht ist die Anordnung der Sicherungsverwahrung gemäß § 66 StGB. Dabei sind hier die obligatorisch anzuordnende

13

14

---

35 BGHR, StGB § 63, Zustand 7.
36 BGHR, StGB § 63, Zustand 15, 27.
37 BGHR, StGB § 63, Gefährlichkeit 2.
38 BGH StV 04, 264, 265.
39 BGHSt 23, 22 ff., 27.
40 BGHSt 27, 246 ff., 249.
41 BGHR, StGB § 63, Gefährlichkeit 8.
42 BGHR, StGB § 63, Gefährlichkeit 22.

Sicherungsverwahrung gemäß § 66 Abs. 1 StGB, die fakultative Sicherungsverwahrung gemäß § 66 Abs. 2 StGB sowie die Sicherungsverwahrung bei den gemäß § 66 Abs. 3 StGB aufgeführten Katalogstraftaten zu unterscheiden. Gemeinsam ist allen drei Vorschriften, welche die Sicherungsverwahrung ermöglichen, dass sie sich nur gegen Hangtäter richten dürfen und darüber hinaus von einer besonderen Gefährlichkeit infolge des Hangs auszugehen sein muss.

a) Hang zu Straftaten

15 Der Hang zu Straftaten im Sinne von § 66 Abs. 1 StGB verlangt nach der höchstrichterlichen Rechtsprechung einen eingeschliffenen inneren Zustand des Täters, der ihn immer wieder neue Straftaten begehen lässt. Hangtäter ist nach der höchstrichterlichen Rechtsprechung derjenige, der dauernd zu Straftaten entschlossen ist, oder der aufgrund einer fest eingewurzelten Neigung immer wieder straffällig wird, wenn sich die Gelegenheit bietet. Auf die Ursache des Hangs kommt es dabei nicht an.[43] Bemerkenswert ist, dass auch eine im Affekt begangene Straftat nach der Rechtsprechung auf einem Hang zu erheblichen Straftaten beruhen kann. Das gilt jedenfalls dann, wenn die Affekttat und die vorausgegangenen Taten insgesamt Ausdruck innerer Spannungen des Täters sind, die ihn zu Straftaten besonders bereit machen.[44]

Von indizieller Bedeutung ist für die Frage des Hangs, ob in der Vergangenheit des Mandanten Vorstrafen zu finden sind, die mit der Anlasstat gleichartig sind. Andererseits kommt mit ggf. gegenteiler Wirkung der Tatsache eine Indizwirkung zu, dass eine Gleichartigkeit nicht festzustellen ist;[45] in diesen Fällen ist u.U. eine besondere Prüfung durch das Gericht veranlasst.[46]

b) Gefahrenprognose

16 Die Sicherungsverwahrung verlangt desweiteren, dass von dem Hangtäter für die Zukunft die Gefahr ausgeht, dass er weitere erhebliche rechtswidrige Taten begehen wird und er deshalb für die Allgemeinheit gefährlich ist.[47] Die Feststellung der Eigenschaft als Hangtäter begründet regelmäßig die Annahme einer solchen Wahrscheinlichkeit.[48] Nur wenn zwischen der letzten Hangtat und dem Zeitpunkt der Urteilsverkündung neue Umstände eingetreten sind, die die **Wahrscheinlichkeit künftiger Straftaten** entfallen lassen, kann die Gefährlichkeit verneint werden.[49] Dabei verlangt die höchstrichterliche Rechtsprechung, dass die Tatsachen, die der Annahme der Gefährlichkeit entgegenstehen, zum Zeitpunkt der Aburteilung sicher feststehen müssen.

Nicht selten geht es bei der Frage der Anordnung der Sicherungsverwahrung um das Lebensalter des Angeklagten. Mit der Einschränkung der Gefahrenprognose alleine aufgrund des Lebensalters des Angeklagten ist die höchstrichterliche Rechtsprechung außerordentlich zurückhaltend. Es findet sich jedoch der Hinweis, dass vor Beginn des

---

43 BGHR, StGB § 66 I, Hang 1.
44 BGHR, StGB § 66, Hang 6.
45 BGHR, StGB § 66, Hang 10; BGH Stv 03, 158.
46 BGH NStZ-RR 03, 107; zur Tätigkeit des Sachverständigen in diesem Zusammenhang Müller-Merz, StV 03, 42 ff.
47 Zur Prognose-Methodik Müller-Metz StV 03, 42, 45.
48 BGHR, StGB § 66 I, Gefährlichkeit 1.
49 BGH NStZ-RR 99, 301.

Vollzugs der Sicherungsverwahrung gemäß § 67c Abs. 1 Satz 1 StGB zu prüfen ist, ob der Zweck der Maßregel zu Beginn der Unterbringung noch gegeben ist. Hiermit deutet die Rechtsprechung auch auf weitere zusätzliche Verteidigungsmöglichkeiten hin.

c) Voraussetzungen der Sicherungsverwahrung

Die verschiedenen Rechtsgrundlagen für die Anordnung einer Sicherungsverwahrung   17
finden sich mit verschiedenen Voraussetzungen und verschiedenen Folgen in den jeweiligen Absätzen des § 66 StGB. Die einzelnen **Rechtsgrundlagen** sind genau voneinander zu unterscheiden.

aa) Sicherungsverwahrung gemäß § 66 Abs. 1 StGB. Bei der Anordnung der Sicherungsverwahrung nach dieser Vorschrift ist zu beachten, dass sie nur dann in Betracht kommt, wenn der Mandant zum einen wegen einer vorsätzlich begangenen Straftat schuldig gesprochen und zum anderen deswegen zu zeitiger Freiheitsstrafe von mindestens 2 Jahren verurteilt wird. Ob in konkretem Fall eine Sicherungsverwahrung nach dieser Vorschrift droht, hängt also auch davon ab, in welcher Höhe das Gericht eine Strafe aussprechen wird. Gelingt es in der Verteidigung, das Strafmaß unter 2 Jahren zu halten, kann die obligatorische Sicherungsverwahrung gemäß § 66 Abs. 1 StGB nicht mehr drohen. Wie sich schon aus dem Wortlaut sowohl von Abs. 1 als auch von Abs. 2 ergibt, muss es sich darüber hinaus um eine Einzelfreiheitsstrafe von mindestens 2 Jahren handeln. Bei Verhängung einer Gesamtfreiheitsstrafe kommt es demnach darauf an, ob eine der in die Gesamtfreiheitsstrafe einbezogenen Strafen mindestens 2 Jahre beträgt.[50]

Gemäß § 66 Abs. 1 Nr. 1 StGB ist eine Sicherungsverwahrung anzuordnen, wenn der Mandant in Vorverurteilungen ebenfalls wegen vorsätzlich begangener Straftaten schon zweimal jeweils zu einer Freiheitsstrafe von mindestens 1 Jahr verurteilt worden ist. Sind in den Vorverurteilungen Gesamtstrafen enthalten, so kommt es nach gefestigter Rechtsprechung des Bundesgerichtshofes auf die einbezogenen Einzelstrafen, nicht aber auf die Gesamtstrafe an.[51] Diese formelle Voraussetzung kann grundsätzlich auch durch eine in eine Vorverurteilung verhängten Jugendstrafe erfüllt werden. Ist aber eine einheitliche Jugendstrafe gemäß § 31 JGG verhängt, ist die formelle Voraussetzung gemäß § 66 Abs. 1 Nr. 1 StGB nur dann erfüllt, wenn die Vorverurteilung erkennen lässt, dass der Mandant bei dem der Einheitsjugendstrafe zugrunde gelegten Straftaten eine Jugendstrafe von mindestens 1 Jahr verwirkt hätte.[52]

§ 66 Abs. 1 Nr. 1 StGB enthält jedoch nicht nur das Kriterium der zweimaligen Verhängung einer mindestens einjährigen Freiheitsstrafe, sondern darüber hinaus auch das Kriterium einer **zweimaligen Vorverurteilung**. Sind gegen den Mandanten also bereits zwei Freiheitsstrafen von mehr als einem Jahr wegen vorsätzlicher Straftaten verhängt worden, ist dies jedoch nur in einer Vorverurteilung ausgesprochen, kommt die Anordnung der Sicherungsverwahrung nach Abs. 1 nicht in Frage.[53] Die nachträgliche Bildung einer Gesamtstrafe steht der Annahme mehrerer Verurteilungen allerdings nicht entgegen.[54]

---

50   Tröndle/Fischer, § 66 StGB, Rn 4.
51   BGHR, StGB § 66 I, Vorverurteilungen 1.
52   BGHR, StGB § 66 I, Vorverurteilungen 1.
53   BGHR, StGB § 66 I, Vorverurteilungen 8.
54   BGH a.a.O.

Die in den Vorverurteilungen verhängten Freiheitsstrafen müssen gemäß § 66 Abs. 1 Nr. 2 StGB vor der neuen im aktuellen Verfahren abzuurteilenden Tat verbüßt worden sein. Dabei muss die Verbüßung mindestens 2 Jahre gedauert haben.

bb) Sicherungsverwahrung gem. § 66 Abs. 2 StGB. Kommt eine obligatorische Sicherungsverwahrung gemäß § 66 Abs. 1 StGB nicht in Betracht, kann das Gericht nach der **Ermessensvorschrift** in § 66 Abs. 2 StGB eine Sicherungsverwahrung anordnen. Anders bei der Anordnung der Sicherungsverwahrung gemäß § 66 Abs. 1 StGB ist hierfür die Vorverurteilung nicht zwingend erforderlich. Die Anordnung der Sicherungsverwahrung setzt in diesen Fällen lediglich voraus, dass der Angeklagte zum Zeitpunkt der Aburteilung bereits 3 vorsätzliche Straftaten begangen hat und durch diese Straftaten jeweils Freiheitsstrafen von mindestens 1 Jahr verwirkt hat. Hierbei kommt es nicht auf die tatsächliche verhängte oder hypothetische zu bildende Gesamtfreiheitsstrafe an, sondern auf die Einzelstrafen.[55]

Weitere Voraussetzungen gemäß § 66 Abs. 2 StGB ist, dass der Angeklagte wegen derjenigen Straftaten, mit denen Freiheitsstrafen von mindestens 1 Jahr verwirkt sind, zu einer Gesamtfreiheitsstrafe von mindestens 3 Jahren verurteilt wird. In Fallkonstellationen, in denen der Mandant wegen mehr als dreier Einzelstrafen verurteilt wurde, jedoch nicht alle Straftaten Freiheitsstrafen von mehr als 1 Jahr zur Folge haben, ist eine hypothetische Gesamtfreiheitsstrafe zu bilden. Dieser hypothetischen Gesamtfreiheitsstrafe sind diejenigen Urteile zugrunde zu legen, in denen eine Freiheitsstrafe von mehr als 1 Jahr verwirkt war. Die übrigen Einzelfreiheitsstrafen, die unterhalb der Grenze von 1 Jahr sind, sind bei der Anwendung des § 66 Abs. 2 StGB außer Betracht zu lassen.[56]

Anders als bei § 66 Abs. 1 StGB ist die Anordnung der Sicherungsverwahrung gemäß § 66 Abs. 2 StGB eine Ermessensentscheidung des Gerichts. Diese Ermessensgründe müssen im Urteil angeführt sein.[57] Anders als bei der Anordnung der Sicherungsverwahrung gemäß § 66 Abs. 1 StGB verlangt die höchstrichterliche Rechtsprechung bei Anordnung der Sicherungsverwahrung gemäß § 66 Abs. 2 StGB ausdrücklich eine Erörterung der Auswirkungen einer mit dem Urteil verhängten Freiheitsstrafe auf den Angeklagten.[58]

cc) Sicherungsverwahrung gem. § 66 Abs. 3 StGB. Die Vorschrift in § 66 Abs. 3 StGB ermöglicht die Anordnung einer Sicherungsverwahrung für den Fall der Verwirklichung von Verbrechenstatbeständen und für den Fall von Vergehenstatbeständen, insbesondere aus dem Bereich der Sexualdelikte und der Körperverletzungsdelikte. Satz 1 und Satz 2 dieser Vorschrift unterscheiden jedoch bei den formellen Voraussetzungen hinsichtlich der Frage bereits erfolgter Vorverurteilungen und Strafverbüßungen.

Nach § 66 Abs. 3 Satz 1 StGB kommt eine Sicherungsverwahrung dann in Betracht, wenn eine Vorverurteilung zu mindestens 3 Jahren vorliegt und davon in entsprechender Anwendung von § 66 Abs. 1 Nr. 2 StGB mindestens 2 Jahre verbüßt worden sind.

---

55 BGHR, StGB § 66 II., Vorverurteilungen 1.
56 BGHR, StGB § 66 II., Vorverurteilungen 2.
57 BGH StV 04, 200.
58 BGHR, StGB § 66 II., Ermessensentscheidung 4; BGH StV 04, 200, 201.

Die Anordnung der Sicherungsverwahrung gemäß § 66 Abs. 3 Nr. 2 StGB kommt ebenfalls als **Verbrechenstatbestand** und den aufgeführten sonstigen Katalogvergehen in Betracht, wobei Satz 2 in formeller Hinsicht keine Vorverurteilung und Verbüßung voraussetzt. In formeller Hinsicht wird hier verlangt, dass wegen zweier Taten jeweils Einzelfreiheitsstrafen von mindestens 2 Jahren verwirkt sind und darüber hinaus deswegen zu einer Gesamtfreiheitsstrafe von mindestens 3 Jahren verurteilt wird.

III. Weitere Maßregeln ohne freiheitsentziehende Wirkung

1. Berufsverbot

a) Strafwürdiger Missbrauch der beruflichen Stellung

18

Ein Berufsverbot gemäß § 70 StGB kommt in Betracht, wenn dem Mandanten der Vorwurf zu machen ist, er habe seine berufliche Stellung zu strafbaren Handlungen missbraucht. Davon ist nicht bereits dann auszugehen, wenn der Mandant für seinen Beruf erworbene Kenntnisse zur Begehung von Straftaten verwertet hat. Die Anordnung des Berufsverbots ist erst dann zulässig, wenn dem Mandanten vorgeworfen wird, dass er die ihm zur Last gelegte Tat unter **bewusster Mißachtung** der ihn gerade durch seinen Beruf oder sein Gewerbe gestellten Aufgaben seine Tätigkeit ausnützt, um einen diesen Aufgaben zuwiderlaufenden Zweck zu verfolgen. Die höchstrichterliche Rechtsprechung faßt dies dahingehend zusammen, dass die strafbare Handlung ein Ausfluß der beruflichen oder der Gewerbetätigkeit selbst sein müsse.[59]

Beispiel: Das bedeutet zum Beispiel, dass im Falle eines Betrugsdelikts die Anordnung eines Berufsverbots nicht ohne weiteres in Betracht kommt, da die Inanspruchnahme einer Dienstleistung ohne Vergütungsabsicht regelmäßig keine Mißachtung der Pflichten aus der Tätigkeit in einem bestimmten Beruf bedeutet.[60] Allerdings hält die höchstrichterliche Rechtsprechung die Anordnung eines Berufsverbotes gegen einen betrügerisch handelnden Kaufmann für möglich mit der Begründung, § 347 HGB enthalte die Verpflichtung, bei Zahlungsunfähigkeit keine Bestellungen aufzugeben.[61]

Das Vergehen der **Steuerhinterziehung** kann die Anordnung eines Berufsverbotes dann rechtfertigen, wenn die Steuerhinterziehung mit schwerwiegenden Verletzungen von Buchführungs- und Aufzeichnungspflichten einhergeht. Hier stellt die Rechtsprechung vor allem auf die Buchführungspflichten des Unternehmers gemäß § 2 UStG und auf die eines Arbeitgebers gemäß §§ 38 ff. EStG ab. In diesem Zusammenhang beschränkt die Rechtsprechung die Werte des § 70 StGB auf die Fälle, in denen die unternehmerische Tätigkeit auf die systematische Hinterziehung von Lohn- oder Umsatzsteuern angelegt ist und die Steuerhinterziehung in einem großen Umfang über einen längeren Zeitraum zum betrieblichen Kalkulationsfaktor wird.[62]

---

59 BGHSt 22, 144, 145 f.
60 BGHR, StGB § 70 I, Pflichtverletzung 1.
61 BGHR, StGB § 70 I, Pflichtverletzung 2.
62 BGHR, StGB § 70 I, Pflichtverletzung 6.

b) Gefahrenprognose

19 Die Anordnung eines Berufsverbotes setzt eine prognostische Würdigung voraus, die ergeben muss, dass die Gefahr erneuter Straffälligkeit bei weiterer Ausübung des Berufs, Berufszweiges, Gewerbes, oder Gewerbezweiges besteht. Dies setzt auch hier wieder eine umfassende Gesamtwürdigung voraus.[63] Hierbei gilt, dass an die Annahme weitergehender Gefährlichkeit dann ganz besonders strenge Anforderungen zu stellen sind, wenn ein Täter erstmals wegen einer Anlasstat straffällig wird. So kann insbesondere ein straffreies Vorleben eines Mandanten in höherem Alter klar gegen die Annahme einer solchen Gefahr sprechen. Auch **Schadenswiedergutmachungsleistungen** können die Gefahr der Anordnung eines Berufsverbotes vermindern.[64] Ob neben den Voraussetzungen des § 70 StGB möglicherweise berufsrechtliche Vorschriften existieren, aufgrund derer für den Mandanten die Gefahr besteht, seine Zulassung zur beruflichen Tätigkeit zu verlieren, ist für das Strafverfahren nicht ausschlaggebend. Für die berufsrechtlichen Vorschriften können bereits andere Maßstäbe gelten, die im Strafverfahren keine Rolle spielen.[65]

c) Umfang des Verbots

20 Von Bedeutung kann für den Mandanten vor allem die Frage sein, in welchem Umfang ihn das Berufsverbot trifft. Insoweit hat die Rechtsprechung eine **eingrenzende Tendenz**. So ist beispielsweise bei Sexualdelikten, die ausschließlich zu Lasten männlicher Jugendlicher begangen wurde, die Anordnung eines Unterrichtsverbots für Jugendliche beiderlei Geschlechter nicht mehr zulässig, sondern es ist eine Einschränkung auf ein Berufsverbot hinsichtlich männlicher Jugendlicher geboten.[66]

d) Weiteres Verfahren nach Verhängung des Berufsverbots

21 Das Berufsverbot kann grundsätzlich für die Dauer von mindestens einem Jahr bis zu maximal fünf Jahren verhängt werden. Nur unter erschwerten Voraussetzungen kann es gemäß § 70 Abs. 1 S. 2 StGB für immer angeordnet werden. Sanktioniert ist das Berufsverbot mit einer eigenständigen Strafvorschrift in § 145c StGB. Danach kann der Verstoß gegen ein Berufsverbot mit einer Freiheitsstrafe oder mit einer Geldstrafe geahndet werden. Bedeutsam ist für den Mandanten regelmäßig, dass ein Berufsverbot in das Führungszeugnis für Behörden eingetragen (§ 32 Abs. 4 BZRG) wird. Dies wiederum kann einen Eintrag in das Gewerbezentralregister gemäß § 149 Abs. 2 Nr. 1 GewO zur Folge haben. Das Berufsverbot kann nachträglich zur Bewährung ausgesetzt werden, frühestens allerdings nach einer Verbotsdauer von 1 Jahr (§ 70a Abs. 2 S. 1 StGB). Beendet ist das Berufsverbot nach einer gerichtlichen Erledigungserklärung gemäß § 70b Abs. 5 StGB.

2. Führungsaufsicht

22 Die Führungsaufsicht kann einerseits unmittelbare Folge aus dem Gesetz sein, so insbesondere bei der Aussetzung von Unterbringungsmaßregeln gemäß §§ 63, 64, 66 StGB (§§ 67 b, 67 c, 67d Abs. 2, Abs. 3, Abs. 5 und § 68f i.V.m. § 68 Abs. 2 StGB).

---

63 BGHR, StGB § 70 I, Wiederholungsgefahr 1.
64 BGHR, StGB § 70 I, Pflichtverletzung 6.
65 BGHR, StGB § 70 I, Konkurrenzen 2.
66 BGHR, StGB § 70 I, Umfang, Zulässiger 2.

Andererseits kann die Führungsaufsicht durch Urteil bei bestimmten Straftaten angeordnet werden, so beispielsweise bei einer ganzen Reihe von Sexualdelikten (vgl. § 181b StGB). Dies gilt auch bei erpresserischem Menschenraub und bei Geiselnahme (§ 239c StGB), ebenso bei Diebstahlsdelikten (§ 245 StGB), bei Delikten im Zusammenhang mit Raub und Erpressung (§ 256 StGB); sogar bei Betrug (§ 263 Abs. 6 StGB) und bei verschiedenen Brandstiftungsdelikten (§ 321 StGB). Voraussetzung ist in diesen Fällen jedoch die Gefahr, dass der Angeklagte weitere Straftaten begehen wird (§ 68 Abs. 1 StGB). Das Vorliegen einer ungünstigen Prognose ist also materielle Voraussetzung für die Anordnung, wobei zusätzlich zu fordern sein wird, dass die erwarteten neuen Straftaten nicht unterhalb der „mittleren Kriminalität" liegen.

Weitgehende Eingriffsmöglichkeiten enthält die in § 68b Abs. 1 StGB vorgesehene Möglichkeit der Erteilung von Weisungen. Der Verstoß von Weisungen, die auf der Rechtsgrundlage von § 68b Abs. 1 StGB angeordnet werden, stellt eine **strafbare Handlung** gemäß § 145a StGB dar, wobei hier im Ernstfall zu beachten ist, dass es sich um ein Antragsdelikt handelt, welches nur auf Antrag der Aufsichtsstelle verfolgt wird (§ 145a Satz 2 StGB).

§ 26 Verfall und Einziehung

1   Mit den Vorschriften zu Verfall und Einziehung verfolgt der Gesetzgeber die Absicht, Straftäter nicht nur durch Freiheitsstrafe oder Geldstrafe zu treffen, sondern ihm darüber hinaus die durch strafbares Handeln erzielten wirtschaftlichen Vorteile zu entziehen; auch sollen sie insbesondere durch das Institut der Einziehung unter Umständen zusätzlich empfindlich getroffen werden. So wirkt sich das Institut der Einziehung beispielsweise bei Betäubungsmittelstraftätern doch als recht schmerzhafte Sanktion aus, wenn das zur Tatbegehung benutzte Handy oder möglicherweise das zur Tatbegehung benutzte Auto eingezogen wird. Das Mandatsverhältnis sollte insbesondere zu Beginn nicht dadurch falsch angegangen werden, dass wegen etwaiger Diskussionen zur Straferwartung die schmerzhaften Konsequenzen von Verfall und Einziehung aus den Augen verloren werden. Insbesondere dann, wenn sich Verteidiger und Mandant zu einer geständigen Verteidigungsstrategie entscheiden, müssen die Regelungen zu Verfall und Einziehung im Auge behalten werden. Hier spielen regelmäßig Fragen nach der Benutzung von Handys, Autos und der Verwendung von Einnahmen eine Rolle.

I. Verfall

1. Anwendungsbereich

2   Der Verfall ist durch das erkennende Gericht zwingend[1] anzuordnen. Die Anordnung des Verfalls wird das Gericht also immer dann in Betracht ziehen, wenn der Mandant durch die ihm zur Last gelegte Tat einen wirtschaftlichen Vorteil erlangt hat, oder in den Besitz eines Gegenstandes gekommen ist. Das kann zum Beispiel das Bestechungsgeld des bestochenen Amtsträgers sein, oder das Entgelt, welches der Betäubungsmittelhändler erhalten hat.

Nach der **Ausschlußklausel** des § 73 Abs. 1 S. 2 StGB kann der Verfall nicht angeordnet werden, wenn dem durch die Straftat Verletzten aus dieser Tat ein Anspruch entstanden ist, der dem Täter den Wert des aus der Tat Erlangten entziehen würde. Sieht sich der Mandant also aufgrund der Tat einem Ausgleichsanspruch ausgesetzt, kann das Gericht gegen ihn den Verfall nicht anordnen.

Klassischerweise kommt ein Verfall dann nicht in Betracht, wenn der Mandant mit der Straftat einen Gesetztatbestand verwirklicht hat, der ein Schutzgesetz im Sinne von § 823 Abs. 2 BGB darstellt. Dem Verletzten steht hier regelmäßig ein Schadenersatzanspruch zu, der häufig dazu führen wird, dass dem Mandanten das aus der Tat Erlangte entzogen würde. Für § 73 Abs. 1 S. 2 StGB kommt es nur auf die rechtliche Existenz des Anspruches gegen den Täter an, nicht auf seine Geltendmachung.[2]

Die Ausschlußklausel führt aber auch dazu, dass der Verfall nur hinsichtlich solcher Gegenstände angeordnet werden kann, die durch die Straftat in das Eigentum des Mandanten gelangt sind. Insbesondere in der häufigen Fallgestaltung des Betäubungsmittelscheinaufkaufs erlangt der Mandant an dem zur Bezahlung der Betäubungsmittel übergebenen Geld regelmäßig kein Eigentum. Insbesondere dann, wenn das Geld

---

1   BGH, StV 95, 635.

2   BGH wistra 02, 57; BGHR, StGB § 73 Anspruch 1, 2.

sichergestellt wird – was beim Scheinkauf regelmäßig der Fall ist – ist dem Mandanten nichts verblieben. Hinsichtlich des ihm übergebenen Geldes hat die zuständige Stelle einen Herausgabeanspruch, der sich unmittelbar aus der Eigentumsposition ergibt.[3]

2. Gegenstand des Verfalles

In der seit dem 07.03.1992 geltenden Gesetzesfassung ist Gegenstand des Verfalles das aus einer Straftat Erlangte. In der davor geltenden Fassung unterlag dem Verfall lediglich der Vermögensvorteil. Der Vermögensvorteil war nach dem sog. Nettoprinzip zu ermitteln, wonach von den erlangten Vermögenswerten die gewinnmindernden Aufwendungen abzuziehen waren. Der Vermögensvorteil war nach der früheren Gesetzesfassung aus der Summe aller tatsächlicher Einnahmen abzüglich der Summe aller Kosten zu berechnen. Das wirkte sich sogar dahingehend aus, dass selbst bei sichergestellten Geldern Kosten als gewinnmindernd abzuziehen waren.[4] Nach der aktuellen Fassung des Gesetzes unterliegen dem Verfall **alle wirtschaftlichen Werte, die in Geldbeträgen meßbar** sind.[5] Ist das aus einer Straftat Erlangte nicht mehr vorhanden, kann stattdessen der Wert des Erlangten dem Verfall unterliegen. Der erweiterte Verfall gem. § 73d StGB ermöglicht darüber hinausgehend sogar die Verfallsanordnung hinsichtlich solcher Gegenstände, die nicht aus derjenigen Straftat stammen, auf die sich der Schuldspruch bezieht. In einem solchen Fall muss das Gericht jedoch über die nicht in den Schuldspruch einbezogenen Straftaten in vollem Umfang Beweis erhoben haben und auch zu der Überzeugung gekommen sein, dass die dem Verfall unterlegenen Gegenstände aus Straftaten stammen.[6]

3. Härtevorschrift

Der Verfall hat nach § 73c StGB zwingend zu unterbleiben, wenn dessen Anordnung für den Betroffenen eine unbillige Härte darstellen würde. Der Begriff der **unbilligen Härte** ist ein unbestimmter Rechtsbegriff, dessen Anwendung durch ein Revisionsgericht in vollem Umfang überprüfbar ist.[7] Unter welchen Voraussetzung eine unbillige Härte angenommen werden soll, ist höchstrichterlich bislang nicht geklärt. Klar ist jedoch, dass das Gericht diese Frage zu prüfen hat. Eine unbillige Härte kommt insbesondere dann in Betracht, wenn durch eine Straftat erlangte Gelder nur noch zu einem Teil vorhanden sind und ein Verfall über beschlagnahmte Geldbeträge hinaus angeordnet wird.

Im übrigen kann das Gericht gemäß § 73c Abs. 1 S. 2 von der Anordnung des Verfalls nach seinem Ermessen absehen, wenn der Wert des Erlangten im Vermögen des Mandanten nicht mehr vorhanden ist. Der Wert des Erlangten ist in der Regel noch vorhanden, wenn der Verurteilte über Vermögen verfügt, welches dem Wert des anzuordnenden Verfallbetrages entspricht oder ihn übersteigt.[8]

Insbesondere die Tilgung von Schulden kann dazu führen, dass das Erlangte im Vermögen des Mandanten nicht mehr vorhanden ist. Hierbei ist zu unterscheiden, zu wel-

3 BGHSt 31, 145, 148.
4 Vgl. BHR, StGB § 73, Erlangtes 1; BGHR, StGB § 73, Vorteil 2.
5 BGHR § 73 StGB, Erlangtes 1.
6 BGHR, StGB § 73d I, Überzeugungsbildung 1.
7 BGHR, StGB § 73 c, Härte 3.
8 BGH NStZ-RR 02, 7.

chem Zweck Verbindlichkeiten getilgt wurden. Diente die Schuldentilgung zum Erwerb eines Grundstückes, hat das für den Mandanten einen entsprechenden Vermögenszuwachs zur Folge. Eine allgemeine Schuldentilgung führt jedoch dazu, dass das Erlangte im Vermögen des Mandanten nicht mehr vorhanden ist.[9] Im Rahmen der Ermessensentscheidung wird das Gericht zu berücksichtigen haben, aus welchem Grunde das Erlangte im Vermögen des Mandanten nicht mehr vorhanden ist. Hat es der Mandant in einer Notlage verbraucht, spricht das gegen die Anordnung des Verfalls, hat er sich nur ein „gutes Leben" gegönnt, das er sich sonst nicht hätte leisten können, spricht dies für den Verfall.[10]

II. Einziehung

3   1. Anwendungsbereich

Der Anwendungsbereich der Einziehung ist im gesetzlichen Tatbestand enger gefasst, als derjenige des Verfalls. Die Einziehung kommt nur bei vorsätzlich begangenen Straftaten in Betracht und darüber hinaus regelmäßig auch nur dann, wenn der Mandant schuldhaft gehandelt hat (§ 74 Abs. 3 StGB). Andererseits handelt es sich im Gegensatz zum Verfall nicht um eine obligatorisch anzuwendende Vorschrift, sondern um eine Sanktion, deren Anordnung im Ermessen des Tatrichters steht.[11]

2. Gegenstand der Einziehung

Der Einziehung unterliegen nur Gegenstände, die zum Zeitpunkt der Entscheidung dem Mandanten gehören oder zustehen.

Ansonsten unterliegen der Einziehung nur Gegenstände, von denen eine Gefahr für die Allgemeinheit ausgeht, oder mit denen in der Folgezeit mit Wahrscheinlichkeit weitere Straftaten begangen werden. Hierfür muss eine konkrete Gefahr bestehen; die bloße Möglichkeit einer erneuten rechtswidrigen Verwendung reicht nicht aus.[12] Der Einziehung können auch solche Gegenstände unterliegen, die entgegen § 74 Abs. 2 Nr. 1 StGB nicht dem Mandanten gehören. Das kann zum einen dann der Fall sein, wenn der Eigentümer wenigstens leichtfertig zur Tatbegehung beigetragen hat (§ 74a Nr. 1 StGB), oder wenn der Eigentümer die Gegenstände in Kenntnis der Einziehungsmöglichkeit erworben hat (§ 74a Nr. 2 StGB).

3. Verhältnismäßigkeit

Die Einziehung steht unter dem Grundsatz der Verhältnismäßigkeit, wenn sie im Tatbestand nicht als zwingende Rechtsfolge vorgeschrieben ist.

Insbesondere wenn Maßnahmen gemäß § 74b Abs. 2 2 StGB zulässig sind, muss von der Einziehung abgesehen werden.

---

9   BGHR § 73c StGB, Wert 1.

10 BGH a.a.O.

11 BGHR, StGB § 74 I, Ermessensentscheidung 1.

12 BGHR, StGB § 74 Abs. 2 Nr. 2, Gefahr 1.

§ 27 Jugendstrafrechtliche Sanktionen

I. Sanktionsmöglichkeiten und deren Kombinationen

Das Jugendstrafrecht stellt ein vollkommen eigenes und vom Erwachsenenstrafrecht **1** unabhängiges Sanktionensystem zur Verfügung. Das Jugendstrafrecht kennt Sanktionsmöglichkeiten, die im Erwachsenenstrafrecht nicht existieren. Die Bemessung der Jugendstrafe folgt vollkommen anderen Grundsätzen als die Bemessung nach dem allgemeinen Strafrecht. Das beginnt bereits bei den Strafrahmen und reicht bis zur Strafzumessung im eigentlichen Sinne.

Zunächst unterscheidet das Jugendstrafrecht **drei Gruppen von Sanktionen**, nämlich die Erziehungsmaßregeln (§ 9 JGG), die Zuchtmittel (§ 13 Abs. 2 JGG) sowie die Jugendstrafe (§ 17 Abs. 1 JGG). Das Gesetz geht erkennbar davon aus, dass bei Straftaten eines Jugendlichen regelmäßig Erziehungsmaßregeln (§ 9 JGG) zu verhängen sind (§ 5 Abs. 1 JGG). Die Verhängung von Zuchtmitteln oder gar von Jugendstrafe ist gemäß § 5 Abs. 2 JGG nachrangig. Der Richter hat also nicht die Entscheidungsfreiheit, welche Sanktion aus welcher der Sanktionsgruppen er anordnen möchte. Er muss vielmehr ausdrücklich begründen, weshalb nach seiner Auffassung eine Erziehungsmaßregel nicht in Betracht kommt.

Welche Weisung gemäß § 10 Abs. 1 JGG in Betracht kommen kann, soll hier nicht im einzelnen erörtert werden. Das würde den Rahmen dieser Darstellung sprengen. Die Art der Weisung wird immer nach Zweckmäßigkeitsgesichtspunkten zu treffen sein, von rechtlichem Interesse sind hier allenfalls die rechtlichen Grenzen von Weisungen im generellen und im konkreten Fall.

Von den Zuchtmitteln i.S.d. § 13 Abs. 2 JGG ist vor allem das Zuchtmittel des Jugendarrests hervorzuheben. Das Gesetz unterscheidet Freizeitarrest, Kurzarrest oder Dauerarrest (§ 16 Abs. 1 JGG). Dabei ergibt sich aus § 16 Abs. 2 JGG, dass der Freizeitarrest den Ausgangs- und Regelfall darstellt. Unter Kurzarrest versteht das Gesetz eine Arrestdauer von mehr als 2 Tagen (§ 16 Abs. 3 2 JGG). Dauerarrest meint die Anordnung einer Arrestzeit von mindestens einer ganzen Woche. Maximal kann hier ein Arrest von 4 Wochen angeordnet werden.

In der **anwaltlichen Beratung** wird nicht selten die Frage von besonderer Bedeutung sein, welche Maßregeln und Nebenstrafen nach dem allgemeinen Strafrecht neben jugendstrafrechtlichen Sanktionen angeordnet werden dürfen, insbesondere soweit das Führerscheinangelegenheiten betrifft oder soweit es sich um Betäubungsmittelkriminalität handelt. Die gesetzliche Regelung ist hier auf den ersten Blick ein wenig unübersichtlich. In § 8 Abs. 3 JGG heißt es, dass neben den jugendstrafrechtlichen Sanktionen die nach dem Jugendgerichtsgesetz zulässigen Nebenstrafen und Nebenfolgen verhängt werden dürfen. Aus § 6 JGG ergibt sich sodann, dass insbesondere die in der Praxis ohnehin nicht sehr relevanten Nebenfolgen in den §§ 45, 45a und 45b StGB (Verlust der Amtsfähigkeit etc.) nicht angeordnet werden dürfen. An Nebenstrafen kennt das StGB lediglich das Fahrverbot gemäß § 44 StGB. Hinsichtlich der Maßregeln der Besserung und Sicherung enthält wiederum § 7 JGG eine Bestimmung darüber, welche dieser Maßregeln zulässig sind. Hiernach können folgende Maßregeln und Nebenstrafen verhängt werden.

- Fahrverbot (§ 44 StGB)[1]
- Entziehung der Fahrerlaubnis (§ 69 ff. StGB)
- Unterbringung im psychiatrischen Krankenhaus (§ 63 StGB)
- Unterbringung in einer Entziehungsanstalt (§ 64 StGB)
- Führungsaufsicht (§ 68 StGB)
- Verfall (§§ 73 ff. StGB)
- Einziehung (§ 74 ff. StGB).

Die grundsätzliche Anwendbarkeit auch der Vorschriften des Verfalls und der Einziehung ergibt sich – wenn auch sehr versteckt – aus dem Gesetz, nämlich aus der Regelung in § 76 Satz 1 JGG.

Nicht zulässig sind neben jugendstrafrechtlichen Sanktionen:
- Geldstrafe (§§ 40 ff. StGB)
- Verwarnung mit Strafvorbehalt (§§ 59 ff. StGB)
- Sicherungsverwahrung (§ 66 StGB)
- Berufsverbot (§ 70 StGB).

II. Anwendbarkeit von Jugendstrafrecht

1. Verantwortlichkeit Jugendlicher

2   Die Anwendbarkeit von Jugendstrafrecht richtet sich in erster Linie nach dem Alter und nach Überschreiten des 18. Lebensjahres nach dem Charakter des Beschuldigten. Jugendlicher im Sinne dieses Gesetzes sind alle Personen zwischen dem vollendeten 14. und dem vollendeten 18. Lebensjahr (§ 1 Abs. 2 JGG). Ebenso bestimmt § 10 StGB, dass das Strafgesetzbuch nur insoweit gilt, als im JGG nichts anderes bestimmt ist.

Bei einem Jugendlichen ist Jugendstrafrecht nur dann anwendbar, wenn er zur Zeit der Tat aufgrund seiner **Reifeentwicklung** einsichtsfähig und steuerungsfähig ist (§ 3 Satz 1 JGG). Diese Voraussetzungen werden in der Praxis kaum in Frage gestellt und letztlich stets bejaht. Auch die höchstrichterliche Rechtsprechung beschäftigt sich, soweit ersichtlich, nicht mit der Frage, wie die reifebedingte Einsichts- und Steuerungsfähigkeit zu definieren ist, und welche Kriterien dafür oder dagegen sprechen. Einzig von Belang ist die Rechtsfrage, welche Auswirkungen eine nach medizinisch-psychologischen Merkmalen eingeschränkte oder ausgeschlossene Einsichts- bzw. Steuerungsfähigkeit gemäß § 20 StGB auf die Einsichts- und Steuerungsfähigkeit gemäß § 3 JGG haben soll. Der Bundesgerichtshof wendet bei einem Zusammentreffen entwicklungsbedingter Nichtverantwortlichkeit und krankhaft bedingter Nichtverantwortlichkeit Jugendstrafrecht an.[2] Diese Rechtsansicht hat zur Folge, dass bei krankheitsbedingtem Schuldausschluß Maßregeln gemäß § 63 StGB angeordnet werden können, selbst dann, wenn aufgrund der krankheitsbedingten Schuldfähigkeit auch die Verantwortlich gemäß § 3 Satz 1 JGG ausgeschlossen ist.

---

1 Allerdings abhängig von der Sanktion, vgl. § 26 Rn 2.
2 BGHSt 26, 67 ff.

2. Anwendung von Jugendstrafrecht auf Heranwachsende

Jugendstrafrecht findet bei Heranwachsenden im Alter vom 18. bis zum 21. Lebensjahr   3
gemäß § 105 Abs. 1 Nr. 1 JGG dann Anwendung, wenn der Mandant nach Auffassung
des erkennenden Gerichts nach seiner sittlichen und geistigen Entwicklung einem Jugendlichen gleichzustellen ist. Das soll nach höchstrichterlicher Rechtsprechung, die
sich insoweit ausdrücklich von den Vorstellungen des Gesetzgebers entfernt, nicht nur
dann der Fall sein, wenn ein Heranwachsender einem unter 18jährigem gleichzustellen
ist, sondern bereits dann wenn der Heranwachsende ein noch in der Entwicklung befindlicher, noch prägbarer Mensch ist, beim dem Entwicklungskräfte noch in größerem
Umfang wirksam sind.[3] Ein Regel-Ausnahme-Verhältnis zwischen Jugendstrafrecht
und allgemeinem Strafrecht sieht die höchstrichterliche Rechtsprechung nicht. Lediglich unaufklärbare Zweifel des Gerichts können dazu führen, dass unter Anwendung
des Zweifelgrundsatzes Jugendstrafrecht anzuwenden ist.[4] Von einer Formbarkeit ist
insbesondere dann auszugehen, wenn der Heranwachsende die Tendenz hat, Belastungen auszuweichen, in den Tag hineinzuleben, und selbstverständlich insbesondere
dann, wenn er sich noch in reiner Schul- oder Berufsausbildung befindet.[5]

Desweiteren kommt gemäß § 105 Abs. 1 Nr. 2 JGG die Anwendung von Jugendstrafrecht auch bei **sog. Jugendverfehlungen** in Betracht. Darunter sind in erster Linie Taten zu verstehen, die schon nach ihrem äußeren Erscheinungsbild die Merkmale jugendlicher Unreife aufweisen.[6] Desgleichen können auch die Beweggründe der Tat
oder deren Veranlassung ausschlaggebend dafür sein, eine Tat als Jugendverfehlung zu
bezeichnen. Bestimmte Delikte oder Deliktsgruppen dürfen von der Eignung als Jugendverfehlung nicht ausgeschlossen werden. Auch hier gilt, dass bei unaufklärbaren
Zweifeln Jugendstrafrecht anzuwenden ist. Nach Auffassung der Rechtsprechung offenbart sich für Jugendliche typisches Verhalten insbesondere in einem Mangel an
Ausgeglichenheit, Besonnenheit und Hemmungsvermögen.[7]

III. Strafzumessung bei der Jugendstrafe

1. Verhängung von Jugendstrafe

Bedeutende rechtliche Probleme werfen Strafzumessungsfragen bei Erziehungsmaßre-   4
geln und Zuchtmitteln in der Praxis regelmäßig nicht auf. Beachtet werden sollte hier
lediglich § 5 Abs. 2 JGG, wonach die Verhängung von Erziehungsmaßregeln als Regelfall in Betracht kommt. Die Verhängung von Zuchtmitteln kommt hingegen nur unter der Prämisse in Betracht, dass Erziehungsmaßregeln allein nicht ausreichen. Das
kann insbesondere ein hilfreiches Argument sein, wenn die Verhängung von Jugendarrest droht. Die Verhängung von Jugendstrafe setzt hingegen nach dem Gesetzeswortlaut von § 17 Abs. 2 JGG voraus, dass entweder schädliche Neigungen des Jugendlichen in der Tat hervorgetreten sind, oder dass die Schwere der Schuld die Verhängung
einer Jugendstrafe erforderlich macht.

---

3 BGHR, JGG § 105 Abs. 1 Nr. 1, Entwicklungsstand 2.
4 BGHSt 36, 38 ff., 40.
5 BGHR, JGG § 105 Abs. 1 Nr. 1, Entwicklungsstand 5.
6 BGHR, JGG § 105 Abs. 1 Nr. 2, Jugendverfehlung 1.
7 BGHR, JGG § 105 Abs. 1 Nr. 2, Jugendverfehlung 1.

a) Schädliche Neigungen des Jugendlichen

Schädliche Neigungen liegen nach Auffassung der höchstrichterlichen Rechtsprechung vor, wenn bei Jugendlichen und Heranwachsenden erhebliche Anlage- oder Erziehungsmängel die Gefahr begründen, dass sie ohne längere Gesamterziehung durch weitere Straftaten die Gemeinschaftsordnung stören werden.[8] Wesentlich an dieser Definition ist der Prognoseaspekt im Hinblick auf künftig zu erwartende Straftaten. Außerdem muss die schädliche Neigung schon nach dem Gesetzeswortlaut in der Tat zum Ausdruck gekommen sein und darüber hinaus auch noch zum Urteilszeitpunkt bestehen.[9] Eine schädliche Neigung kann danach in aller Regel nur dann bejaht werden, wenn **erhebliche Persönlichkeitsmängel** schon vor der Tat (möglicherweise auch verborgen) angelegt waren.[10] Bei einem zuvor noch nicht (strafrechtlich) in Erscheinung getretenen Täter ist nach der Rechtsprechung regelmäßig nicht von schädlichen Neigungen auszugehen; dies gilt insbesondere, wenn der Täter dem Einfluss anderer erlegen ist. Diese Regel kann nur dann widerlegt werden, wenn sich vor der Tat entwickelte Persönlichkeitsmängel ausdrücklich feststellen lassen.[11]

b) Schwere der Schuld

Die Verhängung von Jugendstrafe kommt auch dann in Betracht, wenn sie aufgrund der Schwere der Schuld erforderlich ist. Das ist vor allem dann zu bejahen, wenn Heranwachsenden ein Kapitalverbrechen zur Last liegt.[12] Daneben können auch andere besonders schwere Taten alleine wegen der Schwere der Schuld die Verhängung von Jugendstrafe notwendig machen; das gilt insbesondere bei Verbrechenstatbeständen. Bei Vergehenstatbeständen kann hingegen die Schwere der Schuld regelmäßig nicht begründet werden.[13]

2. Strafrahmenwahl

5 Für **Jugendliche** ergibt sich der anzuwendende Strafrahmen im Regelfall aus § 18 Abs. 1 Satz 1 JGG. Er reicht von mindestens 6 Monaten bis zu einem Höchstmaß von 5 Jahren. Die Verhängung einer Jugendstrafe unterhalb von 6 Monaten ist also im Gegensatz zum allgemeinen Strafrecht, bei dem Freiheitsstrafen unter 6 Monaten verhängt werden können, nicht zulässig. Bei Verbrechenstatbeständen, die darüber hinaus nach allgemeinem Strafrecht mit einer Höchststrafe von mehr als 10 Jahren Freiheitsstrafe bedroht sind, beläuft sich das Höchstmaß des Strafrahmens auf 10 Jahre.

Für **Heranwachsende** gilt grundsätzlich ein Strafrahmen von 6 Monaten bis zu 10 Jahren (§ 105 Abs. 3 JGG). Ist auf Heranwachsende allgemeines Strafrecht anzuwenden, so kann anstelle obligatorischer lebenslanger Freiheitsstrafe eine Freiheitsstrafe im Strafrahmen von 10 Jahren bis zu 15 Jahren zur Anwendung kommen (§ 106 Abs. 1 JGG).

---

8 BGHSt 11, 169, 170; KG Berlin, StV 03, 456, 457.
9 BGHSt 16, 261, 262; OLG Köln StV 03, 457, 458.
10 BGHR, JGG § 17 II, Schädliche Neigungen 5.
11 BGHR, JGG § 17 II, Schädliche Neigungen 3.
12 BGHR, JGG § 17 II, Schwere der Schuld 2.
13 BGHR, JGG § 17 II, Schwere der Schuld 2.

3. Strafzumessung im engeren Sinne

Bei der Bemessung der Jugendstrafe innerhalb des gefundenen Strafrahmens ist das **6** Strafmaß maßgeblich am Erziehungsgedanken zu messen. Dabei ist die höchstrichterliche Rechtsprechung von besonderer Bedeutung, wonach als allgemeine Auffassung anerkannt ist, dass bei Vollstreckung einer Jugendstrafe über 4 oder 5 Jahre hinaus die entsozialisierenden Wirkungen der Strafe überwiegen.[14] Eine über 5 Jahre hinausgehende Jugendstrafe ist also mit erzieherischen Gesichtspunkten alleine nicht begründbar. Will das Gericht eine höhere Jugendstrafe verhängen, so kommt dies demnach nur in Betracht, wenn andere Strafzwecke, insbesondere der Sühnegedanken, oder das Erfordernis gerechten Schuldausgleichs das gebieten.[15] Der Gedanke der Generalprävention ist bei der Strafbemessung im Jugendstrafrecht nicht anwendbar.[16] Zu beachten ist, dass der Erziehungsgedanken bei der Verhängung von Jugendstrafe auch wegen der Schwere der Schuld maßgeblich und vorrangig ist.[17]

4. Einheitsjugendstrafe

In noch weit höherem Maße als bei der Strafzumessung innerhalb des Strafrahmens **7** kommt in der Rechtsfigur der Einheitsjugendstrafe der **Erziehungsgedanke** des Jugendstrafrechts zum Ausdruck. Von den erkennenden Gerichten wird die Bedeutung dieser Vorschriften häufig verkannt. § 31 Abs. 2 JGG unterscheidet sich vollkommen von der Möglichkeit der nachträglichen Gesamtstrafenbildung in § 55 StGB. Die Anwendung dieser Vorschrift darf sich daher auch nicht an § 55 StGB anlehnen, da sie ansonsten auch bedeuten würde, dass die Anwendung von Jugendstrafrecht im Verhältnis zum allgemeinen Strafrecht sogar eher nachteilige als vorteilige Wirkung haben könnte.

Setzt die nachträgliche Bildung der Gesamtstrafe nämlich voraus, dass die neu abzuurteilende Tat vor der vorangegangenen Verurteilung begangen wurde (§ 55 StGB), so ist das bei der Bildung der Einheitsjugendstrafe gerade nicht Voraussetzung.

Anders als bei der nachträglichen Bildung der Gesamtstrafe nach allgemeinem Strafrecht (§ 55 StGB) werden gemäß § 31 Abs. 2 S. 1 JGG nicht nur die in den früheren Urteilen verhängten Rechtsfolgen miteinbezogen, sondern die früheren Urteile in ihrer Gesamtheit.[18] Das bedeutet, dass in einem Urteil, in dem Jugendstrafrecht Anwendung findet, auch die Taten der einbezogenen früheren Urteile darzustellen sind und sodann die Gesamtheit der abzuurteilenden Taten, jedenfalls in Bezug auf die Rechtsfolgen rechtlich zu würdigen ist.[19] Eine rechtskräftige Vorverurteilung ist nur dann nicht gem. § 31 Abs. 2 JGG einzubeziehen, wenn sie bereits in ein anderes – noch nicht rechtskräftiges – Urteil einbezogen worden war.[20]

Die Strafzumessung im einzelnen hat das Gericht, welches aufgrund der jüngeren Tat eine Entscheidung zu treffen hat, vollkommen neu vorzunehmen. Die höchstrichterliche **Rechtsprechung** wendet sich gegen die in der Literatur vertretene Auffassung,

---

14 BGHR, JGG § 18 II, Strafzwecke 4.
15 BGHR, JGG § 18 II, Strafzwecke 1.
16 BGHR, JGG § 18 II, Strafzwecke 2.
17 BGHR, JGG § 18 II, Erziehung 8.
18 BGHR, JGG § 31 II, Einziehung 2.
19 BGH a.a.O.
20 BGH StV 03, 460.

wonach die gemäß § 31 Abs. 2 1 JGG zu verhängende Einheitsjugendstrafe höher sein müsse, als die einbezogene Verurteilung.[21] Vielmehr ist der Richter, der eine Strafe unter Einbeziehung vorangegangener Urteile zu finden hat, selbst bei der Bestimmung der Rechtsfolgen vollkommen frei. Das hat sogar zur Folge, dass die Rechtsfolge des einbezogenen Urteils im neuen Urteil unterschritten werden kann. Insbesondere ist das Gericht, welches eine vorangegangene Verurteilung einbezieht, geradezu gehalten, von neuem darüber zu entscheiden, ob schädliche Neigungen gemäß § 17 Abs. 2 JGG, auf die in den vorangegangenen Verurteilungen erkannt worden sein mag, nach wie vor vorliegen. Auch hier muss die schädliche Neigung noch zum Zeitpunkt der Verurteilung vorliegen. Je größer der zeitliche Abstand zwischen der vorangegangenen Verurteilung und der nunmehr zu treffenden Entscheidung ist, desto eher ist diese Frage zu diskutieren.[22]

Die Einbeziehung einer früheren Verurteilung mit Jugendstrafe kann nur im Ausnahmefall unterbleiben. Eine solche Entscheidung hat sich ebenfalls ausschließlich am Erziehungszweck zu orientieren und muss nach den Umständen des konkreten Einzelfalles getroffen werden. Um gemäß § 31 Abs. 3 JGG von der Verhängung einer Einheitsjugendstrafe absehen zu können, müssen Gründe vorliegen, die unter dem Gesichtspunkt der Erziehung von ganz **besonderem Gewicht** sind und zur Verfolgung dieses Zweckes über die üblichen Strafzumessungsgesichtspunkte hinaus das Nebeneinander zweier Jugendstrafen notwendig erscheinen lassen.[23] Dabei ist es auch möglich, dass infolge einer Nichteinbeziehung gemäß § 31 Abs. 3 1 JGG das Höchstmaß der Jugendstrafe gemäß §§ 18 I, 105 Abs. 3 JGG insgesamt überschritten wird.[24]

5. Aussetzung zur Bewährung

8   Ebenso wie die Freiheitsstrafe im allgemeinen Strafrecht sieht § 21 JGG Möglichkeiten vor, die Vollstreckung der Jugendstrafe auszusetzen. Dabei wird – ebenso wie im allgemeinen Strafrecht – zwischen Jugendstrafen von nicht mehr als 1 Jahr und Jugendstrafen zwischen 1 Jahr und 2 Jahren unterschieden.

Bei Jugendstrafen unter 1 Jahr kommt es nach dem Gesetzeswortlaut ausschließlich auf die prognostische Frage an, ob der Jugendliche sich schon die Verurteilung zur Warnung dienen lassen wird, und ob er ohne die Einwirkung des Strafvollzuges einen rechtschaffenen Lebenswandel führen wird. Die hiernach gebotene **Gesamtwürdigung** ist unter Berücksichtigung des **Erziehungsgedankens** zu treffen. Ausdrücklich weist die Rechtsprechung darauf hin, dass dies zu Entscheidungen führen kann, die im Ergebnis anders lauten als es bei Erwachsenen der Fall wäre.[25]

Wird eine bewährungsfähige Strafe zwar wegen der Schwere der Schuld, nicht aber wegen schädlicher Neigungen verhängt, muss die Versagung einer Bewährung besonders sorgfältig begründet werden.[26]

Bei Jugendstrafen, die 1 Jahr übersteigen, unterscheiden sich die Bewährungsvoraussetzungen des § 21 Abs. 2 JGG deutlich von denen des § 56 Abs. 2 JGG. Besondere

---

21 BGHR, JGG § 31 II, Einbeziehung 4.
22 BGHR, JGG § 31 II, Einbeziehung 5.
23 BGHR, JGG § 31 III, Nichteinbeziehung 2; BGHSt 36, 37, 42.
24 BGHR, JGG § 31 III, Nichteinbeziehung 1.
25 BGHR, JGG § 21 II, Aussetzung, Fehlerhafte 1.
26 BGHR, JGG § 21 II.

Umstände in Tat oder Persönlichkeit des Verurteilten werden von § 21 Abs. 2 JGG nicht verlangt. Auch fehlt in § 21 Abs. 2 JGG ein besonderer Hinweis auf Schadenswiedergutmachungsbemühungen (vgl. § 56 Abs. 2 2 StGB). Statt dessen verlangt das Gesetz eine Entscheidung des Gerichts darüber, aus welchen Gründen das Gericht die Vollstreckung der Jugendstrafe im Hinblick auf dessen Entwicklung für geboten hält. Ins einzelne gehende höchstrichterliche Rechtsprechung ist hier, soweit ersichtlich, noch nicht veröffentlicht. Man darf allerdings aufgrund der Gesetzesformulierungen davon ausgehen, dass bei Jugendlichen die Aussetzung einer Jugendstrafe zwischen 1 Jahr und 2 Jahren die Regel darstellt, von der als Ausnahme nur unter dem Kriterium des Gebotenseins der Vollstreckung abzuweichen ist.

6. Weitere Reaktionsmöglichkeiten

Der Vorrang des Erziehungsgedankens im Jugendstrafrecht zeigt sich nicht zuletzt auch darin, dass die Reaktionsmöglichkeiten auf Verfehlungen sehr viel breiter gestreut sind.   9

So bestimmt § 52a JGG die Möglichkeit der **Nichtanrechnung der Untersuchungshaft**. Bei einem Erwachsenen erfolgt die Anrechnung erlittener Untersuchungshaft regelmäßig gem. § 51 Abs. 1 Satz 1 StGB. Eine Nichtanrechnung kann das Gericht nur anordnen, wenn sie im Hinblick auf das Verhalten des Verurteilten nach der Tat nicht gerechtfertigt wäre (§ 51 Abs. 1 Satz 2 StGB). Dem gegenüber können gem. § 52a JGG zusätzlich auch erzieherische Gründe zur Nichtanrechnung der Untersuchungshaft oder einer anderen Freiheitsentziehung aus Anlass eines konkreten Strafverfahrens führen.

Zusätzlich kennt das Jugendstrafrecht auch den **Vorbehalt der Bewährung** gem. § 57 Abs. 1 JGG. Nach dieser Vorschrift wird die Aussetzung der Jugendstrafe zur Bewährung entweder im Urteil oder, solange der Strafvollzug noch nicht begonnen hat, nachträglich durch Beschluss angeordnet. § 57 Abs. 1 JGG eröffnet also die Möglichkeit zu einer sog. „offenen Entscheidung" mit der bei einer zunächst vollstreckbaren Jugendstrafe die Vollstreckbarkeit im Nachhinein aufgehoben, das Urteil insoweit korrigiert und die Bindung des Richters an die ursprüngliche Entscheidung durchbrochen wird.[27] Anlass für ein solches Vorgehen kann entweder dann bestehen, wenn für die Bewährung erhebliche Umstände noch nicht sicher festgestellt, in Planung oder in der Schwebe sind oder in der anhängigen Hauptverhandlung nicht endgültig geklärt werden können. Eine entsprechende Entscheidung kann sich aber auch dann anbieten, wenn der Jugendrichter dem einsichtbeteuernden und Verhaltensänderung versprechenden jungen Angeklagten trotz seiner Zweifel an der günstigen Prognose noch eine letzte Chance geben will, um zu sehen, ob den guten Vorsätzen auch die versprochenen guten Taten folgen.[28] Häufig wird eine solche Entscheidung auch mit der Anordnung einer sogenannten „Vorbewährung" verbunden sein, mit der vor der Anordnung der eigentlichen Bewährung bereits Weisungen an den Verurteilten erfolgen. Obwohl die Zulässigkeit einer solchen „Vorbewährungsanordnung" strittig ist,[29] wird gerade in der

---

27 Diemer/Schoreit/Sonnen, § 57 JGG Rn 5.

28 Zieger, Verteidigung in Jugendstrafsachen, Praxis der Strafverteidigung, Rn 80.

29 Sie wird gerechtfertigt mit einer Anologie aus §§ 10, 15, 23, 24 JGG.

Praxis der Verteidiger gegen diese Maßnahme wenig einzuwenden haben und sie sogar anstreben müssen, wenn ansonsten gegen den Mandanten eine Vollstreckungsstrafe droht.[30]

Unabhängig von der Möglichkeit der „offenen Entscheidung" gem. § 57 Abs. 1 JGG und Fragen der Vorbewährung hat der Verteidiger aber auch die Möglichkeit des § 57 Abs. 2 JGG im Blick zu behalten. Diese Vorschrift ermöglicht auch bei bereits erfolgter rechtskräftiger Ablehnung einer Bewährungsstrafe nachträglich doch noch die Anordnung der Bewährung, wenn seit Erlass des Urteils Umstände hervorgetreten sind, die allein oder in Verbindung mit den bereits bekannten Umständen eine Aussetzung der Jugendstrafe zur Bewährung rechtfertigen.

Zusätzlich ist auch die Möglichkeit der **Aussetzung der Verhängung der Jugendstrafe** gem. § 27 JGG zu beachten. Eine solche Entscheidung kann erfolgen, wenn nach Erschöpfung der Ermittlungsmöglichkeiten nicht mit Sicherheit beurteilt werden kann, ob in der Straftat eines Jugendlichen schädliche Neigungen von einem Umfang hervorgetreten sind, dass eine Jugendstrafe erforderlich ist. Die Aussetzung der Verhängung der Jugendstrafe bietet Chancen und Risiken. Vorteilhaft ist, dass neben einer Entscheidung gem. § 27 JGG eine Nebenstrafe (Fahrverbot) nicht verhängt werden darf. Dennoch überwiegen aber die nachteiligen Folgen. Zum einen ist die unsichere Situation des Mandanten zu bedenken, der unter einer Bewährung steht, ohne Genaueres darüber zu wissen, welche Sanktionen ihm drohen, wenn er sich als Bewährungsversager erweist. Zum anderen muss auch damit gerechnet werden, dass im Falle des Bewährungsversagens – obwohl rechtlich nicht zwingend geboten – nicht mehr mit der Verhängung einer Bewährungs-, sondern einer Vollzugsstrafe zu rechnen ist.

---

30 So zu Recht auch Zieger, a.a.O.

Siebter Teil: Rechtsmittel und Wiederaufnahme

Rechtsmittel- und Wiederaufnahmeverfahren sind für den Verteidiger mit der Aufgabe **1** verbunden, tatrichterliche Entscheidungen anzufechten, um günstigere Ergebnisse aus Sicht des Mandanten zu erzielen. Genauso können sie aber auch bedeuten, ein Rechtsmittel und ein Wiederaufnahmeantrag seitens der Staatsanwaltschaft zu Lasten des Mandanten abzuwehren. Als Rechtsmittel sieht die StPO die **Beschwerde** (§§ 304 ff. StPO), die **Berufung** (§ 312 ff. StPO) sowie die **Revision** (§§ 333 ff. StPO) vor. Die Möglichkeit einer Abhilfeentscheidung durch dasjenige Gericht, dessen Enscheidung angefochten ist, besteht nur bei der einfachen (§ 304 StPO) und bei der weiteren (§ 310 StPO) Beschwerde. Für alle drei Rechtsmittelverfahren relevante allgemeine Regelungen finden sich in den §§ 296 bis 303 StPO.

Die Beschwerde ist das gesetzlich vorgesehene Rechtsmittel gegen alle von den Gerichten im ersten Rechtszug oder im Berufungsverfahren erlassenen Beschlüsse und gegen die Verfügung des Vorsitzenden, des Richters im Vorverfahren oder eines beauftragten oder ersuchten Richters, soweit nicht ausdrücklich gesetzlich geregelt ist, dass sie nicht anfechtbar sind (§ 304 Abs. 1 StPO). **2**

Das Rechtsmittelverfahren der Berufung unterscheidet sich nur in Einzelheiten von dem Erkenntnisverfahren in 1. Instanz. Im Gegensatz hierzu unterscheidet sich das Rechtsmittel der Revision sehr grundlegend vom Erkenntnisverfahren. Prüfungsgegenstand ist die Frage, ob das mit diesem Rechtsmittel angegriffene Urteil unter Verletzung des Verfahrensrechts zustandegekommen ist oder ob das Urteil einen materiell rechtlichen Rechtsverstoß enthält (§ 344 Abs. 2 StPO). Ergibt die Überprüfung einen Rechtsverstoß gegen materielles Recht oder gegen Verfahrensrecht, so ist das Urteil insoweit aufzuheben und in der Regel zur erneuten Verhandlung und Entscheidung an ein Tatsachengericht zurückzuverweisen (§ 354 Abs. 2 StPO). Nur im Ausnahmefall kann das Revisionsgericht selbst entscheiden, allerdings nur dann, wenn keine weiteren tatsächlichen Erörterungen durchzuführen sind (§ 354 Abs. 1 StPO). Das bedeutet, dass eine Beweiserhebung jedenfalls in Form eines Strengbeweisverfahrens in der Revisionsinstanz selber nicht stattfindet. Im Revisionsverfahren hat weder der angeklagte Mandant Anlass, Erklärungen zum Sachverhalt abzugeben, noch findet eine Einvernahme von Zeugen oder Sachverständigen oder eine sonstige Form der Beweiserhebung statt. In der Sache kann das Revisionsgericht daher nur selbst entscheiden, wenn es freispricht, das Verfahren einstellt, auf eine absolute bestimmte Strafe erkennt oder wenn das Revisionsgericht in Übereinstimmung mit der Staatsanwaltschaft die gesetzlich niedrigste Stufe verhängen möchte. An dieser Stelle ist jedoch der aufgrund des JuModG vom 24.08.2004 neu eingefügte § 354 Abs. 1a StPO zu beachten, wonach das Revisionsgericht nunmehr von einer Aufhebung des angefochtenen Urteils auch dann absehen kann, sofern die verhängte Rechtsfolge angemessen ist (§ 354 Abs. 1a S. 1 StPO). Auf Antrag der Staatsanwaltschaft kann das Revisionsgericht die Rechtsfolgen auch angemessen herabsetzen (§ 354 Abs. 1a S. 2 StPO). **3**

Das Wiederaufnahmeverfahren wird in der höchstrichterlichen Rechtsprechung nicht **4** als Rechtsmittel bezeichnet, sondern davon deutlich unterschieden.[1] Der Grund hierfür

---

1 BGHSt 11, 361 ff., 364.

liegt darin, dass ein Wiederaufnahmeantrag keine aufschiebende Wirkung hat. Dieser Suspensiveffekt kommt lediglich der Berufung (§ 316 Abs. 1 StPO) und der Revision (§ 343 Abs. 1 StPO) zu. Die Anordnung der Wiederaufnahme des Verfahrens und der Erneuerung der Hauptverhandlung gem. § 370 Abs. 2 StPO beseitigt allerdings mit Wirkung von diesem Zeitpunkt an die Rechtskraft des angegriffenen Urteils.[2] Bis zur Anordnung der Wiederaufnahme ist das Urteil allerdings grundsätzlich weiterhin zu vollstrecken (§ 360 Abs. 1 StPO). Dennoch bestimmt die gesetzliche Regelung in § 365 StPO, dass die allgemeinen Verfahrensvorschriften über Rechtsmittel für die Wiederaufnahme Anwendung finden sollen.

---

2 BGHSt 19, 280 ff., 282.

§ 28 Allgemeine Regelungen für Einlegung, Beschränkung und Rücknahme von Rechtsmitteln

I. Rechtsmitteleinlegung

1. Rechtsmittelbefugnis

Der **Angeklagte** hat gem. § 296 Abs. 1 StPO die Befugnis, gegen Urteile die Rechts- 1
mittel der Berufung und der Revision einzulegen. Diese Rechtsmittelbefugnis ist allerdings insoweit beschränkt, als nach einem erfolgten Freispruch ein Rechtsmittel des Angeklagten unzulässig ist. Der Angeklagte kann weder im Falle eines Freispruchs mangels Tatnachweis ein Rechtsmittel mit der Zielsetzung des Freispruchs wegen erwiesener Unschuld einlegen,[1] noch gilt er als beschwert, wenn er wegen Schuldunfähigkeit freigesprochen und gleichzeitig von einer Maßregel der Besserung und Sicherung abgesehen wurde.[2]

Die **Staatsanwaltschaft** kann, was nicht zwingend selbstverständlich erscheint, nicht nur zu Ungunsten des Angeklagten Rechtsmittel einlegen, sondern nach ausdrücklicher gesetzlicher Regelung auch zu seinen Gunsten (§ 396 Abs. 2 StPO). Auch wenn die Staatsanwaltschaft zu Ungunsten des Angeklagten Rechtsmittel einlegt, kann das Rechtsmittelgericht die angefochtene Entscheidung zugunsten des Beschuldigten abändern und sogar auch aufheben (§ 301 StPO).

Eine Besonderheit stellt daneben die bestehende Rechtsmittelbefugnis der Staatsanwaltschaft in den Fällen dar, in denen das Urteil dem Antrag des Sitzungsvertreters in der Hauptverhandlung entspricht oder darüber hinausgeht.[3] Die Rechtsmittelbefugnis gilt auch für den Fall, dass der Angeklagte dem Antrag des Sitzungsvertreters entsprechend freigesprochen wurde.

Die höchstrichterliche Rechtsprechung geht davon aus, dass aus § 297 StPO eine eigenständige Rechtsmitteleinlegungsbefugnis des **Verteidigers** herzuleiten ist.[4] Diese eigene Befugnis des Verteidigers findet ihre Grenze erst in dem entgegenstehenden ausdrücklichen Willen des Angeklagten. Diese Rechtsauffassung wird durch die gesetzliche Regelung in § 302 Abs. 2 StPO gestützt, wonach die Zurücknahme eines Rechtsmittels durch den Verteidiger der ausdrücklichen Ermächtigung des Angeklagten bedarf (§ 302 Abs. 2 StPO).

Auch dem **gesetzlichen Vertreter** und dabei insbesondere den Erziehungsberechtigten eines Jugendlichen steht eine eigenständige Rechtsmittelbefugnis zu (§ 298 Abs. 1 StPO, § 67 Abs. 3 JGG).[5] Auch dieses Rechtsmittel kann nur mit Zustimmung des angeklagten jugendlichen Mandanten zurückgenommen werden (§ 55 Abs. 3 JGG).

2. Form- und Fristvorschriften

Sowohl sofortige Beschwerde, Berufung als auch Revision sind, so das angegriffene 2
Urteil in Anwesenheit des Angeklagten verkündet wird, **binnen einer Woche** nach Verkündung schriftlich oder zu Protokoll der Geschäftsstelle einzulegen (§§ 311 II,

---

1 BGHSt 7, 153 ff., 156.
2 BGHSt 16, 374 ff., 376.
3 Amelunxen, Die Revision der Staatsanwaltschaft, 1980, S. 16.
4 BGHSt 12, 367 ff., 369.
5 BGHSt 10, 174 ff., 175.

314 I, 341 Abs. 1 StPO). Die einfache Beschwerde ist nicht fristgebunden. Hat die Ver-kündung des Urteils nicht in Anwesenheit des Angeklagten stattgefunden, so beginnen die Fristen für Berufung und Revision jeweils mit der Zustellung des schriftlichen Ur-teils (§§ 314 II, 341 Abs. 2 StPO).

Von der **Rechtsmitteleinlegungsfrist** ist die **Rechtsmittelbegründungsfrist** insbeson-dere im Falle der Revision zu unterscheiden. Das Rechtsmittel der **Berufung** ist nicht obligatorisch zu begründen. Die Begründungsmöglichkeit besteht lediglich fakultativ (§ 317 StPO);[6] selbiges gilt für die **Beschwerde**. Die **Revision** hingegen ist zwingend zu begründen (§ 344 Abs. 1 StPO), die Frist hierzu ist auf einen Monat festgesetzt (§ 345 Abs. 1 S. 1 StPO). Im Falle einer Berichtigung des angegriffenen Urteils be-ginnt die Revisionsbegründungsfrist erst mit der Zustellung des Berichtigungsbe-schlusses.[7]

Insbesondere bei umfangreichen Revisionen kann es sich zur Wahrung dieser Frist empfehlen, zunächst nur die Verfahrensrügen im einzelnen auszuführen und mit Blick auf materielle Fehler im angefochtenen Urteil lediglich die sog. „allgemeine Sachrüge" zu erheben. Nur hinsichtlich der Verfahrensrügen gilt die in § 344 Abs. 2 S. 2 nor-mierte Formstrenge. Bei einer innerhalb der Frist erhobenen allgemeinen Sachrüge können auch nach Ablauf der Revisionsbegründungsfrist noch Ausführungen zur Sach-rüge nachgeholt werden.

Soweit der Verteidiger das Mandat der Revisionseinlegung und Revisionsbegründung übernimmt, muss er die Formvorschrift und insbesondere die Bedeutung der gesetzli-chen Regelung in § 344 StPO berücksichtigen. Es mag allerdings auch Fälle geben, in denen der Verteidiger das Mandat nach Ablauf der Revisionsbegründungsfrist über-nimmt und die Information erhält, der Mandant selbst habe die Revisionsbegründung zu Protokoll der Geschäftsstelle diktiert oder er habe dies versucht. Hier ist zu beach-ten, dass die gesetzliche Regelung zur Revisionsbegründung zu Protokoll der Ge-schäftsstelle in § 345 Abs. 2 StPO durch Nummer 150 RiStBV ausgefüllt wird. Nach diesen Bestimmungen soll der Rechtspfleger dafür sorgen, dass mindestens eine Ur-teilsabschrift und darüber hinaus die Gerichtsakten zur Verfügung stehen. Dem Rechts-pfleger werden Belehrungspflichten auferlegt. Darüber hinaus ist dem Rechtspfleger auferlegt, auf eine Revisionsbegründung in zulässiger Form hinzuwirken. Die daraus resultierende Rechtsstellung des Angeklagten ist grundrechtlich geschützt.[8] Wird dem Angeklagten die Revisionsbegründung nicht entsprechend Nr. 150 RiStBV ermöglicht, so hat der Verteidiger auf eine Wiedereinsetzung des Angeklagten hinzuwirken.[9]

3. Wahl und Wechsel des Rechtsmittels

3   Gegen Urteile des Amtsgerichts ist sowohl das Rechtsmittel der Berufung (§ 312 StPO) als auch das Rechtsmittel der Revision statthaft (§ 335 Abs. 1 StPO). Welches der beiden zur Wahl stehenden Rechtsmittel größere Aussicht auf Erfolg verspricht, wird häufig erst nach Kenntnisnahme des schriftlichen Urteils sinnvoll zu bewerten sein. Die Rechtsmittelfristen bestimmen jedoch, dass sowohl Berufung als auch Revi-sion binnen Wochenfrist nach mündlicher Urteilsverkündung einzulegen sind. Die

---

6 Für die Staatsanwaltschaft ergibt sich aber eine allgemeine Begründungspflicht aus Nr. 156 Abs. 1 RiStBV.
7 BGH St 12, 374 ff., 375.
8 BVerfG NJW 83, 2762, 2764.
9 Vgl. BGH StV 97, 230.

Rechtsprechung billigt daher dem Angeklagten die Ausübung des Wahlrechts zu der Frage, welches Rechtsmittel eingelegt werden soll, während des Laufs der Revisionsbegründungsfrist (§ 345 Abs. 1 S. 2 StPO) zu. Innerhalb der Revisionsbegründungsfrist ist nach Auffassung der höchstrichterlichen Rechtsprechung sowohl der **Wechsel** vom Rechtsmittel der Berufung zum Rechtsmittel der Revision[10] als auch der Wechsel von der Revision zur Berufung **statthaft**.[11] Dies gilt auch für den Wechsel von der Berufung zur Sprungrevision.[12] Mit Ablauf der Revisionsbegründungsfrist ist ein Wechsel des eingelegten Rechtsmittels allerdings nicht mehr statthaft. Die von vielen Verteidigern gezogene Konsequenz, gegen Urteile des Amtsgerichts statt des Rechtsmittels der Berufung ein unbestimmtes Rechtsmittel einzulegen, ist allerdings nicht sinnvoll. Nach Auffassung der höchstrichterlichen Rechtsprechung gibt es kein unbestimmtes als solches bezeichnetes Rechtsmittel. Vielmehr ist ein solches Rechtsmittel stets als Berufung auszulegen.[13] Der Verteidiger sollte sich daher nie scheuen, das Rechtsmittel einzulegen, welches er aufgrund von Durchführung und Ergebnis der Hauptverhandlung für das Sinnvollste hält. Ein nachträglicher Wechsel sowohl von der Berufung als auch von der Revision zum jeweils anders bezeichneten Rechtsmittel ist möglich. Beachtet werden muss hier nur der Ablauf der Revisionsbegründungsfrist. Die Einlegung eines unbestimmten „Rechtsmittels" ist lediglich ein Dokument mangelnder Professionalität.

II. Rechtsmittelverzicht, Rechtsmittelbeschränkung, Rechtsmittelrücknahme

1. Rechtsmittelverzicht

a) Beweis des Rechtsmittelverzichts 4

Der **Rechtsmittelverzicht** ist in der alltäglichen Verfahrenspraxis eine übliche Verfahrensweise geworden. Ist das Verfahren nicht von vornherein streitig verlaufen, so wird ein Rechtsmittelverzicht seitens des Gerichts teilweise geradezu erwartet. Nicht selten kommt es auch vor, dass Verteidiger der Auffassung sind, den Angeklagten an die Einhaltung angeblich getroffener Absprachen gemahnen zu müssen.[14] Ein im Protokoll aufgeführter Rechtsmittelverzicht ist nur dann wirksam, wenn er als wesentliche Förmlichkeit protokolliert wurde. In diesem Fall muss sich dem Protokoll aber auch entnehmen lassen, dass der Rechtsmittelverzicht nach Aufnahme in der Sitzungsniederschrift verlesen wurde. Auch der Genehmigungsvermerk sowohl des Angeklagten als auch des Verteidigers muss – der Regelung in § 273 Abs. 3 StPO folgend – im Sitzungsprotokoll aufgenommen sein. Nur unter dieser Voraussetzung hat das Protokoll hinsichtlich der Erklärung zum Rechtsmittelverzicht die Wirkung der **positiven Beweiskraft** gem. § 274 S. 1 StPO.[15] Ist der Rechtsmittelverzicht gem. § 273 Abs. 3 StPO protokolliert worden, so gilt: Er kann als Prozesshandlung nicht widerrufen, nicht wegen Irrtums angefochten oder sonst zurückgenommen werden.[16]

---

10 BGHSt 5, 383.
11 BGHSt 13, 388; 17, 44.
12 BGH StV 04, 120.
13 BGHSt 33, 183 ff., 189.
14 Vgl. BGH NStZ 99, 364.
15 BGHSt 18, 257 ff., 258.
16 BGH NStZ 99, 364 f.

b) Durchbrechung der Bindungswirkung

In Fällen, welche die Rechtsprechung als besondere Fälle schwerwiegender Willensmängel umschreibt, sollen Gerechtigkeitsgründe dazu führen können, dass eine Verzichtserklärung von Anfang an unwirksam ist.[17] So hat der BGH die **Unwirksamkeit eines Rechtsmittelverzichts** angenommen, der dem Angeklagten ohne den Hinweis abverlangt wurde, er könne sich vor Abgabe einer solchen Erklärung mit seinem Verteidiger beraten.[18] Dies gilt insbesondere, wenn sich belegen lässt, dass der Verteidiger entweder gegen den Rechtsmittelverzicht seines Mandanten intervenieren wollte oder er eine solche Intervention für aussichtslos hielt.[19] Die Unwirksamkeit eines Rechtsmittelverzichts kommt desweiteren in solchen Fällen in Betracht, in denen der Angeklagte trotz des Vorliegens der Voraussetzung der notwendigen Verteidigung in der Hauptverhandlung nicht verteidigt war und somit überhaupt überhaupt keine Gelegenheit hatte, sich mit einem Verteidiger zu beraten.[20]

Zur Unwirksamkeit eines Rechtsmittelverzichts im Zusammenhang mit verfahrensbeendeten **Absprachen** sei auf die entsprechenden Ausführungen zu Verständigungen und Vereinbarungen im Strafverfahren verwiesen.[21]

2. Rechtsmittelbeschränkung

5   Zulässig ist es, ein Rechtsmittel auf bestimmte Fragen zu **beschränken.** Grundsätzlich kann ein Rechtsmittel in zulässiger Weise auf einen Teil der angefochtenen Entscheidung beschränkt werden, soweit der angefochtene Teil der Entscheidung losgelöst von dem nicht angegriffenen Teil einer selbständigen Prüfung und Beurteilung zugänglich ist, ohne ein erneutes Eingehen auf den nicht angegriffenen Teil notwendig zu machen.[22]

Die Beschränkung des Rechtsmittels kann unwirksam sein, wenn der durch das Rechtsmittel angegriffene Teil des Urteils keine Abänderung erfahren kann, ohne in Widerspruch zu dem nicht angefochtenen Teil der Entscheidung zu geraten (**Postulat der Widerspruchsfreiheit**). Die das Verfahren stufenweise abschließenden Urteile, die als ein einheitliches Ganzes zu sehen sind, müssen eine insgesamt gesetzmäßige Entscheidung bilden können.[23] Die Erklärung über die Beschränkung ist vom Rechtsmittelgericht auszulegen. Führt die Auslegung zu keinem eindeutigen Ergebnis oder würde die Beschränkung gegen die Teilbarkeit und das Postulat der Widerspruchsfreiheit verstoßen, so ist die Rechtsmittelbeschränkung unwirksam, das Rechtsmittel wird als unbeschränkt eingelegtes Rechtsmittel behandelt.[24]

Insbesondere kann also das Rechtsmittel beschränkt werden auf die Frage der Bewährung,[25] grundsätzlich auch auf die Frage der Tagessatzhöhe[26] sowie auf einzelne Taten

---

17 BGHSt 17, 14 ff., 18.
18 BGHSt 19, 101 ff., 104.
19 BGHSt 18, 257 ff., 260.
20 OLG München StV 98, 646; KG StV 98, 646.
21 Vgl. insoweit Ausführungen unter § 22 Rn 1 ff.
22 BGHSt 16, 237 ff., 239.
23 BGHSt 29, 359 ff., 365.
24 BGHSt 29, 359 ff., 365.
25 BGHSt 11, 393 ff., 395.
26 BGHSt 27, 70 ff., 73.

bei Tatmehrheit.[27] Auf Nebenstrafen und Nebenfolgen, insbesondere auf die Verhängung des Fahrverbots, ist das Rechtsmittel nicht beschränkbar, da die Verhängung von Nebenstrafe und Nebenfolgen mit der Verhängung der Hauptstrafe als untrennbar verknüpft betrachtet wird.[28] Auch bei der Entziehung der Fahrerlaubnis gem. § 69 StGB soll die Beschränkung des Rechtsmittels nicht möglich sein, jedenfalls dann, wenn Charaktermängel Grund der Entziehung der Fahrerlaubnis sind.[29]

3. Rechtsmittelrücknahme

Beabsichtigen Mandant oder Verteidiger die **Rücknahme eines Rechtsmittels**, so ist   6
vor allem auf den richtigen Zeitpunkt zu achten. Nach Beginn der mündlichen Verhandlung kann ein Rechtsmittel nur mit Zustimmung des Gegners zurückgenommen werden (§ 302 S. 1 StPO). Dies gilt auch dann, wenn eine mündliche Verhandlung nach einer Aussetzung des Verfahrens fortgesetzt wird.[30] Beabsichtigt die Staatsanwaltschaft die Rücknahme eines zugunsten des Angeklagten eingelegten Rechtsmittels, so bedarf es der Zustimmung des Angeklagten (§ 302 Abs. 1 S. 2 StPO). Der Verteidiger benötigt zur Rücknahme eines Rechtsmittels eine ausdrückliche Ermächtigung (§ 302 Abs. 2 StPO). Eine Form für diese Ermächtigung ist nicht vorgeschrieben. Die Aufnahme der Rücknahmebefugnis in das Vollmachtsformular dürfte allerdings im Ernstfall nicht ausreichend sein, weil einer solchen Rücknahmebefugnis in der Vollmacht der Charakter der Ausdrücklichkeit fehlt. Da Formvorschriften zur Erteilung der ausdrücklichen Ermächtigung nicht existieren, ist allerdings eine mündlich oder telefonisch erteilte Ermächtigung ausreichend.

---

27 BGHSt 21, 256 ff, 258.
28 OLG Schleswig NStZ 84, 90.
29 OLG Frankfurt NZV 96, 414.
30 BGHSt 23, 277.

§ 29 Beschwerde

1 Wie bereits ausgeführt, ist die Beschwerde das Rechtsmittel gegen Beschlüsse und Verfügungen. Die Zulässigkeit der Beschwerde ist nicht nur in den §§ 304 ff. StPO geregelt, sondern findet sich auch in zahlreichen Einzelvorschriften der StPO und anderer Gesetze (z.B.: §§ 56 Abs. 2 S. 3, 159 Abs. 1 S. 2, 181 GVG; 28 Abs. 1 StPO, 153a Abs. 2, 210 Abs. 1, 2 StPO).[1] Das Beschwerdegericht überprüft die angefochtene Entscheidung in vollem Umfang, also sowohl in tatsächlicher als auch in rechtlicher Hinsicht. Soweit die angefochtene Entscheidung im Wege des richterlichen Ermessens getroffen worden ist, darf und muss das Beschwerdegericht sein eigenes Ermessen ausüben und an die Stelle der Ermessensentscheidung des Erstrichters setzen.[2]

Das **Gesetz unterscheidet** zwischen („einfacher") Beschwerde, weiterer Beschwerde und sofortiger Beschwerde. Die weitere Beschwerde gemäß § 310 StPO ist dabei ein Rechtsmittel gegen die Beschlüsse aufgrund der „einfachen" Beschwerde. Das System, welches hinter der Unterscheidung zwischen den durch die einfache Beschwerde und den durch die sofortige Beschwerde anfechtbaren Beschlüsse steckt, ist einfach und – von Ausnahmen abgesehen – so einsichtig, dass sich die Antwort auch meist ohne Nachschlagen im Gesetz finden lässt: Entscheidungen, die im Interesse der Verfahrensbeschleunigung und/oder der Gewinnung von Rechtsklarheit in ihrer Gültigkeit nicht in der Schwebe bleiben dürfen, sind stets nur mit der sofortigen Beschwerde anfechtbar.[3]

I. „Einfache" Beschwerde

2 Da die durch Beschwerde anfechtbaren Entscheidungen in der Praxis in einer Vielzahl von Situationen und Verfahrensstadien auftreten können, wurde im Rahmen der Einzelprobleme die Beschwerde dort jeweils mitbehandelt.

II. Weitere Beschwerde

3 Die weitere Beschwerde ist gemäß § 310 Abs. 1 StPO nur zulässig gegen Beschwerdeentscheidungen des Landgerichts oder im Rahmen des § 120 Abs. 3 GVG des Oberlandesgerichts, die sich auf Freiheitsentziehungen (Verhaftungen oder einstweilige Unterbringungen) beziehen. Im übrigen ist die weitere Beschwerde ausgeschlossen; dies gilt selbst dann, wenn der Beschwerdeführer erstmals durch die Beschwerdeentscheidung beschwert ist oder ein neuer Beschwerdegrund vorliegt oder ein Verstoß gegen Verfassungsrecht geltend gemacht wird.[4]

---

1 Weitere Beispiele bei Meyer-Goßner, § 304 Rn 5.
2 Meyer-Goßner, § 309 Rn 4.
3 Beck'sches Formularbuch für den Strafverteidiger/Hamm, 3. Auflage VIII A. (auch mit Beispielen).
4 Meyer-Goßner, § 310 Rn 1; Köln NStZ-RR 02, 244; OLG Karlsruhe Justiz 02, 24.

III. Sofortige Beschwerde

Die sofortige Beschwerde unterscheidet sich von der einfachen Beschwerde durch die 4
Einlegungsfrist gemäß § 311 Abs. 2 StPO und das **Abhilfeverbot** gem. § 311 Abs. 3
S. 1 StPO. Sofortig ist die Beschwerde grundsätzlich nur, wenn das ausdrücklich bestimmt ist.[5] Die Beschwerdefrist gemäß § 311 Abs. 2 S. 1 StPO von einer Woche beginnt gemäß § 35 StPO mit der Bekanntmachung (Verkündung oder förmlichen Zustellung) der anfochtenen Entscheidung. Bei formloser oder unterlassener Bekanntmachung wird sie nicht in Lauf gesetzt.[6] Eine Wiedereinsetzung in die Frist ist gem. § 44 StPO möglich.

---

5 Meyer-Goßner, § 311 Rn 1.
6 Meyer-Goßner, § 35 Rn 10 ff.

§ 30 Berufung

Die Berufung dient der Überprüfung des angegriffenen Urteils vor allem in tatsächlicher, aber auch in rechtlicher Hinsicht. Die uneingeschränkt eingelegte Berufung führt zur Überprüfung des Urteils in vollem Umfang (§ 327 StPO). Hinsichtlich neuer Beweismittel gibt es keinerlei Beschränkungen (§ 323 Abs. 3 StPO).

I. Annahmeberufung

1   Das Institut der Annahmeberufung wurde durch das sogenannte Rechtspflegeentlastungsgesetz 1993 eingeführt. Nach der gesetzlichen Regelung (§ 313 Abs. 1 StPO) ist die Berufung im Falle einer Geldstrafe bis zu 15 Tagessätzen oder bei einer Verwarnung mit entsprechendem Strafvorbehalt nur dann zulässig, wenn sie angenommen wird. Zeitweise war in der Diskussion, diese Grenze der Annahmeberufung anzuheben.[1] Von dieser Tendenz ist der Gesetzgeber zwischenzeitlich jedoch wieder abgerückt. Die Entlastungserwartungen haben sich offenbar nicht erfüllt. Zwischenzeitlich gehen die Überlegungen wieder in die Richtung, das Institut der Zulassungsberufung abzuschaffen und stattdessen eine Begründungspflicht im Berufungsverfahren einzuführen.[2]

Grundsätzlich zuzulassen ist die Annahmeberufung in den Fällen, in denen **neue Beweisanträge** gestellt werden. Die Verwerfung der Berufung als unzulässig bei angekündigten Beweisanträgen würde den Angeklagten in seinem Grundrecht auf Gewährleistung des rechtlichen Gehörs (Art. 103 Abs. 1 GG) verletzten.[3]

Unabhängig von der Möglichkeit der Berufung gibt es bei berufungsfähigen Urteilen auch die Möglichkeit der sog. Sprungrevision (§ 335 Abs. 1 StPO). Richtigerweise wird man davon auszugehen haben, dass die Möglichkeiten zur Einlegung des Rechtsmittels der Revision durch die Einführung der Annahmeberufung nicht beschränkt wurden. Der Gang des Gesetzgebungsverfahrens legt es vielmehr nahe, dass es dem Willen des Gesetzgebers entsprach, in Annahmeberufungsfällen die Möglichkeiten der Revisionseinlegung nicht einzuschränken.[4]

Vor einer beabsichtigten Verwerfung der Berufung als unzulässig ist der Angeklagte durch das Gericht zu hören.[5]

II. Berufungshauptverhandlung

2   1. Berichterstattung

Die Berichterstattung ist anstelle der Anklageverlesung die Einleitung zur Berufungshauptverhandlung. Die gesetzlichen Vorgaben räumen dem Vorsitzenden der Berufungsstrafkammer dabei weitgehendes Ermessen ein. Die Funktion der Berichterstattung ist insbesondere die Unterrichtung der Schöffen der Berufungsstrafkammer. Die Verlesung des angegriffenen Urteils des 1. Rechtszugs ist insoweit geboten, als sie für

---

1   Vgl. Feuerhelm StV 97, 99, 105.
2   Vgl. Bundesministerium der Justiz: Eckpunkte zur Reform des Strafverfahrens, 06.04.01 (www.bmj.bund.de).
3   BVerfG NJW 96, 2785 f.
4   Vgl. Feuerhelm StV 97, 99, 101.
5   OLG München StV 94, 237 ff.

die Berufung von Bedeutung ist. Abgesehen werden kann von der Verlesung derjenigen Teile des Urteils, auf deren Verlesung durch die Beteiligten verzichtet wird (§ 324 Abs. 1 StPO).

2. Beweisaufnahme

Die Form der Beweisaufnahme kann durch die Berufungsstrafkammer erheblich modifiziert werden. So können insbesondere Protokolle über die Zeugenaussagen in 1. Instanz verlesen werden. Dies ist allerdings zum einen dann ausgeschlossen, wenn das Gericht Zeugen und Sachverständige von sich aus bereits vorgeladen hat (§ 325 StPO). Zum anderen ist die Verlesung von Vernehmungsprotokollen unzulässig, wenn rechtzeitig durch den Angeklagten die Ladung der Zeugen und Sachverständigen beantragt war (§ 325 StPO). Zu beachten ist hier, dass das Gesetz keine Beweisanträge verlangt und auch keine Begründungspflicht zum Ladungsantrag. Der Begriff der „rechtzeitigen" Ladung erfährt dort keine nähere Definition. Als rechtzeitig darf daher jeder Antrag gelten, der etwa auch noch die telefonische Ladung eines Zeugen oder Sachverständigen ermöglicht.

III. Verschlechterungsverbot

Das Verschlechterungsverbot gem. § 331 StPO folgt nach Auffassung der Rechtsprechung nicht unmittelbar aus dem Rechtsstaatsprinzip, sondern soll eine dem Rechtsmittelführer gewährte Rechtswohltat sein, die ihn davor schützen soll, bei einem selbst eingelegten Rechtsmittel über das bisherige Maß hinaus beeinträchtigt zu werden.[6] Das Verschlechterungsverbot steht nach der **Rechtsprechung** allerdings nicht generell einer Verschlechterung des Urteils entgegen. So kann das Gericht den Schuldspruch zum Nachteil des Angeklagten auf dessen Rechtsmittel hin ändern, wenn auf der **Rechtsfolgenseite** keine Verschlechterung erfolgt.[7] Zu beachten ist auch, dass bei einer gleichzeitigen Berufung der Staatsanwaltschaft selbstverständlich ein Verschlechterungsverbot hinsichtlich des Rechtsmittels der Staatsanwaltschaft nicht besteht (§ 331 Abs. 1 StPO). Im Falle einer Geldstrafe führt das Verschlechterungsverbot hingegen dazu, dass bei einer Verbesserung der Einkommensverhältnisse des Angeklagten auch eine bloße Erhöhung der Tagessätze unzulässig ist.[8] Ebenso ist unzulässig die Versagung der Bewährung bei gleichbleibendem Strafmaß einer zur Bewährung ausgesetzten Freiheitsstrafe.[9] Eine Erhöhung der **Bewährungsauflagen** ist jedoch möglich.

Hinzuweisen ist noch auf eine bereits gesetzlich angeordnete Ausnahme vom Verschlechterungsverbot in § 331 Abs. 2 StPO: Danach kann auf eine Berufung des Angeklagten hin die Unterbringung in einem psychiatrischen Krankenhaus oder in einer Entziehungsanstalt angeordnet werden. Hieraus ist jedoch im Umkehrschluß zu folgern, dass die Anordnung der Entziehung der Fahrerlaubnis gem. § 69 StGB in 1. Instanz auf die Berufung des Angeklagten hin unzulässig ist. Allerdings soll es mit dem Verschlechterungsverbot vereinbar sein, dass das Gericht in der Berufungsinstanz die Sperrfrist für die Wiedererteilung der Fahrerlaubnis gem. § 69a StGB in gleicher Höhe

3

---

6 BGHZ 85, 180 ff., 185.
7 BGHSt 21, 256 ff.
8 BayObLG NJW 80, 849.
9 BayObLG NJW 62, 1261.

anordnen darf wie das Gericht in 1. Instanz.[10] In der Praxis ist die Verkürzung der Sperrfrist bei eingelegter Berufung des Angeklagten üblich. Eine faktische Verlängerung der Sperrfrist sollte der Verteidiger nicht hinnehmen, da hiergegen durchaus beachtenswerte Gründe in der Literatur vorgetragen werden.[11]

IV. Formulierungsmuster

4 ▶ **Berufungseinlegung**

An das
Amtsgericht München
Adresse

Az.: 425 Ls 325 Js ..../02
In der Strafsache
gegen
X................. Y........................

wegen Verdachts der gefährlichen Körperverletzung

lege ich gegen das Urteil des Amtsgerichts München vom 05.05.2002

B e r u f u n g

ein.

Rechtsanwalt ◀

---

10 BGH VRS 21, 335.
11 Eickhoff NJW 75, 1007.

§ 31 Revision

I. Erfolgsaussichten

Die Revision im Strafverfahren wird häufig von hohen Erwartungen des Mandanten 1
begleitet. Die Praxis läßt demgegenüber vermuten, dass viele Verteidiger die Revision
lediglich als eine Art Nachspiel mit dem Ziel der Zeitgewinnung betreiben. In der Literatur ist hier teilweise sogar vom „Tatgerichtsanhangsverfahren"[1] die Rede. Untersuchungen zur tatsächlichen Erforschung der Revision haben ergeben, dass nur ein relativ
geringer Teil der Revisionsbegründungen überhaupt revisionsrechtliche Substanz aufweist. In einem Drittel aller Revisionsbegründungen soll es überhaupt keine zulässig
substantiierte Revisionsrüge geben. In einem weiteren Drittel aller Revisionsbegründungen sollen lediglich revisionsunspezifische Urteilsrügen enthalten sein. Gekonnt
ausgeführte Verfahrens- und Subsumtionsrügen gelten eher als Ausnahme denn als Regel.[2] Verwunderlich ist vor diesem Hintergrund, dass eine äußerst anspruchsvolle Form
der Verfahrensrüge, nämlich die Aufklärungsrüge, die am dritthäufigsten vorgebrachte
Urteilsrüge darstellt.[3] Aus diesem Grunde soll weiter unten dargestellt werden, welche
Anforderungen an eine zulässige und damit ansatzweise erfolgreiche Aufklärungsrüge
zu stellen sind.

Die Revisionsrügen betreffen entweder die Anwendung materiellen Rechts (Sachrüge)
oder die Anwendung des Verfahrensrechts (Verfahrensrüge, § 344 Abs. 2 S. 1 StPO).
Bei den Überlegungen zur Revisionsbegründung sollte die Tatsache Berücksichtigung
finden, dass die Sachrüge statistisch gesehen neunmal häufiger von Erfolg gekrönt ist
als die Verfahrensrüge.[4] Urteilsaufhebungen finden in einem Drittel der Fälle (mit
Hilfe der Sachrüge) aufgrund fehlerhafter Strafzumessungen statt.[5] Auch sind (Sach)-
Rügen zu Feststellungen der Schuldfähigkeit sowie bezüglich vorgenommener Beweiswürdigungen statistisch gesehen relativ erfolgversprechend.[6] Verfahrensrügen haben
hingegen lediglich eine Erfolgsquote von unter 1 %.[7]

---

1 Barton StraFo 98, 325 ff., 334.
2 Barton StraFo 98, 325 ff., 326 f.
3 Barton StraFo 98, 325 ff., 326.
4 Nack NStZ 97, 153 ff.
5 Nack, NStZ 97, 153 ff., 159, Grafik 21; aufgrund der Neuregelung in § 354 Abs. 1 a, Abs. 1b StPO n.F. nach dem Justizmodernisierungsgesetz mit Wirkung zum 01.09.2004 können Revisionsgerichte bei einer fehlerhaften Entscheidung über die Rechtsfolgen bereits dann von einer Aufhebung des Urteils absehen, wenn die verhängte
Rechtsfolge angemessen ist oder die Rechtsfolgen können angemessen herabgesetzt werden (BR Drucksache
537/04, S. 16 f.). Auch wenn die Strafe somit im Ergebnis für den angeklagten Revisionsführer nicht verschlechtert werden kann, sind die Defizite einer solchen Strafzumessung nach Aktenlage ohne jede persönliche Kenntnis
des Angeklagten problematisch. Es bleibt zu hoffen, dass sich die Revisionsgerichte dieser Problematik bewusst
sind, wenn sie nach pflichtgemäßem Ermessen entscheiden, ob sie die Sache zur neuen Verhandlung an den
Tatrichter zurückverweisen oder selbst entscheiden; vgl. weitergehend auch Sommer AnwBl. 04, 506, 508.
6 Nack, NStZ 97, 153 ff.
7 Nack, NStZ 97, 153 ff.a.a.O.

II. Verfahrensrüge und Sachrüge

1. Abgrenzung von Verfahrensrüge und Sachrüge

2 Die Einordnung einer Revisionsrüge als Verfahrensrüge oder Sachrüge ist von grundlegender Bedeutung. Geradezu unauffällig verlangt das Gesetz, dass bei Verfahrensrügen die den Mangel enthaltenen Tatsachen angegeben werden müssen (§ 344 Abs. 2 S. 2 StPO). Dieser Vorschrift kommt in der Praxis eine Bedeutung von außerordentlicher Wichtigkeit zu. In vielen Fällen scheitern Revisionen, insbesondere Aufklärungsrügen an diesem Zulässigkeitserfordernis. Gelegentlich lassen sich auch Tendenzen feststellen, wonach Revisionsgerichte Urteilsrügen, die bislang auf die Sachrüge hin berücksichtigt wurden, nur noch auf die Verfahrensrüge hin Beachtung finden.

Ob der Verstoß gegen eine Rechtsnorm mit der **Sachrüge** oder der **Verfahrensrüge** anzugreifen ist, muss stets im Einzelfall und natürlich auch unter Berücksichtigung von Tendenzen in der Rechtsprechung entschieden werden. Ob einer Rechtsnorm verfahrens- oder sachlich-rechtlicher Charakter zukommt, hängt nicht von der Stellung innerhalb des Gesetzes ab. Nicht jeder Verstoß gegen eine Vorschrift der Strafprozessordnung ist mit der Verfahrensrüge anzusprechen. Ebenso ist nicht jeder Verstoß gegen eine Norm des Strafgesetzbuches in jedem Fall mit einer Sachrüge angreifbar.[8] Die Rechtsprechung verwendet die allgemeine Formel, wonach Verfahrensvorschriften Rechtsnormen sind, die bestimmen, auf welchem Wege der Richter zur Urteilsfindung berufen und gelangt ist.[9] Die Anwendung aller übrigen Vorschriften wäre somit dem Bereich der Sachrüge zuzuordnen. Orientierung bietet auch die Frage, ob das Urteil alleine anhand der Urteilsurkunde überprüft werden kann, oder ob die Überprüfung des Urteils die Zuhilfenahme des Hauptverhandlungsprotokolls, weiterer Aktenteile oder gar von Beweismitteln erfordert, die im Wege des Freibeweises heranzuziehen sind. Eine Urteilsrüge ist in Form einer Sachrüge vorzutragen, wenn die Überprüfung des Urteils alleine anhand der Urteilsurkunde möglich ist.[10]

2. Auffinden typischer Revisionsgründe

3 Ohne an dieser Stelle Anspruch auf Originalität erheben zu können,[11] bietet sich zur gezielten Überprüfung hinsichtlich möglicher Revisionsgründe folgendes Ablaufschema an (wobei Prüfungsmöglichkeiten nur kursorisch angesprochen sind):

a) Überprüfung des Hauptverhandlungsprotokolls

■ Vorschriftswidrige Abwesenheit
   Waren alle Personen anwesend, deren Anwesenheit in der Hauptverhandlung vorgeschrieben ist? Hier ist insbesondere die Anwesenheitspflicht gemäß § 226 StPO (Gerichtsbesetzung und Staatsanwaltschaft), § 230 ff. (Anwesenheit des Angeklagten), § 140 (Notwendige Verteidigung) zu überprüfen.

---

8 BGHSt 19, 273 ff., 275.
9 BGHSt 19, 273 ff., 275.
10 BGHSt 35, 238 ff., 241; BGH NJW 98, 3654 ff., 3655.
11 Das Folgende orientiert sich an Dahs Taschenbuch des Strafverteidigers sowie Krause, Die Revision im Strafverfahren.

- Vereidigungen von Zeugen und Sachverständigen
  Zu prüfen ist vor allem, ob Vereidigungsverbote gem. § 60 StPO bestanden

- Belehrung über Verweigerungsrechte
  Zu prüfen sind hier insbesondere die Regelungen in §§ 52, 53, 53 a, 54 und 55 StPO sowie die geschützten Rechtskreise.

- Angaben über Beeidigung in Protokoll und Urteil
  Hier ist zu prüfen, ob Beeidigung oder fehlende Beeidigung im Urteil berücksichtigt sind oder im Widerspruch zum Hauptverhandlungsprotokoll stehen.

- Verwendung von Urkunden
  Hier ist insbesondere zu prüfen, ob sich aus dem Hauptverhandlungsprotokoll die Einführung der im Urteil erwähnten Urkunden ergibt.

- Vorschriften der Öffentlichkeit
  Insbesondere wenn die Öffentlichkeit zeitweise ausgeschlossen war, ist zu überprüfen, ob die Wiederherstellung der Öffentlichkeit ordnungsgemäß erfolgte.

- Rechtlicher Hinweis
  Anklageschrift und Urteil sind auf Divergenzen in der rechtlichen Würdigung zu überprüfen. Weicht die rechtliche Würdigung des Urteils von der vorgeschlagenen rechtlichen Würdigung der Anklageschrift oder den Schlußanträgen ab, ist auf die Richtigkeit eines rechtlichen Hinweises besonders zu achten. Dabei ist auch zu untersuchen, ob überhaupt noch ein Fall des § 265 StPO gegeben war und nicht derjenige des § 266 StPO (Nachtragsanklage).

- Behandlung von Beweisanträgen
  Beweisanträge im Rahmen der Hauptverhandlung müssen durch Beschluß verbeschieden worden sein (§ 244 Abs. 6 StPO). Die Begründung, insbesondere bei Wahrunterstellung oder bei Ablehnung der Beweiserhebung, darf zu den Urteilsgründen nicht im Widerspruch stehen.

- Ausschluß des Angeklagten
  Hier ist insbesondere zu überprüfen, ob während der Abwesenheit des Angeklagten während einer Zeugenvernehmung weitere Beweismittel in die Hauptverhandlung eingeführt wurden, und ob der Angeklagte bei Rückkehr in die Hauptverhandlung vorschriftsmäßig unterrichtet wurde.

- Letztes Wort
  Erstaunlich häufig ergibt sich aus Hauptverhandlungsprotokollen, dass dem Angeklagten das letzte Wort nicht in richtiger Weise gewährt wurde. Das gilt insbesondere dann, wenn nach Schlußanträgen oder gar nach letztem Wort erneut in die Beweisaufnahme eingetreten wurde.

b) Verfahrensakten   4

Neben dem Hauptverhandlungsprotokoll ist auch die Durchsicht der Verfahrensakte sinnvoll, wobei vor allem folgende Themen beachtet werden sollen:

- Ordnungsgemäße Ladung und Einhaltung der Ladungsfristen
Zustellung des Eröffnungsbeschlusses, Einhaltung der Ladungsfrist für Angeklagten und Verteidiger (revisibel nur bei Ablehnung des Aussetzungsantrags).

- Einhaltung des Beschleunigungsgebots
Hier kann anhand der Akten insbesondere festgestellt werden, zu welchem Zeitpunkt das Verfahren eingeleitet wurde und in welcher Phase das Verfahren von Stillstand geprägt war.

- Aufklärungsmängel
Hier können die Verfahrensakten insbesondere auf Hinweise überprüft werden, ob sich die Heranziehung bestimmter Beweismittel zur Klärung bestimmter Beweistatsachen aufgedrängt hat. Insbesondere in der Akte befindliche Vorverurteilungen sowie Gutachten aus vorangegangenen Verfahren können Quellen für die Erhebung einer Aufklärungsrüge sein.

5   c) Urteilsurkunde

Die Urteilsurkunde ist hinsichtlich einer fraglichen Sachrüge vor allem auf folgende Themen zu überprüfen:

- Subsumtion
Gibt die Sachverhaltsfeststellung die tatsächlichen Umstände hinsichtlich sämtlicher objektiver Tatbestandsmerkmale wieder? Geben die Sachverhaltsfeststellungen Umstände hinsichtlich der subjektiven Tatbestandsmerkmale wieder?

- Beweiswürdigung
Geben die Ausführungen zur Beweiswürdigung die Beweismittel wieder?
Ist der wesentliche Inhalt von Zeugenaussagen wiedergegeben?
Bestehen zwischen der Wiedergabe von Zeugenaussagen und den Sachverhaltsfeststellungen Widersprüche?
Sind die Bekundungen von Sachverständigen in nachvollziehbarer Weise wiedergegeben?
Sind Feststellungen zur Schadenshöhe oder beispielsweise zur Steuerverkürzung nachvollziehbar wiedergegeben?

- Strafzumessung (nur beispielhaft)
Ist dem Urteil zu entnehmen, welcher Strafrahmen zugrundegelegt wurde?
Sind Strafrahmenverschiebungen dargestellt? Ist ein möglicher minderschwerer Fall berücksichtigt worden? (§ 267 Abs. 3 S. 2 StPO).
Ist bei kurzer Freiheitsstrafe § 47 StGB berücksichtigt worden? Ist bei bewährungsfähigem Strafmaß die Frage der Bewährung behandelt (§ 267 Abs. 3 S. 4 StGB)?
Sind bei Bildung einer Gesamtstrafe die gesetzlichen Regelungen in §§ 41, 52 Abs. 3, 53 Abs. 4 StGB beachtet worden? Sind bei der Strafzumessung Rechtsfolgen außerhalb des Strafverfahrens berücksichtigt worden, insbesondere beamtenrechtliche oder sonstige verwaltungsrechtliche Folgen? Ist die Anordnung von Maßregeln der Besserung und Sicherung ausreichend begründet, sind die Anordnung von Verfall und Einziehung ausreichend begründet?

3. Beruhensfrage

Nach der allgemeinen Regelung in § 337 Abs. 1 StPO ist eine Revision nur erfolgreich, **6**
wenn sie darauf gestützt wird, dass das Urteil auf einer Verletzung des Gesetzes **beruht.**
Darlegungen zur Beruhensfrage sind in der Revisionsbegründung nicht zwingend erforderlich. Es reicht aus, wenn die Tatsachen vorgetragen werden, die dem Revisionsgericht die Prüfung der Beruhensfrage ermöglicht.[12]
Das Gesetz hebt in § 338 StPO eine Reihe absoluter Revisionsgründe besonders hervor, bei deren Vorliegen das Revisionsgericht stets davon auszugehen hat, dass das Urteil auf der Rechtsverletzung beruht.[13] Es ist daher empfehlenswert, insbesondere bei Verfahrensrügen Ausführungen zu der Frage zu machen, ob ein absoluter Revisionsgrund gegeben ist. Dabei ist zu beachten, dass der in § 338 Nr. 8 aufgeführte Revisionsgrund der unzulässigen Beschränkung der Verteidigung im Ergebnis nicht als absoluter Revisionsgrund betrachtet werden kann. Nach Auffassung der höchstrichterlichen **Rechtsprechung** legt der Wortlaut dieser gesetzlichen Bestimmung nahe, dass nicht die bloße Eignung eines Gerichtsbeschlusses zur Beschränkung der Verteidigung ausreichend ist, sondern im konkreten Fall erkennbar sein muss, dass die Beschränkung der Verteidigung zu einem fehlerhaften Urteil geführt haben kann.[14]

4. Erstreckung der Urteilsaufhebung auf Nichtrevidenten

Das Gesetz sieht bei einer erfolgreichen Sachrüge grundsätzlich vor, dass das Revisi- **7**
onsgericht die Urteilsaufhebung auch auf Angeklagte erstrecken kann, die gegen das Urteil selbst keine Revision eingelegt haben (§ 357 StPO). Es handelt sich hier also um einen Fall der Rechtskraftdurchbrechung.
Das Gesetz verlangt, dass die Erstreckung der Urteilsaufhebung in der Revisionsentscheidung des Revisionsführers ausdrücklich entschieden werden muss. Eine Nachholung einer solchen Entscheidung soll nach der Auffassung des Bundesgerichtshofs nicht in Frage kommen.[15] Nach der Rechtsprechung des Bundesgerichtshofs soll ein Fall der Revisionsstreckung auch bei Verstoß gegen Verfahrensvoraussetzungen in Betracht kommen können,[16] nicht aber bei einem Verstoß gegen sonstiges Verfahrensrecht.[17] Ausdrücklich hat der BGH auch entschieden, dass nicht nur im Fall einer Entscheidung durch Urteil, sondern auch im Falle einer Entscheidung durch Beschluß die Revisionserstreckung in Frage kommt.[18]

III. Sachrüge

Es versteht sich von selbst, dass im Rahmen dieses Überblicks nicht auf alle denkbaren **8**
Konstellationen von Sachmängeln eingegangen werden kann. Die Thematik der Strafzumessung ist in den hierzu ausgeführten Abschnitten bereits dargestellt. Gleiches gilt hinsichtlich der Behandlung von Beweisanträgen, der Frage von Belehrungspflichten

12 BGHSt 30, 131 ff., 135.
13 Vgl. zuletzt auch BGH StV 04, 306, 307.
14 BGHR StPO § 338 Nr. 8, Beschränkung 2.
15 BGH StV 02, 12 f.
16 BGHSt 24, 208 ff., 213.
17 BVerfG NJW 85, 125.
18 BGHSt 24, 208 ff.

und von Beeidigungsverboten. An dieser Stelle sollen deshalb nurmehr Themen angesprochen werden, die in der bisherigen Darstellung noch nicht berücksichtigt wurden.

1. Darstellung der Sachverhaltsfeststellung

9 Der Umfang der Sachverhaltsdarstellung hat dem gesetzlichen Maßstab in § 267 Abs. 1 StPO zu entsprechen. Die schriftlichen Urteilsgründe müssen, um den Anforderungen zu genügen, eine in sich geschlossene Darstellung der äußeren und jeweils im Zusammenhang damit auch inneren Tatsachen enthalten, in denen sämtliche gesetzlichen Merkmale der Straftat wiederzufinden sind.[19] Insbesondere bei einer Vielzahl von Einzeltaten ist der Tatrichter nicht von der Pflicht der Darstellung des konkreten Sachverhalts der Einzelfälle entbunden, wenn diese nicht in allen wesentlichen Umständen gleichgelagert sind.[20] Den Urteilsgründen muss sich das Beweisergebnis der herangezogenen Beweismittel entnehmen lassen. Insbesondere muss der **Kerngehalt von Zeugenaussagen** den Urteilsgründen zu entnehmen sein.[21] Sind nach den Sachverhaltsfeststellungen mehrere Zeugen bei einem Geschehen anwesend, so sind deren Angaben in der Hauptverhandlung im Rahmen der Beweiswürdigung wiederzugeben.[22] Beruht eine Sachverhaltsfeststellung auf dem **Geständnis** des Angeklagten, so ist es möglicherweise nicht ausreichend, dass die geständige Einlassung lediglich pauschal im Urteil wiedergegeben wird. Insbesondere wenn die rechtliche Würdigung im Urteil von dem Antrag der Verteidigung abweicht, reicht die lediglich pauschale Ausführung, der Angeklagte habe den Sachverhalt in vollem Umfang eingeräumt, nicht aus.[23]

a) Darstellung von Sachverständigengutachten

10 Sachverständigen weist die höchstrichterliche Rechtsprechung die Rolle als Gehilfen des Richters zu.[24]

Hierauf basierend muss den Urteilsgründen zu entnehmen sein, welche Tatsachen aufgrund der Ausführungen des Sachverständigen festgestellt wurden. Dabei ist zwischen **Befundtatsachen** und **Zusatztatsachen** zu unterscheiden. Befundtatsachen sind solche Tatsachen, die ausschließlich der Sachverständige nur aufgrund seiner Sachkunde erkennen kann.[25] Diese Befundtatsachen müssen durch die Ausführungen des Sachverständigen in die Hauptverhandlung eingeführt worden sein und können erst dann vom Gericht verwertet werden.[26] Den Urteilsgründen muss sich also entnehmen lassen, welche Befundtatsachen durch den Sachverständigen in die Hauptverhandlung eingeführt wurden. Zusatztatsachen sind hingegen Tatsachen, die der Sachverständige nicht aufgrund eigener fachkundiger Untersuchung feststellt, sondern die auch vom Gericht ohne das Erfordernis besonderer Sachkunde hätten festgestellt werden können.[27] Auch die Schlußfolgerungen, zu denen der Sachverständige aufgrund der von ihm ermittelten **Anknüpfungstatsachen** kommt, sind im Urteil durch den Tatrichter wieder-

---

19 BGHR StPO § 267 Abs. 1 Satz 1, Sachdarstellung 4.
20 BGHR StPO § 267 Abs. 1 Satz 1, Sachdarstellung 7.
21 BGHR StPO § 267 Abs. 1 Satz 1, Beweisergebnis 6.
22 BGHR StPO § 267 Abs. 1 Satz 1, Beweisergebnis 8.
23 BGHR StPO § 267 Abs. 1 Satz 2, Geständnis 1.
24 BGHSt 7, 238 ff., 239.
25 BGHSt 18, 107 ff., 108.
26 BGHSt 9, 292 ff.
27 BGHSt 18, 108 ff., 109; vgl. zum Ganzen auch oben § 15 die Beweisaufnahme.

zugeben. Nur so ist gewährleistet, dass der Richter die Sachverständigenschlußfolgerungen auf ihre Überzeugungskraft hin prüft, wozu er verpflichtet ist.[28] Denn regelmäßig ist der Tatrichter dazu aufgerufen, sich ein eigenes stichhaltiges Urteil von den Bekundungen des Sachverständigen zu machen. Nur im Ausnahmefall kann sich die richterliche Prüfung darauf beschränken, aufgrund besonderer Zuverlässigkeit des Sachverständigen auf dessen Sachkunde zu vertrauen.[29] Dies gilt namentlich bei standardisierten Untersuchungsmethoden, bei denen sich das Gericht in der Sachverhaltsdarstellung darauf beschränken darf, das Ergebnis der Bekundungen des Sachverständigen wiederzugeben. Für unzulässig wird dies beispielsweise gehalten bei daktyloskopischen Gutachten, bei Blutalkoholanalysen oder der Bestimmung von Blutgruppen.[30]

b) Identifikation durch Lichtbild

In Verkehrsstrafsachen und -ordnungswidrigkeiten wird der Angeklagte nicht selten **11** versucht haben, sich durch Schweigen gegen die Identitätsfeststellung zur Wehr zu setzen. In einem solchen Fall hat das Gericht häufig die Möglichkeit, anhand von Fotografien die Tätereigenschaft des Angeklagten zu klären. Die Identitätsfeststellung muss im Urteil allerdings nachvollziehbar dargestellt werden, damit die Überprüfung auf Rechtsfehler möglich ist.

Die gesetzliche Regelung in § 267 Abs. 1 S. 3 StPO lässt nach dem Gesetzeswortlaut hinsichtlich von Einzelheiten die Bezugnahme auf Abbildungen zu, die sich bei den Akten befinden. Zumindest für **Ordnungswidrigkeiten** eröffnet diese gesetzliche Regelung dem Tatrichter die Möglichkeit, die Identität eines Betroffenen bei einem Verkehrsverstoß durch eine ausdrückliche Bezugnahme auf ein bei den Akten befindliches Foto festzustellen. Grundsätzlich ist dem Rechtsbeschwerdegericht zwar die Überprüfung der Identitätsfeststellung versagt. Bei unscharfen Fotografien oder bei Fotografien, auf denen das Gesicht des Fahrers nur teilweise zu erkennen ist, ist aber von einem Erfahrungssatz auszugehen, wonach bei schlechter Bildqualität durch bloßen Vergleich mit dem erschienen Betroffenen eine Identitätsfeststellung regelmäßig nicht möglich ist. Bei der Identifikation des Angeklagten als Täter trotz schlechter Bildqualität ist die Sachrüge zu erheben, auch wenn hier auf Aktenteile Bezug genommen werden muss.[31]

Handelt es sich um eine Ordnungswidrigkeit, so ist der Tatrichter nicht gehalten, weitere Ausführungen zur Identitätsfeststellung zu machen. Er braucht weder charakteristische Merkmale aufzulisten, auf die sich die Überzeugung von der Identität des Betroffenen stützt, noch brauchen diese Merkmale und das Maß der Übereinstimmung beschrieben zu werden.[32] Zu beachten ist allerdings, dass diese Rechtsauffassung des Bundesgerichtshofes nur bei Ordnungswidrigkeiten als Gegenstand des Verfahrens entschieden wurden. Auf Strafverfahren sind diese Rechtsansichten daher nicht ohne weiteres übertragbar.

Sieht der Tatrichter von einer Verweisung gem. § 267 Abs. 1 S. 3 StPO ab, so muss dem Rechtsmittelgericht durch eine entsprechende **ausführliche Beschreibung** die

28 BGHSt 7, 238 ff., 239.
29 BGHSt 7, 238 ff., 239.
30 Vgl. BGH StV 00, 125 f.; OLG Frankfurt/Main StV 94, 9.
31 BGHSt 41, 376 ff., 383.
32 BGHSt 41, 376 ff., 383.

Prüfung ermöglicht werden, ob das Lichtbild für die Identifizierung geeignet ist. Das Urteil muss Ausführungen zur Bildqualität enthalten und die abgebildete Person oder mehrere Identifizierungsmerkmale so präzise beschreiben, dass dem Rechtsmittelgericht anhand der Beschreibung in gleicher Weise wie bei Betrachtung eines Fotos die Prüfung der Ergiebigkeit des Fotos ermöglicht wird. Die Zahl der zu beschreibenden Merkmale kann dabei umso kleiner sein, je individueller sie sind und je mehr sie in ihrer Zusammensetzung geeignet erscheinen, eine bestimmte Person sicher zu erkennen. Dagegen muss die Beschreibung mehr Merkmale erfassen, wenn die geschilderten Merkmale auf eine Vielzahl von Personen zutreffen.[33] Bei der Identifizierung darf nach höchstrichterlicher Rechtsprechung auch die sonstige Beweissituation nicht außer Betracht bleiben. Bestreitet der Betroffene mit näheren Ausführungen die Fahrereigenschaft, so wird möglicherweise eine erweiterte Beweisaufnahme und eine eingehende Darstellung der Beweiswürdigung erforderlich sein.[34]

2. Revisionsrechtliche Kontrolle der Beweiswürdigung

12   Klassischerweise ist die Beweiswürdigung Aufgabe des Tatrichters. Diese Auffassung wird auch in der Rechtsprechung der Revisionsgerichte stets als Ausgangspunkt formuliert. Als **Obersatz** gilt: Das Ergebnis der Beweisaufnahme zu würdigen, ist allein Sache des Tatrichters. Es ist die für die Schuldfrage entscheidende, ihm allein übertragene Aufgabe, ohne Bindung an gesetzliche Beweisregeln und nur nach seinem Gewissen verantwortlich zu prüfen, ob er an sich mögliche Zweifel überwinden und sich von einem bestimmten Sachverhalt überzeugen kann oder nicht.[35] Deshalb gilt, soweit das Ergebnis der Beweiswürdigung auf Schlußfolgerungen beruht:
Der Tatrichter kann nicht gehindert werden, an sich mögliche, wenn auch nicht zwingende Folgerungen aus bestimmten Tatsachen zu ziehen. Ebenso wenig können Vorgaben gemacht werden, unter welchen Voraussetzungen der Tatrichter zu einer bestimmten Folgerung und einer bestimmten Überzeugung kommen muss. Die auf Schlußfolgerungen beruhende Überzeugungsbildung des Tatrichters ist für das Revisionsgericht nur begrenzt überprüfbar. Grundsätzlich ist die Überzeugungsbildung des Tatrichters für das Revisionsgericht bindend.[36] Diese **Bindungswirkung** wird auch durch den Grundsatz untermauert, wonach es dem Revisionsgericht verwehrt ist, die Beweiswürdigung des Tatrichters durch seine eigene zu ersetzen. So ist es dem Revisionsgericht auch nicht möglich, zu einer Beanstandung der Beweiswürdigung unter Zugrundelegung des Hauptverhandlungsprotokolls oder durch Aufzeichnungen der Prozessbeteiligten zu gelangen.[37] Eine Teilwiederholung einer Beweisaufnahme im Wege des Freibeweises ist generell unzulässig.[38] Insbesondere ist es dem Revisionsgericht bei einer Indizienbeweislage nicht gestattet, aufgrund der im tatrichterlichen Urteil mitgeteilten Beweisanzeichen seine Wertung an die Stelle derjenigen des Tatrichters zu setzen.[39]

---

33 BGHSt 41, 376 ff., 384.
34 BGHSt 41, 376 ff., 385.
35 BGHSt 29, 18 ff., 20.
36 BGHSt 29, a.a.O.
37 BGHSt 29, a.a.O.
38 BGHSt 29, a.a.O.
39 BGHSt 29, a.a.O.

Diese Grundsätze leitet die höchstrichterliche Rechtsprechung aus dem **Grundsatz der freien Beweiswürdigung** in § 261 StPO her. Im Rahmen einer Revisionsbegründung sollte der Verteidiger sie stets beachten. Er sollte in der Revisionsbegründung keine Zweifel darüber aufkommen lassen, dass einer der oben aufgeführten Grundsätze verletzt werden könnte. Dennoch gibt es von diesen Grundsätzen Einschränkungen. Ausgangspunkt dieser Einschränkungen ist die Rechtsauffassung des Bundesgerichtshofes, dass dem Gericht bei der ihm nach § 261 StPO eingeräumten Freiheit in der Überzeugungsbildung Grenzen gesetzt sind. Die Überschreitung dieser Grenzen eröffnet Chancen in der Revision.

a) Verkennung des Begriffs der richterlichen Überzeugung

Die Sachverhaltsfeststellungen sind das Ergebnis der richterlichen Beweiswürdigung. **13** Der Tatrichter muss davon überzeugt sein, dass sich der dargestellte Sachverhalt so zugetragen hat, wie in den Urteilsgründen dargestellt.
Die richterliche Überzeugung hat dabei stets **zwei Komponenten** und muss diese Komponenten auch zum Ausdruck bringen, insbesondere wenn die Würdigung der Beweise in der Hauptverhandlung umstritten ist. Der Tatrichter hat sich nur dann in rechtlich unangreifbarer Weise eine richterliche Überzeugung gebildet, wenn objektive Grundlagen die persönliche Gewißheit des Richters rechtfertigen. Die objektiven Grundlagen müssen aus rationalen Gründen den Schluß erlauben, dass das festgestellte Geschehen mit hoher Wahrscheinlichkeit mit der Wirklichkeit übereinstimmt. Diese Korrelation zwischen der persönlichen Gewißheit des Tatrichters und den objektiven Grundlagen ist der Nachprüfung durch das Revisionsgericht zugänglich. Die Urteilsgründe müssen deshalb von vornherein erkennen lassen, dass die Beweiswürdigung auf einer tragfähigen, verstandesmäßig einsichtigen Tatsachengrundlage beruht und dass die vom Gericht gezogene Schlußfolgerung nicht etwa nur eine Annahme ist oder sich als bloße Vermutung erweist, die letztlich nicht mehr als einen Verdacht zu begründen vermag.[40]
Mit Umständen, die Zweifel an der Sachverhaltsfeststellung wecken, muss sich das Gericht grundsätzlich auseinandersetzen. Bloße abstrakte, theoretische oder unvernünftige Zweifel, denen es an einer realen Grundlage fehlt, müssen dabei nicht berücksichtigt werden. Übertriebene Anforderungen an die vom Tatgericht zu erlangenden Gewißheit hinsichtlich der Übereinstimmung von Beweismitteln und tatsächlichem Geschehen sollen nach der höchstrichterlichen Rechtsprechung nicht angebracht sein.[41] Allerdings sind Gründe, die zu vernünftigen Zweifeln in einer für den Schuldspruch relevanten Frage Anlass geben, zu berücksichtigen und können am Ende einer Verurteilung entgegenstehen. Ein vernünftiger Zweifel hat seine Grundlage in rationaler Argumentation, die sämtliche Indizien, die zugunsten des Angeklagten sprechen, vollständig und in ihren sachverhaltsbedeutsamen Aspekten erfaßt. Wo der vernünftige Zweifel Platz greift, ist das für eine Verurteilung erforderliche Beweismaß der hohen Wahrscheinlichkeit hinsichtlich der Übereinstimmung von Beweisergebnis und tatsächlichem Geschehen nicht mehr gegeben.[42]

---

40 BGHR StPO § 261, Identifizierung 6.
41 BGHR StPO § 261, Überzeugungsbildung 7.
42 BGHR StPO § 261, Überzeugungsbildung 7.

Wie weit hier die Überprüfung der richterlichen Überzeugungsbildung durch das Revisionsgericht gehen kann, wird besonders im sog. Pistazieneis-Urteil des Bundesgerichtshofs vom 19.01.1999 deutlich. Dort hat der Bundesgerichtshof die Beweiswürdigung des Tatgerichts in einer nicht unerheblichen Anzahl von Einzelpunkten kritisiert und ist sogar so weit gegangen, den in dem Verfahren Angeklagten aufgrund der Vielzahl der vernünftigen Zweifel freizusprechen, ohne die Sache zur erneuten Verhandlung und Entscheidung an das Tatsachengericht zurückzuverweisen.[43]

Besonders aussichtsreich ist die Überprüfung eines tatricherlichen Urteils zur Feststellung der Täteridentität aufgrund einer **Wiedererkennensaussage**. Es ist dem Tatrichter verboten, seine subjektive Überzeugung auf eine bloße subjektive Bekundung eines Zeugen zu stützen.[44] So darf sich ein Tatrichter nicht ohne weiteres mit der subjektiven Einschätzung eines Wiedererkennungszeugen begnügen, wonach dieser den Angeklagten „sicher" wiedererkenne. Hier können anerkannte Erfahrungssätze ins Spiel gebracht werden, die die Korrelation zwischen subjektiver Überzeugungsbildung und objektiven Umständen in Zweifel ziehen können. Des weiteren hat der Tatrichter auch bei der Bekundung subjektiver Gewißheit des Wiedererkennens durch einen Zeugen die Wiedererkennungssituation zu berücksichtigen. Dabei geht die Rechtsprechung grundsätzlich davon aus, dass dem erstmaligen Wiedererkennen des Angeklagten durch einen Zeugen in der Hauptverhandlung geringerer Beweiswert zukommt, als dem wiederholten Wiedererkennen nach einer außerhalb der Hauptverhandlung durchgeführten Wahlgegenüberstellung.[45] Bei dem wiederholten Wiedererkennen ist wiederum zu berücksichtigen, ob dem Identifizierungszeugen außerhalb der Hauptverhandlung eine Identifizierung im Rahmen einer Wahlgegenüberstellung oder einer Wahllichtbildvorlage ermöglicht wurde oder ob dem Zeugen der Tatverdächtige oder sein Bild allein präsentiert wurden.[46]

Bei einer **erstmaligen Gegenüberstellung** im Rahmen einer Hauptverhandlung ist der Tatrichter gehalten, sicherzustellen, dass der Angeklagte nicht schon durch seine Plazierung im Gerichtssaal als Tatverdächtiger hervorgehoben wird. Generell ist jede Identifizierungsbeweiswürdigung darauf zu überprüfen, ob sich der Tatrichter der generellen Probleme einer Wiedererkennungsidentifizierung bewusst ist.

b) Verstoß gegen Denkgesetze

14 Eine Sachrüge wegen des **Verstoßes gegen Denkgesetze** wird eher selten erfolgreich erhoben werden können. Es gilt aber: Die freie Beweiswürdigung des Tatrichters unterliegt den allgemeinen Gesetzen des Denkens und der Erfahrung. Es handelt sich hierbei um Normen des ungeschriebenen Rechts. Ihre Nichtbeachtung ist Verletzung des Gesetzes gem. § 337 StPO und kann die Revision begründen.[47]

Höchstrichterliche Entscheidungen, die diesen Grundsatz exemplifizieren, sind allerdings schwer zu finden. Die zu dieser Thematik vielfach in der Literatur angeführten Entscheidungen betreffen häufig einen Verstoß gegen allgemeine Erfahrungssätze, wie noch weiter unten auszuführen sein wird. Von Bedeutung ist jedoch, dass die Recht-

---

43 BGH NJW 99, 1562 ff.
44 OLG Köln StV 94, 67 ff., 68.
45 OLG Köln StV 94, 67.
46 OLG Köln, StV 94, 67 ff., 68.
47 BGHSt 6, 70 ff., 72.

sprechung die Gesetze des Denkens als Normen des ungeschriebenen Rechts zur Anwendung bringt und somit durchaus Aussicht bestehen kann, unlogische Beweiswürdigungen revisionsrechtlich anzugreifen.

c) Unklare und lückenhafte Beweiswürdigung

Von einer **unklaren Beweiswürdigung** des Tatrichters geht das Revisionsgericht aus,   15
wenn der Tatrichter Tatsachen, die sich aufgrund der Darstellung in der Urteilsurkunde anscheinend widersprechen, für zwanglos miteinander vereinbar bewertet, ohne hierfür irgendeine Begründung zu geben.[48]
Entscheidend kommt es somit darauf an, ob eine Begründung des Tatrichters gegeben ist. Wird die Vereinbarkeit widersprüchlicher Tatsachen durch den Tatrichter begründet, so kann die Beweiswürdigung grundsätzlich nicht mehr mit dem Argument der Unklarheit angegriffen werden. Das Revisionsgericht kann dann lediglich überprüfen, ob die Begründung gegen die Gesetze oder gegen Erfahrungssätze verstößt. Nur wenn die Beweiswürdigung eine Überprüfung darüber nicht ermöglicht, ob sie auf Denkfehlern oder auf Verstößen gegen Erfahrungssätze beruht, ist das Argument der Unklarheit wieder eröffnet.[49]
Sehr sinnvoll ist es, schon in der Revisionsbegründung den möglichen Verstoß darzustellen. Wird dem Revisionsgericht die Möglichkeit des Verstoßes gegen ein Denkgesetz dargelegt, ist die Wahrscheinlichkeit größer, dass es auch die angegriffene Beweiswürdigung als unklar bewertet.[50]
Die **Lückenhaftigkeit einer Beweiswürdigung** ist als eigenständiges Kriterium zur Begrenzung der freien richterlichen Beweiswürdigung anerkannt. Wird eine zur Findung der Wahrheit dienliche, der Prüfung zugängliche Beweistatsache infolge unrichtiger Bewertung seiner Bedeutung nicht in die zur Überzeugungsbildung führende Abwägung der Ergebnisse der Hauptverhandlung einbezogen, ist die Beweiswürdigung lückenhaft.[51] Die Lückenhaftigkeit der Beweiswürdigung wird auch oft damit begründet, der Tatrichter habe die Aufgabe, die Beweise nicht nur denkgesetzlich richtig und widerspruchsfrei, sondern auch erschöpfend zu würdigen. Gegen diese Aufgabenstellung verstößt der Tatrichter nach Auffassung der Revisionsrechtsprechung, wenn er von mehreren naheliegenden tatsächlichen Möglichkeiten nur eine in Betracht zieht und die anderen außer Acht lässt.[52]
Bemerkenswert ist, dass gerade die Lückenhaftigkeit der Beweiswürdigung bereits Gegenstand verfassungsrechtlicher Überprüfung war. Eine lückenhafte Beweiswürdigung wurde dabei als Verstoß gegen das Willkürverbot (Art. 3 Abs. 1 GG) gewertet.[53] Besonders häufig hat das Kriterium der Lückenhaftigkeit im Rahmen der Schlußfolgerung der Täterschaft im Bereich des Kraftverkehrs zur Urteilsaufhebung geführt: Die Schlußfolgerung von der Haltereigenschaft auf die Fahrereigenschaft ist eine lückenhafte Beweiswürdigung.

---

48 BGHSt 3, 213 ff., 215.
49 BGHSt 12, 311 ff., 314.
50 Vgl. BGHSt 15, 1 ff., 3.
51 BGHSt 14, 162 ff., 164 f.
52 BGHSt 25, 365 ff., 367.
53 BVerfG StV 94, 3 f.

Auch bei der Beweiswürdigung im Zusammenhang mit Vorsatzfragen kann typischerweise bei oberflächlichen Urteilsbegründungen die Lückenhaftigkeit der Beweiswürdigung mit Erfolg gerügt werden. Grundsätzlich ist es zwar zulässig, aus der objektiven Gefährlichkeit einer Tathandlung Schlussfolgerungen auf die subjektive Seite des Geschehens zu ziehen. Eine fehlerhafte Beweiswürdigung ist jedoch gegeben, wenn der Tatrichter in seine Erwägungen nicht alle Umstände einbezogen hat, welche die Schlußfolgerung in Frage stellen. Derlei Umstände müssen insbesondere dann in die Beweiswürdigung miteinbezogen werden, wenn ein einsichtiger Beweggrund insbesondere für eine schwere Straftat fehlt.[54] Fehlende Feststellungen zum Tatort[55] oder die fehlende Erwägung, dass ein Affektzustand auf die subjektive Tatseite Einfluss gehabt haben könnte,[56] können ebenso zu einer Urteilsaufhebung wegen lückenhafter Beweiswürdigung führen. Auch bei der Glaubwürdigkeitsbeurteilung einander widersprechender Zeugenaussagen kann es mit Hilfe dieses Arguments zu einer erfolgreichen Revisionsrüge kommen. Wenn eine Aussage gegen eine andere Aussage steht – wobei es nicht darauf ankommt, ob die Aussage des Angeklagten einer Zeugenaussage entgegensteht oder ob mehrere Zeugenaussagen einander widersprechen – verlangt die Rechtsprechung des Bundesgerichtshofes eine qualifizierte Aussagewürdigung.[57] Werden von mehreren Zeugenaussagen einzelne dieser Aussagen nicht in die Beweiswürdigung miteinbezogen, kann grundsätzlich mit guter Aussicht auf Erfolg die Lückenhaftigkeit der Beweiswürdigung gerügt werden.[58]

Bei wechselndem Aussageverhalten oder bei der Bekundung von Opferzeugen hat der Tatrichter eine qualifizierte Aussagewürdigung vorzunehmen.[59]

d) Verstoß gegen allgemeine Erfahrungssätze

16 In der Freiheit der Beweiswürdigung ist der Tatrichter durch die Geltung **allgemeiner Erfahrungssätze** gebunden. Allgemein als gesichert geltende wissenschaftliche Erkenntnisse, denen eine unbedingte, jeden Gegenbeweis mit anderen Mitteln ausschließende Beweiskraft zukommt, muss der Tatrichter als richtig hinnehmen, selbst wenn er ihre Grundlagen im einzelnen nicht selbst erschöpfend nachprüfen kann.[60]

Besonders deutlich wird der Zusammenhang zwischen freier Beweiswürdigung und allgemeinen Erfahrungssätzen bei Rechtsfragen im Zusammenhang mit der **Blutalkoholkonzentration**. So hat der Bundesgerichtshof in seinem Beschluß vom 26.06.1990[61] unter Bezugnahme auf Sachverständigengutachten, die in allgemein zugänglicher wissenschaftlicher Literatur veröffentlicht waren, den Grenzwert der absoluten Fahrtüchtigkeit bei 1,1 Promille angenommen. Der Bundesgerichtshof hat diese in der wissenschaftlichen Fachliteratur veröffentlichten sachverständigen Meinungsäußerungen im Freibeweisverfahren herangezogen und der Entscheidungsfindung zugrundegelegt. Ebenso ist der Bundesgerichtshof bei der Frage der Ermittlung eines

---

54 BGH StV 00, 68 f.
55 BGH StV 00, 68 f.
56 BGH StV 94, 13 f.
57 Vgl. Nack StV 94, 555 ff.
58 BGH bei Nack StV 94, 555 ff., 556.
59 Vgl. Nack StV 94, 555 ff.
60 BGHSt 10, 208 ff., 211; 6, 70 ff., 72 f.
61 BGHSt 37, 89 ff.

BAK-Wertes durch Rückrechnung verfahren. Im Anschluss an sachverständige Äußerungen in der wissenschaftlichen Literatur ist er so zur Auffassung gekommen, dass bei der Ermittlung des BAK-Wertes durch Rückrechnung i.r.d. §§ 20, 21 StGB grundsätzlich ein gleichbleibender Abbauwert von 0,1 Promille pro Stunde zugrundezulegen ist.[62]

e) Nichtberücksichtigung offenkundiger Tatsachen

Die Freiheit der richterlichen Beweiswürdigung ist neben allgemeinen Erfahrungssei- **17** ten auch durch die Verpflichtung zur Berücksichtigung **offenkundiger Tatsachen** eingeschränkt. Die höchstrichterliche Rechtsprechung unterscheidet bei den offenkundigen Tatsachen die **allgemein bekannten Tatsachen** sowie die **gerichtskundigen Tatsachen**.[63] Als allgemein bekannte Tatsachen definiert die höchstrichterliche Rechtsprechung solche Vorgänge, von denen verständige Menschen regelmäßig Kenntnis haben oder über die sie sich aus zuverlässigen Quellen ohne besondere Fachkunde sicher unterrichten können .[64] Gerichtskundig sind Tatsachen, die der Tatrichter im Zusammenhang mit seiner amtlichen Tätigkeit zuverlässig in Erfahrung gebracht hat. Dabei sollen nicht nur solche Tatsachen gerichtskundig werden können, die das Gericht durch eigene Amtstätigkeit in Erfahrung gebracht hat, sondern auch Tatsachen, die dem Tatrichter von dritter Seite vermittelt werden.[65] Den Begriff der Offenkundigkeit verwendet das Gesetz auch in der gesetzlichen Regelung in § 244 Abs. 3 S. 2 StPO.[66]

f) Anwendung des Zweifelsgrundsatzes („in dubio pro reo")

Eine weitere Einschränkung findet die Freiheit der Beweiswürdigung schließlich im **18** allgemeinen **strafrechtlichen Zweifelsgrundsatz**. Der allgemeine strafrechtliche Zweifelsgrundsatz genießt Verfassungsrang.[67] Der Zweifelsgrundsatz besagt, dass die Sachverhaltsfeststellungen in der für den Angeklagten günstigsten Variante zu treffen sind, wenn die Gesamtwürdigung des Beweisstoffes zu einem „non liquet" führt.[68]

Der Zweifelsgrundsatz gilt sowohl hinsichtlich der Erfüllung einzelner Merkmale des objektiven und subjektiven Tatbestandes als auch für die Tatbestandsvoraussetzungen von strafbefreienden gesetzlichen Tatbeständen aus dem allgemeinen Teil des StGB.[69] Verteidigt sich der Angeklagte beispielsweise mit einer Alibi-Behauptung, mißlingt jedoch der Alibibeweis, so kann allein der Fehlschlag des Alibibeweises für sich alleine noch kein Beweisanzeichen für die Schuld des Angeklagten sein.[70]

Von Bedeutung ist der Zweifelsgrundsatz auch bei der Ermittlung der Blutalkoholkonzentration im Wege der Rückrechnung. Ist bei der Feststellung der Schuldfähigkeit der stündliche Abbauwert durch den Sachverständigen nicht definitiv festzustellen, so darf

---

62 BGHSt 25,246 ff.
63 BGHSt 6, 292 ff., 293.
64 BGHSt 6, 292 ff., 293.
65 BGHSt 6, 292 ff., 293.
66 Vgl. auch oben das Beweisantragsrecht.
67 BVerfG NJW 88, 477.
68 BGHR StPO § 261, in dubio pro reo 6.
69 BGH StV 95, 509 ff.
70 BGH StV 95, 510 f.

bei der Feststellung der BAK-Konzentration nicht von einem „wahrscheinlichen" Abbauwert ausgegangen, sondern es muss ein minimaler Abbauwert zugrunde gelegt werden.[71]

IV. Verfahrensrügen

Nachdem das Vorbringen von erfolgreichen Verfahrensrügen mit besonderen Schwierigkeiten verbunden ist, ist insbesondere die Beachtung folgender Punkte unbedingt notwendig:

1. Beweis der Verfahrensrüge

a) Wesentliche Förmlichkeiten

19 Es wurde bereits ausgeführt, dass sich die Verfahrensrüge von der Sachrüge vor allem dadurch unterscheidet, dass der einer Sachrüge zugrunde zu legende Rechtsfehler ausschließlich anhand der Urteilsurkunde bewiesen wird. Die Verfahrensrüge ist hingegen anhand des Hauptverhandlungsprotokolls oder auch anhand weiterer Aktenteile zu beweisen. Welchen Inhalt das Protokoll haben soll, ergibt sich aus den gesetzlichen Regelungen in § 272 ff. StPO.

Zunächst unterscheidet das Gesetz hierbei ein reines **Verlaufsprotokoll i.S.d.** § 273 Abs. 1 StPO vom **Ergebnisprotokoll** gem. § 273 Abs. 2 StPO. Ein Ergebnisprotokoll kommt nur bei Hauptverhandlungen vor dem Amtsgericht in Betracht und enthält lediglich die wesentlichen Ergebnisse der durchgeführten Vernehmungen. In Tatsachenverfahren vor dem Landgericht oder höherrangigen Gerichten ist demgegenüber ein Verlaufsprotokoll zu fertigen. Hierbei unterscheidet das Gesetz allerdings den Gang und die Ergebnisse der Hauptverhandlung einerseits sowie die wesentlichen Förmlichkeiten andererseits (§ 273 Abs. 1 StPO).

Der Begriff der wesentlichen Förmlichkeit in § 273 Abs. 1 StPO taucht nochmals in § 274 S. 1 StPO als Begriff „vorgeschriebene Förmlichkeit" auf. Als Rechtsfolge bestimmt § 274 S. 1 StPO, dass die Beachtung wesentlicher Förmlichkeiten nur durch das Protokoll bewiesen werden kann. Ein Gegenbeweis soll also grundsätzlich nicht stattfinden können. Soll demnach gerügt werden, dass das Gericht eine wesentliche Förmlichkeit des Verfahrens nicht beachtet habe, wird dies nur erfolgreich sein, wenn das Hauptverhandlungsprotokoll die Einhaltung dieser Förmlichkeit nicht belegt (negative Beweiskraft).[72] Ohne Aussicht auf Erfolg ist der Rügevortrag hinsichtlich einer wesentlichen Förmlichkeit des Verfahrens bereits dann, wenn das Hauptverhandlungsprotokoll die Einhaltung dieser Förmlichkeit belegt (positive Beweiskraft).

Welche Verfahrensvorgänge zu den wesentlichen Förmlichkeiten zu rechnen sind, ist von der höchstrichterlichen Rechtsprechung bislang nicht abschließend geklärt. Der Rechtsprechung des Bundesgerichtshofes lässt sich entnehmen, dass zu den wesentlichen Förmlichkeiten zum einen die Angaben gemäß § 272 StPO und zum anderen auch die prozessualen Befugnisse von Verfahrensbeteiligten zählen.[73] Zu den wesentlichen Förmlichkeiten wird man also alle Verfahrensvorgänge rechnen können, die auf besonderen durch Gesetz eingeräumten Verfahrensbefugnissen beruhen können.

---

71 BGHR StPO § 261, in dubio pro reo 6.
72 Vgl. zuletzt auch BGH StV 04, 297.
73 BGHR StPO § 274, Beweiskraft 11.

Die Literatur[74] und die Rechtsprechung haben folgende Verfahrensgänge als **wesentliche Förmlichkeiten** qualifiziert.

- Die Öffentlichkeit der Verhandlung, deren Ausschluß und deren Wiederherstellung (§ 169 Satz 1 GVG);
- der Aufruf der Sache (§ 243 Abs. 1 S. 1 StPO);
- die Anwesenheit von Personen, deren ununterbrochene Gegenwart in der Hauptverhandlung zwingend vorgeschrieben ist (§ 226 StPO);
- die Zuziehung eines Dolmetschers (§§ 185, 186 GVG), dessen Vereidigung oder Berufung auf höhergeleistete Eide;
- die Vernehmung des Angeklagten zur Person, die Verlesung des Anklagesatzes, die Vernehmung des Angeklagten zur Sache (alles § 243 StPO);
- die Tatsache und die Reihenfolge der Vernehmung von Zeugen und Sachverständigen;
- die Belehrung von Zeugen und Sachverständigen;
- die Belehrung über Zeugnis- und Auskunftsverweigerungsrechte sowie über die Vereidigung von Zeugen und Sachverständigen;
- das Einverständnis der Verfahrensbeteiligten mit dem Absehen von der Erhebung einzelner Beweismittel (§ 245 Abs. 1 S. 2 StPO);
- die Beanstandung von Anordnungen des Vorsitzenden (§ 238 Abs. 2 StPO);
- der Antrag auf einen minderschweren Fall zu bestimmen (§ 267 Abs. 3 S. 2 StPO);
- der Antrag auf Bewährungsaussetzung einer Freiheitsstrafe (§ 267 Abs. 3 S. 4 StPO).

b) Durchbrechung der Beweiskraft des Protokolls

Die Beweiskraft des Protokolls in Bezug auf wesentliche Förmlichkeiten kann entfallen, wenn das Protokoll an bestimmten inhaltlichen Mängeln leidet. Nach der Rechtsprechung kommen aus sich selbst heraus nicht lösbare Widersprüche, unerklärliche Auslassungen (Lücken) sowie Unklarheiten[75] als solche Mängel in Betracht. Um offensichtliche Mängel kann es sich auch handeln, wenn die Sitzungsniederschrift Vorgänge beurkundet, die sich nach aller Erfahrung so nicht zugetragen haben können.[76]   20

Als **nicht lösbaren Widerspruch** hat die höchstrichterliche Rechtsprechung beispielsweise bewertet das Schweigen der Sitzungsniederschrift über die Anwesenheit eines beisitzenden Richters an einem bestimmten Verhandlungstag.[77] Ebenso wurde ein solcher Widerspruch in einem Hauptverhandlungsprotokoll gesehen, in dem für einen von mehreren Sitzungstagen ein anderer Richter anstelle des an den sonstigen Sitzungstagen anwesenden Beisitzers aufgeführt wurde.[78] Eine **Lücke des Protokolls** wurde beispielsweise dann angenommen, wenn sich aus dem Protokoll kein bestimmter Schlußantrag des Staatsanwalts ergibt, sich aus anderen Umständen allerdings zwingend ergibt, dass er einen solchen gestellt haben muss.[79]

---

74 KK-Engelhardt, § 273 StPO, Rn 4.
75 BGHSt 17, 220, 221; BGHSt 16, 306, 308; OLG Hamburg StV 03, 298, 299.
76 BGH NJW 01, 3794 ff.; BGH StV 04, 297, 298 für den Fall der angeblich nicht stattgefundenen Anklageverlesung.
77 BGH StV 01, 101.
78 BGH NJW 01, 3794; BGHSt 16, 306.
79 BGH NJW 01, 3794 ff., 3795.

Die Beweiskraft des Protokolls kann auch bei Unklarheit durchbrochen werden. Dies hat der Bundesgerichtshof insbesondere bei dem Protokollvermerk „allgemein vereidigt" für einen Dolmetscher angenommen. Der Vermerk könne die bloße Tatsache der Vereidigung beinhalten aber auch nach § 189 Abs. 2 GVG die Berufung auf den allgemein geleisteten Eid wiedergeben. Hier ist die positive Beweiskraft des Protokolls entfallen.[80]

Soweit die Beweiskraft des Protokolls durchbrochen ist, kommt zur Klärung des Verfahrensablaufs der Freibeweis bzw. die freie Beweiswürdigung in Betracht.[81]

c) Protokollberichtigung

21 Nach allgemeiner Auffassung in Rechtsprechung und Literatur soll es zulässig sein, ein bereits erstelltes Protokoll im Nachhinein zu berichtigen. Eine solche Protokollberichtigung soll jedoch zwingend voraussetzen, dass sowohl Vorsitzender wie auch Urkundsbeamter hinsichtlich der zu berichtigenden Protokollangaben übereinstimmen. Bei divergierender Auffassung von Vorsitzendem und Urkundsbeamten kommt eine Berichtigung des Protokolls nicht in Betracht. Soweit lediglich eine Urkundsperson das Protokoll für falsch hält, so ist dies in der Verfahrensakte zu vermerken, was zu einer Durchbrechung der Beweiskraft des Protokolls führt.[82] Eine feste zeitliche Grenze zur Protokollberichtigung sieht das Gesetz nicht vor. Allerdings ist eine Protokollberichtigung nicht mehr zulässig, wenn sie einer bereits in zulässiger Weise erhobenen Rüge die Tatsachengrundlage entziehen würde.[83] Zumindest darf das Revisionsgericht nach zulässiger Erhebung der Verfahrensrüge eine Protokollberichtigung nicht mehr berücksichtigen.[84]

d) Protokollrügen

22 Die Bedeutung des Hauptverhandlungsprotokolls für den Beweis von Verfahrensfehlern darf nicht dazu verleiten, sogenannte Protokollrügen vorzutragen. Nach ständiger höchstrichterlicher Rechtsprechung gehört zu einer Verfahrensrüge die bestimmte Behauptung, der geltend gemachte Fehler sei geschehen. Trägt der Revisionsführer lediglich vor, in der Niederschrift über die Hauptverhandlung sei ein bestimmter Vorgang nicht beurkundet, so handelt es sich um eine Rüge, die die Revisionsgerichte als Protokollrüge behandeln. Sehr apodiktisch formulieren hierzu die Revisionsgerichte, das Urteil des Tatrichters beruhe nur auf den Vorgängen in der Hauptverhandlung, nicht jedoch auf der Niederschrift über die Hauptverhandlung.[85]

2. Aufklärungsrüge

a) Bedeutung

23 Wie bereits ausgeführt, handelt es sich bei der Aufklärungsrüge um eine der häufigsten Verfahrensrügen.[86] Beachtenswert ist der historische Hintergrund dieser besonderen

---

80 BGHSt 31, 39.
81 BGHSt 31, 39, 41; OLG Hamburg StV 03, 298, 299.
82 KK/Engelhardt, § 271 StPO, Rn 17.
83 BGHSt 34, 11 ff., 12.
84 A.a.O.
85 BGHSt 7, 162 ff., 163.
86 Vgl. § 31 Rn 1.

Form der Verfahrensrüge: Es wird davon ausgegangen, dass die Aufklärungsrüge erst seit der Entscheidung des Reichsgerichts vom 21.02.1928 zumindest in der Rechtsprechung anerkannt ist.[87] Mit ihrem jetzigen Aussagegehalt ist die gesetzliche Regelung in § 244 Abs. 2 StPO erst durch ein Gesetz vom 28.06.1935 in die StPO aufgenommen worden. Mit der Abschaffung der Beweiserhebungspflichten aufgrund von Beweisanträgen durch § 24 der Verordnung vom 01.09.1939 erlangte die Aufklärungsrüge ganz wesentliche Bedeutung, da sie die Beweiserhebungsrüge ersetzen musste.[88] Auch nach Wiedereinführung des Beweisantragsrechts und der damit verbundenen Beweiserhebungspflicht durch das Vereinheitlichungsgesetz vom 12.09.1950 hat die Aufklärungsrüge eine eigenständige Bedeutung neben der Beweiserhebungsrüge erlangt.[89] Rechtsprechung und Literatur messen der in § 244 Abs. 2 StPO normierten Aufklärungspflicht neben der in §§ 244 Abs. 3 bis 4, 246 StPO normierten Beweiserhebungspflicht eigene Bedeutung zu.[90] Dies wird insbesondere in den Fällen deutlich, in denen die Revisionsgerichte eine Aufklärungspflicht angenommen haben, obwohl ein zuvor gestellter Beweisantrag formell rechtmäßig zurückgewiesen wurde.[91] Auch wenn ein Beweisantrag aus formell nicht zu beanstandenden Gründen zurückzuweisen ist, kann die Aufklärungspflicht die Aufklärung der Beweistatsache des zurückgewiesenen Beweisantrages gebieten.

b) Begründung der Aufklärungsrüge

aa) Darstellung. Ausgangspunkt des Begründungsumfangs der Aufklärungsrüge ist in besonderem Maße die gesetzliche Regelung des § 344 Abs. 2 S. 2 StPO. Danach sind für Verfahrensrügen die den Mangel enthaltenden Tatsachen anzugeben. Die **Revisionsrechtsprechung** leitet daraus ab, dass die eine Rüge begründenden Tatsachen so genau angegeben werden müssen, dass das Revisionsgericht allein auf ihrer Grundlage prüfen kann, ob der geltend gemachte Verfahrensfehler vorliegt, wenn die behaupteten Tatsachen bewiesen werden.[92] Im Bereich der Aufklärungsrüge findet dabei besonders folgender **Grundsatz** stets Anwendung: Erforderlich ist nicht nur, dass der Beschwerdeführer die ihm nachteiligen Tatsachen nicht übergeht, sondern auch, dass er die Fakten vorträgt, die für das Vorliegen eines Ausnahmetatbestandes sprechen, die der Rüge den Boden entziehen können.[93]

bb) Beweistatsache. Deswegen sind zunächst die konkreten Tatsachen, Zustände oder Vorgänge dargestellt werden, die nach dem Rügevortrag vom Gericht aufzuklären gewesen wären.[94] So müssen beispielsweise Lichtbilder in die Revisionsbegründung mit aufgenommen werden, wenn das Tatsachengericht es angeblich unterlassen hat, in der Akte befindliche Lichtbilder in Augenschein zu nehmen.[95] Die Revisionsrechtsprechung hat hierzu wiederholt ausgeführt, für die Aufklärungsrüge werde ebenso wie für

24

---

87 Wessels, JuS 69, 1 ff. mit Hinweis auf RG JW 28, 1506.
88 Vgl. hierzu Wessels JuS 69, 1 ff., 2.
89 Vgl. hierzu Wessels, JuS 69, 1 ff.
90 Wessels JuS 69, 1 ff., 3.
91 Wessels JuS 69, 1 ff., 4 mit Hinweis auf BGH GA 54, 374.
92 BGHR StPO § 344 Abs. 2 Satz 2, Aufklärungsrüge 8; BGHSt 3, 213 ff., 214.
93 BGHR StPO § 344 Abs. 2 Satz 2, Aufklärungsrüge 8; BGHSt 37, 245 ff., 248 f.
94 Liemersdorf, StV 87, 175 ff., 179.
95 BGH StV 04, 304.

die Begründung eines formgerechten Beweisantrages die Aufstellung einer ganz bestimmten Beweisbehauptung verlangt. So ist es also nicht ausreichend, lediglich pauschal darzulegen, dass die verlangte Aufklärung zu veränderten Feststellungen des erkennenden Gerichts geführt hätte.[96]

cc) Beweismittel. Der Vortrag zur Aufklärungsrüge muss außerdem die Frage beantworten, auf welchem Wege das Gericht zur weiteren Aufklärung hätte kommen müssen, insbesondere welches andere Beweismittel es hätte benutzen müssen.[97] So ist es nicht ausreichend, lediglich pauschal die Beiziehung von Akten zu verlangen. Vielmehr muss vorgetragen werden, welches der in den beizuziehenden Akten enthaltene Beweismittel im Konkreten zur Aufklärung des Sachverhalts hätte herangezogen werden müssen.[98]

Typischerweise von besonderem Interesse sind Fragestellungen, die sich mit der Thematik einer unvollständigen Ausschöpfung eines ansonsten herangezogenen Beweismittels befassen. Die Aufklärungsrüge kann auch Erfolg versprechen, wenn ein bestimmtes Beweismittel (Zeuge, Sachverständiger) zwar in der Hauptverhandlung gehört wurde, dabei aber bestimmte Fragen nicht gestellt oder Vorhalte nicht gemacht wurden. Dies gewinnt insbesondere in den Fällen ein besonderes Gewicht, in denen eine Widersprüchlichkeit zwischen Sachverhaltsfeststellung im Urteil einerseits und Zeugenbekundungen oder schriftlichen Sachverständigengutachten in den Akten andererseits gegeben ist.

So kann beispielsweise die Rüge zum Erfolg führen, einem in der Hauptverhandlung vernommenen Zeugen seien bestimmte Bekundungen im vorangegangenen Ermittlungsverfahren oder im Rahmen einer polizeilichen Vernehmung im anderen Zusammenhang nicht vorgehalten worden.[99]

Im Zusammenhang mit **Zeugenvernehmungen** werden solche Rügen allerdings nur unter ganz engen Voraussetzungen zugelassen. Das bloße Schweigen der Urteilsgründe zu einem Widerspruch zwischen der Aussage in der Hauptverhandlung und der Aussage im Rahmen einer polizeilichen Vernehmung soll nach Auffassung der Rechtsprechung noch nicht ohne weiteres den Schluß zulassen, dass während der Zeugenvernehmung in der Hauptverhandlung der Widerspruch nicht vorgehalten worden sei.[100] Lassen aber die Urteilsgründe des angefochtenen Urteils selbst erkennen, dass der Tatrichter einen bestimmten Vorhalt nicht gemacht hat, so kann eine Aufklärungsrüge, die letztlich auf eine unterbliebene Ausschöpfung eines vorhandenen Beweismittels hinausläuft, erfolgreich durchdringen.[101]

Im übrigen gilt der Grundsatz: Mit der Aufklärungsrüge kann nicht erfolgreich gerügt werden, der Tatrichter habe durch Unterlassen bestimmter Vorhalte an einen Zeugen seine Aufklärungspflicht verletzt.

---

96 BGHR StPO § 344 Abs. 2 Satz 2, Aufklärungsrüge 4, 9.
97 Liemersdorf, StV 87, 175 ff., 179.
98 BGHR StPO § 344 Abs. 2 Satz 2, Aufklärungsrüge 7.
99 BGHR StPO § 244 Abs. 2, Zeugenvernehmung 6.
100 BGHR StPO § 244 Abs. 2, Zeugenvernehmung 11.
101 BGHSt 17, 351 ff., 353.

Im Falle von **Sachverständigengutachten** scheint die Verfahrensweise der Revisionsgerichte teilweise weniger streng zu sein. So kann bei Widerspruch zwischen dem vorläufigen schriftlichen Gutachten eines Sachverständigen und dem in der Hauptverhandlung erneut vernommenen Sachverständigen allein das Schweigen der Urteilsgründe zu diesem Widerspruch zu einer erfolgreichen Aufklärungsrüge führen.[102]

dd) Aufdrängen der Beweiserhebung. Die Aufklärungsrüge hat des weiteren darzustellen, aus welchem Grund das Tatgericht die Möglichkeiten zusätzlicher Sachaufklärung und Beweisführung gekannt hat, sie ihm zumindest erkennbar waren und aus welchen besonderen Gründen sich das Gericht zur weiteren Aufklärung gedrängt gesehen haben muss.[103] An die Darlegung zur Frage, weshalb sich eine bestimmte Beweiserhebung aufdrängt, werden sehr strenge Anforderungen gestellt. Zur Darstellung dieser Fragestellung kann es besonders darauf ankommen, den Gang eines Ermittlungsverfahrens oder auch die Begleitumstände im Rahmen einer Hauptverhandlung im einzelnen darzustellen. Dabei kann auf den Akteninhalt ohne weiteres Bezug genommen werden.[104]

Trotz des entsprechenden Schweigens der Urteilsgründe kann nachträglich die Herbeischaffung von **Vernehmungsprotokollen** im Rahmen des Verfahrens belegen, weshalb sich eine bestimmte Beweisaufnahme dem Gericht aufdrängen musste. In der Praxis nicht selten wird die nachträgliche Herbeischaffung von Vernehmungsprotokollen sein. Der chronologische Zusammenhang zwischen dem Eintreffen der Vernehmungsprotokolle und der Einvernahme eines Zeugen in der Hauptverhandlung kann zu der Annahme führen, dass sich bestimmte Vorhalte an einen Zeugen hätten aufdrängen müssen.[105]

ee) Ergebnis der unterlassenen Beweiserhebung. Schließlich muss sich aus der Begründung zur Aufklärungsrüge ergeben, zu welchem konkreten Ergebnis die unterlassene Beweiserhebung des Tatrichters geführt hätte.

Dabei muss bereits in der Revisionsbegründung das konkrete Ergebnis und die begünstigenden Auswirkungen dieses Ergebnisses auf die Beweiswürdigung im Einzelnen dargestellt werden.[106]

3. Revisionsbegründung

Eine nicht zu unterschätzende Revisionsklippe ist die gesetzliche Bestimmung in § 344   25
Abs. 2 S. 2 StPO, dass für den Fall der Erhebung einer Verfahrensrüge die den Mangel enthaltenen Tatsachen anzugeben sind. Die höchstrichterliche Rechtsprechung leitet daraus den allgemeinen Grundsatz her, dass der Rechtsmittelführer, der eine Verletzung des Verfahrensrechts geltend machen will, die den Mangel begründenden Tatsachen so vollständig und genau angeben muss, dass das Revisionsgericht alleine aufgrund der Begründungsschrift prüfen kann, ob ein Verfahrensfehler vorliegt, wenn die behaupteten Tatsachen bewiesen werden.[107] Teilweise wird daraus das Gebot hergelei-

---

102 BGH NStZ 91, 498 f., 449.
103 Liemersdorf, StV 87, 175 ff., 179.
104 BGHR StPO § 244 Abs. 2, Zeugenvernehmung 4; StPO § 344 Abs. 2 Satz 2, Aufklärungsrüge 6.
105 BGHR StPO § 244 Abs. 2, Zeugenvernehmung 6.
106 BGHR StPO § 344 Abs. 2 Satz 2, Aufklärungsrüge 4.
107 BGHR StPO § 344 Abs. 2, Satz 2, Verwertungsverbot 5.

tet, dass der Angeklagte im Rahmen eines ordnungsgemäßen Vortrags einer Verfahrensrüge auch ihm nachteilige Sachen vorzutragen hat, selbst dann, wenn sie seiner Rüge den Boden entziehen können.[108] Wird beispielsweise die Verletzung einer Verfahrensvorschrift gerügt, die ein Regel-Ausnahmeverhältnis beschreibt, so muss bei einer gerügten Verletzung des Regelfalles vorgetragen werden, dass die Voraussetzungen des Ausnahmetatbestandes nicht gegeben sind.[109] Im Falle der Rüge gegen die Verwertung einer Urkunde, die in der Hauptverhandlung nicht verlesen wurde, ist beispielsweise darzulegen, dass die Urkunde nicht auf anderem Wege in die Hauptverhandlung eingeführt wurde.[110]

4. Rügeverlust wegen unterlassener Beanstandung

26   Soweit es im Einzelfall im Raume steht, sollte die Revisionsbegründung Ausführungen dazu enthalten, dass **verfahrensleitende Verfügungen** des Vorsitzenden bzw. des Einzelrichters im Rahmen der Hauptverhandlung beanstandet wurden (§ 238 Abs. 2 StPO) oder dass hierzu von einem entsprechenden **Erklärungsrecht** Gebrauch gemacht wurde (§ 257 StPO). Anderenfalls kann eine ansonsten durchaus aussichtsreiche Revision alleine an dem Umstand scheitern, dass hierzu keine entsprechenden Darlegungen gemacht werden. So lag es auch in der grundlegenden Entscheidung des Bundesgerichtshofs zur Ermöglichung der Verteidigerkonsultation im Rahmen der ersten polizeilichen Beschuldigtenvernehmung. Obwohl das Urteil des Bundesgerichtshofs vom 12. Januar 1996 grundlegende Bedeutung erlangt hat, blieb der Revision des konkreten Beschwerdeführers der Erfolg versagt, da in der vorausgegangenen Hauptverhandlung das Erklärungsrecht nicht rechtzeitig ausgeübt wurde.[111]
Der Verteidiger wird daraus in Verfahren vor dem Tatrichter den Schluß ziehen müssen, von jeder Erklärungs- und Beanstandungsmöglichkeit vorzugsweise zu oft als zu selten Gebrauch zu machen. Der Verteidiger im Revisionsverfahren kann Verteidigungsmängel in der Tatsacheninstanz nicht mehr revidieren. Er ist in besonderem Maße gehalten, darzustellen, weshalb trotz unterbliebener Rüge im Rahmen der Hauptverhandlung vor dem Tatrichter die Verfahrensrüge erhalten bleiben soll.

---

108   BGHSt 37, 245 ff., 248 f.
109   BGH wistra 90, 197.
110   BGHR StPO § 344 Abs. 2 Satz 2, Urkunde 1.
111   BGHSt 42, 15, 17.

V. Arbeitshilfen

1. Checkliste zum Auffinden typischer Revisionsgründe 27

Urteilsurkunde	Hauptverhandlungsprotokoll	Verfahrensakte
Subsumtion	Vorschriftswidrige Abwesenheit Verfahrensbeteiligter	Ordnungsgemäße Ladung und Einhaltung der Ladungsfristen
Beweiswürdigung		
Strafzumessung	Vereidigung von Zeugen und Sachverständigen	Einhaltung des Beschleunigungsgebots
Bewährungsaussetzung	Belehrung über Zeugnisverweigerungsrechte	Aufklärungsmängel
Rechtsfolgen außerhalb des Strafverfahrens		
Begründung der Anordnung von Maßregeln der Besserung und Sicherung	Angaben über Beeidigung in Protokoll und Urteil	
	Verwendung von Urkunden in Protokoll und Urteil	
	Vorschriften der Öffentlichkeit des Verfahrens	
	Letztes Wort des Angeklagten	
	Rechtlicher Hinweis des Gerichts	
	Behandlung von Beweisanträgen	
	Ausschlußverfahren gegen den Angeklagten	

2. Formulierungsmuster

► **Revisionseinlegung** 28

Landgericht München I
80097 München

Az.: 7 KLs 367 Js ..../02

In der Strafsache
gegen Hermann Maier
wegen Verdachts des Betruges

lege ich gegen das Urteil der 7. Strafkammer vom 05.12.2002

R e v i s i o n

ein.

Rechtsanwalt◄

29 ▶ Revisionsbegründung

Landgericht München I
80097 München

Az.: 7 KLs 367 Js ..../02

In der Strafsache
gegen
Hermann Maier
wegen Verdachts des Betruges

wird die mit Schrifsatz vom 05.02.2003 eingelegte Revision nachfolgend

b e g r ü n d e t .

Mit dem

A n t r a g ,

das Urteil des Landgerichts München I vom 05.12.2002 mit den zugehörigen Feststellungen aufzuheben und die Sache zu erneuter Verhandlung und Entscheidung an eine andere Strafkammer des Landgerichts zurückzuverweisen.

B E G R Ü N D U N G :

Gerügt wird die Verletzung formellen und materiellen Rechts.

I. Verfahrensrügen

1. Aufklärungsrüge gem. § 44 Abs. 2 StPO

Gerügt wird eine Verletzung der richterlichen Aufklärungspflicht, weil in der Hauptverhandlung der Zeuge Schulze nicht (erneut) gehört wurde.

1.1. Verfahrenstatsachen

Die Hauptverhandlung vor der 7. Strafkammer wurde ursprünglich nicht nur gegen den Beschuldigten Maier geführt, sondern zugleich auch gegen die Beschuldigte Huber. Am dritten Hauptverhandlungstag der (gemeinsamen) Hauptverhandlung wurde der Zeuge Schulze gehört. Dieser machte jedoch als Verlobter der Zeugin Huber nach entsprechender Belehrung berechtigt von dem ihm zustehenden Zeugnisverweigerungsrecht gem. § 52 StPO Gebrauch (Bl. .....d.A.). Der Zeuge Schulze wurde daraufhin entlassen und zu keinem weiteren Zeitpunkt mehr im Verfahren gehört.

Am fünften Hauptverhandlungstag wurde das Verfahren des Beschuldigten Maier vom Verfahren gegen die Beschuldigte Huber abgetrennt (Bl. ... d.A.). Das Verfahren gegen die Beschuldigte Huber endete noch am selben Tag durch Urteil, welches durch allseitig erklärten Rechtsmittelverzicht rechtskräftig wurde (Bl. ... d.A.).

Die Zeugin Huber wurde am achten Hauptverhandlungstag als Zeugin in der Hauptverhandlung gegen Herrn Maier vernommen (Bl. ... d.A.), das Urteil sogar im Wege des Urkundsbeweises in die Hauptverhandlung eingeführt (Bl. ... d.A.).

Eine erneute Vorladung des Zeugen Schulze erfolgte jedoch nicht. Allerdings hatte der Zeuge Schulze im Rahmen des Ermittlungsverfahrens in einer umfangreichen polizeilichen Zeugenvernehmung Angaben zu den Betrugsvorwürfen gegenüber Herrn Maier gemacht, bei denen er den Beschuldigten Maier entlastete. Diese polizeiliche Zeugenaussage lautete wie folgt:

.... (Bl. ...... d.A.).

1.2. Verfahrensfehler

Aufgrund der vorstehend geschilderten Tatsachen hätte es sich dem Gericht aufdrängen müssen, den Zeugen Schulze erneut zu vernehmen. Zwar stand dem Zeugen Schulze ursprünglich ein Zeugnisverweigerungsrecht zu, von dessen Ausübung er auch berechtigt Gebrauch gemacht hat. Dieses Recht wirkte auch unbeschadet der erfolgten Abtrennung im Verfahren gegen den Beschuldigten Maier fort, erlosch jedoch mit rechtskräftigem Abschluss des gegen den angehörigen Beschuldigten geführten Verfahrens (BGHSt 38, 96). Der Zeuge Schulze hätte sich deshalb bei einer erneuten Vorladung als Zeugen nach Abschluss des rechtskräftigen Verfahrens gegen seine Verlobte nicht mehr auf sein Zeugnisverweigerungsrecht berufen können und Angaben zur Sache machen müssen.

Dem Gericht hätte sich die erneute Vernehmung des Zeugen Schulze auch aufdrängen müssen.

Wie sich aus der mitgeteilten polizeilichen Zeugenvernehmung ergibt, hat der Zeuge Schulze sehr umfangreiche Angaben zur Sache gemacht, die den Beschuldigten Maier entlasten. ...

Damit **beruht** das Urteil auch auf der unterlassenen Vernehmung des Zeugen Schulze nach rechtskräftigem Abschluss des Verfahrens. ...

II. Sachrüge

Die Sachrüge ist **allgemein** erhoben. Im Rahmen der allgemein erhobenen Sachrüge ist insbesondere auf folgendes hinzuweisen:

1. Verstoß gegen § 46 Abs. 3 StGB

Das Gericht hat das gegen Herrn Maier verhängte Strafmaß auch damit begründet, dass bei Tatbegehung die Gutgläubigkeit und die geschäftliche Unerfahrenheit des Opfers im eigenen Interesse schamlos ausgenutzt worden sei (UA S. ...).

Dies stellt einen Verstoß gegen das Doppelverwertungsverbot gem. § 46 Abs. 3 StGB dar. Es gehört zum gewöhnlichen Bild des Betruges, dass Gutgläubigkeit und geschäftliche Unerfahrenheit ausgenutzt werden. Ebenso typisch ist das „schamlose" Verhalten bei der Begehung strafbarer Handlungen überhaupt und bei der Verwirklichung des Betrugstatbestands insbesondere, da es in aller Regel schon deshalb eines „schamlosen" Auftretens bedarf, um die gewünschte Überzeugungskraft zu entfalten. Des weiteren entspricht es dem gewöhnlichen Bild des Betruges, dass der Täter ausschließlich im „eigenen Interesse" tätig wird (OLG Düsseldorf StV 1993, S. 76). ...

Rechtsanwalt ◄

30 ▶ **Gegenerklärung**

Zum Antrag der Revisionsstaatsanwaltschaft

Bundesgerichtshof
-1. Strafsenat-
Herrenstraße 45 a
76125 Karlsruhe

In der Strafsache
gegen
Hermann Maier
wegen Verdachts des Betruges

- 1 StR ..../03 vom 1. September 2003, zugestellt am 22.09.2003, wird folgende

G e g e n e r k l ä r u n g

abgegeben:

Die Einwendungen der Bundesanwaltschaft vermögen nicht zu überzeugen. Die Frage, warum die Verteidigung in der Hauptverhandlung keinen Beweisantrag auf die (erneute) Vernehmung des Zeugen Schulze gestellt hat und ob dieser Beweisantrag, wäre er gestellt worden, als Beweisantrag im eigentlichen Sinne hätte aufgefasst werden müssen, ist für die hier zu beurteilende Frage der nicht erfolgten Anhörung des Zeugen nach rechtskräftigem Abschluss des Verfahrens gegen die vormalige Mitbeschuldigte Huber ohne Bedeutung. Denn vorliegend geht es um die Aufklärungspflicht des Gerichts, die – unabhängig vom Beweisantragsrecht der Prozessbeteiligten – so weit reicht, wie dem Gericht oder wenigstens dem Vorsitzenden aus den Akten oder sonst durch den Verfahrensablauf bekannt gewordene Tatsachen zum Gebrauch von Beweismitteln drängen oder ihn nahelegen (Meyer-Goßner, § 244 StPO Rn 12 m.w.N.). Gerade im vorliegenden Fall musste sich aber die Vernehmung des Zeugen Schulze aufdrängen, weil ...

Die Revision der Verteidigung ist also nicht unbegründet. Es wird deshalb gebeten, Termin zur Hauptverhandlung anzuberaumen, falls nicht ohnehin nach § 349 Abs. 4 StPO verfahren werden kann.

Rechtsanwalt◀

§ 32 Das Wiederaufnahmeverfahren

Es ist sicherlich angebracht, sich dem Wiederaufnahmeverfahren mit Vorsicht zu nä-   1
hern. Wie an anderer Stelle aus berufenem Munde[1] dargestellt, gibt es unter den Gefängnisinsassen sehr viele, die sich geradezu versessen mit der Frage der Wiederaufnahme befassen. Der Verteidiger, der auch nur die Prüfung einer Wiederaufnahme zusichert, sollte hier vorsichtig sein. Es sollte sich jedem Verteidiger verbieten, hier Hoffnungen zu wecken, die am Ende nicht gehalten werden können.

Die Bearbeitung des Falles verlangt das grundsätzliche Verständnis des Ablaufs einer Widerrufsverfahrens. Ein erster Verfahrensabschnitt ist das **Aditionsverfahren,** das hier mit dem einleuchtenderen Begriff des „Zulassungsverfahrens" bezeichnet werden soll. Dieses Verfahren ist ein schriftliches Beschlußverfahren, das entweder mit der Verwerfung des Wiederaufnahmeantrags als unzulässig (§ 368 Abs. 1 StPO) oder mit der Anordnung der Beweiserhebung (§ 369 Abs. 1 StPO) schließt.

In einer zweiten Phase schließt sich der Abschnitt des üblicherweise als **Probations- verfahren** bezeichneten Verfahrensabschnittes an, der hier als „Beweiserhebungsverfahren" bezeichnet werden soll. Dieses Beweiserhebungsverfahren endet nach einer partiellen Beweisaufnahme mit einer Entscheidung darüber, ob der Wiederaufnahmeantrag als begründet erachtet werden soll. Im Erfolgsfalle endet es mit der Entscheidung, die die Wiederaufnahme des Verfahrens und die Erneuerung der Hauptverhandlung anordnet (§ 370 Abs. 2 StPO).

Erst daran schließt sich als dritter Verfahrensabschnitt die **erneute Hauptverhandlung** an. Auf die erneute Hauptverhandlung kann jedoch verzichtet werden, wenn ohne erneute Beweisaufnahme freizusprechen ist (§ 371 Abs. 2 StPO).

I. Zulassungsverfahren (Aditionsverfahren)

1. Gegenstand der Wiederaufnahme

Nach der Formulierung des Gesetzes in § 359 StPO ist die Wiederaufnahme eines   2
durch rechtskräftiges Urteil abgeschlossenen Verfahrens zugunsten des Verurteilten zulässig.

a) Rechtskräftige Urteile

Über längere Zeit war heftig umstritten, ob bei bloßer **Teilrechtskraft** eine Wiederaufnahme zulässig sein soll. Das kann sich vor allem dann ergeben, wenn als Ergebnis einer Revision das Urteil des erkennenden Gerichts hinsichtlich der Strafzumessung aufgehoben, die Angriffe der Revision gegen den Schuldspruch hingegen als unbegründet abgewiesen werden. In diesem Fall verweist das Revisionsgericht gemäß § 354 Abs. 2 S. 1 StPO das Verfahren zur erneuten Verhandlung und Entscheidung an das dafür zuständige erkennende Gericht zurück. Dem Angeklagten kann jedoch daran gelegen sein, durch eine Wiederaufnahme die erneute Verurteilung zu einer Strafe zu verhindern. Hier hat sich zwischenzeitlich eindeutig die Auffassung durchgesetzt, dass die Wiederaufnahme auch gegen ein Urteil, das lediglich zur Teilrechtskraft führt, zulässig sein soll. Begründet wird dies damit, eine Wiederaufnahme diene der materiellen Gerechtigkeit. Es sei unerträglich und dem Ansehen der Rechtspflege abträglich, wenn die

---

1 Strate StV 99, 228 ff.

Gefahr bestehe, dass der im Zusammenhang mit einem Wiederaufnahmeverfahren zweifelhaft gewordene Schuldspruch unbesehen zur Grundlage eines Rechtsfolgenausspruchs gemacht werden könne.[2] Hinsichtlich der Teilrechtskraft wird dabei unterschieden zwischen der **sog. horizontalen und vertikalen Teilrechtskraft.** Bei der vertikalen Teilrechtskraft wird allgemein die Statthaftigkeit der Wiederaufnahme befürwortet.[3] In Bezug auf Einstellungsurteile herrscht die Auffassung vor, dass dagegen das Wiederaufnahmeverfahren nicht zulässig sein soll.[4] Für die praktische Tätigkeit kann aber auch eine Wiederaufnahme in Betracht gezogen werden, nachdem eine Reihe von Stimmen in der Literatur die Statthaftigkeit der Wiederaufnahme befürwortet.[5]

b) Strafbefehle

Im Hinblick auf Strafbefehle bestimmt das Gesetz eindeutig die Zulässigkeit der Wiederaufnahme zugunsten des Angeklagten (§ 373a StPO).[6] Hinsichtlich der Beweiswürdigung und für die Beurteilung, ob neue Tatsachen und Beweismittel vorliegen, ist auf die Aktenlage abzustellen. Dabei ist es rechtsstaatlich geboten, sich aus den Akten aufdrängende, klar auf der Hand liegende Fehler bei der Tatsachenfeststellung zu beachten.[7]

c) Bewährungswiderrufsbeschluß

Heftig umstritten ist die Frage, ob gegen rechtskräftige Bewährungswiderrufsbeschlüsse gem. § 56f StGB die Wiederaufnahme zulässig sein soll. Soweit ersichtlich, bejahen die Oberlandesgerichte Oldenburg,[8] Düsseldorf[9] sowie das Landgericht Bremen[10] die Statthaftigkeit von Wiederaufnahmeverfahren gegen solche Beschlüsse. Im übrigen wird die Statthaftigkeit von Wiederaufnahmeverfahren abgelehnt.[11] Für die Statthaftigkeit eines Wiederaufnahmeverfahrens wird das Gebot der materiellen Gerechtigkeit sowie die Wahrung des Rechtsfriedens ins Feld geführt. Gegen die Statthaftigkeit mag der Gesetzeswortlaut sprechen.[12] Für eine Zulassung der Wiederaufnahme spricht der Aspekt, dass ein Bewährungswiderrufsbeschluß eine ähnlich einschneidende Wirkung für den Verurteilten hat wie ein rechtskräftiges Urteil selbst. Letztlich dürfte allerdings der Rechtsgedanke des § 363 Abs. 1 StPO gegen die Statthaftigkeit eines Wiederaufnahmeverfahrens sprechen. Nach dieser Regelung ist das Wiederaufnahmeverfahren mit der Zielsetzung, eine andere Strafbemessung aufgrund desselben Strafgesetzes herbeizuführen, nicht zulässig. Genau dieses Ziel wird allerdings mit der Wiederaufnahme gegen einen Bewährungswiderrufsbeschluß verfolgt.

---

2 OLG München NJW 81, 593 f.
3 Vgl. OLG Frankfurt/Main NStZ 83, 426 f.
4 Meyer-Goßner, vor § 359 Rn 4.
5 Vgl. KK/Schmidt, vor § 359 StPO, Rn 10 m.w.N.
6 LG München II, NJW 00, 372 ff.
7 BVerfG StV 03, 225; BVerfG NJW 93, 2735 f.
8 NJW 62, 1169.
9 OLG St Nr. 8 zu § 359 StPO.
10 LG Bremen StV 90, 311.
11 Vgl. OLG Zweibrücken NStZ 97, 55 f.
12 Vgl. HansOLG Hamburg StV 00, 568 f.

2. Zielsetzung

a) Verbot anderer Strafbemessung 3

Die Zielsetzung, mit der ein Wiederaufnahmeverfahren betrieben werden kann, ergibt sich zum einen aus der gesetzlichen Regelung in § 363 Abs. 1 StPO, zum anderen aus den Formulierungen des Gesetzes in § 359 StPO. Insbesondere § 359 Nr. 5 StPO bestimmt, dass die Wiederaufnahme mit der Zielsetzung des Freispruchs oder aber auch mit der Zielsetzung der Anwendung eines milderen Strafgesetzes verfolgt werden kann. Gleichzeitig enthält das Gesetz in § 363 Abs. 1 StPO das Verbot der Wiederaufnahme zu dem Zweck, eine andere Strafzumessung herbeizuführen. Würde die Wiederaufnahme des Verfahrens bedeuten, dass der Schuldspruch unverändert bleibt und lediglich die Strafzumessungserwägung zu einer milderen Strafe hätte führen müssen, so ist die Wiederaufnahme unzulässig. Ausdrücklich für unzulässig erklärt das Gesetz weiterhin die Wiederaufnahme mit der Zielsetzung, eine Strafmilderung wegen verminderter Schuldfähigkeit i.S.v. § 21 StGB herbeizuführen (§ 363 Abs. 2 StGB).

b) Veränderte Strafbemessung aufgrund anderen Strafgesetzes

Von besonderem Interesse ist die Frage, in welchen Fallgruppen das Ziel einer Strafmaßreduktion aufgrund eines anderen Strafgesetzes verfolgt werden kann. Die Wiederaufnahme kann mit der Zielsetzung verfolgt werden, dass ein Schuldspruch alleine wegen **Versuchs statt wegen vollendeten Delikts** erfolgt.[13] Der Versuch sieht im Regelfall eine Strafrahmenverschiebung gem. §§ 23 II, 49 Abs. 1 StGB vor. Ebenso kommt eine Wiederaufnahme in Betracht, wenn die Verurteilung lediglich wegen **Teilnahme anstelle von Täterschaft** angestrebt werden kann.[14] Dass ein Angeklagter als **Erwachsener** verurteilt wird, **obwohl** er eigentlich als **Jugendlicher oder Heranwachsender** abgeurteilt hätte werden müssen, wird eine seltene Fallkonstellation sein. Die höchstrichterliche Rechtsprechung hat für diesen Fall jedoch die Wiederaufnahme zugelassen.[15]

Bei **Strafzumessungsregeln** greift das Wiederaufnahmeverbot in § 363 Abs. 1 StGB. Insbesondere kann eine Wiederaufnahme nicht mit der Zielsetzung des Schuldspruchs gemäß § 242 Abs. 1 StGB verfolgt werden, wenn das Strafmaß des anzugreifenden Urteils § 243 StGB entnommen ist.[16] Der Charakter der gesetzlichen Regelung vor § 243 StGB als Strafzumessungsregel steht hier einer Wiederaufnahme im Wege.

Die frühere Rechtsprechung hat bei einem **verschuldeten Verbotsirrtum** eine Wiederaufnahme aufgrund der Regelung in § 363 Abs. 1 StPO abgelehnt.[17] Die Literatur ist allerdings zwischenzeitlich mit guten Gründen der Auffassung, dass der verschuldete Verbotsirrtum eine Verurteilung aufgrund eines anderen Gesetzes bedeuten würde.[18]

---

13 OLG Oldenburg NJW 53, 435.
14 Vgl. BVerfG NStZ-RR 96, 82 f., 83.
15 HansOLG Hamburg NJW 52, 1150.
16 OLG Düsseldorf NJW 84, 571.
17 OLG Oldenburg NJW 53, 435.
18 KK/Schmidt, § 363 StPO, Rn 6.

Wird **Schuldunfähigkeit** geltend gemacht, so kommt selbstverständlich eine Wiederaufnahme in Betracht. Hier kann selbst dann, wenn bei Schuldunfähigkeit eine Maßregel der Besserung und Sicherung zu verhängen ist, entweder ein Freispruch oder ein Schuldspruch wegen Vollrausches in Frage kommen.

3. Darstellung der Wiederaufnahmegründe

4 **a) Vorliegen neuer Tatsachen und Beweismittel**

In den häufigsten Fällen wird das Anliegen der Wiederaufnahme mit dem Hinweis auf neue Tatsachen und neue Beweismittel an den Verteidiger herangetragen werden. Die wichtigsten Themen, die der Verteidiger hier beachten sollte, sind folgende:

aa) Neuheit von Beweismitteln. Für die Frage der **Neuheit einer Tatsache** kommt es ausschließlich darauf an, ob sie dem erkennenden Gericht des durch die Wiederaufnahme angegriffenen Urteils bekannt war oder nicht. Eine Tatsache, die aktenkundig ist, kann ohne weiteres dann eine neue Tatsache darstellen, wenn sie trotz der Aktenkundigkeit von dem erkennenden Gericht nicht zur Kenntnis genommen wurde.[19] Darüber hinaus können auch in der Hauptverhandlung selbst abgegebene Erklärungen eines Zeugen oder eines Sachverständigen dann neu sein, wenn sie trotz der Erklärung im Rahmen der Hauptverhandlung durch das Gericht entweder nicht zur Kenntnis genommen wurden oder von dem Gericht falsch verstanden wurden und deswegen bei der Entscheidung des erkennenden Gerichts nicht berücksichtigt wurden.[20] Irrtümer, Erinnerungsfehler, Missverständnisse oder Verwechslungen können die Ursache dafür sein, dass auch in der Hauptverhandlung selbst abgegebene Erklärungen neue Tatsachen im Rahmen eines Wiederaufnahmeverfahrens darstellen. Hierzu kann erforderlichenfalls sogar eine Beweisaufnahme über die Beweisaufnahme der Hauptverhandlung des erkennenden Gerichts notwendig werden. Dies kann in erster Linie anhand der Urteilsurkunde und der Sitzungsniederschrift erfolgen. Darüber hinaus ist allerdings auch das Freibeweisverfahren statthaft.[21]

Ist in dem Urteil des erkennenden Gerichts eine Tatsache festgestellt, so ist die Behauptung des Gegenteils als neue Tatsache ohne weiteres zulässig. Nach Auffassung der Rechtsprechung ist das Gegenteil einer Tatsache eine selbständige Tatsache eigener Art. Die Rechtsprechung hat entgegenstehende Auffassungen der Literatur ausdrücklich nicht übernommen.[22]

bb) Sachverständigengutachten. **Sachverständigengutachten** sind als neue Beweismittel zum Beleg neuer Tatsachen dann geeignet, wenn auch das erkennende Gericht Veranlassung zur Beiziehung nachträglich präsentierter Beweismittel gehabt hätte. Die gesetzliche Regelung in § 244 Abs. 4 S. 2 StPO ist also stets entsprechend anzuwenden. Ungeeignet ist der neue Sachverständige dann, wenn er aufgrund der gleichen Anknüpfungstatsachen und des gleichen Erfahrungswissens lediglich zu anderen Schlußfolgerungen kommt. Geeignet ist ein neues Sachverständigengutachten allerdings dann, wenn der frühere Sachverständige von unzutreffenden oder unzureichenden tat-

---

19 OLG Frankfurt/Main, NJW 78, 841.
20 OLG Frankfurt/Main, NJW 78, 841, LG Kiel StV 03, 235, 236.
21 OLG Frankfurt/Main, NJW 78, 841.
22 OLG Frankfurt/Main, NJW 78, 841.

sächlichen Voraussetzungen ausgegangen ist oder wenn der neue Sachverständige über neue Anknüpfungstatsachen verfügt, die dem bisherigen Beweisergebnis den Boden entziehen können.[23] Hier wird die Unterscheidung zwischen Befundtatsachen und Zusatztatsachen[24] erneut entscheidend. Befundtatsachen sind diejenigen, die der Sachverständige aufgrund seiner besonderen Sachkunde erkennen, verstehen und beurteilen kann. Kann der neue Sachverständige also neue Befundtatsachen feststellen oder verfügt er über Erfahrungswissen, über das der frühere Gutachter nicht verfügte oder möglicherweise gar nicht verfügen konnte, so ist er ein geeignetes neues Beweismittel für eine neue Tatsache.[25]

In Ausnahmefällen kann ein Sachverständigengutachten auch dann als neues Beweismittel dienen, wenn es sich an denselben Anknüpfungstatsachen wie das Erstgutachten orientiert und in Bezug auf das Erstgutachten eine derartige Vielzahl von Fehlern oder Fehler von solchem Gewicht aufzeigen, dass sich Zweifel an der allgemeinen fachlichen Kompetenz des/der Erstgutachters/in aufdrängen. In einem solchen Fall erhöhen sich auch die Zweifel an der Richtigkeit des Endergebnisses. Je größer der Beweiswert des Erstgutachtens im jeweiligen Urteil war, desto eher ist dann angezeigt, in dem „Gutachten über das Gutachten" ein neues Beweismittel zu sehen, welches auch zur Herbeiführung einer milderen Bestrafung oder eines Freispruchs geeignet ist.[26]

Wichtig ist dabei insbesondere für die Vorbereitung des Wiederaufnahmeantrages, dass ein **neues Gutachten** zwingend **vorzulegen** ist.[27] Dies ist schon deswegen notwendig, da alleine erweitertes Erfahrungswissen oder der Zugriff auf überlegene Forschungsmittel nicht ausreicht, um den Sachverständigen als geeignetes Beweismittel erscheinen zu lassen. Vielmehr muss der Sachverständige die entscheidungserhebliche Frage im konkreten Fall anders und günstiger beurteilen, als dies der erste Sachverständige getan hat.

cc) Geständniswiderruf. Auch der **Geständniswiderruf** kommt als neue Tatsache und somit als Wiederaufnahmegrund in Betracht.

Die Rechtsprechung stellt jedoch an die Darstellung der Wiederaufnahmegründe in diesem Fall besonders hohe Anforderungen. Allein der schlüssige Vortrag des Verurteilten reicht nicht aus, um den Wiederaufnahmeantrag zulässig erscheinen zu lassen. So verlangt die Rechtsprechung den Vortrag ernsthafter Anhaltspunkte für die Unrichtigkeit des früheren Schuldbekenntnisses.[28] Des weiteren ist es erforderlich, ein nach Sachlage einleuchtendes Motiv für das falsche Geständnis im ersten Verfahren vorzutragen.[29] Erfolgreich war beispielsweise ein Wiederaufnahmeantrag im Falle eines Geständniswiderrufs zum Unrechtsbewusstsein. Im Wiederaufnahmeantrag gegen einen Schuldspruch wegen Hehlerei konnte der Verurteilte darlegen, dass er sich zum Umfang der Erkundigungspflicht Rechtsrat eingeholt hatte. Besonders glücklich war für den Verurteilten der Umstand, dass der Rechtsrat schriftlich dokumentiert war und im

---

23 OLG Hamm StV 03, 231.
24 BGHSt 18, 107 ff., 108.
25 Vgl. zum Ganzen LG Gießen NJW 94, 465 ff., 467 (Fall Weimar).
26 OLG Stuttgart StV 03, 232.
27 BGHSt 39, 75 ff., 84.
28 OLG Köln NStZ 91, 96 ff., 97.
29 OLG Köln, a.a.O.

Rahmen des Wiederaufnahmeverfahrens vorgelegt wurde. Nach Auffassung des OLG Köln als Beschwerdegericht war dies ausreichend, um schlüssig darzulegen, dass das der Verurteilung zugrundegelegte Geständnis nicht den Tatsachen entsprochen hatte.[30]

dd) Widerruf belastender Zeugenaussagen. Auch bei dem **Widerruf belastender Zeugenaussagen** sind an die Darlegung im Wiederaufnahmeantrag besondere Anforderungen zu stellen. Die erweiterte Darlegungspflicht verlangt Ausführungen zu der Frage, durch welche Umstände der vormalige Belastungszeuge von seiner belastenden Aussage abgerückt ist und nunmehr den Verurteilten entlasten soll.[31]

ee) Verbrauchte neue Tatsachen. Ein erfolgloses Wiederaufnahmegesuch kann dazu führen, dass die vorgetragenen neuen Tatsachen im Rahmen des Wiederaufnahmeverfahrens verbraucht werden und somit einem erneuten Wiederaufnahmeantrag nicht mehr zugrundegelegt werden können.[32]

Gewinnt der Verteidiger in einem aktuell laufenden Wiederaufnahmeverfahren den Eindruck, dass mit überwiegender Wahrscheinlichkeit mit der Verwerfung des Wiederaufnahmeantrags als unzulässig zu rechnen ist, so kann sich demzufolge die Rücknahme des Wiederaufnahmeantrages empfehlen, um eine ausführlichere Begründung zu einem späteren Zeitpunkt nachholen zu können.

Andererseits ist der Verbrauch neuer Tatsachen durch ein vorangegangenes erfolgloses Wiederaufnahmeverfahren kein zwingender Grund dafür, dass ein erneuter Versuch einer Wiederaufnahme zum Scheitern verurteilt ist. Zulässig ist es nämlich, über die bereits erfolglos vorgetragenen neuen Tatsachen hinaus weitere neue Tatsachen vorzutragen, welche die Wiederaufnahmegründe im erfolglos abgeschlossenen Wiederaufnahmeverfahren stützen sollen.[33]

b) Weitere Wiederaufnahmegründe

Die weiteren in § 359 StPO aufgeführten Wiederaufnahmegründe sind von geringster praktischer Relevanz. Gerichtliche Entscheidungen hierzu sind in der Literatur kaum erwähnt. So ist beispielsweise der Wiederaufnahmegrund der Amtspflichtverletzung gem. § 359 Nr. 3 StPO lediglich im Wiederaufnahmeverfahren gegen das Urteil des Reichsgerichts im Reichstagsbrand-Prozess gegen Marinus van der Lubbe angesprochen worden.[34] Selbst im dortigen Verfahren hat dieser Wiederaufnahmegrund im Zulassungsverfahren eine eher untergeordnete Rolle gespielt.

c) Entscheidungsmöglichkeiten

Gemäß § 368 Abs. 1 StPO kann der Wiederaufnahmeantrag bereits als unzulässig verworfen werden, wenn ein gesetzlicher Grund zur Wiederaufnahme nicht geltend gemacht wird, Formvorschriften nicht eingehalten sind oder ein geeignetes Beweismittel nicht angeführt wird.

Die Zulassung des Verfahrens verlangt keine abschließende Beurteilung des Gerichts, ob die vorgebrachten neuen Tatsachen und Beweismittel geeignet sind, alleine oder in

---

30 Vgl. OLG Köln StV 89, 98 ff.
31 BGH NJW 77, 59.
32 Vgl. Stern NStZ 93, 409 ff., 412.
33 Stern NStZ 93, 409 ff., 412.
34 Vgl. BGHSt 31, 365 ff., 372.

Verbindung mit dem Erkenntnisverfahren erhobenen Beweise eine Freisprechung herbeizuführen. Ist das Gericht der Auffassung, dass die Wiederaufnahme zuzulassen ist, so ist der Wiederaufnahmeantrag insgesamt als zulässig zu erklären.[35]

II. Beweiserhebungsverfahren (Probationsverfahren)

1. Anwesenheitsrechte

Wird der Wiederaufnahmeantrag für zulässig befunden, so sind die im Wiederaufnah-   5
meantrag angetretenen Beweise zu erheben. Zu einer Verwerfung des Wiederaufnahmeantrages als unzulässig kann es in diesem Verfahrensabschnitt nur dann kommen, wenn die zur Unzulässigkeit führenden Gründe schon von Anfang an vorgelegen haben, aber erst jetzt „entdeckt" werden.[36] Ungeachtet des bestehenden Streits über Geltung und Umfang der **Offizialmaxime im Probationsverfahren**,[37] ergibt sich aus dem Recht auf ein faires, rechtsstaatliches Verfahren, dass auch für die außerhalb des prozessualen Hauptverfahrens zu treffenden Entscheidungen die Ermittlung des wahren Sachverhalts von zentraler Bedeutung bleibt, um dem materiellen Schuldprinzip Rechnung zu tragen.[38]

Der Angeklagte und sein Verteidiger haben bei Zeugenvernehmungen unter Einvernahme von Sachverständigen sowie bei Einnahme eines richterlichen Augenscheins ein Anwesenheitsrecht (§ 369 Abs. 3 S. 1 StPO). Hat der Verteidiger keine Möglichkeit, an dem Vernehmungs- oder Augenscheinstermin teilzunehmen, so hat er gem. § 224 Abs. 1 S. 3 StPO Anspruch auf Einsicht in das Vernehmungs- bzw. Augenscheinsprotokoll.

2. Schlußanhörung

Auch bei Anwesenheit der Verfahrensbeteiligten hat das Wiederaufnahmegericht eine   6
Schlußanhörung zu veranlassen.

Dabei hat der Verteidiger die Möglichkeit, insbesondere den Entscheidungsmaßstab nochmals zu betonen. Wiederaufnahmetatsachen sind dabei nach Auffassung der Rechtsprechung bereits dann gemäß § 370 Abs. 1 StPO „genügend bestätigt", wenn aufgrund der Beweisaufnahme im Probationsverfahren die Richtigkeit der Wiederaufnahmetatsachen hinreichend wahrscheinlich ist. Ein voller Beweis wird dabei nicht gefordert.[39]

Haben sich im Probationsverfahren die Wiederaufnahmetatsachen als hinreichend wahrscheinlich bestätigt, so ordnet das Gericht die Wiederaufnahme des Verfahrens und die Erneuerung der Hauptverhandlung gem. § 370 Abs. 2 StPO an.

III. Erneuertes Hauptverfahren

Wird die Wiederaufnahme des Hauptverfahrens angeordnet, so hat dies zur Folge, dass   7
Schuld- und Strafausspruch des früheren Urteils einschließlich der tatsächlichen Feststellungen zum Schuldspruch in vollem Umfang beseitigt sind. Dies gilt naturgemäß

---

35 LG Gießen, NJW 94, 465 ff., 467.
36 OLG Hamburg StV 03, 229, 230.
37 Vgl. hierzu nur Schmidt, § 369 Rn 2.
38 BVerfG StV 03, 223, 224; BVerfGE 57, 250, 257; 86, 288, 317.
39 OLG Frankfurt/Main, StV 96, 138, 139.

nur für diejenigen Taten, hinsichtlich derer die Wiederaufnahme angeordnet wurde. Bei Tatmehrheit und der Anordnung der Wiederaufnahme hinsichtlich einzelner der tatmehrheitlich begangenen Taten versteht es sich von selbst, dass die Aufhebung von tatsächlicher Feststellung, Schuldspruch und Strafausspruch ausschließlich auf diejenigen Taten bezogen ist, hinsichtlich derer die Wiederaufnahme erfolgreich war. Erfolgt die Wiederaufnahme gem. § 79 BVerfGG, so führt die Anordnung der Wiederaufnahme lediglich dazu, dass Schuldspruch und Rechtsfolgenausspruch aufgehoben sind. Die tatsächlichen Feststellungen des durch die Wiederaufnahme angegriffenen Urteils bleiben rechtskräftig bestehen und sind der erneuten rechtlichen Würdigung zugrundezulegen.[40]

§ 373 Abs. 2 StPO bestimmt ausdrücklich ein **Verschlechterungsverbot**, falls der Verurteilte selbst die Wiederaufnahme erreicht oder die Staatsanwaltschaft zugunsten des Verurteilten die Wiederaufnahme beantragt hat (§ 373 Abs. 2 S. 1 StPO). Gleichzeitig bestimmt das Gesetz allerdings, dass das Schlechterstellungsverbot der Anordnung der Unterbringung in einem psychiatrischen Krankenhaus oder in einer Entziehungsanstalt nicht entgegensteht (§ 373 Abs. 2 S. 2 StPO). Je nach Ergebnis der Beweisaufnahme ist im Urteilstenor entweder das frühere Urteil aufrechtzuerhalten oder unter Aufhebung des früheren Urteils in der Sache erneut zu erkennen (§ 373 Abs. 1 StPO).

IV. Wiederaufnahme zu Ungunsten des Verurteilten

1. Glaubwürdiges Geständnis nach Freispruch

8   Der in der Praxis noch am ehesten in Betracht kommende Wiederaufnahmetatbestand zu Ungunsten des vormaligen Angeklagten ist derjenige des nachträglichen Geständnisses nach einem Freispruch. Zu beachten ist hier vor allem, dass die Verjährungsvorschriften in §§ 78 ff. StGB uneingeschränkt gelten. Literaturauffassungen, wonach ein freisprechendes Urteil ein absolutes Strafverfolgungsverbot zur Folge habe, werden von der Rechtsprechung nicht geteilt. Deshalb tritt nach einem freisprechenden Urteil auch nicht ein Ruhen der Verjährung gem. § 78b Abs. 1 Nr. 2 StGB ein.[41] Dementsprechend können Ermittlungsmaßnahmen im Rahmen eines Wiederaufnahmeverfahrens zu Ungunsten des Angeklagten auch zur Verjährungsunterbrechung gem. § 78c Abs. 1 StGB führen.

2. Wiederaufnahme bei Verbrechenstatbestand statt Vergehenstatbestand

9   Den Wiederaufnahmegrund neuer Tatsachen oder neuer Beweismittel bei einer Wiederaufnahme zu Ungunsten eines im früheren Verfahren Angeklagten kennt das Gesetz grundsätzlich nicht (§ 362 StPO). Lediglich das nachträglich abgelegte Geständnis kann bei einem Freigesprochenen zu einer Wiederaufnahme führen. Das Bekanntwerden sonstiger neuer Tatsachen nach einem Urteil – sei es ein schuldsprechendes, sei es ein freisprechendes – kann nicht zu einer Wiederaufnahme führen.

Ausdrücklich ausgenommen davon ist die Möglichkeit der Wiederaufnahme eines durch rechtskräftigen Strafbefehl abgeschlossenen Verfahrens, wenn aufgrund der Beibringung neuer Tatsachen oder Beweismittel die Verurteilung wegen eines Verbre-

---

40   Vgl. zum Ganzen BGHSt 19, 280 ff.
41   OLG Nürnberg NStZ 88, 555 f.

chenstatbestandes anstelle eines Vergehenstatbestandes in Frage kommt. Dies gilt allerdings nur für die wenigen Fälle, in denen das vorangegangene Verfahren durch Strafbefehl abgeschlossen wurde. Bei Verfahrensabschluss durch Urteil kommt eine Wiederaufnahme dementsprechend nicht in Betracht.

V. Pflichtverteidigerbestellung

Das Gesetz sieht in §§ 364 a, 364b StPO besondere Tatbestände für die Beiordnung   10
von Pflichtverteidigern vor. Insbesondere für die Vorbereitung eines Wiederaufnahmeverfahrens gem. § 359 Nr. 5 StPO kann ein Pflichtverteidiger auf Antrag des Verurteilten bereits für die Vorbereitung des Wiederaufnahmeverfahrens beigeordnet werden
(§ 364b StPO). Die besondere Vorschrift des § 364a StPO hat vor allem Bedeutung für
das Zulassungsverfahren und für das Beweiserhebungsverfahren; sie gilt allerdings
auch für das Beschwerdeverfahren innerhalb des Wiederaufnahmeverfahrens gemäß
§ 372 StPO.[42] Für die erneuerte Hauptverhandlung im Anschluss an einen entsprechenden Beschluß gem. § 370 Abs. 2 StPO gelten für die Pflichtverteidigung die allgemeinen Vorschriften gem. §§ 140 ff. StPO.

VI. Haftfragen

Soweit infolge des durch die Wiederaufnahme angegriffenen Urteils eine Freiheits-   11
strafe vollstreckt wird, kann diese bereits infolge des Beschlusses über die Erneuerung
der Hauptverhandlung nicht weiter vollstreckt werden, da das formelle Kriterium der
Rechtskraft entfallen ist (§ 449 StPO). Vor dem Beschluß über die Erneuerung der
Hauptverhandlung gilt § 360 Abs. 1 StPO, wonach durch den bloßen Antrag auf Wiederaufnahme des Verfahrens die Vollstreckung eines Urteils nicht gehemmt wird. In
Ausnahme hierzu kann das Gericht jedoch gemäß § 360 Abs. 2 StPO einen Aufschub
sowie eine Unterbrechung der Vollstreckung anordnen. Ist die im Rahmen eines Wiederaufnahmeantrags geltend gemachte neue Tatsache mit hinreichender Wahrscheinlichkeit geeignet, die Verurteilung wegen eines Verbrechens entfallen zu lassen und in
Anwendung eines milderen Strafgesetzes eine geringere Bestrafung zu begründen, gebietet dies die Anordnung der Unterbrechung der Strafvollstreckung.[43]
Mit dem Wiederaufnahmebeschluß beurteilt sich die Haftsituation ausschließlich nach
den Vorschriften über die Untersuchungshaft gem. §§ 112 ff. StPO. Insbesondere wenn
bei **Tatmehrheit** die Urteilsaufhebung dazu führt, dass Einzelstrafen sowie eine Gesamtstrafe entfallen, so werden dringender Tatverdacht und das Bestehen der Haftgründe denkbar sein.
Ist die Wiederaufnahme des Verfahrens ausschließlich wegen einer einzelnen Tat angeordnet, so wird vor Beginn der erneuten Hauptverhandlung Untersuchungshaft nicht
ohne weiteres möglich sein. Reicht das Ergebnis der Beweiserhebung im Beweiserhebungsverfahren aus, um die Wiederaufnahme mit der Möglichkeit eines Freispruchs
nach erneuter Hauptverhandlung anzuordnen, so wird dringender Tatverdacht i.S.v.
§ 112 Abs. 1 StPO nicht ohne weiteres zu bejahen sein.

---

42 OLG Karlsruhe StV 03, 237, 238.
43 LG Aschaffenburg StV 03, 238, 239.

§ 33 Strafvollstreckung und Strafvollzug

1   Die Betreuung und Vertretung des Mandanten in Angelegenheiten der Strafvollstreckung und des Strafvollzugs sind häufig Stiefkinder der Verteidigung. Diese Tendenz ist nicht nur beklagenswert, sondern kann auch dazu führen, dass Mandanten und potentielle Mandanten ihre Interessen beim Verteidiger nicht ausreichend aufgehoben fühlen. Der Verteidigungstätigkeit in Strafvollstreckungs- und Strafvollzugsangelegenheiten mag der besondere Reiz der unmittelbaren Auseinandersetzung in einer Hauptverhandlung fehlen. Viele Aspekte von Strafvollstreckung und Strafvollzug sind jedoch bereits im strafrechtlichen Erkenntnisverfahren von erheblicher Bedeutung. Mandanten haben beispielsweise einen erheblichen **Beratungsbedarf** darüber, welche **Auswirkungen** eine gegen sie verhängte Bewährungsstrafe hat, wie eine Geldstrafe gegen sie vollstreckt wird, oder in welchem Gefängnis eine Vollzugsfreiheitsstrafe zu verbüßen ist. Der zu langjähriger Freiheitsstrafe oder gar zu lebenslanger Haft Verurteilte wird vom Verteidiger wissen wollen, wann und unter welchen Voraussetzungen er Aussicht auf eine vorzeitige Entlassung hat. Die Tatbestandsvoraussetzungen des Reststrafenerlasses können unter Umständen bereits im strafrechtlichen Erkenntnisverfahren von Bedeutung sein. Strafzumessungserwägungen können bei einer Entscheidung über den Reststrafenerlass erneut berücksichtigt werden. Je mehr Strafzumessungserwägungen zu Gunsten des Mandanten in einem Urteil enthalten sind, desto größer sind die Chancen des Mandanten.

Der Strafgefangene wird darüber hinaus von dem Verteidiger Antworten auf die Fragen erhalten wollen, wie der Strafvollzug gestaltet ist und unter welchen Voraussetzungen **Vollzugslockerungen** für ihn erreichbar sind.

I. Bewährungsüberwachungsverfahren

Das Bewährungsüberwachungsverfahren ist in verfahrensrechtlicher Hinsicht in §§ 453 ff. StPO geregelt.

Die materiellen Voraussetzungen der im Bewährungsüberwachungsverfahren denkbaren Entscheidungen sind in §§ 56b ff. StGB geregelt.

1. Zuständigkeit

2   In der gesetzlichen Regelung in §§ 453, 453b ist stets nur von „dem Gericht" die Rede. Aus der in diesem Zusammenhang etwas versteckten Vorschrift in § 462a Abs. 2 S. 1 StPO ergibt sich, dass hierunter regelmäßig das Gericht des ersten Rechtszuges gemeint ist. Dabei bestimmt die Regelung in § 462a Abs. 2 S. 2 StPO, dass die sachliche und örtliche Zuständigkeit an das für den Wohnsitz oder den gewöhnlichen Aufenthaltsort zuständige Amtsgericht abgegeben werden kann. Die Abgabeentscheidung ist nach der gesetzlichen Regelung bindend. Die Bindungswirkung gilt dabei nur für das Gericht, dessen Zuständigkeit durch die Abgabeentscheidung begründet wurde, nicht jedoch für das abgebende Gericht.[1]

---

1 BGHSt 26, 204.

2. Anhörungspflichten

a) Unterlassen der Anhörung 3

Grundsätzlich sind vor allen nachträglichen Entscheidungen, die im Bewährungsüberwachungsverfahren zutreffend sind, sowohl die Staatsanwaltschaft, als auch der Angeklagte zu hören (§ 453 Abs. 1 S. 2 StPO). Nach allgemeiner Auffassung kann von der Anhörung des verurteilten Mandanten dann abgesehen werden, wenn er dem Gericht einen Wohnungswechsel nicht angezeigt hat und demgemäß sein Aufenthalt trotz zumutbarer Nachforschungen als nicht ermittelbar gilt.[2] Allgemein geht die Rechtsprechung von dem Grundsatz aus, dass eine Anhörung nicht stattfinden muss, wenn der Verurteilte sie vereitelt.[3]

b) Mündliche Anhörung

Für den Fall der Entscheidung über einen Widerruf wegen Verstoßes gegen Auflagen oder Weisungen schreibt das Gesetz ausdrücklich eine mündliche Anhörung vor. In den sonstigen Fällen steht es dem Gericht dabei frei, ob die Anhörung als mündliche Anhörung oder in schriftlicher Form stattfindet. Von Bedeutung ist auch, dass das Gesetz einen Bewährungswiderruf wegen erneuter Straffälligkeit ohne ausdrückliche mündliche Anhörung ermöglicht.

c) Beteiligung des Bewährungshelfers

Der Bewährungshelfer wird in Bewährungsüberwachungsverfahren berücksichtigt, soweit eine Entscheidung über den Widerruf der Strafaussetzung, oder über den Straferlass in Frage kommt (§ 453 Abs. 1 S. 4 1. Halbsatz StPO). Die Regelung im zweiten Halbsatz in dieser Vorschrift erhält eine Ermächtigung für das Gericht, wonach dieses den Bewährungshelfer über bewährungsrelevante Tatsachen unterrichten kann.

d) Folge von Verfahrensverstößen

Die unterbliebene mündliche Anhörung hat zur Folge, dass im Falle einer Beschwerde das Beschwerdegericht nicht gemäß § 309 Abs. 2 StPO selbst entscheiden kann, sondern die Sache zu erneuten Entscheidung an das für die Bewährungsüberwachung zuständige Gericht zurückzuverweisen ist.[4]

3. Der nicht erreichbare Mandant

a) Öffentliche Zustellung des Bewährungswiderrufs

Der für das Gericht nicht erreichbare Mandant läuft Gefahr, dass über eine Bewährungsaussetzung nicht nur in seiner Abwesenheit entschieden wird, sondern dass ihm darüber hinaus die Entscheidung über den Bewährungswiderruf öffentlich zugestellt wird (§ 40 StPO). 4

Teilweise sind die Gerichte jedoch der Auffassung, dass infolge der gesetzlichen Regelung in § 453c StPO die öffentliche Zustellung einer Widerrufsentscheidung nicht zulässig ist.[5] Zutreffenderweise wird diese Rechtsauffassung darauf gestützt, dass die An-

2 OLG Düsseldorf, NStE StPO § 453 Nr. 11.
3 OLG Düsseldorf, a.a.O.
4 OLG Düsseldorf, NStE StPO § 453 Nr. 4.
5 OLG Braunschweig, NStE StPO § 453c Nr. 5; OLG Celle, NStE StPO § 453c Nr. 6.

hörungspflicht Ausdruck des grundrechtlich geschützten Anspruchs auf rechtliches Gehör darstellt (Art. 103 Abs. 1 GG). Auch die Möglichkeit einer nachträglichen Anhörung gemäß § 33a StPO[6] stellt nach dieser zustimmungswürdigen Auffassung keine zulässige Verfahrensweise dar. Ist eine Anhörung des unerreichbaren Mandanten nicht möglich, hat das Gericht lediglich die Möglichkeit, gemäß § 453c Abs. 1 StPO einen **Sicherungshaftbefehl** zu erlassen. Dieser Rechtsauffassung folgen, soweit ersichtlich, die Oberlandesgerichte Koblenz, Frankfurt/Main und Celle ausdrücklich. Teilweise wird allerdings nach wie vor die Auffassung vertreten, dass gegen den nicht erreichbaren Verurteilten die **öffentliche Zustellung** des Bewährungswiderrufs angeordnet werden darf.[7] Für diesen Fall steht dem Verurteilten allerdings die Nachholung der Anhörung als Rechtsbehelf zur Seite. Die Anhörung ist nachzuholen und zwar sowohl von Amts wegen, als auch auf Antrag. Im Ergebnis der Anhörung kann das Gericht die Entscheidung, die ohne Anhörung zustande gekommen ist, ändern (§ 33a S. 2 StPO).

b) Sicherungshaftbefehl

Unabhängig von der Frage der Erreichbarkeit des Verurteilten und Mandanten sieht das Gesetz im Bewährungsüberwachungsverfahren die Möglichkeit vor, dass ein Sicherungshaftbefehl erlassen wird. Der Erlass eines Sicherungshaftbefehls setzt zunächst hinreichende Gründe für die Annahme voraus, dass die Bewährungsaussetzung widerrufen wird. Im übrigen sei an dieser Stelle zu den Voraussetzungen eines Sicherungshaftbefehls wegen Bewährungswiderrufs auf die Ausführungen unter § 9 Rn 2 verwiesen.

Auf einige Besonderheiten beim Sicherungshaftbefehl sei an dieser Stelle allerdings nochmals hingewiesen:

- Das Gesetz verweist zwar auf die Vorschriften zum Untersuchungshaftbefehl, ausdrücklich allerdings nicht auf die Möglichkeit der schriftlichen und mündlichen Haftprüfung (§§ 453c Abs. 2 2, 118 StPO).
- Auf die Möglichkeit der Haftfortdauerprüfung durch das Oberlandesgericht wird nicht verwiesen.
- Wegen des fehlenden Verweises soll nach einer Auffassung der Rechtsprechung eine weitere Beschwerde gegen einen Sicherungshaftbefehl nicht zulässig sein.[8] Nach zustimmungswürdiger Ansicht wird jedoch davon auszugehen sein, dass die weitere Beschwerde zulässig ist.[9]

4. Bewährungszeitverlängerung, Bewährungswiderruf, Auflagenänderung und Straferlass

a) Bewährungszeitverlängerung und Vermeidung des Bewährungswiderrufs

5 Erneute Straffälligkeit während der Bewährungszeit ist nicht selten Anlass für die Vollstreckungsstaatsanwaltschaft, den Widerruf einer Bewährung zu beantragen. In solchen Fällen ist es wichtig, die zur Entscheidung über den Bewährungswiderruf berufenen

---

6 Vgl. BGHSt 26, 127.
7 OLG Hamburg, NStZ 88, 292.
8 OLG Düsseldorf, NStZ 90, 251.
9 OLG Braunschweig, StV 93, 596; vgl. auch Ausführungen unter § 9 Rn 3.

Gerichte darauf hinzuweisen, dass der Gesetzgeber den Bewährungswiderruf nicht als automatische Folge eines Bewährungsversagens vorgesehen hat.

Ein Bewährungswiderruf ist vielmehr erst dann **zulässig** und geboten, wenn das Gericht nach Würdigung aller, auch der neu eingetretenen Umstände des Einzelfalles und unter Berücksichtigung der möglicherweise positiven Wirkung der konkret angebotenen Hilfen nicht davon überzeugt ist, dass die Erfolgsaussichten größer sind, wenn der Verurteilte weiter in Freiheit behandelt wird, als wenn er die gegen ihn verhängte Freiheitsstrafe verbüßt.[10] Dabei ist insbesondere darauf hinzuweisen, dass die Voraussetzungen für eine Bewährungszeitverlängerung gemäß § 56f Abs. 2 StGB nicht strenger sind, als die für eine Strafaussetzung bei der Verhängung der Freiheitsstrafe durch das erkennende Gericht, oder bei der Reststrafenaussetzung.[11] Eine Verlängerung der Bewährungszeit unter weiteren Auflagen oder Weisungen reicht aus, wenn sie nach den Umständen zum Zeitpunkt der Entscheidung eher als die mit dem Widerruf verbundene Vollstreckung des Strafrestes geeignet ist, zu bewirken, dass der Verurteilte sich in die soziale Gemeinschaft wieder einfügt und nunmehr ein straffreies Leben führt.[12]

Auch die Verurteilung wegen einer innerhalb der Bewährungszeit begangenen Straftat zu einer Vollzugsfreiheitsstrafe hat nicht zwingend einen Bewährungswiderruf zur Folge. Insbesondere eine Straftat, die während der Bewährungszeit infolge einer Betäubungsmittelabhängigkeit (§ 35 Abs. 1 BtMG) begangen wurde, hat nicht zwingend den Widerruf der vorangegangenen Straftat zur Folge. Das ist zu beachten, wenn die der Bewährung zugrunde liegende Straftat nicht im Zusammenhang mit Betäubungsmittelabhängigkeit begangen wurde und bei einem Bewährungswiderruf in der Therapierückstellung gemäß § 35 BtMG ausgeschlossen wäre.[13]

Zu beachten ist, dass eine **Verlängerung der Bewährungszeit** um mehr als die Hälfte der ursprünglichen Bewährungszeit dann in Betracht kommt, wenn die ursprüngliche Bewährungsdauer auf unter 5 Jahre festgesetzt wurde. Dies folgert die höchstrichterliche Rechtsprechung aus der Entstehungsgeschichte dieser Vorschrift.[14]

b) Bewährungswiderruf

Zum einen kommt ein Bewährungswiderruf gem. § 56f Abs. 1 Nr. 1 StGB dann in Betracht, wenn der Mandant innerhalb der Bewährungszeit **erneut strafbar** geworden ist. Für die Bejahung von § 56f Abs. 1 Nr. 1 StGB muss die neuerliche Straftat feststehen.[15] Wegen Maßgeblichkeit der Unschuldsvermutung (Art. 2 Abs. 2 S. 2 GG; Art. 6 Abs. 2 MRK) wird die Frage, ob eine Straftat tatsächlich begangen worden ist, regelmäßig erst im Anschluss an eine rechtskräftige Verurteilung zu beantworten sein und nur in Ausnahmefällen schon vorher einen Bewährungswiderruf rechtfertigen können.[16] Wird der Mandant während der Bewährungszeit erneut zu einer Bewährungsstrafe verurteilt, so gebietet es das Verfassungsrecht, dass das zur Entscheidung über den Bewährungswi-

---

10 OLG Schleswig, NJW 80, 2320.
11 OLG Schleswig, a.a.O.
12 OLG Schleswig, a.a.O.
13 OLG Düsseldorf, StV 94, 199 f.
14 OLG Düsseldorf, StV 96, 218.
15 BVerfG NStZ 87, 118.
16 Vgl. zum insoweit wichtigen Urteil des Europäischen Gerichtshofs für Menschenrechte vom 03.10.2002 und die im Anschluss hieran ergangenen obergerichtlichen Entscheidungen auch Ausführungen unter § 9 Rn 2.

derruf berufene Gericht die Prognosebeurteilung des wegen der erneuten Straftat erkennenden Gerichts zu berücksichtigen hat. Dabei ist der positiven Prognoseentscheidung des wegen der jüngeren Straftat erkennenden Gerichts der Vorrang einzuräumen.[17] Das Bundesverfassungsgericht lässt es aber auch zu, dass ein Bewährungswiderruf trotz der während einer Bewährungszeit verhängten Bewährungsstrafe dann in Betracht kommen kann, wenn generalpräventive Gründe dafür sprechen.[18]

Die Staatsanwaltschaft wird einen angestrebten Bewährungswiderruf gem. § 56f Abs. 2 Nr. 2 StGB auch auf einen gröblichen und beharrlichen **Verstoß gegen Weisungen** oder auf Bestrebungen des Mandanten stützen, wonach dieser sich der **Aufsicht und Leitung** seines Bewährungshelfers **beharrlich entzieht**. Hier ist wichtig zu beachten, dass weder der Weisungsverstoß, noch das Entziehen von der Aufsicht des Bewährungshelfers den Bewährungswiderruf zwingend zur Folge haben. Beides muss richtigerweise für das zur Entscheidung über diesen Antrag berufene Gericht Anlass zur Erstellung einer aktuellen Sozialprognose sein.[19] Ein Bewährungswiderruf ist in diesem Fall nur dann zulässig, wenn die Erwartung begründet ist, der Mandant werde sich künftig nicht straffrei verhalten.[20]

Gerne übersehen wird die gesetzliche Regelung, wonach das Gericht für den Fall eines Bewährungswiderrufes Leistungen des Mandanten zur Erfüllung von Auflagen anzurechnen hat. Dies gilt allerdings nur für Geldauflagen zu Gunsten einer gemeinnützigen Einrichtung, oder zu Gunsten der Staatskasse bzw. für gemeinnützige Leistungen (§§ 56f Abs. 3 Nr. 2, 56b Abs. 2 StGB). Schadenswiedergutmachungsleistungen (§ 56 Abs. 2 Nr. 1 StGB) sind auf die Strafe nicht anzurechnen. Unbefriedigenderweise gibt das Gesetz für die Anrechnung von Geldauflagen oder gemeinnützigen Leistungen keinen Maßstab vor. Hier hat der Verteidiger auf einen möglichst günstigen Anrechnungsmaßstab hinzuwirken.[21]

c) Straferlass

Für den Mandanten ist das Bewährungsüberwachungsverfahren (mit dem Risiko eines Bewährungswiderrufs) grundsätzlich mit dem Straferlass gem. § 56g Abs. 1 S. 1 StGB abgeschlossen. Auch nach dem Beschluß über den Straferlass hat das Gericht gem. § 56f Abs. 2 S. 1 StGB noch die Möglichkeit, den Straferlass zu widerrufen. Möglich ist dies allerdings nur innerhalb eines Jahres nach Ablauf der Bewährungszeit, so dass hier nicht der Widerruf des Straferlasses ausschlaggebend ist, sondern der Ablauf der Bewährungszeit nach Maßgabe des mit dem erkennenden Urteil verkündeten Bewährungsbeschlusses. Weiter ist Voraussetzung, dass die neuerliche Verurteilung rechtskräftig geworden sein muss, wobei der Widerruf des Straferlasses innerhalb von 6 Monaten nach Rechtskraft der erneuten Verurteilung zulässig ist. Erfolgt also die erneute Verurteilung über ein Jahr nach dem Ablauf der Bewährungsfrist, so ist ein Widerruf des Straferlasses nicht mehr zulässig. Probleme ergeben sich meistens dann, wenn gegen den Mandanten nach Ablauf der Bewährungszeit noch ein Strafverfahren anhängig

---

17 BVerfG, NStZ 85, 357.
18 BVerfG, NJW 95, 713.
19 OLG Düsseldorf, StV 96, 45.
20 OLG Düsseldorf, a.a.O.
21 Vgl. Horn, StV 92, 540.

ist, dem eine während der Bewährungszeit begangene Straftat zugrunde liegt. Hier soll nach weit verbreiteter Auffassung das schwebende Strafverfahren dem Straferlass zwingend entgegenstehen.[22] Nach begrüßenswerter anderer Ansicht ist der Straferlass zwingend geboten, wenn die Bewährungszeit seit mehr als einem Jahr abgelaufen ist.[23]

II. Strafantritt des in Freiheit befindlichen Mandanten

1. Sachliche und örtliche Zuständigkeit der Haftanstalten

Nicht selten wird der Verteidigung bereits im Ermittlungsverfahren mit der Frage des Mandanten konfrontiert, wo er denn seine Strafe verbüßen müsse. Das wird insbesondere dann der Fall sein, wenn der Verteidiger seinem Mandanten klarmachen muss, dass er mit einer Vollzugsfreiheitsstrafe zu rechnen hat. Befindet sich der Mandant noch in Untersuchungshaft, oder besteht Aussicht auf eine Haftentlassung vor der Hauptverhandlung, kann der Mandant noch Entscheidungen treffen, die insbesondere auf die örtliche Zuständigkeit Einfluss haben können. Die gesetzlichen Regelungen zur Vollstreckung von Freiheitsstrafe und auch von Ersatzfreiheitsstrafe sind in der Strafprozessordnung nur unvollständig (§§ 449 ff. StPO). Wesentliche Einzelheiten lassen sich lediglich der Strafvollstreckungsordnung entnehmen, die eine Verwaltungsvorschrift darstellt und insoweit die Strafvollstreckungsbehörden bindet.[24] Die sachliche Zuständigkeit der Justizvollzugsanstalten richtet sich nach den für das jeweilige Bundesland erlassenen **Strafvollstreckungsplänen**.[25] Die wesentlichen Kriterien zur Bestimmung der sachlichen Zuständigkeit sind die Vollzugsdauer, die Verbüßung für Männer oder Frauen, die Verbüßung für Jugendliche und Heranwachsende oder Erwachsene sowie der Erst- bzw. Regelvollzug, oder der geschlossene bzw. offene Vollzug.

Die örtliche Zuständigkeit ist regelmäßig vom **Wohnort** des Verurteilten zu Beginn der Strafvollstreckung, oder vom **Wohnort vor der Untersuchungshaft** abhängig, soweit eine Strafe mit einer Vollzugsdauer von mehr als 6 Monaten zu vollziehen ist. Dies ergibt sich aus § 24 StrVollstrO. Hier ist vor allem darauf hinzuweisen, dass die Bestimmungen zur örtlichen Zuständigkeit das Ermessen der Vollstreckungsbehörde weitgehend einschränken. Soweit die Verlegung in eine bestimmte Anstalt auf dem Rechtswege durchgesetzt werden soll, ist hierfür der Antrag auf gerichtliche Entscheidung bei dem Oberlandesgericht gemäß §§ 23 ff. EGGVG statthaft.[26] Zu beachten ist, dass gemäß § 21 StrVollstrO dem Antrag auf gerichtliche Entscheidung ein Einwendungsverfahren vorgeschaltet ist.

2. Ladung zum Strafantritt

Eingeleitet wird die Strafverbüßung stets durch eine Ladung zum Strafantritt. Die Einzelheiten zur Ladung sind in § 27 StrVollstrO geregelt. § 27 Abs. 2 StrVollstrO sieht vor, dass dem verurteilten Mandanten regelmäßig eine Woche zum Ordnen seiner Angelegenheiten bleiben soll. In diesem Fall kann die Ladung formlos erfolgen. Lediglich

6

7

---

22 OLG Hamm, NStZ 98, 478.
23 KrG Saalfeld, MDR 93, 68.
24 OLG Karlsruhe, StV 99, 219.
25 Vollständig veröffentlicht in: Münchener Institut für Strafverteidigung, JVA-Verzeichnis, Bonn, 1999.
26 OLG Karlsruhe, StV 99, 219.

die Ladung zum sofortigen Strafantritt ist förmlich zuzustellen. Die Ladung ist maßgeblich für die weiteren Befugnisse der Staatsanwaltschaft. § 457 Abs. 2 StPO gibt der Staatsanwaltschaft als Vollstreckungsbehörde die Befugnis einen Vorführungsbefehl, oder einen Haftbefehl zu erlassen, wenn der verurteilte Mandant sich der Strafe nicht gestellt hat, oder der Flucht verdächtig ist. Der Erlaß des Haftbefehls bedarf keiner gerichtlichen Entscheidung. Die Rechtsmittel, die gegen einen Untersuchungshaftbefehl in Frage kommen, sind hier nicht statthaft. Auch eine gerichtliche Entscheidung kann nicht beantragt werden (so ausdrücklich § 458 Abs. 2 StPO). Es bleibt somit lediglich der Rechtsbehelf eines Antrages auf gerichtliche Entscheidung gemäß §§ 23 ff. EGGVG, dem wiederum das Einwendungsverfahren gemäß § 21 StrVollStrO vorgeschaltet ist.

3. Strafzeitberechnung

8 Der Verteidiger, der einen Mandanten während der Strafhaft betreut, sollte stets die Strafzeitberechnung anfordern. Die Strafzeitberechnung ist von der Justizvollzugsanstalt zu erledigen (§ 36 Abs. 1 i.V.m. § 35 Abs. 1 Nr. 4 StrVollStrO). Aus der Strafzeitberechnung lassen sich insbesondere die Fragen beantworten, wann für den Mandanten Reststrafenanträge gestellt werden können. Darüber hinaus werden im Bereich des Strafvollzugs viele Entscheidungen des Strafvollzugsverfahrens von der voraussichtlichen Verbüßungsdauer und vom Strafende abhängig sein. Die **Strafzeitberechnung** wird regelmäßig von den Anstalten erstellt, verantwortlich für die inhaltliche Richtigkeit ist jedoch letztlich die Staatsanwaltschaft als Vollstreckungsbehörde (§ 36 Abs. 1 S. 2 HS 1 StrVollstrO). Fehlerhafte Strafzeitberechnungen können durch einen Antrag auf gerichtliche Entscheidung gemäß § 458 Abs. 1 StPO angegriffen werden (§ 24 StrVollStrO). Die Strafzeitberechnung hat auch die Vollstreckungsreihenfolge bei der Vollstreckung mehrerer Freiheitsstrafen oder mehrerer Ersatzfreiheitsstrafen zu klären. Hierfür sind gesetzliche Vorgaben (§ 454b StPO) sowie Vorgaben der Strafvollstreckungsordnung (§ 43 StrVollStrO) zu beachten. Auch Details, wie die **Vollstreckungsreihenfolge** können Aufgabenstellungen für den Verteidiger sein, insbesondere beispielsweise im Falle des Bewährungswiderrufes eines Strafrestes und den Auswirkungen mehrerer Verurteilungen, die nicht durchgehend als Folge einer Betäubungsmittelabhängigkeit zu sehen sind (vgl. §§ 35, 36 BtmG).[27]

4. Strafaufschub und Strafunterbrechung wegen Haftunfähigkeit

9 Nach dem Gesetz kann bei Geisteskrankheit des verurteilten Mandanten und bei Krankheiten, die eine nahe Lebensgefahr des Mandanten zur Folge haben, Vollstreckungsaufschub gewährt werden. Genauso kann bei dem bereits in Haft befindlichen Mandanten Strafunterbrechung angestrebt werden (§ 455 StPO).

Die Anforderungen an das Kriterium der **krankheitsbedingten Vollzugsuntauglichkeit** sind in der Praxis außerordentlich streng. So soll eine krankheitsbedingte Vollzugsuntauglichkeit ausscheiden, wenn die sich aus der Krankheit ergebenden Verfahren durch den Vollzug nicht erhöht werden, sondern außerhalb des Vollzugs in gleicher Weise bestehen.[28] Krankheitsbilder, die der Haftfähigkeit des Mandanten entgegenstehen können, sind insbesondere: Schwerwiegende körperliche Erkrankungen des Herz-

---

27 Vgl. insoweit auch OLG Karlsruhe StV 03, 287, 288.
28 OLG Düsseldorf, NJW 91, 765 f.

Kreislaufbereichs, Krankheitsentwicklung im Bereich des Magen- und Darmtraktes, Krankheiten an Leber und Niere, insbesondere wenn eine Insuffizienzprognose getroffen wird, Erkrankungen des zentralen Nervensystems, des Gehirns sowie Gefäßkrankheiten mit Verschlußproblematik.[29]

Trotz dieser hohen Hürden für das Kriterium der krankheitsbedingten Vollzugsuntauglichkeit bleibt es dem Gericht jedoch nicht erspart, in der Entscheidung über einen Antrag auf Unterbrechung der Strafvollstreckung Ausführungen zur Schwere der Erkrankung, Dauer und Art und Weise einer erforderlichen Behandlung sowie beispielsweise Ausführungen eines Anstaltsarztes zur Möglichkeit der Behandlung in einem Vollzugskrankenhaus oder Stellungnahmen einer solchen Einrichtung zu machen; anderenfalls liegt eine ermessensfehlerhafte Entscheidung des Gerichts vor.[30] Wird ein Strafaufschub oder eine Strafunterbrechung durch die Staatsanwaltschaft als Vollstreckungsbehörde verweigert, so ist hiergegen ein Antrag auf gerichtliche Entscheidung statthaft (§ 458 Abs. 2 StPO). Nachdem einem solchen Antrag kein Suspensiveffekt zukommt, kann darüber hinaus ein vorläufiger Aufschub oder eine vorläufige Unterbrechung angeordnet werden (§ 458 Abs. 3 StPO). Wird der Antrag auf gerichtliche Entscheidung abschlägig verbeschieden, ist dagegen die sofortige Beschwerde statthaft (§ 462 Abs. 3 S. 1 StPO).

5. Vorübergehender Vollstreckungsaufschub § 456 StPO

Unabhängig von der Haftfähigkeit besteht die Möglichkeit des vorübergehenden Vollstreckungsaufschubes gemäß § 456 StPO wegen erheblicher, außerhalb des Strafzwecks liegender Nachteile, die dem Verurteilten oder seiner Familie erwachsen. Sachverhalte, die hier vor allem in Betracht kommen, sind die Einarbeitung eines Vertreters in einem Betrieb, der Abschluss einer bereits begonnenen Berufsausbildung innerhalb eines Zeitraumes, der 4 Monate jedenfalls nicht überschreitet, sowie vermeidbare Auswirkungen auf Kinder, die innerhalb von 4 Monaten beseitigt werden können.[31] Besondere Berücksichtigung verdient auch die gesetzliche Regelung, wonach der vorübergehende Vollstreckungsaufschub von einer **Sicherheitsleistung** abhängig gemacht werden kann (§ 456 Abs. 3 StPO).

Gegen ablehnende Entscheidungen ist gemäß § 458 Abs. 2 StPO der Antrag auf gerichtliche Entscheidung statthaft. Gegen die gerichtliche Entscheidung ist sofortige Beschwerde statthaft (§ 462 Abs. 3 S. 1 StPO).

III. Vollstreckung von Geldstrafen

Die gesetzlichen Regelungen zur Vollstreckung der Geldstrafe sind nur subsidiär. Im wesentlichen befinden sich die maßgeblichen Bestimmungen in Verwaltungsvorschriften, nämlich in der Justizbeitreibungsordnung, in der Strafvollstreckungsordnung sowie in der Einforderungs- und Beitreibungsanordnung.

Wesentlich für die Beratung des Mandanten ist das **Verständnis des Verfahrensganges**. Die Einforderungs- und Beitreibungsanordnung (EBAO) sieht vor, dass in einem ersten Schritt durch den Rechtspfleger Geldstrafe und Verfahrenskosten eingefordert

10

11

---

29 Außerordentlich instruktiv Gatzweiler, StV 96, 283 ff.
30 Thüringisches OLG StV 04, 84.
31 Außerordentlich instruktiv Heimann, StV 01, 54 ff.

werden. Dies geschieht in Form der Übersendung einer Zahlungsaufforderung. In der Zahlungsaufforderung wird eine Zahlungsfrist gesetzt. Erst nach Ablauf der Zahlungsfrist kann das Justizbeitreibungsverfahren durchgeführt werden. Auch die Ersatzfreiheitsstrafe kann erst angeordnet werden, wenn die Vollstreckungsbehörde Beitreibungsversuche unternommen hat (§ 459e Abs. 2 StPO). Werden Teilzahlungen geleistet, so sind diese zunächst auf die Geldstrafe und erst nach deren vollständiger Tilgung auf die Verfahrenskosten (§ 459b StPO) anzurechnen. Von der Vollstreckung der Ersatzfreiheitsstrafe ist abzusehen, soweit die Geldstrafe gezahlt wird (§ 459e Abs. 4 StPO). Für die Praxis ist wesentlich die Regelung in § 51 Abs. 1 StVollStrO, wonach sowohl in der Ladung zum Strafantritt, als auch in dem Aufnahmeersuchen an die Justizvollzugsanstalt angegeben sein muss, wie hoch der Betrag zur Abwendung der Ersatzfreiheitsstrafe ist. Ausdrücklich bestimmt § 51 Abs. 4 StVollStrO, dass ein in Ersatzstrafhaft genommener Verurteilter bei nachträglicher Zahlung sofort zu entlassen ist.

IV. Reststrafenerlaß

Gem. §§ 57 ff. StGB kann ein verbliebener noch zu vollstreckender Rest einer zeitigen Freiheitsstrafe unter bestimmten Voraussetzungen zur Bewährung ausgesetzt werden.

1. Verfahren

12 Das Verfahren hierfür richtet sich in erster Linie nach § 454 StPO.

a) Anhörungspflichten

Die gesetzliche Regelung in § 454 Abs. 1 S. 2 StPO hat zur Folge, dass die Staatsanwaltschaft, der Verurteilte und die Vollzugsanstalt zu hören sind. Der Verurteilte ist gem. § 454 Abs. 1 S. 3 StPO stets mündlich zu hören. Diese Sonderregelung erweitert die allgemeine Anhörungspflicht, wie sie § 33 Abs. 2 StPO lediglich für die Staatsanwaltschaft anordnet. Zu beachten ist allerdings, dass trotz der Sonderregelung in § 454 Abs. 1 S. 2 StPO die allgemeine Regelung in § 33 Abs. 3 StPO selbstverständlich anzuwenden ist. Diese Regelung soll Überraschungsentscheidungen ausschließen. Soweit die Stellungnahme der Staatsanwaltschaft also entscheidungserhebliche Tatsachen, oder Beweisergebnisse enthält, zu denen der Verurteilte noch nicht gehört wurde, muss das Gericht auch im Rahmen eines Reststrafenerlaßverfahrens die Anhörung des Verurteilten durchführen. Es empfiehlt sich daher für den Verteidiger bereits im Reststrafenantrag auf die Anhörungspflicht gemäß § 33 Abs. 3 StPO hinzuweisen und zu beantragen, dass die Stellungnahme der Staatsanwaltschaft zur Kenntnis gegeben wird.

b) Mündliches Anhörungsverfahren

13 Das Gesetz sieht vor, dass im Reststrafenverfahren der Verurteilte stets **mündlich zu hören** ist (§ 454 Abs. 1 S. 3 StPO). Über den Charakter dieses mündlichen Anhörungsverfahrens besteht weitgehende Unsicherheit.

Das Bundesverfassungsgericht hat in verschiedenen Entscheidungen[32] die Verfahrensgestaltung stets am Maßstab des Anspruchs auf ein faires Verfahren geprüft. Außerdem

---

32 BVerfG NStZ 93, 355; StV 94, 552 f.

stellt das Mitwirkungsrecht des Verurteilten an der mündlichen Anhörung eine Ausprägung des Anspruchs auf rechtliches Gehör dar .[33]
Aus dem Anspruch auf das faire Verfahren wurde auch das Anwesenheitsrecht des Verteidigers abgeleitet.[34] Grundsätzlich ist es hierbei **Sache des verurteilten Mandanten** selbst, seinen Verteidiger zu benachrichtigen. Deswegen ist der Verurteilte über den Anhörungstermin so rechtzeitig zu benachrichtigen, dass er sich hierauf vorbereiten und einen Verteidiger hinzuziehen kann.[35] Anderenfalls kann dem Gericht eine Benachrichtigungspflicht obliegen, wenn die Anberaumung des Anhörungstermins so kurzfristig erfolgt, dass der verurteilte Mandant seinen Verteidiger nicht mehr rechtzeitig benachrichtigen kann.[36] Weitere Rechte der Verteidigung durchzusetzen, wird eine maßgebliche Aufgabenstellung für die Verteidigung in diesem Stadium des Verfahrens. Das mündliche Anhörungsverfahren soll eine mündliche Verhandlung eigener Art[37] sein. Daraus wird eine Verfahrensgestaltung in Anlehnung an das Grundmodell einer mündlichen Verhandlung postuliert. Es wird als mindestens empfehlenswert, wenn nicht gar geboten angesehen, dass ein förmliches Protokoll oder zumindest eine richterliche Niederschrift über die mündliche Anhörung durch das Gericht zu fertigen ist. Insbesondere ist der Verurteilte umfassend zu unterrichten, vor allem über die schriftlichen Stellungnahmen der Justizvollzugsanstalt und der Staatsanwaltschaft. Desweiteren wird die Hinzuziehung verfahrensunbeteiligter Personen, wie zum Beispiel eines amtierenden oder künftigen Bewährungshelfers, von Angehörigen oder von sonst nahestehenden Personen befürwortet. Schließlich soll nach dieser Auffassung ein Beweisantragsrecht bestehen, wobei allerdings die Beweiserhebung den Regeln des Freibeweises soll folgen können.[38]
Von einer mündlichen Anhörung kann nur unter den engen Voraussetzungen in § 454 Abs. 1 4 StPO abgesehen werden, was insbesondere dann der Fall sein kann, wenn sowohl Staatsanwaltschaft, als auch Vollzugsanstalt die Aussetzung ausdrücklich befürworten und das Gericht die Aussetzung auch tatsächlich beabsichtigt. Ansonsten kann von der Anhörung abgesehen werden, wenn von einer zeitigen Freiheitsstrafe die Hälfte oder weniger als 2 Monate noch nicht verbüßt sind. Bei lebenslanger Freiheitsstrafe kann bei Antragstellung vor Verbüßung von 13 Jahren die mündliche Anhörung entfallen. Auch hat die Anordnung einer Sperrfrist gemäß § 57 Abs. 6 StGB zur Folge, dass von der Anhörung abgesehen wird.

c) Begutachtung

In Verfahren über die Aussetzung der lebenslangen Freiheitsstrafe, oder wegen einer   **14**
zeitigen Freiheitsstrafe von mehr als 2 Jahren wegen einer der in § 66 Abs. 3 S. 1 StGB genannten Katalogstraftaten sieht das Gesetz seit dem Inkrafttreten des „Gesetzes zur

---

33 OLG Zweibrücken StV 03, 683; OLG Düsseldorf StV 03, 684.
34 BVerfG, NStZ 93, 355; soweit im Rahmen des Prüfungsverfahrens nach § 57 StGB die Sach- und Rechtslage als schwierig einzustufen ist (beispielsweise bei der Auseinandersetzung mit Sachverständigengutachten), muß dem Verurteilten gemäß § 140 Abs. 2 StPO analog ein Pflichtverteidiger beigeordnet werden nach OLG Braunschweig StV 03, 684 und Thüringisches OLG StV 03, 684.
35 OLG Nürnberg StV 03, 683.
36 BVerfG, StV 94, 552 f.
37 Bringewat NStZ 96, 17, 20.
38 Bringewat a.a.O.

Bekämpfung von Sexualdelikten und anderen gefährlichen Straftaten" vom 26.01.1998 zwingend die Einholung eines Prognosegutachtens vor.

In der **Rechtsprechung**[39] und in der **Literatur**[40] hat sich die Ansicht durchgesetzt, dass in erster Linie psychiatrische Gutachter als geeignete Sachverständige vom Gericht auszuwählen sind (§ 73 Abs. 1 S. 1 StPO). Damit wird allerdings noch nicht die Diskussion beendet sein, ob grundsätzlich auch psychologische Gutachter oder Soziologen in Betracht kommen. Auch sollte die Verteidigung den Gedanken einer Prognosekommission nicht in jedem Fall außeracht lassen, ein Hinweis auf Stimmen in der Literatur sollte nie als vergeblich aufgefasst werden.[41]

Wesentlich problematischer ist oft die Entscheidung, welcher Maßstab seitens des Verteidigers an ein solches Prognosegutachten anzulegen ist. Verteidiger und Gutachter sind sich naturgemäß fachfremd, dem Verteidiger bleibt daher nichts anderes übrig, als den Versuch zu unternehmen, Maßstäbe aus der hierzu veröffentlichten Fachliteratur heranzuziehen.[42]

In der an dieser Stelle gebotenen Kürze sei lediglich darauf hingewiesen, dass nach der psychiatrischen Fachliteratur die Prognose von der Beantwortung insbesondere folgender Fragen abhängig sein sollte:[43]

- Worin bestand die zur Tat führende Gefährlichkeit?
- Was hat sich seit der Tat an dem Täter geändert, was nicht?
- Hat sich speziell an den individuellen Risikofaktoren etwas geändert?
- Beeinflussen die Veränderungen das Risiko erneuter Straftaten, oder sie dafür bedeutungslos?
- Wie ist die soziale Einbindung des Inhaftierten/Untergebrachten, wie wären seine sozialen Rahmenbedingungen nach der Entlassung?

d) Zeitpunkt

15 Hinsichtlich der Frage, wann ein Reststrafenantrag gestellt werden kann, setzt das Gesetz lediglich Rahmenbedingungen. Es ist die Aufgabe des Verteidigers, innerhalb dieses gesetzlichen Rahmens dem Interesse seines Mandanten auf möglichst frühzeitige Entscheidung Geltung zu verschaffen.

Die **untere Grenze des Rahmens** ergibt sich aus der gesetzlichen Regelung in § 454 Abs. 1 S. 4 Nr. 2 StPO. Danach kann bei dem Unterschreiten der dortigen Grenzen jedenfalls von der mündlichen Anhörung abgesehen werden. Das ist dann der Fall, wenn eine zeitige Freiheitsstrafe noch nicht zur Hälfte verbüßt oder noch keine 2 Monate verbüßt sind. Bei einer lebenslangen Freiheitsstrafe kann das Gericht wegen verfrühter Antragstellung von einer Anhörung absehen, wenn weniger als 13 Jahre verbüßt sind. Im übrigen lässt sich der Regelung in § 454a StPO entnehmen, dass der Gesetzgeber idealerweise von einer Beschlussfassung der Reststrafenaussetzung zu einem Zeitpunkt ausgeht, der 3 Monate vor der bedingten Entlassung liegen sollte. Dabei wird zu berücksichtigen sein, dass § 454a Abs. 2 StPO dem Gericht die Möglichkeit gibt, aufgrund neu eingetretener oder neu bekanntgewordener Tatsachen den Reststrafenbe-

39 BGH, StV 94, 252 ff.
40 Schüler-Springorum, StV 94, 255 ff.
41 Blau, JR 94, 32 ff.
42 Instruktiv Kröber, NStZ 99, 593 ff.
43 Kröber, a.a.O.

schluss wieder aufzuheben. Der Verteidiger sollte seinem Mandanten also eine Antragstellung so **rechtzeitig nahelegen**, dass eine rechtskräftige Entscheidung spätestens 3 Monate vor der angestrebten Entlassung realistisch erscheint. Innerhalb des Rahmens, der sich aus dem Gesetz ergibt, ist die grundrechtliche Stellung des Mandanten zu berücksichtigen. Das Bundesverfassungsgericht weist in seiner Rechtsprechung darauf hin, dass die Vollstreckung der Freiheitsstrafe stets einen Eingriff in die Freiheit der Person gemäß Art. 2 Abs. 2 S. 2 GG darstellt. Wegen des Gesetzesvorbehaltes in Art. 2 Abs. 2 S. 3 GG ist der Gesetzgeber von Verfassung wegen gehalten, Art und Dauer der Vollstreckung festzulegen; außerdem erlangt das Rechtsstaatprinzip zusätzliche Bedeutung. Als Teil des Rechtsstaatsprinzips soll dem Mandanten die Gewährleistung der Rechtssicherheit zur Seite stehen.[44]

2. Zeitige Freiheitsstrafe

a) Drittelstrafenaussetzung   16

Aussetzungsfähig ist grundsätzlich jede Freiheitsstrafe. Umstritten und auch in der Rechtsprechung nicht abschließend geklärt ist die Frage, ob auch **Ersatzfreiheitsstrafen** ausgesetzt werden können. Eine Reihe von Gerichten will die Möglichkeit der Reststrafenaussetzung auf Ersatzfreiheitsstrafen nicht anwenden. Begründet wird dies vor allem damit, das Gesetz enthalte keine Regelung über das Schicksal der durch die teilweise Verbüßung der Ersatzfreiheitsstrafe nicht erledigten Restgeldstrafe. Die Regelungen über Auflagen, Widerruf und Erlaß würden auf die Ersatzfreiheitsstrafe nicht passen. Im übrigen wird diese Auffassung damit begründet, der zu einer Geldstrafe Verurteilte habe es in der Hand, ob es zu einer Verbüßung der Ersatzfreiheitsstrafe komme.[45] Nach der anderen, wohl überwiegenden Auffassung soll der Reststrafenerlaß jedoch auch bei einer Ersatzfreiheitsstrafe in Frage kommen. Begründet wird dies vor allem damit, dass derjenige, der eine Ersatzfreiheitsstrafe verbüße, nicht ungerechtfertigt benachteiligt werden dürfte.[46]

Die Reststrafenaussetzung ist nach dem Gesetz stets von der **günstigen Täterprognose** abhängig. Die günstige Sozialprognose setzt nicht die Gewißheit voraus, dass die Begehung weiterer Straftaten ausgeschlossen ist.[47] Es reicht aus, wenn das Gericht zur Überzeugung gelangt, dass eine begründete Chance für zukünftiges straffreies Verhalten gegeben ist. Soweit zur Begründung einer nicht hinreichend günstigen Sozialprognose bestimmte Lebensverhältnisse des Verurteilten nachteilig gewürdigt werden sollen, müssen diese zur Überzeugung des Gerichts feststehen. Eine bloße Wahrscheinlichkeit nachteiligenden Verhaltens reicht zur Begründung ungünstiger Lebensverhältnisse nicht aus.[48]

Sog. Überhaftsituationen stehen einer Reststrafenaussetzung nicht von vornherein entgegen.[49]

---

44 BVerfG, NJW 92, 2947 ff., 2951 f.

45 Vgl. Thür.OLG, StV 99, 491 f.

46 OLG Koblenz, NStZ 95, 254 f.

47 OLG Düsseldorf, StV 97, 91.

48 OLG Düsseldorf, a.a.O.

49 Vgl. Kölbel, StV 98, 236 ff.

b) Halbstrafenaussetzung

Eine Reststrafenaussetzung nach **Verbüßung der Hälfte** der gegen den Mandanten verhängten Freiheitsstrafe kommt nach dem Gesetz grundsätzlich bei allen Freiheitsstrafen in Betracht, die 2 Jahre nicht übersteigen und die zur Erstverbüßung einer Freiheitsstrafe bei dem Mandanten geführt haben.

Das gesetzliche Kriterium der besonderen Umstände gibt dem Gericht im Rahmen der Entscheidung über die Reststrafenaussetzung einen weiten Ermessensspielraum. Grundsätzlich hat sich hier die Formel durchgesetzt, wonach besondere Umstände gegeben sind, wenn sich Milderungsgründe von besonderem Gewicht feststellen lassen. Soweit das nicht der Fall ist, sollen besondere Umstände dann vorliegen, wenn mehrere jeweils für sich allein nur als durchschnittlich oder einfach zu bewertende Milderungsgründe vorliegen, denen aufgrund ihrer Kumulation ein solch starkes Gewicht beigemessen werden kann, dass sie in ihrer Gesamtheit als überdurchschnittlich und damit als besondere Umstände angesehen werden können.[50] Strafzumessungserwägungen des erkennenden Gerichts können bei der Beantwortung der Frage, ob besondere Umstände gegeben sind, selbstverständlich erneut herangezogen werden.[51] In der Praxis werden sehr häufig gerade die Strafzumessungserwägungen die wesentlichen Argumente zur Reststrafenaussetzung vorwegnehmen.

c) Rechtsfolgen bei Strafaussetzung zur Bewährung

Gemäß § 57 Abs. 3 StGB gilt hinsichtlich der weiteren Folgen nach einer Reststrafenaussetzung das gleiche wie bei einer Freiheitsstrafe, die von Beginn an zur Bewährung ausgesetzt ist.

3. Lebenslange Freiheitsstrafe

17 Die Praxis der Reststrafenaussetzung bei der lebenslangen Freiheitsstrafe wurde durch den Beschluss des Bundesverfassungsgerichts vom 03.06.92[52] grundlegend beeinflusst. Hier wurde aus der Grundrechtsposition des zur lebenslangen Freiheitsstrafe Verurteilten hergeleitet, nicht erst die Strafvollstreckungskammer, sondern bereits das erkennende Gericht habe Feststellungen zur Frage zu treffen, ob die besondere Schwere der Schuld einer Reststrafenaussetzung nach Verbüßung von bereits 15 Jahren der lebenslangen Freiheitsstrafe entgegenstehen (§ 57a Abs. 1 Nr. 2 StGB).[53] Wenn die besondere Schwere der Schuld feststeht, muss dies ausdrücklich aus dem Urteilstenor hervorgehen, lediglich die Verneinung der besonderen Schwere der Schuld braucht sich nicht aus dem Tenor zu ergeben.[54] Eine Befugnis des erkennenden Gerichts zur Festlegung einer Mindestverbüßungsdauer wurde vom BGH abgelehnt.[55]

a) Verfahren

Für das **Aussetzungsverfahren** ist die Strafvollstreckungskammer in großer Besetzung mit 3 Berufsrichtern zuständig (§ 78b Abs. 1 Nr. 1 GVG). Diese wird auch Grundlage

50 OLG Hamm, StV 98, 503.
51 OLG Düsseldorf, StV 97, 94 f.
52 BverfG NJW 92, 2947 ff.
53 BVerfG, a.a.O.
54 BGH NJW 93, 2001.
55 BGH NJW 97, 878.

für die Auffassung sein, wonach auch die mündliche Anhörung durch die vollständig besetzte Strafkammer stattzufinden hat.[56]
Das Gesetz sieht bei lebenslangen Freiheitsstrafen zwingend die **Einholung eines Sachverständigengutachtens** vor (§ 454 Abs. 2 Nr. 1 StPO).
In sog. **Altfällen**, in denen die lebenslange Freiheitsstrafe ohne eine Klärung der Frage der besonderen Schwere der Schuld verhängt wurde, ist ein Antrag auf Feststellung der Frage der besonderen Schwere der Schuld frühzeitig möglich. Bereits nach einer Vollstreckungsdauer von in der Regel 10 Jahren soll vorab entschieden werden, ob eine besondere Schwere der Schuld vorliegt.[57] Der zur lebenslangen Freiheitsstrafe Verurteilte hat also bereits vor Ablauf von 13 Jahren (§ 454 Abs. 1 S. 4 Nr. 2b StPO) Anspruch darauf zu erfahren, ob in seinem Falle ein Reststrafenerlaß nach 15 Jahren die besondere Schwere der Schuld entgegensteht.

b) Materielle Voraussetzungen

Obligatorisch sieht das Gesetz in § 57a Abs. 1 Nr. 1 StGB vor, dass eine Reststrafenaussetzung der lebenslangen Freiheitsstrafe nur nach einer Verbüßung von mindestens **15 Jahren** der Freiheitsstrafe in Betracht kommt. Ausnahmen davon sieht das Gesetz nicht vor.
Als weitere negative Tatbestandsvoraussetzung darf der Strafaussetzung die **besondere Schwere der Schuld** gem. § 57a Abs. 1 Nr. 2 StGB nicht entgegenstehen. Der Maßstab für eine besondere Schwere der Schuld unterlag in der Rechtsprechung des Bundesgerichtshofs einem steten Wandel. In der Folge des Beschlusses des Bundesverfassungsgerichts vom 03.06.1992[58] vertrat der Bundesgerichtshof zunächst die Auffassung, die Schuld des Angeklagten wiege nur dann besonders schwer, wenn das gesamte Tatbild einschließlich der Täterpersönlichkeit von den erfahrungsgemäß gewöhnlich vorkommenden Mordfällen so sehr abweicht, dass eine Strafaussetzung der lebenslangen Freiheitsstrafe nach 15 Jahren auch bei günstiger Täterprognose unangemessen wäre.[59] In seinem Beschluss vom 22.11.93 hat der Bundesgerichtshof dann jedoch dem Versuch, eine allgemein gültige Formel zur Kategorisierung von Mordstraftaten zu bilden, eine Absage erteilt. Ausdrücklich kam der große Senat zu der Auffassung, der Tatrichter habe ohne Bindung an begriffliche Vorgaben die schuldrelevanten Umstände zu ermitteln und zu gewichten. Eine Feststellung der besonderen Schwere der Schuld könne dabei nur dann in Betracht kommen, wenn Umstände vorliegen, die Gewicht haben sollen. Solche Umstände sollen nach Auffassung des Bundesgerichtshofes beispielsweise sein eine besondere Verwerflichkeit der Tatausführung oder der Motive, das Vorhandensein mehrerer Opfer bei einer Tat, die Begehung mehrerer Mordtaten, oder die Begehung weiterer schwerer Straftaten, wobei ein innerer Zusammenhang mit dem Mord nicht zwingend erfordert wird. Ausdrücklich heißt es, dass dem Revisionsgericht bei der Nachprüfung eine Richtigkeitskontrolle bis ins einzelne versagt ist. Die Richtigkeitskontrolle durch das Revisionsgericht wird also weitgehend zurückgedrängt.[60]

---

56 Vgl. hierzu OLG Frankfurt/Main, NStZ-RR 97, 29.
57 Hans.OLG Hamburg, StV 94, 257.
58 BVerfG NJW 92, 2947 ff.
59 BGHR, StGB § 57a Abs. 1 Schuldschwere 11.
60 GrS BGH in BGHSt 40, 360 ff., 370.

Schließlich verlangt das Gesetz, wie auch bei der zeitigen Freiheitsstrafe, eine **günstige Sozialprognose** zu Gunsten des Mandanten.

4. Absehen von Vollstreckung bei Ausweisung

18 Die Handlungsmöglichkeiten des Verteidigers bei der Handhabung dieser Vorschrift ist im besonderen Maße durch das den Vollstreckungsbehörden weitgehend eingeräumte Ermessen eingeschränkt.

Grundsätzlich ist gegen Entscheidungen der Strafvollstreckungsbehörde ein Antrag auf gerichtliche Entscheidung des Oberlandesgerichts gemäß §§ 23 ff. EGGVG möglich. Hervorzuheben ist ansonsten lediglich, dass dem Mandanten mit einer alsbaldigen Ausweisung gedient sein kann, so dass hier die wesentliche Aufgabe des Verteidigers im Zusammenhang mit dieser Regelung oft darin besteht, das Verfahren der Ausweisung zu beschleunigen.

5. Therapierückstellung bei Betäubungsmittelstraftätern

19 Als Sonderrecht des betäubungsmittelabhängigen Straftäters kann die Möglichkeit der Zurückstellung der Strafe zu Gunsten einer Therapie bezeichnet werden.[61]

a) Betäubungsmittelabhängigkeit

Voraussetzung für die Zurückstellung ist das Bestehen einer Betäubungsmittelabhängigkeit; diese ist insbesondere vom Betäubungsmittelmissbrauch zu unterscheiden.[62]

Betäubungsmittelabhängigkeit ist nach der Definition der einschlägigen medizinischen Klassifikationssysteme (ICD-10, DSM-III-R) ein Zustand seelisch-psychischer und seelisch-körperlicher Abhängigkeit von einer Substanz mit Wirkung auf das zentrale Nervensystem.[63] Grundsätzlich werden 8 verschiedene Abhängigkeitstypen unterschieden: Der Morphintyp, der Barbiturat-Alkoholtyp, der Kokaintyp, der Cannabis-Marihuanatyp, der Amphetamintyp, der Cattyp, der Halozinogentyp und Opiat-Antagonisttyp.[64]

b) Ursächlichkeit für Straftat

Eine Zurückstellung nach dieser Regelung kommt dann in Betracht, wenn die Betäubungsmittelabhängigkeit kausal für die begangene Straftat ist. Ob die bloße Mitursächlichkeit der Betäubungsmittelabhängigkeit für die Straftat zur Zurückstellung ausreichen soll oder nicht, ist auch in der Rechtsprechung umstritten.[65]

Von besonderer Bedeutung ist, dass die Feststellung von Betäubungsmittelabhängigkeit und Kausalität für die begangene Straftat im erkennenden Urteil für die Strafvollstreckungsbehörde bindend ist.[66]

c) Anrechnung der Therapiezeit auf Strafe

Die Zeit in einer Therapieeinrichtung kann auf die verhängte Strafe angerechnet werden, unter bestimmten Voraussetzungen ist dies obligatorisch. Wurde die Therapie in

---

61 Endriß/Malek, Betäubungsmittelstrafrecht, München, Rn 924.
62 Endriß/Malek, Rn 955.
63 Theune, NStZ 97, 57 ff.
64 Theune, a.a.O.
65 Vgl. Endriß/Malek, Rn 959.
66 KG, StV 88, 213; vgl. Endriß/Malek, Rn 961.

einer staatlich anerkannten Einrichtung durchgeführt, hat die Anrechnung zwingend stattzufinden.

d) Reststrafenaussetzung nach Therapie

Die Möglichkeiten der Reststrafenaussetzung sind im Falle der Rückstellungstherapie im Vergleich zum allgemeinen Strafrecht besonders geregelt. Sind durch eine anrechnungsfähige Therapie 2/3 der Strafe erledigt, so sieht das Gesetz obligatorisch die Reststrafenaussetzung vor. Eine Reststrafenaussetzung kann jedoch auch zu einem früheren Zeitpunkt in Betracht kommen nämlich dann, wenn die Behandlung in der Therapieeinrichtung als nicht mehr erforderlich erachtet wird (§ 36 Abs. 1 S. 3 BtmG).

V. Maßregelvollzug

Zielsetzung der Verteidigung im Bereich des Maßregelvollzuges muss es vor allem sein, dem Grundsatz der Verhältnismäßigkeit Geltung zu verschaffen. Soweit solche Maßregeln im Anschluss an eine Freiheitsstrafe verbüßt werden, ist es die Aufgabe des Verteidigers, die Beschränkung der Maßregel auf das zeitlich Notwendige herbeizuführen. Soweit nach der Vollstreckung einer Maßregel die weitere Vollstreckung einer Freiheitsstrafe in Frage kommt, wird an einen Verteidiger häufiger das Anliegen herangetragen werden, gegen einen aus Sicht des Mandanten vorzeitigen Abbruch einer Therapie einzutreten, um dem Mandanten eine Rückverlegung in die Strafhaft zu ersparen.

20

1. Unterbringung in der Entziehungsanstalt

a) Anrechnung der Therapiezeit auf die Strafe

Die Dauer der Unterbringung in einer Entziehungsanstalt, die in den meisten Fällen neben der Verhängung einer Freiheitsstrafe angeordnet wird, ist für den Regelfall des Vorwegvollzuges der Unterbringung vor der Freiheitsstrafe auf die Freiheitsstrafe anzurechnen (§ 67 Abs. 4 S. 1 StGB). Dies geht jedoch nur soweit, bis 2/3 der Strafe durch die Anrechnung der Maßregel erledigt sind. Das Bundesverfassungsgericht hat die Begrenzung der Anrechenbarkeit **bis zum 2/3-Zeitpunkt** der verhängten Freiheitsstrafe ausdrücklich gebilligt. Die gesetzgeberische Zielsetzung, dass eine zeitliche Begrenzung der Anrechenbarkeit die Therapiemotivation stützen und sichern soll, ist mit dem Freiheitsgrundrecht (Art. 2 Abs. 2 S. 2 GG) nach Auffassung des Bundesverfassungsgerichts vereinbar.[67]

21

b) Therapieabbruch

Verfassungswidrig ist die nach wie vor im Gesetz zu findende Regelung in § 67 Abs. 4 S. 2 StGB. Danach soll die Anrechnung der Maßregel auf die gleichzeitig angeordnete Freiheitsstrafe unterbleiben, wenn das Gericht nachträglich gemäß § 67d Abs. 5 StGB bestimmt, dass die Unterbringung nicht weiter zu vollziehen ist. Das Bundesverfassungsgericht billigt dem Gesetzgeber zwar zu, bei Therapieresistenz den Anreiz zu einer Therapieteilnahme zu erhöhen. Das Bundesverfassungsgericht mißbilligt jedoch, dass der Gesetzgeber nicht zwischen achtenswerten Abbruchmotiven und Therapieverweigerung unterscheidet.[68] Als verfassungswidrig wurde jedoch die Mindestfrist von

---

67 BVerfG, StV 94, 594, 597.
68 BVerfG a.a.O., 594, 597 f.

einem Jahr i.R.d. § 67d Abs. 5 S. 1 StGB angesehen. Diese Regelung wurde ausdrücklich **für nichtig erklärt**.[69] Nach Klarstellung durch das Bundesverfassungsgericht sind die Gerichte aber weiterhin ermächtigt, die Unterbringung zu beenden, wenn ihr Zweck nicht erreicht werden kann.[70]

c) Erleichterte Reststrafenaussetzung

Die gleichzeitige Aussetzung zur Reststrafe und Maßregel unterscheidet sich maßgeblich danach, welche Vollstreckungsreihenfolge vorgesehen ist.

Im gesetzlichen Regelfall, wonach die Maßregel vor der Strafe vollzogen wird (§ 67 Abs. 1 StGB), kann das Gericht die Vollstreckung des Strafrestes bereits zum Halbstrafenzeitpunkt aussetzen, soweit eine positive Sozialprognose getroffen werden kann (§ 67 Abs. 5 S. 1 i.V.m. § 57 Abs. 1 S. 1 Ziff. 2 und 3 StGB). Wird jedoch in Abweichung vom gesetzlichen Regelfall ein (teilweise oder vollständiger) Vorwegvollzug der Freiheitsstrafe angeordnet, so sieht das Gesetz keine Erleichterung der Reststrafenaussetzung vor.

d) Höchstfrist der Unterbringung

Bei der Unterbringung in einer Entziehungsanstalt sieht das Gesetz eine Höchstfrist vor. Diese beläuft sich grundsätzlich auf 2 Jahre. Sie verlängert sich jedoch bei einer gleichzeitig verhängten Freiheitsstrafe bis zu dem Zeitpunkt, zu dem der Maßregelvollzug auf die Strafe angerechnet wird (§ 67d Abs. 1 3 StGB), mithin bis zum 2/3-Zeitpunkt (§ 67 Abs. 4 S. 1 StGB).

e) Überprüfung der Unterbringung

Das Gesetz sieht regelmäßig Überprüfungen über die weitere Vollstreckung der Maßregel vor. Obligatorisch ist die Überprüfung über die weitere Vollstreckung der Maßregel im Fall der Unterbringung in einer Entziehungsanstalt alle 6 Monate (§ 67e Abs. 2 StGB). Bei der Berechnung der Fristen ist insbesondere die Regelung in § 67e Abs. 4 StGB zu beachten, wonach eine erneute Prüfungsfrist mit der Entscheidung beginnt, mit der eine Aussetzung abgelehnt wurde.

2. Unterbringung in einem psychiatrischen Krankenhaus

a) Anrechnung, Reststrafenaussetzung

22   Hinsichtlich der Anrechnung, der gleichzeitigen Aussetzung von Reststrafe und Maßregel im Falle des Vorwegvollzuges gilt bei der Unterbringung im psychiatrischen Krankenhaus grundsätzlich das gleiche wie bei der Unterbringung in einer Entziehungsanstalt.

b) Überprüfung

Im Falle der Unterbringung in einem psychiatrischen Krankenhaus ist die Frist zur obligatorischen Überprüfung der Fortdauer der Maßregel ein Jahr (§ 67e Abs. 2 StGB).

---

69 BVerfG a.a.O., 594, 597.
70 BVerfG a.a.O., 594, 597.

3. Sicherungsverwahrung

a) Vollzugsreihenfolge

Die Sicherungsverwahrung ist im Gegensatz zur Unterbringung in einer Entziehungs- 23
anstalt und zur Unterbringung in einem psychiatrischen Krankenhaus grundsätzlich
nicht vor der Strafe zu vollziehen. Vielmehr schließt sich der Maßregelvollzug in der
Sicherungsverwahrung regelmäßig an die gegen den Mandanten verhängte Freiheitsstrafe an.

b) Überprüfung der Anordnung

Die Bestimmung zur Anrechenbarkeit und zur Aussetzung des Maßregelvollzuges
sind, anders als bei der Unterbringung in eine Entziehungsanstalt und in einer psychiatrischen Klinik nicht anwendbar, da hier aufgrund des Vorwegvollzuges der Freiheitsstrafe regelmäßig ein Anwendungsfall überhaupt nicht gegeben ist. Besondere Bedeutung erlangt daher im Falle der Sicherungsverwahrung die gesetzliche Bestimmung,
wonach vor dem Ende des Vollzuges der Freiheitsstrafe obligatorisch zu prüfen ist, ob
der Zweck der Maßregel die Unterbringung noch erfordert. Dabei ist ein Sachverständigengutachten zwingend einzuholen, wenn die verhängte Freiheitsstrafe zwei Jahre
übersteigt. Dies ergibt sich aus den gesetzlichen Regelungen in §§ 463 Abs. 3 S. 3, 454
Abs. 2 StPO.

c) Bewährungsaussetzung

Gemäß § 67d Abs. 2 StGB hat das Gericht die Möglichkeit, die Vollstreckung der
Maßregel zur Bewährung auszusetzen, wenn eine entsprechend positive Prognose gestellt werden kann.

d) Erledigung

Insbesondere bei der Sicherungsverwahrung ist zu berücksichtigen, dass nach einem
10-jährigen Vollzug regelmäßig von einer Erledigung der Maßregel auszugehen ist, es
sei denn, das Gericht hat von einer negativen Sozialprognose auszugehen (§ 67d Abs. 3
StGB). Die **10-Jahres-Frist** des § 67d Abs. 3 StGB hielt einer verfassungsrechtlichen
Überprüfung durch das Bundesverfassungsgericht stand und trägt der verstärkten
Geltund des Freiheitsanspruchs nach 10-jähriger Verwahrungsdauer Rechnung, indem
sie erhöhte Anforderungen an das bedrohte Rechtsgut (Menschenwürde i.S.d. Art. 1
Abs. 1 GG) und den Nachweis der Gefährlichkeit des Verwahrten stellt und nur ausnahmsweise die Fortsetzung der Vollstreckung gestattet.[71] Wegen der besonderen Bedeutung der Vollzugslockerungen für die Prognosebasis darf sich das Vollstreckungsgericht nach der Vorgabe des Bundesverfassungsgerichts nicht damit abfinden, dass
die Vollzugsbehörde ohne hinreichenden Grund Vollzugslockerungen versagt, welche
die Erledigung der Maßregel vorbereiten können. Die Landesjustizverwaltungen haben
dafür Sorge zu tragen, dass Möglichkeiten der Besserstellung im Vollzug der Sicherungsverwahrung so weit ausgeschöpft werden, wie sich dies mit den Belangen der
Justizvollzugsanstalten verträgt.[72]

---

71 BVerfG StV 04, 267; KG Berlin, StV 03, 31 ff.
72 BVerfG a.a.O.

e) Fortdauerprüfung

In der Sicherungsverwahrung gemäß § 66 StGB ist die längste Frist hinsichtlich der obligatorischen Fortdauerüberprüfung vorgesehen. Sie beläuft sich hier auf 2 Jahre (§ 67e Abs. 2 StGB).

VI. Strafvollstreckung bei Jugendlichen

1. Jugendstrafe

a) Zuständigkeit des Jugendrichters

24   Anders als bei der Vollstreckung von Freiheitsstrafe von Erwachsenen ist Vollstreckungsleiter bei der Vollstreckung einer Jugendstrafe der Jugendrichter. Die Staatsanwaltschaft erlangt hier also nicht die Funktion der Vollstreckungsbehörde (§ 451 Abs. 1 StPO).

Aus der Regelung zur örtlichen Zuständigkeit ergibt sich, dass unabhängig von der Frage, in welcher Anstalt die Jugendstrafe vollstreckt wird, der erstinstanzliche Richter die Zuständigkeit auch in Vollstreckungsfragen behält (§ 84 Abs. 1 JGG).

b) Reststrafenaussetzung

Hinsichtlich der Aussetzungszeitpunkte einer Jugendstrafe unterscheidet sich die gesetzliche Regelung grundsätzlich von der Reststrafenaussetzung einer Freiheitsstrafe bei Erwachsenen. Grundsätzlich darf die Aussetzung der Vollstreckung eines Strafrestes vor Verbüßung von 6 Monaten der Jugendstrafe nur aus besonders wichtigen Gründen angeordnet werden (§ 88 Abs. 2 S. 1 JGG). Desweiteren sieht das Gesetz bei der Verbüßung von Jugendstrafe von mehr als 1 Jahr eine Reststrafenaussetzung frühestens nach Verbüßung von **einem Drittel** der Jugendstrafe vor. Anders als bei erwachsenen Mandanten kann eine Reststrafenaussetzung also nicht erst nach dem Halbstrafenzeitpunkt oder nach dem 2/3-Zeitpunkt in Betracht kommen. Darüber hinaus ist auch die Reststrafenaussetzung zum Halbstrafenzeitpunkt oder auch davor nicht vom Vorliegen besonderer Umstände im Sinne von § 57 Abs. 2 StGB erforderlich. Ausschlaggebend für die Reststrafenaussetzung ist alleine die **günstige Sozialprognose** (§ 88 Abs. 1 JGG). Aufgabe des Verteidigers ist es hier vor allem, den Tendenzen in der Praxis, die nicht selten auf eine 2/3-Vollstreckung hinauslaufen, entgegenzuwirken. Untersuchungen haben ergeben, dass Reststrafenentlassungen vor dem Ablauf der 2/3-Frist teilweise nur in 1/5 oder 1/10 aller Vollzugsfälle erfolgen.[73]

c) Unterbrechung mehrerer Strafen

Treffen Jugendstrafe und Freiheitsstrafe nach allgemeinem Strafrecht zusammen, so sieht das Gesetz abweichend von den Regelungen für die Unterbrechung von Freiheitsstrafen (§ 454b Abs. 2 StPO) vor, dass die Vollstreckung der Jugendstrafe jedenfalls nach Verbüßung der Hälfte zu unterbrechen ist, auch hier ohne eine Abhängigkeit von besonderen Umständen (§ 89a Abs. 1 S. 2 JGG).

---

73 Vgl. Eisenberg, JGG, § 88 Rn 9.

2. Jugendarrestvollzug

Der Vollzug des Jugendarrestes ist im wesentlichen geregelt in den Richtlinien zu 25
§§ 82 – 85 JGG sowie in der Jugendarrestvollzugsordnung.

VII. Strafvollzug bei Erwachsenen

Die Verteidigertätigkeit im Bereich des Strafvollzuges wird in erster Linie eine Bera- 26
tungstätigkeit sein. Der Mandant, der das Ergebnis einer Vollzugsfreiheitsstrafe hinzunehmen hat, wird den Verteidiger naturgemäß fragen, was im Strafvollzug auf ihn zukommt und worauf er achten sollte. Desweiteren wird ihn interessieren, wie der
Strafvollzug zeitlich strukturiert ist und welche Rechte er durchsetzen kann. Schließlich wird der Mandant auch an der Frage interessiert sein, inwieweit er ihm zustehende
Rechte auf dem Rechtswege durchsetzen kann. Dass er dabei auf die Tätigkeit eines
Verteidigers dringend angewiesen sein kann, zeigt sich schon alleine durch die gesetzliche Regelung in § 118 Abs. 3 StVollzG, wonach eine Rechtsbeschwerde gegen eine
Entscheidung der Strafvollstreckungskammer in Strafvollzugssachen in erster Linie
mit Hilfe eines Rechtsanwalts eingelegt werden kann. Bei der Rechtsbeschwerde han-
delt es sich um ein Rechtsmittel, das der Revision im Strafverfahren ähnelt (§ 116
Abs. 2 StVollzG).

1. Aufnahmevollzug

a) Aufnahmeverfahren

Erste Station des Aufnahmevollzugs ist das Aufnahmeverfahren im engeren Sinne, das 27
im Gesetz nicht im einzelnen geregelt ist, sondern hinsichtlich dessen das Gesetz lediglich einzelne Vorgaben macht. Wesentlich ist, dass beim Aufnahmeverfahren **andere
Gefangene nicht zugegen** sein dürfen (§ 5 Abs. 1 StVollzG). Verpflichtend vorgeschrieben ist die ärztliche Untersuchung eines jeden Strafgefangenen. Spätestens seit
dem Auftreten von **Aids** stellt sich stets mit besonderer Dringlichkeit die Frage, inwieweit ein Strafgefangener gegen seinen Willen auf eine Erkrankung an Aids untersucht
werden darf.
Immerhin enthält bereits das Gesetz die Vorgabe, wonach zwangsweise **körperliche
Untersuchungen** nur dann zulässig sind, wenn sie nicht mit einem körperlichen Eingriff verbunden sind (§ 101 Abs. 2 StVollzG). Die Untersuchung auf eine Aidserkran-
kung macht eine Blutentnahme erforderlich, die allenfalls auf die Rechtsgrundlage in
§ 101 Abs. 1 StVollzG gestützt werden kann. Danach sind medizinische Untersuchungen nur bei Lebensgefahr, schwerwiegender Gefahr für die Gesundheit des Gefangenen selbst, oder bei Gefahr für die Gesundheit anderer Personen zulässig. Die Rechtsprechung hat erfreulicherweise bereits frühzeitig geklärt, dass eine zwangsweise
Aidsuntersuchung auf diese Rechtsvorschrift nicht gestützt werden kann.[74] Darüber hinaus hat die Rechtsprechung der Fachgerichte auch geklärt, dass das Selbstbe-
stimmungsrecht aus Art. 2 Abs. 1 GG auch die Freiheit des Gefangenen umfasst, selbst
darüber bestimmen zu dürfen, welche medizinischen Untersuchungen an ihm vorgenommen werden dürfen.[75] Dementsprechend darf auch eine aus einem anderen Grund

---

74 OLG Koblenz bei Bungert, NStZ 90, 426 = StV 89, 163.
75 OLG Koblenz, a.a.O.

entnommene Blutprobe nicht nachträglich einer HIV-Untersuchung unterzogen werden. Sollte dies entgegen der Rechtslage dennoch geschehen, so hat der Gefangene einen Anspruch auf Löschung der entsprechenden Eintragungen in seiner Gesundheitsakte.[76]

b) Behandlungsuntersuchung

28 Dem Aufnahmeverfahren schließt sich die sog. Behandlungsuntersuchung an. Diese Untersuchung hat im unmittelbaren Anschluss an das Aufnahmeverfahren stattzufinden. Sie darf dabei nicht mehr als zwei Monate in Anspruch nehmen.[77] Sie dient der Erstellung des Vollzugsplanes, der für den weiteren zeitlichen Ablauf des Strafvollzuges von nicht unerheblicher Bedeutung ist. Der Verteidiger kann hier dem Mandanten vor allem klarmachen, dass insbesondere folgende Untersuchungsmethoden in Frage kommen:

Eine sog. **Anamnese** wird regelmäßig durch Angehörige des Sozialdienstes einer Justizvollzugsanstalt durchgeführt. Hier geht es um Erhebungen zur Vorgeschichte des Mandanten. Der Mandant sollte darauf aufmerksam gemacht werden, dass der Sozialdienst selbstverständlich versuchen wird, an möglichst viele Akteninhalte zu gelangen. Der Mandant sollte hier darauf achten, dass für ihn sprechende Akteninhalte bekannt werden und gegen ihn sprechende Akteninhalte möglicherweise erläutert werden sollten.

Weniger auffällig werden für den Mandanten **Verhaltensbeobachtungen** sein. Eine systematische Verhaltensbeobachtung besteht darin, dass die Beamten des allgemeinen Vollzugsdienstes und auch die Mitarbeiter des Werkdienstes gehalten sind, den Mandanten in seiner Rolle als Strafgefangenen zu beobachten und diese Beobachtungen schriftlich festzuhalten.[78]

Psychologische Tests gelten ebenfalls als übliches Mittel im Aufnahmeverfahren, auch wenn deren Erkenntniswert selbst unter Psychologen umstritten ist.[79]

Den Abschluss findet die Behandlungsuntersuchung üblicherweise in einem **Explorationsgespräch**. Bereits während dieses Explorationsgespräches wird der Mandant Anhaltspunkte, insbesondere dafür erfahren, ab wann welche Vollzugslockerungen in Frage kommen werden und mit welchen Einschränkungen er möglicherweise wird rechnen müssen.

c) Vollzugsplan

29 Als Ergebnis der Behandlungsuntersuchung sieht das Gesetz zwingend die Erstellung eines Vollzugsplanes vor.

Von Bedeutung ist der Vollzugsplan deswegen, weil die Vollzugsbehörde mit ihm eine Selbstbindung eingeht. In den Vollzugsplan aufgenommene konkrete, den Gefangenen begünstigende Maßnahmen können nur unter entsprechender Anwendung von § 14 Abs. 2 StVollzG zurückgenommen werden, also nur aufgrund nachträglich eingetretener Umstände, aufgrund von Missbrauch oder bei Weisungsverstoß.[80]

---

76 OLG Koblenz, a.a.O.
77 LG Berlin StV 03, 397.
78 Mey in Schwind/Böhm: StVollzG, § 6 Rn 23.
79 Vgl. Mey, a.a.O.
80 KG Berlin, StV 98, 275 ff.

Wer innerhalb einer Anstalt für die Erstellung des Vollzugsplanes zuständig ist, ist im Gesetz nicht im einzelnen geregelt. Es heißt lediglich in § 159 StVollzG, dass Aufstellung und Überprüfung des Vollzugsplanes in einer Konferenz stattzufinden haben. Damit stellt das Gesetz immerhin klar, dass die Entscheidung über den Vollzugsplan weder durch den Leiter einer Haftanstalt allein getroffen werden können, noch die Entscheidungsbefugnis delegiert werden kann. Die Beteiligung des strafgefangenen Mandanten an solchen Konferenzen ist nicht vorgesehen. Es gibt allerdings auch keine Regelung, die die Beteiligung des strafgefangenen Mandanten untersagen würde.[81] Von Bedeutung ist immerhin, dass über Vollzugsplankonferenzen Protokolle zu fertigen sind.[82] Das Gesetz enthält eine Regelung über die Mindestangaben in einem Vollzugsplan. Insbesondere müssen sich dem Vollzugsplan Angaben über die Unterbringung im geschlossenen und offenen Vollzug sowie über Vollzugslockerungen entnehmen lassen (§ 7 Abs. 2 StVollzG).

Inwieweit Vollzugspläne und auch Protokolle von **Vollzugsplankonferenzen einsehbar** sind, ist im Gesetz nur höchst unvollständig und im Einzelfall unter Umständen unbefriedigend gelöst. Immerhin kann besonders hervorgehoben werden, dass nichts dagegen spricht, in der Praxis den schriftlich niedergelegten Vollzugsplan dem strafgefangenen Mandanten auszuhändigen.[83] Ansonsten enthält zwischenzeitlich die gesetzliche Regelung in § 185 StVollzG ein Auskunftsrecht sowie ein Akteneinsichtsrecht des strafgefangenen Mandanten selbst. Aus § 185 StVollzG wird ein Einsichtsrecht in den Vollzugsplan abgeleitet.[84] Letztlich basiert das Einsichtsrecht auf Art. 2 Abs. 1 i.V.m. Art. 1 Abs. 1 GG und dem hierin geschützten Resozialisierungsinteresse des Strafgefangenen, welches auch darauf gerichtet ist, Rahmenbedingungen herzustellen, die seiner Bewährung und Wiedereingliederung förderlich sind.[85] Es wäre verfassungsrechtlich nicht tragfähig, einen Strafgefangenen grundsätzlich auf eine ausschließlich mündliche Unterrichtung über den Inhalt des Vollzugsplanes zu verweisen, da der Gefangene ohne Zugang zur schriftlichen Fassung des Vollzugsplanes nicht in der Lage ist, die Vollständigkeit und Richtigkeit der ihm erteilten Auskunft zu überprüfen.[86] Dieses Einsichtsrecht hat der Strafgefangene nach Maßgabe von § 19 BDSG. Ein Akteneinsichtsrecht für den strafgefangenen Mandanten selbst kann sich auch aus den Landesdatenschutzgesetzen ergeben.[87] Für den Verteidiger ergibt sich ein Akteneinsichtsrecht, das sich sowohl aus der gesetzlichen Regelung des § 185 StVollzG[88] sowie aus den gesetzlichen Regelungen in § 147 StPO, § 120 StVollzG sowie aus § 100 VwGO ergeben kann.[89] Unabhängig davon, aus welcher Rechtsvorschrift sich das Akteneinsichtsrecht letztlich herleitet, ist es jedenfalls gerichtlich durchsetzbar. Dem Verteidiger eines strafgefangenen Mandanten steht hier eine eigene Befugnis auf gerichtliche Durchsetzung seines Akteneinsichtsrechts bei der Strafvollstreckungskam-

---

81 Vgl. Rotthaus in Schwind/Böhm, § 159 StVollzG, Rn 7.
82 Rotthaus in Schwind/Böhm, § 159 StVollzG, Rn 8.
83 Vgl. LG Frankfurt/Main, StV 99, 164 f.
84 BVerfG StV 03, 408.
85 BVerfG a.a.O.; BVerfGE 35, 202, 235 f.; 36, 174, 188; 45, 187, 238 f.; 64, 261, 272 f.
86 BVerfG StV 03, 408 f. m.Anm. Heischel.
87 Vgl. Seebode, NJW 97, 1754 ff., 1756.
88 OLG Dresden bei Matzke, NStZ 00, 468.
89 Instruktiv Seebode, NJW 97, 1754 f., 1756.

mer im Wege eines Antrages auf gerichtliche Entscheidung gemäß § 109 StVollzG zu.[90] Dabei ist die Rechtsprechung der Auffassung, auch Akteneinsichtsgesuche eines Verteidigers bedürften einer Begründung, wobei allerdings die Entscheidung der Anstalt ohne Ermessenspielraum der vollen gerichtlichen Überprüfung unterliegt.[91] Nach anderer Ansicht muss der Verteidiger sein Akteneinsichtsbegehren nicht ausdrücklich begründen.[92]

2. Vollzugslockerungen

30   Im Zentrum des Interesses des strafgefangenen Mandanten steht naturgemäß die Frage von Vollzugslockerungen. Die **gesetzliche Regelung** des § 11 Abs. 1 StVollzG definiert im wesentlichen zunächst die Formen der Vollzugslockerungen, nämlich:

- Außenbeschäftigung
- Freigang
- Ausführung
- Ausgang.

Desweiteren enthält das Gesetz eine **Generalklausel**, wonach Vollzugslockerungen verweigert werden können entweder bei Fluchtgefahr, oder bei Missbrauchsgefahr. Bei beiden Versagungsgründen handelt es sich jeweils um unbestimmte Rechtsbegriffe, wobei der Vollzugsbehörde ein Beurteilungsspielraum zusteht. Nach Auffassung des Bundesgerichtshofes hat die Strafvollstreckungskammer einen auf § 11 Abs. 2 StVollzG gestützten Versorgungsbescheid nur dahingehend zu überprüfen, ob die Behörde zum einen von einem zutreffenden und vollständig ermittelten Sachverhalt ausgegangen ist, ob sie zum anderen ihre Entscheidung und den richtigen Begriff des Versagungsgrundes zugrunde gelegt und ob sie abschließend dabei die Grenzen des ihr zustehenden Beurteilungsspielraumes eingehalten hat. Nur in diesem Rahmen ist die Strafvollstreckungskammer zur Sachaufklärung verpflichtet.[93] Der BGH hat mit dieser Entscheidung klargestellt, dass die Schlußfolgerungen aus einem vollständig ermittelten Sachverhalt ausschließlich der Anstalt überlassen bleiben sollen.

Die Verwaltungsvorschrift zu § 11 Abs. 2 StVollzG ist von besonderer Bedeutung. Soweit gegen den Mandanten eine Untersuchungshaft in anderer Sache, oder Auslieferungs- oder Abschiebungshaft angeordnet sind, gelten Vollzugslockerungen gem. Ziff. 6 Abs. 1 lit b) der VV als ausgeschlossen. Auch Strafgefangene, gegen die eine freiheitsentziehende Maßregel der Besserung und Sicherung insbesondere gemäß §§ 63, 64 StGB angeordnet ist, sind von den Vollzugslockerungen zur Außenbeschäftigung, des Freigangs und des Ausgangs wegen Ziff. 6 Abs. 1 lit c) der VV regelmäßig ausgeschlossen.

Bei der Verteidigung sollte hier aber stets beachtet werden, dass die Verwaltungsvorschriften nicht zu einer Aushöhlung der Rechtsposition des Mandanten führen dürfen. Die Orientierung an die Verwaltungsvorschriften mag bei der Information des Mandanten sinnvoll sein. Der Mandant, gegen den ein Ermittlungsverfahren oder ein Ausweisungsverfahren läuft, muss damit rechnen, dass ihm Vollzugslockerungen ver-

---

90   OLG Dresden bei Matzke, NStZ 00, 468.
91   OLG Dresden, a.a.O.
92   Seebode, NJW 97, 1754 ff., 1757 a.E.
93   BGHSt. 30, 320 ff.; LG Heilbronn StV 04, 276.

weigert werden. Es sollte jedoch stets im Auge behalten werden, dass das Bundesverfassungsgericht von einem grundrechtlich geschützten Resozialisierungsinteresse des Strafgefangenen ausgeht, das aus Art. 2 Abs. 1 i.V.m. Art. 1 Abs. 1 GG hergeleitet wird. Daraus leitet es einen Anspruch des Strafgefangenen auf Rahmenbedingungen her, die einer Bewährung und Wiedereingliederung förderlich sind. Ausdrücklich werden Vollzugslockerungen, wie sie in § 11 Abs. 1 StVollzG und auch in weiteren Bestimmungen des StVollzG vorgesehen sind, als Ausfluß des grundrechtlich geschützten Resozialisierungsinteresses gewertet.[94] Aus dem Spannungsverhältnis zwischen dem **Resozialisierungsanspruch des Strafgefangenen** und dem **Sicherungsinteresse der Öffentlichkeit** leitet das Bundesverfassungsgericht das Gebot der Gesamtwürdigung bei vollständiger Sachverhaltsermittlung her.[95] Im Einzelfall wird diese Rechtsprechung als Grundlage dafür in Frage kommen, dass die Verwaltungsvorschrift Vollzugslockerungen nicht in unumstößlicher Weise entgegenstehen dürfen. Von wesentlicher Bedeutung ist dabei auch, dass das Bundesverfassungsgericht den Resozialisierungsanspruch und damit dem Anspruch auf Vollzugslockerungen auch dem strafgefangenen Mandanten im geschlossenen Vollzug zubilligt.[96]

3. Unterbringung

Die **Unterbringung** der Strafgefangenen ist teilweise im Gesetz detailliert geregelt.   **31**
Dabei wird unterschieden zwischen Arbeitszeit, Freizeit und Ruhezeit. Das Gesetz geht vom Grundsatz der Einzelunterbringung zur Ruhezeit (§ 18 Abs. 1 S. 1 StVollzG) aus. Diese gesetzliche Regelung geht allerdings offenbar an der Wirklichkeit vorbei. Bundesweit sind lediglich 52 % der Strafgefangenen in Einzelhafträumen untergebracht.[97] Bei der Wahrung der Interessen des strafgefangenen Mandanten liegt es immerhin nahe, dass der Verteidiger auf die Rechtsprechung hinweist, wonach die gesetzliche Regelung dem Strafgefangenen einen Rechtsanspruch auf Einzelunterbringung während der Ruhezeit zubilligt.[98] Die Rechtsprechung hat sehr deutlich gemacht, dass die Macht des Faktischen den Rechtsanspruch des Strafgefangenen nicht beseitigt. In den nach dem 01.01.1977 errichteten Haftanstalten darf das Recht des Gefangenen auf einen Einzelhaftraum nicht durch einen Mangel an Einzelhaftplätzen unterlaufen werden.[99] Die Vollzugsanstalt darf einen Gefangenen auch nicht wegen hoher Belegungszahlen auf eine „Organisationsfrist" von 3 Monaten verweisen.[100]
Besonders häufig war Gegenstand von gerichtlichen Entscheidungen die Frage, inwieweit die **Intimsphäre** insbesondere während der Zeit der Einzelunterbringung besonderen Schutz verdient. Auch wenn das Bundesverfassungsgericht hier nicht von einer Grundrechtsrelevanz ausgeht,[101] so leiten die Fachgerichte dennoch aus dem Angleichungsgrundsatz in § 3 Abs. 1 StVollzG die Pflicht der Vollzugsbediensteten her, bei Betreten der Einzelzelle in der Regel zuvor anzuklopfen.[102] Ausnahmen sollen ledig-

---

94 BVerfG, NStZ 98, 430 f.
95 BVerfG, a.a.O.
96 BVerfG, a.a.O.
97 Böhm in Schwind/Böhm § 18 StVollzG, Rn 2.
98 OLG Celle bei Matzke, NStZ 99, 445.
99 OLG Celle StV 03, 567.
100 OLG Celle StV 03, 567, 568.
101 BVerfG, NJW 96, 2643 f.
102 OLG Celle bei Bungert, NStZ 94, 376.

lich nach Einzelfallprüfung auf der Rechtsgrundlage in § 4 Abs. 2 StVollzG in Betracht kommen können. Auch die Anordnung, einen in der Zellentür angebrachten Sichtspion freizuhalten, berührt den Strafgefangenen in seiner Intimsphäre. Eine solche Einschränkung soll nach Auffassung der Fachgerichte nur aufgrund einer Einzelfallprüfung rechtlich zulässig sein.[103]

4. Arbeitspflicht

32   Grundsätzlich unterliegt ein Strafgefangener der **Verpflichtung**, eine ihm zugewiesene Arbeit auszuüben (§ 41 Abs. 1 1 StVollzG). Statt der Verpflichtung zur Ausübung der zugewiesenen Arbeit gibt es auch die Möglichkeit eines sog. freien Beschäftigungsverhältnisses (§ 39 Abs. 1 StVollzG) sowie die Möglichkeit der Selbstbeschäftigung (§ 39 Abs. 2 StVollzG). Auf ein **freies Beschäftigungsverhältnis** hat der strafgefangene Mandant zwar keinen Rechtsanspruch,[104] jedoch hat er einen Anspruch auf fehlerfreie Ermessensausübung, wobei der Ermessensspielraum durch den Gesetzeswortlaut eingeschränkt ist.[105] Die Selbstbeschäftigung des strafgefangenen Mandanten innerhalb der Justizvollzugsanstalt kann von der Justizvollzugsanstalt nach freiem Ermessen genehmigt werden. Von wesentlicher Bedeutung bei der Beratung des strafgefangenen Mandanten kann die Frage sein, ob die Vollzugsbehörde verlangt, dass das Arbeitsentgelt ihr zur Gutschrift überwiesen wird. Von Bedeutung ist dies naturgemäß vor allem deswegen, weil dies einen Unterschied hinsichtlich der Pfändbarkeit der Ansprüche des strafgefangenen Mandanten gegen seinen Arbeitgeber auf Vergütung beeinflusst. Ist die Überweisung des Arbeitsentgelts zur Gutschrift auf ein Konto der Justizvollzugsanstalt vereinbart, so bleibt dieser Anspruch, der lediglich auf die Gutschrift des Arbeitsentgeltes gerichtet ist, unpfändbar.[106]

5. Bezüge, Gefangenengelder und Pfändbarkeit

33   Insbesondere bei Pfändungen und bei der dadurch verursachten Fragestellung, wie sich ein Strafgefangener gegen Pfändungen wehren kann, wird deutlich, dass die gesetzliche Regelung der Bezüge und Gefangenengelder im Strafvollzugsgesetz unübersichtlich ist. Die Ansichten über die Pfändbarkeit von Bezügen sind insbesondere in der Literatur außerordentlich gegensätzlich und führen auch zu einer gewissen **Uneinheitlichkeit in der Rechtsprechung**.
Nach einer Auffassung,[107] wird vertreten, dass praktisch alle Bezüge des Strafgefangenen gemäß §§ 399 BGB, 851 ZPO unpfändbar sind. Nach dieser Auffassung sollen jedoch die Pfändungsfreigrenzen für Arbeitseinkommen aus den §§ 850 ff. ZPO nicht anwendbar sein, der Strafgefangene soll also keinen Schutz durch Pfändungsfreigrenzen in Anspruch nehmen können.[108] Diese Auffassung kann sich immerhin auch auf Rechtsprechung des Bundesverfassungsgerichtes[109] stützen. Nach anderer Auffassung[110] sollen Bezüge des Strafgefangenen zwar nicht gemäß §§ 399 BGB, 851 ZPO

---

103   BGH, NJW 91, 2652 f.
104   LG Göttingen, StV 90, 359.
105   BVerfG, StV 98, 438 ff., 441 f.
106   Instruktive Darstellung Fluhr, NStZ 94, 115 ff.
107   Fluhr, NStZ 94, 115 ff.
108   Fluhr, a.a.O., 118.
109   NJW 82, 1583.
110   Ullenbruch, NStZ 93, 150 ff.

unpfändbar sein. Allerdings sollen auf diese Ansprüche die Pfändungsschutzbestimmungen der §§ 850 ff. ZPO anwendbar sein. Zu diesen Pfändungsschutzbestimmungen gehören insbesondere das Pfändungsverbot aus § 850a für bestimmte Arten der Bezüge, die Pfändungsfreigrenzen gemäß § 850c ZPO sowie das Pfändungsverbot für den notwendigen Unterhalt des Strafgefangenen aus § 850d Abs. 1 2 ZPO.

Um eine einheitliche und übersichtliche Beantwortung der Frage insbesondere nach der Pfändbarkeit zu ermöglichen, soll zunächst zur Kenntnis genommen werden, dass das Strafvollzugsgesetz in der gesetzlichen Regelung in § 52 StVollzG nach Bezügen und Gefangenengeldern unterscheidet. Im Überblick stellt sich die finanzielle Situation des Strafgefangenen daher folgendermaßen dar:

Bezüge	Gefangenengelder
Arbeitsentgelt (§ 43 Abs. 1 S. 1 StVollzG)	Hausgeld (§§ 47 I, 199 StVollzG)
Ausbildungsbeihilfe (§ 44 Abs. 1 S. 1 StVollzG)	Unterhaltsbeitrag (§§ 49, 198 Abs. 3 StVollzG)
Taschengeld (§ 46 Satz 1 StVollzG)	Haftkostenbeitrag (§§ 50, 198 III, 199 Abs. 2 Nr. 3 StVollzG)
Entgelt aus freiem Beschäftigungsverhältnis (§ 39 Abs. 3 StVollzG)	Überbrückungsgeld (§ 51 Abs. 1 StVollzG)
Entgelt aus Selbstbeschäftigung (§ 39 Abs. 2 StVollzG)	Eigengeld (§ 52 StVollzG)
Eingebrachtes Geld (§ 83 Abs. 2 S. 2 StVollzG)	

a) Pfändbarkeit von Bezügen

Hinsichtlich der Pfändbarkeit der oben aufgeführten Bezüge des Strafgefangenen gilt demnach folgendes: 34

Das **Arbeitsentgelt** des Strafgefangenen kann nach der Mindermeinung[111] gemäß §§ 399, 851 ZPO als unpfändbar gelten. Wer sich auf diese Auffassung stützt, wird in der Konsequenz auf die Frage stoßen, ob der aus dem Arbeitsentgelt resultierende Eigengeldanspruch den Pfändungsschutzbestimmungen der §§ 850 ff. ZPO unterliegt oder nicht. Soweit nicht von einem Pfändungsverbot gemäß §§ 399, 851 ZPO ausgegangen wird, stellt sich sodann die Frage, ob Arbeitsentgelt gemäß § 43 StVollzG begrifflich zum Arbeitseinkommen im Sinne von § 850 Abs. 1 ZPO handelt. Wertet man das Arbeitsentgelt nicht als Arbeitseinkommen, so unterläge es nicht den Pfändungsschutzbestimmungen der §§ 850 ff. ZPO.[112] Diese Auffassung dürfte allerdings gegen den Gleichstellungsgrundsatz gemäß § 3 Abs. 1 StVollzG verstoßen. Es ist nicht nachvollziehbar, weshalb der Strafgefangene zwar die deutlich geringeren Vergütungssätze gemäß § 43 StVollzG hinnehmen, gleichzeitig allerdings der Schutzfunktion von §§ 850 ff. ZPO entledigt sein soll.[113]

---

111   Fuhr, a.a.O.
112   So Zöller/Stöber, § 829 ZPO, Rn 33 „Gefangenengelder".
113   Ebenso i.E. Schwind/Böhm-Matzke, § 43 StVollzG, Rn 11.

Hinsichtlich der **Ausbildungsbeihilfe** gemäß § 44 Abs. 1 1 StVollzG kommt nach der einen Auffassung[114] die Unpfändbarkeit gemäß §§ 399 BGB, 851 ZPO in Betracht. Nach anderer Auffassung wird auch die Ausbildungsbeihilfe als Arbeitseinkommen im Sinne von § 850 ZPO zu betrachten sein. Nach der für den Strafgefangenen günstigsten Auffassung wäre es gemäß § 850a Nr. 6 ZPO unpfändbar. Nach anderer Auffassung wird es gestützt auf § 44 Abs. 2 StVollzG dem Pfändungsschutz insbesondere in Form der Pfändungsfreigrenzen gemäß § 850c ZPO unterliegen.

Hinsichtlich des **Taschengeldanspruches** wird man nach der Mindermeinung[115] zu dem Ergebnis kommen, dass es §§ 399 BGB, 851 ZPO von vornherein unpfändbar ist. Nach anderer Auffassung ist der Taschengeldanspruch als Sozialhilfeleistung bereits gemäß § 4 Abs. 1 BSHG unpfändbar. Mit der Gutschrift auf dem Eigengeldkonto greift der Kontenpfändungsschutz gemäß § 55 SGB I.

Hinsichtlich der **Vergütung aus einem freien Beschäftigungsverhältnis** wird nach der Minderauffassung danach zu unterscheiden sein, ob die Anstalt von der gesetzlichen Regelung in § 39 Abs. 3 StVollzG Gebrauch gemacht hat. Wenn dies der Fall ist, hat das nach dieser Rechtsauffassung die Unpfändbarkeit gemäß §§ 399 BGB, 851 ZPO zur Folge.

Unabhängig davon werden die Bezüge aus einem freien Beschäftigungsverhältnis als Arbeitseinkommen im Sinne von § 850 ff. ZPO anzusehen sein. Soweit also ein Pfändungsverbot nicht greift, gelten doch die Pfändungsschutzbestimmungen. Ansprüche des Strafgefangenen gegen Dritte aus einer **Selbstbeschäftigung** werden dann pfändbar sein, wenn sie nicht als Arbeitseinkommen im Sinne von § 850 ZPO anzusehen sind. Es kommt also zunächst einmal darauf an, ob der Strafgefangene als Angestellter, oder als Selbständiger tätig wird.

Vom Strafgefangenen **selbst eingebrachtes Geld**, das seinem Eigengeldkonto gutgeschrieben werden kann, wird nach der Minderauffassung[116] gemäß §§ 399 BGB, 851 ZPO unpfändbar sein. Nach überwiegender Meinung wird es auf die Herkunft dieser Gelder ankommen. Handelt es sich um Arbeitseinkommen im Sinne von § 850 ZPO so wird insbesondere der Pfändungsschutz für Bankguthaben gemäß § 850k ZPO als Schutzmaßnahme in Betracht kommen.

b) Pfändbarkeit von Gefangenengeldern

35 Das **Hausgeld** soll nach allen Auffassungen im Ergebnis unpfändbar sein. Zum einen kann dies begründet werden mit der Anwendung der Pfändungsschutzvorschriften der §§ 850 ff ZPO, insbesondere der Pfändungsfreigrenzen in § 850c ZPO oder der Bestimmung in § 850d Abs. 1 2 ZPO. Nach anderer Auffassung[117] soll aufgrund der Zweckbindung im Gesetz die Pfändbarkeit aus §§ 399 BGB, 851 Abs. 1 ZPO folgen. Nach wiederum anderer Ansicht kann Pfändungsschutz gemäß § 850k ZPO beantragt werden.

Der Anspruch auf **Auszahlung des Überbrückungsgeldes** ist nach einer ausdrücklichen gesetzlichen Regelung (§ 51 Abs. 4 1 StVollzG) unpfändbar. Das gleiche gilt für

114 Fluhr, a.a.O.
115 Fluhr, a.a.O.
116 Fluhr, a.a.O.
117 LG Regensburg, ZfStrVo 81, 312.

die Dauer von 4 Wochen seit der Entlassung hinsichtlich der ausgezahlten Überbrückungsgelder (§ 51 Abs. 4 3 StVollzG).

Das **Eigengeld** des Strafgefangenen ist grundsätzlich pfändbar. Soweit das Eigengeld allerdings mit Hilfe von Arbeitsentgelt oder Ausbildungshilfe erwirtschaftet wurde, kann der Strafgefangene Pfändungsschutz unter Berufung auf die gesetzliche Regelung in § 850a ZPO beantragen.

c) Rechtschutz

Soweit sich der Strafgefangene gegen Pfändungs- und Überweisungsbeschlüsse von Gläubigern zur Wehr zu setzen hat, ist der Rechtsweg zu den Zivilgerichten eröffnet; zuständig ist das jeweilige Vollstreckungsgericht.[118] Soweit es beispielsweise darum geht, einen Verstoß gegen das Aufrechnungsverbot gemäß § 394 BGB geltend zu machen, ist der Rechtsweg gemäß § 109 StVollzG in Form eines Anfechtungsantrages einzuschlagen.[119]   36

4. Verlegungsmöglichkeiten

Anliegen des strafgefangenen Mandanten hinsichtlich einer Verlegung in eine andere Anstalt werden in Beratungsgesprächen besonders häufig an Anwälte herangetragen. Beratungsbedarf besteht meistens in den Fällen, in denen eine Verlegung in eine familiennähere Anstalt gewünscht wird. Oft wird allerdings auch die Verlegung in ein anderes Bundesland angestrebt, dem der Ruf vorauseilt, in Vollstreckungssachen „milder" zu sein. Hinsichtlich solcher Beratungssituationen ist zunächst auf die außergesetzliche Regelung in § 24 StrVollStrO hinzuweisen. Aus der Regelung in § 24 Abs. 2 S. 1 StrVollStrO ergibt sich immerhin ein Rechtsanspruch auf die Verlegung in die für den Wohnort zuständige Anstalt innerhalb von 2 Wochen nach Vollzugsbeginn. Gemäß § 24 Abs. 2 S. 4 StrVollStrO ist der Strafgefangene auf diese Möglichkeit hinzuweisen. Nach Ablauf der 2-Wochenfrist bestehen hier Verteidigungsmöglichkeiten, wenn die Anstalt den entsprechenden Hinweis nicht nachweisen kann. Sollte sich diese Möglichkeit für eine Verlegung ergeben, ist dies naturgemäß der Ermessensentscheidung gemäß § 8 StVollzG vorzuziehen. Zu beachten ist hier, dass es sich bei dieser Form der Verlegung nicht um eine vollzugsrechtliche Maßnahme, sondern um eine vollstreckungsrechtliche Maßnahme handelt, so dass hier nicht der Rechtsweg zur Strafvollstreckungskammer, sondern der Rechtsweg gemäß §§ 23 ff. EGGVG eröffnet ist.[120] Eröffnet sich die Möglichkeit des § 24 Abs. 2 S.1 StrVollStrO nicht, so bleibt nur der steinige Weg nach § 8 StVollzG. Steinig ist dieser Weg deshalb, weil der strafgefangene Mandant **keinen Rechtsanspruch auf Verlegung**, sondern allenfalls einen Anspruch auf fehlerfreie Ermessensausübung hat. Dabei eröffnet § 8 Abs. 1 StVollzG eine Ermessensentscheidung erst beim Vorliegen besonderer, tatsächlicher Voraussetzungen.[121] Ein Anstaltswechsel aus Gründen der Vollzugsorganisation ist nach § 8 Abs. 1 Nr. 2 StVollzG beispielsweise dann zulässig, wenn eine Änderung des Vollstreckungsplanes, der Zweckbestimmung der Anstalt oder ihrer Belegungsfähigkeit gegeben sind. Nach dieser Vorschrift kann die Verlegung aber auch aus anderen wichtigen Gründen   37

---

118 KG, NStZ 91, 56.
119 OLG Celle, NStZ 88, 334.
120 OLG Karlsruhe, StV 99, 219 f.
121 LG Marburg StV 03, 398.

tatsächlicher Art erforderlich sein.[122] Auch aus dem „bloßen" grundrechtlichen Schutz von Ehe und Familie durch Art. 6 Abs. 1 GG resultiert kein Rechtsanspruch auf eine Verlegung.[123] Nach der Rechtsprechung kommt eine Verlegung in eine andere Justizvollzugsanstalt allein zur Aufrechterhaltung persönlicher und familiärer Beziehungen nicht in Betracht.[124] Das Ermessen der Anstalt kann jedoch dann eingeschränkt sein, wenn die Aufrechterhaltung persönlicher und familiärer Beziehungen entweder als Behandlungsmaßnahme, oder zur Resozialisierung aufgrund besonderer Umstände unerläßlich erscheint.[125] So kommt dem Wiedereingliederungsprinzip und dem Resozialisierungsgrundsatz sogar erhebliches Gewicht bei der Entscheidung über die Verlegung eines Strafgefangenen von einem Bundesland in ein anderes wegen Verlegung in eine JVA in räumlicher Nähe zum Wohnort des Lebenspartners zu.[126]

Besonders hinzuweisen ist auf die Kompliziertheit des Rechtweges, der sich insbesondere auch aus der Bestimmung in § 153 StVollzG ergeben kann. In diesen Fällen ist stets genau zu überprüfen, welche Strafvollstreckungskammer zuständig ist.[127]

5. Gerichtliche Entscheidung der Strafvollstreckungskammer

38 Dem Strafgefangenen stehen grundsätzlich verschiedene Rechtsbehelfe zur Verfügung. § 108 StVollzG sieht so ein besonderes Beschwerderecht vor. Darüber hinaus kann der Strafgefangene gegen Beamte der Vollzugsanstalt Dienstaufsichtsbeschwerde erheben. Art. 17 GG und entsprechende Vorschriften der Länderverfassungen sehen Petitionsrechte der Strafgefangenen vor.

Von wesentlicher Bedeutung ist jedoch das Verfahren zur Herbeiführung einer gerichtlichen Entscheidung, das als besonderer Rechtsbehelf im Strafvollzugsgesetz vorgesehen ist.

a) Verwaltungsvorverfahren

39 So wie das Rechtschutzsystem des Strafvollzugsgesetzes dem Rechtschutzsystem der Verwaltungsgerichtsordnung sehr ähnlich ist, hat das Strafvollzugsgesetz auch die Möglichkeit eines Verwaltungsvorverfahrens vorgesehen. Der Bundesgesetzgeber hat es jedoch den Länderverwaltungen überlassen, ob ein Verwaltungsvorverfahren erforderlich ist. Vorgesehen sind diese Verfahren nach den Ländergesetzen in Baden-Württemberg, Bremen, Hamburg, Nordrhein-Westfalen und Schleswig-Holstein.[128]

b) Antrag auf gerichtliche Entscheidung

40 Anträge auf eine gerichtliche Entscheidung sind **stets statthaft**, entweder gegen eine Maßnahme zur Regelung einzelner Angelegenheiten auf dem Gebiete des Strafvollzuges, oder mit der Zielsetzung, die Vollzugsbehörde zum Erlaß einer solchen Maßnahme zu verpflichten.

Nur eine Anordnung, die als Regelung einer einzelnen Angelegenheit anzusehen ist und die auf unmittelbare Rechtswirkung nach außen gerichtet ist, kann Gegenstand ei-

122 LG Marburg a.a.O.
123 LG Düsseldorf, NStZ 88, 354.
124 OLG Rostock bei Matzke, NStZ 97, 381.
125 OLG Rostock, a.a.O.
126 OLG Hamm StV 04, 86, 87.
127 Vgl. im Einzelnen: Schwind/Böhm/Rotthaus, § 8 StVollzG, Rn 13.
128 Schwind/Böhm/Schuler, § 109 StVollzG, Rn 31.

nes Antrags auf gerichtliche Entscheidung sein. Der **Begriff der Maßnahme** ist daher erkennbar an dem Begriff des Verwaltungsaktes in § 35 Abs. 1 VwVfG angelehnt. Gegenstand eines gerichtlichen Verfahrens kann also immer nur eine konkrete Einzelmaßnahme der Vollzugsbehörde sein. Der Vollzugsplan, der als Ergebnis des Behandlungsvollzugs aufzustellen ist, stellt daher keinen denkbaren Gegenstand eines Antrages auf eine gerichtliche Entscheidung dar, der keine Einzelangelegenheit regelt, sondern lediglich Entscheidungsgrundlage für Vollzugsmaßnahmen zur Regelung einzelner Angelegenheiten ist.[129] Auch eine allgemeine Anordnung innerhalb einer Anstalt kann nicht unmittelbar Gegenstand eines Antrages auf gerichtliche Entscheidung sein. Letztgenannte allgemeine Anordnungen oder beispielsweise der Vollzugsplan können also nur dann (inzident) überprüft werden, wenn sich der einzelne Strafgefangene gegen ihn gerichtete Einzelmaßnahmen wendet.[130]

Typische Antragsgegenstände sind Entscheidungen der Vollzugsbehörde über Geldmittel des strafgefangenen Mandanten. Hierzu zählen beispielsweise die Überweisung oder die Aufrechnung von Geldbeträgen seitens der Vollzugsbehörden.[131] Lediglich Maßnahmen der Vollstreckungsgerichte sind Maßnahmen, die bei den Vollstreckungsgerichten selbst mit dem Rechtsbehelf der Erinnerung (§ 766 ZPO) anzugreifen sind.

c) Anfechtungsantrag

Richtet sich der Antrag auf eine gerichtliche Entscheidung gegen eine belastende und   41
die Rechte des strafgefangenen Mandanten einschränkende Maßnahme, so kann das Gericht die angegriffene Maßnahme gemäß § 115 Abs. 2 StVollzG aufheben. Jedenfalls bei einer anwaltlichen Vertretung des Strafgefangenen sollte der Antrag deswegen gezielt als **Anfechtungsantrag** gemäß § 115 Abs. 2 StVollzG formuliert sein, ähnlich wie die Anfechtungsklage, welche für den Bereich des Verwaltungsverfahrens die gesetzliche Regelung in §§ 42 Abs. 1 Alt. 1, 113 Abs. 1 1 VwGO vorsieht.

Bei bereits vollzogenen Maßnahmen (insbesondere in Bezug auf Gefangenengelder) hat der strafgefangene Mandant neben dem Anspruch auf Aufhebung der angegriffenen Maßnahme auch einen Anspruch auf Beseitigung der Vollzugsfolgen. Das Gericht entscheidet in diesem Falle also selbst, auf welcher Art und Weise die Vollzugsanstalt die Vollziehung der angegriffenen Maßnahme rückgängig zu machen hat.[132]

d) Verpflichtungsantrag

Strebt der strafgefangene Mandant an, dass die Justizvollzugsanstalt zu einer Maß-   42
nahme verpflichtet wird, auf die er Anspruch hat, steht ihm der Verpflichtungsantrag zur Seite. Dies ergibt sich aus § 115 Abs. 4 StVollzG in deutlicher Anlehnung an die gesetzliche Regelung in § 42 Abs. 1 Alt. 2, 113 Abs. 5 VwGO.

e) Feststellungsantrag

Soweit die Aufhebung einer angegriffenen Maßnahme oder der Erlaß einer begehrten   43
Maßnahme infolge einer Erledigung nicht mehr möglich sind, kann grundsätzlich ein Feststellungsanspruch des strafgefangenen Mandanten in Betracht kommen. Feststel-

---

129 Schwind/Böhm/Schuler, § 109 StVollzG, Rn 12.
130 Schwind/Böhm/Schuler, § 109 StVollzG, Rn 12.
131 Schwind/Böhm/Schuler, § 109 StVollzG, Rn 15.
132 Schwind/Böhm/Schuler, § 115 StVollzG, Rn 16.

lungsansprüche sind jedoch **nur in eingeschränktem Umfang** denkbarer Gegenstand eines Antrages auf gerichtliche Entscheidung. Das Gesetz setzt hierfür voraus, dass der Antragsteller ein berechtigtes Interesse an dieser Feststellung darlegen muss (§ 115 Abs. 3 StVollzG). Eine Feststellungsentscheidung kommt entweder dann in Betracht, wenn sich die Angelegenheit bereits vor Antragstellung bei Gericht erledigt hat, oder wenn die Erledigung während des gerichtlichen Verfahrens eintritt (Fortsetzungsfeststellungsantrag).

Ein berechtigtes Interesse liegt dann vor, wenn die gerichtliche Entscheidung geeignet ist, die Position des Antragstellers in einem bestimmten Bereich zu verbessern.[133] Das gilt insbesondere dann, wenn sich die angefochtene Maßnahme bei späteren Entscheidungen für den Antragsteller nachteilig auswirken kann, oder eine Wiederholungsgefahr nicht ausgeschlossen werden kann. Das Feststellungsinteresse liegt ähnlich dem Verwaltungsgerichtsverfahren auch dann vor, wenn die angefochtene Maßnahme den strafgefangenen Mandanten diskriminiert und gleichzeitig ein schutzwürdiges Interesse an einer Rehabilitierung besteht.[134]

f) Spruchreife

44 Eine Entscheidung in der Sache kann das Gericht gemäß § 115 Abs. 4 StVollzG nur dann treffen, wenn die Angelegenheit bei Abschluss des gerichtlichen Verfahrens spruchreif ist. Von Spruchreife ist dann auszugehen, wenn weitere Erhebungen zur Sache nicht mehr erforderlich sind.[135] Von Spruchreife ist also insbesondere dann nicht auszugehen, wenn eine Ermessensentscheidung Gegenstand des gerichtlichen Verfahrens ist, oder wenn der Vollzugsbehörde ein Prognosespielraum zugestanden wird.

Von einem Prognosespielraum der Vollzugsbehörden ist insbesondere im Bereich der Vollzugslockerungen auszugehen. Dort geht die Rechtsprechung zwar grundsätzlich davon aus, dass es sich bei den Begriffen der Wiederholungsgefahr und der Missbrauchsgefahr um unbestimmte Rechtsbegriffe handelt. Grundsätzlich unterliegt die Anwendung unbestimmter Rechtsbegriffe der vollständigen gerichtlichen Überprüfung. Bei Prognosebegriffen billigt die Rechtsprechung den Vollzugsbehörden allerdings einen eigenständigen Prognosespielraum zu.[136]

g) Entscheidung bei Ermessensspielraum

45 Soweit angegriffene Maßnahmen im Rahmen eines Ermessensspielraums getroffen wurden oder zu treffen sind, kann nur die angegriffene Maßnahme aufgehoben und die Behörde zum Erlaß einer Maßnahme verpflichtet werden. Das Gericht kann anstelle der aufgehobenen Maßnahmen selbst keine eigene Entscheidung treffen. Anstelle einer abgelehnten oder unterlassenen Maßnahme kann das Gericht nicht selbst bestimmen, welche Maßnahme zu treffen ist. Neben der Aufhebung eines angegriffenen Vollzugsverwaltungsaktes ist die Behörde jedoch zu verpflichten, die aufgehobene Maßnahme durch eine neue Maßnahme zu ersetzen. Die Verwaltungsbehörde hat dabei Rechtsauffassungen des Gerichts zu berücksichtigen.

---

133 Schwind/Böhm/Schuler, § 115 StVollzG, Rn 17.
134 Schwind/Böhm/Schuler, a.a.O.
135 Schwind/Böhm/Schuler, § 115 StVollzG, Rn 18.
136 BGHSt 30, 320 ff.

h) Gerichtliches Verfahren

Hinsichtlich des Beweisrechtes enthält das Strafvollzugsgesetz keine ausdrückliche **46** Regelung. Aus § 120 Abs. 1 StVollzG ergibt sich jedoch, dass die Strafprozessordnung entsprechend anzuwenden ist. Im Verfahren vor der Strafvollstreckungskammer gilt daher der Amtsermittlungsgrundsatz gemäß § 244 Abs. 2 StPO.[137] Das bedeutet insbesondere, dass es im Verfahren vor der Strafvollstreckungskammer keine Beweislastentscheidung zu Lasten des strafgefangenen Mandanten geben darf.

i) Rechtsbeschwerde

Gegen die Entscheidung der Strafvollstreckungskammer in Strafvollzugssachen steht **47** dem abgewiesenen strafgefangenen Mandanten (und auch der unterlegenen Vollzugsanstalt) die Rechtsbeschwerde zu. Aus der Regelung in § 116 Abs. 2 StVollzG ergibt sich, dass es sich hier um ein Revisionsverfahren handelt. Die Zulässigkeit ist allerdings eingeschränkt. Die Rechtsbeschwerde ist nur dann zulässig, wenn es geboten ist, die Nachprüfung zur Fortbildung des Rechts, oder zur Sicherung einer einheitlichen Rechtsprechung zu ermöglichen.

Zur **Fortbildung des Rechts** dient eine Rechtsbeschwerde dann, wenn dem dafür zuständigen Oberlandesgericht eine Rechtsfrage vorgelegt werden soll, die es bis dahin nicht entschieden hat. Der Fortbildung des Rechts dient eine Entscheidung des Oberlandesgerichts grundsätzlich auch dann, wenn Entscheidungen anderer Oberlandesgerichte zu der entsprechenden Rechtsfrage bereits ergangen sind.[138]

Zulässig ist die Rechtsbeschwerde des weiteren, wenn sie der **Sicherung einer einheitlichen Rechtsprechung** dienen soll. Das soll nur dann der Fall sein, wenn ein Gericht in einer bestimmten Rechtsfrage in ständiger Rechtsprechung von höchstrichterlichen Rechtsprechung abweicht, nicht aber schon dann, wenn in einem Einzelfall eine Fehlentscheidung getroffen worden ist.[139] Der Sicherung der Einheitlichkeit der Rechtsprechung dient es allerdings, wenn eine Entscheidung einer Strafvollstreckungskammer angegriffen wird, mit der diese von der Rechtsauffassung anderer Strafvollstreckungskammern abweicht.[140]

An eine Rechtsbeschwerde setzt das Gesetz **hohe formale Anforderungen**. So muss die Rechtsbeschwerde grundsätzlich in einem von einem Rechtsanwalt unterzeichneten Schriftsatz enthalten sein (§ 118 Abs. 3 StVollzG). In Anlehnung an § 344 Abs. 2 StPO muss aus der Begründung hervorgehen, ob eine Verfahrensrüge oder eine Sachrüge erhoben wird (§ 118 Abs. 2 StVollzG).

Ähnlich wie im Revisionsverfahren nach der Strafprozessordnung kann das Oberlandesgericht die durch die Rechtsbeschwerde angegriffene Entscheidung der Strafvollstreckungskammer aufheben. In der Sache selbst kann das Oberlandesgericht nur entscheiden, wenn die Sache spruchreif ist. Ansonsten ist die Sache zur erneuten Entscheidung an die Strafvollstreckungskammer zurückzuverweisen (§ 119 Abs. 4 StVollzG).

---

137 Schwind/Böhm/Schuler, § 120 StVollzG, Rn 3.
138 Schwind/Böhm/Schuler, § 116 StVollzG, Rn 4.
139 Schwind/Böhm/Schuler, § 116 StVollzG, Rn 5.
140 Schwind/Böhm/Schuler, a.a.O.

VIII. Maßregelvollzug bei Erwachsenen

48 Die Unterbringung in einem psychiatrischen Krankenhaus sowie in einer Entziehungsanstalt sind weitgehend vom Geltungsbereich des Strafvollzugsgesetzes ausgenommen worden.

Beachtenswert ist aber, dass das Rechtsbehelfssystem zu den Strafvollstreckungskammern wegen § 138 Abs. 2 StVollzG auch Gefangenen im Maßregelvollzug zur Seite steht. In materiell-rechtlicher Hinsicht ist die Rechtsposition des Mandanten im Maßregelvollzug weitgehend in Ländergesetzen geregelt. Für den Bereich Sicherungsverwahrung sieht das Gesetz vor, dass nicht nur das Rechtschutzsystem, sondern auch die sonstigen Bestimmungen des Strafvollzugsgesetzes entsprechend anzuwenden sind (§ 130 Abs. 1 StVollzG).

IX. Jugendstrafvollzug

49 Jugendstrafe gegen Jugendliche wird grundsätzlich in Jugendstrafanstalten vollzogen. Bei Heranwachsenden und Erwachsenen bis zum 24. Lebensjahr steht es im Ermessen des Jugendrichters, ob die Jugendstrafe in einer Jugendstrafanstalt, oder in einer Erwachsenenstrafanstalt vollstreckt wird. Für diejenigen Verurteilten, die das 24. Lebensjahr überschritten haben, bestimmt § 92 Abs. 2 S. 3 JGG, dass hier im Regelfall die Strafe nach den Vorschriften des Strafvollzugs für Erwachsene vollzogen werden soll.

Die Rechtssituation von Jugendlichen im Strafvollzug ist erstaunlicherweise schlechter als diejenige im Erwachsenenstrafvollzug. Im Jugendstrafvollzug ist das Strafvollzugsgesetz nicht anwendbar. Dies ergibt sich aus § 1 StVollzG, wonach das StVollzG nur für den Vollzug der Freiheitsstrafe Anwendung findet. Dieser Begriff ist identisch mit der Freiheitsstrafe in § 38 StGB. Der Begriff der Jugendstrafe ist mit dem der Freiheitsstrafe nach allgemeinem Strafrecht nicht identisch. Die Rechtstellung des in Jugendstrafe befindlichen Mandanten ist lediglich durch bundeseinheitliche Verwaltungsvorschriften zum Jugendstrafvollzug geregelt.[141] Insbesondere hinsichtlich der Rechtsbehelfsmöglichkeiten sind Insassen des Jugendstrafvollzuges hiernach eindeutig benachteiligt. Ihnen steht lediglich der Rechtsweg zu den Oberlandesgerichten gemäß §§ 23 ff. EGGVG offen. Deswegen können letztlich lediglich Maßnahmen des jeweiligen Anstaltsleiters angegriffen werden können. Darüber hinaus ist eine rechtliche Überprüfung in einem Rechtsbeschwerdeverfahren grundsätzlich nicht statthaft.

---

141 Eisenberg, JGG, Anhang 6.

X. Arbeitshilfen

1. Verfahren bei beantragtem Bewährungswiderruf und Rechtsbehelfe   50

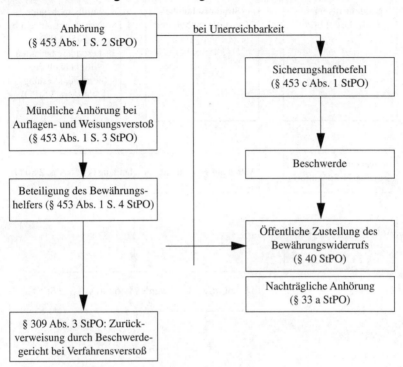

Anhörung
(§ 453 Abs. 1 S. 2 StPO)

bei Unerreichbarkeit

Sicherungshaftbefehl
(§ 453 c Abs. 1 StPO)

Mündliche Anhörung bei
Auflagen- und Weisungsverstoß
(§ 453 Abs. 1 S. 3 StPO)

Beschwerde

Beteiligung des Bewährungshelfers (§ 453 Abs. 1 S. 4 StPO)

Öffentliche Zustellung des
Bewährungswiderrufs
(§ 40 StPO)

Nachträgliche Anhörung
(§ 33 a StPO)

§ 309 Abs. 3 StPO: Zurück-
verweisung durch Beschwerdegericht bei Verfahrensverstoß

2. Wege zur Vermeidung des Bewährungswiderrufs   51

Verlängerung der Bewährungsfrist auf bis zu 7 Jahre 6 Monate; bei ursprünglicher Bewährungsdauer von **weniger** als 5 Jahren ist Verlängerung um **mehr als die Hälfte** der ursprünglichen Bewährungsdauer zulässig (vgl. OLG Düsseldorf, StV 96, 219). Eine Verlängerung der Bewährungszeit reicht aus, wenn sie zum Zeitpunkt der Entscheidung eher als die mit dem Widerruf
verbundene Vollstreckung des Strafrests geeignet ist, die Einfügung des Verurteilten in die soziale
Gemeinschaft bei nunmehr straffreiem Leben herbeizuführen (OLG Schleswig, NJW 80, 2320)

Erneute Straffälligkeit infolge Betäubungsmittelabhängigkeit kann bei Therapieantritt Bewährungswiderruf entgegenstehen (vgl. OLG Düsseldorf, StV 94, 199)

Günstige Sozialprognose mit erneuter Strafaussetzung oder gar Geldstrafe kann Bewährungswiderruf entgegenstehen, allerdings Generalprävention beachten (BverfG, NStZ 85, 357; NJW 95,
713).

Weisungs- und Auflagenverstoß hat Bewährungswiderruf nicht automatisch, sondern nur bei ungünstiger Sozialprognose zur Folge (vgl. OLG Düsseldorf, StV 96, 45).

Straferlass ist auch bei schwebendem Ermittlungsverfahren geboten, wenn Bewährungszeit seit
mehr als 1 Jahr abgelaufen ist (vgl. § 56g Abs. 2 S. 2 StGB; KrG Saalfeld, MDR 93, 68; a.A.
OLG Hamm, NStZ 98, 478)

3. Rechtsbehelfsmöglichkeiten in der Strafvollstreckung

52

Strafantrittsbefehl § 457 Abs. 2 StPO	Strafaufschub bei Geisteskrankheit und Lebensgefahr (§ 455 StPO)	Vorübergehender Vollstreckungsaufschub (§ 456 StPO) insbesondere beachten Möglichkeit der Sicherheitsleistung (§ 456 Abs. 3 StPO)

Einwendungsverfahren Gemäß § 21 StrVollStrO	Antrag auf gerichtliche Entscheidung (§ 458 Abs. 2 StPO)

↓

Antrag auf gerichtliche Entscheidung, § 23 EGGVK

↓

sofortige Beschwerde (§ 462 Abs. 3 S. 2 StPO)

§ 34 Bundeszentralregister, Erziehungsregister, Verkehrs- zentralregister

I. Bundeszentralregister

1. Inhalt

Der Aufbau der Eintragungen im Bundeszentralregister sowie die Voraussetzungen für Entscheidungen von Verwaltungsbehörden und Gerichten sind in §§ 3 ff. BZRG geregelt. Die wesentlichen Aspekte dieser Regelungen seien hier im Hinblick auf die Beratungssituation des Mandanten dargestellt.

a) Schutz von Jugendlichen

Gemäß § 4 Nr. 1 und § 4 Nr. 4 BZRG sind nur solche Verurteilungen in das **Bundeszentralregister** aufzunehmen, durch die entweder auf Strafe erkannt wird, oder nach § 27 JGG die Schuld eines Jugendlichen oder Heranwachsenden festgestellt wird. Dies ergänzt sich mit der gesetzlichen Regelung in § 16 Abs. 1 BZRG, wonach sonstige Sanktionen nach dem JGG, insbesondere Erziehungsmaßregeln und Zuchtmittel nicht in das Bundeszentralregister, sondern in das **Erziehungsregister** eingetragen werden. Erziehungsmaßregeln und Zuchtmittel werden in das Bundeszentralregister nur eingetragen, wenn sie mit einer Jugendstrafe oder einem Schuldspruch nach § 27 JGG verbunden sind (§ 5 Abs. 2 BZRG).

b) Schutz von Betäubungsmittelstraftätern

Stellt das erkennende Gericht eine Straftat aufgrund einer Betäubungsmittelabhängigkeit (§ 35 Abs. 1 S. 1 BtmG) fest, so ist dieser Umstand gemäß § 17 Abs. 2 BZRG bei Freiheitsstrafen von nicht mehr als 2 Jahren im Bundeszentralregister einzutragen. Ansonsten ist die Zurückstellung gemäß § 35 BtmG bei Freiheitsstrafen von über 2 Jahren in das BZRG einzutragen (§ 17 Abs. 1 BZRG). Dies ist vor allem für die Auswirkung auf die Eintragung im Führungszeugnis von Bedeutung, die weiter unten dargestellt wird.

c) Entscheidungen von Ausländerbehörden

Gemäß §§ 10 Abs. 1 S. 1 und S. 2 BZRG sind die Ausweisung eines Ausländers sowie die Abschiebung eines Ausländers im BZR einzutragen.

d) Waffenrechtliche Entscheidungen

Das Verbot der Ausübung der tatsächlichen Gewalt über bestimmte Waffen sowie die Ablehnung der Erteilung einer Waffenbesitzkarte sind gemäß § 10 Abs. 1 Nr. 5 BZRG in das BZR einzutragen.

e) Berufsverbote

Ebenso sind in das BZR Entscheidungen von Verwaltungsbehörden einzutragen, die zumindest zeitweise die Wirkung eines Berufsverbotes haben (§ 10 Abs. 2 BZRG).

2. Tilgung von Eintragungen

2 **a) Tilgungsfristen**

Die im Gesetz vorgesehenen Tilgungsfristen belaufen sich gestaffelt auf 5, 10, 15 oder 20 Jahre. Die kürzeste **Tilgungsfrist von 5 Jahren** wird bei Erwachsenen vor allem bei Verurteilungen zu geringfügigen Geldstrafen bis zu 90 Tagessätzen relevant, allerdings nur unter der Voraussetzung, dass ansonsten keine Freiheitsstrafe, kein Strafarrest, und auch keine Jugendstrafe im Register eingetragen ist (§ 46 Abs. 1 Nr. 1a BZRG).

Im übrigen sind bei den Tilgungsfristen nur Jugendliche und Heranwachsende begünstigt. Jugendstrafen von nicht mehr als 1 Jahr sind nach 5 Jahren auch dann zu tilgen, wenn sie nicht zur Bewährung ausgesetzt wurden (§ 46 Abs. 1 Nr. 1c BZRG). Jugendstrafe von bis zu 2 Jahren unterliegen der Tilgungsfrist von 5 Jahren, wenn sie zur Bewährung ausgesetzt wurden (§ 46 Abs. 1 Nr. 1d BZRG).

Die **10jährige Tilgungsfrist** wird insbesondere bei Freiheitsstrafen nach dem allgemeinen Strafrecht von Bedeutung sein, die 1 Jahr nicht übersteigen und zur Bewährung ausgesetzt sind (§ 46 Abs. 1 Nr. 2b BZRG). Übersteigt die gegen den Mandanten verhängte Freiheitsstrafe 1 Jahr, so beläuft sich die **Tilgungsfrist auf 15 Jahre**, unabhängig davon, ob eine bis zu 2-jährige Freiheitsstrafe zur Bewährung ausgesetzt wurde oder nicht (§ 46 Abs. 1 Nr. 4 BZRG). Wird wegen Sexualstraftaten eine Freiheitsstrafe von mehr als 1 Jahr verhängt, so beläuft sich die **Tilgungsfrist auf 20 Jahre** (§ 46 Abs. 1 Nr. 3 BZRG). Wird aufgrund einer Verurteilung eine Freiheitsstrafe vollstreckt, so verlängert sich die Tilgungsfrist um die Dauer der Freiheitsstrafe (§ 46 Abs. 3 BZRG). Die Tilgungsfrist beginnt stets mit dem Tag der Urteilsverkündung des ersttatrichterlichen Urteils (§§ 47 I, 36 S. 2 BZRG).

b) Verwertungsverbot

Nach Ablauf der Tilgungsfristen dürfen Eintragungen über eine Verurteilung nicht zum Nachteil des Mandanten verwertet werden. Sie dürfen ihm auch nicht mehr vorgehalten werden (§ 51 Abs. 1 BZRG). Nach dem ausdrücklichen Gesetzeswortlaut gilt das Verwertungsverbot nicht erst nach der tatsächlichen Tilgung, sondern bereits nach Tilgungsreife. Das Verwertungsverbot gilt sowohl bei der Strafzumessung,[1] als auch beim Schuldspruch.[2] Das Verwertungsverbot greift allerdings nur, wenn es zum Zeitpunkt der letzten tatrichterlichen Entscheidung gegeben war.[3]

3. Unbeschränkte Auskunft aus dem Bundeszentralregister

3 In uneingeschränktem Umfang ist das Bundeszentralregister in erster Linie für **Staatsanwaltschaften** und **Gerichte** einsehbar. Dabei dürfen nicht nur Strafgerichte, sondern auch **sonstige Gerichte** das BZR einsehen, wenn damit Zwecke der Rechtspflege verfolgt werden (§ 41 Abs. 1 Nr. 1 BZRG). Die **Kriminalpolizei** kann das BZR auch in eigener Zuständigkeit einsehen (§ 41 Abs. 1 Nr. 5 BZRG). Ausdrücklich besteht das Einsichtsrecht auch für die **Bußgeld- und Strafsachenstellen der Finanzbehörden** (§ 41 Abs. 1 Nr. 4 BZRG).

---

1 BGHR BZRG § 51, Verwertungsverbot 1.
2 BGHR BZRG § 51, Verwertungsverbot 2.
3 BGHR BZRG § 51, Tilgungsreife 1.

Ansonsten ist das BZR für **oberste Bundes- und Landesbehörden** einsehbar (§ 41 Abs. 1 Nr. 2 BZRG). Dies ist vor allem dann von Bedeutung, wenn die verwaltungsrechtliche Zuverlässigkeit des Mandanten für oberste Bundesbehörden, wie zum Beispiel die Bundesanstalt für Finanzdienstleistungsaufsicht von Bedeutung sind. Von den **sonstigen Behörden** unterhalb dieses Ranges haben Einbürgerungsbehörden, Ausländerbehörden sowie waffen- und jagdrechtliche Behörden Einsicht in das BZR (§ 41 Abs. 1 Nr. 6, 7, 9 BZRG). Die Gewerbeaufsichtsämter haben lediglich bei Erlaubnissen für das Bewachungsgewerbe Einsicht in das BZR (§ 41 Abs. 1 Nr. 9 BZRG). Im übrigen steht die unbeschränkte Auskunft aus dem BZR auch den **Rechtsanwaltskammern** zu (§ 41 Abs. 1 Nr. 11 BZRG).

II. Führungszeugnis

Das Führungszeugnis ist insbesondere im Beratungsgespräch von großem Interesse.   **4**
Der Inhalt des Führungszeugnisses entscheidet nicht selten darüber, welche weiteren Konsequenzen im Anschluss an das Strafverfahren auf den Mandanten zukommen. Dies gilt sowohl in der unmittelbaren Folgezeit, als auch in größerem zeitlichen Abstand. Soweit Behörden nicht unbeschränkte Auskunft aus dem Bundeszentralregister erhalten (§ 41 Abs. 1 Nr. 2, 6, 7, 9, 10 BZRG), können sie nur im Wege des Führungszeugnisses Kenntnis von Vorstrafen erlangen.

1. Nicht aufgenommene Verurteilungen

a) Geringfügige Geldstrafen und Freiheitsstrafen   **5**

Erstmalige Verurteilungen des Mandanten zu einer Geldstrafe von nicht mehr als 90 Tagessätzen werden nicht in das Führungszeugnis aufgenommen (§ 32 Abs. 2 Nr. 5a BZRG). Dies gilt allerdings nur, wenn keine weiteren Strafen im Register eingetragen sind. Eine Verwarnung mit Strafvorbehalt wird unabhängig von der Höhe der vorbehaltenen Geldstrafe ebenfalls nicht ins Führungszeugnis aufgenommen (§ 32 Abs. 2 Nr. 1 BZRG). Ferner werden nicht aufgenommen Freiheitsstrafen oder Strafarreste (§ 12 WStG) bis zu 3 Monaten. Dabei kommt es nicht auf die Frage an, ob Freiheitsstrafe oder Strafarrest zur Bewährung ausgesetzt wurden.

b) Schutz von Jugendlichen

Wird der Mandant nach Jugendstrafrecht als Jugendlicher oder Heranwachsender verurteilt, so genießt er im Hinblick auf Eintragungen in das Führungszeugnis einen deutlich weitergehenden Schutz. Nicht im Führungszeugnis eingetragen sind so beispielsweise der Schuldspruch nach § 27 JGG (§ 32 Abs. 2 Nr. 2 BZRG), die Verhängung einer zur Bewährung ausgesetzten Jugendstrafe von nicht mehr als 2 Jahren und sogar Verurteilungen zu einer vollzogenen Jugendstrafe, wenn der Strafmakel gemäß § 97 JGG beseitigt wurde (§ 32 Abs. 2 Nr. 4 BZRG).

c) Schutz von betäubungsmittelabhängigen Straftätern

Besonderen Schutz erfahren auch Mandanten, die aufgrund einer Betäubungsmittelabhängigkeit straffällig wurden. Dies gilt sowohl für Jugendliche und Heranwachsende, als auch für Mandanten, die nach allgemeinem Strafrecht abgeurteilt werden. Werden Verurteilungen zu einer Vollzugsfreiheitsstrafe bis zu 2 Jahren gemäß § 35 BtmG zurückgestellt, ohne dass es zu einem Widerruf der Rückstellung kommt, so sind diese

Verurteilungen nicht im Führungszeugnis aufzunehmen (§ 32 Abs. 2 Nr. 6a BZRG). Dies gilt auch, wenn eine Bewährungsrückstellung erfolgte und sich gleichzeitig aus dem Register ergibt, dass die Tat aufgrund einer Betäubungsmittelabhängigkeit im Sinne von § 35 BtmG begangen wurde.

d) Begrenzung der Offenbarungspflicht

Die Frage, ob im Rahmen von Einstellungsgesprächen Vorstrafen, die nicht im Führungszeugnis erwähnt sind, offenbart werden müssen, bewegt viele Mandanten. Hier gibt es eine eindeutige gesetzliche Regelung. Gemäß § 53 Abs. 1 Nr. 1 BZRG muss der Verurteilte keinerlei zur Verurteilung führenden Sachverhalt offenbaren, wenn die Verurteilung nicht in das Führungszeugnis aufzunehmen ist. Genausowenig muss der Mandant tilgungsreife Eintragungen im Führungszeugnis offenbaren (§ 53 Abs. 1 Nr. 2 BZRG).

Diese gesetzliche Regelung gilt für den gesamten Rechtsverkehr. Im Bereich der arbeitsrechtlichen Rechtsprechung ist die Offenbarungspflicht über die Reichweite der gesetzlichen Regelung in § 53 BZRG hinaus eingeschränkt. Dies ergibt sich daraus, dass das Bundesarbeitsgericht der Auffassung ist, dass ein Arbeitgeber nach Vorstrafen nur fragen darf, wenn und soweit die Art des zu besetzenden Arbeitsplatzes dies erfordert. Die gesetzliche Regelung in § 53 BZRG soll dabei die ständige Rechtsprechung des Bundesarbeitsgerichts nicht einschränken.[4]

2. Einsichtnahme in das Führungszeugnis

6 **a) Eigenantrag**

Das Führungszeugnis kann der Verteidiger nicht unter Vorlage einer Vollmacht anfordern. Das Führungszeugnis kann grundsätzlich nur durch den Antragsteller persönlich bei der für ihn zuständigen Meldebehörde angefordert werden. Dort ist das Führungszeugnis auch von dem Mandanten **persönlich** abzuholen.

b) Behördenzeugnis

In bestimmten Konstellationen kann es auch vorkommen, dass durch eine Behörde ein Führungszeugnis angefordert werden kann. Der Inhalt des behördlichen Führungszeugnisses ist gegenüber dem auf Eigenantrag erteilten Führungszeugnis umfangreicher (§ 32 Abs. 3 und 4 BZRG).

Grundsätzlich ist ein behördliches Führungszeugnis unmittelbar an die **Behörde** zu versenden. Der Betroffene hat jedoch gemäß § 30 Abs. 5 S. 3 BZRG die Möglichkeit, vor der Übersendung an die Behörde das Führungszeugnis bei einem von ihm benannten Amtsgericht selbst einzusehen.

3. Tilgungsfristen

7 **a) Beginn**

Die Tilgungsfrist beginnt gerade auch im Falle eines Führungszeugnisses mit dem Tag des ersten tatrichterlichen Urteils (§ 36 Abs. 1 Nr. 1 BZRG).

---

4 BAG, NJW 99, 3653 ff., 3654; Palandt/Putzo, BGB, § 611 Rn 6.

b) Laufzeiten

Hinsichtlich der Laufzeiten unterscheidet das Gesetz eine solche von **3 Jahren, 5 Jahren oder 10 Jahren**. Bei der 3jährigen Laufzeit ist insbesondere die Verurteilung zu einer Freiheitsstrafe von bis zu 1 Jahr bei einer Bewährungsaussetzung zu erwähnen (§ 34 Abs. 1 Nr. 1b BZRG). Wird gegen den Mandanten eine Bewährungsstrafe von mehr als 1 Jahr verhängt, so ergibt sich eine Tilgungsfrist von 5 Jahren gemäß § 34 Abs. 1 Nr. 3 BZRG. Freiheitsstrafen von mehr als 1 Jahr unterliegen grundsätzlich einer Tilgungsfrist von 5 Jahren. Freiheitsstrafen oder Jugendstrafen von mehr als 1 Jahr wegen bestimmter Sexualdelikte unterliegen einer Tilgungsfrist von 10 Jahren (§ 31 Abs. 1 Nr. 2 BZRG). Gemäß § 34 Abs. 2 Satz 1 BZRG verlängert sich die Tilgungsfrist bei Freiheitsstrafen regelmäßig um die Dauer der verhängten Freiheitsstrafe.

III. Erziehungsregister

1. Einschränkung der Auskunftsmöglichkeiten 8

Anders als das Bundeszentralregister ist das Erziehungsregister grundsätzlich nur Strafgerichten und Staatsanwaltschaften einsehbar, ebenso Vormundschaftsgerichten, Familiengerichten, Jugendämtern und Gnadenbehörden (§ 61 Abs. 1 BZRG). Insbesondere Kriminalpolizei und Finanzämter sowie die zur Einsicht des Bundeszentralregisters berechtigten Behörden haben keine Einsichtsmöglichkeit in das Erziehungsregister.

2. Entfernung von Eintragungen

Eintragungen im Erziehungsregister sind grundsätzlich zu entfernen, sobald der Betroffene das 24. Lebensjahr vollendet hat. Ausnahmsweise unterbleibt die Entfernung jedoch, solange im Bundeszentralregister eine Freiheitsstrafe, eine Maßregel, oder eine sonstige Sanktion nach dem JGG eingetragen ist (§ 63 BZRG).[5]

3. Inhalt

In das Erziehungsregister sind insbesondere Erziehungsmaßregeln und Zuchtmittel eingetragen (§ 60 Abs. 1 Nr. 2 BZRG). Darüber hinaus vor allem auch Einstellungen gemäß §§ 45, 47 JGG dort eingetragen.

IV. Verkehrszentralregister

Das Verkehrszentralregister ist für den Mandanten vor allem wegen der verwaltungsrechtlichen Befugnisse der Führerscheinbehörden von Bedeutung. Eintragungen im Verkehrszentralregister werden nach einem Punktsystem katalogisiert. Fahrerlaubnisbehörden sind aufgrund des Punktsystems bei einem bestimmten Punktestand verpflichtet, bestimmte Maßnahmen gegenüber Fahrerlaubnisinhabern zu ergreifen (§ 4 Abs. 3 StVG). 9

1. Rechtsgrundlagen

Bis zum Erlaß der gesetzlichen Regelungen durch die Änderungen des Straßenverkehrsgesetzes mit Gesetz vom 28.04.98 war das Punktesystem lediglich durch eine

---

5 Vgl. hierzu auch BGH StraFo 04, 356.

Verwaltungsvorschrift zum seinerzeitigen § 15b StVZO geregelt. Seit dem 01.01.1999 sind hierzu jedoch gesetzliche Regelungen und Regelungen im Verordnungswege ergangen. Seine gesetzliche Regelung erfährt das Punktesystem nunmehr in § 4 StVG. Die Einzelheiten dazu ergeben sich aus §§ 40 ff. FeV. Aus der Anlage 13 zu § 40 FeV ergibt sich nunmehr die zuvor in der Verwaltungsvorschrift zu § 15 StVZO geregelte Punktbewertung.

2. Eintragung, Löschung und Tilgung

a) Ordnungswidrigkeiten

Eingang in das Verkehrszentralregister finden zunächst gerichtliche und verwaltungs-behördliche Entscheidungen im Falle von Ordnungswidrigkeiten. Hier beläuft sich die Tilgungsfrist auf 2 Jahre (§ 29 Abs. 1 S. 2 Nr. 1 StVG). Im Falle von Bußgeldentscheidungen aufgrund einer Ordnungswidrigkeit beginnt die Tilgungsfrist stets mit der Rechtskraft der eingetragenen Entscheidung (§ 29 Abs. 4 Nr. 3 StVG).

b) Straftaten

Durch die seit 01.01.99 geltenden gesetzlichen Regelungen in § 29 StVG sind die Tilgungsfristen bei Straftaten teilweise **deutlich verschärft worden**. Nach der alten Regelung in § 13a Abs. 2 Nr. 2 StVZO war regelmäßig eine Tilgungsfrist von 5 Jahren vorgesehen, zumindest dann, wenn auf Geldstrafe erkannt wurde, was in Verkehrsstrafsachen in der weit überwiegenden Zahl der Fälle gegeben ist. Nach der nunmehr geltenden gesetzlichen Regelung beläuft sich die Tilgungsfrist insbesondere bei sämtlichen Trunkenheitsdelikten und bei allen strafrechtlichen Entscheidungen, bei denen die Fahrerlaubnis gemäß § 69 StGB entzogen wird, auf 10 Jahren (§ 29 Abs. 1 Nr. 3 StVG). Lediglich bei Verkehrsstraftaten, die sich nicht im Zusammenhang mit Alkohol ereignet haben und bei denen die Fahrerlaubnis nicht entzogen wird, sieht das Gesetz nach wie vor eine 5-jährige Tilgungsfrist vor (§ 29 Abs. 1 Nr. 2a StVG).

Die Tilgungsfrist beginnt bei strafrechtlichen Verurteilungen ebenso wie bei der Regelung der Tilgungsfristen zum Bundeszentralregister stets mit dem Tag des ersten Urteils, oder mit dem Tag der Unterzeichnung des Strafbefehls (§ 29 Abs. 4 Nr. 1 StVG).

c) Löschung bei Entziehung der Fahrerlaubnis

Etwas versteckt findet sich im Gesetz die **praxisrelevante Regelung**, was mit den Eintragungen im Verkehrszentralregister für den Fall der Entziehung einer Fahrerlaubnis gilt. Gemäß § 4 Abs. 2 S. 3 StVG werden bei der Entziehung der Fahrerlaubnis sämtliche Punkte gelöscht, die aus Zuwiderhandlungen vor dieser Entscheidung herrühren. Hat der Mandant also bereits vor der Straftat, die Gegenstand des Mandats ist, einen hohen Punktestand in Flensburg, so wird er nach Wiedererteilung der Fahrerlaubnis nach Ablauf der Sperrfrist gemäß § 69a StGB durch diese Punkte nicht mehr belastet sein.

d) Tatmehrheit

Für die Fälle der Tatmehrheit sieht die Regelung in § 4 Abs. 2 S. 2 StVG von vorneherein vor, dass hier lediglich die höchste Punktezahl der tateinheitlich begangenen Ordnungswidrigkeiten oder Straftaten berücksichtigt wird. Für die Fälle der Tateinheit kommt regelmäßig die gesetzliche Regelung in § 4 Abs. 5 StVG zum Tragen, wonach eine **Rückstufung** hinsichtlich der Maßnahmen nach dem Punktsystem in Frage kommt.

Neunter Teil: Kosten, Gebühren und Vergütungs- vereinbarung

§ 35 Gerichtskosten

Das Kostenrecht mag auf Anhieb eher als trockene und darüber hinaus eher nebensäch- 1
liche Materie gelten. Ein zweiter Blick auf die Thematik zeigt jedoch, dass auch hier
teilweise für die Verteidigung wesentliche Aspekte berührt werden. Nach den Regelun-
gen des Kostenrechts kann sich beispielsweise entscheiden, von wem und in welchem
Umfang Dolmetscherkosten zu tragen sind. Das gleiche kann sich ergeben für die
Frage, wer nach einem Freispruch des Mandanten die Kosten eines privat beauftragten
Sachverständigen zu zahlen hat. Schließlich wird der Mandant immer und zwar auch
dann, wenn er mit dem Verteidiger eine Vergütungsvereinbarung getroffen hat, an der
Frage interessiert sein, wer die Kosten des Verfahrens und zumindest die gesetzlichen
Gebühren des Verteidigers zu tragen hat.

I. Kosten, notwendige Auslagen, Kostengrundentscheidung, Kostenansatzverfahren, Kostenfestsetzungsverfahren

1. Kosten

Die Strafprozessordnung stellt begrifflich klar, dass sich die Kosten des Verfahrens aus 2
den **Gebühren und Auslagen** der Staatskasse zusammensetzen. Damit stellt das Gesetz klar, dass die Verfahrenskosten durch Gebührentatbestände und Auslagentatbestände **abschließend geregelt** sind. Die Gebühren- und Auslagentatbestände als solche sind nicht in der Strafprozessordnung, sondern im Gerichtskostengesetz geregelt.

a) Gesetzliche Regelung seit 01.07.2004

Das Gerichtskostengesetz erhielt durch das Kostenrechtsmodernisierungsgesetz vom
05.05.04 eine neue Fassung. Die Gesetzesmaterie wurde vollkommen neu gegliedert.
Inhaltlich ergeben sich jedoch keine grundlegenden Änderungen. Im Folgenden ist somit Bezug genommen auf die jeweils alte Fassung (a.F.) und auf die neue Fassung
(n.F.) des Gesetzes. Nach der Übergangsregelung in § 72 GKG n.F. gilt: In Strafsachen
ist das GKG a.F. nur noch anwendbar, wenn die Kostenentscheidung vor dem 01.07.04
rechtskräftig geworden ist.

b) Gerichtsgebühren

Die strafrechtlich relevanten Gebührentatbestände finden sich in Teil 3 des Kostenver-
zeichnisses zum GKG n.F. (GKGKV n.F.; §§ 40 ff. GKG a.F.) Die gesetzliche Regelung in GKGKV Amtl. Vorb. 3.1.I (§ 40 Abs. 1 GKG a.F.) bestimmt, dass sich die Ge-
richtsgebühren nach der rechtskräftig erkannten Strafe bestimmen. Mit der
Formulierung, dass dies für alle Rechtszüge gelten soll, stellt das Gesetz klar, dass es
bei einem mehrinstanzlichen Strafverfahren darauf ankommt, in welcher Höhe die
Strafe durch die **letztlich rechtskräftige Entscheidung** festgesetzt wurde.
Die Höhe der einzelnen Gebühren ergibt sich aus den Gebührentatbeständen im Kos-
tenverzeichnis zum Gerichtskostengesetz (GKGKV). Die Einzelheiten hierzu werfen
keine erörterungswürdigen Probleme auf.

c) Gerichtliche Auslagen

Die Auslagen ergeben sich aus den Auslagentatbeständen in den Nummern 9000 ff. GKGKV. Einzelne dieser auf den ersten Blick nebensächlich erscheinenden Regelungen können durchaus von Interesse sein.

■ Gemäß Nr. 9000 GKGKV ist der angeklagte Mandant von der Erstattung bestimmter Schreibauslagen in jedem Fall befreit. So hat der Mandant Anspruch auf Erteilung einer vollständigen Ausfertigung des ergangenen Urteils sowohl für sich selbst als auch für seinen Verteidiger sowie Anspruch auf die Erteilung einer Protokollabschrift sowohl für sich selbst als auch für seinen Verteidiger (Nr. 9000 Abs. 2 GKGKV).

■ Für nachhaltige Aufregung sorgt die Einführung der **Aktenversendungspauschale** in Nr. 9003 GKGKV. Hier ist zu beachten, dass Kostenschuldner der Aktenversendungspauschale nicht der Mandant ist, sondern gemäß § 28 Abs. 2 GKG n.F. (§ 56 Abs. 2 GKG a.F.) der Verteidiger selbst.[1]

Besonders ärgerlich ist, dass es hinsichtlich der Akteneinsichtspauschale keinen Auslagenerstattungsanspruch des Verteidigers gibt. Viemehr gilt hier die gesetzliche Regelung in RVGVV Vorbemerkung 7 (1), wonach mit den Gebühren auch die allgemeinen Geschäftskosten entgolten sein sollen.

c) Dolmetscher- und Übersetzerkosten

Hervorzuheben ist, dass nach Nr. 9005 Abs. 4 GKGKV n.F. (Nr. 9005 Abs. 1 GKGKV a.F.) Dolmetscher- und Übersetzerkosten dem verurteilten Mandanten **grundsätzlich nicht aufzuerlegen** sind. Werden also Dolmetscher- und Übersetzungskosten im Rahmen der Hauptverhandlung oder bei der Übersetzung einer Anklageschrift durch die Staatskasse verauslagt, so dürfen sie im Kostenansatz auch dann nicht erscheinen, wenn die Kosten des Verfahrens dem angeklagten Mandanten auferlegt sind. Es ist sicherlich sinnvoll, den ausländischen Mandanten auf diesen Tatbestand hinzuweisen und ihn insbesondere auch dann zu überprüfen, wenn der Mandant die Prüfung des Kostenansatzes wünscht.

Diese Thematik rührt einen anderen Problembereich an, der sich dann ergibt, wenn Dolmetscher- und Übersetzerkosten nicht durch die Staatskasse selber, sondern durch den Verteidiger oder durch seinen Mandanten selbst verauslagt wurden. Dies wird dann erforderlich, wenn eine Verständigung mit dem Mandanten nur unter Hinzuziehung eines Dolmetschers möglich ist oder die Zuziehung eines Dolmetschers zur Besuchsüberwachung angeordnet wird. Die Rechtslage ist in diesem Bereich unübersichtlich und unbefriedigend, in der Rechtsprechung wird jedoch klar erkannt, dass Wege und Mittel zur Erstattung solcher Auslagen denkbar sind und jeder Verteidiger daher aufgerufen ist, entsprechende Wege zu gehen.[2] Nach im Ergebnis wohl richtiger Auffassung haben sowohl der Mandant als auch sein Verteidiger einen materiell-rechtlichen Anspruch auf Erstattung solcher Auslagen, der sich aus Art. 6 Abs. 3 eMRK ergibt.[3] Der Rechtsweg wurde nach altem Recht teilweise aus der analogen Anwendung

---

1 BVerfG NJW 95, 3177; NJW 97, 1433; LG Koblenz NJW 96, 1223.
2 BGH StV 01, 1 ff., 3.
3 BVerfG StV 04, 30.

von § 2 Abs. 4 GKG abgeleitet.[4] Ansonsten ist vor allem für die Dolmetscherkosten auf das nur geringfügig formalisierte Festsetzungsverfahren gemäß § 2 Abs. 1 JVEG zu verweisen.

2. Notwendige Auslagen

Die notwendigen Auslagen werden im Gesetz in § 464a Abs. 2 StPO lediglich teil- 3
weise benannt.

a) Anwaltskosten

Anwaltskosten des Mandanten sind gem. § 464a Abs. 2 Nr. 2 StPO i.V.m. § 91 Abs. 2 ZPO nur in Höhe der gesetzlichen Gebühren notwendige Auslagen.

b) Verdienstausfall, Fahrtkosten

Der freigesprochene Mandant hat Anspruch auf Erstattung von Verdienstausfall (§§ 464a Abs. 2 Nr. 1 StPO i.V.m. § 22 JVEG) sowie auf Erstattung von Fahrtkosten (§ 5 JVEG).

c) Sachverständigenkosten

Sachverständigenkosten eines privat beauftragten Sachverständigen können ebenfalls **notwendige Auslagen** sein. Sachverständigenkosten sind dann notwendige Auslagen, wenn der vormalige angeklagte Mandant bei verständiger Würdigung des Sach- und Streitstandes annehmen mußte, dass sich ohne die private Heranziehung eines weiteren Sachverständigen seine Prozesslage alsbald verschlechtern würde.[5] Bei der Beurteilung dieser Frage kommt es nicht darauf an, ob die Aufwendungen in nachträglicher Schau objektiv geboten waren, sondern darauf, ob der vormalige Angeklagte die Aufwendungen zum Zeitpunkt ihrer Entstehung aus seiner Sicht bei verständiger Betrachtungsweise als für seine Verteidigung erforderlich ansehen konnte oder durfte.[6] Notwendig können die Sachverständigenkosten jedoch auch dann sein, wenn die Verteidigung darauf angewiesen ist, sich sachkundig unterweisen zu lassen.[7] Eine Einschränkung kann sich sodann aus den Kriterien der Sachdienlichkeit ergeben. Allerdings ist zu beachten, dass von einer Sachdienlichkeit nicht nur dann auszugehen ist, wenn das Sachverständigengutachten zum erfolgreichen Verfahrensabschluss beigetragen hat, sondern bereits dann, wenn es das Verfahren gefördert hat.[8]

d) Detektivkosten

Die grundsätzliche Beantwortung der Frage, wann Sachverständigenkosten als notwendige Auslagen zu betrachten sind, sind sicherlich auch auf weitere Auslagen des angeklagten Mandanten zu übertragen, beispielsweise bei der Heranziehung eines Detektivs.

---

4 KG NStZ 90, 402 ff., 404.
5 OLG Düsseldorf NStZ 97, 511.
6 OLG Düsseldorf, a.a.O.
7 OLG Düsseldorf, StV 90, 362.
8 OLG Frankfurt/Main VRS 42, 430.

3. Kostengrundentscheidungen

4   ### a) Urteil, Strafbefehl

Ein Kostenzahlungsanspruch gegen den Mandanten oder ein Kostenerstattungs-anspruch des Mandanten gegen die Staatskasse setzt stets eine **Kostengrundentschei-dung** voraus. Eine Kostenpflicht oder ein Kostenerstattungsanspruch kann für bzw. gegen den Mandanten nur in dem Verfahrensstadium entstehen, in dem eine Kosten-entscheidung zu erwarten ist.

Stets mit einer Kostenentscheidung sind Urteile versehen, allerdings lediglich verfah-rensabschließende Urteile (§ 464 Abs. 1 StPO). Bei Zurückverweisungen im Rahmen eines Rechtsmittelverfahrens ist die Kostenentscheidung von dem zur Entscheidung berufenen Gericht zu treffen, da nur dem zur abschließenden Entscheidung berufenen Gericht der Erfolgsmaßstab zur Verfügung steht.

Es versteht sich von selbst, dass auch ein Strafbefehl, der eine das Urteil ersetzende Funktion hat, mit einer Kostengrundentscheidung versehen sein muß.

b) Nichteröffnungsbeschluss

Eben wie ein verfahrensabschließendes Urteil ist ein Nichteröffnungsbeschluss (§ 204 StPO) mit einer Kostengrundentscheidung zu versehen. Dies ergibt sich so auch ohne-hin aus § 467 Abs. 1 StPO.

Im Gegensatz zur Kostengrundentscheidung im Urteil ist die Kostenentscheidung im Nichteröffnungsbeschluss **nicht angreifbar**. Grundsätzlich kann die Kostenentschei-dung mit dem Rechtsbehelf der sofortigen Beschwerde angegriffen werden (§ 464 Abs. 3 S. 1 StPO). Unzulässig ist die sofortige Beschwerde allerdings dann, wenn die Hauptentscheidung nicht angegriffen werden kann. Der Nichteröffnungsbeschluss ist durch den angeklagten Mandanten allerdings nicht angreifbar, somit kann auch eine Kostenentscheidung nicht angegriffen werden.

c) Verfahrenseinstellungen

Auch gerichtliche Einstellungsentscheidungen müssen mit einer Kostenentscheidung versehen sein (§ 464 Abs. 1 StPO). Dies gilt allerdings nur beschränkt auf Entschei-dungen des Gerichts, nicht für Einstellungsentscheidungen der Staatsanwaltschaft. Dies ergibt sich aus der gesetzlichen Systematik: Die gesetzlichen Regelungen zur Kosten- und Auslagenentscheidung befinden sich im siebten Buch mit der Überschrift „Strafvollstreckung und Kosten des Verfahrens".

Mit einer Kostenentscheidung sind daher stets zu versehen gerichtliche Entscheidung über die Einstellung wegen Geringfügigkeit (§ 153 Abs. 2 StPO), der Einstellung unter der Voraussetzung, dass das Gericht von Strafe absehen könnte (§ 153b Abs. 2 StPO) sowie wegen einer Geringfügigkeitseinstellung im Privatklageverfahren (§ 383 Abs. 2 StPO).

Ob bei einer Einstellung gem. § 154 Abs. 2 StPO eine Kostenentscheidung vorzusehen ist, ist lebhaft umstritten, hier werden nahezu alle denkbaren Auffassungen vertreten.[9] Richtigerweise wird allerdings davon auszugehen sein, dass eine Einstellung nach die-ser Vorschrift auch eine endgültige Einstellung darstellt.[10]

---

9   Vgl. Kleinknecht/Meyer-Goßner, § 464 StPO, Rn 6.
10 Vgl. Kotz, NStZ 90, 420.

Nicht mit einer Kostenentscheidung zu versehen sind Entscheidungen gem. § 154a StPO. Es handelt sich hierbei nicht um eine das Verfahren abschließende Verfahrenseinstellung, sondern lediglich um eine Beschränkung der Strafverfolgung.

d) Anfechtbarkeit

Die Kostenentscheidung in Urteilen ist durch **sofortige Beschwerde** anfechtbar (§ 464 Abs. 3 S. 1 StPO). Dies gilt auch für den Fall, dass die Kostenentscheidung unterbleibt.[11]

Soweit die Kostenentscheidungen in einem Nichteröffnungsbeschluss oder in einem Einstellungsbeschluss enthalten sind, sind sie nicht angreifbar, da diese Beschlüsse als solche ebenfalls nicht angreifbar sind (§ 464 Abs. 3 StPO).

4. Inhalt der Kostenentscheidung

Beim Inhalt der Kostenentscheidung ist es wesentlich, sich die Systematik des Geset- **5** zes zu vergegenwärtigen. Der Gesetzgeber hat davon abgesehen, für die Kostenentscheidung detaillierte Regelungen zu treffen. Es gibt lediglich Grundregeln, die hinsichtlich der Kostenentscheidung in erster Instanz ausschließlich davon abhängig sind, ob ein Freispruch oder ein Schuldspruch erfolgt. Im konkreten Fall sind diese Grundregeln miteinander in Einklang zu bringen. Lediglich für die Rechtsmittelinstanz gibt es eine weitere Regelung für den Fall, dass der Erfolg des Rechtsmittels nicht in einem Freispruch, sondern in einer Reduzierung des Strafmaßes beruht.

a) Grundregel bei freisprechendem Urteil

Bei freisprechendem Urteil sind die Kosten und notwendigen Auslagen des Verfahrens stets der Staatskasse zur Last zu legen. Aus dem Gesetzeswortlaut ergibt sich, dass bei einem Teilfreispruch hinsichtlich des Freispruchs die Kostenentscheidung zu Lasten der Staatskasse zu fallen hat (§ 467 Abs. 1 StPO).

b) Grundregel bei Schuldspruch

Dem schuldig gesprochenen Mandanten werden die Kosten und notwendigen Auslagen des Verfahrens auferlegt (§ 465 Abs. 1 StPO).

c) Entscheidung bei Teilfreispruch

Bei einem Teilfreispruch sind die beiden Grundregeln für den Fall des Freispruchs und für den Fall des Schuldspruchs in Einklang zu bringen. Regelmäßig geschieht dies dadurch, dass im Kostentenor die Kostenentscheidung zu Lasten der Staatskasse ergeht, „soweit" der Angeklagte freigesprochen wurde. „Im übrigen" oder soweit der Angeklagte schuldig gesprochen wurde, ergeht dann regelmäßig die Kostenentscheidung zu Lasten des angeklagten Mandanten. In Kostenfestsetzungsverfahren findet hinsichtlich der Kosten und notwendigen Auslagen sodann die Differenztheorie Anwendung. In einem ersten Schritt sind die ausscheidbaren Kosten und notwendigen Auslagen im Kostenfestsetzungsbeschluss zugrundezulegen. Bei nicht ausscheidbaren Positionen, insbesondere bei den Verteidigerkosten ist in einem ersten Schritt das Gesamthonorar des Verteidigers zu berechnen, in einem zweiten Schritt ist der Honoraranteil abzuziehen, der sich für die Tätigkeit in dem Verfahrensteil ergibt, aus dem der Schuldspruch des

---

11 OLG Düsseldorf MDR 88, 164.

Mandanten resultierte. In einem dritten Schritt ist daraus die Differenz zu bilden. Dieser Betrag ist dem verurteilten Mandanten zu erstatten.[12]

Statt der bloßen Anwendung der Grundregeln sieht das Gesetz auch die Möglichkeit der Quotelung hinsichtlich der Verfahrenskosten und der notwendigen Auslagen im Urteilstenor selbst vor (§ 464d StPO).

d) Nebenklage

Im Falle der Beteiligung eines Nebenklägers wird die Kostenentscheidung auch die Frage zu klären haben, wem die Kosten des Nebenklägers aufzuerlegen sind. Hier stellt das Gesetz lediglich die **Grundregel** zur Verfügung, dass die Nebenklageauslagen regelmäßig im Falle eines Schuldspruchs dem Angeklagten aufzuerlegen sind (§ 472 Abs. 1 S. 1 StPO). Das Gesetz sieht die Möglichkeit vor, hiervon ausnahmsweise abzuweichen.

Bei einer **Ermessenseinstellung** stellt das Gesetz (§ 472 Abs. 2 StPO) lediglich die Regel zur Verfügung, dass das Gericht dem Angeschuldigten die Kostenlast hinsichtlich der notwendigen Auslagen des Nebenklägers auferlegen kann. Daraus ergibt sich inzident die nicht ausdrücklich formulierte Grundregel, wonach bei einer Verfahrenseinstellung der Nebenkläger seine notwendigen Kosten selbst zu tragen hat. Eine Regelung, wonach dem Nebenkläger die Kostenlast hinsichtlich der Verfahrenskosten oder notwendigen Auslagen des Angeklagten auferlegt werden könnte, gibt es nicht.

e) Privatklage

Im Privatklageverfahren können dem Privatkläger die Kosten des Verfahrens sowie die notwendigen Auslagen des Beschuldigten für den Fall eines Freispruchs oder einer Verfahrenseinstellung auferlegt werden. In diesem Sinne hat die Kostenentscheidung für den Fall eines Freispruchs oder einer Verfahrenseinstellung zu ergehen (§ 471 Abs. 2 StPO). Umgekehrt sind im Falle eines Obsiegens des Privatklägers dem Beschuldigten sowohl die Verfahrenskosten als auch die dem Privatkläger erwachsenen notwendigen Auslagen aufzuerlegen (§ 471 Abs. 1 StPO).

f) Strafantrag

Auch bei einer Verteidigung sind die Regelungen zur Kostenlast nach Stellung eines Strafantrags zu berücksichtigen, nämlich dann, wenn mit dem Strafantragsteller die Rücknahme seines Antrags verhandelt wird. Nach einer Grundregel sind dem **Strafantragsteller** sowohl die Kosten des Verfahrens als auch die notwendigen Auslagen des Beschuldigten aufzuerlegen, wenn er seinen Strafantrag zurücknimmt (§ 470 S. 1 StPO). Davon kann jedoch abgesehen werden, soweit sich der Angeklagte zur Übernahme von Kosten und notwendigen Auslagen bereit erklärt hat. Es ist dabei dem richterlichen Ermessen überlassen, eine Entscheidung zu Lasten der Staatskasse zu fällen (§ 470 S. 2 StPO). Dies wird sich in der Praxis vor allem dahingehend auswirken, dass die Kosten des Verfahrens regelmäßig der Staatskasse aufzuerlegen sind, während lediglich die notwendigen Auslagen dem Angeklagten auferlegt werden.

---

12 OLG Karlsruhe, StV 98, 609 f.

g) Einstellung gegen Auflagen

Eine Sonderregelung sieht das Gesetz für die Einstellung gegen Auflagen gem. § 153a Abs. 2 StPO vor. § 467 Abs. 5 StPO bestimmt, dass die notwendigen Auslagen der Staatskasse nicht auferlegt werden. Ansonsten kommt allerdings die Grundregel aus § 467 Abs. 1 StPO zum Tragen, so dass in der Praxis zwar die Kosten des Verfahrens der Staatskasse zur Last fallen, nicht jedoch die notwendigen Auslagen des Angeklagten.

5. Kostenentscheidung im Rechtsmittelverfahren

Im Rechtsmittelverfahren gelten zunächst die gleichen Grundregeln wie im erstinstanzlichen Verfahren für den Fall des Freispruchs (§ 467 Abs. 1 StPO) und für den Fall des Schuldspruchs (§ 465 Abs. 1 StPO). Liegt der Erfolg eines Rechtsmittels im Falle der Verteidigung nicht im Freispruch oder Teilfreispruch, sondern ausschließlich im Rechtsfolgenbereich, so finden die **Grundregeln in § 473 StPO** Anwendung. Hier spielt auch die Rechtsmittelbeschränkung eine ganz wesentliche Rolle. Wird das Rechtsmittel von vorneherein auf den Rechtsfolgeausspruch beschränkt und hat ein solches Rechtsmittel Erfolg, so sind sowohl die notwendigen Auslagen als auch die Kosten des Verfahrens der Staatskasse aufzuerlegen.[13]

Wesentlich ist die Frage, was als „Erfolg" im Sinne dieser Vorschriften anzusehen ist. Der **Begriff des Erfolges** ermöglicht dem Gericht eine Billigkeitsprüfung. Im Rahmen der Billigkeitsprüfung ist zunächst zu berücksichtigen, ob der Rechtsmittelführer die angefochtene Entscheidung hingenommen hätte, wenn sie so gelautet hatte, wie die auf das Rechtsmittel hin ergangene.[14] Weiteres maßgebliches Kriterium ist der an dem ursprünglichen Ziel des Rechtsmittels zu ermessende Umfang des Teilerfolgs.[15] Bei einem sehr großen Teilerfolg kann sogar die Frage, ob der verteidigte Mandant einen Freispruch angestrebt hat, ganz zurücktreten.[16]

Bei einer nachträglichen Beschränkung des Rechtsmittels kann die Grundregel, die bei einer Rücknahme des Rechtsmittels zur Anwendung kommt (§ 473 Abs. 1 StPO), zum Tragen kommen, ebenso kann jedoch die Regelung in § 473 Abs. 3, Abs. 4 StPO zur Anwendung kommen.[17]

Hier kann die Kostenentscheidung auch so getroffen werden, dass die notwendigen Auslagen des Mandanten sowie die Verfahrenskosten grundsätzlich der Staatskasse aufzuerlegen sind, wovon sodann die bei Rechtsmittelbeschränkung nach Urteilszustellung angefallenen Kosten ausgeschieden werden können.[18] Ist absehbar, dass vermeidbare Verfahrenskosten zu beziffern sind, so können die Kosten und notwendigen Auslagen des Angeklagten in vollem Umfang der Staatskasse auferlegt werden.

---

13 OLG Hamm, StV 98, 88.
14 OLG Düsseldorf, StV 96, 613 f.
15 OLG Düsseldorf, a.a.O.
16 OLG Düsseldorf, a.a.O.
17 OLG Hamm, StV 98, 88.
18 OLG Hamm, a.a.O.

6. Kostenansatzverfahren

7 Soweit die Kosten dem angeklagten Mandanten auferlegt wurden, werden sie der Höhe nach im Kostenansatzverfahren bei der Staatsanwaltschaft angesetzt (§ 19 Abs. 2 GKG n.F.; § 4 Abs. 2 GKG a.F.).
Rechtsmittel dagegen ist zunächst die Ersterinnerung gemäß § 66 Abs. 1 2 GKG n.F. (§ 5 Abs. 1 2 GKG a.F.). Gegen die Entscheidung auf die Ersterinnerung hin kann gem. § 66 Abs. 2 GKG n.F. (§ 5 Abs. 2 GKG a.F.) Beschwerde eingelegt werden. Gegen die Beschwerdeentscheidung ist unter dem im Gesetz im einzelnen geregelten Voraussetzungen eine weitere Beschwerde statthaft, soweit das Beschwerdegericht sie zulässt (§ 66 Abs. 4 GKG n.F.).

7. Kostenfestsetzungsverfahren

8 Soweit vom Angeklagten die Erstattung von notwendigen Auslagen geltend gemacht werden, ist ein Kostenfestsetzungsverfahren durchzuführen. Gegen die Kostenfestsetzungsentscheidung ist gem. § 464b S. 3 StPO i.V.m. § 104 Abs. 3 S. 1 ZPO die **sofortige Beschwerde statthaft**. Hier ist umstritten, ob eine **Einwochenfrist** oder eine **Zweiwochenfrist** Anwendung finden soll. Über die Frist ist gem. § 35a StPO zu belehren. Bei unterbliebener Belehrung ist die Versäumung der Rechtsmittelfrist als unverschuldet anzusehen (§ 44 S. 2 StPO).

II. Kostenentscheidung im Bußgeldverfahren

1. Verfahren vor der Verwaltungsbehörde

a) Kostenentscheidung im Verwaltungsverfahren

9 § 105 OWiG bestimmt ausdrücklich, dass im Bußgeldverfahren die Kostenentscheidungsvorschriften der §§ 464 ff. StPO teilweise auch in Verfahren vor der Verwaltungsbehörde gelten sollen.
Von wesentlicher Aussagekraft ist dabei, dass die Grundregel des § 467 StPO von dieser Verweisung ausdrücklich ausgenommen wird. §§ 467a Abs. 1, Abs. 2 StPO sind jedoch ausdrücklich angeführt. Dies bedeutet, dass eine Einstellung des Verfahrens durch die Bußgeldbehörde vor Erlaß eines Bußgeldbescheides keine Kostenentscheidung zu Lasten der Staatskasse enthalten kann. Nach Erlaß eines Bußgeldbescheides findet jedoch § 467a StPO Anwendung.

b) Einstellung durch die Staatsanwaltschaft

Stellt im Bußgeldverfahren die Staatsanwaltschaft nach dem Einspruch gegen einen Bußgeldbescheid das Verfahren ein, ohne die Sachen dem Gericht vorzulegen, so trifft das Gesetz in § 108a OWiG eine Sonderregelung, die auf § 467a StPO verweist. In diesem Fall können also die Kosten und notwendigen Auslagen des Verfahrens der Staatskasse auferlegt werden.

2. Verfahren vor Gericht

10 Wird auf einen Einspruch des Betroffenen gegen einen Bußgeldbescheid hin eine Hauptverhandlung vor Gericht durchgeführt, so gilt die allgemeine Verweisung aus § 46 OWiG, so dass sodann zwingend gem. § 464 StPO eine Kostenentscheidung stattzufinden hat, die inhaltlich den Grundregeln aus §§ 465 Abs. 1, 467 Abs. 1 StPO zu folgen hat.

§ 36 Gebühren des Verteidigers nach dem RVG

I. Einleitung

Nach einer über Jahre hinweg geführten Diskussion zum Kostenrecht und insbesondere 1
zum anwaltlichen Vergütungsrecht wurde am 05.05.04 das Kostenrechtsmodernisierungsgesetz und damit auch das Rechtsanwaltsvergütungsgesetz verabschiedet. Insbesondere im Bereich der gesetzlichen Vergütung des Verteidigers hat die Neuregelung
sicherlich Mehreinnahmen zur Folge. Im Gesetzgebungsverfahren wurde eine Erhöhung der gesetzlichen Verteidigergebühren von 30 % veranschlagt.[1] Die Gebührenstruktur wurde jedenfalls im Vergleich zur vormaligen Regelung in der Bundesrechtsanwaltsgebührenordnung vollkommen neu strukturiert. Die Systematik wird vor allem
deutlich, wenn man sich vergegenwärtigt, dass bestimmte Gebührengrundtatbestände
bei allen abrechenbaren Tätigkeiten des Verteidigers anfallen können.

II. Abrechenbare Tätigkeiten

Das Rechtsanwaltsvergütungsgesetz erhebt den Anspruch, alle Tätigkeiten des Rechts 2
anwalts in Strafsachen zu regeln. Schon daran wird deutlich, dass neben der Verteidigertätigkeit auch die anderen Tätigkeiten des Rechtsanwalts in Strafsachen verstärktes
Augenmerk erfahren.

In der Vorbemerkung 4 (1) RVGVV wird ausdrücklich auch die Tätigkeit des Rechtsanwalts als Zeugenbeistand, als Vertreter von Privatklägern, Nebenkläger, Einziehungs- oder Nebenbeteiligten sowie für den Verletzten anerkannt.

III. Gebührengrundtatbestände

Die in Folgendem aufgeführten und erläuterten Gebührengrundtatbestände prägen die
Struktur der Abrechnung über die anwaltliche Tätigkeit. Jede Abrechnung sollte daher
die in Folgendem angesprochenen **sieben Gebührengrundtatbestände** berücksichtigen.

1. Grundgebühr

Die Grundgebühr erhält der als Verteidiger beauftragte Rechtsanwalt gemäß RVGVV 3
4100 für erstmalige Einarbeitung in den Rechtsfall. Sie fällt in jedem Fall im Rahmen
des Gesamtmandats nur einmal an. Die Grundgebühr deckt den Arbeitsaufwand für die
Übernahme des Mandats beim Erstgespräch ab.[2] Die dem Erstgespräch nachfolgend
Tätigkeit ist daher für die Bestimmung der Grundgebühr innerhalb des Gebührenrahmens nicht maßgeblich. Maßgeblich wird in erster Linie die Dauer des Erstgespräches
sein. Zu beachten ist, dass die Grundgebühr nur bei einer Tätigkeit in den Verfahrensabschnitten anfällt, die in Abschnitt 1 von Teil 4 RVGVV aufgeführt sind. Für die in
den Abschnitten 2 (Strafvollstreckung) und 3 (allgemeine Tätigkeiten) von Teil 4 aufgeführten Tätigkeiten ist eine Grundgebühr nicht vorgesehen.

---

1 BTDrucks.15/1971, S. 147.
2 Hartmann, Kostengesetze, RVGVV 4100, 4101, Rn 6; Leipold, Anwaltsvergütung in Strafsachen, Rn 363.

2. Verfahrensgebühr

4   Die Verfahrensgebühr dient der pauschalierten Vergütung der anwaltlichen Tätigkeit in den jeweiligen Verfahrensabschnitten, soweit sie nicht jeweils eine Terminsgebühr auslöst. Das Vergütungsverzeichnis unterscheidet als Verfahrensabschnitt:

- Vorbereitendes Verfahren
- Gerichtliches Verfahren 1. Instanz
- Berufungsverfahren
- Revisionsverfahren
- Wiederaufnahmeverfahren

3. Terminsgebühr

5   Terminsgebühren sind im RVGVV für sämtliche Verfahrensabschnitte, insbesondere auch im vorbereitenden Verfahren vorgesehen.

Das RVGVV unterscheidet allgemeine Terminsgebühren von den Terminsgebühren im gerichtlichen Verfahren.

„**Allgemeine Gebühren**" gemäß RVGVV 4102 können vor allem im vorbereitenden Verfahren allerdings auch in späteren Verfahrensabschnitten entstehen. Das kann insbesondere dann der Fall sein, wenn anläßlich des gerichtlichen Verfahrens durch den Verteidiger Termine außerhalb der Hauptverhandlung wahrzunehmen sind. Das kann zum Beispiel anläßlich eines gesonderten Haftprüfungstermins der Fall sein,[3] worunter aber nicht die reinen Haftbefehlsverkündungstermine fallen.[4]

Im Gegensatz zur Terminsgebühr im gerichtlichen Verfahren deckt die allgemeine Terminsgebühr nur einmal die Teilnahme an bis zu 3 Terminen ab. Dabei wiederum ist allerdings zu beachten, dass die Terminsgebühr durch jede Terminsart gesondert ausgelöst wird.[5] Das wird insbesondere im Ermittlungsverfahren von Bedeutung sein: Die Teilnahme an polizeilichen Beschuldigtenvernehmungen ist eine Terminsart, die von einem Haftprüfungstermin zu unterscheiden ist.

Für jede Terminsart gilt, dass die Terminsgebühr nur einmal die Teilnahme an bis zu 3 Terminen auslöst. 3 mehrstündige Vernehmungen bei der Polizei lösen die Terminsgebühr nur einmal aus. Hier kann es im Einzelfall allerdings in Betracht kommen, dass der Gebührenrahmen voll auszuschöpfen ist.

Die Terminsgebühr im gerichtlichen Verfahren kennt unterschiedliche Gebührenrahmen vor allem im Abhängigkeit von der gerichtlichen Zuständigkeit. Die unterschiedlichen Gebührenrahmen sieht das RVGVV vor für die Verteidigungstätigkeit

- vor dem Amtsgericht
- vor der großen Strafkammer und
- vor Wirtschaftsstrafkammer, Schwurgericht, Staatsschutzkammer und dem Strafsenat am Oberlandesgericht in erster Instanz.

Beim Pflichtverteidiger, dem ausschließlich Festgebühren zustehen, unterscheidet das RVGVV zusätzlich nach der Verhandlungsdauer:

- Verhandlungsdauer bis zu 5 Stunden

---

3 Hartmann, Kostengesetze, RVGVV 4102, 4103, Rn 2.
4 Leipold, Anwaltsvergütung in Strafsachen, Rn 368.
5 Hartmann, Kostengesetze, RVGVV 4102, 4103, Rn 6.

- Verhandlungsdauer von mehr als 5 Stunden
- Verhandlungsdauer von mehr als 8 Stunden

4. Gebührenzuschlag

Ein Gebührenzuschlag zur Grundgebühr, Verfahrensgebühr und Terminsgebühr ent-   6
steht stets dann, wenn sich der Beschuldigte nicht auf freiem Fuß befindet.
Ein im Gesetzgebungsverfahren vorgesehener Gebührenzuschlag für Führerscheinangelegenheiten ist in dem letztlich verabschiedeten Gesetz nicht vorgesehen. Der in § 88
S. 3 BRAGO enthaltene Führerscheinzuschlag ist somit nach dem Rechtsanwaltsvergütungsgesetz entfallen.

5. Erledigungsgebühr

RVGVV 4141 sieht eine als „zusätzliche Gebühr" bezeichnete Erledigungsgebühr vor,   7
wenn durch die Tätigkeit des Verteidigers eine Hauptverhandlung entbehrlich wird.
Dieser Gebührentatbestand kommt insbesondere zu tragen, wenn das Ermittlungsverfahren ohne Anklageerhebung **endgültig eingestellt** wird, oder wenn ein bereits eingelegter Einspruch gegen einen Strafbefehl zurückgenommen wird. Die zusätzliche Gebühr entsteht bei der Rücknahme eines Einspruchs gegen einen Strafbefehl auch dann,
wenn ein Termin zum Zeitpunkt der Einspruchsrücknahme noch nicht bestimmt war.
Ansonsten entsteht die zusätzliche Gebühr nur unter der Voraussetzung, dass die Einspruchsrücknahme 2 Wochen vor dem anberaumten Termin erfolgt.

6. Einziehungsgebühr

Die Einziehungsgebühr (RVGVV 4102) ist ein neu eingeführter Tatbestand, der sich   8
ganz erheblich von der vormaligen gesetzlichen Regelung in § 88 S. 1 BRAGO unterscheidet. Die Einziehungsgebühr ist anwendbar auf das Rechtsinstitut der Einziehung
(§ 74 ff. StGB), aber insbesondere auch auf das Rechtsinstituts des Verfalls (§§ 442
Abs. 1 StPO, 73 ff. StGB). Das Gesetz sieht hier keine Rahmengebühr, sondern eine
Wertgebühr vor. Die Vorschriften zum Gegenstandswert (§ 22 ff. RVG) sind hierbei zu
beachten.
Die **gesetzliche Neuregelung** wirft die Frage auf, ob Verteidigungsbemühungen gegen
die Einziehung des Führerscheins eine Einziehungsgebühr auslöst.
§ 88 S. 3 BRAGO sah die Möglichkeit einer Erhöhung des Gebührenrahmens um bis
zu 25 % vor bei einer anwaltlichen Tätigkeit, die sich auf das Fahrverbot, oder die Entziehung der Fahrerlaubnis erstreckt. Nach dem Willen des Gesetzgebers soll RVGVV
4142 die bisherige gesetzliche Regelung in § 88 BRAGO ersetzen.[6] Die Entziehung
der Fahrerlaubnis ist nach der gesetzlichen Regelung in § 69 Abs. 3 S. 2 StGB stets mit
der Einziehung eines von einer deutschen Führerscheinbehörde ausgestellten Führerscheins zu verbinden. Die Verteidigung gegen die Entziehung der Fahrerlaubnis richtet
sich daher stets auch gegen die Einziehung des Führerscheins. Von besonderem Interesse ist dabei die Frage, welcher Gegenstandswert der Entziehung der Fahrerlaubnis
und der Einziehung des Führerscheins zuzumessen ist. Gemäß § 23 Abs. 3 S. 2 RVG
kann es in Betracht kommen, den Auffanggegenstandswert von EURO 4.000,– zu ver-
anschlagen. Der in der Verwaltungsgerichtsbarkeit in der Praxis angewandte verwal-

---

6 BTDrucks 15/1971, S. 228, zu Nr. 4142.

tungsrichterliche Streitwertkatalog veranschlagt den Führerschein je nach Fahrerlaubnisklasse mit dem halben Auffangwert bis zum 1 1/2-fachen Auffangwert.
Würde die Einziehungsgebühr im Falle der Entziehung einer Fahrerlaubnis mit dem Auffangwert gemäß § 23 Abs. 3 S. 2 RVG in Höhe von EURO 4.000,– zu bewerten sein, so hätte dies bei einer Verteidigung in Zusammenhang mit der Entziehung der Fahrerlaubnis stets eine wertabhängige Gebühr von netto EURO 273,– zur Folge.
Die Entwicklung der Praxis und Rechtsprechung hierzu wird abzuwarten sein. Bislang spricht nichts dagegen, die Einziehungsgebühr im Falle von Führerscheinmaßnahmen geltend zu machen.
Die Kommentarliteratur vertritt teilweise die Auffassung, die Einziehungsgebühr falle auch bei der Verteidigung gegen ein Fahrverbot gemäß § 44 StGB, oder gar gemäß § 25 StVG an.[7] Als Anregung mag dies aufzufassen sein. Ob die zugrunde liegende Rechtsauffassung haltbar ist, erscheint jedoch fragwürdig. Im Falle eines Fahrverbots ist der Führerschein gemäß § 44 Abs. 2 S. 2 StGB amtlich zu verwahren. Dieser Vorgang wird mit einer Einziehung allerdings nicht gleichzusetzen sein, da die amtliche Verwahrung im Gegensatz zur Einziehung nur vorübergehenden Charakter hat.

7. Adhäsionsgebühr

9 Die Adhäsionsgebühr ist in RVGVV 4143, 4144 in Anlehnung an die vormalige Regelung in § 89 Abs. 1 BRAGO als Wertgebühr geregelt. Nach der alten Regelung wurden 2/3 der Adhäsionsgebühr auf die im späteren bürgerlichen Rechtsstreit anfallenden Gebühren angerechnet (§ 89 Abs. 2 S. 1 BRAGO). Der Anrechnungsbetrag war gemäß § 89 Abs. 2 S. 2 BRAGO bei einer Obergrenze von 2/3 der Gebühren im bürgerlichen Rechtsstreit gekappt. Der Anrechnungsbetrag ist in Anmerkung (2) zu RVGVV 4143 auf 1/3 reduziert worden.

IV. Abrechenbare Angelegenheit im Strafverfahren

10 Der Begriff der abrechenbaren Angelegenheiten ist im RVG schon vom Ansatz her weitaus übersichtlicher geregelt als vormals in der BRAGO. In § 15 Abs. 1 RVG bleibt es bei dem schon in § 13 Abs. 1 BRAGO geregelten Grundsatz, wonach die Gebührengrundtatbestände die gesamte anwaltliche Tätigkeit bis zur Erledigung jeweils einer Angelegenheit vergüten sollen. In gerichtlichen Angelegenheiten ist eine Angelegenheit mit einem Rechtszug identisch (§ 15 Abs. 2 S. 2 RVG).
Im Strafverfahren regelmäßig auftauchende Fragen zur **Abgrenzung von Angelegenheiten** sind folgende:
Die Einlegung eines Rechtsmittels ist gemäß § 19 Abs. 1 Nr. 10 RVG eine Abwicklungstätigkeit in dem Verfahren, in dem das angegriffene Rechtsmittel ergangen ist. Erst das Verfahren über das Rechtsmittel ist eine von der vorangegangenen Instanz verschiedene Angelegenheit (§ 15 Abs. 2 S. 2 RVG)
Wird ein strafrechtliches Ermittlungsverfahren eingestellt und gemäß § 43 Abs. 1 OWiG an die zuständige Bußgeldbehörde abgegeben, so ist das daran sich anschließende Bußgeldverfahren eine vom strafrechtlichen Ermittlungsverfahren verschiedene Angelegenheit und löst somit neue Gebührentatbestände aus. Wichtig dabei: Die Grundgebühr ist sowohl für das Strafverfahren als auch für das Bußgeldverfahren gesondert vorgesehen.

---

7 Hartmann, Kostengesetze, RVGVV 4142, Rn 5.

1. Vorbereitendes Verfahren

Zum vorbereitenden Verfahren gehört die gesamte anwaltliche Tätigkeit vom Beginn eines polizeilichen Ermittlungsverfahrens (§ 163 StPO) bis zum Eingang von Anklageschrift oder Strafbefehlsantrag bei Gericht. Anders als nach der BRAGO wird bei der Gebühr für das vorbereitende Verfahren nicht mehr in Abhängigkeit von der späteren gerichtlichen Zuständigkeit differenziert. Die Gebührenhöhe differenziert sich im Vergleich zur BRAGO vor allem durch die nunmehr vorgesehene Terminsgebühr. Die Gebührenhöhe ist daher insbesondere abhängig von der tatsächlichen Tätigkeit des Verteidigers.

11

2. Gerichtliches Verfahren erster Instanz

a) Spruchkörperzuständigkeit

12

Je nach Spruchkörperzuständigkeit sieht das RVG gestaffelte Gebührenrahmen vor. Das Vergütungsverzeichnis kennt im wesentlichen

- Gebührenrahmen Amtsgericht
- Gebührenrahmen Große Strafkammer
- Gebührenrahmen Wirtschaftsstrafkammer, Schwurgericht, Oberlandesgericht.

b) Staffelung nach Terminsdauer

Nur für den gerichtlich bestellten Verteidiger sieht das Gesetz eine Staffelung der Gebühren vor. Unterschieden werden Termien von einer Dauer

- bis zu 5 Stunden
- von mehr als 5 – 8 Stunden oder
- von mehr als 8 Stunden.

Von der Rechtsprechung wird noch die Frage zu klären sein, ob Verfahrensunterbrechungen und Pausen von der Terminsdauer umfasst sind. Nach Auffassung der Kommentarliteratur lässt eine Pause an dem selben Tag die „Uhr weiterlaufen".[8]

3. Berufungsverfahren

Für das Berufungsverfahren gelten die gleichen Grundsätze wie im gerichtlichen Verfahren erster Instanz. Die unterschiedlichen Gebührenrahmen in Abhängigkeit von der gerichtlichen Zuständigkeit entfallen hier naturgemäß.

13

4. Revisionsverfahren

Revisionsverfahren vor den Oberlandesgerichten und dem Bundesgerichtshof sind im Gegensatz zur vormaligen Regelung in der BRAGO im RVG gleichgestellt.

14

5. Wiederaufnahmeverfahren

Für die Tätigkeit im Wiederaufnahmeverfahren ist eine Grundgebühr ausdrücklich nicht vorgesehen. Allerdings kennt das RVGVV hier zusätzlich den Gebührentatbestand einer Geschäftsgebühr. Die Gebührentatbestände orientieren sich hier nach den einzelnen Verfahrensabschnitten:

15

- Zulassungsverfahren/Additionsverfahren
- Beweisverfahren/Probationsverfahren
- erneuerte Hauptverhandlung

---

8 Hartmann, Kostengesetze, RVGVV 4110, 4111, Rn 2.

Zu beachten ist insbesondere die besonders vorgesehene Terminsgebühr für jeden Verhandlungstag im Beweisverfahren.

6. Strafvollstreckungsverfahren

16   In den Grundgebührentatbeständen (RVGVV 4200 ff.) sind Tätigkeiten aufgeführt, die vormals nach der BRAGO gemäß § 91 abgerechnet werden mußten. Die Gebührenrahmen sind gestaffelt zum einen für die klassischen Aufgabenstellungen wie Reststrafenerlaß und Entlassung aus den verschiedenen freiheitsentziehenden Maßregeln. Ein niedriger Gebührenrahmen ist für sonstige Verfahren in der Strafvollstreckung vorgesehen. Insbesondere also in Verfahren über Vollstreckungsaufschub, Gesamtstrafenbildung usw.

7. Strafvollzugsverfahren

17   Die Neuregelung des Gebührenrechts für die anwaltliche Tätigkeit hat der Gesetzgeber bedauerlicherweise nicht zum Anlass genommen, die Gebührentatbestände für das Strafvollzugsrecht übersichtlich zu regeln. Hierfür sind jedenfalls nicht die Gebührentatbestände aus Teil 4 des RVGVV anzuwenden, sondern diejenigen aus Teil 3. Dies ergibt sich nur sehr versteckt aus Vorbemerkung 3.2.1. vor dem Gebührentatbestand RVG 3200. Dort ist ausdrücklich angegeben, dass RVGVV 3200 für das Rechtsbeschwerdeverfahren gemäß § 116 StVollzG anzuwenden ist. Daraus folgt im Umkehrschluß, dass das Verfahren in Strafvollzugsangelegenheiten zur Strafvollstreckungskammer nach den Gebührentatbeständen RVGVV 3100 ff. abzurechnen ist. Der Gegenstandswert ist hier nunmehr regelmäßig gemäß § 60 GKG n.F. i.V.m. § 52 Abs. 2 GKG n.F. mit EURO 5.000,– anzunehmen. Immerhin: Nach dem alten Recht der BRAGO war hier lediglich regelmäßig von einem Gegenstandswert in Höhe von EURO 2.000,– auszugehen.[9]

8. Sonstige Verfahren

18   Eine Reihe sonstiger Verfahren ist in Teil 6 RVG durch die Bestimmung von Gebührengrundtatbeständen geregelt. Dies sind insbesondere Disziplinarverfahren, berufsgerichtliche Verfahren und Verfahren nach den Regelungen des ERG.

V. Bußgeldverfahren

19   Die Regelung der Gebührentatbestände in Bußgeldverfahren ist in der Grundstruktur an die Gebührentatbestände im Strafverfahren angelehnt. Für begrüßenswerte Klarheit sorgt die **Staffelung der Gebührenrahmen** in Abhängigkeit von der Geldbuße. Für Verkehrsordnungswidrigkeiten bedeutet die Staffelung nach Geldbußenbeträgen von bis zu EURO 40,– und bis zu EURO 5.000,– eine Orientierung an der Eintragungsfähigkeit des Bußgeldbescheides und die gerichtliche Verurteilung im Verkehrszentralregister. Ob die Einziehungsgebühr gemäß RVGVV 5116 bei der Verteidigung gegen ein Fahrverbot anfällt, erscheint eher zweifelhaft. In der Kommentarliteratur wird diese Auffassung zumindest zum Fahrverbot in Strafsachen allerdings vertreten.[10]

---

9   Hartmann, Kostengesetze, § 48a GKG (a.F.), Rn 4.
10   Hartmann, Kostengesetze, RVGVV 4142, Rn 5.

VI. Besonderheiten zur Wahlverteidigung

1. Rahmengebühren

Die Verteidigertätigkeit im Strafverfahren ist im wesentlichen von Rahmengebühren 20
geprägt. Bei der Gebührenbestimmung im Einzelfall sind gemäß § 14 RVG vor allem
Umfang und Schwierigkeit der anwaltlichen Tätigkeit, die Bedeutung der Angelegenheit sowie die Einkommens- und Vermögensverhältnisse des Auftraggebers zu berücksichtigen. Sinnvollerweise wird sich der Anwalt hier an den Beträgen für Mindestgebühr, Mittelgebühr und Höchstwert orientieren. Hier sei auf folgendes hingewiesen:

- Mindestgebühr:
  Die Mindestgebühr kommt grundsätzlich nur bei einem mindestbemittelten Mandan-
  ten und bei gleichzeitig einfachem Sachverhalt in Betracht.[11]
- Mittelgebühr:
  Von der Mittelgebühr ist bei der Ermessensausübung grundsätzlich auszugehen, da
  so eine einigermaßen gleichmäßige Berechnungspraxis sichergestellt wird.[12]
- Höchstwert:
  Der Höchstwert ist nur dann anzusetzen, wenn überdurchschnittliche Einkommens-
  und Vermögensverhältnisse des Mandanten anzunehmen sind und gleichzeitig eine
  besondere Schwierigkeit in der Sache anzunehmen ist.[13]

2. Pauschgebühren

Die Festsetzung von Pauschgebühren kommt gemäß § 42 RVG insbesondere auch bei 21
Wahlverteidigern in Betracht. Tatbestandliche Voraussetzung ist jedoch die Unzumut-
barkeit der Wahlverteidigergebühren wegen besonderen Umfangs der Sache oder wegen deren besonderer Schwierigkeit.

3. Aufrechnungsverbot bei Abtretung

Das Aufrechnungsverbot im Falle der Abtretung der Honoraransprüche durch den 22
Mandanten mit einem Anwalt ist im einzelnen in § 43 RVG geregelt. Die Abtretungserklärung muß in einer Urkunde getroffen werden, die vor der Aufrechnungserklärung
zustande gekommen ist und auch zuvor bereits in den Akten liegt (§ 43 S. 2 RVG). Es
ist daher empfehlenswert, die Abtretungserklärung des Mandanten bereits in das Vollmachtsformular aufzunehmen.

VII. Pflichtverteidigung

1. Festbetragsgebühren

Anders als dem Wahlverteidiger stehen dem Pflichtverteidiger Festbetragsgebühren zu. 23
Die Gebührenstruktur ist ist ganz wesentlich an die Gebührenstruktur des Wahlverteidigers angelehnt. Bei den Terminsgebühren sieht das RVGVV für überlange Termine
von mehr als 5 Stunden oder mehr als 8 Stunden erhöhte Gebührensätze vor.

---

11 Hartmann, Kostengesetze, § 14 RVG, Rn 17, vgl. auch Leipold, Anwaltsvergütung in Strafsachen, Rn 71.
12 Hartmann, Kostengesetze, § 14 RVG, Rn 14, vgl. auch Leipold, Anwaltsvergütung in Strafsachen, Rn 69.
13 Hartmann, Kostengesetze, § 14 RVG, Rn 15, vgl. auch Leipold, Anwaltsvergütung in Strafsachen, Rn 70.

2. Anrechnungsregelung

24 Gemäß § 58 Abs. 3 S. 1 RVG sind Zahlungen, die der Pflichtverteidiger auch schon vor seiner Beiordnung für **bestimmte Verfahrensabschnitte** erhalten hat, auf die von der Staatskasse für diese Verfahrensabschnitte zu zahlende Gebühren anzurechnen. Mit dem Begriff des „bestimmten Verfahrensabschnitts" wird die Rechtsauffassung bestätigt, die sich bereits zur vormaligen Regelung in § 101 Abs. 1 S. 1 BRAGO gebildet hatte. Periodengerechte Zahlungen für bestimmte gebührenrechtliche Verfahrensabschnitte sind nur auf diese Verfahrensabschnitte, nicht jedoch auf spätere Verfahrensabschnitte anzurechnen.[14]

3. Anspruch auf Wahlverteidigervergütung

25 Einen Anspruch auf Wahlverteidigervergütung hat der Pflichtverteidiger gemäß § 52 Abs. 2 RVG, soweit dem Mandanten ein Erstattungsanspruch gegen die Staatskasse zugestanden wurde. Ansonsten kann das Gericht auf Antrag des Verteidigers feststellen, dass der Beschuldigte zur Zahlung einer Wahlverteidigervergütung ggf. auch in Raten in der Lage ist.

Hierbei nimmt das Gesetz in § 52 Abs. 3 ausdrücklich Bezug auf die Regelungen zur Prozesskostenhilfe im **Zivilverfahrensrecht**.

4. Pauschgebühren

26 Gemäß § 51 RVG können dem Pflichtverteidiger Pauschgebühren zugebilligt werden. Zuständig für das Verfahren ist das Oberlandesgericht.

Anders als bei der Pauschvergütung für den Wahlverteidiger (§ 42 Abs. 1 RVG) kennt das Gesetz für die Pauschgebührenbestimmung des Pflichtverteidigers keine Obergrenze.

VIII. Vergütungsvereinbarung

Wer die Kompliziertheit des gesetzlichen Gebührenrechts kennt und darüber hinaus erkannt hat, dass die Gebührenordnung einen guten Teil der Tätigkeit des Verteidigers und auch des Rechtsanwalts als Vertreter des Verletzten nicht mit einem adäquaten Vergütungsanspruch versieht, weiß, welche Bedeutung die wirksame Vereinbarung eines Gebührenanspruchs mit dem Mandanten hat.

1. Form und Inhalt der Vergütungsvereinbarung

a) „Vergütungsvereinbarung"

27 Was auch immer den Gesetzgeber bei dieser Regelung bewegt haben mag, der Wortlaut des Gesetzes ist eindeutig (§ 4 Abs. 1 S. 2 RVG):

> *„Ist das Schriftstück nicht von dem Auftraggeber verfaßt, muß es als Vergütungsvereinbarung bezeichnet und die Vergütungsvereinbarung von anderen Vereinbarungen deutlich abgesetzt sein."*

---

14 Nach wie vor außerordentlich instruktiv Brieske, StV 95, 331 ff.

Formulare, die mit einer anderen Bezeichnung der **Honorarvereinbarung** versehen sind, sollten also **keine Verwendung** finden. Es werden sich mit Sicherheit Gerichte finden, die ein Formular mit der Überschrift „Honorarvereinbarung" für unwirksam halten werden. Das ergibt zwar keinen Sinn, dem Gesetz wird so allerdings Genüge getan.

b) Schriftform

Die Vereinbarung einer Vergütung, die oberhalb der gesetzlichen Vergütung liegt, verlangt zwingend die Schriftform. Dabei sind einige Besonderheiten zu beachten.   28

aa) Erklärung des Mandanten. Das Gesetz verlangt die Schriftform lediglich für die **Erklärung des Auftraggebers.** Eine wirksame Honorarvereinbarung verlangt also nicht gleichzeitig auch die Unterschrift des beauftragten Rechtsanwalts (§ 4 Abs. 1 1 RVG). Der gesetzlichen Regelung in § 4 Abs. 1 S. 2 RVG lässt sich entnehmen, dass eine schriftliche Vergütungsvereinbarung sowohl vom Auftraggeber, als auch vom Verteidiger verfaßt sein kann. Eine Vergütungsvereinbarung kann sich daher auch aus einem Briefwechsel zwischen Anwalt und Mandant ergeben.

bb) Erklärung deutlich abgesetzt. Anders als nach § 3 Abs. 1 BRAGO darf die Vergütungsvereinbarung nunmehr **in einer Vollmacht** enthalten sein. Sie muß jedoch deutlich abgesetzt sein. Dies verlangt insbesondere eine gesonderte Unterschrift des Mandanten sowie bei Verwendung eines Formulars auch die gesonderte Überschrift „Vergütungsvereinbarung".

cc) AGB. Soweit formularmäßige Vergütungsvereinbarungen verwendet werden, sind die gesetzlichen Bestimmungen zu den allgemeinen Geschäftsbedingungen (§§ 305 ff. BGB). Insbesondere sind formularmäßige Bestimmungen, die dem Mandanten die Beweislast für Umstände aus dem Verantwortungsbereich des Verwenders auferlegen, unwirksam (§ 309 Nr. 12 BGB). Die Zugangsfunktion für Erklärungen des Verwenders ist gemäß § 308 Nr. 6 BGB regelmäßig unwirksam.

dd) Heilung. Soweit der Mandant dem Verteidiger freiwillig und vorbehaltlos gezahlt hat, kann er diese Zahlungen nicht zurückfordern. Von einer Freiwilligkeit ist allerdings nur auszugehen, wenn der Auftraggeber Zahlungen in dem Bewusstsein getätigt hat, dass er den bezahlten Betrag schulde.[15]

c) Inhalt

aa) Stundenhonorar. Weit verbreitet ist nicht nur im Bereich der Strafverteidigung die Vereinbarung von Stundenhonoraren. In welcher Höhe das Stundenhonorar vereinbart werden soll, unterliegt hinsichtlich der **Untergrenze** zunächst einer rechtlichen Vorgabe aus **§ 49 BRAO.** Danach ist die Vereinbarung geringerer Gebühren, als im RVG vorgesehen, grundsätzlich unzulässig. Gemäß § 4 Abs. 2 S. 1 RVG ist die Vereinbarung geringerer als der gesetzlichen Gebühren nur für die außergerichtliche Tätigkeit zulässig.   29

Desweiteren ist die Untergrenze des Stundenhonorars eine Frage wirtschaftlicher Kalkulation. Legt man die hierzu an einschlägiger Stelle erschienenen Veröffentlichungen

---

15 BGH NJW 03, 820.

zugrunde, so wird zwischenzeitlich eine **Untergrenze von mindestens EURO 120,–** anzunehmen sein.[16]

Bei Stundenhonoraren ist es in jedem Fall empfehlenswert, eine Bestimmung darüber zu treffen, was für Bruchteile einzelner Arbeitsstunden gelten soll. Hier ergibt sich die Möglichkeit, das Honorar entweder pro angefangener Stunde, oder aber auch pro angefangener Viertelstunde bzw. pro angefangener 10 Minuten zu vereinbaren.

Sinnvoll kann es sein, ein Stundenhonorar mit einem Pauschalhonorar in der Form zu vereinbaren, dass ein Mindestpauschalbetrag angesetzt wird. Eine solche Vereinbarung würde dann eine Stundenhonorarvereinbarung beinhalten, wobei unabhängig von dem Zeitaufwand des Rechtsanwalts ein Mindestbetrag vereinbart ist.

Hinsichtlich der Tätigkeit des Anwalts außerhalb der Kanzlei kann sich die Problemfrage ergeben, wie die Reisezeiten und sonstige Abwesenheitszeiten zu vergüten sind. Es macht hier Sinn, hierüber eine ausdrückliche Vereinbarung zu treffen.

Will der Rechtsanwalt ausschließen, dass zu einem späteren Zeitpunkt die Beweisbarkeit des Zeitaufwandes durch den Mandanten in Frage gestellt wird, so wird es ratsam sein, eine Gegenzeichnungspflicht des Mandanten mit einem Leistungsverweigerungsrechts des Rechtsanwalts für weitere Tätigkeiten zu verbinden. Eine solche Klausel kann so aussehen, dass der Verteidiger in einem solchen Fall weitere Leistungen erst erbringt, wenn er die Abrechnung für die Vergangenheit vom Mandanten als anerkannt zurückerhalten hat.

bb) Pauschalhonorar. Dem Anwalt wird es in vielen Fällen möglich sein, den Zeitaufwand für die Erfüllung des Mandats im voraus im wesentlichen abschätzen zu können. In diesem Fall wird es sinnvoll sein, ein Pauschalhonorar zu vereinbaren. Hier sollte darauf geachtet werden, dass der Abgeltungsbereich der Honorarpauschale eindeutig ist. Die Honorarpauschale sollte sich daher stets auf bestimmte Verfahrensabschnitte, insbesondere auf verschiedene Hauptverhandlungstage beziehen.[17]

cc) Vergütung von Vertretern. Zu beachten ist, dass sich eine Vergütungsvereinbarung auf einen bestimmten Rechtsanwalt beziehen sollte. Will der Verteidiger einen Teil der Tätigkeit durch einen Vertreter erbringen, sollte die Honorarvereinbarung auch diesen Fall ausdrücklich regeln. Es kann hier auch in Betracht kommen, bei Einschaltung eines Referendars, oder eines jüngeren Kollegen, ein niedrigeres Honorar anzusetzen.

dd) Hinweis auf gesetzliche Gebühren. Ein Hinweis auf niedrigere gesetzliche Gebühren ist im Hinblick auf das Merkmal der „Freiwilligkeit" von Interesse.

ee) Auslagenerstattung. Die Auslagenerstattung sollte in einer Honorarvereinbarung ausdrücklich geregelt sein. Hier kann es auch in Betracht kommen, pauschal auf die Anwendbarkeit von RVGVV Teil 7 zu verweisen. Hinsichtlich der Schreibauslagen, der Kosten für Geschäftsreisen, der Entgelte für Post- und Telekommunikationsdienstleistungen können hier vom Gesetz abweichende Regelungen getroffen werden. Teilweise ist es so üblich, für Fotokopiekosten anstelle der gesetzlichen Gebühren in Höhe von EURO 0,15 ab dem 51. Blatt höhere Erstattungsansprüche geltend zu machen.

---

16 Franzen, NJW 93, 438; NJW 88, 1059 ff; zu Frage der Sittenwidrigkeit einer Vergütungsvereinbarung wegen eines aufwandsangemessenen Honorars vgl. auch BGH NJW 03, 3486.

17 Zur Rechtmäßigkeit eines Pauschalhonorars von 3000,– DM je Hauptverhandlungstag am Maßstab der finanziellen Verhältnisse vor 15 Jahren vgl. auch LG Karlsruhe AnwBl. 83, 178, 180.

ff) Gerichtsstandsvereinbarung. Eine Gerichtsstandsvereinbarung, wonach Gerichtsstand der Sitz der Kanzlei ist, erscheint problematisch. Eine solche Vereinbarung kann sowohl gegen das Recht der allgemeinen Geschäftsbedingungen verstoßen, als auch gemäß § 29 Abs. 2 ZPO unwirksam sein. Von einer solchen Gerichtsstandsvereinbarung sollte daher abgesehen werden.

IX. Durchsetzung der Honoraransprüche

1. Fälligkeit

Die Fälligkeit ergibt sich für den Bereich von Strafsachen in vielen Fällen bereits aufgrund der Kostenentscheidung im instanzabschließenden Urteil. Eine Kostenentscheidung führt gemäß § 8 Abs. 1 S. 2 RVG regelmäßig zur Fälligkeit des Honoraranspruchs.

2. Vorschuß

Soweit eine Gebührenvereinbarung nicht getroffen ist, ist der Rechtsanwalt berechtigt, einen Vorschuß in Höhe der voraussichtlichen entstehenden Gebühren zu verlangen (§ 9 RVG). Der Wortlaut des Gesetzes stellt klar, dass der Vorschuß nicht auf einen Teil der voraussichtlich entstehenden Gebühren beschränkt sein muß.

3. Rechnungsstellung

Von ganz besonderer Bedeutung ist die ordnungsgemäße Rechnungsstellung. Sie ist detailliert in § 10 RVG und auch zusätzlich in § 14 Abs. 4 Nr. 2 UStG geregelt.

In der Berechnung müssen insbesondere aufgeführt sein:
- Die Beträge der einzelnen Gebühren und Auslagen
- Die Beträge der gezahlten Vorschüsse
- Die Bezeichnung des Gebührentatbestands
- Die Bezeichnung der Auslagen
- Die angewandten Nummern des Vergütungsverzeichnisses.

Aufgrund der ausdrücklichen gesetzlichen Regelung muß die Rechnung vom Rechtsanwalt unterzeichnet sein. Darüber hinaus muß die Rechnung dem Auftraggeber mitgeteilt sein. Diese Voraussetzungen sollten peinlichst genau eingehalten werden. Ergibt sich aus einer Honorarklage nicht, dass diese Bedingungen bei der Abrechnung eingehalten sind, so ist das Gericht verpflichtet, die Klage als unzulässig abzuweisen: Die Klagbarkeit einer Forderung ist Prozessvoraussetzung. Fehlt sie, kann nicht einmal ein Versäumnisurteil erlassen werden.[18]

4. Festsetzungsverfahren

Ein (gebührenfreies) Festsetzungsverfahren kommt für **Verteidigergebühren** in der Regel nicht in Betracht. Gemäß § 11 Abs. 8 RVG sind **grundsätzlich nicht festsetzbar.** Allerdings: Hat der Auftraggeber der Höhe der Gebühren ausdrücklich zugestimmt, so kann auch eine Festsetzung in Betracht kommen. Zulässigkeitsvoraussetzung ist allerdings gemäß § 11 Abs. 8 S. 2 RVG, dass die Zustimmungserklärung des Auftraggebers mit dem entsprechenden Antrag bei Gericht vorgelegt wird. Diese gesetzliche Regelung sollte als Gestaltungsmöglichkeit für eine Art „kleine Honorarvereinbarung" gesehen werden. Diese gesetzliche Regelung eröffnet die Möglichkeit, Verteidigergebühren oberhalb der Mittelgebühr in festsetzbarer Form zu vereinbaren.

---

18 Hartmann, Kostengesetze, § 10 RVG Rn 21; LG Berlin MDR 92, 524.

§ 37 Gesetzliche Gebühren in Altfällen

I. Anwendung

1 Zwar ist das Rechtsanwaltsvergütungsgesetz am 01.07.04 in Kraft getreten. Für eine Reihe von Fällen sind aber nach wie vor Abrechnungen nach BRAGO vorzunehmen. Dies ist in § 61 Abs. 1 RVG ausdrücklich angeordnet. Ausschlaggebend für die Frage der **Anwendung alten oder neuen Rechts** ist der Zeitpunkt, zu dem der unbedingte Auftrag zur Erledigung der Angelegenheit erteilt wurde, oder zu dem der Rechtsanwalt gerichtlich bestellt wurde. Von wesentlicher Bedeutung ist also das **Datum** der vom Mandanten erteilten Vollmacht sowie das Datum der Pflichtverteidigerbeiordnung. Wurde die Vollmacht vor dem 01.07.04 erteilt, so erfolgt die Vergütung grundsätzlich nach den Vorschriften der BRAGO. Dies gilt auch für die Verteidigung in Rechtsmittelinstanzen, soweit das Rechtsmittel vor dem 01.07.04 eingelegt wurde. Es kommt hier also nicht auf den Zeitpunkt der Durchführung der Rechtsmittelhauptverhandlung an, sondern auf den Zeitpunkt, zu dem das Rechtsmittel eingelegt wurde, das die Hauptverhandlung notwendig macht.

Für Honorarvereinbarungen ist eine Sonderregelung in § 61 Abs. 2 RVG getroffen worden: Wurde das Mandat vor dem 01.07.04 erteilt, die Honorarvereinbarung jedoch erst nach dem 01.07.04 abgeschlossen, so sind die gesetzlichen Regelungen des RVG, nicht jedoch der BRAGO anwendbar.

II. Gesetzliche Gebühren bei Wahlverteidigung

2 Anders als die Systematik nach dem RVG kennt die BRAGO im wesentlichen pauschalierte Gebührentatbestände in den verschiedenen Verfahrensabschnitten. Innerhalb der Verfahrensabschnitte sind unterschiedliche Gebührenrahmen in Abhängigkeit von gerichtlichen Terminen und gerichtlichen Zuständigkeiten vorgesehen. Die entstehenden anwaltlichen Gebühren sind Rahmengebühren, die vom Rechtsanwalt zu bestimmen sind.

1. Gebührenauslösende Tatbestände

a) Hauptverhandlung 1. Instanz

3 Die Gebührenrahmen für die Hauptverhandlung 1. Instanz (§ 83 BRAGO) bestimmen sich nach folgenden Kriterien:

aa) Ordnung des Gerichts. In Abhängigkeit von der Zuständigkeit des Gerichts stellt das Gesetz 3 Gebührenrahmen in unterschiedlicher Höhe zu Verfügung:

Gerichte	Gebührenrahmen
Schöffengericht, Jugendschöffengericht, Strafrichter, Jugendrichter	EURO 50,– bis EURO 660,–
Strafkammer, Jugendkammer	EURO 60,– bis EURO 780,–
Schwurgericht, Jugendkammer, Oberlandesgericht	EURO 90,– bis EURO 1.300,–

bb) Mehrzahl von Verhandlungstagen. Erstreckt sich ein Hauptverfahren ohne Unterbrechung des Verfahrens über mehrere Kalendertage, so sieht das Gesetz für die Folgetage eigene Gebührenrahmen vor, die im Vergleich zum ersten Hauptverhandlungstag deutlich darunter liegen:

Gerichte	Gebührenrahmen
Schöffengericht, Jugendschöffengericht, Strafrichter, Jugendrichter	EURO 50,– bis EURO 330,–
Strafkammer, Jugendkammer	EURO 60,– bis EURO 390,–
Schwurgericht, Jugendkammer, Oberlandesgericht	EURO 90,– bis EURO 650,–

b) Verteidigung außerhalb der Hauptverhandlung

Für die Verteidigung außerhalb der Hauptverhandlung verweist das Gesetz auf die Gebührenrahmen für den ersten Hauptverhandlungstag, wobei allerdings nur die Hälfte der Gebühren für den ersten Hauptverhandlungstag in Rechnung gestellt werden können. Zu beachten ist die etwas unübersichtliche Regelung in § 84 Abs. 1 BRAGO, die 3 unterschiedliche Gebührenteilbestände enthält:

1. Vorbereitendes Verfahren
2. Gerichtlich anhängiges Verfahren, in den die Verteidigung außerhalb der Hauptverhandlung tätig wird.
3. Gerichtliches Verfahren, in der eine Hauptverhandlung nicht stattfindet.

Diese 3 Gebührentatbestände stehen **selbständig nebeneinander**. Der Wortlaut der 2. Variante ergibt jedoch, dass insbesondere die im Zwischenverfahren anfallenden Gebühren auf die in der Hauptverhandlung anfallenden Gebühren angerechnet werden, soweit derselbe Verteidiger sowohl im Zwischenverfahren, als auch im Hauptverfahren tätig ist. Grundsätzlich bestimmt sich der Gebührenrahmen aus den hälftigen Gebühren der Gebührenrahmen in § 83 Abs. 1 BRAGO.

Wesentliche **Ausnahmetatbestände** sehen jedoch die Anwendung des vollen Gebührenrahmens aus § 83 Abs. 1 BRAGO vor (§ 84 Abs. 2 BRAGO).

▪ Dazu gehört zum einen ein Verfahrensabschluss außerhalb der Hauptverhandlung durch Einstellung, soweit das Verfahren nicht mehr vorläufig eingestellt wird (§ 84 Abs. 2 Nr. 1 BRAGO). In jedem Fall gehört dazu der Abschluss eines Ermittlungsverfahrens, das mit einer Einstellung mangels Tatverdachts endet.[1] Ebenso ist dieser Gebührentatbestand erfüllt, wenn das Verfahren gemäß §§ 153, 153 b, 153 c, 153 d, 153 e, 154, 154 b, 154c und 154d StPO eingestellt wird.
Bei einer Einstellung gemäß § 153a StPO wird richtigerweise davon auszugehen sein, dass die Verfügung oder der Beschluss über die vorläufige Einstellung gemäß § 153a StPO lediglich die hälftigen Gebühren auslöst, bei der eindgültigen Einstellung dieser Vorschrift allerdings die Gebühren nach dem vollen Gebührenrahmen fällig werden.

---

1 Hartmann, Kostengesetze, § 84 BRAGO, Rn 15.

- Der Gebührentatbestand eines vollen Gebührenrahmens wird auch dann erfüllt, wenn der Verteidiger außerhalb der Hauptverhandlung tätig ist und die Eröffnung des Hauptverfahrens abgelehnt wird (§ 84 Abs. 2 Nr. 2 BRAGO). Insbesondere für diese Fälle ist zu beachten, dass neben der Gebühr gemäß § 84 Abs. 2 Nr. 2 BRAGO selbstverständlich auch der Gebührentatbestand des § 84 Abs. 1 (Alt. 1 BRAGO) erfüllt ist, soweit der Verteidiger bereits im vorbereitenden Verfahren vor Anklageerhebung tätig war.

- Der volle Gebührenrahmen ist schließlich auch dann anwendbar, wenn sich die Hauptverhandlung durch Zurücknahme des Einspruchs erledigt. Ist ein Termin bereits bestimmt, so gilt das nur, wenn der Einspruch früher als 2 Wochen vor der Hauptverhandlung zurückgenommen wird.

c) Berufungsgebühr

Für das Berufungsverfahren ist nur ein Gebührenrahmen vorgesehen.

Der **erste Hauptverhandlungstag** löst den Gebührentatbestand in § 85 Abs. 1 BRAGO aus, der einen Gebührenrahmen von EURO 60,– bis EURO 780,– vorsieht.

Die **weiteren Hauptverhandlungstage** vor der Berufungsstrafkammer lösen den Gebührentatbestand gemäß § 85 Abs. 2 BRAGO, der einen Gebührenrahmen von EURO 60,– bis EURO 390,– vorsieht.

Ist der Verteidiger im Berufungsverfahren nur **außerhalb der Hauptverhandlung** tätig, so löst das den Gebührentatbestand aus § 85 Abs. 3 BRAGO aus. Hierbei ist grundsätzlich der hälftige Gebührenrahmen aus § 85 Abs. 1 BRAGO anzuwenden. Gemäß § 85 Abs. 4 BRAGO sind jedoch die Sondergebührentatbestände gemäß § 84 Abs. 2 BRAGO entsprechend anzuwenden.

d) Revisionsgebühr

Anders als das RVG kennt die BRAGO unterschiedliche Gebührenrahmen je nach Revisionszuständigkeit bei dem Bundesgerichtshof oder bei einem Oberlandesgericht. Der in **§ 86 BRAGO** vorgesehene Gebührenrahmen für das Revisionsverfahren vor dem Bundesgerichtshof beläuft sich auf EURO 90,– bis EURO 1.300,–. Für die Revision vor einem Oberlandesgericht ist ein Gebührenrahmen von EURO 60,– bis EURO 780,– vorgesehen. Findet im Revisionsverfahren eine **Hauptverhandlung nicht statt**, so ist gemäß § 86 Abs. 3 BRAGO der hälftige Gebührenrahmen des § 86 Abs. 1 BRAGO anzuwenden. Dieser liegt selbst für Revisionsverfahren vor dem Bundesgerichtshof mit einem Gebührenhöchstbetrag von EURO 650,– deutlich unterhalb des Höchstbetrages der Verfahrensgebühr RVGVV 4130, die immerhin bis zum Höchstbetrag von EURO 930,– reicht.

e) Wiederaufnahmegebühr

Die gesonderte Wiederaufnahmegebühr gemäß § 90 BRAGO entsteht nur im sog. aufhebenden Verfahren. Führt das aufhebende Verfahren zum Erfolg, so erhält der Anwalt im sog. ersetzenden Verfahren die regelmäßig für solche Verfahren anfallende Gebühr, also in der Regel diejenige des § 83 BRAGO.

f) Bußgeldverfahren

Für das **gerichtliche Verfahren** im Bußgeldverfahren ergibt sich der Gebührenrahmen aus § 105 Abs. 2 S. 1 BRAGO, der unmittelbar auf den Gebührenrahmen des amtsgerichtlichen Verfahrens verweist. § 105 Abs. 1 BRAGO erlangt lediglich Bedeutung für alle Gebührentatbestände, die nicht durch den ersten Hauptverhandlungstag ausgelöst werden, also für die Folgetage bei mehrtägigen Hauptverhandlungen, für einzelne Tätigkeiten sowie für das auch im Bußgeldverfahren denkbare Wiederaufnahmeverfahren und Rechtsbeschwerdeverfahren. Für das **Verfahren vor der Verwaltungsbehörde** sieht § 105 Abs. 2 S. 3 BRAGO einen eigenen Gebührenrahmen vor, der dem des § 84 BRAGO entspricht. Von Bedeutung ist hier im wesentlichen lediglich § 84 Abs. 1 BRAGO. Ein konkreter Anwendungsfall des Gebührenrahmens aus § 84 Abs. 2 wird lediglich die Rücknahme des Einspruchs vor dem Eingang der Akten bei Gericht darstellen.

g) Weitere Gebührentatbestände

Von einer ins Einzelne gehenden Darstellung sonstiger Gebührentatbestände soll an dieser Stelle nach dem Inkrafttreten des RVG abgesehen werden. Es ist eher unwahrscheinlich, dass Gebühren gemäß § 91 BRAGO, Gnadengesuchsgebühren und Gebühren für Strafvollstreckungsangelegenheit nach dem Inkrafttreten des RVG noch nach BRAGO abzurechnen sind.

2. Gebührenbemessungsfaktoren bei Rahmengebühren

Die Gebührenbemessungsfaktoren bei Rahmengebühren nach BRAGO sind in § 12 Abs. 1 BRAGO dargestellt. Diese Regelung entspricht im wesentlichen der gesetzlichen Regelung in § 14 RVG, so dass auf die Ausführungen hierzu verwiesen werden kann.

III. Pflichtverteidigergebühren

1. Gebührentatbestände

Hinsichtlich der Gebührentatbestände für Pflichtverteidiger weist § 97 BRAGO im Wesentlichen auf die Gebührentatbestände für den Wahlverteidiger hin. Ähnlich wie jetzt auch das RVG kennt die BRAGO für die Vergütung des Pflichtverteidigers keine Gebührenrahmen. Allerdings arbeitet das Gesetz hier nicht mit Festbeträgen, sondern mit dem Mehrfachen der Mindestgebühr. Bei Haftsachen beträgt die Pflichtverteidigergebühr am 1. Hauptverhandlungstag, so wie für das vorbereitende Verfahren, regelmäßig das 5-fache der Mindestgebühr, in den übrigen Fällen beläuft sie sich auf das 4-fache der Mindestgebühr.

2. Rückwirkung bei Bestellung in 1. Instanz und Anrechnung

Ebenso wie § 48 Abs. 5 RVG hat die Beiordnung eines Pflichtverteidigers in 1. Instanz eine Rückwirkung in Bezug auf den Vergütungsanspruch für die Tätigkeit vor der Beiordnung zur Folge. Für die BRAGO ist dies in § 97 Abs. 3 BRAGO geregelt. Erhält der Verteidiger Wahlverteidigervergütungen vor seiner Beiordnung als Pflichtverteidiger, so sind diese grundsätzlich gemäß § 101 Abs. 1 BRAGO anzurechnen. Zur Anrechnung gemäß § 101 Abs. 1 BRAGO gilt was oben bereits zu § 58 Abs. 3 RVG ausgeführt ist. Periodengerechte Zahlungen sind nur auf den Vergütungsanspruch des Pflichtverteidigers anzurechnen, soweit für diese Abschnitte Vergütungsansprüche geltend gemacht werden.[2] Für den Fall des Freispruches hat der Pflichtverteidiger An-

---

2 Brieske, StV 95, 331 ff.

spruch auf Zahlung der Gebühren, die für eine Wahlverteidigung entstehen. Dies ergibt sich indirekt aus § 100 Abs. 2 BRAGO, wonach der Wahlverteidigeranspruch auf die Höhe des Erstattungsanspruches des freigesprochenen Mandanten gegen die Staatskasse begrenzt wird.

3. Auslagenerstattung des Pflichtverteidigers

7 Der Anspruch auf Auslagenerstattung des Pflichtverteidigers ist gemäß § 126 Abs. 2 S. 1 BRAGO umständlicher geregelt, als nach dem RVG. Gemäß § 126 Abs. 1 S. 1 BRAGO i.V.m. § 97 Abs. 2 S. 2 BRAGO ist der Auslagenerstattungsanspruch nur gegeben, soweit er zur sachgemäßen Wahrnehmung der Interessen der Partei erforderlich ist. Insbesondere für Reisekosten ist es daher empfehlenswert, gemäß §§ 97 Abs. 2 S. 2, 126 Abs. 2 S. 1 BRAGO eine gerichtliche Entscheidung über die Feststellung der Erforderlichkeit herbeizuführen. Eine solche Entscheidung ist für das spätere Festsetzungsverfahren bindend (§ 126 Abs. 2 S. 2 BRAGO).

4. Pauschgebühren

8 Für besonder umfangreiche oder schwierige Strafsachen ist dem Pflichtverteidiger auch nach BRAGO eine Pauschvergütung zu bewilligen, die über die regulären Pflichtverteidigergebühren hinausgeht (§ 99 Abs. 1 BRAGO).

Grundsätzlich gilt dabei: Die Höchstgebühr des Wahlverteidigers ist Maßstab für die Bemessung der Pauschgebühr. Grundsätzlich soll die Höchstgebühr des Wahlverteidigers die Obergrenze der Pauschgebühr darstellen.[3]

---

[3] Hartmann, Kostengesetze, § 99 BRAGO, Rn 11.

§ 38 Arbeitshilfen

I. Kostenentscheidung im erstinstanzlichen Verfahren

Schuldspruch	Freispruch	Teilfreispruch
Kosten des Verfahrens und notwendige Auslagen trägt der Angeklagte (§ 465 Abs. 1 S. 1 StPO)	Kosten und notwendige Auslagen trägt die Staatskasse (§ 467 Abs. 1 StPO)	Soweit Freispruch erfolgt, Kostenentscheidung zu Lasten der Staatskasse (§ 467 Abs. 1 StPO) Im übrigen trägt die Kosten des Verfahrens neben seinen notwendigen Auslagen der Angeklagte (§ 465 Abs. 1 S. 1 StPO) Aufteilung nach Differenztheorie

II. Kostenentscheidung im Rechtsmittelverfahren

Schuldspruch	Freispruch	Teilfreispruch
Kosten des Verfahrens und notwendige Auslagen trägt der Angeklagte (§ 465 Abs. 1 S. 1 StPO)	Kosten und notwendige Auslagen trägt die Staatskasse (§ 467 Abs. 1 StPO)	Soweit Freispruch erfolgt, Kostenentscheidung zu Lasten der Staatskasse (§ 467 Abs. 1 StPO) Im übrigen trägt die Kosten des Verfahrens neben seinen notwendigen Auslagen der Angeklagte (§ 465 Abs. 1 S. 1 StPO) Aufteilung nach Differenztheorie

Erfolg	Rücknahme Erfolglosigkeit	Teilerfolg
Kostenlast bei Rechtsmittelgegner (§ 473 Abs. 3 StPO)	Kosten und notwendige Auslagen trägt der Rechtsmittelführer (§ 473 Abs. 1 StPO)	Gebühren- und Auslagenermäßigung; teilweise Erstattung der notwendigen Auslagen (§ 473 Abs. 4 StPO)

III. Bemessung der Rahmengebühr

3   Auftraggeber mindestbemittelt, gleichzeitig   →   Mindestgebühr
liegt Sache sehr einfach

Ausgangspunkt der Gebührenbestimmung,   →   Mittelgebühr
bei durchschnittlicher Fallgestaltung
gerechtfertigt

Besondere Schwierigkeit bei durchschnitt-   →   Höchstgebühr
lichen Einkommens- oder Vermögensver-
hältnissen **oder** überdurchschnittliche
Vermögensverhältnisse

Untersuchungshaft   →   erhöhte Höchstgebühr
Einziehungsverfahren
Führerscheinmaßnahmen
Können Erhöhung der Mittelgebühr
rechtfertigen, ggf. auch Erhöhung des
Gebührenrahmens

IV. Formular für eine Vergütungsvereinbarung

4   **V e r g ü t u n g s v e r e i n b a r u n g**

zwischen

....   **Auftraggeber**
und

Rechtsanwälte ....   **Auftragnehmer**

in der Sache

....

Der Auftraggeber verpflichtet sich, für die Bearbeitung der Sache anstelle der
gesetzlichen Gebühren – in gerichtlichen Verfahren jedoch mindestens die gesetzliche Gebühr – eine Vergütung wie folgt zu bezahlen:

- ❑ Pauschalvergütung in Höhe von netto EUR ....
- ❑ Stundenvergütung in Höhe von netto EUR .... je Stunde (Aufwand)
  Bei Vereinbarung einer Stundenvergütung beträgt die kleinste Abrechnungsein-
  heit 15 Minuten.

In Abweichung von den nicht ausreichend bemessenen Regelungen des RVG verpflichtet sich der Auftraggeber zur Erstattung von Auslagen, Fahrtkosten, Tages-
und Abwesenheitsgelder wie folgt:

Fotokopien werden mit EUR 0,50 je Seite erstattet.
Telekopien werden mit EUR 1,50 je Seite (Inland) und EUR 3,00 je Seite (Ausland)
erstattet.

Fahrtkosten für Reisen mit einem Kraftfahrzeug werden mit EUR 0,50 je Kilometer erstattet.

Flug-/Bahn-/Taxi-/Übernachtungskosten werden nach vorheriger Absprache und tatsächlichem Anfall erstattet.

Sämtliche vorstehenden Beträge verstehen sich zuzüglich der gesetzlichen Mehrwertsteuer.

Vergütungen und Auslagen sind unverzüglich nach Rechnungstellung zur Zahlung fällig.

❑ Ein Vorschuss in Höhe von EUR .... ist unverzüglich, spätestens 3 Tage nach Unterzeichnung dieser Vereinbarung zur Zahlung fällig.

Hinweis: Die vereinbarte Vergütung sowie Umfang und Höhe der Auslagenerstattung und des Tages-/Abwesenheitsgeldes können die gesetzlichen Gebühren und Auslagen übersteigen. Ist ein Dritter zur Erstattung verpflichtet, so hat dieser nur die gesetzlichen Gebühren und ggf. Teile der Auslagen zu erstatten. Die Differenz zu der höheren vereinbarten Vergütung sowie den Auslagen und dem Tages-/Abwesenheitsgeld wird in keinem Fall erstattet.

....

Ort, Datum

....

Auftraggeber   Rechtsanwalt (Auftraggeber)

§ 39 Literaturhinweise

1   Die im Folgenden aufgeführten Literaturhinweise sind aus der Praxis heraus und damit sehr subjektiv und auch durchaus selektiv veranlasst. Ein Anspruch auf Vollständigkeit ist mit dieser Darstellung keineswegs verbunden. Es sollen hier Hinweise auf weiterführende Darstellungen gegeben werden, die aus unserer Sicht außerordentlich hilfreich sein können. Dabei wurde wegen teilweise häufiger Neuauflagen darauf verzichtet, die jeweilige Auflage anzugeben, sondern lediglich der Verlag genannt.

I. Kommentare

1. Strafgesetzbuch

2   ■ Leipziger Kommentar (Großkommentar), Walter Degruyter-Verlag
Klassiker der Kommentar-Literatur als Großkommentar; insbesondere sinnvoll, wenn eine wissenschaftliche Vertiefung von Fragen des materiellen Strafrechts geboten ist. Für die Alltagspraxis ist dieses Werk zumindest kein notwendiger Bestandteil der Handbibliothek. Nicht zuletzt angesichts des hohen Anschaffungspreises sollten hier zunächst andere Kommentierungen vorhanden sein. Für eine fundiertere Strafverteidigertätigkeit ist der Rückgriff auf den Leipziger Kommentar allerdings ein „Muß"!

■ Lackner /Kühl, Strafgesetzbuch
Ein ebenso kurzes wie informatives „gelbes Erläuterungsbuch" aus der gleichnamigen Reihe des Verlages C.H. Beck. Trotz der Knappheit können die Kommentierungen außerordentlich informativ sein. Sie sind stets an der Rechtsprechung orientiert. Der Kommentar ist ein interessantes Werkzeug, um die in Rechtsprechungssammlungen veröffentlichte Rechtsprechung zu erschließen. Vertiefende Erörterungen sind hier regelmäßig allerdings nicht zu finden.

■ Tröndle/Fischer, Strafgesetzbuch und Nebengesetze, C.H. Beck-Verlag
Die hohe Auflage spricht für sich. Es handelt sich seit langem um das Standardwerk, das auf dem Schreibtisch jedes Richters und jedes Staatsanwalts steht und daher auch auf dem des Strafverteidigers (nicht nur in der Kanzlei, sondern auch auf dem Verteidigertisch) stehen muß. Die veröffentlichte und auch teilweise die nicht veröffentlichte Rechtsprechung wird in vielen Teilen sehr erschöpfend erschlossen; im besten Sinne des Wortes ein unverzichtbarer Klassiker.

■ Schönke/Schröder, Strafgesetzbuch, C.H. Beck-Verlag
Ein wissenschaftlich anspruchsvollerer Kommentar als der Klassiker Tröndle/Fischer. Insbesondere rechtswissenschaftliche Darstellungen werden hier in deutlich größerem Maße erschlossen, als das durch den Kommentar Tröndle/Fischer geschieht. Dieser Kommentar sollte herangezogen werden, wenn die Kommentierung im Standard-Kommentar Tröndle/Fischer für den Einzelfall noch nicht ausrei-

chend ist. Wer wissenschaftliche Vertiefung sucht, allerdings den Leipziger Kommentar als zu große Last empfindet, der wird in diesem Kommentar außerordentlich wertvolle Hinweise finden.

■ Systematischer Kommentar zum Strafgesetzbuch; Rudolphi/Horn/Samson, Metzner-Verlag
Aus zwei Bänden bestehender Loseblattkommentar, der noch umfangreicher als der Schönke/Schröder das Strafgesetzbuch kommentiert.

■ Systematischer Leitsatzkommentar zum Sanktionenrecht; Horn, Eckhard, Loseblattkommentar, Luchterhand-Verlag
Diese Rechtsprechungssammlung gehört zwar nicht zwingend zum notwendigen Grundbestand, sollte allerdings zu den Anschaffungen des Anwalts gehören, der regelmäßig Strafverteidigungen übernimmt. Zu sämtlichen Vorschriften der Strafzumessung ist die veröffentlichte Rechtsprechung erläutert. Das Werk dient vor allem der erschöpfenden Erschließung der Rechtsprechung zur Strafzumessung. Für die Bearbeitung einer Strafzumessungsrevision sicherlich unverzichtbar.

■ NOMOS-Kommentar, StGB von Urs Kindhäuser, 2. Auflage 2004
Dieser Lehr- und Praxiskommentar bietet sich mit weiterführenden Hinweisen auch für die Einarbeitung ein, wenn Straftatbestände zu erörtern sind, die nicht zum ständigen Repertoir zählen. Die zahlreichen Literatur- und Rechtsprechungsverweisungen ermöglichen eine schwerpunktmäßige Sache zu tiefergehenden Quellen. Sehr aktuell.

2. Strafverfahrenskommentare

■ Löwe/Rosenberg, StPO-Strafprozessordnung und das Gerichtsverfassungsgesetz, Walter Degrüter-Verlag
Was für das materielle Strafrecht der Leipziger Kommentar ist, bietet der Löwe/Rosenberg für das Recht der Strafprozessordnung. Der mehrbändige Großkommentar gewährleistet wissenschaftliche Vertiefung aller Fragen des Strafprozessrechts. Zu einer der ersten Anschaffungen des Anwalts sollte er ebenfalls angesichts des hohen Preises sicherlich nicht gehören. Ansonsten gilt entsprechend das zum Leipziger Kommentar Gesagte.

■ Kleinknecht/Meyer-Goßner, Strafprozessordnung, Gerichtsverfassungsgesetz, Nebengesetze und ergänzende Bestimmungen, C.H. Beck-Verlag
Dieser Kommentar gehört ebenfalls zu den unverzichtbaren Klassikern, der auch auf jedem Tisch eines Richters und Staatsanwalts zu finden ist und damit ebenfalls in jede Anwaltskanzlei und auf jede Verteidigerbank gehört. Die veröffentlichte Rechtsprechung wird erschöpfend erschlossen. Vorsicht kann allerdings geboten sein, weil gelegentlich abweichende Auffassungen von der Rechtsprechung nicht ausreichend kenntlich gemacht sind.

■ Karlsruher Kommentar; Pfeiffer, Gerd: Karlsruher Kommentar zur Strafprozessordnung und zum Gerichtsverfassungsgesetz, C.H. Beck-Verlag
Wem der Klassiker der Kommentarliteratur Kleinknecht/Meyer-Goßner im Einzelfall nicht ausreicht, der wird in diesem Buch immer wertvolle Hinweise finden. Die

Rechtsprechung wird erschöpfend erschlossen, ebenso allerdings auch die rechtswissenschaftliche Literatur zum Strafverfahrensrecht. Insbesondere für die Tätigkeit des Verteidigers finden sich in diesem Kommentar mit Sicherheit viele außerordentlich nützliche Hinweise. Ein Kommentar, der bei der forensischen Tätigkeit außerordentlich gut Gehör findet, weil er wesentlich von Bundesrichtern und bei der Bundesanwaltschaft Tätigen kommentiert wird.

- Reihe Alternativkommentare, Kommentar zur StPO, Luchterhand-Verlag
Dieser Kommentar kann eine wertvolle Ergänzung zur weiteren Kommentarliteratur darstellen, weil er nach dem Willen der Autoren der traditionellen Meinung eine moderne, am Grundgesetz und seinen Werten orientierte Norminterpretation gegenüberstellen möchte und Fehlentwicklungen korrigieren will. So unterstützenswert diese Zielsetzung auch ist, zeigt sie aber auch, dass bereits aus diesem Grund das Werk allein nicht für die Praxis ausreichend sein kann.

- KMR Kommentar zur Strafprozessordnung, Luchterhand-Verlag;
Loseblattkommentar zur Strafprozessordnung, der als ergänzender Kommentar gute Dienste leisten kann.

- Rudolphi/Frisch/Rogall/Schlüchter/Wolter; Systematischer Kommentar zur Strafprozessordnung und zum Gerichtsverfassungsgesetz, Alfred Metzner-Verlag
Strafverfahrensrechtskommentar, der einer ähnlichen Struktur wie dem systematischen Kommentar zum StGB folgt.

- Brehmer/Schlothauer/Taschke/Wieder; Die Rechtsprechung zum Strafverfahrensrecht, Alfred Metzner-Verlag
Dieser Kommentar geht einen neuen Weg, in dem er das Strafverfahrensrecht anhand systematisch geordneter Leitsätze kommentiert. Dieser Kommentar ist deshalb hervorragend geeignet, bei der Bearbeitung von Verfahrensrügen Revisionsverfahren und bei in der Hauptverhandlung auftretenden speziellen verfahrensrechtlichen Problemen.

- Eisenberg, Ulrich: Beweisrecht der StPO.
„Spezialkommentar" nennt sich dieses hervorragende Werk, das zum einen bei der Vorbereitung auf eine Hauptverhandlung als auch bei einer Revisionsbearbeitung eine außerordentlich wichtige und hilfreiche Stütze sein kann. Wer die Antwort auf Fragen zur Bedeutung von Beweismitteln im Strafverfahren sowie zum Beweisantragsrecht sucht, sollte in jedem Fall zu diesem Werk greifen. Der Verteidiger wird hier immer wieder außerordentlich wertvolle Hinweise finden.

3. OWi-Kommentare

- Göhler, Erich: Ordnungswidrigkeitengesetz, 12. Auflage, 1998, Verlag C.H. Beck
Der Standard-Kommentar zum Bußgeldverfahren. Von der Tendenz gilt die Darstellung nicht eben als „verteidigerfreundlich". Unbestreitbar ist die veröffentlichte Rechtsprechung jedoch erschöpfend erschlossen. Das Werk steht auf dem Tisch jedes Staatsanwalts und wird daher auch für den Verteidiger nützlich sein.

■ Karlsruher Kommentar-Owi; Boujong, Karlheinz: Karlsruher Kommentar zum
Gesetz über Ordnungswidrigkeiten
Eine ebenso anspruchsvolle Darstellung wie der Karlsruher Kommentar zur Strafprozessordnung. Der Verteidiger wird hier oft erfreulichere Hinweise finden als dies
im „Göhler" der Fall sein mag. Insbesondere wer zum Ordnungswidrigkeitenrecht
eine vertiefende Kommentierung sucht, sollte zu diesem Werk greifen.

II. Entscheidungssammlungen

■ BGHSt; Entscheidungen des Bundesgerichtshofes in Strafsachen (BGH St), heraus-   3
gegeben von den Mitgliedern des Bundesgerichtshofes und der Bundesanwaltschaft,
erscheint in fortlaufenden Lieferungen.
Unverzichtbar für den Strafverteidiger; erscheint zwischenzeitlich seit mehreren Jahren auch auf CD-ROM, was die Zugriffsmöglichkeiten unmittelbar am Arbeitsplatz
deutlich erhöht und naturgemäß außerordentlich platzsparend ist.

■ BGHR; Rechtsprechung des Bundesgerichtshofes Strafsachen, herausgegeben von
den Richtern des Bundesgerichtshofes.
Eine Entscheidungssammlung mit dem großen Vorzug, dass sie systematisch und
nicht lediglich chronologisch geordnet ist. Die Entscheidungen werden in wohltuen-
dem Gegensatz zur sogenannten amtlichen Sammlung (BGH St) in den wesentlichen
wirklich entscheidenden Auszügen wiedergegeben. Außerordentlich hilfreich ist hier
die seit mehreren Jahren folgende Edition auf CD-ROM. Gerade bei diesem Werk
werden die vorteilhaften Zugriffsmöglichkeiten auf die Informationen mit den Mitteln der elektronischen Verarbeitung außerordentlich deutlich; gehört ebenfalls zum
praktisch unverzichtbaren Arbeitswerkzeug. Bei einem Neubezug des Grundwerks
ist von vornehrein der Bezug einer CD-ROM empfehlenswert. Diese Variante
erspart nicht zuletzt das ansonsten sehr zeitaufwendige Nachsortieren von Ergän-
zungslieferungen.

III. (Einige empfehlenswerte) Einzeldarstellungen

Die nachfolgenden Einzeldarstellungen sind ohne Anspruch auf Vollständigkeit aus   4
dem breiten Spektrum der Strafverteidigungsliteratur herausgegriffen. Dabei wurden
lediglich Darstellungen benannt, die die „allgemeine" Strafverteidigung betreffen und
deswegen für das Basiswissen des Strafverteidigers förderlich sein können. Wegen einer sonst unvermeidlichen Ausuferung wurde davon abgesehen, weitere Hinweise zu
ausgewählten Strafverteidigungsgebieten (Steuer- und Wirtschaftsstrafverfahren, Kapitalstrafverfahren, Betäubungsmittelstrafverfahren, etc.) zu geben. Der besseren Übersicht halber ist die Auflistung alphabetisch geordnet.

■ Alsberg, Nüse, Meyer; Der Beweisantrag im Strafprozess, Heymanns-Verlag
Von dem großen Strafverteidiger aus der Zeit der Weimarer Republik begründetes
Werk, das zwar nur im Abstand von mehreren Jahren in Neuauflage erscheint, aber
dennoch geradezu Maßstab setzend ist. Wer sich mit dem Beweisantragsrecht im
Hauptverfahren oder auch im Revisionsverfahren befaßt, wird an diesem Werk nicht
vorbei können.

- Bender/Nack; Tatsachenfeststellungen vor Gericht, Verlag C.H. Beck
  Zweibändiges Werk, welches sich sowohl mit der Glaubwürdigkeits- und Beweislehre (Band I) als auch mit der Vernehmungslehre (Band II) beschäftigt. Das Werk bietet eine wertvolle Hilfestellung insbesondere für alle in der Tatsacheninstanz tätigen Strafverteidiger. Von besonderer Bedeutung ist es darüber hinausgehend aber auch, weil es dazu auffordert, die Auswertung von Tatsachenfeststellungen zu „verwissenschaftlichen" und damit versucht, der leider häufig anzutreffenden richterlichen Gewohnheit entgegenzuwirken, insbesondere Zeugenbeurteilungen aus dem „eigenen breiten Erfahrungsschatz" vorzunehmen.

- Bockemühl, Jan; Handbuch des Fachanwalts Strafrecht, Luchterhand Verlag
  Eine außerordentlich nützliche Darstellung insbesondere für Fragestellungen zu typischen Fallgruppen wie Betäubungsmittelstrafrecht, Kapitalstrafrecht, etc.
  Wer eine Darstellung zu praktischen Fallgestaltungen des Strafverteidigers sucht, wird in diesem einen Band wesentlich mehr Hinweise finden können, als in manch mehrbändiger Reihe.

- Brüssow, Rainer; Gatzweiler, Norbert; Krekeler, Wilhelm; Strafverteidigung in der Praxis, in zwei Bänden, Deutscher-Anwalt-Verlag
  Praxisorientierte Darstellung, die aus dem Fachanwaltsprogramm der Arbeitsgemeinschaft Strafrecht des Deutschen Anwaltvereins hervorgegangen ist. Die Darstellung ist aufgrund der Beteiligung einer Vielzahl von Autoren unterschiedlichster Herkunft sehr heterogen. Die Darstellung enthält sicherlich einen Orientierungsmaßstab für die hinreichenden Fachkenntnisse des Fachanwalts für Strafrecht.

- Burhoff, Detlef; Handbuch für das strafrechtliche Ermittlungsverfahren, ZAP-Verlag
  Nützlicher und außerordentlich pragmatischer Leitfaden, der insbesondere konkrete Handreichung für das alltägliche Strafverfahren anbietet.

- Burhoff, Detlef; Handbuch für die strafrechtliche Hauptverhandlung, ZAP-Verlag
  Auch dieser Band bietet viele konkrete Handlungsanweisungen. Für den Einsteiger ein hervorragendes Einstiegswerk, das auch für den erfahrenen Verteidiger viele kleine, feine und nützliche Ratschläge enthält.

- Dahs, Hans; Die Revision im Strafprozess
  Eine eher klassische Darstellung des Revisionsrechts, die allerdings auch für den Verteidiger sehr nützlich ist. Wer den Einstieg in das revisionsrechtliche Denken sucht, wird mit der oben erwähnten Darstellung von Krause zunächst besser bedient sein. Dahs/Dahs enthält allerdings viele Hinweise, die ersichtlich aus einer vertieften Revisionspraxis des Autors herrühren.

- Dahs, Hans; Handbuch des Strafverteidigers, 6. Auflage, 1999, Verlag O. Schmidt
  Der Klassiker des Strafverteidigerhandbuchs; die Darstellung ist sehr wesentlich auf die reinen Fragen des Strafverfahrensrechts konzentriert. Dennoch *muß* jeder, der sich mit der Strafverteidigung befaßt, dieses Werk gelesen haben.

■ Krause, Dietmar; Die Revision im Strafverfahren, 5. Auflage 2001, Heymanns-Verlag
Diese Darstellung ist zwar offenbar an Referendare gerichtet, ist aber für den Verteidiger, der sich mit Revisionen befaßt, ein außerordentlich nützlicher Leitfaden. Dem Autor gelingt es in hervorragender Weise, die in einer Revision typischen Gedankengänge einleuchtend darzustellen. Wer sich grundsätzlich in die Vorgehensweise in Revisionsverfahren einarbeiten möchte, dem kann dieses Werk nur wärmstens ans Herz gelegt werden.

■ Müller/Gugenberger (Herausgeber); Wirtschaftsstrafrecht, Aschendorfs juristische Handbücher
Unverzichtbare Gesamtdarstellung des Deutschen Wirtschaftsstraf- und Ordnungswidrigkeitsrechts auch für alle Strafverteidiger, die nicht im Wirtschaftsstrafrecht tätig sind.

■ Nedopil, Norbert; Forensische Psychiatrie, 1996 Verlage C.H. Beck und Thieme
Moderne und für den Verteidiger außerordentlich brauchbare systematische Darstellung der psychiatrischen Krankheitslehre, die dem fachfremden Juristen einen nachvollziehbaren Zugang zur forensischen Psychiatrie eröffnet. Die Darstellung will nicht vertiefend sein, bietet allerdings eine hervorragende Orientierung.

■ Odenthal, Hansjörg; Die Gegenüberstellung im Strafverfahren, Boorberg-Verlag
Eine außerordentlich gelungene Darstellung der Identifikationsgegenüberstellung mit allen rechtlichen Problemen. Eine außerordentlich nützliche Darstellung mit wertvollen Hinweisen für die Verteidigung bei Identifikationsfragen.

■ Praxis der Strafverteidigung, Verlag C.F. Müller („Gelbe Reihe")
Eine von Beulke/Schreiber herausgegebene Schriftenreihe, die sich insgesamt dadurch auszeichnet, dass sie die rechtlichen Darlegungen durch Hinweise auf die richtige Verteidigungsstrategie und konkrete Muster von Verteidigungsschreiben ergänzt. Dabei werden neben Büchern zu einzelnen Verfahrensabschnitten (z.B. Weihrauch, Verteidigung im Ermittlungsverfahren, Schlothauer, Vorbereitung der Hauptverhandlung, Malek, Verteidigung in der Hauptverhandlung) in einzelnen Werken auch Schwerpunktthemen (z.B. Schlothauer/Weider, Untersuchungshaft; Eberth/Müller, Verteidigung in Betäubungsmittelstrafsachen, Tondorf; Der psychologische und psychiatrische Sachverständige im Strafverfahren) angesprochen. Insgesamt können die Bücher als besonders wertvolle Hilfestellung für die Strafverteidigung rundum empfohlen werden.

■ Schäfer, Gerhard; Praxis der Strafzumessung, Verlag C.H. Beck
Außerordentlich nützliche Darstellung des Strafzumessungsrechts; insbesondere derjenige, der eine erste und systematische Darstellung sucht, sollte dieses Werk benutzen. Auch für den erfahrenen Strafverteidiger werden sich hier noch eine Reihe interessanter Hinweise finden können.

■ Schellenberg, Frank; Die Hauptverhandlung im Strafverfahren, Heymanns-Verlag
Eine sehr pragmatisch geschriebene Darstellung des Strafverfahrens aus richterlicher Sicht. Interessant ist diese Darstellung vor allem wegen einer Reihe kritischer Anmerkungen zu typischem Verteidigerverhalten aus richterlicher Sicht. Wer sich

ein Bild vom typischen Denken des Tatrichters im Strafverfahren verschaffen möchte, ist mit diesem ansonsten an den Richter gerichteten Werk sehr gut bedient.

■ Venzlaff, Ulrich; Foerster, Klaus; Psychiatrische Begutachtung, Urban und Fischer-Verlag
Auch mit diesem Werk liegt eine systematische Darstellung der psychiatrischen Krankheitslehre nicht nur für den Strafrechtler, sondern auch für den Juristen aus anderen Bereichen vor. Gerade der Verteidiger wird hier Hinweise auf Informationen finden, die sich bei der Befragung psychiatrischer Sachverständiger und möglicherweise auch bei der Stellung von Beweisanträgen als außerordentlich nützlich erweisen können.

■ Ziegert (Herausgeber); Grundlagen der Strafverteidigung, Boorberg-Verlag
Von verschiedenen Autoren gefertigte Übersicht über Strafverteidigerhandeln in den verschiedenen Verfahrensabschnitten, welches deshalb ebenfalls einen guten Einstieg in die Strafverteidigung liefern kann.

■ Beck'sches Formularbuch für den Strafverteidiger, C.H. Beck-Verlag
Ein von den bekannten Strafverteidigern Hamm und Lohberger herausgegebenes Formularbuch, in dem einzelne Autoren Formulare und Checklisten zu einzelnen Verfahrensabschnitten anbieten. Die Formulare sind mit erläuternden Anmerkungen versehen. Das Werk kann nicht nur für den Anfänger, sondern auch für den erfahrenen Strafverteidiger viele hilfreiche Anregungen bieten und ist daher besonders nützlich, auch wenn selbstverständlich stets davor zu warnen ist, zu schablonenhaft mit empfohlenen Anträgen umzugehen.

IV. Fachzeitschriften

5 „Ein Rechtsanwalt muß sich im Zusammenhang mit der Übernahme eines Strafverteidigermandats über den jeweiligen Stand der höchstrichterlichen Rechtsprechung aus den einschlägigen Fachzeitschriften (u.a. NStZ und StV) laufend informieren und bei der Beurteilung rechtlicher Fragen an den Ergebnissen dieser höchstrichterlichen Rechtsprechung orientieren".[1]

Bereits hieraus ergibt sich, dass sowohl die Zeitschriften

Der Strafverteidiger, Luchterhand-Verlag und
NStZ, C.H. Beck-Verlag

unerläßliches Handwerkszeug für den Strafverteidiger darstellen. Darüber hinausgehend sind als Grundlage weiterhin zu empfehlen

NStZ-Rechtsprechungsreport Strafrecht

Wenn man die NStZ liest, muß man auch den Rechtsprechungsreport lesen. Denn hierin sind einige Entscheidungen ausgeführt, die in der NStZ nur im Leitsatz vorhanden sind. Darüber hinaus finden sich hierin zusätzliche Aufsätze.

---

[1] OLG Nürnberg StV 97, 482.

Mindestgrundlage für die Verteidigung in wirtschaftsstrafrechtlichen Verfahren ist die

Zeitschrift für Wirtschafts- und Steuerstrafrecht (WiStra, C.F. Müller-Verlag) sowie Praxis Steuerstrafrecht, IWW-Institut.

Als gute Ergänzung zu den oben aufgelisteten Zeitschriften kann darüber hinausgehend das Strafverteidigerforum (Strafo) empfohlen werden, das vom Deutschen Anwaltverlag herausgegeben wird. Die Zeitschrift ist frei für Mitglieder der Arbeitsgemeinschaft Strafrecht, wobei darauf zu verweisen ist, dass ohnehin jeder nur ein wenig im Strafrecht Tätige Mitglied dieser Arbeitsgemeinschaft sein sollte, unabhängig von seiner sonstigen Zugehörigkeit (die Zeiten kleinkarierter Vereinsmeierei sollten insofern ohnehin der Vergangenheit angehören).

Wer sich darüber hinausgehend etwas fundierter mit Strafrecht beschäftigen möchte, sei u.a. auf die Periodika Goltdammer's Archiv für Strafrecht, R. v. Becker-Verlag und die Monatsschrift für Kriminologie und Strafrechtsreform, Heymanns-Verlag verwiesen.

V. Informationsquellen im Internet

Die Paradigmen der Informationsgesellschaft lassen auch die Tätigkeit des Strafverteidigers nicht unbeeinflusst. Die Standards der Informationen im Internet sind qualitativ außerordentlich unterschiedlich.   6

Viele der folgenden Hinweise sind vor allem praktische Hinweise auf Informationsquellen, die dem Verteidiger in Form von Druckmedien in vergleichbarer Weise bisher nicht zur Verfügung stand: **www.hrr-strafrecht.de.**

Eine im Bereich des Strafrechts bisher einzigartige monatlich regelmäßig erscheinende Internet-Zeitschrift bietet auch den Bezug einer regelmäßig erscheinenden Infomail an. Aktuelle Entscheidungen des Bundesgerichtshofs zu Strafsachen werden hier im Volltext so zeitnah wie wohl in keiner anderen verfügbaren Informationsquelle veröffentlicht. Das Archiv reicht bis zum Januar 2000 zurück. Zitierhinweise geben diese Informationsquelle die Qualität als zitierfähiges Werk für die Zukunft.

- **www.hammpartner.de**
  Anders als die Internet-Zeitschrift HRR-Strafrecht handelt es sich hier um eine Website der Anwaltskanzlei Hamm, Michalke, Köberer, Pauly, Kirsch. Die Website hat eher werbenden Charakter, unter der Rubrik „Rechtsprechung" finden sich allerdings auch für den Verteidiger insbesondere viele aktuelle nützliche Hinweise auf Entwicklungen der Rechtsprechung des Bundesgerichtshofs.

- **www.burhoff.de**
  Website von OLG-Richter Detlef Burhoff, vor allem OLG Hamm, insbesondere viele nützliche Hinweise zur Revisionsrechtsprechung und zu Beschwerdeentscheidungen des Oberlandesgerichts Hamm und somit auch andere Oberlandesgerichte lassen sich hier finden. Außerordentlich nützliche Informationsquellen für „kleinere" Strafverfahren und insbesondere auch für Bußgeldverfahren; von besonderem Interesse insbesondere auch wegen des Blickwinkels des Richters auf den Strafverteidiger.

■ **www.bmj.bund.de**
Seit kürzerer Zeit außerordentlich informationsreiche Website vor allem zu aktuellen Gesetzgebungsvorhaben. Enthält viele Dateien, die als pdf-Dateien heruntergeladen werden können; höchst informative Informationsquelle in einer Zeit ständig neuer Reformvorhaben in der Gesetzgebung.

■ **www.bundestag.de**
Website des Deutschen Bundestages mit außerordentlich nützlichen Verbindungen zum Dokumentenserver Parfors und anderen höchst informativen Datenbanken des Deutschen Bundestages (Direktzugriff: **www.bundestag.de/datbk/index.html**).
Wer Bundestagsdrucksachen und möglicherweise auch Bundestagsplenarprotokolle aus der 13. und 14. Gesetzgebungsperiode des Bundestages sucht, hat hier eine vollkommen neue Zugriffsmöglichkeit. Von außerordentlichem Interesse ist auch das Informationssystem für parlamentarische Vorgänge, das mit einer hervorragenden Zugriffsmöglichkeit Auskunft über laufende Gesetzgebungsverfahren enthält und so auch Zugang zu vielen erst im Entwurf vorliegenden Gesetzgebungsverfahren verschafft. Insbesondere aktuellste Gesetzgebungsverfahren kann sich der Anwalt über diese Informationsquelle zugänglich machen.

■ **www.knast.net**
Auch für den Verteidiger hoch interessantes Informationsnetzwerk über praktische Fragestellungen zum Strafvollzug, insbesondere aus dem Interesseblickwinkel des Strafgefangenen und Untersuchungsgefangenen. Die Bewertungsliste der Justizvollzugsanstalten in der Bundesrepublik Deutschland mag teilweise skurril sein. Sie enthält allerdings viele Anhaltspunkte, die insbesondere bei der Beratung des Mandanten und auch bei der Betreuung der Angehörigen nützlich sein kann. Vollkommen unwissenschaftliche, aber höchst nützliche Informationsquelle für die Praxis.

■ **www.bundesgerichtshof.de**
Offizielle Website des Bundesgerichtshofs. Über die Pressemitteilungen kann ein guter Zug zur aktuellen Rechtsprechung geschaffen werden. Volltextentscheidungen können allerdings über diese Quellen nicht bezogen werden. Das Informationsangebot insbesondere von **www.hrr-strafrecht.de** ist mit Abstand besser.

■ **www.bundesverfassungsgericht.de**
Offizielle Website des Bundesverfassungsgerichts; auch hier kann die aktuelle Entwicklung der Rechtsprechung über ein Verzeichnis der Pressemitteilungen erschlossen werden. Außerordentlich hervorhebenswert ist die Tatsache, dass die in den Pressemitteilungen berücksichtigten Entscheidungen jeweils auch im Volltext erschlossen werden. Nicht selten ist es möglich, eine über die Presse bekanntgegebene Entscheidung noch am selben Tag im Volltext einsehen zu können.

■ **www.strafverteidiger-stv.de**
Offizielle Website der Zeitschrift Strafverteidiger. Die Website befaßt sich im Wesentlichen mit ergänzenden Informationen zur Zeitschrift und anderen strafrechtlichen Produkten aus dem Luchterhand-Verlag. Die Rubriken „Aktuelles Urteil" und „Neues aus dem Strafrecht" können allerdings interessante Informationen liefern.

■ **www.strafverteidiger-berlin.de**
Sehr informative Website der Vereinigung Berliner Strafverteidiger e.V. In ihr finden sich nicht nur aktuelle Entscheidungen zu Strafverfahren, sondern zusätzlich auch die Geschäftsverteilungspläne des Landgerichts Cottbus, des Amtsgerichts Tiergarten, des Landgerichts Berlin und des Kammergerichts Berlin. Darüber hinaus finden sich Beiträge zu strafrechtlich aktuellen Problemen und Veranstaltungshinweise.

§ 40 Seminarfortbildungen

Die drei größten Seminaranbieter im Bereich des Strafrechts sind:

- Das Deutsche Anwaltsinstitut e.V., Fachinstitut für Strafrecht, Universitätsstraße 140, 44799 Bochum, **www.anwaltsinstitut.de**.
Das Deutsche Anwaltsinstitut e.V. ist die Fortbildungseinrichtung der Bundesrechtsanwaltskammer und der weiteren Rechtsanwaltskammern. Innerhalb des Deutschen Anwaltsinstituts bietet das Fachinstitut für Strafrecht umfangreiche Fortbildungsmöglichkeiten im Strafrecht an. Insbesondere besteht die Möglichkeit, im Rahmen eines Fachlehrgangs Strafrecht die Qualifikation zum Fachanwalt für Strafrecht zu erhalten.

- Arbeitsgemeinschaft Strafrecht des DAV (Deutscher Anwaltverein e.V., Littenstraße 11, 10179 Berlin, **www.ag-strafrecht.de**.
Die Arbeitsgemeinschaft Strafrecht im Deutschen Anwaltverein bietet ein sehr umfangreiches Angebot an Fortbildungsmöglichkeiten. Fachlehrgänge im Bereich Strafrecht werden hier bereits seit Jahren angeboten. Auch zu einzelnen Rechtsgebieten werden sowohl Einführungs-, als auch Vertiefungskurse angeboten. Eine Vielzahl der Veranstaltungen werden als Fortbildungsveranstaltungen für Fachanwälte anerkannt.

- Deutsche AnwaltsAkademie GmbH, Littenstraße 11, 10179 Berlin
Ein eigenständiges Seminarangebot bietet diese Einrichtung ebenfalls unter dem Dach des Deutschen Anwaltvereins. Auch hier werden Fachanwaltslehrgänge sowie Fortbildungsseminare angeboten.

STICHWORTVERZEICHNIS

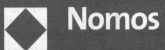